KAÏNON – ANTHROPOLOGIE DE LA PENSÉE ANCIENNE
sous la direction de Marie-Laurence Desclos et David Bouvier

6

# Empédocle, une poétique philosophique

Xavier Gheerbrant

# Empédocle, une poétique philosophique

PARIS
CLASSIQUES GARNIER
2017

Xavier Gheerbrant est docteur en langue et littérature grecque de l'université Lille 3 (UMR 8163). En post-doctorat, il travaille à la rédaction française de *L'Année philologique*.

ISBN 978-2-406-05713-0 (livre broché)
ISBN 978-2-406-05714-7 (livre relié)
ISSN 2428-7903

# ABRÉVIATIONS

Pour Empédocle, j'emploie sauf indication contraire la numérotation du dernier recueil de Diels-Kranz. Par exemple, « 35.12-13 » renvoie aux vers 12 et 13 du fragment B 35 D.-K. d'Empédocle. Les passages du Papyrus de Strasbourg sont cités selon la nomenclature de Vítek 2006 : ainsi « aI.6 » renvoie au vers 6 de la première colonne de l'ensemble a.

Les auteurs anciens les plus souvent cités sont désignés par les deux premières lettres de leur nom (Hésiode : He) ou, le cas échéant, par les initiales de leurs deux noms (Diogène Laërce : DL.). La désignation des œuvres répond au même principe (j'ai choisi leur forme latine, sauf bien entendu pour les divinités des *Hymnes homériques*). Ainsi la *Théogonie* d'Hésiode est abrégée : He.*Th.* ; l'*Hymne homérique à Aphrodite*, Hh.Aphr. ; le *Prométhée enchaîné* d'Eschyle, Ae.*PV.*, etc. Ce système a été adapté de sorte à éviter les confusions.

Le nom d'Homère n'est jamais cité dans les abréviations qui renvoient à l'*Iliade* et à l'*Odyssée* : les chants de la première sont désignés par la lettre grecque qui correspond à leur numéro en majuscule, et ceux de la seconde par la minuscule correspondante. Ainsi « Γ.474 » désigne le vers 474 du troisième chant de l'*Iliade*, et « χ.34 » le vers 34 du vingt-deuxième chant de l'*Odyssée*.

Les autres abréviations sont transparentes. Pour l'*Anthologie palatine*, la détermination « suppl. » renvoie au troisième tome du supplément de Cougny (1890).

Les principales abréviations de noms d'usuels comportent le nom de l'auteur et les initiales du titre ou le titre lui-même (les références complètes se trouvent en bibliographie). Ainsi :

| Chantraine | *DELG* | *Dictionnaire étymologique de la langue grecque* |
|---|---|---|
| | *GH* | *Grammaire homérique* |
| Denniston | *GP* | *The Greek particles* |
| | *LfgrE* | *Lexikon des frühgriechischen Epos* |

Pour les autres abréviations d'œuvres modernes, en particulier les éditions d'Empédocle, voir les sections correspondantes dans la bibliographie.

# AVERTISSEMENT

Ce livre est le produit d'une thèse de doctorat préparée sous la direction du professeur Philippe Rousseau et soutenue au mois d'octobre 2014 à l'université Charles-de-Gaulle Lille 3 (UMR 8163, Savoirs, Textes, Langage). J'ai pu mener à bien ce doctorat parce que j'ai bénéficié durant trois ans d'un contrat doctoral, associé à un monitorat d'enseignement, puis d'un poste d'Attaché temporaire d'enseignement et de recherche à l'UFR des Langues et cultures antiques (LCA) de l'université Lille 3, devenu département LCA de l'UFR humanités.

J'appartiens à une génération de jeunes hellénistes lillois qui se trouvent dans la situation paradoxale d'appartenir à une école de pensée au sein de laquelle ils n'ont pas été en mesure de travailler directement avec Jean Bollack, son fondateur, même s'ils ont eu la chance de pouvoir s'entretenir à l'occasion avec lui. L'étudiant que j'étais n'avait d'autre choix que de reconstruire une figure du fondateur, à travers ses écrits, ses exposés et les récits et l'enseignement théorique dispensé par ceux de ses élèves qui sont devenus mes propres maîtres. Je me suis familiarisé avec une méthode de lecture et d'interprétation déjà constituée, que j'ai apprise à connaître par la pratique. L'esprit critique, à l'égard de cet enseignement même, était constitutif de la méthode. L'un des lieux privilégiés de l'initiation à la discipline intellectuelle introduite par Jean Bollack et développée par ses élèves était l'ensemble des séminaires de ce qui avait été le Centre de recherche philologique, intégré ultérieurement à l'UMR Savoirs et Textes, devenue Savoirs, Textes, Langage, de l'université de Lille 3.

Si le modeste travail que j'ai réalisé sur Empédocle ne peut que constituer un hommage à la mémoire de Jean Bollack, dont la première grande œuvre fut l'édition commentée monumentale du Poème physique (1965-1969), qui en a transformé en profondeur la lecture, cet hommage ne se borne pas, dans la tradition du maître auquel il s'adresse, à un témoignage dédié à la gloire de la grandeur passée, mais à une réévaluation des problèmes et une ouverture, fût-elle imparfaite, vers l'avenir.

Dans ma génération, l'herméneutique critique n'avait plus le tranchant polémique qu'elle avait nécessairement dû assumer dans sa période de fondation – même si, en apprenant à lire, on apprenait aussi à évaluer les préalables des autres lectures. Le rapport aux autres traditions savantes en est transformé : j'aimerais penser que cela permettra la poursuite de son développement authentique malgré la mutation des personnes, des lieux et des pratiques.

Lille, septembre 2015

*Mon travail n'aurait jamais pu prendre la forme qu'il revêt ici sans la qualité de l'encadrement assuré par le professeur Philippe Rousseau, qui m'a été plus précieux que je ne saurais l'exprimer. Ma gratitude va également à toutes les personnes qui m'ont aidé, guidé et conseillé aux différentes étapes de ce travail, dont il ne m'a pas été possible de citer intégralement les noms ici : en particulier les membres de mon jury de thèse, ceux de l'UMR 8163 Savoirs, Textes, Langage et ceux du Centre Léon Robin (UMR 8061). Je remercie ma famille du soutien et de la compréhension dont elle a fait preuve durant ces cinq années. Beaucoup aurait été impossible sans le soutien de Sarah.*

# INTRODUCTION

## CONSTRUCTION DU PROBLÈME

Empédocle a exposé dans sa poésie philosophique une pensée puissante par l'importance des problèmes qu'elle formulait et la profondeur des réponses qu'elle y apportait, et originale par les ruptures qu'elle instaurait avec les enquêtes antérieures. On compte parmi les innovations dont il faut créditer Empédocle le fait d'avoir porté au nombre de quatre les éléments dont sont constitués le monde et l'étant, et d'avoir expliqué l'apparition de ces derniers par le jeu de l'association et de la dissociation des éléments, sous l'action des deux principes antithétiques que sont l'Amour et la Discorde. Aristote déjà, dans la *Métaphysique*, soulignait cette originalité en classant Empédocle, aux côtés de Parménide, parmi les philosophes qui avaient eu l'intuition non seulement de la cause matérielle mais également de la cause motrice[1]. Or, Empédocle a étendu son enquête à des questions dont nous pouvons penser qu'elles n'avaient pas fait l'objet de l'intérêt systématique des philosophes milésiens ou même de Parménide : il a refondé la conception de la vie, ramenant la mort à une séparation des racines qui nous composent, et discuté la nature véritable du divin et la pertinence des rites religieux du monde grec de son temps. Les *Catharmes* font porter la réflexion sur la nature du lien qui unit la communauté humaine, en contestant en particulier, sur le fondement d'une théorie de la réincarnation, la pertinence du sacrifice sanglant alimentaire pour assurer la permanence du lien qui unit les êtres humains.

Il nous est parvenu quelques témoignages anciens qui apprécient la production poétique d'Empédocle : Aristote, dans le *Sur les poètes*,

---

1    Arist. *Metaph.* 984a 8 *sqq.* pour la cause matérielle, 985a 4 *sqq.* pour la cause motrice.

aurait qualifié son style d'homérique et de δεινός, soulignant sa maîtrise des techniques poétiques et son goût pour la métaphore[2]. Cicéron
estimait que la production d'Empédocle surpassait en qualité poétique
celles de Xénophane et de Parménide[3]. Malgré les louanges formulées à
l'égard de sa technique poétique, l'appréhension de la position générique
d'Empédocle posait problème, s'agissant en particulier de la façon dont il
tirait parti des ressources de la poésie pour exprimer sa pensée. Aristote
semble ainsi suggérer qu'il était plus physiologue que poète, considérant
qu'Empédocle et Homère n'avaient en commun que le mètre[4] : la forme
poétique serait un habit revêtu par la pensée. Le Stagirite souligne ailleurs
l'obscurité d'Empédocle dans l'emploi des métaphores poétiques[5]. La
nature de la relation entre poésie et déploiement de la pensée qu'avait
impliqué le choix par Empédocle d'exprimer en hexamètres dactyliques
ce qu'Aristote appellera la « philosophie naturelle » était ainsi l'objet de
d'interrogations et de discussions dès le IVᵉ siècle[6]. Aristote résolvait la
difficulté de classification générique en privilégiant la nature du contenu
sur le véhicule où il se trouve exprimé. Ménandre le rhéteur y répondait
en considérant que les poèmes de Parménide et d'Empédocle étaient
des hymnes de philosophie naturelle[7], qu'il rabattait sur les hymnes

---

2    La mention se trouve en DL.VIII.57 : ἐν δὲ τῷ Περὶ ποιητῶν φησιν ὅτι καὶ Ὁμηρικὸς ὁ
     Ἐμπεδοκλῆς καὶ δεινὸς περὶ τὴν φράσιν γέγονεν, μεταφορητικός τε ὢν καὶ τοῖς ἄλλοις
     τοῖς περὶ ποιητικὴν ἐπιτεύγμασι χρώμενος. « Dans le traité *Sur les Poètes*, Aristote affirme
     qu'Empédocle, s'agissant de son expression, était à la fois homérique et habile, tout en
     usant d'un style métaphorique et en employant tous les effets que permet l'art poétique. »
3    Xénophane 21 A 25 D.-K. (Cicéron, *Premiers Académiques* 2.23.74) : « *Parmenides, Xenophanes,
     minus bonis quamquam uersibus* (sc. qu'Empédocle), *sed tamen illi uersibus increpant eorum
     adrogantiam quasi irati, qui cum sciri mihi possit, audeant se scire dicere.* »
4    Arist. *Poet.* 1447b 17-20 (= Empédocle A 22 D.-K.) : οὐδὲν δὲ κοινόν ἐστιν Ὁμήρῳ καὶ
     Ἐμπεδοκλεῖ πλὴν τὸ μέτρον· διὸ τὸν μὲν ποιητὴν δίκαιον καλεῖν, τὸν δὲ φυσιολόγον μᾶλλον
     ἢ ποιητήν. « Empédocle et Homère n'ont rien en commun que le mètre. C'est pourquoi
     il faut appeler le premier "poète", mais le second "physiologue" plutôt que "poète" ». Le
     témoignage A 25a est dépendant de cette remarque d'Aristote.
5    Aristote fait état de l'obscurité d'Empédocle en Arist. *Rh.* 1407a 31-39 (= Empédocle
     A 25c D.-K.) et de l'étrangeté de ses métaphores en Arist. *Meteo.* 357a 24-28.
6    *Cf.* Lactance, *Institutiones diuinae* II.12.4 (= Empédocle A 24a D.-K.) : « *Empedocles, quem
     nescias utrumne inter poetas an inter philosophos numeres, quia de rerum natura versibus scripsit ut
     apud Romanos Lucretius et Varro, quattuor elementa constituit* ». « Empédocle, dont on ne sait s'il
     faut le compter au nombre des poètes ou des philosophes parce qu'il a écrit en vers à propos
     de la nature, de même que, chez les Romains, Lucrèce et Varron, a posé quatre éléments ».
7    Ménandre Rhét. I.333.12-15 (= Empédocle A 23 D.-K.) : φυσικοὶ (sc. ὕμνοι) δ' ὁποίους οἱ περὶ
     Παρμενίδην καὶ Ἐμπεδοκλέα ἐποίησαν, τίς ἡ τοῦ Ἀπόλλωνος φύσις, τίς ἡ τοῦ Διὸς παρατιθέμενοι.
     καὶ οἱ πολλοὶ τῶν Ὀρφέως τούτου τοῦ τρόπου. « Les hymnes de philosophie naturelle sont

orphiques en ce qu'ils tenaient un discours sur les dieux susceptible d'être interprété de façon allégorique.

Nous nous proposons d'examiner la nature de la relation qui lie le véhicule poétique retenu par Empédocle et le déploiement de sa pensée, qu'on pourrait qualifier par anachronisme de « philosophique ». Peut-on reconstruire les éléments d'un projet intellectuel, à la fois philosophique et poétique, qui justifierait le choix de ce véhicule comme un élément déterminant de l'élaboration du sens ? Aux deux extrémités du spectre ouvert par cette interrogation sont deux thèses radicalement opposées : que l'hexamètre dactylique soit un simple habit revêtu par une pensée qui aurait tout aussi bien pu s'exprimer en prose, ou au contraire qu'il soit une condition nécessaire du déploiement du sens du poème et de la construction du projet intellectuel.

Cette question a rarement été abordée de front par les spécialistes. Lorsque la question a été posée, elle a le plus souvent pris la forme d'une interrogation sur les raisons du *choix* de la poésie par Empédocle, ainsi qu'avant lui par Xénophane et Parménide. Les Milésiens – Anaximandre et Anaximène – avaient en effet choisi d'exprimer leurs enquêtes en prose afin de démarquer celles-ci du type de préoccupation qui avait été exprimé au sein du véhicule poétique, en particulier dans le cadre de grandes cosmo-théologies poétiques : il fallait expliquer pourquoi les trois philosophes-poètes avaient décidé de revenir au véhicule duquel Anaximandre et Anaximène s'étaient écartés. Le fait même que les Milésiens ont composé des traités en prose suppose en effet qu'il devait y avoir, dès le VI$^e$ siècle, possibilité à la fois de composer un tel traité et de le faire circuler au sein d'un public – ce qui suppose un système d'apprentissage de l'alphabet, au moins accessible à l'élite politique et intellectuelle, et le développement du commerce du papyrus. Si un tel système, complexe, avait été mis en place, fût-ce de façon encore limitée, et que l'emploi du traité en prose écrit fût possible à l'époque d'Anaximandre et d'Anaximène, pourquoi Xénophane, Parménide et Empédocle ont-ils eu recours à un mode d'expression jugé dépassé par leurs prédécesseurs, alors même qu'ils avaient à disposition les innovations techniques qui avaient permis aux œuvres de ces derniers de voir le jour ? Leur choix paraît d'autant plus surprenant qu'Anaxagore,

---

de la sorte que Parménide et Empédocle ont composée, lorsqu'ils proclament quelle est la nature d'Apollon et quelle est celle de Zeus. Beaucoup des hymnes d'Orphée sont de cette sorte ».

contemporain d'Empédocle, choisit d'exprimer sa pensée en prose, et que ce médium deviendra la norme de l'expression de la philosophie à partir du IV$^e$ siècle. Le véhicule poétique ne sera par la suite retenu que de façon ponctuelle par Aratos et Lucrèce, qui composent tous deux dans un contexte intellectuel et culturel distinct de celui de Xénophane, Parménide et Empédocle.

La question du choix de la poésie (par opposition à la prose) ne recoupe pas complètement celle de la relation entre véhicule poétique et déploiement de la pensée, comme nous le verrons : celle que nous posons ici, dans le cas d'Empédocle, porte de façon plus fondamentale sur les modalités de construction et d'expression de la pensée, alors que la question du choix du vers, dans son opposition à la prose, concerne avant tout une reconstruction historique de la relation entre médium d'expression et genèse d'un discours qui ne se nommait pas encore, alors, « philosophique ».

Dans la mesure où cette question n'a jamais été abordée de façon directe quoiqu'elle ait été l'enjeu indirect d'un certain nombre de discussions connexes, l'état de la question ne peut être organisé de façon chronologique. Je présenterai d'abord la position implicite de la majeure partie des savants, telle qu'on peut la reconstruire sur la base de leurs pratiques herméneutiques, et les positions qui en sont issues [A], j'en viendrai ensuite aux modèles visant à expliquer le choix du vers [B], avant de me tourner vers les thèses qui, explicitement ou non, supposent le degré de cohérence le plus grand entre le véhicule poétique et la pensée qui y est exprimée [C], et qui se sont souvent élaborées en relation avec les précédentes.

[A] L'étude de l'objet intellectuel qu'est Empédocle est, en règle générale, marquée par une dichotomie entre les travaux qui s'intéressent à la reconstruction de la doctrine dans son contenu proprement philosophique et ceux qui sont consacrés à la forme poétique. La position herméneutique implicite à ces deux ensembles d'analyse est que la forme poétique ne constitue qu'un vêtement de la pensée : les uns l'écartent pour reconstruire la doctrine, les autres en écartent au contraire la construction philosophique.

La majeure partie des travaux qui portent sur la pensée d'Empédocle ne s'intéressent le plus souvent à la dimension poétique du propos que dans la mesure où son étude permet d'apporter des éléments de solution à des problèmes philologiques au moyen de parallèles syntaxiques, grammaticaux ou lexicaux (lorsqu'il ne s'agit pas simplement de signaler des *loci similes*), ou lorsque la métrique permet de trancher une difficulté textuelle. Lorsque le rapport d'Empédocle à la tradition poétique fait en tant que tel l'objet de la réflexion dans ce cadre, la discussion consiste le plus souvent à traiter cette tradition comme un modèle en conformité ou en opposition avec lequel se trouvent les thèses d'Empédocle, sans chercher suffisamment à reconstruire les conditions dans lesquelles le projet s'est élaboré ni le fond intellectuel et poétique sur lequel cette élaboration se produit[8]. La tradition est généralement envisagée comme un modèle ou un repoussoir déjà donnés, selon la thèse soutenue, mais rarement comme l'élément objectif qui sert de matériau même à la construction intellectuelle d'Empédocle dans sa dimension problématique.

De façon symétrique, les savants qui se sont concentrés sur les caractéristiques de l'expression poétique d'Empédocle ne se sont pas intéressés, d'une manière générale, à la relation entre le véhicule et les problèmes interprétatifs majeurs posés par les deux poèmes d'Empédocle. On cherche le plus souvent à qualifier le degré de traditionnalité de la composition poétique d'Empédocle[9] et la réflexion sur le véhicule s'inscrit alors sur le fond d'une doctrine – et souvent d'un texte – qui est déjà donné[10] : les rapports entre l'élaboration de la pensée philosophique et la nature de son expression ne sont pas traités de façon problématique et les enjeux liés le plus fondamentalement au choix de la forme poétique échappent, de fait, à l'analyse[11].

---

8   Ce type d'analyse est fréquent. Voir, pour une identification d'Empédocle à la tradition antérieure sur la structure de communication du poème, Palmer 2013. Au contraire, pour la reconstruction d'une position où Empédocle est opposé irréductiblement à Hésiode s'agissant du problème du traitement des κορυφαί, voir Picot-Berg 2012.

9   Voir en particulier Traglia 1952.

10  Ainsi l'étude récente de Lorusso sur la répétition dans le corpus d'Empédocle part, dans l'étude du Papyrus de Strasbourg, du texte retenu par l'*editio princeps* de 1999 *et* des interprétations des éditeurs. L'analyse de la technique poétique est dans ce contexte partiellement insatisfaisante, car elle s'adosse à un sens déjà donné : le matériau n'est pas appréhendé simultanément dans l'intégralité de ses dimensions problématiques.

11  Ainsi, Bordigoni 2004 p. 250-252 pointe des différences d'emploi formulaire pour le nom d'Aphrodite, mais ne propose pas d'élément d'interprétation quant au problème de la construction de la figure de Φιλότης à l'intérieur du système d'Empédocle : le savant ne relie pas les traits de rupture poétique à des traits de construction philosophique. Voir également la conclusion de son étude, p. 273 *sqq*.

Cette dichotomie a longtemps caractérisé l'interprétation d'Empédocle et la caractérise encore[12] : elle trouve sans doute ses racines dans la division des disciplines au sein des Universités, notamment dans la tradition française. Or, comme nous le verrons, on peut questionner sa pertinence lorsqu'il s'agit d'appréhender une œuvre de la nature de celle d'Empédocle.

Jonathan Barnes a formulé, sous une forme plus radicale encore, la position laissée implicite par ces pratiques herméneutiques. Lorsqu'il affirme que l'emploi du véhicule poétique par Parménide résulte d'un choix mal éclairé[13], il suppose une altérité irréductible, voire une incompatibilité, entre poésie et spéculation rationnelle. Cet emploi incongru d'un médium mal maîtrisé conduit selon lui à l'expression inadéquate d'une pensée qui se trouve comme dissimulée sous un vernis. Cette position n'est pas sans rappeler celle d'Aristote, dans le passage de la *Poétique* (1447b 17-20 = Empédocle A 22 D.-K.), et constitue sans doute la version la plus radicale du schisme herméneutique précédemment mentionné.

[B] Cette dichotomie a été mise en question, et pour partie dépassée, quoiqu'encore insuffisamment peut-être. L'ouvrage de Laura Gemelli Marciano publié en 1990 s'achève sur l'idée qu'il faut rendre à Empédocle sa fonction première de poète, qu'il est un expert du langage d'Eschyle, dont il connaissait à coup sûr l'Orestie, et que les analyses purement philosophiques sont vouées à se heurter à la nature poétique du propos, à son obscurité et aux difficultés de sa formulation[14]. Il est dommage que son étude des déplacements que fait subir le poème d'Empédocle aux mots mêmes de la tradition poétique ne relie pas elle-même de façon plus systématique les conclusions qu'elle atteint aux problèmes d'interprétation majeurs posés par la reconstruction de la pensée d'Empédocle.

Dans cette veine, une série d'analyses a porté attention aux raisons du choix du véhicule poétique par Empédocle et, plus largement, par

---

12  De façon paradigmatique, le recueil d'études intitulé *Studi sulla lingua et sul pensiero di Empedocle* (Rossetti & Santaniello 2004) tend en fait à étudier chacun des deux phénomènes de façon distincte. Dans ce recueil, Cerri, par exemple, commente le fragment 3 sans questionner son rapport à l'*Épinice* V de Bacchylide, qui décrit la Muse au moyen de termes semblables de façon pratiquement contemporaine. Les analyses de la dimension proprement poétique sont rassemblées dans Bordigoni 2004.

13  Barnes 1982 t. I p. 155 : « *it is hard to excuse Parmenides' choice of verse as a medium for his philosophy.* »

14  Gemelli Marciano 1990 p. 209.

Xénophane et Parménide avant lui. Trois séries de position importantes se dégagent, selon qu'on explique le choix du vers par des critères qui ont trait à la géographie, aux avantages pragmatiques de la composition poétique et au fait que la poésie permet d'introduire au sein de la forme une image du contenu. Quoique je distingue ici ces trois niveaux d'explication pour l'analyse, ils ne sont pas exclusifs les uns des autres mais impliquent différents degrés de cohérence entre le véhicule retenu et la pensée qui s'y déploie.

[B.I] Wöhrle a proposé de relier le choix du médium à des caractéristiques épistémologiques dépendant de la géographie, associant la prose à l'Est et à la rationalité, et la poésie à l'Ouest et à une tendance mystique et conservatrice[15]. Il est difficile de trouver dans les témoignages anciens des arguments qui permettraient de valider cette thèse. L'opposition que Platon introduit entre Muses de l'Ionie et celles de l'Italie est ici l'objet d'une généralisation qui n'est pas véritablement pertinente. Le problème obvie est, de plus, que Xénophane vient de Colophon et Phérécyde de Syros dans les Cyclades[16].

[B.II] Les avantages pragmatiques associés à la récitation et à la diffusion des poèmes en hexamètres dactyliques expliqueraient le choix de ce vers plutôt que celui de la prose. Cette position a conduit à dégager cinq caractéristiques déterminantes de la diffusion du véhicule poétique[17] :

(a) La facilité de mémorisation des vers et des arguments qui y sont formulés[18].

(b) La poésie hexamétrique s'adresse à un public plus large que celui de la prose[19] : quelles que soient les conditions de diffusion de la prose

---

15 Wöhrle 1996 p. 176-179.

16 *Cf.* Most 1999 p. 351.

17 L'étude de Long 1985 p. 245-246 a un caractère fondateur dans la mesure où elle rassemble la majeure partie des critères suivants.

18 Most 1999 p. 352, y ajoutant qu'un vers est plus difficile à manipuler qu'une phrase de prose (Most remarque à juste titre que, seul, l'argument est insuffisant dans la mesure où il ne permet pas d'expliquer pourquoi les autres philosophes du Ve siècle n'ont pas choisi le vers) ; Kahn 2003 p. 157-158, y ajoutant la diffusion à un large public ; Granger 2007 p. 426.

19 Long 1985 p. 246 : « *The early writers of Ionian prose cannot have expected a wide readership for their work* » ; par opposition à la poésie : « *The form of their poems tells the reader or hearer to expect a subject matter of the greatest general significance* » ; Most 1999 p. 352-353 ; Granger 2007 p. 426 : « *accordingly, verse would still be attractive to an author who wished to reach a large audience of diverse intellectual abilities and education, even during the period in which there is a growth in literacy and an increase in written prose.* »

que l'on admet, leurs possibilités de diffusion étaient moindres que celles des poèmes hexamétriques, dont le contexte de *performance* normal était le grand concours public, soit dans le cadre de grandes manifestations panhelléniques soit dans celui de manifestations locales[20]. Les œuvres pouvaient être récitées par d'autres rhapsodes et ainsi diffusées plus largement[21].

(c) La poésie, contrairement à la prose, permet de donner une origine divine à l'autorité énonciative[22] : l'assise épistémologique de la réflexion proposée, respectivement, dans les traités en prose et chez les philosophes poètes est fondamentalement distincte en ce que les prosateurs refusent de justifier la fondation de leur prise de parole par une autorité transcendante. Nagy remarque que Xénophane se présente comme adressant à un public virtuellement composé de tous les Grecs un énoncé prétendant à un degré de vérité maximal alors qu'Homère n'en proposait qu'un aperçu partiel[23]. Le discours poétique, qui seul permet de parvenir à la vérité, doit être produit par un dieu pour dépasser la faillibilité de l'humain. Herbert Granger a adopté une variante de cette position générale pour Xénophane : il reconstruit une situation où ce dernier refuse de faire dépendre son inspiration de la figure de la Muse, associée par Granger à l'état pré-rationnel de la pensée pré-philosophique[24]. Au contraire de Xénophane, le vers serait selon Granger essentiel au message de Parménide et d'Empédocle, qui le choisissent pour s'appuyer sur l'autorité de la déesse et de la Muse[25].

---

20  S'agissant des concours poétiques à la période archaïque, le matériau ancien est rassemblé par Herington 1985, en appendice.

21  Granger 2007 p. 427 ; Nagy 1989 p. 34, pour la dimension panhellénique de la position de Xénophane, au sens où sa production s'inscrit non pas dans un contexte politiquement et géographiquement spécifié (comme une épinicie de Pindare) lié aux intérêts particuliers d'une communauté déterminée.

22  Long 1985 p. 246 : « *Such motifs [...] give the writer an additional authority which calls to mind what earlier poets have said* » ; Nagy 1989 p. 34 ; Most 1999 p. 339 (« *Both Xenophanes and Heraclitus seem to have directed their attention to poetry not for its own sake but to criticize authoritative doctrines in order to clear a space for their own* » ; voir également p. 353); Kahn 2003 p. 157.

23  Nagy 1989 p. 34 : « *like Homer and Hesiod before him, Xenophanes relies on the pan-Hellenic model of absolute poetic truth imparted by the all-knowing gods [...], but he stresses that this truth has in the past been partially revealed, and that the full extent of this absolute truth can be achieved only through the process of human inquiry through the course of time.* »

24  Granger 2007 p. 430 : « *he was, in effect, trying to demythologize verse so that its use would not announce its author's debt to the Muses for his skill or his information.* »

25  Granger 2007 p. 416-417, dont p. 416 : « *in contrast with Xenophanes, they may be in sympathy with the old poetic tradition and its reliance upon the Muses.* »

(d) La poésie hexamétrique, dont la composition est à l'origine orale, présente un certain nombre de procédés de construction qui lui sont propres, dont les trois philosophes-poètes ont tiré parti pour présenter leur doctrine[26]. Dans la mesure où le public avait l'habitude d'analyser ces procédés de composition, leur emploi assurait l'audibilité du propos tout en permettant la composition de doctrines complexes[27]. Ces schèmes typiques pouvaient faire l'objet du travail philosophique des trois philosophes-poètes[28].

(e) Le choix du vers peut impliquer de présenter des thèses en rupture avec les conceptions communément admises d'une façon qui les rende plus aisées à accepter par le public du fait de l'apparente traditionnalité du véhicule[29].

Dès lors, la relation historique entre philosophie et poésie se laisse comprendre de la façon suivante : Xénophane, Parménide et Empédocle ont emprunté une *forme poétique* pour tirer avantage de son mode de diffusion ou des autres atouts pragmatiques qu'elle présente, en y incluant un ensemble d'innovations formelles (en donnant, par exemple, un sens différent aux répétitions, aux formules ou aux analogies) *et* d'innovations conceptuelles (dont on considère qu'elles sont, sont dans l'ensemble, dépendantes de la démarche des Milésiens et du type d'enquêtes qu'ils ont développé)[30]. Toutefois, la difficulté la plus fondamentale à laquelle se heurte ce type d'explication par les avantages de la *performance* poétique est que, si l'on acceptait que le choix de la poésie par Xénophane, Parménide et Empédocle ait été déterminé par de telles raisons pragmatiques, en supposant qu'il n'y a pas de rapport de sens entre ce choix et la pensée qui y est exprimée – ou que ce rapport est secondaire –, on ne comprend pas pourquoi les autres philosophes du Ve siècle n'ont pas, eux aussi, composé en poésie.

[B.III] Face à cette difficulté et tout en reconnaissant que les explications qui ont trait au contexte de la *performance* étaient pertinentes

---

26  Sur la relation avec Homère et Hésiode, *cf.* Long 1985 p. 245-246 : « *In appearing to imitate Homer and Hesiod, the philosopher poets borrow what suits their needs.* »

27  Wright 1997 p. 22.

28  Most 1999 p. 358 (à propos de la comparaison et de la répétition chez Empédocle).

29  Wright 1997 p. 9. Granger 2007 p. 404 n. 3 est en désaccord avec l'idée (qui paraît effectivement difficile ainsi formulée).

30  À ce sujet, voir en particulier Long 1985 p. 245 (la dette envers les poètes archaïques est plus stylistique et formelle que conceptuelle).

jusqu'à un certain point, les savants ont mobilisé un troisième niveau d'explication pour rendre compte du *choix* de la poésie par les trois philosophes-poètes, qui permet d'introduire un degré de cohérence plus grand entre véhicule et pensée : que la forme poétique permettait de construire une analogie textuelle, un « *reenactment* », du contenu de pensée qui y est exprimé[31]. On a ainsi soutenu qu'il y avait ce que j'appellerai une *homologie* entre la réalisation concrète des différentes potentialités propres à la langue et au véhicule poétique, d'un côté, et le contenu qui s'y déploie, de l'autre.

L'idée trouve sa première formulation dans l'analyse des répétitions présentées par le corpus empédocléen qu'a proposée Graham, qui avance la thèse que ces répétitions créent une image du cycle[32].

Ce modèle d'une homologie entre forme poétique et contenu de pensée a d'abord été mobilisé dans le cadre de la réflexion sur les raisons qui ont poussé Empédocle à choisir la forme poétique. Catherine Osborne a interrogé la pertinence de la question consistant à se demander pourquoi les trois philosophes-poètes avaient choisi le vers, considérant qu'il s'agissait de la forme normale de l'expression de la pensée – c'est à cet égard le choix de la prose par les Milésiens qui demande à être expliqué[33]. Estimant qu'il n'était pas pertinent de distinguer forme et contenu, elle a souligné les avantages pragmatiques offerts par la *performance* poétique et le fait que la poésie permettait d'inscrire dans le véhicule une image du contenu qui s'y déploie : les répétitions de vers ou de parties de vers sont à l'image de la rencontre continuelle des éléments les uns avec les autres durant le cycle, alors même que chacun des deux poèmes de Parménide et d'Empédocle est construit selon la figure du cercle[34].

Toutefois, Osborne pousse l'argument jusqu'à affirmer que les trois philosophes-poètes ne procèdent pas à une réflexion sur le médium sous prétexte que c'est celui qu'ils doivent logiquement employer[35]. Le fait que le médium est une partie du message n'implique pourtant pas que le poète ne soit pas conscient du choix qu'il opère. La situation dans une tradition n'implique pas l'adhésion à celle-ci sans distance,

---

31   J'emprunte le terme à Most 1999 p. 356.
32   Graham 1988 p. 305 : la répétition « est […] une structure mimétique qui dresse un portrait de la condition du monde qu'elle décrit ».
33   Osborne 1998 p. 31 : « *the primary tradition in this period is clearly in verse.* »
34   Osborne 1998 p. 31-32.
35   Osborne 1998 p. 27. Ce point n'est pourtant pas essentiel à sa démonstration d'ensemble.

et la thèse d'Osborne néglige à cet égard le jeu réflexif introduit dans la pratique poétique.

Glenn Most a de fait reposé la question du choix du vers par les trois philosophes-poètes en tirant parti de cette idée d'une homologie (dans ses termes, d'une « analogie textuelle ») entre poésie et contenus de pensée, soulignant par ailleurs les avantages de la composition poétique en termes d'épistémologie et l'adaptation des procédés poétiques à une visée originale[36].

[C] Deux thèses majeures ont posé la question de la relation entre le véhicule poétique et les contenus de pensée qui s'y déploient indépendamment de la question du choix du vers[37].

[C.I] La première est l'aspect de la thèse de l'homologie (ou de l'analogie textuelle) entre véhicule poétique et contenu de pensée qui s'est élaborée indépendamment de cette question du choix du médium. Dans la lignée des remarques de Graham, ce motif a été employé dans l'analyse des répétitions que présentent le corpus empédocléen : on a considéré que celles-ci visaient à dessiner des figures circulaires qui sont autant de mises en abyme du cycle cosmique ou de celui de l'un et du multiple[38]. Ces analyses ont été étendues à différentes dimensions de la doctrine par Fernando Santoro, qui a examiné la relation entre ritournelle et allégorie[39]. Alex Hardie s'est appuyé sur ce modèle homologique généralement limité aux répétitions et l'a étendu à la Muse[40] : quoiqu'il ne pose pas la

---

36 Most 1999 p. 353-356.
37 De façon parallèle à ces thèses, voir également Althoff 2012, qui réfléchit aux possibilités respectives d'expression de la prose d'Anaxagore et de la poésie d'Empédocle. Quoiqu'il reconnaisse que la « forme » est en relation avec le contenu qui y est exprimé, le schéma historique et génétique auquel le savant parvient est quelque peu rigide : son association entre style prosaïque et sujet physique d'une part, et style poétique et thème religieux de l'autre ne convainc pas.
38 Pour le cycle cosmique, Rosenfeld 2006 p. 140 *sqq.* ; pour le cycle de l'un et du multiple, voir Wersinger 2008 p. 97. Est également dépendante de la thèse de Graham Galsworthy 2010 p. 208 *sqq.*
39 Santoro 2013 p. 192-195, dont p. 192 : « Parmi les fragments connus, nous avons des exemples de configurations d'ordre ontologique (B12, B17), cosmologique (B21, B38, B39, B43), théologique (B6, B134) démonologique (B59, B115), biologique (B82, B84, B89, B100, B102), gnoséologique (B103, B109) thérapeutique (B90, B111), érotique (B19, B32, B33, B66) existentiel (B115, B117), stratégique (B110), politique (B112) etc., qui font que la structure palindromique de l'éternel retour donne un sens dynamique à une grande diversité de phénomènes et de processus. »
40 Hardie 2013 p. 211 : « *We now know that Empedocles' poetic logos reflects, indeed enacts, the physical world and processes that it describes, so that in the presentation and ordering of argument,*

question sous cette forme, ses conclusions impliquent que la poésie est un élément nécessaire au déploiement de la pensée dans la mesure où la Muse devient, selon lui, une expression de la φρὴν ἱερή du fragment 134 et du chant poétique. Pourtant, son propos vise à l'interprétation de la figure de la Muse dans le système empédocléen, plutôt qu'il ne s'intéresse au problème de la composition poétique en tant que tel.

Ces différentes versions d'homologie ou d'analogie textuelle proposent assurément un modèle herméneutique qui permet de dépasser l'opposition précédemment exposée, en construisant une relation de sens entre le véhicule poétique retenu par Empédocle et les contenus de pensée qui s'y déploient. Pourtant, elles ne vont pas encore assez loin dans cette voie, pour deux séries de raisons. La première est que l'idée d'une analogie textuelle où les contenus de pensée correspondent à la forme poétique que leur expression revêt est presque impossible à démontrer de façon systématique dans le cas d'un corpus fragmentaire : il faudrait montrer, par exemple, que *toutes* les répétitions du corpus dessinent la figure d'un cercle et relier chacun d'eux à une donnée interprétative dans son contexte – aucune démonstration aussi systématique n'a de fait été proposée, à ma connaissance. La seconde difficulté est d'ordre méthodologique : ces études ne discutent pas de façon suffisamment approfondie le texte même des fragments sur lesquels elles se fondent[41] et n'ont pas pour objet de prendre position de façon suffisamment forte sur les difficultés majeures de la reconstruction de la pensée d'Empédocle. Si elles concluent que la forme poétique est déterminante dans la construction de l'argumentation, elles ne vont pas jusqu'à mettre en pratique cette thèse dans l'idée de proposer des éléments de solution originaux aux problèmes majeurs posés par l'interprétation. Ces propositions ne s'émancipent donc pas du reproche adressé plus haut aux angles d'approche proprement littéraires des poèmes d'Empédocle, quoiqu'elles constituent un pas dans cette direction.

[C.II] La thèse qui s'émancipe le mieux de cette dichotomie entre analyse de la forme et interprétation de la pensée philosophique, et la dernière qu'il reste à mentionner ici, est celle de Jean Bollack, qui se fonde sur une

---

*the physiological resonances of figurative language, even the integration of syntax and physiology, the logos is emerging as a verse-replica of the natural world that the poet describes.* »

41   Ainsi Rosenfeld 2006 repart du texte des fragments établi par Bollack 1969 (t. III) et de sa traduction (c'est-à-dire de son interprétation).

analyse systématique de l'emploi des formes poétiques dans la construction intellectuelle[42]. Bollack considère que la forme poétique permet des jeux de déplacement par rapport à Homère qui placent le propos d'Empédocle du côté d'une épopée savante[43] : estimant que ces déplacements sont décisifs pour la constitution du sens, il cherche à expliquer la signification des variations qu'Empédocle inscrit au sein même de la tradition. Cette pratique herméneutique, si elle suppose que le rôle de la forme poétique est un élément décisif de la construction de la doctrine, ne permet pourtant pas complètement d'expliquer pourquoi le lien entre le véhicule poétique et le contenu est nécessaire : quoique les analyses de Bollack montrent que le véhicule est le support d'une réalisation sémantique et intellectuelle qui n'aurait pas été possible avec un autre médium, il n'en reste pas moins qu'un autre véhicule aurait permis d'autres jeux, d'autres registres de déplacement. À ce titre, l'idée qu'il y a un lien nécessaire entre le véhicule et les contenus de pensée qui s'y déploient fonctionne plus comme un présupposé – fût-il correct – qu'il ne fait l'objet d'une démonstration dans l'analyse proposée par Bollack du corpus d'Empédocle.

À ce titre, si Bollack envisage le lien du caractère poétique du propos à la pensée, ce thème est beaucoup moins déterminant pour ses analyses d'Empédocle que pour celles de Parménide, au centre de l'entreprise duquel il place le travail sur le langage[44]. Il ne s'interroge pas directement sur le choix du médium en tant que tel par Empédocle, ni sur la nature de la relation qui unit véhicule poétique et pensée : il est sous-jacent à son analyse que cette relation est d'ordre nécessaire, mais il s'intéresse plus à la question des relations entre Homère (et à travers lui, la tradition poétique) et Empédocle, qu'il ne cherche à expliquer un choix du véhicule poétique qu'il considère implicitement comme déjà donné. On peut faire un pas de plus, en s'interrogeant sur la façon dont la relation entre véhicule et pensée est construite comme problématique dans les poèmes d'Empédocle.

---

42 Bollack 1965-1969, Bollack 2003. Voir en particulier le chapitre *Vers la reconstitution* de Bollack 1965. Encore récemment, voir Iribarren 2013 qui écrit, à propos des comparaisons, p. 86 : « Héritier aussi bien des formes poétiques archaïques que des premières spéculations philosophiques, Empédocle réunit dans le poème physique les deux champs d'application traditionnels de l'analogie technique [...]. La dimension métapoétique d'une comparaison n'est pas moins porteuse de sens que la dimension proprement cognitive qu'on dégage du *tertium comparationis*. »

43 Bollack 1965 t. I p. 285.

44 Voir Bollack 2006.

Cet état des interprétations montre qu'il y a un espace pour notre propre interrogation : la question du rôle du véhicule poétique dans la construction même de la doctrine n'est jamais traitée de façon suffisamment directe et complète pour parvenir à une conclusion d'ensemble qui soit totalement satisfaisante.

Essayons donc de poser le problème en des termes renouvelés et commençons par lever une ambiguïté lexicale. Le lecteur aura sans doute remarqué que j'ai employé jusqu'ici une distinction entre « forme » et « contenu », reprenant les termes dans lesquels une partie de la discussion s'était élaborée. La distinction ne semble pourtant pas complètement pertinente, ainsi formulée, et je préfère questionner la relation de la pensée au *véhicule* dans lequel elle se déploie. Par « véhicule » et « médium », pris comme des termes synonymes, je désigne l'hexamètre dactylique non pas seulement comme une forme versifiée (comme une séquence rythmique identifiable) mais, surtout, comme une tradition poétique. Cette *tradition* implique un mode de transmission socialement réglé d'un contenu depuis un émetteur – le poète – jusqu'à un récepteur – son public. La poésie hexamétrique – qu'elle soit épique, didactique, hymnique, etc. – est ainsi déterminée par une structure de communication et un mode de profération, dont on peut dans une certaine mesure tracer l'évolution historique mais à l'intérieur de laquelle il faut se garder de penser que les poètes n'ont pas la possibilité de *jouer* avec les codes qu'employaient leurs prédécesseurs.

Dès lors, la question de la relation entre poésie et pensée se distingue nettement de celle des raisons du *choix* du vers. À l'aune des caractéristiques de la composition poétique qu'ils se donnaient, les savants qui ont posé cette question du *choix* du médium (le vers par opposition à la prose) ont proposé diverses reconstructions de la relation entre les philosophes-poètes et la tradition poétique d'une part, et avec les enquêtes des Milésiens d'autre part. S'il n'appartient pas à la présente discussion de rassembler l'intégralité des thèses qui portent sur l'histoire du véhicule dans lequel s'est exprimé le discours philosophique, il importe pourtant de remarquer que ces reconstructions de type historique sont déterminées par le choix du point de rupture qu'on reconstruit.

Si l'on atténue l'importance de l'originalité que représentent les Milésiens à l'égard de la tradition poétique antérieure, on accentue la continuité entre celle-ci et Xénophane, Parménide et Empédocle. Eric Havelock parvient à ce résultat en concluant d'abord que les Milésiens n'avaient pas écrit, avant de modifier sa thèse et d'accepter qu'ils avaient composé en poésie[45]. Catherine Osborne parvient à un résultat semblable par d'autres voies : l'idée que la prose est le médium philosophique dominant au Ve siècle est une reconstruction rétrospective[46], et le choix de la poésie par les trois philosophes-poètes montre que les Milésiens eux-mêmes sont l'exception. Le geste de Xénophane, Parménide et Empédocle n'est alors pas celui qui demande à être expliqué.

D'autres savants ont associé la véritable rupture à Xénophane, en ce qu'il se proposerait de réformer l'éducation des Grecs en tirant parti de certaines avancées des Milésiens[47]. Au contraire, si l'on considère Xénophane comme le représentant d'une tradition didactique, à la suite de Solon, on est amené à souligner l'originalité de Parménide[48].

De telles tentatives ne sont pas pleinement satisfaisantes dans la mesure où elles sont dépendantes d'une reconstruction historique déjà donnée mais dont les caractéristiques jugées saillantes varient d'un interprète à l'autre. Cela montre qu'on gagne à poser la question de la signification historique de ce choix dans un second temps, une fois qu'on a reconstruit le sens de l'emploi du véhicule poétique dans le corpus de chacun des trois philosophes-poètes, pris individuellement[49].

Pour cette raison, notre étude portera sur la façon dont les fragments d'Empédocle *eux-mêmes* construisent la relation entre le véhicule poétique et la pensée : cette réflexion me semble la condition d'une reconstruction de la signification historique de ce choix par Empédocle, et non l'inverse. Sur quels critères fonder alors une telle étude ?

Il s'agit d'abord d'analyser la façon dont Empédocle inscrit sa propre poésie dans la tradition qu'il choisit. Dans la poésie archaïque, la réflexivité de la pratique poétique sur elle-même s'exprime de façon privilégiée dans

---

45   Havelock 1963 p. 295, Havelock [1966] 1982 p. 234, Havelock 1983 p. 80.

46   Osborne 1998 p. 27.

47   Long 1985 p. 246. Charles Kahn (2003 p. 157) a soutenu que Parménide se démarquait du monisme des Milésiens et Herbert Granger (2007 p. 416) qu'il marquait sa rupture avec leur physiologie empiriste et leur enquête sur la nature.

48   Kahn 2003 p. 156-158, reconstruisant la filiation de Parménide avec une poésie d'initiation qui nous est perdue. Le choix d'Empédocle s'explique alors par continuité avec Parménide, quoique Kahn admette que l'Agrigentin ait été influencé par une poésie religieuse qui nous est, également, perdue.

49   Long 1985 p. 245 et Laks 2001b p. 13, qui soulignent la nécessité de distinguer clairement les raisons pour lesquelles les trois penseurs emploient le vers, mais posent la question en termes de choix.

le traitement de la figure de la Muse : cette représentation de l'inspiration de la parole poétique et de sa source permet de signaler les décalages avec la tradition, en construisant le cas échéant les conditions d'une nouvelle situation de parole – en la *refondant*. Il faut ainsi comprendre de quelle façon la théorie de composition poétique développée par Empédocle se construit dans sa relation à la tradition qui la précède et quel est le type d'originalité qu'elle revendique, le cas échéant, dans la construction de l'assise épistémologique et de la position d'énonciation du poète. Les caractéristiques de la théorie poétique permettent de définir la nature de la relation que le poème *construit* lui-même entre le véhicule poétique – dont j'ai montré qu'il était non pas une forme versifiée mais une tradition – et la pensée qui s'y déploie.

Cette interrogation a pour corollaire de déterminer la façon dont Empédocle use concrètement des possibilités d'expression héritées de la tradition poétique archaïque pour exprimer sa pensée, et ce de deux façons. D'un côté, déterminer le degré d'originalité d'Empédocle dans l'emploi des procédés typiques de la composition poétique archaïque permet de saisir le rôle que le poète leur assigne dans la construction du sens : si l'on admet qu'une idée équivalente aurait pu être exprimée sans employer ces schèmes poétiques, la relation entre véhicule et pensée s'en trouve affaiblie, tandis que, de façon opposée, l'usage des procédés typiquement poétiques peut être une condition déterminante de l'élaboration du sens. Il faut également déterminer quelle est la nature de la relation entre la théorie de composition poétique que le poème se donne et la mise en œuvre de la *technique poétique* en tant que telle.

La théorie de composition et la réalisation concrète de la technique poétique impliquent toutes deux une certaine relation à la tradition poétique : la signification du complexe qu'elles forment se laisse éclairer par l'analyse des conditions de *performance* du poème. J'ai certes souligné qu'une modélisation du choix de la composition en poésie sur le fondement des avantages pragmatiques qu'elle présente – telle que l'ont proposée en tout cas les savants jusqu'ici – ne suffisait pas à montrer qu'il y avait un lien signifiant entre véhicule et construction de la pensée[50] : la raison

---

50  Le fait que Granger 2007 p. 430 considère que le vers n'est pas essentiel à la doctrine de Xénophane alors que la thèse inverse est soutenue par Osborne 1998 est un bon exemple du fait que ce type d'argument ne répond qu'imparfaitement à la question des raisons du choix du véhicule poétique.

en est à mes yeux que les conditions pragmatiques de la récitation et de la diffusion des poèmes ont été considérées par les savants de façon pour ainsi dire abstraite, c'est-à-dire sans analyser la relation entre les caractéristiques de la *performance* et la façon dont l'énoncé poétique lui-même se construit dans sa relation à ce contexte.

Le véhicule poétique est assurément associé à un contexte de *performance*, à un type de public et à des possibilités d'expression données : le poète ne dit pas les mêmes choses devant les participants d'un banquet lorsqu'il s'exprime en distiques élégiaques que dans un grand concours public, où il s'exprime en hexamètre dactylique[51] – et, de façon symétrique, le public ne réagit pas de la même façon aux propos du poète, qu'il s'agisse de manifester son assentiment ou son désaccord. L'opposition entre le contexte du banquet et celui du grand concours public est intéressante : alors que de nombreux poètes archaïques emploient l'élégie comme véhicule d'un discours didactique – tels par exemple Théognis ou Solon – et que Xénophane use des deux véhicules, Parménide et Empédocle eux, pour autant que nous le sachions, n'ont utilisé que l'hexamètre dactylique pour exposer leurs systèmes. En d'autres termes, il n'est pas pertinent de se débarrasser d'une interrogation sur les raisons pour lesquelles Parménide et Empédocle n'ont pas composé leurs poèmes en distiques élégiaques en donnant comme seule réponse que la portée didactique de leur poésie, s'inscrivant dans la lignée d'Hésiode, leur imposait le choix de ce médium. Il faut sans doute plutôt analyser la relation entre les caractéristiques du contexte de la *performance* associé à la poésie dactylique et la stylisation, par le poème lui-même, de sa relation au contexte de la *performance*. Il faut ainsi comprendre *comment la pensée d'Empédocle* tire parti de ces conditions pragmatiques pour se construire, en introduisant un jeu avec elles, ce qui passe par une étude serrée de la rhétorique d'Empédocle – entendue au sens de la construction des positions d'énonciation et de destination au sein de ses poèmes.

La tradition nous dit qu'Empédocle avait fait réciter les *Catharmes* par le rhapsode Cléomène aux Jeux olympiques, donc pour un public panhellénique. Or, le poème s'adresse à une communauté de φίλοι d'Agrigente. Il y a là une tension, qui pointe la question la finalité du

---

51 Notons pourtant que Bowie 1986 a montré qu'il y avait des récitations élégiaques dans les concours publics, s'agissant de poèmes historiques.

discours et du savoir dans la société : on peut formuler deux hypothèses extrêmes, selon qu'on considère que le poète cherche à réformer les mœurs d'une élite tout en faisant réciter dans un contexte panhellénique, pratiquement par provocation envers les Grecs du commun, ou qu'on estime au contraire que la communauté des Agrigentins désignée par le poème fonctionne comme une représentation emblématique de la communauté visée du monde grec dans son ensemble. Reconstruire la relation entre destinataires intra- et extradiégétiques d'Empédocle permet de déterminer l'efficace qu'il donne à sa pensée dans la société grecque.

## LE CORPUS : LES DEUX POÈMES

J'ai choisi de ne pas aborder dans ce livre la question du nombre des poèmes composés par Empédocle. La distinction traditionnelle entre le poème physique – adressé à Pausanias – et le poème religieux – adressé à un groupe de φίλοι agrigentins – a été contestée par Catherine Osborne, dans un article de 1987[52]. Cette question a fait l'objet de vives discussions dans la communauté scientifique : la séparation des deux poèmes a elle aussi ses partisans[53] et les deux positions ont l'une et l'autre des arguments solides.

J'ai choisi de m'en tenir ici à la position des *chorizontes*, pour des raisons méthodologiques, avant de reprendre l'ensemble du problème de façon systématique dans un futur travail. Vu les conditions de la transmission ancienne des fragments d'Empédocle et la façon dont les interprétations des deux poèmes se sont historiquement constituées, il m'a semblé que la position la plus enrichissante du point de vue de l'analyse était de les dissocier. Envisager le matériau dans ses différences thématiques et formelles permet d'en concevoir de façon plus satisfaisante le fonctionnement que de nier les différences présentées par le corpus. Il paraît ainsi préférable de ne refuser la division, qui est la plus productrice de sens, que lorsqu'elle est intenable. Elle ne m'a pas paru l'être.

Cette discussion sur le nombre de poèmes ne doit au demeurant pas dissimuler le problème réel, qui est à mes yeux celui de l'unité de

---

52  Voir en particulier Osborne 1987a, Inwood 2001 p. 9 *sqq.*, Trépanier 2004.
53  En particulier, voir Bollack 2003 p. 14-17 et Laks 2005.

la doctrine. La vraie question n'est pas tant de déterminer s'il y avait un ou deux poèmes mais s'il est possible que la pensée s'exprime, sous la forme sous laquelle on la reconstruit, dans une seule unité ou non, et pourquoi. Cette question recoupe le problème de la détermination du rapport entre les deux cycles physique et démonique, qui auraient respectivement été abordés dans le Poème physique et les *Catharmes*, s'il faut distinguer les deux œuvres. Je ne doute pas que la compréhension ultime du projet d'Empédocle ait été déterminée, par le dispositif textuel lui-même, comme celle de la relation entre ces deux cycles dans sa complexité. De ce point de vue, le matériau qui nous est parvenu ne laisse pas place à l'ambiguïté : les deux cycles physique et démonique ne se recouvrent pas[54]. La Discorde ne commet pas elle-même le crime à l'encontre de la divinité dans les *Catharmes* mais emploie le vecteur d'un démon, alors qu'elle sépare par son action propre les membres de la Sphère dans le cycle physique.

Il m'a donc paru préférable pour l'analyse de maintenir la distinction entre ces deux cycles et entre les deux poèmes. La majeure partie des conclusions auxquelles je parviens sur la théorie poétique et le remploi des techniques de composition ne sont au demeurant pas liées à la question du nombre de poèmes, qui n'est véritablement déterminante qu'au sein des deux derniers chapitres.

## MÉTHODE PHILOLOGIQUE ET HERMÉNEUTIQUE

La méthode que j'emploie ici est issue de la théorie et de la pratique herméneutiques de l'école de Lille, largement tributaire des théories de F. Schleiermacher et de P. Szondi.

Attentive à la lettre des textes transmis, elle repose d'abord sur une étude lexicale et grammaticale minutieuse. D'autant plus nécessaire que le corpus est fragmentaire, elle implique de replacer le texte dans sa propre tradition intellectuelle ou littéraire, pour comprendre de quelle façon le dispositif se construit dans sa continuité et sa rupture avec celle-ci : il s'agit d'examiner de quelle façon la création s'inscrit dans

---

54  Voir à ce sujet les remarques de Laks 2005.

le matériau linguistique, qui possède une forme d'inertie, et le refonde en le dépassant partiellement. À cet égard, le travail poétique et philosophique s'opère dans la langue mais parfois également contre elle. Le cercle herméneutique qui relie la lecture des fragments déterminés à la reconstruction du projet d'Empédocle se double, dans mon analyse, d'un second cercle, consistant à envisager les relations d'Empédocle à la tradition poétique antérieure dans son caractère problématique : il ne s'agit ni de postuler la continuité ou la distance prise avec la tradition mais d'envisager la signification des différentes options qui caractérisent ce rapport dans l'élaboration de la signification et, à travers eux, du projet à la fois philosophique et poétique d'Empédocle. Lorsque cette réflexion sur la tradition à laquelle appartient Empédocle prend la forme d'une étude des motifs et de termes qu'Empédocle emprunte à la tradition poétique, je me suis efforcé de ne pas limiter l'analyse aux corpus d'Homère, d'Hésiode, de Pindare ou d'Eschyle – que nous connaissons mieux dans la mesure où la tradition nous a légué davantage de matériau – mais d'inclure d'autres corpus fragmentaires, telles que la lyrique monodique, l'élégie, les premiers poètes comiques, le cycle épique et d'autres poètes hexamétriques, tels qu'Aristéas ou Panyassis. Toutefois, l'état de notre connaissance de ces poèmes ne nous permet malheureusement pas toujours de concevoir la relation entre les plus fragmentaires de ces corpus et la poésie d'Empédocle.

Cette méthode implique ensuite une reconstitution des positions interprétatives qui vise à appréhender la façon dont les problèmes herméneutiques se sont constitués dans l'interprétation des textes. Je suis systématiquement remonté jusqu'à l'édition de Sturz de 1805, et n'ai pu intégrer tous les travaux antérieurs, tels que ceux d'Estienne et de Scaliger. Le choix de l'ouvrage de Sturz se justifie par le fait qu'il s'agit de la première édition commentée moderne d'Empédocle, réalisée dans un contexte où l'édition d'Estienne de 1573, qui constituait la référence majeure, ne proposait pas de reconstruction des poèmes mais classait les fragments par source. L'entreprise, colossale dans le contexte de son époque, que Sturz achève en 1805 a un caractère fondateur : outre l'édition critique des fragments et une proposition de reconstitution de leur séquence originelle, le livre comporte une série d'essais sur les aspects jugés majeurs de la pensée d'Empédocle ou de sa figure même, ainsi qu'un commentaire linéaire du texte. Si cette étude témoigne des critères scientifiques de son époque, elle présente l'avantage de s'être constituée avant que l'interprétation admise de la pensée de l'Agrigentin ne se dessine, à la fois du point de vue de la répartition des fragments entre les deux poèmes sur le fondement d'un double critère énonciatif et thématique, et de la compréhension du cycle cosmique extrêmement problématique développée par Panzerbieter en 1844. La réalisation la plus systématique de cette répartition remonte à Stein en 1852, qui s'appuyait certes sur des remarques de Karsten et de Bergk, et dont la position sur ce point a informé celle de Diels. La relecture qu'a proposée Jean Bollack entre 1965 et 1969 du cycle d'Empédocle a révélé les limites de la reconstruction de Panzerbieter : l'interprétation orthodoxe a connu des modifications successives, marquées en particulier par la découverte de scholies byzantines à la *Physique* d'Aristote et du papyrus de Strasbourg[55].

En partant de ce point de départ représenté par Sturz, j'ai cherché à reconstruire la façon dont les interprétations des fragments étudiés se sont élaborées : il s'agit de dégager le texte des problèmes construits par la reproduction d'interprétations dont les origines ne sont pas toujours questionnées.

Le lecteur ne doit pas s'étonner, à cet égard, que les points de l'enquête qui touchent aux problèmes herméneutiques majeurs posés par la pensée d'Empédocle (tels que le nombre de poèmes ou la nature du cycle cosmique dans son articulation au nombre de zoogonies) ne prennent pas comme point de départ systématique l'interprétation développée par Jean Bollack dans les trois livres qui forment sa monographie publiée entre 1965 et 1969. Son héritage intellectuel, avant de tenir à un ensemble de doctrines et de thèses – ce qu'il est bien sûr également –, consiste en la façon d'élaborer les problèmes herméneutiques qui se posent au philologue et en une méthode de lecture et d'analyse des textes, dans leur détail, leur cohérence et leur complexité, visant à répondre aux problèmes en question.

Le troisième aspect de méthode est que le caractère fragmentaire du corpus rend nécessaire une étude des sources des fragments et du contexte de leur transmission. Les sources des fragments commentés en détail ont fait l'objet d'une analyse visant à déterminer l'objectif de la citation du fragment dans sa relation au propos même de celui-ci, et les problèmes philologiques liés à leur transmission ont également fait

---

55  Pour les scholies, voir Rashed 2001 (ces scholies sont reproduites dans l'édition de Vítek 2006 p. 198, sous le numéro A 100). – Pour le papyrus, voir Martin & Primavesi 1999.

l'objet d'un examen. Pour les fragments cités par de très nombreuses sources, j'ai dû laisser de côté un petit nombre de celles-ci pour des raisons matérielles (en particulier pour les fragments 17, 112, et pour certaines sources mineures du fragment 121).

## PLAN DE L'OUVRAGE

L'interprétation s'organise en trois moments principaux[56].

Dans une première partie, les chapitres 1 à 4 se proposent d'étudier la figure de la Muse, afin de reconstruire la théorie poétique d'Empédocle. En définissant le procédé transcendant d'une inspiration du poète par la divinité, le poème définit les conditions de sa propre interprétation et indique la relation qu'entretient ce procédé à ses précédentes stylisations dans la tradition poétique, avec les ruptures éventuelles que cela implique. L'analyse portera sur les trois fragments où se trouve cité le nom de la Muse (B 3, 4, et 131 D.-K.). Une partie importante, sinon l'essentiel, du processus de composition poétique se trouve développé dans le fragment 3, dont la source principale est Sextus Empiricus, qui cite ce fragment après le fragment 2, lui-même divisé en deux parties. Cette citation pose problème dans la mesure où la partie du fragment comportant la mention de la théorie poétique est citée dans le contexte d'une discussion sur le statut du sensible : la citation du fragment 3 a lieu juste après une citation fragment 2 dont l'objectif est de discréditer la connaissance sensible, ce qui semble paradoxal dans la mesure où le fragment 3 comporte, après la définition de la théorie poétique, un groupe de vers qui établit l'usage correct des sens. La citation de Sextus nous invite à déterminer si Empédocle lui-même avait conçu une relation de la théorie poétique au sensible – ou s'il s'agit d'une construction de Sextus ou de sa source – et si oui, laquelle. Le premier chapitre est ainsi

---

56   Je remercie particulièrement les spécialistes des Présocratiques et d'Empédocle qui m'ont conseillé et aidé aux différents moments de l'élaboration de ma réflexion : parmi ces derniers, je pense en particulier à Jean Bollack, Leopoldo Iribarren, Gérard Journée, André Laks, Jean-Claude Picot (des relectures duquel une partie importante du présent ouvrage a bénéficié) et Marwan Rashed. J'ai également eu la chance de participer au séminaire sur les Présocratiques organisé par André Laks.

consacré à un examen rapide des problèmes posés par le témoignage de Sextus et à une interprétation de la discussion sur le sensible dans le fragment 2, qui nous permet d'éclairer, au sein du chapitre 2, le sens de la construction de la théorie poétique dans le fragment 3, dans la relation que celle-ci entretient à la discussion sur les sens. Je montrerai que la construction de la théorie poétique d'Empédocle se trouve au cœur du faisceau conceptuel formé par sa refonte de la théologie traditionnelle, d'un côté, et sa refonte de la conception du vivant (et, corrélativement, de la mortalité des mortels), de l'autre.

Le troisième chapitre examine la relation des résultats obtenus aux deux autres fragments, plus brefs, où la Muse est mentionnée (fr. 4 et 131) : nous chercherons à déterminer si ces fragments présentent la même Muse – la même conception de l'inspiration poétique – que le fragment 3, ou s'ils l'examinent sous le même rapport. Est-il possible de reconstruire une théorie poétique unifiée selon les thèmes abordés, et ce dans chacun des deux poèmes ? Cet examen permettra de mettre en lumière les modes de conviction et de persuasion que les poèmes d'Empédocle se donnent.

Le chapitre 4 examine le traitement qu'Empédocle fait subir aux métaphores de la composition poétique : il substitue aux métaphores traditionnelles d'autres images, qui sont associées au motif du chemin d'une façon qui semble en rupture avec la tradition aédique et rhapsodique. L'examen des fragments 24 et 35.1-2 permet de préciser la nature et la visée de deux métaphores, celle du chemin de montagne (ἀταρπός) et celle du chemin des hymnes (πόρος ὕμνων). Je montre qu'Empédocle procède à une réfection de ces métaphores afin de souligner qu'il adapte les modalités d'organisation de la matière poétique aux particularités des sujets qu'il traite : cette étude permet ainsi de faire le lien entre l'examen de la théorie poétique et les chapitres suivants.

Dans une deuxième partie, les chapitres 5 à 8 portent sur l'adaptation des modes de composition typiques de la poésie archaïque, et en particulier de la poésie hexamétrique, aux caractéristiques de la pensée d'Empédocle : nous chercherons à déterminer dans quelle mesure les différents aspects de la théorie de l'inspiration poétique dégagée dans les chapitres précédents informent la réalisation concrète des potentialités de composition offertes par le véhicule qu'est l'hexamètre dactylique. Les adapte-t-il à la visée de son argumentation ? Sa théorie poétique originale le conduit-il à employer de façon également originale les formes d'organisation de la matière poétique traditionnellement associées à la poésie hexamétrique ?

Le chapitre 5 occupe une position liminaire : j'y présente brièvement les résultats d'une comparaison de la prosodie et de la métrique d'Empédocle avec Panyassis (retenu comme représentant de la tradition épique et contemporain d'Empédocle) et Parménide (choisi en tant que représentant de la tradition poétique philosophique) d'une part, et avec Homère et Hésiode de l'autre[57].

Trois formes typiques de composition ont retenu notre attention : la comparaison, le catalogue et les formes associées à la répétition (la ritournelle et, dans une moindre mesure, les constructions annulaire et en spirale). Outre leur caractère typique, ces trois formes présentent l'avantage d'être relativement bien attestées dans le corpus : elles constituaient une dimension majeure du travail d'Empédocle sur les formes compositionnelles de la poésie ancienne et sont susceptibles à ce titre de fournir les informations les plus déterminantes sur le sens de l'usage qu'il en reconstruit.

Nous avons vu qu'Aristote avait remarqué l'usage particulièrement développé qu'Empédocle faisait des comparaisons[58] : le chapitre 6 est consacré à l'examen des trois comparaisons développées des fragments 23 (qui compare la création du vivant à la peinture), 84 (qui compare la création de l'œil à la confection d'une lanterne) et 100 (qui compare le mécanisme de la respiration au jeu d'une enfant avec une clepsydre).

Le catalogue, examiné dans le chapitre 7, est un mode privilégié par lequel la poésie archaïque élaborait une compréhension du monde par le classement des divinités qui développaient un aspect déterminé du réel. Il est représenté de façon brillante dans la *Théogonie* d'Hésiode. L'analyse se concentre sur la technique poétique de trois des catalogues les plus importants du corpus : ceux des fragments 121, 122 et 123, qui présentent une liste de divinités dont le statut est problématique.

Enfin, les figures de la répétition, étudiées dans le chapitre 8, sont des procédés déterminants de la composition archaïque dans un contexte oral[59] : quoique la composition poétique d'Empédocle ne soit très vrai-

---

57  Je n'ai pu inclure ici les tableaux statistiques et les schémas de synthèse que j'ai réalisés, pour des raisons matérielles. Ils feront l'objet d'une publication ultérieure.

58  *Cf.* DL.VIII.57, cité *supra*.

59  L'interprétation des répétitions dans le corpus homérique a été le pivot du renversement de paradigme qu'ont permis les thèses de Milman Parry sur la composition formulaire.

semblablement plus, comme celle d'Homère, une composition formulaire en *perfomance*[60], son poème adapte ces figures de la répétition qui deviennent un schème caractéristique de la construction de sa pensée. Parmi ces formes, j'ai privilégié l'étude de la ritournelle en raison de l'importance de son attestation dans le corpus.

La dernière unité de notre enquête a pour but de mettre en perspective les résultats obtenus dans les deux parties précédentes en montrant comment la poésie participe du projet philosophique d'ensemble d'Empédocle. Dans le chapitre 9, je montrerai d'abord, au moyen d'une étude de la relation qui lie les destinataires intradiégétiques de ses poèmes – que sont Pausanias et les φίλοι agrigentins – à ses destinataires extradiégétiques, que le choix du véhicule hexamétrique lui permet de préciser, de façon réflexive, la dimension éthique que revêt son projet philosophique dans la société grecque du Vᵉ siècle. Le dixième et dernier chapitre étudie la signification du fait qu'aucun rôle ne semble dévolu à la Discorde dans la composition poétique. Cette absence constitue un creux signifiant, qui indique que le choix de la composition poétique trouve une signification à l'intérieur même du système philosophique d'Empédocle : la poésie, placée du côté de l'Amour, se laisse interpréter dans l'opposition que sa pratique implique avec la puissance propre de la Haine.

Il n'était pas possible, dans le cadre de cette étude, de procéder à l'examen exhaustif des témoignages anciens qui portent sur la pratique poétique d'Empédocle, ni de proposer une étude *per se* du lexique d'Empédocle. Le lecteur trouvera en revanche un grand nombre d'analyses de détail des termes et de leurs emplois antérieurs dans les fragments que j'ai commentés ; en faire une ligne d'analyse à part entière aurait conduit à discuter de façon plus systématique et développée les analyses de Traglia et de Gemelli Marciano[61]. Plutôt que d'examiner des procédés littéraires tels que la métaphore ou l'allitération, j'ai préféré me concentrer sur les modes de composition d'ensemble[62].

Cette étude est complétée par quatre annexes et un ensemble d'index.

---

60 En effet, une telle technique implique une adaptation de l'aède aux réactions du public qui est difficilement imaginable lorsqu'il s'agit d'un poème à ce point en rupture avec les conceptions admises : *cf. infra*, p. 595.

61 Traglia 1952, Gemelli Marciano 1990.

62 Pour un certain nombre de figures stylistiques, voir Traglia 1952 p. 95-99 (allitérations, assonances et homéotéleutes, antithèses etc.).

Sont rassemblés dans l'annexe 1 le texte des fragments, leur apparat critique et une traduction, précédés du texte et de la traduction de leurs sources. À des fins de commodité, j'ai rassemblé les passages où Simplicius cite successivement de nombreux fragments dans l'annexe 2 plutôt que de les morceler au sein des sources de chaque fragment concerné. Les apparats critiques à ces sections ne proviennent pas d'un retour aux manuscrits mêmes des sources mais sont élaborés sur la base des éditions existantes. Ils sont indicatifs au sens où ils indiquent seulement le texte des manuscrits et les interventions principales sur le texte[63], qui font le plus souvent l'objet de la discussion dans le corps du présent ouvrage. Au sein de l'annexe 1, deux séries de fragments ont un statut particulier : je n'ai inclus que les parties des fragments 17 et 112 qui font expressément l'objet de la discussion et les principales sources concernées. J'ai présenté les principales sources du fragment 121, en laissant de côté les sources dépendantes de celles que je cite et discute. Dans les annexes 1 et 2, le signe « + » indique que le témoin forme un ensemble continu à partir de vers dont nous savons par d'autres sources qu'ils ne se trouvaient pas dans une continuité immédiate. Les citations des fragments sont laissées dans le texte lorsqu'il ne s'agit pas d'Empédocle, ou lorsque que le fragment d'Empédocle est cité sous une forme particulière ou adaptée à la syntaxe de la source. Par commodité pour le lecteur, le fragment 21, convoqué dans le chapitre sur les comparaisons, est inclus dans la section de l'annexe 1 qui comporte également le fragment 23.

L'annexe 3 rassemble le matériau qui a trait aux répétitions dans le corpus, en en proposant une typologie. L'annexe 4 porte sur la métrique des vers catalogiques, chez Empédocle et dans la tradition hexamétrique antérieure, et vient compléter la première partie du chapitre 7.

Les index comprennent la liste des passages cités, des auteurs modernes, des notions, des mots grecs commentés et des manuscrits discutés (j'y ai rassemblé les références des manuscrits, désignés ailleurs dans l'ouvrage par leur sigle conventionnel)[64].

---

63  Pour des apparats critiques sinon exhaustifs, du moins extrêmement documentés, voir l'édition de Vítek 2006.

64  Je remercie Gérard Journée et Sarah Lagrou pour l'aide qu'ils m'ont apportée lors de la réalisation de la première version de ces index.

PREMIÈRE PARTIE

# LA THÉORIE POÉTIQUE

# VÉRITÉ ET SENSATION

## Les préalables de l'écoute
## du poème philosophique (fr. 2)

### INTRODUCTION : LA CITATION
### DES FRAGMENTS 2 ET 3 PAR SEXTUS EMPIRICUS

Le fragment 3 d'Empédocle rassemble la majeure partie des informations qui nous sont parvenues sur sa théorie poétique. De ses treize vers, cinq au moins stylisent la façon dont le poète reçoit la parole poétique des dieux (v. 1-2) et de la Muse (v. 3-5), auxquels le poète s'adresse à la deuxième personne. Les vers 9-13, dont on a généralement supposé qu'ils étaient adressés à Pausanias malgré l'absence apparente de changement de destinataire, comprennent une exhortation à employer les sensations pour parvenir à la connaissance. Les vers 3.6-8, qui formulent l'interdiction de composer un poème en recherchant la faveur des mortels, posent de délicats problèmes d'établissement du sens et de la construction grammaticale, renforcés par une hésitation sur l'identité de leur destinataire, puisqu'on ne sait pas *a priori* s'ils sont adressés à la Muse ou à Pausanias.

Le principal problème posé par le fragment 3 tient à la compréhension de la relation construite par le dispositif textuel entre la théorie poétique (dans les huit premiers vers) et l'exhortation à user de façon correcte des sens (dans les cinq suivants). Cette organisation rend-elle compte de caractéristiques de la doctrine philosophique ? Si oui, quelle est sa signification ? Dans le cas contraire, faut-il accepter que la succession de ces deux types d'énoncés au sein du fragment 3 soit une construction artificielle des sources anciennes ? La difficulté présente plusieurs aspects, qui tiennent à la fois au contexte de la citation du fragment

3 par Sextus Empiricus et au problème de l'identité du destinataire des vers 6-8.

La principale source du fragment 3 est Sextus Empiricus, qui le cite conjointement au fragment 2 au livre VII du traité *Aduersus Mathematicos*[1], quoique des parties isolées du fragment 3 soient citées par d'autres sources[2]. La citation par Sextus a lieu dans un contexte où le Sceptique examine les opinions des philosophes sur la nature du critère de vérité : après avoir mentionné un courant d'interprétation orthodoxe, qui accepte les sens comme critères de vérité pour Empédocle, la discussion aborde le courant hétérodoxe, qui attribue à Empédocle le critère de l'ὀρθὸς λόγος. La source de Sextus distingue deux droites raisons : l'une est divine et ineffable et l'autre humaine, à même d'être formulée. Sextus cite le fragment 2 pour montrer que, quoique les sensations ne constituent pas un critère de vérité (v. 1-8a), celle-ci est partiellement accessible à la raison humaine (v. 8b-9), avant de conclure à une collaboration des sens et de la raison, qu'il appuie d'une citation du fragment 3.

La citation des fragments 2 et 3 par Sextus Empiricus pose trois séries de problèmes. (1) Comprendre pourquoi la tradition indirecte prête à Empédocle, au moyen de cette citation des fragments 2 et 3, les deux thèses distinctes établissant que les sensations ne permettent pas d'accéder à la vérité, et qu'elles sont à même de faire accéder au vrai si elles sont placées sous l'égide de la raison. (2) Comment expliquer que Sextus cite les vers 3.1-8 au moment où il s'agit d'appuyer la thèse d'une collaboration entre sens et raison, alors que ces vers contiennent des prescriptions sur la façon de composer un poème ? (3) Comment articuler le rejet apparent de la connaissance sensible dans les huit premiers vers du fragment 2 à l'exhortation à user des sens dans le fragment 3 ? Si l'on postule que la citation de Sextus rend compte de l'organisation des fragments dans le poème originel, comment expliquer que ces dépréciation et valorisation successives de la connaissance sensible encadrent alors ainsi l'énoncé des conditions de la composition poétique correcte ?

Ces difficultés ont amené les savants à interroger la cohérence même du fragment 3, tant d'un point de vue thématique (pour expliquer la différence des matières qu'il aborde) que pragmatique (au vu de l'incertitude qui porte sur le moment où avait lieu le changement d'adresse de la Muse à Pausanias).

---

1    SE.*AM*.VII.122-126. *Cf.* Annexe 1, p. 746.
2    *Cf. infra* p. 103-105.

Une partie de la communauté scientifique a associé ces problèmes de cohérence à l'acte de citation du fragment 3 opéré par Sextus Empiricus, estimant que celui-ci (ou sa source) citait des passages tirés de différentes parties du poème et artificiellement assemblés pour produire le texte que nous lisons. Le témoignage de Sextus a, de ce point de vue, été jugé « mal construit » ou « confus[3] », dans la mesure où seule la fin du fragment (3.9-13) paraissait illustrer son argument. Une telle position à l'égard du témoin a conduit à deux types d'interventions sur le texte.

Le premier a consisté à modifier la structure de communication du fragment 3 sur des points des vers 3.6-8 où les manuscrits de Sextus sont pourtant unanimes, du fait qu'on ne comprenait pas qu'Empédocle, dans les vers 3.6-8, prescrivît à la Muse de ne pas se laisser emporter à rechercher les honneurs des hommes. Bergk a introduit un nominatif au vers 6[4] et Stein une première personne[5]. Karsten, récemment suivi par Alex Hardie, a imaginé que le texte était en fait un dialogue où la Muse répondait au poète, qui aurait été amputé par Sextus des passages rendant explicite ce procédé singulier[6]. Ces corrections visent à faire porter l'injonction (μηδὲ… βιήσεται 3.6, ἄθρει 3.9) non pas sur la Muse mais sur le poète : celle-ci lui aurait donné des conseils pour composer un poème et employer au mieux les sensations humaines, qui seraient fondamentalement inadéquates à faire parvenir au vrai.

Constatant que le discours poétique se présentait comme proféré par un dieu au vers 23.11 (θεοῦ πάρα μῦθον ἀκούσας) et récusant qu'il puisse s'agir d'Empédocle[7], Palmer a généralisé cette approche en modifiant la structure énonciative du poème, sur le modèle de celle

---

3   Trépanier 2004 p. 53 : « *Whatever its ultimate origin, Sextus' interpretation of Empedocles' epistemological presuppositions is at best partial, for the passages quoted in its support do not fit very closely the general scheme it proposes.* »

4   Bergk [1839] 1886 p. 27 corrige le μηδέ σέ en μηδὲ σύ, « tu ne seras pas contraint de cueillir les fleurs… ». Sa justification est en fait grammaticale : il préfère corriger car il trouve trop difficile la syntaxe de Karsten (qui comprend que ἀνελέσθαι est sujet, et traduit « *neque te corrumpet cupido famosi flores honoris a mortalibus carpendi* » (Karsten 1838, p. 91, je souligne)). Bergk ne précise pas si le référent du σύ est la Muse, Pausanias, ou le poète en général, mais son interprétation consiste à lire ici une critique des poètes qui prétendent savoir ce que les dieux ne leur permettent pourtant pas de savoir.

5   Stein 1852 p. 31.

6   Karsten 1838 p. 176, Hardie 2013 p. 237-238.

7   Palmer 2013 p. 309 (contre Gemelli Marciano 2013 p. 329, qui estime que le θεός est Empédocle).

du poème de Parménide[8] : au lieu que le poète s'adresse à Pausanias, la Muse s'adresserait au poète à la deuxième personne, parlant par sa bouche. Dans les fragments 2 et 3.6-13, la Muse elle-même s'adresserait à Empédocle, lui expliquant qu'elle va lui révéler une façon correcte d'user des sens (3.9-13) pour éviter les erreurs des hommes (2.1-8a)[9]. L'argument est fondé sur un parallèle avec la *Théogonie* d'Hésiode : la partie postérieure à l'hymne aux Muses serait prononcée par les Muses au style direct, structure qui aurait informé celle du poème d'Empédocle[10]. Le Poème physique tiendrait à cet égard plus de la *Théogonie* que des *Travaux* dans la mesure où le contenu serait une « cosmothéogonie[11] » : la structure énonciative essentielle est l'adresse de la Muse au poète et non celle du poète à Pausanias.

La proposition de Palmer pose plusieurs problèmes. L'argument initial à propos du fr. 23.11 ne fonctionne pas : le vers peut simplement signaler que le poète tient son discours de la Muse, et non que celle-ci parle elle-même. Le savant néglige que ce dispositif est une stylisation de l'origine de la parole poétique d'Empédocle, n'analysant pas suffisamment le fait que l'adresse à la Muse, dans la *Théogonie*, est un moyen de définir la théorie poétique sous-jacente à la composition, schème par lequel le poème définit les conditions de sa propre interprétation. La fonction de l'adresse aux Muses n'est pas à cet égard de déterminer si le poète ou les Muses parlent. De surcroît, si on postule une situation d'énonciation close sur elle-même telle que celle du poème de Parménide, il ne fait plus sens que le fragment 1 soit adressé à Pausanias

L'autre difficulté est méthodologique : le savant conclut trop vite la continuité entre la narration de la *Théogonie* et des poèmes de Parménide

---

8    Palmer reconstruit cette situation d'énonciation virtuellement pour tous les fragments, hormis ceux où le poète nomme le disciple (B 1) ou ses auditeurs agrigentins (B 112) ou encore s'adresse aux dieux ou à la Muse (B 3.1-5 et B 131). *Cf.* Palmer 2013 p. 321-322 pour une liste non-exhaustive, constituée des fr. 2.8b-9, 6, 17.14, 17.21, 17.26, 111, etc., ainsi que des adresses dans le Papyrus de Strasbourg. Pour le parallèle avec Parménide, *cf.* Palmer 2013 p. 315.

9    Palmer 2013 p. 320 et 324-325.

10   Palmer 2013 p. 316-317 puis p. 320-321 : « *These last words (sc.* la fin du fragment 131) *could be taken to indicate that the cosmotheology Empedocles will impart to Pausanias, though divinely inspired, is delivered in direct rather than reported speech were it not for the fact that there are, as we have seen, certain fragments clearly belonging to that account where the speaker is evidently a divinity* [...] *and thus cannot be Empedocles himself.* »

11   Palmer 2013 p. 319.

et d'Empédocle, qui se situent en réalité de façon problématique dans la tradition qu'ils reconduisent partiellement. De fait, aucune mention de la tradition indirecte n'étaye l'hypothèse de Palmer, alors qu'il y a fort à parier que si le poème présentait une structure énonciative semblable à celle de Parménide, nous en aurions eu trace par les témoins. Or, ce que ceux-ci affirment est au contraire que le Poème physique est adressé à Pausanias[12]. Enfin, il faudrait encore expliquer par quel procédé Sextus aurait pu omettre les vers qui signalaient trois changements de destinataire successifs au sein des deux fragments 2 et 3. Ce dernier argument est également dirimant pour l'interprétation de Karsten et la révision qu'en propose Hardie.

Le second type d'intervention a consisté à remettre en cause l'unité du fragment : les incohérences (supposées) dans la succession des destinataires trahiraient les manipulations, malhabiles, de Sextus, qui assemble en un texte artificiel des passages distincts du poème dont il ne devait pas disposer lui-même mais connaître par au moins une source secondaire. Cette supposition a mené à scinder le texte du fragment 3 en petites unités disjointes, entre lesquelles on a pu intercaler un ou plusieurs autres fragments : l'insertion du fragment B 1 D.-K. est la plus déterminante car l'adresse au disciple qu'il comporte permettait d'assurer la transition entre les deux parties du fragment 3[13]. À l'intérieur de cette ligne interprétative, il y a eu discussion sur le statut des vers 3.6-8 : alors que Wright et Inwood ont lié ceux-ci aux vers 3.9-13 en ce qu'ils seraient adressés au disciple[14], Trépanier a soutenu, sur le fondement d'une comparaison avec la syntaxe de passages de Parménide, qu'ils seraient adressés à la Muse de même que les vers 3.3-5 qu'ils suivent immédiatement[15].

Plusieurs éditeurs ont toutefois conservé le texte tel qu'il est cité par Sextus[16], considérant que les vers 3.6-8 étaient adressés à la Muse ou à

---

12 *Cf.* DL.VIII.60-61.
13 Wright 1995 p. 94-95 insère les fragments 131 et 1 ; Inwood 2001 p. 214-216 les fragments 131, 115, 6, et 1 ; Trépanier 2004 p. 69-70 le fragment 1 ; la thèse de la scission a également été défendue par Bett 2005.
14 Wright 1995 p. 161, Inwood 2001 p. 216, Bett 2005.
15 Trépanier 2004 p. 61, comparant avec Parménide B 7.3 D.-K. (qui comporte l'impératif βιάσθω) et B 1.24-28 D.-K.
16 Diels 1901 p. 107, Bignone 1916 p. 143-144, Bollack 1969 t. II p. 8-11, Gallavotti 1975 p. 6-9, Gemelli Marciano 2013 p. 156, Mansfeld & Primavesi 2011 p. 442.

Pausanias[17]. La continuité du fragment 3 a été soutenue récemment dans la thèse de doctorat non publiée de Kurfess[18] : soulignant que le caractère abrupt du changement de destinataire dans le fragment 3 n'est pas un argument suffisant à prouver la discontinuité de celui-ci, l'ambiguïté lui semble justement une construction délibérée d'Empédocle[19]. Mais dans la mesure où il ne montre pas quel est l'objectif de cette ambivalence chez Empédocle, sa proposition ne fait que repousser le problème d'un cran.

Au vu de ces difficultés, je me propose de reconstruire le sens des fragments 2 et 3 tels qu'ils sont transmis par Sextus, afin de déterminer s'il est possible de dégager une interprétation cohérente du groupe qu'ils forment. La charge de la preuve incombe en effet aux savants qui postulent l'incohérence de leur matière : montrer que le lien entre sensation et théorie poétique qu'ils suggèrent est un élément déterminant de la construction de la position d'autorité du poète fera, du même coup, tomber la nécessité d'intervenir sur la structure d'énonciation ou sur l'organisation des vers.

Fondée sur une reconstruction des problèmes philologiques et herméneutiques, en tant qu'ils servent de fondement aux interprétations ici discutées, notre étude des fragments 2 et 3 se propose de montrer que ces fragments, tels qu'ils nous sont transmis par Sextus, refondent la véridicité de la parole poétique de façon originale, en rupture avec la tradition, et que la relation construite entre la révélation transcendante et l'observation du sensible est au cœur du dispositif signifiant. Je montrerai d'abord, dans ce chapitre, que le fragment 2 stylise un usage incorrect des perceptions sensibles et définit, sur ce fondement, la connaissance nécessaire à la compréhension du poème en la figure de Pausanias, tel qu'il est stylisé dans les vers 2.8b-9. Le chapitre suivant montrera que le fragment 3 construit une modélisation de la véridicité de la parole poétique qui implique de redéfinir la relation transcendante par laquelle

---

17  Pour la Muse, *cf.* Diels 1901 p. 107, Bollack 1969 t. III p. 31 ; pour Pausanias, en particulier Bignone 1916 p. 144, Mansfeld & Primavesi 2011 p. 442.

18  Kurfess 2012 utilise ces textes dans une démarche symétrique de la mienne. Il prend argument de l'intégrité des citations des fragments B 2 et 3 d'Empédocle en SE.*AM.* VII.122-126 pour défendre le proème de Parménide sous la forme dans laquelle il est cité par Sextus (*AM*.VII.111-114). Je ne connaissais pas encore son étude au moment où s'est élaborée ma réflexion sur ces fragments.

19  *Cf.* Kurfess 2012 p. 95-98 ; suivant les arguments de Trépanier, il attribue les vers 6-8 à la Muse.

les divinités inspirent le poète ; et, que l'usage correct des sensations est
fondé sur une observation du réel instruite de la révélation transcendante.

## INTERPRÉTATION DE LA CITATION
## DES FRAGMENTS 2 ET 3 PAR SEXTUS EMPIRICUS

L'interprétation que je propose ici du contexte de la citation des
fragments 2 et 3 par Sextus Empiricus s'appuie sur une reconstruction
systématique des modalités par lesquelles Sextus, au livre VII, résume
les thèses des penseurs qui l'ont précédé et les étaye le cas échéant de
citations et de passages argumentés. Cette étude d'ensemble fera l'objet
d'une publication future, et je me contente ici de renvoyer aux passages
parallèles de ce traité qui sont les plus pertinents pour mon propos. Je
montrerai que la structure de la citation porte à croire que Sextus cite les
deux fragments sous leur forme originelle, si ce n'est un texte continu,
qu'il trouve dans une source secondaire dont le propos était de distinguer,
chez Empédocle, différents types de λόγος, divin et humain, et que Sextus
adapte à sa discussion sur le statut épistémologique de la sensation.

### ANALYSE DU DÉVELOPPEMENT
### DE L'ARGUMENTATION DE SEXTUS

### La structure de l'exposé de Sextus :
### comment le Sceptique se distingue de sa source

Dans sa discussion sur le critère de vérité chez Empédocle, Sextus
introduit la section qui nous intéresse ici en la présentant comme issue
d'une source hétérodoxe, par opposition à une source orthodoxe qui soutenait, elle, que le critère de vérité était les six principes. Cette position
orthodoxe est introduite au § 115 au moyen de κατά avec l'accusatif : ce
tour est presque toujours employé par Sextus dans le cas où une source
divergente est ensuite présentée (il s'oppose en cela aux résumés introduits
par ὡς φασί)[20]. L'interprétation hétérodoxe de la position d'Empédocle est

---

20  Les occurrences où la source est introduite par κατά avec l'accusatif sont : κατὰ πάντας καὶ
    ἀναμφιλεκτῶς pour le groupe Thalès Anaximandre Anaximène (§ 5.5) ; οὐ κατὰ πάντας pour

exprimée par l'un des tours personnels (ἄλλοι δ' ἦσαν οἵ λέγοντες..., § 122) qui marquent que Sextus introduit une opinion de ce type[21] ; la thèse qui lui est prêtée est un discrédit jeté sur les sens, le choix du λόγος comme critère de vérité et l'introduction d'une distinction entre un ὀρθὸς λόγος divin et inexprimable (ἀνέξοιστον), et un autre humain et exprimable.

La façon dont Sextus résume la doctrine d'Empédocle dans ces lignes présente des différences structurelles avec deux autres types de résumé, c'est-à-dire avec les cas où Sextus prête directement une thèse sans justification à un penseur donné[22] et ceux où il justifie cette attribution au moyen d'un argument qui peut être soit un résumé de la doctrine, éventuellement prêté à une source postérieure, soit la citation d'un fragment[23]. Notre passage relève d'un type de résumé plus complexe, où Sextus propose une explication de la citation ou du résumé doctrinal, dans un commentaire que sa propre voix assume explicitement[24].

---

Empédocle, Parménide et Héraclite (§ 5.6) ; κατὰ τοὺς ἄλλους γνωρίμους (*sc. πλὴν Πλατῶνος*) pour Socrate (§ 8.3) ; κατά τινας pour les Cyrénaïques (§ 11.1) ; κατά τινας pour le second exposé sur Xénophane (§ 49.1) ; κατὰ τοὺς ὡς ἑτέρως αὐτὸν ἐξηγουμένους pour le troisième exposé sur Xénophane (§ 110) ; κατὰ μὲν τοὺς ἁπλούστερον δοκοῦντας αὐτὸν ἐξηγεῖσθαι (§ 115) pour la première partie de la longue doxographie sur Empédocle § 115 *sqq*. La seule véritable exception est le troisième exposé sur Xénophane au § 110 (κατὰ τοὺς ὡς ἑτέρως αὐτὸν ἐξηγουμένους).

21  Pour Platon § 9.1, Timon § 10.3, les Cyrénaïques § 11.4-5, et Épicure § 15.1. Le tour peut servir à présenter les positions dépourvues d'opinion divergente (pour Xéniade § 53.1, Protagoras § 60, le groupe Métrodore Anaxarque et Monime § 87.6) ou à développer un courant orthodoxe préalablement défini par κατά (pour Empédocle § 6.1, Parménide § 7.2 ; puis Xénophon § 8.2-4 et Timon en 8.7 dans l'exposé sur Socrate). Une fois, il est employé pour introduire une opinion orthodoxe, pour Épicure § 14.4.

22  Ce cas se rencontre uniquement dans les exposés des positions sur la partition de la philosophie, au début du traité de Sextus : le groupe formé par Thalès, Anaximandre et Anaximène a limité la philosophie à la physique (§ 5) ; Héraclite y a inclus physique et logique (§ 7) ; les élèves de Panthoidès, Alexinos, Euboulidès et Bryson, ainsi que Dionysodore et Euthydème ont limité la philosophie à la logique (§ 13) ; Xénophane a limité la philosophie à la physique et à la logique (§ 14).

23  Pour la technique de justification par citation, *cf.* par exemple l'exposé sur Parménide au § 7 (la thèse que la philosophie se compose de physique et logique est justifiée par une citation d'Aristote, introduite par ἐπείπερ). Pour la technique de résumé de la doctrine au style indirect, *cf.* l'exposé sur Ariston de Chios au § 12 (la thèse que la philosophie se limite à l'éthique est soutenue par un résumé au style indirect introduit par γάρ). S'agissant de cette technique, *cf.* en outre les exposés suivants : Socrate § 8-10 (dans sa majeure partie : le cas est mixte) ; les Cyrénaïques § 11 ; Archéalos § 14 ; Épicure § 14-15 ; Platon § 16 ; Xénocrate, les Péripatéticiens et les Stoïciens § 16.7-19 ; les Épicuriens § 22 ; les Stoïciens § 23 puis § 38-45 ; Anacharsis le Scythe § 55-59 ; Euthydème et Dionysodore § 64 ; Métrodore, Anaxarque et Monime § 87-88 ; Démocrite § 140.

24  Ce type d'exposé comporte en général une conclusion récapitulative en deux temps, où Sextus reformule la thèse doctrinale à la lumière de son commentaire (souvent grâce à

En effet, le résumé de la source hétérodoxe est livré au style indirect par Sextus :

ἄλλοι δὲ ἦσαν οἱ λέγοντες κατὰ τὸν Ἐμπεδοκλέα κριτήριον εἶναι τῆς ἀληθείας οὐ τὰς αἰσθήσεις ἀλλὰ τὸν ὀρθὸν λόγον, τοῦ δὲ ὀρθοῦ λόγου τὸν μέν τινα θεῖον ὑπάρχειν τὸν δὲ ἀνθρώπινον· ὧν τὸν μὲν θεῖον ἀνέξοιστον εἶναι, τὸν δὲ ἀνθρώπινον ἐξοιστόν[25].

Toutefois, à partir du § 123, Sextus repasse au style direct, en attribuant lui-même le discrédit des sens à Empédocle[26] : il emploie λέγει δὲ et non λέγειν δέ. Il ne faut pas sous-estimer l'importance de cette précision : Sextus prend toujours un soin particulier, au livre VII de *l'Aduersus Mathematicos*, à distinguer sa propre voix de celle de ses sources et de celle du penseur dont il expose la doctrine, et ce au moyen de marqueurs de style indirect, tout particulièrement dans les résumés les plus longs. Ce procédé est employé pour distinguer la voix de Sextus de celles des penseurs dont il résume la doctrine[27] et sa propre voix de celles de ses sources[28]. Le fait qu'il est employé à des moments distincts

un ὥστε), avant d'en rappeler les éléments principaux (souvent introduits par un γάρ). À ce fonctionnement répondent les exposés suivants : Empédocle § 6 (Sextus assimile rhétorique et dialectique); Socrate § 8-9 (Sextus explique la citation de Timon introduite pour soutenir que la philosophie se résume à l'éthique); le second exposé sur Xénophane § 49-52 (explication et comparaison, § 50-51); Xéniade § 53-54 (identification à la position de Xénophane); Protagoras § 60-64 (Sextus prouve sa thèse par le raisonnement contraire); Gorgias § 65-87 (dans la conclusion, § 87); Anaxagore § 90-92; les Pythagoriciens § 93-109; le troisième exposé sur Xénophane § 110-111 (interprétation de la citation); le second exposé sur Parménide § 111-114 (interprétation de la citation, § 114); la partie de celui sur Empédocle qui concerne la source orthodoxe § 115-121; Héraclite § 126-134; Démocrite § 135-139.

25  SE.*AM*.VII.122.

26  Gemelli Marciano 2013 p. 365 avait remarqué que la source de Sextus n'évoquait pas la perception sensible.

27  Voir notamment les deux φασιν (§ 38.5 et 45.2) dans la longue doxographie sur les Stoïciens à propos de la vérité. Voir l'exposé sur Gorgias (§ 65-87), auquel chacun des moments de la première étape de l'argumentation (visant à démontrer que « οὐδέν ἐστιν », § 66) est signalé par des marqueurs de style indirect (ὡς παραστήσει, § 66.3-4 ; ὡς παραμυθήσεται, § 66.4 ; ὡς καὶ τοῦτο διδάξει, § 67.1); ensuite, le compte-rendu du raisonnement est de nouveau explicitement attribué à Gorgias (φησιν, § 85.2 et § 86.4), à un moment où sa longueur et sa complexité auraient pu faire perdre de vue au lecteur que Sextus résumait les propos de Gorgias. Voir également les deux φασίν (§ 101.2 et 105.2) de la section sur les Pythagoriciens (§ 92-109), ainsi que le ὡς φασίν (§ 107.1) par lequel Sextus attribue explicitement l'anecdote des Rhodiens aux Pythagoriciens. Voir enfin les résumés sur Ariston de Chios (§ 12), Anacharsis le Scythe (§ 55-59) et Protagoras (§ 60.3).

28  Voir, au § 11.9, l'exposé de l'opinion hétérodoxe (ἔνιοι νενομίκασιν, § 11.4) sur la division de la philosophie mise en œuvre par les Cyrénaïques, où Sextus emploie un φασιν pour

du traité montre que l'entreprise de Sextus ne consiste pas à collationner des sources qu'il reproduirait confusément[29] : le Sceptique refond
au contraire ses sources de façon raisonnée au moyen de techniques
identifiables et cohérentes.

La précision avec laquelle Sextus rappelle les différentes voix au sein
des exposés doctrinaux implique ainsi que l'*absence d'attribution* est un
marqueur en tant que tel, indiquant que la voix de Sextus lui-même se
fait entendre. Il faut donc distinguer le résumé qu'il propose de sa source,
à laquelle il attribue la distinction entre les deux λόγοι et leur qualification, de l'interprétation qu'il propose lui-même des fragments 2 et 3.

## La thèse de la source hétérodoxe et le sens de ἀνέξοιστος

L'opposition des deux types d'ὀρθὸς λόγος, prêtée à la source de Sextus
au style indirect, répond à une double caractérisation du premier comme
divin et ineffable et du second comme humain et pouvant être formulé.
L'adjectif verbal ἀνέξοιστος est rare chez Sextus Empiricus : de toute
son œuvre, il n'apparaît qu'au livre VII de l'*Aduersus Mathematicos*, en
deux occurrences hormis celle-ci, toutes deux au sein de l'exposé de la
doctrine de Gorgias[30]. Le terme est employé au sein du résumé portant
sur les trois moments du traité de ce dernier :

> ἐν γὰρ τῷ ἐπιγραφομένῳ Περὶ τοῦ μὴ ὄντος ἢ Περὶ φύσεως τρία κατὰ τὸ ἑξῆς
> κεφάλαια κατασκευάζει, ἓν μὲν καὶ πρῶτον ὅτι οὐδὲν ἔστιν, δεύτερον ὅτι εἰ
> καὶ ἔστιν, ἀκατάληπτον ἀνθρώπῳ, τρίτον ὅτι εἰ καὶ καταληπτόν, ἀλλὰ τοί γε
> ἀνέξοιστον καὶ ἀνερμήνευτον τῷ πέλας[31].

Il s'agit du célèbre argument de Gorgias visant à réfuter successivement l'existence de l'étant, son caractère saisissable et son caractère
communicable. L'incommunicabilité de l'étant est formulée par Sextus

---

signaler que la conclusion qu'il expose est celle de la source hétérodoxe. Voir aussi l'exposé
de la doctrine de Protagoras, au début et à la fin duquel la source est mentionnée par
τινες (§ 60 et 64).

29  L'exposé sur Ariston de Chios se trouve dans la discussion sur la partition de la philosophie ;
celui sur les Stoïciens est isolé et porte sur la nature de la vérité ; ceux sur Anacharsis,
Gorgias et Protagoras ont pour sujet la suspension du κριτήριον ἀληθείας ; celui sur les
Pythagoriciens vise au contraire à montrer qu'ils n'ont accepté qu'un aspect du critère
fondé sur le λόγος qu'Anaxagore avait, lui, accepté dans sa totalité.

30  Le terme ἀνέξοιστος apparaît en SE.*AM*.VII.65.8, 83.1 et ici, en 122.5.

31  SE.*AM*.VII.65 [= Gorgias 82 B 3 D.-K.].

au moyen de deux termes, liés par un καί épexégétique : ἀνέξοιστον καὶ ἀνερμήνευτον. Le second des deux termes, qui n'apparaît nulle part ailleurs dans toute l'œuvre de Sextus, est formé sur ἑρμηνεύω, qui signifie *expliquer, dire avec des mots, décrire*[32].

La seconde occurrence se trouve dans le résumé argumenté que livre Sextus de la pensée de Gorgias[33], où l'argument transmis par Sextus consiste à montrer que, puisque τὸ ὄν n'est pas le λόγος, et que c'est le λόγος qui est susceptible d'être transmis à autrui, on doit conclure que τὸ ὄν n'est pas susceptible d'être transmis à autrui.

Les termes ἀνέξοιστον ἑτέρῳ, *transmettre à autrui*, sont alors glosés par ἑτέρῳ μηνύεσθαι. Le verbe μηνύω signifie *révéler ce qui est secret, informer*[34] ; le doublet, employé dans la suite du passage, était sans doute d'usage plus commode que le terme rare qu'il explique. Dans ce passage, Sextus emploie le participe ἐκφερόμενος, dont ἐξοιστός est l'adjectif verbal, en un sens particulier de ce verbe, *formuler par la parole*. Lorsque le verbe ἐκφέρω, notamment dans sa forme adjectivale négative ἀνέξοιστος, est employé avec ἑτέρῳ ou avec τοῖς πέλας, il est du côté de la transmission à autrui – il est alors l'équivalent du verbe μηνύω, qui se substitue à lui systématiquement dans ce passage. L'adjectif verbal signifie ainsi *formulable* ou *exprimable avec des mots* et s'emploie de façon privilégiée dans des contextes où l'objectif de cette formulation est de transmettre une connaissance à autrui.

---

32  Chantraine *DELG* p. 373.

33  SE.*AM*.VII, 83 *sqq.* [= Gorgias 82 B 3 D.-K.] : Καὶ εἰ καταλαμβάνοιτο δέ, ἀνέξοιστον ἑτέρῳ. εἰ γὰρ τὰ ὄντα ὁρατά ἐστι καὶ ἀκουστὰ καὶ κοινῶς αἰσθητά, ἅπερ ἐκτὸς ὑπόκειται, τούτων τε τὰ μὲν ὁρατὰ ὁράσει καταληπτά ἐστι τὰ δὲ ἀκουστὰ ἀκοῇ καὶ οὐκ ἐναλλάξ, πῶς οὖν δύναται ταῦτα ἑτέρῳ μηνύεσθαι; ᾧ γὰρ μηνύομεν ἔστι λόγος, λόγος δὲ οὐκ ἔστι τὰ ὑποκείμενα καὶ ὄντα· οὐκ ἄρα τὰ ὄντα μηνύομεν τοῖς πέλας ἀλλὰ λόγον, ὃς ἕτερός ἐστι τῶν ὑποκειμένων. καθάπερ οὖν τὸ ὁρατὸν οὐκ ἂν γένοιτο ἀκουστὸν καὶ ἀνάπαλιν, οὕτως ἐπεὶ ὑπόκειται τὸ ὂν ἐκτός, οὐκ ἂν γένοιτο λόγος ὁ ἡμέτερος· μὴ ὢν δὲ λόγος οὐκ ἂν δηλωθείη ἑτέρῳ. ὅ γε μὴν λόγος, φησίν, ἀπὸ τῶν ἔξωθεν προσπιπτόντων ἡμῖν πραγμάτων συνίσταται, τουτέστι τῶν αἰσθητῶν· ἐκ γὰρ τῆς τοῦ χυλοῦ ἐγκυρήσεως ἐγγίνεται ἡμῖν ὁ κατὰ ταύτης τῆς ποιότητος ἐκφερόμενος λόγος, καὶ ἐκ τῆς τοῦ χρώματος ὑποπτώσεως ὁ κατὰ τοῦ χρώματος. εἰ δὲ τοῦτο, οὐχ ὁ λόγος τοῦ ἐκτὸς παραστατικός ἐστιν, ἀλλὰ τὸ ἐκτὸς τοῦ λόγου μηνυτικὸν γίνεται. καὶ μὴν οὐδὲ ἔνεστι λέγειν, ὅτι ὃν τρόπον τὰ ὁρατὰ καὶ ἀκουστὰ ὑπόκειται, οὕτως καὶ ὁ λόγος, ὥστε δύνασθαι ἐξ ὑποκειμένου αὐτοῦ καὶ ὄντος τὰ ὑποκείμενα καὶ ὄντα μηνύεσθαι. εἰ γὰρ καὶ ὑπόκειται, φησίν, ὁ λόγος, ἀλλὰ διαφέρει τῶν λοιπῶν ὑποκειμένων, καὶ πλείστῳ διενήνοχε τὰ ὁρατὰ σώματα τῶν λόγων· δι' ἑτέρου γὰρ ὀργάνου ληπτόν ἐστι τὸ ὁρατὸν καὶ δι' ἄλλου ὁ λόγος. οὐκ ἄρα ἐνδείκνυται τὰ λοιπὰ τῶν ὑποκειμένων ὁ λόγος, ὥσπερ οὐδὲ ἐκεῖνα τὴν ἀλλήλων διαδηλοῖ φύσιν.

34  Chantraine *DELG* p. 697.

Si cette analyse est juste, que signifie le fait que le λόγος divin est ἀνέξοιστος dans la doxographie d'Empédocle qui nous occupe ? Il n'est vraisemblablement pas ἀνέξοιστος en ce qu'il serait absolument ineffable – car les dieux pourraient le prononcer, s'il est divin – mais n'est indicible que pour les hommes : les hommes ne peuvent formuler qu'une petite partie du λόγος à l'œuvre dans l'univers[35]. Alors qu'une partie qui relève du divin ne leur est pas accessible, il leur est au contraire dévolu une partie humaine.

Or, la source formule explicitement que le critère de vérité n'est pas seulement l'un des deux aspects du λόγος, mais le λόγος tout entier : les hommes ne se trouvent avoir accès qu'à une partie de celui-ci, qu'ils sont susceptibles de formuler et de transmettre. Cette idée est, on le verra, très proche de celle qui se trouve exprimée dans les deux premiers vers du fragment 2 : l'appareil perceptif de l'homme est intrinsèquement limité.

### La relation entre la thèse de Sextus et la thèse de sa source

Le passage que Sextus assume en sa voix propre s'ouvre sur la formulation d'une opposition, dont les deux termes sont soulignés par le parallélisme περὶ μέν... περὶ δέ... : quoique les sensations ne soient pas critère de vérité pour Empédocle, on peut accéder au vrai dans la mesure où le λόγος humain le permet. Le discrédit des sens (περὶ μέν) s'appuie sur une citation des vers 1 à 8a du fragment 2 ; l'affirmation que la vérité est accessible au λόγος humain (περὶ δέ), sur une citation des vers 8b-9 du même fragment[36].

La fonction de cette citation des deux parties du fragment, coordonnées par μέν/δέ, est de prouver la thèse de la source, appliquée par Sextus à la question du critère de vérité qui l'intéresse dans cette partie de son ouvrage : Empédocle, jetant le discrédit sur les informations sensorielles en ce qu'elles ne permettent de formuler aucune connaissance certaine

---

35  Je suis d'accord avec l'analyse de Bollack 1969 t. III p. 5, qui démontre que le λόγος dont il est question est un λόγος unique qui structure l'univers, et qu'il s'agit d'en saisir telle ou telle partie, ou tel ou tel aspect. Il ne me semble pas plausible que le passage affirme que deux λόγοι différents structurent le monde : en quoi un λόγος humain pourrait-il le faire ? La source de Sextus n'évoque jamais, au demeurant, deux λόγοι différents, mais indique bien que *le* λόγος est critère.

36  On n'a aucune raison de supposer, comme le font certains éditeurs modernes, que le vers 8b n'est pas directement la suite du vers 8a : c'est pourtant là le choix retenu par Inwood 2001 p. 214.

(vers 2.1-8a), a posé les limites du λόγος comme critère du vrai tout en montrant que les hommes ne pouvaient accéder qu'à une partie de celui-ci (vers 8b-9). L'exposé aurait donc pu s'achever après la citation des derniers vers du fragment 2.

Pourtant, Sextus livre une idée supplémentaire : la sensation est digne de foi à condition que le λόγος la contrôle. Cette seconde thèse est présentée comme un paradoxe interne à la pensée d'Empédocle (καίπερ πρότερον καταδραμὼν τῆς ἀπ᾽ αὐτῶν πίστεως, § 124.9), sur lequel certains commentateurs se sont appuyés en supposant que le Sceptique cherchait à réduire Empédocle à la contradiction. Mais le sens n'est pas celui-là : Sextus cherche à souligner que la thèse qu'il va présenter est partiellement en rupture avec la thèse de la source hétérodoxe, dans la mesure où celle-ci discréditait complètement les sens au profit de la raison alors que la thèse qu'il présente réhabilite partiellement le sensible[37]. On a toutes les raisons de penser qu'il s'agit de sa thèse personnelle, qui s'appuie en partie sur la thèse de la source hétérodoxe mais ne s'y résume pas : Sextus ne se réfère à aucune source nouvelle mais assume lui-même la responsabilité du propos.

À partir du passage au style direct, Sextus cherche ainsi d'abord à prouver la thèse de sa source, qui est que le λόγος est critère, et non les sens : son commentaire de la première partie du fragment 2 montre que les sensations ne sont pas un critère du vrai (λέγει δὲ περὶ μὲν τοῦ μὴ ἐν ταῖς αἰσθήσεσι τὴν κρίσιν τἀληθοῦς ὑπάρχειν οὕτως· [cit. B 2.1-8a D.-K.]), et son commentaire de la seconde partie montre qu'une partie du vrai est, en revanche, accessible par le λόγος humain (περὶ δὲ τοῦ μὴ εἰς τὸ παντελὲς ἄληπτον εἶναι τὴν ἀλήθειαν, ἀλλ᾽ ἐφ᾽ ὅσον ἱκνεῖται ὁ ἀνθρώπινος λόγος ληπτὴν ὑπάρχειν, διασαφεῖ τοῖς προκειμένοις ἐπιφέρων [cit. B 2.8b-9 D.-K.]). Il introduit ensuite la thèse de la collaboration entre sens et raison (à partir de καὶ διὰ τῶν ἑξῆς ἐπιπλήξας..., avec la citation du fr. 3 et jusqu'à la fin de la section sur Empédocle).

---

37    Il est extrêmement surprenant qu'aucun des commentateurs d'Empédocle n'ait jamais remarqué ce point, pourtant à la fois évident et crucial.

RECONSTRUCTION DE LA COMPRÉHENSION
DE SEXTUS DU FRAGMENT 2

Le Sceptique a ainsi lu un discrédit des sens dans les huit premiers vers du fragment 2 : toute la première partie de ce fragment, comme on le montrera, est construite sur l'idée qu'un certain usage des sensations, celui répandu chez les mortels, mène au faux. Les deux premiers vers expriment la limitation intrinsèque des moyens de perception à disposition de l'homme ; les vers 3 à 6 donnent à voir les erreurs que les hommes ont pu proférer sur la base de ces sensations ; et les vers 7-8a concluent que procéder de cette façon ne permet pas de saisir la nature du réel.

Les vers 8b-9, qui présentent la figure de Pausanias – représentant l'auditeur idéal du poème[38] – comme celui qui s'est écarté des conceptions erronées du réel ont été compris par Sextus comme une apologie de la raison (du λόγος). Le Sceptique prend la μῆτις βροτείη comme une faculté intellectuelle et l'assimile au λόγος ἀνθρώπινος de sa source, faculté sur la portée de laquelle le vers 9 fournit une information : l'homme peut atteindre le sommet de ce qu'il lui est permis de savoir. Comme Bollack le soutenait, on n'a pas besoin de comprendre le ἐφ' ὅσον de la glose de Sextus aux vers 8b-9 du fragment 2 comme une restriction[39] : le faire a conduit la majorité des commentateurs à lire dans le vers 9 l'expression d'une humilité de la connaissance philosophique. Mais le Sceptique comprend que le propos du vers est qu'il est possible de tirer pleinement parti des capacités humaines : ἐφ' ὅσον dénote simplement une extension (le vrai est perceptible à l'homme jusqu'au point que le λόγος humain atteint, ou aussi loin que le λόγος humain s'étende). Ajouter l'idée que ce λόγος est limité est donc surinterpréter un texte dont l'objet n'est pas ici de produire un jugement de valeur.

LA THÈSE DE LA COLLABORATION ENTRE SENS ET RAISON :
LE COMMENTAIRE DU FRAGMENT 3

*Reconstruction de la compréhension de Sextus des vers 3.9-13*

La thèse de la collaboration entre sens et raison, qui est la thèse réellement soutenue par Sextus, s'appuie sur les vers 9-13 du fragment 3.

---

38    Pour la discussion sur la stylisation de la figure de Pausanias, *cf. infra* p. 68-69 et 611-620.
39    Bollack 1969 t. III p. 5 n. 1.

L'idée que le témoignage des sens est fiable, si l'on n'introduit pas de hiérarchie entre eux, se déduit naturellement du passage. Ce que le Sceptique commente par les termes τοῦ λόγου τούτων ἐπιστατοῦντος (§ 124.8) est moins clair : le seul candidat possible est le dernier hémistiche du vers 13 (νόει θ' ᾗ δῆλον ἕκαστον). Le Sceptique a dû assimiler νοεῖν à l'action du λόγος, quoique ce ne soit pas là le sens originel de νοεῖν dans la poésie archaïque[40]. Le θ' du vers 13 est alors déterminant : le vers et demi qui précède établissait que les sensations sont πιστά si on les emploie de la façon précédemment définie, mais il est nécessaire que le νοῦς, que Sextus comprend comme un équivalent du λόγος, surveille le processus de perception sensible (πῇ δῆλον ἕκαστον).

## Pourquoi Sextus a-t-il cité les vers 1-8 du fragment 3 ?

Les vers 1 à 8 du fragment 3 présentent dans quelles conditions les dieux, et la Muse en particulier, peuvent faire du poète le véhicule d'une connaissance d'origine divine. Sextus fait potentiellement référence à deux moments de ce groupe de vers lorsqu'il affirme qu'Empédocle s'attaque à ceux qui prétendent connaître plus que ce qui est accessible à l'homme (καὶ διὰ τῶν ἑξῆς ἐπιπλήξας τοῖς πλέον ἐπαγγελλομένοις γιγνώσκειν, § 124.6-7). (1) Le premier vers du fragment 3 rejette la μανίη attribuée à d'autres hommes, dont l'identité est difficile à déterminer, comme on le verra. (2) Le vers 8 comporte une référence aux poètes qui, se laissant entraîner à rechercher les honneurs des mortels, disent plus que ce qui est pieu (ὁσίης πλέον εἰπεῖν). Il est donc faux d'affirmer que les huit premiers vers du fragment 3 ne sont pas mentionnés par Sextus, quoique cet argument ne suffise pas à en justifier la nécessité du point de vue du problème du critère de la vérité.

La citation des vers 1-8 se justifie de façon plus fondamentale dans la mesure où ils décrivent ce que la source de Sextus nommait λόγος θεῖος : la Muse offre au poète un λόγος qui n'est précisément pas caractérisé par les limitations inhérentes à l'humain, puisque la connaissance qu'elle propose n'est pas fondée sur les sens, s'il est de source transcendante. Ce λόγος porte sur la constitution réelle des corps et du monde, comme en témoigne ce qui nous est parvenu du Poème physique d'Empédocle,

---

40  Un bon aperçu des emplois de ce verbe est proposé par Ebeling *Lexicon* p. 1159-1160, *s. v.* νοέω.

et il est donc porteur d'une forme de vérité surhumaine. Il est ἀνέξοιστος dans la mesure où il ne s'agit pas d'un discours dont l'origine est
immanente au poète, qu'il suffirait de mettre en mots pour transmettre.
Sextus avait compris que le choix d'une composition en poésie était facteur d'une conception de la vérité dont l'origine est déterminée comme
transcendante, que lui-même analysait au sein d'une opposition entre
λόγος divin, ineffable pour l'homme, et λόγος humain. Il faut comprendre
ἀνέξοιστος comme *impossible à formuler* par des mots pour un être humain,
sens cohérent avec les deux autres occurrences du terme ἀνέξοιστος,
dans l'exposé sur Gorgias, dans la mesure où l'enjeu était de formuler
la réalité de l'être pour la transmettre à autrui. L'ἀνέξοιστος λόγος du
témoignage de Sextus, s'il est bien impossible à exprimer par les hommes
puisque les dieux en sont la source, est pourtant bien susceptible d'être
transmis à autrui, car il est fixé sous la forme du poème par les dieux.

CONCLUSION : LES STRATES DE SIGNIFICATION
DANS LE TÉMOIGNAGE DE SEXTUS

Sextus s'est ainsi servi d'une doxographie sur la différence entre λόγος
humain et λόγος divin pour l'adapter à sa réflexion sur le critère du vrai.
Si la source de Sextus avait porté sur le κριτήριον τῆς ἀληθείας en soi,
on ne s'explique pas pourquoi Sextus repasserait au style direct avant la
citation du fragment 2 : Sextus aurait ainsi simplement pu citer toute sa
source au style indirect, comme il peut le faire ailleurs. Qu'il reprenne
la parole est l'indice d'une divergence de ses centres d'intérêt et de ceux
de sa source, quoique celle-ci ait vraisemblablement fourni à Sextus le
texte des fragments 2 et 3 qu'il cite – ce dont on ne peut pas déduire
que Sextus n'avait pas connaissance du poème d'Empédocle par ailleurs.

La source devait lire dans le début du fragment 2 l'affirmation que
le λόγος humain mène souvent à des conceptions fausses : lorsqu'il est
ὀρθός, c'est par accident (2.1-8a). Puis, établir que certains individus en
réalisent pourtant la pleine potentialité et parviennent au vrai : le λόγος
humain peut être ὀρθός (2.8b-9). Et enfin, que le λόγος divin parvient
toujours au vrai – il est ὀρθός en soi. Les hommes ne peuvent le connaître
que par l'intermédiaire de la divinité (3.1-8) ; ce λόγος divin donne alors
des indications sur la façon d'utiliser au mieux le λόγος humain pour
parvenir à la vérité sur le fondement des sensations (3.9-13).

Sextus conserve de fait la distinction entre λόγος humain et λόγος divin car sa perspective a été jusqu'à présent, dans cette partie du livre VII, de distinguer les penseurs qui ont accepté le λόγος dans sa totalité de ceux qui n'en ont accepté que partie. Il propose pourtant, en vue de ses propres intérêts, son interprétation personnelle des mêmes fragments que citait sa source : l'homme peut accéder au vrai en usant des sens sous le contrôle du λόγος. Cela signifie que le poème, transmis par les dieux, contenait un enseignement sur l'usage correct des sens, qui est parvenu dans les vers 9-13 du fragment 3.

Sextus conserve les vers 1 à 8 du fragment 3 parce qu'ils illustrent la distinction entre λόγος divin et λόγος humain qu'il lisait dans sa source, qui est un présupposé de sa propre interprétation. Ils montrent qu'il y a un λόγος divin vrai transmis par les dieux dans certaines conditions, qu'un homme ne saurait formuler sans leur concours.

Nous avons d'autres traces du fait que la Muse est décrite comme un λόγος, dans la doxographie d'Empédocle : dans le passage d'Hippolyte introduisant le fragment 131, où ce dernier définit lui aussi la Muse comme un λόγος, mais cette fois δίκαιος, dont la fonction concourt à celle de Φιλία pour faire cesser l'œuvre séparatrice de Νεῖκος[41]. La Muse peut être définie, du point de vue de la compréhension qu'en ont ces deux témoins, comme un principe de raison divine, dont le pouvoir propre consiste à produire le poème.

Je propose donc de retourner l'argument qui infère la confusion du témoignage de Sextus du caractère apparemment discontinu du fragment pour avancer que ce que l'on a perçu d'incohérent dans le témoignage du sceptique est en fait issu d'un décalage dans le texte entre la thèse du λόγος divin et son illustration au moyen d'une citation, et que ce décalage est précisément la preuve du fait que Sextus cite un texte reflétant l'organisation originelle du poème. Cette lecture a l'avantage de ne pas réduire le témoignage de Sextus à la paraphrase d'une source, ni *a fortiori* à l'incohérence.

---

41  *Cf. infra*, p. 180 ; le texte est reproduit en Annexe 1, p. 807-808.

ÉTUDE D'UN CONTRE-ARGUMENT : LA MANIPULATION
DE LA CITATION DE PARMÉNIDE PAR SEXTUS EN *AM*.VII.111-114

On pourrait opposer à la reconstruction qui précède le fait que
Sextus, dans l'exposé de la doctrine de Parménide qui précède immédiatement, procédait justement à la concaténation de deux parties du
poème de l'Éléate dont on sait par ailleurs qu'elles sont disjointes[42] :
Sextus achevait sa citation du proème, après le vers 30, par les vers 3 à
5 du fragment 28 B 7 D.-K., suivis des vers 1 et 2 du fragment 28 B 8
au lieu des vers 31 et 32 du proème. Les savants ont reconstruit le texte
original grâce à deux passages de Simplicius, qui citent, l'un, les vers
28 à 32 du fragment 28 B 1 de Parménide et, l'autre, les vers 1 à 52
du fragment 28 B 8[43]. Diels éditait comme le texte du fr. 1 la version
transmise par Sextus, jusqu'en 1912 (inclus)[44].

Pourtant ce contre-argument n'est pas probant dans la mesure où
les deux cas témoignent de pratiques de citation différentes[45]. Dans le
cas de Parménide, la manipulation était adossée à une interprétation
systématique du passage, de caractère allégorique, exprimée après la
citation des vers, où Sextus faisait correspondre chaque élément du
proème à un élément de son interprétation (par exemple, les jeunes
filles représentent les différentes sensations)[46]. Or, à ce moment, Sextus
a besoin du début du fragment 28 B 7 pour justifier cette série de
correspondances : il trouve dans la vue, l'ouïe, et la langue qui y sont
mentionnées les comparés auxquels sont associés les comparants qu'il
proposait de retrouver dans le corps du proème, soit les roues du char,
les jeunes filles du soleil quittant la demeure de nuit, etc.

L'interpolation du passage des fragments 28 B 7-8 est également
nécessaire à l'argumentation de Sextus, qui porte sur l'opposition entre
sens et raison. La fin du fragment 1 lui permettait d'établir le primat
de la raison, mais la disqualification des sens n'est acquise que par les
vers tirés des fragments 28 B 7-8 :

---

42   SE.*AM*.VII.111.1-114.3.
43   Respectivement, Simplicius, *In De caelo*, 557.20 et *In Ph.*, 144.29.
44   Diels 1901 p. 60 ; Diels 1912 p. 150.
45   Kurfess 2012 p. 22-23 défend l'authenticité du texte de Sextus *et* de Simplicius d'une
      façon différente de celle que je propose ici : les interprètes auraient négligé que les mêmes
      vers apparaissaient en plusieurs passages distincts du poème de Parménide.
46   SE.*AM*.VII.112.1-114.10.

ἐπὶ δὲ τὴν "πολύποινον" ἐλθεῖν Δίκην καὶ ἔχουσαν "κληῖδας ἀμοιβούς", τὴν διάνοιαν ἀσφαλεῖς ἔχουσαν τὰς τῶν πραγμάτων καταλήψεις. ἥτις αὐτὸν ὑποδεξαμένη ἐπαγγέλλεται δύο ταῦτα διδάξειν, "ἠμὲν Ἀληθείης εὐπειθέος ἀτρεμὲς ἦτορ", ὅπερ ἐστὶ τὸ τῆς ἐπιστήμης ἀμετακίνητον βῆμα, ἕτερον δὲ "βροτῶν δόξας, ταῖς οὐκ ἔνι πίστις ἀληθής", τουτέστι τὸ ἐν δόξῃ κείμενον πᾶν, ὅτι ἦν ἀβέβαιον. καὶ ἐπὶ τέλει προσδιασαφεῖ τὸ μὴ δεῖν ταῖς αἰσθήσεσι προσέχειν ἀλλὰ τῷ λόγῳ· μὴ γάρ σε, φησίν, "ἔθος πολύπειρον ὁδὸν κάτα τήνδε βιάσθω / νωμᾶν ἄσκοπον ὄμμα καὶ ἠχήεσσαν ἀκουὴν / καὶ γλῶσσαν, κρῖναι δὲ λόγῳ πολύπειρον ἔλεγχον / ἐξ ἐμέθεν ῥηθέντα."[47].

Sextus avait besoin de disqualifier les sensations, qui dans son interprétation étaient mentionnées au début du proème par l'intermédiaire du char et des κοῦραι. Cela impliquait, quoique Sextus se garde bien évidemment de le remarquer explicitement, que les sensations étaient nécessaires au poète pour atteindre la déesse. Les fragments 28 B 7.1–8.2a lui fournissent précisément la disqualification des sensations qui lui permettait de classer Parménide dans la catégorie de ceux qui ont posé le seul λόγος comme moyen d'accès à la vérité. Sans cela, Parménide aurait été rangé dans la catégorie de ceux qui ont pensé que sens et raison à la fois nous permettaient d'accéder à la vérité, comme Empédocle.

Or, dans le cas du fragment 3 d'Empédocle, la situation est pratiquement inverse : les interprètes qui postulent que ce fragment 3 est une reconstruction artificielle sont les premiers à reconnaître que les vers 1 à 8 sont sans rapport avec le propos de Sextus. Par conséquent, on ne peut pas tirer argument du fait que Sextus arrange une citation de Parménide à des fins interprétatives explicites, pour justifier qu'il rapproche deux passages du poème d'Empédocle dont on postule par ailleurs qu'ils n'ont pas de rapport apparent.

---

47  SE.*AM*.VII.113.3-114.10 : « S'approcher de la Justice "aux multiples peines" qui détient les "clefs jumelles" signifie approcher la raison qui détient les représentations assurées des objets. Celle-ci, après l'avoir accueilli, annonce qu'elle lui enseignera ces deux choses, "d'abord le cœur immobile de la Vérité persuasive", c'est-à-dire le siège immobile de la connaissance, et en second lieu "les opinions des mortels, dans lesquelles il n'y a pas de persuasion vraie", c'est-à-dire tout ce qui se trouve dans l'opinion, qui n'est pas assuré. Et à la fin, elle explique qu'il ne faut pas suivre les sensations mais la raison » : [cit. Parm. fr. B 7.3-5]. »

## LE FRAGMENT 2 : AUTRES SOURCES,
## DIFFICULTÉS PHILOLOGIQUES ET INTERPRÉTATIONS

AUTRES SOURCES DU FRAGMENT 2

Il nous est parvenu une série de citations brèves du fragment 2, outre celle de Sextus.

Proclus cite le vers 2.2 dans le cadre d'une réflexion sur le rapport de l'homme au sensible[48]. Le passage du *Timée* qu'il commente établit que le démiurge a créé l'âme du monde avant de créer son corps, alors que le corps avait été abordé avant l'âme dans l'exposé : Socrate explique que son propos n'a pas respecté l'ordre logique (eu égard auquel l'âme est antérieure au corps) par le fait que le hasard participe de la vie humaine[49]. Proclus cite le fragment 2.2 à l'appui du rôle du hasard dans la perception humaine, qui s'appuie sur ce qui nous est le plus immédiatement familier au lieu de se fonder sur ce qui est le plus fondamental. Proclus suggère pourtant que les limites énoncées dans le vers 2 ne sont pas inhérentes à l'appareil perceptif humain, selon Empédocle, mais qu'elles tiennent à la façon dont les objets nous parviennent de l'extérieur.

Dans le *De Iside et Osiride*, Plutarque cite le vers 2.4 dans le cadre d'une distinction entre les dieux, les démons et les héros et autres grands hommes qui ont prétendu à la divinité[50], sur le fondement des exemples de Sémiramis, Sésostris, Manès, Cyrus et Alexandre. Quoique certains d'entre eux aient prétendu à une origine divine, tels qu'Alexandre, ils ont fini par faire l'expérience de la mortalité, ce qui a effacé les prérogatives divines dont ils s'étaient injustement targués. Cette critique de l'ὕβρις, défaite par le trépas qui révèle le mensonge des rois et héros en question, amène la citation du vers 2.4 pour rappeler que la mortalité caractérise la condition humaine et qu'elle permet de distinguer humanité et divinité.

---

48  Proclus, *In Tim.* 175C (II.116.23).
49  Pl. *Ti.* 34c : ἀλλά πως ἡμεῖς πολὺ μετέχοντες τοῦ προστυχόντος τε καὶ εἰκῇ ταύτῃ πῃ καὶ λέγομεν. « Sans doute, comme nous participons grandement de ce qui est fortuit et du hasard, parlons-nous également ici de cette façon ».
50  Plutarque, *De Iside et Osiride*, 360C.

Les vers 2.7-8a puis le vers 2.5 sont cités par Diogène Laërce et Plutarque à l'appui d'une tendance sceptique d'Empédocle. Chez Diogène, celui-ci figure parmi une liste de penseurs sceptiques incluant Homère, les Sept sages, Archiloque, Euripide, Xénophane, Démocrite, Platon et Héraclite[51]. Cet usage sceptique du fragment implique que les vers 2.7-8 soient pris absolument : le vers 2.7, introduit par οὕτως, était compris comme une conclusion sur la portée des sens et le vers 2.5 comme une prise de position définitive sur l'impossibilité d'atteindre le vrai. Sextus commentait ces vers en ce sens, quoiqu'il contestât que ce fût le dernier mot d'Empédocle. La structure même de l'argumentation de Diogène, qui procède à la concaténation de penseurs qui n'ont bien entendu rien à voir avec des sceptiques, suffit à montrer qu'Empédocle ne concevait précisément pas la connaissance comme impossible.

Les vers 2.7-8a sont cités en vue d'un objectif similaire par Plutarque[52] : il s'agit de faire comprendre aux jeunes qu'il faut déconnecter la poésie de la recherche du vrai, en prenant l'exemple de Xénophane et d'Empédocle en tant qu'il s'agit de deux poètes qui ont justement cherché à produire une connaissance sûre sur la nature du monde.

## DIFFICULTÉS PHILOLOGIQUES ET INTERPRÉTATIONS DU FRAGMENT 2

### Difficultés philologiques inhérentes au fragment 2

Dans la reconstruction de Mutschmann, dont j'emploie les sigles[53], un archétype G présente deux branches, dont l'une est uniquement constituée par N, et l'autre par le reste des manuscrits (groupe x), qui se divise lui-même en deux branches, y (LE) et ς (AB et VR). N est considéré comme le meilleur manuscrit par son antiquité et sa qualité en dépit des lacunes qu'il comporte[54].

Au vers 2.3, les manuscrits présentent le texte παῦρον δὲ ζωῆσι βίου μέρος ἀθροίσαντος (NV) ou ἀθρήσαντος (LEABR). Que le participe soit au génitif pose difficulté pour la syntaxe : il faudrait construire le vers comme un génitif absolu dont βίου serait le sujet, ce qui ne convient

---

51  DL.IX.73.
52  Plutarque, *De aud. poet.*17E.
53  Pour les sigles de Mutschmann 1914, voir l'index des manuscrits.
54  Mutschmann 1914 p. v-vi.

pas pour le sens car on attendrait un passif. Scaliger a donc corrigé la leçon ἀθρήσαντος en nominatif pluriel, ἀθρήσαντες, ce qui a été suivi par presque tous les éditeurs : le vers exprimait alors que les mortels percevaient l'inanité ou la brièveté de leur vie (selon le sort réservé au groupe δὲ ζωῆσι βίου). Empédocle brosserait un portrait de la condition humaine dont les caractéristiques fondamentales seraient la brièveté et l'inanité de l'existence.

Bollack a défendu la correction ἀθροίσαντες, à partir du texte de NV : les hommes ne parvenaient pas à rassembler suffisamment d'éléments, durant leur vie, pour exister au sens plein du terme[55]. Il se détachait de l'interprétation pessimiste susdite dans la mesure où le vers n'énonce plus une caractéristique essentielle de l'existence humaine mais signale un écueil dans le rapport qu'entretiennent la plupart des hommes à l'existence, écueil que le poème d'Empédocle donne le moyen de dépasser.

Le second problème du vers est le groupe δὲ ζωῆσι βίου. Quoique transmis par tous les manuscrits, ce groupe a paru difficile car les occurrences du substantif ζωῆσι sont rares dans la poésie archaïque (il n'y a aucune autre attestation avant Empédocle de ce substantif au datif pluriel) et que la construction grammaticale du datif seul a paru ardue.

Au XIXᵉ siècle, ces problèmes conduisent généralement à suivre une correction de Scaliger, δὲ ζωῆς ἀβίου, prêtant aux mortels la perception d'une brève part d'*existence sans vie* (en construisant ἀθρεῖν avec un objet et un attribut de l'objet ou avec une participiale dont le verbe est sous-entendu)[56]. On règle le problème du datif ζωῆσι en supposant que le iota final de cette forme est le résultat d'une corruption d'un ἀ- privatif qui servait de préfixe à -βίου mais qui fut rattaché à tort au mot précédent. Pour le sens, la correction est du côté d'un pessimisme irrémédiable : elle mène à distinguer l'existence physique des hommes (celle des fonctions biologiques) de la vie véritable comme réalisation pleine des potentialités humaines, mais à laquelle l'homme ne saurait prétendre car il ne peut que constater que sa vie se caractérise par sa brièveté (παῦρον) et son inanité existentielle (ζωῆς ἀβίου).

Wilamowitz a proposé une autre correction, δ' ἐν ζωῆσι βίου, « brève est la part de vie dans leur existence », adoptée à partir de Kranz par la majorité

---

55   Bollack 1969 t. III p. 10.
56   Sturz 1805 p. 528, Karsten 1838 p. 173 (qui défend une correction supplémentaire, ἀθλήσαντες), Bergk [1839] 1886 p. 20 et 22, Stein 1852 p. 29.

des éditeurs[57]. Le problème syntaxique posé par le datif est réglé en supposant qu'un N a été perdu entre E et Z dans la séquence ΔΕΖΩΗΙΣΙ, que l'on a lue δὲ ζωῆσι en liant le ε après lequel le ν est tombé au δ qui précède. La critique de l'existence des mortels qu'implique cette correction est moins radicale que celle de Scaliger : si la vie humaine n'est plus caractérisée par une inanité objective (ἀβίου), elle n'en reste pas moins brève et pauvre.

Le texte des manuscrits, δὲ ζωῆσι βίου, a été conservé par Bollack, qui a contesté les lectures pessimistes du fragment[58]. Le datif ζωῆσι a été interprété comme un locatif (ce qui le menait à traduire comme s'il y avait ἐν) ; ce choix, joint à celui de lire ἀθροίσαντες à la fin du vers au lieu du ἀθρήσαντες habituel, a pour conséquence que ce vers n'exprime plus un simple constat, irrémédiable, de l'inanité de la condition humaine. Il dénonce, au contraire, un comportement humain consistant à ignorer les éléments et à ne pas chercher à enrichir sa propre existence – et son propre être – au moyen d'une perception correctement mise en œuvre : le vers dit alors qu'un certain rapport à l'existence, qui n'est pas le seul possible, se trouve voué à l'échec – selon Bollack, la compréhension du poème d'Empédocle permettait de retrouver un rapport riche aux éléments qui structurent l'existence humaine.

Au vers 2.6, le texte des manuscrits, τὸ δὲ ὅλον εὔχεται εὑρεῖν, est amétrique :

πάντοσ' ἐλαυνόμενοι, τὸ δὲ ὅλον εὔχεται εὑρεῖν.
– u u/ – u u/ – u u u u/ – u u/ – –

Le problème de transmission concerne de toute évidence les mots δὲ ὅλον ou leur voisinage immédiat. Dans la mesure où ὅλον est la forme attique là où l'ionien serait οὖλον, il y a plusieurs façons d'appréhender ce problème de transmission. Si (1) l'on postule que la forme ionienne est la bonne et que ὅλον en est une corruption, il faut lire δὲ οὖλον en hiatus et supposer qu'un monosyllabe bref s'est perdu entre οὖλον et

---

57 Cette correction de Wilamowitz, sans doute inspirée de la correction antérieure de Gataker δ' ἐν ζωοῖσι βίου, est suivie par D.-K. 1951 p. 309 (Diels 1901 p. 106 jusque 1912 p. 223 (inclus) lisait δὲ ζωῆς ἰδίου), Bignone 1916 p. 389, Inwood 2001 p. 212-213, Trépanier 2004 p. 166. Wright 1995 p. 156 ne reconduit pas la correction de Wilamowitz mais la juge plausible ; le sens retenu revient à celui de la correction.

58 Cf. Bollack 1969 t. III p. 10-11. Gallavotti 1975 p. 8, Vítek 2006 p. 304, Gemelli Marciano 2013 p. 152 et Mansfeld & Primavesi 2011 p. 440 ont également retenu le texte des manuscrits.

εὔχεται. Si au contraire, on postule que (2) ὅλον est la bonne forme, il faut soit (2a) supprimer l'hiatus (δ' ὅλον) en estimant que la syllabe finale de ὅλον était allongée par position parce qu'elle était suivie d'un mot à initiale consonantique, qui peut être un dissyllabe constitué de deux brèves ou un monosyllabe long ; soit (2b) conserver δὲ en supposant qu'un monosyllabe long à initiale consonantique est tombé entre ce δὲ et ὅλον. Comme la proposition (2a) inclut les types de mots que la proposition (2b) permet d'insérer ainsi que d'autres types que celle-ci ne permet pas de restituer, il est plus simple de raisonner, au sein de la seconde branche, à partir de la seule option (2a).

Si (1) la forme originelle était l'ionien οὖλον et non l'attique ὅλον et qu'on accepte l'hiatus en ajoutant un monosyllabe bref entre οὖλον et εὔχεται, on obtient le vers suivant, qui est celui retenu par Vítek[59] :

> πάντοσ' ἐλαυνόμενοι, τὸ δὲ οὖλον... εὔχεται εὑρεῖν.
> – u u / – u u / – u u / – u (u) / – u u / – –

L'hiatus est d'autant plus vraisemblable que οὖλος commence par un digamma : quoique celui-ci ne soit plus senti à l'époque d'Empédocle, sa scansion peut viser à l'imitation d'une tournure homérique[60]. Dans cette position métrique, le monosyllabe bref tombé devait à la fois commencer par une voyelle, pour ne pas fermer par position la syllabe -λο- qui précède, et se terminer soit par une consonne simple (si la consonne était double la syllabe serait fermée) soit par une voyelle longue ou diphtongue abrégée devant la voyelle initiale de εὔχεται. Le terme à restituer peut donc prendre une forme semblable à celle de ἄρ ou à celle de οὐ. Si ce monosyllabe n'est pas un préverbe qui se grefferait sur εὔχεται, il ne peut être qu'un enclitique : dans le cas contraire, le vers violerait la loi de Hermann, ce qui n'est jamais le cas des vers d'Empédocle qui nous sont parvenus. Il y a quatre candidats vraisemblables : les enclitiques ἄν et ἄρ et les préverbes ἀπ- et ἐπ-[61]. Cette dernière option a été soutenue par Sturz et Karsten, restituant la séquence οὖλον ἐπεύχεται[62].

---

59   Vítek 2006 p. 304.
60   Pour l'influence du digamma dans l'hiatus, *cf.* West 1987 p. 15-16.
61   La forme ὑπεύχομαι n'existe pas dans la langue, tandis que les formes préfixées en ἀν- et ἐν- sont rares et postérieures à Empédocle.
62   *Cf.* Sturz 1805 p. 637, Karsten 1838 p. 174. Le verbe simple a généralement le même sens que le composé.

Les trois premières restitutions peuvent être écartées : ἄν ne fait pas sens en cette position et ἄρ ne peut précéder εὔχεται car cet enclitique ne s'emploie que devant consonne, dans le mètre épique[63]. Notons que la forme élidée ἄρ' n'est pas enclitique : le vers constituerait une infraction à la loi de Hermann. Le préverbe ἀπ- est difficile car le verbe ἀπεύχομαι signifie *détourner par ses prières*[64]. Le seul candidat vraisemblable qui permette de conserver le οὖλον ionien est ainsi le verbe ἐπεύχομαι, doublet de εὔχομαι attesté dès Homère. Toutefois, les statistiques proposées par Hagel montrent qu'un mot de cette forme métrique ne se trouve pratiquement jamais à cet emplacement du vers[65]. L'argument n'est pas absolument déterminant en soi mais s'ajoute au fait que l'hiatus δὲ οὖλον constituait déjà une forme d'irrégularité du fait que le digamma n'était plus senti à l'époque d'Empédocle : soutenir cette option demande à l'appui d'une interprétation qui puisse justifier de façon forte le choix sémantique de ἐπεύχεται, ce qui n'est pas aisé dans la mesure où il s'agit d'un doublet du verbe simple.

Si (2a) la forme originelle est le ὅλον attique qu'on lit dans les manuscrits, le terme qui le suivait pouvait être un monosyllabe long par nature ou un dissyllabe constitué de deux brèves, ou deux monosyllabes brefs dont le premier soit un proclitique ou le second un enclitique (dans le cas contraire, cela violerait la loi de Hermann). S'il s'agit d'un monosyllabe long, celui-ci devait présenter une initiale consonantique pour fermer la syllabe -λον par position et se terminer par une ou deux consonnes (après lesquelles pouvait apparaître une voyelle brève élidée) pour éviter que, devant εὔχεται, sa voyelle finale ne soit abrégée : ce devait ainsi être un mot tel que πᾶς ou πᾶσ(α) avec élision. Le dissyllabe constitué de deux brèves pouvait également présenter une syllabe finale fermée par une consonne pour la même raison – comme τινάς –, mais également s'achever par une voyelle longue ou diphtongue abrégée devant εὔχεται – comme λόγου.

La première configuration a fourni la majeure partie des restitutions proposées. Bergk, suivi par la majorité des éditeurs, a suppléé un πᾶς

---

63  Denniston *GP* p. 32. Une étude des occurrences confirme sa remarque.
64  Les seules occurrences antérieures au IVᵉ siècle sont Ae.*Eu*.608, Eu.*Hi*.891.
65  Hagel 2004 p. 197, tableau 10.2 : un mot de cette forme métrique est placé en cette position à une fréquence de 1,37 % dans l'*Iliade*, 0,63 % dans l'*Odyssée*, et jamais chez Hésiode.

reprenant le ἕκαστος du vers précédent (« et le tout, chacun se vante de l'avoir trouvé »)[66]. Stein a, lui, ajouté un μάψ, *en vain*[67] : le vers exprimait alors l'impuissance et la vanité des hommes qui cherchèrent à élaborer une conception du monde comme un tout organisé. Fränkel a proposé τὸ δ' ὅλον <τίς ἄρ> εὔχεται εὑρεῖν; (« Qui peut se vanter d'avoir trouvé le Tout ? »[68]) : la préoccupation des hommes n'a pas été de découvrir le tout car ils se laissaient porter vers le premier objet venu.

Le vers a été corrigé plus lourdement. Bollack a ainsi proposé la correction τὰ δ' ὅλ'(α) <οὐδεὶς> εὔχεται εὑρεῖν, « le tout, nul ne fait vœu de le découvrir », identifiant dans le τάδε du vers suivant les éléments, qu'il propose d'insérer ici par le neutre pluriel τὰ ὅλα. La variété des objets de connaissance parcellaire que l'homme rencontre aléatoirement (selon les vers 2.5-6a) est alors opposée à la totalité close formée par les quatre racines, que personne ne souhaite chercher. Bollack traduit εὔχεται par *souhaiter* pour éviter les considérations psychologiques de l'interprétation admise et définir une alternative quant à l'attitude par rapport au monde : chercher à connaître les principes réels expliquant le monde (les racines), ou bien se contenter des objets aléatoires que la vie met devant nous, et être de fait dans l'impossibilité de s'élever au niveau d'une considération du Tout.

La corruption du texte des manuscrits est telle que les deux seules possibilités raisonnables qui s'offrent à l'éditeur me semblent être soit de conserver τὸ δ' ὅλον… εὔχεται avec une lacune et la forme attique, soit de choisir la forme épique et de restituer un hypothétique préverbe ἐπί (τὸ δὲ οὖλον ἐπεύχεται). La première solution est la moins coûteuse des deux dans la mesure où, alors que l'atticisme s'explique aisément par analogie[69], la seconde option implique un hiatus quelque peu difficile à l'époque d'Empédocle et que ἐπεύχεται soit placé en une configuration rare alors qu'il s'agit d'un doublet sémantique du terme εὔχεται, possible lui en cette position. Ces propositions ont au demeurant le même sens.

---

66   Bergk [1839] 1886 p. 20 et 22.
67   Stein 1852 p. 30, repris par Gemelli Marciano 2013 p. 367.
68   *Cf.* Fränkel 1923, suivi par Mansfeld & Primavesi 2011 p. 440.
69   En dépit de la rareté de la forme ὅλος dans la poésie hexamétrique antérieure à Empédocle, la forme attique μόνος est employée dans un hexamètre dactylique de Théognis (1135), ainsi que par Parménide (B 8.1 D.-K.) et Empédocle (2.5 et 8.3) alors qu'Homère emploie toujours des formes de μοῦνος.

Au vers 2.7, une correction significative a été proposée par Sturz et reprise par Karsten pour appuyer leur interprétation radicalement pessimiste[70] : alors que le texte des manuscrits énonce la conclusion des vers précédents au moyen d'un οὕτως placé en tête de vers et précédé d'une ponctuation, Sturz a corrigé cet adverbe en un αὕτως suivi d'une ponctuation forte. Il s'agissait de faire porter l'adverbe αὕτως, traduit par *en vain* (*frustra*), sur le vers précédent, qui exprimait dès lors l'impuissance fondamentale de l'homme à connaître le monde. Bergk, suivi par tous les éditeurs ultérieurs, est revenu au texte des manuscrits, refusant à la fois la correction du οὕτως en αὕτως et la postposition de la ponctuation[71]. Le οὕτως énonce alors la conclusion des vers qui précèdent : les hommes sont impuissants à appréhender le monde du fait des limitations qui caractérisent leurs existences et leurs perceptions.

Bollack conserve, comme Bergk, le texte des manuscrits mais donne un sens quelque peu différent à οὕτως[72] : dans les conditions précises décrites précédemment, les hommes ne peuvent accéder à la vérité et percevoir les éléments. Ainsi compris, le οὕτως ouvre la possibilité d'un discours qui permette de réintégrer les éléments dans l'existence humaine et d'enrichir celle-ci.

Les vers 2.8b-9, où on suppose le plus souvent qu'Empédocle s'adresse au disciple[73], ont fait l'objet de deux séries d'intervention. Bergk a inséré un δ'(έ) entre σύ et οὖν pour éviter à la fois l'hiatus et l'asyndète[74] : Sextus a pu omettre la particule de coordination dans la mesure où il interrompait sa citation à la césure pour insérer un commentaire[75]. Nous n'avons pas de raison sérieuse de penser que les deux citations du fragment proviennent d'autre chose que d'un texte continu. Ces vers ont été compris de façon différenciée par les commentateurs, en fonction de leur lecture du reste du fragment. Le problème tient à la détermination du sens de βροτείη μῆτις et au complément implicite de οὐ πλέον. Soit

---

70  Sturz 1805 p. 637, Karsten 1838 p. 174.
71  Bergk [1839] 1886 p. 20 et 22, *cf.* Stein 1852 p. 30.
72  Bollack 1969 t. III p. 14-15.
73  Karsten 1838 p. 174 avait supposé qu'une divinité s'y adressait à Empédocle.
74  Bergk [1839] 1886 p. 23. Il est vraisemblable que le οὖν ne permettait pas d'éviter complètement l'asyndète à cette époque. La correction n'est pas sans effet sémantique : elle conduit à opposer Pausanias au reste des êtres humains et ajoute, implicitement, l'idée que la connaissance offerte par le poème philosophique n'est destinée qu'à un groupe de *happy few*.
75  SE.*AM*.VII.124.

(1) il s'agit de la connaissance promise par le poème, qui peut soit (1a) s'inscrire dans les limites infrangibles de la connaissance humaine (où πλέον a pour complément implicite les connaissances humaines décrites dans les vers 3-8a) ; soit (1b) dépasser les limites de la connaissance humaine (où πλέον a pour complément implicite le degré de vérité promis par le poème). Soit (2) il s'agit de la connaissance qu'on cherche à dépasser, en tant qu'il s'agit d'un préalable à la formation du disciple (où πλέον a pour complément les conceptions décrites dans les vers 2.3-6).

Cette partie du vers est le plus souvent corrigée en πεύσεαι οὐ πλέον ἠὲ βροτείη μῆτις ὄρωρεν[76]. La syntaxe de la correction contraint à lire qu'Empédocle promet une connaissance inscrite dans les limites de l'intellect humain (« tu ne sauras pas plus que la connaissance humaine ne s'est élevée ») car le γέ disparaît au profit d'un ἠέ introduisant le complément du comparatif πλέον, qui devient lui-même le complément d'objet du verbe πεύσεαι. Cette correction n'a bien entendu aucune justification philologique et il faut l'abandonner. Gallavotti a proposé une autre correction, transformant la négation οὐ en pronom relatif οὗ[77], conçu comme un génitif partitif (et non comme complément du comparatif πλέον, interprété comme un comparatif absolu) : « tu sauras ce que la pensée humaine peut atteindre en sa majeure partie ». Le vers est alors du côté d'une modestie de la connaissance promise, qui s'inscrit dans les limites de la connaissance humaine : le gain interprétatif est faible.

Un autre problème interprétatif est le sens de la mise à l'écart opérée par le destinataire d'Empédocle par le groupe ὧδ' ἐλιάσθης. Il peut s'agir d'une mise à l'écart par rapport aux autres hommes parce que la connaissance qu'ils proposent est inférieure à celle promise par le poème ou par rapport aux visions erronées du réel décrites plus haut. Mais il peut également s'agir d'une référence à la situation d'énonciation du poème.

---

76  La correction originelle de Karsten 1838 p. 174-175 (οὐ πλέον'(α) ἠέ) a été modifiée par Stein 1852 p. 30 (οὐ πλέον ἠέ), mais les deux propositions vont dans le même sens. La correction avait originellement été proposée par Karsten afin de donner un équivalent à la glose de Sextus introduite par ἐφ' ὅσον, qui subordonne la connaissance promise aux facultés humaines (μὴ εἶναι εἰς τὸ παντελὲς ἄληπτον τὴν ἀλήθειαν, ἀλλ' ἐφ' ὅσον ἱκνεῖται ὁ ἀνθρώπινος λόγος, ληπτὴν ὑπάρχειν, SE.AM.VII.124.1-3).

77  Gallavotti 1975 p. 171.

*Les interprétations du fragment 2 et leurs limites*

Le fragment 2 a suscité trois ensembles d'interprétations qui supposent toutes des interventions, plus ou moins fortes, sur le texte : il y a deux lectures pessimistes selon lesquelles ce fragment exprime, à divers degrés, les limites infrangibles de la condition humaine, l'une extrême (celle de Sturz et Karsten), et l'autre plus tempérée (celle de Diels, fondée sur une relecture de la première et acceptée aujourd'hui par la majeure partie des commentateurs quoique Trépanier ait, de façon remarquable, contesté l'interprétation acceptée des vers 2.8b-9). Bollack s'est distingué de ces interprétations pessimistes en soutenant que le fragment décrivait l'état d'une catégorie de personnes qui ont choisi de s'éloigner des éléments qui constituent le monde et les constituent eux-mêmes, pour mieux y opposer la promesse de connaissance faite au disciple.

Sturz, suivi de Karsten, comprenait que le fragment 2 discréditait toute la connaissance humaine – sensible ou intellectuelle, celle d'Empédocle comme celle des autres philosophes, penseurs, et poètes[78]. Les vers 2.3-4, corrigés par Scaliger, exprimaient la brièveté de la vie humaine et les vers 2.5-6 l'impossibilité de connaître le monde, en raison de la multitude des objets de celui-ci. Les vers 2.6b-7a concluaient à l'impossibilité de connaître le tout, idée à laquelle Sturz et Karsten parvenaient en modifiant la ponctuation des manuscrits. Les vers 2.8b-9 formulaient un aveu d'humilité : l'idée qu'Empédocle reconnaissait que la doctrine qu'il promettait à Pausanias ne pourrait dépasser les limites de la connaissance humaine était renforcée par la correction de Karsten au vers 2.9, qui verrouillait l'interprétation du côté de l'affirmation d'humilité[79] alors même que l'absence de δέ au vers 2.7b contribue à placer Pausanias au même niveau que les autres hommes[80].

---

78  Sturz 1805 p. 486-503 pour l'essai *De fide sensuum* et p. 636-637 pour son commentaire du fragment. Karsten 1838 p. 171-175 renforce l'interprétation de Sturz en supposant, on l'a vu, que le fragment 2 était prononcé par une divinité qui s'adressait au poète : l'origine supra-humaine du discours renforce la portée du discrédit jeté sur la connaissance.

79  *Cf.* Karsten 1838 p. 309, pour l'insistance sur la piété et la modestie nécessaire à la philosophie.

80  Sturz 1805 p. 637 propose deux interprétations de la mise à l'écart, soit « *cum igitur errationis s. circumvagatus fueris per res multas earumque elementa* » (c'est-à-dire que la mise à l'écart de Pausanias est expliquée par le fait qu'il a rencontré beaucoup de particules élémentaires au fil de ses perceptions), soit « *cum huc deverteris s. veneris, audies s. intelleges haec : plus non efficere solet mortalium prudentia s. ingenium* » (l'isolement permet l'écoute du poème : la vérité est offerte par les dieux).

Stein a partiellement remis en cause cette lecture dès 1852, rétablissant le texte des manuscrits au début du vers 2.7[81]. Son interprétation a été développée par Diels puis par Kranz dans une lecture majoritairement acceptée aujourd'hui, qui dessine un pessimisme moins radical que celui de Sturz[82] : la brièveté de la vie humaine, pratiquement dépourvue d'existence réelle (idée acquise par la correction de Wilamowitz en 2.3-4), empêche l'homme d'appréhender correctement le monde en ce qu'il est porté vers des objets toujours différents par les hasards de la vie (2.5-6), si bien que prétendre à une connaissance de la totalité est impossible. Le fragment 2 contesterait à cet égard les thèses de Parménide, identifié par Diels comme la cible de la critique d'Empédocle dans la mesure où l'Éléate prétend être parvenu à penser le monde comme totalité[83]. Comme Parménide, les mortels se vantent en vain d'avoir trouvé le ὅλον, alors qu'en réalité – pour l'Empédocle reconstruit par Diels – les limites inhérentes à la connaissance humaine ne le leur permettent pas.

Le projet philosophique de l'Agrigentin intégrerait ces limites inhérentes à la vie humaine : dans les vers 2.8b-9, où Diels reconduit dès 1901 la correction de Karsten modifiée par Stein, le philosophe-poète fait acte d'humilité en promettant une doctrine intrinsèquement limitée par les caractéristiques de la condition humaine précédemment évoquées dans le fragment 2.

Quoique le reste de la lecture de Diels soit accepté aujourd'hui, le sens des vers 2.8b-9 a fait l'objet de discussions. Plusieurs commentateurs récusent la correction de Stein au vers 9 quoiqu'ils en conservent le sens : Wright, suivie par Inwood, conserve le texte des manuscrits au vers 2.9 mais n'en adopte pas moins l'interprétation de Karsten revue par Diels, selon laquelle la doctrine s'inscrit dans les limites intellectuelles de l'homme[84]. Cette série d'interprétations reste pourtant moins radicale

---

81 Stein 1852 p. 30, rétablissant οὕτως pour faire disparaître l'idée de vanité contenue dans le αὕτως de Sturz.

82 Stein 1852 p. 32, Diels 1901 p. 106 jusque D.-K. 1951 p. 309 (voir également Diels 1921), Wright 1995 p. 156-157, Inwood 2001 p. 212-215, Palmer 2013 p. 315. Les principaux manuels à être déterminés par Diels sont Freeman 1946 (notamment p. 180-181) et Kirk & Raven 1960 (p. 325).

83 Diels [1897-1898] 2010 p. 51 et n. 275. Le vers 2.6b d'Empédocle est déterminant : οὖλος est l'une des caractéristiques de τὸ ἐόν dans le fragment 8 de Parménide, au vers 4 notamment.

84 Wright 1995 p. 155 traduit : « *But you now, since you have come aside to this place, will learn within the reach of human understanding.* » *Cf.* p. 157 pour son interprétation.

que celle de Sturz, dans la mesure où elle ne dénie pas à l'homme toute prétention à la connaissance comme le faisait ce dernier : le passage tend en dernière analyse à une simple affirmation d'humilité.

Cette position a été contestée par Trépanier, qui envisage ces vers comme un compliment adressé à Pausanias, auquel Empédocle promet une connaissance qui n'a jamais encore été atteinte par les autres hommes[85]. L'isolement du disciple implique qu'il est parvenu à la cime des connaissances mortelles : la doctrine promise par Empédocle lui permettra à présent de dépasser celles-ci. Le référent implicite du πλέον n'est plus les possibilités de connaissance en général mais le degré de savoir atteint par Pausanias. L'interprétation de Trépanier lit ainsi dans le fragment 2 une description pessimiste de la condition humaine pour mieux lui opposer celle de Pausanias.

L'interprétation pessimiste a été remise en cause par Bollack, qui a soutenu que les vers 2.1-8a décrivaient l'état d'hommes dont l'existence s'est éloignée des éléments[86]. Les vers 2.1-6 n'expriment pas les limitations intrinsèques de la perception et de la connaissance humaine mais une mauvaise application de celles-ci, fondée sur un usage incorrect des sensations : chaque voie de perception est étroite lorsqu'on se fie à elle au détriment des autres. Le fragment décrit de façon critique une attitude qui consiste à se donner des objets de perception et de soin toujours nouveaux, ce qui pousse à s'appauvrir en éléments en ne cherchant pas à dépasser son individualité pour connaître le Tout.

Bollack fonde son analyse du vers 2.2 (qui appartient au proème dans sa reconstruction) sur le fragment B 110 D.-K. (699 Bollack), le dernier du Poème physique selon lui[87]. Lisant dans les δειλ' ἔμπαια un renvoi aux préoccupations toujours changeantes des mortels, il comprend dans τά τ' ἀμβλύνουσι μερίμνας que le fait de choisir des objets sans

---

85  Trépanier 2004 p. 54, suivi par Gemelli Marciano 2013 p. 366 dans l'opposition qu'elle reconstruit entre les connaissances humaines limitées et le savoir surhumain promis par Empédocle. La position privilégiée du disciple semble soulignée dans la traduction de Mansfeld & Primavesi 2011 p. 440 (qui conservent le texte des manuscrits en 2.9). *Cf.* également Galsworthy 2012 p. 40-41, Palmer 2013 p. 316.

86  Bollack 1969 t. III p. 8-9.

87  Le fragment 110 D.-K. (699 Bollack) oppose deux attitudes à l'égard de la vie, l'une qui consiste à s'écarter de la constante nouveauté des choses du monde pour s'attacher aux éléments immuables et à la véritable sagesse ; l'autre, au contraire, à s'attacher à des objets toujours nouveaux et variables que la vie place devant nous. C'est cette seconde voie qui est ici décrite, selon Bollack.

cesse nouveaux a des effets sur la constitution même de l'organisme humain, qui s'appauvrit en éléments, selon le processus décrit dans le fragment 110 D.-K.[88]. Il est surprenant que Bollack formule les échos qu'il croit pouvoir lire dans le fragment 2 comme des « reprises » du fragment 110 par le fragment 2, alors qu'on s'attendrait au contraire vu l'ordre dans lequel il les place dans sa reconstruction[89].

La compréhension des vers 2.3-4 dépend de la correction ἀθροίσαντες, fondée sur la leçon de NV[90] : puisque les hommes élisent des objets toujours changeants, ils ne rassemblent pas suffisamment d'éléments en eux et, incapables de se détacher de leur individualité propre et placés dans cet état d'appauvrissement élémentaire, ils se trouvent dans une situation d'instabilité, de brièveté, de légèreté et de fugacité (vers 4). Les vers 2.5-6 expriment l'affirmation objective d'une incapacité à découvrir les éléments dans ces conditions précises qui viennent d'être évoquées, rappelées par le οὕτως des vers 7-8a. Le vers 2.9, exprime non pas une affirmation d'humilité mais la promesse d'une connaissance supérieure à toutes les autres. Ce vers et demi est en rupture avec la situation gnoséologique exposée dans les vers précédents.

Ces interprétations posent plusieurs problèmes.

L'interprétation majoritairement acceptée me semble négliger la structure argumentative du passage à deux égards. (1) Elle ne cherche pas à reconstruire de façon cohérente les raisons doctrinales sous-jacentes à la critique qui expliqueraient le pessimisme d'Empédocle du point de vue de sa propre doctrine. La question de la cohérence de ce pessimisme avec le reste des fragments est le plus souvent écartée ; une telle justification ne tiendrait probablement pas, dans la mesure où l'Agrigentin a précisément soutenu une conception de la vie selon laquelle le vivant réel, les éléments, subsiste toujours, et qui est fondée sur une remise en cause des traitements traditionnels de la naissance et de la mort.

---

88  Bollack 1969 t. III, p. 9-10.

89  Bollack 1969 t. III p. 10 : « La reprise de 699 éclaire le premier hémistiche. Les objets changeants de la pensée des hommes ont un effet physique sur la composition de leur sang, sur l'organe même de leur pensée. Attachant leur sens à des choses futiles ou à l'aspect fuyant des choses, ils interrompent le contact des éléments. »

90  Bollack, 1969 t. III, p. 10, dont l'interprétation du vers 2.3 semble reprise par Gemelli Marciano 2013 p. 366 et Mansfeld & Primavesi 2011 p. 440, qui conservent ἀθρήσαντες mais lisent dans le vers une opposition entre la vie humaine (ζωή) et celle des éléments (βίος).

Qu'est-ce que l'entreprise d'Empédocle, sinon qu'une tentative innovante et originale de rendre compte du ὅλον évoqué dans ces vers[91] ? (2) Cette interprétation ne prend pas suffisamment en compte la signification des reprises poétiques dans la construction de l'argumentation du fragment 2, alors que les interprètes signalent ces reprises comme un élément déterminant de la construction pessimiste qu'ils défendent.

L'interprétation de Bollack pose également des difficultés. (1) Elle présente une forme d'incohérence dans la mesure où elle ne peut être soutenue qu'à partir du fragment 110, qui est (selon lui) le dernier du poème. Elle n'établit pas assez clairement, à cet égard, le sens auquel l'auditoire parvenait à la première écoute du passage : le fragment 2 était tout simplement incompréhensible à l'auditeur lors de sa première écoute, dans la mesure où aucune des clefs de lecture n'était contenue dans le texte[92]. L'auditeur doit attendre la fin du poème pour comprendre ce que Bollack reconstruit comme le sens littéral du début de celui-ci. (2) Elle se fonde sur une correction lourde au vers 6b : la correction de ὅλον en ὅλα est présentée comme une conséquence nécessaire de l'ajout de οὐδείς, qui dépend uniquement de raisons interprétatives[93]. L'origine paléographique ou philologique de l'erreur supposée n'est pas expliquée. Il faut à mon sens abandonner cette correction : sur ce point précis, la façon dont la lecture traditionnelle est contestée ne saurait être satisfaisante.

---

91  Prêter une affirmation d'humilité à la doctrine d'Empédocle n'est possible qu'au prix de corrections, comme au vers 3.8, où l'indicatif θοάζει des manuscrits est corrigé en un infinitif θοάζειν précisément afin de faire rentrer la prétention à la connaissance dans la description de la pratique poétique qu'il récuse.

92  Le même reproche vaut pour les interprétations de Gemelli Marciano et Mansfeld & Primavesi au vers 2.3 : l'auditeur ne peut savoir à la première écoute que βίος désigne la vie élémentaire.

93  Bollack 1969 t. III, p. 14 : « Il faut alors (*sc.* si l'on accepte de suppléer οὐδείς) corriger τὸ δ' ὅλον en τὰ δ' ὅλ', qui trouve un appui dans le pluriel du vers suivant. » Il ajoute certes en note quelques brèves références indicatives aux emplois du pluriel τὰ ὅλα.

UNE LECTURE DU FRAGMENT 2 :
LE DISCIPLE ET LES CONCEPTIONS DES MORTELS

LA CRITIQUE DES CONCEPTIONS DES MORTELS (FR. 2.1-8a)

Les deux premiers vers du fragment énoncent au moyen d'un système μέν/δέ deux principes généraux qui expliquent la difficulté à percevoir (2.1) et à élaborer une pensée (2.2) sur le fondement de cette perception sensible, du fait des vicissitudes de la vie. Je montrerai que, sur ce fondement, s'ouvre une critique de la façon dont les hommes ont, sur la base de perceptions désorganisées, construit des conceptions du trépas (2.3-4) et des principes explicatifs du monde sur le fondement de données sensibles perçues aléatoirement (2.5-6) ; que ces conceptions sont stylisées par le filtre de l'expression qu'en a donnée la poésie épique ; que les vers 2.7-8a concluent alors à l'impossibilité de saisir la nature réelle du monde par cette méthode erronée, avant d'opposer la position du disciple à cette description d'usages incorrects de l'appareil perceptif (2.8b-9).

Nous verrons, plus loin, que la parole poétique – après refonte des conditions de sa véridicité – permet de dépasser les limites décrites dans ces vers.

*Les limites de l'appareil perceptif (2.1-2)*

Le vers 2 présente une corruption évidente, qui remonte probablement à une date ancienne : tous les éditeurs modernes acceptent la proposition d'Emperius, qui corrige le premier hémistiche en πολλὰ δὲ δείλ' ἔμπαια, supposant que le texte des manuscrits de Sextus (πολλὰ δὲ δείλεμπεα) reconduit une confusion ancienne du groupe αι avec un ε. Les manuscrits de Proclus présenteraient un stade de corruption supplémentaire : on aurait essayé de faire sens de δείλεμπεα en supposant que le μ était un ajout, ce qui a donné lieu aux leçons δείλ' ἔπεα et δείρ' ἔπεα, difficiles car elles supposeraient un allongement du α bref de désinence de neutre pluriel. Corriger l'εμπεα corrompu des manuscrits de Sextus est la solution la plus raisonnable en dépit du fait que ἔμπαια, dérivé de ἐμπαίω, est un terme employé uniquement par Eschyle en ce sens précis (*les coups qui s'abattent*)[94]. Le mot est employé dans l'*Odyssée*, mais au sens passif d'*expérimenté*[95].

Le premier vers formule l'imperfection de l'appareil perceptif humain, qui tient à l'étroitesse des voies par lesquelles l'être humain reçoit des perceptions. Le μέν souligne que l'accent de sens est sur στεινωποί, composé de στενός et de ὀπή au sens de *passage étroit*[96]. Le sens du terme, qui désigne normalement un chemin terrestre ou maritime, est déplacé pour faire référence à la doctrine de la perception par les pores[97]. L'étroitesse des chemins de perception est en tension avec la multiplicité des objets sensibles décrite en 2.5-6.

Le second vers construit une relation entre l'état psychologique et les facultés intellectuelles : au cours de la vie, les revers de fortune et autres expériences malheureuses empêchent d'analyser clairement les données sensibles limitées que l'homme perçoit. Quoique dérivé de δείδω et signifiant à ce titre *lâche*, l'adjectif δειλός est employé chez Homère au sens de *misérable, pitoyable* pour désigner la condition humaine par opposition à celle des dieux, μάκαρες[98]. Le vers 2.2 établit ainsi que les vicissitudes du sort sont constitutives de la condition humaine. Le verbe ἀμβλύνω, *émousser, affaiblir*, est un dérivé de ἀμβλύς[99]. Aucun des deux termes n'est homérique : Pindare les emploie dans des déterminations psychologiques liées au θυμός et à l'espoir[100]. Les μερίμνας désignent les *pensées*, parfois en mauvaise part au sens de *soucis* et *inquiétudes*[101]. L'hypothèse d'une formation sur la racine *men- (qui a donné μαίνομαι, μανία, etc.), avec dissimilation n > r, est jugée improbable par Chantraine[102].

Sur le fondement de ces deux limites de la perception humaines que sont l'étroitesse des pores et l'état psychologique induit par les

---

94 En Ae.*Ag*.187.

95 En υ.379, φ.400. *Cf.* Chantraine *DELG* p. 343 pour la distinction des deux ἔμπαια.

96 Chantraine *DELG* p. 808 et 1051.

97 Pour un chemin terrestre : H.143, Ψ.416, Ψ.427. Pour un chemin maritime, μ.234, Ae.*PV*.364. Pour les pores, *cf.* Bollack 1969 t. III p. 8.

98 Chantraine *DELG* p. 255-256. Pour le sens *misérable*, *LfgrE* t. 10 col. 234, *s. v.* δειλός, acceptions 2aα et 2aβ.

99 Chantraine *DELG* p. 73.

100 L'adjectif est employé en Pi.fr.*Enco*.124d.1, pour le θυμός émoussé par le son du barbiton, un instrument à cordes ; le verbe, en Pi.*P*.1.82, où l'envie (κόρος) émousse les espoirs trop prompts. En Ae.*Eu*.238 pour la souillure d'Oreste ; avec négation en Ae.*Se*.844, pour les θέσφατα.

101 Chantraine *DELG* p. 687.

102 Chantraine, *Formation*, p 216 ; *LfgrE* t. 15 col. 151.

vicissitudes du sort, les vers 2.3-6 énoncent un certain nombre de conceptions élaborées par les hommes, afin de souligner l'inanité des conceptions communément admises qui sont l'objet de la critique. Il ne s'agit pas de souligner l'impossibilité de parvenir à une connaissance : Empédocle reconstruit au contraire des conceptions de l'existence et du monde qu'il ne partage pas mais dont le caractère erroné s'explique par les limites de l'appareil perceptif.

## La critique des conceptions de la mortalité (2.3-4)

– Le vers 2.3 et la reprise de ζωῆσι :
quelle vie les mortels vivent-ils ?

Les vers 2.3-4 stylisent les traitements épiques de l'existence et de la mort pour montrer l'inconsistance des conceptions qui les sous-tendent.

Faut-il lire ἀθρήσαντες (issu de la leçon de LEABR) ou ἀθροίσα-ντες (issu de celle de NV) ? Mutschmann considérait le manuscrit N comme le meilleur tant par son antiquité que sa qualité et pensait qu'il constituait une branche de la transmission à lui seul[103]. Qu'on trouve la leçon qu'il présente dans l'autre branche, dans le manuscrit V, est un argument en faveur d'ἀθροίσαντες quoiqu'on ne puisse pas exclure une contamination.

Le verbe ἀθροίζω, *rassembler*, est un dérivé de l'adjectif ἀθρόος, *serré, rassemblé*, parfois *en une seule fois*[104]. Quoique l'adjectif soit fréquent chez Homère, le verbe n'est employé qu'à partir d'Archiloque. Alors qu'à l'actif, le sens est *rassembler*, au moyen, il signifie qu'un groupe de personnes *se rassemble*, tels l'armée et le δῆμος chez Archiloque et un groupe de vaisseaux chez Eschyle[105]. L'hypothèse interprétative de Bollack semble être la seule façon de défendre ἀθροίσαντες dans notre fragment. La notion contenue dans ἀθρόος place le terme du côté de l'action de Φιλία : ce qu'Empédocle désigne par μέρος βίου ne peut alors désigner que les éléments eux-mêmes, constitutifs du vivant.

---

103 Mutschmann 1914 p. VI-VII.

104 Chantraine *DELG* p. 28 (la forme avec esprit rude est attique).

105 À l'actif : Hdt.4.195.15 (pour de la poix), Eu.*Antiope*.fr. 48.81 (pour des os), Eu.*Io*.1147 (pour des astres), Eu.*Ph*.494-495 (pour des entrelacs de λόγοι), Eu.*Ph*.851 (avec πνεῦμα, pour le fait de reprendre son souffle). Au moyen : Archiloque fr.88.1 et fr.182.1 West, Ae.*Pe*.414.

Le verbe ἀθρέω exprime l'idée d'observer un objet avec attention. Quoique cet objet soit normalement visuel chez Homère[106], le verbe a été employé par la suite en un sens proche de *considérer*, que les lexiques analysent comme intellectuel[107] : en So.*An*.1077, par exemple, le verbe est construit avec une interrogative indirecte introduite par εἰ et le sens est bien intellectuel dans la mesure où Tirésias demande à Créon d'examiner s'il a été acheté. Le mot ἀθρήσαντες se trouve ici en une position semblable à l'une des positions où Homère emploie ἀθρήσειε, dont la structure métrique est presque identique[108]. Le vers 2.3 signifie alors que les hommes ont observé que la part de vie réelle dans leur existence était réduite, ce qui les a amenés à élaborer des conceptions de la mortalité erronées.

Malgré l'argument de la transmission manuscrite, choisir le participe ἀθροίσαντες au vers 2.3 paraît plus difficile pour le sens : l'auditoire qui ne connaît pas encore la doctrine ne comprend pas le vers. Conserver ἀθρήσαντες est préférable, au sens d'*observer* (qui présente en français la même ambiguïté que ἀθρέω) et construit avec une complétive sous-entendue : « ayant observé que leur part de vie était brève ». Du fait des limites de l'appareil perceptif énoncées dans les vers 2.1-2, les hommes observent de façon erronée leur propre existence.

Les lexiques montrent que le sens des termes ζωή, dérivé de ζώω, et βίος (et des termes de leur famille) a évolué au cours de la période archaïque, quoiqu'ils n'assignent pas assez clairement le moment où ζωή passe du sens de *genre de vie* ou *propriété* à celui de *vie* biologique par opposition à la mort[109]. Quoiqu'en attique classique ζωή tende à

---

106 Pour l'acception visuelle (avec un accusatif ou un participe) : Γ.450, K.11, M.391, Ξ.334, Hipponax fr.158.1 West, *Hh*.He.29 et 414, So.*OC*.252, *Ant*.1220 ; pour dire l'impossibilité d'une perception, μ.232.

107 *Cf.* LSJ *s. v.* ἀθρέω (sens II : « *of the mind, "look upon, observe"* ») et *LfgrE* t. 1 col. 227 (*s. v.* ἀθρέω acception 3). *Cf.* en ce sens, Pi.*P*.2.70 (où il s'agit de considérer un chant avec bienveillance), So.*OT*.1305, *OC*.1032, *An*.1077 (avec εἰ, cité ci-dessous), 1216 (avec εἰ), 1220.

108 Pour ἀθρήσειε, *cf.* K.11. Les deux formes ne se distinguent que par leur syllabe finale : celle d'ἀθρήσαντες est composée d'une voyelle brève suivie d'une consonne, et celle d'ἀθρήσειε d'une voyelle brève seule. Placer les mots de la forme d'ἀθρήσαντες en fin d'hexamètre devient progressivement la norme, d'Homère à Apollonios de Rhodes, quoique cette position se trouve pratiquement abandonnée par la suite (*cf.* Hagel 2004 table 15.1 p. 207).

109 *LfgrE* t. 12 col. 878 pour le premier sens. Pour la dérivation de ζωή sur ζώω, *cf.* Chantraine *DELG* p. 402, qui attribue à ζωή le sens de *vie biologique* dès l'*Odyssée*.

désigner la vie biologique alors que βίος désigne le mode de vie ou la façon de vivre[110], le sémantisme des deux familles de mots s'est parfois recouvert à la période archaïque. Cette situation rend nécessaire une étude plus précise du sémantisme des deux familles et de leur évolution.

Chez Homère, les acceptions des deux verbes *vivre*, ζώειν et βιόω, se recouvrent partiellement, dans la mesure où ζώειν présente les sens biologique (*être en vie*) et qualitatif (*vivre une vie telle ou telle*), alors que βιόω ne présente que le premier sens[111].

Le substantif ζωή, rare chez Homère, ne présente pas le sens biologique mais désigne le type de vie que l'on mène ou les conditions qui la rendent possible[112]. Le sémantisme des noms formés sur βι- formait alors un système complet : βίος désignait la vie qu'on menait – en concurrence avec ces emplois rares de ζωή – et βίοτος soit la vie biologique (faisant pendant au couple βιόω et ζώειν), soit les moyens de subsistance[113].

Chez Hésiode, qui associe la notion de βίος aux moyens concrets de subsistance que l'homme peut acquérir par son travail, les deux termes βίος et βίοτος se sont spécialisés du côté de ces moyens de subsistance

---

110  Pour cette opposition sémantique en attique, *cf.* Chantraine *DELG* p. 176, *s. v.* βίος.

111  *Cf. LfgrE* t. 12 col. 881-884 pour ζώω (et p. 879-880 pour ζωός). Le sens biologique est net en A.88 (Chrysès ne pourra s'approcher des nefs du vivant d'Agamemnon) et E.157 (Thôon et Xanthe, tués par Diomède, ne rentreront pas vivants chez eux) ; voir également P.681, Σ.10, T.335, Ψ.70, Ω.490, Ω.705, γ.256, γ.354, κ.72, λ.458, λ.464, μ.21, π.373, π.439, φ.155, χ.38 et χ.245. Le terme peut désigner la durée de la vie en *Hh*.Aphr.188, *Hh*.Aphr.221, Ae.*Ch*.1043, Ae.*Eu*.603, etc. Le participe de ζώω fonctionne ainsi comme un synonyme de βροτός (en o.229, Nélée est ἀγαυότατον ζωόντων ; *cf.* Callinos fr.1.19 West). Le sens qualitatif, lui, est attesté en o.491 (pour la vie que mène Eumée après qu'il a été racheté par Laerte), ρ.423 (avec εὖ, pour une vie large) ; voir également τ.79, *Hh*.Aphr.105, *Hh*.Ap.530. Pour βιόω, seulement au sens biologique, *cf.* Θ.429, K.174, O.511, θ.468, ξ.359 ; *Hh*.Ap.528.

112  En ξ.96, Eumée évoque la largesse de la vie d'Ulysse. Le terme désigne les conditions matérielles qui permettent un type de vie donné dès l'*Odyssée* : ainsi les fils du « père crétois » d'Ulysse ont-ils divisé la ζωή de leur père (ξ.208) et Pénélope rappelle-t-elle à Antinoos que ses adversaires voulaient tuer son père et dévorer sa ζωή (π.429).

113  *Cf.* Chantraine *DELG* p. 177 (*s.v.* βίος) et, plus nettement, *LfgrE* t. 10 col. 61-62 (dont particulièrement l'acception 1 de βίοτος). Pour βίος, *cf.* o.491, σ.254 = τ.127. Ces deux dernières occurrences font évidemment référence aux conditions de la vie de Pénélope, qui vit parmi les prétendants, privée d'ἀρέτη, d'εἶδος de δέμας (σ.251), et non à sa vie même. Pour βίοτος au sens de *vie biologique* : Δ.170, H.104, N.563, Π.787, α.287, β.218, et ω.536 ; au sens des *moyens de subsistance*, *cf.* E.544 et Z.14 (ἀφνειὸν βιότοιο), Ξ.122, α.160, α.377, β.49, β.123, β.126, β.142, γ.301, δ.90, δ.686, λ.116, λ.490, μ.328, ν.396, ν.419, ν.428, ξ.3, ξ.377, ξ.527, o.32, o.446, o.456, π.384, ρ.250, ρ.378, ρ.594, σ.280, τ.159, τ.580 et φ.78 ; He.*Th*.605, He.*Op*.167, 301, 307, 400, 476 et 499.

alors que ζωή désignait, comme chez Homère, les conditions matérielles dans lesquelles on menait une vie rendue possible par ces moyens de subsistance[114]. Les poètes élégiaques sont dépendants des emplois homériques de ζώω, βίοτος et βίος[115], si l'on excepte un passage de Théognis où βίος désigne les moyens de subsistance[116]. Les fragments conservés ne présentent aucune occurrence de βιόω ou de ζωή.

Il y a eu redistribution des acceptions de ces deux familles de termes au V^e siècle : le verbe βιόω a été délaissé par Pindare et Eschyle au profit de ζῆν ou de périphrases employant βίος[117]. À l'inverse, le substantif ζωή a été délaissé au profit de βίος, qui en est venu à exprimer la notion de vie par opposition à la mort alors même qu'il présentait encore l'acception homérique de vie que l'on mène[118]. Le terme βίοτος fonctionnait alors comme un doublet de βίος[119]. L'emploi de l'adjectif ζωός, lui, est resté vivant tout au long de la période.

---

114 Le βίος des hommes a été dissimulé par les dieux et ils doivent donc travailler : He.*Op*.31, 42, 232, 316, 501, 577, 601, 634 et 689. Pourtant, en He.fr.161 Merkelbach-West, βίος désigne le temps de la vie (αἰῶνα βίοιο). Pour ζωή, voir He.*Th*.606, dans le contexte du partage des biens après la mort de l'homme qui n'a pas voulu prendre femme : des collatéraux se répartissent ce qui faisait *les conditions matérielles de l'existence du défunt lorsqu'il était vivant*.

115 Ζώω désigne la vie biologique en Thgn.1143 mais la vie que l'on mène en Thgn.182, 914, 1121 et 1154. Βίοτος désigne les moyens de subsistance en Thgn.624 (avec παλάμαι), 730 (par opposition à la vie biologique, ψυχή) mais la vie biologique (ou sa durée) en Mimnerme fr.2.10 West et Thgn.905. Βίος, enfin, est du côté du genre de vie en Mimnerme 1.1 (une vie sous le signe d'Aphrodite) et Thgn.228, 303, 321, 354, 519, 913. Phocylide 9.1 oppose βίοτος (dans son doublet βιοτή) et βίος en ce que le premier désigne les moyens de subsistance et le second la vie que l'on mène.

116 En Thgn.908. La même ambiguïté caractérise les emplois de βίος dans la poésie iambique. Au sens de *genre de vie*, *cf.* Archiloque fr.116.1, 328.17, 330.1 West, Sémonide fr.13.2 West ; au sens de *moyens de subsistance*, *cf.* Archiloque fr.130.5 West et Sémonide fr.7.85 West.

117 Le verbe βιόω est absent d'Eschyle et de Pindare. Pour ζῆν, *cf.* par exemple Pi.*O*.2.25, pour la vie parmi les Olympiens.

118 Ζωή n'est plus guère employé qu'en un petit nombre d'occurrences, soit au sens de *vie* par opposition à la mort (le premier exemple en ce sens se trouve chez Simonide fr. 6.4 West ; *cf.* Ibycus fr. 32.1 Page, Ae.*Se*.939, fr. 99.13 Radt, Pi.*N*.9.29, *Is*.5.12 et Ba.*Ep*.5.144 ; soit au sens qualitatif, en Ae.fr.466.1 Radt, Pi.*N*.8.36 et Ba.*Ep*.3.82. Le nom βίος est en revanche fréquemment employé au sens de *vie biologique* par Eschyle (*Cf.* Radt 1964 p. 47-48 *s. v.* βίος et Ae.*Ag*.465 et 1314, *Eu*.924, etc.) et Pindare, en particulier chez ce dernier pour le temps de la vie (*cf.* Slater *Lexicon* p. 92 et Pi.*P*.3.61, *P*.6.27, *Is*.8.15). Pour βίος au sens de *vie que l'on mène*, voir Pi.*O*.1.59, *P*. 8.75. Enfin, pour les moyens de subsistance, *cf.* Pi.*N*.6.10.

119 Pour Eschyle, *cf.* Radt 1964 p. 48. Pour Pindare, *cf.* Slater *Lexicon* p. 93 : le terme désigne la vie (ou le temps de la vie) par opposition à la mort en Pi.*O*.1.97, *O*.2.30, *O*.8.87, *O*.10.23,

Le tableau suivant présente l'évolution du sens des termes entre l'épopée archaïque et la période d'Empédocle.

| Terme | Acception dans l'épique archaïque | Acception chez les Tragiques et les Lyriques |
|---|---|---|
| ζωός | *vivant (vs. mort)* | *vivant (vs. mort)* |
| ζῆν, ζώειν | *vivre (vs. mort)*<br>*vivre une vie telle ou telle* | *vivre (vs. mort)*<br>*vivre une vie telle ou telle* |
| ζωή | *la vie que l'on mène*<br>*les conditions matérielles de la vie* | *la vie biologique (vs. mort)*<br>Cet emploi est pourtant rare. |
| βίος | *la vie que l'on mène* (Homère)<br>*les moyens de subsistance* (Hésiode) | *la vie biologique (vs. mort)*<br>*la vie que l'on mène* |
| βίοτος | *la vie biologique (vs. mort)* (Homère)<br>*les moyens de subsistance* | *la vie biologique (vs. mort)* |
| βιόω | *vivre (vs. mort)* | *vivre (vs. mort)* (rare) |

À l'époque d'Empédocle, βίος est donc le terme qui exprime le plus volontiers à la fois la notion de vie biologique (par opposition à la mort) et la vie que l'on mène. Le terme ζωή, beaucoup plus rare, devait être senti comme un archaïsme, et son sens s'est réduit à celui de l'adjectif ζωός.

Les emplois de ces deux groupes de termes par Empédocle correspondent à cette évolution sémantique. Le substantif βίος est attesté dans les fr. 20 et 115 D.-K., le verbe βιόω dans le fr. 15.2 D.-K., et le substantif βίοτος dans les fr. 15.2 et 115 D.-K. En 15.2 D.-K., la vie que les hommes pensent vivre est opposée à l'existence réelle des hommes, dans un contexte où le terme βίοτος apparaît comme citation du vocabulaire employé par les hommes (καλέουσι). Le sage n'acceptera pas les prises de position consistant à définir la vie réelle à partir de l'étalon de la vie humaine (ὄφρα... τόφρα). Dans ce même fragment, le verbe βιόω désigne la vie biologique telle que la conçoivent les humains.

En 20.3 et 20.5, le substantif βίος désigne la vie des composés élémentaires dans deux phases critiques de celle-ci : au vers 3, la composition

---

Is.3-4.23, et le type de vie que l'on mène en O.2.63, P.2.26, N.7.98.

des corps élémentaires est décrite comme le « fleuron de la vie » – le mélange représente l'apogée du vivant. Au vers 20.5, la séparation des corps par Νεῖκος est décrite comme le fait d'être battu sur les « brisants de la vie ». Cette relégation de la vie sur les brisants n'implique pas qu'elle n'existe plus. Le βίος est toujours là – soit il fleurit, lorsque les éléments constituent un organisme, soit il est en retrait, lorsque les éléments n'en constituent plus. Le fragment ne dit pas que le βίος s'arrête lors de la destruction du composé.

Le substantif βίος est employé en 115.5 (δαίμονες οἵτε μακραίωνος λελάχασι βίοιο), vers qui fait l'objet de problèmes de transmission étudiés plus loin[120]. Je comprends avec Bollack que ce vers signifie que les démons, du fait de leur crime, doivent s'incarner[121] : à leur état de μάκαρες se trouve ainsi substitué celui d'une vie μακραίων, à travers la succession des incarnations qu'ils connaissent. La vie des démons n'est cependant pas celle de leur incarnation particulière à un moment donné (pourquoi celle-ci serait-elle μακραίων ?) mais il s'agit de celle qu'ils acquièrent du fait de leur crime et qui perdure au fil des incarnations. Elle se trouve désignée par le terme βίοτος au vers 8 du même fragment.

Les termes de la famille de βίος peuvent donc désigner chez Empédocle la vie dont les hommes pensent qu'elle est leur (βίοτος et βιόω, fr. 15), la vie des composés élémentaires, lorsque les membres s'associent à un corps (fr. 20) et la succession des incarnations des δαίμονες des *Catharmes* (fr. 115). Dans le cas du fragment 2, le point de vue est celui des hommes, comme le confirme le terme ἀνδράσιν (2.7) : le troisième sens dégagé n'est donc pas pertinent. Le second ne l'est pas non plus : Empédocle ne dirait pas que les hommes voient que la part de vie élémentaire, dans les composés qu'ils forment, est παῦρον.

Reste donc le premier sens : le βίος tel qu'il est perçu par l'homme, qui associe dans le fragment 15 le temps du βίος au temps de son existence (ὄφρα... τόφρα...). L'opposition entre singulier (βίου) et pluriel (ζωῆσι) est significative : quelle que soit l'existence (ζωή) que l'on mène et quelles que soient ses conditions matérielles, on observe que la part de vie (βίος) (définie par le prisme, erroné, de l'existence humaine) dans cette existence est παῦρον. Le groupe μέρος βίου indique que l'homme cherche à appréhender la vie biologique qu'il pense avoir reçue à la

---

120 *Cf. infra* p. 654 et 668 *sqq.*
121 Bollack 2003 p. 65.

naissance et dont il se sépare à la mort. Le nom μέρος est en effet un dérivé de μείρομαι qui désigne la *part* que l'on reçoit[122]. Très courant chez les Tragiques, il est peu employé dans la poésie hexamétrique[123].

Lorsqu'il considère ainsi la vie qui lui est échue, l'homme constate qu'elle est παῦρον. Ce mot signifie d'abord *en petit nombre* (comme ὀλιγός) mais prend un sens temporel chez Hésiode et Pindare[124]. L'adjectif est courant chez Homère, y compris en début de vers, quoiqu'il n'emploie jamais la forme neutre παῦρον. Dans notre fragment, ce παῦρον peut être du côté d'une brièveté temporelle ou d'une inanité ontologique : les hommes observent que la brièveté de leur vie ne leur permet pas de connaître la multitude d'objets de sensation et de connaissance qui s'offre à eux (πάντοσ' ἐλαυνόμενοι, 2.5), ou qu'ils vivent une vie dépourvue d'existence véritable, un simulacre de vie. Ces deux sens ne sont pas nécessairement incompatibles.

Cette brièveté ou cette inanité de l'existence humaine n'est toutefois pas conforme à la conception empédocléenne : comme la vie réelle n'est pas celle des hommes mais celle des éléments qui les composent, l'erreur des mortels consiste justement à penser que la vie réelle est celle du composé et non celle du composant (les racines). Le βίος réel, celui des racines, n'est pas παῦρος.

Sur le fondement de cette interprétation, je souhaite ouvrir une hypothèse de lecture supplémentaire : que l'emploi du terme rare ζωή en 2.3 s'inscrive dans une réflexion ancienne sur l'imitation de la vie par un processus technique, dont nous sont parvenues deux traces. En Σ.418, le narrateur décrit les servantes d'or créées par Héphaïstos, en soulignant leur similitude au vivant ; en He.Sc.244, il souligne la similitude de la représentation du bouclier avec le vivant. Ces deux passages présentent une forme de l'adjectif ζωός, vivant, au datif féminin pluriel qui est graphiquement identique à la forme ζωῇσι employée par Empédocle. Or, ce sont les deux seuls emplois de l'adjectif au datif féminin pluriel : la proximité thématique et lexicale des trois passages suggère que le

---

122  *Cf.* Chantraine *DELG* p. 679 et LSJ *s. v.* μέρος, acception 2.

123  Il y a une occurrence dans l'élégie (Thgn.453), deux dans la poésie hymnique (*Hh.* De.399, pour une partie d'une durée ; *Hh.*He.53, où le texte des manuscrits, κατὰ μέρος, est toutefois souvent corrigé en κατὰ μέλος) et une chez Panyassis (fr. 12.14 Matthews = 16.14 Bernabé).

124  *Cf.* Chantraine *DELG* p. 865, ainsi que LSJ (*s. v.* παῦρος). La première occurrence de cette acception se trouve en He.*Op.*326, avec χρόνον.

fragment 2.3 introduisait une réflexion sur ces deux occurrences antérieures. Un tel parallèle terme à terme n'est pas surprenant lorsqu'il s'agit
d'Empédocle, dont l'érudition littéraire a été maintes fois soulignée par
les savants. Je montre à propos de l'adjectif ζωρός qu'il connaissait non
seulement les passages difficiles du texte d'Homère, par exemple, mais
également les discussions développées par les cercles de rhapsodes[125].
Gemelli Marciano a montré que les poèmes d'Empédocle témoignaient
d'une connaissance érudite des pièces d'Eschyle, dont les premières
représentations sont pratiquement contemporaines à la composition
des poèmes[126]. Quoiqu'on ne puisse reconstruire l'ensemble des média-
tions par lesquelles Empédocle avait eu connaissance de ces passages,
ces éléments semblent d'autant plus suffisants à proposer qu'il puisse
y avoir, dans ce vers 2.3, une référence aux passages de l'*Iliade* et du
*Bouclier* attribué à Hésiode, qu'Aristote lui-même, un siècle plus tard,
sera marqué par l'épisode des trépieds automobiles, dans le même chant
de l'*Iliade* : l'étrangeté que présentent ces passages explique le souvenir
qu'en ont ces grands intellectuels.

En Σ.416-420, Thétis est venue demander à Héphaïstos de forger
des armes pour son fils Achille. Héphaïstos, qui travaillait à la forge,
vient à la rencontre de Thétis accompagné de deux automates d'or qui
imitent le vivant dans plusieurs de ses déterminations : elles sont pourvues de νόος, de parole (αὐδή) et de force (σθένος). Cette ressemblance
au vivant véritable est soulignée par l'adjectif ζωῆσι, datif complément
de εἰοικυῖαι, dans une position métrique identique à celle où le terme
apparaît dans le fragment 2.3 d'Empédocle.

Les vers 242-244 du *Bouclier* d'Hésiode présentent le siège d'une ville,
où sont représentées des femmes sur les remparts de la cité assiégée. Le
réalisme de la scène représentée sur le bouclier décrit dans le poème est
soulignée par la mention que les femmes représentées paraissent vivantes
du fait du talent d'Héphaïstos. Il s'agit d'attribuer à un artefact forgé
par le dieu des caractéristiques telles que l'artificiel imite alors le vivant
à la perfection. Ce passage du *Bouclier* se construit vraisemblablement
par référence à Σ.418.

Le vers 2.3 procède à une réfection de ces deux passages d'Homère
et d'Hésiode : la conception admise de l'existence est présentée comme

---

125 L'adjectif se trouve en Empédocle fr. 35.15 ; *cf. infra* p. 603 *sqq.*
126 Gemelli Marciano 1990 p. 209.

un artefact pensé par les hommes. Le propos d'Empédocle consiste à renvoyer la conception admise de la vie à un simulacre de vie tel que celui décrit dans les deux passages d'Homère et d'Hésiode. Le rapport analogique construit, dans ces passages, entre la vie et son imitation artificielle est déplacé pour l'appliquer au rapport entre la vie réelle – celle des racines – et la conception qu'en ont les hommes. L'emploi du terme rare ζωῇσι est le pivot de ce dispositif : alors qu'il servait, chez Homère et Hésiode, à signaler la ressemblance du simulacre au modèle, il indique chez Empédocle que la conception traditionnelle de l'existence est précisément un simulacre. La vie présentée comme réelle dans ces deux passages devient l'artefact créé de toute pièce par les mortels.

– Le vers 2.4 et l'incohérence des images liées au trépas

Le vers 2.4 est construit par association de termes associés à la mort dans les poèmes épiques (tout particulièrement à la mort du guerrier et au fait que son âme quitte son corps). Cette concaténation vise à montrer que les images traditionnellement employées pour expliciter le trépas sont incompatibles entre elles.

L'emploi du verbe ἀποπέτομαι au vers 2.4 correspond exactement aux emplois qui sont les siens dans la poésie épique. Ce verbe n'est en effet employé pratiquement qu'à l'aoriste dans la poésie épique ancienne, alors même que l'envol qu'il décrit implique toujours de quitter le monde des hommes pour rejoindre celui des morts ou des dieux[127]. La métaphore de l'envol participe des motifs associés à la mort au combat, dans un passage de l'*Odyssée* qui retravaille le thème de la mort du guerrier, exprimée alors au moyen d'une comparaison avec l'envol du songe (ψυχὴ δ' ἠΰτ' ὄνειρος ἀποπταμένη πεπότηται, λ.222). Or, dans l'*Iliade*, la métaphore de l'envol est elle aussi employée pour le songe[128]. Tout se passe comme si l'*Odyssée* mêlait deux expressions différentes de l'*Iliade* qui usent toutes

---

127 *Cf.* Chantraine *DELG* p. 892. Le verbe ἀποπέτομαι, qui n'est employé qu'en sept occurrences (hormis celle qui nous occupe) au Vᵉ siècle et auparavant, signifie *s'envoler, partir en s'envolant*, notamment lors de la mort (Π.469 = κ.163 = τ.454 pour le θυμός ; λ.222 pour l'âme) ; ou pour le songe dans le récit d'Agamemnon (B.71) ; pour Pégase s'envolant rejoindre les dieux après sa naissance (He.*Th*.284) ; puis, dans la seule occurrence tragique du terme, Eu.*IA*.1608. En revanche, le verbe simple, πέτομαι, peut s'employer simplement pour l'envol d'oiseaux, par exemple.

128 En B.70-71 : ὣς ὃ μὲν εἰπὼν / ᾤχετ' ἀποπτάμενος.

deux de ἀπόπετομαι, tantôt avec l'âme, tantôt avec le songe, pour les
réunir en une seule expression faisant intervenir l'âme comme comparé
et le songe comme comparant. Empédocle recompose son propre énoncé
à partir de ce réseau de métaphores retravaillées successivement dans
l'*Iliade* et l'*Odyssée*.

La métaphore de la fumée appartient en effet elle aussi à la tradition
épique : il s'agit de l'une des métaphores employées pour décrire les
voyages des âmes entre le monde des morts et celui des vivants. Elle est
en particulier appliquée à l'âme de Patrocle lorsque celle-ci retourne sous
terre en s'évanouissant comme fumée après avoir rendu visite à Achille[129],
quoique rien ne permette d'affirmer qu'Empédocle se réfère à ce passage
précis. Si la métaphore de la fumée appartient à la tradition poétique
épique, ce n'est pourtant pas le cas du mot de comparaison δίκην, que
l'on rencontre pour la première fois dans la poésie iambique[130].

Il est difficile de déterminer si le participe ἀρθέντες provient d'ἀραρίσκω
ou d'ἀείρω. La première option signifie qu'Empédocle fait référence au
mélange initial des éléments pour former le vivant. Dans la mesure où le
verbe ἀείρω signifie *être emporté* ou *suspendu en l'air* lorsqu'il se trouve au
passif[131] et qu'il est employé dans le voisinage d' ἀποπέτομαι, la seconde
est pourtant plus vraisemblable de ce fait. Or, ce verbe ἀείρω participe
du lexique de la mort au combat : il exprime le fait de transporter un
cadavre, pour l'emporter hors du champ de bataille ou le placer sur un
bûcher funéraire[132].

Ce vers 2.4 produit ainsi des images originales en retravaillant les
motifs associés à la mort au combat, tels que le voyage de l'âme ou le
lexique du déplacement des cadavres de héros. La concaténation de ces
images révèle qu'elles comportent une part d'incohérence : le même

---

129 Ψ.100-101.
130 En Archiloque fr.124a West et Sémonide fr.12 West, et non chez Eschyle, comme l'estimait
    Bollack 1969 t. III p. 11, n. 3. Je remercie Fabienne Blaise d'avoir porté ces passages à
    ma connaissance.
131 Le verbe ἀείρω au passif peut signifier *être soulevé* en Θ.74 (pour les κῆρες dans le jugement
    de Zeus), μ.249 (pour les marins d'Ulysse) et μ.255 (pour des poissons) ; *être suspendu,
    pendre*, en Γ.272 = T.253 ; *prendre son envol*, pour un aigle (τ.540) ; *sauter en l'air*, pour les
    fils d'Alkinoos jouant avec la balle (θ.375), ou pour Ulysse sautant sur le figuier pour
    échapper à Charybde (μ.432).
132 Par exemple, en P.717-718, où Ajax demande à Mérion et Ménélas d'emporter hors du
    champ de bataille le cadavre de Patrocle. Également pour un cadavre, en P. 588, P.718,
    P.724, Ω.583, Ω.590.

réseau de termes est employé pour l'envol des âmes, leur disparition sous terre et le transport des cadavres.

Le premier terme du vers 4, ὠκύμορος, exprime l'essence du choix définitoire du type de héros épique qu'Achille représente[133], qui devait on le sait choisir entre une longue vie dépourvue de gloire et une existence brève mais glorieuse. La reprise de cet adjectif, très marqué, pour décrire la condition humaine est fortement ironique : la conception du trépas qu'ont développée les mortels sur le fondement de métaphores partiellement incompatibles entre elles les pousse à se comparer au parangon des héros de l'ancien temps, alors qu'Empédocle lui-même défend une conception de l'existence où la mort n'est que séparation des constituants des corps, qui forment, eux, le vivant véritable.

Ces deux vers 2.3-4, loin d'exprimer comme le pensait Diels un pessimisme existentiel, révèlent les limites qui frappent les conceptions communément admises, stylisées à travers le filtre de l'expression qu'elles ont trouvé dans la poésie épique : cette critique prépare la présentation de la thèse empédocléenne quant à la nature véritable de la vie.

– Cohérence de la critique formulée aux vers 2.3-4
   avec le reste des fragments

La critique adressée aux conceptions communément admises dans les vers 2.3-4 est adossée à des arguments doctrinaux dont nous avons trace dans les fragments 8, 9.5, 11, et 15 d'Empédocle.

Le fragment 8 établit qu'il est incorrect de concevoir la naissance et la mort comme un début et une fin absolus dans la mesure où celles-ci ne sont, selon Empédocle, que mélange et séparation des éléments qui nous constituent et qui, eux, sont éternels. Ces éléments créeront d'autres composés, au fil du cycle : en ce sens ce sont eux qui vivent réellement, et non les composés qu'ils forment. Le fragment 9 commente l'usage lexical ordinaire des hommes, qui parlent de naissance et de mort pour ce qui est en réalité mélange et séparation d'éléments. Dans le vers 9.5, Empédocle affirme qu'il suit cet usage seulement par convention. Le fragment 11, tout comme les vers 2.3-4, récuse l'idée que la mort est

---

133 Le terme est exclusivement épique : en dehors de cette tradition, il n'est repris qu'une seule fois avant le IV^e siècle, par Bacchylide (*Ep*.5.141) pour décrire le tison représentant la vie de Méléagre. Voici les occurrences pour Achille : A.417, A.505, Σ.95, Σ.458.

un terme absolu à l'existence. Le fragment 15 oppose deux positions d'énonciation du point de vue d'une définition de la sagesse du propos : le sage ne défendra pas la conception traditionnelle de l'existence.

Ces fragments soulignent l'importance du problème de la dénomination : derrière les conceptions communément admises, qui traitent superficiellement de l'existence, se trouve l'explication réelle des phénomènes. Le projet poétique et philosophique d'Empédocle consiste pour partie à chercher des modes d'expression originaux pour dire ces conceptions elles-mêmes originales. Si les raisons doctrinales sous-jacentes à cette critique énoncée dans le proème ne pouvaient être comprises que plus tard lors de l'écoute du poème, il n'en reste pas moins que la critique adressée aux conceptions communément partagées était perceptible à l'auditoire dès la première écoute, en raison des reprises poétiques sur lesquelles elle est fondée : les arguments positifs apportés à l'appui de cette critique (l'existence des racines qui composent le vivant) étaient énoncés, eux, plus loin dans le poème et permettaient de comprendre rétrospectivement les raisons doctrinales qui fondaient la critique perceptible dès la première écoute des vers 2.3-4.

*Le reproche portant sur le mode d'appréhension*
*du monde à partir des sensations (2.5-6)*

— La tension entre la multiplicité des perceptions
  et la totalité achevée formée par le monde

Les vers 2.5-6 énoncent une seconde erreur imputable aux hommes, qui est le corollaire de la première : les mortels pensent avoir accès à la nature du monde en tant que totalité organisée (τὸ δ' ὅλον... εὔχεται εὑρεῖν), alors même que les perceptions sur lesquelles ils fondent cette conclusion leur parviennent aléatoirement et qu'ils élisent pour principe l'objet qu'ils se trouvent avoir devant les yeux (αὐτὸ μόνον πεισθέντες, ὅτῳ προσέκυρσεν ἕκαστος / πάντοσ' ἐλαυνόμενοι), du fait que nul n'a élaboré de méthode par laquelle traiter les données sensibles. L'alternance entre singulier et pluriel dans les vers 2.5-6 pour désigner un même groupe, dans sa collectivité et dans la singularité des personnes qui le composent, est commune en grec[134].

---

134 Chantraine *GH* t. II p. 8, § 10 traite le passage d'un singulier indéfini au pluriel comme l'une des possibilités d'expression inhérentes à la langue d'Homère, prenant l'exemple

Elle caractérise en particulier un passage de Solon, dans un contexte où il s'agit de montrer que les mortels développent des attentes quant à l'avenir, variables selon les personnes, jusqu'à ce que la réalité les contredisent[135] : le dispositif textuel vise à analyser une tendance inhérente à la condition humaine (d'où le singulier), en suggérant par l'emploi du pluriel la variété de ces attentes et des représentations du succès qui leur sont associées[136], au sein d'un dispositif dans lequel l'énonciateur s'inclut à la première personne[137].

Si le passage du singulier au pluriel dans les vers 2.5-6 d'Empédocle s'appuie sur la même potentialité linguistique, la fonction de l'opposition entre singulier et pluriel est quelque peu différente du fait de la dimension critique de la construction : il s'agit de souligner l'incohérence épistémologique d'une tendance humaine qui consiste à ce que chacun choisisse un principe distinct de celui d'autrui pour expliquer le monde, ce que l'énonciateur commente de l'extérieur pour mieux en distinguer sa propre position. Les mortels restent ainsi dans une indécision préjudiciable entre la singularité de l'expérience personnelle et la diversité de ces expériences d'un individu à l'autre, ce qui conduira, dans les vers 3.9-13, à l'élaboration d'une méthode de perception fiable.

Le reproche adressé aux mortels n'est pas – comme le pensait Diels – de chercher à élaborer des conceptions expliquant la cohérence du monde, mais porte sur la façon dont les hommes élaborent ces conceptions. Ils ne se sont pas donnés, en effet, de méthode de perception permettant de dépasser l'imperfection de nos organes sensoriels.

Le groupe πάντοσ' ἐλαυνόμενοι exprime le caractère fortuit de la rencontre avec l'objet sensible : l'adverbe πάντοσε se rencontre rarement en dehors de la poésie épique[138]. Les positions métriques dans lesquelles

---

de δ.691-692.

135  *Cf.* Solon fr.13.33-34 West pour cette tension entre pluriel (θνητοί) et singulier (αὐτός... ἕκαστος).

136  Le groupe ΕΝΔΗΝΗΝ (13.34) pose un problème textuel difficile, dont les enjeux sont très clairement résumés par Blaise 2006 p. 287-290, qui se prononce, à mon sens à juste titre, pour le texte des *recentiores*, ἐν δὴν ἦν, fondant son argument sur l'étude de la signification de la répétition de l'adverbe δήν, qui apparaissait au début du passage consacré à l'ordre de Zeus (en 13.16) et qui ouvre, en 13.33-34, la section consacrée aux hommes.

137  *Cf.* Blaise 2006 p. 286-287 pour le fait que la première personne du pluriel (νοέομεν) n'implique pas de contradiction (qui tiendrait à ce que le narrateur s'inclue dans un groupe dont sa propre position énonciative montre qu'il ne partage pas les comportements) si l'on considère que le narrateur accepte de placer sa propre action dans le cadre défini par Zeus.

138  Chez Homère, le terme appartient à une formule utilisée pour décrire le *bouclier partout égal* (ἀσπίδα πάντοσ' ἐΐσην : Γ.347 et 356, E.300, H.250, Λ.61, M.294, N.157, 160, 405 et

Empédocle emploie les mots πάντοσε et ἐλαυνόμενοι sont elles-mêmes traditionnelles[139]. Ce groupe fait écho aux pérégrinations d'Ulysse : le passage construit une analogie implicite entre les terres qu'Ulysse se trouve aborder successivement et les perceptions variées auxquelles les hommes accèdent.

Le terme πεισθέντες n'est en revanche pas épique dans sa forme : on ne trouve jamais d'aoriste ni de futur passif de πείθω dans la poésie dactylique du Vᵉ siècle ou antérieure, hormis notre passage[140]. Cette forme appartient à un réseau d'occurrences où πείθω et ses dérivés construisent les conditions de la persuasion correcte[141] : le terme est ici employé en mauvaise part, pour signaler que les hommes sont persuadés à tort par des perceptions qui leur parviennent de façon partielle et aléatoire.

La proposition τὸ δ' ὅλον... εὔχεται εὑρεῖν (2.6) introduit l'idée que les mortels cherchent à appréhender le Tout sur le fondement de ces perceptions aléatoires : Empédocle leur reproche d'élire ce qu'ils ont rencontré par hasard comme principe explicatif du monde dans sa totalité et sa cohérence. La proposition peut se construire de deux façons : τό peut être interprété comme un article introduisant ὅλον (« le Tout, on se vante de l'avoir découvert »), ou comme un démonstratif, qui est sa valeur normale dans la poésie épique[142], en faisant de ὅλον un attribut de τό dépendant d'un ὄν sous-entendu (« et cela, on se vante d'avoir découvert que c'est le Tout »). Quoique la différence de sens ne soit pas déterminante, la seconde option est retenue en traduction car l'article

---

803, P.7 et 517, Y.274, Φ.581, Ψ.818). Il peut également être associé à différents verbes de mouvement (E.508, M.266, N.649, P.674, λ.606, χ.24, χ.380 ; *cf.* P.680) pour signifier *en tout sens* ou *partout* ; ou exprimer l'étendue d'une action donnée (en Σ.479, Héphaïstos embellit les armes d'Achille ; *cf.* ρ.366) ou une particularité topographique liée à la circularité (en ρ.209, un cercle de peupliers entoure une fontaine).

139  Dans tous les cas où πάντοσε ne qualifie pas un bouclier (à l'exception de Π.515), l'adverbe est placé en début d'hexamètre et forme un groupe avec un verbe de mouvement ou une détermination quelconque (par exemple κυκλοτερές, ρ.209), toujours placé avant la penthémimère comme dans le fr. 2 d'Empédocle. Le participe présent moyen-passif de ἐλαύνω se rencontre deux fois chez Homère (sur un total de trois occurrences) dans cette même position métrique employée par Empédocle, en Λ.674 (ῥύσι' ἐλαυνόμενος) et ν.169 (οἴκαδ' ἐλαυνομένην).

140  Les premières formes apparaissent dans la tragédie et chez Hérodote : Ae.*PV*.669, *Ag*.591, *Eu*.593, etc. ; So.*OT*.526, *El*.974, *Ph*.624, etc. ; Eu.*Me*.802, *Hi*.1288, *And*.193, etc. ; Hdt.2.121.δ.22 et 2.121.β.16.

141  *Cf.* fr. 3.9-13, pour le sensible ; pour la persuasion du discours poétique, *cf.* fr. 4, 21.1-2, 114, etc.

142  Chantraine *GH* t. II p. 236 § 158.

me semble avoir plus volontiers le sens d'un démonstratif, même dans la poésie épique du V⁰ siècle[143]. S'agissant du sens de εὔχομαι, les seules occurrences antérieures ne nous permettent pas de trancher entre les sens de *se vanter* et de *demander par des prières*, tous deux attestés dès Homère[144] : toutefois, le contexte nous invite à considérer que l'action est achevée – les hommes ont trouvé le principe – dans la mesure où la βροτείη μῆτις du vers 2.9 est présentée, on va le voir, comme un savoir que Pausanias est susceptible de dépasser et non comme la seule somme des perceptions humaines.

Le passage d'Hippocrate, *Régime* I.1.8-9, présente une structure syntaxique semblable : ἄλλοι δὲ ἄλλῳ ἐπέτυχον· τὸ δὲ ὅλον οὐδείς πω τῶν πρότερον. Le narrateur établit que ses prédécesseurs n'ont traité avec succès qu'une partie du sujet qu'il va aborder et que la totalité de celui-ci leur a échappé. Bollack relevait l'importance des citations muettes des Présocratiques dans le corpus hippocratique[145]. Les deux passages présentent pourtant des différences importantes : l'extrait du *Régime* cherche à justifier l'intérêt du traité dans le contexte scientifique qui est le sien ; le fragment d'Empédocle comprend un niveau de sens supplémentaire dans la mesure où, si le poète affirme bien que son entreprise n'a pas eu d'équivalent, il cherche à reconstruire les raisons pour lesquelles ses prédécesseurs ne sont pas parvenus à atteindre le ὅλον. Il ne faut donc pas rabattre trop vite le propos d'un passage sur l'autre : si le traité hippocratique présente peut-être une citation muette du fragment 2 d'Empédocle, le motif de l'opposition du Tout et d'une multiplicité partielle n'y est pas mobilisé en vue du même objectif argumentatif.

Le groupe ὅτῳ προσέκυρσεν ἕκαστος exprime le fait que les hommes ne sont convaincus que de ce qu'ils ont rencontré par hasard et qu'ils érigent (2.6b) en principe explicatif du monde en tant que Tout constitué. Le verbe κύρω signifie *rencontrer*, avec une nuance de hasard qui a déterminé le composé κύρμα, *aubaine*[146]. L'emploi avec préverbe προσ- n'est attesté qu'en trois occurrences, au sens de *rencontrer par hasard*[147]. Malgré la rareté du verbe προσκυρέω, concurrencé par son synonyme τυγχάνω qui a fini par

---

143 Pour les implications de ce point dans le poème de Parménide, *cf.* Journée 2010.
144 *Cf.* Chantraine *DELG* p. 389.
145 Bollack 1969 t. III p. 13-14, n. 6.
146 Chantraine *DELG* p. 603.
147 En He.*Th.*198 ; en Thgn.1361, dans une comparaison avec un navire qui rencontre un récif ; en Ae.*Ch.*13, où Oreste demande quel malheur nouveau s'est attaché au palais.

l'emporter, la même forme προσέκυρσε apparaît dans une configuration métricosyntaxique semblable dans la *Théogonie*, au sein d'une réflexion sur les dénominations d'Aphrodite, après la castration d'Ouranos par Cronos :

τὴν δ᾽ Ἀφροδίτην
[ἀφρογενέα τε θεὰν καὶ ἐυστέφανον Κυθέρειαν]
κικλήσκουσι θεοί τε καὶ ἀνέρες, οὕνεκ᾽ ἐν ἀφρῷ
θρέφθη· ἀτὰρ Κυθέρειαν, ὅτι προσέκυρσε Κυθήροις·
Κυπρογενέα δ᾽, ὅτι γέντο περικλύστῳ ἐνὶ Κύπρῳ·
ἠδὲ φιλομμειδέα, ὅτι μηδέων ἐξεφαάνθη[148].

Hésiode explique dans son récit mythologique un certain nombre des dénominations d'Aphrodite – dont deux, Cythérée et Cyprogenée, font référence aux importants sanctuaires d'Aphrodite à Cythère et à Chypre[149] – en leur associant un élément du récit qu'il vient de livrer. La dénomination d'*Aphrodite* est jugée la plus pertinente par Hésiode dans la mesure où, comme le récit qui précède en produit l'analyse, le nom de la déesse s'explique par le fait qu'elle *prend corps dans l'écume* (ἀφρός)[150]. Une fois que la dénomination jugée la plus pertinente a été justifiée, le verbe προσκυρέω (He.*Th*.198) a pour fonction d'introduire une seconde dénomination, *Cythérée*, sur le fondement de circonstances entourant *accidentellement* la naissance de la déesse : Aphrodite a *atteint Cythère* en premier après sa naissance.

Le vers 2.5b d'Empédocle recompose le processus de dénomination de la divinité à partir de ce passage d'Hésiode, en inscrivant cet écho dans la métrique et la syntaxe. Les différences syntaxiques sont significatives : il y a substitution à une structure causale chez Hésiode (introduite par ὅτι) d'une structure distributive chez Empédocle (ἕκαστος) où le relatif au datif exprime l'objet (ὅτῳ). Le processus par lequel le nom de

---

148 He.*Th*.195-200 : « Et elle, [déesse née de l'écume et Cythérée à la belle couronne], les dieux et les hommes la nomment "Aphrodite", du fait que c'est dans l'écume qu'elle a pris corps. Mais également "Cythérée", parce qu'elle s'est trouvée atteindre Cythère, et "Cyprogénée" parce qu'elle est née à Chypre entourée des flots. Et "Philomeidès", parce qu'elle est née du sexe de son père. »

149 West 1966 p. 222 pour l'autel d'Aphrodite à Cythère, réputé avoir été fondé par les Phéniciens (*cf.* Hérodote 1.105.3 et Pausanias 3.23.1). S'agissant de Chypre, un sanctuaire d'Aphrodite à Paphos est mentionné dans la tradition poétique (θ.363 et *Hh*.Aphr.58).

150 Je suis ici l'interprétation du passage proposée par Paul Demont (1978), qui analyse le sens de τρέφω comme « un universel de langage où sont associés croissance, coagulation, solidification et formation » (p. 363). Le passage de la *Théogonie* est commenté p. 376-378.

Cythérée était attribué selon des critères liés au hasard est déplacé dans un contexte de réflexion sur le mode d'élection du principe qui permet de rendre compte du monde appréhendé comme totalité (ὅλον). Le procédé à l'œuvre chez Hésiode se trouve ainsi appliqué à l'élection du principe sur le fondement de sensations aléatoires : Empédocle souligne que ses prédécesseurs ont choisi un principe explicatif du Tout sur le fondement de critères qui sont, en définitive, de l'ordre de l'accident. La reprise est d'autant plus nette que le principe responsable de la constitution du ὅλον dans le Poème physique est justement Aphrodite et que les vers 17.24-26 introduiront, on va le voir, une réflexion sur ses dénominations.

– Cohérence de la critique formulée aux vers 5-6
   avec le reste des fragments d'Empédocle

Le fragment 39 formule le reproche d'avoir construit une conception du monde erronée d'une façon particulièrement intéressante pour notre discussion sur le fragment 2, puisqu'il affirme que des cosmologies postulant l'infinité de l'éther ou de la terre ont perdu de vue le « Tout » (παντός) : ce terme reprend sans doute le ὅλον du vers 2.6. Il s'agit, de la même façon, d'opposer des conceptions particulières, présentées comme erronées, à une compréhension globale du monde comme totalité organisée. Or, le fait que les conceptions récusées dans le fr. 39 sont stylisées par leur relation partielle avec le tout (ὀλίγον τοῦ παντὸς ἰδόντων, 39.3) implique que le poète lui-même a connaissance de ce πᾶν, s'il peut juger que d'autres doctrines n'en connaissent que partie.

Les vers 17.21-26 articulent la méconnaissance du rôle le plus fondamental de Φιλία, qui est d'assurer les mélanges élémentaires, avec la multiplicité des dénominations de la déesse retenues par les mortels, qui ne rendent pas compte de la totalité de ses prérogatives[151]. Empédocle, lui, ne la nomme jamais Cythérée comme le propose Hésiode. L'allusion à Hésiode est un jalon posé par le poème d'Empédocle dès le proème pour annoncer le fait que Φιλία sera la divinité qui a fait l'objet du travail privilégié de l'Agrigentin.

---

151  Au vers 17.22 (ἥτις καὶ θνητοῖσι νομίζεται ἔμφυτος ἄρθροις), je reprends la construction et le sens défendus par Bollack 1969 t. III p. 69.

## *La conclusion de la critique : les vers 2.7-8a*

La conclusion du passage, en 2.7-8a, établit que les conceptions et les modes d'appréhension des données sensibles décrits dans les vers précédents ne permettent pas de saisir la nature véritable de ce qui est. Cette conclusion est exprimée au moyen d'un lexique fortement marqué comme non traditionnel, par contraste avec les vers précédents. Bollack a raison de considérer que le οὕτως n'introduit pas un discrédit définitif jeté sur les facultés de connaissance de l'homme : l'adverbe a une valeur restrictive et signifie *dans les conditions qui viennent d'être décrites*. Le poème prétend faire accéder son auditeur à la vérité.

Nous avons toutes les raisons de penser que les termes ἐπακουστά, ἐπιδερκτά et περιληπτά sont des innovations d'Empédocle. Il s'agit de la première attestation de ces trois adjectifs verbaux, formés respectivement sur ἀκούω, δέρκομαι et περιλαμβάνω[152]. Ce troisième verbe n'est pas attesté avant notre occurrence. L'emploi de termes originaux a pour effet d'inscrire au sein du véhicule que le propos qui est sur le point d'y être formulé est dégagé des erreurs antérieures des hommes.

Le démonstratif τάδε est susceptible de deux compréhensions qui ne sont pas exclusives. De façon immédiate et non technique, ce neutre pluriel peut renvoyer à ce que les mortels n'ont pas réussi à penser : la nature de l'existence et un principe à même d'expliquer le monde dans sa globalité et sa cohérence. À un second niveau de lecture, l'auditeur instruit de la doctrine peut reconnaître dans ce neutre pluriel les éléments, auxquels Empédocle se réfère normalement au moyen d'un neutre pluriel, lorsqu'il ne les énumère pas explicitement. Ces deux niveaux ne sont pas incompatibles dans la mesure où, en dernière analyse, ce sont bien les éléments qui permettent d'expliquer la nature de l'existence et de décrire la constitution du monde.

LE DISCIPLE ET LA CONNAISSANCE PROMISE
DANS LES VERS 2.8b-9

Les vers 2.8b-9 opposent ces conceptions erronées à la figure du disciple. Denniston remarque que, quoique que le groupe δ' οὖν ne se trouve qu'une fois chez Homère, en T. 94 (vers athétisé par Aristarque),

---

152 Chantraine *DELG* p. 50-51 pour ἀκούω, p. 264 pour δέρκομαι, p. 616 pour λαμβάνω.

Parménide l'emploie en B 8.16 et que la séquence est courante en attique : δέ a alors une forte valeur adversative et οὖν marque le thème introduit par le δέ comme une idée essentielle[153]. En 2.8b, cette valeur fonctionne parfaitement : le groupe δ᾿ οὖν construit une opposition entre le reste des hommes et Pausanias, en explicitant la nature de la position du disciple. Cette analyse de δ᾿ οὖν fragilise l'interprétation de Diels : si comme le pense Diels le fragment évoque la misère de la condition humaine avant de promettre à Pausanias que la doctrine qu'il écoutera ne dépassera pas les limitations de cette condition humaine, le δέ n'a plus de valeur adversative.

## Quel est le type d'isolement en jeu au vers 2.8b ?

La caractérisation du disciple tient d'abord à son isolement, ἐπεὶ ὧδ᾿ ἐλιάσθης. Le verbe λιάζομαι est un vieux mot qui n'est pratiquement plus employé après Homère. Il exprime un mouvement consistant à s'abattre ou à s'écarter et présente quatre niveaux de sens : (1) *s'abattre*, principalement pour un guerrier frappé au combat, (2) *se dérober sous une attaque*, c'est-à-dire *esquiver pour s'éloigner*, sens dans lequel le verbe désigne un type d'esquive particulier, celui qui permet de fuir, (3) *s'éloigner d'un groupe*, ou *s'en isoler* et (4) *s'écarter* en un sens qui signifie *s'ouvrir, se diviser*[154]. Le sens est souvent déterminé par l'adverbe qui l'accompagne, comme νόσφι dans le sens (3) ou bien ὕπαιθα.

Si l'on excepte notre fragment, le terme n'est employé qu'une fois au Vᵉ siècle, chez Euripide, au sens spatial de *s'éloigner d'un groupe*, semblable au sens (3)[155]. C'est également ce sens (3) que tous les commentateurs ont retenu dans notre fragment. La question est alors de déterminer si le sens est purement spatial, comme l'avait supposé Diels (Pausanias s'est isolé de la foule pour écouter le poème)[156], ou s'il est métaphorique et porte en fait sur la connaissance du disciple (Pausanias s'est écarté

---

153 Denniston *GP* p. 460 *sqq.*

154 *Cf.* Chantraine *DELG* p. 638. Au sens de *s'abattre*, *cf.* O.543, Υ.418, Υ.420 (en ce sens, le verbe λιάζομαι est en concurrence avec un certain nombre d'autres formes, dont celles de πίπτω : *cf.* πέσε πρηνής, P.300). Au sens de *se dérober*, *cf.* O.520. Au sens de *s'isoler*, A.349, Λ.80, Χ.12, Ψ.231. Au sens de *s'écarter pour se diviser*, Ω.96.

155 Eu.*Hec.*98 : Ἑκάβη, σπουδῇ πρὸς σ᾿ ἐλιάσθην / τὰς δεσποσύνους σκηνὰς προλιποῦσ᾿ (le chœur s'adresse à la reine captive).

156 Diels 1901 p. 106 comprend le terme comme une référence à la situation d'Achille, et glose « *secretum secessisti* ».

des connaissances humaines pour entendre le poème). Quelle que soit la façon dont on le comprenne, cet isolement du disciple pose problème si l'on interprète la fin du fragment comme une affirmation d'humilité gnoséologique : on ne voit pas pourquoi s'isoler physiquement du reste des hommes ou s'écarter des connaissances qu'ils ont développées serait nécessaire à l'acquisition d'une connaissance qui n'est de toute façon pas supérieure à la leur. L'interprétation qui lit dans le vers 2.9 une promesse de connaissance supérieure à toutes les autres semble ainsi plus cohérente avec chacun des deux sens de λιάζομαι.

Dans les occurrences homériques du sens (3) du verbe λιάζομαι, il s'agit certes toujours de souligner qu'une personne s'écarte physiquement d'un groupe pour accomplir une action donnée[157]. Empédocle s'est inté-ressé à la contextualisation du terme : Pausanias n'est pas celui qui s'est abattu ou a esquivé mais celui qui s'est délibérément écarté des autres.

L'occurrence de λιάζομαι en X.12 est syntactiquement la plus proche de celle de notre fragment 2 : Achille a poursuivi Apollon, qui avait pris les traits du Troyen Agénor (Φ.600) pour l'éloigner des portes de Troie avant de se révéler à Achille (X.8-13) en l'informant que la poursuite qu'il menait est vaine, puisqu'il est un dieu que le mortel ne saurait atteindre. Or, par une forme d'ironie narrative, le fait qu'Apollon éloigne Achille des remparts, s'il a eu pour effet d'accorder un sursis aux héros troyens, permet que le combat singulier entre Achille et Hector ait lieu. Ce duel est un élément capital de l'acheminement d'Achille vers sa mort, condition de son immortalisation symbolique : il faut qu'Achille tue Hector, qui représente le caractère imprenable de la citadelle troyenne, pour qu'il soit à son tour tué par Alexandre et que la ville soit prise. Or, une autre situation d'isolement, où le verbe λιάζομαι intervenait égale-ment, jouait un rôle important dans l'économie narrative de l'*Iliade* : en A.349, Achille se retire (λιασθείς) sur le rivage pour pleurer la perte de Briséis[158].

---

157 En A.349, Achille se retire sur le rivage pour pleurer après que les messagers d'Agamemnon sont venus chercher Briséis ; en Λ.80, Zeus s'est isolé des autres dieux pour contempler la bataille ; en Ψ.231, à l'aube, Achille s'éloigne du bûcher de Patrocle pour dormir, et il est plus tard réveillé par les Achéens qui le rejoignent, ce qui implique qu'il s'était écarté pour être seul ; en X.12, Apollon dit à Achille que c'est pour poursuivre un dieu qu'il s'est écarté de la bataille devant les portes de Troie, ce qui a permis à de nombreux héros Troyens de gagner l'abri des remparts.

158 A.349 : δακρύσας ἑτάρων ἄφαρ ἕζετο νόσφι λιασθείς.

Cette contextualisation tout à fait particulière de l'isolement d'Achille dans les chants A et X n'est pas sans rapport avec la situation décrite par Empédocle au vers 2.8, comme le souligne la proximité syntaxique : la compréhension de la doctrine, délivrée par la divinité[159], a pour condition que Pausanias se détourne d'un groupe humain, de même que le meilleur des Achéens s'était élancé à la poursuite d'Apollon après savoir laissé derrière lui les héros troyens. Il y a pourtant renversement de la fonction de l'isolement entre ces occurrences de l'*Iliade* et le fragment 2, dans la mesure où l'isolement d'Achille (en A.349 et X.12) le met sur le chemin de son immortalité poétique par la réalisation de son destin d'ὠκύμορος, alors que l'isolement de Pausanias l'éloigne justement d'une telle conception du trépas pour lui donner connaissance de l'immortalité des principes qui constituent véritablement le vivant. La position de Pausanias dans ce fragment est ainsi construite par une réfection partielle de celle d'Achille, annoncée dès l'occurrence de ὠκύμορος au vers 2.4 : si l'isolement d'un groupe leur est commun, les deux figures s'opposent pourtant quant à la nature de l'immortalité que ce processus d'isolement leur permet d'expérimenter.

*Le vers 2.9 : affirmation d'humilité philosophique*
*ou promesse de connaissance inédite ?*

– L'ambiguïté du vers 9

Le texte des manuscrits du vers 2.9 peut légitimement être interprété de deux façons : la restriction exprimée par le γέ porte soit sur la connaissance promise par le poème – la βροτείη μῆτις est alors traitée comme l'aboutissement du processus d'apprentissage, et toute la proposition développe implicitement le πεύσεαι. Il faut donner comme complément implicite à πλέον les conceptions décrites dans les vers 2.3-8a. Soit le γέ porte sur le savoir déjà acquis avant l'écoute du poème : la βροτείη μῆτις est la connaissance préalable à son écoute et toute la proposition développe l'état d'isolement du disciple par rapport au reste des hommes (c'est-à-dire le groupe ἐπεὶ ὧδ' ἐλιάσθης). Le complément implicite du πλέον est le degré de connaissance détenu par le disciple.

---

159 Cette origine divine de la parole poétique est thématisée au vers 23.11 : θεοῦ πάρα μῦθον ἀκούσας.

Vu l'ambiguïté syntaxique du vers, la clef de compréhension du passage tient au sens du terme μῆτις : s'il s'agit d'une faculté intrinsèquement limitée qui ne véhicule que des conceptions communément partagées et potentiellement erronées, le vers 9 exprime une affirmation d'humilité. Mais s'il s'agit d'une faculté permettant d'obtenir une connaissance réelle et véritable, elle permettrait d'obtenir la connaissance préalable à l'écoute du poème et à la compréhension de la doctrine inédite qu'il énonce.

– Le thème de la μῆτις dans les fragments d'Empédocle

Le terme désigne la sagesse habile et efficace ou le plan qu'elle permet d'élaborer, et paraît du côté d'une forme d'intelligence pratique[160]. Quoiqu'une étude de la μῆτις chez Empédocle ne puisse faire l'économie d'une reconstruction des évolutions de ce concept depuis la poésie archaïque jusqu'à l'époque d'Empédocle[161], celle-ci dépasse le cadre de notre enquête. Le substantif μῆτις, outre notre occurrence de 2.9, apparaît au vers 23.2 et dans l'unique vers composant le fragment 106. Le verbe μητίειν, lui, apparaît en 139.2 et en d.6, sur le papyrus de Strasbourg.

Le terme apparaît dans le fr. 23 pour qualifier l'artiste mélangeant les pigments, dans une comparaison avec la création du vivant[162] : le peintre a été bien instruit par la μῆτις (ὑπὸ μήτιος εὖ δεδαῶτε), présentée comme une source de connaissance permettant un geste artistique et technique. Le participe δεδαῶτε, au parfait, est du côté d'une connaissance que l'on possède : il s'agit d'un artiste virtuose dont l'œuvre sert de comparant au mélange élémentaire.

Dans le fr. 106 (πρὸς παρὸν γὰρ μῆτις ἀέξεται ἀνθρώποισιν), la μῆτις a de nouveau trait à la connaissance humaine : la μῆτις de chacun est augmentée par le contact avec les éléments. Il s'agit d'une faculté susceptible d'une plus ou moins grande extension, au sens où la μῆτις d'un individu peut atteindre tel ou tel point, selon les objets de perceptions qu'il choisit de prendre. Or, le fr. 106 est cité par Aristote à l'appui de

---

160 Chantraine *DELG* p. 699 : « Ce terme qui s'applique à l'intelligence pratique, parfois à la ruse, est issu d'une racine verbale qui signifie "mesurer" : mesurer implique calcul, connaissance exacte ».

161 *Cf.* Detienne & Vernant 1974.

162 Le contexte de la citation du fragment 23 et le fragment lui-même sont examinés *infra*, p. 309 *sqq.* et p. 320 *sqq.*

l'idée de l'identification du φρονεῖν au αἰσθάνεσθαι dans le *De anima*[163], et à l'appui de celle que changer d'ἕξις revient à changer de φρόνησις, dans la *Métaphysique*[164], où il est cité conjointement au fr. 108 : Aristote analyse la μῆτις comme une faculté intellectuelle fondée sur la sensation ou au moins sur des données concrètes.

Dans le fr. 139.2 et en d.6, la forme verbale μητίειν signifie *méditer un acte criminel*[165] ; Chantraine avait déjà remarqué que ce verbe s'était spécialisée en ce sens[166]. Il est probable qu'Empédocle ne convoque pas en cette occurrence précise sa propre conception de la μῆτις, sauf à considérer qu'elle inclut aussi les errements des hommes.

La μῆτις consiste ainsi, chez Empédocle, en une faculté humaine qui permet l'acquisition de connaissance et l'obtention d'un savoir, ou d'un savoir-faire, par l'assimilation de l'expérience concrète. Le reste des fragments ne présente pas cette faculté comme limitée. L'occurrence de 2.9 ne semble ainsi pas désigner la connaissance à laquelle Pausanias peut parvenir après l'apprentissage de la doctrine mais un certain usage d'une faculté humaine, que Pausanias a maîtrisée et qui le met en état d'entendre le poème, dès lors destiné à lui enseigner plus que le contenu de la μῆτις qu'il possède déjà : il s'est dégagé des idées admises sur la nature de la vie et de la mort élaborées par les hommes sur la base de sensations perçues d'une façon désorganisée.

## CONCLUSION :
### L'EXPLICATION DES ERREURS DES HOMMES

Le fragment 2 développe une critique du mode de construction des conceptions communément admises, fondées sur un usage partiel des sensations, en convoquant de façon critique deux figures de la poésie épique – Achille et Ulysse – à travers lesquelles sont discutées les conceptions des hommes[167]. Dans les vers 2.8b-9, la figure de Pausanias

---

163 Arist. *De an.* Γ.4, 427a 21.
164 Arist. *Métaph.* Γ.5, 1009b 17.
165 Pour les relations entre les deux passages, *cf. infra*, p. 620-621.
166 Chantraine *DELG* p. 699.
167 Bollack l'avait au demeurant déjà remarqué (Bollack 1965 t. I, p. 277).

redéfinit deux éléments qui leur sont caractéristiques : la μῆτις véritable, qui est prêtée à Pausanias au vers 9 du fragment n'est pas celle d'Ulysse – Pausanias ne l'a pas développée en étant emporté de tout côté, comme Ulysse – mais elle consiste précisément à se mettre à l'écart des conceptions erronées élaborées par les hommes. L'isolement de Pausanias, construit par référence à celui d'Achille, qui constitue au moins narrativement la condition de possibilité de son immortalisation par la poésie dans l'*Iliade*, devient une mise à l'écart délibérée par rapport à ces figures épiques et aux représentations de la vie et du monde qui leur sont associées. L'une des fonctions d'une telle présentation du destinataire intradiégétique est de faire saisir au destinataire extradiégétique toute l'originalité des conceptions qu'il s'apprête à entendre, quoique les raisons doctrinales qui motivent cette critique des conceptions admises, dans le fragment 2, ne soient pleinement perceptibles que rétrospectivement lors de l'écoute du reste du poème[168].

L'étude du fragment 3 permettra de qualifier la relation de l'observation du sensible à la parole poétique et permettra d'appréhender les raisons pour lesquelles l'adresse à la Muse qu'il comporte prend place entre deux discussions sur le statut des sens.

---

168 Ce dispositif est caractéristique du proème : *cf.* Mansfeld 1995. Les fragments 2 et 3 sont placés dans le proème du Poème physique (ou du poème unique) depuis Karsten 1838 p. 171 : « Tant l'argument de ces vers que leur expression, qui révèlent un esprit agité et vif, m'ont semblé convenir parfaitement à l'exorde du poème, à la lecture duquel on est poussé à prendre connaissance du reste de la discussion. Dans ces vers, il n'enseigne pas, il ne démontre pas quelles sont la force de la nature humaine et la puissance de la science, mais il se plaint, il prie, il exhorte. »

# REFONDER LA VÉRIDICITÉ
# DU PROPOS POÉTIQUE (FR. 3)

## INTRODUCTION : SUR QUELQUES INTERPRÉTATIONS
## RÉCENTES DE LA MUSE D'EMPÉDOCLE

Avant d'en venir à l'étude du fragment 3 proprement dit, arrêtons-nous sur la façon dont la figure de la Muse d'Empédocle a été analysée par plusieurs études récentes, qui ne se citent pas entre elles quoiqu'elles soient parues à quelques années d'intervalle : on s'est intéressé à la Muse afin d'examiner la relation d'Empédocle à la tradition poétique (en particulier à Hésiode), afin de préciser la façon dont Empédocle conçoit la relation de son poème au contexte de la *performance*, et afin d'examiner la signification que revêt la définition de cette Muse dans le contexte de la pensée empédocléenne.

L'étude du traitement empédocléen de la Muse a permis de préciser la relation de celle-ci à la Muse de la tradition poétique. Pénélope Skarsouli a examiné les relations de la Muse d'Empédocle à la mémoire, à la persuasion et à la justice. Se fondant sur une étude du proème de la *Théogonie*, elle explique l'inspiration des princes assurée par Calliope par le fait que ces princes doivent convaincre les deux parties opposées lorsqu'ils rendent leur jugement[1], d'où la nécessité de la dimension persuasive de leur parole (qui est également déterminante pour l'*epos*). Cette double association de Calliope au judiciaire et à la mémoire caractérise également l'élégie et la poésie chorale[2]. Cette association thématique caractérise également la Muse d'Empédocle, comme le montre une analyse conjointe des fragments 3 et 131, qui mène le savant à deux

---

1   Skarsouli 2006 p. 212-213.
2   Skarsouli 2006 p. 217-220 examine Solon fr. 13 West et Pi.0.10.

conclusions quelque peu inférieures aux moyens mobilisés pour les atteindre[3] : le discours se présente comme vrai à condition de réconcilier, par analogie au procès, deux voix contradictoires, ce que l'auteur relie à l'engagement politique d'Empédocle dont on trouve trace chez Diogène Laërce (DL.VIII.67) ; la construction des deux principes contradictoires a pour origine leur stylisation chez Hésiode dans un contexte judiciaire. La proposition de Skarsouli dessine une Muse empédocléenne analysée dans sa continuité avec la tradition poétique[4] : si l'on voulait pousser quelque peu la proposition du savant, on pourrait considérer que les thèmes traditionnels trouvent une résonance particulière dans un contexte empédocléen, où le différend entre les principes antagonistes que sont l'Amour et la Discorde est en quelque sorte tranché par le poème, qui produit un dispositif persuasif visant à reconnaître leurs rôles respectifs.

Palmer, dans son article de 2013 dont j'ai déjà exposé le propos, appréhende le nom de Calliope à partir de son caractère traditionnel : Empédocle la choisit parce qu'il se place lui-même dans la position des rois hésiodiques[5]. J'ai montré que la position d'Empédocle était trop rapidement rabattue sur la tradition.

La signification de la Muse a été discutée dans le contexte de la relation entre le poème et sa *performance*. La signification de la Muse d'Empédocle à l'intérieur même de son poème a été également abordée par Anne-Laure Therme, dans sa relation à la mémoire et à la *performance*. Therme traite de cette divinité par le biais de l'inscription du thème de la mémoire dans la tradition orphique, analysant en ce sens l'adjectif πολυμνήστη du vers 3.3[6]. Son article propose une analyse du δαίμων qu'il n'est pas le lieu de discuter ici : examinant la relation du démon à la voix, au fil de ses incarnations, elle reconstruit une exigence de « contemplation active » qui tient à une série d'exercices mnémoniques et respiratoires dont elle veut voir la conjonction dans le processus de récitation poétique : « il apparaît que les poèmes mêmes d'Empédocle sont élaborés afin de favoriser conjointement ce travail de la mémoire

---

3   Skarsouli 2006 p. 217-218 pour son analyse de l'Hymne aux Muses de Solon ; p. 219 pour celle de Pi.O.10 ; p. 221 pour l'analyse d'Empédocle fr. 4 et 131. Pour ses conclusions, p. 222-223 (*cf.* DL.VIII.77).
4   Par exemple, Skarsouli 2006 p. 223 : « *Calliope recalls, once again, this specific relationship between persuasion and justice.* »
5   Palmer 2013 p. 313.
6   Therme 2010 p. 13-14.

et de la respiration[7]. » Le nom de Calliope est réinterprété à cet égard comme soulignant ce travail sur la voix.

S'agissant de la signification de la Muse à l'intérieur de l'œuvre d'Empédocle, la première direction explorée a été la relation entre cosmologie et poétologie. Annette Rosenfeld-Löffler a étudié les relations entre la diction poétique et la doctrine cosmologique d'Empédocle, considérant que la première produisait une représentation métaphorique de la seconde. Elle propose une assimilation de la Muse du fragment 3 à Aphrodite[8]. Rosenfeld a en effet remarqué que l'Amour jouait un rôle dans la création poétique et concluait à ce que Φιλία elle-même créait le poème en identifiant complètement la Muse à celle-ci[9] : ce saut conduit Rosenfeld à inférer des fragments portant sur la composition harmonieuse des êtres vivants, du monde, etc., des caractéristiques que celle-ci a en commun avec la composition poétique[10]. Si l'étude de Rosenfeld a permis d'ouvrir la voie à un type de problématique original dans l'interprétation d'Empédocle, le savant va à mes yeux trop loin sur le point précis de l'identification du processus de composition du poème à celui des êtres vivants : que les deux procédés (la composition poétique et celle du vivant) relèvent de dynamiques semblables ne signifie pas qu'on peut analyser l'une à partir de l'autre. Ne pas thématiser la différence entre l'Amour et la Muse mène à des conclusions qui me paraissent trop rapides sur la nature de la composition poétique empédocléenne.

Alex Hardie, en 2013, a examiné les relations entre la Muse et pensée d'Empédocle, au sens large du terme, dans une autre direction, en analysant en particulier la relation entre la Muse d'Empédocle et la physiologie développée par l'Agrigentin : l'analyse conjointe des fragments 3 et 131 montre qu'Empédocle, empruntant à la fois à la tradition hexamétrique, en particulier à Hésiode, et à la tradition lyrique, faisait de Calliope une personnification du chant poétique en *performance* et de la φρὴν ἱερή du fragment 134[11]. Le problème qu'il décèle est que la Muse, en tant que déesse, ne semble pas correspondre au système théologique d'Empédocle, pour des raisons évidentes. Refusant de voir dans

---

7    Therme 2010 p. 20-22.
8    Rosenfeld 2006 p. 48 *sqq.*
9    Pour toute cette discussion, *cf.* Rosenfeld 2006 p. 49-52.
10   Voir les remarques de Rosenfeld 2006 p. 49-50 sur les fr. 23, 71, 96, 107, 122.
11   Hardie 2013 p. 226.

l'invocation à la Muse une simple convention poétique, il montre qu'elle prend part au système philosophique dans la mesure où elle représente une forme d'harmonie entre les éléments. Le chant poétique d'Empédocle ne se contente pas, ainsi, de porter sur le divin : il est lui-même divin et répond à un impératif de véridicité (*cf.* fr. 17.26), alors même que la composition poétique se présente comme une harmonie associée à l'Amour. Son hypothèse le conduit à valider l'ancienne proposition de Karsten, selon laquelle il y a une alternance, dans le fragment 3, entre une adresse du poète à la Muse et de la Muse au poète.

La direction qu'il choisit pour interpréter la figure de la Muse est pourtant différente de celle que je retiens ici : le problème initial soulevé par Hardie est que la Muse des fragments 3 et 131 ne paraît correspondre à ce que nous connaissons de la théologie d'Empédocle, ce qui le conduit à concevoir, sur le fondement d'un emprunt à la poétique lyrique, que la Muse est une métaphore du chant poétique en *performance* (p. 218). Cette assimilation est cruciale à son raisonnement dans la mesure où elle lui permet, d'une part, d'avancer que le chant qui porte sur le divin du fragment 131, est lui-même divin et d'autre part que la Muse – le chant – prend sens dans un système physique identifiable, en lien au contexte de la *performance*. Cette assimilation de la Muse au chant lui-même est difficile : l'argumentation serrée que produit Hardie afin de montrer que le verbe ἐμφαίνω (131.4) appartient à un réseau qui implique de présenter le chant en *performance* comme une épiphanie de la Muse ne permet pas de conclure qu'il y a simplement une identification de fait entre le λόγος dont parle Empédocle dans le fr. 131 et Calliope. Que la Muse soit présentée par la poésie comme convoquée par la *performance* est une chose ; assimiler la Muse au poème en est une autre. La proposition de Hardie, sur ce point, conclut trop rapidement à une assimilation pure et simple de Calliope au λόγος, et les conclusions qu'il en tire s'en trouvent affaiblies. La lecture qui en résulte, qu'on pourrait qualifier de matérialiste dans la mesure où Hardie examine la relation entre Muse-λόγος, éléments, sensations et audition de la *performance* poétique, ne me paraît pas rendre toute la complexité de la construction de la Muse d'Empédocle, quoiqu'elle ait le mérite d'inclure celle-ci dans un système de pensée en décalage avec les théologies traditionnelles. La solution retenue par Rosenfeld au problème que relève Hardie suffit à rendre compte de sa place dans la théologie d'Empédocle.

D'une façon générale, toutes ces analyses ont le mérite de chercher à déterminer (sans le faire de la même façon et en supposant une relation diverse des poèmes d'Empédocle à la tradition poétique) la nature de la relation qui unit la Muse d'Empédocle à la démonologie ou à la physiologie qu'il développe par ailleurs : on a cherché à appréhender la logique d'un système de pensée. Toutes ces analyses procèdent toutefois à une conflagration des figures de la Muses définies dans les fragments 3 et 131[12], sans poser la question d'une divergence de la nature de la composition poétique qu'elles recouvrent. Les différences entre les deux fragments 3 et 131 et la distinction des projets poétiques qui y sont élaborés sont insuffisamment analysés. La Muse empédocléenne est par ailleurs souvent diluée dans une tradition poétique sans qu'on s'attache suffisamment à en dégager les spécificités – à l'exception notable de la proposition de Hardie.

Mon approche se distingue ici de ces différentes propositions dans la mesure où je poserai la question de la signification de la figure de la Muse dans la doctrine physiologique, physique et plus largement cosmologique d'Empédocle à partir de l'étude, plus fondamentale, de la construction de la théorie de composition poétique que le poème se donne, en analysant les différences présentées par les fragments 3, 4 et 131, dans les deux chapitres suivants.

## SOURCES DU FRAGMENT 3
## ET DIFFICULTÉS PHILOLOGIQUES

### LES SOURCES DU FRAGMENT 3

Outre la citation par Sextus Empiricus, le fragment 3 est cité par Clément d'Alexandrie (vers 3.6-7), Proclus et Plutarque (vers 3.8)[13].

Clément cite des passages d'Homère (λ.443), d'Aristote (*Topiques* I.1 100b 9) et les vers 3.6-7 d'Empédocle, dont le nom n'est pas mentionné,

---

12   Rosenfeld 2006 commente toutefois, certes, les deux textes séparément. Le fragment 131 n'est pas central pour ses analyses, qui portent sur la cosmologie.

13   Clément, *Str.* V.9.59.3 ; Proclus, *In Tim.*, 106E, I.351.10 ; Plutarque, *De amicorum multitudine*, 1 (93 B).

avant de faire allusion à Héraclite, pour justifier la répartition des enseignements pythagoriciens entre une partie exotérique et une partie ésotérique[14]. Cette répartition s'appuie sur une condamnation de l'opinion (δόξα) du commun[15] : il est manifeste que Clément lit dans les vers 3.6-7 un discrédit jeté sur l'opinion, à laquelle il ramène εὐδόξοιο (3.6), comprenant que rechercher la gloire en divulguant la doctrine inconsidérément mène à la dénaturer. Le thème de l'ὁσίη (3.7) lui suggérait sans doute que Dieu récompenserait le comportement inverse[16]. Il est vraisemblable que Clément comprenait que σε (3.6) désignait le disciple auquel Empédocle adresse des conseils : mais lisait-il le passage dans son contexte ?

Il ne le fait assurément pas pour la citation de l'*Odyssée* (λ.443), dont la syntaxe et le contexte narratif sont manipulés à partir de son propre système d'opposition[17]. Il s'agit de créer un tissu de citations savant plutôt que de rendre justice au sens originel des passages dans leur contexte. De fait, le sens précis de δόξα que Clément lit dans l'adjectif εὐδόξοιο est un sens platonicien dont il est peu vraisemblable qu'il soit attesté tel quel chez Empédocle : je montrerai au contraire que l'adjectif vise la poésie lyrique et non l'opinion commune. Ces éléments montrent qu'il n'est pas possible de déduire simplement du passage de Clément que les vers 3.6-7 étaient bien adressés au disciple.

Le passage du *Timée* commenté par Proclus (Platon, *Timée*, 23c 3-6) construit une analogie entre la relation dans laquelle se trouve l'être au devenir et celle reliant la vérité et la croyance : Socrate annonce qu'il cherche à produire un argument qui, s'il n'est pas en tout point exact, ne le cédera à aucun autre en termes de vraisemblance (εἰκός). Proclus

---

14    La compréhension de l'enchaînement des citations pose problème. *Cf.* Le Boulluec 1981 vol. 5 t. II p. 217 : « Les obscurités de son témoignage viennent de ce que, apôtre d'un pythagorisme "savant", il a remanié ses sources, sans effacer les contradictions entre les versions issues des ἀκουσματικοί et celles que les μαθηματικοί avaient imposées, chaque tendance revendiquant sa fidélité à l'égard de l'enseignement authentique de Pythagore. »

15    Le Boulluec 1981 vol. 5 t. II p. 217-221 sur le passage, et p. 220 sur la citation d'Empédocle.

16    Le Boulluec 1981 vol. 5 t. II p. 220.

17    Le Boulluec 1981 vol. 5 t. II p. 218-219 : « L'exemple pythagoricien est confirmé par une citation homérique [...]. Les infinitifs prennent chez Clément valeur complétive, alors qu'ils exprimaient des ordres dans les conseils d'Agamemnon à Ulysse à propos de la fourberie des femmes. Ce vers pouvait être facilement tiré de son contexte et appliqué à la règle du secret en "philosophie". Mais ni les scholies ni Eustathe ne gardent trace d'une telle interprétation. »

comprend que le défaut d'exactitude est nécessaire pour deux raisons dans le cas qui intéresse Socrate : du fait de la nature de l'objet dont il parle et du caractère limité de la connaissance humaine. Fustigeant les penseurs qui prétendent parvenir à une connaissance universelle, dont Héraclite et Empédocle, dont les prétentions seraient contraires à la nature du discours philosophique, Proclus prend l'affirmation du vers 3.8 comme une caractérisation de la connaissance promise par Empédocle[18]. La microcitation de Proclus ne comporte pas le début du vers 3.8 (θάρσει) et présente καὶ τάδε τοι au lieu du καὶ τότε δή qu'on lit chez Sextus Empiricus. Le neutre τάδε est pris comme sujet de θοάζει, troisième personne qui introduit un décrochement par rapport à l'énonciation à la deuxième personne, comme le texte de Sextus. Il est improbable que Proclus ait substitué lui-même le τοι au texte originel s'il s'agit bien d'un τοι gnomique[19], et on ne peut exclure que ce fragment d'hexamètre appartienne à une autre partie du poème que le fragment 3. Son caractère isolé, allié au fait que l'intégralité du vers n'est pas citée, mène à préférer le texte de Sextus.

Le vers 3.8 est cité par Plutarque dans la première phrase de son traité : il s'agit d'assimiler de façon ironique la position de Ménon le Thessalien à celle décrite dans le vers d'Empédocle, en ce qu'il aurait atteint la sagesse après s'être suffisamment exercé aux discours. Ce texte est le seul à présenter un infinitif, celui du verbe θαμίζειν, au lieu de l'indicatif θοάζει qu'on lit chez Sextus et Proclus. Nous verrons que la syntaxe du vers d'Empédocle est adaptée au passage de Plutarque.

DIFFICULTÉS PHILOLOGIQUES POSÉES PAR LE FRAGMENT 3

Le fragment 3 présente les difficultés philologiques principales suivantes (d'autres problèmes de moindre importance sont traités dans le corps de l'étude).

Quoique le référent du génitif τῶν μέν du vers 3.1 fasse problème, qu'il s'agisse d'un neutre ou d'un masculin n'implique pas de grande différence de sens puisque le terme renvoie soit aux individus dont nous savons par Sextus qu'ils avaient promis plus que ce à quoi la

---

18  Gemelli Marciano 2013 p. 371 pour le fait que Proclus veut montrer la suffisance d'Empédocle.

19  Denniston *GP* p. 542-543, sens (10).

connaissance peut prétendre selon Empédocle, soit à leur doctrine. Sturz et Karsten ne cherchaient pas à identifier plus avant le référent : il s'agissait pour Sturz de ceux qui ne se laissent pas persuader par la force de l'évidence[20]. Diels, suivi par Burnet, estimait que la cible était Parménide[21]. Mais Bollack a raison de souligner que μανίη renvoie à une parole de folie plutôt qu'à une construction philosophique, fût-ce dans un contexte critique[22] : le savant préfère voir dans ce τῶν une référence à l'exposé, alors ironique, du fragment 111 inséré dans la lacune entre les fragments 2 et 3. Le passage a également été lu dans le contexte de la réflexion sur le divin du fragment 131, d'où on a tiré que le vers 3.1 visait ceux qui n'acceptaient pas la vision empédocléenne du divin ou ceux qui pratiquaient le sacrifice animal[23].

S'agissant de la syntaxe du verbe ἄντομαι au vers 3.4, soit (a) ce verbe, au sens de *prier*, se construit avec l'infinitif ἀκούειν, dont Empédocle est également sujet (« je te prie de me laisser entendre ce qui est permis aux mortels[24] ») ; on explique le génitif ὧν par attraction (= τούτων ἅ). Le poète est alors instruit par la Muse en même temps que celle-ci lui transmet le poème, qui livre ce en quoi consistent les activités humaines dans le cadre du *fas*. Soit (b) le verbe ἄντομαι, au sens épique de *venir à la rencontre de*, a deux objets successifs, σε (la Muse) et la relative (ὧν... ἀκούειν)[25] : « je viens vers toi, Muse, pour ce qu'il est permis aux mortels d'entendre ». Le poète demande alors à la Muse d'instruire non plus lui-même, mais les mortels qui entendront ce qui leur est permis d'entendre. Le message poétique n'est pas d'abord caractérisé par son contenu mais par la relation de dépendance au divin dans laquelle s'inscrirait la connaissance humaine. Soit (c), on construit ἄντομαι avec σε (la Muse), et l'on fait de la relative (ὧν... ἀκούειν) l'objet de πέμπε (« je t'en prie – convoie ce

---

20  Sturz 1805 p. 639, qui comprenait p. 528-529 que Sextus, dans le passage mentionné, faisait allusion aux fragments 114 et 4 ; *cf.* Karsten 1838 p. 175, Wright 1995 p. 158 (qui y voit, dans leur sillage, une attaque envers toutes les positions ambitieuses et mal conçues).

21  Diels 1901 p. 107 voyait en Parménide la cible d'Empédocle et l'objet de l'allusion de Sextus (ἐπιπλήξας τοῖς πλέον ἐπαγγελλομένοις γιγνώσκειν...) ; Burnet 1930 p. 227.

22  Bollack 1969 t. III p. 26 suivi par Gemelli Marciano 2013 p. 370.

23  Pour la vision du divin : Gallavotti 1975 p. 163 n. 4 (*ad* θεῶν) et p. 166 n. 13, Cerri 2004 p. 89. Pour le sacrifice animal : Trépanier 2004 p. 58.

24  Sturz 1805 p. 528 et Karsten 1838 p. 90 ponctuent tous deux « ἄντομαι, ὧν θέμις ἐστὶν ἐφημερίοισιν, ἀκούειν. ». Karsten traduit *« precor, quantum fas sit mortalibus, ex te audire. »*

25  Bollack 1969 t. III, p. 29, *s. v.* ἄντομαι ὧν.

qu'il est permis aux mortels d'entendre[26] »). Cet impératif formule alors, en parataxe, le contenu de la prière, qui est équivalent, pour son sens, à l'hypothèse précédente (b). Une autre proposition équivalente à celle-ci pour le sens est de construire ὧν comme génitif adnominal de ἅρμα[27] : « convoie le char <des mots> qu'il est permis aux mortels d'entendre ». Mais elle suppose un saut logique dans la mesure où elle mène à confondre l'ordre du comparant (le char) et celui du comparé (les mots du poème).

Au vers 3.5, faut-il faire du génitif Εὐσεβίης (a) le régime de la pré-position παρά[28], ou (b) un génitif adnominal dépendant de εὐήνιον ἅρμα (ce qui implique de comprendre παρά comme un préverbe en tmèse ou comme un adverbe[29]) ? Dans le premier cas, la piété est à l'origine du poème, puisque c'est l'instance à partir de laquelle le char part – c'est en quelque sorte sa source –, alors que dans le second, le poème est relié de façon presque ontologique à la Piété, qui n'est plus seulement source du poème mais qui détermine son identité profonde.

Les vers 3.6-8 posent trois problèmes majeurs[30] : (1) la construction du premier membre de phrase et la détermination du sujet de βιήσεται, ce qui a pour enjeu l'origine de la force qui peut contraindre le poème à dire plus que ce que voudrait la piété ; (2) le sens qu'il faut donner à ἐφ' ᾧ θ', dont l'enjeu est de déterminer l'effet de cette force ; (3) la construction du vers 3.8, selon qu'on choisit un indicatif θοάζει ou qu'on corrige en θοάζειν ou θόαζε. L'enjeu de ce dernier point est de savoir si ce vers relève de la pratique poétique condamnée par Empédocle (θοάζειν) ou de la pratique qu'il défend (θοάζει, θόαζε). Dans le premier cas, chercher à atteindre les sommets de la sagesse est une faute, alors que dans l'autre c'est au contraire l'objectif recherché. À ces problèmes s'ajoute la question de déterminer l'identité du σε (3.6).

Les vers 3.9-12 posent un certain nombre de problèmes de texte : le vers 9 est une correction de Bergk, ἀλλ' ἄγ' ἄθρει πάσῃ pour ἀλλὰ

---

26  Stein 1852 p. 30, Gallavotti 1975 p. 8-9, Wright 1995 p. 157, Inwood 2001 p. 214-215, Trépanier 2004 p. 70, Palmer 2013 p. 320.

27  Diels 1901 p. 107 jusque D.-K. 1951 p. 310, suivi par Gemelli Marciano 2013 p. 156 et Mansfeld & Primavesi 2011 p. 443.

28  C'est la construction retenue par la majeure partie des éditeurs et des commentateurs depuis Sturz.

29  Bollack 1969 t. III p. 30.

30  En raison de la complexité de la discussion, je présente la répartition des positions inter-prétatives au moment de l'étude du passage.

γὰρ ἄθρει πᾶς, acceptée par tous les éditeurs et commentateurs[31]. La grammaire du vers 3.10 est difficile : le datif πίστει n'est pas facile à construire avec ἔχων, ce qui a entraîné plusieurs propositions de correction. Le vers 3.13 a été corrigé par Karsten de νόει θ' en νόει δ', afin de retrouver l'opposition entre sens et raison qu'il lisait dans le témoignage de Sextus[32]. L'interprétation des vers 3.9-13 fait au demeurant l'objet d'un consensus depuis Stein : ces vers énoncent la nécessité de ne pas introduire de hiérarchie entre les sens.

## REFONDER LA VÉRIDICITÉ DE LA PAROLE POÉTIQUE : UNE INTERPRÉTATION DES VERS 3.1-8

Les vers 3.1-8 construisent une modélisation de l'inspiration poétique en rupture avec celles élaborées par les traditions épique, didactique et lyrique : en définissant sa propre Muse, Empédocle cherche à refonder la notion de vérité poétique en dialoguant avec des traditions avec lesquelles il prend ses distances. Cette stratégie se déploie en trois étapes au sein des huit premiers vers du fragment 3. Les vers 3.1-2 présentent les dieux comme la source transcendante ultime d'une parole poétique dont la caractéristique principale n'est pas un thème mais le respect des prescriptions divines eu égard aux comportements des hommes (l'ὅσιον). Les vers 3.3-5 présentent la Muse comme un intermédiaire entre ces dieux et le poète : définie du côté de Φιλία, sa fonction est de convoyer une parole poétique qui respecte ce qui est θέμις (correspondant de l'ὅσιον du point de vue des hommes), ce qui a pour condition de possibilité la piété du poète (en tant qu'il s'agit d'un comportement intériorisé à l'égard du divin). Les vers 3.6-8 interdisent la recherche des honneurs, susceptible de faire basculer la Muse – c'est-à-dire l'inspiration poétique – dans la transgression des principes précédemment définis : lorsque la poésie vise à rechercher les honneurs des hommes, la réalité de la relation entre les divinités et les hommes n'est plus respectée.

La Muse que définissent ces huit vers est implicitement opposée à celle de la tradition poétique, dessinée en creux dans la folie (μανίη)

---

31    Bergk [1839] 1886 p. 28.
32    Karsten 1838 p. 90. La correction est exposée et discutée *infra*, p. 160-161.

du premier vers : l'interdiction énoncée dans les vers 3.6-8 explicite la tentation, à laquelle ont cédé les autres poètes, d'adapter leur propos aux attentes du public, au prix de la véridicité du discours poétique. Empédocle construit ainsi les critères qui permettent de distinguer sa propre Muse de celle de la tradition, telle qu'il la relit : nous verrons qu'il refonde l'autorité épistémique de la parole poétique en discutant le paradigme de véridicité construit par la poésie épique, hymnique, élégiaque et lyrique. Les vers 3.6-8 donnent la clef de l'opposition entre ces deux Muses, par l'interdiction qu'ils formulent.

## REPLACER LA PIÉTÉ ENVERS LES DIEUX AU FONDEMENT DE LA COMPOSITION POÉTIQUE (3.1-2)

Le texte et la construction des vers 3.1-2 font l'objet d'un consensus depuis l'édition de Sturz en 1805. Deux corrections sont acceptées par l'intégralité des éditeurs. Au vers 3.1, l'indicatif ἀπετρέψατε des manuscrits a été corrigé en un impératif ἀποτρέψατε dès Scaliger. Au vers 3.2, les manuscrits présentent un certain nombre de formes amétriques ou difficiles pour le sens : L présente la leçon amétrique ὀχεύσατε, N l'indicatif ὠχεύσατε de ὀχεύω, dont le sens n'est pas pertinent ici, et E ἐχεύσατε, qui ne fait pas sens. Estienne a proposé la correction ὀχετεύσατε, qui permet d'expliquer la leçon ὀχεύσατε par haplographie, leçon qui a pu ensuite être transformée en indicatif ὠχεύσατε pour des raisons métriques. La leçon du manuscrit E, ἐχεύσατε, peut provenir d'une transformation de la leçon de L pour le sens ou à la suite d'une éventuelle confusion entre ω et un ε penché.

Les vers 3.1-2 constituent la première étape de la définition de la nouvelle Muse : ils visent à refonder l'origine de la parole poétique en établissant que la condition de possibilité de celle-ci est le respect des prescriptions définies par les dieux en ce qui concerne les relations humaines, dont le discours poétique doit être la stricte expression. Le contenu de ces prescriptions, nous le verrons, n'est bien entendu pas celui admis par la tradition. La refonte porte à la fois sur le degré de transcendance prêtée à l'inspiration, qui provient des dieux et non pas seulement des Muses, et sur la nature de cette demande d'inspiration, qui porte sur un type de propos et non pas un thème.

On a trop souvent sous-estimé l'originalité de ces vers 3.1-2, par lesquels la construction de la véridicité du propos d'Empédocle prend une distance majeure par rapport à ce que nous connaissons de la tradition qui le précède. Dans le proème du Catalogue des vaisseaux, la langue (γλῶσσα) et la bouche (στόμα) du poète sont présentées par ce dernier comme insuffisantes au regard de l'ampleur de la tâche de composition qui s'offre à lui[33]. L'hyperbole des dix bouches et des dix langues signifie que la tâche excède les potentialités de l'homme, qui a besoin d'une aide divine transcendante et délègue la parole poétique aux Muses[34], dont le propre est la capacité de *faire mention* (μνησαίατε), c'est-à-dire de formuler une matière en un énoncé poétique.

Cette structure où le poète demande à la Muse de chanter un thème donné caractérise également le début de l'*Iliade* et de l'*Odyssée*, quoique sous une forme moins développée : l'aède demande à la Muse de chanter la colère d'Achille et le rusé Ulysse[35]. Hésiode en a retravaillé l'héritage[36]. La même structure est employée dans la poésie hymnique, où le thème du chant est constitué par la divinité elle-même[37]. Le poète lyrique archaïque fonde également sa position d'autorité poétique sur le fait que la Muse formule le thème de l'énoncé[38] : le catalogue du fragment 1 (Page) d'Ibycus indique, par sa proximité thématique et formelle avec le Catalogue des vaisseaux, que l'association de la Muse à la formulation du thème poétique était l'objet d'un travail intergénérique[39].

Ces éléments montrent que le chant poétique est stylisé comme un thème dont la formulation est déléguée à la Muse. Les vers 3.1-2

---

33    B.488-489 : πληθὺν δ' οὐκ ἂν ἐγὼ μυθήσομαι οὐδ' ὀνομήνω, / οὐδ' εἴ μοι δέκα μὲν γλῶσσαι, δέκα δὲ στόματ' εἶεν. « Je ne pourrai dire ni nommer leur nombre, pas même si j'avais dix langues et dix bouches ».

34    B.491-492 : εἰ μὴ Ὀλυμπιάδες Μοῦσαι Διὸς αἰγιόχοιο / θυγατέρες μνησαίαθ' ὅσοι ὑπὸ Ἴλιον ἦλθον. « À moins que les Muses olympiennes, filles de Zeus porteur d'égide, ne se souviennent de tous ceux qui se rendirent sous Troie ».

35    *Cf.* A.1, Μῆνιν ἄειδε θεὰ Πηληϊάδεω Ἀχιλῆος ; α.1-2, Ἄνδρα μοι ἔννεπε, Μοῦσα, πολύτροπον, ὃς μάλα πολλὰ / πλάγχθη.

36    Dans l'hymne aux Muses de la *Théogonie*. Une structure syntaxique semblable à celles précédemment dégagées est attestée en He.*Th*.103, adressé aux Muses : κλείετε δ' ἀθανάτων ἱερὸν γένος αἰὲν ἐόντων.

37    Par exemple, en *Hh*.He.1 : Ἑρμῆν ὕμνει Μοῦσα Διὸς καὶ Μαιάδος υἱόν. La structure peut comporter une adresse à la Muse (*Hh*.Aphr.1, *Hh*.Art.1) ou non (*Hh*.De.1, *Hh*.Ap.1, *Hh*.Aphr.II.1-2, *Hh*.Diosc.1-2).

38    Voir Ibycus fr. 1a.23-26 Page (ci-après), ainsi que Stésichore fr. 101.1 Page, discuté plus loin (et qui pose des problèmes d'authenticité), qui demande à la Muse de chanter les enfants de Samos.

39    Ibycus fr. 1a.23-26 Page introduit ainsi un catalogue en construisant une opposition entre parole humaine et parole des Muses semblable à celle du catalogue des vaisseaux.

d'Empédocle introduisent un déplacement déterminant au sein de cette structure, au moyen de trois éléments complémentaires : (1) le destinataire de la prière n'est plus les Muses mais les dieux (la Muse ne vient que dans un second temps, au vers 3.3). (2) L'objet de la demande n'est pas un contenu thématique (comme πληθύν dans le proème du Catalogue des vaisseaux), mais un certain type de discours, caractérisé par sa pureté – par opposition à la folie (μανίην) du discours des autres. (3) La condition de cette pureté est énoncée : la bouche du poète doit être ὅσιον pour que les dieux acceptent qu'en coule un flot de mots pur.

Placer la parole poétique sous le patronage de tous les dieux, et non pas seulement des Muses, constitue une variation dont il ne faut pas sous-estimer l'importance : le dispositif textuel souligne que la Muse n'est en dernière analyse que l'intermédiaire par lequel la parole poétique est transmise au poète par les dieux. La détermination de pureté conditionne la possibilité de cette transmission et sa qualité dans la mesure où le poète reconstruit, dans les vers 3.1-2, une situation où les dieux peuvent susciter deux types de discours et d'attitudes opposés : la création poétique est appréhendée selon un système polaire dont les termes sont la pureté et la folie. La μανίη est associée à un type de discours ou de comportement inspiré par la divinité dès l'*Iliade*[40] : en E.185, Pandare remarque que la fureur (μαίνεται) de Diomède est telle qu'elle n'a pu lui être inspirée que par un dieu[41]. Appliquer ce système d'opposition à la création poétique est original : je ne connais aucune occurrence antérieure où des termes de la famille de καθαρός seraient opposés à ceux de la famille de μαίνομαι. Si cette analyse est juste, le référent du τῶν serait alors tout discours poétique autre que celui fondé sur les critères qu'Empédocle s'applique ici à définir, soit virtuellement tous les poètes antérieurs.

Reste à définir la nature exacte de la pureté revendiquée par ce dispositif.

Le terme πηγή renvoie plus probablement – par métonymie – à l'eau courante qu'à la source dont elle coule[42] : alors qu'on ne comprendrait pas qu'Empédocle demande de faire dériver une source, c'est bien un flot d'eau qui sort d'une source que l'on fait passer par des canaux

---

40  Chantraine *DELG* p. 658 ; *LfgrE* t. 15 col. 5-7.
41  E.185-186 : οὐχ ὅ γ' ἄνευθε θεοῦ τάδε μαίνεται, ἀλλά τις ἄγχι / ἔστηκ' ἀθανάτων.
42  *LfgrE* t. 19 col. 1211 dégage les acceptions *Quellen* et *Quellfluten*.

d'irrigation. La métaphore de la parole poétique comme l'eau qui coule d'une source est originale, pour autant que notre connaissance des poèmes archaïques permette de l'affirmer. Quoique deux fragments de Simonide évoquent l'*eau sacrée* (ἀγνὸν ὕδωρ) de la Muse puisée d'une source souterraine, il est peu vraisemblable qu'il s'agisse d'une métaphore de la parole poétique[43] : l'eau est associée à sa fonction lustrale (en particulier par l'emploi du terme χέρνιψ), et il est toujours question de puiser, alors même que Plutarque cite ces fragments à l'appui de l'idée que, près du temple d'Apollon à Delphes, un sanctuaire des Muses avait été construit sur une source. Si nous ne pouvons prendre position sur le caractère historique de cette mention, ni même sur le bien-fondé de la lecture historique de Simonide que propose Plutarque, on ne voit pas clairement le réseau métaphorique construit par le passage : l'hypothèse d'une telle lecture est coûteuse en ce qu'il faudrait déterminer le sens du fait qu'il s'agit de puiser la parole poétique sous terre et définir ce en quoi consiste sa fonction lustrale.

Le vers 3.2 présente la parole poétique comme pure. Les termes de la famille de καθαίρω expriment une purification physique ou morale et religieuse, souvent construites comme des contreparties mutuelles[44], généralement dans un cadre rituel. L'eau est alors le moyen de purification le plus souvent employé (en concurrence avec l'ambroisie ou le soufre). Alors que les occurrences eschyléennes se sont spécialisées au sens de *purification* d'une souillure religieuse et morale induite par un acte de transgression, en particulier le meurtre[45], Pindare emploie l'adjectif καθαρός à propos de la création poétique[46], ainsi qu'au sens laudatif de *sans mélange*.

---

43  Il s'agit de Simonide fr. 72(a) et 72(b) Page.

44  Chantraine *DELG* p. 478-479. Cette notion de contrepartie est très nette en δ.750 et δ.759, où Pénélope revêt des vêtements sans tache pour prier Athéna, ainsi qu'en ρ.48 et ρ.58 (pour une hécatombe), ω.44 (pour la préparation du cadavre d'Achille) et υ.152, χ.439 et χ.453 (pour la salle où a eu lieu le massacre des prétendants). Hésiode et l'*Hymne à Apollon* associent le καθαρόν et l'ἀγνόν dans le cadre d'un sacrifice aux dieux en He.*Op.*337 et *Hh.*Ap.121. Corrélativement, en χ.462, qualifier la mort des servantes de l'*Odyssée* de μὴ καθαρῷ θανάτῳ signifie que leur mise à mort dans ces conditions implique leur souillure morale. Par ailleurs, le terme en est venu à désigner un lieu vide dans le tour ἐν καθαρῷ (Θ.491, Κ.199, Ψ.61, Pi.*O.*10.45).

45  C'est en particulier le cas dans l'*Orestie* (Ae.*Ch.*74, *Ch.*968, *Ch.*1059, *Eu.*63, *Eu.*277, *Eu.*283, *Eu.*286, *Eu.*313, *Eu.*474, *Eu.*578, Se.738).

46  Pour la création poétique, *cf.* Pi.*O.*6.23 (une route pure conduira le char de Phintis, c'est-à-dire le poème, jusqu'à son sujet) et Pi.*P.*9.90 (pour la pure lumière des Muses).

Les bouches pieuses sont l'organe par lequel coule la parole poétique pure : l'analyse des occurrences homériques de ὅσιος que propose Benveniste conclut que cet adjectif désigne ce que la loi divine prescrit dans le domaine des rapports humains[47] : le groupe δίκαιος καὶ ὅσιος désigne ce qui est prescrit dans les affaires des hommes par les lois divines et humaines, et le groupe ἱερὰ καὶ ὅσια oppose ce qui appartient en propre aux dieux (les ἱερά) et ce qu'ils permettent aux hommes (les ὅσια). Chez Homère, le terme ὁσίη exprime une norme par rapport à laquelle une action humaine donnée est évaluée, toujours en l'occurrence de façon négative[48].

Le terme de καθαρός est analysé dans son lien avec ὅσιος par Rudhardt : dans le sens d'une purification morale et religieuse, l'homme καθαρός est « celui qui, respectant l'ordre du ὅσιον (respect de l'asile, meurtre du perturbateur), échappe à toute action nuisible de la puissance[49] ». Le processus de purification doit, symétriquement, permettre une réintégration dans l'ordre de l'ὅσιον[50].

Présenter la parole poétique comme une source pure (καθαρήν) qui dérive de bouches pieuses (ὁσίων) implique donc que le respect des prescriptions divines qui régissent le comportement des hommes fonctionne comme une condition de l'énonciation du propos poétique, qui est consécutivement caractérisé par une pureté religieuse. Loin de constituer un détour obligé par des considérations admises sur la composition poétique, les deux premiers vers du fragment 3 définissent ainsi un système cohérent qui se trouve en rupture avec la tradition poétique, implicitement rejetée dans la folie dénoncée dans le premier vers.

Le propos est d'autant en rupture avec la tradition que les θεοί qu'évoque Empédocle sans les nommer ne sont pas les dieux de la tradition, sur lesquels porte précisément une part importante de son travail philosophique : alors que le dispositif laisse entendre à l'auditeur, lors de la première écoute, que ce lexème peut avoir un contenu traditionnel, la suite du poème révèlera toute la distance que prend le système d'Empédocle avec

---

Au sens de *sans mélange*, *cf.* Pi.*P*.5.2 (pour la vertu), Pi.*P*.6.14 (pour la lumière), Pi.*P*.3.15 (pour la semence du dieu), Ba.fr.incert.8.1 (pour l'or).

47   Benveniste 1969 t. II p. 198.

48   En π.423 et χ.412 ; *cf.* Chantraine *DELG* p. 831.

49   Rudhardt 1992 p. 51. La différence entre καθαρός et ἁγνός est formulée par lui comme suit : « ἁγνός dit plus que καθαρός. Καθαρός signifie : pur de tout μίασμα ; ἁγνός pur par surcroît de tout λῦμα. »

50   Rudhardt 1992 p. 167.

la caractérisation traditionnelle du divin. S'agissant de l'identité de ces θεοί de 3.1, je soutiendrai plus loin qu'il s'agit de Φιλία et des éléments (au moment de l'étude de 3.3). Le rôle de Νεῖκος dans la composition poétique est problématique et nous l'étudierons au terme de notre démarche, une fois que toutes les autres données auront été dégagées.

## LA DÉFINITION DE LA MUSE, VECTEUR DE L'INSPIRATION POÉTIQUE (3.3-5)

Les trois vers 3.3-5 construisent la figure d'une Muse originale, qui se distingue de celle de la tradition. Ces vers sont dépendants du couple formé par 3.1-2 dans la mesure où le respect de la relation de l'humain au divin est au centre de la définition de cette Muse.

Je montrerai que la Muse est définie par un système d'épithètes qui la place du côté de Φιλία. Elle est pourvue d'un rôle d'intermédiaire en ce qu'elle convoie au poète la parole poétique qui respecte ce qui est θέμις (qui est le correspondant de l'ὅσιον, analysé du point de vue des hommes), parole qui a pour condition de possibilité la piété du poète envers les dieux. L'inspiration poétique incorrecte (dessinée en creux dans la μανίη de 3.1), à laquelle s'oppose la construction de ces vers, est dessinée en creux au moyen de reprises lexicales au fil du développement (tel que ἄντομαι, qui convoque la figure de Thamyris, dont l'impiété est virtuellement généralisée à tous les autres poètes).

Les vers 3.3-5 introduisent une seconde métaphore de la parole poétique, celle de l'attelage docile aux rênes (ἅρμα εὐήνιον, 3.5). Les objets d'artisanat dont le nom est formé sur la racine *ar-, et tout particulièrement le char, ἅρμα, sont traditionnellement des métaphores de la composition poétique[51]. Cerri fournit un compte-rendu détaillé des éléments textuels qui vont dans ce sens chez Parménide, Pindare, Bacchylide, Aristophane, et d'autres[52]. Le traitement le plus récent de la question, pour Empédocle, se trouve chez Rosenfeld[53]. On peut y

---

51  Pour l'analyse des termes formés sur cette racine, *cf.* Chantraine *DELG* p. 110-111. Outre les références citées plus bas, la métaphore est analysée par Bollack 1969, t. III, p. 30 n. 4 et par Philippe Rousseau, dans la préface qu'il a rédigée à Pucci 1995, p. 17-18. Assimiler le char au poème (plutôt qu'à la parole poétique) relève d'une forme d'anachronisme dans la mesure où nous ne savons pas si cette catégorie était pertinente à l'époque d'Empédocle (je remercie Andrew Ford pour nos discussions sur ce point).
52  Cerri 1999 p. 97 n. 133.
53  Rosenfeld 2006 p. 36-38.

ajouter, avec Karsten, une épigramme de Simonide qui évoque le char des Charites[54].

Il ne faut pas négliger cependant que la métaphore est bien antérieure à ces poètes mentionnés par Cerri, et qu'à l'origine tout objet artisanal formé sur la racine *ar- portait la possibilité de cette métaphore : c'est notamment le cas du radeau qu'Ulysse construit pour quitter l'île de Calypso dans l'*Odyssée* (ε.260), qui fonctionne comme une métaphore de la construction du poème. La suite de l'étude permettra de préciser l'extension de cette métaphore dans notre fragment : nous verrons que la métaphore fait intervenir l'attelage plus que le char comme objet de menuiserie.

## La signification des épithètes de la Muse (3.3)

La qualification de la Muse au vers 3.3 a fait l'objet de discussions : l'adjectif πολυμνήστη peut être soit du côté de la cour (*très courtisée*), soit de celui de la mémoire (*qui se souvient de beaucoup*)[55]. D'un point de vue linguistique, les deux compréhensions du second terme du composé sont possibles : le suffixe est dérivé de μνάομαι (dont est également dérivé μιμνήσκω), qui signifie à l'origine *avoir en tête, songer*, mais qui en est venu à signifier *rechercher une femme en mariage* dès l'*Odyssée*[56]. Quoique cette acception spécialisée ait donné lieu à des dérivés usuels comme μνηστεύω, *rechercher une fille en mariage*, d'autres dérivés conservent l'ambiguïté de μνάομαι : μνηστήρ désigne les prétendants dans l'*Odyssée* mais signifie *qui rappelle* chez Pindare[57].

Alors que le sens homérique *très courtisé* est attesté dans trois passages bien connus de l'*Odyssée*[58], l'adjectif est, chez Eschyle, plus proche

---

54  Karsten 1838 p. 176 : Simonide epigr.13.28.10 (ἅρμασιν ἐν Χαρίτων φορηθείς) et Pi.P.10.65.

55  L'alternative a d'abord été formulée par Sturz 1805 p. 639.

56  Pour la discussion sur l'évolution des sens de ce terme, *cf.* Chantraine *DELG* p. 702-703, *s. v.* μιμνήσκω. Quoique les verbes μιμνήσκω et μνάομαι aient la même origine, le premier est un dérivé du second, comme l'atteste le parfait μέμνημαι : à partir d'une forme *mneH₂, la racine *men a donné un radical -mnā- (tout le système est donc en lien avec μένος, μαίνομαι, etc.).

57  Pi.P.12.24 et Pi.N.1.16.

58  En δ.770, où un prétendant, après que la résolution de tendre une embuscade à Télémaque a été prise, évoque un mariage avec la très courtisée Pénélope ; ξ.64, où Eumée décrit le traitement que lui réservent les prétendants alors qu'Ulysse lui aurait réservé un lopin de terre et une femme très courtisée ; ψ.149, où une rumeur évoque le mariage de Pénélope,

du sens originel de μνάομαι, dans la mesure où il signifie *dont on se souvient beaucoup* en un sens passif, ou *qui se souvient beaucoup* en un sens actif[59]. L'alternative est qu'Empédocle suit le sens homérique *très courtisée* contre Eschyle ou qu'il relit Homère pour adopter l'emploi eschyléen, soit au sens actif soit au sens passif[60]. Soutenir que plusieurs significations sont convoquées en même temps n'est pas méthodologiquement satisfaisant[61].

L'enjeu sémantique est le suivant. Si l'adjectif est du côté de la mémoire, au sens actif, le passage décrit la création poétique comme la bonne utilisation d'éléments qui ont fait l'objet d'une mémorisation de la part du poète. Il s'agit alors d'une prise de position technique dans une tradition de composition orale en *performance*, quoique la composition d'Empédocle ne soit plus de cette nature[62] et que l'adjectif signale une situation dans la stylisation traditionnelle de la fonction de la Muse. Si en revanche l'adjectif est pris au sens odysséen, la création poétique est envisagée comme l'objet d'une rivalité entre les poètes, chacun cherchant à produire une œuvre qui dépasse en qualité celles des autres. La Muse est alors placée du côté du désirable et le poème stylise les conditions sociales de rivalité dans les concours poétiques. Le sens passif du côté de la mémoire, *très célébrée*, paraît plus faible en ce qu'il revient à une version affadie du sens odysséen.

Pour trancher, il n'est pas méthodologiquement satisfaisant de s'appuyer simplement sur la distance sémantique que présentent d'autres passages du fragment avec le lexique épique, ni, corrélativement, sur le

---

reine très courtisée, avec l'un des prétendants, alors même que les gens d'Ithaque n'ont pas encore connaissance du retour d'Ulysse.

59    Fraenkel 1962 attribue au terme πολύμνηστον χάριν (Ae.Ag.820), un sens actif, *ever-mindful* (t. I p. 139), et à τελέαν πολύμναστον (Ae.Ag.1459) un sens passif, *the last and perfect garland, unforgettable* (t. I p. 181).

60    Se sont prononcés en faveur du sens odysséen Bignone 1916 p. 392 (« *molto contesa* ») et Gallavotti 1975 p. 9 (« *agognata* ») ; en faveur de l'acception eschyléenne prise au sens actif (« qui se souvient de beaucoup »), Karsten 1838 p. 175-176 (pour qui πολυμνήστη est ici un nom propre, équivalent sémantique de Mnémosyne), Bollack 1965 t. II p. 8 et t. III p. 28-29 (« mémoire nombreuse »), Wright 1995 p. 157, Inwood 2001 p. 215, Trépanier 2004 p. 57, Rosenfeld 2004 p. 36 et 50 et Skarsouli 2006 p. 221. Enfin, en faveur du sens passif (*dont on se souvient beaucoup*), Diels 1903 jusque D.-K. 1951 (« *vielgefeierte* ») et Gemelli Marciano 1990 p. 57-60.

61    Cerri 2004 p. 89 soutient que le terme peut convoquer les trois significations en même temps.

62    *Cf. infra*, p. 595.

remploi de termes lyriques. Wright avançait en faveur du sens eschyléen qu'Empédocle réinterprétait dans tout le fragment le lexique homérique, comme pour ἄντομαι dont il s'agirait de la première attestation au sens de *approcher pour prier*[63]. Le parallèle ne fonctionne pas complètement car le sens de πολυμνήστη directement issu de μνάομαι a déjà été utilisé par Eschyle, sans qu'on puisse imputer à Empédocle lui-même cette resémantisation. Gemelli Marciano s'appuie sur la récurrence de termes empruntés à la poésie lyrique dans le fragment 3 (comme εὔδοξος) pour justifier que πολυμνήστη doive lui aussi être envisagé par ce prisme, et qu'il fonctionne ici pratiquement comme un synonyme des emplois lyriques de πολύφατος[64].

Ce type de raisonnement est fondé sur le fragile présupposé qu'Empédocle devrait user de façon systématique des mots qu'il emploie en choisissant soit la caution de la tradition, soit l'avantage du contemporain, et qu'un texte donné ne présenterait que des acceptions empruntées à l'un ou à l'autre. C'est négliger que le poète recompose librement en fonction de son objectif, en tirant parti de tout le matériau existant : un angle d'attaque plus sûr consisterait à rechercher quelle signification est la plus cohérente avec la conception empédocléenne de la Muse.

Le sens de πολυμνήστη s'éclaire lorsqu'on l'examine à la lumière de celui des deux autres adjectifs auxquels il est joint, λευκώλενε et παρθένε. Le mot λευκώλενος est homérique : il s'agit de l'une des deux formules métriquement équivalentes pour désigner Héra au nominatif[65], qui paraissent contredire le principe d'économie défini par Milman Parry. Cette épithète, dans l'*Iliade*, exprime la beauté physique de l'épouse de Zeus dans sa dimension de garante des unions qui perpétuent la transmission du pouvoir royal[66].

Chez Homère et Hésiode, l'épithète présente deux emplois auxquels correspondent deux configurations métricosyntaxiques distinctes : pour Héra, l'adjectif apparaît avant le nom et après l'hephthémimère, tandis que pour d'autres femmes, il est précédé du nom et placé après

63  Wright 1995 p. 158, *s. v.* πολυμνήστη Μοῦσα.

64  Gemelli Marciano 1990 p. 57-60.

65  L'autre est bien entendu βοῶπις πότνια Ἥρη. Les deux formules se rencontrent au nominatif en fin d'hexamètre.

66  Rousseau 1995 t. II p. 501 ; voir également Rousseau 2003 p. 29 (l'article sera repris dans un recueil des publications de Philippe Rousseau sur Homère que je prépare avec son concours).

la penthémimère[67]. Ces emplois évoluent dans les *Hymnes homériques*[68]. Pindare emploie à trois reprises le terme λευκώλενος, dont une fois pour Héra et une autre pour Harmonie[69]. La troisième *Pythique* use de l'épithète pour définir Thyonè, c'est-à-dire Sémélé, dans l'opposition de son destin à celui des trois autres filles de Cadmos, comme le souligne le γε qui porte sur λευκωλένῳ[70] : la reprise d'une épithète formulaire d'Héra pour une aventure de Zeus constitue un déplacement significatif. L'épithète λευκώλενος est employée par Bacchylide pour la Muse Calliope, à laquelle il s'adresse dans la cinquième *Épinicie*, étudiée plus loin[71].

Empédocle emploie l'adjectif λευκώλενος dans la seconde position métrique attestée chez Homère et Hésiode, alors même qu'on ne trouve pas, avant lui, la forme au vocatif λευκώλενε : le terme participe d'un réseau épique et lyrique qui exprime ce que le féminin a de désirable.

Le troisième adjectif du groupe, παρθένος, désigne une jeune fille vierge ou non mariée[72]. Il est pris dans un double réseau d'opposition, avec κούρη (qui dénote la jeunesse) et avec γυνή (qui désigne la femme par opposition à la vierge)[73]. Un troisième sens, *chaste*, est attesté à partir de l'*Hippolyte* d'Euripide (v. 1006).

---

67    Pour Héra (sous la forme λευκώλενος Ἥρη, de la position 16 jusqu'à la fin du vers), le tour est généralement employé au nominatif en fin de vers, λευκώλενος Ἥρη, dans la plupart des cas précédé de θεά (A.55, A.195, A.208, A.595, E.711, E.755, E.767, E.775, E.784, Θ.350, Θ.381, Ξ.277, O.78, O.92, O.130, T.407, Φ.377, Φ.418, Φ.434 ; He.*Th*.314, fr. 25.30 et 229.10 West), mais parfois employé seul (Θ.484, Φ.512, Ω.55) ; plus rarement, à l'accusatif λευκώλενον Ἥρην (Y.112), et une fois au datif λευκωλένῳ Ἥρῃ (A.572). Lorsque l'adjectif qualifie d'autres femmes (sous la forme λευκώλενος, placée après la césure masculine), il est attesté pour Hélène (Γ.121 et χ.227), Andromaque (Z.371, Z.377 et Ω.723), Nausicaa (ζ.101, ζ.186, ζ.251 et η.12), Arétè (η.233, η.335 et λ.335), des servantes (ζ.239 et σ.198), des captives (τ.60) et Perséphone (He.*Th*.913).

68    L'emploi homérique, pour Héra après l'héphthémimère, y apparaît à des cas absents d'Homère (*Hh*.He.8, *Hh*.Ap.95 et *Hh*.Ap.105). D'autres positions métricosyntaxiques apparaissent : pour Héra au génitif dans le vers Ἥρης φραδμοσύνης λευκωλένου, ἥ μιν ἔρυκε (*Hh*.Ap.99), et pour la Lune en fin de vers, θεὰ λευκώλενε δῖα Σελήνη (*Hh*.Se.17), qui peut être une évolution de la formule θεὰ λευκώλενος Ἥρη.

69    Pi.fr.*Pe*.52.87-89 : ὅσσα τ᾽ ἔριξε λευκωλένῳ / ἄκναμπτον Ἥρᾳ μένος ἀν[τ]ερείδων / ὅσα τε Πολιάδι. Le sujet exact du passage a disparu. Pi.fr.*Hymn*.29.6-7, dans le contexte d'une union : ἢ γάμον λευκωλένου Ἁρμονίας ὑμνήσομεν. Le poète propose, sous forme de priamèle interrogative, un catalogue des sujets qu'il n'abordera pas dans l'hymne. Pindare emploie également une seule fois un autre adjectif de sens voisin, εὐώλενος, lui aussi composé sur -ώλενος (Pi.*P*.9.31).

70    Pi.*P*.3.98-99 : ἀτὰρ λευκωλένῳ γε Ζεὺς πατὴρ ἤλυθεν ἐς λέχος ἱμερτὸν Θυώνα.

71    Ba.*Ep*.5.173.

72    En ce dernier sens, *cf.* B.514, Pi.*P*.3.34.

73    Chantraine *DELG* p. 858.

Le sens de ce mot est ainsi beaucoup mieux établi que celui des deux autres termes caractérisant la Muse : il est probable qu'il spécifie les deux premiers. Si la Muse est à la fois παρθένος et placée du côté d'une figure féminine que sa beauté rend désirable, le premier adjectif, πολυμνήστη, est lui aussi du côté de la cour et du mariage. La succession des trois adjectifs a alors un sens qu'elle n'a pas si l'on choisit de placer πολυμνήστη du côté de la mémoire. La Muse est très courtisée car elle est désirable, mais elle est pourtant παρθένος. Ces trois termes, qui entrent en résonance les uns avec les autres, révèlent une tension au sein de la figure de la Muse telle que la conçoit Empédocle : aucun poète n'est parvenu à se l'approprier – à l'épouser – malgré ses efforts. Les poètes ont donc toujours la liberté de produire de nouveaux poèmes.

Si πολυμνήστη signifie bien *très courtisée*, on ne peut exclure que la Muse soit construite comme la contrepartie de la Pénélope de l'*Odyssée* : les autres poètes sont les équivalents des prétendants. Comme le montreront les vers 3.6-7, ils poussent la Muse à rechercher les honneurs auprès des mortels, en détournant la composition poétique de l'ὅσιον. Les prétendants représentent une souillure semblable, dans l'*Odyssée*, et Ulysse doit purifier (καθαίρειν) la salle où a eu lieu leur massacre[74] de même qu'Empédocle formule un impératif de pureté avant d'en appeler à la Muse. Le poète ne fait pas que ménager une ouverture à sa propre pratique de composition poétique dans la multitude des poèmes déjà produits : ces vers dessinent ainsi en creux une cour injuste faite à la Muse par les autres poètes, qui n'ont pas perçu l'autonomie de sa figure. S'approprier la Muse n'a d'ailleurs pas de sens si l'on considère que celle-ci convoie en réalité non pas un thème (susceptible, lui, d'être traité de plusieurs façons) mais le respect d'une relation au divin. La nature de l'injustice faite à la Muse par les poètes-prétendants sera développée dans les vers 3.6-8.

Cette caractérisation de la Muse comme désirable la définit comme un principe qui procède de Φιλότης. La métaphore du char, construite au moyen de la racine *ar-* qui désigne à l'origine des objets d'artisanat, implique que la parole poétique est présentée comme le produit de la puissance responsable de l'agrégation des racines dans les différents mélanges constituant les êtres vivants et les différentes composantes du monde. Le témoignage d'Hippolyte qui précède la citation du fragment 131

---

74   En χ.439 et χ.453.

présente, lui aussi, la Muse comme un principe émanant de Φιλία[75]. Cela suggère que les θεοί du premier vers sont Φιλία elle-même et les quatre racines, qui sont les dieux véritables du système empédocléen.

Je me distingue ici de l'interprétation de Rosenfeld discutée au début du chapitre dans la mesure où celle-ci identifiait simplement la Muse à l'Amour : l'Agrigentin aurait pu apostropher Φιλία dans le fragment 3, et non la Muse – mais il ne l'a pas fait, et ce choix est significatif. Je propose une interprétation de cette caractérisation de la Muse dans l'étude du fragment 4[76].

## La construction des vers 4 et 5 : que demande le poète à la Muse ?

### – La syntaxe de ἄντομαι au vers 3.4

Les vers 3.4-5 présentent le rôle de la Muse dans la composition poétique : elle convoie la parole poétique depuis Piété jusqu'au poète. La définition exacte de ce rôle est fonction de la réponse apportée à plusieurs difficultés, dont la première est la syntaxe d'ἄντομαι (3.4). L'idée que le poète s'adresse à la Muse en position de suppliant avait vraisemblablement été formulée avant Empédocle dans un fragment corrompu d'Alcman où, si l'on lit distinctement le verbe λίσσομαι, le nom de la Muse est, lui, restitué[77] : la corruption du passage rend difficile la reconstruction du rapport que notre fragment pouvait entretenir avec lui.

Au vers 3.4, selon la construction retenue, soit la Muse apporte au poète une connaissance qui porte sur ce qu'il est permis aux mortels de faire, à charge pour lui de la transmettre à son tour aux mortels (construction (a), où ἀκούειν dépend directement de ἄντομαι), soit la Muse contrôle l'intégralité du processus de composition, le poète venant la voir pour qu'elle lui transmette un poème dont la qualité principale est de respecter la place relative des dieux et des hommes (constructions (b) et (c), équivalentes pour le sens de ce point de vue précis, qui construisent respectivement ἄντομαι avec deux objets successifs, σε et la relative (proposition (b)), ou, proposition (c), la relative comme objet de πέμπει).

---

75    Le texte est commenté *infra* p. 180.
76    *Cf. infra* p. 175-180.
77    Il s'agit d'Alcman fr. 5.2.1.23 Page.

Le verbe ἄντομαι est un dérivé de ἄντα qui est en concurrence avec ἀντάω, un autre dérivé de ἄντα, ainsi qu'avec les doublets ἀντιάω, ἀντιόω et ἀντιάζω, qui sont dérivés de ἀντί lui-même également dérivé de ἄντα[78]. Ces termes signifient à l'origine *rencontrer*, en des acceptions diverses telles qu'*arrêter* (comme un trait par la cuirasse)[79]. Leur sens s'est spécifié selon le contexte, pour signifier *rencontrer* au combat dans l'*Iliade*, ou *supplier* dans la tragédie[80], au sein de laquelle le verbe ἄντομαι, concurrencé par ἀντιάζω, peut fonctionner comme un équivalent de λίσσομαι, *supplier*. Toutefois, le sens guerrier était encore suffisamment perceptible à l'époque de Sophocle pour qu'il colore son doublet récent, ἀντιάζω[81].

Les constructions qui régissent ces verbes varient selon le sens retenu. Au sens homérique de *rencontrer*, le verbe ἄντομαι se construit régulièrement avec le datif (quoiqu'on trouve une unique occurrence avec l'accusatif)[82]. Au sens de *supplier* ou *prier*, chez Sophocle et Euripide, ἄντομαι et ἀντιάζω peuvent se construire : (1) avec l'accusatif de la personne que l'on prie, en sous-entendant le contenu de la prière ; (2) avec l'accusatif de la personne que l'on prie et l'infinitif de l'action qu'on lui demande d'exécuter ; (3) avec un impératif en asyndète qui développe le contenu de la prière[83].

La construction grammaticale de ἄντομαι est ainsi incompatible avec l'interprétation (a) du vers 3.4 d'Empédocle : le poète serait à la fois sujet d'ἄντομαι et de ἀκούειν, dans la mesure où il prie la Muse de le laisser entendre ce qu'il est permis aux mortels de savoir. Or, les

---

78  *Cf.* Chantraine *DELG* p. 91-92.

79  Pour ἄντομαι, *cf.* B.595, Θ.412, X.203, *Hh*.De.52, *Ae.Pe*.834 et *Pe*.850 ; chez Pindare, la seule occurrence du terme est en Pi.*P*.2.71, où le verbe a le sens de *venir à la rencontrer pour saluer* ou *remercier*. Au sens *d'arrêter un trait*, Δ.133 = Y.415 et Λ.237.

80  Pour ἄντομαι, *cf.* O.698 et Π.788 (où le sens est spécifié respectivement par ἐν πολέμῳ et ἐνὶ κρατερῇ ὑσμίνῃ) ; au sens de *supplier*, *cf.* par exemple Eu.*Su*.279.

81  En So.*OT*.192, le verbe ἀντιάζω, dont le sujet est Arès, est employé dans le sens homérique d'ἄντομαι (*venir à la rencontre de pour combattre*) alors même que le verbe ἀντιάζω n'est jamais employé par Homère.

82  Avec un datif : Λ.237, O.698, Π.788, X.203. Avec un accusatif : B.595, avec un participe complétif à l'accusatif. L'objet est sous-entendu dans d'autres occurrences, comme en Θ.412. Δ.133 = Y.415 présentent par ailleurs un emploi absolu, où le verbe signifie *arrêter un trait*.

83  Construction (1) : pour ἀντιάζω, Eu.*IT*.1053 ; pour ἄντομαι, So.*OC*.250 et Eu.*Me*.336 (correction pour αἰτοῦμαι). Construction (2) : pour ἀντιάζω, Eu.*And*.572 et Eu.*Io*.1119 ; pour ἄντομαι, Eu.*Me*.942 (correction pour αἰτεῖσθαι). Construction (3) : pour ἀντιάζω, So.*Ai*.492, So.*El*.1009, So.*Ph*.809, Eu.*Al*.400 ; pour ἄντομαι : Eu.*Al*.1098, Eu.*Me*.709, Eu.*Hera*.226, Eu.*And*.921, Eu.*Su*.277. *Cf.* également Ar.*Th*.977.

emplois d'ἄντομαι révèlent que la personne que l'on prie (désignée à l'accusatif) est toujours sujet du verbe d'action à l'infinitif : il n'y a aucune occurrence où les deux verbes, de prière et d'action, partagent un même sujet. Le verbe exprime, de fait, qu'on demande à quelqu'un de *faire* quelque chose, et jamais qu'on demande à quelqu'un de nous *laisser* faire quelque chose : ici, si on veut faire dépendre ἀκούειν de ἄντομαι, on doit comprendre qu'Empédocle supplie la Muse d'écouter ce qui est *fas* pour les mortels. Cette première hypothèse revient donc à une contradiction.

Le sens des constructions (b) et (c) est semblable : le poète demande à la Muse d'énoncer un poème qui soit caractérisé par le fait qu'il respecte les relations entre hommes et dieux (θέμις ἐστὶν ἀκούειν). Les deux expressions ne sont pourtant pas équivalentes en termes de cohérence de l'expression et de choix de construction. La construction (b), défendue par Bollack, suppose de donner au verbe ἄντομαι son sens neutre, originel, de *venir à la rencontre de quelqu'un*, qui serait ici construit avec un double accusatif (σε et l'antécédent sous-entendu de ὧν). Bollack soutient cette construction par analogie avec un emploi rare de λίσσομαι : en β.210 et δ.347, un couple de verbes λίσσομαι et ἀγορεύω se trouve construit avec deux accusatifs.

> Εὐρύμαχ᾽ ἠδὲ καὶ ἄλλοι, ὅσοι μνηστῆρες ἀγαυοί,
> ταῦτα μὲν οὐχ ὑμέας ἔτι λίσσομαι οὐδ᾽ ἀγορεύω.[84]

De même, en δ.347 :

> ταῦτα δ᾽, ἅ μ᾽ εἰρωτᾷς καὶ λίσσεαι, οὐκ ἂν ἐγώ γε
> ἄλλα παρὲξ εἴποιμι παρακλιδὸν οὐδ᾽ ἀπατήσω.[85]

Si le verbe λίσσομαι se construit régulièrement avec l'accusatif de la personne que l'on prie, il n'est jamais alors accompagné d'un objet à l'accusatif seul, à l'exception de ces deux occurrences. Dans de rares cas, l'objet de la prière peut certes être formulé à l'accusatif[86]. En revanche, les verbes ἐρωτάω et ἀγορεύω qui accompagnent λίσσομαι en β.211 et

---

84   β.209-210 : « Eurymaque, et vous autres qui êtes tous d'illustres prétendants, je ne vous supplierai ni ne vous parlerai plus de cela. »
85   δ.346-347 : « Cela que tu me demandes et qui est l'objet de ta supplique, j'y répondrai sans dévier ni me détourner, et je ne te tromperai pas. »
86   En II.47, Patrocle demande ses armes à Achille et demande donc son propre trépas.

δ.347 se construisent régulièrement avec deux accusatifs[87] : ces deux emplois de λίσσομαι s'expliquent non pas par une construction propre à ce verbe, mais par attraction avec celle des verbes qui s'y trouvent associés. Or, Empédocle aurait pu employer λίσσομαι et non ἄντομαι, qui sont des équivalents métriques en position initiale dans l'hexamètre (dans ce cas en effet, la différence présentée par la question de savoir s'ils commencent par une consonne ou une voyelle est neutralisée). Ces observations fragilisent la proposition de Bollack, en ce qu'elle suppose une double analogie pour exprimer la grammaire du passage.

Reste la construction (c) : le vers 3.5 d'Empédocle présente justement un impératif πέμπε en asyndète, dont le sujet est la Muse, qui se trouve priée de conduire le char représentant le poème, ce qui revient à la construction (3) d'ἄντομαι dégagée plus haut. Si l'impératif développe bien le contenu de la demande formulée à la Muse, il faut construire l'infinitif ἀκούειν comme complétif de θέμις ἐστίν et la relative comme objet de πέμπε (« et toi, Muse [...], je viens vers toi : envoie ce qu'il est permis aux mortels d'entendre, conduisant le char depuis Piété »).

On pourrait soulever deux objections : il est grammaticalement plus facile de construire la relative avec ἄντομαι qu'avec un πέμπε en rejet, la proposition relative lui étant alors antéposée[88] ; l'énoncé obtenu est poétiquement maladroit car il combine comparant (πέμπε relève de la métaphore du char développée dans le reste du vers) et comparé (la proposition relative renvoie au contenu du poème, sans métaphore).

Le premier point ne fait pas difficulté car il y a un précédent célèbre : au vers 1.2 D.-K. de Parménide, le même verbe est employé avec une proposition antéposée introduite par ὅσον[89]. Si le second reproche est plus substantiel, la difficulté posée par la construction (c) paraît pourtant inférieure à celle posée par la construction grammaticale des deux autres propositions (a) et (b).

Mais comment expliquer le choix d'ἄντομαι ? Un élément de réponse tient à ce qu'Homère a employé le verbe dans l'épisode où les Muses viennent à la rencontre de Thamyris pour lui ravir son art poétique car celui-ci s'était vanté de les surpasser[90]. Dans notre passage d'Empédocle, la

---

87  Pour ἐρωτάω, cf. notamment ι.364 ; pour ἀγορεύω, cf. notamment σ.15.

88  Ce reproche a été formulé par Bollack 1969 t. III p. 29, s. v. ἄντομαι ὦν.

89  Parménide 28 B 1.1-3 D.-K.

90  B.594-600 : καὶ Πτελεὸν καὶ Ἕλος καὶ Δώριον, ἔνθά τε Μοῦσαι / ἀντόμεναι Θάμυριν τὸν Θρήϊκα παῦσαν ἀοιδῆς / Οἰχαλίηθεν ἰόντα παρ' Εὐρύτου Οἰχαλιῆος· / στεῦτο γὰρ εὐχόμενος

situation décrite est exactement symétrique : il qualifie non plus l'action des Muses en ce qu'elles répondent à une transgression commise par le poète, mais l'acte du poète lui-même qui se place sous le patronage des Muses et les prie de lui accorder un chant qui, contrairement à celui de Thamyris, respecte les positions relatives de l'humain et du divin.

– La construction du génitif Εὐσεβίης au vers 3.5

Le vers 3.5 présente la piété comme point d'origine de la parole poétique, convoyée par la Muse : nous verrons que le terme d'εὐσέβεια désigne, à l'époque d'Empédocle, non pas une piété prescriptive (ce n'est pas l'ὅσιον) mais une déférence envers le sacré intériorisée par l'individu, qui fonctionne comme la condition de possibilité de la production de l'énoncé poétique. Le rôle de la Muse consiste, en ce sens, à donner une expression poétique à la piété du poète, expression qui communique alors ce qui a été reconnu θέμις par les dieux.

Le terme εὐσεβίη est un composé de εὖ et de σέβομαι, verbe qui n'est employé qu'une seule fois par Homère, en un sens non religieux, alors même que l'adjectif εὐσεβής en est complètement absent[91]. Comme l'a montré Rudhardt, le terme εὐσεβής désigne le comportement des hommes à l'égard des ἱερά (les dieux et les morts), qui provient d'une certaine disposition intérieure de crainte et de déférence – ce que confirme l'étude des occurrences de cette famille de termes[92]. Chez Homère, le terme σέβας, qui désigne la crainte religieuse, est ainsi toujours employé dans le discours et jamais dans le récit[93]. Les mots de la famille d'εὐσεβής

νικησέμεν εἴ περ ἂν αὐταὶ / Μοῦσαι ἀείδοιεν κοῦραι Διὸς αἰγιόχοιο· / αἳ δὲ χολωσάμεναι πηρὸν θέσαν, αὐτὰρ ἀοιδὴν / θεσπεσίην ἀφέλοντο καὶ ἐκλέλαθον κιθαριστύν « <ceux qui habitent> Ptéléos, Hélos, Dorion, là où les Muses venues à la rencontre de Thamyris de Thrace qui arrivait d'Oechalie, de chez Eurytos, mirent fin à son chant. C'est qu'il se vantait de les vaincre si elles avaient chanté elles-mêmes, les filles de Zeus porteur d'égide. Mais elles, dans leur colère, firent de lui un infirme, lui ravirent le chant divin et lui firent oublier la cythare. »

91   Chantraine *DELG* p. 992. Le verbe σέβομαι est employé en Δ.242, au sens de *avoir honte*.
92   Rudhardt 1992 p. 17. Son observation se confirme pour *Hh*.De.10, 190 et 479, *Hh*.Ath.6 ; Thgn.145, 1.1142 et 1.1144 ; P*i*.O.3.41, O.6.79, O.8.8, P.6.25-26, *Is*.8.40, et Ba.*Ep*.3.61, *Ep*.13.151 ; ainsi que Ae.*Ag*.372-373 et 715, *Ch*.55, *Ch*.122, *Ch*.637, *Ch*.644, *Eu*.92, *Eu*.725, *Eu*.885, *Su*.85, *Su*.223, *Su*.396, *Su*.419, *Su*.755, *Su*.921, *Su*.941, *Su*.990, *Se*.596, *Se*.602, *Se*.610, *PV*.543, *PV*.937 et 1091. Outre les ἱερά, Rudhardt ajoute le comportement à l'égard de la cité et de la famille, mais les exemples qu'il cite sont alors postérieurs à Empédocle : il est probable que le terme n'ait désigné, à l'origine, que le rapport que les hommes doivent entretenir avec les ἱερά.
93   En Σ.178 (le σέβας envers le cadavre de Patrocle), γ.123 (le σέβας saisit Nestor comparant Télémaque à Ulysse), δ.75 (pour Télémaque voyant le palais de Ménélas), δ.142 (pour

peuvent être employés sans connotation religieuse par Eschyle[94], quoique même ces occurrences aient souvent pour objet des réalités (les cités) ou des fonctions (la royauté) qui tirent leur existence ou leur légitimité du dieu.

Le sens religieux – la piété envers les dieux – s'impose dans le cas du fragment 3 vu le contexte de l'adresse aux dieux et la divinisation d'Eusébie. Ce sens est manifeste dans le fr. 128 d'Empédocle : des offrandes pieuses étaient offertes à Aphrodite dans les premiers temps[95]. Cette stylisation de l'équivalent de l'Âge d'or comporte de façon intéressante ce trait commun avec la pratique poétique correcte.

La fonction de cette piété dans la composition poétique dépend de la construction du génitif Εὐσεβίης au vers 3.5. On peut le construire soit (a) comme un génitif régime de la préposition παρά, qui exprime l'origine[96] : le poème serait reçu de Piété, c'est-à-dire que celle-ci constituerait la condition de sa création. Soit (b) comme un génitif adnominal associé à ἅρμα (le char de piété)[97], à condition de lire dans παρά… ἐλαύνω une tmèse pour παρελαύνω au sens de *cheminer à côté du char*, ou de prendre παρά comme un adverbe. Cette seconde hypothèse implique que la piété accompagne le trajet du char et caractérise par nature le poème.

Dans la poésie archaïque, παρελαύνω signifie toujours *passer à côté de*, soit dans le contexte de la navigation, soit dans celui d'une course de char, où le terme signifie alors *passer à côté d'un char pour le dépasser*[98]. Il ne signifie jamais *accompagner* un char en se trouvant à côté du chariot :

---

Hélène reconnaissant en Télémaque le fils d'Ulysse), ζ.161 (pour Ulysse devant Nausicaa), θ.384 (pour Ulysse devant les danseurs d'Alkinoos).

94  En Ae.*Se.*344 (quand une cité tombe, les envahisseurs ne respectent plus l'εὐσέβειαν), *Pe.*693 et 694 (effroi du chœur devant Darios), *Su.*707 (pour les pères), *Su.*776 (pour la terre), *Ch.*141 (Électre demande des mains plus pieuses que celles de sa mère), *Ch.*243 (grâce à Oreste, Électre redeviendra un objet de σέβας), *Ch.*628 (pour un roi), *Eu.*545 (pour les parents), *Eu.*690 (σέβας et φόβος retiennent les citoyens loin du crime), *Eu.*700 (révérer le pouvoir de la cité institué par Athéna).

95  Empédocle, fr. B 128.4 D.-K. : τὴν (sc. Κύπριν) οἵ γ᾽ εὐσεβέεσσιν ἀγάλμασιν ἱλάσκοντο.

96  C'est la construction choisie par la majeure partie des éditeurs et des commentateurs depuis Sturz.

97  Bollack 1969 t. III, p. 30, s. v. πέμπε.

98  Le terme est toujours employé, dans l'*Iliade*, dans le contexte d'une course de chars (Ψ.382, Ψ.427, Ψ.527, Ψ.638 et Ω.349) – ainsi, que, de façon métaphorique, au dernier vers du fragment 28 B 8 D.-K. de Parménide –, et dans l'*Odyssée*, toujours pour un navire passant à proximité des Sirènes (μ.47, μ.55, μ.186, μ.197, μ.276). En He.*Sc.*353, il est vrai que le terme signifie simplement *faire route (en char) vers un endroit*.

la proposition de Bollack (que la Muse se trouve à côté du char sur lequel Piété est debout) n'est soutenue par aucune occurrence antérieure de παρελαύνω. En construisant παρελαύνω en tmèse, ce groupe de trois vers signifierait alors : « ...envoie-le, en faisant passer à côté le char de piété, docile aux rênes ». Pour le sens, il faudrait distinguer l'information qu'envoie la Muse de la route du char — c'est-à-dire du contenu du poème — ce qui n'est pas satisfaisant.

Il vaut mieux construire Εὐσεβίης comme le régime de la préposition παρά : « ...en conduisant depuis Piété le char docile aux rênes ». La piété du poète envers la divinité est la condition de possibilité de l'énonciation du poème. La situation de Thamyris, dans l'*Iliade*, constitue la contrepartie négative de la construction élaborée dans les cinq premiers vers du fragment 3 : tous les autres poètes sont virtuellement des Thamyris dans la mesure où ils recourent à une Muse qui n'est pas celle à laquelle s'adresse ici Empédocle.

Ces cinq vers définissent le rôle respectif des dieux et de la Muse dans la création poétique. Les premiers sont garants de la pureté de la parole poétique pieuse : ils auraient pu faire proférer une μανίη si le poète n'avait pas respecté l'ὅσιον, c'est-à-dire ce que les dieux prescrivent pour les hommes. Εὐσεβίη est en quelque sorte construite comme le symétrique de l'ὅσιον, pour le sens : si ce dernier est une loi définie par les dieux pour les hommes, l'homme qui la respecte est εὐσεβής. Sur ce fondement, la Muse a pour fonction de conduire le propos poétique jusqu'au poète afin de formuler un énoncé conforme à ce qui est θέμις.

## DÉCONNECTER LA POÉSIE
## DE LA FAVEUR DES MORTELS (3.6-8)

Les vers 3.6-8 contiennent une exhortation à pratiquer la poésie sans rechercher les honneurs dispensés par les mortels. Ils concentrent les difficultés majeures du fragment : outre la détermination de l'identité du σε (3.6), qui peut désigner la Muse ou Pausanias, il faut déterminer le sujet de βιήσεται (3.5) et la construction des vers 3.6-7a, le sens de ἐφ'ᾧ τε (3.6) et le sens de la relative qu'il introduit, ainsi que la forme verbale qu'on lit à la fin du vers 3.8 et son sujet. Les difficultés sont telles qu'il n'existe pas de solution idéale.

Je montrerai que les vers 3.6-8 ont pour fonction de déterminer comment le poète peut éviter de faire basculer l'inspiration poétique dans une transgression qui consiste à faire violence à la juste relation entre les dieux, le poète et la parole poétique (la correspondance est soulignée par le jeu des sonorités entre εὐσεβίη et βιήσεται). Je soutiendrai que βιήσεται est un subjonctif aoriste à voyelle brève qui, suivi de μή, exprime l'interdiction de rechercher les honneurs ; que cette interdiction est adressée par le poète à la Muse, référent de σε, en ce qu'elle représente le processus de création poétique ; et qu'alors que la proposition introduite par ἐφ' ᾧ τε (3.7) exprime la conséquence de cette transgression – la parole poétique dit plus que ce que ne permet la loi divine – la proposition introduite par καὶ τότε δή (3.8) formule la conséquence du respect de cet interdit, plaçant le respect de la piété ainsi conçue au sommet de la loi divine.

Quelle que soit la syntaxe retenue, on s'accorde *a minima* sur le fait que ces trois vers construisent une opposition entre l'affirmation du caractère infrangible de la loi régissant les rapports entre les dieux et les hommes (l'ὁσίη du vers 7), et le caractère éphémère des honneurs offerts par les hommes – désignés métaphoriquement comme des fleurs, ἄνθεα. La mortalité des hommes est soulignée par le terme θνητῶν.

## Définir le sujet de βιήσεται et sa syntaxe

Le verbe βιάω, forme épique de βιάζω, est un dérivé de βίη qui s'emploie régulièrement au passif avec un sens déponent dans les poèmes homériques, au sens de *contraindre*[99]. Le sens du vers 3.6 est déterminé par trois facteurs : la nature de la forme βιήσεται, le sujet qu'on lui choisit, et le référent qu'on lit dans son objet σε.

La forme verbale peut être un subjonctif aoriste à voyelle brève ou un futur de l'indicatif. Dans le premier cas, le subjonctif aoriste employé avec μή exprime la défense, une interdiction, ou une inquiétude et un avertissement[100] : ces sens voisins sont subsumés par Chantraine dans une catégorie d'emploi de μή avec le subjonctif signifiant qu'on écarte une idée ou une image[101]. Les constructions de μή avec futur de l'indicatif sont très rares : normalement, la négation permet de différencier les deux emplois. La proximité morphologique entre subjonctif aoriste à

---

99  Chantraine *DELG* p. 174-175.
100 Chantraine *GH* t. II p. 330-331.
101 Chantraine *GH* t. II p. 208.

voyelle brève et indicatif futur recouvre, jusqu'à un certain point, une proximité de sens entre les deux formes[102].

Quant au sujet de βιήσεται, il y a trois solutions. (a) ἄνθεα τιμῆς, « les fleurs ne te contraindront pas à les cueillir[103] ». Cette construction implique une conception de la composition poétique où le succès dans les concours possède une force propre, pratiquement coercitive : avant de composer pour créer un beau poème, on compose pour gagner. (b) Εὐσεβίης du vers précédent, « la piété ne te contraindra pas à cueillir les fleurs d'un honneur qui a bonne réputation[104] ». Selon l'interprétation de Bollack, la piété voyage avec le poème, et sert de garde-fou à la création poétique, afin que celle-ci reste dans le cadre admis. (c) Le char, du vers précédent, qui représente le poème. L'hypothèse signifie qu'il y a une force inhérente au processus même de création poétique, que l'on peut aiguiller dans différentes directions : le respect des honneurs, ou bien le respect de la piété qui est d'ailleurs à la source du poème. La solution (c) n'a jamais été soutenue, et c'est celle que je défendrai ici.

La construction (a) pose un problème grammatical : un même mot, ἄνθεα τιμῆς, a deux fonction dans la phrase (sujet de βιήσεται et objet de ἀνελέσθαι). Simon Trépanier a répondu à cette objection par un parallèle homérique, dans le chant Π[105] :

τίπτε δεδάκρυσαι Πατρόκλεες, ἠΰτε κούρη
νηπίη, ἥ θ' ἅμα μητρὶ θέουσ' ἀνελέσθαι ἀνώγει
εἰανοῦ ἁπτομένη, καί τ' ἐσσυμένην κατερύκει,
δακρυόεσσα δέ μιν ποτιδέρκεται, ὄφρ' ἀνέληται[106].

Le sujet de ἀνώγει est une enfant (rappelée par ἥ) qui est en même temps objet de ἀνελέσθαι à l'infinitif, même verbe que celui que nous

---

102 Chantraine *GH* t. II p. 209 : « Aussi bien le subjonctif est-il employé avec la valeur d'un futur emphatique, proche du sens de volonté. »

103 Cette construction, retenue par D.-K. et récemment soutenue avec des arguments nouveaux par Trépanier 2004 p. 62-63, est une évolution de celle proposée par Karsten 1838 p. 176 (suivi par Gallavotti 1975 p. 167), qui faisait de ἀνελέσθαι le sujet de βιήσεται. Si les deux positions reviennent au même pour le sens, celle de Karsten est un peu plus rude pour la syntaxe car on doit prendre βιήσεται en un sens absolu (*ne te fera pas violence*).

104 Bollack 1969 t. II p. 10, et t. III p. 31-32 ; il est suivi par Gemelli Marciano 2013 p. 157.

105 Trépanier 2004 p. 62-63.

106 Π.7-10 : « Pourquoi pleures-tu, Patrocle, ainsi qu'une jeune fille qui, courant à côté de sa mère, réclame qu'elle la porte, la saisissant par sa robe, l'empêche d'avancer et la fixe, en larmes, jusqu'à ce qu'elle la porte ? »

trouvons au vers 3.6 d'Empédocle. L'argument prouve la possibilité grammaticale de la construction. Pourtant, montrer que cette possibilité de construction existe dans l'absolu ne suffit pas à montrer qu'elle est aisément applicable au cas précis du fragment 3 : il ne suffit pas de raisonner en termes de possibilité mais en termes de simplicité de compréhension. Il va sans dire que le contexte de la discussion est plus obscur chez Empédocle que dans le passage du chant Π : si une tournure elliptique s'entend très bien, dans la séquence de la phrase d'Homère, il n'est pas évident qu'elle soit spontanément compréhensible dans le passage d'Empédocle. De ce point de vue, la solution (c) est plus économique dans la mesure où elle est beaucoup plus aisée et intuitive dans le contexte difficile de ce fragment.

La proposition (b) de Bollack (faire d'Εὐσεβίη le sujet de βιήσεται) implique que ce verbe ne soit pas un subjonctif aoriste à voyelle brève mais un futur de l'indicatif employé avec μή pour exprimer que l'on se détourne d'une idée. En dépit de son extrême rareté[107], la construction est nécessaire à l'interprétation de Bollack dans la mesure où, si on lit βιήσεται comme un subjonctif dépendant de μή, la proposition est prescriptive et comporte de fait une contradiction interne : Empédocle mettrait en garde contre le fait que la piété puisse conduire à rechercher les honneurs mortels, fait qui pousse à dire plus que ce qu'impose la loi religieuse (la piété pousse à dire plus que ce qu'elle ne mène à respecter). Il faut donc un futur de l'indicatif, afin que l'énoncé ne soit plus prescriptif mais assertif (*non, la piété ne te poussera pas à rechercher les honneurs des mortels*). Il n'y a plus de contradiction puisque la piété est alors précisément présentée comme le garde-fou du poète en ce qu'elle lui évite de rechercher les honneurs humains conduisant à dire plus que ce que les dieux permettent.

La proposition de Bollack pose deux problèmes : un problème de circularité et un problème de construction. Le problème de circularité tient à ce que la proposition principale formule l'idée que la piété consiste à ne pas rechercher les honneurs, et la relative que rechercher les honneurs implique de dire plus que ce que la piété permet. L'énoncé introduit par ἐφ' ᾧ τε est ainsi redondant dans la mesure où la piété semble à la fois constituer la condition de la composition poétique et sa conséquence. Le sens est donc quelque peu insatisfaisant.

---

107 Chantraine *GH* t. II p. 331.

Le second problème est la construction de μή adverbial avec l'indicatif futur : Chantraine a soutenu qu'on ne la rencontrait que dans deux vers identiques des poèmes homériques, Y.301 = ω.544 (μή πως καὶ Κρονίδης κεχολώσεται). Chantraine traduit comme si on avait une principale, « Il ne faut pas que le Cronide se fâche[108] ». La valeur prescriptive de cette traduction ne correspond pas exactement à la valeur assertive que Bollack pense pouvoir prêter au vers d'Empédocle.

La proposition de Chantraine se fonde implicitement sur deux arguments. Le premier, d'ordre morphologique, est fort : le verbe κεχολώσεται est un futur de l'indicatif et ne saurait être un subjonctif aoriste à voyelle brève de χολόω, car les formes d'aoriste sigmatique ne présentent normalement pas de redoublement. Les aoristes sigmatiques s'opposent en cela, d'un côté, aux anciens aoristes thématiques à redoublement, qui présentent dès Homère des doublets sigmatiques plus récents[109] ; et de l'autre, aux formes de futur sigmatique, qui peuvent présenter des redoublements[110]. Considérer que κεχολώσεται est un cas particulier d'aoriste sigmatique à redoublement est difficile car il faudrait supposer qu'il s'agit d'une forme artificielle récente, issue de l'analogie avec les aoristes thématiques à redoublement (τετάρπετο aurait pu donner, dans cette hypothèse, *τετάρψατο). Il est vrai que la façon dont Chantraine reconstruit l'évolution historique de la morphologique du grec ne permet pas, de son propre aveu, de rendre compte de façon complètement satisfaisante des formes d'aoriste athématique non sigmatique à redoublement (ex. κέκλυθι) sans recourir à l'analogie[111]. Le savant admet de fait qu'il y a eu constitution d'aoristes sigmatiques conjugués avec voyelle thématique, par analogie avec le futur sigmatique (pour les impératifs aoristes ἄξετε, οἴσετε et ὄψεσθε[112]). Toutefois, ces parallèles ne permettent pas d'appuyer l'hypothèse ci-dessus formulée dans la mesure où il ne s'agit pas exactement du même mode de formation que celui qu'on

---

108 Chantraine *GH* t. II p. 331.
109 Voir Chantraine *GH* t. I p. 414-415 et les nombreux exemples qu'il fournit, tels que τέρπω, où l'on a déduit du futur sigmatique (τέρψομαι) un aoriste sigmatique de formation récente (τερψάμενος) employé en concurrence de l'aoriste thématique à redoublement ancien (τετάρπετο).
110 Chantraine *GH* t. I § 212 p. 447-448 : ces futurs à redoublement ont progressivement été assimilés à des parfaits quoiqu'ils constituassent à l'origine un thème indépendant.
111 Chantraine *GH* t. I § 180 p. 379 (*cf.* n. 2) juge la forme « déconcertante ».
112 Chantraine *GH* t. I § 199 p. 417.

supposerait pour expliquer la forme κεχολώσεται comme un subjonctif aoriste. Cette formation analogique est d'autant moins vraisemblable que le thème de futur sigmatique avec redoublement est par ailleurs bien attesté dans la flexion de χολόω[113].

Le second argument de Chantraine, d'ordre syntaxique, peut en revanche être discuté : le savant interprète μή en Y.301 = ω.544 comme un adverbe négatif plutôt que comme une conjonction de subordination. L'idée s'appuie sur la reconstruction diachronique de Chantraine selon laquelle l'hypotaxe procède d'une évolution de structures paratactiques encore attestées chez Homère : sa reconstruction est fondée à la fois sur des présupposés génétiques et des faits, qu'il n'est pas le lieu de discuter ici. Remarquons seulement que, dans le cas précis de Y.301 et ω.544, il est tout aussi simple de prendre le μή comme un subordonnant qui introduit une proposition finale niée avec un indicatif futur plutôt que comme un adverbe négatif accompagné d'un futur de l'indicatif. On comprend le vers de l'*Iliade* de la façon suivante, aussi facilement qu'en supposant une asyndète à valeur explicative et un hypothétique μή adverbial accompagné d'un futur de l'indicatif :

ἀλλ' ἄγεθ' ἡμεῖς πέρ μιν ὑπὲκ θανάτου ἀγάγωμεν, / μή πως καὶ Κρονίδης κεχολώσεται (Y.300-301)

« Allons, dérobons-le (*sc.* Énée) à la mort, pour éviter que le Cronide ne s'irrite. »

De même pour le vers de l'*Odyssée* :

...παῦε δὲ νεῖκος ὁμοιΐου πτολέμοιο / μή πώς τοι Κρονίδης κεχολώσεται εὐρύοπα Ζεύς (ω.543-544)

« Mets un terme à la lutte indécise, pour éviter que le Cronide, Zeus à la grande voix, ne s'irrite. »

Rien n'oblige à considérer que μή πώς τοι Κρονίδης κεχολώσεται εὐρύοπα Ζεύς est une nouvelle principale : les principales éditions d'Homère ponctuent toutes d'une virgule entre les propositions et non d'une ponctuation forte[114]. Kühner et Gerth, suivis de Goodwin, interprétaient eux-mêmes Y.301 = ω.544 comme un cas particulier de

---

113  *Cf.* κεχολώσομαι en Ψ.543, κεχολώσεται en A.139 et ο.214, κεχολώσεαι en E.421 et E.762.
114  Pour l'*Iliade* : Allen 1920, Ludwich 1907, Leaf 1900, West 1999-2000. Pour l'*Odyssée* : Ludwich 1891, Allen 1917.

proposition finale où μή est accompagné du futur de l'indicatif, avançant des parallèles nombreux chez Aristophane (dont l'argument génétique de Chantraine lève certes quelque peu la pertinence) – alors même que Chantraine lui-même reconnaît la souplesse de la syntaxe modale des propositions subordonnées à valeur finale[115]. Quoique l'argument génétique affaiblisse quelque peu la pertinence de ces parallèles postérieurs, il n'en reste pas moins qu'on peut légitimement soutenir la compréhension partagée par Kühner et Gerth et la plupart des éditeurs d'Homère, à savoir qu'on se trouve dans un cas particulier de proposition finale plutôt que dans celui d'une principale introduite par μή suivi d'un indicatif futur. La possibilité de construire une proposition finale avec un indicatif futur est de fait bien mieux attestée que celle d'un μή adverbe suivi d'un indicatif futur.

Les deux parallèles sur lesquels s'appuyait la proposition de Bollack s'en trouvent ainsi fragilisés, alors même que son interprétation présente une redondance : la difficulté syntaxique présentée par un μή adverbial suivi d'un indicatif futur est telle qu'il est moins coûteux et plus vraisemblable de lire βιήσεται, au vers 3.6 d'Empédocle, comme un subjonctif aoriste à voyelle brève introduit par μή adverbe.

À l'époque d'Empédocle, la langue permet encore la formation des subjonctifs aoristes sigmatiques à voyelle brève. Le fait est bien repéré par Schwyzer, qui signale une attestation de ὄφρα... βάσομεν chez Pindare où il est certain qu'il s'agit d'un subjonctif aoriste puisque ce verbe est coordonné par τε au subjonctif ἵκωμαι, ainsi qu'une autre de μὴ βιήσεαι chez Théognis où il est vraisemblable qu'il s'agit également d'un subjonctif[116]. S'agissant de la poésie hexamétrique, le critère qu'on admet pour justifier l'emploi de tels subjonctifs est d'ordre métrique : la

---

115  La construction subordonnée est recommandée en Y.301 par Kühner & Gerth t. II p. 384 et Goodwin, *M. and T.*, p. 116. Pour les parallèles, *cf.* en particulier Ar.*Ecc.*495. S'agissant de l'emploi du futur de l'indicatif dans les propositions finales, *cf.* Chantraine *GH* t. II § 402-403 p. 273.

116  Schwyzer t. I p. 790, qui mentionne βάσομεν en Pi.*O.*6.23-24 (ὄφρα κελεύθῳ τ' ἐν καθαρᾷ / βάσομεν ὄκχον, ἵκωμαί τε πρὸς ἀνδρῶν); τείσομεν en Pi.*O.*12.10 (coordonné par τε au subjonctif κατακλύσσει); παραμείψεται en Thgn.709, après ἔλθῃ; l'occurrence de μὴ βιήσεαι en Thgn.1307 (μή ποτε καὶ σὺ βιήσεαι, ὄβριμε παίδων, Κυπρογενοῦς δ' ἔργων ἀντιάσεις χαλεπῶν) est d'interprétation plus difficile car les manuscrits donnent ἀντιάσεις (forme normalisée par Blaydes en ἀντιάσῃς). L'option la moins coûteuse est d'interpréter ces deux formes comme des subjonctifs aoristes à voyelles brève (avec Schwyzer *loc. cit.*, qui souligne l'équivalence des terminaisons -σῃς et -σεις chez Homère), quoiqu'il soit

forme à voyelle brève est employée lorsque la forme normale, à voyelle longue, ne pourrait figurer à cette place dans l'hexamètre[117]. Or, notre fragment d'Empédocle présente une telle situation, puisque la forme à voyelle longue βιήσηται n'aurait pu figurer dans l'hexamètre en cette position.

Le choix le plus naturel pour la syntaxe me paraît être de considérer que βιήσεται est un subjonctif aoriste à voyelle brève (introduit par μή pour exprimer la défense) et que cette forme verbale a pour sujet l'attelage, ἄρμα, dernier mot du vers précédent. Cette lecture implique qu'il existe une force inhérente à la composition poétique qui peut conduire l'interlocuteur du poète (mentionné par le σε objet de βιήσεται) à rechercher les honneurs mortels. Cette lecture permet de faire sens de la détermination de l'ἄρμα comme εὐήνιον, au vers 3.5 : défini par cet adjectif, l'ἄρμα ne renvoie pas tant au char comme objet d'artisanat que comme attelage formé de la voiture et des chevaux conduits par la Muse. Le vers 3.6 montre que, si le principe de composition poétique n'est pas l'ὁσίη mais la recherche de la faveur des hommes, le char est ainsi dévoyé car, du fait qu'il est εὐήνιον, il peut tout aussi bien se laisser conduire sur une voie déviante si le poète le désire, faisant ainsi violence à la nature du processus de composition poétique correct décrit dans les vers précédents.

## La construction de ἐφ' ᾧ θ' au vers 3.7

On a rendu compte de ἐφ' ᾧ θ' (3.7) en considérant soit qu'il s'agissait du tour lexicalisé de sens hypothétique (*à condition que*), soit que la relative introduite par ἐπί suivi du datif, exprime la conséquence de l'action (*ce au prix de quoi*)[118]. La différence de sens entre les deux options est de l'ordre de la nuance logique – dépasser la piété est respectivement présenté comme la condition ou la conséquence de la recherche des honneurs – et dans les deux cas, il faut comprendre comme on va le voir que la relative porte sur l'infinitif dépendant de βιήσεται, à savoir

---

également possible d'y lire des futurs, si l'on postule une construction de μή subordonnant avec futur de l'indicatif telle que celle qu'on a dégagée en Y.301 = ω.544.

117  *Cf.* Chantraine *MH* p. 258.

118  La première proposition a été originellement formulée par Karsten 1838 p. 177 et suivie par la majorité des commentateurs ; la seconde a été proposée par Bollack 1969 t. III p. 32 n. 3.

ἀνελέσθαι, et non sur βιήσεται lui-même (c'est-à-dire qu'elle développe l'action qui fait l'objet d'une interdiction).

Si l'on retient le sens hypothétique, la relative exprime une condition nécessaire (dire plus que piété) à l'action de la proposition dont elle dépend (obtenir les honneurs). On pourrait alors traduire : « que toi en tout cas, les fleurs d'un honneur qui a bonne réputation ne te contraignent pas à les cueillir, (car on les cueille) à condition de dire plus que piété ». Si en revanche le datif ᾧ introduit un complément de but après ἐπί[119], où le régime de la préposition développe ce qui est visé dans l'action, le relatif neutre ᾧ du vers 7 reprend l'idée exprimée par la proposition infinitive (on dit plus que Piété en vue de l'obtention des honneurs). Le θ' pour τε est alors la marque du relatif définissant et catégorisant, subsistant ici comme un archaïsme : il définit le procès de composer en vue de la gloire retirée auprès des mortels comme une catégorie d'actes qui conduit par nature à transgresser l'interdit formulé par la loi divine.

Retenir l'expression hypothétique mène à une expression quelque peu contournée : n'aurait-il pas été plus simple de dire qu'il fallait respecter la piété la plus stricte ? Considérer ᾧ comme un véritable relatif, au contraire, permet de mieux saisir la succession des termes dans la phrase : βιήσεται introduit une infinitive, dont le contenu est repris par le relatif ᾧ objet de la préposition ἐπί. On a ainsi un élément grammatical auquel se raccrocher, dans la mesure où le relatif renvoie bien à l'élément qui le précède immédiatement – alors que le caractère figé de l'expression ἐφ' ᾧ τε où ᾧ n'a pas de référent nuit à la clarté de l'enchaînement des idées dans la mesure où on ne sait pas immédiatement à quoi raccrocher cette relative.

Les vers 3.6-7 formulent en tout cas un interdit : on ne doit pas composer en vue d'obtenir les honneurs des mortels, car cela conduit à dépasser ce que prescrit la loi établie par les divinités, dont les vers 3.1-5 avaient montré qu'elle constituait une détermination centrale de la composition poétique.

---

119  La construction, bien répertoriée par Chantraine *GH* t. II p. 110 § 154, se rencontre notamment en Φ.445, où Poséidon évoque son service avec Apollon auprès de Laomédon : ὅτ᾽ ἀγήνορι Λαομέδοντι / πάρ Διὸς ἐλθόντες θητεύσαμεν εἰς ἐνίαυτον / ἐπὶ ῥητῷ μισθῷ « Quand nous sommes venus, sur ordre de Zeus, louer nos services à l'année chez le noble Laomédon pour un salaire convenu ». Dans le cadre de cette construction, selon Bollack, l'infinitif εἰπεῖν s'explique par le sens consécutif de la phrase (renvoyant à Chantraine *GH* t. II p. 302 § 442) : l'infinitif est possible après des tours consécutifs de type ὅσσον τε/οἷον τε. Pour une relative simplement introduite par ᾧ, la construction n'est pourtant pas répertoriée.

## Déterminer le référent du σε : la Muse ou Pausanias ?

Jusqu'à présent, nous avons montré qu'il existait une force inhérente à la composition poétique, susceptible de conduire celle-ci dans différentes directions : celle de la recherche des honneurs ou celle du respect de la piété. Examinons à présent la question de savoir si la prescription des vers 3.6-7 est adressée à la Muse ou à Pausanias[120].

Dans le premier cas, il s'agit de montrer que la Muse, qui représente le principe de composition du poème, ne doit pas se laisser emporter par celui-ci à rechercher la faveur des mortels quoique la tentation constituée par la recherche de la faveur du public soit inscrite au cœur même de l'acte de création poétique[121]. Choisir Pausanias implique que la prescription consiste à ce que le disciple ne cherche pas lui-même à obtenir les honneurs de la part des mortels, mais qu'il respecte la loi prescrite par les divinités. Dans le cas du disciple, et si l'on accepte que les vers 3.6-8 succèdent directement aux vers 3.1-5, cet énoncé ne fait sens que du point de vue de la composition poétique : l'ὅσιον est défini en 3.2 comme la condition de la composition poétique correcte, de sorte qu'il est presque impossible d'estimer qu'en 3.7 le terme d'ὁσίη puisse renvoyer à autre chose qu'à cette condition de formulation du discours poétique. Il faut donc comprendre que, si l'auditeur recherche la faveur des mortels – c'est-à-dire qu'il cherche à user de la doctrine pour l'obtenir –, le poème est de fait allé au-delà de ce que permettaient les dieux.

Je soutiens que le référent de σε est la Muse. L'hypothèse selon laquelle il s'agit de Pausanias est coûteuse, à la fois pour la syntaxe et pour le sens. Syntaxiquement en effet, la particule γε n'est pas suffisante pour assurer le changement de destinataire[122], alors même qu'il n'est pas satisfaisant de considérer que le changement de destinataire n'est souligné par aucun marqueur grammatical ou syntaxique. D'un point de vue herméneutique, si les vers 3.6-7 sont adressés à Pausanias, il faudrait comprendre qu'interdire au disciple de rechercher les honneurs implique que la gloire atteinte par le poète rejaillit sur lui. Il est difficile de soutenir cette idée

---

120 Une version préparatoire de cette étude est parue dans les *Anais de filosofia Clássica*, que je remercie. Le texte originel a subi d'importantes modifications et remaniements.

121 La racine *ar-* indique en effet sémantiquement un objet produit par ajustement ; utiliser ἅρμα pour désigner le poème insisterait donc sur le moment de sa réalisation.

122 Denniston, dans son long article sur γε (*GP* p. 114-150), n'indique nulle part que cette particule puisse avoir une telle fonction.

à moins de formuler des hypothèses complémentaires : soit que l'un des objectifs de l'audition du poème est de permettre que Pausanias crée, à son tour, son propre poème (ainsi que virtuellement les auditeurs dont il stylise la figure), soit que le poème signale ici qu'il ne peut employer la doctrine pour instruire les mortels, ce qui lui aurait permis d'en récolter les louanges. La première supposition n'est étayée par aucun indice dans le reste des fragments qui nous sont parvenus : le disciple n'est jamais présenté comme un poète en puissance, et de fait le savoir contenu dans le poème se présente comme autosuffisant et supérieur à tous les autres, comme l'a montré notre analyse du fragment 2. La seconde hypothèse n'est pas plus aisément défendable : elle paraît incompatible avec le fait que le poète évoque, dans le fr. 112, que les Agrigentins le considèrent comme un dieu. De fait, si le projet philosophique d'Empédocle, comme on le verra, consiste bien à réformer les conceptions de l'existence et la nature du lien qui permet le vivre-ensemble, le poème demande à être diffusé auprès des hommes.

Qu'en est-il si l'on choisit que le référent du σε de 3.6 soit la Muse ? Que le poète formule un interdit adressé à la Muse a surpris les commentateurs, il est vrai, qui sont intervenus sur le texte de façon variée, on l'a vu, pour en modifier la structure énonciative. Mais que le poète adresse une telle interdiction à la divinité ne doit pas surprendre. La Muse ne doit en effet pas être considérée comme une divinité en un sens objectif ou étroit : ce lexème est en dernière analyse une métaphore de l'inspiration poétique et de la véridicité qu'elle implique. Sturz lui-même avait, dès 1805, formulé une version quelque peu plus faible de cette idée, estimant que le poète adressait, à travers la Muse, une telle exhortation à lui-même[123] : il s'appuyait sur une interprétation qu'Eustathe proposait de l'adresse à la Muse au début de l'*Iliade*. Or, ces vers 3.6-8 cherchent à fonder l'autorité de la parole poétique sur des bases distinctes de celles de la tradition : Empédocle reconstruit les raisons pour lesquelles les autres poètes ne fondent pas suffisamment l'autorité de leur parole pour mieux leur opposer la construction de la véridicité de la sienne, sur le fondement de laquelle il énonce les conceptions philosophiques originales que l'on sait.

Le vers 3.6 signifie à cet égard que l'inspiration des autres poètes se fonde sur des critères de véridicité déviants puisque leur parole poétique

---

123 Sturz 1805 p. 640, *cf.* Eustathe, *In Il.*, I p. 15.22 *sqq.*

vise au moins en partie à emporter l'adhésion – ce qui est inscrit au cœur même de l'acte de composition dans la mesure où les poèmes étaient composés dans le cadre de concours – et non à donner à voir le message transmis par le divin dans son authenticité. Sous la forme d'une interdiction adressée à la divinité, ce vers 3.6 stylise donc une tension, construite par le passage, entre la véridicité du message et la recherche du succès dans les concours. Empédocle entend se démarquer de cette tendance déviante inscrite au sein même de la construction de l'autorité de la parole poétique en redéfinissant la figure d'une inspiration juste (*via* sa définition de sa propre Muse, intègre) apte à délivrer un message poétique dont la véridicité est fondée sur le fait qu'elle respecte les prescriptions des dieux véritables sans adapter le message aux attentes des hommes.

Les commentateurs ont ainsi pu avoir l'impression qu'il était difficile que ces vers soient adressés à la Muse parce qu'on plaquait trop vite sur ceux-ci la poétique traditionnelle. Si le rôle de la Muse tel qu'il est décrit au vers 3.4 est bien de formuler le poème en respectant ce que les dieux permettent aux hommes d'entendre, quelle autre instance que la Muse pourrait faire dévier la composition du poème loin de l'ὁσίη, du fait de la tendance à rechercher les honneurs, inhérente à la composition poétique ?

L'interprétation que je propose permet de lever la difficulté traditionnelle qui avait conduit certains interprètes à questionner le destinataire de ces trois vers, sur le fondement qu'il était incongru que le poète adresse une interdiction à la Muse : le passage vise précisément à opposer deux formes d'inspiration poétique, en reconstruisant les raisons pour lesquelles l'inspiration qui caractérise la pratique des autres poètes ne permet pas la production d'une parole complètement véridique, du fait même des conditions de composition des poèmes. Il y a ainsi deux Muses – c'est-à-dire deux types d'inspiration poétique – dont l'opposition est soulignée par l'écho phonique entre Εὐσεβίη et βιήσεται : alors que l'une est déviante parce qu'elle cède à la tentation de rechercher les honneurs, celle d'Empédocle convoie le propos poétique tel que les divinités le lui ont livré.

*La syntaxe du vers 3.8 : θοάζει ou θοάζειν ?*

Le problème majeur du vers 3.8 porte sur la forme verbale qui le termine : tandis que les manuscrits de Sextus et de Proclus[124] portent θοάζει, troisième personne du singulier de l'indicatif, on lit chez Plutarque l'infinitif θαμίζειν. On en a tiré un argument en faveur de la transformation de l'indicatif que l'on trouve chez Sextus en un infinitif θοάζειν, en conjuguant une forme des manuscrits de Sextus à un mode tiré de ceux de Plutarque[125]. L'effet de cette correction, largement acceptée par les commentateurs et éditeurs, est de placer l'infinitif θοάζειν sur le même plan que εἰπεῖν au vers précédent : le vers 8 décrit, comme la proposition qui précède, la pratique poétique condamnée par le poète, qui refuse toute prétention à la sagesse.

Cette correction d'un indicatif en un infinitif est abusive d'un point de vue philologique. Les manuscrits de Sextus présentent tous la forme θοάζει, à l'indicatif, alors que le texte de Plutarque présente un infinitif d'un verbe différent[126]. Or, dans ce dernier, la citation d'Empédocle est arrangée pour correspondre à la syntaxe du propos du locuteur : l'infinitif θαμίζειν s'explique par le fait que le narrateur rapporte, au style indirect, les propos de Ménon le Thessalien, qui reprend à son compte ce vers d'Empédocle. Le verbe lui-même, θαμίζειν, qui signifie *venir souvent* ou *fréquenter*, provient sans doute d'une confusion avec l'autre verbe θοάζειν, formé sur θέω, qui signifie *se mouvoir rapidement*[127], dont la première attestation remonte à Euripide. Mais le verbe θοάζω, au vers 3.8, est un doublet de θαάσσω, formé lui-même sur θᾶκος, qui signifie *être assis* ou *trôner*[128]. Le second problème est sémantique : si on lit un infinitif, on doit penser que le vers 8 est compris dans la description d'une pratique de la poésie condamnée par Empédocle, car on doit alors coordonner εἰπεῖν et θοάζειν, qui dépendent alors tous deux de ἐφ' ᾧ τε. Corrélativement, Empédocle dirait que les autres poètes parviennent au sommet de la sagesse s'ils transgressent la loi religieuse !

---

124 Proclus, *In Tim.*, I.351.10.
125 Stein 1852 p. 31, Diels 1901 p. 107 (puis D.-K.), Bignone 1916 p. 393 et plus récemment, Cerri 2004 p. 91, Vítek 2006 p. 306, Gemelli Marciano 2013 p. 156-157 et Mansfeld & Primavesi 2011 p. 442.
126 Plutarque, *De amicorum multitudine* 93 A-B.
127 Chantraine *DELG* p. 433.
128 Chantraine *DELG* p. 419, *s. v.* θᾶκος.

Si au contraire on lit un indicatif, θοάζει, qui bénéficie de la caution conjointe des deux traditions, distinctes, de Sextus et de Proclus, le τότε implique que le vers 3.8 décrit le résultat auquel parvient une poésie qui ne s'intéresse pas à la recherche des honneurs qui ont bonne réputation chez les mortels. Comme déterminer un sujet à la troisième personne est difficile dans le contexte, θοάζει a fait l'objet d'une série de corrections qui l'ont transformé en deuxième personne : Karsten a proposé θοάσσεις, modification *metri causa* de la correction θοάσεις de Scaliger suivie par Sturz ; Bergk, θοάζεις ; Gallavotti, θοάζῃ ou θοάζῃς ; Trépanier, l'impératif θόαζε[129]. Les propositions de Bergk et de Gallavotti ne sont soutenues par aucune donnée textuelle : il faut les abandonner. Celles de Karsten et de Trépanier sont plus substantielles : prenant θάρσει comme un impératif (et non comme un datif en rejet dépendant de εἰπεῖν au vers précédent), intégré au vers 8, ils ont transformé l'indicatif en impératif, θόαζε[130].

Comme le texte des manuscrits est l'indicatif θοάζει, la charge de la preuve incombe aux savants qui le corrigent : il leur faudrait montrer que le texte des manuscrits n'est pas compréhensible en l'état. Or, lire un indicatif θοάζει précédé de θάρσει, datif de manière en rejet est tout à fait satisfaisant : on n'a pas alors à expliquer l'asyndète avec le vers précédent, ni le passage d'un impératif à un indicatif dans le texte des manuscrits, si bien que la correction est plus coûteuse que la conservation du texte. La citation de Proclus constitue, de surcroît, un argument positif en faveur d'une lecture de θάρσει comme un datif en rejet : le vers 3.8 est cité sans θάρσει, ce qui indique que, dans sa compréhension du passage, le terme n'appartient pas à la syntaxe du reste du vers 8.

Le sujet le plus probable de cette troisième personne est l'ὁσίη du vers précédent : si la poésie n'est pas pratiquée dans le but d'acquérir les honneurs des hommes, alors respecter l'ὁσίη, c'est-à-dire la loi définissant les rapports entre la divinité et l'humain, est synonyme d'acquisition de la sagesse véritable. L'autre option est de reprendre le char, ce qui est

---

129  *Cf.* Sturz 1805 p. 642, Karsten 1838 p. 177, Bergk [1839] 1886 p. 27-28, Gallavotti 1975 p. 168 (qui fait de la forme un subjonctif à valeur éventuelle), Trépanier 2004 p. 63-65.

130  Pour Karsten, la question de lire θάρσει comme un datif en rejet ne se posait pas puisqu'il supposait une lacune entre les vers 7 et 8. Trépanier souligne, lui, la fréquence de cet impératif θάρσει en début d'hexamètre, dans la poésie épique ; son argument est toutefois réversible.

moins vraisemblable : dans l'ordre de la métaphore, il est difficile que le char trône sur les cimes de la sagesse. Ces deux options ne présentent pas de différence sémantique majeure, en dernière analyse, dans la mesure où la composition poétique doit respecter l'ὁσίη : lorsque c'est le cas, la parole poétique se trouve au sommet de la sagesse.

Le groupe καὶ τότε δή permet de préciser la relation sémantique que ce vers entretient à l'interdit formulé dans les vers précédents. Quoique Denniston ne se soit pas intéressé au groupe καὶ τότε en tant que tel, son ouvrage permet de rendre compte du groupe καὶ τότε δή. Soit (1) en considérant que le δή du groupe καὶ τότε δή porte sur τότε, et que καί est le coordonnant syntactique, suffisant pour éviter l'asyndète. Cet emploi de δή est homérique : la particule accentue le mot qui le précède, insistant sur sa réalité ou sur son évidence[131]. Soit (2) on analyse καὶ τότε δή à partir de la séquence καί... δή, qui forme un groupe à part entière. Dans cette combinaison, l'élément déterminant est la précision introduite par le καί[132] : le δή porte en quelque sorte sur le καί. Denniston emploie surtout des exemples de prose classique à l'appui de ce second point. Ces reconstructions ne sont pas entièrement satisfaisantes pour notre vers, et il est nécessaire d'étudier les emplois du groupe antérieurs à Empédocle.

Le groupe καὶ τότε δή est régulièrement employé dans la poésie épique pour exprimer la succession d'actions dans la narration : l'action précédente est présentée comme la condition de possibilité de l'action introduite par καὶ τότε δή. Par exemple, en I.590, ce n'est qu'au moment où les Courètes mettent à sac la cité que la femme de Méléagre l'implore ; de même en N.206, Poséidon voit son petit-fils Amphimaque mourir des mains du Troyen Imbrios, et c'est à ce moment que Poséidon sent monter la colère (ἐχολώθη) et pousse Idoménée au combat. Le point essentiel est que l'expression n'indique pas une simple succession temporelle mais un rapport à la fois temporel et causal. Ce tour se rencontre en deux configurations syntaxiques, suivant le type de proposition qui précède, mais toujours en première position dans l'hexamètre : (1) après une indépendante, καί est le coordonnant syntactique, et le δή porte sur τότε (*et à ce moment, oui*)[133] ; (2) quand καὶ τότε δή suit une proposition

131 Denniston *GP* p. 204 *sqq.* nomme ce δή « emphatique ».
132 Denniston *GP* p. 253-255, *s. v.* καί... δή.
133 *Cf.* A.92, I.590, I.712, N.206, Ψ.822, δ.256, δ.422, η.143, θ.299, μ.36, μ.226, μ.295, ρ.123, ω.539, ainsi que He.*Op.*197 et *Op.*529, He.fr.178.6e Merkelbach-West et *Hh.*Ap.388.

temporelle (*c'est alors précisément que*), le καί n'est pas coordonnant mais adverbe[134]. Si ce tour ne se rencontre jamais dans les pièces de Sophocle et d'Euripide que nous connaissons, on le trouve une fois chez Eschyle, dans une partie chorale des *Suppliantes*, où le chœur demande quel magicien pourra guérir Io de sa transformation après qu'elle est arrivée en Égypte[135].

Au vers 3.8 d'Empédocle, le groupe signifie à cette lumière que l'ὁσίη ne parvient aux cimes de la sagesse qu'à condition que l'interdit formulé aux vers 3.6-7 soit respecté : le poème ne livre une connaissance philosophique véritable que dans le cas où l'ὅσιον est respecté à toutes les étapes du processus de composition. Les vers 6-8 signifient : *mais que le char* (représentant la composition poétique) *ne te contraigne pas, de force, à cueillir auprès des mortels les fleurs d'un honneur plein de gloire, ce au prix de quoi* (sc. si tu cueillais ces fleurs) *on dit plus que piété, par audace – et à ce moment* (sc. si tu n'es pas contrainte par le poème à dire plus que piété), *elle* (la piété) *trône sur les cimes de la sagesse.*

Le vers 8 introduit la conséquence du respect de l'interdit formulé au vers 6. La structure est comme enchâssée : la principale μηδὲ βιήσεται est sur le même plan que l'indépendante du vers 8 qui exprime la conséquence du respect de l'interdit (si le poème ne recherche pas les honneurs, la plus grande piété coïncide avec la plus grande sagesse). Les deux propositions intermédiaires expriment ce qui est interdit, et la conséquence du non-respect de cet interdit (pour atteindre les honneurs humains, on est amené à composer des poèmes qui ne respectent pas les prescriptions divines).

Le propos de ces trois vers, si on conserve le texte transmis par Sextus, consiste à stigmatiser le fait que les poètes recherchent la faveur des mortels, ce qui les conduit, pour leur plaire, à inclure dans leur poème plus que ce que la stricte ὁσίη n'implique. Le geste dont Empédocle demande à la Muse de se garder est de sacrifier ce qui est conforme à ce qui est θέμις sur l'autel des honneurs offerts dans les concours. Si le char est bien sujet de βιήσεται, le passage formule une tension entre deux tendances de l'inspiration poétique – entre deux Muses : donner à voir

---

134  *Cf.* A.494, X.209, β.108, δ.461, ε.459, η.262, ι.492, λ.296, μ.369, ρ.172, τ.154, ω.144, ω.149 (après un ὅτε); en Θ.69, Π.780, δ.432, ι.59 (après un ἦμος); Σ.350, γ.132, ε.96, ι.363, κ.500, λ.99 (après un ἐπεί); λ.129 (après un ὁππότε).
135  Ae.*Su*.565-573.

ce qui est θέμις et aller à l'encontre de ce qui est ὅσιον en recherchant le succès chez les mortels. Si la Muse parvient à suivre le θέμις sans se laisser contraindre à transformer le message du poème pour atteindre le succès en l'éloignant de ce qui est conforme au θέμις, le poème peut prétendre à atteindre la sagesse véritable.

QUELLE EST L'IMPIÉTÉ DES AUTRES POÈTES ?

Reste à présent à déterminer la cible des attaques d'Empédocle dans ces vers et la pratique poétique contre laquelle il construit le paradigme de véridicité de la parole poétique qu'il défend. J'ai déjà souligné la distance que prenait Empédocle avec la Muse des traditions épique et hymnique. Alors que les Muses d'Hésiode, on le sait, savent proférer des mensonges semblables aux faits avérés ainsi que des vérités lorsqu'elles le souhaitent[136], la poésie d'Empédocle récuse le recours aux fictions, fussent-elles semblables au vrai. Dans le Poème physique, il est remarquable que ce trait soit construit au moyen de tours néga-tifs : λόγου στόλον οὐκ ἀπατηλόν (fr. 17.26), ἀψευδῆ δείγματα (aII.29), οὐκ ἀπόσκοπος et οὐκ ἀδαήμων (fr. 62.3). Le premier groupe est une référence obvie à la *Doxa* de Parménide, qui est présentée par la déesse comme un κόσμον ἐμῶν ἐπέων ἀπατηλόν[137]. L'écho est d'autant plus frappant que le thème de l'audition est répété. Le substantif στόλος est un dérivé de στέλλω[138] qui présente la même ambiguïté sémantique,

---

136  He.*Th*.27-28 : ἴδμεν ψεύδεα πολλὰ λέγειν ἐτύμοισιν ὁμοῖα, / ἴδμεν δ᾽ εὖτ᾽ ἐθέλωμεν ἀληθέα γηρύσασθαι. *Cf.* Wismann 1996 p. 17-19 qui, s'appuyant sur les analyses sémantiques que Mette a consacré à ἀληθές (l'adjectif ne désigne pas les faits eux-mêmes mais le contenu du discours qui les rapporte), a raison, à mon sens, de ne pas limiter la puissance des Muses hésiodiques au second terme de l'alternative : la poésie hésiodique construit des fictions à valeur didactique, et ce même dans les *Travaux*.

137  Parménide 28 B 8.52 D.-K. Palmer 2013 p. 326-327 a contesté, contre Trépanier 2004 p. 49 et Nünlist 2005 p. 73, que le groupe puisse faire référence à Parménide : comme στόλος signifierait d'abord *équipement* dans l'absolu puis seulement *voyage*, sens qui serait le sien chez Empédocle, où il s'agirait d'un voyage de la raison (au cours suivi par le raisonnement), il ne peut être pris comme une réponse à la caractérisation de la *Doxa* de Parménide comme un *arrangement* (κόσμος) trompeur de mots. Cet argument ne fonctionne pas : on ne peut déduire du fait que tous les mots des deux passages n'ont pas exactement le même sens que les passages en question n'entretiennent aucun rapport entre eux. À cet égard, il faut rappeler que la communauté du terme ἀπατηλός entre les deux passages est un *fait*. La proposition de Palmer présente à ce titre un problème méthodologique fondamental.

138  Chantraine *DELG* p. 1050.

dans la mesure où il signifie d'abord *préparer un voyage* et en est venu à signifier *envoyer*[139]. Le substantif peut ainsi désigner *l'équipement, l'action d'équiper, le voyage*. Il n'est pas facile de déterminer le sens du terme dans le passage dans la mesure où στόλος présente ces trois sens à l'époque d'Empédocle[140]. Soit le terme est réanalysé à partir du sens ancien de στέλλω, *équiper*, auquel cas il décrit le discours poétique du point de vue de son organisation : le dispositif persuasif qui s'y déploie est dépourvu de tromperie. Soit on donne à στόλος le sens, contemporain, de *voyage*, et il s'agit d'une métaphore du chemin parcouru par le poème, analysé du côté de sa réalisation durant la *performance*.

La poésie d'Empédocle use ainsi d'un paradigme de véridicité dont les vers 3.6-8 proposent une expression déterminante. Nous avons jusqu'ici présumé que les ἄνθεα τιμῆς εὐδόξοιο désignaient les victoires dans les concours auxquels les rhapsodes étaient susceptibles de se produire ; mais la proximité de ces vers avec plusieurs passages de la poésie élégiaque et épinicique permet de faire porter un autre éclairage sur eux, si l'on accepte de reconstruire le dialogue qu'entretiennent ces vers à la tradition poétique malgré l'état extrêmement lacunaire de notre connaissance de la poésie archaïque.

Le fragment 13 (West) de Solon comporte une prière aux Muses, filles de Zeus, visant à obtenir de la part des dieux l'ὄλβος, et de la part des hommes (πρὸς θνητῶν) une δόξα ἀγαθή[141]. La seconde partie de cette prière, qui présente un lexique semblable à celui des vers 3.6-8 d'Empédocle (surtout si l'on accepte qu'ils soient eux aussi adressés à la Muse), pose un certain nombre de difficultés : ces vers présentent la première occurrence du terme δόξα au sens d'*opinion*, alors que tous les commentateurs s'accordent à ce que la seconde occurrence du terme, au vers 13.34, ait le sens d'*attente* (qui est normalement le sien dans la poésie antérieure) ; on ne comprend pas, corrélativement, pourquoi le poète demanderait à la Muse de lui décerner quelque chose qui viendrait des hommes.

Fabienne Blaise a raison de souligner l'originalité de cette adresse aux Muses, auxquelles le narrateur demande non pas de se remémorer

---

139 En ce sens, Ae.*PV*.389.
140 Bollack 1969 t. III p. 71 se prononce pour *voyage*.
141 Solon, fr. 13.1-4 West : Μνημοσύνης καὶ Ζηνὸς Ὀλυμπίου ἀγλαὰ τέκνα, / Μοῦσαι Πιερίδες, κλῦτέ μοι εὐχομένῳ· / ὄλβον μοι πρὸς θ<εῶ>ν μακάρων δότε, καὶ πρὸς ἁπάντων / ἀνθρώπων αἰεὶ δόξαν ἔχειν ἀγαθήν.

un thème mais d'accorder l'ὄλβος et la δόξα[142], et d'estimer que cette tension introduite dans la figure de la Muse par Solon vise à rendre problématique la posture d'énonciation du poète-législateur, eu égard à la difficulté qu'il y a à faire tenir ensemble, pour un même individu, les deux points de vue divin et humain dans l'appréhension de la situation politique : ce procédé vise à la construction de la *persona* d'un poète-roi, plus lucide que le reste des hommes et capable d'allier un savoir théorique ou théologique à un savoir pratique, ce qui est la condition de l'exercice du pouvoir dans la cité[143]. Le savant a par ailleurs défendu que δόξα avait, dans ces vers, le sens ancien d'*attente*.

La détermination de la δόξα comme ἀγαθή est expliquée par la suite du poème de Solon, qui établit que les mortels n'honorent pas toujours les hommes favorisés des dieux (fr. 13.11-12). Or, cette mention apparaît dans un cadre où se trouve développée la signification de l'ὄλβος reçu des dieux (13.3), par distinction de celui acquis sans leur soutien (richesse dont il n'est d'ailleurs pas évident qu'elle soit uniquement pécuniaire), que les hommes honorent ὑφ' ὕβριος et qui se mêle de ruine (13.11-13). Sans entrer dans le détail de la discussion de ce passage difficile[144], remarquons que les vers 13.11-12 impliquent qu'il y a une δόξα qui vient des hommes mais qui n'est pas ἀγαθή car elle ne porte pas sur un objet accordé par les dieux. La stratégie du passage consiste alors à déconnecter le succès de l'action humaine des opinions des hommes, dont le rôle est de reconnaître la primauté de la divinité dans l'acquisition de la richesse et des autres bienfaits : la δόξα est ἀγαθή au sens où elle est fondée sur un ὄλβος reçu des dieux, alors qu'une κακὴ δόξα s'appliquerait à des avantages acquis par les hommes seuls. Cet adjectif ἀγαθή ne signifie donc pas tant qu'il y a une bonne réputation au sens où le poète serait bien vu, mais que les hommes développent une attente ἀγαθήν envers son action au sens où ils reconnaissent que les dieux le guident (contrairement aux riches délaissés des dieux)[145].

---

142 Blaise 2006 p. 216.

143 Blaise 2006 p. 210-211.

144 Le problème est qu'on ne sait pas s'il s'agit du point de vue des dieux ou de celui des hommes. Il peut s'agir de l'ὕβρις dont l'homme riche afflige les autres, ou renvoyer au fait que les normes sociales imposent d'honorer la richesse en tant qu'elle est associée à des représentations, ou encore que l'ὕβρις tienne au fait que les hommes pensent pouvoir honorer la richesse alors que c'est le rôle des dieux.

145 Je suis sur ce point d'accord avec l'analyse de Blaise 2006 p. 220-226, qui soutient que δόξα a le sens ancien d'*attente*, dans ce passage, et non le sens récent de *réputation*.

Solon joue un coup poétique qui consiste à ouvrir une situation de parole originale en dessinant une figure du poète dont l'action conjugue des connaissances théoriques et pratiques, et dont le succès est tout autant reçu des dieux qu'il est reconnu par les hommes – implicitement susceptibles d'une mauvaise δόξα lorsqu'elle porte sur des biens dont l'acquisition ne procède pas des dieux.

Ce dispositif tombe sous le coup des critiques d'Empédocle dans la mesure où ce dernier construit une situation où la poésie ne doit rien attendre de la part des hommes (πρὸς θνητῶν) : même ce que Solon appelle l'ἀγαθὴ δόξα, issue de la reconnaissance de la faveur de la divinité, n'a pas sa place dans la composition poétique car prier la Muse de l'obtenir amène à dénaturer la vérité, dont l'origine demeure purement transcendante. Empédocle cherche à récuser la possibilité que les hommes soient arbitres de quoi que ce soit s'agissant de poésie : en termes soloniens, il ne demande à la Muse que l'équivalent de l'ὄλβος, si on accepte de l'interpréter comme compréhension d'une relation entre hommes et dieux.

Chacun des deux poètes attribue de fait une fonction distincte à la vérité poétique dans la cité : alors que Solon s'intéresse à réformer l'action des hommes dans la cité au sein de l'ordre divin qui fonctionne comme un cadre déjà donné, dans une perspective qui est celle d'un législateur, Empédocle ne s'intéresse pas tant à modifier les règles du vivre-ensemble dans leur dimension légale qu'à refonder les conceptions du divin et de l'existence qui servent de base à la réalisation du lien social dans la cité, comme nous le verrons. De ce point de vue, l'entreprise d'Empédocle ne peut pas se fonder sur la δόξα des hommes, mais trouve son origine dans la refonte du rapport au divin : le fait que le poète est reconnu comme un dieu (fr. 112) est à cet égard un effet de la construction poétique plutôt qu'un objectif qu'elle viserait. Empédocle cherche ainsi, d'une part, à distinguer son entreprise d'un projet de réforme sociale et politique.

Les vers 3.6-8 se distinguent également de la conception de la vérité qui caractérise la poésie épinicique contemporaine de la production d'Empédocle[146]. Je montrerai que la poésie épinicique fonde l'autorité

---

146  Il y a une discussion sur les dates d'Empédocle : Apollodore (cf. DL.VIII.52) situe son floruit en 444-443. Guthrie 1965 p. 128 retient une naissance en 492 et une mort en 432 ; Mansfeld & Primavesi 2011 p. 392 admettent 483-482 et 424-423. Wright 1995 p. 3 situe le début de sa vie intellectuelle en 477. Si l'on situe la production poétique

de la parole poétique et sa véridicité sur l'origine divine de la victoire athlétique, faveur divine qui est le véritable objet de l'éloge poétique à travers la victoire ; que cette modélisation correspond, dans l'analyse des conditions de la *performance*, à une structure pragmatique où le vainqueur sert de patron au poète en lui fournissant ses moyens de subsistance ; que ce paradigme de véridicité de la poésie épinicique, quoiqu'il se soit élaboré en décalage avec ceux des autres genres poétiques, tombe sous le coup des critiques empédocléennes tant par ses fondements pragmatiques que par la représentation du divin qu'elle implique.

Les poètes lyriques ont construit une opposition entre mythe et vérité, présentant leur propre discours comme vrai par opposition au mythe[147]. Le dispositif textuel élaboré par Empédocle consiste, en dernière analyse, à renvoyer la vérité des poètes lyriques au mythe en ce qu'elle est régie par la nécessité de ne prononcer que des paroles qui soient à la gloire d'un personnage : le concept lyrique de la vérité n'est pas pertinent dans sa perspective dans la mesure où ces poètes se désintéressent de la vérité réelle sur le monde, que le poème d'Empédocle prétend atteindre.

Cette conception de la véridicité de la poésie lyrique dans son lien à l'éloge est l'objet d'une réflexion qui remonte au moins à Stésichore[148]. La poésie lyrique a ainsi construit un réseau de réflexion qui porte sur la relation qui unit composition poétique, honneur reçu des hommes, et offense faite aux dieux, comme en témoigne un fragment d'Ibycus dont le contexte exact est malheureusement perdu mais qui semble établir que la condition de profé012ration d'une parole poétique qui permette d'obtenir les honneurs des hommes est une offense à l'égard de la divinité[149]. Ces

---

d'Empédocle vers 18 ans, ce qui est sans doute optimiste, la date de composition obtenue même avec la datation haute de Guthrie (soit 474) est postérieure à ces odes. La date retenue par Wright implique que l'essentiel de la position intellectuelle d'Empédocle se soit élaborée au moment de la production de ces odes.

147 Pour une discussion sur la valeur de ἀλήθεια dans la poésie épinicique, *cf.* Nagy 1990a p. 59-68, dans le contexte d'une opposition entre local et panhellénique (dont son commentaire p. 66 à Pi.*O*.1.28-32), ainsi que p. 129-135 pour la discussion du mythe de Tantale. S'agissant du rapport entre vérité et poésie, *cf.* Detienne 1990 p. 107 et 128-129.

148 Stésichore fr. 101.1 Page, dont l'authenticité est discutée (*cf.* Rose 1932 p. 89 *sqq.*), demande à la Muse de chanter un chant ἐρατωνύμου (ce qui doit signifier, avec valeur résultative, *qui donne un renom désirable*) à propos des enfants de la cité de Samos (dont Strabon 8.3.20, qui cite ce fragment, soutient qu'il ne s'agit pas de la ville d'Ionie – Pausanias 7.5.13 paraissait de l'avis contraire).

149 Ibycus fr. 29 Page : δέδοικα μή τι πὰρ θεοῖς / ἀμβλακὼν τιμὰν πρὸς ἀνθρώπων ἀμείψω. Le second vers est cité par Pl. *Phaedr.* 242d 1 et les vers 1-2 par Plut. *QC.* 748C. Il est

discussions anciennes, qui nous sont pour une large part parvenues à l'état de traces, ont été poursuivies à l'époque d'Empédocle, par Pindare et Bacchylide, sous des formes que nous pouvons plus aisément appréhender du fait que le matériau est plus abondant.

Les vers 3.1-8 d'Empédocle forment un écho à une adresse à la Muse dans la cinquième *Épinicie* de Bacchylide, composée en 476 pour la victoire de Hiéron de Syracuse[150]. Ce poème affirme rechercher la vérité dans son éloge, en se détournant du φθόνος[151]. Cette vérité recherchée par le dispositif poétique tient, du fait du genre du poème, aux diverses façons de faire l'éloge du vainqueur favorisé par la divinité[152], célébré en l'occurrence au moyen du mythe de Méléagre, encadré de deux mentions de la Muse, dont voici la seconde :

Λευκώλενε Καλλιόπα, / στᾶσον εὐποίητον ἅρμα / αὐτοῦ[153].

La situation d'énonciation des vers 176-178, où Bacchylide demande à Calliope d'arrêter le char, est symétrique de celle du fragment 3, qui présente les conditions du départ de l'attelage. Cette symétrie frappante signale une opposition dans la conception de l'inspiration poétique que la variation de l'adjectif construit au moyen du préfixe εὐ- et qualifiant ἅρμα, dans chacun des deux passages, permet de préciser : alors que le char de Calliope est bien fait chez Bacchylide (εὐποίητον), celui de Piété est docile aux rênes chez Empédocle (εὐήνιον). Bacchylide met l'accent sur l'assemblage harmonieux des parties constitutives du poème : la cinquième *Épinicie* fait l'objet d'une construction encadrante où l'épisode mythique est enchâssé entre deux adresses à la Muse[154]. Empédocle, lui,

---

regrettable que le contexte de cette affirmation selon laquelle le poète acquière la τιμή de la part des hommes en contrepartie d'une offense aux dieux nous soit perdu.

150  Trépanier 2004 p. 58 tire uniquement de la comparaison de Bacchylide et des fragments 3 et 131, traités ensemble, l'idée qu'au vu de leur symétrie formelle, le passage d'Empédocle devait lui aussi représenter une transition d'une quelconque nature entre deux situations d'énonciation.

151  Ba.*Ep*.5.187-189. L'opposition de la vérité au φθόνος est un thème traditionnel de la poésie lyrique chorale.

152  Ba.*Ep*.5.31-33 : τὼς νῦν καὶ <ἐ>μοὶ μυρία πάντᾳ κέλευθος / ὑμετέραν ἀρετὰν / ὑμνεῖν « Ainsi à présent s'offre à moi aussi un chemin multiple, qui mène partout, pour chanter votre vertu. »

153  Ba.*Ep*.5.176-178 : « Calliope aux bras blancs, arrête ici ton attelage bien construit. » La première mention se trouve en Ba.*Ep*.5.4, où le poème est présenté comme un Μοισᾶν γλυκ[ύ]δωρον ἄγαλμα.

154  Pour l'analyse de cette qualification de l'ἅρμα dans sa relation au sémantisme du nom de Calliope, voir *infra*, p. 208.

souligne que l'attelage est aisé à conduire, ce qui suggère que lorsque les conditions de composition sont correctes, le char ne se laisse pas dévoyer, malgré la violence (βιήσεται) qu'on lui impose en recherchant les honneurs. Il y a une différence significative entre souligner la dimension artisanale en insistant sur l'activité poiétique du poète lyrique (avec εὐποίητον), et mettre l'accent sur l'inspiration du poète reçue de la divinité (avec εὐήνιον)[155].

Étudier la manière dont Pindare a développé une réflexion sur la façon dont la poésie doit représenter les dieux de façon pratiquement contemporaine et en des termes en apparence voisins de ceux d'Empédocle permet de donner corps à ce dialogue manifeste entre notre fragment d'Empédocle et la cinquième *Épinicie* de Bacchylide. Pindare fonde l'autorité de sa parole poétique, conférée par la Muse, par le fait que les épinicies célèbrent des victoires accordées aux athlètes par les dieux, qui fondent ainsi l'autorité de la parole poétique. Ainsi, dans la troisième *Olympique*, les couronnes gagnées par l'athlète suscitent la parole poétique :

ἐπεὶ χαίταισι μὲν / ζευχθέντες ἔπι στέφανοι / πράσσοντί με τοῦτο θεόδματον χρέος[156].

Verdenius a soutenu qu'il ne s'agissait pas des couronnes tressées pour les Théoxénies, fêtes durant lesquelles Théron d'Agrigente a remporté en 476 la course de char que Pindare célèbre ici, mais de celles représentant la victoire à la course et l'occasion de la composition du poème lui-même[157]. De façon similaire, dans la onzième *Olympique*, composée pour Agésidamos, Locrien vainqueur au pugilat en 476[158], le poète justifie l'autorité de sa position de parole par la célébration d'une victoire offerte à l'athlète par les dieux, qui confèrent indirectement son autorité au poète[159].

---

155  Pour la thématisation de cette opposition entre poésie lyrique et poésie épique, *cf.* Svenbro 1976.

156  Pi.*O*.3.6-8 : « Car les couronnes nouées sur les chevelures me font accomplir cette nécessité divine. »

157  Verdenius 1987 p. 13-14.

158  Verdenius 1988 p. 87.

159  Pi.*O*.11.8-14 : τὰ μὲν ἁμετέρα / γλῶσσα ποιμαίνειν ἐθέλει, / ἐκ θεοῦ δ᾽ ἀνὴρ σοφαῖς ἀνθεῖ πραπίδεσσιν. ὅμως ὤν, / ἴσθι νῦν, Ἀρχεστράτου / παῖ, τεᾶς, Ἀγησίδαμε, πυγμαχίας ἕνεκεν / κόσμον ἐπὶ στεφάνῳ χρυς<έα>ς ἐλαίας / ἁδυμελῆ κελαδήσω « Tandis que ma langue veut bien remplir sa tâche, c'est du fait de la divinité que l'homme abonde en sages pensées. Hé bien ! Sache à présent, fils d'Archestrate, Agésidame, qu'en l'honneur de ton pugilat je chanterai une parure mélodieuse pour ta couronne d'olivier en or ». Le passage pose

Fonder ainsi l'autorité de la parole poétique sur la victoire athlétique se justifie par le fait que l'athlète, comme le poète, voit son talent procéder de la divinité avant de l'acquérir par l'entraînement et le travail, dans la stylisation que le poète en propose[160] : la gloire est à la fois construite par la victoire et par le chant poétique, présentés comme complémentaires dans l'activité du poète[161]. Le terme εὔδοξος est employé dans ce contexte pour désigner la gloire de Sogénès, vainqueur au pentathlon en 467 :

σὺν δὲ τίν / καὶ παῖς ὁ Θεαρίωνος ἀρετᾷ κριθείς / εὔδοξος ἀείδεται Σωγένης μετὰ πενταέθλοις[162].

Dans la sixième *Pythique*, la relation entre la gloire acquise par la victoire et celle accordée par le chant est explicitement thématisée par le même adjectif :

καὶ μὰν Ξενοκράτει / ἕτοῖμος ὕμνων θησαυρὸς ἐν πολυχρύσῳ / Ἀπολλωνίᾳ τετείχισται νάπᾳ· [...] φάει δὲ πρόσωπον ἐν καθαρῷ / πατρὶ τεῷ, Θρασύβουλε, κοινάν τε γενεᾷ / λόγοισι θνατῶν εὔδοξον ἅρματι νίκαν / Κρισαίαις ἐνὶ πτυχαῖς ἀπαγγελεῖ[163].

La position d'autorité du poète épinicique trouve donc son origine dans la faveur accordée par le dieu à l'athlète, qui justifie le chant poétique et le construit comme indissociable de la victoire. Or, cette modélisation poétique correspond à une situation pragmatique où le vainqueur sert de patron au poète, lui fournissant ses moyens de subsistance, ce qui justifie la nécessité d'un chant présenté comme indissociable de la

---

des problèmes de texte et le sens de ἐπί fait difficulté (*cf.* Verdenius 1988 p. 92) : je suis les choix retenus par Verdenius.

160 *Cf.* Pi.*O*.9.100-108 pour la suprématie de la faveur de la divinité sur les qualités acquises par l'entraînement.

161 À propos de cette complémentarité, voir également la neuvième *Olympique*, composée en 468, qui est l'un des deux seuls poèmes composés en l'honneur d'un περιοδονίκης, c'est-à-dire un vainqueur aux quatre jeux olympique, pythique, isthmique et néméen (Puech 1937 t. I p. 111 ; Gerber 2002 p. 11.) : aux vers *O*.9.28-29 (ἀγαθοὶ / δὲ καὶ σοφοὶ κατὰ δαίμον' ἄνδρες / ἐγένοντ'), Pindare affirme que la divinité rend les hommes ἀγαθοὶ et σοφοί : il s'agit à la fois des athlètes et du poète lui-même dans la mesure où il célèbre leurs exploits (*cf.* Gerber 2002 p. 33).

162 Pi.*N*.7.8 : « Grâce à toi (*sc.* Ilythie), le fils de Théarion, Sogénès, distingué par sa valeur, est chanté pour être couvert de gloire parmi les vainqueurs au pentathlon. »

163 Pi.*P*. 6.6-9 puis 14-18 : « Pour Xénocrate est construit, tout prêt, le trésor des hymnes dans la vallée dorée d'Apollon. [...] Sa façade fait briller dans une lumière pure, Thrasybule, ta victoire glorieuse à la course de chars, commune à ta famille et à ton père, dans les vallons de Crisa. »

victoire. La situation, stylisée notamment dans la première *Isthmique*[164], est reconstruite en ces termes par Woodbury :

> Before the end of the (sc. *fifth*) *century choral poetry was divested of its traditional connections with the festivals of cult, probably by Ibycus, certainly by Simonides, and diverted to the praise of the great. The change meant that the expense of the poet's fee and the choral production was assumed by a wealthy patron, with whom laid the power of decision in regard to all questions relating to the performance of the ode. The Muse, in Pindar's phrase, had grown fond of money and gone to work for a living*[165].

Le point déterminant que présente pour notre propos cette stylisation particulière de la légitimité de la parole des poètes épiniciques, alliée aux conditions concrètes de la *performance* où le poème est composé à la commande d'un patron, est que ce dispositif informe la représentation du divin dans la parole poétique : les mythes permettent de célébrer le γένος du vainqueur, ses *res gestae*, ou la cité dont il provient. Le poète doit alors célébrer la divinité de la façon qui convient à sa puissance : cela explique par exemple que Pindare refuse de narrer la bataille d'Héraclès avec les dieux dans la neuvième *Olympique* en demandant à sa bouche, στόμα, de rejeter de tels propos en tant qu'ils insultent les divinités dont la faveur est au fondement conjoint de la victoire athlétique et de la composition poétique épinicique.

> ἀπό μοι λόγον / τοῦτον, στόμα, ῥῖψον· / ἐπεὶ τό γε λοιδορῆσαι θεούς / ἐχθρὰ σοφία, καὶ τὸ καυχᾶσθαι παρὰ καιρόν / μανίαισιν ὑποκρέκει[166].

Cette σοφία qui consiste à adresser des reproches aux dieux (λοιδορῆσαι) est ἐχθρά en ce qu'elle est une version déviante de la σοφία accordée par les dieux (*cf. O.9.28-29*) car elle retourne le discours poétique contre son origine même. Pindare oppose deux σοφίαι, parmi lesquelles celle que revendique le poète est fondée sur le respect du statut de la divinité et de ses prérogatives dans leur aspect suprahumain ; l'autre est inopportune, folle, et insulte le divin.

---

164  Pi.*Is*.1.48-54 : le travail du poète demande un μισθός pour défendre son ventre de la faim ; *cf.* Nagy 1989 p. 21, qui renvoie à He.*Th*.26-28, ξ.124-125, η.215-221.

165  Woodbury 1968 p. 535 ; le thème de la mise en relation de la poésie avec le développement de l'économie monétaire a par la suite fait l'objet des études de Svenbro 1976.

166  Pi.*O.9.35-39* : « Rejette au loin ce propos, pour moi, ô ma bouche. Car insulter les dieux est mauvaise sagesse, et la vantardise résonne en harmonie, contre ce qui est opportun, avec les propos de folie. » Le passage pose des problèmes ; *cf.* Gerber 2002 p. 34-36.

La proximité lexicale et thématique avec le fragment 3 d'Empédocle ne doit pas dissimuler les divergences fondamentales entre les deux passages. Le fragment 3 inverse la portée de la relation du poème au divin construite dans ces extraits de Pindare : si ce dernier s'inscrit lui-même dans une relation problématisée à Homère, dont il a pu contester le traitement d'épisodes mythologiques, Empédocle renvoie les deux traditions dos-à-dos. Celles-ci sont toutes deux fautives en ce que la recherche de la faveur des mortels les a conduites à tenir des propos incorrects sur les divinités. Ainsi Empédocle reconstruit-il implicitement comme incorrecte la théorie poétique de Pindare, visée au moyen des reprises lexicales et du remploi de termes lyriques, tels qu'εὔδοξος (3.7)[167], sur le fondement que le respect du divin, que Pindare professe dans ses chants du fait que les dieux accordent la victoire au vainqueur, est dénaturé par le fait que le poète lui-même, faisant de la poésie son moyen de subsistance, présente le mythe en des constructions qui visent à recevoir la faveur de l'auditoire.

Nous avons montré que ce qui était en jeu dans la définition de la Muse aux vers 3.1-8 est de distinguer une inspiration poétique juste des autres types d'inspiration poétiques : Empédocle cherche à définir sa propre Muse par opposition à la Muse de la tradition, et à refonder ainsi la véridicité de la parole poétique. Les vers 3.6-8 constituent une étape déterminante de cette construction dans la mesure où ils formulent le critère qui assure la véridicité de la parole poétique (*cf.* 3.8, καὶ τότε δή) : la faveur des hommes (qu'il s'agisse de celle qu'ils accordent aux poèmes ou de celle que la divinité leur accorde) ne doit pas être le moteur de la composition car cela implique de présenter les divinités d'une façon qui n'est pas conforme à leur nature. Empédocle, qui s'inscrit ici sans aucun doute dans la lignée des reproches d'anthropomorphisme que Xénophane a adressés à la tradition poétique, introduit ici en filigrane le travail qu'il a fait subir aux divinités de la tradition en les ramenant au nombre de six et en leur donnant le rôle que l'on sait dans la constitution du vivant et du monde.

---

167 *Cf.* Pi.O.1.70, O.14.23, P.6.16, P.12.5, N.7.8, *Is.*2.34, *Is.*3/4.1, *Is.*8.1. Le terme apparaît également chez Bacchylide.

## L'USAGE CORRECT DES SENSATIONS
## ADRESSÉ AU DISCIPLE (3.9-13)

### LE CHANGEMENT DE DESTINATAIRE AU VERS 3.9

Après ces huit vers qui décrivent le type de composition poétique revendiqué par Empédocle, le vers 3.9 propose sans transition apparente un discours portant sur l'usage correct des sensations. Cette partie ne saurait plus être adressée à la Muse, dans la mesure où elle détient déjà la connaissance poétique qui lui révèle la vérité sur le monde : une prescription consistant à décrire l'usage correct des sensations pour appréhender le monde ne peut donc être adressée qu'à un mortel. Pourtant, le texte retenu par la majorité des commentateurs et éditeurs ne paraît pas comporter de marqueur indiquant ce changement d'adresse.

Revenir au texte des manuscrits au vers 3.9 permet de retrouver une marque de changement d'adresse et de porter un éclairage nouveau sur la relation qu'entretient l'énoncé de la théorie poétique (3.1-8) à cette prescription portant sur l'usage des sens (3.9-13) ; que cette dernière vise à présenter le corps comme un vaste organe sensible, dont la perception permet d'appréhender le fonctionnement lorsqu'on n'instaure pas de hiérarchie entre les sens. Les vers 3.9-13 proposent ainsi une méthode permettant de dépasser les limitations de l'appareil perceptif formulées dans le fragment 2.

Le début du vers 3.9, où se pose le problème de la transition d'un destinataire à l'autre, est l'objet d'une correction de Bergk retenue par tous les éditeurs postérieurs : le texte des manuscrits, ἀλλὰ γὰρ ἄθρει πᾶς παλάμη, a été corrigé en ἀλλ' ἄγ' ἄθρει πάσῃ παλάμῃ[168]. L'origine de la correction est sémantique : Bergk concevait que le πᾶς des manuscrits ne pouvait avoir qu'une portée généralisante (le poète se serait adressé à tous les membres de son auditoire), alors que le Poème physique s'adresse par ailleurs à Pausanias[169]. Il en déduit que la Muse s'adresse ici au poète, l'invitant à user de ses sensations de la manière que l'on

---

168 Bergk [1839] 1886 p. 28.
169 Le fragment 112 était alors attribué aux *Catharmes* depuis l'édition de Sturz en 1805, ainsi que le fragment 114 depuis l'édition de Karsten en 1838.

sait. La correction de Bergk n'était donc pas motivée par des raisons syntaxiques ou grammaticales – le texte des manuscrits lui semblait plausible de ce point de vue, et il était prêt à en défendre la possibilité syntaxique. L'argument sémantique de Bergk n'est pas pressant, quoique les fragments qui nous sont parvenus ne présentent pas d'impératif adressé explicitement à l'auditoire.

Il y a toutefois une autre façon de comprendre le πᾶς des manuscrits, qui paraît plus satisfaisante : il pourrait s'agit d'une apposition au sujet de l'impératif ἄθρει. Le πᾶς signifierait alors *tout entier* : il ne faut pas percevoir au moyen de sens séparés mais utiliser le corps entier, c'est-à-dire tous les sens, comme un organe de perception généralisé. Or, cette proposition résout le problème du changement d'adresse : ce πᾶς fournit la cheville nécessaire à l'explicitation du changement de destinataire, puisque ce masculin ne peut renvoyer qu'à Pausanias, et non plus à la Muse.

On peut formuler trois reproches à cette proposition : (1) la rareté de la séquence ἀλλὰ γάρ ; (2) πᾶς peut paraître rude en position d'apposition au sujet d'un impératif ; (3) παλάμη peut sembler abrupt sans article et au singulier collectif.

Selon Denniston, le groupe ἀλλὰ γάρ est rare avant Isocrate et d'emploi elliptique[170] : la proposition introduite par ἀλλά, qui fait suite à une idée négative, est sous-entendue, et le γάρ apporte une justification à la négation de cette idée négative. Avec Isocrate, la particule devient, plus simplement, dotée d'une forte valeur adversative. Le sens serait, dans l'extrême majorité des cas, « *but, as a matter of fact* », en tant que l'idée précédente est de moindre importance eu égard à l'idée suivant le groupe[171]. Dans notre fragment, il ne s'agit pas d'affirmer que l'énoncé qui précède le groupe ἀλλὰ γάρ est subsidiaire mais d'opposer deux points de vue, celui de la création poétique et celui du disciple. Le discours philosophique, révélé par la Muse, et l'initiation philosophique personnelle du disciple sont dès lors situés dans deux ordres de nécessité différents : le disciple peut accéder à une partie de la vérité seul, processus sans doute conçu comme nécessaire à l'appréhension du poème.

---

170  Avant Empédocle, on rencontre ce groupe aux occurrences suivantes : Ψ.607 ; *Hb*.De.69 ; Archiloque fr.13.5 West ; Alcman fr.17.1.7 Page ; Pi.N.7.30, Is.7.16, fr.Pe.52f.54.

171  Denniston *GP* p. 101 : « *The sense conveyed is that what precedes is irrelevant, unimportant, or subsidiary, and is consequently to be ruled out of discussion, or at least put in the shade* ».

Le second problème est celui de πᾶς construit en apposition au sujet non exprimé d'un impératif. Que πᾶς signifie *tout entier* (et non pas seulement *chacun*) ne fait pas difficulté[172] : il est employé dès Homère en apposition au sujet d'un verbe pour exprimer que ce dernier ou son corps est considéré dans son ensemble, comme au vers 65 du chant Λ : πᾶς δ᾽ ἄρα χαλκῷ / λάμφ᾽ ὥς τε στεροπὴ πατρὸς Διὸς αἰγιόχοιο[173]. On trouve également πάντες en position de sujet d'impératifs, comme dans le vers ἀλλ᾽ ἄγε, μίμνετε πάντες, ἐϋκνήμιδες Ἀχαιοί[174]. Empédocle a opéré la conjonction de deux expressions homériques relativement courantes en une seule, où πᾶς désigne le corps du disciple dans son ensemble tout en se trouvant en apposition au sujet de l'impératif. Cette particularité grammaticale s'explique par le fait que le passage vise à établir une méthode de perception fiable, en rupture avec celle des autres hommes, par le fait de considérer le corps entier comme un vaste organe de perception.

Le terme παλάμη désigne à l'origine la paume de la main, en ce qu'elle permet de saisir un objet, envisagé en ce qu'il permet l'exercice d'une puissance – physique ou non – sur autrui ou la réalisation d'une action[175]. En ce cas, le terme est généralement employé au pluriel et dépend d'une préposition telle que ἐν ou ἐκ ; chez Hésiode, il est ainsi presque toujours associé à la qualité de l'artisanat d'Héphaïstos[176]. Il présente dès Homère un sens concret (le coup que l'on porte avec l'arme que l'on tient)[177]. L'évolution du sémantisme semble avoir été guidée par

---

172  Le sens est bien attesté par LSJ (*s. v.* πᾶς, sens II) ; *cf.* Chantraine *DELG* p. 859.

173  Λ.65 : « Et, tout entier, le bronze le fait étinceler, semblable à l'éclair de Zeus père, porteur d'égide. »

174  Il y a 12 occurrences chez Homère : B.331 (cité ici à titre d'exemple : « Allons, demeurez tous, Achéens aux bonnes jambières »), H.99, Θ.5 et 8, T.101 et 190, κ.425, μ.298, ξ.462, σ.55, φ.141 et 230.

175  Le plus souvent, chez Homère, une lance : Γ.338 = Π.139 = ρ.4 (vers formulaire dans les scènes d'armement, où un guerrier prend une pique *bien adaptée à sa main*), Γ.368, E.558, E.594, Θ.111 *cf.* Π.74, α.104 = β.10. Pour une pique d'abordage en O.677, l'arc d'Ulysse en τ.577 = φ.75 et un tabouret jeté à Ulysse en ρ.231. Mais également pour le bâton qui permet de rendre la justice, en A.238 ; le cordeau du charpentier en O.411 (pour le cordeau dans les mains d'un charpentier expert) ; une étoffe en *Hh*.He.152. En Σ.600, ε.234 et *Hh*.He.110, il qualifie un objet qu'on peut bien tenir en main en l'utilisant (*cf.* Stésichore fr.40 Page). En ce sens de *main*, *cf.* Ibycus fr. 40.2 Page, Pi.P.1.44 et P.4.202.

176  Toujours du côté de l'artisanat, il est employé au datif comme complément de moyen (He. *Th*.580, ἀσκήσας παλάμῃσιν ; He.Sc.219 et 320), comme régime de ὑπό (He.*Th*.866, ὑφ᾽ Ἡφαίστοιο παλάμῃσιν) ou avec καίνυμι, (He.fr.343.3 et 16 Merkelbach-West, κεκασμένον παλάμῃσι, et παλάμαις... ἐκέκασθ᾽).

177  En Γ.128 (sous les coups d'Arès), H.105 et Ω.738 (respectivement pour Ménélas et les Achéens, susceptibles de mourir sous les coups d'Hector). En Φ.469, le terme est également

le fait que la main représente les possibilités d'action : le terme en est rapidement venu à désigner la force, la faculté et, par extension, l'art ou l'habileté, qu'il s'agisse de celle d'un homme ou d'un dieu, envisagée abstraitement ou concrètement, en bonne ou mauvaise part[178]. Les lexicographes glosent ainsi le terme soit par χεῖρες soit par τέχναι, sens qu'ils expliquent par le fait que les mains sont l'instrument privilégié de la réalisation de l'action humaine[179]. Cet emploi de παλάμη pour désigner la puissance a conduit à une restitution d'un passage corrompu d'Alcée où δύνασθαι est pris comme un équivalent du tour ἔχειν παλάμαν[180].

Empédocle emploie παλάμη à quatre reprises. Outre les fr. 75.2 et 95, où le terme est employé afin de souligner la puissance créatrice des paumes de Cypris, παλάμη est employé pour désigner les moyens de perception qui se trouvent sur le corps, en fr. 2.1 et 3.9. Ces deux derniers emplois réanalysent le sens originel, encore perceptible chez Pindare, de la paume comme organe de préhension, mais en généralisant sa portée : ce par quoi nous appréhendons le monde n'est pas seulement la paume des mains mais un ensemble de paumes disposées sur le corps, qui fonctionnent comme autant d'interfaces. Le sens métaphorique ou abstrait – *faculté* ou *moyen* – reste perceptible en ce que la discussion de ces passages cherche à préciser la façon correcte par laquelle l'homme peut saisir les données sensibles.

Que le vers 3.9 présente un datif seul ne surprend pas : παλάμη est employé au datif singulier dès l'*Odyssée* (en α.104 = β.10, avec ἔχειν, au sens de *tenir à la main*) et au datif pluriel chez Hésiode (dans la

---

du côté de la violence infligée (*cf.* Eu.*And.*1028 pour Agamemnon, tombé sous les coups de Clytemnestre).

178 En un sens métaphorique, il désigne en Pi.*O.*9.25 la main du poète qui cultive le jardin des Charites. En Simonide fr. 76.1.6 Page et Ae.*Su.*865, il désigne la force : ainsi, en Alcée fr. 380.1 Lobel-Page, le narrateur affirme avoir été vaincu par la puissance d'Aphrodite (Κυπρογενήας παλάμαισιν). En Thgn.624 et 1208, le sens est celui, abstrait, de *moyens* d'accomplir une action. En Pi.*O.*10.21 et *P.*1.48, il désigne l'aide divine ; au contraire, en *N.*10.5, les souffrances infligées par Zeus. Il désigne l'habileté en *O.*13.52 (pour Sisyphe), *N.*10.53 (pour Épaphos) et fr.*Pe.*52i.66 (pour Héphaïstos et Athéna) ; le terme peut être compris en mauvaise part comme les *ruses* en Pi.*P.*2.40, *P.*2.75 et Ae.*PV.*166. En So.*Ph.*177 et 1206, le sens est celui de *violence*.

179 Très clairement chez Apollonios, *Lexicon homericum* 127.7, *s. v.* παλάμαι (αἱ χεῖρες, ὅτι ἐν αὐταῖς παλαμώμεθα. λέγονται δὲ καὶ αἱ τέχναι παλάμαι, ἐπεὶ τὸ πλέον διὰ τῶν χειρῶν ἐνεργεῖται.). Les deux acceptions sont évoquées par Hésychius (π.150.1, *s. v.* παλάμαι), l'*Etymologicum magnum* (*s. v.* παλάμη) et la *Suda* (π.39.1 *s. v.* παλάμαι).

180 Il s'agit d'Alcée fr.249.7 Lobel-Page, où l'on restitue ἄν τις δύναται]ι καὶ πα[λά]μαν ἔ[χ]η.

perspective de l'action qu'on réalise de ses mains). Empédocle a bien vu que la paume était l'interface par lequel l'homme pouvait interagir avec la réalité (ce qui justifie les sens abstraits ou métaphoriques que le terme a ensuite revêtus) : le terme παλάμη est ici employé au datif singulier car ces paumes réparties sur le corps sont l'instrument de la perception sensible, qui est, comme l'a vu Bollack, une action à part entière et non un état[181].

Le problème est que παλάμη se trouve au singulier dans les manuscrits. La correction de Bergk levait cette difficulté car le terme était précisé par πάσῃ. Pourtant le texte des manuscrits se laisse comprendre si l'on suit le modèle de l'*Odyssée*, où παλάμη se trouvait également au singulier (α.104 = β.10) : παλάμῃ δ' ἔχε χάλκεον ἔγχος. Le pronom possessif est sous-entendu, alors même que παλάμη est employé au singulier là où Homère emploie le plus souvent le pluriel. Cette construction de l'*Odyssée* justifie que nous lisions un datif singulier, dans le texte des manuscrits du fragment 3.9 d'Empédocle : le possessif y est également sous-entendu.

Reste alors à expliquer le sens de ce singulier παλάμη, là où le poète aurait pu employer, comme en fr. 2.1, le pluriel παλάμαις sans modifier la structure métrique du vers. Il s'agit d'un singulier collectif : alors que le corps était analysé, en 2.1, dans la pluralité des moyens de perception qu'il comporte, il est ici présenté comme un seul vaste organe de perception. Cela ne fait pas difficulté dans la mesure où le πᾶς du même vers 3.9 indiquait que l'individu devait être envisagé dans son ensemble (πᾶς) : le corps entier est défini comme un organe de perception par métonymie. Le vers 9 invite à considérer le processus (πῇ) par où les sensations nous apparaissent (δῆλον). Quoique ce processus ne puisse être réalisé qu'empiriquement, au travers de chaque sensation particulière (ἕκαστον), c'est bien tout le corps (πᾶς) qui y prend part. De fait, l'appareil perceptif est désigné au moyen d'un singulier collectif (παλάμῃ) et non plus d'un pluriel, comme c'était le cas au premier vers du fragment 2 (παλάμαι) : cet élément capital de la constitution du sens a été obscurci par la correction de Bergk (πάσῃ παλάμῃ), qui a conduit à comprendre que chacune des παλάμαι du fragment 2 devait être mise à contribution dans le processus correct de perception.

---

181 Bollack 1969 t. III p. 8, *s. v.* παλάμαι.

Revenir au texte des manuscrits permet donc un gain interprétatif significatif, et ce d'autant plus que la correction de Bergk se fondait sur le critère purement formel que le destinataire du Poème physique était Pausanias (et non tout un chacun) : le texte des manuscrits dit davantage que le vers 2.1 (sur le sens duquel Bergk a modelé sa correction), puisque le vers 3.9 présente le corps tout entier forme un seul appareil perceptif cohérent. Conserver le texte des manuscrits au vers 3.9 implique également que les vers 3.1-8 sont une partie d'un excursus métapoétique qui aurait commencé au premier vers du fragment 3 ou dans un éventuel passage perdu, et dont la fin est marquée par le groupe ἀλλὰ γάρ en 3.9 : après avoir énoncé dans quelles conditions précises la poésie peut atteindre la vérité – qui caractérisent bien entendu le poète lui-même au moment de sa *performance* – le poète rappelle à Pausanias qu'il peut, seul, accéder à une partie de cette vérité. Le πᾶς du vers 3.9 introduit la cheville manquante pour assurer le changement d'adresse, qui est un retour au destinataire principal, Pausanias, déjà mentionné dans le dernier vers et demi du fragment 2, dont Sextus nous informait qu'il précédait de peu le fragment 3.

LES VERS 3.10-13 : L'USAGE CORRECT DE L'APPAREIL PERCEPTIF

Les vers 3.10-11 n'invitent pas tant à considérer toutes les perceptions sans y introduire de hiérarchie qu'à montrer que les différentes sensations, en dépit du fait qu'elles nous parviennent de façon individualisée, donnent des renseignements sur l'appareil perceptif dans son unité et sa cohérence. Empédocle substitue à une connaissance de l'objet sensible, qui est en fait illusoire vu leur nombre et la brièveté de la vie humaine, une connaissance de l'appareil de perception dans son unité : il n'y a pas autant de πίστεις qu'il y a de sensations – c'était là l'opinion fausse des hommes qui élaborent des idées erronées sur la base de sensations dont ils ne perçoivent pas la cohérence – mais toutes les sensations participent à la construction d'une πίστις, celle qui porte sur la façon dont les objets sensibles apparaissent. Les sensations servent non pas, en dernière analyse, à atteindre une vérité sur l'objet qu'on perçoit mais sur le sujet qui la perçoit[182].

---

182 Le cas est différent lorsqu'il s'agit d'user des sens pour trouver confirmation de la doctrine dans le réel, comme on le verra.

Les différents sens envisagés sont la vue (ὄψιν 3.10), l'ouïe (ἀκουήν 3.10 et ἀκοήν 3.11), et les τρανώματα (3.11). Le premier hémistiche du vers 3.10, dont la syntaxe se laisse difficilement construire du fait que ἔχων est accompagné du datif πίστει, a fait l'objet de corrections. Diels conservait le texte des manuscrits en y lisant un datif locatif, renvoyant à la faculté de πίστις, qui se trouverait employé avec ἔχω sur le modèle de l'expression homérique ἔχειν φρέσι[183] ; Bollack, un datif d'intérêt, comprenant πίστει comme un concret renvoyant à la certitude individuelle, séparée, qu'on retire de la sensation[184]. Il n'est pas certain que la différence de sens à laquelle on parvient soit importante.

L'épithète d'ἀκοήν, ἐρίδουπον, est homérique et désigne un fracas, comme celui du tonnerre ou d'un autre bruit résonnant. La particule ἐρι fonctionne comme préverbe à valeur superlative (ἀρι-) et le terme δοῦπος signifie, lui, *le bruit* ou *le fracas*, en général celui de la bataille mais également pour la marche des fantassins, le bruit de la mer ou celui d'un torrent[185]. Le terme n'est jamais employé en dehors de la poésie hexamétrique, hormis une unique occurrence chez Pindare, pour des grognements[186].

Emprunté à la tradition épique, l'adjectif présente dans notre fragment, pour l'ouïe, une forme sans γ (ἐρίδουπος) qui est d'habitude réservée aux noms de lieux où un son est susceptible de résonner, alors que la forme avec γ (ἐρίγδουπος) qualifie normalement un être vivant ou un dieu[187]. Cette particularité peut faire allusion à la théorie empédocléenne du fonctionnement de l'ouïe, que nous connaissons par un témoignage de Théophraste :

τὴν δ᾽ ἀκοὴν ἀπὸ τῶν ἔξωθεν γίνεσθαι ψόφων. ὅταν γὰρ ὑπὸ τῆς φωνῆς κινηθῇ, ἠχεῖν ἐντός· ὥσπερ γὰρ εἶναι κώδωνα † τῶν ἴσων ἤχων τὴν ἀκοὴν ἣν προσαγορεύει σάρκινον † ὄζον· κινουμένην δὲ παίειν τὸν ἀέρα πρὸς τὰ στερεὰ καὶ ποιεῖν ἦχον[188].

L'audition est produite par le fait que l'air, mis en mouvement par la voix, résonne à l'intérieur de l'oreille, processus décrit par le verbe ἠχεῖν et le substantif ἦχον. Cette théorie peut expliquer que le fragment 3

---

183 Diels 1901 p. 107 suggère ce parallèle dans son apparat critique au fragment 3 (*cf.* B.33).
184 Bollack 1969 t. III, p. 35 n. 3.
185 *Cf.* respectivement Chantraine *DELG* p. 108 et p. 295.
186 Les ἐρίγδουποι στοναχαί de Pi.fr.*Dith.*70b.12.
187 Avec un -γ- : pour Zeus en E.672, H.411, K.329, M.235, N.154, O.293, Π.88, θ.465 = o.180, o.112 ; *cf.* He.Th.41, Hh.Hera.41 ; pour les sabots d'un cheval : Λ.152. Sans -γ-, avec des noms de lieux : Y.50, Ω.323 = γ.493 = o.146, γ.399 = η.345, et υ.176 = υ.189.
188 Théophraste, *De sensu*, § 9.

présente la forme ἐρίδουπος normalement réservée aux lieux chez Homère. Parménide, qui disqualifiait les sens dans le fragment B 7 D.-K., employait un autre adjectif pour décrire l'ouïe, ἠχήεσσαν[189] : l'oreille, pleine d'écho, ne nous fournit aucune information claire[190]. Le sens n'est pas dépréciatif chez Empédocle, qui accepte le témoignage des sens.

Le substantif τρανώματα est difficile. Dérivé d'un adjectif τρανής, qui apparaît avec les Tragiques, par la médiation d'un τρανόω non encore attesté à l'époque[191], il a été interprété ici par référence au sens du goût ou à la voix et à la vérité qu'elle énonce[192]. Il faut remonter à un radical qui n'est pas celui de τορός (du côté du percement) mais soit à la racine *trā (*treH2) (cf. latin trans, intrare, etc.) soit à une racine *tr- ayant un double degré zéro, avec le suffixe -ανής pris à σαφηνής. Les mots de cette famille sont toujours utilisés, dans les quelques emplois que nous avons conservés, pour ce que l'on montre clairement par la parole ou la raison et qualifient un verbe de déclaration ou de connaissance[193], et une fois, chez Sophocle, le contenu de cette connaissance[194].

La signification du substantif dépend, dans notre fragment, de la façon dont on comprend γλώσσης. S'il s'agit de la παλάμη par laquelle on saisit les sensations gustatives, les τρανώματα sont les *informations claires* que ce sens nous fait parvenir ; si γλῶσσα est l'organe de la parole, l'accent de sens est alors sur τρανώματα, dans le même contexte que chez les Tragiques. Cela doit signifier qu'on ne doit pas accorder plus crédit aux paroles que l'on entend qu'à celles que l'on profère. Le second sens paraît préférable pour deux raisons, qui ne sont certes pas complètement décisives : la répétition du substantif γλώσσης aux vers 3.1 et 3.11 va dans le sens de la compréhension du côté de la parole, et Théophraste,

---

189 Parménide 28 B 7.4 D.-K.
190 Une telle dévalorisation de la certitude sensible caractérisait également Héraclite, fr. 19 et 34 D.-K.
191 Chantraine *DELG* p. 1128. Le sémantisme a donné lieu à un doublet tardif τρανός, ainsi qu'à un substantif τρανότης (Plutarque, Plotin…) et à un verbe τρανόω *rendre clair, distinct*, qui sont tous deux également tardifs.
192 Pour le goût : Karsten 1838 p. 178, Bollack 1969 t. III p. 35, Gallavotti 1975 p. 9, Wright 1995 p. 162. Pour la vérité : Sturz 1805 p. 642, suivi par D.-K. 1951 p. 310, qui traduit « *Wahrnehmungen der Zunge* ».
193 En Ae.*Ag.*1371, l'adverbe τρανῶς qualifie εἰδέναι ; en Ae.*Eu.*45, il qualifie ἐρῶ. Il s'agit respectivement de savoir *clairement* ce qui est arrivé à Agamemnon, et de décrire *clairement* la parure des Euménides. Puis, Eu.*El.*758 (…τρανῶς ὡς μάθης τύχας σέθεν), Eu.*Rh.*40 (οὐδὲν τρανῶς ἀπέδειξας).
194 En So.*Ai.*23, sous forme adjectivale avec οἶδα : ἴσμεν γὰρ οὐδὲν τρανές, ἀλλ᾽ ἀλώμεθα.

dans le *De sensu*, indique qu'Empédocle n'aurait pas expliqué le processus exact par lequel les sensations gustatives nous parviennent, qu'il a traitées par la théorie générale des émanations[195].

Le poète invite, aux vers 3.12-13, à retenir en soi les données issues de tous les sens énumérés dans les vers précédents. Le verbe ἐρύκω signifie en effet *retenir quelqu'un en un lieu*, quoiqu'il puisse signifier *arrêter la progression de*, d'où *empêcher* quelqu'un de faire quelque chose[196]. Le premier sens, *retenir*, est accompagné du génitif (seul ou avec ἀπό) exprimant ce loin de quoi l'objet du verbe est retenu[197]. Au vers 3.13 d'Empédocle, le verbe signifie donc *retenir* la πίστις loin des membres, et le poème interdit de disqualifier le rôle des sensations dans le processus de connaissance.

Ces vers 3.12-13 ont été l'objet d'une importante correction de Sturz reconduite par Karsten[198]. Dans le cadre de leur interprétation visant à retirer à l'homme toute prétention à la connaissance, ils ont introduit entre les vers 12 et 13 une ponctuation forte afin de séparer la négation du vers 12 de l'impératif γυίων πίστιν ἔρυκε du vers 13 (donnant au groupe le sens de *écarte des membres la confiance*), et corrigé le θ' des manuscrits en un δ' au vers 3.13, afin d'opposer les sens – impuissants à parvenir à la connaissance – et le νοῦς, comme Sextus le faisait dans leur idée en commentant le passage. Cette correction mène ainsi à un sens exactement contraire de celui qu'on lit dans les manuscrits puisqu'elle discrédite irréductiblement les sens au profit de l'intellect[199].

Quoiqu'introduire une ponctuation forte entre les vers 12 et 13 ait été abandonné à juste titre à partir de Stein, la majeure partie des éditeurs ont continué à corriger le θ' en δ' au vers 13 afin de retrouver l'opposition entre sens et raison qu'on lisait chez Sextus[200]. Cette cor-

---

195  Théophraste, *De sensu*, § 9 : περὶ δὲ γεύσεως καὶ ἁφῆς οὐ διορίζεται καθ᾽ ἑκατέραν οὔτε πῶς οὔτε δι᾽ ἃ γίγνονται, πλὴν τὸ κοινὸν ὅτι τῷ ἐναρμόττειν τοῖς πόροις αἴσθησίς ἐστιν.

196  Chantraine *DELG* p. 375-376. Au sens de *retenir*, le verbe peut être employé pour des chevaux (Γ.113, E.262, H.342, ...) et pour l'armée (Z.80, Ω.658) chez Homère. Au sens d'*arrêter*, pour la progression d'Hector en M.465 et O.297, et celle de la neige en M.285. Finalement, pour le sens *empêcher*, *cf.* Eu.*Hera*.691 et *Herc*.317.

197  *Cf.* Σ.126 (μάχης), E.321 (ἀπὸ φλοίσβου), He.*Op*.28 (ἀπὸ πόνου), Hdt.9.49.14 (τοῦ Ἀσωποῦ).

198  Sturz 1805 p. 529 ; Karsten 1838 p. 178.

199  Karsten 1838 p. 91, dont je traduis la traduction latine : « et ne crois pas plus à la vue qu'à ce que tu entends, ni à ce que tu entends plus qu'aux perceptions reçues de la langue, ni à aucun des autres chemins de connaissance : n'accorde pas ta confiance aux sens, mais conçois de quelle façon chaque chose apparaît. »

200  C'est le cas de tous les éditeurs postérieurs (*cf.* encore récemment Gemelli Marciano 2013 p. 156, Mansfeld & Primavesi 2011 p. 444, Palmer 2013 p. 324), à l'exception de Diels

rection n'est toutefois pas nécessaire dans la mesure où le Sceptique défendait la thèse d'une complémentarité entre sens et raison et qu'un θ' est suffisant à cet égard, et car le verbe voεῖν a des sens plus diversifiés à l'époque d'Empédocle que l'acception intellectuelle qu'il acquiert par la suite dans la philosophie. Le verbe voεῖν désigne en effet une perception immédiate dans la poésie archaïque[201] : le vers 3.13 n'introduit pas d'opposition entre sens et raison mais établit que tous les sens, c'est-à-dire tout le corps (πᾶς), sont dignes de foi, à condition de faire de l'objet de la perception (νόει) le processus par lequel (πῇ) chaque sensation nous parvient, plutôt que la sensation individuelle elle-même.

## CONCLUSION : REFONDER LA VÉRITÉ
### DE LA PAROLE POÉTIQUE

L'enjeu de la construction des fragments 2 et 3 est de refonder la véridicité de la parole poétique : il fallait pour cela redéfinir sa source, transcendante, et le rapport qu'elle entretient au monde, tout en montrant pourquoi la Muse de la tradition poétique est insuffisante à ces deux égards. Cette redéfinition de l'autorité de la parole poétique se réalise par le biais d'une construction encadrante : l'exposé de la théorie poétique se déploie au sein d'une discussion sur le statut de la certitude sensible et des conceptions qu'elle mène à construire. Chacune des deux étapes de ce dispositif indique la distance que prend la conception d'Empédocle à la tradition.

S'agissant de la certitude sensible, le point focal de la critique est que, du fait des limitations inhérentes à l'appareil perceptif humain (2.1-2), la seule sensation ne permet pas de construire des conceptions viables de l'existence (2.3-4), du monde et des principes qui permettent de l'analyser (2.5-6). Ces conceptions incorrectes sont stylisées de façon critique par un certain nombre d'emprunts à la poésie épique, ce qui a conduit Diels à prêter, à mon sens à tort, un pessimisme irréductible à Empédocle alors que celui-ci ne fait que pointer les insuffisances des

---

1901 p. 107, Bollack 1969 t. III p. 36-37 et Vítek 2006 p. 308.
201 Chantraine *DELG* p. 756.

conceptions auxquelles il s'oppose. L'usage correct de l'appareil perceptif consiste à faire porter l'attention non sur l'objet perçu mais sur le sujet qui perçoit (3.9-13), de sorte à appréhender le fonctionnement de la perception et à donner l'intuition du fait qu'elle est intégration dans l'organisme d'effluves élémentaires provenant des objets sensibles. Il n'y a plus alors de dispersion de la connaissance dans une variété d'objets sensibles mais réunification de celle-ci dans le processus même de sensation.

La définition de la théorie poétique s'insère dans cette discussion sur le statut du sensible. Cet entrelacs s'explique par le fait que, si la certitude sensible est impuissante à faire parvenir à des conceptions justes sur le vivant et le monde, la source d'un tel savoir doit être transcendante. Or, la poésie antérieure est tombée dans des erreurs qui ont entraîné l'élaboration de concepts incorrects (discutés dans les vers 2.3-6) : pour que le discours poétique parvienne effectivement au vrai, il est nécessaire de refonder la source de sa véridicité.

Pour ce faire, le dispositif textuel construit une théorie originale de l'inspiration poétique, en rupture avec différents moments de la tradition antérieure. L'idée directrice est que l'autorité du poète se fonde non pas sur l'énoncé d'un thème (la colère d'Achille, un dieu, la victoire d'un héros acquise par la faveur des dieux, etc.) mais sur le respect de la relation qui unit l'homme au divin. Cette relation est formulée de façon diverse, selon le point de vue adopté : il s'agit en 3.1-2 et 3.7 de l'ὅσιον, qui désigne les prescriptions des dieux à l'égard des rapports entre les hommes ; en 3.4, de ce qui est θέμις, qui en est la version objectivée par le propos poétique ; et en 3.5, de l'Εὐσεβίη, qui représente le respect du divin intériorisé par le poète. Or, la Muse, qui sert d'intermédiaire entre dieux et poète, est placée du côté du désirable et de Φιλία, ce qui suggère que le poème vise à reconnaître le rôle de Φιλία et des racines dans le monde. Le point crucial que le dispositif textuel passe ici délibérément sous silence est que le poème est loin de respecter la conception de l'ὁσίη véhiculée par la religion traditionnelle et les représentations du divin qui s'y trouvent associées : l'auditeur ne comprend que rétrospectivement que la piété ainsi construite consiste à reconnaître le rôle des éléments et de l'Amour dans la création du vivant et du monde, et plus largement dans le déroulement du cycle cosmique.

La construction de l'inspiration poétique se déploie en trois étapes, toutes marquées par une distance critique prise à l'égard de la tradition : les vers

3.1-2 font des dieux l'origine ultime de la parole poétique et en demandant le respect de la relation au divin ; les vers 3.3-5 définissent la Muse comme un principe émanant de Φιλία pourvu de la fonction de convoyer la parole poétique jusqu'au poète à condition qu'il respecte un impératif de piété ; les vers 3.6-8 énoncent l'interdiction de rechercher les honneurs.

Adresser cette interdiction à la Muse s'explique aisément : comme les propos des autres poètes étaient eux aussi formulés par une Muse, distincte de celle qu'Empédocle construit dans ces vers, il fallait indiquer la cause de l'erreur de cette Muse traditionnelle. Qu'Empédocle adresse des injonctions à la Muse ne doit pas surprendre : la signification du fait qu'il exhorte sa Muse à ne pas devenir la Muse traditionnelle ne doit pas s'analyser, étroitement, comme une injonction à une divinité mais comme une définition, prescriptive, de la nature correcte de l'inspiration poétique. L'erreur consiste à ce que les poètes ne rendent plus justice à la relation qui lie l'humain à la divinité véritable et proposent des représentations du divin – et partant, de l'humain – incorrectes : les modélisations qu'ils proposent ne permettent pas, aux yeux d'Empédocle, de fonder la véridicité de la parole poétique de façon suffisamment forte.

Le dispositif textuel vise les paradigmes de véridicité de la poésie élégiaque didactique, que nous connaissons par Solon, et de la poésie épinicique. Pour le premier, il conteste que la composition poétique doive viser à obtenir une forme de reconnaissance de la part des hommes lorsqu'elle développe un contenu de nature politique. Pour le second, le divin fonde la véridicité de la parole poétique d'une façon incorrecte dans la mesure où l'épinicie vise à célébrer une victoire offerte par les dieux à un homme qui constitue le patron du poète. Cette structure pragmatique et poétique dénature la représentation du divin proposée par la poésie. Si ces critiques constituent un écho des reproches d'anthropomorphisme formulés par Xénophane à l'égard d'Homère et d'Hésiode, ils les dépassent dans la mesure où il s'agit de redéfinir, au-delà de la seule représentation du dieu, la véridicité de la parole poétique dont la source est transcendante. J'ai montré que les vers 3.6-7 se comprennent plus facilement s'ils sont adressés à la Muse, quoiqu'il n'y existe pas de solution qui résolve tous les problèmes que pose ce passage difficile.

Le vers 3.8 clôt la présentation de la théorie poétique en précisant l'avantage du respect de la piété dans le processus de composition poétique : atteindre la σοφίη véritable. L'acte de création poétique n'est plus dépendant des attentes du public et de la recherche du succès mais peut décrire le divin et le monde tels qu'ils sont.

Cette théorie poétique s'insère de fait dans la discussion sur le statut du sensible en tant qu'excursus nécessaire, ce qui est marqué par le groupe ἀλλὰ γάρ au vers 3.9. Ce tour et le masculin πᾶς présenté par les manuscrits indiquent que le destinataire redevient Pausanias, comme c'était le cas dans les vers 2.8b-9 : le changement de destinataire, qui a tant surpris les commentateurs et les a souvent conduits à intervenir sur le texte, était en fait masqué par la correction de Bergk.

Cet entrelacs entre la fonction des sens et la théorie poétique indique que l'usage correct de ceux-ci doit être révélé de façon transcendante afin de dépasser les limitations inhérentes à l'appareil perceptif humain. Prêter au destinataire infradiégétique, Pausanias, une connaissance des thèses incorrectes élaborées par les mortels (2.8b-9) signale de fait une condition déterminante de l'intelligibilité du poème, dans la mesure où ce savoir est effectivement un préalable (chez l'auditeur) de la compréhension de la distance qu'Empédocle prend avec la tradition, dans les concepts qu'elle a élaborés tant pour rendre compte du vivant et du monde que pour fonder la véridicité de la parole poétique. La théorie poétique se construit dans un lien étroit au réel : le poème est le véhicule d'une πίστις, une force persuasive, qui prend des formes différenciées selon l'objet du poème. Les deux autres fragments qui portent sur la Muse précisent deux facettes différentes de ce processus de persuasion qui va faire l'objet de notre enquête. En cela, le poème d'Empédocle prend une distance déterminante avec celui de Parménide : la déesse, dans la Vérité, affirmait que les sens étaient incapables de faire parvenir à la vérité[202].

Au terme de cette construction, la véridicité du discours poétique est refondée sur des bases originales, en rupture avec la tradition poétique : l'observation judicieuse du sensible et l'écoute de la doctrine collaborent à la compréhension du monde. L'insistance sur la conformité de la parole poétique à la volonté divine (3.2, 3.4, 3.7) indique qu'une relation droite au divin doit caractériser tous les stades de la composition.

Ces analyses permettent d'éclairer la question de la succession des fragments 2 et 3. Si elles sont justes, il est vraisemblable que les fragments 2 et 3 se soient suivis immédiatement, dans l'économie originelle

---

202 Parménide 28 B 6.6-9 et 7.3-6 D.-K. *Cf.* Kurfess 2012 p. 105-106 sur la relation du traitement du sensible chez Parménide et Empédocle.

du poème[203]. Comme nous le verrons, ces deux fragments comportent un ensemble de reprises thématiques et lexicales qui suggèrent qu'ils forment un ensemble clos sur lui-même.

Il faut alors déterminer à quel passage Sextus renvoie lorsqu'il dit qu'Empédocle a récusé la position de ceux qui promettent plus que ce qu'il est permis aux hommes de savoir[204]. Les candidats ne manquent pas. Certains ont supposé qu'il avait disparu dans la lacune entre les fragments 2 et 3, qu'on cherche ou non à la combler par un fragment que nous connaissons par ailleurs[205]. Bollack estimait qu'il s'agissait du fragment 111, qui serait une reformulation ironique des promesses de connaissance mensongères[206]. Mais l'hypothèse d'un référent extérieur aux fragments 2 et 3, toute séduisante soit-elle, est herméneutiquement coûteuse : il est plus économique de le chercher au sein des fragments 2 et 3 eux-mêmes. Kurfess a proposé qu'il s'agisse de ceux qui prétendent avoir trouvé le Tout (vers 2.6)[207]. Mais l'enchaînement de l'exposé de Sextus rend l'hypothèse improbable : cette mention se serait alors plutôt trouvée entre la citation de 2.1-8a et de 2.8b-9.

Sextus vise plutôt les vers 3.1 et 3.6-7, dirigés respectivement contre la folie des autres penseurs et les poètes qui se laissent entraîner par la recherche de la faveur du public à formuler des énoncés qui dépassent ce que les dieux permettent[208]. La citation des deux fragments 2 et 3 par Sextus Empiricus permet qu'il y ait continuité entre ces deux fragments à condition d'admettre que, lorsque Sextus mentionne les reproches qu'adresse Empédocle à ceux qui promettent plus, il interprète la μανίη qu'Empédocle attribue aux autres poètes comme la promesse mensongère d'une connaissance qui dépasse la juste collaboration entre sens et raison autorisée par le dieu qu'Empédocle placerait au fondement de sa propre doctrine.

---

203 L'idée est formulée par Fränkel 1923 et suivie par Kurfess 2012 p. 117.

204 SE.*AM*.VII.124.6-7 : καὶ διὰ τῶν ἑξῆς ἐπιπλήξας τοῖς πλέον ἐπαγγελλομένοις γιγνώσκειν. Je remercie Gérard Journée pour nos discussions sur ce passage et ses suggestions.

205 Karsten 1838 p. 175 suppose que le référent a disparu dans la lacune, quoiqu'il glose ensuite μανίην (3.1) dans des termes semblables à ceux de Sextus.

206 Bollack 1969 t. III p. 19-22.

207 Kurfess 2012 p. 117.

208 Quoique Sturz 1805 p. 528-529 place 114 et 4 entre 2 et 3, sans doute parce qu'ils développent l'opposition entre le poète (et le disciple) et les autres hommes, qui tiendrait à ce que les premiers détiennent une vérité qu'il est difficile aux seconds d'accepter, le savant pense que la remarque de Sextus renvoie à la folie des τῶν de 3.1 (Sturz 1805 p. 639). Wright 1995 p. 157 se prononce également en faveur de la continuité 2-3.

# LA CONSTRUCTION DE LA PERSUASION
# DANS LES FRAGMENTS 4 ET 131

Les fragments 4 et 131 mobilisent de façon distincte la figure de la Muse pour construire la force persuasive du poème[1]. Le fragment 4 est traditionnellement associé au fragment 3, tous deux placés dans le proème depuis l'édition de Karsten, alors que Sturz les avait insérés au sein du livre III du Περὶ Φύσεως[2].

La place du fragment 131, en revanche, fait l'objet de discussions : il a généralement été attribué aux *Catharmes*, quoiqu'il ait été inclus dans le Poème physique par Stein en 1852, position adoptée par plusieurs éditions récentes[3]. La question du rapport de la théorie poétique du fragment 131 à celle des fragments 3 et 4 se pose ainsi de façon aiguë.

## LA MUSE DU FRAGMENT 4, UN PONT
## ENTRE L'ORDRE DU DISCOURS
## ET L'ORDRE DES PHÉNOMÈNES

### SOURCES DU FRAGMENT 4

Le fragment 4 est cité par deux témoins : Clément d'Alexandrie, qui cite l'intégralité des trois vers, et Théodoret[4], qui cite les vers 4.1-2. Ils interprètent tous deux la πίστις d'un point de vue religieux comme

---

1     Pour le concept de πίστις comme philosophème chez Parménide et Empédocle, voir Iribarren 2006.
2     Sturz 1805 p. 528 place ce fr. 4 au sein du livre III, proposant la succession B2 – B114 – B4 – B3. Karsten 1838 p. 191-192, Stein 1852 p. 37, etc.
3     Gemelli Marciano 2013 p. 282-283 ; Mansfeld & Primavesi 2011 p. 560-561.
4     Clément, *Str.* V.3.18.3-4 ; Théodoret, *Thérapeutique des maladies helléniques* 1.70.2. Voir Annexe 1, p. 753-754.

la *foi* en une connaissance révélée, dont la primauté est envisagée par opposition aux arguments rationnels chez Clément et vraisemblablement à toute autre forme de connaissance chez Théodoret. Les deux auteurs comprennent les κρατέουσι du premier vers comme un neutre : il s'agit à chaque fois de refuser sa confiance à des idées et non à des personnes.

Le propos du chapitre 3 du livre V des *Stromates* est de caractériser la découverte de la vérité. Le début du chapitre établit que cette vérité porte sur des objets intelligibles (*Str.* V.16.1-16.5) ; le mode de découverte de cette vérité est la constatation de son ignorance, suivie d'une tentative de la dépasser (16.6-17.3) ; Clément établit ensuite que la foule n'est pas capable d'atteindre le vrai (17.4-18.4), mais que la vérité proposée par les chrétiens est digne qu'on cherche à l'atteindre (18.5-18.8). La troisième étape du raisonnement est celle qui nous intéresse : la citation de plusieurs auteurs profanes et chrétiens (jusque 18.3) vise à discréditer la connaissance du plus grand nombre[5], discrédit appuyé sur la citation d'Empédocle. Clément lit dans le fragment une opposition entre démonstration de la vérité (ce qu'attend la foule) et persuasion par l'évidence et la révélation : les κακοί tentent de choisir eux-mêmes le contenu de cette vérité, en refusant d'accorder foi à l'évidence mais en tentant de la dompter par des démonstrations.

À partir du paragraphe 54 du livre I, Théodoret cherche à défendre la notion de foi (πίστις), entendue dans un contexte chrétien. Après avoir établi qu'une forme de foi était exigée des disciples des philosophes grecs, l'auteur applique à qui contredirait son raisonnement les deux citations d'Héraclite et d'Empédocle afin de montrer que l'absence de foi confine à la sottise. Le fragment B 4 d'Empédocle est convoqué afin d'opposer d'un point de vue axiologique les croyants aux incrédules. Théodoret ne cite pas le vers 3 du fragment : cette manipulation l'a conduit – lui ou sa source – à modifier la syntaxe du vers 2. La proposition principale originelle du fragment, qui se résume à l'impératif γνῶθι et que nous connaissons par la citation de Clément, est contenue dans le vers 4.3, que Théodoret ne cite pas. La proposition subordonnée qui constitue le vers 2, originellement introduite par ὡς δέ, a ainsi été transformée en proposition principale introduite par ὧδε γὰρ, au prix de la disparition du παρ'(ά) attesté dans la citation de Clément.

---

5    Notamment Pl. *Resp.* VI 494a 3 ; Pl. *Phaedo* 69c 8-9 ; *Évangile de Matthieu*, 22.4 ; *Premiers Épîtres aux Corinthiens*, 8.7 ; *Seconds Épîtres aux Thessaloniciens*, 3.1.2, etc.

PROBLÈMES PHILOLOGIQUES ET HERMÉNEUTIQUES
POSÉS PAR LE FRAGMENT 4

Les interprétations dont a fait l'objet le fragment 4 sont déterminées par deux points principaux : au vers 4.1, le contenu que l'on a donné aux κρατέουσιν et le sort fait à πέλει ; au vers 4.3, la façon dont on comprend les σπλάγχνα et le sort fait au génitif absolu.

*Le sens des vers 4.1-2 et la définition*
*de κακοί et de κρατέουσιν*

Le κρατέουσιν du premier vers peut être soit un neutre, soit un masculin – il renvoie alors aux maîtres des κακοί, sociaux (les seigneurs) ou intellectuels (les sages). L'enjeu de cette première question est de qualifier l'opposition que le fragment construit : s'agit-il d'opposer le rapport entre les κακοί et leurs maîtres au rapport existant entre le poète et Pausanias d'un côté, et la Muse de l'autre (si κρατέουσιν est masculin), ou bien d'opposer la confiance à l'incrédulité eu égard à un même ensemble de connaissances (si κρατέουσιν est neutre) ?

Au vers 4.3, le génitif absolu διατμηθέντος ἑνὶ σπλάγχνοισι λόγοιο a posé deux types de difficulté : déterminer si le génitif est descriptif ou prescriptif et si les σπλάγχνα sont ceux de Pausanias ou ceux du discours. Suivant les combinaisons, on a pu comprendre que Pausanias devait observer le détail du discours de la Muse, qu'il devait l'observer en son cœur, ou encore que des fragments du λόγος étaient répandus dans son corps.

Jusque Stein inclus, une première série de positions comprend κρατέουσι comme un neutre et construit πέλει, au premier vers, comme un équivalent de *hic mos est* : il s'agit de dénoncer les habitudes des κακοί, qui refusent d'accepter la vérité. Le détail de la compréhension de l'opposition varie. Pour Sturz, il s'agit des arguments forts que les κακοί ne peuvent réfuter parce qu'ils sont fondés sur l'évidence vraie[6] ; Karsten, lisant dans le premier vers une attaque envers ceux qui refusent les révélations divines et préfèrent faire confiance aux arguments[7],

---

6    Sturz 1805 p. 638 : « cela qu'eux-mêmes (*sc.* les κακοί) ne peuvent réfuter par des arguments. »

7    Karsten 1838 p. 191-192 : « J'ai pensé que ces vers, qui contiennent la critique de ceux qui, confiants en leurs raisonnements (*rationibus*), repoussent les propositions d'un esprit

comprend que les κρατέοντα sont les arguments fiables ; Stein, qu'il s'agit des lois de la nature exprimées dans des λόγοις κρατέουσιν[8].

La compréhension du vers 4.1 informe l'interprétation des πιστώματα du vers 4.2 : Sturz comprend qu'au refus d'accepter l'évidence de la vérité il faut opposer une réflexion par l'examen minutieux des arguments de la doctrine qui emportent l'assentiment (πιστώματα) ; Karsten oppose la foi en les seuls arguments à la confiance en la révélation de la Muse ; Bergk comprend que le fragment oppose deux comportements eu égard à la foi accordée aux discours divins ; Stein, enfin, considère que la discussion porte sur l'acceptation ou non des lois fondamentales de la nature.

L'interprétation de Diels est en rupture par rapport à cette première série de positions, dès 1901[9] : l'opposition n'est plus dans la réaction d'une catégorie de personnes à la doctrine mais s'exerce au sein de la société. Le participe κρατέουσιν est pris comme un masculin[10], sur le fondement d'une opposition entre les hommes de peu et leurs maîtres (intellectuels ou sociaux), auxquels ils ne font pas confiance. À ce geste de refus de la souveraineté par les viles gens s'oppose l'acceptation de la supériorité de la Muse et des πιστώματα. Au premier vers, Diels corrige κάρτα en χαρτά (de χαρτός, *délicieux*)[11], afin d'éviter de lire πέλει au sens de *hic mos est* : tout le groupe χαρτὰ πέλει est compris comme un tour impersonnel – accompagné donc du datif κακοῖς – qui signifie *être un délice*. Cela ajoute une nuance d'intention dans le comportement des viles gens décrit au premier vers. Dès 1910, Diels abandonne la correction χαρτά et corrige en revanche πέλει en μέλει[12], reprenant la nuance

---

    plus divin, presque celui d'un dieu (*diuinioris mentis et quasi numinis effata*) ne peuvent être maladroitement insérés à cet endroit. » *Cf.* Bergk [1839] 1886 p. 36, comprenant que les κρατέουσιν étaient les « *potentibus ie. diis argumentis* ».

8    Stein 1852 p. 37 : « par des lois qui s'étendent à la totalité de la nature et la régissent, telle qu'elle est : rien ne provient de rien ni ne retourne à rien. »

9    Diels 1901 p. 107-108, suivi par Bignone 1916 p. 393 et Trépanier 2004 p. 221 n. 24. Diels traduisait en 1903 : « alors que pour les viles gens c'est un délice de ne pas faire confiance à leurs maîtres, toi, connais, comme l'ordonne la révélation reçue de la bouche de notre Muse, après que son propos a traversé le filtre de ton esprit. »

10    Il suit pourtant en réalité une proposition de Stein 1852 p. 37, qui avait avancé cette lecture de κρατέουσι comme un masculin à titre de possibilité : « pour ceux qui pensent droitement et vainquent par la force de la vérité » (« *eis qui recte monent ueritatisque ui uicent* »).

11    Diels 1901 p. 107.

12    Diels 1910 p. 175, suivant une proposition de Schneidewin 1851 encore acceptée par Trépanier 2004 p. 221 n. 24 et Mansfeld & Primavesi 2011 p. 444.

d'intention de la correction originelle, puisque le texte signifie alors qu'il importe aux viles gens de ne pas faire confiance à leurs maîtres[13].

Bollack est revenu au texte des manuscrits, πέλει, qu'il construit avec le datif et un adverbe au sens de *il se produit pour eux*[14]. Quoiqu'il affirme que πέλει n'est pas un équivalent de ἐστίν, Bollack glose sa traduction comme un équivalent exact du tour εἰμί accompagné du datif pour signifier la propriété[15]. Comprenant κρατέουσι comme un neutre, il oppose le discrédit que jettent les κακοί sur les forces réellement à l'œuvre dans le monde (les racines et les deux puissances) à l'acceptation des gages de la Muse par Pausanias[16], qui sont une stylisation poétique de l'action de ces forces. Ces certitudes *pressent* car, possédant un élan intrinsèque, elles viennent d'elles-mêmes à Pausanias. Son interprétation est reconduite, sous des formes parfois affaiblies, par les savants modernes[17].

Gallavotti propose une dernière interprétation : construire ἀπιστεῖν absolument et faire de κρατέουσιν l'attribut de κακοῖς, en les opposant au disciple en ce que ce dernier accepte la doctrine[18]. L'ordre des mots ne paraît toutefois pas aller dans ce sens.

## Le problème du génitif absolu du vers 4.3

L'alternative interprétative qui se dessine pour le génitif absolu du vers 3, διατμηθέντος ἐνὶ σπλάγχνοισι λόγοιο, dépend du référent de σπλάγχνα, selon qu'on considère qu'il s'agit des entrailles du λόγος (il faut examiner le discours de la Muse à fond pour comprendre la doctrine) ou celles de Pausanias[19] (celui-ci doit assimiler la doctrine). La première

---

13   Diels-Kranz 1951 p. 311 traduit : « *Freilich Niedrigen liegt es nur zu sehr am Herzen, Machtvollen zu misstrauen.* »

14   Bollack 1969 t. III p. 41, suivi par Wright 1995 p. 95, Inwood 2001 p. 210, Vítek 2006 p. 308, Gemelli Marciano 2013 p. 158. Pour la construction, Bollack renvoie à Chantraine *GH* t. II p. 6 qui mentionne I.324 (Chantraine fait référence à I.334 mais il s'agit d'une coquille).

15   Bollack 1969 t. III p. 41 : « le fait de ne pas croire appartient bien en propre aux hommes. »

16   À cet égard, son interprétation est un développement de celle de Sturz.

17   Wright 1995 p. 163 revient au texte des manuscrits et suit l'interprétation de Bollack : les πιστώματα sont les signes extérieurs qui justifient la confiance ; Trépanier 2004 p. 70-71 et p. 214 n. 89 oppose le doute des κακοί devant la doctrine aux preuves apportées par Empédocle. Pour l'opposition entre les vers 4.1-2, *cf.* Gemelli Marciano 2013 p. 159.

18   Gallavotti 1975 p. 10-11.

19   Pour le λόγος : Bignone 1916 p. 393. Pour Pausanias : Sturz 1805 p. 639, Bollack 1969 t. III p. 44-45, Wright 1995 p. 164.

hypothèse crée une tension entre la nécessité d'un examen approfondi et l'évidence avec laquelle les gages offerts par la Muse s'imposent. La seconde hypothèse peut elle-même être envisagée de façon concrète (le processus de compréhension implique de réunir des données séparées dans l'organisme même, puisque nous pensons grâce au sang) ou figurée (les arguments offerts par la Muse font écho à des conceptions déjà partiellement connues de Pausanias).

Cette première alternative est redoublée par la question de savoir si l'on prête une valeur descriptive ou prescriptive au propos du vers 4 : si sa valeur est (1) prescriptive, le vers peut signifier (1a) que toute compréhension suppose une attention aux détails du propos ou (1b) qu'elle suppose un effort de la raison ou de l'instance interne de compréhension, quelle qu'elle soit. Si (2) sa valeur est descriptive, il peut signifier (2a) que par nature le processus de compréhension conduit à diviser le λόγος en parties dans le corps du disciple – ou que (2b) par nature le processus de compréhension s'appuie sur une réunion d'objets à l'origine divisés dans le sang, par exemple.

L'interprétation (1a) a été défendue par Sturz et Bignone[20] : le disciple doit appliquer son esprit aux détails du discours pour le comprendre. L'interprétation (1b) a été formulée par Karsten, qui assimile le λόγος au νοῦς en se fondant sur un passage de Parménide où il s'agit de juger par le λόγος (κρῖναι δὲ λόγῳ), et διατέμνειν à la réflexion telle qu'elle est stylisée dans certains passages d'Homère[21]. La compréhension généralement admise aujourd'hui est une évolution de cette position : diviser le poème dans ses entrailles – dans ses propres facultés de compréhension – est la condition de l'assimilation de la doctrine[22]. La correction de Diels, διασσηθέντος, *après avoir passé au crible le discours*, va également dans le sens d'une étude du poème par la raison[23].

---

20  Sturz 1805 p. 639 considère que σπλάγχνα signifie *animum* (comme καρδία, φρένες et πραπίδες), et que διατέμνειν signifie *considérer par ses parties isolées* ; Bignone 1916 p. 393-394, que les σπλάγχνοισι sont ceux du discours, au cœur intime duquel Pausanias doit s'attacher.

21  Pour Parménide, il s'agit des vers 3 à 6 du fragment 28 B 7 D.-K. Pour διατέμνειν, *cf.* A.189 : ἐν δὲ οἱ ἦτορ στήθεσσιν... διάνδιχα μερμήριξεν.

22  Wright 1995 p. 164 et Inwood 2001 p. 211 pour l'intégration du discours dans la poitrine ; Trépanier 2004 p. 228 n. 3 et Mansfeld & Primavesi 2011 p. 444-445 comprennent qu'il s'agit de *digérer la doctrine* ; Gemelli Marciano 2013 p. 159.

23  Diels 1901 p. 108 conserve διατμηθέντος, mais évoque en apparat διασσηθέντος, qu'il glose « *ratio mente uelut cribro percolata* ». La correction διασσηθέντος est retenue de Diels

L'interprétation (2b) a été soutenue par Bollack[24] : le vers 3 décrit la situation physiologique du λόγος dans le sang avant la connaissance de la doctrine. Le λόγος, divisé par la Haine, demande à être réunifié dans le sang en y accueillant les πιστώματα pour les assimiler complètement ; les κακοί, eux, se sont laissés diviser complètement par la Discorde, et ne parviennent donc plus à accueillir les πιστώματα et à les absorber.

LE FRAGMENT 4 ET LA MUSE :
QUELLE EST L'OPPOSITION DÉVELOPPÉE DANS LE FRAGMENT ?

Je montrerai que ce fragment vise à opposer l'attitude gnoséologique des κακοί à celle du poète et de Pausanias, sur le fondement de leur aptitude à reconnaître la dimension persuasive qui émane des choses mêmes (les κρατέοντα, qui sont vraisemblablement un neutre renvoyant à l'action des racines et de Φιλία dans le monde) ; la cause de cette situation est explicitée par le vers 4.3, qui établit que la Discorde a divisé les facultés de compréhension à l'intérieur de l'homme ; la parole poétique permet de les réunifier, en provoquant la persuasion, dans la mesure où la Muse assure la transcription dans l'ordre poétique de la dimension persuasive du réel sous la forme de πιστώματα, gages qui témoignent du pacte passé entre la Muse et le poète et de la véridicité de la doctrine.

*Une lecture de l'opposition structurant le premier vers*

– Κρατέουσιν, masculin ou neutre ?

Lire κρατέουσιν comme un masculin implique une opposition de rapports interpersonnels : Empédocle refuse d'être dans le même rapport avec le divin que les viles gens avec leurs maîtres. Il y a une opposition de situations de dépendance. En revanche, lire un neutre implique d'opposer des attitudes eu égard à la connaissance : les viles gens refusent les conceptions les plus fortes, qui font précisément l'objet de la révélation de la Muse.

La compréhension des deux témoins va dans le sens d'un κρατέουσιν neutre, c'est-à-dire d'une opposition entre deux comportements eu égard

---

1903 p. 184 à D.-K. 1951 p. 311.
24  Bollack 1969 t. III p. 43-45.

à la connaissance. Le passage de Clément vise à souligner l'ignorance de la foule à accepter la révélation divine et celui de Théodoret porte sur la capacité à croire en un discours révélé : il ne s'agit pas de croire à la parole d'un prophète donné mais d'accepter une conception grâce à la foi. L'opposition gnoséologique est donc plus pertinente : elle explique pourquoi les conceptions pourtant avérées ne sont pas acceptées par les hommes de peu de prix. Ce refus va dans le sens de la lecture proposée des premiers vers du fragment 2 : l'erreur des mortels est de ne pas reconnaître la conception véritable du vivant et de lui substituer des conceptions erronées. Bollack a raison de dire que les κακοί ne sont pas les viles gens dans l'absolu ou d'un point de vue moral : ils ne sont κακοί que dans la mesure où ils refusent de voir la réalité telle qu'elle est, en reconnaissant les principes qui y sont réellement à l'œuvre.

– La grammaire du vers 4.1

Comprendre πέλει comme un impersonnel signifiant *c'est la coutume de* (*hic mos est*) est difficile car le verbe n'est accompagné d'un infinitif dans aucune de ses occurrences antérieures. Bollack a soutenu que le tour n'était pas un équivalent de ἐστί avec le datif en ce qu'il n'exprimait pas une propriété essentielle des κακοί, mais que πέλει avec adverbe signifiait un état accidentel (*il se produit pour*)[25]. Bollack signale pourtant un passage de Chantraine où le savant considère précisément que πέλει avec adverbe est un synonyme du sens fort de εἶναι[26] : les occurrences elles-mêmes semblent avoir un sens équivalent au tour εἰμί avec le datif[27].

Il vaut mieux y lire un tour semblable à εἰμί accompagné du datif, exprimant la possession, dont le sujet est l'infinitif ἀπιστεῖν : *Ne pas croire, c'est vraiment là le propre des* κακοῖς. Cette construction caractérise un passage de Sophocle où Électre affirme se trouver dans une situation de dépendance à l'égard de Clytemnestre et d'Égisthe :

---

25   Bollack 1969 t. III p. 41.
26   Chantraine *GH* t. II p. 6, après avoir souligné p. 5 que ἐστίν peut exprimer la notion d'existence : « Le verbe εἶναι a, toutefois, été concurrencé par d'autres verbes qui exprimaient originellement des nuances variées et se sont substitués à lui. Le plus notable chez Homère est πέλω et surtout πέλομαι qui peut s'employer au sens fort avec un adverbe. »
27   En I.324, un oiseau trouve sa subsistance avec difficulté (κακῶς δέ τε οἱ πέλει αὐτῇ) ; en A.284, les Achéens n'ont plus le ferme rempart que constituait Achille (ἕρκος Ἀχαιοῖσιν πέλεται πολέμοιο κακοῖο).

κἀκ τῶνδέ μοι / λαβεῖν θ' ὁμοίως καὶ τὸ τητᾶσθαι πέλει[28].

Dans ce vers et demi, πέλει fonctionne comme dans le tour εἰμί accompagné du datif, en l'occurrence μοι : les deux infinitifs λαβεῖν et τητᾶσθαι sont les sujets de πέλει, comme l'indique le τό précédant τετᾶσθαι. Le groupe ἐκ τῶνδε renvoie alors à l'agent donnant à Électre sa subsistance ou l'en privant, c'est-à-dire Égisthe et Clytemnestre.

À cette lumière, le premier vers du fragment 4 signifie que le critère définissant les κακοί est de ne pas accepter l'évidence. Celle-ci – les κρατέοντα – a pour contenu la révélation offerte par la Muse : il s'agit des puissances à l'œuvre dans le monde et de leurs rôles respectifs. Sturz, Karsten, Bergk et Stein ont voulu chercher un contenu trop spécifique à ces puissances qui dominent : il ne s'agit pas de propos de telle ou telle nature mais des forces à l'œuvre dans le monde. Le dispositif textuel introduit un jeu sur le rapport des κακοί aux puissances : l'adverbe κάρτα provient du sémantisme de κράτος[29]. Cela suggère que le doute caractérise les κακοί aussi sûrement que la domination des racines caractérise le monde.

*La Muse, le poète et le disciple : les vers 4.2-3*

– Le sens de πιστώματα
   du point de vue du discours poétique

Si l'opposition à l'œuvre entre les vers 1 et 2 tient bien au comportement eu égard à la vérité, reste à déterminer la nature de la révélation de la Muse – les πιστώματα. Ce substantif dérivé de πιστόω (qui est formé sur le radical de πίστις lui-même dérivé de celui de πείθομαι[30]) n'est employé que par Eschyle, avant notre passage[31]. La dérivation de πιστόω est importante pour le sens : le verbe signifie à l'actif *rendre digne de confiance* et au moyen *échanger des gages de confiance*[32]. Dans les occurrences eschyléennes, le terme désigne le gage du respect d'un pacte : le thème

---

28    So.*El.*264-265 : (Électre parle) « C'est le propre de ma situation de recevoir ma subsistance
       de ceux-ci (*sc.* les meurtriers de mon père) ou d'en être privée par eux. »

29    Chantraine *DELG* p. 578-579.

30    Chantraine *DELG* p. 868-869.

31    Respectivement en Ae.*Ag.*877-878, *Ch.*976-977, *Eu.*213-214, et *Pe.*170-171.

32    Chantraine *DELG* p. 869.

traverse l'Orestie, pour caractériser le gage du mariage entre Agamemnon et Clytemnestre, ou sa version corrompue, représentée par l'union de Clytemnestre et d'Égisthe. Dans l'*Agamemnon*, Oreste est le gage du pacte liant Agamemnon et Clytemnestre, c'est-à-dire leur mariage[33]. Dans les *Choéphores*, Oreste commente la scène où les deux cadavres d'Égisthe et de Clytemnestre sont entrelacés, qu'il compare au moment où ils étaient assis sur des θρόνοις côte à côte (vers 976-977)[34] : l'enlacement des cadavres est le témoin du pacte passé de leur vivant, à savoir leur mariage[35]. Il y a un jeu avec l'occurrence précédente, dans l'*Agamemnon*, où Oreste était non pas témoin du pacte entre sa mère et son amant, mais gage du mariage d'Agamemnon et de Clytemnestre. Dans les *Euménides*, Apollon reproche aux Érinyes de ne pas avoir défendu le pacte entre Agamemnon et Clytemnestre, c'est-à-dire leur mariage, laissant celle-ci assassiner celui-là[36]. Dans les *Perses*, finalement, l'expression γηραλέα πιστώματα est un équivalent abstrait de l'expression πιστοὶ γέροντες : il s'agit de souligner que l'âge des vieillards est une preuve de la confiance qu'on peut leur accorder[37]. Le substantif πιστώματα renvoie donc aux éléments concrets qui en sont le garant et qui suscitent la confiance en l'accord : ils témoignent de la fidélité des deux parties.

Si le sens dans notre vers d'Empédocle est identique à celui de ces passages d'Eschyle, le fait que la Muse exprime sous forme poétique la nature et le rôle des puissances réellement à l'œuvre dans le monde est le signe tangible que le pacte entre le poète et la Muse est respecté : les πιστώματα s'imposent, ils pressent (κέλεται), de même que la force qui domine le monde et la nature (κρατέοντα). Bollack a raison de souligner que πιστώματα et

---

33    Ae.*Ag.*877-8 (Clytemnestre à Agamemnon) : ἐκ τῶνδέ τοι παῖς ἐνθάδ' οὐ παραστατεῖ, / ἐμῶν τε καὶ σῶν κύριος πιστωμάτων « Pour ces raisons, l'enfant n'est pas à nos côtés, lui qui certifie la fidélité que j'ai et que tu as jurée, comme il le devrait, Oreste » (tr. Judet de La Combe).

34    Ae.*Ch.*976-7 : φίλοι δὲ καὶ νῦν, ὡς ἐπεικάσαι πάθη / πάρεστιν, ὅρκος τ' ἐμμένει πιστώμασιν « Et ils s'aiment encore, comme se laisse interpréter le sort qu'ils ont subi ; le serment survit dans le pacte qu'ils ont conclu » (trad. Jean & Mayotte Bollack).

35    *Cf.* notamment Garvie 1986 p. 319.

36    Ae.*Eu.*213-214 (Apollon aux Érinyes) : ἦ κάρτ' ἄτιμα, καὶ παρ' οὐδὲν ἠργάσω, / Ἥρας Τελείας καὶ Διὸς πιστώματα « Les engagements pris par Héra, déesse de l'achèvement, et par Zeus, tu les as comptés pour rien et tu ne les as pas défendus » (trad. Jean & Mayotte Bollack). *Cf.* Verrall 1908 p. 41, Sommerstein 1989 p. 119.

37    Ae.*Pe.*170-171 : Πρὸς τάδ', ὡς οὕτως ἐχόντων τῶνδε, σύμβουλοι λόγου / τοῦδέ μοι γένεσθε, Πέρσαι, γηραλέα πιστώματα « Dans cet état des choses, qui est ainsi, faites-vous mes conseillers, sur ce que je vous dirai, Perses, gages anciens de la fidélité » (trad. Gondicas & Judet de La Combe). *Cf.* Garvie 2009 p. 112.

κρατέοντα renvoient à la même réalité, considérée soit du point de vue de sa réalisation pratique dans le monde (κρατέοντα), soit du point de vue de sa stylisation dans l'ordre du discours poétique (πιστώματα).

Cette force persuasive inhérente au discours poétique est également mentionnée de façon problématique dans le fragment 114[38], qui souligne une tension entre la prétention à la vérité du poème et la difficulté que les hommes ont à accepter le vrai. Le terme πίστιος ὁρμή montre que la persuasion détient une dynamique propre, une force intrinsèque qui la fait s'imposer à l'écoute du poème en dépit même de la douleur et de la difficulté à accepter la vérité de ces conceptions nouvelles.

Dans le fragment 4, l'inspiration par la Muse est présentée comme la contrepartie, dans l'ordre poétique, de la force des principes à l'œuvre dans la nature. Le discours poétique détient une dimension persuasive qui est la transcription dans l'ordre du discours de l'évidence avec laquelle la force des quatre racines et de Φιλία s'exerce dans le monde. La figure de la Muse a pour rôle de construire un pont entre l'ordre du phénomène et l'ordre du discours : le dispositif mis en place par le passage vise à déduire de la force des phénomènes la puissance corrélative du discours qui les décrit et les explique. Même si les κακοί récusent l'existence des quatre racines et de Φιλία, comme le montrent les opinions communément partagées décrites dans les vers 2.3-8a, le discours poétique peut les instruire car il possède la même force persuasive que la réalité qu'il stylise.

– Le génitif absolu du vers 4.3
  et le mode d'accession à la connaissance

Reste la difficile question du sens du vers 4.3. Ce seul fragment B 4 ne permet pas, de toute évidence, de trancher entre les possibilités interprétatives précédemment dégagées, faute de connaître la suite du passage. Le verbe διατέμνω est en revanche employé au vers 20.4[39], dans un contexte certes quelque peu différent puisque les vers 20.4-5 décrivent la situation des corps à la mort, lors de la séparation des éléments qui les constituent. Les κακῇσι Ἐρίδεσσι renvoient à la puissance de Νεῖκος, opposée avec insistance (ἄλλοτε μέν... ἄλλοτε δέ...) à celle de Φιλία, explicitement mentionnée au vers 20.2 et responsable de la formation des composés élémentaires.

---

38   Voir Annexe 1, p. 787-788.
39   Le texte est reproduit en Annexe 1, p. 758-759 et commenté *infra*, p. 543 *sqq*.

Malgré la différence de contexte, l'adjectif κακός est également employé ici, dans le voisinage du verbe διατέμνω : la séparation des composés – antithèse de l'œuvre de Φιλία – est présentée comme mauvaise, de même que l'étaient dans le fragment 4 ceux qui refusent de voir l'évidence avec laquelle Φιλία et les racines œuvrent dans le monde.

Dans les deux passages, le verbe τέμνω apparaît avec le préverbe δια- et au participe aoriste passif. La rareté de ce verbe avant Empédocle, dont on ne dénombre qu'un emploi chez Épicharme, un chez Eschyle et trois chez Hérodote[40], indique que la proximité des deux emplois empédocléens dans les fragments 4 et 20 est déterminante : la division est intimement liée au pouvoir de Νεῖκος. Or, la Muse du fragment 3 était, elle, placée dans la dépendance de Φιλία. Les vers 4.2-3 construisent ainsi une tension entre la force avec laquelle les πιστώματα s'imposent, grâce à la Muse, et la division du λόγος dans les entrailles opérée par Νεῖκος. Cette division implique que l'énoncé n'est alors plus prescriptif mais descriptif : suggérer de diviser un λόγος pour assurer un processus de compréhension pose un problème dans la mesure où ce même processus, appliqué au corps, signifie la mort dans le fragment 20.

Le terme σπλάγχνα désigne les *viscères*, considérés soit dans leur ensemble soit individuellement, et ce dans différents contextes dont les plus fréquents sont le sacrifice et l'enfantement[41] ; il est ensuite employé au figuré comme siège des sentiments, à partir d'Eschyle[42]. Le substantif entretient manifestement une relation à σπλήν, la *rate*, quoique la nature exacte de la parenté entre les deux mots ne soit pas aisée à établir et qu'il ne soit pas assuré que les anciens l'aient sentie[43]. Le terme σπλάγχνα a intéressé Empédocle en raison du lien qu'il présente entre le sens propre, viscères,

---

40   Épicharme fr. 124.6 Kaibel ; Ae.*Su*.545 ; Hdt.2.139.5, 3.111.12, et 7.39.17.

41   Chez Homère, exclusivement pour le sacrifice, en particulier dans le vers formulaire αὐτὰρ ἐπεὶ κατὰ μῆρε κάη καὶ σπλάγχνα πάσαντο (A.464 = B.427 = γ.461 = μ.364 ; voir également, sous une autre forme, γ.9), qui exprime le moment où les entrailles sont mangées après la cuisson (B. 426, υ.252) et la répartition des parts (γ.40, υ.260). Aristéas fr.11.6 Bernabé entretient manifestement une relation avec ces occurrences. Pour les haruspices : Ae.*PV*.493. Dans le contexte de l'enfantement : He.fr.343.13 Merkelbach-West ; Pi.*O*.6.43 et *N*.1.35 (ὑπὸ σπλάγχνων) ; Ae.*Se*.1031 (pour la fraternité) et So.*An*.1066. Dans des contextes plus généraux, voir encore Ae.*Ag*.1221 (pour les viscères des enfants dévorés par le père), *Eu*.249 (pour les poumons). L'occurrence de Sémonide fr.12.1 West est trop brève pour être exploitable ; voir également Eupolis fr. 108.3 Kock.

42   Voir Ae.*Ag*.994, *Ch*.413, *Eu*.859 (*cf.* Radt 1964 p. 277) ; So.*Ai*.995.

43   Chantraine *DELG* p. 1039-1040, *s. v.* σπλήν. Ce terme ne paraît pas présenter le sens figuré que nous relevions pour σπλάγχνα.

et le sens psychologique : dans le cadre de sa théorie physiologique selon laquelle le sang, à travers le corps, est ce qui pense véritablement en nous, la construction d'une telle relation entre organes internes et pensée était déterminante. Mais pourquoi avoir choisi les viscères plutôt que le cœur (ἦτορ), la poitrine (στῆθος), ou d'autres termes qui présentent une polysémie semblable entre physiologique et psychologique[44] ?

Σπλάγχνα présentait deux avantages. Le premier est qu'il renvoie, plus que le cœur ou la poitrine, aux organes qui constituent le plus profond de l'individu : il s'agit de montrer que la division caractérise jusqu'aux niveaux les plus fondamentaux de l'humain. Le second avantage est lié au fait que ce terme apparaît dans le voisinage de τέμνω, qui est susceptible d'être lui aussi employé dans un contexte lié à la chair, chez Homère[45] : il y a un jeu sur la relation que le poète établit entre le découpage de la viande et le découpage des facultés de connaissance dans les entrailles.

Comprendre σπλάγχνα comme une référence physique au rôle du sang dans le processus de compréhension paraît ainsi une solution plus satisfaisante que de comprendre qu'il s'agit d'une référence aux parties du discours ou à la simple attention dont doit faire preuve le disciple. Ces deux dernières solutions n'impliquent pas en effet d'opposition entre l'évidence des πιστώματα et la division du λόγος, alors même que c'est sur ce mode qu'est d'habitude traité dans le poème le couple conflictuel formé par Φιλία et Νεῖκος. Choisir l'une ou l'autre des deux dernières solutions occulte la tension inhérente à la construction du passage et fausse le parallélisme construit par ces trois vers : les κακοί (4.1) sont bien du côté de la division, comme dans le fragment 20 – ils ne font pas confiance – alors que la Muse est du côté de la compréhension et de l'assimilation des caractéristiques de la réalité dans la pensée – les πιστώματα poussent à être acceptés par le disciple.

Que ces trois vers livrent une description de deux comportements inverses à l'égard de la connaissance du monde est souligné par l'écho entre ἀπιστεῖν, avec ἀ- privatif, et πιστώματα : on perd l'intensité de cette tension si on lit le vers 3 comme une description de ce qui permet la connaissance. La division du λόγος dans l'organisme est au contraire ce qui la limite, et cette division est la raison pour laquelle les κακοί ne parviennent plus

---

44   Pour ces mots, voir respectivement Chantraine *DELG* p. 418 et p. 1054-1055.

45   Voir I.209 (pour le sacrifice), ω.364 (pour le repas); il s'agit du sens 2 distingué par le *LfgrE*, t. 21, col. 300 (« *zerschneiden* », « *zerlegen* », *s.v.* τάμνω, τέμνω).

à reconnaître dans le monde la source phénoménale du λόγος diffus dans leur organisme. Il faut donner au génitif absolu une valeur adversative.

## LE FRAGMENT 131 : DE LA POÉSIE DES HOMMES
## À LA POÉSIE DES DIEUX

### SOURCE, DIFFICULTÉS PHILOLOGIQUES ET INTERPRÉTATIONS

### *Hippolyte, source unique du fragment 131*

Le fragment 131 nous est connu par la seule citation d'Hippolyte de Rome, au sein de la longue section consacrée à la réfutation de Marcion[46]. Hippolyte fait remonter l'hérésie de Marcion à une thèse empédocléenne (plutôt que chrétienne) dans la mesure où celui-ci aurait conçu une unité entre deux principes opposés. Le passage vise à montrer que l'émendation que Prépon a fait subir à la doctrine de Marcion, introduisant un troisième principe, le juste, intermédiaire entre l'ἀγαθόν et le κακόν[47], est également dépendante des thèses d'Empédocle dans la mesure où ce troisième principe avait déjà été pensé par l'Agrigentin sous la forme de la Muse. Celle-ci est décrite par Hippolyte comme un δίκαιος λόγος dont la fonction est de réunir ce qui a été séparé par la Discorde en l'Un en agissant conjointement à l'Amour[48]. Les deux derniers vers du fragment, où le poète demande l'assistance de la Muse en vue de la production d'un discours ἀγαθός, forment le socle de l'interprétation d'Hippolyte, quoique ne soient pas mentionnées l'unité et la multiplicité qu'il évoque. Mansfeld estime que l'argument d'Hippolyte se fonde sur une lecture pythagoricienne puis médioplatonicienne du fragment d'Empédocle[49].

---

46  Le texte du fragment 131 et sa source, Hippolyte, *Réfutation de toutes les hérésies*, VII.31.3-4, sont reproduits en Annexe 1, p. 807-808. Pour les sources possibles d'Hippolyte, *cf.* Osborne 1987b p. 92-97 et Mansfeld 1992 p. 208-209.
47  Mansfeld 1992 p. 222.
48  Osborne 1987b p. 98-99 pour les raisons du choix d'Empédocle au lieu des Cyniques, comme fondement de l'hérésie de Marcion ; Mansfeld 1992 p. 222 souligne le tour de force qu'il y a à assimiler le troisième principe de Marcion à la Muse d'Empédocle.
49  Mansfeld 1992 p. 222-223. Le savant soutient p. 225, sur le fondement de sa reconstruction de la discussion qui porte sur Marcion chez Hippolyte, que le fragment 131 précédait

*La place du fr. 131 dans les reconstructions :*
*une relation problématique au fr. 3*

Connu depuis l'article de Schneidewin de 1851[50], le fragment 131 semble présenter une transition entre deux matières poétiques (les préoccupations des hommes, en 131.1-2, et un λόγος qui porte sur les dieux, en 131.3-4), dont la compréhension a déterminé la place qu'on donnait au fragment dans les reconstructions des poèmes (ou du poème) d'Empédocle. Du fait qu'il annonce un propos sur les dieux, on l'a presque systématiquement associé aux fragments 132-133-134, qui décrivent un divin transcendant et l'avantage qu'il y a à le connaître.

Une première série de positions comprend que les préoccupations des mortels renvoient à la philosophie de la nature : le fragment assure la transition avec le discours qui porte sur les dieux. Schneidewin, Stein et Mullach, dont la position a été reprise par Bignone, Gemelli Marciano et Mansfeld & Primavesi ont pensé que le fragment introduisait la partie finale du Poème physique[51]. Toutefois, Diels a déplacé dès 1901 au sein des *Catharmes* la séquence 131-132-133-134, construite par Stein, et l'a placée entre les fragments décrivant ce qu'on peut appeler l'âge d'or (fr. 129 notamment) et ceux portant sur le sacrifice (fr. 136-137)[52], radicalisant l'opposition thématique entre Περὶ Φύσεως et *Catharmes* sur le fondement d'une distinction entre philosophie de la nature et religion.

Une seconde série de position a consisté à penser que les μελέτας renvoyaient aux autres poètes, ce qui impliquait que le fragment se trouvait au début du Poème physique ou qu'il s'agissait de son ouverture même. Gallavotti, retourné aux manuscrits d'Hippolyte, propose de ne pas lire de γάρ à la première ligne et de lire dans le fragment 131 les premiers vers du Poème physique[53]. Cette idée a été acceptée dans une version moins radicale par Wright qui place le fragment 131 au sein du

---

immédiatement le fragment B 110.

50  Schneidewin 1851 (p. 155-167). La discussion sur les vers du fragment 131 se trouve p. 167.

51  Schneidewin 1851 p. 167 et Stein 1852 p. 74 le plaçaient dans le troisième et dernier livre du Poème physique ; *cf.* Bignone 1916 p. 477-478 (sous l'entrée 109a), Gemelli Marciano 2013 p. 282 et Mansfeld & Primavesi 2011 p. 560.

52  La position de Diels 1901 p. 160-161 (conservée dans les éditions successives) a été reconduite par Bollack 2003, quoiqu'il déplace les fragments sur le sacrifice avant ceux sur l'âge d'or.

53  Gallavotti 1975 p. 161-163, *ad* v.2.

proème sans en faire toutefois les premiers mots de l'œuvre[54]. Wright, scindant le fragment 3 après son vers 5, a introduit les fragments 1 et 131, sans justification explicite. Le fragment 1 se comprend à l'intérieur de sa logique car il fournit le changement de destinataire supposément nécessaire à la compréhension de 3.6-13. Le choix du fragment 131 est plus difficile : si Wright souligne que la remarque d'Hippolyte semble indiquer que son propos fait davantage sens dans le Poème physique, les seuls critères qui permettent de l'associer au fr. 3 sont thématiques et formels (le poète s'adressant dans les deux cas à la Muse à la deuxième personne). Wright comprend en effet que les θεοὶ μάκαρες dont il est question en 131.4 sont les six puissances, dont le traitement aura lieu dans le fr. 17.

Cette reconstruction pose des problèmes, dont le principal est qu'il s'agit d'une construction interprétative qui s'appuie sur un trop faible nombre de données objectives. On ne peut déterminer jusqu'à quel point la remarque d'Hippolyte est une construction herméneutique et il n'est pas pas évident de la prendre comme une donnée objective de la conception empédocléenne de la Muse. Si on l'acceptait pourtant, il faudrait justifier de façon forte le lien construit entre 3 et 131 : reconstruire une succession immédiate tend à rabattre le propos de l'un sur l'autre, et ne rend pas complètement justice aux différences que présentent ces fragments. La question du sens des dénominations de la Muse (qualifiée par les trois adjectifs de 3.3, par l'adjectif ἄμβροτος en 131.1 puis du nom de Calliope) reste ainsi en suspens. Il faudrait, de plus, expliquer la relation qu'entretiennent les dieux bienheureux du fragment 131 à ceux du fragment 115, dont les démons coupables sont bannis : si le fr. 131 renvoie par ces termes aux six puissances, il faudrait au moins concevoir le rapport exact des deux poèmes sur ce point précis. Le choix d'organisation de la matière est, dans l'ensemble, trop dépendant d'une interprétation déjà donnée.

Les partisans du poème unique placent le fragment dans le proème, généralement sur le fondement de la position de Wright[55]. Inwood a bien vu les difficultés posées par la proposition de Wright : dans l'hypothèse du poème unique, nombre de problèmes semblent s'effacer. L'organisation

---

54   Wright 1995 p. 94-95 le place après le fragment B 2 D.-K. et la première partie de B 3 D.-K. (*ie.* 3.1-5).
55   Inwood 2001 p. 214, Trépanier 2004 p. 58-59.

de cette partie du proème tel que le conçoit Inwood est identique à celle soutenue par Wright, à ceci près qu'il intercale les fr. 115 et 6 entre 131 et 1. L'objectif est selon toute vraisemblance de donner un référent cohérent aux θεοὶ μάκαρες, avant d'énumérer les six puissances.

À cet égard, la thèse d'Inwood relisant Wright semble insuffisante pour deux raisons : elle ne permet pas, d'abord, d'appréhender la différence dans la construction de la persuasion entre les deux séries de fragments. Elle relègue, ensuite, trop vite 131.1-2 dans une référence aux autres poètes alors que (1) Empédocle lui-même s'intéresse à redéfinir l'existence humaine lorsqu'il demande à la Muse de proférer un discours sur les dieux et que (2) toute l'entreprise du fragment 3, on l'a vu, consiste justement à se démarquer de la poétique antérieure et qu'on comprend mal pourquoi celle-ci serait mentionnée comme un préalable. Le contre-argument consistant à dire que le dispositif de 131 permet justement de présenter une théorie originale de l'existence humaine fondée sur une refonte de la notion de divin (puisque le vivant est constitué des éléments et de Φιλία) répond au premier argument mais présente le défaut que l'on ne comprend plus, alors, pourquoi ces six principes seraient différents de la divinité dont les démons sont bannis dans le fragment 115 : soit on assimile les θεοὶ μάκαρες du fr. 131 à ceux du fr. 115 et le contre-argument ne fonctionne plus (car ces θεοὶ μάκαρες sont de toute évidence étrangers à la constitution du vivant), soit on les assimile aux six puissances et se pose alors le difficile problème d'expliquer pourquoi une même dénomination recouvre deux groupes de divinités distinctes dans un système que l'on postule unique (si, avec Inwood, on estime qu'il n'y a qu'un seul poème). Reste de surcroît le problème précédemment évoqué que les conditions de la persuasion semblent distinctes entre 131 et le groupe formé par 2, 3, et 4.

Quoique la place du fragment 131 dans les reconstructions soit ainsi déterminée par la nature de la transition entre deux matières, les interprétations fournissent peu d'arguments positifs en faveur de leur reconstruction de celles-ci. Trépanier prête ainsi à Wright la thèse que les fr. 3.1-5 et 131 se succédaient immédiatement, sur le fondement du fait qu'il s'agit d'un hymne clétique[56]. Si Wright assimile la structure du fragment 131 à un hymne clétique, elle n'en tire pourtant pas

---

56  Trépanier 2004 p. 59 : « *Wright in turn has shown the possibility of linking both passages into a continuous sequence, one which conforms to the traditional pattern of the* ὕμνος κλητικός. »

elle-même un argument prouvant la continuité des deux fragments[57]. Trépanier lui-même argumente en faveur de la succession du fait que le nom de Calliope apparaît dans la cinquième *Épinicie* de Bacchylide, qui entretient une relation au fr. 3 d'Empédocle[58]. Cette démarche présente un problème de méthode : le texte d'Empédocle est dilué dans une tradition poétique sans qu'on cherche à en comprendre les spécificités.

Certains des savants qui se sont intéressés à la relation entre les deux fragments ont eu, de fait, tendance à considérer qu'on pouvait expliciter les caractéristiques de Calliope à partir de celles de la Muse du fragment 3, et inversement[59]. Rien ne permet pourtant d'affirmer que les deux passages rendent compte d'une même théorisation de la composition poétique, pas même s'ils appartiennent à un même poème. Notre analyse montrera au contraire que les deux fragments 3 et 131 développent deux dimensions différentes de la théorie de composition poétique, et qu'on ne peut pas rabattre trop vite l'un sur l'autre.

## *Difficultés philologiques posées par le fragment 131*

Le fragment 131 pose trois problèmes de texte majeurs. (1) Établir le texte du début du premier vers : faut-il conserver le texte des manuscrits (εἰκάραιφημερίων) sous une forme légèrement corrigée comme le propose Gallavotti (εἰκ ἄρ' ἐφημερίων) ou corriger plus lourdement, comme c'est la norme éditoriale depuis Schneidewin (εἰ γὰρ ἐφημερίων) ? La réponse à cette question conditionne la position que l'on attribue au fragment dans les reconstructions de l'œuvre d'Empédocle. (2) Établir le texte du premier hémistiche du vers 2, qui présente une lacune : l'enjeu est de savoir quelle est la demande formulée à l'égard de la Muse dans ces vers. (3) Faut-il corriger le εὐχομένων des manuscrits en εὐχομένῳ selon la proposition de Schneidewin, suivie par l'intégralité des éditeurs modernes ? L'enjeu est de savoir qui formule la prière à la Muse, soit le poète lui-même (avec εὐχομένῳ), soit les créatures d'un jour (ἐφημερίων).

---

57  Wright 1995 p. 159.
58  Trépanier 2004 p. 59.
59  Skarsouli 2006, Hardie 2013, etc.

– Le texte du début du fragment

Le texte des manuscrits, εἰκάραιφημερίων, avait été corrigé par Schneidewin en εἰ γὰρ ἐφημερίων[60] : le savant avait supposé une double corruption, celle du γ en κ et celle du ε en αι. Quoique cette correction ne soit pas dépourvue d'appui paléographique si le groupe αι est une corruption de ε et que le κ a été transformé en γ, elle ne permet pas d'expliquer l'origine de l'erreur. Le texte ainsi corrigé présente un γάρ introductif, qui implique que le texte du fragment ne saurait commencer le poème.

Gallavotti propose la correction εἰκ ἄρ' ἐφημερίων, moins lourde que celle de Schneidewin en ce que le texte n'aurait subi que la corruption du ε en αι[61]. L'argument repose sur le fait que εἰκ est un équivalent de εἰ devant voyelle et sur le caractère introductif du ἄρα, auquel le savant prête ici la valeur expressive homérique et non la valeur logique qui sera la sienne en attique[62]. Cette correction permet de ne pas restituer de γάρ initial, qui aurait impliqué l'existence d'un vers perdu précédant le premier vers du fragment 131.

Il n'est pas impossible que Gallavotti ait en partie raison et qu'il faille accepter le εἰκ ἄρ' des manuscrits au lieu de la correction εἰ γάρ ; comme la forme εἰκ se trouve surtout dans des textes doriens, on peut supposer que le texte d'Empédocle l'ait présentée[63]. Pourtant, tandis que la confusion du γ et du κ n'est pas la moins fréquente des corruptions, la rareté de la forme εἰκ plaide contre sa restitution. De plus, placer ce fragment dans le proème implique que le ἡμετέρας renvoie à une communauté qui n'est pas Empédocle lui-même ou le groupe qu'il forme avec Pausanias : la première personne du pluriel ne semble toutefois jamais pourvue de cette valeur dans les fragments d'Empédocle qui nous sont parvenus[64].

---

60  Schneidewin 1851 p. 167.
61  Gallavotti 1975 p. 161-163.
62  *Cf.* Gallavotti 1975 p. 161-162, qui fournit des références exhaustives pour les emplois de εἰκ, dont une prière oraculaire transmise par Hérodote (Hdt.1.174), le fr. 25 de Sophron (αἰκ, Kaibel), l'idylle 11.73 de Théocrite (Gallavotti fait référence à « 18.73 », mais il s'agit d'une coquille ; Gallavotti 1993 p. 121 édite αἰκ là où le texte habituellement retenu est αἰ κ').
63  Il y a quelques dorismes dans les manuscrits d'Empédocle, comme au vers 3.7 où les manuscrits de Sextus donnent θνατῶν pour θνητῶν, selon Mutschmann.
64  *Cf. infra* p. 196-197.

– La lacune du vers 131.2

Au vers 2, il manque un pied à l'hexamètre attesté dans les manuscrits puisque ἡμετέρας μελέτας διὰ φροντίδος ἐλθεῖν présente la structure métrique — uu — | uu — | uu | — uu | — —[65].

On a restitué ce pied soit avant ἡμετέρας, soit entre ἡμετέρας et μελέτας, soit après μελέτας; dans le cadre de ces deux dernières possibilités, on a le plus souvent supposé la résolution de la première longue, le mot restitué ayant donc la forme uu—. Les deux restitutions les plus fréquemment acceptées sont <μέλε τοι> (Diels) et <ἄδε τοι> (Wilamowitz), toutes deux placées après μελέτας[66]. Il s'agit respectivement de l'aoriste 2 sans augment de ἀνδάνω, *plaire à*, et de l'imparfait sans augment de μέλω. Les deux propositions sont équivalentes pour le sens : le sujet réel de ces deux verbes impersonnels est le τοι suivant le verbe, qui reprend le ἄμβροτε Μοῦσα au vocatif de 131.1. Gallavotti propose un ἤθελες au début du vers, qui a le même sens que les deux restitutions précédentes. Schneidewin avait proposé une restitution accompagnée d'une correction : ἡμετέρης <ἔμελεν> μελέτας. Corriger le possessif en un génitif singulier a pour effet de le faire porter sur φροντίδος, ce qui désigne explicitement la φροντίς comme étant celle des humains ou celle d'Empédocle. Cela restreint les possibilités sémantiques du passage.

La restitution la plus probable est celle de Diels, <μέλε τοι>, car elle permet de comprendre le mieux l'origine de l'erreur : μελέτας μέλε τοι aurait donné μελέτας par haplographie.

– La correction du participe εὐχομένων en εὐχομένῳ

Tous les manuscrits d'Hippolyte comportent, au vers 131.3, le participe au génitif εὐχομένων, apposé au génitif ἐφημερίων du premier vers. Schneidewin avait proposé de corriger le génitif εὐχομένων des manuscrits au vers 131.3 en un datif εὐχομένῳ, apposé à un μοι, complément sous-entendu de παρίστασο, de même que le participe ἐμφαίνοντι de 131.4[67].

---

65  Le signe «|» indique la séparation entre les mots.

66  Pour <μέλε τοι> : Diels 1901 p. 160 jusque Diels 1912 p. 273 (inclus), Bollack 2003 p. 91. Pour <ἄδε τοι> : D.-K. 1951 p. 365, Wright 1995 p. 94, Inwood 2001 p. 214, Trépanier 2004 p. 58-59, Vítek 2006 p. 396, Gemelli Marciano 2013 p. 282, Mansfeld & Primavesi 2011 p. 560.

67  Schneidewin 1851, p. 167.

La correction n'est pas justifiée par son auteur, qui avait proposé beaucoup d'autres corrections arbitraires de ces quatre vers, telles que celle de ἀγαθὸν λόγον (131.4) en καθαρὸν λόγον, pour retrouver dans cette adresse à la Muse le thème de la pureté qui caractérisait celle du fragment B 3 D.-K. Nombre des corrections infondées de Schneidewin ont été abandonnées dès l'édition de Stein en 1852. Pourtant, quoiqu'elle ne soit motivée par aucun élément textuel ou paléographique, celle du participe εὐχομένων a été reproduite dans toutes les éditions postérieures (hormis celle de Gallavotti, qui n'en tire cependant aucun parti interprétatif[68]). Le présupposé qui la sous-tend est que le participe doit renvoyer à l'acte de langage présent (la prière de 131.3-4) et non à l'acte de langage passé (évoqué en 131.1-2) car on ne comprendrait pas que les créatures d'un jour ait prié la Muse de produire un poème, ce qui est normalement la prérogative du poète lui-même, ni que cet acte passé soit narré par un participe présent.

Cette correction doit être abandonnée car elle rend la syntaxe du vers irrégulière. En effet, le groupe νῦν αὖτε est un marqueur syntaxique qui, dans la poésie hexamétrique, introduit systématiquement une nouvelle proposition. L'étude de ses emplois homériques révèle que le groupe, employé seulement vingt-deux fois dans le corpus (systématiquement dans le discours), introduit toujours une opposition temporelle : le plus généralement, il s'agit d'opposer une action présente à un fait ponctuel ou répété dans le passé ; plus rarement, un passé récent à un passé ancien ; une fois, un acte futur à une action imminente[69]. Or, cette opposition temporelle se réalise en un nombre de configurations syntactiques limité, dans lesquelles νῦν αὖτε ouvre toujours une nouvelle proposition : si la plupart du temps, le groupe introduit une indépendante, il peut également introduire une apodose après un système conditionnel au fait réel (*s'il est vrai que dans le passé..., à présent encore...*)[70]. Les emplois postérieurs à Homère présentent les mêmes particularités[71].

---

68  Gallavotti 1975 p. 6 pour le texte et sa traduction.
69  Pour l'opposition entre passé et présent : A.237, Γ.67 (après le rappel des dons reçus d'Aphrodite), Γ.241, Δ.321, E.117, E.279, K.280, M.215, N.628, Φ.160, X.172, X.252, X.303, Ψ.643, ι.452, λ.485, τ.549, χ.6. Pour l'opposition entre passé récent et passé plus lointain : Λ.363 = Y.450 et Ψ.604. En X.285, Hector invite Achille à lancer sa pique mais affirme qu'il va d'abord à présent projeter la sienne.
70  Toutes les occurrences citées ci-dessus entrent dans la première catégorie hormis Δ.321 et E.117, où νῦν αὖτε introduit une apodose.
71  Voir en particulier *Hh*.De.123, Xénophane 21 B 7.1 D.-K., Pi.*Is*.6.5.

Le groupe νῦν αὖτε ne se trouve donc jamais en seconde position après un mot qui appartient lui aussi à la même proposition que ce groupe. Certains des emplois du groupe νῦν αὖτε se trouvent justement dans le contexte d'une prière, telle que celles que Diomède puis Ulysse adressent à Athéna, respectivement en E.116-117 et K.278-280[72] : après que l'orant a rappelé l'aide que la divinité lui a déjà apportée, au moyen d'une protase introduite par εἰ ou d'une relative, il demande la réitération de cette assistance au moyen du groupe νῦν αὖτε, qui introduit la proposition principale. La proximité du passage d'E.116-117 avec notre fragment d'Empédocle est frappante : l'Agrigentin a choisi d'employer une tournure typique de la formulation des prières homériques.

Ces éléments montrent que les emplois du groupe νῦν αὖτε, particulièrement dans le contexte de prières, imposent de relier le terme qui le précède à la proposition antérieure au groupe νῦν αὖτε, et non à celle que ce groupe introduit.

Or, la correction de Schneidewin – le datif εὐχομένῳ en 131.3 – pose alors difficulté : la syntaxe impose de le relier à la protase et non à l'apodose. Toutefois, il n'y a aucun référent possible dans la protase puisque le <τοι> restitué est féminin et renvoie à la Muse. Du fait de la syntaxe de νῦν αὖτε, il ne semble y avoir grammaticalement aucune autre solution que de garder le participe εὐχομένων, en apposition à ἐφημερίων (ce dont nous examinerons ci-après les conséquences interprétatives). Or, l'emploi de εὐχομένων au génitif pluriel en apposition aux hommes, dans le contexte d'une invocation à la Muse, a un parallèle dans un fragment de Simonide[73] :

κικλήσκω] σ᾽ ἐπίκουρον ἐμοί, π[ολυώνυμ]ε Μοῦσα,
εἴ περ γ᾽ ἀν]θρώπων εὐχομένω[ν μέλεαι[74]

---

72   E.116-117 : εἴ ποτέ μοι καὶ πατρὶ φίλα φρονέουσα παρέστης / δηΐῳ ἐν πολέμῳ, <u>νῦν αὖτ᾽</u> ἐμὲ φῖλαι Ἀθήνη « S'il est vrai que tu t'es tenue aux côtés de mon père, méditant des actes amis, durant la guerre cruelle, à présent encore aime-moi, Athéna ». K.278-280 : κλῦθί μευ αἰγιόχοιο Διὸς τέκος, ἥ τέ μοι αἰεὶ / ἐν πάντεσσι πόνοισι παρίστασαι, οὐδέ σε λήθω / κινύμενος· <u>νῦν αὖτε</u> μάλιστά με φῖλαι Ἀθήνη « Écoute-moi, enfant de Zeus porteur d'égide, toi qui te tiens toujours à mes côtés dans tous mes travaux, dont je n'échappe jamais au regard, où que j'aille. À présent surtout, encore, aime-moi, Athéna ».

73   Signalé par Gemelli Marciano 2013 p. 420, qui retient εὐχομένῳ sans discuter la correction. La référence qu'elle fournit au fragment de Simonide, « fr. 1 et 2.21 s. West » semble erronée : il s'agit du fr. 11.21-22 West (uniquement dans la seconde édition, de 1991-1992, des *Iambi et Elegi Graeci*) = Gentili Pratto fr. 3b.17-18 (seulement dans le t. II de l'édition augmentée de 2002).

74   Simonide fr. 11.21-22 West : « Je t'implore, Muse aux nombreux noms, d'être mon alliée, si en tout cas tu te soucies des hommes qui t'adressent cette prière. »

La situation de parole est semblable à celle du fragment 131 d'Empédocle[75] : le poète adresse une prière à la Muse, lui demandant assistance. Quoique μέλεαι soit une restitution, le manuscrit présente une forme d'imperfectif du participe de εὔχομαι, apposé à un terme qui est très probablement ἀνθρώπων : le vers signifie que la Muse a coutume d'accorder son aide aux poètes qui en formulent la demande.

## LA MUSE DANS LE FRAGMENT 131 : UNE PROPOSITION DE LECTURE

Je montrerai que le fragment 131 emploie la forme de la prière pour assurer la transition d'un type d'inspiration poétique à un autre : alors que celle des vers 131.1-2 est stylisée comme une collaboration entre le poète et la Muse, permettant la production d'un discours qui s'intéresse à la signification de l'existence humaine, les vers 131.3-4 voient la *persona* du poète s'effacer au profit de la Muse, dont l'énoncé vise à expliquer la nature d'un divin transcendant. Plusieurs marqueurs textuels indiquent que le poète entend distinguer son énoncé de la poésie antérieure, s'agissant de la nature des traitements du divin et de la conception de la relation qui unit la voix, la composition poétique et l'inspiration divine.

### La forme de la prière

La prière adressée à la Muse dans le fragment 131 se réalise syntactiquement dans le cadre d'une structure hypothétique qui reprend celle, typique, des prières dans la poésie hexamétrique et particulièrement dans les poèmes homériques[76]. Dans l'*Iliade* et l'*Odyssée* en effet, les prières que les mortels adressent aux dieux s'inscrivent régulièrement dans une

---

75   Le parallélisme est commenté par Obbink 2001 p. 70-71 ; *cf.* également Rutherford 2001 p. 45-46.

76   Les prières ici étudiées sont celles qui sont adressées au style direct à une divinité (par un mortel ou par un dieu) et qui comportent la formulation explicite d'un souhait. On ne s'intéressera donc pas ici aux simples invocations aux divinités qui ne comportent pas la formulation d'un souhait (comme M.164-172, Φ.272), ni aux imprécations (N.618-641, μ.371), ni aux prières rapportées au style indirect (Θ.347-348, I.183-184, Ψ.194), pas plus qu'aux serments (Γ.275-292, Γ.295-302, K.330, T. 258-265). Toutes ces prières sont trop différentes du fragment 131 pour constituer un intertexte pertinent pour en expliquer la structure. Les 21 prières pertinentes dans l'*Iliade* sont A.37-42, A.451-456, A.503-510, B.412-418, Γ.320-323, Γ.351-354, E.115-120, Z.305-310, Z.476-479, H.179-180, H.202-205, Θ.236-244, K.278-282, K.284-294, Ξ.233-241, O.372-376, Π.233-248, Π.514-526,

structure en apparence hypothétique, où la protase rappelle les vœux déjà exaucés par la divinité ou les offrandes déjà offertes par l'orant à celle-ci et où l'apodose formule le contenu de la demande.

Chez Homère, l'exaucement de la prière est conditionnée par sa forme compositionnelle, d'après au moins deux traits : d'abord, par le fait que les prières exaucées font précéder la demande d'un rappel des offrandes faites au dieu par l'orant ou de celui des vœux déjà exaucés par la divinité en faveur de l'orant ou de la personne dans l'intérêt de laquelle la prière est formulée[77] ; et par leur inscription dans une structure encadrante faisant intervenir le verbe κλύω[78]. Le second trait n'est pas pertinent ici car il implique une distinction entre discours et récit absente du poème d'Empédocle.

Les exceptions au premier trait ne sont souvent qu'apparentes[79]. À l'inverse, les prières qui ne sont pas exaucées ne comportent jamais de rappel des offrandes offertes au dieu ou des vœux déjà exaucés[80]. La signification

---

P.645-647, Ψ.770 et Ω.308-313 ; et dans l'*Odyssée* : γ.55-61, γ.378-384, δ.762-766, ε.445-450, ζ.324-327, ι.528-535, ρ.240-246, ρ.354-355, υ.61-82, υ.98-101 et υ.112-119.

77  Pour le rappel des offrandes : dans les prières de Chrysès à Apollon en A.37-42, de Thétis à Zeus en A.503-510, d'Agamemnon à Zeus en Θ.236-244, de Nestor à Zeus en O.372-376 ; de Pénélope à Athéna en δ.762-766, d'Eumée aux Nymphes en ρ.240-246. – Pour le rappel des vœux exaucés : dans les prières de Chrysès à Apollon en A.451-456, de Diomède à Athéna en E.115-120, d'Ulysse à Athéna en K.278-282, de Diomède à Athéna en K.284-294, d'Héra au Sommeil en Ξ.233-241, de Nestor à Zeus en O.372-376, d'Achille à Zeus en Π.233-248, de Glaucos à Apollon en Π.514-526 ; de Nestor à Athéna en γ.378-384, d'Ulysse à Athéna en ζ.324-327, et d'Ulysse à Zeus en υ.98-101. Le seul cas mixte est donc la prière de Nestor à Zeus en O.

78  Sont exaucées, chez Homère, toutes les prières qui commencent par un impératif du verbe κλύω (κλῦθι, κέκλυθι) ; elles sont toutes suivies d'une mention de leur exaucement au moyen de la formule τοῦ δ᾽ἔκλυε (ou τῶν δ᾽ ἔκλυε) suivie du nom du dieu et précédée de la formule ὣς ἔφατ᾽ εὐχόμενος (ou ὣς δ᾽ ἔφαν εὐχόμενοι). Deux prières, pourtant, commencent par κλῦθι mais ne comportent pas de structure encadrante : les prières d'Athéna à Poséidon en γ.55-61 – qui l'exauce elle-même – et d'Ulysse au fleuve en ε.445-450.

79  En Ω.308-313, Priam est exaucé car il vient de verser une libation ; en γ.55-61, Athéna exauce sa prière elle-même dans le cadre de sacrifices rituels ; la prière de Polyphème à Poséidon en ι, elle, se fonde sur la mention des liens familiaux existant entre le Cyclope et son père. En revanche, les prières d'Ulysse au dieu du fleuve en ε.445-450 et des servantes à Zeus en υ.112-119 sont des exceptions réelles.

80  Hormis les prières à options (Γ.320-323 ; H.179-180 ; H.202-205) qui, formulées par un groupe de personnes (les Achéens, les Troyens, ou les deux), demandent que tel ou tel héros soit sélectionné : ces prières sont exaucées malgré le fait qu'elles ne partagent pas la structure des précédentes, dans la mesure où il faut bien qu'un des héros soit tiré au sort pour que l'intrigue se poursuive.

anthropologique en est que les demandes formulées par les hommes à l'égard des dieux étaient fondées sur un système d'échanges réciproques.

Les deux stratégies discursives qui caractérisent la prière exaucée, le rappel des offrandes faites par l'orant et celui des dons accordés par la divinité, fonctionnent de façon distincte en dépit de leur apparente symétrie. Formellement, le rappel des offrandes faites à la divinité s'inscrit généralement dans une protase de fait réel dans le passé[81] (introduite par εἰ suivi d'un temps secondaire), comme c'est le cas dans notre fragment 131, alors que la tournure est plus rare pour le rappel des vœux déjà exaucés par le dieu, qui prend plus volontiers la forme d'une principale[82]. Sémantiquement, ce rappel des offrandes présente le souhait et sa réalisation comme la contrepartie d'un geste fondateur du pacte, dont le don et la contrepartie en sont les deux expressions complémentaires. Le rappel des services déjà rendus par la divinité est un acte de langage dont le fonctionnement est distinct, dans la mesure où l'orant demande la réitération d'une assistance passée.

La forme de la prière du fragment 131 indique ainsi qu'elle sera exaucée : elle comprend un rappel des vœux déjà exaucés par la divinité à l'orant (131.1-2) avant d'énoncer le souhait proprement dit (131.3-4). Quoique la prière soit fondée sur un rappel des vœux déjà exaucés par la divinité, la Muse est pourvue de deux noms différents aux vers 1 et 3 : cette variation, souvent ignorée des commentateurs, est un élément significatif indiquant qu'Empédocle en appelle, à chaque fois, à deux caractéristiques différentes de la Muse – et donc à deux potentialités différentes du discours poétique.

La prière du fragment 131 ne respecte pourtant pas la succession normale des constituants lexicaux de la prière chez Homère. Celle-ci fait se succéder impératif κλῦθι ou κέκλυθι – nom de la divinité – rappel des bienfaits – formulation du souhait. La prière de notre fragment présente une structure différente, dont l'élément déterminant est le parallélisme entre les vers 1-2 et 3-4 : le groupe ἄμβροτε Μοῦσα du vers 1 se trouve dans la même position métrique que le groupe Καλλιόπεια du vers 3. Les codes de composition de l'énoncé homérique, quoiqu'encore sensibles, sont complétés par des éléments de construction poétique originaux.

---

81   En A.37-42, A.503-510, O.372-376, δ.762-766, ρ.240-246 ; en E.115 et υ.98-101, la forme est employée pour rappeler les bienfaits déjà accordés par le dieu.

82   En A.453-454, K.278-280, K.285-291, Ξ.234, Π.236-237, γ.379 ; comparer ainsi A.453 (ἤδη μέν ποτ᾽ ἐμεῦ πάρος ἔκλυες εὐξαμένοιο), Ξ.234 (ἠμὲν δή ποτ᾽ ἐμὸν ἔπος ἔκλυες) et Π.236 (ἠμὲν δή ποτ᾽ ἐμὸν ἔπος ἔκλυες εὐξαμένοιο).

À cet égard, la prière du fragment 131 n'a pas lieu dans un contexte narratif, comme chez Homère : le souhait est déjà exaucé et le poème déjà produit. Ce dispositif inscrit le discours annoncé par les vers 131.3-4 dans la continuité du discours précédent tout en soulignant une variation au moins thématique par rapport à celui-ci. Ce fragment fonctionne comme un proème intermédiaire, marqueur d'une modification de la théorie poétique qui sous-tend la production du discours.

La stratégie discursive de cette prière, qui se fonde sur le rappel de la faveur déjà accordée au poète par la Muse, rend peu probable que les deux premiers vers du fragment fassent référence à d'autres poètes, comme l'ont soutenu Gallavotti, Wright et Inwood : les vœux évoqués pour justifier la nouvelle demande d'exaucement ont toujours été exaucés dans l'intérêt de l'orant dans les exemples homériques examinés.

*Le rappel de la demande précédemment exaucée (131.1-2)*

Le rappel des bienfaits déjà accordés par la Muse, en 131.1-2, se construit sur le fond d'une opposition entre divinité et éternité – qui sont du côté de la Muse, destinataire de la prière – et mortalité et humanité, de l'autre – qui caractérisent les hommes qui ont déjà bénéficié de la faveur de la Muse. L'analyse de cette opposition permettra d'éclairer les deux principaux problèmes posés par les vers 131.1-2 : identifier la nature des préoccupations des mortels (μελέται) et l'action exacte de la Muse qualifiée d'immortelle (διὰ φροντίδος ἐλθεῖν).

– La Muse et les mortels dans les vers 131.1-2

Quoique la voix des Muses soit qualifiée d'immortelle au vers 43 de la *Théogonie*[83] (où le terme peut avoir un sens résultatif), qualifier la Muse elle-même d'immortelle est original dans la mesure où cet adjectif ἄμβροτος ne lui est jamais directement appliqué dans la tradition poétique antérieure. Dans *l'Hymne homérique à Apollon*, les cadeaux offerts aux hommes par les dieux, que chantent les Muses en faisant se répondre entre elles leurs voix, sont qualifiés par ἄμβροτος[84].

---

83  He.*Th*.43-45 : αἱ δ᾽ ἄμβροτον ὄσσαν ἱεῖσαι / θεῶν γένος αἰδοῖον πρῶτον κλείουσιν ἀοιδῇ / ἐξ ἀρχῆς.

84  *Hh*.Ap.189-190 : Μοῦσαι μέν θ᾽ ἅμα πᾶσαι ἀμειβόμεναι ὀπὶ καλῇ / ὑμνεῦσίν ῥα θεῶν δῶρ᾽ ἄμβροτα ἠδ᾽ ἀνθρώπων / τλημοσύνας.

L'adjectif ἄμβροτος, qui signifie *immortel*, exprime l'éternité comme apanage des dieux et peut désigner leurs possessions ou attributs, qu'ils peuvent éventuellement conférer aux hommes[85]. Il n'est pas toujours aisé de distinguer entre ces sens : le sang qui coule des blessures du dieu dans le chant E peut légitimement être immortel – par synecdoque – et propre aux dieux, sens retenu par les lexiques[86]. L'adjectif, lorsqu'il signifie *immortel* en renvoyant au dieu lui-même, comporte toujours une opposition implicite à l'humain, dans la mesure où les dieux ne s'adressent jamais l'un à l'autre en se qualifiant d'ἄμβροτος mais qu'Arès, Hermès, Apollon et Athéna sont qualifiés dans le discours de θεοὶ ἄμβροτοι par les hommes. Les dieux ne se désignent par ce mot que lorsqu'ils révèlent leur identité à des mortels[87].

Chez Empédocle, l'adjectif ἄμβροτος est employé en 35.13 pour désigner l'ὁρμή de Φιλότης qui donne naissance au vivant, et en 112.4, où Empédocle se désigne lui-même comme un dieu, par opposition aux mortels (ἐγὼ δ' ὑμῖν θεὸς ἄμβροτος, οὐκέτι θνητός). Il s'agit à chaque fois d'opposer l'éternité à la mortalité : l'éternité du principe divin qu'est Φιλία aux composés qu'elle conduit à créer, et Empédocle lui-même aux mortels. Dans le fragment 131, l'épithète rappelle une caractéristique essentielle de la Muse, par opposition à la condition humaine désignée elle par l'adjectif ἐφημερίων, renvoyant aux hommes analysés du point de vue de leur mortalité.

Le terme ἐφήμερος a fait l'objet d'une analyse célèbre de Fränkel[88], qui a contesté l'interprétation admise du terme, selon laquelle il exprimait la brièveté de l'existence humaine (au sens de notre *éphémère* moderne). Le savant a soutenu que ce terme signifiait que la nature humaine se

---

85 *LfgrE* t. 1 col. 618, qui distingue trois sens : *immortel, envoyé par les dieux*, et *ce qui est le propre des dieux*. En ce dernier sens, le sang des dieux blessés (E.339 et E.870) constitue chez Homère un cas limite ; *cf.*, plus simplement, les chevaux d'Achille (Π.381 = Π.867), des vêtements (Π.670, Π.680, ε.347, η.260, η.265, κ.222, ω.59, *Hh*.Ap.184), des armes (pour Achille en P.194 et P.202), de l'huile (θ.365, *Hh*.Aphr.62) ; de la nourriture divine (*Hh*.Ap.127, *Hh*.Aphr.260), les bœufs (*Hh*.He.71), la beauté d'Aphrodite se révélant à Anchise (*Hh*.Aphr.175), les immortels diaphragmes des dieux (Pi.*Is*.8.30), ainsi que le lit du dieu (Pi.fr.*Pe*.52f.140) ou la terre (Pi.fr.*Dith*.75.16).

86 E.339 et E.870. De même pour les chevaux d'Achille, qui sont à la fois immortels et offerts à Pélée par les dieux (l'hémistiche οὓς Πηλῆϊ θεοὶ δόσαν ἀγλαὰ δῶρα apparaît en effet à la fois en Π.381 et Π.867).

87 Respectivement en Y.358, X.9, Ω.460, ω.445. Athéna est qualifiée de θεᾶς ἀμβρότου en Ae.*Eu*.259 et So.*OT*.159.

88 Fränkel [1946] 1968 p. 23-39.

caractérisait par une instabilité existentielle : la vie humaine dépend de circonstances ou d'événements donnés (le *jour*), si bien que tout en nous est dicté par des facteurs sans cesse changeants sans que quoi que ce soit de nous-mêmes nous appartienne en propre[89].

L'étude de Fränkel ne mentionne pas le fragment 131 d'Empédocle quoiqu'elle se fonde sur un examen extrêmement documenté des sources anciennes. Parménide et Empédocle sont abordés ensemble, le premier à partir du seul fragment B 16, d'où le savant tire l'idée que notre compréhension change selon les changements subis par les membres qui nous constituent[90]. La théorie de l'ἐφημέριος empédocléen proposée par Fränkel est directement rabattue sur l'interprétation dielsienne des huit premiers vers du fragment 2[91] (dont il est aisé de tirer l'idée d'une instabilité existentielle) : les occurrences du terme ἐφημέριος dans les fragments 3 et 131 ne sont même pas mentionnées.

Nous avons déjà montré que cette analyse pessimiste du fragment 2 ne tenait pas. Le sens purement temporel d'ἐφημέριος n'est pas non plus satisfaisant ici : la vie véritable, selon Empédocle, est celle des éléments éternels. Le terme ἐφημέριος doit donc renvoyer à autre chose que ces deux conceptions de la brièveté et de l'instabilité de l'existence.

Le terme ἐφημέριος est employé deux fois par Empédocle : au vers 3.4, pour renvoyer au groupe qui doit entendre la doctrine formulée dans le poème dans les limites de ce que les dieux ont fixé comme θέμις, et en 131.1, où le terme désigne de nouveau un groupe, dont un individu se trouve extrait (τινός), potentiellement le poète, pourvu de la faveur de la Muse qui a déjà livré un poème portant sur les μελέτας des mortels. Dans les deux cas, il s'agit de styliser l'auditoire du poème : cette forme est réservée au contexte où la poésie parle d'elle-même. Ailleurs, les hommes sont en effet désignés à partir d'autres termes traditionnels, comme ἄνθρωπος, ἀνήρ ou θνητοί[92].

---

89  Fränkel [1946] 1968 p. 25-26.
90  Fränkel [1946] 1968 p. 31 : « *Parmenides entwickelte eine Theorie, nach der sich unsere Erkenntnis (νόος) mit der veränderlichen Konstitution der "Glieder" ändert.* »
91  Fränkel [1946] 1968 p. 31 : « *Empedokles führt aus, daß unser Wahrnehmungsvermögen schwach ist, weil unsere „Geistkräfte durch triviale Eindrücke abgestumpft werden", und daß unser Geistkreiss eng ist, weil „jeder nur an seine eigenen Erfahrung glaubt".* » Le savant renvoie aux vers 2-5 du fragment 2 d'Empédocle.
92  Pour ἄνθρωπος : Empédocle fr. B 26.4, 111.7, 128.9 D.-K. etc. Pour ἀνήρ : fr. B 2.6, 17.25, 23.2, 23.6, 110.6 D.-K. etc. Pour θνητοί (qui inclut aussi les autres êtres vivants) : fr. B 17.21, 17.25, 22.3, 35.14, 112.4 D.-K. etc.

Le terme ἐφημέριος exprime un certain regard porté sur la mortalité, dont l'opposition à la caractérisation de la Muse fait sens : l'emploi du terme pour désigner les auditeurs de la doctrine d'Empédocle (dans les deux fragments) caractérise les individus constituant cet auditoire comme des composés temporaires d'éléments qui seront amenés à former d'autres corps – humains, animaux, etc. – au fil du cycle. Si le fragment 131 appartient bien aux *Catharmes*, il est possible que l'association de l'homme au jour pointe vers la succession des incarnations humaines du démon banni, présentées comme autant de journées successives. Le poème s'adresse à ce qui, en l'homme, survit dans la succession de ses incarnations. Dans le contexte du fragment 131, l'emploi du terme suggérerait que le contenu des μελέτας est un souci existentiel d'un type particulier. Il s'agirait non pas d'apprendre qu'on n'est pas sujet à la mortalité mais que l'humain est susceptible d'incarnations multiples.

Quelle que soit l'interprétation que l'on s'en donne, le sens de la construction est que l'auditoire est désigné par un terme qui se laisse associer au contenu de la doctrine, et ce dans un contexte métapoétique : cet élément de la construction textuel permet un recouvrement entre le monde extradiégétique – celui où la *performance* a lieu devant le public – et le contexte de la narration du poème lui-même, où Empédocle-énonciateur s'adresse à la Muse en mentionnant les hommes par ce terme. Qualifier les hommes d'ἐφημέριοι invite ainsi l'auditoire à questionner, de façon réflexive, la relation entre sa propre existence – et les caractéristiques de la condition humaine – et le contenu doctrinal de chacun des deux poèmes.

– Le sens du vers 131.2 :
    les préoccupations des mortels et la φροντίς

Le contenu du vœu déjà exaucé par la Muse est formulé par le poète au vers 2, qui pose plusieurs problèmes : déterminer les sens de μελέτας et de φροντίς, l'identité du « nous » et celle de la personne ou du groupe à qui appartient la φροντίς ici évoquée.

La construction de διά, qui peut être une préposition dont le régime est φροντίδος ou un préverbe en tmèse (avec ἐλθεῖν), n'a pas d'incidence sur le sens du vers : le verbe διέρχομαι est employé dès Homère pour signifier *passer à travers*, avec le génitif[93]. Il présente un sens factitif, que nous étudions ci-après.

Les réponses aux autres difficultés permettent de dégager trois positions interprétatives. (1) Si μελέτας désigne les préoccupations des mortels (ἡμετέρας) et que la φροντίδος de la Muse est objet de ἐλθεῖν, celle-ci fait passer les préoccupations des mortels par sa pensée, c'est-à-dire qu'elle s'intéresse aux soucis des mortels[94]. (2) Si μελέτας désigne les exercices formels de la pensée humaine pratiqués par le poète et son disciple (ἡμετέρας), en construisant φροντίδος comme génitif adnominal, le vers signifie que la Muse parcourt les exercices formels de la pensée humaine, c'est-à-dire qu'elle a formulé le poème en tenant compte de la structure de cette pensée et de son fonctionnement[95]. (3) Si les μελέτας sont les soucis propres au poète, c'est-à-dire les exercices qui constituent sa pratique poétique, et que la φροντίς, complément de ἐλθεῖν, est celle de la Muse, celle-ci fait passer les pratiques poétiques dans l'esprit du poète, c'est-à-dire qu'elle est source de la production de la parole poétique[96]. Le « nous » est alors l'équivalent d'un « je ».

La troisième interprétation pose difficulté car la première personne du pluriel n'est jamais l'équivalent d'un « je » dans les fragments d'Empédocle que nous connaissons. Le poète est désigné par la première personne du singulier, réservée à cette fonction[97].

Ainsi, dans le fragment 4.2, la première personne apparaît sous la forme d'un possessif dont l'objet est la Muse, ἡμετέρης Μούσης : le « nous » désignait un groupe formé par Empédocle – qui exhorte – et Pausanias – qui est exhorté (γνῶθι), par opposition aux κακοί incapables d'accepter la vérité. La première personne du pluriel ἠλύθομεν dans le fragment 120 a fait l'objet de discussion : elle paraît renvoyer non pas aux morts mais à un groupe de démons déterminés[98]. Deux autres occurrences renvoient aux

---

93  *LfgrE* t. 12 col. 729 (*s. v.* ἔρχομαι, section II3 δι-). *Cf.* Y.100, Y.263, ζ.304, etc.
94  Diels 1901 p. 160 comprend ἡμετέρας μελέτας comme *de rebus humanis* ; *cf.* Bignone 1916 p. 477-478, Wright 1995 p. 159 (suivie par Skarsouli 2006 p. 221), Inwood 2001 p. 215, Mansfeld & Primavesi 2011 p. 560.
95  Gallavotti 1975, p. 163 *ad loc*, qui traduit μελέτας par *prove*, au sens de « les exercices formels de la pensée humaine ».
96  Bollack 2003 p. 91 (suivi par Hardie 2013 p. 223) commente μελέτας par « le travail du poète ».
97  En 8.1, 9.5, 16.1, 17.1 et 17.15-16, 35.1-3, 38.1, 113.1, 114.1, 115.13-14, 117, etc.
98  Pour les démons : Martin & Primavesi 1999 p. 316, Bollack 2003 p. 74. Pour les morts : Rosenfeld 2006 p. 84.

hommes en général : dans le fragment 109, la première personne du pluriel est employée pour qualifier les moyens de perception des hommes, qui sont régis par l'attraction des semblables (ὀπώπαμεν) : le fragment 133 emploie la première personne du pluriel pour l'expérience commune, afin de souligner que les sens humains (ἡμετέροις) ne donnent pas accès au divin véritable.

L'emploi de la première personne du pluriel dans le Papyrus de Strasbourg a été abondamment commenté[99] : en aI.6 et c.3, des formes d'indicatif de première personne du pluriel (συνερχόμεθ') apparaissent là où la tradition indirecte présente des formes de participe (συνερχόμεν'), alors qu'une seconde main corrige les formes du Papyrus à l'indicatif en participes en indiquant qu'il faut lire ν et non θ à la fin du mot. En aII.17, est attestée une forme de première personne du pluriel non corrigée (]ρχόμεθ'). En d.10, la seconde main corrige de nouveau un θ en ν, mais la forme reste alors une première personne du pluriel : on passe de ἐπιβ[ησόμ]εθ' à ἐπιβ[ησόμ]εν. Le référent de ces premières personnes du pluriel, dont deux sont bien attestées, a fait difficulté : quoique Martin et Primavesi aient soutenu qu'elles désignaient des démons désincarnés, il est plus vraisemblable d'y voir une référence indéterminée aux êtres humains similaire à celles des fragments 109 et 133[100].

Les sens de μελέτη et de φροντίς nécessaires aux interprétations (1) et (2) sont également possibles. Les deux termes μελέτη et μελετάω sont issus de la racine de μέλω par dérivation et ne sont pas homériques[101]. Le terme de μελέτη peut désigner, en poésie, l'*attention soutenue* ou le *soin constant* que l'on porte à quelque chose, ou renvoyer à la *pratique* d'un art ou d'une technique, d'où à une *discipline* à laquelle on s'astreint. Le verbe μελετάω présente la même polysémie, qui semble caractériser le groupe dès une époque ancienne.

Au sens de *soin constant*, les premières occurrences de termes de ce groupe remontent à Hésiode et Archiloque[102], chez lesquels le substantif

---

99  *Cf.* Rosenfeld 2006 p. 84 *sqq.*, Trépanier 2003a p. 390 *sqq.* et les références qu'il fournit p. 390 n. 9.

100 Martin & Primavesi 1999 p. 83-95 reprennent une thèse de Cornford selon laquelle ces démons désincarnés étaient contenus dans des particules d'Amour qui étaient susceptibles de s'incarner dans les corps composées qu'elles formaient. *Contra* : Gemelli Marciano 2013 p. 398, Osborne 2000 p. 340, Laks 2001a p. 124 et Rosenfeld 2006 p. 83.

101 Chantraine *DELG* p. 684, *s. v.* μέλω. Homère emploie une seule fois un substantif féminin pluriel, μελεδῶναι, au sens de *souci, préoccupation* (τ.517, pour les pensées douloureuses qui reviennent sans cesse à l'esprit).

102 He.*Op.*316, 360, 380, 412, 420, 443 et 457, Archiloque fr.17 West (« Le travail produit toutes choses pour les humains, ainsi que le fait le soin quotidien des mortels »), Thgn.296

μελέτη en vient alors pratiquement à signifier le *travail* (*cf. Op.*360). Le sens de la pratique d'une technique remonte à l'*Hymne à Hermès*, où μελέτησα signifie *exercer la divination*[103] : de cette acception dépendent des emplois chez Pindare où le terme peut désigner la discipline qu'on s'impose[104]. La spécification de *matière* ou *préoccupation* poétique est également pindarique, quoiqu'il soit difficile de déterminer s'il s'agit d'une évolution du premier sens ou du second, puisque le terme signifie ce sur quoi porte la pratique poétique ou ce qui est l'objet du soin du poète[105].

Le terme φροντίς, dérivé de φρήν (qui désigne le siège de la pensée en plus d'être celui des émotions), peut désigner la *pensée* comme faculté ou l'objet que l'on conçoit, qu'il s'agisse en ce dernier sens d'un *souci* ou d'un *objet de soin*[106]. Le mot n'apparaît que deux fois chez Homère, sous la forme d'un anthroponyme : Phrontis est le nom de la reine épouse de Panthous en P.40 et celui du pilote de Ménélas en γ.282. Dans cette seconde occurrence, le nom propre a une valeur sémantique[107] : à la suite de cet épisode, Zeus déchaînera les vents qui conduiront les navires à se séparer, ce qui marquera le début des errances de Ménélas, l'Atride ne pouvant plus compter sur un pilote expérimenté pour diriger le navire dans la tempête.

Le vers 276 de l'*Hymne à Aphrodite* emploie φρήν avec le verbe διέρχομαι pris en une acception factitive, au sens de *faire passer en revue par l'esprit*[108]. Le passage intervient lorsqu'Aphrodite décrit à Anchise les conditions dans lesquelles leur fils Énée sera élevé par les Nymphes : la déesse le confiera à Anchise à l'âge de cinq ans pour qu'il l'emmène à Troie. Les

---

et 924, Pi.*Is.*6.66.

103  *Hh.*He.557 : μαντείης ἀπάνευθε διδάσκαλοι ἦν ἐπὶ βουσὶ / παῖς ἔτ᾽ ἐὼν μελέτησα· πατὴρ δ᾽ ἐμὸς οὐκ ἀλέγιζεν « Sans dépendre de moi, elles m'ont enseigné l'art divinatoire, que, encore enfant, j'ai exercé auprès de mes bœufs. Mon père ne s'y opposait pas ».

104  En Pi.*O.*6.37, Pithô s'astreint à une discipline intérieure pour réprimer sa colère ; en Pi.*O.*9.107, il s'agit de l'entraînement des athlètes.

105  Pi.*O.*14.18 et Pi.*Is.*5.27.

106  Chantraine *DELG* p. 1227-1228, *s. v.* φρήν. – Pour la faculté, voir Ae.*Ag.*912, So.*OT.*67, etc. Pour l'objet conçu, voir Pi.*O.*1.19 (φροντίσι γλυκυτάταις), etc. Pour les sens de *souci* et d'*objet de soin*, voir Ae.*Pe.*161, *Ag.*165, etc.

107  γ.279-283 : « À ce moment Phébus Apollon tua en l'assaillant de ses doux traits le pilote de Ménélas, qui tenait le gouvernail du navire qui s'élançait, Phrontis le fils d'Onétor, qui l'emportait sur les tribus des hommes pour diriger un navire lorsque les vents se déchaînaient. »

108  *Hh.*Aphr.276-277 : σοὶ δ᾽ ἐγώ, ὄφρα κε ταῦτα μετὰ φρεσὶ πάντα διέλθω, / ἐς πέμπτον ἔτος αὖτις ἐλεύσομαι υἱὸν ἄγουσα « Quant à moi, je reviendrai dans quatre ans te voir avec l'enfant, afin de te remettre tout cela dans l'esprit. »

φρεσί sont du côté de la faculté de connaissance : le verbe διέλθω a un sens factitif, *faire passer*, et admet un complément d'objet à l'accusatif.

Conserver le texte des manuscrits au vers 131.3, sans corriger la forme εὐχομένων en un datif singulier εὐχομένῳ, permet de trancher la difficulté. Au génitif, le participe εὐχομένων doit se construire en apposition à ἐφημερίων : il ne désigne plus – comme le faisait sa version corrigée en un datif – de façon auto-référentielle l'acte de langage présent par lequel Empédocle demande à la Muse dans le fragment 131 de produire un discours sur les dieux qui soit ἀγαθός, mais renvoie à un acte de langage passé, dont les créatures d'un jour et non le poète ont été les auteurs. Or, cet acte de langage est présenté comme concomitant à l'exaucement du souhait par la Muse, puisque le participe est au présent : la prière était formulée sinon par les créatures d'un jour, du moins dans leur intérêt. Les μελέτας dont il est question en 131.2 sont alors plus vastes que celles du poète et du disciple seuls : pourquoi l'intégralité des ἐφημέριοι demanderait-elle à la Muse de produire un poème répondant aux soucis d'Empédocle et de Pausanias ? Conserver le texte des manuscrits au vers 3, εὐχομένων, contribue au contraire à colorer les μελέτας du vers précédent du côté du souci existentiel d'un « nous » général, en validant la première des trois possibilités d'interprétation du vers.

## La nouvelle demande adressée à la Muse (131.3-4)

– La formulation de la demande d'assistance
et l'effacement de la *persona* du poète

Le point de cristallisation de la demande d'assistance des vers 131.3-4 est l'impératif παρίστασο. Dans la poésie archaïque, le verbe παρίστημι signifie le plus souvent *se placer* auprès d'une personne ou (plus rarement) d'un objet, alors mentionné au datif parfois appuyé de l'adverbe ἄγχι[109]. Ce sens local est encore employé après Homère sans nuance d'intention explicite[110]. Lorsque toutefois cette nuance est explicite, elle peut être précisée par un verbe coordonné, un participe apposé, un

---

109 *LfgrE* t. 13 col. 1243-1254 (*s. v.* ἵστημι, section IB9 παρα-) : acceptions 9a *se placer auprès de* ; 9b *se tenir auprès de* (au parfait). Avec ἄγχι et le datif, *cf.* E.570, où Antiloque porte secours à Ménélas, dont Arès médite la perte face à Énée.

110 *Cf.* He.*Th.*439, He.fr.22.24 Most (= fr.25 Merkelbach-West), *Hh.*Ap.492, *Hh.*Ap.510, *Hh.*Aphr.245, *Hh.*Aphr.269, Tyrtée fr. 12.19 West, Mimnerme fr.2.5 West.

système conditionnel ou une mention des périls auxquels on échappe[111]. Elle n'exprime pas nécessairement la protection, même lorsqu'un dieu est concerné[112] : nombre d'occurrences sont du côté de l'assaut ou de la parole[113]. Chez Eschyle, les sens se sont quelque peu fermés, soit du côté de la protection, soit de celui de la proximité locale (auquel cas le verbe devient pratiquement un équivalent de εἰμί[114]).

La demande d'assistance formulée au moyen du verbe παρίστημι est typique des prières aux divinités. L'orant se trouve alors mentionné au datif, accompagnant un verbe à l'impératif[115]. Dans la prière où Diomède demande protection à Athéna au moment où il va partir en reconnaissance en compagnie d'Ulysse, dans le chant K, le verbe est employé pour rappeler la faveur passée d'Athéna (παρέστης) et pour formuler le souhait présent (παρίστασο), accompagné du datif μοι[116]. Empédocle reprend cette caractéristique grammaticale de la prière, où παρίστημι est accompagné du datif, pour l'adapter à la figure de la Muse. Or, nous n'avons aucun exemple antérieur où la Muse est sujet d'un impératif de παρίστημι[117]. Le plus ancien emploi conservé de παρίστημι dans le contexte de la composition poétique se trouve chez Pindare, dans un passage de la troisième *Olympique* où l'énonciateur (exprimé par le datif μοι) dit avoir obtenu l'assistance de la Muse dans l'élaboration d'une innovation poétique[118].

---

111 Pour un verbe coordonné, *cf.* K.291, O.255, P. 563, Φ.231, Ψ.783 et v.301. Pour un participe apposé, *cf.* E.116 et γ.221-222. Pour un système conditionnel, *cf.* v.389. Pour une mention des périls auxquels on échappe, *cf.* K.279.

112 Au contraire, en Γ.405, Hélène s'adresse à Aphrodite qui se tient à ses côtés pour lui nuire en fomentant des ruses.

113 Il y a huit occurrences du côté de l'assaut, toutes dans l'*Iliade* : K.489, Λ.261, O.649, Π.114, Π.404, Υ.472, Χ.371, Χ.375. Du côté de la parole : B.189, M.60, M.210, N.725, P. 338, Υ.375, Ψ 155, Ψ.304, Ψ.617, θ.238, ι.345, π.338, υ.190, etc.

114 Pour la protection : Ae.*Eu*.65, *Su*.216. Au sens local, *cf.* Ae.*Pe*.197, *Pe*.957, *Se*.487, *Se*.705. En *Ag*.1053 et *Pr*.216, τῶν παρεστώτων a le sens de *dans les circonstances présentes*.

115 En E.115-117, K.279, K.291.

116 K.285-291, dont particulièrement K.290-291 : « Attache tes pas aux miens, comme tu l'as fait jusqu'à Thèbes pour mon père, le divin Tydée, lorsqu'il avait été envoyé comme messager en avant des Achéens. Eux, les Achéens aux vêtements de bronze, il les avait laissés au bord de l'Asope. Il portait là-bas une parole apaisante aux Cadméens. Mais, au retour, il méditait des actes terribles, avec toi, divine déesse, qui t'empressas de l'assister. De même à présent, assiste-moi si tu y consens, et protège-moi »

117 Le proème du catalogue des vaisseaux présente toutefois une forme de παρειμι à l'indicatif, au sens d'*être présent*, sens qui peut recouvrir celui de παρίστημι, en B.485.

118 Pi.O.3.4 : Μοῖσα δ' οὕτω ποι παρέστα μοι νεοσίγαλον εὑρόντι τρόπον Δωρίῳ φωνὰν ἐναρμόξαι πεδίλῳ ἀγλαόκωμον. Il est question de découvrir une technique de composition associant

L'interprétation admise du vers 131.3 envisage le propos à partir de la forme de la prière homérique, mais le fait en négligeant une part importante de la réfection à laquelle procède Empédocle, en conservant la correction εὐχομένῳ au détriment du génitif εὐχομένων dont il vaut la peine de défendre la possibilité.

Si l'on conserve le texte des manuscrits, Empédocle procède au tissage d'énoncés poétiques en une construction originale, qui présente une rupture déterminante avec la tradition qu'aucun commentateur n'a remarquée du fait de la correction de Schneidewin : si on lit εὐχομένων en rejet comme les manuscrits nous y incitent et qu'on le rapporte au début du fragment comme la syntaxe de νῦν αὖτε nous y oblige, il n'y a aucune mention explicite de l'orant au datif dans la prière adressée par Empédocle à la Muse dans les vers 131.3-4. Le participe ἐμφαίνοντι n'est relié à aucun μοι alors même que, lorsqu'un participe est apposé à l'objet au datif de παρίστημι, pour caractériser la demande même, cet objet au datif est toujours exprimé[119]. Le participe ἐμφαίνοντι est délibérément sous-déterminé par le dispositif textuel du fragment 131, qui ouvre une situation où le poète demande à la Muse d'assister, virtuellement, n'importe quel homme qui formulerait cette demande : même s'il s'agit de fait du poète, l'absence de μοι est un fait qui demande, comme tel, à être interprété. Il faut traduire : « Muse, assiste qui met en lumière un bon propos au sujet des dieux Bienheureux. »

L'absence d'un pronom de première personne renvoyant au poète ne justifie pas la correction de Schneidewin, εὐχομένῳ : l'énoncé des vers 131.3-4 crée une tension inhérente à la conception de l'inspiration poétique dans la mesure où le poète prie la Muse de l'assister alors même qu'il paraît s'effacer du dispositif textuel. C'est le signe que l'énoncé poétique parvient à un point critique : les vers 131.3-4, comme la majorité des éditeurs l'ont reconstruit en faisant suivre le fragment 131 des fragments 133 et 134, qui décrivent un divin transcendant, inaccessible aux sens, annonce le traitement par le chant poétique du divin véritable.

Le propos annoncé dans les vers 131.3-4 porte sur les dieux bienheureux (μακάρων, 131.4). L'adjectif μάκαρ désigne les dieux du point

---

« harmonieusement au mode dorien le chant qui donne sa splendeur à la fête ».

119  J'ai fait la vérification pour tous les emplois du verbe παρίστημι dans le corpus poétique antérieur à Empédocle (Homère, Hésiode, les *Hymnes homériques*, Alcée, le corpus élégiaque archaïque, Eschyle, Pindare et Bacchylide) et chez Hérodote.

de vue de l'état de bonheur et de bénédiction qui est le leur et peut, occasionnellement, être appliqué à des hommes favorisés par les dieux[120]. Le terme est lié à la théologie traditionnelle : chez Hésiode, l'expression θεοὶ μάκαρες désigne de façon privilégiée les Olympiens[121]. Empédocle ne saurait bien entendu désigner par ce terme les mêmes dieux que ceux auxquels l'adjectif renvoie habituellement : dans le fragment 115, il désigne les dieux dont les démons coupables se trouvent séparés en raison de leur faute[122]. L'exil des démons coupables loin des Bienheureux les conduit à s'incarner : les μάκαρες sont, *ipso facto*, des divinités qui se trouvent en dehors du cycle de l'incarnation. Il ne peut donc s'agir des quatre racines et de l'Amour et de la Discorde, qui prennent une part active à la composition des corps en lesquels les démons sont incarnés. La complète transcendance des Bienheureux explique l'effacement du rôle du poète au profit de la Muse, seule habilitée à exposer la nature de telles divinités. Or, Hippolyte présentait ce fragment comme une illustration de l'idée que la Muse concourt au rôle de Φιλία pour réunir les éléments et comprenait que le fragment annonçait la description de ce qu'il nommait l'Un (τῷ ἑνί).

Lorsqu'on cherche à identifier ces dieux bienheureux, les candidats possibles sont, dans l'absolu, la Sphère, la divinité des fragments 133 et 134 (qui ne sont pas sans entretenir de relations entre eux) et les dieux Bienheureux du fragment 115[123]. Ils partagent en tout cas la caractéristique de n'être pas caractérisés de façon anthropomorphique[124] : ils ne sont donc pas saisissables par les sens. Leur nature même les sépare ainsi irréductiblement du monde humain et de ses systèmes de représentation : une telle divinité ne peut être connue que par une révélation transcendante où, au contraire du discours qui porte sur le monde, le poète ne joue qu'un rôle de simple véhicule, qui s'efface devant la parole

---

120 Chantraine *DELG* p. 659. – Pour les hommes, voir Γ.182 pour l'Atride, ou pour un homme dans une comparaison en Λ.68, etc.

121 Ainsi en He.*Th*.33, 101, 128, 881, etc.

122 *Cf.* Empédocle B 115.6-8 D.K : τρίς μιν μυρίας ὥρας ἀπὸ μακάρων ἀλάλησθαι, / φυομένους παντοῖα διὰ χρόνου εἴδεα θνητῶν / ἀργαλέας βιότοιο μεταλλάσσοντα κελεύθους « Pendant trois milliers de saisons, (les démons doivent) errer loin des Bienheureux, croissant en toutes les formes variées des créatures mortelles, au fil du temps, elles qui échangent les rudes chemins de la vie. »

123 Les dieux Bienheureux représentent de ce point de vue la divinité atteinte par les hommes à l'issue de leur cycle d'incarnations.

124 *Cf.* Empédocle B 27(1), 27(2), 133 et 134.

de la Muse (le μοι est sous-entendu au vers 131.3), car le monde n'offre aucun témoignage de la véracité de cette partie du propos poétique.

– La caractérisation du discours poétique
   sur les dieux au vers 131.4

Le vers 131.4 caractérise le discours poétique qui porte sur les dieux. Le sujet lui-même est introduit par la préposition ἀμφί accompagnée du génitif[125], en ce sens synonyme de περί accompagné du génitif, qui a fini par le supplanter. Chez Homère, ce sens est attesté uniquement dans le passage de l'*Odyssée* où Démodocos s'apprête à chanter les amours d'Arès et d'Aphrodite[126]. Si les deux passages d'Homère et d'Empédocle construisent un entrelacs semblable entre la beauté du chant (καλόν, dont on retrouve le sémantisme dans le nom Καλλιόπεια) et le thème du divin et qu'ils présentent tous deux la préposition ἀμφί à l'initiale du vers, le passage d'Empédocle se construit comme un écho distancié au chant de Démodocos : il s'agit de récuser les caractéristiques anthropomorphiques de la divinité réelle. Or, la préposition ἀμφί était le support d'une contestation du traitement traditionnel du divin dans le fragment 34 de Xénophane, qui promet un savoir original sur le monde et les dieux[127] : la reprise de la préposition souligne que l'Agrigentin reprend les critiques que Xénophane a adressées à l'anthropomorphisme homérique. Le tour est également employé par Parménide, lorsque la déesse souligne que son propos sur la Vérité (ἀμφὶς ἀληθείης), qui ne peut que faire l'objet d'une révélation transcendante, laisse place à l'exposé des opinions des hommes[128].

---

125 Chantraine *DELG* p. 80. *LfgrE* t. 1 col. 610 (section D) distingue trois sens d'ἀμφί avec le génitif : introduire l'enjeu d'une action, par exemple celle de la bataille ; *en ce qui concerne*, comme περί avec le génitif en attique ; il exprime enfin, comme dans notre fragment, le propos dont on parle. Pour ce sens, *cf. Hb.*Ap.170 (dans un contexte qui n'est pas celui du chant), en Ae.*Se.*1012 (avec λέγειν), et Parménide en 28 B 8.51 D.-K. (pour signaler que la déesse est parvenue au terme de la partie de son propos qui concerne la *Vérité*).

126 l.267-270 : αὐτὰρ ὁ φορμίζων ἀνεβάλλετο καλὸν ἀείδειν / ἀμφ' Ἄρεος φιλότητος ἐϋστεφάνου τ' Ἀφροδίτης, / ὡς τὰ πρῶτ' ἐμίγησαν ἐν Ἡφαίστοιο δόμοισι / λάθρῃ· « Et lui (*sc.* Démodocos) leva la lyre pour chanter, bellement, à propos des amours d'Arès et d'Aphrodite à la belle couronne, comment d'abord ils s'unirent dans les demeures d'Héphaïstos, secrètement. »

127 Xénophane 21 B 34.1-2 D.-K. : καὶ τὸ μὲν οὖν σαφὲς οὔ τις ἀνὴρ ἴδεν οὐδέ τις ἔσται / εἰδὼς ἀμφὶ θεῶν τε καὶ ἄσσα λέγω περὶ πάντων « Nul homme n'a su clairement et nul ne connaîtra tout ce que je dis au sujet des dieux et à propos de toute chose ». *Cf.* Lesher 1992 p. 166, contre l'interprétation de Barnes 1982 t. I p. 140-143, qui y voit une affirmation sceptique.

128 Parménide 28 B 8.51 D.-K.

L'originalité du propos d'Empédocle est de fait soulignée par les termes qui le caractérisent : le passage présente la première occurrence connue du verbe ἐμφαίνω, qui n'est jamais attesté en poésie avant Empédocle, pour autant que l'état fragmentaire de notre documentation permette de l'affirmer. Le verbe signifie généralement *présenter, exposer, indiquer*[129]. La forme peut être soit un simple équivalent de ἐμφανὴς γίγνεσθαι, *rendre manifeste* ou *clair* (sachant qu'un λόγος ἐμφανής est, chez Eschyle, un discours simple, facile à comprendre[130]) ; soit un équivalent de φαίνω où le préverbe ἐμ- a la valeur d'une insistance sur le contexte de l'énonciation, et signifier alors *mettre en lumière*[131]. Les interprètes choisissent le plus souvent la seconde option[132]. C'est également le sens du verbe au vers 62.6, où il qualifie la première génération des hommes, qui ne montrent pas encore de corps désirable[133]. Penser que le composé a le sens du verbe simple est d'autant plus probable que le verbe φαίνω n'est jamais employé par Empédocle, pas plus d'ailleurs qu'aucun autre terme formé sur le radical φαν-. L'originalité de ce verbe est d'autant plus marquée que, dans les deux occurrences des fragments 62 et 131, le verbe se trouve à la fin de l'hexamètre et oblige à scander un cinquième pied spondaïque.

Le propos que le poète demande à la Muse de l'aider à formuler est décrit comme un λόγον ἀγαθόν. Chez Hésiode, le terme de λόγος est employé pour désigner une séquence déterminée du discours poétique[134]. Dans le fragment 131, la qualité spécifique de la parole poétique que la

---

129 Chantraine *DELG* p. 1171-1172.
130 L'adjectif signifie *manifeste, évident* : Thgn.1082f ; Ae.*Ch.*667 et 818, *Eu.*223, *Se.*246, *Ag.*626, *Pe.*518. Chez Pindare, l'adjectif ἐμφανής signifie *manifeste* (Slater *Lexicon* p. 169). Pour λόγος ἐμφανής, voir Ae.*Eu.*420.
131 En composition, le préverbe ἐν- signifie généralement qu'on insiste sur le *hic et nunc* de l'énonciation : alors que γελάω signifie *rire*, ἐγγελάω, employé dès Sophocle (So.*El.*277), signifie *se moquer de quelqu'un*.
132 Je renvoie en particulier à l'analyse de Hardie 2013 p. 217 des emplois de φαίνω dans leur relation à la parole aédique.
133 Le vers est : οὔτε τί πω μελέων ἐρατὸν δέμας ἐμφαίνοντας. *Cf.* Bollack 1969 t. II p. 184-185 et t. III p. 433.
134 He.*Op.*106-108 : εἰ δ᾽ ἐθέλεις, ἕτερόν τοι ἐγὼ λόγον ἐκκερυφώσω / εὖ καὶ ἐπισταμένως, σὺ δ᾽ ἐνὶ φρεσὶ βάλλεο σῇσιν, / ὡς ὁμόθεν γεγάασι θεοὶ θνητοί τ᾽ ἄνθρωποι. Ce passage assure une transition entre l'unité narrative qui expose le vol du feu par Prométhée (*Op.*47-56), en contre-partie duquel Zeus offre Pandore à Épiméthée (*Op.*57-89), qui à son tour ouvre la jarre contenant les maux (*Op.*90-105), et le mythe des races de l'humanité (*Op.*109-201) : elle a pour fonction d'exhorter Persès à comprendre le propos et résume l'objet du mythe des races. – Pour λόγος en cette acception, *cf.* *LfgrE* t. 14 col. 1707 sens 2a.

Muse va proférer est d'être ἀγαθός, ce qui ne constitue pas une qualification traditionnelle de la parole poétique[135] : la parole prononcée sous
l'inspiration de Calliope, dans la *Théogonie*, est qualifiée de μειλίχη ou
de γλυκήρη, c'est-à-dire de *douce* au sens d'*apaisante* et de *plaisante*[136].
L'adjectif ἀγαθός souligne au contraire la qualité de la parole poétique en
tant que telle, renvoyant à l'ensemble des déterminations qui la rendent
pertinente et efficace[137]. Empédocle introduit ainsi une détermination
supplémentaire à la formulation du chant qui porte sur les dieux dans la
*Théogonie*, qu'Hésiode exprimait au sein de vers tels que καί μ' ἐκέλονθ'
ὑμνεῖν μακάρων γένος αἰὲν ἐόντων, et κλείετε δ' ἀθανάτων ἱερὸν γένος
αἰὲν ἐόντων[138].

L'ajout de l'adjectif ἀγαθός renvoie les théogonies traditionnelles
dans le champ des κακοὶ λόγοι qui portent sur les dieux : le dispositif
textuel du vers 131.4 souligne que, chez les autres poètes[139], la demande
formulée à la Muse porte sur un thème ou sur la force persuasive du
propos, et non pas sur sa qualité. Le chant d'Empédocle se définit par
sa justesse et son efficace, ce qui est d'autant plus nécessaire qu'il porte
sur une divinité transcendante que les sens ne peuvent saisir.

– Appeler la Muse « Calliope » :
   la signification de la reprise d'Hésiode

Le choix dans notre fragment d'Empédocle du nom de Calliope, qui
est la Muse la plus importante dans le proème de la *Théogonie* d'Hésiode
en ce qu'elle inspire les poètes et les rois[140], est rarement commenté par
les interprètes. Lorsqu'il l'est, on a le plus souvent reconstruit un rapport
de continuité directe entre Hésiode et Empédocle sans qu'on cherche

---

135 En Pi.*N*.11.17, ἀγαθός qualifie λόγος pour désigner les dires des citoyens qui glorifient le
   vainqueur olympique ; en I.627 l'expression μῦθον οὐκ ἀγαθόν désigne le rapport *défavorable*
   fait par Ulysse et Ajax aux Achéens. – Il est possible qu'il faille voir dans l'adjectif ἀγαθός
   le pendant de la qualification des κακοί dans le fragment 4 : le *bon* discours permettrait
   de surmonter leur doute en présentant la force de l'évidence poétique.

136 He.*Th*.84 et 92 pour μείλιχος (Chantraine *DELG* p. 677) ; He.*Th*.83 et 97 pour γλυκερή
   (Chantraine *DELG* p. 228).

137 Chantraine *DELG* p. 6. Le terme n'a ici pas de sens moral.

138 Respectivement He.*Th*.33 « et elles m'intimèrent de chanter la race des dieux Bienheureux
   qui sont toujours » et He.*Th*.105 « Glorifiez la race sacrée des Immortels qui sont toujours ».

139 On pourrait associer à Hésiode les invocations à la Muse qui introduisent les *Hymnes
   homériques*.

140 He.*Th*.73-93.

à distinguer quelle est la spécificité de l'entreprise de l'Agrigentin[141]. Nous avons montré que cette approche caractérisait quatre publications récentes[142].

La variation entre les deux dénominations de la Muse aux vers 131.1 et 3 est significative. L'Agrigentin stylise deux potentialités différentes du discours poétique, auxquelles il fait appel successivement. Réanalysons la signification du fait qu'Empédocle nomme ici sa Muse « Calliope », dont le nom évoque la beauté de la voix puisqu'il s'agit d'un composé de καλός et de ὄψ[143], dans sa relation à Hésiode.

Dans les vers 75-80 de la *Théogonie*, l'importance de la neuvième Muse est trois fois soulignée : par sa mention en dernière position dans le catalogue, par l'adjectif προφερεστάτη (*la plus excellente* ou l'*aînée*) et par l'assistance qu'elle apporte aux rois, qui tiennent leur pouvoir de Zeus. La Calliope d'Hésiode résume l'essence des autres Muses dans la mesure où elle met sa puissance au service de la communauté des hommes en permettant aux rois d'assurer la cohésion de la communauté humaine et aux poètes de dispenser l'oubli du souci lié à leur condition de mortel. André Laks a remarqué à juste titre que la figure de la plus importante des Muses était caractérisée par une violente tension dans la mesure où, après qu'Hésiode a défini avec soin la position d'autorité poétique que le narrateur a reçu des Muses, celles-ci se voient associées à l'inspiration des rois dans le cadre de pratiques judiciaires où le poète ne joue manifestement aucun rôle[144]. Le savant explique la suprématie de Calliope sur les autres Muses par sa fonction dans la cohésion et la sauvegarde de la communauté dans le cadre de la procédure judiciaire, alors que la parole poétique a d'abord un effet sur l'individu[145] : la mention s'inscrit dans le projet théogonique de définition de la royauté juste, à laquelle seront opposés les rois des *Travaux* qui valident la logique du pillage. Les Muses sont en effet construites dans ce passage de la *Théogonie* comme l'origine d'un discours qui permet de faire cesser le Νεῖκος et d'instaurer la concorde dans la communauté en proférant des sentences droites (He.*Th*.87, αἶψά τι καὶ μέγα νεῖκος ἐπισταμένως κατέπαυσε). Chez Hésiode, la pierre angulaire de ce dispositif est le roi,

---

141  Gallavotti 1975 p. 163.
142  Skarsouli 2006, Therme 2010, Palmer 2013, Hardie 2013.
143  Chantraine *DELG* p. 845.
144  Laks 1996.
145  Laks 1996 p. 86-87.

car il est socialement responsable du règlement des problèmes judiciaires dans le cadre de l'application du droit.

Le geste auquel se livre Empédocle est de court-circuiter la nécessité de la figure du roi : le poète lui-même traite de Φιλία et de Νεῖκος, termes auxquels il donne un sens différent de celui d'Hésiode[146].

Mais pourquoi employer le nom de Calliope, responsable de cette fonction judiciaire chez Hésiode, dans l'annonce d'un exposé sur les dieux Bienheureux ? Cette spécificité doit être envisagée à partir de la signification de l'adjectif μάκαρ chez Empédocle : au vers 115.6, il qualifie les divinités dont les démons se trouvent bannis du fait de leur transgression, occasionnée par la confiance qu'ils ont placée en Νεῖκος (115.14).

À cet égard, nommer la Muse Calliope a deux significations. (1) Se situer de façon critique dans la tradition théogonique : l'objet de la description d'Empédocle est un divin transcendant inaccessible aux sens. L'effacement de la *persona* du poète dans les vers 131.3-4, où celui-ci demande l'assistance de Calliope, la faisant passer au premier plan en sous-entendant le μοι, est un élément déterminant qui valide la succession 131-132-133-134 (quel que soit l'ordre de ces fragments après 131), puisque la divinité n'est pas perceptible par les sens : le poète s'efface alors devant la Muse, déesse qui parle du divin en sa voix propre. Il y a situation critique dans la tradition théogonique représentée par Hésiode dans la mesure où cette divinité n'est pas l'objet d'un traitement anthropomorphique et que sa nature même est ainsi en forte rupture avec les dieux de la tradition[147]. (2) Demander à Calliope de composer un hymne aux dieux Bienheureux desquels les démons, dont le poète-énonciateur, ont été bannis redéfinit la fonction hésiodique de cette Muse dont le rôle est de mettre fin au Νεῖκος dans le cadre judiciaire de l'exercice de la fonction royale. Il y a là contrepartie symbolique de l'acte de transgression originel perpétré par les démons : Empédocle supprime le roi, dont l'action ne représente l'arrêt que d'une facette du pouvoir de la Discorde. La parole poétique parvient à ce résultat à un degré bien plus fondamental. Calliope, qui consistait dans la *Théogonie* en l'actualisation de la parole poétique dans l'interrelation qu'elle présente aux actions

---

146 Voir à ce sujet Skarsouli 2006.

147 Ce point est déjà souligné, dans sa relation à la contestation de l'anthropomorphisme, par Bollack 2003 p. 13.

humaines, est replacée par Empédocle du côté d'une inspiration poétique qui exprime le terme de la succession des incarnations, dont les derniers stades impliquent précisément une fonction dans la communauté (celles de dirigeant politique, de médecin et de poète, *cf.* fr. B 146 D.-K.) : l'emploi du nom de Calliope implique qu'Empédocle définit la fonction du savoir poétique dans cette communauté du côté de la compréhension des conditions de la réunification de la communauté humaine avec le divin, alors même que le nom de la Muse suggère que la pleine réalisation du processus n'est possible qu'au prix d'une conversion de la πίστις, de la Discorde à l'Amour[148].

Comme l'a bien vu Hippolyte, le nom même de Calliope la place en effet, dans l'économie des conceptions empédocléennes, du côté de Φιλία : il est aisé de montrer que la beauté qui constitue la première partie du composé qui constitue son nom implique une construction harmonieuse elle-même dépendante du pouvoir de l'Amour. Quoique le nom de Calliope lui-même n'apparaisse pas chez Homère, cet entrelacs entre le chant épique, la Muse et la beauté était déjà formulé, à la fois dans l'*Iliade* et l'*Odyssée*[149]. Alcman analysait la dénomination de Calliope du côté du plaisir procuré par le chant, auquel s'ajoutait la danse[150]. Bacchylide, dans la cinquième *Épinicie*, présentait Calliope dans sa relation au char εὐποίητον (Ba.*Ep.*5.176-178) : la beauté proviendrait de la qualité de la construction (ce qui n'est sans doute pas sans rapport avec la structure même de l'ode, qui présente le mythe de Méléagre enchâssé entre deux parties consacrées à la Muse). Empédocle, nous l'avons montré, réactive de tels réseaux lorsqu'il emploie, au fragment 3.5, la métaphore du char – fondée sur la racine *\*ar-* : il place lui aussi la bonne parole poétique du côté de la qualité de la composition, mais en réinterprète la signification en la plaçant dans un système où la jointure opérée par l'Amour revêt un sens spécifique.

Le nom de Calliope est ainsi choisi pour souligner la différence du projet théologique d'Empédocle à l'égard de celui d'Hésiode : tout se passe comme si Empédocle se présentait ici comme un nouvel Hésiode,

---

148 Ces points sont développés dans le dernier chapitre de l'ouvrage.
149 Laks 1996 p. 83 n. 3. *Cf.* A.602-604 et ω.60-61, pour l'association des Muses à la beauté de la voix (par l'hémistiche ἀμειβόμεναι ὀπὶ καλῇ).
150 Alcman fr. 27.1 (PMG) : Μῶσ' ἄγε Καλλιόπα θύγατερ Διὸς / ἄρχ' ἐρατῶν ϝεπέων, ἐπὶ δ' ἵμερον / ὕμνῳ καὶ χαρίεντα τίθη χορόν.

demandant à la Muse de chanter un nouveau chant qui aurait pour objet les dieux immortels. Cette nouvelle *Théogonie* présente toutefois la particularité qu'elle décrit de façon non anthropomorphique la nature des dieux bienheureux. C'est la raison pour laquelle le propos de ces quatre vers est construit sur le mode typique de la prière dont il est inscrit dans la structure de composition même qu'elle sera exaucée. Le dispositif textuel transpose la fonction, judiciaire, attribuée par Hésiode au chant poétique dans la communauté pour souligner la nature de la réunification que cette communauté réalisera avec le divin lorsqu'elle aura développé ses pleines capacités par l'écoute de la doctrine.

## CONCLUSION : LES DEUX MODALITÉS DE CONSTRUCTION DE LA PERSUASION

Le fragment 4 est fondé sur une double opposition. La première s'exerce entre deux positions gnoséologiques : alors que les κακοί n'acceptent pas la vérité convaincante, le poète et son disciple acceptent de reconnaître l'évidence du rôle de Φιλία et des quatre racines dans le monde – ce sont là les κρατέοντα, les forces qui règnent. La Muse est l'instance qui formule dans l'ordre du discours poétique ces κρατέοντα sous la forme de πιστώματα, gages de vérité destinés à emporter l'assentiment. Le fait que ces πιστώματα pressent (κέλεται) est la transcription dans l'ordre du discours poétique de l'évidence de la domination des puissances dans le monde : le discours poétique juste – celui du poème – est pourvu d'une force poétique intrinsèque, comme le souligne le fragment 114.

La seconde opposition a trait au fonctionnement du processus cognitif : la Discorde a divisé le λόγος, qui est à la fois la faculté rationnelle et la théorie juste qu'elle conçoit, ce qui empêche son appréhension par l'homme. Cela fournit rétrospectivement la cause de l'attitude des κακοί, qui ne reconnaissent pas le rôle des racines et de l'Amour dans le monde mais s'égarent à imaginer, par exemple, les conceptions erronées décrites de façon critique dans les vers 2.3-8a. L'écoute du poème permet de dépasser cette division du λόγος dans la mesure où la Muse formule les gages de l'existence des puissances : en dépit même de cette division originelle des capacités cognitives de l'homme, la force persuasive inhérente au poème permet de retrouver la vérité.

La parole poétique est pourvue d'un rôle d'intermédiaire entre l'observation du monde et la formulation de la doctrine ; la Muse est à cet égard un pont entre l'ordre du discours et celui des phénomènes. Le discours poétique peut alors instruire dans la mesure où il possède la même force persuasive que la réalité qu'il stylise. Cette fonction de pont entre l'ordre de l'argumentation et l'ordre des phénomènes visant à produire un énoncé persuasif, gage que le pacte entre la Muse et le poète est respecté, est désignée par le poème lui-même : aux vers 21.1-2 et 71.1, le dispositif textuel exhorte le destinataire à trouver confirmation dans le monde de la doctrine défendue par le poème. L'adjectif λιπόξυλος, employé pour le discours poétique en 21.2 et la πίστις qui en naît en 71.1, est un *hapax* : si l'argumentation manquait de matière, le réel théorisé par la doctrine fournit des preuves de l'exactitude de celle-ci.

Le poème réfléchit ainsi aux conditions de la persuasion de son propre discours, qui s'élabore dans un dialogue avec la certitude sensible. Cela éclaire l'entrelacs entre sensation et théorie poétique construit dans le fragment 3 : la connaissance révélée de façon transcendante par le poème vise à expliquer le monde, où l'on peut, du coup, trouver des traces de la véracité de la doctrine. Il ne faut pas voir de contradiction entre le fait que les vers 3.9-13 exhortent à user de tous les sens pour connaître l'appareil de perception lui-même et le fait que le poème enjoigne à trouver confirmation de la doctrine dans le réel : la perception des κρατέοντα n'est possible que si le discours poétique a révélé leur nature. Il faut alors que l'homme parvienne à la conscience du fonctionnement de sa propre perception pour dépasser le morcellement de ses facultés de réflexion par la Discorde. Le projet d'Empédocle se distingue en cela de celui de Parménide, qui disqualifiait les sens au profit de la révélation par la déesse, dans la Vérité.

À cet égard, le propos annoncé en 131.3-4 présente une différence radicale par rapport à celui des fragments 3 et 4, trop souvent sous-estimée par les savants : il semble y avoir deux aspects au processus de persuasion poétique.

L'adresse à la Muse du fragment 131 constituait une transition entre deux types d'inspiration et de matière poétique : après s'être intéressé aux soucis ontologiques des hommes, qui sont stylisés comme priant eux-mêmes la Muse d'inspirer le poète, s'il faut conserver le texte des manuscrits εὐχομένων au vers 131.3, le propos annonce la définition d'un divin transcendant. La réponse de la Muse aux inquiétudes des mortels est contenue dans le terme ἐφημερίων lui-même : les hommes, soumis à une succession d'incarnations, échappent à la mort.

À chacune de ces matières correspond un mode de composition en partie distinct et bien identifié dans chacun des groupes de deux vers : il est indiqué par la variation dans la dénomination de la Muse, à laquelle les commentateurs n'ont pas suffisamment prêté attention. On passe ainsi d'une opposition entre les acteurs selon qu'ils sont mortels ou non (131.1-2) à une situation où la Muse va inspirer un poète dont la figure s'efface, grammaticalement (131.3-4). Dans les deux premiers vers, la composition poétique est caractérisée par une forme de collaboration entre la Muse et le poète, dans la mesure où le poème est passage des préoccupations des hommes dans la φροντίς de la Muse, qui transmet en retour sa réponse au poète. Le mouvement de va-et-vient entre les créatures d'un jour qui prient, la Muse, sujet réel du verbe factitif ἐλθεῖν, qui fait passer ces préoccupations dans sa pensée divine, et le poète – présenté comme l'un (τινος) des mortels – est très nettement dessiné en dépit de la difficulté de ces deux vers. L'effacement de l'énonciateur dans les vers 131.3-4 est marqué par l'absence du μοι, sous-entendu, qui complète παρίστημι et sur lequel s'appuie le participe ἐμφαίνοντι. Dans tous les passages antérieurs où παρίστημι comportait un participe qui spécifiait l'objet de la demande, celui-ci s'appuyait sur un complément au datif exprimé. Cette disparition grammaticale de la *persona* du poète ne signifie pas que la Muse va parler, seule, au discours direct par sa bouche : elle a pour fonction de souligner que la matière objet du travail poétique que cette prière introduit est distincte de celle évoquée dans les deux premiers vers, où la figure des différents acteurs mortels apparaît de façon insistante. Le fait que le poète demande à la Muse de faire porter le chant sur la nature du divin transcendant, qui échappe aux sensations, explique cette absence de complément explicite : le dispositif textuel signale par là que le réel ne permet plus de trouver confirmation de ce point précis de la doctrine. Cet effacement du poète est d'autant plus remarquable que la première personne est extrêmement fréquente dans les autres passages où intervient le nom de la Muse, et plus généralement dans toutes les incursions de l'énonciateur lors de l'exposé de la doctrine.

La transcendance radicale de la divinité dont le traitement est annoncé en 131.3-4 implique qu'elle n'était pas accessible aux sensations : on a raison de faire suivre le fragment 131 des fragments 133 et 134 – quoique les fragments sur le *Sphairos* pourraient être des candidats possibles, dans l'absolu.

Le dispositif textuel recompose à des fins critiques la façon dont le propos poétique qui porte sur les dieux se présente lui-même dans la tradition hexamétrique, et particulièrement chez Hésiode : le nom de Calliope est emprunté à la *Théogonie* pour souligner la variation au sein du traitement de la divinité – et de la nature de la parole qu'elle profère. Le poète se distingue du modèle de la *Théogonie* en ce qu'il se propose de produire un discours poétique plus juste sur la nature du divin. L'autre fonction de cette dénomination est de substituer à la figure des rois de la *Théogonie* celle du poète lui-même : décrire la véritable nature du divin peut être une contrepartie du fait que le poète-démon avait accordé sa confiance à la Discorde, ce qui avait entraîné son exclusion des dieux Bienheureux et la série de ses incarnations. Le discours poétique souligne, comme le nom même de Calliope l'indique, sa dépendance par rapport à Φιλία : si Hésiode avait perçu que la parole de Calliope avait pour fonction de mettre un terme à la querelle mais qu'il l'avait indûment limité au domaine judiciaire, Empédocle replace Calliope dans le domaine de l'inspiration spécifiquement poétique. La parole de la Muse est stylisée dans son opposition à toute forme de Discorde, si nous avions raison d'interpréter le vers 4.3 dans un sens où le λόγος, qui représente la compréhension des κρατέοντα, était divisé par la Discorde dans l'organisme.

Le fragment 131 a ce point commun avec le fragment 3 de paraître annoncer un traitement traditionnel des divinités : mais une étude attentive du texte déjoue cette attente construite par le dispositif textuel. Les poètes de la tradition épique et didactique demandent d'ordinaire à la Muse un chant, alors que ce passage, lui, demande un bon chant, c'est-à-dire un chant qui rende justice à son objet.

Le fragment construit donc une transition au sein d'un énoncé qui ne saurait être autre chose que le poème – ou l'un des poèmes – d'Empédocle lui-même. Si l'on valide l'hypothèse du poème unique, il se peut que nous soyons ici en présence d'une transition au sein de ce poème, entre une partie qui porte sur les préoccupations des hommes, et l'autre sur la nature réelle des divinités ; si l'on accepte qu'il y avait deux poèmes et que le fragment se situait dans les *Catharmes*, on serait enclin à lire ici une opposition de matière, par exemple, entre la façon dont les hommes entrent en relation avec le divin (avant νῦν αὖτε) et la nature même du divin (à partir de νῦν αὖτε).

Le fragment 131 présente donc une théorie poétique partiellement distincte de celle que nous avons dégagée dans les autres fragments : le poète n'est plus au centre du dispositif, en position de recevoir une parole transcendante dont il pourrait fournir à ses auditeurs des preuves de la véracité par l'observation du réel. Les conditions de la persuasion sont opposées : le poète doit au contraire s'effacer, au moins dans la grammaire du texte, pour assurer la force persuasive de son propos lorsque le discours poétique se centre sur une réalité absolument transcendante, dont le gage n'est plus la confirmation par l'observation du réel mais la délégation maximale de la parole à une divinité. Les deux aspects de la théorie poétique sont pourtant tous les deux fondés sur une réception de la parole depuis la divinité, qui présente la double particularité de ne pas recouper celle de la tradition poétique, et d'être, en définitive, le sujet continu des poèmes, puisque les racines et les deux principes sont des dieux. À cet égard, la piété est inscrite dans l'exposé même de la doctrine, si elle vise à reconnaître le rôle réel des six puissances.

# COMPOSITION POÉTIQUE
## ET MÉTAPHORE DU CHEMIN
## DANS LES FRAGMENTS D'EMPÉDOCLE

L'examen des métaphores du chemin dans les fragments d'Empédocle permet de déterminer quelle est la relation entre la stylisation de la poésie par elle-même et l'organisation concrète de la matière poétique dans le poème : cette étude permet ainsi de relier les deux niveaux de la théorisation de la composition poétique par Empédocle, à la réflexion qu'il fait porter sur les schèmes d'organisation de la matière poétique.

La parole poétique épique et son processus de composition sont stylisés dans les poèmes eux-mêmes au moyen d'un certain nombre de termes pris au sens propre, tels que ἀοιδή ou ὕμνος, et d'un certain nombre de métaphores. Le mot ὕμνος ne désigne en général pas seulement l'hymne à une divinité au sens technique du terme[1] mais renvoie à tout chant composé dans un but de louange, même à un héros. Il est employé une seule fois chez Homère, en θ.429, pour désigner le chant de Démodocos qui porte sur l'épisode du cheval de bois. Chez Hésiode, il qualifie le chant produit par le narrateur lors des jeux d'Amphidamas, dans un passage où il se trouve employé comme un équivalent d' ἀοιδή[2]. Les plus importantes des métaphores qui désignent le chant poétique sont la métaphore de l'objet artisanal dont le nom est formé sur la racine *ar- en tant qu'il s'agit d'un agencement harmonieux – comme le char, ou le radeau d'Ulysse dans le chant ε – et celle du chemin.

---

1   Une définition ancienne se trouve chez Platon : καί τι ἦν εἶδος ᾠδῆς εὐχαὶ πρὸς θεούς, ὄνομα δὲ ὕμνοι ἐπεκαλοῦντο (Pl. *Leg.* 700b). Karsten 1838 p. 212 est à ma connaissance le premier à souligner que le terme est employé dans un sens neutre en B 35.1.

2   He.*Op.*657-659 : ὕμνῳ νικήσαντα φέρειν τρίποδ' ὠτώεντα. / τὸν μὲν ἐγὼ Μούσῃσ' Ἑλικωνιάδεσσ' ἀνέθηκα / ἔνθα με τὸ πρῶτον λιγυρῆς ἐπέβησαν ἀοιδῆς. Puis, He.*Op.*662 : Μοῦσαι γάρ μ' ἐδίδαξαν ἀθέσφατον ὕμνον ἀείδειν.

Le terme d'οἴμη désigne un épisode circonscrit d'un chant épique, dès les poèmes homériques[3] ; il a donné προοίμιον, la *partie qui précède le chant*[4]. Il y a eu des discussions pour déterminer si ce terme οἴμη se trouvait du côté du chemin, et d'une éventuelle parenté avec οἶμος, ou de celui de la couture[5] : l'étymologie ne permet pas de suggérer qu'οἴμη puisse se trouver du côté du tissage, alors même qu'il est possible qu'on doive tirer οἴμη de οἶμος, qui signifie le *chemin*[6], relation qui paraît suggérée par les aèdes eux-mêmes[7]. Ce chemin peut être *parcouru par le poète* : une occurrence du verbe μεταβῆθι peut se construire avec οἴμην comme complément implicite en θ.492 et dans la poésie hymnique[8]. Le terme οἶμος lui-même présente des emplois métaphoriques pour la composition poétique : il désigne le chemin parcouru par le chant dans l'*Hymne homérique* à Hermès et chez Pindare[9].

L'activité rhapsodique est désignée par le terme ῥάπτειν et ses dérivés, qui sont vraisemblablement du côté de la couture[10]. Le plus significatif d'entre eux est le mot même de ῥαψῳδός, composé de ῥάπτειν et de ἀοιδή, qui signifie littéralement *celui qui coud le chant*[11]. Nagy a montré que ce sémantisme rendait compte d'une modalité de la *performance* appelée *rhapsodic sequencing* : dans un contexte agonistique, les rhapsodes se relayaient pour chanter successivement, sans interruption, les différentes

---

3    Ford 1992 p. 42 définit l'οἴμη comme « *an individual story within the heroic repertoire, which can in turn be conceived as a series of* οἴμαι ». – En θ.74, au singulier, pour l'épisode précis chanté par Démodocos à propos du cheval de bois ; en θ.481, au pluriel, pour les pièces dont l'aède est inspiré par la Muse ; en χ.347, au pluriel, dans un passage où Phémios dit à Ulysse que la divinité lui inspire les pièces qu'il chante.
4    Nagy 1990a p. 353-354, Nagy 1996a p. 63 et n. 20.
5    Svenbro 1976 p. 45 n.135 conçoit l'οἴμη comme un *fil d'ariane* que le rhapsode doit suivre pour ne pas perdre son chemin dans la narration d'un épisode. *Cf.* Nagy 1996a p. 63 et n. 20.
6    Chantraine *DELG* p. 783, *s. v.* οἴμη, et p. 784, *s. v.* οἶμος.
7    Ford 1992 p. 42 n. 78.
8    Ford 1992 p. 43, à propos de θ.492 (ἀλλ' ἄγε δὴ μετάβηθι) ; p. 43 n. 80 pour la poésie hymnique.
9    Le terme οἶμος est employé au sens propre en Λ.24 (dans une occurrence difficile, où le terme désignerait des bandes de métal sur la cuirasse d'Agamemnon), en He.*Op.*290 (pour un chemin qualifié de grand et de droit) ; en Pi.*O.*8.69 (pour un chemin qu'on emprunte pour se cacher après une défaite, ἐπίκρυφον οἶμον) ; en Pi.*P.* 2.96 (pour un chemin glissant). – Il est employé au sens figuré en *Hh*.He.451 (οἶμος ἀοιδῆς) et Pi.*O.*9.47 (ἔγειρ' ἐπέων σφιν οἶμον λιγύν ; λιγύν étant une détermination traditionnelle de la parole poétique).
10    Chantraine *DELG* p. 967, *s. v.* ῥάπτω.
11    Chantraine *DELG* p. 969, *s. v.* ῥαψῳδός.

parties d'un chant, assurant le tissage d'un vaste énoncé poétique fait de ces pièces d'ampleur limitée[12].

Chez Empédocle, la stylisation de l'acte poétique se produit au moyen d'un autre réseau de métaphores. Dans les fragments qui nous sont parvenus, l'Agrigentin ne désigne jamais son propre discours poétique comme une ἀοιδή, alors que le terme est employé à son époque par Pindare[13]. Le terme ὕμνος est en revanche employé lorsqu'il s'agit de désigner, comme dans la poésie épique semble-t-il, un ensemble de chants déterminé non pas par sa matière mais par sa cohérence : le poète affirme, dans le fragment 35, qu'il *remonte le chemin* (πόρος) *des hymnes*, ce qui implique l'idée d'une succession organisée[14].

Les métaphores du chemin employées par Empédocle ne correspondent pas aux images traditionnelles par lesquelles la poésie épique interprète et stylise le geste de composition. Empédocle leur substitue celles du chemin comme πόρος et comme ἀτραπός, et une série de métaphores qui ont trait à la course de l'eau et à l'irrigation[15]. Ces deux séries de métaphores sont concentrées dans deux passages importants[16] : le fragment 24, où il s'agit du chemin unique qui n'est précisément pas celui parcouru par le poète (μήτε λέγειν ἀτραπὸν μίαν, fr. 24.2[17]), et les deux premiers vers du fragment 35, où il s'agit du chemin des hymnes (πόρος ὕμνων, fr. 35.1) que parcourt le poète (παλίνορσος ἐλεύσομαι, fr. 35.1).

Cette substitution de métaphores originales s'explique en partie par le fait que son poème n'est ni composé par la technique de composition

---

12   Nagy 1990a p. 23 et n. 28, Nagy 1996a p. 71-73, Nagy 2003 p. 43-44. Les deux témoignages déterminants sur cette question sont Ps.-Platon, *Hipparque* 228b, et DL.I.57. C'est un modèle pertinent pour comprendre le caractère composite d'un poème tel que l'*Hymne à Apollon* sans qu'on ait à supposer que l'une des deux parties est une interpolation postérieure. Burgess 2004 emploie ce concept pour montrer que des passages d'Homère pouvaient être cousus avec des passages des poèmes cycliques (en particulier p. 5 ; voir également Burgess 2005 p. 349).

13   Pi.*O*.4.2, *O*.6.91, etc.

14   Pour une analyse de l'occurrence de ὕμνος en B 35, voir Nagy 2006.

15   Il n'est pas raisonnable d'estimer, avec Wersinger 2008 p. 68, que ce lexique des techniques d'irrigation s'appuie sur « une sûre maîtrise de l'hydraulique » à partir du seul témoignage de DL.VIII.70 : à l'inverse, celui-ci présente, à mon sens, une anecdote fictive prêtée du fait de l'importance du lexique de l'irrigation dans les fragments.

16   La proximité thématique que présentent les deux passages avait été signalée par Bollack 1969 t. III p. 38.

17   Le texte des manuscrits, μήτε λέγειν, a souvent été corrigé en μὴ τελέειν ; la pertinence de cette correction est discutée ci-après.

formulaire en *performance,* ni par *rhapsodic sequencing,* ce qui permet une déviation des codes que le poème emploie pour se désigner lui-même et pour ouvrir les conditions de sa propre interprétation : Empédocle ne reprend ni la posture de l'aède, ni celle du rhapsode.


## LA MÉTAPHORE DU CHEMIN DANS LE FRAGMENT 24


### SOURCE ET CONTEXTE DE CITATION : LE PROBLÈME

Les deux fragments d'hexamètre qui constituent le fragment B 24 sont cités par Plutarque, dans un contexte où Cléombrote expose la thèse selon laquelle les cultes oraculaires impliquent non la vénération des dieux mais celle des démons (en tant qu'intermédiaires entre dieux et hommes)[18]. Le fragment 24 est introduit comme une réflexion du locuteur sur la progression de son propre argument, afin d'en amener la conclusion : Cléombrote craint de paraître composer son propos sur un mode semblable à celui décrit dans le vers – joindre les cimes aux cimes en ne suivant pas un unique chemin de mots. Ce contexte pose problème dans la mesure où il n'est pas aisé de déterminer si Empédocle défendait l'une ou l'autre des deux pratiques compositionnelles[19].

La difficulté se concentre dans l'interprétation de la proposition ἀλλ' ἵνα μὴ τὸ Ἐμπεδόκλειον εἰπεῖν δόξω et sa relation à la négation μήτε λέγειν, dans le fragment d'Empédocle (telle qu'on la lit dans les manuscrits ; le texte a fait l'objet de corrections). L'infinitif εἰπεῖν a posé problème car on ne comprenait pas que le texte signifiât « Mais pour éviter de dire le vers d'Empédocle » – ce qui paraît justement incohérent avec le fait que Plutarque cite, effectivement, un vers d'Empédocle. Il y a eu deux solutions. (1) Emperius a corrigé εἰπεῖν en ποιεῖν, ce qui supprimait la

---

18  Plutarque, *De defectu oraculorum,* 418 C. Pour le fragment et sa source, *cf.* Annexe 1, p. 762-763.

19  Sur ce problème, *cf.* Picot-Berg 2012 p. 5-12, qui soutiennent (contrairement à l'opinion majoritairement acceptée, que je partage) que la pratique revendiquée par Empédocle est contenue dans la proposition négative (μὴ τελέειν ἀτραπὸν μίαν). Leur interprétation a été contestée par O'Brien 2012, auquel ils ont eux-mêmes répondu en 2014 (Picot & Berg 2014).

difficulté car on comprenait alors que Cléombrote disait précisément qu'il *n'allait pas* suivre le modèle d'Empédocle : « Pour éviter que je ne semble faire quelque chose d'empédocléen, …je vais ajouter une conclusion à mon propos. » (2) Diels a conservé εἰπεῖν mais a placé le groupe τὸ Ἐμπεδόκλειον εἰπεῖν en incise, au sens d'un ὡς τὸ Ἐμπεδόκλειον εἰπεῖν[20] : « afin d'éviter de sembler, pour m'exprimer à la façon d'Empédocle, "…ne pas dire un seul chemin de mots", je vais ajouter une conclusion à mon propos ». Le sens est, dans les deux cas, qu'Empédocle ne formule pas la conclusion de ses arguments : dans le fragment 24, la proposition κορυφὰς ἑτέρας ἑτέρῃσι προσάπτων décrit alors la pratique valorisée par Empédocle et non celle qui est objet de ses critiques. Cléombrote cite le fragment pour distinguer sa propre pratique de celle d'Empédocle.

Cette compréhension du contexte a été remise en cause par Berg et Picot, qui ont soutenu que la pratique valorisée par Empédocle était contenue dans le second vers, qu'ils corrigent avec Knatz sous la forme μὴ τέλεειν ἀτραπὸν μίαν[21]. Ils suivent, pour la syntaxe, la proposition (2) de Diels, mais comprennent que τελέειν est le verbe de la complétive introduite par δόξω et que les négations μή dans ἵνά μή, …, δόξω et dans μὴ τελέειν s'annulent[22] : Cléombrote dit qu'il ne veut pas sembler de ne pas accomplir un seul chemin de mots, c'est-à-dire qu'il construit effectivement son propos de sorte à en accomplir un seul, en ajoutant une conclusion à son argument ainsi qu'Empédocle prône de le faire.

O'Brien a ensuite proposé une troisième voie, affaiblissant l'opposition entre les deux parties du fragment (« joindre les cimes aux cimes, et ne pas dire un seul chemin de mots ») : le passage d'Empédocle met en garde contre le risque de ne pas suivre un seul chemin jusqu'à son terme, si l'on joint les sommets aux sommets. Cléombrote se propose ainsi, en bon empédocléen, d'exprimer la conclusion de son propos, à présent qu'il a énoncé les points principaux de son argumentation[23]. L'interprétation de O'Brien se fonde, comme celle de Berg & Picot, sur la correction du μήτε λέγειν des manuscrits en μὴ τελέειν.

---

20  Ainsi Diels 1901 p. 117 et dans les éditions successives des *Fragmente der Vorsokratiker*, et Vítek 2006 p. 216.
21  S'agissant de leur argumentation sur le contexte de la citation par Plutarque, *cf.* Picot-Berg 2012 p. 5-12.
22  Picot-Berg 2012 p. 11.
23  L'interprétation de O'Brien 2012 est résumée le plus clairement p. 329.

Berg et Picot ont raison de rappeler un principe méthodologique selon lequel on ne peut interpréter le fragment 24 à la lumière d'informations fournies par d'autres fragments[24]. L'interprétation de O'Brien, ainsi que la réponse qu'ils apportent à celle-ci, fournissent de brillants exemples d'une méthodologie serrée et d'une connaissance exemplaire des textes et des débats qui ont porté sur eux. Je me propose ici de faire porter la discussion sur deux aspects qui n'ont pas été au centre des réflexions, récentes ou plus anciennes, sur le fragment B 24. Le problème que posent leurs deux interprétations est en effet qu'elles demandent de corriger μήτε λέγειν en μὴ τελέειν, avec Knatz : si on garde μήτε, la particule -τε implique que le verbe à l'infinitif qui suit cette particule ne peut plus être à lui seul le verbe de la complétive introduite par δόξω. Comme le soulignent Picot et Berg, il faudrait alors faire de μὴ εἰπεῖν et de μήτε λέγειν les objets de δόξω, en supposant qu'Empédocle refuse à la fois de lier les cimes entre elles et de dire un seul chemin de mots[25]. Or, nous verrons que cette correction est peu vraisemblable. En choisissant de surcroît d'aborder le fragment à la lumière de la question des métaphores de la composition poétique, dans leur relation à l'organisation de la matière – un angle d'approche différent de celui qui est habituellement retenu –, je proposerai une interprétation de κορυφή et de προσάπτω différente de celle retenue d'ordinaire.

PROBLÈMES DE TEXTE ET D'INTERPRÉTATION POSÉS PAR B 24

### Problèmes philologiques et répartition des interprétations

Le vers 24.1 pose un problème de texte mineur. Les premiers éditeurs d'Empédocle, qui ne connaissaient pas le même nombre de manuscrits de Plutarque qu'aujourd'hui, lisaient κορυφὰς ἑτέρας ἑτέραις προσάπτων, texte amétrique[26] qui a amené la correction de Xylander de ἑτέραις en ἑτέραισι (qui se trouve être la leçon du manuscrit U, qu'il ne connaissait pas) et celle de Scaliger en ἑτέρῃσι. Cette dernière forme est préférée encore aujourd'hui, en raison de son ionisme.

Le principal problème du fragment est de déterminer le sens de κορυφή. Les mots κορυφὰς ... μύθων ont été compris comme la *cime*

---

24   Picot-Berg 2012 p. 8-9.
25   C'est là l'interprétation de Sturz 1805, qui lisait dans le fragment, comme on va le voir, la nécessité de composer en un style médian, ni plat ni raffiné.
26   La succession des syllabes -ραις προσάπ- présente en effet un crétique (– u –).

*des propos* (A) au sens du *point culminant* de leur subtilité et de leur raffinement[27] ; (B) au sens des *principaux arguments* de la doctrine[28] ; (C) au sens du *terme* (τέλος) de l'argument une fois achevé[29].

Les termes μήτε λέγειν ont posé problème et ont fait l'objet d'une correction acceptée par presque tous les éditeurs[30]. La difficulté vient du fait que μήτε ne suit normalement pas de proposition au positif et qu'on devrait donc estimer que le premier vers comportait lui aussi une négation (comme le fait Sturz en suppléant <οὐκ ἐθέλω> avant le vers) : Knatz a proposé la correction μὴ τελέειν (tirée du τέλος de la phrase suivant la citation du fragment chez Plutarque)[31]. En effet, penser que l'énoncé du premier vers était lui aussi négatif (en conservant μήτε coordonnant) pose problème pour le contexte de la citation par Plutarque, s'il l'on considère que Cléombrote refuse d'agir à la façon d'Empédocle. La correction μὴ τελέειν permettait une résolution radicale du problème en faisant disparaître le μήτε ; le sens est semblable à λέγειν, si l'on accepte que τελέω signifie ici *réaliser, accomplir*. Wright a proposé de corriger en μήτ᾽ ἐλθεῖν[32].

Ces options interprétatives ont déterminé la compréhension générale du fragment, qu'on peut subsumer en 6 catégories[33] :

1. La médiété stylistique, issue du sens (A) de κορυφή. Sturz comprenait que Plutarque affirmait devoir se défendre d'un caractère poétique de sa prose, et citait Empédocle afin de montrer qu'il refusait (comme lui) les tournures ampoulées ou métaphoriques. Sturz suppléait <οὐκ ἐθέλω> au début du vers, pour introduire l'idée d'un refus des κορυφαί stylistiques[34].

---

27 Sturz 1805 p. 551.
28 L'idée est implicite chez Karsten 1838 p. 299, mais explicite chez Wright p 185. C'est également l'interprétation de Bignone 1963 p. 418-419 et de Bollack 1969 t. III p. 38. Voir aussi O'Brien 2012 p. 305.
29 Wersinger 2008 p. 73.
30 Les deux seuls interprètes à avoir défendu le texte des manuscrits sont Bollack 1969 et Vítek 2006. La correction est encore acceptée par Mansfeld & Primavesi 2011 p. 446.
31 Knatz 1891 p. 7-8.
32 Wright 1995 p. 185, en suivant une suggestion de Hugh Lloyd-Jones dans une conférence non publiée.
33 L'interprétation de Rosenfeld 2006 p. 143 n'est pas ajoutée à cette liste dans la mesure où celle consiste en une reproduction de l'interprétation qu'elle développe pour le fragment 25, à savoir que la répétition est constitutive de la méthode d'élaboration du poème. Le fr. 24 n'est pas commenté, pas plus que le contexte de Plutarque (p. 143 n. 21).
34 Sturz 1805 p. 551, qui ne commente pas le second vers ; il retenait la correction de Wyttenbach, μὴ λόγων, afin d'introduire un parallélisme avec μύθων. Le μή portait sur

2. L'argumentation non linéaire par développements successifs, issue du sens (B) de κορυφή. La stratégie argumentative d'Empédocle ne consiste pas en un développement continu ; les principaux arguments sont annoncés, et développés successivement dans des énoncés qui ne les traitent pas exhaustivement[35].

3. L'argumentation linéaire par développements progressifs, également issue du sens (B) de κορυφή. Bollack estimait que la métaphore porte sur des sentiers qui relient des sommets de montagne (les points essentiels de la doctrine)[36].

4. L'idée que le traité est construit par un procédé de composition circulaire (issue du sens B de κορυφή). Bignone pensait que ἕτερος impliquait qu'Empédocle évoquait ici l'entrelacs (προσάπτων) de deux séries d'arguments (dont il ne précise pas la nature) tout au long du poème[37].

5. La complétude argumentative, fondée sur le sens (C) de κορυφή. Wersinger conclut que l'ἀτραπός décrit par Empédocle dans le fragment 24, qui relie les κορύφαι entre elles, est un sentier qui relie les arguments complets entre eux, et qui « semble [...] être un itinéraire qui comporte un commencement et une fin[38] ». Chaque argument est pourvu d'une autonomie conceptuelle : la tâche du poète est de les lier ensemble.

6. Le refus d'une composition d'arguments non exhaustifs qui ne soient pas organisés sur le fondement d'une visée d'ensemble – fondé sur le sens (B) de κορυφή et sur l'insertion du groupe ἀλλ' ἵνα μή présent dans le passage de Plutarque au sein du

---

μία : il s'agit de refuser d'écrire dans un style qui ne soit qu'élevé.

35  La lecture ici résumée est celle de Wright 1995 p. 185, qui reprend et développe la lecture de Karsten 1838 p. 299 en contestant la lecture « linéaire » de Bollack. Trépanier 2004 p. 190 propose une lecture des deux premiers vers du fr. 35 semblable à la thèse de Wright ici résumée à propos du fr. 24, en ce qu'il conclut que le poème fonctionne par développements successifs de thèmes identiques, par le biais des répétitions. Trépanier ne se prononce pas, à mon sens à juste titre, sur la non-exhaustivité des traitements particuliers.

36  Bollack 1969 t. III p. 38. Son interprétation est semblable à celle de van Groningen, qui soulignait que les *cimes* (au sens d'unités argumentatives) étaient rythmées par la ritournelle et l'adresse au disciple. Chaque partie du développement était, selon van Groningen 1958 p. 211-212, rythmée par une autre forme de répétition : celle de l'adresse au disciple.

37  Bignone 1916 p. 418-419.

38  Wersinger 2008 p. 74. Le « sentier » ainsi conçu est placé par l'auteur du côté de *l'harmonie*.

fragment proposée par Gallavotti[39]. Empédocle aurait présenté une compréhension possible mais incorrecte de la démarche de son poème : que celui-ci n'évoque qu'une série de points succincts sans les développer à fond (joindre seulement les cimes) ni suivre un itinéraire intellectuel défini.

## Remarques critiques formulées à l'égard des interprétations antérieures

L'interprétation (A) de κορυφή est de nature purement stylistique et n'a pas de justification forte. Elle n'a pas été reconduite après Sturz.

La compréhension (C) de κορυφή est faible dans la mesure où elle provient d'une interprétation discutable du passage de Plutarque : rien n'oblige à penser que le τέλος de l'argument formulé par le locuteur de Plutarque est la cime d'Empédocle. Au contraire, cette interprétation présente le défaut de perdre de vue qu'ajouter un τέλος (au sens de *conclusion*) au discours est précisément ce que le locuteur dit qu'il va faire alors qu'Empédocle ne le ferait pas. Cela paraît impliquer un contre-sens eu égard au contexte de la citation.

L'interprétation générale (5) que la lecture (C) conditionne est au demeurant difficile pour d'autres raisons : (a) pourquoi Plutarque refuserait-il qu'on dise de lui qu'il produit un discours complet ? (b) Les occurrences de ἀταρπός qui servent de fondement à la thèse de Wersinger se résument à Hérodote, dans une version simplifiée puisque l'auteur retient seulement le sens de *sentier de montagne de traverse*, ce qui ne rend pas justice aux emplois anciens, comme on le verra.

L'interprétation (B) de κορυφή s'appuie sur certaines occurrences du terme chez Pindare dans lesquelles le mot désigne le substrat d'un argument ou d'un discours[40]. La lecture est, cette fois-ci, plausible. L'interprétation (4) de Bignone ne me semble pas défendable dans la mesure où rien dans le fragment n'implique une construction purement circulaire de l'argumentation ; l'interprétation (6) est fondée sur l'insertion d'une négation dans le fragment, sans gain de sens important puisqu'il signifie que le poème est composé suivant un double impératif de cohérence et d'exhaustivité des arguments.

---

39  Gallavotti 1975 p. 181-182.
40  *Cf.* les occurrences du terme réunies ci-après.

La question implicite sur laquelle s'est cristallisée la discussion des interprétations (2) et (3) est : y a-t-il linéarité (et continuité) de l'argumentation d'Empédocle ou celle-ci fonctionne-t-elle par ajouts successifs de matière sans que des conclusions en soient tirées explicitement ? La question est substantielle, et ce qui la sous-tend est en particulier de déterminer si la logique de composition du poème est de type archaïque (au sens où la logique de la progression argumentative fonctionnerait sur le modèle du style paratactique, où l'auditoire devrait lui-même reconstruire les éléments de cohérence implicite) ou, disons, classique.

Je montrerai pourtant que la question de la linéarité de l'argumentation n'est pas, à elle seule, le point déterminant du propos : le fragment prend position par rapport aux stylisations des modes de composition poétique anciens – en particulier selon les stylisations des aèdes et des rhapsodes – et a pour but de montrer comment ces modes de composition sont adaptés à la nature de l'argumentation philosophique d'Empédocle. La réflexion sur l'organisation de l'argumentation n'est convoquée qu'à travers un travail sur la stylisation des modes de composition poétique.

ÉTUDE DU FRAGMENT 24

## Le sens de τὸ Ἐμπεδόκλειον

L'étude de parallèles dans le corpus de Plutarque permet d'abord de préciser le sens du groupe τὸ Ἐμπεδόκλειον : l'expression est forgée sur le nom d'Empédocle à partir d'un suffixe -ιος (similaire à celui des substantifs neutres en -ιον)[41]. Plutarque se sert ailleurs de ce suffixe -ιος pour dériver des adjectifs à partir de noms propres[42] : le caractère

---

41  Ces deux suffixes ont été très productifs en grec ancien, et leur sens est donc difficile à fixer (Chantraine, *Formation*, p. 33 *sqq.* ; spécifiquement, pour la combinaison -ειος, Chantraine, *Formation*, p. 45 § 39). Chantraine ne mentionne pas que ces suffixes aient servi à dériver des adjectifs à partir d'anthroponymes. Le suffixe neutre -ιον a pu servir à exprimer qu'on prend une partie du substantif originel (ex. δωμάτιον *chambre*, sur δῶμα, Chantraine, *Formation* § 47 p. 59), mais également la ressemblance (τείχιον, *une espèce de mur*).

42  Ainsi τὸ Κυλώνειον ἄγος (*Vie de Solon* 12.1.1 ; *Vie de Périclès* 33.1.4), où l'adjectif est formé sur le nom de Κύλων (cité par Hdt.5.71, Thuc.1.26, etc.), conspirateur qui, à l'époque de Mégaclès, avait trouvé refuge dans le temple d'Athéna : l'expression τὸ Κυλώνειον ἄγος a le sens de *la souillure dont s'est rendu coupable Cylon*.

typique de cette formation, chez Plutarque, a échappé à l'attention de O'Brien[43]. Lorsque l'anthroponyme en question est celui d'un poète, la forme adjectivale est employée dans deux contextes : (1) pour désigner un personnage, un événement ou un fait tel que l'avait conçu un auteur[44] ; (2) seulement au neutre substantivé par τό, pour faire référence à un vers ou groupe de vers donné de cet auteur – en sous-entendant ἔπος. Par exemple, en *Vie de Périclès* 26.10, Plutarque cite un vers d'Aristophane qui se référerait aux marques dont il parlait à propos de Samos et de Polycratès :

> πρὸς ταῦτα τὰ στίγματα λέγουσι καὶ τὸ Ἀριστοφάνειον (fr. 64 CAF I 408)
> ἠνίχθαι· "Σαμίων ὁ δῆμός ἐστιν ὡς πολυγράμματος."

Ici, le terme ne renvoie pas au mètre aristophanéen (c'est-à-dire le tétramètre anapestique), mais bien à un vers attribué à l'auteur. Ce type d'emploi est très fréquent chez Plutarque[45]. Or, le second emploi du tour peut être accompagné de εἰπεῖν, ou d'un verbe similaire, mais dans un contexte où un personnage de l'action ou du dialogue cite un vers à un autre personnage[46] : il n'y a pas à ma connaissance d'autre occurrence chez Plutarque où εἰπεῖν est employé pour qualifier le propos même du locuteur qui cite le vers.

Conserver la correction d'Emperius est ainsi difficile si on donne à la proposition le sens de *faire quelque chose d'empédocléen* ou *agir en empédocléen* :

---

43  O'Brien 2012 p. 308-309 s'est seulement intéressé aux occurrences de l'expression τὸ Ἐμπεδόκλειον, sans repérer les parralèles mentionnés ici. Sa conclusion (qu'il s'agit, avec εἰπεῖν, de « s'exprimer comme le fait Empédocle »), en est affaiblie.

44  Pour faire référence à un personnage d'une pièce d'Euripide : ἡ δ' Εὐριπίδειος Ἰνὼ παρρησίαν ἄγουσα περὶ αὐτῆς εἰδέναι φησί (fr. 413, 2) «σιγᾶν θ' ὅπου δεῖ καὶ λέγειν ἵν' ἀσφαλές.» (506C 5). *Cf.* également 643F 3 et 657D 4.

45  Pour Aristophane, en 712D 7 (ἐπιφυομένου δ' αὐτῷ τοῦ σοφιστοῦ πάλιν καὶ ῥήσεις τινὰς οἰομένου δεῖν τῶν Ἀριστοφανείων περαίνειν). Pour Hésiode, en 9E 12 (τὸ γὰρ Ἡσιόδειον καλῶς εἴρηται "εἰ γάρ κεν καὶ σμικρὸν ἐπὶ σμικρῷ καταθεῖο / καὶ θαμὰ τοῦτ' ἔρδοις, τάχα κεν μέγα καὶ τὸ / γένοιτο."), 1040B 12 (τὰ Ἡσιόδεια ταυτὶ προενεγκάμενος). Pour Eschyle, en *Vie de Démétrius* 35.4.2 et *Moralia* 827C 7. Pour Sophocle, en *Vie d'Artaxerxès* 28.4.2 et *Moralia* 483B 10. Pour Euripide, en *Vie de Pyrrhus* 14.2.2, *Vie de Caton le Jeune* 52.8.1, *Moralia* 581F 3, 801F 8 et 959C 11.

46  En *Vie de Démétrius* 14.3 : ἀπροθύμως δ' ἔχοντι λέγεται πρὸς τὸ οὖς τὸ Εὐριπίδειον εἰπεῖν (cit. Eu.*Ph*.395)·"ὅπου τὸ κέρδος, παρὰ φύσιν γαμητέον". Comme Démétrios était réticent à accepter un mariage avec Phila, Antigone lui dit à l'oreille un vers d'Euripide qui évoque l'intérêt d'un mariage contre nature. Dans ce tour, τὸ Εὐριπίδειον est l'objet de εἰπεῖν.

les emplois des adjectifs dérivés de noms d'auteurs chez Plutarque ne vont pas dans ce sens. La correction ne paraît être défendable qu'à condition de donner à la proposition le sens de *mettre en pratique* ou *réaliser* le vers d'Empédocle, c'est-à-dire son contenu. Construire τὸ Ἐμπεδόκλειον εἰπεῖν en incise, avec Diels, est abrupt. La seule façon de conserver εἰπεῖν en tant qu'infinitif complétif de δόξω est de considérer qu'il renvoie à l'acte de parole déjà accompli par le locuteur, dont il se défendrait qu'il ait été construit selon la méthode décrite dans le fragment 24 : « Pour éviter que je ne semble avoir prononcé le vers d'Empédocle… » Mais cette proposition est difficile du fait que seraient coordonnés deux formes de λέγω, à l'aoriste et au présent (si on garde μήτε λέγειν), dont le premier serait descriptif et le second prescriptif. Je conserve donc, à défaut d'une meilleure solution, la correction d'Emperius, prise dans le sens que j'ai indiqué.

Le propos de Cléombrote, chez Plutarque, fonctionne par accumulation d'arguments successifs. Mais cela ne se produit pas sur le mode d'une digression à proprement parler : la thèse que les cultes oraculaires sont liés aux démons reste toujours le point focal du propos[47]. Le locuteur ne peut donc pas craindre que son auditoire lui impute des digressions successives : ce qui est l'objet de sa crainte – rhétorique – est de ne jamais formuler explicitement le τέλος de son propos au terme de sa démonstration. La conclusion du locuteur nécessitait, de fait, l'intégralité de l'argument qui précède. À strictement parler, le contexte de la citation du fragment indique uniquement que les conclusions d'Empédocle (le τέλος de ses arguments) ne sont pas formulées explicitement à l'issue de l'argumentation : le fragment n'est donc pas cité pour dire qu'Empédocle n'est pas toujours en rapport avec son sujet ou qu'il digresse sans cesse.

---

47    Le locuteur affirme ainsi successivement que les exploits mythiques n'ont pas été accomplis par les dieux mais par des démons (417E) ; que les théologiens de Delphes ont tort de laisser poètes et rhéteurs raconter la victoire d'Apollon contre le serpent, ce qui ternit le prestige des cérémonies de Delphes (417F) ; que les cérémonies en question comportent une sorte de reconstitution de la victoire d'Apollon (418A) qui mène à la nécessité de sa purification (418B) ; que les hommes cherchent en fait, par là même, à calmer la colère des démons (418C) qui sont les véritables acteurs de l'événement célébré (et non Apollon), qui comporte une part de vérité.

## La stylisation des modes de composition des poèmes de tradition orale

Le fragment 24 stylise le mode de composition des poèmes de tradition orale, tout s'en séparant. Le terme déterminant est κορυφή, qui désigne à l'origine le *sommet*, la *cime*[48], mais également, l'*essentiel* et le *meilleur*[49] à partir de Pindare. Ces emplois pindariques présentent en particulier une application au contenu du discours du sens figuré[50] ; mais il ne faut pas le projeter hâtivement sur Empédocle. Les termes formés sur le sémantisme de κορυφή présentent en effet un emploi technique important, dès Hésiode : le verbe dénominatif ἐκκορυφόω est employé en He.*Op*.106 pour assurer la transition entre, d'un côté, le récit du vol du feu, de la création de Pandore, de son don aux hommes et de l'ouverture de la jarre des maux, et, de l'autre, le mythe des Âges[51]. Or, dans ce passage, Hésiode ne dit pas qu'il va livrer les points essentiels du mythe des Âges, ni même qu'il va résumer son propos (comme on le pense d'ordinaire[52]) : le verbe signifie qu'il va livrer une autre partie de son propos, qui est pourvue d'une cohérence spécifique (comme l'était la série de mythes liés à Pandore). Le verbe ἐκκορυφόω est ainsi un terme technique de composition aédique, qui désigne le fait de commencer une nouvelle succession narrative. L'*Etymologicum magnum* donne d'ailleurs trace de cette interprétation :

> "Ἐκκορυφώσω"· Δύναται μὲν ἀκούεσθαι "ἀνακεφαλαιώσομαι", οἷον κορυφὴν ἐπιθήσω· δύναται δὲ καὶ οὕτως, ἕτερόν σοι λόγον ἀπάρξομαι· ἐπεὶ ἡ κορυφὴ ἀρχή τις ἐστὶ τοῦ σώματος[53].

---

48 Nous n'avons trace que de ces sens concrets dans les emplois les plus anciens : le terme signifie *la cime d'une montagne* (Α.499, Ξ.157, etc.) ou *le sommet du crâne* (en Θ.83, pour un cheval). Voir, pour les emplois anciens, *LfgrE*, t. 14 col. 1496.

49 Chantraine *DELG* p. 569-570. Le terme est formé par dérivation de κορύς, *le casque*, avec suffixation en -φ-.

50 Pi.*O*.7.68, pour les paroles du serment prononcé par Zeus et Lachésis ; Pi.*P*. 3.80, pour le fait que Hiéron peut comprendre l'essentiel des propos ; l'emploi de Pi.fr.*Pe*.52iA.13 n'est pas semblable : la prêtresse, *cime de paroles*, est présentée comme telle au sens où elle est la personne la plus à même de délivrer un propos de nature oraculaire. Sur ces passages, voir Picot & Berg 2014 p. 133-134.

51 He.*Op*.106-107 : εἰ δ᾽ ἐθέλεις, ἕτερόν σοι λόγον ἐκκορυφώσω / εὖ καὶ ἐπισταμένως...

52 *LfgrE* t. 14 col. 1497, ainsi que West 1978 p. 178.

53 *Etymologicum magnum*, s. v. ἐκκορυφώσω : « ἐκκορυφώσω peut être entendu au sens de "je vais résumer", comme "je vais produire un résumé (litt. "cime")". Mais il peut également être entendu ainsi : je vais commencer un autre propos. Car la tête est le commencement du corps. »

Il n'est pas sûr que l'*Etymologicum magnum* ait raison de situer le sémantisme du terme du côté du *début* : le verbe pourrait tout aussi bien impliquer *parvenir jusqu'à la cime*, c'est-à-dire jusqu'à la conclusion, ce qui impliquerait un passage par toutes les étapes nécessaires à la compréhension du récit. Nous devons, sur ce point, admettre que le signifié exact du verbe nous échappe. Le sens de *résumer*, en tout cas, est insatisfaisant car le verbe implique la réalisation d'une nouvelle unité narrative. Il s'agit d'un geste poétique associé à la pratique rhapsodique, qui définit à la fois le rôle du poète et celui du destinataire dans la succession des constituants de la trame narrative (le ἕτερον est de ce point de vue déterminant) : le poète réfléchit à la succession des mythes qui servent à l'édification de Persès – et à sa transformation. Lors des récitations rhapsodiques des *Travaux*, de tels moments de transition dans la matière du poème constituaient autant de moments privilégiés où le passage d'un rhapsode à un autre pouvait avoir lieu.

Le premier vers du fragment 24 implique qu'Empédocle choisit de styliser son propos en rythmant les unités narratives par des adresses à son destinataire, sur le modèle de ce qui se produit pour les *Travaux*[54].

Si l'on comprend ainsi κορυφή, le terme déterminant pour comprendre la nature de la succession des unités narratives est προσάπτω. Dans les occurrences antérieures à Empédocle, le terme ne signifie pas *lier ensemble* mais exprime le fait d'attribuer un prédicat à un objet[55]. Empédocle n'a en effet délibérément pas employé le verbe συνάπτω, qui est attesté dans le corpus poétique contemporain : avec le préverbe συν-, le verbe signifie *être proche*[56], et *se joindre à* (dat.) *pour faire* (acc.)[57] – d'où, avec le datif seul, *assister quelqu'un*[58]. Le terme n'est employé qu'une fois, dans

---

54  Pour une interprétation inverse du rapport du fr. 24 avec ce passage d'Hésiode, voir Picot & Berg 2012 p. 14 *sqq.*, fondant leur argument sur l'idée que le vers 24.2 est une apologie d'une composition linéaire.

55  Il n'y a qu'une occurrence chez Homère, en Ω.110, où il s'agit d'attacher le κῦδος à Achille ; la seule occurrence pindarique, en Pi.N.8.37, implique d'attacher à ses enfants un κλεός qui n'est pas δύσφαμον. Picot & Berg 2014 p. 136-137 font porter un accent de sens trop fort, à mes yeux, sur l'occurrence d'Eu.*El.*1321 et, de façon générale, sur des occurrences postérieures à Empédocle.

56  Ainsi, employé absolument en Pi.*P.*4.246 (μακρά μοι νεῖσθαι κατ᾽ ἀμαξιτόν· ὥρα / γὰρ συνάπτει καί τινα / οἶμον ἴσαμι βραχύν· : *il m'est long de rentrer par la grand'route ; l'heure approche et je sais un court chemin*) ; avec un datif, en un sens topologique, en Ae.*Pe.*885 (Andros et Ténos sont deux villes proches l'une de l'autre).

57  En Ae.*Pe.*336 (συνάψαι μάχην, *engager la bataille avec les Grecs*).

58  En Ae.*Pe.*724 (lorsque l'homme agit en vue de sa propre destruction, le dieu se joint à lui) et Ae.*Pe.*742 (une des divinités a dû assister Xerxès).

la poésie contemporaine d'Empédocle, avec l'idée de *joindre ensemble* : en *Ag.*1608-1609, dans un passage qui introduit justement un jeu sur le préverbe συν-, dans la mesure où Égisthe dit qu'il a *porté atteinte* (ἅπτω) à Agamemnon en *combinant* (συνάπτω) des stratagèmes pour le défaire[59]. Ce passage recoupe d'ailleurs le sens général de σύν en composition, qui exprime d'abord l'idée d'accompagnement, de participation et d'union[60].

La forme préverbée en συν- implique ainsi plutôt de *combiner* un ensemble complexe à l'aide d'un certain nombre d'éléments ; la forme avec préverbe προσ- implique davantage l'attribution d'un élément déterminé à un autre, sans qu'il y ait véritablement fusion des deux en une entité nouvelle. Si l'on transposait les signifiés dans le registre de la couture (qui leur est évidemment étranger), συνάπτω impliquerait plutôt l'idée de tissage, alors que προσάπτω impliquerait de relier une pièce déjà existante à une autre.

Les spécialistes n'ont pas remarqué qu'Empédocle employait délibérément προσάπτων comme équivalent non technique de termes qui auraient pu tout aussi bien être tirés du lexique rhapsodique, tels justement que *coudre*. Empédocle choisit un terme qui n'appartient pas au lexique de la technique poétique, ni à ses métaphores habituelles, mais dont les rares occurrences antérieures sont déjà figurées. Le participe προσάπτων exprime ainsi le mode de liaison des unités argumentatives entre elles, en insistant sur le fait qu'elles sont rattachées les unes aux autres.

Le fait qu'Empédocle emploie ἕτερος et non ἄλλος est déterminant : chaque unité argumentative peut être liée à une autre une première fois, et convoquée ensuite en lien avec une troisième, etc. Empédocle considère toujours le lien que *deux* unités entretiennent *l'une avec l'autre*. Le fragment ne décrit pas l'organisation générale (linéaire ou non linéaire) du poème – on aurait ἄλλος –, mais le mode de liaison d'une unité avec une autre au moment du geste stylisé dans le poème comme le moment de la composition poétique[61].

La façon de les lier se trouve explicitée dans le second vers. Il faut conserver le texte des manuscrits, μήτε λέγειν. Le μήτε s'explique non

---

59  Ae.*Ag.*1609 : καὶ τοῦδε τἀνδρὸς ἡψάμην θυραῖος ὤν, / πᾶσαν ξυνάψας μηχανὴν δυσβουλίας « Quoiqu'exilé, je suis parvenu à atteindre cet homme après avoir rassemblé chaque stratagème en vue de sa ruine. »

60  Chantraine *DELG* p. 768, *s. v.* ξύν.

61  Même préparé à l'avance en vue d'une occasion déterminée, le poème épinicique stylise sa propre composition comme se produisant en *performance* : c'est le *feigned orality motif* (*cf.* De Jong [1987] 2004 p. 213 et ses références).

pas par le fait que le développement était précédé d'un tour négatif mais par le fait qu'il en était suivi : il faut comprendre « <il ne faut>, en liant les cimes du propos entre elles, ni dire un unique sentier de mots, ni... » La version positive de l'injonction n'était peut-être pas exprimée ; si elle l'était, elle pouvait consister d'un simple infinitif suivi de τε, en corrélation avec μήτε[62]. Les commentateurs ont compris que les deux vers exprimaient l'exact inverse l'un de l'autre (hormis O'Brien, en 2012), mais rien ne rend cette conclusion nécessaire : le fragment signifie que le lien construit ente deux arguments peut à son tour être développé dans différentes directions.

La correction suivie d'habitude, μὴ τελέειν, pose de surcroît une difficulté. Le verbe τελέω n'est jamais employé avec des mots de la famille de λόγος avant notre fragment. Il est en revanche employé avec μῦθον, mais en un sens très spécifique : celui de la réalisation des paroles par des actes[63]. La seule expression susceptible d'aller dans le sens de la correction est τέλος μύθοιο ou τέλος μύθων[64], au sens de *avoir atteint le terme du discours*, c'est-à-dire *avoir tout dit* ; mais prendre l'expression τελέειν μῦθον en ce sens revient à accepter l'interprétation (4), celle de Wersinger, dont j'ai déjà souligné les limites.

Le caractère directement figuré de l'expression λέγειν ἀτραπόν, *dire un chemin*, est délibéré : elle ne doit pas plus surprendre que l'expression οἶμος ἀοιδῆς[65], dont elle n'est rien de plus que le développement sous la forme d'une tournure verbale. Ce qu'il importe de comprendre est pourquoi Empédocle a employé ici un substantif ἀτραπός qui n'est pas traditionnellement associé à la composition poétique.

Le terme ἀταρπός désigne le sentier que l'on foule, le chemin sur lequel on peut marcher[66] ; le sens de *raccourci* n'est attesté qu'à partir du

---

62    Pour le groupe μήτε suivi d'un τε au positif, voir Denniston *GP* p. 508 point (4).

63    En A.388, le tour (avec un participe parfait) exprime l'accomplissement de la menace contenue dans le μῦθος ; en T.107 et Υ.369 (τέλος μύθῳ ἐπιθήσειν), en δ.777 et ο.196, le groupe apparaît au sens de *transformer une parole en action*. Notons finalement que le tour avec ἐπιτέλλω, un doublet de τελέω, est non-pertinent : κράτερον ἐπὶ μῦθον ἔτελλε désigne un acte de langage particulier, celui de l'injonction (A.25, A.326 A.379, Π.199 etc.).

64    En Ι.56, ΙΙ.83. Un tour semblable se trouve en Ι.625-626, mais avec τελευτή, lorsqu'Ajax enjoint Ulysse à rentrer au camp (οὐ γάρ μοι δοκέει μύθοιο τελευτή / τῇδέ γ' ὁδῷ κρανέε-σθαι, « Le terme de cette histoire, ce n'est pas ce voyage qui nous le fournira. »)

65    *Hh.He.*451.

66    En Π.743, les héros qui emportent le cadavre de Patrocle sont comparés à des mules qui traînent une poutre ou une quille de nef le long d'un sentier de montagne ; en Σ.565

*Phédon* (66b) au sens du *chemin qui mène à la vérité*[67]. Ce mot est employé par Parménide pour désigner la voie du non-être, dans le fragment 2[68] :

ἡ δ᾽ ὡς οὐκ ἔστιν τε καὶ ὡς χρεών ἐστι μὴ εἶναι,
τὴν δή τοι φράζω παναπευθέα ἔμμεν ἀταρπόν[69].

Le terme ἀταρπός est employé ici non pas comme une voie poétique au sens strict, mais comme un chemin qu'on peut parcourir intellectuellement. La portée de la métaphore n'est donc pas exactement celle du fragment 24 d'Empédocle. Chez Parménide, le terme est choisi afin de permettre un jeu ironique sur son sens originel : la voie décrite dans ces vers est précisément un chemin qu'on ne peut pas emprunter si l'on veut rester sur celui de la vérité. Le propos de Parménide n'est pas de prendre position quant au mode de composition du poème, mais d'indiquer que le poème ne peut pas suivre une certaine voie intellectuelle[70]. Empédocle est donc le premier poète, pour autant qu'on puisse l'affirmer, à employer le terme ἀτραπός comme une métaphore de la composition poétique[71].

---

dans le domaine viticole représenté sur le bouclier d'Achille, un seul sentier permet d'atteindre la maison en évitant les fossés, μία δ᾽ οἴη ἀταρπιτός ; en v.195, Ulysse, de retour sur son île natale, ne reconnaît pas Ithaque par la volonté d'Athéna ; parmi le paysage étranger qu'il a sous les yeux, des *sentiers en lacet*, ἀταρπιτοὶ διηνεκέες ; en ξ.1, Ulysse emprunte un sentier rocailleux qui monte à travers bois, reliant le port et la falaise ; en ρ.234, Mélantheus frappe Ulysse sur un sentier escarpé ; en *Hh.*Ap.227, il n'y a ni route (κέλευθοι) ni sentier dans la plaine thébaine ; en Hdt.7.175.6, 7.212.9, 7.213.4, 7.214.10, 7.214.12, 7.215.4, 7.217.1, 7.217.8, 7.217.9, le mot est employé pour le sentier qui permet aux Perses de contourner les Thermopyles.

67   Chantraine *DELG* p. 135, suivi par *LfgrE* t. 1 col. 1481-1482, considère que le rapprochement avec τρέπω, d'où l'on tire la notion de raccourci, est improbable (chez Hérodote, il s'agit justement non pas d'un raccourci mais d'un *détour* emprunté par les Perses pour contourner le défilé des Thermopyles), et qu'il faut plutôt admettre un α- copulatif, préfixé sur la racine qu'on trouve dans ἀτραπέω *fouler*.

68   Le terme est également employé dans le fragment 20 ; je le laisse de côté car il est considéré comme apocryphe par les éditeurs de Parménide (il n'est pas même inclus dans l'édition de Bollack 2006).

69   Parménide 28 B 2.5-6 D.-K. : « celle (*sc.* la voie, ὁδός) que "n'est pas" et qu'il est nécessaire que "n'est pas", elle, j'affirme qu'elle est un sentier complètement impossible à connaître. »

70   De ce point de vue, la comparaison des deux fragments d'Empédocle et de Parménide proposée par Wersinger 2008 p. 73 est dénuée de pertinence.

71   Le terme ἀταρπός est également employé par Empédocle en 112.9, mais dans un contexte où ce *chemin* désigne, au figuré, la façon d'obtenir un avantage (ὅπῃ πρὸς κέρδος ἀταρπός) : les Agrigentins suivent Empédocle pour lui demander comment faire pour obtenir ces *avantages* que sont les prophéties, les guérisons, etc.

Le choix du terme ἀτραπός s'explique, d'une part, par le mot technique employé pour faire référence aux unités argumentatives, dans le vers précédent : les cimes de montagne sont reliées de façon privilégiée par des ἀτραποί[72]. Mais il y a plus que la métaphore filée : le sémantisme du terme implique que le sentier puisse être parcouru, et plus d'une fois. Le poème est un chemin qu'on peut parcourir et parcourir à nouveau, non pas au fil de ses *performances* successives, mais lors d'une seule et même écoute. Ce phénomène ne se résume pas aux répétitions, comme le pense Wersinger[73] : le poète-narrateur peut circuler entre les unités narratives au sein d'une même *performance*. La répétition en est le signe tangible, mais n'en est que le signe : le poème était construit de sorte à ce que les unités argumentatives puissent faire l'objet de développements successifs, selon des organisations qui dépendent de l'objectif argumentatif visé à un moment donné. Le poète décrit ainsi dans notre fragment 24 ce qui se produit lorsque le début du fragment 17 est répété au vers 16 du même fragment : la répétition dessine un chemin entre les unités argumentatives. L'originalité de la conception d'Empédocle n'est pas l'existence de ce chemin lui-même, ou sa nature, comme le croient les interprètes qui discutent la linéarité ou la non linéarité du propos : elle réside dans le fait qu'un même chemin peut être suivi différemment par le poète.

Le dispositif textuel travaille les stylisations de la production des poèmes en *performance* rhapsodique, telles qu'elles apparaissent dans le corpus didactique représenté, pour ce qu'il nous en reste, principalement par les *Travaux* : il crée des chemins argumentatifs et narratifs, signalés en particulier par les répétitions, mais aussi par les structures énonciatives encadrantes (comme on le verra pour les fragments 21-23, par exemple[74]). Mais ces normes sont l'objet d'une réfection : les itinéraires créés par le poème sont des itinéraires variables, que l'on peut emprunter dans plusieurs sens, et où le texte questionne les conditions de sa propre interprétation. Les premiers vers du fragment 35 fournissent un exemple caractéristique de cette technique.

---

72  Bollack 1969 t. III p. 38.
73  Wersinger 2008 p. 69 : « ces différentes images du réseau, hydraulique, circulatoire, et même digestive, suggèrent un usage systématique de la répétition dans la cosmologie d'Empédocle. »
74  *Cf. infra*, p. 325.

Plutarque comprend avec pertinence le mécanisme du poème tel qu'il est décrit dans les deux vers du fragment 24 : le narrateur ne craint pas qu'on le taxe de *digresser* – de fait, chaque élément de son propos est en lien étroit avec le sujet – mais que son auditoire ne perçoive pas la conclusion finale qu'il vient de tisser au fil de ses arguments successifs. La crainte porte sur la formulation d'une conclusion univoque, et non sur la façon d'y parvenir. Si la présente proposition ne résoud pas tous les problèmes posés par le contexte de Plutarque, puisque nous retenons, à défaut, la correction d'Emperius, elle permet du moins de sauvegarder le texte des manuscrits dans le fragment d'Empédocle (la correction d'Emperius est moins lourde, à cet égard, que celle de Knatz) et d'aborder la façon dont le fragment décrit la stratégie argumentative par le biais d'une réfection de la stylisation traditionnelle de l'organisation du propos poétique, et non en l'analysant à partir des problèmes posés par l'organisation de la matière poétique au sein même du poème d'Empédocle.

## LES DEUX PREMIERS VERS DU FRAGMENT 35 :
## REVENIR EN ARRIÈRE SUR LE CHEMIN DES HYMNES

### LE PROBLÈME PHILOLOGIQUE ET HERMÉNEUTIQUE :
### PARCOURIR LE CHEMIN DES HYMNES ?

Les deux premiers vers du fragment 35 sont connus par une unique citation de Simplicius, dans le *Commentaire au De caelo*[75], où sont cités les quinze premiers vers. Le moment énonciatif n'est pas commenté par Simplicius, qui cite ces vers afin de montrer que notre monde est produit par une collaboration entre Φιλία et Νεῖκος. Du fait que les fragments mentionnés par Simplicius ont été redécouverts en 1810 grâce à l'édition de Peyron des fragments de Parménide et d'Empédocle cités par Simplicius, Sturz ne connaissait en 1805 le fragment 35 qu'à partir de l'actuel vers 3[76].

Ces deux vers posent un ensemble de problèmes difficiles dont l'enjeu général est de déterminer quel est le type de progression argumentative

---

75    Simplicius, *In De caelo*, 529.1 *sqq.*
76    Pour le texte, voir Annexe 1, p. 767 *sqq.*

en jeu dans le poème. Les savants ont de fait cherché à identifier le passage du poème auquel le groupe τὸ πρότερον faisait référence[77].

La reconstruction du type de progression argumentative dans le poème est déterminée par deux difficultés principales : la plus déterminante est posée par le groupe λόγῳ λόγον ἐξοχετεύων (35.2), et la seconde par le sens de παλίνορσος (35.1).

Il s'agit de la première attestation de ἐξοχετεύω. Le verbe simple ὀχετεύω n'est jamais employé dans la poésie hexamétrique avant Empédocle[78], qui l'emploie dans le fragment 3.2. On admet généralement que la forme avec préverbe ἐξ signifie *faire dériver*. Le problème est de savoir s'il faut donner à ἐξ une valeur intensive ou une valeur spatiale, auquel cas on attendrait un génitif (induit par le préverbe) à la place du datif. Il y a trois façons de comprendre le texte des manuscrits sans le modifier[79] :

1. Un préverbe à valeur perfective, et un datif λόγῳ cumulatif redoublant l'objet λόγον, « faisant dériver jusqu'au bout propos après propos[80] ». Cette lecture va dans le sens d'une progression linéaire de l'argumentation du poème.

2. Un préverbe à valeur spatiale et un datif de moyen, « faisant dériver ce propos à l'aide d'un propos ». Dans l'idée de

---

77  Les principales options retenues sont les suivantes. Karsten 1838 p. 212 comprenait que ces vers ferment la digression qui porte sur le caractère perceptible des racines dans notre monde et sur la nature du mélange (fr. 21, 23, etc.). O'Brien 1969 p. 26 estime qu'il s'agit de la description du règne de la Discorde croissante (après la rupture de la Sphère) et qu'on passe à présent à la description du règne d'Amour croissant (après l'Antisphère). Gallavotti 1975 p. 196 se prononce en faveur du début du fragment 17, dans la mesure où il est programmatique et que le fragment 35 en constitue un développement spécifique. Wright 1995 p. 206 voit une référence au λόγος du fragment 26, le récit passant des étapes générales du cycle cosmique (fr. 17), dont la description occupe les fr. 27 à 31, aux caractéristiques des racines et de Φιλία et Νεῖκος que peuvent observer les hommes (fr. 22 et 20), exposé suivi de la description de notre monde. Martin & Primavesi 1999 p. 217 et Primavesi 2008 p. 74, suivis par Trépanier 2004 p. 190, pensent que les chants précédents auxquels il est fait référence dans les premiers vers de B 35 sont a II.18-20, vu que 35.3-5 les reprennent de façon presque identique.

78  Les seules occurrences anciennes du terme, au sens propre, se trouvent en Hdt.2.99.11 et 3.60.7, ainsi que chez le poète comique Phérécrate fr. 130.8 Kock.

79  J'exclus la proposition de Bignone 1963 p. 428 (suivi par Wright 1995 p. 205-206) qui construit comme si le datif λόγῳ était l'équivalent sémantique d'un génitif λόγου, et le traduit comme tel. Bignone et Wright n'apportent d'ailleurs aucun argument en faveur de cette proposition.

80  C'est la compréhension de Bollack 1969 t. III p. 194. Pour le datif cumulatif, le savant donne le parallèle du tour homérique δάκρυα δάκρυσι.

Primavesi, qui est à l'origine de cette position[81], le datif renvoie alors au propos nouveau et l'accusatif au propos ancien : les vers 35.3-5 sont considérés comme une reprise des vers aII.18-20 du papyrus de Strasbourg (d'où le démonstratif κεῖνον)[82]. On peut pourtant considérer λόγῳ comme un datif de moyen sans accepter ce dernier point, qui est discutable vu les lacunes présentées par le texte dudit passage du papyrus, comme nous le verrons.

3. Lier λόγῳ au verbe de la proposition relative κατέλεξα et non à ἐξοχετεύων[83], « ...le chemin des chants que j'ai d'abord exposé par mon propos, en faisant dériver le propos que voici ».

La solution (3) est une façon radicale de se débarrasser du problème : elle est, à ce titre, peu satisfaisante.

La difficulté grammaticale du passage a conduit à la proposition de corrections, qui vont dans deux directions : la transformation du datif en un génitif λόγου pour le faire dépendre de ἐκ[84] ; la modification du préverbe ἐξ- en εἰσ- ou en ἐπ-[85]. L'interprétation (2) et ces corrections aboutissent, pour le sens, au même résultat : concevoir l'argumentation du poème comme non linéaire, en ce qu'elle est fondée, en particulier, sur la technique de répétition[86].

L'autre difficulté est celle du sens de παλίνορσος, composé de πάλιν et de ὄρνυμι, qui peut signifier *à reculons* ou *en prenant un nouvel élan*, selon le sens de πάλιν. Le terme n'apparaît qu'une fois avant Empédocle, dans une comparaison homérique où Pâris est comparé à un homme qui s'éloigne d'un serpent en marchant à reculons[87]. Les savants favorables

---

81  *Cf.* Martin & Primavesi 1999 p. 217 et Primavesi 2008 p. 74.

82  Primavesi suit, sur ce point, une intuition de Panzerbieter 1844 p. 30 qu'il juge confirmée par le Papyrus de Strasbourg.

83  *Cf.* Gallavotti 1975, p. 22-23 et p. 195 *sqq.*

84  C'est le texte retenu dans toutes les éditions de Diels et de Diels-Kranz (dès Diels 1901 p. 122), qui suivent une proposition de Bergk [1842] 1886 p. 47.

85  *Cf.* Bergk [1839] 1886 p. 26 n. 10 pour le préverbe εἰσ- ; Karsten 1838 p. 104-105 pour le préverbe ἐπ-.

86  Wersinger 2008 p. 67 *sqq.* défend une version radicalisée de cette position, dans la mesure où elle comprend que les dérivations décrites dans ces vers font exclusivement référence aux répétitions. Ainsi formulée, l'interprétation est réductrice : il y a confusion entre le procédé de composition et ses marqueurs textuels.

87  Γ.33-37 : ὡς δ' ὅτε τίς τε δράκοντα ἰδὼν παλίνορσος ἀπέστη / οὔρεος ἐν βήσσῃς, ὑπό τε τρόμος ἔλλαβε γυῖα, / ἂψ δ' ἀνεχώρησεν, ὠχρός τέ μιν εἷλε παρειάς, / ὡς αὖτις καθ' ὅμιλον

à une interprétation linéaire de l'argumentation du poème choisissent la seconde option[88], *en prenant un nouvel élan*, en considérant que παλίνορσος réanalyse le groupe πάλιν ὁρμένω, employé une seule fois chez Homère[89] pour décrire le retour d'Ulysse et de Diomède au front pour massacrer les Troyens[90].

ÉTUDE DES DEUX PREMIERS VERS DU FRAGMENT 35

Le terme πόρος désigne un passage sur l'eau[91] : il se construit alors avec le génitif de l'endroit par lequel on passe pour traverser[92]. Ce rapport est pourtant inversé en μ.259[93], où il s'agit d'une passe d'eau entre deux bandes de terre : le génitif ἁλός fonctionne alors comme un génitif de matière. Je ne connais pas d'emploi métaphorique de πόρος appliqué à la composition poétique. Le groupe πόρος ὕμνων désigne donc soit le passage qu'on emprunte pour passer au-dessus des hymnes, soit la passe que les hymnes eux-mêmes empruntent. Ce dernier sens est plus satisfaisant et il faut comprendre que le chemin emprunté par les hymnes est en réalité l'équivalent du chemin maritime (tel qu'en μ.259) : les πόροι sont les canaux de dérivations par lesquels passent les hymnes, et sont de ce point de vue un équivalent des ὀχετοί.

Le lexique de l'irrigation et les termes qui y sont associés ne sont pas non plus des métaphores typiques de la composition poétique. Le verbe ἐξοχετεύω[94] est formé par dérivation de ὀχετός, *canal*, lui-même dérivé du verbe ὀχέω, *transporter, supporter*[95]. Homère emploie un doublet

---

ἔδυ Τρώων ἀγερώχων / δείσας Ἀτρέος υἱὸν Ἀλέξανδρος θεοειδής.

88  Bollack 1969 t. III p. 194 prend le terme dans le même sens que la palinodie de Stésichore.

89  En Λ.326, après une comparaison : ὣς ὄλεκον Τρῶας πάλιν ὁρμένω « De même, tous deux font périr les Troyens, en revenant à l'attaque ».

90  Gallavotti 1975 p. 195.

91  *LfgrE* t. 20 col. 1465.

92  En B.592 = *Hb*.Ap.423, Thryon permet de passer l'Alphée ; en Ξ.433 = Φ.1 = Ω.692, pour le gué du Xanthe ; en *Hb*.He.398, Pylos permet de franchir l'Alphée ; en He.*Th*.292, il s'agit de franchir le cours d'Océan.

93  *Cf.* μ.258-259 : οἴκτιστον δὴ κεῖνο ἐμοῖσ᾽ ἴδον ὀφθαλμοῖσι / πάντων, ὅσσ᾽ ἐμόγησα πόρους ἁλὸς ἐξερεείνων.

94  Hésychius propose deux interprétations de ἐξοχετευόμενα (ἐκρέοντα, ἢ ἐκτὸς ἔχοντα τοὺς ὑδρηγούς) : soit un synonyme de ἐκρέω (seule compréhension reprise par la *Suda*) ; soit au sens de *qui comporte des canaux qui conduisent à l'extérieur*. Dans les deux cas, le préverbe ἐξ- a une valeur spatiale et non pas intensive.

95  Chantraine *DELG* p. 843, *s. v.* ὀχέω. Ce verbe peut également désigner le fait d'être transporté en char (ex. Κ.403, où le terme signifie *conduire des chevaux attelés à un char*) :

ὀχετηγός, *celui qui trace un canal*, formé par composition de ὀχετός et de ἄγω : la seule occurrence d' ὀχετηγός antérieure à Empédocle[96] se trouve dans une comparaison homérique qui compare le Xanthe, lancé à la poursuite d'Achille, au flot qui coule d'une source (κρήνη) dans des canaux tracés par le ὀχετηγός[97].

Le verbe ὀχετεύω lui-même est employé à deux occurrences par Hérodote, dans des cas où il s'agit soit de faire dévier le cours naturel d'un fleuve en construisant une digue[98], soit d'apporter l'eau d'une fontaine en ville par un système de tuyaux produits par l'artisanat[99]. Le verbe peut ainsi signifier *faire dévier* le cours d'un fleuve, ou en *faire dériver* des canaux.

Le substantif ὀχετός est employé par Hérodote pour désigner des *tuyaux* formés de peaux d'animaux cousues (ῥαψάμενον) ensemble, employés pour amener l'eau d'un fleuve ou d'une source en un endroit où son cours naturel ne l'aurait pas normalement porté[100] : les ὀχετοί

---

son sémantisme n'est donc pas sans rapport avec la métaphore traditionnelle du poème comme ἅρμα, qui a peut-être guidé le choix d'Empédocle pour ce terme.

96  Le substantif ὀχετηγός sera ensuite employé par Apollonios de Rhodes et Nonnos.

97  L'occurrence se trouve en Φ.257.

98  En Hdt.2.99.11, le roi d'Égypte Mîn a déplacé le cours du Nil par des levées de terre, pour l'éloigner de Memphis afin d'en éviter la submersion, et le faire passer entre les montagnes. Le verbe ὀχετεῦσαι est employé pour désigner la dérivation du fleuve, qui n'implique pas ici la création d'un canal, mais celle d'une digue visant à empêcher le cours naturel du flot. Hdt.2.99.5-11 : Τὸν Μῖνα πρῶτον βασιλεύσαντα Αἰγύπτου οἱ ἱρέες ἔλεγον τοῦτο μὲν ἀπογεφυρῶσαι [καὶ] τὴν Μέμφιν· τὸν γὰρ ποταμὸν πάντα ῥέειν παρὰ τὸ ὄρος τὸ ψάμμινον πρὸς Λιβύης, τὸν δὲ Μῖνα ἄνωθεν, ὅσον τε ἑκατὸν σταδίους ἀπὸ Μέμφιος [τὸν] πρὸς μεσαμβρίης, ἀγκῶνα προσχώσαντα τὸ μὲν ἀρχαῖον ῥέεθρον ἀποξηρῆναι, τὸν δὲ ποταμὸν ὀχετεῦσαι τὸ μέσον τῶν ὀρέων ῥέειν « Les prêtres affirmaient que Mîn, premier roi d'Égypte, avait protégé Memphis d'une digue ; en effet, le fleuve coulait complètement le long du versant sableux de la montagne du côté de la Libye ; Mîn, en amont, à cent stades environ vers le Sud, l'obligea par des levées de terre à faire un coude, mit à sec l'ancien lit, et dériva le fleuve de façon à ce qu'il coulât par le milieu de la plaine » (trad. Legrand modifiée).

99  En Hdt.3.60.7, Hérodote décrit des tunnels creusés dans la montagne par les Samiens : un canal y transporte l'eau d'une fontaine vers la ville (τὸ ὕδωρ ὀχετευόμενον διὰ σωλήνων). Le terme σωλήν désigne tout objet cylindrique (normalement produit par l'artisanat), et par analogie les coquillages nommés couteaux (Chantraine *DELG* p. 1102).

100 En Hdt.3.9.11 et 3.9.13, il s'agit d'amener l'eau d'un fleuve dans une région aride par un tuyau unique (ὀχετόν) jusqu'à une citerne, d'où partent alors trois tuyaux qui irriguent trois lieux de ladite région aride (δι' ὀχετῶν τριῶν). Or, le tuyau en question est confectionné à partir de peaux de bœufs cousues, ce qui est désigné par le verbe ῥάπτω (l'histoire a lieu à l'époque de Cambyse, soit durant le dernier quart du VIᵉ siècle). Hdt.3.9.9-13 : Ἀπὸ τούτου δὴ ὦν τοῦ ποταμοῦ λέγεται τὸν βασιλέα τῶν Ἀραβίων, ῥαψάμενον ὠμοβοέων καὶ

ne donc sont pas nécessairement des rigoles creusées dans la terre. Si les tuyaux de dérivation étaient normalement faits de peaux cousues à la fin du VIᵉ siècle, le terme ὀχετός pourrait bien comporter une liaison inattendue avec le lexique de la composition rhapsodique. Chez Pindare, les ὀχετοί désignent des affluents naturels d'un fleuve[101] ; le terme est également employé au figuré[102]. Chez Thucydide, le mot est employé pour les canalisations souterraines assurant l'approvisionnement en eau potable[103].

Le sémantisme de ὀχετεύω n'implique donc pas nécessairement un réseau d'irrigation mais simplement une *dérivation* de l'eau par un système de canaux ou de tuyaux, qui peuvent être creusés dans le sol ou confectionnés artisanalement à partir de peaux de bêtes.

Dans la métaphore d'Empédocle, la source de ces canaux de dérivation est mentionnée au second vers du fragment 3, dans lequel le poète demande aux dieux de faire dériver une source pure de sa bouche pieuse[104]. La métaphore de la source n'appartient pas aux métaphores traditionnelles de la composition poétique ; quoique le terme πηγή puisse signifier *origine*, il n'est jamais appliqué avant Empédocle à celle de la parole poétique[105]. Dans le fragment 3, le terme πηγή désigne le contenu de la parole par métonymie plutôt que sa source (qui est, à proprement parler, les dieux).

Toute la question est de savoir si l'occurrence de 35.2 implique de *diviser le cours en deux*, en suivant en quelque sorte un chemin de traverse à partir de 35.3, ou s'il s'agit de faire *changer le cours* de la matière poétique, c'est-à-dire d'en infléchir le sujet. Les arguments sémantiques qu'on peut tirer des occurrences anciennes de πάλιν pour trancher entre les sens de παλίνορσος (selon que πάλιν signifie *de nouveau* ou *en sens*

---

ἄλλων δερμάτων ὀχετὸν μήκεϊ ἐξικνεόμενον ἐς τὴν ἄνυδρον, ἀγαγεῖν διὰ δὴ τούτων τὸ ὕδωρ « De ce fleuve donc, on dit que le roi d'Arabie, après avoir fait coudre un tuyau de peaux de bœufs non tannées et de peaux d'autres animaux, qui atteignait, par sa longueur, la région sans eau, a conduit l'eau par ces tuyaux ».

101 Pi.O.5.12.

102 En Pi.O.10.37, βαθὺν εἰς ὀχετὸν ἄτας désigne un « profond abîme d'infortune » : c'est en quelque sorte le canal qui conduit l' ἄτη ou qui y conduit.

103 En Thuc.6.100.1.8, pour les canalisations souterraines qui alimentent la ville en eau potable.

104 Empédocle, fr. 3.2 ; *cf. infra* p. 110 *sqq.* pour l'étude du passage.

105 *LfgrE* t. 19 col. 1211-1212 : le terme n'est jamais employé pour le propos poétique dans la poésie épique archaïque. Au sens de l'*origine, cf.* κακῶν πηγή Ae.Pe.743.

*inverse*) sont réversibles, dans la mesure où Empédocle peut tout aussi bien reconduire le sens fréquent chez Homère (*de nouveau*[106]) que le déplacer : l'enjeu est de savoir si le flot poétique revient sur lui-même, c'est-à-dire qu'on remonte à un endroit précédent de l'exposé pour prendre un autre embranchement, ou si le poète dit seulement qu'il reprend son élan pour démarrer un nouveau passage de la récitation poétique.

Le papyrus de Strasbourg fournit ici un éclairage déterminant pour ces deux vers : aII.18-20 sont répétés en 35.3-5, sous une forme voisine[107]. S'il y a bien répétition de fait, la fonction du terme παλίνορσος est de l'analyser et de préciser les conditions de l'interprétation de cette répétition dans la construction argumentative du poème : il s'agit bien de *revenir en arrière* pour choisir un autre embranchement ouvert sur le chemin des chants. La grammaire proposée par Primavesi, où le datif λόγῳ renvoie au chant présent et l'accusatif λόγον renvoie au passage ancien qui se trouve répété en 35.3-5, n'est pourtant pas satisfaisante : le datif de moyen, ainsi compris, est superflu dans la mesure où le propos présent est déjà implicitement compris dans le λόγον à l'accusatif s'il désigne la répétition de aII.18-20.

Il faut retenir une autre construction : l'antécédent de τόν (35.2) n'est pas πόρον, mais λόγῳ (datif de moyen qualifiant ἐξοχετεύων). Le sens est alors : « Je vais revenir en arrière sur le chemin des chants, en faisant dériver ce propos au moyen d'un propos que j'ai déjà exposé en détail » – le poète choisissant un autre embranchement au sein d'une séquence argumentative précédemment développée dans une première direction. Le datif λόγῳ renvoie à l'ensemble de l'argument que le poète avait formulé après la première occurrence de aII.18-20. Cette construction fait sens dans la mesure où les vers aII.21-23 présentaient une adresse au disciple permettant une pause dans la narration : le poète interrompait le cours de son exposé afin de présenter les conditions dans lesquelles le vivant émergeait.

Parcourir en sens inverse le chemin des hymnes, c'est-à-dire le canal emprunté par l'hymne lors de sa première récitation, permet de développer une unité narrative dans une direction différente de la première voie choisie. Ce retour à un point antérieur de l'exposé pour en développer un autre aspect est marqué par la répétition – partielle – de

---

106 *LfgrE* t. 18 col. 942.
107 *Cf. infra*, p. 573 *sqq.*

aII.18-20 en 35.3-5. La partie précédant B 35 n'est pas une digression ou un excursus[108], mais une première exploration de la doctrine, tout aussi légitime et importante que celle qui suit B 35.1-2. Le poète peut circuler à sa guise dans le flot des mots issus de la première dérivation, constitutive de l'énonciation poétique (comme les dieux font couler une source de mots de la bouche du poète) ; mais de ce premier ensemble argumentatif, le poète peut lui-même faire dériver d'autres flots, qui sont autant de chemins qu'empruntent les ὕμνοι. Ces ὕμνοι sont le terme qui désigne au sens propre la nature de ce qui circule dans les dérivations successives qui constituent (au sein de la métaphore) le poème : ils sont l'équivalent concret de la πηγή (le flot qui coule de la source) que les dieux font dériver de la bouche du poète dans le fragment 3.


CONCLUSION


L'étude des métaphores par lesquelles le discours poétique se désigne lui-même révèle une réfection des images traditionnelles : la métaphore du chemin des chants est à la fois déplacée et scindée en deux réseaux métaphoriques distincts, liés au thème du chemin – terrestre ou maritime – et qui permettent des effets de sens différents. Ils rendent compte d'un procédé de composition spécifique au poème d'Empédocle, fondé sur un jeu de répétitions avec variation, qui est une adaptation de procédés de répétitions caractéristiques de la composition orale : le dispositif textuel est construit de sorte à ne pas se laisser interpréter à partir des termes et des métaphores usuelles par lesquelles les codes de la poésie hexamétrique demandaient que celle-ci se désignât. Le résultat échappe à la fois à la stylisation des poèmes aédiques et des poèmes rhapsodiques.

Le premier réseau est celui de la dérivation d'un cours d'eau ; le second, celui du sentier qui relie les cimes de montagne. Ils présentent des similitudes : de même que les cimes (les unités argumentatives, marquées par un énoncé de l'action d'énonciation) sont reliées entre elles deux à deux, un λόγος est dérivé d'un autre, sur le chemin des hymnes.

---

108 *Digression* est le terme de Karsten 1838 pour qualifier la partie précédant B 35 ; *excursus* est celui retenu par Primavesi 2008. Pour la discussion de sa position, voir *infra* p. 576-577..

Le poème réemployait des métaphores traditionnelles pour introduire une réflexion sur l'organisation des unités argumentatives et la nature de la progression de la matière poétique : la proximité de structure entre ἑτέρας ἑτέραισι προσάπτων et λόγῳ λόγον ἐξοχετεύων est frappante. Ces deux métaphores ne dénotent et ne connotent pas exactement les mêmes procédés : celle du fragment 24 porte sur la liaison d'unités individuelles (les cimes, avec l'implication des instances narratives que nous avons dite) en une succession dont la caractéristique est de pouvoir être empruntée par le poète (ἀταρπός est un sentier qu'on peut fouler) ; celle du fragment 35 porte sur la progression du poète (c'est-à-dire du discours poétique qui fait l'objet de l'énonciation) au sein des grands ensembles formés par la succession des arguments individuels, qui constituent un chemin dont le trait saillant est l'idée que les flots qui représentent le poème peuvent passer au travers (πόρος).

Le processus qui consiste à délimiter des sentiers entre les cimes (c'est-à-dire les unités argumentatives considérées individuellement) stylise la composition d'unités de plus faible ampleur que la métaphore du canal : on dit un sentier à la fois. Chacune de ces cimes est désignée comme un élément d'une séquence de *performance* rhapsodique, si ἐκκορυφόω a bien le sens de *débuter une unité de chant*, dans un contexte narratologiquement marqué. La métaphore de la dérivation est le procédé par lequel le poème stylise les variations majeures dans les thèmes qu'il aborde : elle est employée au début du poème (fr. 3.2), pour styliser le moment de l'inspiration, et dans un passage où l'exposé revient en arrière pour suivre une autre voie. La répétition est le signe tangible sur lequel s'appuie ce procédé, qui ne s'y réduit pourtant pas.

Le tableau suivant résume la correspondance entre les réseaux métaphoriques tels que je les reconstruis.

Notons, pour terminer, que les fragments de Xénophane qui nous sont parvenus, ne semblent pas présenter de trace d'une telle réfection des métaphores de la composition poétique : le fragment 21 B 45 D.-K., considéré comme douteux par Diels, semble reconduire la posture du rhaposde itinérant telle qu'elle est définie à la fin de la partie délienne de l'*Hymne homérique* à Apollon[109]. Chez Empédocle, ces métaphores sont le lieu par lequel le poète marque, au contraire, la différence qu'il

---

109 *Hh.*Ap.174-176.

introduit dans la stylisation du processus de composition poétique :
elles lui permettent de redéfinir la relation entre les unités de sens
qui composent le poème. Elles sont, à ce titre, le lieu où la théorie de
composition poétique que nous avons étudiée dans les chapitres précédents
s'articule au travail que le poète fait porter sur les modes d'organisation
de la matière poétique.

| Termes concrets | Métaphore A (l'eau et la dérivation) | Métaphore B (la montagne) | Sens |
|---|---|---|---|
| ὕμνοι 35.1 (les chants dont la succession forme le poème) | πηγή 3.2 (le flot qui coule de la source) | κορυφή | La matière poétique |
| - | ὀχετεύων 3.2 ; ἐξοχετεύων 35.2 (la dérivation). | προσάπτων (*relier les unités argumentatives deux à deux*). | La stylisation de la succession des unités argumentatives. |
| - | πόρος 35.1 (le chemin qui transporte le flot) | ἀτραπός 24.2 (le sentier que l'on foule pour passer d'un sommet à l'autre) | Les arguments continus formés par la succession d'arguments individuels |
| λέγειν 24.2 ; καταλέγειν 35.2 (exposer en détail) | ἐλεύσομαι 35.1 (parcourir le chemin des hymnes) | - | L'organisation des chants en unités argumentatives par le poète. |

DEUXIÈME PARTIE

# LE REMPLOI DES FORMES TYPIQUES
# DE LA COMPOSITION POÉTIQUE
# ARCHAÏQUE

# L'ADAPTATION
## DE L'HEXAMÈTRE DACTYLIQUE
## À L'EXPRESSION PHILOSOPHIQUE

Ce chapitre présente un certain nombre des conclusions que j'ai dégagées d'une étude métrique des corpus d'Empédocle, de Parménide et
de Panyassis. L'analyse systématique des caractéristiques prosodiques et
métriques de ces corpus visait à déterminer, d'une part, si la pratique de
l'hexamètre dactylique était influencée par le caractère que nous appellerions philosophique des contenus de pensée qui s'y déploient : pour ce
faire, j'ai comparé les pratiques prosodiques et métriques d'Empédocle et
de Parménide à celles de Panyassis, quasi-contemporain d'Empédocle[1],
en mettant les résultats de cette recherche en perspective dans l'histoire,
plus vaste, de la métrique hexamétrique d'Homère aux Alexandrins.
Panyassis est présenté par la tradition comme un poète majeur de cette
période : la *Suda* affirme qu'il aurait revitalisé la poésie épique à un
moment où elle était sur le point de s'éteindre[2]. Il n'est pas exclu que
cette mention soit la trace d'un proème dans lequel Panyassis affirme
la déréliction de la poésie épique à son époque, tel que nous pouvons
le lire dans celui des *Persika* de Choérilos. Panyassis avait composé un
poème hexamétrique sur Héraclès, intitulé *Herakleia*, qui comptait
9000 vers selon la *Suda*, et dont il nous reste environ soixante[3]. Je n'ai

---

1   Pour la discussion du passage de la *Suda* qui s'intéresse à la datation de Panyassis, je
    renvoie à Matthews 1974 p. 12 *sqq.* et aux références qu'il donne, et en particulier à la
    dissertation non publiée de Krausse 1891 (p. 4 *sqq.* et p. 63 *sqq.*).
2   *Suda* (π.249 Adler) *s. v.* Πανύασις : ...ὃς σβεσθεῖσαν τὴν ποιητικὴν ἐπανήγαγε. Le contexte
    fait clairement référence à la poésie épique, dans la mesure où Panyassis vient d'être
    désigné comme ποιητὴς ἐπῶν.
3   Il aurait également composé un poème intitulé *Ionika* en pentamètres – c'est-à-dire en
    distiques élégiaques (voir Matthews 1974 p. 26 pour la discussion) – qui aurait compté
    7000 vers, de contenu vraisemblablement historique.

pas inclus le corpus de Xénophane, en raison de la faible quantité de matériau qu'il présente[4].

L'étude visait, d'autre part, à examiner si les pratiques respectives d'Empédocle et de Parménide présentaient des différences entre elles. L'objectif ultime de cette enquête était de qualifier le rapport d'Empédocle au véhicule qu'il retient : accepte-t-il le vers dans sa dimension conventionnelle, ou reconstruit-il le médium à ses propres fins ? Sa pensée revêt-elle la forme métrique comme un habit d'emprunt, pour ainsi dire, ou le choix de l'hexamètre constitue-t-il une pratique signifiante ?

L'ensemble des données et statistiques que j'ai élaborées, sur lesquelles s'appuient les conclusions dont je résume ici les traits saillants, feront l'objet d'une publication ultérieure.

La métrique des philosophes-poètes n'a que très peu intéressé les métriciens, en raison sans doute de la fragmentarité du corpus[5]. La métrique d'Empédocle a été discutée par les spécialistes du corpus, qui se sont intéressés à situer sa pratique poétique dans une histoire de l'hexamètre dactylique d'Homère aux Alexandrins[6], ainsi qu'à analyser certaines des particularités de son emploi du vers[7]. Bollack a formulé quelques remarques sur l'organisation du mètre empédocléen qui ont l'avantage de relier métrique et sémantique[8] : sa pratique, telle qu'il la conçoit, révèle une indépendance croissante de l'organisation des mots dans le vers eu égard à la technique formulaire, du fait de la modification de la technique de composition et de l'influence d'autres

---

4    Les études récentes tendent à considérer que l'inclusion de l'hexamètre dactylique dans le distique élégiaque en modifient en profondeur ses caractéristiques : le distique tend à former un couplet. Voir Barnes 1995 p. 158-159.

5    Parménide et Empédocle sont absents des principaux manuels de métrique (Maas 1962, West 1982, Gentili & Lomiento 2003, Steinrück & Lukinovich 2007) et des articles plus récents sur la métrique de l'hexamètre (Fantuzzi & Pretagostini 1996 et Spaltenstein & Bianchi 2004).

6    Les remarques les plus importantes se trouvent chez Traglia 1952 p. 85-87 (en particulier sur l'application des lois de Naeke et de Meyer) qui, nuançant la thèse de Diels selon laquelle Empédocle préfigurerait la versification alexandrine, établit que l'usage empédocléen est dans l'ensemble dépendant de celui d'Homère, quoiqu'il s'en distingue par une plus grande souplesse du fait du nombre de pauses et d'incises qu'il présente.

7    Traglia 1952 p. 90-92 relevait ainsi que les vers d'Empédocle présentaient une forme d'organisation strophique dans laquelle les chiasmes ont un rôle structurant. Voir également Bollack 1965 t. I p. 319.

8    Pour la discussions que je résume ici, voir Bollack 1965 t. I, p. 313-320.

formes poétiques. Il associait la fréquence des résolutions au thème du déploiement de la vie, alors que le spondée exprimait plus volontiers la « stabilité du devenir » : les coupes étaient également pourvues d'une valeur signifiante en ce qu'elles permettaient de souligner termes ou articulations logiques.

En dépit de la pertinence de certaines de leurs conclusions et de la familiarité avec le corpus poétique qu'elles supposent, ces analyses ne présentent qu'un faible nombre de statistiques permettant des comparaisons objectives entre le corpus d'Empédocle et celui du reste de la poésie hexamétrique[9].

Le texte retenu pour l'analyse de la métrique d'Empédocle est issu d'un examen de quatre éditions importantes : la dernière version de l'édition de Diels-Kranz (1951), les deux éditions de Jean Bollack du poème Sur la Nature (1969) et des *Catharmes* (2003), et l'édition de Vítek (2006). Celle de Diels-Kranz s'imposait dans la mesure où il s'agit de l'édition de référence, quoiqu'elle représente un état de l'interprétation admise qui n'est parfois possible qu'au prix de corrections lourdes. Les éditions de Bollack fournissent un bon contrepoint dans la mesure où son interprétation est fondée sur un retour au texte des manuscrits en ne recourant à la correction que dans les lieux les plus difficiles. L'édition de Vítek, extrêmement documentée, présente des tentatives de résolution des problèmes philologiques intéressantes et parfois innovantes. Le texte étudié a été établi à partir d'une comparaison des trois éditions retenues : les corrections des philologues étant métriquement normalisées, il m'a paru plus sain de retenir le texte des manuscrits, même s'il est parfois difficile, à condition que l'un des trois éditeurs l'ait conservé[10]. Nombre des difficultés textuelles ne sont au demeurant pas significatives pour notre étude[11].

J'ai exclu certains fragments dans la mesure où ils sont trop brefs pour qu'on puisse en dégager avec certitude la structure métrique, et d'autres car ils sont trop corrompus pour présenter un texte qu'il est raisonnable d'utiliser à des fins statistiques[12]. Une fois retranchés

---

9   Vítek 2006 p. 62-69 comporte un chapitre sur la métrique d'Empédocle écrit en tchèque.

10   Cela permet d'exclure les cas où le texte des manuscrits était désespéré.

11   Qu'on choisisse par exemple, au vers 3.13, de lire le θ' des manuscrits avec Bollack et Vítek ou de corriger en δ' avec Diels-Kranz n'implique aucune différence du point de vue de notre étude.

12   Les fragments trop brefs sont B 5, 7, 10, 18, 19, 32, 34, 42.1, 49, 51, 52, 55, 58, 60, 65.2, 66, 69, 70, 77, 78.1, 83.1, 88, 91.2, 92, 97, 99, 109a, 116, 138, 144, 148 à 153 D.-K. Les

ces vers inexploitables, on obtient un total de 329 vers pour le Περὶ Φύσεως, et de 108 pour les *Catharmes* – soit 437 vers pour l'ensemble des deux poèmes d'Empédocle. Le caractère fragmentaire du Papyrus de Strasbourg a empêché son exploitation statistique. Pour Parménide, je retiens le texte de la dernière édition de Diels-Kranz, pour un total de 157 vers exploitables dans le cadre de notre étude ; pour Panyassis, celui de l'édition de Matthews[13], pour un total de 62 vers exploitables.

Deux outils d'analyse métrique ont été élaborés à des fins de comparaison interne et externe : un tableau récapitulant la structure des hexamètres de chacun des trois auteurs, et un ensemble de tableaux statistiques présentant la fréquence d'emploi des mots aux différentes positions de l'hexamètre, en fonction de leur structure prosodique. Les premiers tableaux ont permis de dégager des statistiques qui portent sur la prosodie (abrègement, hiatus, synecphonèse et abrègement attique) et sur la structure de l'hexamètre (césure et fréquence des contractions)[14]. L'ensemble de tableaux statistiques présentant la fréquence où les mots tombent aux différentes positions de l'hexamètre, selon leur structure prosodique s'inscrit dans la ligne d'analyse ouverte par O'Neill telle qu'elle a été développée et rendue systématique par Hagel[15]. Il va de soi que les modèles théoriques, comme celui de O'Neill, n'étaient pas des mécanismes dont les poètes avaient une conscience abstraite : mais ils révèlent des tendances d'organisation de la matière poétique qui, elles, étaient perçues et qui étaient l'objet du travail poétique et conceptuel.

---

fragments trop corrompus sont B 38.1, 46, 64, 142.2 D.-K.

13   Matthews 1974.

14   L'absence du schéma de Fränkel (*cf.* Fränkel [1926] 1968 p. 100-156) dans ce panorama est délibérée. Il ne fait nul doute que Fränkel, en soulignant des récurrences dans le positionnement des fins de mot au sein de l'hexamètre, a pointé un élément important de sa constitution. Sa théorie présente pourtant des limites importantes : (1) son système complexe n'est pas relié aux conditions de composition, et en particulier à l'aspect formulaire de la diction épique ; (2) la distinction entre coupes fortes et coupes faibles repose sur des critères de sens, qui sont toujours potentiellement discutables, et non pas seulement sur les normes de composition inhérentes à l'hexamètre. Ses statistiques sont en pratique inutilisables à des fins de comparaison : il aurait fallu donner non pas la coupe principale du vers – identifiée d'après des critères sémantiques – mais l'intégralité des positions des fins de mot pour chaque vers, et calculer ainsi les récurrences au sein d'un corpus qui soit plus significatif que celui qu'il retient. Pour d'autres limites de sa reconstruction, voir Michelazzo 1996 t. II p. 156-166.

15   O'Neill 1942, Hagel 2004 p. 135-215.

J'emploie par commodité la notation des positions de l'hexamètre de 2 à 24 employée par Hagel[16] : un élément long est compté 2, et un élément bref 1. Lorsque j'indique la position d'un mot dans l'hexamètre, je donne la position où le mot se termine. Cette nomenclature est utilisée par convention et ne reflète aucune prise de position quant aux durées effectives des différents éléments du mètre dans la *performance*. Ainsi (les chiffres romains signalent le numéro du pied, dans le contexte postérieur à la rerythmisation du IVᵉ siècle[17]) :

| I | | II | | III | | IV | | V | | VI | |
|---|---|---|---|---|---|---|---|---|---|---|---|
| — | u u | — | u u | — | u u | — | u u | — | u u | — | x |
| 2 | 3 4 | 6 | 7 8 | 10 | 11 12 | 14 | 15 16 | 18 | 19 20 | 22 | 24 |

Deux éléments brefs prenant la forme d'une longue sont notés par le chiffre pair correspondant à la position : le second temps d'un premier pied spondaïque sera donc simplement noté « 4 ». Lorsqu'il y a besoin de différencier un second élément bref (— uu) d'un temps long produit par contraction de deux brèves (— —), le temps bref est signalé par l'ajout d'un « d » (pour « dactylique ») après le chiffre pair correspondant, alors qu'un « s » (pour « spondaïque ») après le chiffre pair correspondant signale un temps long produit par contraction de deux brèves. Appliquons cette notation au premier vers du fragment 2 d'Empédocle :

| I | | II | | III | | IV | | V | | VI | |
|---|---|---|---|---|---|---|---|---|---|---|---|
| — | — | — | — | — | u u | — | u u | — | u u | — | x |
| 2 | 4s | 6 | 8s | 10 | 11 12d | 14 | 15 16d | 18 | 19 20d | 22 | 24 |
| στει- | νω- | ποὶ | μὲν | γὰρ | πα-λά- | μαι | κα-τὰ | γυῖ- | α κέ- | χυν- | ται. |

---

16   Hagel 2004 p. 138-139.
17   Voir en particulier Steinrück & Lukinovich 2007 p. 25.

## LA PROSODIE DES FRAGMENTS D'EMPÉDOCLE :
## UNE SITUATION ORIGINALE DANS LA TRADITION

### L'ABRÈGEMENT

L'abrègement est le phénomène par lequel une syllabe longue à terminaison vocalique est comptée comme brève devant une voyelle, soit à l'intérieur du mot, soit entre deux mots ; il concerne soit la première brève de la séquence (temps fort), soit la seconde (temps faible)[18].

Il n'y a que deux cas d'abrègement interne à un mot, tous deux chez Empédocle : ὑπέρφλοϊα (fr. 80) et ἱλαείρα (fr. 85). Ce second terme est scandé sans abrègement dans le fragment 40. Leur absence chez Panyassis et Parménide relève sans doute d'un effet de corpus. Je m'intéresserai à partir de maintenant à l'abrègement entre les mots.

De nos trois poètes, Panyassis use le moins de l'abrègement (20,97 % des vers parvenus seulement présentent un abrègement au moins), alors que Parménide en use le plus (36,31 % des vers parvenus en présentent au moins un). L'usage de l'abrègement par Empédocle est intermédiaire (30,89 % des vers exploitables en présentent un au moins). La faible ampleur du corpus de Panyassis ne permet pas de tirer des conclusions absolument probantes quant au type de mot qui se trouve abrégé, ni à la position de ces abrègements dans le vers.

Sur le fondement de statistiques issues d'une étude de la tradition épique, Garner a soutenu que la pratique homérique a défini un usage de l'abrègement qui a servi de modèle normatif aux poètes postérieurs alors même que les déviations qu'ils ont introduites par rapport à Homère tendaient à la diminution des abrègements[19]. Les chiffres qu'il fournit pour Empédocle ne correspondent pas exactement aux nôtres, du fait sans doute qu'il emploie un texte partiellement distinct[20].

---

18  West 1982 propose une formulation différente de la même règle, p. 11 : « *The shortened syllable is practically always preceded or followed by a naturally short syllable* ».

19  Garner 2011 p. 46 (suivant Clapp 1906) : « *Homeric poetry* [...] *established the template for the employment of epic correption, and eventual successors followed this model accordingly, with deviations from Homeric practice tending toward elimination of correption rather than its extension* ». Pour les statistiques, voir Garner 2011 p. 45, table 3.1.

20  Le nature du texte retenu pour Empédocle n'est jamais précisé par Garner 2011, sauf erreur de ma part : si le savant s'est bien référé aux statistiques de Clapp datant de 1906,

Selon les chiffres que j'ai recueillis, la grande majorité des abrègements observés chez Panyassis et Empédocle concerne la diphtongue αι
(84,62 % des abrègements chez Panyassis, et 73,33 % chez Empédocle).
Cette proportion est moindre chez Parménide (54,39 % des abrègements),
chez lequel d'autres groupes sont plus représentés, en proportion, qu'ils
ne le sont chez Empédocle[21]. La spécificité d'Empédocle est d'user de
l'abrègement – et tout particulièrement de l'abrègement du groupe -αι
– d'une façon plus équilibrée dans le vers, dans le voisinage des césures
(4, 11/12, 16) plutôt qu'à la fin de l'hexamètre (20).

Il est frappant qu'Empédocle (et Parménide dans une mesure un
peu moindre) présente une situation inverse à celle décrite par Garner
pour certains groupes et qu'il soit le seul à le faire, parmi les auteurs
antérieurs au IVᵉ siècle mentionnés par le savant. Panyassis présente en
effet un emploi de l'abrègement semblable à celui qu'il relève pour la
tradition antérieure.

Empédocle et Parménide usent de l'abrègement en des positions
différentes de celles d'Homère[22]. C'est que des mots longs sont chez
eux les objets privilégiés des abrègements : beaucoup d'entre eux, et
particulièrement les formes verbales en -αι abrégées en position 16 par
Empédocle, n'auraient pu rentrer dans le vers sans cet abrègement. Ces
abrègements d'un groupe -αι en position 16 représentent 17,78 % des
abrègements du corpus d'Empédocle, tout en caractérisant un vers sur
20 environ ; les poèmes de Parménide et Panyassis ne présentent pas
cette particularité[23].

Garner montre à l'issue de son étude de l'abrègement que ce procédé
était un moyen d'introduire une souplesse dans l'emploi des formules en
donnant lieu à des combinaisons originales de termes et de formules[24].

---

il est possible que les statistiques qu'il présente soient issues d'une ancienne version du
recueil de Diels.

21  Ainsi ου représente 8,77 % des abrègements chez Parménide, contre 1,52 % chez Empédocle ;
η représente 17,54 % des abrègements chez Parménide, contre 3,03 % chez Empédocle.

22  Le début du vers est délaissé (particulièrement les positions 3 et 4, mais également, chez
Empédocle, les positions 7 et 8), au profit des positions 12, 15-16, 19 et 20.

23  La structure est absente du corpus de Panyassis alors que, s'il en avait usé à la même
fréquence qu'Empédocle, on aurait pu s'attendre à en trouver au moins trois occurrences.
Parménide, lui, ne place que deux mots en -αι abrégés en cette position : l'un est un
quadrisyllabe (1.31 μαθήσεαι), qui semble répondre à la règle générale ; l'autre est un
trisyllabe (6.1 ἔμμεναι), qui n'est pourtant pas précédé d'un enclitique.

24  Garner 2011 p. 75.

Si cette thèse est juste, l'usage très spécifique de l'abrègement chez Empédocle (et, dans une moindre mesure, chez Parménide) est fonction de la matière particulière qu'ils traitent : l'abrègement a pour fonction d'introduire dans le vers des termes, des notions ou des concepts qui participent de la doctrine originale qu'ils entendent chacun exposer et défendre. Les mots en -αι qui font l'objet d'un abrègement chez Empédocle ont ainsi souvent trait à des points déterminants de sa doctrine : en particulier, la refonte de la conception du vivant et du monde par mélange des racines, et ses conceptions physiologiques[25]. L'originalité de la doctrine sur la respiration présentée dans le fragment 100 peut être signalée par une série d'abrègements en position 16[26] : il y a un jeu entre la respiration de la phrase poétique et le processus physiologique décrit dans ces vers.

L'abrègement de syllabes finales en -η ou -ῃ chez Parménide peut révéler un processus semblable, quoique dans une mesure bien moindre : alors que chez Empédocle, les mots abrégés en -η/ῃ sont des formes nominales ou verbales, ce phénomène ne concerne chez Parménide aucune forme verbale, presque aucune forme nominale (seulement τῇ), mais presque toujours des conjonctions (ἤ) ou des adverbes (μή), dans des positions semblables à celles qu'on trouve chez Empédocle. La raison en est doctrinale : ces abrègements de syllabes finales -η/ῃ apparaissent dans des contextes de définition négative de l'être, dans la partie du poème de Parménide portant sur la Vérité.

Outre la tendance à l'abrègement des mots longs, l'un des termes les plus fréquemment abrégés par Empédocle est καί, le plus souvent dans les positions 12 et 15[27]. L'abrègement du καί en position 12 paraît être un trait particulier de la composition poétique d'Empédocle[28]. Cette prédominance du καί en des positions déterminées dépend pour partie des règles de constitution de l'hexamètre : en position 12, καί est pour ainsi dire le seul

25  Pour le mélange et la séparation des racines, voir 11.3 ἐξόλλυσθαι, 12.2 ἐξαπολέσθαι, 22.8 συγγίνεσθαι, 16.1 ἔσσεται, 26.2 αὔξεται, 35.5 συνέρχεται, fr. 93 καταμίσγεται. Pour la perception par effluves, fr. 89 ἀπορροαί.
26  En 100.7, καταΐσσεται, 100.12 et 100.15 ἐσέρχεται, 100.24 κατέρχεται. Le jeu des préverbes est particulièrement significatif.
27  Le terme y est pourtant en concurrence avec d'autres groupes vocaliques chez Parménide.
28  Près de 9% des vers d'Empédocle sont concernés par ce phénomène qui représente 28,89% des abrègements. On trouve certes des καί abrégés en d'autres positions que celles-ci, tant chez Parménide (positions 19 et 20) que chez Empédocle (positions 4, 11, 19, 20).

monosyllabe en -αι qui puisse suivre la césure féminine[29]. Or, en dehors de
la césure, on ne trouve que sept καί abrégés. Chez Empédocle, celle-ci est
ainsi volontiers le lieu d'une jonction logique exprimant l'addition d'un
élément – beaucoup plus nettement que chez Parménide : la fréquence
du phénomène devait créer un effet d'attente chez l'auditoire, préparé à
l'adjonction d'arguments ou d'éléments en cette position précise.

## L'ABRÈGEMENT ATTIQUE

Une occlusive (β π φ, δ τ θ, γ κ χ), lorsqu'elle est suivie d'une liquide
(λ ρ) ou d'une nasale (μ ν), peut ne pas faire position : en dépit du fait
que ce phénomène n'est en réalité pas propre à la poésie attique, je le
nomme ici par convention abrègement attique. West considère que les
occlusives sonores (β δ γ) sont plus susceptibles que les autres de faire
position dans un tel contexte[30] : avant le Vᵉ siècle, ces occlusives sonores
font presque toujours position avec des nasales ou des liquides, alors
même que les groupes γμ, γν, δμ et δν font toujours position, même au
Vᵉ siècle[31]. Dans les hexamètres d'Homère et d'Hésiode, l'abrègement
attique est normalement réservé aux cas où la structure métrique d'un
mot ne pourrait lui permettre de figurer dans le vers[32].

Au sein des groupes qui comportent un abrègement attique, il faut
distinguer les abrègements nécessaires – c'est-à-dire ceux qui portent sur
un mot dont la forme métrique n'aurait pas pu figurer dans l'hexamètre
sans l'abrègement, tel que le nom Ἀφροδίτη – des abrègements qui ne
le sont pas. Examiner la fréquence où l'abrègement attique n'a pas lieu
(quand l'occlusive fait position) est également important dans la mesure
où un plus grand nombre d'abrègement aurait pu être compensé par
un nombre encore plus grand d'absence d'abrègement – ce qui aurait
faussé les conclusions déduites des statistiques.

Les trois poètes usent de l'abrègement attique de façon différenciée.
Panyassis l'évite presque systématiquement (seuls 3,23 % de ses vers en
comportent), conformément à la pratique de la poésie épique ancienne :

---

29   Quoiqu'il ne soit pas exclu d'imaginer qu'un mot dissyllabique à initiale brève terminé
     par -αι se trouve immédiatement après la césure masculine, le faible nombre de mot de
     ce type rend cette succession difficile.
30   West 1982 p. 16.
31   West 1982 p. 16, Gentili & Lomiento 2003 p. 21.
32   Maas 1962 p. 124, Gentili & Lomiento 2003 p. 22. Voir aussi Chantraine *GH* t. I
     p. 108 *sqq.*

ses fragments ne présentent aucun abrègement interne à un mot, et seulement deux abrègements entre les mots. Lorsqu'un abrègement est susceptible de se produire entre les mots, il se produit effectivement dans 25 % des cas, ce qui est inférieur à Parménide et Empédocle (respectivement 66,67 % et 69,35 %).

Parménide et Empédocle usent de l'abrègement attique de façon structurellement différente de Panyassis : 10,83 % des vers de Parménide et 19,91 % des vers d'Empédocle comportent au moins un abrègement (contre 3,23 % chez Panyassis). Ce rapport est flagrant pour les abrègements internes aux mots qui impliquent une liquide : 3,82 % des vers de Parménide en comportent un, contre 9,61 % pour Empédocle. Empédocle use presque deux fois plus fréquemment du procédé que Parménide : un vers sur cinq de ses poèmes en comporte un.

L'examen du rapport entre l'attestation des séquences susceptibles de se prêter à abrègement attique et celles qui en comportent effectivement un mène à affermir ce constat initial : lorsqu'un abrègement interne pourrait avoir lieu, il a lieu dans 21,88 % des cas chez Parménide, mais dans 31,65 % des cas chez Empédocle. L'abrègement entre les mots présente la même tendance, quoique de façon moins marquée : chez Parménide, l'abrègement a lieu dans 66,67 % des cas où il pourrait avoir lieu, alors qu'il a lieu chez Empédocle dans 69,35 % des cas. Cet écart est moindre du fait que Parménide use plus de l'abrègement entre les mots qui implique une liquide que ne le fait Empédocle.

Les fragments d'Empédocle usent ainsi de l'abrègement attique avec une grande liberté : un même groupe peut être abrégé ou non dans un même vers : en 105.1, le groupe θρ ne fait pas position dans τεθραμμένη mais fait position dans ἀντιθρῶντος qui le suit immédiatement ; de même, en 90.1, πικρόν est scandé successivement avec et sans abrègement.

Remarquons, pour conclure ces constats généraux, que la part d'abrègements non nécessaires (qui portent sur des mots qui pouvaient figurer ailleurs dans l'hexamètre) est plus grande chez Empédocle que chez Parménide : 5,73 % des vers de Parménide en comportent un, contre 10,07 % de ceux d'Empédocle. Les données sont, de nouveau, dans un rapport du simple au double : l'Agrigentin prend donc d'autant plus de distance par rapport à la norme de l'abrègement attique chez Homère.

Examinons brièvement la signification de ce point au sein des séquences occlusive-nasale, qui constituent un cas intéressant pour notre propos.

L'abrègement attique est beaucoup moins fréquent, d'une façon générale, dans les séquences occlusive-nasale que dans les séquences occlusive-liquide : les nasales font plus facilement position que les liquides et les combinaisons sont moins représentées dans la langue.

Au sein d'un mot, un tel abrègement est rare : il a lieu dans 0,64 % des vers de Parménide, et 0,46 % des vers d'Empédocle[33]. Il y a cependant des exceptions notables d'abrègements inattendus au sein d'un mot[34], qui sont d'autant plus remarquables que les mots concernés auraient pu apparaître en d'autres positions de l'hexamètre : ce cas d'abrègement attique est employé comme une licence de versification.

Si l'abrègement entre les mots, pour un groupe occlusive-nasale, est tout aussi rare (il ne se produit jamais chez Parménide pour une telle séquence, alors qu'il se produit 7 fois chez Empédocle), Empédocle a tendance à procéder à l'abrègement lorsqu'il est possible (dans près de 70 % des cas où il est possible, il a lieu). Or, sur ces 7 occurrences empédocléennes, 6 concernent le groupe θν : 1,37 % des vers étudiés comportent un abrègement impliquant ce groupe, ce qui est considérable au vu de la rareté des abrègements attiques qui impliquent une nasale. Or, ces occurrences ne concernent qu'un unique terme, θνητός, au sein duquel le groupe θν peut faire ou ne pas faire position chez Empédocle[35]. Cette ambivalence du groupe θν dans θνητός est d'une extrême rareté dans la poésie épique : Homère, Hésiode, Panyassis, Apollonios de Rhodes, Oppien, Nonnos et la plupart des auteurs mineurs ou tardifs emploient toujours le groupe θν de manière à ce qu'il fasse position[36]. Choérilos de Samos considère, lui, que le groupe ne fait pas position[37]. Quintus de Smyrne emploie, comme Empédocle, le groupe θν des deux façons,

---

33  Et de fait, les deux poètes tendent à éviter l'abrègement attique dans ce contexte : il ne se produit que dans 16,67 % des séquences où il est possible chez Parménide, et dans 6,06 % d'entre elles chez Empédocle.

34  Pour Parménide, ἱκνεῖσθαι en 8.45 ; pour Empédocle, τέχνης en 23.2 et τετμῆσθαι en 100.5.

35  Le groupe fait position en 17.3, ce qui permet l'allongement du δέ qui précède, alors qu'il ne fait pas position en 35.7, 35.14, 35.16, 71.3, 112.4 et 115.7.

36  À des fins d'économie, j'indique seulement les occurrences des principaux auteurs, pour θνητός : Homère Α.339, 574, Κ.403, Μ.242, Ξ.199, Π.441, Ρ.77, Σ.87, 404, Υ.64, 204, 220, 233, 266, 305, Χ.179, Ω.259, α.219, ε.32, η.210, 247, ι.521, κ.306 ; He.Th.223, 500, 592, 837, 874, 887, Op.103, fr.25.31, fr.240.4, fr.273.1 ; Panyassis 14.1 Matthews (= 19.1 Bernabé), 16.3 Matthews (= 3.3 Bernabé) ; ApRh. 4.795.

37  L'unique occurrence se trouve en fr. 335.1 Lloyd-Jones-Parson, qui n'est pas repris par Bernabé 1996.

ainsi que les *Argonautiques orphiques*[38]. Que le groupe θν fasse toujours position chez Panyassis et Apollonios de Rhodes, par exemple, alors que l'usage est libre chez Empédocle et Quintus de Smyrne, montre que le critère n'est pas d'ordre chronologique : il s'agit d'une souplesse introduite par Empédocle et Quintus dans l'usage de l'abrègement attique.

Cette variation dans l'usage prosodique du groupe θν au sein de θνητός peut s'expliquer par le fait qu'Empédocle propose, dans sa doctrine, une refonte de la conception de mortalité : tout se passe comme si l'usage prosodique original du mot θνητός, en rupture avec toute la tradition antérieure, venait souligner ce travail conceptuel qui porte sur le contenu même de la notion véhiculée par le terme θνητός.

Rassemblons les données examinées. Quoique Parménide et Empédocle soient tous deux en rupture par rapport à l'usage antérieur de l'abrègement attique, tel qu'il est représenté par Homère et Hésiode, qui l'évitent autant que possible, Empédocle use plus de l'abrègement attique que Parménide, tant en termes de quantité par vers qu'en termes de diversité de groupes concernés, même lorsque le terme aurait pu apparaître à un autre endroit du vers. L'Agrigentin se détache donc encore plus que Parménide de la règle caractérisant d'ordinaire la poésie épique, ce qui s'explique pour partie, à mes yeux, par des raisons doctrinales. Le poète use de ce procédé en suivant ses besoins : il ne s'astreint pas, comme le faisait Homère, à l'éviter autant que possible, ni au contraire à l'employer systématiquement. De ce point de vue, le poème est dans un rapport tout particulier à la tradition de prosodie dans l'hexamètre dactylique : les règles qui présidaient au choix des mots acceptables dans l'hexamètre d'Homère et dans celui de la tradition — pourtant encore vivace jusqu'à Apollonios de Rhodes et après lui — sont neutralisées dans l'hexamètre d'Empédocle.

Il est vrai que les caractéristiques de l'abrègement attique que nous avons dégagées chez Parménide et, particulièrement, chez Empédocle, ne sont pas sans présenter des similitudes avec l'usage de l'abrègement attique dans la tragédie attique[39] – d'où le phénomène tire, pour cause, son nom moderne. Empédocle a pu subir l'influence des productions

---

38  Quintus de Smyrne, *Posthomerica*, 1.89 et 93 : κυδάλιμοι βασιλῆες, ὅτ᾿ ἔθ|νεα δῃώσαντες / [...] Ἡ δ᾿ ἄρ᾿ ὑπέσχετο ἔργον ὃ οὔ ποτε |θνητὸς ἐώλπει. *Arg.Orph.*741, où le groupe ne fait pas position (καὶ Χάλυβες, Τιβαρηνά τ᾿ ἔ|θνη, λαοί τε Βέχειρες), et *Arg.Orph.*430, où il fait position (ἀνθρώπων τ᾿ ὀλιγοδρανέων πολυεθ|νέα φύτλην).

39  Voir en particulier, sur cette question, l'analyse détaillée de Descroix 1931 p. 11-21.

théâtrales dans sa perception des groupes occlusives-liquides, s'il ne s'agit pas même d'une évolution phonologique que connaît l'ensemble du monde grec à cette période. La poésie épique de Panyassis serait encore dépendante de l'usage ancien.

Selon les données présentées par Descroix[40], qui ne portent que sur l'*Andromaque* et les *Troyennes* d'Euripide, l'abrègement attique ne s'applique pas à des groupes semblables à ceux d'Empédocle[41], à l'exception du groupe θν qui est, lui, systématiquement abrégé dans les deux pièces : l'usage empédocléen de l'abrègement n'est donc pas, de toute évidence, qu'une transposition de l'usage tragique mais possède une logique qui lui est propre et qui fait sens du point de vue de l'histoire de la composition des hexamètres.

## MÉTRIQUE ET CONSTRUCTION DE L'HEXAMÈTRE

### LA CÉSURE

L'étude de la césure implique de préciser notre corpus : certains vers transmis sont incomplets et ne comportent pas de césure identifiable[42]. Quoique la signification rythmique de la césure ait été discutée, il ne nous appartient pas de prendre position dans ces débats[43] : le fait que tous

---

40 Descroix 1931 p. 17. Je suppose, faute de renseignement explicite et vus les groupes consonantiques et les exemples mobilisés, que les données fournies portent à la fois sur l'abrègement au sein d'un mot et entre les mots.

41 Les groupes où l'abrègement attique est le plus fréquent dans ces deux pièces sont πλ (21 abrègements dans les deux pièces contre 5 chez Empédocle), πρ (45 abrègements contre 11 chez Empédocle), κν (33 abrègements, et aucun chez Empédocle), κρ (34 abrègement contre 14 chez Empédocle), χρ (19 abrègements contre 6 chez Empédocle), τρ (56 abrègements contre 6 chez Empédocle). À l'inverse, l'abrègement du groupe φρ est fréquent chez Empédocle mais rare dans les deux pièces (4 abrègements dans les deux pièces contre 12 chez Empédocle).

42 Pour Panyassis, 61 vers sont retenus (32.1 est incomplet) ; pour Parménide, 151 (2.8, 4.4, 5.1, 10.7, 11.4 et 12.6 sont incomplets) ; pour Empédocle, 430 vers sont retenus au total, dont 329 du Περὶ Φύσεως (5.1, 42.1, 65.2, 83.1, 91.2 sont incomplets) et 107 des *Catharmes* (128.3 est incomplet).

43 Irigoin 2004 p. 9, quoiqu'il ne conteste pas l'existence de la césure, la conçoit comme un phénomène secondaire dont l'effet n'est pas perceptible dans la diction du vers. Voir Steinrück & Lukinovich 2007 p. 27-28 pour l'apparition du concept de césure au IIe siècle

les hexamètres archaïques comportent une césure masculine, féminine, ou hephthémimère, rend la présente étude légitime.

Selon West, la proportion de vers avec césure hephthémimère (c'est-à-dire sans césure dans le troisième pied) est de 1,4 % dans l'*Iliade*, 0,9 % dans l'*Odyssée*, et 2,3 % chez Hésiode[44], alors même que la césure féminine est par ailleurs plus fréquente que la césure masculine dans une proportion de 4/3 (57,15 % des vers qui comportent une césure au troisième pied ont une césure féminine, alors que 43,85 % d'entre eux ont une césure masculine)[45].

Panyassis ne présente pas de césure hephthémimère dans le corpus qui nous est parvenu. S'il en présentait dans la même proportion qu'Empédocle, on aurait dû en trouver 1,82 – et, dans la même proportion que Parménide, 2,04. Son usage de la césure présente par ailleurs une continuité avec la poésie épique antérieure[46].

En revanche, la proportion de vers à césure hephthémimère est légèrement plus élevée que la moyenne chez Parménide et Empédocle[47]. Les vers concernés comportent avant cette césure ce que Fränkel a appelé un mot lourd, c'est-à-dire un mot de 6 unités de durée (u) ou plus, qui empêche de placer la césure à une des deux positions du troisième pied[48].

Chez Parménide, l'alternance entre coupes féminines et masculines reconduit la proportion relevée par West (55,48 % de coupes féminines,

de notre ère et les problèmes d'application qu'il pose aux différents types de mètres ; p. 31-33 pour ses arguments sur la difficulté à percevoir la césure dans la *performance* ; p. 33-41 pour la préséance sur la césure, dans la formation du vers, de la réalisation de l'élément long par une longue ou deux brèves. Voir également Steinrück 2004 p. 81-94.

44 Maas 1962 p. 60 § 85 signale que la césure hephthémimère se rencontre en moyenne dans 1 % des hexamètres archaïques.

45 West 1982 p. 36.

46 Pour l'alternance entre les coupes internes au troisième pied, les fragments de Panyassis inversent pourtant presque exactement les données de la poésie épique ancienne : les coupes masculines représentent 57,38 % des coupes internes au troisième pied, et les coupes féminines 42,62 % d'entre elles. Il peut s'agir d'un effet de corpus.

47 La proportion de vers comportant une césure hephthémimère est de 3,31 % chez Parménide et de 2,98 % du nombre total de vers d'Empédocle (dont 3,34 % pour le Poème physique et 1,87 % pour les *Catharmes*).

48 Pour Parménide : 1.27 (ἀπ' ἀνθρώπων), 6.8 (καὶ οὐκ εἶναι), 8.21 (ἀπέσβεσται), 8.32 (οὕνεκεν οὐκ ἀτελεύτητον), 8.40 (καὶ ὄλλυσθαι). Pour Empédocle : 8.2 (οὐλομένου), 9.2 (ἀγροτέρων), 17.5 (διαφυομένων), 17.9 = 26.8 (ἐκ πλεόνων), 21.12 (δολιχαίωνες), 22.6 (ἀπ' ἀλλήλων), 23.8 (δολιχαίωνας), 35.12 (ὑπεκπροθέοι), 100.5 (εὐπορίην), fr. 104 (ἀραιότατα), 112.6 (περίστεπτος), 115.5 (μακραίωνος). – Pour le mot lourd, *cf.* Fränkel [1926] 1968 p. 107.

contre 44,52 % de coupes masculines). Il n'en va pas de même dans les deux poèmes d'Empédocle, où la césure féminine prédomine : parmi les vers pourvus d'une coupe au troisième pied, 69,74 % ont une césure féminine[49].

Or, cette prédominance de la césure féminine est une particularité d'Empédocle : la poésie cyclique et élégiaque postérieure à Homère présente une répartition des césures dans le troisième pied en proportion semblable à celle d'Homère et d'Hésiode[50]. Comment l'expliquer ? Nous avons déjà souligné l'importance du καί abrégé en position 12 (après la césure féminine), dans la construction de l'argumentation du vers. Cette prédominance de la césure féminine va de pair avec l'insertion jusqu'à la position 11 et à partir de la position 12d de plusieurs mots longs, tels que ceux de structure – – – X et –uu– X (pour 11), et ceux de structure u–uu, u– – – et u–uu– (pour 12d), alors même que les mots de structure u– – – X et u–uu– X apparaissent exclusivement dans les deux positions susdites. Quelques mots qui sont placés juste après la césure, comme τά, renvoient de façon privilégiée aux racines[51].

Il y a donc trois facteurs d'explication au moins. La césure féminine permet (1) une articulation logique (καί abrégé en 12d) ; (2) l'introduction d'un mot long – donc potentiellement chargé d'un sens important – juste après ou juste avant la césure ; (3) celle de mots brefs en position 12d qui renvoient à des notions-clefs de la doctrine.

Lorsque la coupe est masculine, la césure est, en proportion égale chez nos trois poètes, composée d'une jointure douce ou dure[52]. Lorsque la coupe est féminine, on trouve généralement une jointure douce (96,16 % chez Panyassis, 92,59 % chez Parménide, 93,56 % chez Empédocle) ; mais la césure repose parfois sur un abrègement attique, quoique ce soit moins souvent le cas chez Empédocle (3,84 % des césures féminines

---

49  Contre 30,26 % de coupes masculines. Cette prédominance de la coupe féminine est plus forte dans le Poème physique (71,38 % de coupes féminines contre 28,62 % de masculines) que dans les *Catharmes* (64,76 % contre 35,34 %). Wilamowitz relevait déjà une prédilection d'Empédocle pour la césure féminine : Traglia 1952 p. 85 assimilait ce trait à une préfiguration de la technique callimaquéenne.

50  Gentili & Lomiento 2003 p. 275.

51  *Cf. infra*, p. 264-265.

52  Une jointure douce est une césure où une consonne unique entre en jeu ; une jointure rude est une césure marquée par un hiatus ou une succession de deux consonnes (ou une consonne double). Il s'agit de la terminologie de Steinrück & Lukinovich 2007 p. 27 et 53, qui applique cette catégorie à l'hexamètre élégiaque.

chez Panyassis, 3,70 % chez Parménide, mais 1,69 % chez Empédocle),
ou sur un hiatus (3,70 % des coupes féminines chez Parménide, 4,80 %
chez Empédocle). Ainsi Empédocle place plus volontiers un hiatus à
la césure féminine qu'un abrègement attique, contrairement aux deux
autres poètes. Le hiatus représente au demeurant 3,44 % des césures du
troisième pied chez Empédocle, contre seulement 1,99 % chez Parménide.

## LA *BREVIS IN LONGO*

Les poèmes de Panyassis, de Parménide et d'Empédocle présentent
un certain nombre de cas de *breuis in longo*, dont plusieurs ont fait l'objet
de corrections[53] et que je vais examiner brièvement. Dans le fr. 30
Matthews de Panyassis (15 Bernabé) (ὡς ἄρα μιν εἰπόντα κατας[τέγασε
Στυγὸς] ὕδωρ), il ne s'agit pas à proprement parler d'une *breuis in longo* :
l'allongement provient du digamma initial de εἰπόντα[54].
La majeure partie des occurrences ne posent pas de difficulté : la
*breuis in longo* doit être conservée. Le vers 8.7 de Parménide (πῇ πόθεν
αὐξηθέν ; οὐδ' ἐκ μὴ ἐόντος ἐάσσω), de même que, pour Empédocle, les
vers 29.1 (οὐ γὰρ ἀπὸ νώτοιο δύο κλάδοι ἀίσσονται), 30.1 (αὐτὰρ ἐπεὶ
μέγα Νεῖκος ἐνὶ μελέεσσιν ἐθρέφθη), 84.8 (λεπτῇσιν ὀθόνῃσι λοχάζετο
κύκλοπα κούρην) et 115.6 (τρίς μιν μυρίας ὥρας ἀπὸ μακάρων ἀλάλησθαι)
présentent le cas régulier d'une voyelle brève en position finale au temps
fort suivie d'une nasale[55]. D'un point de vue métrique, l'occurrence du
fragment 84 n'a pas besoin d'être corrigée par ajout d'un τ' (Diels) ou
d'un γ' (Bollack) après λεπτῇσιν.
Le cas du vers 108.1 d'Empédocle (ὅσσον ἀλλοῖοι μετέφυν, τόσον ἄρ
σφισιν αἰεί) est plus difficile, car il présente une *breuis in longo* au temps
faible. Mais cette configuration caractérise parfois le premier pied[56] et
il vaut donc mieux, à la différence de Diels-Kranz (ὅσσον <γ'>) et de
Bollack (ὅσσον <τ'>), conserver le texte des manuscrits.
Il y a en revanche quelques exceptions réelles. Au vers 12.1 de
Parménide (αἱ γὰρ στεινότεραι πλῆντο πυρὸς ἀκρήτοιο), le o de πλῆντο,
au temps fort, devant π, ne constitue pas un cas reconnu de *breuis in longo*.

---

53   Pour le répertoire des cas de *breuis in longo*, voir West 1982 p. 38.
54   West 1982 p. 38, point (b).
55   West 1982 p. 38, point (c) pour la nasale en position finale, et point (d) pour la nasale
     en position initiale.
56   West 1982 p. 39.

Or la forme πλῆντο est une correction de Bergk : on pourrait résoudre la difficulté en lui substituant une forme πλῆνται, à moins d'accepter l'irrégularité comme telle ou en supposant que le vers est incomplet[57].

Le vers 12.2 d'Empédocle (τό τ' ἐὸν ἐξαπολέσθαι ἀνήνυστον καὶ ἄπρηκτον) présente un début en tribraque, qui se rencontre occasionnellement chez Homère[58] : si Empédocle a utilisé cette forme homérique en tant que licence métrique pour sa propre composition, on n'a pas de raison de corriger. Il vaut mieux conserver le texte des manuscrits, lu τό τ' ἐόν avec Bollack (plutôt que τό τε ὄν avec Vítek, car la forme attique du participe de εἶναι est improbable).

Le premier pied du vers 147.2 d'Empédocle pose problème[59] :

ἐόντες, ἀνδρείων ἀχέων ἀπόκληροι, ἀτειρεῖς
u– u| – – –| u u–| u u – u|u – –

Le premier dactyle comporte une brève excédentaire à l'initiale (ἐ-) alors même que le pied se termine par une seule brève. Cette configuration n'a pas d'équivalent que je connaisse. Sa rareté peut être un argument en faveur de la conservation du texte des manuscrits.

Chez Homère, les particularités liées à la *breuis in longo* provenaient, le plus souvent, de transformation de formes plus anciennes en formes récentes ou étaient des survivances de l'ancien système rythmique, qui présentait des similitudes avec certaines formes lyriques[60]. Si ces modèles explicatifs sont pertinents dans le cadre d'une poésie de tradition orale, comme Homère et Hésiode, ce n'est que beaucoup plus difficilement le cas au Vᵉ siècle, où la tradition s'est fixée : nos trois poètes, et en particulier Empédocle ont pu reconduire ces particularités de la poésie orale sous la forme de licences poétiques acceptables dans le contexte de la composition d'hexamètres dactyliques au Vᵉ siècle.

---

57  L'origine ultime des vers auxquels il manque une syllabe à la césure tient peut-être à une relique de la rythmisation par côlon : voir Gentili & Lomiento 2003 p. 274 et surtout p. 279 *sqq.*
58  Gentili & Lomiento 2003 p. 274.
59  Le signe | indique la séparation entre les mots.
60  West 1982 p. 39, et les exemples qu'il cite ; Gentili & Lomiento 2003 p. 279 *sqq.*

## LE PONT DE HERMANN

Le pont de Hermann consiste en l'impossibilité qu'une fin de mot tombe entre les positions 15 et 16 : la loi n'est violée que dans un cas sur mille environ[61]. De façon intéressante, c'est le cas dans un vers des *Silloi* de Xénophane. Il est généralement admis, à juste titre, que les clitiques ne constituent pas une infraction à la loi de Hermann : un proclitique peut se trouver en position 15 et un enclitique en position 16d[62]. Panyassis, Parménide et Empédocle respectent tous les trois le pont de Hermann. Les quelques exceptions apparentes (Parménide 4.2, τοῦ ἐόντος ; 8.7, ἐκ μὴ ἐόντος ; 8.32, τὸ ἐὸν ;10.1, τά τ' ἐν αἰθέρι πάντα ; Empédocle 3.8, ἐπ' ἄκροισι) impliquent des groupes liés par un rapport d'article à substantif ou de préposition à régime, une négation, ou un relatif introduisant une proposition, et ne constituent donc pas une violation de la loi de Hermann : dans tous ces cas, l'énoncé ne pourrait s'arrêter après la position 15 tout en étant grammaticalement complet.

Les deux seuls cas problématiques sont les suivants : au fragment 8.36 de Parménide, une rupture apparente de la loi de Hermann (οὐδὲν γὰρ |<ἢ> ἔστιν) est le produit d'une correction apportée à un passage corrompu. Chez Empédocle, le vers 2.6, dont les manuscrits présentent οὖλον, violerait le pont de Hermann s'il n'est pas suivi d'un clitique monosyllabique à initiale vocalique[63]. Les deux exceptions réelles à la loi de Hermann coïncident donc avec des vers partiellement corrompus, dont il n'est pas raisonnable de tirer des conclusions pour notre étude.

---

61  Voir Steinrück & Lukinovich 2007 p. 41 ; Gentili & Lomiente 2003 p. 270, et en particulier n. 17.

62  Pour un proclitique en position 15 : Panyassis 13.1 Matthews (= 17.1 Bernabé) καὶ εὔφρονες ; 18.1 Matthews καὶ ἔγημε (23.1 Bernabé καὶ ῥ' ἤγαγε) ; Parménide 28 B 8.3 καὶ ἀνώλεθρόν ; 8.18 καὶ ἐτήτυμον ; 8.21 καὶ ἄπυστος ; Empédocle fr. 80 καὶ ὑπέρφλοια (avec abrègement). Pour un enclitique en position 16 : Panyassis 12.1 Matthews (= 16.1 Bernabé) νύ τις ; 12.5 Matthews (16.5 Bernabé) ἔνθα τε ; Parménide 1.28 χρεὼ δέ σε ; 2.1 κόμισαι δὲ σύ ; 8.28 ἀπῶσε δέ ; 8.31 τό μιν ; 8.37 ἐπεὶ τό γε ; 8.44 τὸ γάρ ; Empédocle 17.32 τί κε ; 21.6 θελημά τε ; 35.11 τὰ δέ ; 109.3 νεῖκος δέ τε ; 122.3 Θόωσά τε ; 128.5 μύροισί τε.

63  *Cf. infra* p. 61-64 pour l'exposé du problème du vers 2.6.

## LA POSITION DES MOTS
## SELON LEUR STRUCTURE PROSODIQUE

REMARQUES GÉNÉRALES

Les statistiques portant sur la position des mots dans l'hexamètre selon leur structure prosodique ont révélé trois points majeurs :

1. Plus les mots sont longs, plus leur position est fixée et coïncide avec celles attestées chez Homère et Hésiode (c'est particulièrement vrai pour les mots de structure uu–X etc.).

2. La majeure partie des mots employés par Parménide et Empédocle présente toutes les possibilités de position attestées chez Homère et Hésiode hormis certaines positions parmi les moins fréquentes. Ce phénomène est trop fréquent pour simplement constituer un effet du faible volume du corpus : la structure de l'hexamètre s'est pour partie rigidifiée.

3. En dépit de cette forme de rigidité, certains mots sont employés en des positions, rares ou innovantes sans que le passage présente de problème de texte[64].

L'étude du positionnement des mots dans l'hexamètre de Parménide et d'Empédocle en fonction de leur structure métrique révèle ainsi qu'il y a à la fois dépendance très forte par rapport à la tradition antérieure[65] et introduction d'éléments rares ou originaux : la structure de l'hexamètre n'est pas modifiée de façon fondamentale mais elle est adaptée au savoir original exprimé dans le poème, que celui-ci tienne à la matière philosophique propre à Empédocle et Parménide, aux mots par lesquels ils

---

64  Certaines particularités sont sans doute des effets de corpus, comme la prééminence des positions 4 et 14 au détriment des positions 6 et 8 pour les mots de structure VuX(v̆) (ex. ἔχε). Cela ne remet pas en cause la cohérence générale qu'on observe dans l'usage de l'hexamètre.

65  Cette cohérence s'observe même pour les monosyllabes (structure X) qui sont pourtant les mots dont la position est le plus facilement susceptible de variation dans l'hexamètre, du fait de leur brièveté. Un certain nombre de dissyllabes de structure uX étaient employés en des positions semblables chez nos philosophes-poètes et dans ce que nous connaissons de la tradition hexamétrique antérieure.

l'expriment et aux structures argumentatives dans lesquelles ces mots se trouvent inclus.

## VARIATIONS DANS LA FRÉQUENCE DE POSITION ET PROGRESSION DE L'ARGUMENTATION

S'agissant de la progression de l'argumentation, le cas le plus net est celui des mots de forme CX(v̆C) (ex. τόν), habituellement placés par Homère et Hésiode entre les positions 2 et 6, plus rarement entre 8s et 12 ou en 19-20. Parménide et Empédocle introduisent des variations : ce type de mot est particulièrement fréquent, chez Parménide, en position 3 et 4d, 10 et 11, 14-16d et 19. Or, les mots de cette structure prosodique sont principalement des connecteurs logiques, tels que μέν et γάρ : les articulations logiques exprimées par ces deux termes sont placées par Parménide à des points charnières de son hexamètre (en début de vers, avant la césure masculine ou féminine, au sein du quatrième pied, ou à la diérèse bucolique). Le cas est différent chez Empédocle, qui concentre ces mots entre les positions 4d et 6, ainsi qu'en 8s : les articulations logiques exprimées par μέν et γάρ sont plus volontiers placées dans la première moitié du vers, avant la césure masculine ou féminine. Lorsque μέν et γάρ sont impliqués, le vers d'Empédocle est ainsi généralement pourvu d'une unité argumentative plus forte que chez Parménide, qui introduit beaucoup plus volontiers de nouvelles unités logiques *via* μέν et γάρ au sein même d'un vers.

D'autres variations s'expliquent par l'usage de termes associés à la doctrine elle-même :

a. La fréquence des mots de structure V–x(v̄) (ex. αὐτή) en position 18 chez Parménide s'explique par l'importance de εἶναι (fr. 7.1, 8.40), qui représente deux des trois occurrences.

b. Pour les mots de structure CX(v̆) (ex. τά), Empédocle use de la position 12d avec une fréquence nettement supérieure à Homère et Hésiode, qui n'a d'équivalent que chez Callimaque et Théocrite. Or, 10 des 20 occurrences empédocléennes concernées sont l'article τά, qui renvoie habituellement aux racines.

c. Pour les mots de structure C–(s̄C) (ex. τῶν), certaines des positions qui étaient auparavant les plus fréquentes (2 et

18 – la fréquence de la position 6 reste inchangée) voient leur importance décroître de façon significative en faveur des positions 8, 10, 14 et 16, chez Empédocle. Or, en ces positions, on trouve principalement des articles à valeur démonstrative, des démonstratifs et le mot πᾶν, employés soit pour les éléments eux-mêmes (τῶν 17.19, τῶνδ' 17.33), soit leurs composés (πάντ'(α) 21.9), soit le tout organisé qu'ils sont susceptibles de former (πᾶν 17.32 et 26.7).

d. Pour les mots de structure CC–(s̄C) (ex. σφων), les positions 6, 8 et 10 sont beaucoup plus représentées chez Empédocle que ce n'était le cas chez Homère et Hésiode, du fait de la répétition de χθών, qui désigne la racine terre, en 22.2, 37, 96.1 et 98.1. De même, les mots de structure CCuX(ṽ) (ex. σφισι) tombent de façon significativement plus élevée en position 8 chez Empédocle que dans la poésie hexamétrique antérieure : deux des trois occurrences du Περὶ Φύσεως présentent le terme χθόνα (fr. 73.1 et 76.3).

## RUPTURES ET ORIGINALITÉ DANS LA CONSTITUTION DES HEXAMÈTRES D'EMPÉDOCLE ET PARMÉNIDE

La continuité que nous relevions dans l'usage de l'hexamètre dactylique entre les poètes épiques et les philosophes-poètes n'est pas sans ouvrir l'espace de jeux et de déplacements originaux. Parménide introduit des mots en des positions où ils n'étaient jamais attestés auparavant et recourt à des positions rares de façon significativement plus fréquente qu'Empédocle[66].

Parménide introduit trois mots ou groupes de mots en des positions qui n'ont jamais été attestées auparavant et qui ne le seront plus par la suite[67]. Un autre emploi original sera reproduit par Théocrite[68]. Empédocle, lui, introduit trois termes en des positions innovantes, dont l'un présente une irrégularité objective (ἐόντες au vers 147.2, mot de

---

66 Comme on le verra, quelques occurrences empédocléennes sont probablement de surcroît la manifestation de difficultés textuelles.

67 Pour les mots τῷδ' (structure C–(s̄C)) en position 20 au vers 8.15 ; ὄλλυσθαι (structure V– – X(ṽ)) en position 7 au vers 8.14. Et pour le groupe πλέον ἐστίν (structure CCuu–X(ṽC)) en position 7 au vers. 9.3.

68 Pour le mot πάντος (structure C–X(ṽC)) en position 16 au vers 1.32.

structure Vu–X(v̆C) en position 4) ; les deux autres sont placés en des positions reproduites par les Alexandrins[69]. Au regard du nombre de vers, 0,7 % des vers d'Empédocle comptent une originalité de ce type, contre 3,20 % des vers de Parménide.

L'étude des mots placés en des positions rares eu égard à leur structure métrique vient confirmer ce constat[70]. Parménide use, là encore, d'une liberté plus grande qu'Empédocle eu égard au nombre de vers : 15,29 % des vers de Parménide comportent un mot placé en une position peu fréquente (contre 10,53 % des vers d'Empédocle), alors même que 8,28 % des vers de Parménide comportent un groupe impliquant un clitique placé en une position rare (contre 3,66 % pour Empédocle) ; si l'on joint mots et groupes impliquant des clitiques, la proportion est de 23,57 % pour Parménide, contre 14,19 % pour Empédocle. Chez Empédocle, les mots placés en de telles positions se terminent souvent dans le dernier pied (36,96 % d'entre eux finissent en position 22 ou 24, contre seulement 20,83 % chez Parménide). Les autres positions privilégiées pour des fins de mots en des positions peu fréquentes sont le quatrième pied, surtout chez Parménide (21,74 % des mots concernés finissent au quatrième pied chez Empédocle, pour 45,83 % chez Parménide) et la partie qui précède la césure, particulièrement chez Empédocle (19,57 % des mots concernés finissent en 10 ou 11 chez Empédocle, contre 8,33 % chez Parménide).

Parménide use ainsi d'un hexamètre où les originalités de positionnement des mots sont concentrées dans le quatrième pied ou juste avant lui, et dans une moindre mesure à la fin du vers, alors qu'Empédocle concentre ces positionnements originaux à la fin du vers, et secondairement aux pieds trois et quatre. De nouveau, plusieurs de ces particularités sont liées à l'expression de concepts déterminants dans la doctrine[71] :

---

69  Pour les mots τριχές (structure CCuX(v̆C)) en position 6 dans le fr. 82.1, configuration qui ne se reproduira qu'avec Théocrite ; χελύων (structure Cuu–(s̄C)) en position 22 au vers 76.3, ce qui ne se reproduira pas avant Apollonios de Rhodes.

70  J'ai inclus dans cette étude les mots qui étaient attestés en une position donnée chez Parménide et/ou Empédocle alors qu'ils ne le sont qu'entre 15 et 20 fois, au maximum, en ces mêmes positions dans la tradition antérieure – nommément chez Homère et Hésiode. Pour les monosyllabes, j'ai pris en compte une fréquence de 25 occurrences, puisque le nombre de mots concernés est significativement plus important que dans les mots plus longs.

71  Au vers 17.18 d'Empédocle, le groupe καὶ ὕδωρ (structure Cuu–(s̄C)) apparaît en position 6, dont Homère use seulement 7 fois pour ce type de mot alors même qu'elle ne sera plus employée avant Apollonios de Rhodes. Parménide place différents groupes de structure

les particularités métriques s'expliquent par son adaptation au projet philosophique.

À l'inverse, certaines positions ont été réservées à l'expression de concepts déterminés. Alors que la position 4 est particulièrement fréquente pour les mots de structure C–uu(v̆C) chez Homère et Hésiode puisqu'environ un mot sur trois présentant cette structure tombe en cette position, Empédocle n'y place qu'un seul terme de cette structure dans le Poème physique : celui de Κύπριδος. Tout se passe comme si cette position avait été réservée au nom de la déesse au génitif afin de souligner sa prééminence dans le système cosmologique : il n'y a qu'une seule autre occurrence au génitif d'un des termes permettant de la désigner, au vers 35.13 (φιλότητος, en position 11).

## CONCLUSION : L'EMPLOI DU VERS HEXAMÉTRIQUE PAR PARMÉNIDE ET EMPÉDOCLE

Quoique la constitution des hexamètres de Parménide et d'Empédocle témoigne d'une forte continuité par rapport à l'hexamètre épique dans leurs structures les plus fondamentales, les hexamètres des deux philosophes-poètes présentent des particularités remarquables, parfois inédites, en comparaison avec la tradition hexamétrique antérieure (Homère et Hésiode), contemporaine (Panyassis) et postérieure. Ces particularités relèvent à la fois de la prosodie, de la facture du vers, et du positionnement des mots et des groupes dans le vers en fonction de leur structure métrique et prosodique. Parménide et Empédocle témoignent, de ce point de vue, d'une liberté de composition dans ces différents domaines qui n'a souvent pas d'équivalent chez leur contemporain Panyassis.

Le thème particulier traité par ces deux philosophes-poètes les a conduits à adapter la structure de l'hexamètre à l'originalité de leur propos.

---

Vu–X(v̆C) (ἐὸν γάρ, 8.25 ; ἐὸν δ' ἄν, 8.33 ; ἢ ἔστιν, 8.36), en des positions rares dans la tradition hexamétrique (respectivement en position 15, où ce groupe est représenté 4 fois dans l'Iliade et une fois chez Hésiode ; en position 16, où il est représenté 3 fois dans l'Iliade, 2 fois dans l'Odyssée, et une fois chez Hésiode ; et en position 19, où ce groupe est représenté 7 fois dans l'Iliade et 4 fois dans l'Odyssée). Ces trois groupes employés par Parménide comportent tous une mention de l'étant, alors même qu'ils apparaissent à moins de dix vers de distance.

Les techniques de composition poétique de Parménide et d'Empédocle, quoique partiellement en rupture par rapport à la tradition, le sont pourtant de façon différenciée : le premier trouve son originalité plutôt dans la place des mots dans l'hexamètre, alors que celle du second réside plutôt dans les particularités prosodiques et dans l'adaptation de la structure de l'hexamètre.

Parménide présente ainsi le plus d'originalité dans la position des mots : c'est chez lui qu'on trouve le plus de mots en des positions inédites (dont la majorité ne sera d'ailleurs jamais reconduite par la tradition) ou rares. Empédocle, lui, introduit des possibilités nouvelles de composition et de jeu par l'intermédiaire des possibilités prosodiques et métriques, qui ne fonctionnent pas tant comme des contraintes mais comme des licences : c'est particulièrement net pour l'abrègement attique, dont la quantité et la variété est supérieure à tout ce que la poésie hexamétrique a connu jusque là – au vu du moins du caractère fragmentaire de nos sources. Le même groupe peut faire et ne pas faire position au sein d'un même vers. Tout se passe comme si les normes de versification devenaient, chez Empédocle, occasion d'introduire des jeux signifiants.

L'hexamètre d'Empédocle présente de surcroît une structure significativement plus déterminée que l'hexamètre antérieur, en particulier du point de vue de la césure : la césure féminine prédomine, et les hexamètres dont le cinquième pied est spondaïque sont beaucoup plus fréquents. L'une des significations de cette prédominance de la césure féminine est la possibilité de placer un καί abrégé en position 12d, structure très fortement caractéristique de l'hexamètre empédocléen. S'agissant des groupes μέν et γάρ l'hexamètre d'Empédocle tend à constituer une unité logique et argumentative bien plus fréquemment que celui de Parménide, qui peut se présenter de façon beaucoup plus segmentée logiquement. Le vers d'Empédocle est donc pourvu d'une unité argumentative forte, et lorsque le poète ressent le besoin d'ajouter un argument ou un élément logiquement complémentaire, la structure métrico-syntaxique la plus fondamentale pour le faire est de placer un καί élidé en position 12d : le vers d'Empédocle tend ainsi beaucoup plus souvent que celui de Parménide à exprimer une idée particulière. Le vers d'Empédocle tend donc à présenter une structure logique unifiée, en décomposant éventuellement les aspects complémentaires de cette structure en milieu de vers, principalement à la césure féminine lorsqu'un καί abrégé se trouve employé[72].

Nombre des particularités dégagées s'expliquent par la nature propre du matériau philosophique : les finales en -η/η s'abrègent particulièrement chez Parménide dans un contexte où il s'agit de définir des propriétés de l'étant, alors que les hiatus apparaissent volontiers dans ce même contexte ; chez Empédocle, l'abrègement attique appliqué au groupe θν vient souligner le travail conceptuel opéré sur la notion de mortalité. Nombre des particularités dans le placement des mots à certains endroits de l'hexamètre, qu'ils soient uniques, rares, ou simplement en rupture par rapport à la tradition hexamétrique s'expliquent elles aussi par l'insertion d'un vocabulaire spécifique en des positions où il ne serait normalement pas trouvé. L'étude des catalogues nous avait amenés à formuler des remarques semblables.

L'hexamètre d'Empédocle, plus peut-être que celui de Parménide, présente également la survivance de quelques usages formulaires : des formes verbales en -αι ont tendance à être placées en position 16, alors même que le mot Κύπριδος est le seul de cette structure à tomber en position 4.

La constitution des hexamètres de nos deux auteurs est donc marquée par un jeu signifiant avec la tradition, consistant en la réintégration de matériaux anciens au sein d'une perspective nouvelle et créatrice, dont nombre des traits ne seront pas repris par la tradition : tout se passe comme si la tentative de nos deux poètes allait de pair avec une évolution de l'hexamètre, qui n'ira, souvent, pas plus loin que ce n'est le cas chez Parménide et Empédocle faute que leurs préoccupations propres aient eu un relais important sous forme versifiée dans la suite de l'histoire de la philosophie (à l'exception notable de Lucrèce).

À travers cette étude de la constitution des hexamètres de Parménide et d'Empédocle, dans leurs différents aspects, nous avons donc montré que la facture même de l'hexamètre était infléchie par l'originalité de la matière traitée par les deux philosophes-poètes : tout se passe comme si les thèmes qu'ils abordaient ne pouvaient s'exprimer sans une forme de refonte de l'hexamètre. Cette refonte n'est bien sûr pas totale, car les éléments de continuité prédominent, mais elle n'en est

---

72  Cela ne préjuge pas du fait que l'idée pouvait être développée de façon continue sur plusieurs vers par enjambement.

pas moins significative, dans les expressions différenciées qu'elle revêt chez Parménide et Empédocle. Le vers n'est pas en tant que tel, de ce point de vue, un vêtement d'emprunt que revêtirait une pensée qui se serait coulée dans le moule formé par la tradition.

# LA POÉTIQUE DES COMPARAISONS

## INTRODUCTION

La comparaison est une forme typique de l'analogie dans les poèmes homériques[1], qui a fait l'objet de nombreuses études modernes[2]. Distinguer ces comparaisons sur le fondement d'un critère syntaxique me semble le critère le plus pertinent[3]. Le type le plus bref est formé de l'outil et du terme de comparaison : sa lame s'abattit comme une hache. Un second type, plus long, est celui développé par une proposition relative. Généralement, chez Homère, cette proposition est introduite par ὅς τε, ἥ τε, ou une tournure semblable : il chargea comme un lion, qui... Le troisième type de comparaison est la comparaison syntaxiquement indépendante, introduite par un jeu d'adverbes tel que ὥς... ὥς..., ou ἠΰτε... ὥς..., ou des syntagmes similaires.

Le premier type de comparaison est peu employé par Empédocle[4]. Le matériau est donc trop limité pour fonder l'étude. Le second type, lui, ne trouve aucun exemple dans les fragments d'Empédocle qui nous sont

---

1   Dans les pages qui suivent, je désigne par le terme d'*analogie* la relation construite par une comparaison. Pour un aperçu récent des différents types d'analogie employés par les anciens, *cf.* Wersinger 2012 p. 44 *sqq.*

2   En particulier, pour les études les plus récentes, Shipp 1953, Scott 1974, Schnapp-Gourbeillon 1981, Scott 2009, Ready 2011.

3   Ready 2011 p. 14-15 écarte ce critère syntaxique au profit du degré de similitude construit entre comparant et comparé, en tant que ces différents degrés permettraient d'associer aux comparaisons des pratiques signifiantes distinctes. Ce critère de classement ne convainc pas complètement. En effet, la structure sous-jacente aux complexes de symétrie et de variation construites par les analogies homériques – auxquels Ready ne semble pas prêter attention – est qu'il s'agit de procédés qui permettent l'ouverture d'un espace où le récit homérique s'analyse lui-même : dissemblance et ressemblance sont également nécessaires au procédé. Un critère syntaxique permet, en revanche, d'analyser les procédés par lesquels ils se déploient de façon différenciée dans le récit.

4   On ne le trouve guère qu'au vers 2.4 : κάπνοιο δίκην.

parvenus. Je me concentrerai donc sur la comparaison syntaxiquement indépendante, dont nous sont parvenues trois occurrences particulièrement importantes dans le Poème physique d'Empédocle, au sein des fragments 23, 84 et 100[5].

La poésie homérique compte un très grand nombre de comparaisons (il y en a environ 250 dans l'*Iliade* et 50 dans l'*Odyssée*), alors que les plus grandes œuvres de poésie didactique antérieure à Empédocle qui nous aient été conservées comptent relativement peu de comparaisons développées : la *Théogonie* d'Hésiode en comporte deux, comparant, pour l'une, les femmes à des abeilles, pour l'autre la terre qui fond sous le feu de Typhée à de l'étain fondu par les ouvriers[6] ; ce qui nous est parvenu de Xénophane n'en comporte pas, et il n'y a que deux structures comparatives chez Parménide[7].

Les comparaisons empédocléennes conservées ont le point commun de construire une analogie entre un processus naturel dont l'Amour est responsable d'un côté, et un processus technique ou le fonctionnement d'un objet technique de l'autre[8]. Quoique le fragment 23 ne fournisse que le comparant, il est l'objet d'un consensus que le fragment 21 constitue le comparé qui lui est associé, comme on le verra. Ainsi, dans la comparaison des fragments 21 et 23, la création de la multiplicité du vivant par Φιλία est comparée au travail d'un peintre[9]. Les comparaisons des fragments 84 et 100, en revanche, sont complètes ou pratiquement complètes[10] : dans le fragment 84, la constitution de l'œil par Φιλία est comparée à la confection d'une lanterne ; dans le fragment 100, le mécanisme de la respiration est comparé au jeu d'une fillette avec une clepsydre.

---

5   Pour d'autres comparaisons transmises par la tradition indirecte ou dont on trouve trace de façon réduite dans les fragments, *cf.* Kranz 1938 p. 100-107.

6   Respectivement He.*Th.*594-602 et *Th.*863-868 (il s'agit d'une comparaison à option).

7   Parménide 28 B 8.43, où l'étant est comparé à une sphère, et B 16 D.-K., qui construit un rapport d'analogie entre les membres du monde et ceux de l'homme (*cf.* Bollack 2006 p. 316-317).

8   Iribarren 2013, p. 85 : « la technique fournit des modèles transposables analogiquement aux domaines de la réalité qui sont par nature inaccessibles aux domaines de la perception immédiate. »

9   Simplicius, *In Ph.*, 159.27, comprend que le fragment porte sur l'apparition des différences à partir d'un nombre restreint d'éléments.

10  La syntaxe du dernier vers du fragment 84 reste en suspens, mais le matériau dont nous disposons est suffisant pour en justifier l'étude.

## MODÈLES THÉORIQUES

La technique empédocléenne de la comparaison a été étudiée par Kranz, qui reprenait et développait les analyses de Regenbogen[11] : il prêtait à la relation construite entre nature et technique une double fonction didactique et argumentative. L'analogie d'Empédocle ne cherche pas seulement à montrer ce qui, dans l'origine, la structure ou la nature du monde, n'est pas perceptible par les sens seuls, mais à le prouver au moyen d'une mise en relation systématique des deux termes de la comparaison[12]. Le savant relevait une dépendance de la comparaison d'Empédocle à l'égard de la technique homérique (particulièrement du point de vue de la syntaxe et du lexique)[13], mais ne s'intéressait pas aux écarts et aux différences structurelles que les deux techniques présentaient.

Partiellement fondées sur celles de Kranz, les analyses de Lloyd ajoutent à la discussion une dimension importante : outre une double fonction didactique et argumentative (ou persuasive)[14], la comparaison présente un aspect heuristique[15]. Ce qui est objet de la comparaison n'est pas observable en soi : disséquer un œil n'aurait pas été d'un grand secours dans la compréhension de la morphologie de ce dernier[16].

Bollack franchit un pas supplémentaire : s'il reconnaît la double fonction argumentative et didactique de l'analogie, il explique la

---

11  Kranz 1938 (sur les formes de l'analogie chez les Présocratiques), en particulier p. 107-108 ; Regenbogen 1930.

12  Le second aspect, en particulier, est repris par Snell [1946] 1994 p. 284-285 (« les comparaisons (*sc.* d'Empédocle) ont pour unique fonction de démontrer l'existence d'un phénomène précis et permanent »), qui analyse d'un point de vue génétique le rôle joué par l'analogie dans la construction de la pensée rationnelle.

13  Kranz 1938 p. 100. L'idée se trouve également chez Snell [1946] 1994 p. 284, auquel Wersinger 2012 p. 48 et n. 20 attribue à tort la paternité.

14  Lloyd 1966 p. 327. Les répétitions et parallélismes de structure qui s'observent entre comparant et comparé sont censées emporter l'assentiment, en soulignant l'identité de nature entre comparant et comparé.

15  Lloyd 1966 p. 187 : « [...] *comparisons are used in Greek literature not only to express, but also to grasp or conceive the unkown or what is difficult to comprehend.* »

16  Lloyd 1966, p. 327 : « *The illustration of the lantern may, of course, have suggested to Empedocles certain features of his theory in the first place. [...] This was a problem on which the evidence available from simple visual inspection is quite inconclusive.* ».

pratique de l'analogie empédocléenne par les caractéristiques mêmes de la doctrine. L'analogie a pour fonction de déceler les convergences naturelles au sein des êtres composés, qui sont autant de signes de l'action de Φιλία et du fait que celle-ci culminera dans la Sphère[17]. Elle est un moyen de connaissance en ce qu'elle permet de déceler, outre le fonctionnement interne d'un organe ou d'un processus physiologique, les causes structurelles qui l'expliquent. L'autre aspect de son analyse consiste à assigner une différence avec la technique homérique : alors que chez Homère les comparaisons permettaient l'analyse en ce qu'elles introduisaient une distance réflexive entre le monde de la guerre et le monde du comparant, Empédocle choisit systématiquement d'opposer nature et technique, dans une perspective où il s'agit d'en souligner les similitudes structurelles[18].

Enfin, Wersinger oppose la valeur analogique – didactique et argumentative – des comparaisons à leur force poétique : « la lecture qui privilégie l'analogie ne permet pas de rendre compte des effets produits par les éléments lexicaux et phonologico-musicaux présents dans le fragment 84[19]. » Cela conduit le savant à estimer que le fragment 84, par exemple, ne permet pas de parvenir à une connaissance de l'anatomie de l'œil mais que le texte « recherche la richesse synesthésique des impressions phonologiques », visant à susciter un effet chez l'auditeur par émerveillement[20]. Cette analyse a le mérite certain de chercher à appréhender la dimension proprement poétique des fragments d'Empédocle, que l'auteur refuse, à juste titre, de cantonner à un véhicule dépourvu de portée signifiante en lui-même[21]. Mais en déniant à la construction proprement poétique une fonction argumentative, l'auteur déconnecte sans doute plus sûrement encore le sens de l'entreprise d'Empédocle des conditions de sa réalisation par l'emploi de la forme poétique.

Ces deux aspects sont coordonnés de façon plus convaincante par Iribarren, qui montre de quelle façon la comparaison construit un

---

17    Bollack 1965 p. 296.
18    Bollack 1965 p. 298-299 : la comparaison homérique « dédouble et amplifie la narration en transposant l'action dans un autre règne » ; puis, p. 300 : « la comparaison (*sc.* d'Empédocle) confronte deux ordres, la nature et la technique qui, chez Homère, entraient l'un et l'autre dans le second terme. »
19    Wersinger 2012 p. 41.
20    Wersinger 2012 p. 64.
21    Wersinger 2012 p. 41.

énoncé original d'un point doctrinal, en introduisant une série de jeux signifiants aux différents niveaux de la pratique poétique[22].

Examinons à présent chacune des trois comparaisons des fragments 84, 21-23 et 100.


## LA COMPARAISON DU FRAGMENT 84 :
### L'ŒIL ET LA LANTERNE


### PROBLÈMES PHILOLOGIQUES ET HERMÉNEUTIQUES

*Difficultés liées au contexte de la citation*

– Le contexte de la citation par Aristote
et l'alternative interprétative

Le fragment 84, qui propose une comparaison de l'œil et d'une lanterne, nous est connu par une unique citation d'Aristote, dans un passage difficile du *De sensu et sensibilibus* qui paraît identifier la théorie de la vision soutenue par Platon à celle définie par Empédocle[23]. Or, si la théorie platonicienne fonctionne par jaillissement du feu hors de l'œil, comme le mentionne Aristote dans ce passage et comme l'expose le *Timée*[24], Platon et Théophraste, eux, prêtent à Empédocle une théorie de la vision par effluve, selon laquelle les effluves émis par l'objet entrent dans l'œil par les pores. Aristote lui-même, dans le passage du *De sensu et sensibilibus*, évoque

---

22  Voir, en particulier, la façon dont Iribarren reconstruit la réponse qu'Empédocle apporte aux problèmes posés par Parménide (Iribarren 2013, p. 27). – Iribarren 2013 met au jour, à juste titre, le rapport dans lequel se trouve la comparaison du fragment 23 à la poésie lyrique de son époque, d'un côté (p. 22 *sqq.*), et à la poésie philosophique de Parménide, de l'autre (p. 25 *sqq.*).

23  Arist. *De sensu et sensibilibus*, 437b 10-438a 5. Voir Annexe 1, p. 772-773.

24  Pl. *Ti.* 45b-46a : τὸ γὰρ ἐντὸς ἡμῶν ἀδελφὸν ὂν τούτου πῦρ εἰλικρινὲς ἐποίησαν διὰ τῶν ὀμμάτων ῥεῖν λεῖον καὶ πυκνὸν ὅλον μέν, μάλιστα δὲ τὸ μέσον συμπιλήσαντες τῶν ὀμμάτων, ὥστε τὸ μὲν ἄλλο ὅσον παχύτερον στέγειν πᾶν, τὸ τοιοῦτον δὲ μόνον αὐτὸ καθαρὸν διηθεῖν « Le feu pur qui se trouve à l'intérieur de nous, qui est le frère de celui-ci (*sc.* le feu extérieur ou phénoménal), ils ont fait en sorte qu'il s'écoule par les yeux de façon douce et continue, après avoir épaissi l'œil en son entier, et tout particulièrement le milieu de sorte à retenir la totalité du feu, d'autant qu'il est plus grossier, et à laisser filtrer seulement le feu pur lui-même ».

cette théorie des effluves pour mettre en contradiction Empédocle avec lui-même, dans la mesure où il aurait soutenu ces deux théories contraires en même temps. Alexandre d'Aphrodise, qui accepte l'intégralité de l'argument d'Aristote, conclut ainsi qu'Empédocle se contredit[25].

Sur le fondement de ce différend antique sur l'interprétation de la théorie empédocléenne de la vision, les spécialistes ont compris ce fragment 84 soit comme un exposé du processus de la vision – donnant raison à Aristote – soit comme une description de la morphologie de l'œil – donnant raison aux autres sources anciennes[26].

Au vu des difficultés interprétatives posées par le fragment et son contexte, il est nécessaire de réexaminer les principales sources secondaires portant sur la théorie empédocléenne de la vision : le *Ménon* de Platon et le *De sensibus* de Théophraste.

– Autres sources anciennes sur la théorie
   de la vision d'Empédocle : Platon et Théophraste

Nous savons par le *Ménon* (76c), dans un exposé empreint d'ironie, que la théorie de la vision, pour Empédocle, était adossée à celle des effluves :

> {– Σω.} Οὐκοῦν λέγετε ἀπορροάς τινας τῶν ὄντων κατὰ Ἐμπεδοκλέα ; {– Μέν.} Σφόδρα γε. {– Σω.} Καὶ πόρους εἰς οὓς καὶ δι' ὧν αἱ ἀπορροαὶ πορεύονται ; {– Μέν.} Πάνυ γε. {– Σω.} Καὶ τῶν ἀπορροῶν τὰς μὲν ἁρμόττειν ἐνίοις τῶν πόρων, τὰς δὲ ἐλάττους ἢ μείζους εἶναι ; {– Μέν.} Ἔστι ταῦτα. {– Σω.} Οὐκοῦν καὶ ὄψιν καλεῖς τι ; {– Μέν.} Ἔγωγε. {– Σω.} Ἐκ τούτων δὴ "σύνες ὅ τοι λέγω," ἔφη Πίνδαρος. ἔστιν γὰρ χρόα ἀπορροὴ σχημάτων ὄψει σύμμετρος καὶ αἰσθητός[27].

Les êtres émettent des effluves (ἀπορροαί), et sont pourvus de pores (πόρους) qui reçoivent et laissent passer ces effluves (εἰς οὓς καὶ δι' ὧν αἱ

---

25   Alexandre d'Aphrodise, *In De sensu*, 23.8-24.9, reproduit en Annexe 1, p. 773-774.
26   La première thèse a été défendue de Sturz 1805 jusque Diels inclus, alors que la seconde a été formulée dès Beare 1906, et développée par la suite, comme on le verra.
27   Pl. *Meno*, 76c 7-76d 5 : « {– So.} Dites-vous donc, selon Empédocle, qu'il y a des effluves qui proviennent des êtres ? {– Mén.} Absolument. {– So.} Et qu'il y a des pores dans lesquels et à travers lesquels passent les effluves ? {– Mén.} Certainement. {– So.} et que, parmi les effluves, les uns s'ajustent bien à certains des pores, tandis que d'autres sont plus petits ou plus gros ? {– Mén.} C'est cela. {– So.} Et y a-t-il donc une chose que tu nommes "vue" ? {– Mén.} Oui, pour ma part. {– So.} Cela posé, "comprends ce que je te dis", comme disait Pindare : la couleur est un effluve de figures proportionné à la vue et sensible. »

ἀπορροαὶ πορεύονται). Les effluves, de taille différente, ne peuvent s'ajuster qu'aux pores de taille correspondante afin de permettre la perception (τῶν ἀπορροῶν τὰς μὲν ἁρμόττειν ἐνίοις τῶν πορῶν, τὰς δὲ ἐλάττους ἢ μείζους εἶναι). Le traitement de la couleur est résumé dans une formule si ramassée qu'elle en est ironique (ἔστιν χρόα ἀπορροὴ σχημάτων ὄψει σύμμετρος καὶ αἰσθητός) : nous percevons les couleurs grâce aux effluves qui émanent des objets, chaque couleur émettant des effluves d'une taille différenciée, reçus par les pores de taille correspondante.

Théophraste propose dans le *De sensibus* une longue discussion portant sur la nature de la vision et son processus chez Empédocle. Les deux passages centraux sont les paragraphes 7 et 8, reproduits en annexe[28]. Au § 7, Théophraste prête à Empédocle une théorie de la vision par effluves qui s'ajustent aux pores ; l'œil est constitué de feu à l'intérieur (φησὶ τὸ μὲν ἐντὸς αὐτῆς εἶναι πῦρ), entouré d'air et de terre à travers lesquels le feu passe en raison du fait qu'il est plus subtil que les deux autres éléments. L'allusion à la lanterne est vraisemblablement une référence au fragment 84.

Le paragraphe 8 spécifie les différents types de vision, selon les animaux : la première phrase pose plusieurs problèmes déterminants.

συγκεῖσθαι δ' οὐχ ὁμοίως τάσδ' ἐκ τῶν ἀντικειμένων, καὶ ταῖς μὲν ἐν μέσῳ, ταῖς δ' ἐκτὸς εἶναι τὸ πῦρ, διὸ καὶ τῶν ζῴων τὰ μὲν ἐν ἡμέρᾳ, τὰ δὲ νύκτωρ μᾶλλον ὀξυωπεῖν. (Théophraste, *De sensibus* § 8.1-3)

Le démonstratif τάσδε ne renvoie à aucun élément explicite du contexte. Il a été l'objet de corrections, lorsqu'il n'a pas été simplement athétisé[29]. Je suis la proposition de Bollack que ce τάσδε renvoie aux globes oculaires en général (ὄψεις) virtuellement contenus dans le ἑκατέραις du paragraphe précédent[30] : après avoir défini la constitution générale du globe oculaire, Théophraste s'attache aux particularités des yeux selon le caractère diurne ou nocturne des espèces.

---

28  Quoiqu'il ne cite pas explicitement le fr. 84, ce texte est reproduit en Annexe 1, p. 775-776, par commodité.

29  Diels 1901 p. 99 supplée <ἀλλὰ τὰς μὲν ἐκ τῶν ὁμοίων>, τὰς δ' ἐκ... Cette opération a pour résultat d'opposer deux types d'yeux, ceux faits d'éléments opposés à ceux faits d'éléments semblables : il faudrait supposer que certains globes oculaires sont faits de feu pur, d'autres d'eau pure – c'est en tout cas contraire au résumé précédemment livré par Théophraste. Le terme τάσδε a été athétisé par Stratton 1917 p. 164, n. 28.

30  Bollack 1969 t. III p. 335 *ad loc.*

Le second problème est de déterminer le référent de ἐκτός dans le groupe ταῖς μὲν ἐν μέσῳ, ταῖς δ' ἐκτὸς εἶναι τὸ πῦρ. Stratton comprenait que le feu de l'œil ne se trouvait pas dans la pupille, chez certains animaux[31]. Mais cette compréhension infirmerait à la fois la description de Théophraste au paragraphe 7 (καὶ φησὶ τὸ μὲν ἐντὸς αὐτῆς εἶναι πῦρ...) et la position du feu dans la pupille, déduite des vers 7 et 8 du fragment 84. De plus, on ne comprend plus alors la suite du passage[32] : la nyctalopie ne s'explique plus que par deux facteurs, une différence de constitution des globes oculaires (selon que le feu est au centre ou à la périphérie), et une différence de quantité de feu dans les yeux. Mais dans ce cas, si le milieu ne joue plus de rôle, les animaux dont l'œil est bien constitué devraient voir aussi bien de jour que de nuit.

La difficulté se résout si l'on considère que le feu ἐκτός n'est pas le feu dans l'œil quoiqu'en dehors de la pupille, mais qu'il s'agit du feu extérieur à l'œil. Le texte de Théophraste signifie, comme le montre la suite de l'argument, que le feu qui se trouve dans l'air ambiant durant la journée peut compenser le fait que, dans certains yeux, il y a plus d'eau que de feu (ἔπειτα ἐν αὐτοῖς τοῖς ἐμψύχοις τί μᾶλλον αἰσθήσεται τὸ ἐν τῷ ζῴῳ πῦρ ἢ τὸ ἐκτός, εἴπερ ἐναρμόττουσιν ἀλλήλοις)[33].

La vision est produite par une interaction du milieu avec l'œil de l'animal : le feu ἐκτός ne peut, dans ce contexte, qu'être opposé à τὸ ἐν τῷ ζῴῳ πῦρ. Théophraste ne mentionne ici que le feu pour des raisons de simplicité : le même raisonnement serait valable pour l'eau. La bonne vision est produite par un équilibre entre les quantités d'eau et de feu totales (dans l'air et dans l'œil). Le feu ambiant dans l'atmosphère, de jour, compense un manque de feu dans l'œil des créatures diurnes, contenant davantage d'eau – mais la nuit, l'absence de feu dans l'atmosphère ne permet pas de parvenir à cet équilibre. Pour les créatures nocturnes, au contraire, le jour, le feu est excédentaire dans l'œil et la vision est difficile car les deux éléments ne parviennent pas à un équilibre, alors que

---

31  Ainsi Stratton 1917 p. 164, n. 29, qui traduit (p. 73) le terme par « *more external* » pour faire sentir qu'il s'agit bien d'un feu interne à l'œil.

32  Stratton 1917 p. 164-165, n. 30 l'avoue lui-même : « *There is a difficulty at this point, due to overcompression in the style, or possibly to confusion in the thought itself.* » L'embarras provient en fait du sens que Stratton prête à ἐκτός, et non du texte de Théophraste.

33  Théophraste, *De sensu* 13.1-3 : « Ensuite, dans les êtres animés eux-mêmes, pourquoi le feu qui se trouve dans l'animal percevrait-il plus que le feu qui se trouve à l'extérieur, s'il est vrai qu'ils s'ajustent l'un à l'autre ? »

la nuit, l'eau extérieure à l'œil compense le manque d'eau à l'intérieur de l'œil[34]. La bonne vision n'est donc pas produite par le feu, mais par le fait que, grâce au rôle du milieu, les deux éléments constitutifs de l'œil, l'eau et le feu, atteignent un équilibre[35].

Cette partie du témoignage de Théophraste rend donc irréconciliables les thèses empédocléenne et platonicienne : ce n'est pas le feu de l'œil qui permet de voir pour Empédocle, au sens où le feu de l'œil enverrait des rayons à l'extérieur, au contraire de ce qui se passe chez Platon.

– Interprétations modernes des témoignages
    d'Aristote et d'Alexandre

À cette lumière, revenons au témoignage initial d'Aristote, dont l'idée générale est suivie par Alexandre[36]. L'interprétation la plus répandue au XIXᵉ siècle du couple Aristote – Alexandre consiste à accepter de lire une mise en contradiction d'Empédocle avec lui-même : la thèse d'Empédocle est ainsi rabattue sur celle de Platon, en particulier par Zeller[37].

Bollack propose au contraire de lire ici qu'Aristote décrit à tour de rôle la conception empédocléenne de l'anatomie de l'œil, qui contient du feu entouré d'eau, et le mécanisme de la vision, qui procède par effluve[38]. Cela implique qu'Alexandre d'Aphrodise ne comprend ni Empédocle ni Aristote, dans la mesure où il lit dans le fragment 84 une conception de la vision par jaillissement du feu contenu dans l'œil[39].

---

34 La nuit est faite d'air humide dans la conception empédocléenne, comme en témoigne la mention de l'air à la fin du paragraphe : τοῖς δ' ὑπὸ τοῦ ἀέρος τὸ πῦρ.

35 La remarque de Lloyd 1966 p. 263, n. 5, refusant que seuls des pores d'eau et de feu soient responsables de la vision, l'amène à supposer que l'œil comprend aussi des pores d'air et de terre. Il s'agit d'un présupposé qui n'est soutenu par aucun élément textuel : Théophraste mentionnerait les pores d'air et de terre s'il y en avait. Le vers interpolé par Blass dans le fragment 84 ne saurait être un argument à l'appui de l'idée de Lloyd, du fait de son inauthenticité. Il est surprenant que Lloyd ne soulève d'ailleurs même pas cette question d'authenticité.

36 Aristote, *De sensu et sensibilibus* 437b 10-438a 5.

37 Zeller-Nestle 1920 p. 994-995 n. 4 (= Zeller-Mondolfo 1969 p. 71-72 n. 94). Ce type de reconstruction s'appuie sur une compréhension du fragment 84 telle qu'elle est défendue par exemple par Diels-Kranz, elle-même informée par les interprétations de Sturz et de Karsten : le fragment rend compte du mécanisme de la vision, produite par jaillissement du feu (διαθρῷσκον) hors de l'œil.

38 Bollack 1969 t. III p. 315-318.

39 Bollack 1969 t. III p. 316-317 pour la reconstruction de la compréhension d'Alexandre.

Entre ces deux pôles, plusieurs positions intermédiaires ont été soutenues : qu'Aristote renverrait à un pan de la théorie empédocléenne de la vision implicite dans ce fragment, mais dont nous n'avons pas trace par ailleurs[40] ; ou qu'il s'agit d'une manipulation d'Aristote, visant à mettre Empédocle en contradiction avec lui-même[41].

Il faut souligner qu'Aristote sait bien que, chez Empédocle, le feu n'est pas principe de la vision au sens où c'est le cas chez Platon. Un passage de la *Génération des animaux* montre qu'Aristote sait que la vision correcte était pour Empédocle produite par un équilibre de l'eau et du feu contenus dans les yeux et du feu ou de l'eau contenus dans l'air ambiant :

> τὸ μὲν οὖν ὑπολαμβάνειν τὰ μὲν γλαυκὰ πυρώδη, καθάπερ Ἐμπεδοκλῆς φησι, τὰ δὲ μέλανα πλεῖον ὕδατος ἔχειν ἢ πυρός, καὶ διὰ τοῦτο τὰ μὲν ἡμέρας οὐκ ὀξὺ βλέπειν, τὰ γλαυκά, δι' ἔνδειαν ὕδατος, θάτερα δὲ νύκτωρ δι' ἔνδειαν πυρός, οὐ λέγεται καλῶς, εἴπερ μὴ πυρὸς τὴν ὄψιν θετέον ἀλλ' ὕδατος πᾶσιν[42].

Dans notre passage du *De sensu et sensibilibus*, Aristote ne tire pas moins du fragment 84 une mention qui permette d'assimiler la position d'Empédocle à la thèse platonicienne du jaillissement du feu hors de l'œil, quoiqu'il sache bien que le fragment décrit la morphologie de l'organe : il s'agit du premier hémistiche des vers 5 et 10, πῦρ δ' ἔξω διαθρῷσκον. La difficulté de ces deux hémistiches est de déterminer le référent de ἔξω. Dans le contexte du fragment, il s'agit au vers 5 de l'extérieur de la lanterne : le feu passe à travers (διαθρῷσκον) l'air nocturne, balayé par les vents, qui entoure la lampe. Au vers 10, il s'agit de l'extérieur non pas de l'œil, mais de la pupille : le feu contenu dans la pupille filtre

---

40  C'est en définitive la thèse que Beare 1906 p. 17-18 soutient en filigrane : « *How are we to harmonize the two positions ? They must be regarded as complementary parts of one theory.* »

41  Cherniss 1935, p. 317-318, n. 106 : « *It is safe to say, then, that the notion that Empedocles somehow used both effluences of fire from the eye and effluences from visible bodies to explain vision arose from this passage of Aristotle which suggests no combination of the two but from a poetic simile seeks to find an inconsistency in the words of Empedocles himself.* »

42  Arist. *GA*. 779b 15-20 : « Supposer que, comme l'affirme Empédocle, les yeux clairs sont faits de feu tandis que les yeux noirs contiennent plus d'eau que de feu, et que pour cette raison les premiers, les yeux bleus, ne voient pas bien durant le jour, du fait du manque d'eau, tandis que les autres ne voient pas bien durant la nuit du fait du manque de feu – supposer cela, ce n'est pas correct, s'il faut admettre que la vision ne repose pas, chez tous les animaux, sur le feu mais sur l'eau. » Le texte est répertorié dans l'édition de Bollack sous le numéro 438. Bollack 1969 t. III p. 368-369 a raison de remarquer que ce passage confirme l'exposé de Théophraste.

(διαθρῷσκον) à travers l'eau – l'humeur de l'œil. Dans le contexte de la comparaison en effet, l'air extérieur est comparé à l'humeur de l'œil, et la lanterne à la pupille : le fragment n'évoque jamais ce qui se passe en dehors de l'œil. L'adverbe ἔξω fait ainsi référence à ce qui se passe en dehors de la pupille où se trouve le feu. La même difficulté se posait dans le texte de Théophraste avec l'adverbe ἐκτός.

Aristote lit pourtant dans le ἔξω une référence à l'extérieur de l'œil, hors duquel la morphologie même de l'organe permettrait que le feu jaillît : il prend ces vers 5 et 10 comme une description des conditions dans lesquelles le feu peut filtrer à l'extérieur de l'œil. Le saut sémantique doit être délibéré. Il est possible que le vers qui suivait la fin du fragment tel que nous le lisons dans le *De sensu et sensibilibus* et qui permettait de compléter la syntaxe du vers 10, qui reste en suspens, n'est précisément pas cité car il rendrait claire cette manipulation d'Aristote, en indiquant que le feu ne sort pas de la pupille – on attend dans ce vers perdu, en effet, de même qu'au dernier vers de la section consacrée au comparant, une définition du champ illuminé par le feu.

On n'a plus alors besoin de penser, avec Bollack, qu'Alexandre d'Aphrodise n'a pas compris Aristote. Tout au contraire, le commentateur s'attache à interpréter le fragment 84 d'Empédocle du point de vue du raisonnement d'Aristote. Cela permet également d'expliquer qu'on ait prêté, par la suite, deux théories de la vision différentes à Empédocle, comme en témoigne un passage d'Aétius dépendant d'Aristote :

> Περὶ ὁράσεως· Ἐμπεδοκλῆς καὶ πρὸς τὸ διὰ τῶν ἀκτίνων καὶ πρὸς τὸ διὰ τῶν εἰδώλων ἐκδοχὰς παρέχεται. πλείους δὲ πρὸς <τὸ> δεύτερον· τὰς γὰρ ἀπορροίας ἀποδέχεται[43].
>
> τὸ add. Diels.

L'alternative entre les deux théories de la vision naît de cette manipulation d'Aristote, visant à mieux disqualifier à la fois la théorie de la vision de Platon et celle d'Empédocle, qu'Aristote présentait à la fois comme incorrecte (puisqu'elle était semblable à celle de Platon qu'il s'attache à contredire) et incohérente (puisqu'elle aurait mêlé émanation

---

43  Aétius IV.13.4 (= A 90 D.-K. = 431 Bollack) : « Empédocle propose des explications de la vision à la fois par les rayons et par les simulacres ; mais le plus souvent, c'est par la seconde. Il admet en effet les effluves. »

du feu hors de l'œil et réception de l'effluve dans l'œil). Théophraste soulignait certes lui aussi cette proximité, à deux reprises : en *De sensu* § 1, lorsqu'il rappelait qu'Empédocle et Platon avaient expliqué la vision par le semblable au lieu de le faire par la différence ; en *De sensu* § 91, où il semble rapprocher les deux théories sur le principe qu'elles sont fondées sur un processus d'ajustement en dépit du fait que chez Platon le feu sort de l'œil, alors qu'il y entre chez Empédocle[44].

*Problèmes herméneutiques posés par le fragment 84*

– Mécanisme de la vision ou morphologie de l'œil ?

Le fragment 84 pose deux problèmes majeurs. Le premier concerne la construction du vers 3 et s'est cristallisé sur le sens de ἀμοργούς, dont nous sommes ici confrontés au premier emploi connu[45] : il s'agit soit d'un adjectif apposé à λαμπτῆρας, soit d'un nom qui désigne les voiles de la lanterne[46].

La première hypothèse fait du terme un adjectif qui vient de εἴργειν ou ἐέργειν (*tenir loin de*, ici), ou de ἀμέργειν (*pousser*, *presser*, d'où *repousser*, ici) et auquel on donne le sens de *protégeant*[47]. On traduit alors ἅπτω par *allumer*, et on fait de παντοίων ἀνέμων un génitif adnominal exprimant ce dont la lanterne protège la flamme : *après avoir allumé une lanterne le* (*sc.* le feu) *protégeant des vents*.

Une série de corrections récentes aboutit à une version modifiée de cette interprétation. Gemelli Marciano a proposé de corriger ἀμοργούς

---

44    Théophraste, *De sensu*, § 1 : οἱ μὲν γὰρ τῷ ὁμοίῳ ποιοῦσιν, οἱ δὲ τῷ ἐναντίῳ. Παρμενίδης μὲν καὶ Ἐμπεδοκλῆς καὶ Πλάτων τῷ ὁμοίῳ. – Théophraste, *De sensu*, § 91 : περὶ δὲ χρωμάτων σχεδὸν ὁμοίως Ἐμπεδοκλεῖ λέγει (*sc.* ὁ Πλάτων)· τὸ γὰρ σύμμετρα ἔχειν μόρια τῇ ὄψει τῷ τοῖς πόροις ἐναρμόττειν ἐστίν. Le texte est répertorié sous le numéro 421 dans l'édition de Bollack, *cf.* son commentaire (Bollack 1969 t. III p. 359-360).

45    Peu après Empédocle, Cratinos l'emploiera pour désigner une personne qui presse ou draine afin d'obtenir un liquide (Cratinos, fr. 96.1 et 214.1 Kock) ; il existe par ailleurs un ἀμόργη désignant le marc d'olive. Notre occurrence ne semble rien avoir en commun avec ces emplois postérieurs, liés à la vinification.

46    Sturz 1805 p. 619, *ad loc.*, est à ma connaissance le premier à avoir formulé l'alternative ; Lapini 2013 a tort de faire remonter le débat à Karsten.

47    Pour ἐέργειν : Sturz 1805 p. 619. Pour ἀμέργειν : Karsten 1838 p. 255. La construction a été défendue par les éditeurs jusque Diels-Kranz inclus : Sturz 1805 p. 619 (« *arcentes* »), Karsten 1838 p. 255 (*id.*), Diels 1901 p. 138 (« *detergentes uentos* »), D.-K. 1951 p. 342 (« *schirmende* »).

en ἀρώγους, au sens de *qui protège* : l'adjectif est dérivé de ἀρήγω, qui a donné le substantif ἀρηγών, qui se trouve du côté de la protection[48].

Mansfeld et Primavesi ont proposé la correction ἀπουργούς (*repoussant les vents*), sur le fondement du commentaire d'Alexandre d'Aphrodise au *De sensu*[49]. L'adjectif ἀπουργούς ne nous est connu que par les lexicographes, dans l'expression ἄπουργοι γωνίαι, qui désigne des coins dans lesquels on laissait les ordures : il fonctionne plutôt ici comme un doublet de ἀπειρκτικός[50]. La correction n'a aucun fondement paléographique. Le commentaire d'Alexandre avait lui-même perdu de vue le sens exact du terme ἀμοργούς qu'il commente : l'idée selon laquelle il s'agit de ce qui repousse le vent et protège la flamme est présentée comme une hypothèse (λέγοι ἄν), qui se trouve elle-même suivie de la formulation d'une autre (ἢ ἀμουργούς δὲ τοὺς πυκνοὺς καὶ διὰ πυκνότητα ἀπερύκοντας τὰ πνεύματα, *In De sensu* 23.20). Son interprétation est tirée du contexte du fragment et non d'une connaissance de ce que sont ces ἀμοργούς. On ne peut donc pas tirer argument de la compréhension qu'il propose.

Finalement, Lapini a proposé ἀλκτῆρας ἀμοργούς (*les voiles protecteurs*), mettant en doute la possibilité de construire παντοίων ἀνέμων comme un génitif absolu[51]. Il soutient que dans le seul parallèle, B.396-397 (τὸν δ' οὔ ποτε κύματα λείπειν / παντοίων ἀνέμων...), παντοίων ἀνέμων doit se construire comme un génitif adnominal de κύματα : le passage présente un rocher battu par les vents et non par les flots. La correction du savant est motivée par le fait qu'il trouve insatisfaisant de construire le génitif avec ἀμοργούς pris comme un adjectif issu de ἀμέργειν, préférant corriger λαμπτῆρας en ἀλκτῆρας pour en faire le support de παντοίων ἀνέμων. Il admet que sa correction implique que le vers 3 a exactement le même sens que le vers 4, ce qu'il considère comme un redondance tout à fait possible dans un texte poétique.

---

48  Gemelli Marciano 2013 p. 394-395. *Cf.* Chantraine *DELG* p. 107.

49  Mansfeld & Primavesi 2011 p. 510. *Cf.* Alexandre, *In De sensu*, p. 23, 18-19 : Ce dernier glose ἀμοργούς par : ἀμουργοὺς δὲ τοὺς λαμπτῆρας λέγοι ἂν τοὺς ἀπειρκτικούς ἀπὸ τοῦ ἀπερύκειν τὰ πνεύματα καὶ σκέπειν τὸ περιεχόμενον ὑπ' αὐτῶν πῦρ « il pourrait bien nommer ἀμοργούς les parois protectrices en raison du fait qu'elles retiennent les souffles à l'extérieur et qu'elles contiennent le feu qu'elles entourent ».

50  Le groupe ἄπουργοι γωνίαι apparaît en Photius A.2674.1, Hésychius α.6760.1 (Latte), *Suda* A.3623.1 (Adler). Il est glosé par εὐτελεῖς, εἰς ἃς τὰ σαρώματα συνῆγον, ou une formule équivalente. Le terme rare ἀπειρκτικός est attesté dans une scholie à Aristophane pour dire qu'on se protège les yeux du soleil avec la main (scholie 323.a.9 aux *Nuées*).

51  Lapini 2013 p. 111-112 ; ἀλκτήρ est un mot homérique signifiant *qui protège, qui repousse*.

La correction de Lapini doit également être abandonnée : aucun argument pressant n'empêche de lire un génitif absolu en B.396-397. Il n'y a de fait aucune attestation d'un emploi de κῦμα pour les vents. La correction est méthodologiquement infondée : nous verrons que le savant élimine précisément le terme qui permet de comprendre la construction du sens.

La seconde ligne interprétative consiste à faire d'ἀμοργούς un substantif et mène à considérer qu'il s'agit de voiles d'un tissu clair et transparent servant à clore les faces de la lanterne, celle-ci n'étant ouverte que du côté opposé à celui d'où arrive le vent, afin de laisser la flamme brûler[52]. Leur nom viendrait de celui de l'île d'Ἀμοργός, où le tissu était fabriqué[53] : Harpocration comprenait d'ailleurs que ce mot désignait quelque chose de similaire au βύσσος, une plante dont on faisait des tissus[54]. On donne alors à ἅπτω le sens d'*ajuster* (les tissus aux parois de la lanterne), en faisant de παντοίων ἀνέμων une expression similaire à un génitif absolu dont le verbe est sous-entendu[55] : *après avoir ajusté les voiles aux parois* (sc. de la lanterne), *alors que soufflaient des vents variés.*

Choisir l'une ou l'autre construction a des effets sur la cohérence de la comparaison : si l'on admet qu'ἀμοργούς signifie *protéger* sans renvoyer explicitement aux parois de la lanterne, cette dernière devient l'équivalent de la pupille dans la comparaison, et les membranes qui entourent l'œil n'ont plus d'équivalent dans le comparant.

En règle générale, choisir la première solution mène à interpréter ce fragment comme une explication du mécanisme de la vision, produite par émanation du feu hors de l'œil, alors que choisir la seconde hypothèse conduit à comprendre ce fragment du côté de la constitution de l'œil[56]. Dans le premier cas, l'objet de la comparaison est le processus

---

52  Bergk [1839] 1886 p. 43, Stein 1952 p. 71, suivant une suggestion de Schneider 1801 p. 187 (*cf.* également Schneider 1821 p. 17). Plus récemment, Bollack 1969 t. III p. 319-322 l'a reprise en s'appuyant sur les travaux de Taillardat 1959 p. XI-XII sur les lanternes dans l'Antiquité. L'idée est acceptée par Wright 1995 p. 240-241.

53  Bollack 1969 t. III p. 322.

54  Harpocration, 26.13 (Dindorf), *s. v.* ἀμοργός : "Ἀμοργός"· ἔστι παραπλήσιόν τι βύσσῳ.

55  Bollack 1969 t. III, p. 321 a montré que ce tour se rencontrait chez Homère, particulièrement pour les vents. Stein 1852 p. 71 semble déjà retenir cette construction, lorsqu'il place le groupe entre virgules.

56  L'interprétation du côté du mécanisme est très clairement formulée par Karsten 1838 p. 254 : « dans la pupille de l'œil se trouve le feu, caché comme par les pans d'une lanterne qui protègent du feu l'humeur qui entoure la pupille ; or, la flamme, en s'élançant au

de vision par jaillissement du feu ; dans le second, la confection de la lanterne est rapprochée de la constitution de l'œil par Φιλία.

Une troisième lecture, qui est en fait une déclinaison de la position moderne, a été proposée par Gallavotti[57]. Ce dernier propose de construire πυρὸς σέλας αἰθομένοιο comme l'objet de ἅψας en contre-rejet. Ce participe a pour second objet ἀμοργούς, compris comme les *voiles* servant à clore les faces de la lanterne ; le substantif λαμπτῆρας est alors compris comme une sorte d'apposition développant ἀμοργούς : *[...] ajustant à la torche de feu brûlant des voiles, à l'intérieur de la lanterne.* Cette construction, qui n'a été reprise par aucun interprète à ma connaissance, paraît de fait inutilement complexe ; on ne voit pas, de surcroît, la façon dont la traduction de Gallavotti rend compte du fait que λαμπτῆρας est conçu comme une apposition à valeur explicative.

Le second problème posé par le fragment est la construction des vers 7-8. Le texte des manuscrits présente deux problèmes, au vers 8 : (1) les manuscrits ont λεπτῇσιν ὀθόνῃσιν, qui présente une irrégularité métrique[58] ; (2) il y a une hésitation sur la forme verbale : les manuscrits EM ont λοχάζετο et les manuscrits LPSUX ont ἐχεύατο[59]. Le verbe λοχάζομαι n'est attesté qu'une fois par ailleurs[60] ; on suppose généralement qu'il signifie *placer en embuscade*. La difficulté de la forme a entraîné sa normalisation par Förster en λοχεύσατο (*engendrer*). Quel que soit le texte retenu, il faut déterminer la fonction grammaticale de πῦρ et de κύκλοπα κούρην : πῦρ peut être soit le sujet de λοχάζετο, soit son objet (en prenant κύκλοπα κούρην comme attribut), soit le sujet du participe ἐεργμένον en sous-entendant ἐστίν[61].

---

57   dehors, illumine les objets placés devant le regard ». L'interprétation morphologique est très clairement exposée par Bollack 1969 t. III p. 314 *sqq.* Beare 1906 p. 16-17 est un cas intermédiaire dans la mesure où, traduisant ἀμοργούς par *protéger*, il accepte que le vers fasse référence aux parois de la lanterne et que la comparaison porte sur la morphologie de l'œil.

57   Gallavotti 1975 p. 26-27 et p. 202 *sqq.*

58   Selon Bekker, cité par Karsten 1838 p. 257, un manuscrit d'Aristote comportait l'insertion d'un γ'. Stein 1852 p. 71 traite ce texte comme une leçon de manuscrit. Les modernes n'y font pas allusion, à ma connaissance.

59   Pour les sigles employés par Ross, voir l'index des manuscrits.

60   L'autre occurrence est un passage de l'*Anthologie grecque* où il est question d'un vers bibliophage qui s'est tapi dans les saints décrets. *Anthologia graeca*, Épigramme 3.251, v. 3 : τίπτε, κελαινόχρως, ἱεραῖς ψήφοισι λοχάζῃ [...] ; « Pourquoi donc, (ver) à la peau noire, te tiens-tu en embuscade dans les saints décrets [...] ? »

61   Du fait de la difficulté syntaxique, Schneider, cité par Karsten 1838 p. 256, a introduit une lacune après le vers 8.

Ces difficultés sont accrues du fait que ces deux vers comportent des mots dont c'est la première attestation (μῆνιγξ, λοχάζομαι), des termes rares au sens inconnu (ὠγύγιον) ou des mots employés ici soit en un sens original (ὀθόνη, κούρην) soit en une position grammaticale rare (κύκλοπα, dont c'est la seconde occurrence en position d'adjectif).

Sturz et Karsten prenaient πῦρ comme sujet de λοχάζετο (*se placer en embuscade*) et acceptaient que la syllabe finale de λεπτῇσιν soit un cas de *breuis in longo*[62]. Ils comprenaient que le feu était caché dans la pupille, prêt à jaillir hors de l'œil (μήνιγξιν) pour provoquer la vision[63]. Diels a proposé d'ajouter <τ'> après λεπτῇσιν et compris que le feu était sujet d'un ἐεργμένον <ἐστίν> au vers 7, puis de λοχάζεται au vers 8[64]. Les ὀθόναι sont alors le filtre qui enveloppe l'œil[65]. Diels ajoute un vers que Blass a proposé d'interpoler[66]. On obtient :

> ὣς δὲ τότ' ἐν μήνιγξιν ἐεργμένον ὠγύγιον πῦρ
> λεπτῇσιν <τ'> ὀθόνῃσι λοχάζετο κύκλοπα κούρην,
> <αἳ> χοάνῃσι δίαντα τετρήατο θεσπεσίῃσιν[67].

Beare constitue une transition entre cette série d'interprétations et l'interprétation moderne du fragment 84, qui y lit un exposé de la morphologie de l'œil[68].

Bollack rétablit un γ' après λεπτῇσιν pour allonger la syllabe tout en supposant un enjambement du vers 7 au vers 8, et fait d'Aphrodite le sujet implicite de λοχάζετο, en suivant une suggestion de Burnet[69]. La déesse crée en effet l'œil dans le fragment B 86[70] et devient l'équivalent implicite de l'homme qui préparait la lampe dans le comparant. Bollack donne à

---

62    Sturz 1805 p. 525, Karsten 1838 p. 256.

63    La construction de λοχάζετο avec un complément d'objet direct exprimant l'endroit qu'on occupe s'appuie sur Hdt.5.121 (ἐλόχησαν τὴν ὁδόν), comme l'a remarqué Bignone 1916 p. 463.

64    Diels 1901 p. 138, qui prenait λοχάζομαι au sens de « *in latebris ponere* ».

65    Sturz et Karsten, *loc. cit.*, comprenaient pourtant qu'il s'agissait de l'enveloppe de la pupille. *Cf.* Diels 1901 p. 138, pour la pupille, et Ierodiakonou 2005 p. 26 n. 39.

66    Blass 1883 p. 19-20, suivi par Diels 1901 p. 138 jusque D.-K. 1951 p. 342 (inclus).

67    On peut traduire : *De même, le feu antique est alors enfermé dans les membranes, et s'est placé en embuscade dans de fins tissus à l'intérieur de la pupille à l'œil rond, <tissus> qui sont percés, tout droit, de canaux merveilleux.*

68    Le savant accepte cette thèse tout en conservant l'interprétation ancienne de ἀμουργούς.

69    Bollack 1969 t. III p. 324-326 ; *cf.* Burnet 1930 p. 217.

70    Le passage est introduit par Simplicius, *In De caelo* 529.21, à l'appui de l'idée que Φιλία est responsable du mélange des éléments dans l'œil : le texte est reproduit en Annexe 1, p. 777 et sa source en Annexe 2, p. 817-818.

λοχάζετο le sens de *placer, étendre*, en faisant remonter son sémantisme à λέχος et non à λόχος. Κύκλοπα κούρην est alors conçu comme un attribut de πῦρ à sens résultatif (le feu, placé dans les membranes par Aphrodite, est devenu la pupille). Les ὀθόναι sont les membranes qui séparent la pupille du reste de l'œil[71]. Le fragment traite alors de la morphologie de l'œil.

> ὡς δὲ τότ' ἐν μήνιγξιν ἐελμένον ὠγύγιον πῦρ
> λεπτῇσιν <γ'> ὀθόνῃσι λοχάζετο κύκλοπα κούρην[72].

La position de Gallavotti est dépendante à la fois de Diels-Kranz et de Bollack[73]. Il ajoute <δ'> après λεπτῇσιν et prend ἐεργμένον comme un verbe principal, sous-entendant un <ἦεν>, mais accepte qu'Aphrodite soit sujet de λόχαζετο et que le passage porte sur la constitution de l'œil. La proposition de Gallavotti se distingue pourtant par plusieurs aspects : (1) il donne à λοχάζεται le sens d'*envelopper*, en faisant remonter le sémantisme du verbe à λοχεύω, *enfanter* et *être alité*, revenant ainsi au sens de la correction de Förster[74]. Cette proposition n'est pas convaincante, faute de parallèle, d'autant plus que le sens auquel on parvient est éloigné de celui même de λοχεύω. (2) Gallavotti insère le vers constituant le fragment 87 entre les vers 8 et 9 de notre fragment, afin d'exprimer le sujet implicite de λοχάζετο, Aphrodite. Ce vers est en effet cité par Simplicius dans un passage du *Commentaire au De caelo* (529.21) visant à montrer que, selon Empédocle, Aphrodite est responsable du mélange des éléments à l'intérieur de l'œil – et donc de sa constitution. Simplicius n'aurait donc cité que le vers où le nom d'Aphrodite apparaît, puisque le reste ne servait pas son propos. On obtient :

> ὡς δὲ τότ' ἐν μήνιγξιν ἐεργμένον ὠγύγιον πῦρ
> λεπτῇσιν <δ'> ὀθόνῃσι λοχάζετο κύκλοπα κούρην,        8
> γόμφοις ἀσκήσασα πολυστόργοισ' Ἀφροδίτη[75]        fr. 87

---

71  Beare 1906 p. 16 ; Bollack 1969 t. III, p. 324-325.

72  Bollack 1969 t. II p. 134 traduit : « Ainsi la flamme antique, qu'(Aphrodite) avait serrée dans les membranes, Lui dressant un lit de linges délicats, elle en faisait la fillette à l'œil rond. »

73  Gallavotti 1975 : le texte et sa traduction se trouvent p. 26-27, et son commentaire p. 202 *sqq.*

74  Gallavotti 1975, p. 203, *ad loc.*, renvoyant notamment à Ar.*Pax*.1014. Remarquons que le dictionnaire Bailly, lui, comprend que le verbe est, dans cette même occurrence, un doublet de λοχάω, qui signifierait *être en embuscade* !

75  On peut traduire : *Ainsi, alors, se trouvait enfermée dans les membranes la flamme primordiale, et de délicats tissus Aphrodite a enveloppé la pupille ronde, en la fixant par des chevilles d'amour.*

Rashed, estimant que la syntaxe des vers 7-8 n'était pas complète[76], a proposé d'introduire le fragment 87 après le vers 84.7 pour assurer l'intelligibilité du passage, modifiant la proposition de Gallavotti. Le feu est alors objet du participe ἀσκήσασα, et κούρην objet de ἐχεύατο ou de λοχάζετο, traités comme deux variantes possibles dont ἐχεύατο serait la meilleure[77]. Rashed reconnaît dans κούρην l'élément eau[78], dans la mesure où elle est associée à Nestis (dans le fragment 6), dénomination de Perséphone, alors même que Κούρη est une autre dénomination de Perséphone qui aurait été très employée dans le monde archaïque, quoiqu'absente d'Homère et d'Hésiode. Aristote signalait de fait, avec Théophraste, que l'œil contenait de l'eau[79]. Le vers forgé par Blass est placé, dans une version aménagée, à la fin du fragment 84.

> ὣς δὲ τότ᾽ ἐν μήνιγξιν ἐεργμένον ὠγύγιον πῦρ        fr. 84.7
> γόμφοις ἀσκήσασα καταστόργοις Ἀφροδίτη,        fr. 87
> λεπτῇσ᾽ εἰν ὀθόνῃσιν ἐχεύατο κύκλοπα κούρην[80].        fr. 84.8

Notons finalement que Lloyd comprend que les membranes (ὀθόνη et μήνιγξ, qui seraient synonymes) séparent l'œil de l'extérieur[81]. Il admet qu'il s'agit d'une comparaison de structure, mais que cette structure n'est abordée que dans la mesure où elle permet d'expliquer le fonctionnement des membranes de l'œil et le jaillissement du rayon igné hors de l'œil. D'autres, comme Wright, ont fait de πῦρ le sujet de λοχάζετο, tout en acceptant que le fragment traite de la morphologie de l'œil et non du fonctionnement de la vision[82].

---

76  Cf. les problèmes soulevés par Rashed 2007 p. 22 sqq.
77  Rashed 2007 p. 28, développant une intuition de Bollack 1969 t. III p. 325.
78  Rashed 2007 p. 22 : « The impossibility of this reading (sc. penser que le feu est enfoui dans l'œil par Aphrodite pour former la pupille) is due to the apposition of κούρην. Fire, in Empedocles, is Zeus, and so cannot be defined by a term whose principal sense is "girl". »
79  Cf. Arist. GA. 779b 15-20, Théophraste De sensu § 7-8.
80  Je traduis la traduction anglaise de Rashed 2007 p. 29 : Ainsi, après qu'Aphrodite eut ajusté le feu ogygien enfermé dans les membranes avec des chevilles d'amour, elle versa la Kôrè à l'œil rond dans de fins voiles.
81  Lloyd 1966 p. 326 et n. 3, repris par Ierodiakonou 2005.
82  Wright 1995, p. 241-242.

– Autres difficultés philologiques (vers 5, 6 et 10)

Le fragment pose un certain nombre d'autres difficultés, telles que le sens de ὅσον ταναώτερον ἦεν (vers 5 et 10). Le problème tient à la fois au sens de l'adjectif, qui signifie soit *long*, soit *subtil* (*fin*) et au sens de ὅσον, qui exprime soit l'extension[83] (le feu s'élance aussi loin que le permet sa subtilité ou la longueur de la flamme) soit la cause (le feu peut s'élancer en dehors de l'œil parce qu'il est plus subtil que ses autres constituants).

Le second problème est le sens de κατὰ βηλόν (84.6). Le terme βηλός est un mot rare qui désigne le seuil, en particulier celui de l'Olympe lorsqu'Héphaïstos en est jeté[84]. Alexandre d'Aphrodise s'appuyait sur ces occurrences pour proposer « vers le ciel » (sens retenu par Diels[85]). Mais cela implique de donner à κατά avec accusatif le sens, difficile, d'un mouvement ascendant. Sturz et Karsten comprenaient, eux, que le mot désignait le sol en tant qu'endroit que l'on foule ; Beare, qu'il s'agit du seuil formé par une face de la lanterne ; Bollack, que le terme est réanalysé par Empédocle à partir de βαίνω[86] (il traduit « à chaque pas du voyageur »).

– Le vers interpolé par Blass et ses adaptations

Blass a proposé d'ajouter un vers après le vers 8, forgé à partir de leçons différentes aux vers 5 et 8 proposées par le manuscrit P, qui présente διάντаται τρείατο θεσπεσίῃσιν pour ὅσον ταναώτερον ἦεν et χοάνῃσιν pour ὀθόνῃσιν[87]. En leur ajoutant un <αἵ> initial et au prix de quelques modifications, Blass rassemblait ces leçons du manuscrit P en un vers supplémentaire, qu'il plaçait après le vers 8 : <αἵ> χοάνῃσιν

83 *Cf.* Sturz 1805 p. 619 (qui comprenait ταναώτερον comme μείζονα), Karsten 1838 p. 256, Beare 1906 p. 16, Bollack 1969 t. III p. 322-323.
84 Pour le seuil de l'Olympe, A.591 (ῥῖψε ποδὸς τετάγων ἀπὸ βηλοῦ θεσπεσίοιο) ; O.22-24 (ὃν δὲ λάβοιμι / ῥίπτασκον τεταγὼν ἀπὸ βηλοῦ ὄφρ' ἂν ἵκηται / γῆν ὀλιγηπελέων) ; en Ψ.201-202, le mot désigne également le seuil de pierre du palais des vents, que franchit Iris (θέουσα δὲ Ἶρις ἐπέστη / βηλῷ ἔπι λιθέῳ).
85 Diels traduit « *zum Firmament* » (Diels 1903 p. 206 et 1912 p. 253) et D.-K. 1951 p. 342 « *zum Himmel* ».
86 Sturz 1805 p. 619 ; Karsten 1838 p. 130-131. Beare 1906 p. 15-16. La compréhension de Bollack s'appuie sur le fait que Panyassis (fr. 23 Matthews = 29 Bernabé) employait le terme βηλά (au pluriel) au sens de πέδιλα, *les sandales*.
87 Blass 1883 p. 19-20.

διάντα τετρήατο θεσπεσίησιν (*elles* (*sc.* les ὀθόναι) *étaient percées de canaux tout droits, merveilles divines*)[88].

L'interpolation a été acceptée par Diels-Kranz, mais elle n'est plus admise sous cette forme par les interprètes modernes : Gallavotti, suivi par Rashed, a proposé de déplacer ce vers après le vers 10, en l'introduisant non plus par <αἴ> mais par <ἤ>[89]. On obtient :

αἲ δ' ὕδατος μὲν βένθος ἀπέστεγον ἀμφιναέντος,     9
πῦρ δ' ἔξω διαθρῷσκον, ὅσον ταναώτερον ἦεν,     10
<ἤ> χοάνῃσι δίαντα τετρήατο θεσπεσίῃσιν     (vers de Blass modifié)

« là où elles (*sc.* les ὀθόναι)[90] furent percées, de part en part, de canaux merveilleux. »

Laissons de côté les arguments qui ont trait au lexique et à la symétrie du passage[91], qui sont réversibles, pour examiner les données philologiques.

L'édition de Ross distingue, pour ce passage des *Parua naturalia*, deux branches de la tradition, notées *a* (manuscrits E et M) et *b* (manuscrits LSUWX), alors que P est isolé des deux branches en question[92]. Pour le fragment 84, P est certes seul à présenter la leçon διίεσκον au vers 10, corroborée par Alexandre, qui le glose notamment par εἰς τὸ ἔξω διίησιν... φῶς. Gallavotti pense que toute la tradition manuscrite hormis P est issue d'une confusion originelle entre les vers 4-5 et 9-10[93]. Du fait de la similitude des termes placés à la fin des vers 4 et 9 (-ιν ἀέντων et -ιναέντος), les vers 5 et 10 ont été réciproquement corrompus : πῦρ δ'ἔξω (attesté dans tous les manuscrits du vers 10) aurait été substitué, dans *a* et P, à φῶς δ'ἔξω au vers 5 (leçon, correcte, conservée dans *b*) ; à l'inverse, διαθρῷσκον (attesté dans tous les manuscrits au v. 5) aurait été substitué dans *a* et *b* à διίεσκον au vers 10 (διίεσκον restant attesté

---

88    Sa proposition est modifiée par Gemelli Marciano 2013 p. 200, qui conserve le vers de Blass sous sa forme originelle mais le place entre les vers 84.7 et 84.8.
89    Gallavotti 1975 p. 204 n. 12 ; Rashed 2007. Wersinger 2012 p. 42 et 59, qui semble ignorer les modifications apportées par Gallavotti et Rashed, suit le texte de Diels-Kranz.
90    Pour Gallavotti 1975 p. 27, le sujet de τετρήατο était les yeux.
91    Gallavotti 1975 p. 204, n. 12.
92    Ross 1970 p. 61 *sqq.*, repris par Gallavotti 1975 p. 204.
93    Gallavotti 1975 p. 204, n. 12, évoque les vers 10-11, mais c'est parce qu'il a interpolé le fragment 87 entre les vers 8 et 9 du dénombrement traditionnel, en en faisant le vers 9. Je suis ici à des fins de clarté le dénombrement traditionnel des vers.

seulement dans P). En raison de cette confusion, le potentiel vers 11 (celui de Blass) aurait tout simplement disparu des manuscrits des deux branches *a* et *b*, tout en n'étant conservé qu'aux vers 5 et 8 du manuscrit P, qui témoigne d'un état antérieur à une partie de la corruption qui caractérise ces deux branches.

Cet argument de Gallavotti ne suffit pas à expliquer une corruption réciproque des deux vers : le mécanisme qu'il décrit aurait plus vraisemblablement amené à un remplacement pur et simple du vers 10 d'une des deux branches par le vers 5 de l'autre (ou inversement, du vers 5 par le vers 10). Il ne permet pas non plus d'expliquer pourquoi le vers 8 présente χοάνῃσιν à la place de ὀθόνῃσι : ce vers 8 se trouve en dehors des vers 9-10 sur la similitude desquels l'argument de Gallavotti se trouvait fondé.

Il vaut mieux expliquer les *uariae lectiones* φῶς au vers 5 et διίεσκον au vers 10 comme des corruptions issues de l'intégration de la glose d'Alexandre dans le fragment : les formes du verbe récent διίημι, qui signifie *filtrer*, ont remplacé la forme épique et rare διαθρῷσκον, qui constitue assurément la *lectio difficilior*. Pour φῶς, la corruption est sans doute due à l'argument d'Aristote qui précède, au moment où le Stagirite réfute la théorie platonicienne de la vision (437b *sqq.*). Il est préférable de considérer que le manuscrit P présente des corruptions supérieures à celles des autres manuscrits, s'il inclut bien des fautes s'expliquant par l'introduction de termes provenant du contexte de la citation par Aristote et des gloses d'Alexandre d'Aphrodise.

Bollack, qui supposait que ce vers avait pu être tiré d'un autre passage du Poème physique et recopié en marge du manuscrit à titre de parallèle, avançait deux arguments à l'encontre du vers originellement forgé par Blass, qui sont encore pertinents pour la version modifiée par Gallavotti[94] : une perforation des parois de la lanterne n'est jamais mentionnée dans le comparant ; Alexandre ne glose pas ce vers, ce qui implique qu'il ne le lisait pas.

Outre ces remarques de Bollack, qui ont emporté l'assentiment de Wright et d'Inwood[95], le vers de Blass présente une difficulté dans sa

---

94 Bollack 1969 t. III, p. 326-327.
95 Wright 1995 p. 126-127, et son commentaire p. 241, *ad* λοχάζετο : « *The line* [...] *which was made up by Blass from a reading in P of line 5 and inserted here should be discarded.* [...] *The syntax of the relative pronoun is strange, the composition from the version of a line four verses*

formation : les mots de la structure métrique de χοάνῃσιν ne se trouvent que très rarement en cette position de l'hexamètre. Selon les statistiques relevées par Hagel, seulement 0,78 % des mots qui ont cette structure dans l'*Iliade* se trouvent en cette position, 0,49 % dans l'*Odyssée*, 0,87 % dans Hésiode[96]. Les mots de cette structure ne se trouvent par ailleurs jamais en cette position chez Aratos, Apollonios de Rhodes et Callimaque. Empédocle ne l'emploie pas lui-même dans le reste du corpus.

La crédibilité du vers de Blass, à l'issue de cette étude, paraît donc singulièrement entamée, de sorte qu'il est préférable de ne pas l'inclure dans le fragment.

UNE ÉTUDE DE LA COMPARAISON DU FRAGMENT 84

Étudions à présent les structures respectives du comparant et du comparé.

*Le comparant*

– Décrire la lanterne : un lexique de l'expérience quotidienne ?

Les termes employés pour renvoyer à la lanterne dans notre fragment sont des mots rares : il n'y a aucun attestation antérieure connue pour l'un d'entre eux, ἀμοργούς, alors même qu'un autre, λαμπτήρ, est employé dans un sens dont nous n'avons pas d'autre exemple avant Empédocle.

Le terme λύχνος (84.1) désigne une lampe ou une lanterne portative, parfois employée en intérieur[97]. La première attestation connue du mot se trouve dans l'*Odyssée*, où il désigne la lanterne d'or avec laquelle Athéna éclaire Ulysse et son fils à l'intérieur du palais[98]. Il n'est pas neutre que ce soit une divinité qui la manie dans ce passage : si Aphrodite correspond

---

earlier in P is unwarranted, and it would be a physiological oddity to have χοάναι, "funnel-shaped holes", in the protective membranes ». *Cf.* Inwood 2001 p. 258.

96   Hagel 2004 p. 190, tableau 8.5.

97   Chantraine *DELG* p. 652. Chez Alcée (fr. 346.1 Lobel-Page), pour exhorter à boire avant la tombée de la nuit (avant l'heure où l'on allume les lampes) ; chez Hérodote, lorsqu'il est question d'une huile de substitution à l'huile d'olive pour remplir les lampes (Hdt.2.94.10), pour une lampe accrochée dans une salle d'un palais où se trouve une vache (Hdt.2.130.6), et pour renvoyer à la tombée de la nuit comme l'heure où l'on allume les lampes (Hdt.7.215.4) ; *cf.* également Hipponax fr. 17 West (κύψασα γάρ μοι πρὸς τὸ λύχνον Ἀρήτη), Hermippe fr. 28.2 Kock (ἐξ ἀγορᾶς δ᾽ ἐγὼ / ὠνήσομαι λύχνον τιν᾽ ἢ στίλβην).

98   En τ.33-34 : πάροιθε δὲ Παλλὰς Ἀθήνη / χρύσεον λύχνον ἔχουσα φάος περικαλλὲς ἐποίει.

bien au voyageur nocturne, dans le fragment 84, la mention de la divinité dans le passage d'Homère est le support d'un jeu entre l'univers du comparant et du comparé de notre fragment. L'abondance des occurrences comiques postérieures indique par ailleurs que cette lampe est un élément de l'expérience quotidienne[99].

Le mot λαμπτήρ est un dérivé de λάμπω[100]. Il est employé dès l'*Odyssée* pour de grands braséros alimentés par des bûches et plusieurs torches[101]. Le terme est employé en un sens moins technique par Eschyle, pour renvoyer à une torche ou un flambeau[102]. La *Suda* et Hésychius admettent le terme comme un équivalent de λύχνος, quoiqu'Hésychius mentionne le sens odysséen[103].

Dans notre fragment 84, λαμπτήρ est compris par les interprètes comme un terme technique qui désigne les parois de la lanterne[104], ce qui expliquerait que nous ne trouvions aucune trace de cette acception dans la littérature qui nous est parvenue. Le point sous-estimé par les interprètes est pourtant la construction poétique dont le terme a fait l'objet de la part d'Empédocle : si le suffixe -τηρ a été utilisé pour former des noms d'agent, il a servi à former des noms d'instruments dès l'épopée homérique[105]. Empédocle a réanalysé l'emploi du terme pour les braséros de l'*Odyssée* : le braséro est l'instrument qui permet au feu

---

99 *Cf.* Cratinos fr. 196.1 Kock, Eupolis fr. 228.4 Kock, Pherecrates fr. 40.2 Kock, Philonides, fr. 4.1 Kock, Phrynicos fr. 24.1 Kock, Épicharme fr. 35.8 et 118.1 Kaibel, ainsi que de nombreuses occurrences chez Aristophane.

100 Chantraine *DELG* p. 617 le comprend comme *support pour une torche* ou *lanterne*.

101 En σ.307 (αὐτίκα λαμπτῆρας τρεῖς ἵστασαν ἐν μεγάροισιν), il s'agit d'allumer trois torchères dans la salle du banquet, alimentées par du bois et allumées par plusieurs torches (δαῖδας) ; en σ.343-344 (αὐτὰρ ὁ πὰρ λαμπτῆρσι φαείνων αἰθομένοισιν / ἑστήκειν ἐς πάντας ὁρώμενος), Ulysse reste debout près des torchères flamboyantes ; en τ.63-64, les servantes renversent la braise des torchères, et les rechargent en bois (πῦρ δ' ἀπὸ λαμπτήρων χαμάδις βάλον, ἄλλα δ' ἐπ' αὐτῶν / νήησαν ξύλα πολλά).

102 En Ae.*Ag*.22, le mot désigne le flambeau aperçu au loin par le veilleur et allumé par Héphaïstos, signe du retour d'Agamemnon ; en Ae.*Ch*.537, il renvoie à des torches ou tout autre appareil émettant de la lumière.

103 Suda λ.103.1 (Adler) : "λαμπτῆρες"· οἱ κατὰ τὴν οἰκίαν φαίνοντες λύχνοι. Hésychius, Λ.268.1 (Latte) : "λαμπτήρ"· φέγγος, φῶς. λαμπάς. ἐσχάρα, ἐφ' ἧς ἔκαιον ἐν μέσῳ τῶν οἴκων εἰς τὸ φωτίζειν αὐτοῖς ξηρὰ ξύλα καὶ δᾳδία. Ἀττικοὶ δὲ τοὺς καιομένους λύχνους λέγουσιν.

104 Depuis Sturz 1805 p. 619.

105 Chantraine, *Formation*, p. 321 : « Le suffixe a été productif en grec [...] pour former des noms d'agent » ; puis, p. 323 : « Dans l'épopée posthomérique et chez les élégiaques, l'emploi du suffixe -τήρ coïncide à peu près avec celui qui s'observe chez Homère ». S'agissant du nom d'instrument : Chantraine, *Formation*, p. 327, § 262 : « Il est un autre emploi par lequel le suffixe -τήρ/-τωρ est resté vivant en ionien-attique. Il a servi à former des noms

de brûler de même que les parois de la lanterne, qui contiennent le feu et permettent d'accrocher les voiles, sont l'instrument qui transforme la lampe en moyen d'éclairage. Si cette analyse est juste, on peut alors construire le terme comme un attribut de l'objet ἀμοργούς. On pourrait gloser le vers ainsi : *ajustant des voiles* (sc. à la lampe) *pour en faire une paroi* (sc. de lanterne) permettant à la lampe de briller.

Le terme ἀμοργός, on l'a vu, est un mot rare, attesté pour la première fois dans notre fragment 84, qui désignerait le tissu fixé sur les parois de la lanterne et qui emprunterait son nom à l'île des Cyclades où il était fabriqué, Ἀμοργός[106].

– La lanterne placée au sein d'un univers poétique

Ce lexique concret et technique, qui a trait à la confection de la lanterne et à son fonctionnement, se trouve exprimé au sein d'un énoncé qui fait signe vers le monde des comparaisons épiques. Cela ne signifie pas que le fragment 84 se réfère précisément à des passages qui fonctionneraient comme des intertextes au sens technique du terme, mais plutôt que la construction du dispositif textuel du fragment est largement fondée sur des remplois de termes qu'on trouve de façon privilégiée dans la poésie d'Homère, et particulièrement dans ses comparaisons.

La situation du voyageur qui sort dans la tempête est en effet construite comme un écho à la fin du chant ξ de l'*Odyssée*, lorsqu'Eumée sort monter la garde près des porcs. Tout se passe comme si cette référence explicite à l'*Odyssée* servait à indiquer que tout le comparant est construit par un jeu de reprises de ce type. En ξ.526, Eumée s'apprête pour sortir, dans l'idée de passer la nuit près des porcs :

> ἀλλ' ὅ γ' ἄρ' ἔξω ἰὼν ὁπλίζετο· χαῖρε δ' Ὀδυσσεύς... ξ.526
> ὡς δ' ὅτε τις πρὸ ὁδὸν νοέων ὡπλίσσατο λύχνον    fr. 84.1

La syntaxe du passage est voisine de celle du premier vers du fragment 84 : le verbe ὁπλίζω est accompagné d'un participe (ἰὼν et νοέων) lui-même précédé d'un adverbe (ἔξω et πρό). Ces groupes formés par le participe et l'adverbe expriment le fait de quitter une maison ou un

---

d'instruments. Cet usage apparaît déjà dans l'épopée homérique : ἀορτήρ *baudrier*, de ἀείρω. »

106 Voir notamment *Etymologicum Symeonis* 1.361.8.

abri. Or, les conditions climatiques sont identiques dans les deux scènes, qui se produisent toutes les deux la nuit, durant une tempête où la pluie accompagne les vents[107]. La nécessité de se protéger des vents est d'ailleurs signalée deux fois dans le passage de l'*Odyssée*[108].

Les premiers vers du fragment 84 introduisent un jeu par rapport à ce passage du chant ξ de l'*Odyssée* : tout se passe comme si Empédocle décrivait les préparatifs d'un voyageur dans une nuit similaire à celle décrite dans le chant ξ.

Les deux situations présentent pourtant d'importantes différences : Eumée n'a pas besoin de lampe, dans la mesure où il ne sort que pour aller se coucher contre une pierre, près des porcs. La grammaire du verbe ὁπλίζω est différente dans chacune des deux occurrences : l'emploi est absolu en ξ.526 – le verbe signifie donc *se préparer* – alors qu'il admet un complément d'objet dans le fragment 84, λύχνον – il signifie donc *confectionner* ou *préparer*. Empédocle emploie un modèle poétique tout en y introduisant une variation, constituée par la lanterne ; tout le comparant est comme nous le verrons formé suivant ce jeu complexe d'écho et de déplacement de situations homériques.

Le comparant emploie par ailleurs des expressions qui sonnent comme des formules épiques, comme πυρὸς σέλας αἰθομένοιο, groupe attesté dans cinq passages dont quatre relèvent de la poésie épique[109]. Cet hémistiche empédocléen est construit de façon à sonner comme un tour formulaire construit à partir de références épiques – la diérèse bucolique souligne d'autant plus le procédé.

---

107 ξ.457-458 : νὺξ δ᾽ ἄρ᾽ ἐπῆλθε κακὴ σκοτομήνιος· ὗε δ᾽ ἄρα Ζεὺς / πάννυχος, αὐτὰρ ἄη ζέφυρος μέγας αἰὲν ἔφυδρος « La nuit vint, mauvaise et sans lune ; Zeus fit pleuvoir toute la nuit, et soufflait un grand Zéphyr, qui constamment amène de l'eau. »

108 ξ.528-533 : πρῶτον μὲν ξίφος ὀξὺ περὶ στιβαροῖς βάλετ᾽ ὤμοις, / ἀμφὶ δὲ χλαῖναν ἑέσσατ᾽, ἀλεξάνεμον μάλα πυκνήν, / ἂν δὲ νάκην ἕλετ᾽ αἰγὸς ἐϋτρεφέος μεγάλοιο, / εἵλετο δ᾽ ὀξὺν ἄκοντα, κυνῶν ἀλκτῆρα καὶ ἀνδρῶν. / βῆ δ᾽ ἴμεναι κείων, ὅθι περ σύες ἀργιόδοντες / πέτρῃ ὑπὸ γλαφυρῇ εὗδον, βορέω ὑπ᾽ ἰωγῇ « Il ceint d'abord ses larges épaules d'un glaive pointu, se vêtit d'une cape, très épaisse, qui protège des vents ; il se saisit de la peau d'une grande chèvre bien nourrie, et prit un javelot pointu, pour se garder des chiens et des hommes. Et il alla s'étendre là où dormaient les porcs aux dents blanches, sous une pierre creuse, à l'abri de Borée. »

109 En Θ.562-563 (πὰρ δὲ ἑκάστῳ / εἵατο πεντήκοντα σέλα πυρὸς αἰθομένοιο), pour les feux allumés dans la plaine et qui brillent dans la nuit (passage qui constitue la seule occurrence homérique) ; en He.*Sc.*60 (τεύχεσι λαμπομένους σέλας ὣς πυρὸς αἰθομένοιο), dans une comparaison portant sur l'éclat des armes, comparé à celui du feu ; en He.*Th.*867 (ὣς ἄρα τήκετο γαῖα σέλαϊ πυρὸς αἰθομένοιο), où la terre brûle sous le flambeau du feu de Zeus ; en He.fr.30.10 Merkelbach-West (σέ]λας πυρὸς αἰθ[ο]μένοιο) ; en Pi.fr.*Pe.*52f.98 (ἱστῶσαι σέλας αἰθομένου / πυρός), où la flamme ardente du feu doit anéantir Pergame.

Le groupe παντοίων ἀνέμων est employé par Homère et Hésiode, en particulier au génitif[110]. Si l'*Odyssée* et Hésiode emploient ce groupe en dehors de comparaisons, en tant que génitif adnominal, les deux seules occurrences du groupe dans l'*Iliade* se trouvent à l'intérieur de comparaisons[111]. Dans la comparaison de B.394-397, le groupe fonctionne comme un génitif absolu, comme dans notre fragment 84, comme l'avait remarqué Bollack[112].

Le verbe διασκίδνημι (84.4), doublet ionien de διασκεδάννυμι[113], est d'emploi rare. Au contraire du verbe simple σκίδνημι, la forme avec préverbe δια- est réservée aux souffles des vents[114] : l'*Iliade* l'emploie dans une comparaison rapprochant les Danaens stimulés au combat et des nuages immobiles suspendus par Zeus à un sommet montagneux un jour où aucun vent ne souffle. Le verbe exprime la dispersion des

---

110 Il n'y a qu'une seule occurrence du groupe qui ne se trouve pas au génitif, mais au datif : en ι.260, il s'agit d'un datif à valeur causale qui renvoie aux vents qui font errer les Achéens (ἡμεῖς τοι Τροίηθεν ἀποπλαγχθέντες Ἀχαιοὶ / παντοίοισ᾽ ἀνέμοισιν ὑπὲρ μέγα λαῖτμα θαλάσσης).

111 En dehors de comparaisons : en ε.293, Poséidon déchaîne des bourrasques de tous les vents sur le navire d'Ulysse (πάσας δ᾽ ὀρόθυνεν ἀέλλας / παντοίων ἀνέμων); en ε.305, l'occurrence est reprise dans la bouche d'Ulysse ; en He.*Op*.621, dans le contexte de conseils sur la navigation, il est question que les souffles des vents bouillonnent (δὴ τότε παντοίων ἀνέμων θυίουσιν ἀῆται). – Dans des comparaison : en B.394-397, il s'agit de comparer les cris des Argiens à un promontoire rocheux battu par les flots, alors que soufflent les vents (τὸν δ᾽ οὔ ποτε κύματα λείπει / παντοίων ἀνέμων); en P.53-60, le groupe apparaît dans une comparaison rapprochant la mort d'Euphorbe et la chute d'un olivier, déraciné par la tempête (le groupe παντοίων ἀνέμων, employé comme un génitif adnominal, est pourtant employé pour décrire non pas la bourrasque, mais les vents calmes qui soufflent sur l'olivier avant la tempête : τὸ δέ τε πνοιαὶ δονέουσι / παντοίων ἀνέμων).

112 Bollack 1969 t. III p. 321.

113 Chantraine *DELG* p. 1012. Le verbe διασκεδάννυμι est employé chez Homère, mais pas toujours pour le vent : en ε.369 et ε.370, le verbe a successivement pour sujet le vent qui éparpille les meules de paille et la mer qui éparpille les poutres du radeau d'Ulysse (καρφαλέων, τὰ μὲν ἄρ τε διεσκέδασ᾽ ἄλλυδις ἄλλη, / ὡς τῆς δούρατα μακρὰ διεσκέδασ᾽) ; en η.275, une bourrasque disperse les poutres de son radeau (τὴν μὲν ἔπειτα θύελλα διεσκέδασ᾽); en ρ.244, il s'agit de rabattre la morgue des prétendants (τῶ κέ τοι ἀγλαΐας γε διασκεδάσειεν ἁπάσας). Pour le vent, on le trouve une fois également chez Solon (fr.13.18 West : ὥστ᾽ ἄνεμος νεφέλας αἶψα διεσκέδασεν). Il est employé par Hérodote pour des hommes (Hdt.1.63.9 par exemple).

114 Chantraine *DELG* p. 1012. Le verbe simple s'emploie pour les vents (Π.375), mais également pour des soldats (A.487 et Ω.2), un parfum (*Hh*.De.278), ou pour la voix (He. *Th*.42). – La forme avec préverbe δια- est attestée en E.526 (ὄφρ᾽ εὕδησι μένος Βορέαο καὶ ἄλλων / ζαχρειῶν ἀνέμων, οἵ τε νέφεα σκιόεντα / πνοιῇσιν λιγυρῇσι διασκιδνᾶσιν ἀέντες), He.*Th*.875 (ἄλλοτε δ᾽ ἄλλαι ἄεισι διασκιδνᾶσί τε νῆας / ναύτας τε φθείρουσι), Hdt.2.25.8 (à chaque fois, pour les vents).

nuages par les vents. Le vers 4 du fragment 84 inverse la grammaire du passage d'Homère : les vents ne sont plus le sujet mais l'objet de διασκίδνημι, ce qui implique que les parois de la lanterne dispersent les souffles des vents. Le vers 4 du fragment 84 prend donc une distance par rapport à l'emploi épique du verbe διασκίδνημι : tout en faisant écho à la puissance destructrice des vents évoquée en E.526, le vers en renverse la perspective pour souligner la résistance de la lanterne aux vents.

L'emploi du verbe ἄημι (v. 4) pour le souffle des vents est considéré par Chantraine comme un trait archaïque[115]. Si Homère l'emploie deux fois dans des comparaisons, le verbe n'est plus employé par la suite qu'en son sens métaphorique par Eschyle et Pindare[116]. Or, notre fragment 84 l'emploie au sens propre, pour les vents, ce qui implique une inscription délibérée dans l'univers de l'épopée archaïque.

Le verbe θρῴσκω dénote normalement un mouvement accompagné d'un bond, d'un saut, ou une irruption. Lorsque le sujet est un inanimé, le verbe signifie *jaillir*, notamment pour des flèches, mais également pour les jetons lors de tirages au sort[117]. La nature du mouvement impliqué est généralement précisée par différents adverbes ou prépositions : le verbe peut alors simplement signifier *bondir*, ou bien *bondir sur*, *bondir hors d'un lieu*, ou encore *sauter à bas* d'un char[118]. Le terme en vient à

---

115 En E.526 pour disperser les nuages au sommet des montagnes (οἵ τε νέφεα σκιόεντα / πνοιῇσιν λιγυρῇσι διασκιδνᾶσιν ἀέντες) ; en I.5 pour Zéphyr et Borée (τώ τε Θρήκηθεν ἄητον) ; en Ψ.214 pour soulever le flot marin (αἶψα δὲ πόντον ἵκανον ἀήμεναι, ὦρτο δὲ κῦμα / πνοιῇ ὕπο λιγυρῇ) ; en He.*Op.*625 (ὄφρ' ἴσχωσ' ἀνέμων μένος ὑγρὸν ἀέντων) et He.*Th.*869 (ἐκ δὲ Τυφῶέος ἔστ' ἀνέμων μένος ὑγρὸν ἀέντων) ; en *Hh*.Aphr.3 (ὅθι μιν Ζεφύρου μένος ὑγρὸν ἀέντος). De façon métaphorique, en Φ.386 (δίχα δέ σφιν ἐνὶ φρεσὶ θυμὸς ἄητο) (τίπτ' αὖτ' ὦ κυνάμυια θεοὺς ἔριδι ξυνελαύνεις / θάρσος ἄητον ἔχουσα) ; puis He.*Th.*583, pour la grâce (χάρις δ' ἐπὶ πᾶσιν ἄητο) ; *Hh*.De.276, pour la beauté flottant autour de la déesse (περί τ' ἀμφί τε κάλλος ἄητο). – Chantraine (*DELG* p. 26 *ad loc.*) remarque que, pour les vents, le verbe πνέω s'est substitué à ἄημι, qui n'est plus guère utilisé que dans un sens métaphorique à l'époque classique.

116 Voir E.536 et I.5 (*cf. supra*). En Ae.*Ch.*391 pour le θυμός ; en Pi.*Is*.3/4.27 pour désigner les témoignages volant parmi les hommes (ὅσσα δ' ἐπ' ἀνθρώπους ἄηται / μαρτύρια φθιμένων ζωῶν τε φωτῶν / ἀπλέτου δόξας).

117 Respectivement en Ο.314 (ἀπὸ νευρῆφι δ' ὀϊστοὶ / θρῶσκον), Ο.470 (ὄφρ' ἀνέχοιτο θαμὰ θρῴσκοντας / ὀϊστούς) et Π.773 (ἰοί) pour les flèches ; en Η.182, Ψ.353 et κ.207 pour les jetons qui sautent hors du casque.

118 Le sens simple, *bondir*, n'est pas le plus fréquent : on ne le rencontre guère qu'en Ν.589 (les fèves noires bondissent dans la pelle à vanner). Au sens de *bondir sur* : Δ.79 (Athéna descend de l'Olympe et s'abat entre les lignes) ; E.161 (un lion saute sur un troupeau) ; Ο.684 (un homme saute sur quatre chevaux, tour à tour) ; χ.303 (des vautours fondent

signifier *naître* (pour un dieu) et se trouve dénoter des sens variés, d'un point de vue spatial, chez Pindare, Bacchylide et Eschyle[119]. Θρώσκω n'est pourtant jamais attesté avec le préverbe δια- avant notre occurrence d'Empédocle ; lorsque le verbe est accompagné de préverbes, avant le IVe siècle, les préverbes associés à θρώσκω précisent le mouvement impliqué dans l'action verbale.

Le verbe θρώσκω est fréquemment employé dans des comparaisons, que ce soit pour caractériser le comparant ou le comparé. Dans l'*Iliade*, il apparaît presque toujours dans des comparaisons syntactiquement autonomes[120]. L'emprunt du verbe par Empédocle est la marque d'un travail sur les comparaisons homériques : le verbe θρώσκω, peu employé après Homère, est ici employé avec un préverbe qui n'est jamais attesté auparavant.

Ταναός est un mot rare[121], qui signifie *long, mince, étroit*, sans qu'il soit toujours possible de trancher entre ces sens : les composés formés sur ταννυ-, qui à l'origine signifie *étroit, mince*, ont été très tôt interprétés à partir du présent τάννυμαι, qui est, lui, du côté de l'étendue[122]. Homère

---

sur leurs proies) ; Θ.252 = Ξ.441 = O.380 (les Achéens bondissent sur les Troyens) ; Λ.70 = Π.770 (Troyens et Achéens bondissent les uns sur les autres) ; Y.381 (Achille se rue sur les Troyens) ; Pi.*P*.4.36, au sens de *bondir sur la grève* (avec ἐπί). Au sens de *bondir hors de* : O.573, pour le bond d'Antiloque hors de la première ligne ; O.580, pour un chasseur sortant de son gîte qui blesse un faon, auquel le bond d'Antiloque est comparé en O.582, avec le même verbe ; *cf.* Φ.126, ψ.32, Hb.De.285. Le verbe signifie *sauter à bas d'un char* en Θ.320, K.528, Ψ.509, Hb.Ap.233, He.*Sc*.370 et 392 (avec ἀπό) ; à l'inverse, il signifie *sauter sur un char* en He.*Sc*.321 (avec ἐπί + génitif).

119  Pour un dieu : Hb.Ap.119 (Apollon), en Hb.He.20 (Hermès, qui jaillit des flancs de sa mère, ἀπό). Le verbe signifie *bondir auprès de* en Pi.*P*.9.119, avec ἀμφί + datif ; *bondir dans* la mer en Ba.*Di*.3.94, et dans les collines en Ba.*Ep*.13.57. Il est employé métaphoriquement chez Eschyle pour des propos qui jaillissent et s'envolent en Ae.*Ch*.846, et signifie *féconder* en Ae.*Eu*.660, comme les dérivés de la famille de θρώσκω.

120  Du côté du comparant, en E.161-164 (pour Diomède et le lion), N.588-592 (pour les fèves et la flèche), O.679-686 (pour Ajax et un cavalier), et χ.303 (pour Ulysse et les vautours). Du côté du comparé, en Λ.67-71 (pour les Troyens et les Achéens, et la moisson), Π.765-771 (pour les Troyens et les Achéens, et l'Euros et le Notos). La seule occurrence en dehors d'une comparaison syntactiquement autonome est O.579-583, qui compare le bond d'Antiloque et celui d'un chasseur, et où le terme apparaît à la fois du côté du comparant et du comparé.

121  Outre l'occurrence homérique mentionnée ci-après (Π.589), ταναός qualifie en Hb.De.454 les épis de Déméter qui poussent au printemps ; chez Alcman, il qualifie les pieds (fr. 3.1+3.70, Page : διέβα ταναοῖς πο[σί·]) ; chez Aristéas, les cheveux (Aristéas fr. 4.1 Bernabé : Ἰσσηδοὶ χαίτησον ἀγαλλόμενοι ταναῇσι) ; chez Euripide, l'éther (Eu.*Or*.322) et les cheveux (Eu.*Ba*.455 et 831).

122  Chantraine *DELG* p. 1091.

l'emploie une seule fois : dans une comparaison, pour qualifier le vol d'un javelot, au moyen d'une corrélation entre ὅσσον et τόσση exprimant l'étendue[123]. Le vers d'Empédocle, si on l'interprète strictement à la lumière de ce passage d'Homère, signifierait que la lumière de la flamme porte à une distance proportionnelle (ὅσον) à la longueur de la flamme, ou à sa subtilité, selon qu'on interprète ταναός dans un sens ou dans l'autre : plus la flamme est grande ou subtile – c'est-à-dire, mieux elle est protégée du vent par les tissus de la lanterne – plus la lumière porte loin.

L'expression λάμπεσκεν… ἀτειρέσιν ἀκτίνεσσιν est selon toute vraisemblance modelée par Empédocle : quoique le verbe λάμπω soit très fréquent, il n'est jamais employé avec ἀκτῖνες avant notre passage[124]. Le nom ἀκτίς est d'ordinaire réservé aux rayons du soleil et ne désigne qu'une fois ceux de la lune, qui en sont la réflexion[125]. Ce n'est qu'avec Pindare que le terme est pourvu d'acceptions plus vastes[126]. L'emploi du terme dans notre fragment 84 indique de fait un déplacement du sens traditionnel : il qualifie non plus le soleil mais le feu de la lanterne.

Le terme ἀτειρής signifie *dur*, *inusable* (en particulier pour le bronze), puis par métaphore, *inflexible*[127]. Appliquer cet adjectif aux rayons lumineux

---

123 En Π.589-592 : ὅσση δ᾽ αἰγανέης ῥιπὴ ταναοῖο τέτυκται, / ἥν ῥά τ᾽ ἀνὴρ ἀφέῃ πειρώμενος ἢ ἐν ἀέθλῳ / ἠὲ καὶ ἐν πολέμῳ δηΐων ὕπο θυμοραϊστέων, / τόσσον ἐχώρησαν Τρῶες, ὤσαντο δ᾽ Ἀχαιοί.

124 Ἀκτῖνες n'est lui-même que rarement employé avec des termes dérivés de λάμπω : Pi.P.4.198 (λαμπραὶ δ᾽ ἦλθον ἀκτῖ-/νες στεροπᾶς ἀποργηγνύμεναι) ; Hh.So.10 (λαμπραὶ δ᾽ ἀκτίνες ἀπ᾽ αὐτοῦ / αἰγλῆεν στίλβουσι) ; So.OC.1048 (ἢ λαμπάσιν ἀκταῖς), Eu.Su.650 (λαμπρὰ μὲν ἀκτὶς ἡλίου).

125 Pour les rayons du soleil : K.547, ε.479, λ.16, τ.441, He.Th.760, Hh.De.70, Hh.So.10 (à propos des yeux du soleil), Ae.PV.797, Ae.Ag.676, Ae.Pe.364, Ae.Pe.503, Mimnerme fr.11a.2 West, Pi.fr.Pe.52k.1. Pour la lune : Hh.Se.6.

126 En Pi.O.6.55, il désigne la lumière provenant de fleurs violettes et pourpres, en Pi.P.4.198 celle de l'éclair, et en Pi.fr.En.123.3 celle des yeux de Théoxénos. Il y a également un emploi métaphorique, du côté de la gloire (Pi.Is.3/4.60 et Pi.P.11.48) et de la prospérité (Pi.P.4.255).

127 Chantraine DELG p. 132. Au sens propre de *dur*, à la fois pour l'armement offensif et l'armement défensif : en E.292 dans une scène de combat où Diomède tranche la langue de Lycaon ; en H.247 pour une javeline transperçant six des sept peaux du bouclier d'Ajax ; en Ξ.25 pour le bronze dur des épées et des lances criant durant la bataille ; en Σ.474 Héphaïstos jette dans le feu du bronze inflexible pour fabriquer les armes d'Achille ; en T.233 pour l'armure dont sont vêtus les soldats ; en Y.108, quand Apollon exhorte Énée au combat ; ainsi qu'en v.368 pour les cadeaux des Phéaciens à Ulysse. – Au sens métaphorique, O.697 pour les soldats, *insensibles à la peine et à la fatigue* (φαίης κ᾽ ἀκμῆτας καὶ ἀτειρέας ἀλλήλοισιν / ἄντεσθ᾽ ἐν πολέμῳ) ; en λ.270 pour le μένος d'Amphitryon ; pour

– ceux de la lanterne, à laquelle l'œil est comparé – ne semble donc avoir aucun précédent connu. L'adjectif signifie ici, comme le suggère Bollack, que les rayons de l'œil sont inépuisables et tenaces[128]. L'occurrence la plus intéressante de l'adjectif pour notre propos apparaît pourtant dans le fragment 86 d'Empédocle, que nous étudierons ci-après[129].

Le comparant est ainsi formé d'un alliage de termes empruntés aux procédés techniques et artisanaux contemporains d'Empédocle – ce qui explique le faible nombre d'attestations littéraires qu'on en trouve –, et de termes poétiques qui font écho en particulier aux comparaisons de l'*Iliade*. Ces échos à l'univers épique ne sont pas sans présenter de déplacements, qui sont d'ordre grammatical (le sujet habituel de διασκίδνημι, le vent, devient, ici, l'objet de ce même verbe), morphologique (le verbe θρῴσκω est employé avec un préverbe inédit) et sémantique (Empédocle conserve, contre l'usage qui lui est contemporain, le sens archaïque de ἄημι).

### L'originalité des termes du comparé : une connaissance originale ?

Le comparé, lui, est construit à partir de termes rares, dont certains sont attestés ici pour la première fois ; d'autres sont bien connus, comme κούρη, mais se trouvent employés en un sens dont c'est la première attestation. Les termes attestés pour la première fois dans le fragment 84 sont ὣς δὲ τότε (84.7), μῆνιγξ (84.7), λοχάζομαι (84.8), et ἀμφιναέντος (84.9).

Le groupe ὣς τότε seul se rencontre pour introduire le comparé dans une quizaine de comparaisons-tableau homériques[130]. Ailleurs, ὣς τότε signifie simplement *ainsi alors*[131]. Lorsqu'il introduit un comparé, le groupe ὣς τότε n'est pas forcément précédé d'un ὡς ὅτε : le τότε fait

---

la voix, en N.45 (Poséidon a revêtu l'apparence de Calchas et sa voix sans défaillance), P.555 (Athéna et Phénix), X.227 (Athéna et Déiphobe). Pindare l'emploie en Pi.O.2.33 pour un bienfait *absolu*.

128 Bollack 1969 t. III p. 324.

129 *Cf. infra*, p. 304.

130 Δ.427 (ὡς δ' ὅτε… ὣς τότε ; la houle de la mer est comparée à l'assaut des Danaens), E.502 (ὡς δὲ… ὣς τότε ; le corps des Achéens est blanc comme les tas de son formés par Déméter), Λ.419 (ὡς δ' ὅτε… ὣς ῥα τότε ; Ulysse est comparé à un sanglier cerné par la meute), Λ.482 (Τρῶες ὡς εἴ τε… ὣς ῥα τότε ; l'arrivée d'Ajax est comparée à celle d'un lion qui écarte les chacals), Λ.556 (ὡς δέ… ὣς Αἴας τότε ; Ajax s'éloigne des Troyens comme un lion d'une cour), Λ.563 (ὡς δὲ… ὣς τότε ; Ajax est comparé à un âne buté), etc.

131 Par exemple, en A.601.

sens du point de vue de l'action principale, en dehors donc du contexte de la comparaison et semble servir à reprendre le cours des événements là où on l'a laissé. L'expression ὡς δὲ τότε se rencontre une fois ailleurs chez Empédocle, dans le fragment 73.1, trop bref pour déterminer s'il s'agissait d'une comparaison.

Le substantif μῆνιγξ semble désigner chez Aristote une *membrane* de peau entourant un organe ou une partie du corps : il s'agit d'une partie de l'oreille, de la membrane entourant le cerveau ou de celle entourant la pupille[132] dans un compte-rendu de la constitution de l'œil selon Démocrite. Quoique l'étymologie du terme soit discutée[133], il appert que son emploi dans le fragment 84 est, de même, du côté d'une membrane protectrice entourant l'œil, vu le tour ἐν μήνιγξιν ἐεργμένον.

Nous ne connaissons qu'une occurrence, outre la nôtre, du verbe λοχάζομαι dans ce qui nous est parvenu de la littérature grecque : une épigramme de l'*Anthologie grecque* (9.251.3), où ce verbe est employé pour un ver rongeur de livres qui se tapit en embuscade dans les saints décrets[134]. Hésychius l'explique par ἐνεδρεύει, *être en embuscade*[135].

Enfin, ἀμφιναέω, *habiter autour*, est un *hapax* formé sur le verbe ναίω (ou ναέω), qui signifie *habiter* et qui présente un doublet ναιετάω[136]. Le verbe simple, fréquemment pourvu des préverbes περι- et μετα-, a généralement pour sujet des humains ou des divinités[137].

D'autres termes du comparé sont rares (ὠγύγιος en 84.7, ὀθόνη en 84.8, ἀποστέγω en 84.8) ou employés en une acception qui n'était pas attestée auparavant (κύκλοπα en 84.8, κούρην en 84.8).

La signification exacte de l'adjectif ὠγύγιος pose difficulté[138]. Il peut être formé sur le nom d'un antique roi d'Athènes, mentionné notamment

---

132 Pour l'oreille : Arist. *De an.* 420a 14, *Problemata*, 961a 38 ; pour le cerveau : Arist. *GA.* 744a 10 et 781a 20, *HA.* 495a 8 et 514a 17, *PA.* 652b 30. Pour la pupille : Arist. *De sensu et sensibilibus*, 438b 2.
133 Chantraine *DELG* p. 696, *ad loc.*
134 *Anthologia Graeca* 9.251.3 : ἱεραῖς ψήφοισι λοχάζῃ.
135 Hésychius, λ.1302.1 (Latte).
136 Chantraine *DELG* p. 733.
137 Par exemple, en Ω.488, περιναιετάω est employé avec l'adverbe ἀμφίς, pour décrire la situation de Pélée, entouré de voisins qui le tourmentent. – Avec περι- : Ω.488, β.66, δ.177, θ.551, ψ.136, He.*Th.*370, Ae.*Su.*1021, Pi.*N.*8.9. Avec μετα- : Hh.De.87 et He.*Th.*401 (pour les enfants de Styx habitant en compagnie de Zeus).
138 Chantraine *DELG* p. 1297-1298. Une occurrence du terme chez Eschyle (*Pe.*38) est examinée par Caramico 2011.

par deux passages de l'historien Phérécyde[139]. Les lexicographes ne lisaient déjà plus dans l'adjectif ὠγύγιος qu'une affirmation d'antiquité[140]. Parmi les emplois anciens, il désigne l'île de Calypso, dans l'*Odyssée*, sans qu'on sache déterminer s'il s'agit de son nom ou d'une qualification ; Hésiode l'emploie pour l'eau, au moment de la description des conséquences du parjure des dieux ; Panyassis emploie le terme pour nommer une nymphe dont il signale qu'elle est aussi appelée Πρησιδίκην, *Celle qui exécute les sentences*[141]. Dans le fragment 84, cet adjectif est de toute évidence opposé au feu phénoménal : il s'agit d'un feu originel et démiurgique[142].

Le mot ὀθόνη désigne une étoffe de lin fin[143]. Homère, seul, l'emploie avant Empédocle, et ce toujours pour un vêtement porté par des femmes[144]. L'emploi par Empédocle est métaphorique, et construit une relation entre le caractère féminin de l'ὀθόνη et le fait que la pupille est désignée par κούρη.

En 84.8, l'emploi de κύκλοπα, *à l'œil rond*, présente deux particularités : le radical présente normalement un -ω- (et non un -ο-) et le terme est normalement employé comme substantif (et non comme adjectif)[145]. L'abrègement des composés en -ωψ est rare, quoiqu'il soit attesté pour οἶνοψ (Homère) et οἰνώψ (Sophocle). Un passage bien connu d'Hésiode analyse la dénomination : Κύκλωπες δ' ὄνομ' ἦσαν ἐπώνυμον, οὕνεκ' ἄρά σφεων / κυκλοτερὴς ὀφθαλμὸς ἔεις ἐνέκειτο μετώπῳ[146]. Ce passage

---

139  Son nom est mentionné en Phérécyde fr.1a Müller, lignes 12 et 16.
140  Hésychius ω.27.1 (Schmidt) glose ainsi : ὠγύγιου· παλαιοῦ, ἀρχαίου, μεγάλου πολύ.
141  En α.85 (νῆσον ἐς Ὠγυγίην), ζ.172 (νήσου ἀπ' Ὠγυγίης), η.244 (Ὠγυγίη τις νῆσος), η.254 (νῆσον ἐς Ὠγυγίην), μ.448 (νῆσον ἐς Ὠγυγίην), ψ.333 (ὡς θ' ἵκετ' Ὠγυγίην νῆσον). – En He.*Th*.806 (τοῖον ἄρ' ὅρκον ἔθεντο θεοὶ Στυγὸς ἄφθιτον ὕδωρ, / ὠγύγιον), le terme peut être du côté de l'antiquité de l'eau du Styx, propre aux serments des immortels parce qu'elle est impérissable et ὠγύγιος. – Pour la nymphe, Panyassis fr. 18.2 Matthews (= 23.2 Bernabé) ; Hellanicus fr.21.10 Jacoby le mentionne comme anthroponyme. – Pindare l'emploie par ailleurs pour les montagnes du Phlionte (Pi.*N*.6.44) ; Eschyle pour Thèbes (Ae.*Pe*.38 et *Se*.321), Athènes (Ae.*Pe*.975), ainsi que pour des rites et sacrifices (Ae.*Eu*.1036) ; Sophocle pour Thèbes (So. *OC*.1770), pour le κρᾶτος (So.*Ph*.142) ; Euripide pour des portes (Eu.*Ph*.1113).
142  Sturz 1805 p. 620 ; Karsten 1838 p. 131, etc.
143  Chantraine *DELG* p. 778.
144  Il s'agit d'un long voile blanc dont se couvre Hélène en Γ.141 pour quitter sa chambre ; d'un voile porté par des jeunes femmes (παρθένοι) représentées sur le bouclier d'Achille par Héphaïstos en Σ.595 ; en η.107, le terme est employé pour le tissage des Phéaciennes.
145  Le substantif a normalement la forme κύκλωψ, -ωπος. Un ο caractérise pourtant également ment la scholie 2.5.2 à la *Cynégétique* d'Oppien. La première occurrence comme adjectif se trouve chez Parménide, pour la Lune, 28 B 10.4 D.-K., *cf*. ci-après.
146  He.*Th*.144-145.

explique que le terme soit employé comme synonyme de κυκλοτερής par Parménide pour qualifier la Lune[147].

Il semble qu'il s'agisse de la première occurrence connue de κούρη pour désigner la pupille de l'œil[148]. Afin de rendre la rareté de l'expression, Bollack traduit par *jeune fille arrondie*, sans expliciter directement la métaphore[149]. Sophocle et Euripide emploieront le terme en ce sens[150].

Le verbe ἀποστέγω est un composé rare, qui signifie *tenir éloigné de*[151]. Le verbe simple, στέγω, n'est pas épique et signifie *garder à l'écart*, et en particulier pour de l'eau[152]. Un dérivé, στεγνός, désigne d'ailleurs spécifiquement *ce qui est à l'abri de l'eau*[153]. La seule autre occurrence d'ἀποστέγω avant Empédocle se trouve chez Eschyle, dans une construction avec l'accusatif de la chose protégée et le génitif de la chose dont on protège l'objet du verbe[154]. Dans le fragment 84, il faut sans doute sous-entendre un πυρός : les membranes tiennent la profondeur de l'eau éloignée du feu de l'œil, pour éviter qu'elle ne l'éteigne. Dans la comparaison du fragment 100, Empédocle emploie, toujours à propos de l'eau, le dérivé ἀποστεγάζω au même sens que ἀποστέγω[155].

Le comparé est donc formé à partir de termes rares ou apparemment originaux, ou de termes employés d'une façon originale. Cela concourt à la création d'un énoncé original et difficile, que le comparant visait à expliquer.

## *Quelle symétrie entre comparant et comparé ?*

À cette lumière, intéressons-nous à la symétrie construite entre comparant et comparé. La symétrie la plus obvie s'observe entre les vers 5 et 10, qui sont répétés à l'identique (quoique certains manuscrits

---

147  Parménide 28 B 10.1-3 D.-K. : εἴση δ' αἰθερίαν τε φύσιν τά τ' ἐν αἰθέρι πάντα / σήματα καὶ καθαρᾶς εὐαγέος ἠελίοιο λαμπάδος ἔργ' ἀίδηλα καὶ ὁππόθεν ἐξεγένοντο, / ἔργα τε κύκλωπος πεύση περίφοιτα σελήνης.

148  *LfgrE* t. 14 col. 1506-1509 ignore ce sens.

149  Bollack 1969 t. II p. 135.

150  So.fr.710 Radt (ἐξωμμάτωται καὶ λελάμπρυνται κόρας, / Ἀσκληπιοῦ παιῶνος εὐμενοῦς τυχών) ; Eu.*Hec.*972 (κοὐκ ἂν δυναίμην προσβλέπειν ὀρθαῖς κόραις).

151  Chantraine *DELG* p. 1046.

152  Ae.*Su.*135 (λινορραφής τε δόμος ἅλα στέγων, c'est-à-dire un navire), Pi.*P.*4.80 (ἀμφὶ δὲ παρδαλέα στέγετο φρίσσοντας ὄμβρους).

153  Chantraine *DELG* p. 1046, *ad loc.*

154  Ae.*Se.*234 : le rempart protège la foule des assauts des ennemis (δυσμενέων δ' ὄχλον πύργος ἀποστέγει).

155  *Cf.* Empédocle fr. 100.14.

présentent des leçons différenciées[156]). Les vers 4 et 9, s'ils ne sont pas identiques, répondent à une même structure puisqu'ils font se succéder : un pronom relatif en position de sujet – un enclitique – un génitif adnominal – μέν – l'objet verbal au neutre – le verbe – et un participe au génitif :

οἵ – τ᾽ – ἀνέμων – μὲν – πνεῦμα – διασκιδνᾶσιν – ἀέντων (84.4)
αἵ – δ᾽ – ὕδατος – μὲν – βένθος – ἀπέστεγον – ἀμφιναέντος (84.9)

Or, ce couple de vers 4-5 et 9-10 joue le même rôle dans l'économie du comparant et du comparé : décrire le rôle des voiles ou de la membrane, séparant le feu du reste de son environnement. Dans le comparant, les voiles protègent la flamme du souffle des vents, et dans le comparé, les membranes protègent le feu de l'eau – l'humeur de l'œil – qui l'entoure. Cette similitude indique que la relation entre le feu de la lanterne et l'air extérieur, et le feu de la pupille et l'humeur de l'œil est un élément déterminant de la comparaison.

La symétrie entre ces deux passages revêt ainsi trois aspects : elle est formelle (on constate au premier regard que les vers ont une forme identique), grammaticale, et fonctionnelle (ils décrivent des aspects comparables des deux objets).

Les autres parties de la comparaison présentent une telle symétrie, quoique de façon plus ponctuelle : ainsi, les vers 1 et 7, qui commençaient tous deux par des termes comparatifs semblables (ὡς δ᾽ ὅτε et ὣς δὲ τότε) se terminent tous deux par une mention de l'objet verbal, λύχνον (84.1) et πῦρ (84.7). Ces vers comportent tous deux un verbe au moyen (ὁπλίσσατο 84.1 et λοχάζετο 84.8). Les vers 2 et 8 s'achèvent également par un attribut à valeur résultative, πυρὸς σέλας αἰθομένοιο et κύκλωπα κούρην.

Le terme ἀτειρής fournit un éclairage supplémentaire. Dans le fragment 86, l'adjectif qualifie les yeux créés par Aphrodite : ἐξ ὧν ὄμματ᾽ ἔπηξεν ἀτειρέα δῖ᾽ Ἀφροδίτη[157]. L'adjectif ἀτειρής, appliqué à un élément du comparant en 84.6, est ainsi employé pour le comparé – l'œil lui-même – dans ce fragment 86. La frontière entre comparant et comparé est perméable et l'analogie, qui fonctionne ici par rapprochements de

---

156  Cf. infra, p. 290-292.
157  Empédocle fr. 86. Pour le texte et son contexte, voir Annexe 1, p. 777.

tableaux associant deux processus démiurgiques, permet également des associations momentanées et créatrices de sens entre les deux pans du tableau. Il y a, ainsi, une correspondance de nature entre comparant et comparé : Empédocle aurait pu prendre l'exemple de la fabrication d'un objet qui ne soit pas une lanterne et qui ne comprenne pas de feu, mais il a au contraire choisi un artefact qui a des propriétés essentielles en commun avec l'œil tel qu'il le décrit.

## Remarques sur la grammaire et l'édition du passage

Formulons finalement quelques remarques sur le texte du fragment. La proposition de restituer le fragment 87 après le vers 8 est celle qui convient le mieux à la définition de symétrie que nous avons dégagée : le vers 3 et le fr. 87 décrivent l'opération artisanale par laquelle cette confection s'opère, les deux participes ἀσκήσασα et ἄψας étant du côté de l'ajustement d'éléments pour former un objet complexe. Par ailleurs, alors que le premier terme du vers 1 (après les chevilles grammaticales d'introduction de la comparaison) était τις, le dernier mot du groupe de trois vers 7-8-fr. 87 est Aphrodite : cela produit un effet de clôture remarquable. Dans la mesure où le fragment 87 exprime le plus clairement l'idée que l'Amour a créé l'œil, on comprend qu'il ne soit pas cité par Aristote, qui lit le passage comme une théorie du fonctionnement de la vision.

Toutefois, cette restitution ne s'impose pas : il faut conserver les vers 84.7-8 dans leur difficulté même. L'absence du nom d'Aphrodite demande à être analysée par l'auditoire, qui doit le suppléer par sa connaissance du poème. La comparaison de la clepsydre, nous le verrons, ne mentionne pas Aphrodite, alors qu'il est évident qu'elle a créé le système respiratoire.

La construction proposée par Bollack paraît la plus satisfaisante : construire κύκλωπα κούρην comme attribut à valeur résultative de πῦρ, outre d'être très bien attesté dans les grammaires[158], permet de rendre compte du fait qu'Aphrodite fabrique l'œil.

On peut considérer, avec Rashed, les leçons ἐχεύατο et λοχάζετο comme des variantes anciennes. La leçon ἐχεύατο semble plus difficile

---

158 Chantraine *GH* t. II, p. 15-18, qui cite Δ.155 (θάνατόν νύ τοι ὅρκι᾽ ἔταμνον, « c'est pour ta mort que j'ai conclu ce pacte »).

dans la mesure où elle n'est possible que si l'on accepte d'identifier la jeune fille à l'eau. Or, cela implique trois opérations : passer de κούρη à Perséphone (par le biais de sa dénomination traditionnelle), de Perséphone à Nestis (par le biais des fêtes des Nesteia, en Sicile, comme l'a montré Kingsley[159]) et, finalement, de Nestis à l'eau (par le fragment 6). De ce point de vue, la proposition de Rashed pose trois problèmes :

1.  Elle implique que le sens littéral de l'énoncé était incompréhensible sans procéder à cette triple association : l'énoncé produit, *verser la jeune fille dans les tissus*, ne paraît pas littéralement compréhensible.

2.  L'association de la κούρη de notre fragment à Nestis, Perséphone et à l'eau ne va justement pas de soi. Le fait qu'il faut identifier Nestis à Perséphone et qu'Empédocle donne à l'eau le nom de Nestis dans le fr. 6 a été bien argumenté par Kingsley. On ne peut toutefois pas en déduire que les fragments d'Empédocle procédaient à une identification pure et simple de Perséphone (quelle que soit sa dénomination) à l'élément eau : le fragment 6, qui constitue le seul passage où l'on puisse argumenter de façon positive que l'eau est associée à Nestis-Perséphone, présente justement une dimension polémique – eu égard aux formes de théologies qui ont cours dans le monde grec de son époque. Empédocle choisit dans ce fragment d'associer à ses quatre racines des noms peu attestés, difficiles, et qui suscitaient déjà la perplexité des anciens, si l'on peut en juger par les différentes interprétations qu'ils proposaient de ce fragment[160] ; nous savons par ailleurs que sa conception du divin établit une série de ruptures majeures avec la religion grecque – qu'il s'agisse de la remise en cause de l'importance, fondatrice, du sacrifice sanglant, ou de sa conception de la Sphère comme une divinité séparée du monde, etc. Il est dès lors extrêmement peu vraisemblable qu'Empédocle identifie *simplement* son élément eau à la Perséphone de la religion traditionnelle – c'est-à-dire celle qui est enlevée par Hadès,

---

159  Kingsley 1995a p. 348-358.
160  Voir Bollack 1969 t. III p. 169-171 pour les interprétations anciennes de la relation entre ces quatre dieux et les éléments.

que cherche Déméter et qui finit par répartir son temps entre la surface et les enfers. Il est bien plus vraisemblable que ces caractéristiques – qu'elle soit une Κούρη, qu'elle soit παῖς de Déméter, etc. – soient neutralisées dans le cadre de la théologie subversive d'Empédocle. Les dénominations traditionnelles de la déesse appartiennent de ce point de vue à l'horizon religieux qu'il conteste et recompose : il y a une différence à donner à une racine, dans un contexte polémique, une dénomination d'une divinité dont nous pouvons retracer la signification malgré le fait qu'elle nous est méconnue, et à admettre que tous les termes qu'on peut associer la racine elle-même aux attestations possibles, dans les fragments qui nous sont parvenus, des autres dénominations de cette divinité. Accepter trop rapidement qu'Empédocle affirme dans un contexte critique que « l'élément eau se nomme Nestis » soit l'équivalent de « toutes les dénominations de Perséphone renvoient à l'eau », outre de présenter la difficulté logique que la réciproque de toute proposition vraie n'est pas elle-même nécessairement vraie, ne me semble pas pertinent dans le cadre de la refonte de la théologie que propose Empédocle.

3. Le dernier problème, qui n'est pas le moindre, est que la syntaxe de la leçon ἐχεύατο n'est pas tenable sans correction : on doit soit ajouter le fr. 87, en faisant de πῦρ l'objet de ἀσκήσασα, soit faire de πῦρ le sujet de ἐεργμένον <ἐστίν> et ajouter un <τ'> ou un <δ'> après λεπτῇσιν pour éviter l'asyndète. Or, la métrique n'impose pas de fermer la syllabe -σιν de λεπτῇσιν : une syllabe brève en troisième position devant une nasale est l'un des cas de *breuis in longo* bien repéré par les métriciens[161].

Toutes ces raisons me conduisent à choisir λοχάζετο, que je comprends comme un doublet de λοχάω, *être en embuscade*.

---

161 West 1982 p. 38, point (c) pour la nasale en position finale. Les cas de *breuis in longo* chez Panyassis, Parménide et Empédocle sont traités de façon exhaustive *infra*, p. 260 *sqq*.

CONCLUSION SUR LE FRAGMENT 84

La comparaison du fragment 84 est construite par recouvrement du comparant et du comparé l'un sur l'autre : le premier éclaire le second au moyen d'une série de correspondances lexicales, phonétiques et syntaxiques, en incluant des répétitions partielles ou intégrales de certains vers. Cette symétrie est pourvue d'une fonction didactique, dans la mesure où elle vise à expliquer une succession de termes rares employés pour décrire une réalité inconnue, la morphologie de l'œil, au moyen d'un univers de référence connu.

Pourtant, notre comparaison du fragment 84 introduit une dissymé-trie entre comparant et comparé, du point de vue surtout des univers poétiques et lexicaux qui composent chacun d'eux. Ce fait n'a pas été analysé dans toute sa signification par les commentateurs. L'objet de l'expérience commune se trouve poétisé par son inscription dans le monde des comparaisons d'Homère. Mais celui-ci n'est pas convoqué pour lui-même : il fait l'objet d'adaptations et de déplacements qui soulignent l'originalité de la visée d'Empédocle.

Cette construction particulière est l'un des aspects de la portée didactique de la comparaison de l'œil et de la lanterne : la connaissance nouvelle est exprimée au sein d'un lexique original, expliqué par un tissu complexe de termes relevant de l'expérience quotidienne et de références poétiques. Le fragment réalise le tour de force de comparer deux éléments qui ont un fonctionnement et une constitution semblables, l'œil et la lanterne, tout en exprimant chacun au moyen d'univers lexicaux distincts, mais en conservant une puissance d'explication très forte, du fait de la symétrie entre les deux ensembles de vers. C'est cette alliance d'identité et de dissemblance, d'analogie et de dysanalogie, qui permet la prise de distance réflexive nécessaire à la compréhension de la constitution de l'œil par Aphrodite par l'intermédiaire de la confection de la lanterne.

## LE FRAGMENT 23 : LA CRÉATION DU VIVANT
## ET L'ANALOGIE DES PEINTRES

Le fragment 23 comporte seulement un comparant[162] : des peintres créent un tableau représentant la diversité du vivant, à partir de poudres colorées[163]. Nous verrons que ce comparant, qui relève de l'univers artistique et technique, répond très vraisemblablement à un comparé, exprimé dans le fragment 21, qui portait sur le processus de création du vivant à partir des éléments.

### PRÉSENTATION DU FRAGMENT 23
### ET DES DIFFICULTÉS HERMÉNEUTIQUES

*Le contexte de la citation par Simplicius*
*et le problème du comparé*

Le fragment 23 nous est connu par une unique citation de Simplicius[164], où il est amené à l'appui de la thèse illustrée par le fragment 21[165] : il s'agit de montrer comment la pluralité des objets du monde est produite à partir d'un petit nombre de principes[166]. Cette citation de Simplicius a fait l'objet des analyses récentes de Primavesi dans la mesure où elle entretient une relation avec le texte retrouvé sur le Papyrus de Strasbourg[167].

La majeure partie de la communauté scientifique accepte de considérer que le fragment 21 est le comparé auquel est associé le comparant du fragment 23[168], sur le fondement de quatre arguments. (1) Simplicius

---

162  Pour le texte du fragment, voir Annexe 1, p. 759-762.

163  Cette partie de mon travail a bénéficié de discussions avec Leopoldo Iribarren, David Sedley et d'autres spécialistes, que je remercie.

164  Simplicius, *In Ph.*, 159.26-160.11, reproduit en Annexe 2, p. 811-813.

165  Simplicius, *In Ph.*, 159.26 : καὶ παράδειγμα δὲ ἐναργὲς παρέθετο τοῦ ἐκ τῶν αὐτῶν γίνεσθαι τὰ διάφορα [cit. fr. 23].

166  Simplicius, *In Ph.*, 159.10-12 : πλείονα δὲ ἄλλα εἰπὼν ἐπάγει ἑκάστου τῶν εἰρημένων τὸν χαρακτῆρα, τὸ μὲν πῦρ ἥλιον καλῶν τὸν δὲ ἀέρα αὐγὴν καὶ οὐρανόν, τὸ δὲ ὕδωρ ὄμβρον καὶ θάλασσαν. λέγει δὲ οὕτως [cit. fr. 21].

167  Primavesi 2008 p. 10-11 (pour la discussion du passage de Simplicius) et p. 45-46. Le détail des arguments est présenté *infra* p. 513.

168  Les éditeurs et interprètes qui ont accepté cette thèse d'une succession B 21–B 23 sont Sturz 1805, Mullach 1860, Bollack 1969, Gallavotti 1975 (qui va jusqu'à supposer une

présente la citation du fragment 23 comme un παράδειγμα ἐναργές, une *illustration claire* du fait que la multiplicité des choses du monde provient d'un nombre limité de principes semblables à partir des quatre racines[169]. (2) Le thème commun des deux fragments : chercher à expliquer la création de la multiplicité des choses du monde par le recours au schème du mélange d'un nombre restreint de principes[170]. (3) L'identité presque parfaite des vers 21.10-12 et 23.6-8 est un trait caractéristique de la composition des comparaisons empédocléennes[171]. (4) La mention des couleurs dans le fragment 21 annonce la mention des couleurs dans la comparaison des peintres : le blanc (λευκόν, fr. 21.3[172]) et le noir (δνοφόεντα, fr. 21.5) du fragment 21 sont deux des quatre couleurs formant la base de la technique picturale au V$^e$ siècle[173].

Les occurrences de παράδειγμα ἐναργές chez Simplicius impliquent qu'il s'agit ici d'une description par Simplicius du geste auquel se livre un auteur au sein d'un passage, et non pas d'un commentaire fait par Simplicius lui-même[174]. Le principal argument avancé en faveur de la succession directe des fragments 21 et 23 est, ainsi, un argument de poids.

---

continuité syntaxique directe entre le dernier vers du fragment 21 et le premier vers du fragment 23 ; *cf.* Gallavotti 1975, p. 34 et 211), Wright 1995, Inwood 2001, Trépanier 2004, Iribarren 2013. Elle est reconduite par les ouvrages de Barnes 1982 (t. II, p. 7-8) et de Kirk, Raven & Schofield 1983 (p. 315-316) ; elle a perduré après la découverte du papyrus de Strasbourg, et se trouve encore largement défendue aujourd'hui.

169 L'argument se trouve dès Sturz 1805 p. 568 et a été repris par la majeure partie de la tradition interprétative postérieure. *Cf.* en particulier Bollack 1969, t. III, p. 120. Dans l'idée de Sturz, Simplicius avait intercalé un commentaire entre le dernier vers du fragment 21 et le premier vers du fragment 23, qui se seraient suivis directement selon lui dans l'état originel du Poème physique (Sturz 1805 p. 568 : « <*Simplicius*>, *qui statim inter vers.* 81 (= B 21.14) *et* 82 (= B 23.1) *posuit haec* : καὶ παράδειγμα δὲ ἐναργές παρέθετο, τοῦ ἐκ τῶν αὐτῶν γίνεσθαι τὰ διάφορα »).

170 L'idée était, déjà, implicitement relevée par Sturz 1805 p. 568. Pour une formulation explicite, voir en particulier Bollack 1969 t. III p. 120.

171 Bollack 1969 t. III p. 120.

172 Le terme n'est, certes, attesté que dans les manuscrits d'Arist., *GC.* 314b 20, et non chez les autres témoins du vers 3, qui sont Simplicius *Commentaire à la physique* 32 et 157 ; Galien, *De simplicum medicamentorum temperamentis* 2.XI.461.7 ; Plutarque *De prim. frig.* 949F 5-8.

173 Iribarren 2013 p. 90 n.12 et p. 100 n.42, et les références qu'il fournit quant à la technique picturale au V$^e$ siècle. La thèse a au demeurant déjà été avancée par Kranz [1912] 1967 p. 126-128.

174 Ainsi, Simplicius (*In De caelo* 439.8) fait référence à Aristote (*De caelo* 289a 19-35) pour signaler que l'exemple choisi par ce dernier (les traits et autres projectiles qui s'enflamment lorsqu'on les lance) est pertinent pour étayer son argument (les étoiles sont ignées parce qu'elles sont en mouvement, et non parce qu'elles sont en elles-mêmes faites de feu). En *In*

Karsten considérait pourtant que le comparé était le fragment 71[175] :
il introduisait entre les fragments 21 et 23 les douze vers du fragment
26 et les quatre vers du fragment 71. Vu la proximité thématique entre
les fragments 21 et 71, le geste de Karsten ne modifie pas de façon fondamentale le sens de la comparaison du fragment 23, qui porte toujours
sur la création du multiple.

D'autres fragments ont été insérés entre comparant et comparé : Stein
se prononce pour la succession 21 – 16 – 26.1-7 – 23[176]. Diels puis Kranz,
de 1901 à 1951, insèrent entre les fragments 21 et 23 le fragment 22. Plus
récemment, Primavesi a choisi d'insérer entre les fragments 21 et 23 les
sept vers de l'ensemble b du Papyrus de Strasbourg, reconstruits sur la
base de B 76[177]. Dans l'idée de Primavesi, le fragment 21 est suivi d'un
vers manquant ; vient ensuite 76.1, suivi de l'ensemble b, dont le second
vers est 76.3, et le quatrième 76.2. Le texte s'interrompt ensuite, et un

---

*Categ.* 8.2.18, dans un contexte doxographique, Simplicius use du tour διὰ παραδειγμάτων
ἐναργῶς σαφηνίζοντος pour signaler qu'avant même Aristote, Archytas le Pythagoricien
a donné des définitions satisfaisantes dans son livre *Sur le Tout.* En *In Phys.* 447.1, après
avoir résumé l'idée d'Aristote en *Ph.* 202b 8 (le même acte peut appartenir à deux objets),
Simplicius qualifie l'argument d'Aristote (fondé sur une distinction de l'acte et de la puissance) de ἔτι ἐναργεστέρῳ παραδείγματι, en citant les termes mêmes employés par Aristote
(ὡς τὸ δυνάμει πρὸς τὸ ἐνεργοῦν, *Ph.* 202b 9-10 = *In Ph.* 447.1). Quel que soit le sens exact
qu'il faut donner à ce passage difficile, il nous suffit de remarquer que παράδειγμα ἐναργές
est employé par Simplicius pour souligner la clarté et la pertinence qui caractérise à ses
yeux l'argument apporté par Aristote à l'appui de sa thèse. En *In Ph.* 492.20, le participe
παραδεικνὺς ἐναργῶς est apposé à Aristote (dont le nom est sous-entendu), au sein du
résumé que Simplicius propose d'un passage où le Stagirite montre que, si l'infini est bien
en puissance, il l'est seulement en un certain sens de l'expression (Arist. *Ph.* 206a 18-25).

175 Karsten 1838, p. 207 *sqq.* Le πῶς (71.2) constituait selon lui l'indice d'une tournure
comparative. Le propos du fragment 71 est, d'ailleurs, le même que celui du fragment
21 : les deux fragments portent sur la création du vivant dans sa multiplicité. Le fragment
71 présente, lui aussi, une forme de correspondance terme à terme avec le fragment 23,
dans la mesure où il mentionne les εἴδεα (εἴδη 71.3 et εἴδεα 23.5) et le thème de la couleur
(χροαί 71.3 et πολύχροα 23.3), et que le verbe γεγάασι revient sous la même forme (71.4 et
23.10). Le fragment 26 était placé à cet endroit du fait d'un autre passage de Simplicius
signalant que 26 suivait de peu 21 (Simplicius, *In Ph.*, 33.18, *cf.* Annexe 2, p. 810-811),
et le fragment 71 du fait de la similitude entre 71.1 et 21.2 indiquée en particulier par
le retour du terme rare λιπόξυλος.

176 Stein 1852 p. 44 considérait les vers 8-12 du fr. 26 comme une interpolation issue de
17.9-13. Il ne justifie pas l'insertion du fr. 23 en cette position précise ; on peut supposer
qu'il a été guidé par la similitude des thèmes abordés, ainsi que par la proximité formelle
entre les vers 21.9 et 16.1.

177 Martin & Primavesi 1999 p. 108, Primavesi 2008 p. 42 *sqq.*, ainsi que Mansfeld &
Primavesi 2011 p. 468-470.

nombre de vers indéterminé prendrait place entre la fin de l'ensemble b et le début du fragment 23. Le savant parvient au texte suivant, dans sa reconstruction du groupe formé par le fragment 76 et l'ensemble b :

| | |
|---|---|
| τοῦτο μὲν ἐν κόγχαισι θαλασσονόμοις βαρυνώτοις | b.0 = B 76.1 |
| [ἠδ’ ἐν πε]τραίοισι κα[ | b.1 |
| ἔνθ’ ὄψει χθόνα χρωτὸς ὑπέρτατα ναιετάουσαν | b.2 = B 76.3 |
| [θώρηξ δ’ αὖ]τε κραταιν[ώ]των α[ | b.3 |
| ναὶ μὴν κηρύκων τε λιθορίνων χελύων τε | b.4 = B 76.2 |
| [      ]μελίαι κεραῶν ἐλά[φων | b.5 |

Le fragment 76 nous est connu par deux citations de Plutarque[178], qui le mobilisent dans un contexte voisin puisqu'il s'agit de réfuter la doctrine des lieux naturels (ou du moins une version affaiblie de celle-ci) au profit d'une théorie expliquant la position des éléments par leur fonction dans l'organisme[179] : les tortues, les conques et les buccins ont sur le dos une carapace de terre qui les protège, alors que la terre devrait être naturellement portée vers le bas. L'argument est appliqué dans les *Quaestiones conuiuales* au fait que les places des convives dans les banquets ne devraient pas être décidées d'après des questions de rang et de considération, mais selon les affinités entre les personnes[180]. Dans les deux occurrences, le vers 76.2 est séparé du vers 76.3 par une marque de style indirect, ce qui pourrait effectivement indiquer que 76.3 se trouve à quelque distance des deux précédents.

---

178 Plutarque, *QC*. 618B 8-11 cite les vers 76.1-2 puis 76.3 ; *De facie in orbe Lunae* 927F 3-6 cite 76.2 puis 76.3. Le texte du fragment 76 peut être traduit comme suit : « c'est le cas chez les coquillages marins, au dos lourdement cuirassé, surtout des conques et des tortues aux pierreuses carapaces, … là tu verras la terre logée au-dessus de la chair ».

179 Plutarque, *De facie quae in orbe lunae apparet*, 927E 1 *sqq.* : ἀλλ’ ὅταν ἕκαστον, οὗ χάριν γέγονε καὶ πρὸς ὃ πέφυκεν ἢ πεποίηται, τούτῳ παρέχῃ χρησίμως καὶ οἰκείως κινούμενον ἑαυτὸ καὶ πάσχον ἢ ποιοῦν ἢ διακείμενον, ὡς ἐκείνῳ πρὸς σωτηρίαν ἢ κάλλος ἢ δύναμιν ἐπιτήδειόν ἐστι, τότε δοκεῖ τὴν κατὰ φύσιν χώραν ἔχειν καὶ κίνησιν καὶ διάθεσιν (trad. Lernould 2013 : « Au contraire, quand on dit que chaque partie (*sc.* d'un organisme) se meut d'une manière utile et appropriée à la réalité en vue de laquelle elle est née et pour laquelle elle est advenue naturellement ou a été produite, et que ses passions ou actions ou états contribuent à la conservation, la beauté ou la puissance de cette réalité, c'est alors qu'elle paraît avoir une place, un mouvement et une disposition conformes à la nature »).

180 Le fragment 76 est cité à l'appui du fait que la divinité ne place pas les éléments selon leur lieu naturel, mais *dans l'ordre où l'exigent les besoins du corps* (618B 7 : ὡς ἂν αἱ χρεῖαι τὸν σωμάτων ἀπαιτῶσιν). Parmi les exemples mobilisés par Lamprias, on note en 618A 9-11 celui du peintre qui ne choisit pas de mettre en meilleure place, sur son tableau, la couleur la plus onéreuse mais vise à créer une harmonie d'ensemble.

Martin et Primavesi estiment que le groupe formé par le fragment 76 et l'ensemble b ne décrit pas, comme on le croyait avant la découverte du papyrus, l'enveloppe externe des animaux au moyen d'une opposition entre dur et mou[181], mais le caractère manifeste de l'élément terre dans les corps composés : l'exemple des cerfs, dont le bois ne forme pas l'enveloppe externe, apparaît sur le papyrus mais se trouve absent du fragment tel qu'il est transmis par Plutarque, ce qui infirme la thèse ancienne[182].

Les arguments avancés par Martin et Primavesi à l'appui de la cohérence de la reconstruction de la séquence fr. 21 – ensemble b + fr. 76 – fr. 23 sont les suivants. (1) Le ton didactique du fragment 76 (vers 3, ἔνθ' ὄψει) s'inscrit tout à fait dans l'excursus didactique commencé avec le fragment 21[183]. (2) L'idée que les éléments sont visibles dans les corps composés (énoncée en 21.1-4) trouve une illustration dans le fait que la terre est apparente sous une forme pure dans les animaux dont il est question dans le fragment 76 (les conques, les coquillages et les tortues)[184]. (3) Ce caractère manifeste de l'élément terre dans ces animaux assure la transition avec le fragment 23, précisément consacré au mélange[185].

Ces arguments ne sont pas pressants : ils ne prouvent que la *possibilité* de placer le fragment 76 en cette position pour obtenir une reconstruction cohérente du passage. Or, vu les lacunes dans notre connaissance du Poème physique d'Empédocle, un tel type d'argument ne saurait être manié sans une extrême prudence. L'argument du caractère didactique du fragment 76 est faible : les fragments qui nous sont parvenus soulignent très fréquemment le caractère didactique de leur propos, par des intrusions de l'énonciateur qui qualifient la prise de parole du poète lui-même et invitent le destinataire à écouter le poème et à connaître son contenu[186].

---

181 Empédocle ne peut bien entendu pas avoir eu en vue de réfuter la thèse des lieux naturels.
182 Martin & Primavesi 1999 p. 108.
183 Martin & Primavesi 1999 p. 108.
184 Primavesi 2008 p. 42.
185 Primavesi 2008 p. 43.
186 Ces intrusions d'énonciateur emploient généralement le verbe λέγω (au futur : 8.1, 17.1 = 17.16, 38.1, 114.2 ; à l'aoriste en 17.15 et 38.1). Pour les adresses aux destinataires dans un contexte didactique, voir les emplois de κλύω en 1.1, 17.14, aII.22, 62.3, ceux d'ἀκούω en 6.1, 17.26, 23.11 et ceux d'ἴσθι en 23.11 et 110.10.

La reconstruction de Primavesi présente par ailleurs des difficultés. Le premier vers du fragment 76 (vers 0 de l'ensemble b) est absent du papyrus. On ne peut pas exclure que les vers 76.2 et 76.3 aient fait l'objet de citations répétées dans différentes parties du poème, sans que le vers 76.1 soit même cité entre les fragments 21 et 23.

Le vers b.5, déterminant dans la mesure où il introduit le nom du cerf, est l'objet d'une restitution difficile : la restitution des trois lettres Φ Ω et N de ἐλά[φων ne s'appuie sur aucun argument paléographique[187]. Les seules lettres encore lisibles de façon assurée sont donc ΕΡΑΩΝΕΛ, suivi d'une partie de ce qui pourrait être un A. Le grec comprend pourtant un grand nombre de termes commençant par les lettres ἐλα-, qui auraient pu être des candidats valables pour notre fragment. L'adjectif κεραός, cornu, est certes une épithète du cerf chez Homère : mais le κ initial de cet adjectif est une restitution qui n'est soutenue par aucune donnée papyrologique, dans ce cas précis[188]. Il est délicat de proposer des restitutions aussi orientées par l'interprétation alors que le papyrus est extrêmement corrompu.

L'argument de Martin & Primavesi n'emporte donc pas la conviction[189]. La reconstruction la plus sûre, à mon sens, est la succession directe des fragments 21 et 23.

## Problèmes philologiques posés par le fragment 23

Le fragment 23 a posé un certain nombre de difficultés philologiques aux savants précédant la première moitié du XIXe siècle, qui n'avaient pas à leur disposition l'intégralité des manuscrits du *Commentaire à la Physique* de Simplicius que nous connaissons aujourd'hui[190]. Le rapport

---

187  Martin & Primavesi 1999 p. 262. Pour le premier mot, μελίαι, seule la partie supérieure extrême des lettres est encore discernable, alors que le κ initial de κεραῶν a complètement disparu : les éditeurs (p. 140) admettent que la plupart des lettres restituées dans μελίαι auraient pu être lues différemment.

188  Martin remarque en effet qu'à cet endroit, on ne discerne « qu'un point ténu, en haut, appartenant à la lettre qui précède E » (Martin & Primavesi 1999, p. 140).

189  Pour d'autres réserves exprimées sur la proposition de Primavesi, *cf.* Laks 2001a p. 120 ; Iribarren 2013 p. 91 n. 13, qui souligne d'ailleurs avec justesse que placer l'ensemble b à cet endroit obscurcit la continuité de l'argument empédocléen : pourquoi se focaliser ainsi sur l'élément terre entre deux fragments (fr. 21-23) qui traitent, au contraire, de l'interaction des racines entre elles ?

190  L'*editio maior* du texte est en effet réalisée par Diels de 1882 à 1895. Pour désigner les manuscrits, je suis les sigles de Diels (voir l'index des manuscrits du présent ouvrage).

entre l'état de connaissance des manuscrits et l'élaboration des interprétations est donc plus complexe que ne peut le refléter un apparat critique. Sturz et Karsten n'avaient à leur disposition que l'édition aldine du *Commentaire à la Physique* de Simplicius[191], qui ne comportait aucun des trois duels présentés par les autres manuscrits[192]. Sturz et Karsten sont occasionnellement parvenus à retrouver le texte présenté par les manuscrits qu'ils ignoraient[193]. Stein, en 1852, avait accès au manuscrit D (ou à un apographe) : il en signale la leçon μίξαντες, au vers 4, que le manuscrit est seul à présenter selon l'édition de Diels. Stein retenait un texte identique à celui des éditions modernes, à deux exceptions près[194].

Le texte même du fragment a été peu discuté depuis l'édition des *Vorsokratiker* de Diels, hormis deux propositions de correction significatives.

1. Les manuscrits présentent des leçons différenciées pour la fin du vers 9 (καί νυ τῷ D : καὶ νυ τῷ E : καί νύ τω F : ὡς νύ κεν a). Blass, en 1883, a proposé une relecture à partir de l'onciale des leçons de E et F en καινύτω (de καίνυμι), qui a été acceptée par tous les savants depuis lors[195].
2. Au vers 23.2, les manuscrits DEF portent ἀνέρες ἄμφω τέχνης, et l'aldine ἀνέρες ἀμφὶ τέχνης. Diels et la majorité des éditeurs postérieurs retiennent le texte de l'aldine car celui de

---

191 Selon Diels, dans la préface de l'*editio maior* de Simplicius qu'il a réalisée de 1882 à 1895 (p. VII), l'aldine est dépendante du manuscrit F dans les quatre premiers livres. Lorsque le texte de l'aldine diffère de celui de F, Diels estime que l'éditeur de l'aldine a « introduit des innovations en grand nombre », mais qu'elles sont « pour la plupart malheureuses », quoiqu'un petit nombre soit digne d'intérêt (p. VII : « *Aldini exempli editor haud pauca novavit, infeliciter, sed non nulla nobis probata* »).

192 On lisait alors δεδαῶτες (aF) pour δεδαῶτε (DE) en 23.2 ; μάξάν τε (de μάσσω, *pétrir*, correction de Sturz à un obscur μόξαν τε de l'aldine) pour μείξαντε (EF) ; κτίζον τε (aldine) au lieu du duel κτίζοντε présenté par EF (que Karsten a corrigé à la suite de Scaliger, avec moins de bonheur, en κτίζουσι).

193 Quoique Sturz 1805 p. 516 et 568, suivant l'aldine, éditât μήτινος en 23.2 (pour μήτιος, présenté par les manuscrits DEF qui lui étaient inconnus), il rejetait cette leçon en commentaire pour corriger en μήτιος, qui se trouvait correspondre aux leçons des autres manuscrits, dont il ne disposait pas. Karsten 1838 p. 104 corrigeait πᾶσ᾽ ἐναλίγκια (le texte de l'aldine suivant F) en πᾶσιν ἀλίγκια, qui correspondait à la leçon des manuscrits DE.

194 Stein 1852 p. 44-45 lit μίξαντε pour μείξαντε en 23.4 (où D comporte μίξαντες), et ὡς νύ κεν (aldine) pour καινύτω en 23.9, qui est une correction proposée par Blass en 1883.

195 Le savant s'appuyait probablement, en particulier, sur Hésychius κ.251 (Latte), qui glose καίνυσθαι par : νικᾶν, διαφέρεσθαι, σχοινεύεσθαι, μετρεῖν ἀγρόν.

DEF ne se laisse pas scander[196] et que le génitif τέχνης pose un problème grammatical : la seule difficulté du texte de l'aldine est mineure, puisque celui-ci présente un abrègement attique rare, τέ-χνης. Cette difficulté du texte admis a conduit Vítek à proposer la correction ἀνέρε 'μφω τέχνης, qui permet de conserver le terme ἄμφω de DEF, contre l'aldine, tout en gommant l'abrègement attique difficile[197]. La proposition de Vítek présente trois difficultés : (a) l'aphérèse du ἀ- initial de ἄμφω. L'aphérèse est d'une grande rareté dans la poésie épique, et ne se produit jamais ailleurs, à ma connaissance, chez Parménide, Empédocle et Panyassis. (b) Le μ de 'μφω ne doit pas faire position, pour scander le vers[198], ce qui est une irrégularité majeure. (c) Le génitif τέχνης n'est plus rattaché à aucune préposition et se trouve en suspens dans la syntaxe.

Ces problèmes montrent qu'il vaut mieux conserver, au vers 23.2, le texte de l'aldine.

*Le problème du référent des duels et la zoogonie sous la Discorde*

Le sujet des trois groupes au duel δεδαῶτε (23.2), μείξαντε (23.4) et κτίζοντε (23.6) a fait l'objet de discussions importantes[199]. Ces duels ne proviennent pas d'une corruption : μείξαντε en 23.4 et κτίζοντε en 23.6 sont nécessaires à la scansion, dans la mesure où la syllabe finale des formes μείξαντες et κτίζοντες, au pluriel, aurait été fermée par position, respectivement devant τὰ μέν (23.4) et καί (23.6).

Les hypothèses formulées pour expliquer la relation entre ces duels et le comparé se sont élaborées dans le contexte de discussions qui portaient sur la possibilité de prêter à la Discorde un rôle démiurgique et sur le nombre de zoogonies en jeu dans le cycle[200]. Ces deux questions

---

196 L'hexamètre dactylique de 23.2 comporte une syllabe longue excédentaire si l'on retient le texte de DEF.

197 L'élision permet de faire disparaître la syllabe longue excédentaire de la leçon de DEF. – Diels considérait justement que les corrections que l'aldine introduisait étaient souvent fautives.

198 Il faudrait ainsi scander : ἀνέρε/ 'μφω τέχ/νης ὑπὸ /μήτιος /εὖ δεδα/ῶτε.

199 Le vers 137.6 comporte également un duel problématique, qui désigne le père et les enfants. On peut considérer qu'il s'agit de comparer l'action de deux groupes.

200 Pour le monde unique, produit par l'Amour, *cf.* Bollack 1965 t. I p. 99 *sqq.* et Long 1974. Pour la double zoogonie, *cf.* Panzerbieter 1844, O'Brien 1969, Graham 1988, Martin

ne se recouvrent pas complètement : à l'intérieur de la thèse de la double zoogonie, Mansfeld et Primavesi admettent que le monde qui succède à la Sphère est produit non par la Discorde mais par l'Amour, à un moment où la puissance de celui-ci est progressivement limitée par celle de Discorde[201].

Bollack a soutenu qu'il s'agissait d'un duel ornemental à valeur de pluriel, dont le correspondant est Φιλία dans l'ordre du comparé[202]. Ces duels ont alors pour fonction de souligner stylistiquement trois moments essentiels de l'activité du peintre – que Bollack a incontestablement raison de distinguer – : la science de l'artiste acquise par sa formation préalable (δεδαῶτε, 23.2), l'opération de mélange proprement dite (μείξαντε, 23.4) et le résultat de l'activité picturale (κτίζοντε, 23.6).

Trépanier et Sedley considèrent que ces duels renvoient aux deux puissances cosmiques, que sont l'Amour et la Discorde[203]. L'interprétation de Trépanier, pour le fragment 23, se fonde sur deux points : que les neutres pluriels de 21.9 (τούτων) et 23.5 (τῶν) désignent les six principes dans leur ensemble ; que ἄλλα δ' ἐλάσσω décrit la fonction de Νεῖκος alors que τὰ μὲν πλείω décrit celle de Φιλία[204].

Iribarren estime que ces duels renvoient aux deux mains d'Aphrodite, responsables de la génération du vivant. Les arguments en faveur de cette idée sont les suivants[205] : le rôle joué par les paumes d'Aphrodite dans la génération du vivant (fr. 75 et 95) ; l'importance des offrandes picturales faites à Aphrodite dans la description des temps anciens (fr. 128.5) ; le fait que l'analogie des peintres n'implique à aucun moment

---

& Primavesi 1999 p. 75-82, Trépanier 2003b, Primavesi 2008, Mansfeld & Primavesi 2011 p. 396-404.

201 Mansfeld & Primavesi 2011 p. 403.

202 Bollack 1969 t. III, p. 122 : « il n'y a aucune idée de dualité. » Le savant est suivi par Gallavotti 1975 p. 211, Wright 1995 p. 38-39 et 179-180.

203 Trépanier 2003b p. 34 *sqq.* mobilise le fragment comme un argument à l'appui de la thèse que la Discorde est pourvue d'une fonction créatrice. Cette thèse générale est fondée sur une discussion de aI.8-aII.2, où le savant a défendu contre Martin & Primavesi 1999 qu'il fallait comprendre que les deux forces jouent un rôle démiurgique équivalent ainsi que, p. 35, sur une interprétation de Arist. *Metaph.* B4 (1000a26-b3). *Cf. infra* p. 528-529. Sedley 2007 p. 59 comprend avec Ierodiakonou 2004 que les peintres mêlent des poudres pour former quatre couleurs, estimant que les duels renvoient aux deux peintres et que la synchronicité de leurs opérations implique que les deux zoogonies ont lieu dans notre monde (*cf.* p. 48).

204 Trépanier 2003b p. 33-35.

205 C'est l'interprétation défendue par Iribarren 2013 p. 98 *sqq.*

l'intervention de Νεῖκος. L'opposition des pluriels (pour les peintres) et des duels (pour leurs mains) est expliquée par le fait que le propos passe de l'ensemble des peintres (au pluriel) aux deux mains de l'un d'entre eux, selon l'opération considérée[206].

La solution (2) implique de prêter à la Discorde une fonction créatrice impliquant qu'il y a une zoogonie sous la Haine[207], alors que les interprétations (1) et (3) confèrent cette fonction zoogonique à l'Amour seul.

Iribarren a raison de remarquer que, dans le fragment 23, l'hypothèse d'un duel équivalent à un pluriel ne rend pas compte de leur fonction sémantique[208] : l'un d'eux, δεδαῶτε, n'est pas nécessaire du point de vue de la métrique[209]. La présence des duels dans le fragment reflète un choix dont il faut rendre compte du point de vue de l'interprétation.

L'interprétation de Trépanier pose le problème de ne s'appuyer que sur un ressenti grammatical dans la détermination de l'antécédent de τῶν, qui n'est pas un argument positif[210].

La difficulté fondamentale à laquelle se heurtent ces interprétations est qu'elles ne se fondent pas sur une étude préalable de la congruence générale du comparant (le fr. 23) et du comparé (le fr. 21, selon toute vraisemblance) : il n'est dès lors pas évident que chaque élément du comparant ait un équivalent dans le comparé. Ne sommes-nous pas plutôt ici en présence d'une analogie où le comparant acquiert une forme d'autonomie et ne faudrait-il pas dès lors chercher la raison expliquant l'emploi d'un duel en dehors de raisons doctrinales majeures ?

---

206 Iribarren 2013 p. 103-104.
207 *Cf.* O'Brien 1969 p. 189 *sqq.*, dans la relation qu'il construit entre la critique de l'interprétation de Solmsen et sa propre thèse de la double zoogonie. Le fragment 23 n'est pas directement mobilisé comme un argument.
208 Iribarren 2013 p. 95 : « Cette lecture est insatisfaisante dans la mesure où elle ne rend pas compte de l'intentionnalité sémantique qui s'exprime dans la récurrence de cette désinence grammaticale dans le fragment 23. »
209 On aurait pu avoir δεδαῶτες, qui est d'ailleurs le texte présenté par l'aldine et le manuscrit F.
210 Trépanier 2003b p. 34 : « *The most natural scope of the demonstrative ἐκ τούτων is one that includes Love and Strife, rather than the elements alone.* » Voir, à l'encontre de ce type d'argument, Iribarren 2013 p. 97 : « Comme l'interprétation de Trépanier, sa lecture trahit ce qu'on pourrait appeler un "horizon d'attente" qui d'une certaine manière la prédispose à trouver dans l'analogie la confirmation d'une interprétation déjà élaborée de l'ensemble de la doctrine. »

## Le *duel* : données grammaticales et syntaxiques

Le duel est normalement employé dans un contexte où l'on désigne deux personnes ou deux objets. Chantraine distingue alors un duel naturel, qui s'applique aux objets qui vont naturellement par deux (les yeux, les genoux, les parents...), d'un duel s'appliquant à un couple d'objets ou de personnes réunis dans un contexte narratif donné[211]. Le premier type, rare chez Homère, est très souvent supplanté par le pluriel[212].

Les emplois du duel dans la poésie épique sont pourtant marqués, selon Chantraine, par des « incohérences[213] » : le poète peut indifféremment employer un pluriel là où il a d'abord employé un duel, et ce parfois dans la même proposition[214]. Les conditions de la transmission des poèmes homériques ont pu, il est vrai, impliquer une substitution du pluriel au duel lorsque la métrique le permettait[215]. Mais le pluriel remplace parfois le duel sans que ce soit le produit d'une contrainte métrique[216] ; et à l'inverse, certains duels sont bien attestés dans les manuscrits en des positions où un pluriel n'aurait pas modifié la scansion[217].

Il est plus rare de trouver un duel là où on attendrait un pluriel, pour renvoyer à plus de deux personnes[218] : on a tenté d'expliquer certaines de ces occurrences difficiles par des oppositions entre des groupes ou par le remploi de formules anciennes qui avaient, auparavant, impliqué de façon privilégiée des duels[219]. On ne peut pas exclure qu'Empédocle, qui

---

211 Chantraine *GH* t. II, p. 24 *sqq.*

212 On a ainsi de nombreux exemples des *paupières* (βλεφάρων, βλεφάροισι) au pluriel, mais seulement deux au duel (βλεφάροιιν, en K.187 et ρ.490). *Cf.* Chantraine *GH* t. II p. 24 § 32.

213 Chantraine *GH* t. II, p. 25 § 34, et les exemples qu'il donne.

214 Par exemple, en parlant des Dioscures, Hélène emploie une succession de duels et de pluriels en Γ.236-243. Pour des accords de sujet au duel suivi d'un verbe au pluriel et inversement, *cf.* Chantraine *GH* t. II p. 26 § 34.

215 Chantraine *GH* t. II, p. 27 § 35 : « une certitude n'existe que là où le pluriel et le duel ne sont pas métriquement substituables l'un à l'autre. »

216 Chantraine *GH* t. II p. 25 § 34 à propos du pluriel τοὺς δέ en Γ.243 (on aurait pu avoir τὼ δέ). Inversement, pour des tranformations de duel en pluriel du fait de l'adaptation de formules, *cf.* p. 26, § 34 et l'exemple de ἐρίηρες ἑταῖροι (Θ.332, N.421).

217 Ainsi, en I.183, le duel εὐχομένω s'est maintenu sans nécessité métrique (hormis dans un unique manuscrit, qui présente le pluriel εὐχόμενοι).

218 En Γ.279, où τίνυσθον renvoie à Hadès, Zeus, et Perséphone ; Θ.185 *sqq.*, où Hector s'adresse à plusieurs reprises à ses quatre chevaux au moyen du duel. Pour d'autres exemples et les solutions proposées, *cf.* Chantraine *GH* t. II p. 26-28.

219 L'un de ces passages difficiles est le moment du chant I (I.182–198, en particulier) où les ambassadeurs Achéens rendent visite à Achille. Le groupe est composé de cinq

connaissait à coup sûr ces passages, en ait tiré une licence lui permettant d'employer un duel au sens d'un simple pluriel au sein du fragment 23 ; mais Homère use par ailleurs du duel strictement au sens de *deux* dans des comparaisons, parfois justement pour ἀνέρε[220].

UNE ÉTUDE DE LA COMPARAISON DU FRAGMENT 23

Si l'on accepte la succession 21-23, ou en tout cas que le fragment 21 contienne le comparé dont le fragment 23 est le comparant, il nous faut déterminer à présent quelle partie du fragment 21 se trouve exactement faire l'objet de la comparaison[221].

*Structure des fragments 21 et 23 :*
*création du vivant et composition picturale*

Le fragment 21 est construit en une succession de quatre temps : (1) une adresse au disciple visant à lui prouver l'existence manifeste des éléments dans le monde, sous une forme pure (21.1-6) ; (2) une mention des deux principes antithétiques qui les régissent (21.7-8)[222] ; (3) l'énumération

---

personnes (I.168-170) : un guide (Phénix), deux ambassadeurs (Ulysse et Ajax) et deux hérauts qui forment leur escorte (Oidos et Eurybate). Le passage présente un entrelacs de duels et de pluriels, alors que le groupe comporte trois ambassadeurs. Ces duels ont été expliqués de plusieurs façons : (1) comme des équivalents de pluriel (par Zénodote) ; (2) ils proviennent d'une mauvaise adaptation de formules anciennes portant sur la scène d'ambassade (Hainsworth 1993 t. III p. 86) ; (3) il y a une opposition entre deux groupes (*cf.* Hainsworth 1993, t. III, p. 86 *sqq.* : on a soit considéré que Phénix guidait les quatre autres, soit que les trois ambassadeurs étaient suivis des deux hérauts qui les escortaient) ; (4) le référent des duels change, ce qui est une trace d'adaptation de versions antérieures de l'épisode (Nagy 1979 p. 49-54) ; (5) les deux ambassadeurs réels sont Ajax et Ulysse – Phénix, le plus ancien ami d'Achille, son pédagogue et père nourricier, n'appartient pas en propre, dans cet épisode, à la coalition des Achéens qui s'est formée autour d'Agamemnon dans le premier chant (je résume ici l'interprétation soutenue par Rousseau 1995 p. 353 n. 150).

220 Les deux troupes des Danaens et des Lyciens, qui combattent au-dessus d'un parapet, sont comparées à deux hommes qui se disputent par-dessus une clôture pour la mesure d'un champ, en M.421-424 : ἀλλ' ὥς τ' ἀμφ' οὔροισι δύ' ἀνέρε δηριάασθον / μέτρ' ἐν χερσὶν ἔχοντες ἐπιξύνῳ ἐν ἀρούρῃ, / ὥ τ' ὀλίγῳ ἐνὶ χώρῳ ἐρίζητον περὶ ἴσης, / ὡς ἄρα τοὺς διέεργον ἐπάλξιες « Mais de même que deux hommes se disputent pour des bornes, tenant dans leurs mains des instruments de mesure, dans un champ mitoyen, eux qui, sur un terrain étroit, luttent pour leur droit, de même un parapet séparait les deux troupes. »

221 Le fragment 21 est reproduit avec un apparat critique en Annexe 1, p. 760-761.

222 Je distingue ces deux vers des autres pour l'analyse, car leur statut est précisément crucial pour envisager la comparaison des peintres.

des êtres vivants qui naissent de l'union des éléments (21.9-12) ; (4) une conclusion formulant le rôle des éléments dans le mélange (21.13-14).

Suite à l'adresse initiale au disciple, la première preuve apportée tient aux phénomènes (21.3-6) : le soleil, la pluie et la terre ont des traits communs avec les éléments feu (la chaleur et l'éclat), eau (l'obscur et le froid) et terre (la solidité[223] et l'étendue).

Ces vers posent plusieurs problèmes, qu'il n'est pas ici le lieu de résoudre. Le texte est incertain en 21.3 et 21.5, du fait de *uariae lectiones* présentes chez les autres témoins[224]. Identifier l'air pose problème : si Sturz remarquait que αὐγή convenait mal, malgré la suggestion de Simplicius, Bollack a toutefois proposé qu'il s'agisse de l'air dans l'atmosphère, qui partage éclat et chaleur avec le feu[225]. Enfin, les manuscrits présentent des *uariae lectiones* en 21.6, qui portent sur le terme θελημά, généralement corrigé en θέλεμνα[226]. Je suis ici le texte de Bollack[227].

Ces vers comprennent un grand nombre de termes dont il s'agit de la première attestation : δνοφόεντα, ῥιγαλέον, θελημά et στερεωπά. L'Agrigentin invite ici le disciple à chercher dans les phénomènes qu'il a sous les yeux la preuve que la doctrine de la constitution du monde à partir des racines est juste : chacune d'elle se présente sous une forme concentrée, ou pure, dans le monde.

Les vers 7 et 8 mentionnent ensuite les rôles respectifs des deux principes, que sont la Discorde (Κότος, ici), et Φιλότης. On comprend bien pourquoi Φιλότης est mentionnée dans un tel contexte : elle assure la cohésion du monde tel que nous le voyons et préside au mélange décrit dans les vers suivants, à partir des quatre racines dont l'existence vient d'être démontrée sur le fondement d'une observation des phénomènes. Cependant, pourquoi mentionner la Discorde dans un contexte qui a

---

223 Si l'on valide la correction de Sturz θέλυμνα pour θελημά, au vers 21.6.

224 Le vers 21.3 est cité par Galien, *De simplicum medicamentorum temperamentis* 2.XI.461.7 ; les vers 21.3 et 21.5 par Arist. *GC.* 314b 20 et Plutarque *De prim. frig.* 949F 5-8. *Cf.* apparat critique en Annexe 1, p. 760-761.

225 Sturz 1805 p. 564 ; Bollack 1969 t. III p. 112.

226 Sturz 1805 p. 565 corrigeait en θέλυμνά τε καὶ στέρεα γε, au sens de *dense et solide* (analysant θέλυμνος du côté de ce qui possède des fondations, à partir de l'homérique προθέλυμνος). Karsten 1838 p. 206 corrigeait en ἐθέλυμνα, qu'il trouvait dans la *Suda* au sens de πυκνός (suivi par Diels 1901 p. 116). D.-K. suivent une correction de Wilamowitz tirée d'Hésychius, θέλεμνα. Bollack 1969 t. III p. 112 a proposé de conserver le texte de D, au sens de *gracieux*.

227 Bollack 1969 t. III p. 32-35.

manifestement trait à la génération des composés ? Bollack a suggéré qu'il s'agit simplement d'un exposé des principes sur lesquels est fondée la doctrine[228]. Cette explication n'est pas suffisante : l'exposé est circonstancié à la question de la génération par le mélange[229], et la mention de Νεῖκος, dans ce contexte, doit jouer un rôle spécifique.

L'opposition des préverbes et adverbes montre que le texte construit un équilibre entre deux forces opposées : διά et ἄνδιχα (21.7) contre σύν (21.8). Or, la fin du propos du fragment (21.13-14), introduite par γάρ, vise à rendre compte du mélange à partir des constituants précédemment mentionnés. Si la Discorde est citée dans un tel contexte, n'est-ce pas qu'elle joue un rôle dans le mélange, comme le soulignait Simplicius[230] ? Il est certain en tout cas que le monde tel que nous le connaissons, et tel qu'Empédocle invite son disciple à le contempler, n'existerait pas sans Νεῖκος : lorsque Φιλία règne sur les éléments, la notion même du multiple s'efface, lors de l'avènement du Σφαῖρος.

Les résultats du mélange sont présentés sous forme catalogique (21.9-12) : si les constituants du κόσμος (le soleil, la pluie, et la terre, 21.3-5) sont faits d'éléments purs, le mélange de ces derniers donne naissance aux végétaux et aux animaux, ainsi qu'aux dieux à la longue vie[231]. L'énumération des produits du mélange des éléments se clôt (fr. 21.13-14) sur la mention du fait que les quatre racines conservent une identité (αὐτὰ γὰρ ἔστιν ταῦτα) en dépit du fait qu'elles participent de corps composés (γίγνεται ἀλλοιωπά) – au contraire de ce qui se produit dans le mélange du Σφαῖρος. Le processus permettant de passer des racines aux composés n'est pas décrit : le fragment oppose le point de départ et le point d'aboutissement.

228 Bollack 1969 t. III p. 108 et 115 ; l'idée est implicite.

229 Comme en témoignent les commentaires de Simplicius en *In Ph.* 33.6-7 (σαφῶς τὴν ἀμφοῖν ἐν πᾶσι μῖξιν τοῦ τε νείκους καὶ τῆς φιλίας ἐξέφηνεν) et 159.27-28, à propos cette fois du fragment 23 (τοῦ ἐκ τῶν αὐτῶν γίνεσθαι τὰ διάφορα). *Cf.* Annexe 2, p. 810-813.

230 Simplicius, *In Ph.*, *loc. cit.* Penser, avec Trépanier 2003b p. 34, que le référent du τούτων de 21.9 est les six principes ne paraît, en revanche, soutenu par aucun argument fort : le neutre pluriel renvoie d'habitude aux quatre racines chez Empédocle, et l'on n'a pas de raison de croire qu'il en irait différemment ici.

231 Il n'est pas ici le lieu de discuter la façon dont les savants ont identifié ces dieux. Signalons seulement que, pour Bollack 1969, t. III, p. 118-119, ce vers implique qu'Empédocle redéfinit les divinités traditionnelles : ce que les mortels nomment de ces noms n'est en fait qu'une racine qui perdure dans la succession des composés qu'elle crée. Du point de vue de leur participation à la génération, ces dieux sont plus durables que ces composés mais n'existent ainsi qu'à travers eux. Voir aussi Barnes 1979 t. II, p. 197.

Le fragment 23, lui, est construit sur le mode d'une focalisation progressive sur l'objet : on passe du général au particulier. Les peintres, mentionnés par le substantif γραφεύς, dont il s'agit de la première attestation connue[232], sont d'abord décrits dans les deux premiers vers, et qualifiés comme des virtuoses (23.2)[233]. La peinture n'est alors évoquée qu'à travers une détermination de la visée de l'objet fini : être offert comme offrande (ἀναθήματα, 23.1).

Ce terme ἀνάθημα est rare : dans l'*Odyssée*, il désigne les *atours du festin*, c'est-à-dire les jeux musicaux accompagnant le repas[234]. Il est alors synonyme d'ἄγαλμα (*ornement*). Mais le sens auquel nous avons affaire ici, dans le fragment 23, est technique et désigne les *offrandes votives*, sens d'ailleurs répertorié par les lexiques[235]. Les anthropologues ont défini ἀνατιθέναι comme l'action rituelle de déposer une offrande en un lieu consacré[236]. L'analyse de cet élément du rite présente deux aspects déterminants pour nous : (1) l'ἀνάθημα, quoiqu'offert éventuellement par un individu, a un caractère public – l'offrande déposée dans le temple représente la société elle-même dans l'espace sacré[237] ; (2) l'objectif de l'ἀνάθημα est de redonner chair à un lien entre le divin et l'humain, qui existait avant le moment de l'offrande elle-même – celle-ci représente la réalité de la relation unissant l'humain et le divin[238]. Le geste décrit dans notre fragment 23 de déposer une représentation des êtres vivants – qui sont l'œuvre de la divinité, pour Empédocle – comme présent à cette même divinité constitue donc une reconnaissance du rôle qu'a joué la divinité dans la création du vivant. Il y a une mise en abyme : la comparaison est une illustration, en termes humains (la peinture) du rôle démiurgique de la divinité (présider au mélange du vivant).

---

232 Le terme sera ensuite employé en particulier en Eu.*Hec*.807.

233 Il y a eu des discussions sur la nature de cette virtuosité : Bollack 1969 t. III, p. 121-122 penche du côté d'un savoir divin – car les peintres connaîtraient les éléments, qui les instruisent –, alors qu'Iribarren 2013 envisage plutôt la μῆτις comme une faculté pratique, développée par l'entraînement.

234 Dans les deux seules occurrences du terme chez Homère : α.152 = φ.430.

235 Le sens est attesté chez Hérodote (1.14.3, 1.14.11, 1.24.33, 1.25.6, 1.51.2, 1.51.16, 1.92.24, 2.44.4, 2.110.12, 8.33.7) et les Tragiques.

236 Sur le terme ἀνάθημα, voir en particulier Rudhardt 1992, p. 214-218. Il ne mentionne pas l'exemple de peintures.

237 Rudhardt 1992 p. 216 : « L'offrande n'est pas un monument privé : elle représente une société, même si celle-ci doit à un individu son illustration. »

238 Rudhardt 1992 p. 217 : l'ἀνάθημα vise à « commémorer un événement où l'effort de l'homme a coïncidé avec l'action de la puissance ou, sur un autre plan, rappeler une collaboration fructueuse de l'homme avec la divinité ».

La seule caractéristique essentielle de la pratique picturale mentionnée à ce stade est de produire une variété (ποικίλλωσιν), terme qui fait écho au propos du fragment 21, si ce dernier a bien pour sujet la façon dont le multiple est produit à partir d'un petit nombre de principes.

Les vers 3 et 4 précisent les différentes étapes de la préparation des couleurs. Le participe μείξαντε (23.4) peut avoir deux sens : (1) mélanger les poudres (φάρμακα, 23.3) en quantité diverse pour obtenir des couleurs variées[239], ou (2) superposer des strates de couleur sur le support[240]. Il n'est pas facile de trancher entre les deux hypothèses vu notre méconnaissance des techniques picturales de l'époque d'Empédocle[241] ; ce qui semble exclu, en revanche, est de penser qu'Empédocle *mélange des couleurs différentes avant application* pour créer des dégradés de couleur[242].

Sur le fondement de cette présentation de la technique picturale, le résultat de l'activité des peintres est présenté sous forme catalogique, en soulignant la conformité de la représentation au modèle (πᾶσιν ἀλίγκια, 23.5), en des termes presque identiques à ceux du fr. 21.10-13. Il y a pourtant deux différences majeures : (1) comme on l'a souvent souligné[243], le verbe introduisant le catalogue passe du registre de la croissance (ἐβλάστησε[244])

---

239  Bollack 1969 t. III, p. 122-123 ; l'hypothèse s'appuie sur les emplois de μείγνυμι dans le corpus hippocratique, pour la préparation des remèdes (*cf. Corp. Hipp., Mul.* 158.15, 203.30, etc.). Le terme φάρμακον désigne les couleurs d'une peinture in Hdt.1.98.26.

240  Ierodiakonou 2004, suivie par Iribarren 2013 p. 101 : « La peinture de cette époque (*sc.* le Vᵉ siècle avant notre ère) opérait selon une technique de stratification de couches de couleur [...]. L'application des couleurs s'effectuait aplat par aplat, la variété chromatique se produisait par la superposition de touches de couleurs différentes, en ajoutant par assombrissement ou éclaircissement de la couleur, les ombres et les lumières. »

241  Ierodiakonou 2004 p. 91-92 estime que les témoignages de Cicéron (*Brutus* 18.70), qui attribue l'invention de la technique des quatre couleurs à Polygnotos (actif de 475 à 420), contemporain d'Empédocle, et de Pline (*HN.* 35.32.50, et 36.92), qui l'attribue, lui, à Nicomachos, au IVᵉ siècle, ne sont pas inconciliables si l'on veut bien penser que Cicéron parle du moment où la technique a été découverte et Pline de celui où elle a été maîtrisée.

242  Cette technique, connue sous le nom de φθορά, est attribuée à Apollodore (*floruit* 407-404) par Plutarque *Glor. Ath.*, 346A (*cf.* Rouveret 1989 p. 40, Ierodiakonou 2004 p. 92 n. 8). La grande somme de Rouveret 1989 passe malheureusement sous silence notre passage d'Empédocle. Il est intéressant que l'auteur estime, p. 54, que la limitation volontaire des peintres classiques et hellénistiques à la tétrachromie s'explique par la prééminence de la représentation des êtres vivants.

243  Bollack 1969 t. III p. 124 ; Iribarren 2013 p. 90.

244  Le verbe βλαστάνω implique l'idée de *croître*, de *germer*, en tant qu'il s'agit d'un processus naturel. Il est employé volontiers de façon métaphorique, déjà par Pindare, pour une île (Pi.*O.*7.69), pour un fils (Pi.*N.*8.7), puis chez Eschyle, pour des βουλεύματα (Ae.*Se.*594), pour un malheur germant de la prospérité (Ae.*Ag.*756), pour des météores enflammés

à celui de la technique (κτίζοντε[245]). Cela signifie que l'agir humain est, par essence, différent de l'action de la divinité, quoiqu'il y ait suffisamment de points communs entre les deux pour bâtir une analogie. (2) Le vivant produit par le mélange n'est plus sujet grammatical mais objet du processus de fabrication : les peintres ne sont pas à la fois agent et objet de l'action picturale, alors que Φιλία mêle les racines et se trouve elle-même à l'intérieur des composés.

Le fragment se clôt (23.9-11) sur un retour au contexte du comparé : la génération des choses mortelles. Ce retour prend la forme d'une adresse au disciple (μή... καινύτω, 23.9), qui n'est pas sans rappeler l'adresse qui ouvrait le fragment 21. Cette correspondance formelle a pour fonction de souligner une évolution thématique, construite au cours des différents moments de la comparaison : on passe de l'observation du monde par la vue (δέρκευ) et de l'énoncé d'une possible insuffisance de la démonstration précédente à une connaissance d'origine divine, transmise par le poème (ἀκούσας) qui a trait à l'origine (πηγήν) des composés dont l'existence est manifeste (δῆλα) dans le monde.

Les deux fragments sont ainsi fondés sur la construction d'un jeu de correspondances qui comporte une valeur didactique : le système de relations mis en œuvre dans la comparaison instruit le disciple, qui connaît une conversion de l'observation du monde à l'écoute du poème et du doute à la connaissance. La comparaison est le support d'un processus de persuasion.

Sur le fondement de ces remarques préliminaires, examinons à présent en détail les parties les plus difficiles de la comparaison, afin de déterminer si les vers 3-8 du fragment 21 ont un équivalent dans les vers 1-4 du fragment 23.

---

qui jaillissent du ciel (Ae.Ch.589). Le terme est également employé par Empédocle en une autre occurrence (fr. 57.1), pour les joues sans nuque et les bras qui errent.

245 Le terme κτίζω signifie, chez Homère, *fonder une ville* (Y.216 Dardanos fonda Dardanie, λ.263 Amphion et Zétos ont fondé Thèbes). Par la suite le verbe en vient à signifier, de façon très diverse, qu'on construit, que l'on fonde ou que l'on institue quelque chose : la dimension de création imprègne très fortement le terme. Il est employé en particulier pour une cité (Pi.P.1.62, Pi.P.4.7, Pi.Is.9.4 ; Ba.Ep.11.72), des bâtiments (Pi.O.8.37, construire une tour), pour un autel (Pi.O.7.42, Pi.O.10.25), pour une fête (Pi.O.6.69), ou de façon plus figurée pour la fondation d'un peuple (Pi.O.9.45), d'îles (Pi.fr.Pe.52e.39), d'une terre (γῆν, He.fr.33a.5 Merkelbach-West), ou de bosquets pour les dieux (Pi.P. 5.89). Selon Chantraine *DELG* p. 592, l'idée exprimée par le verbe est à l'origine naturelle : en mycénien, il aurait signifié *défricher, planter* ; la transition au sens postérieur s'est faite par l'aoriste *fonder* (impliquant peut-être d'*avoir défriché pour fonder ?*), seul sens attesté chez Homère. Ce n'est qu'en grec alphabétique que le mot a pris le sens de *fonder, installer, construire, créer*.

*Les racines, l'Amour et la Discorde :*
*analogie et dysanalogies entre 21.3-8 et 23.1-4*

– Pourquoi deux traitements distincts
  des racines dans les fr. 21 et 23 ?

La façon dont les racines sont présentées dans les deux groupes de vers
21.3-8 et 23.1-4 présente d'importantes dysanalogies, qui permettent de
saisir ce qui fait le propre de chacun des deux processus décrits.

Les vers 23.1-4 ne mentionnent pas les corps élémentaires purs
composant le κόσμος, amenés dans le fr. 21 comme preuve de l'existence
des racines et de la véracité de la doctrine ; ils ne mentionnent pas non
plus l'universalité dont ces formes élémentaires pures participaient
(ἀπάντῃ 21.3, ὅσσ(α) 21.4, ἐν πᾶσι 21.5 ; puis, pour la Discorde, πάντα
21.7). La seule mention de totalité présente dans le fragment 23 concerne
les objets picturaux, envisagés du point de vue de la qualité de leur
représentation des objets réels (πᾶσι ἀλίγκια, 23.5) : cette mention est
symétrique de l'affirmation selon laquelle la totalité du monde est créée
par mélange des racines (21.9).

De surcroît, aucun des termes rares qui apparaissent dans un des deux
fragments (δνοφόεντα[246] et ῥιγαλέον en 21.5, θέλυμνα et στερεωπά en
21.6, διάμορφα en 21.7, πολύχροα en 23.3) ne semble avoir d'équivalent
direct dans l'autre, ce qui est d'autant plus significatif que la comparaison
du fragment 84, nous l'avons vu, était caractérisée par une explication
des termes rares du comparé au sein du comparant.

Au lieu de mentionner les racines pures, envisagées du point de vue
de leur rôle dans le monde, le fragment 23 évoque les poudres employées
pour la peinture (πολύχροα φάρμακα, 23.3) : celles-ci sont susceptibles
d'être employées en plus ou moins grande quantité (τὰ μὲν πλέω, ἄλλα
δ'ἐλάσσω, 23.4). Nous sommes face à la première attestation connue de
πολύχροα, terme vraisemblablement forgé par Empédocle. Aétius affirme
qu'Empédocle avait associé une couleur à chaque élément[247], et j'ai déjà
indiqué l'importance des éléments dans la perception visuelle des objets.

---

246 Le terme est en fait vraisemblablement un équivalent du terme δνόφερος, employé dès
   Homère pour l'eau (dans l'*Iliade*, I.15 = II.4 : ἥ τε κατ᾽ αἰγίλιπος πέτρης δνοφερὸν χέει
   ὕδωρ) et la nuit (dans l'*Odyssée*, en v.269 et o.50).
247 Aétius I.15.3 : τέτταρα δὲ τοῖς στοιχείοις ἰσάριθμα λευκὸν μέλαν ἐρυθρὸν ὠχρόν.

L'un des procédés en jeu dans la comparaison est le passage d'éléments purs envisagés du point de vue de leur rôle dans l'ordre du monde, à des particules pigmentées – qui sont l'équivalent des racines –, décrites sur le mode de la quantification. La dysanalogie souligne la variation en terme d'ampleur (du soleil aux poudres) et de divisibilité (de l'universel au quantifiable).

Quelle est la signification de ce procédé ? Il s'agit de souligner que le fragment 21 présentait un creux logique : il n'explicitait pas le processus exact par lequel les racines se mêlaient entre elles pour former les corps composés. La fonction du fragment 23 est précisément d'éclaircir ce processus de mélange évoqué en creux dans le fragment 21, au moyen du modèle de la division des poudres qui servent au mélange. À ce moment du poème, la structure du processus de mélange fait l'objet de la construction comparative : les parts nécessaires à chaque mélange ne sont abordées que plus tard dans la démonstration, au sein des fragments 96 et 98 par exemple.

– Le rôle de la Discorde dans la comparaison
  des peintres et dans le mélange élémentaire

Considérons à présent les vers 21.7-8, afin de déterminer s'ils ont un équivalent dans le comparant et de préciser le rôle que jouent l'Amour et la Discorde dans le mélange, si tant est que ce dernier y participe. Le rôle de l'Amour (21.7) est clair et n'a pas fait l'objet de discussion de la part des savants : il porte les éléments à se rassembler (σὺν… ἔβη) et à former des composés issus d'éléments différents (ἀλλήλοισι ποθεῖται)[248].

Cette fonction se retrouve, bien entendu, dans le comparant, comme tous les commentateurs l'ont remarqué : les opérations de mélange des poudres ou de lavis de couleurs (ἁρμονίῃ μείξαντε, 23.4) et la pratique de la technique picturale elle-même (πορσύνουσι, 23.5) relèvent de toute évidence de cette faculté de mélange du semblable. Le terme πορσύνω

---

248 Bollack 1969 t. III, p. 115, *ad v.* 21.8, considère que le premier hémistiche décrit une fonction de rassemblement du semblable et le second celle de rassemblement des éléments dissemblables. Il lisait dans ces vers un exposé abstrait des six principes de la doctrine et de leurs interactions : j'ai déjà montré que cette interprétation paraissait inappropriée eu égard au contexte de la citation par Simplicius et aux reconstructions récemment proposées de cette partie du poème d'Empédocle suite à la découverte du papyrus de Strasbourg.

est significatif, quoique peu de commentateurs s'y soient intéressés. Si, à l'époque d'Empédocle, le terme signifie simplement *préparer* dans des contextes variés[249], l'emploi du mot dans la poésie épique archaïque était en réalité bien plus spécifique : dans les trois seules occurrences homériques du verbe, il est employé pour désigner le fait que l'épouse prépare le lit qu'elle partage avec le mari[250]. Le fait que cette tâche est toujours spécifiquement féminine et qu'elle n'est sans doute pas dépourvue de connotation renvoyant à la sexualité conjugale n'est pas sans faire écho au contexte empédocléen, où le principe défini comme responsable du mélange des éléments et de la génération des corps composés est précisément un principe féminin. Il est vrai que quelques occurrences dans les fragments d'Hésiode semblent recouvrir une signification plus vaste (*fournir, préparer*), mais le texte est parfois gravement lacunaire[251] ; dans l'*Hymne homérique à Déméter*[252], le terme signifie *s'occuper de la maison* du mari. Chez Eschyle, l'acception de *préparer* s'élargit encore[253]. Malgré cela, il est possible que l'acception homérique apparaisse en creux dans l'usage du verbe dans notre fragment 23, pour les pigments qui donneront naissance à la représentation du vivant.

La fonction de la Discorde est plus difficile à cerner. Son rôle est décrit au moyen de deux termes dont nous sommes face à la première attestation connue pour le premier et dont le second est rare : διάμορφα et ἄνδιχα (21.7). Bollack a soutenu que ces termes décrivaient respectivement la séparation de chaque élément par rapport aux trois autres (διάμορφα) et la séparation des corps composés où les éléments se trouvaient mêlés

---

249 Par exemple, pour ne mentionner que les emplois lyriques : Pi.*O*.6.33 (remettre une enfant aux soins d'un héros), Pi.*P*.4.278 (honorer, prendre soin de), Pi.*P*.4.151 (magnifier sa maison à l'excès), Pi.*Is*.3/4.79 (apprêter un festin), Ba.*Di*.3.89 (la moire prépare un autre chemin).

250 En Γ.411, γ.403, η.347.

251 Ainsi en He.fr.217.5 Merkelbach-West, le terme est employé pour un mort ; en He.fr.43a.69 Merkelbach-West, il semble être question de donner un fils à son mari ; en He.fr.70.8 Merkelbach-West, le sens est perdu. Dans les deux dernières occurrences, les sujets sont des femmes.

252 *Hh*.De.156, avec κατὰ δώματα.

253 En Ae.*Su*.522, le Roi part préparer l'objet de son discours précédent (convoquer le peuple et le faire passer du côté des suppliantes) ; en Ae.*Pe*.267, pour des maux préparés pour les Perses ; en Ae.*Pe*.375, pour des marins qui préparent leur repas ; en Ae.*Ag*.1251, pour la préparation d'un ἄχος ; en Ae.*Ag*.1374, pour le fait de préparer des ἔχθρα aux ἐχθροῖς ; en Ae.*Ch*.911, pour le sort préparé par le destin ; en Ae.*Ch*.1041a, pour la façon dont des malheurs ont été préparés.

(ἄνδιχα)[254]. Cette thèse, outre qu'elle est fondée sur l'idée que le fragment 21 est une présentation en soi du système des six principes, présente des difficultés.

Le terme μορφή désigne la *forme* en ce qu'elle dessine un ensemble harmonieux[255] : il ne s'agit pas seulement de l'apparence extérieure mais de la bonne qualité esthétique et compositionnelle de celle-ci. Chez Homère, le terme renvoie à la beauté de propos[256] ; il sera également employé par Pindare pour désigner la beauté des athlètes[257]. Ce n'est qu'avec ce dernier et Eschyle que le terme en viendra pourtant à désigner l'*apparence* ou la *forme extérieure* en général, sans idée de beauté ou d'harmonie[258]. Le terme διάμορφα semble donc être du côté de la dissolution d'un corps harmonieusement formé – ou d'un corps, du moins, qui possède une cohérence organique –, plutôt que de la séparation d'éléments opposés.

Cette interprétation est étayée par les occurrences du substantif μορφή dans le corpus empédocléen, au second vers de notre fragment 21 et au premier vers du fragment 137. La première des deux occurrences a vraisemblablement un sens voisin de celui d'Homère : il s'agit de déterminer si le propos a suffisamment de matière et d'harmonie compositionnelle pour assurer sa force persuasive[259]. L'occurrence du fragment 137 renvoie à la forme du composé qu'a revêtue, dans sa nouvelle incarnation, le fils que son père s'apprête à sacrifier sous l'aspect d'un animal[260] :

---

254 Bollack 1969 t. III, p. 115.

255 Chantraine *DELG* p. 714.

256 Les deux seules occurrences homériques sont θ.170, λ.367.

257 Les acceptions pindariques où le terme renvoie à la beauté sont : Pi.*O*.6.76, Pi.*O*.9.65, Pi.*N*.3.20, Pi.*N*.11.13.

258 Pindare emploie le terme en position d'accusatif de relation pour désigner l'aspect général, en Pi.*Is*.3/4.71 : βραχὺς μορφάν (*de petite stature*). L'absence d'idée de beauté est très nette pour l'apparence des Érinyes (Ae.*Eu*.193) dans un emploi qui peut, certes, être ironique ; mais aussi pour la forme de la mère de Prométhée, sous les noms divers qu'elle prend (Ae.*PV*.210) ; pour l'apparence altérée d'Io (Ae.*PV*.644 puis 673), etc.

259 Bollack 1969 t. III p. 110, a raison de contredire l'interprétation dielsienne du vers, où la μορφή est la forme matérielle des éléments, qui n'aurait pas été suffisamment bien définie par le poème jusqu'ici : le sens homérique de μορφή va dans le sens d'une cohérence compositionnelle du propos d'Empédocle, inséparable d'ailleurs d'une visée esthétique, et non dans celui d'une complétude thématique.

260 Empédocle, fr. 137.1-2 : μορφὴν δ᾽ ἀλλάξαντα πατὴρ φίλον υἱὸν ἀείρας / σφάζει ἐπευχόμενος μέγα νήπιος « le père soulève le fils, qui a changé de forme, et l'égorge en proférant une prière – le sot ».

μορφή désigne précisément l'apparence harmonieuse et identifiable du corps composé, formant un organisme à part entière, qui ne laisse plus percevoir l'identité ancienne du fils. À la lumière de ces parallèles, il semble que le terme διάμορφα de notre fragment 21 désigne le fait de séparer une forme organiquement achevée et cohérente (μορφή), qui est en particulier celle des corps composés créés par l'Amour. Le premier aspect de la puissance de la Discorde décrit en 21.7 consiste ainsi en la destruction par séparation des corps composés créés par l'Amour : Νεῖκος est, de ce point de vue, son antithèse exacte.

Le second terme employé pour décrire la puissance de la Discorde est l'adverbe ἄνδιχα, qui est un terme rare. Il s'agit d'un adverbe composé, formé à partir d'une version avec apocope du préverbe ἀνά[261] et de l'adverbe δίχα. Celui-ci provient de δίς et son sens est, étymologiquement, celui d'une division en deux[262]. L'adverbe composé renvoie à un processus de division en des unités plus petites : l'objet passe de l'unité à la dualité (δίς). Dans ses rares occurrences antérieures à Empédocle, l'adverbe composé ἄνδιχα implique de fait soit la notion de division en parts soit celle de destruction par scission[263]. Homère présente plusieurs occurrences de l'adverbe simple, δίχα : il est vrai que l'action ne signifie généralement pas que l'objet entier n'existe plus[264].

Le couple d'adverbes δίχα et ἄνδιχα est utilisé par Empédocle pour décrire l'action séparatrice de la Discorde, généralement appliquée aux éléments plus qu'aux corps composés. L'adverbe simple est employé au vers 8 du fr. 17 (= 26.6) d'Empédocle : ἄλλοτε δ' αὖ δίχ' ἔκαστα φορεύμενα Νείκεος ἔχθει. Ce vers signifie que les éléments sont emportés loin les uns des autres sous Νεῖκος, alors qu'ils sont réunis sous Φιλία. Le vers 19 du même fragment 17 (Νεῖκός τ' οὐλόμενον δίχα τῶν, ἀτάλαντον ἁπάντῃ) signale par l'adverbe δίχα que la Discorde ne se trouve pas incluse dans le mélange élémentaire, au contraire de l'Amour, égal en longueur et en largeur au corps composé. L'adverbe ἄνδιχα est employé dans le fragment

---

261  Le préverbe ἀνά, en composition, souligne souvent l'effort visant à faire aboutir un processus ou celui requis pour l'initier (Chantraine *DELG* p. 82).

262  Pour la relation de δίχα et de δίς, voir Chantraine *DELG* p. 287.

263  Pour les parts : en Σ.511 et Χ.120, pour les richesses de la ville, ainsi que pour la χωρή chez Eumélos, fr. 2.2 Bernabé ; chez Hésiode, le mot est employé métaphoriquement en ce sens pour le θυμός (He.*Op*.13). Pour la scission : en Π.412, Π.578 et Υ.387, une pierre fend en deux la tête d'un guerrier.

264  C'est en particulier très net pour la βουλή (Σ.510) ou le θυμός (Φ.386).

20 (πλάζεται ἄνδιχ' ἕκαστα περὶ ῥηγμῖνι βίοιο, fr. 20.8) pour exprimer l'errance que ce dernier fait subir aux membres des organismes naguère constitués par l'Amour. Il est remarquable que, dans cette occurrence, les membres en question (γυῖα, fr. 20.5) existent toujours comme tels : l'errance n'est pas, comme on aurait pu s'y attendre, celle des particules élémentaires qui constituaient le mélange, mais celle de membres encore reconnaissables[265].

Ces données montrent que le pouvoir propre de la Discorde, lorsque δίχα ou ἄνδιχα est concerné, est de diviser en plusieurs parties des corps qui conservent une forme d'intégrité même après la division. Le lexique nous invite donc à distinguer cette division en des unités identifiables, exprimé par ἄνδιχα, et la fonction de pure dissolution de la forme achevée (exprimée par διάμορφα).

Le fragment 23 nous permet-il de trouver trace, dans l'ordre du comparant, de ces fonctions propres de l'Amour et de la Discorde ? La dissolution du composé, à laquelle on a montré que διάμορφα renvoyait, n'est pas plus décrite dans le fragment 23 qu'elle ne l'est dans le fragment 21 : elle n'est présente qu'implicitement dans la mention des dieux à la longue vie, s'il s'agit bien de divinités qui perdurent à la dissolution des autres corps composés vivants. Reste la division de corps qui conservent par ce processus une forme d'intégrité (ἄνδιχα). Or, ce processus de division est présent à deux moments de l'activité des peintres : lorsqu'ils saisissent des pigments[266] (μάρψωσι πολύχροα φάρμακα χερσίν) – ce qui implique qu'ils en laissent certains temporairement de côté – et lorsqu'ils divisent les parts de poudre à inclure dans la préparation de

---

265  Pour une analyse développée de ce fragment, cf. infra, p. 543 sqq.

266  Dans l'Iliade, le terme est presque toujours employé pour les dieux, ou pour Achille, en des sens parfois métaphoriques, comme pour le sommeil – mais par la suite, l'emploi se généralise aux hommes : Θ.405, Θ.419, atteindre par la foudre de Zeus ; Ξ.228, les pieds de la déesse ne touchent pas le sol lorsqu'elle voyage (Aphrodite) ; Ξ.346, Zeus prend Héra dans ses bras ; Ο.137, Zeus viendra se saisir des coupables et des innocents ; Φ.489, Héra saisit les deux mains d'Artémis de sa main gauche ; Φ.564, Agénor se dit qu'Achille le rattrapera s'il fuit ; Χ.201, Achille ne parvient pas à rattraper Hector à la course ; Ψ.62, le sommeil saisit Achille ; Ω.679, Hermès n'a pas été envahi par le sommeil ; ι.289, ι.311, ι.344, Polyphème saisit deux des compagnons d'Ulysse ; κ.116, Polyphème saisit l'un des compagnons d'Ulysse ; υ.56, le sommeil saisit Ulysse ; ω.390, Dolios est saisi par la vieillesse. Cf. He.Op.204, He.Sc.231, Sc.245, Sc.252, Sc.304, He.fr.150.29 Merkelbach-West ; Pi.O.6.14, Pi.N.1.45, Pi.N.6.11, Ae.Eu.597. Le terme est employé par Empédocle dans le fr.90.1, pour l'attraction du semblable vers le semblable.

la peinture (μείξαντε τὰ μὲν πλέω, ἄλλα δ'ἐλάσσω). Ces procédés sont la
trace, dans le comparant, du rôle que joue la Discorde dans le processus
du mélange, au sens large : la Discorde prépare les éléments qui seront
mêlés par Φιλία, adaptant les quantités à la nature de l'objet généré. Cela
ne signifie pas que Νεῖκος lui-même produit le mélange : mais il y joue
un rôle nécessaire, celui de distinguer préalablement les parts élémentaires qui en seront l'objet[267]. Il faut en effet que ces parts élémentaires
soient distinguées pour expliquer la diversité des corps composés (ce qui,
rappelons-le, est précisément le propos du fragment selon Simplicius) :
nous savons que si l'Amour seul préside au mélange, ce qui se trouve créé
n'est pas un ensemble d'organismes vivants différenciés mais la Sphère,
représentant l'union parfaite – mais solitaire – des racines. Il faut donc
que la Discorde distingue les éléments préalablement au mélange assuré
par l'Amour pour que ce dernier puisse donner naissance à la multiplicité
du vivant dans le monde que nous connaissons. Cette interprétation ne
signifie pas qu'il y a une zoogonie sous la Haine : l'Amour reste la seule
responsable du mélange proprement dit. Une zoogonie sous la Discorde,
si tant est qu'elle existe, doit être due au reste de la puissance de Φιλία
encore manifeste dans ce monde en cours de division[268].

À cette lumière, les duels δεδαῶτε, μείξαντε et κτίζοντε correspondent
(dans le contexte du comparé) à l'action opposée mais conjointe des deux
puissances dans le processus de génération.

Pour δεδαῶτε, il n'y a pas de réelle difficulté du point de vue du sens
dans la mesure où le verbe n'exprime pas le processus du mélange en
lui-même mais la virtuosité des peintres[269]. Ce verbe est employé dans
une comparaison en ρ.518-520, où Ulysse est comparé par Eumée, dans
le récit qu'il fait à Pénélope, à un aède instruit par la divinité :

> ὡς δ' ὅτ' ἀοιδὸν ἀνὴρ ποτιδέρκεται, ὅς τε θεῶν ἒξ
> ἀείδη δεδαὼς ἔπε' ἱμερόεντα βροτοῖσι,
> τοῦ δ' ἄμοτον μεμάασιν ἀκουέμεν, ὁππότ' ἀείδη[270].

---

267  Sur la nécessité du rôle de la Haine dans le monde pour assurer la différenciation, *cf.*
     Bollack 1965 t. I p. 56-57, Laks 2005 p. 277.
268  C'est la solution proposée par Mansfeld & Primavesi 2011 p. 403. à l'appui de l'idée
     d'une zoogonie sous Νεῖκος, dont serait en fait responsable ce qui reste de la puissance
     de l'Amour, et non Νεῖκος.
269  La forme δεδαῶτε, parfait de διδάσκω, est analysée par Chantraine *DELG* p. 278.
270  ρ.518-520 : «Comme quand le public regarde l'aède, lui qui chante, inspiré des dieux, des
     paroles qui réjouissent les mortels ; on ne veut que l'écouter, insatiablement, tant qu'il chante.»

Ce passage a été interprété par Bollack de la façon suivante : le savoir-faire du peintre du fragment 23 a été inspiré de la divinité. Si sa μῆτις est bien humaine, elle a pourtant été informée par le dieu[271].

Les deux duels suivants, où se pose la question du rôle de Νεῖκος dans la génération, soulèvent davantage de difficultés. Le premier, μείξαντε, a un complément, τὰ μὲν πλέω, ἄλλα δ᾽ ἐλάσσω. Le duel représente cette complémentarité des deux principes, en exprimant de façon synthétique un geste qui demande à être envisagé de façon analytique : l'Amour mêle des éléments préalablement séparés par l'action propre de la Discorde, qui se trouve exprimée dans les deux parties du complément d'objet du verbe au duel[272]. Il en va de même pour κτίζοντε, formulation condensée d'un geste qui demande à être analytiquement retrouvé à partir du fragment 21 : les deux puissances ont un rôle dans la formation du vivant. Le caractère *a priori* problématique de ces duels est en fait un jalon délibérément placé dans ces vers pour signaler la complémentarité des deux principes : l'énoncé est construit de façon énigmatique afin de suggérer que les puissances ont chacune un rôle propre, qui demande à être défini par un va-et-vient entre comparant et comparé.

L'emploi des duels, pour renvoyer aux actions respectives de l'Amour et de la Discorde, ne signifie donc pas que les deux principes en question exercent une action identique mais que leur action se complète en s'opposant. Il faut ainsi que les particules élémentaires aient été préalablement séparées par Νεῖκος pour que Φιλία puisse les mêler. Sans l'action du premier, la seconde créerait la Sphère, et non la multiplicité du vivant.

La co-présence active des deux puissances dans le duel est essentielle : de même, dans le fragment 21, on ne pouvait diviser ἐν Κότῳ et ἐν Φιλότητι. L'action complémentaire des deux puissances dans leur contradiction même est nécessaire pour rendre compte de la multiplicité du vivant à partir d'un petit nombre d'éléments. Le comparant introduit ainsi une réflexion sur la modalité par laquelle les deux principes agissent sur l'entrelacs des éléments dans le processus de la génération.

Dès lors, la rugosité syntaxique du comparant, qui a tant surpris les commentateurs au point que certains d'entre eux disqualifient précisément

---

271 Bollack 1969 t. III, p. 121, *ad* ἀμφὶ τέχνης ὑπὸ μήτιος εὖ δεδαῶτε.

272 Mon interprétation se distingue ici de celle de Trépanier 2003b p. 35-36, qui estime que seul ἄλλα δ᾽ ἐλάσσω implique l'action de Νεῖκος.

le point déterminant de la construction du fragment – ces duels – en les renvoyant à un simple trait stylistique, s'explique justement par la tension que le fragment 23 crée entre le couple antagoniste formé par l'Amour et la Discorde d'un côté, et la pluralité des constituants du monde de l'autre : les duels apparaissent dans un contexte où se trouvent opposés les deux puissances (au duel) et les éléments au neutre pluriel : ainsi pour μείξαντε, accompagné de τὰ μέν πλέω ἄλλα δ'ἐλάσσω, et pour κτίζοντε, suivi du catalogue des êtres vivants représentés par les peintres. Le texte est délibérément construit de façon à grincer.

Si ces duels renvoient bien, dans le contexte du comparé, à l'action de l'Amour et de la Discorde, la question se pose de savoir quel sens ont ces duels à l'intérieur du comparant lui-même. Le fragment 23 analyse en fait la dualité d'opérations inhérente au travail même du peintre : ce travail est décrit par le biais d'une dissociation entre un moment analytique (la séparation des pigments, la préparation des poudres), et un moment synthétique (le mélange des poudres visant à créer les représentations picturales sur le support choisi). Le duel est un marqueur d'énigmatisation du texte qui invite à ne pas prendre au premier degré le propos du comparant : le duel n'indique pas qu'il y a plusieurs peintres mais que c'est la série d'opérations exécutées par le peintre qui est marquée par la dualité réelle. Dans l'ordre du comparant, ce complexe de dissociation des pigments et d'association des couleurs peut être prêté à une seule instance (le peintre) mais dans l'ordre des principes (exprimés dans le comparé), une dualité de principes doit rendre compte d'une dualité d'opérations.

Le propos de la comparaison est donc, en ce sens, d'analyser la dualité des opérations par lesquelles le peintre imite la multiplicité des objets du réel. Les duels du fragment 23 s'expliquent par une énigmatisation délibérée du propos, consistant à reporter sur l'acteur (le peintre) la dualité des opérations caractéristiques du geste qu'il exécute (la peinture) pour souligner la tension qui caractérise intimement l'action décrite – et, du même coup, signaler que cette construction duale a pour correspondants les deux rôles opposés prêtés à Νεῖκος et Φιλία dans le comparant.

Cette interprétation permet donc de disqualifier le rôle démiurgique qu'un certain nombre de savants ont pu prêter à Νεῖκος : tout le propos du fragment est d'expliquer pourquoi le seul schème du mélange ne suffit pas à expliquer la diversité du vivant. Celui-ci doit nécessairement être assorti d'une dissociation, qui intervient en amont, pour donner lieu à une multiplicité et non à une unité irréductible : lorsqu'il y a mélange sans dissociation, le résultat est le Σφαῖρος, parfait mais unique, et non la multiplicité d'êtres vivants que nous avons sous les yeux aujourd'hui.

## CONCLUSION SUR LE FRAGMENT 23

Le fragment 23, pris isolément, formule la dualité d'opérations qui caractérise le geste du peintre : le propos est délibérément énigmatisé par le fait que la dualité qui caractérise l'action (associer et dissocier les pigments) est déplacée sur l'acteur. Ce geste a pour objectif de signaler la tension en question, et de souligner le fait que, dans l'ordre des principes (le comparé), il faut qu'un principe soit responsable de chaque type d'opération.

La comparaison du fragment 23 combine deux fonctionnements : la fermeture du comparant sur le comparé, dans un mécanisme de fermeture à visée analytique tel qu'on l'avait observé en particulier dans le fragment 84, et une complémentarité du comparé et du comparant du point de vue de ce que l'un et l'autre laissent implicite. Le comparant vient ainsi combler les creux logiques délibérément laissés ouverts dans la construction du comparé et signalés par une série de dysanalogies : le mélange des particules élémentaires, passé sous silence dans le fragment 21, n'est décrit que dans le fragment 23, alors que le rôle de la Discorde dans le mélange, signalé dans le fragment 21, ne trouve pas de formulation explicite dans le fragment 23.

La compréhension de chacun des termes de la comparaison n'est ainsi possible que par analyse de l'autre : κτίζοντε formule de façon synthétique, dans l'ordre de la technique, les rôles opposés mais complémentaires des deux puissances, telles qu'elles avaient été définies en 21.7-8. De ce point de vue, mentionner la ressemblance de l'objet à la représentation incite à s'interroger sur la ressemblance de l'objet comparé (la génération par l'Amour) et de l'objet auquel on le compare (la peinture) : il y a là un indice du fait que le sens est dans la complémentarité des deux modèles et n'est perceptible que par une compréhension de leurs différences. Or, cette complémentarité du comparant et du comparé permet l'évolution de la position gnoséologique du disciple, qui passe du doute et de l'observation à la connaissance des mécanismes sous-jacents au mélange cosmologique.

C'est pour cette raison que l'absence de la Discorde dans le fragment 23 a posé de tels problèmes aux commentateurs : son rôle dans le processus du mélange spécifique que sont les corps composés de notre monde, acquis depuis le vers 7 du fragment 21, consiste à séparer les parts d'éléments qui feront l'objet du mélange par l'Amour. Le problème du rôle de la Discorde dans le mélange ressort à la fois éclairé et déplacé par cette étude : la Discorde n'est pas responsable du mélange mais elle est une condition nécessaire à sa réalisation par l'Amour. Il faut en effet que les particules soient distinguées les unes des autres, et que chaque ensemble d'éléments puisse être divisé en parts, pour que Φιλία soit à même de mêler ensuite ces parts différenciées en des composés variés. Que la Discorde participe au mélange ne signifie pas qu'elle mêle au sens propre du terme ni même qu'il y ait une zoogonie sous la Haine. L'interprétation que je défends est donc foncièrement différente de celle avancée par Trépanier en 2007, qui reconnaît un rôle égal à la Discorde et à l'Amour dans le processus de création[273].

## LE FRAGMENT 100 : LA RESPIRATION
### ET LE JEU DE LA JEUNE FILLE AVEC LA CLEPSYDRE

La comparaison du fragment 100 est la comparaison empédocléenne la plus développée qui nous soit parvenue et nous avons toutes les raisons de penser qu'il s'agissait d'une comparaison complète. Le fragment se développe en quatre temps. (1) En 100.1-5, sont présentés les constituants de l'appareil respiratoire : il comporte des tuyaux pouvant accueillir sang

---

273 Trépanier 2003b, p. 35, en ce qui concerne le fr. 23 : « [...] *the last three words* (sc. of fr. 23.4) *admit a function, not to say a creative role, for Strife, since it specifies the need, in mortal creatures, for certain parts to be less mixed.* » L'argument du vers, on l'a vu, ne porte pas du tout sur un degré de mélange impliquant que Νεῖκος y joue un rôle, mais sur une différence quantitative de particules élémentaires dans les corps composés, qui nécessite une séparation préalable par la Discorde avant que l'Amour ne mêle.

et air, percés en leur extrémité de sillons. (2) En 100.6-8a, un premier exposé de la respiration : lors de l'inspiration, le sang descend dans les tuyaux, poursuivi par l'air. L'inverse se produit à l'expiration. (3) En 100.8b-21, ce procédé est comparé au jeu d'une enfant avec une clepsydre. Après une brève introduction (100.8b-9), un premier moment décrit la rétention de l'air dans la clepsydre lorsque la fillette bouche l'orifice supérieur (100.10-11) et plonge le crible dans l'eau (100.12-13), avant de retirer son doigt et de laisser sortir l'air, et rentrer l'eau (100.14-15). Un second temps du comparant (100.16-17) décrit le processus inverse : la clepsydre se trouve d'abord maintenue dans l'eau par la jeune fille, qui bouche le tuyau supérieur et sort l'ustensile de l'eau (100.16-17), qui s'y trouve maintenue par la pression de l'air, jusqu'à ce que le tuyau supérieur soit débouché (100.18-19). (4) L'exposé respiratoire de (2) est alors répété.

La clepsydre dont il est question dans le fragment 100 n'est pas l'instrument employé pour mesurer le temps mais celui utilisé pour transporter un liquide : elle est pourvue d'un crible dans sa partie inférieure, pour laisser rentrer le liquide dans lequel on la plongeait. Sa partie supérieure présente un unique tuyau, que l'on bouchait avec la main pour empêcher le liquide de sortir de la clepsydre lorsqu'on relevait celle-ci pour transporter le liquide. Cette représentation fait l'objet d'un consensus depuis Last, quelle que soit l'interprétation retenue du fragment[274]. Le moderne qui ne dispose pas de clepsydre peut faire une expérience similaire avec une paille, une ampoule médicinale ou une pipette.

PRÉSENTATION DU FRAGMENT 100

Le fragment 100 nous est connu par une unique source, le *De respiratione* d'Aristote[275]. L'apparat critique proposé en annexe n'indiquant que les principales variantes entre les manuscrits ainsi que les corrections significatives, signalées dans la discussion des pages qui suivent, je renvoie pour plus de détails à celui de l'édition de Ross et je reprends, avec

---

274 Last 1924 p. 169-173, dont la représentation de la clepsydre est suivie par Furley 1957, Booth 1960, Gallavotti 1975 p. 253 et 256, etc. Bollack 1969 t. III p. 476 fournit des illustrations de clepsydres au moyen de schémas et de planches (entre les p. 484 et 485) qui sont tout à fait précieuses pour se représenter le processus décrit dans le fragment.

275 Arist. *De resp.* (473a 15-474a 7). Le texte est reproduit en Annexe 1, p. 778-780.

lui, la nomenclature employée par Förster pour désigner les manuscrits du traité[276] : Ross distingue, on l'a vu, les deux branches a (MZ) et b (LSX, ainsi que i et l), et isole le manuscrit P.

*Le contexte du fragment 100*
*et l'alternative interprétative qu'il ouvre*

– Le *De respiratione* d'Aristote (473a 15-474a 7)

Le passage d'Aristote fait l'objet d'un commentaire par Michel d'Éphèse, qui propose en particulier une description de la clepsydre[277]. Aristote présente de façon critique les opinions de ses prédécesseurs, pour mieux dégager sa propre théorie[278]. La section sur Empédocle, dont l'un des points déterminants est d'opposer respiration par le nez et respiration par la trachée-artère (qui est la respiration en propre car c'est la seule essentielle à la vie), s'organise en trois temps[279].

a.  Un premier exposé des difficultés générales de la théorie d'Empédocle[280], qui sont au nombre de trois : il ne fait pas mention de la finalité de la respiration ; sa théorie ne s'applique pas à tous les animaux, contrairement à ce qu'Empédocle semble affirmer ; il confond respiration par les narines et respiration en propre, c'est-à-dire respiration par la trachée-artère.

b.  Un exposé de la théorie empédocléenne étayé de la citation du fragment 100[281]. Les deux points abordés dans le résumé sont la morphologie de l'appareil respiratoire, organisé en canaux pourvus de pores laissant passer les particules d'air mais pas les particules de sang (les σύριγγες du fragment

---

276  Ross 1970, en particulier p. 62 *sqq.* Voir *infra*, p. 290.
277  Michel d'Éphèse, *In De resp.*, 123.24-124.11, reproduit en Annexe 1, p. 780-781.
278  La théorie générale d'Aristote (474a 25 *sqq.*), ensuite spécifiée aux divers animaux, est que la respiration permet de refroidir le feu intérieur sans l'éteindre : sans elle, il brûlerait de façon excessive et consumerait l'organisme. La proposition de lecture la plus détaillée et la plus convaincante se trouve chez Bollack 1969 t. III p. 470-474.
279  Arist. *De resp.* 473a 15-474a 24.
280  Arist. *De resp.* 473a 15-473b 1.
281  L'exposé se trouve en Arist. *De resp.* 473b 1-473b 8 et la citation en Arist. *De resp.* 473b 9-474a 6.

sont interprétés comme des φλέβας) ; et l'alternance entre inspiration et expiration, attribuées respectivement au déplacement du sang vers le bas (laissant entrer l'air) et vers le haut (repoussant l'air au-dehors).

c. Une seconde série de reproches, consistant à montrer que la théorie empédocléenne est fausse, que l'on considère qu'elle s'applique à la respiration par les narines ou à celle par la trachée[282]. Pour la respiration par la trachée, la critique est fondée sur l'observation des phénomènes : alors que la poitrine des animaux gonfle à l'inspiration, et dégonfle à l'expiration, Empédocle décrit le mouvement inverse[283]. Pour la respiration par les narines, la théorie est ruinée par le fait que la véritable respiration se fait par la trachée-artère.

Il n'y a pas de redondance entre (A) et (C) : après avoir montré qu'Empédocle ne procédait pas aux distinctions nécessitées par son objet (il ne montre pas qu'il existe deux respirations distinctes), Aristote indique qu'en réalité, quelle que soit la solution qui avait effectivement été conçue par l'Agrigentin, sa théorie n'est pas conforme à la réalité. À proprement parler, la citation du fragment 100 ne sert qu'à étayer le reproche de confusion des deux types de respiration : si le fragment avait apporté des éléments à l'appui des deux premiers reproches (en (A)), Aristote les aurait développés après la citation du fragment, comme il le fait pour le reproche de confusion des deux types de respiration en (C). Signalons finalement qu'Aristote mobilise également la clepsydre dans d'autres contextes, en relation à des arguments sur le lieu naturel et le vide[284].

---

282 Arist. *De resp.* 474a 7-474a 24, et particulièrement 474a 9-17 (ὥστ᾽ εἰ μὲν περὶ ταύτης λέγει τῆς ἀναπνοῆς... εἰ δὲ περὶ τῆς κατὰ τοὺς μυκτῆρας λέγει μόνης).

283 Alors que, selon la théorie d'Empédocle, le sang est porté vers le bas à l'inspiration et vers le haut à l'expiration, il devrait être en expansion à l'inspiration, en se dilatant pour gonfler la poitrine, et en dépression à l'expiration, car la poitrine s'abaisse.

284 En *Ph.* 213a 27, il rend compte d'un argument d'Anaxagore visant à réfuter l'existence du vide du fait de la résistance que l'air oppose à l'eau dans la clepsydre. En *De caelo* 294b 21, il soutient que l'eau peut être éloignée de son lieu naturel lorsqu'elle est retenue dans une clepsydre. En *Problemata* 914b 14, il examine les arguments d'Anaxagore à propos de la clepsydre (il n'a pas suffisamment reconnu que l'air était la cause du phénomène de rétention d'eau), avant d'introduire la thèse des lieux naturels.

– Respiration nasale ou cutanée ?
Le problème des ῥινῶν (100.4)

Le dernier point de l'argument d'Aristote – la confusion entre respiration nasale et respiration par la trachée – a suscité d'importantes discussions parmi les savants : on s'est demandé si le fragment 100 décrivait
une respiration par le nez ou une respiration cutanée, ce qui permettait
au fragment de s'abstraire de la difficulté soulevée par Aristote[285].

La première partie du fragment consiste en un moment de description
physiologique des organes respiratoires (100.1-5) : lors de la respiration,
l'air passe par des veines qui contiennent également du sang (100.1-2,
λίφαιμοι / σαρκῶν σύριγγες) et entre dans le corps par les embouchures
de ces veines, qui sont des ῥινῶν ἔσχατα τέρθρα (les embouchures extrêmes
des ῥινῶν). Le lexique employé pour présenter ces organes présente une
série d'ambiguïtés. Le génitif pluriel ῥινῶν (100.2) peut, morphologique-
ment, provenir de ῥίς, ῥινός, et renvoyer aux narines, ou de ῥινός, -οῦ et
désigner la peau. Le mot πύματον peut signifier le dernier d'une série ou
l'extrémité, et ce dès Homère, qui l'emploie pour désigner la racine du
nez (c'est-à-dire le point où il est relié au crâne)[286]. L'adjectif πυκ(ι)νός
signifie compact, resserré et a pu en venir à signifier nombreux[287]. Le terme
ἔσχατα (100.4) peut signifier le plus à l'intérieur ou le plus externe : cette
polysémie est attestée dès Homère[288].

Le nœud de la difficulté tient au sens du terme ῥινῶν au vers 4 du
fragment 100, selon qu'il désigne la peau ou les narines. Seeck a cru

---

285  Cette difficulté du texte aristotélicien a eu des répercussions dans le reste de la tradition
doxographique : un autre témoignage important sur la respiration, Ps.-Plutarque IV.22.1,
présente le même usage ambigu du terme ῥινῶν. Pour l'analyse détaillée du reste de la
tradition doxographique quant à cette question, cf. O'Brien 1970, p. 174.
286  Sturz 1805 p. 611 relevait déjà la dualité des significations. Pour le premier sens, voir
notamment : Λ.759 (tuer un dernier homme), X.66 (en dernier), X.203 (πύματόν τε καὶ
ὕστατον, adverbial, une dernière fois), Ψ.373 et Ψ.768 (avec δρόμον, au dernier tour de la
course), β.20 (δόρπον), ι.369 (manger Personne en dernier), υ.116 (πύματόν τε καὶ ὕστερον…
δαῖτα). Pour le second sens, voir en particulier Z.118 et Σ.608. Puis, chez Bacchylide,
avec πνέω, le terme renvoie au dernier souffle (Ba.Ep.5.153). – Pour la racine du nez, N.616 :
ῥινὸς ὕπερ πυμάτης.
287  Chantraine DELG p. 953 ; Bollack 1969 t. III p. 480.
288  Ainsi, en φ.9, Pénélope se rend tout au fond du trésor (θάλαμόνδε… ἔσχατον) pour trouver
l'arc d'Ulysse. En revanche, en K.434, le terme est employé pour l'extrémité (extérieure)
des lignes. En particulier, avec σάρκες, chez Sophocle, au sens de le plus à l'intérieur,
So.Tr.1053.

pouvoir s'appuyer sur les usages antérieurs des deux termes ῥῖς et ῥινός pour éliminer, ici, le sens de *peau*, dans la mesure où ῥινός n'est employé qu'au singulier pour la peau humaine mais toujours au pluriel pour celle des bêtes[289]. L'argument, qui est réversible[290], ne tient pas : Sylvie Galhac a montré, à la suite de O'Brien, que ῥινός est l'un des termes employés à la fois pour les êtres humains et les animaux[291]. Le substantif renvoie à la peau considérée indépendamment du reste du corps, comme δέρμα (à la différence de χρώς) : si l'hypothèse de la respiration cutanée est juste, Empédocle a choisi d'employer ce terme pour isoler conceptuellement la surface de la peau et mettre en évidence la façon dont celle-ci entrait en relation avec les σύριγγες dans le système respiratoire.

Le sens donné à ῥινῶν détermine la compréhension de πύματον (100.2), πυκιναῖς (100.3) et ἔσχατα (100.4)[292]. Les partisans de la respiration cutanée comprennent qu'il y a un réseau de vaisseaux qui s'étendent juste sous la surface du corps (πύματον κατὰ σῶμα, 100.2), en donnant à πύματον le sens de *en dernier* dans une série ou *à l'extrémité* ; l'interface entre la peau et ces vaisseaux consiste en des sillons nombreux (πυκιναῖς... ἄλοξιν, 100.3), qui sont percés en leur extrémité, sur la peau (ἔσχατα τέρθρα, 100.4), pour laisser passer l'air.

Pour les partisans de la respiration nasale, le vers 100.2 décrit les canaux qui prolongent les narines, jusque dans la poitrine, où se situerait leur embouchure donnant sur ce qui est, pour nous, le poumon[293] : on comprend que ἔσχατα désigne l'extrémité interne de ces tuyaux, et que πυνκά signifie *profond*. On analyse le sens de πύματον comme *en dernier* à partir de l'extrémité formée par les narines : le vers 100.2 affirme alors que les voies nasales se prolongent jusqu'au plus profond du corps.

---

289 Seeck 1967 p. 49.

290 L'Agrigentin a en effet la volonté de montrer que la théorie de la respiration qu'il élabore est commune à *tous* les animaux : introduire un jeu dans l'emploi d'un terme réservé aux bêtes chez Homère pour l'appliquer au règne animal tout entier, en y incluant l'humain, est alors tout à fait compréhensible.

291 Galhac 2010 p. 200. O'Brien 1970 p. 174 *sqq.* a montré que le terme pouvait désigner la peau qui subsiste sur les ossements des morts victimes des Sirènes dans l'*Odyssée* (μ.46), ainsi que la peau d'Ulysse lui-même, soit dans l'hypothèse où elle était déchirée sur les récifs (ε.426-427 ; il y a pourtant dissension entre singulier ῥινός et pluriel ῥινούς dans les manuscrits), soit celle effectivement déchirée de ses mains (ε.432-435).

292 O'Brien 1970 p. 173 *sqq.*, n. 10, rend très clairement compte de l'alternative interprétative. Je renvoie à son article pour une critique de la thèse mixte de Lloyd.

293 *Cf.* pour la respiration nasale, Booth 1960 p. 11, et, pour la respiration cutanée, O'Brien 1970, *loc. cit.*

La majorité de la tradition interprétative prend position soit pour la respiration nasale, soit pour la respiration cutanée[294]. À l'intérieur de cette dernière, la position de Bollack se distingue en ce qu'elle introduit un niveau d'analyse supplémentaire : l'ambiguïté introduite entre respiration cutanée et respiration nasale par le génitif pluriel ῥινῶν est délibérée. Il y a un jeu entre le phénomène et son explication réelle[295] : la respiration par les narines n'est, en définitive, qu'un cas particulier, accessible aux sens, de la respiration réelle, qui est cutanée.

— Conséquences de l'interprétation
  de la respiration sur la compréhension du contexte

Les deux hypothèses de la respiration nasale et cutanée conduisent à des interprétations différenciées du contexte de la citation. La première implique qu'Aristote reproche à Empédocle de n'avoir pas tenu compte du caractère accessoire des narines dans la respiration, qui se produit en réalité par la trachée-artère.

Choisir celle de la respiration cutanée demande d'expliquer pourquoi Aristote reproche à Empédocle une confusion entre respiration par les narines et respiration par la trachée, si aucune des deux n'est en réalité évoquée dans le fragment qui est cité par le Stagirite à l'appui de sa critique. Deux propositions principales ont été soutenues : (1) celle de Diels, reprise par Cherniss, selon laquelle Aristote s'est trompé dans l'interprétation du fragment 100 du fait de l'ambiguïté de ῥινῶν[296] ; (2) celle de Bollack, selon laquelle Aristote sait bien qu'Empédocle soutient en fait l'idée d'une respiration par la peau (prenant narines en un sens

---

294 En faveur de la respiration nasale : Sturz 1805 p. 425-427, Booth 1960 p. 10-15 (en réaction à la thèse originale défendue par Furley 1957), Seeck 1967, Inwood 2001 p. 260, Mansfeld & Primavesi 2011 p. 515. La thèse de la respiration cutanée est défendue par Karsten 1838 p. 275, Diels 1901 p. 144 jusque D.-K. 1951 p. 347, Bignone 1916 p. 472, Bollack 1969 t. III p. 479 *sqq.*, O'Brien 1970 p. 173 *sqq.* dont n. 10, Gallavotti 1975 p. 252 *sqq.*, Wright 1995 p. 244.

295 Bollack 1969 t. III p. 481 (repris par Gallavotti 1975 p. 255). Cela permet de répondre à un reproche avancé à l'encontre de l'interprétation de la respiration cutanée (par Furley 1957 p. 32 ; Booth 1960 p. 11), selon lequel il est surprenant que les narines soient absentes d'un fragment sur la respiration, ne serait-ce que pour en être écartées.

296 La thèse de Diels 1901 p. 144 (« ῥινῶν *falso de* ῥισίν (*debuit de* ῥινοῖς) *intellexit Aristoteles* ») est signalée par Kranz dans l'apparat critique de la dernière édition de leur recueil, p. 347, *ad* ῥινῶν : « *Das lächerliche Mißverständnis des Ar.,* ῥινῶν = μυκτήρων *zu setzen, darf nicht beirren.* » *Cf.* Cherniss 1935 p. 238.

métaphorique comme celles de la peau – c'est-à-dire les embouchures des veines, dont la respiration par le nez n'est qu'un cas particulier)[297] ; la partie de la discussion notée (A), chez Aristote, renvoie en fait plus probablement à une autre partie de la théorie empédocléenne, que nous connaissons par Théophraste, selon laquelle l'olfaction se produit au moment de l'inspiration[298].

L'hypothèse de Bollack est plus forte que celle de Diels et de Cherniss dans la mesure où elle ne prête pas à Aristote une erreur d'interprétation[299]. Son interprétation de (A) est appuyée par les particularités que présente la construction de la citation que nous avons relevées : si les premiers arguments s'adressaient directement au fragment 100, ils auraient été placés après celui-ci, comme l'est le reproche visant à ruiner les deux thèses de la respiration par la trachée et la respiration par les narines de la peau.

## Air et eau, air et sang :
## dans quel sens fonctionne la comparaison ?

La corrélation entre comparant et comparé a fait l'objet de deux thèses, indépendamment même du type de respiration en jeu dans le comparé. (1) Que l'air de la clepsydre correspond à l'air de la respiration, et que l'eau de la clepsydre correspond au sang de la respiration[300] ; (2) que l'air de la clepsydre correspond au sang de la respiration, et que l'eau de la clepsydre correspond à l'air de la respiration[301].

Les deux hypothèses présentent des paradoxes, comme l'a montré Furley[302]. La rétention de l'eau dans la clepsydre pose en effet toujours problème lorsqu'on cherche à interpréter l'analogie : si l'on retient la première hypothèse, la difficulté est que le sang ne cherche jamais à sortir du corps dans la respiration (contrairement à l'eau de la clepsydre) ; si

---

297 *Cf.* Bollack 1969 t. III p. 471-474 et, pour une présentation synthétique de sa position, p. 481, *ad* ῥινῶν.

298 Bollack 1969 t. III p. 471-472.

299 Gallavotti 1975 p. 256 propose une version un peu plus faible de l'hypothèse de Bollack : ce passage d'Aristote n'aborde la théorie d'Empédocle que pour en montrer les insuffisances, sans en proposer un compte-rendu fidèle.

300 C'est l'hypothèse implicitement défendue par Sturz 1805 p. 614-615.

301 Cette thèse est en particulier défendue par Booth 1960 p. 13, et par Bollack 1969 t. III p. 475-476.

302 Furley 1957 p. 32.

l'on retient la seconde, la difficulté est que l'air n'est jamais comprimé dans le corps par le sang.

Ces difficultés ont conduit certains interprètes à penser que la comparaison avait une visée fonctionnelle, et qu'il ne fallait pas faire correspondre chaque élément du comparant au comparé, ou inversement. Booth et Wright estiment que ce qui est véritablement l'objet de la comparaison est le mouvement des éléments, et non pas le détail des substances ou la nature morphologique du récipient et du corps[303].

## Autres interprétations du fragment 100

— Furley et la théorie de la respiration circulaire

Furley a proposé une théorie mixte, mêlant respirations nasale et cutanée[304]. Le savant récuse que les vers 6-8 et 22-26 décrivent les mêmes orifices : le premier passage évoque les pores de la peau (qui correspondent au crible de la clepsydre) et le second les narines (qui correspondent à son tuyau supérieur). Deux flots d'air distincts entrent et sortent par ces deux portes, en un mouvement oscillatoire qui permet de rendre compte des deux mouvements de l'eau à l'intérieur de la clepsydre[305]. Son hypothèse s'appuie sur une correction d'une version amétrique du texte des manuscrits LSXP (suivis par Michel d'Éphèse) au vers 100.24, ἕτερον, en τοὔτερον (les manuscrits habituellement retenus portent un αἰθέρος qui est par ailleurs tout à fait satisfaisant). Cette correction est nécessaire pour introduire le second flot d'air, entrant par les pores, et l'idée d'un mouvement oscillatoire.

La première partie du comparant signifie que, lorsque le nez est bouché – quand les orifices supérieurs de la clepsydre sont clos –, le sang ne peut laisser place à l'air (qui se trouve bloqué au-dessus de lui), et l'air ne peut entrer par les pores de la peau (qui correspondent aux orifices

---

303 Booth 1960 p. 13 : « *he* (sc. Empédocle) *is, after all, comparing two mechanical effects rather than the behaviour of substances qua the substances that they are. It does not very much matter what substances are used for the simile provided that the mode of operation is exactly parallel so far as it goes.* » *Cf.* Wright 1995 p. 248.

304 Furley 1957 p. 31-34.

305 Furley 1957 p. 32 ne s'arrête pas au fait que cette proposition tombe sous le coup du reproche qu'il avait lui-même adressé aux reconstructions antérieures, dont il estimait qu'elles étaient fragilisées par une incohérence entre comparé et comparant : le sang ne sort pas du corps alors que l'eau sort de la clepsydre dans la seconde partie du comparant.

inférieurs de la clepsydre) ; la seconde partie, que lorsque le sang est immobilisé, l'air presse à la surface du corps pour rentrer par les pores.

Cette interprétation pose trois problèmes majeurs : (1) elle demande correction d'une leçon amétrique, alors que les autres manuscrits présentent un texte sain que l'on n'a aucune raison positive de mettre en doute. Sans elle, le fragment ne donne pas trace des deux flots d'air qui entrent alternativement par les pores et le nez. (2) Le verbe employé pour décrire la remontée du second flot d'air vers les narines, au vers 100.24, est κατέρχεται, ce qui n'est pas compatible avec le sens du préverbe κατα- (toujours employé dans le fragment pour décrire un mouvement descendant). (3) Furley prête à Aristote une incompréhension encore plus grande que ne le faisait Diels, car le Stagirite serait passé à côté du mouvement oscillatoire décrit dans le fragment 100.

– Rossetti et la thèse de la morphologie du poumon

Rossetti a proposé une interprétation du fragment 100 selon laquelle la comparaison porte en réalité sur le mouvement de l'air et du sang dans le poumon[306]. Le tuyau supérieur de la clepsydre correspond au nez et le crible de la partie inférieure correspond aux orifices par lesquels le sang présent dans le corps entre dans les poumons[307]. Le fragment 100 décrirait le gonflement des poumons par l'air à l'inspiration, et le remplacement de ce dernier par le sang provenant du corps à l'expiration[308].

La description physiologique des vers 100.2-5 renvoie alors au fonctionnement interne du poumon[309] : σῶμα renvoie au corps constitué par le poumon. L'air arrive au poumon par la trachée artère puis par des bronches, tuyaux rigides (σύριγγες) où le sang ne passe jamais (λείφαιμοι, *dépourvus de sang*[310]). Ces bronches se prolongent après leur extrémité

---

306 Rossetti 2004 p. 175.
307 L'argument avancé par Rossetti 2004 p. 173 est la similitude formelle existant entre ce tuyau et la trachée, et entre le crible et les vaisseaux sanguins arrivant aux poumons : « *all' imboccatura superiore della klespudra può ben corrispondere l'insieme costituito da bocca o naso, mentre ai forellini del crivello collocato sul fondo possono ben corrispondere i capillari del parenchima polmonare dove l'aria giunge al termine dell' inspirazione.* »
308 Rossetti 2004 p. 176 et n. 84, selon lequel ces observations sont possibles à partir d'un poumon d'animal que l'on gonflerait et dégonflerait comme une éponge.
309 Je résume ici Rossetti 2004 p. 181-185.
310 La proposition est en rupture avec le sens retenu d'habitude, qui est du côté de tuyaux qui se vident et se remplissent de sang.

(ἐπὶ στομίοις) en un réseau dense de bronchioles (πυκιναὶ ἄλοκες), petits tuyaux mous qui se gonflent lorsque l'air y passe, et qui s'aplanissent pour prendre la forme de fissures ou de sillons, lorsque l'air ne s'y trouve pas, afin d'empêcher le sang du poumon d'entrer dans le complexe formé par les bronchioles, les bronches et la trachée. Les embouchures des bronches donnent par des orifices (τέτρηνται) sur les alvéoles pulmonaires (ῥινῶν ἔσχατα τέρθρα), qui se trouvent juste à la surface du tissu pulmonaire : l'air rentre dans les alvéoles par les bronchioles qui les traversent. Ces alvéoles sont constituées de fines pellicules successives (les ῥινῶν, *peaux* au sens figuré) et sont qualifiées de ἔσχατα, selon Rossetti, pour deux raisons potentielles : (1) parce que les bronchioles traversent les alvéoles à leur extrémité, voire dans la zone limitrophe entre deux alvéoles ; (2) parce que même les alvéoles les plus éloignées des bronches sont desservies par les bronchioles. En d'autres termes, ἔσχατα désigne soit (a) la périphérie des alvéoles elles-mêmes, soit (b) la périphérie du tissu pulmonaire (hypothèse jugée plus probable par l'auteur). Ces tissus pulmonaires formés par l'ensemble des alvéoles réparties partout à leur surface (διάμπερες) sont à leur tour desservis par un réseau de veines par où passe le sang, qui ne sont pas décrites dans le fragment.

Dès lors, les vers 100.6-8 décrivent successivement l'arrivée et le départ de l'air dans la trachée, les bronches, les bronchioles, et les alvéoles, et celle du sang par les veines dans les poumons – sans que ce dernier ne puisse passer dans les bronchioles, ni les bronches, ni la trachée. Rossetti doit supposer que ἔνθεν (100.6) a un référent vague, renvoyant à l'appareil respiratoire en général, sans se limiter aux parties décrites dans les vers précédents.

La proposition de Rossetti présente l'avantage incontestable de proposer un équivalent de la structure de la clepsydre – en particulier du crible. Rossetti souligne pourtant à de nombreuses reprises le caractère délicat de sa propre reconstruction. Celle-ci pose effectivement les problèmes suivants. (1) Il n'y a pas de relation entre le mouvement du sang et celui de l'air : le mouvement de l'un n'entraîne pas le mouvement de l'autre, alors que cet aspect structure la comparaison avec la clepsydre. (2) Le sens général prêté à ἔνθεν n'est pas convaincant : si la structure de l'appareil respiratoire n'est pas connue de l'auditoire, il serait particulièrement mal venu que ἔνθεν renvoie implicitement à une partie de celui-ci qui n'a pas été décrite dans les vers précédents ! (3) Rossetti

doit donner à certains termes des sens qu'il est difficile de leur prêter[311].
(4) Le résumé d'Aristote évoque des veines à moitié remplies de sang et
d'air, auxquelles rien ne correspond dans la reconstruction de Rossetti[312].

Ces difficultés s'expliquent par le fait que, de son propre aveu, le
savant part de sa propre reconstruction théorique pour y adapter le
sens du texte[313]. Il ne propose pas d'argument fondé sur les emplois
des termes. La reconstruction de Rossetti pose un dernier problème
méthodologique : nous ne comprenons la description de l'appareil respiratoire telle que propose de la reconstruire le savant que parce que
nous connaissons la nature du poumon. Mais faute d'avoir lui-même
procédé à la dissection de poumons d'animaux, l'auditoire d'Empédocle
n'avait pas les moyens de parvenir à la compréhension du fragment,
si signifiant et signifié étaient liés par un rapport aussi ténu que celui
supposé par la démarche de Rossetti.

– Rashed et la thèse de la respiration cosmique

Rashed, dont l'interprétation a été reprise par Ambrosano, a récemment cherché à montrer que la comparaison de la clepsydre impliquait
un niveau de lecture auquel les savants n'ont pas porté toute l'attention
qu'il aurait mérité : « une comparaison implicite du microcosme humain
au macrocosme des quatre éléments[314]. »

---

311 Donner à λιφαίμοι (100.1) le sens de *exsangue*, en prêtant à la première partie du composé
un sens absolument privatif ; à ἐπί le sens de *au-delà* (des embouchures des bronches).
Rossetti ne peut donner à ἐπί le sens de *sur* car cela impliquerait que l'extrémité des
bronches (σύριγγες) touche les alvéoles pulmonaires (τέρθρα ἔσχατα ῥινῶν), et éliminerait
la nécessité des bronchioles (ἄλοκες). Or, un tel emploi de ἐπί, particulièrement avec le
datif, où le groupe devient en fait un équivalent de παρά + accusatif, n'est jamais attesté
à ma connaissance. Le terme ἄλοκες désigne toujours le sillon creusé par la charrue dans
les champs ou, de façon métaphorique, un sillon ou une ride – et jamais un tuyau. Le
verbe κεύθειν (100.5) ne signifie jamais *bloquer*, mais *cacher, dissimuler*. Rossetti 2004
p. 184-185 reconnaît lui-même certaines de ces difficultés.

312 Les pores présentés par ces veines, qui laissent passer l'air mais pas les particules de sang,
trop volumineuses, peuvent certes correspondre aux bronchioles (ἄλοκες). Mais celles-ci
ne laissent jamais entrer le sang, contrairement aux veines décrites par Aristote.

313 Rossetti 2004 p. 183 (je souligne), à propos du terme ἐπί : « [...] *in relazione al tipo di contesto
che si è venuto delineando, in* ἐπί *bisognerebbe poter ravvisare l'idea di* oltre, a partire da
lì » ; à propos de ἄλοκες : « *Nella logica della linea interpretativa che adottata* bisognerebbe
che il molte ἄλοκες *[...] fossero identificabili* come una presenza fissa e quindi diffusa nel
parenchima polmonare ».

314 Rashed 2008b p. 448-449. Sa thèse selon laquelle le fr. 100 est pour ainsi dire susceptible
d'un niveau de lecture « cosmologique » a été reprise par Ambrosano 2012 (la respiration

Son analyse propose d'identifier l'équivalent de la fillette dans le processus respiratoire. Rashed disqualifie l'hypothèse selon laquelle Aphrodite manipulerait elle-même la clepsydre, car on ne voit pas pourquoi Empédocle la concevrait comme une fillette[315]. Le correspondant que Rashed propose de trouver à la fillette est le cœur, considéré non pas tant comme organe qui bat dans l'organisme humain qu'en tant que principe dynamique. Le savant a deux arguments principaux[316] : (a) le cœur est comme encastré entre les poumons, ce qui conforte l'interprétation des σύριγγες comme des cavités longilignes parcourant les tissus pulmonaires ; (b) le cœur est féminin en grec (ἡ καρδία). Les πραπίδες sont alors l'équivalent de la main de la fillette : (a) les aèdes, entraînés à contrôler leur souffle lors de longues récitations, ont dû percevoir le rôle du diaphragme dans la respiration ; (b) les cinq sens sont désignés comme des paumes, alors même que le diaphragme est le lieu de la connaissance où sont en quelque sorte stockées les parcelles élémentaires qui sont rentrées dans l'organisme lors du processus de perception.

Rashed propose finalement d'examiner la relation de la jeune fille à l'eau : (a) sur le fondement de la désignation de l'eau comme Nestis-Perséphone dont Kingsley a fait la démonstration la plus systématique[317], Rashed reconnaît dans la fillette qui joue (παίζουσα) une allusion à la dénomination traditionnelle de Perséphone comme Παῖς ; (b) il y a des indices de l'association de Perséphone à la clepsydre dès l'Athènes du second quart du Vᵉ siècle : la source située sur le flanc nord de l'Acropole fut aménagée en fontaine et reçut alors le nom de Κλεψύδρα ; (c) cette source s'appelait Ἐμπεδώ, ce qui inviterait à penser qu'elle a pu constituer l'objet privilégié des réflexions d'Empédocle ; (d) la source peut être associée à Perséphone sur le fondement de quatre arguments : elle passait pour insondable ; un mouvement de crue et de décrue, l'été et l'hiver, l'apparentait au cycle de la déesse ; elle se trouve à cent mètres du temple de Déméter et Perséphone ; Aristophane (*Lysistrata* 912-913)

---

est comme la réitération du conflit cosmique entre les deux puissances) et se fonde en partie sur celle de O'Brien 1969 p. 124-126 (qui soutenait l'idée d'une respiration cosmique).

315 Rashed 2008b p. 453 *sqq.* L'hypothèse selon laquelle son équivalent est le sang, qui joue un rôle moteur dans la respiration, est ensuite disqualifiée sur le fondement d'une analyse de φόνος.

316 Rashed 2008b p. 454-455.

317 Kingsley 1995a p. 348-358.

associe la source à un acte de purification, que Rashed relie à la cyclicité liée à Perséphone, en avançant de surcroît qu'on y lavait annuellement les statues d'Aphrodite et de Peithô.

En se fondant sur une association du feu et de la Discorde soutenue par Jean-Claude Picot, Rashed parvient à la conclusion que la comparaison de la clepsydre est une image du cycle cosmique : « l'eau et le sang se tiennent au centre, du côté d'Aphrodite ; l'air et le feu sont sur le pourtour, du côté de la Discorde[318]. » Rashed conclut que « contrairement au présupposé constant des lectures aristotélisantes, y compris modernes, il n'y a pas de biologie chez Empédocle, mais une eschatologie permanente qui reconnaît, dans le moindre phénomène biologique, parfois finement disséqué, une parcelle du destin du monde ».

Je ne discuterai pas tous les arguments mobilisés par cette interprétation : ici n'est pas le lieu de déterminer si Empédocle avait conçu une respiration cosmique indépendamment de notre fragment, ni même de déterminer de la justesse des associations sémantiques qui sont projetées sur le passage, telle que celle de l'éther au feu et du feu à la Discorde. Je me contenterai de deux remarques :

1. J'ai déjà exposé plus haut les raisons pour lesquelles il y avait à mes yeux un paralogisme à déduire du fait que l'élément eau est nommé Nestis dans le fragment 6 que toutes les dénominations que la tradition associe à Perséphone sont susceptibles d'être employées par Empédocle pour renvoyer à l'élément eau.

2. L'argumentation mobilisée pour soutenir l'association de la jeune fille à l'eau témoigne assurément d'une érudition née de longues recherches sur la pensée religieuse grecque et ses différentes expressions (iconographiques, littéraires, etc.), qui contribue à enrichir la discussion savante. Il ne me semble pourtant pas que l'argumentation démontre plus que la seule possibilité spéculative qu'Empédocle ait fait référence à la fontaine athénienne, et la possibilité, dans une seconde étape, d'associer cette source à Perséphone. Cette partie de l'argumentation fait appel à des données extérieures au texte,

---

318 Rashed 2008b p. 460 ; voir Picot 2000 p. 70-78.

qu'aucun témoin ancien n'avait associées à Empédocle, de
sorte que la thèse selon laquelle il y a une relation entre ces
différents éléments matériels et cultuels et notre passage ne
paraît pas complètement convaincante.

*Autres problèmes de texte posés par le fragment 100*

– Le vers 100.1 et le papyrus d'Herculanum

Gallavotti a proposé deux interventions sur le texte. La première
est de restituer une version du premier vers du fragment 100 telle
qu'on la lit dans un papyrus d'Herculanum[319], citée par le philosophe
Démétrius[320] sous la forme ὧδε δ' ἀναπνείουσι καὶ ἐκπνείουσι λίφαιμοι.
Les deux formes verbales seraient des participes présents actifs au datif
d'intérêt[321]. Pour le sens, on obtient : *ainsi, pour les animaux qui inspirent
et expirent, des canaux de chair pauvres en sang s'étendent à la surface du corps.*

Cela implique de considérer le texte d'Aristote comme un faux
délibéré, forgé à des fins critiques[322] afin d'introduire les termes πάντα
et πᾶσι en 100.1 pour signaler qu'Empédocle a proposé une seule théorie malgré la multiplicité des physiologies qui caractérisent le système
respiratoire des différents animaux.

Mais pourquoi Aristote aurait-il eu besoin de forger un faux hexamètre
pour souligner un élément déjà effectivement présent dans le système ?
Gallavotti soutient par ailleurs que le fragment 102, sur l'odorat, précédait immédiatement le fragment 100. Or ce fragment 102 contient
le terme πάντα. Pourquoi Aristote n'aurait-il pas simplement donné la
succession 102-100 (dans la version de Démétrius) plutôt que d'exclure
le fragment 102 et de forger un hexamètre dactylique incluant un terme
du vers précédent ? Aristote n'a pas besoin de modifier artificiellement
une position pour en déceler les problèmes et la critiquer.

---

319 Gallavotti 1975 p. 254, n. 2.
320 *Cf.* De Falco 1923.
321 Gallavotti 1975 p. 254, *ad loc.*, parle de « *dativi di comodo* ».
322 Gallavotti 1975 p. 254 : « *Aristotele non dà il testo preciso del verso, perché inserisce la citazione
in un complesso argomento sulla fisiologia della respirazione* ; […] *nell'esporre e criticare la teoria
di Empedocle, vuole insistere su questo, che Empedocle, non solo non ha detto quale è lo scopo della
respirazione, ma neppure ha distinto le varie specie di respirazione comune a "tutti" gli animali.* »

– L'adjonction du fr. 102
en tant que vers initial du fr. 100

Gallavotti a proposé d'introduire l'unique vers du fragment 102 comme premier vers du fragment 100[323]. Sa proposition est fondée sur les arguments suivants : (1) la succession des témoignages sur la respiration et l'olfaction, dans le *De sensibus* de Théophraste[324], plaide en faveur de la succession directe 102-100. (2) La corrélation ὧδε μέν… (fr. 102), ὧδε δέ… (fr. 100.1) indique le passage du thème de l'olfaction à celui de la respiration. (3) La tendance d'Empédocle à composer des unités strophiques organisées en un nombre de vers pairs se vérifie mieux dans le fragment 100 si on le fait précéder du fragment 102[325]. (4) Le πάντα du premier vers du fragment 100 tel qu'il est transmis par Aristote serait un ajout de ce dernier à partir du fragment 102, visant à modifier l'argument du passage pour mieux le réfuter.

Le passage de Théophraste sur lequel le savant s'appuie, succédant à une critique de la théorie empédocléenne de l'audition, n'est pas un moment d'exposition de la théorie empédocléenne mais un passage critique. Sa structure s'explique à ce titre par les choix argumentatifs de Théophraste plutôt que par une hypothétique conformité à l'exposé d'Empédocle, à un moment où le commentateur défend en fait sa propre position. De fait, Théophraste adresse deux reproches successifs, qui suivent une logique analytique interne, à la thèse empédocléenne de l'identité entre olfaction et respiration : (1) certains animaux pourvus d'olfaction ne respirent pas ; (2) il est faux que la qualité de l'odorat est proportionnelle à la quantité d'air inspirée. Selon Gallavotti, le groupe ἐπὶ τέλει indiquerait que le fragment se situe à la charnière du propos

---

323 Gallavotti 1975 p. 250-251, *ad* 93-7, pour le détail de l'argumentation que je résume ci-après.
324 Il s'agit du § 22 du *De sensu* et non du § 20 comme le mentionne Gallavotti 1975 p. 115, n. 44. En particulier, l'usage du tour ἐπὶ τέλει, introduisant le fragment 102, impliquerait que Théophraste rend compte du moment du poème où le propos passait de l'olfaction à la respiration.
325 On obtient la succession suivante : 2 vers d'exposition (fr. 102 + fr. 100.1) – 4 vers de description physiologique (fr. 100.2-5) – 3 vers décrivant inspiration et expiration (fr. 100.6-8) et un vers introduisant la comparaison (fr.100.9) – 6 vers développant la première partie de la comparaison (l'inspiration, selon Gallavotti : fr. 100.10-15) – 6 vers décrivant la seconde partie de la comparaison (l'expiration, selon Gallavotti : fr. 100.16-21) – 4 vers décrivant à nouveau inspiration et expiration (fr. 100.22-25).

sur l'olfaction et du traitement de la respiration[326]. Or, la remarque de Théophraste ne porte pas sur la succession des propos d'Empédocle, mais bien sur l'identité de la respiration et de l'olfaction : le genre de ταύτης provient d'une attraction inverse, remplaçant un τοῦτο qui reprend le τὸ ἀναπνεῖν de la phrase précédente. L'argument de Théophraste vise donc seulement à montrer que la respiration est la cause de l'olfaction, et que l'idée clôt l'exposé d'Empédocle commun aux deux phénomènes en ce qu'ils sont consubstantiels[327].

Les autres arguments sont faibles : le parallélisme formel permettrait d'appuyer la reconstruction si elle était par ailleurs fondée sur des critères plus solides. Le troisième argument pose problème car Gallavotti ne cite aucun parallèle à l'appui de cette prétendue organisation strophique en nombre de vers pairs, ce qui aurait été nécessaire vu le caractère fragmentaire du corpus, alors même qu'une organisation strophique par groupe de vers en nombre pair ne se vérifie justement pas dans le fragment 100 : la première description du couple inspiration-expiration (100.6-8a) ne comprend que trois vers, et on ne peut obtenir un nombre pair qu'en ajoutant le vers et demi qui comprend le début de la comparaison (100.8b-9). Un tel regroupement est artificiel : le comparant constitue un ensemble cohérent de 13 vers.

Le quatrième argument n'est défendable qu'à condition d'accepter la version alternative du premier vers du fragment 100, tel qu'on le lit dans le papyrus d'Herculanum. Au contraire, si 102 précédait bien 100, on ne comprend plus le geste d'Aristote : pourquoi forger un vers inexact au début du fragment 100 alors que le thème de la totalité est déjà présent dans le fragment 102 ? Il est improbable qu'Aristote choisisse à la fois d'omettre un vers qui aurait appuyé sa critique (fr. 102), et d'introduire artificiellement un terme de ce fragment dans le vers suivant.

---

326 Théophraste, *De sensu* § 22 : οὐ γὰρ ἴσως καθ' αὑτὸ τὸ ἀναπνεῖν αἴτιον τῆς ὀσφρήσεως, ἀλλὰ κατὰ συμβεβηκός, ὡς ἔκ τε τῶν ἄλλων ζῴων μαρτυρεῖται καὶ διὰ τῶν εἰρημένων παθῶν· ὁ δ' ὡς ταύτης οὔσης τῆς αἰτίας καὶ ἐπὶ τέλει πάλιν εἴρηκεν ὥσπερ ἐπισημαινόμενος· [cit. B. 102 D.-K.] "ὧδε μὲν οὖν πνοιῆς τε λελόγχασι πάντα καὶ ὀσμῶν" « En effet, ce n'est pas sans doute la respiration en elle-même, mais par accident, qui est cause de l'olfaction, comme le montre ce qui se produit chez les autres animaux, ainsi que les faits qu'on vient de rappeler. Mais Empédocle, comme pour apposer son sceau sur le fait que la respiration est cause de celle-ci (*sc.* de l'olfaction), dit pour terminer : [cit. B 102 D.-K.]. »

327 Le texte va dans le sens de la reconstruction de Diels, dès 1901, qui fait du fragment 102 la clôture de la réflexion commune sur l'olfaction et la respiration.

ÉTUDE DE LA COMPARAISON DU FRAGMENT 100

Examinons à présent la nature de la comparaison qui se déploie dans le fragment et le type de relation qui unit comparant et comparé. Je laisse de côté la question de savoir quelle est la thèse défendue quant à la respiration (nasale ou cutanée) pour me concentrer sur le processus décrit dans la comparaison et dans les deux groupes de vers qui l'encadrent. Je commencerai l'étude du fragment par celle du comparant, ce qui se justifie par la valeur didactique même de la comparaison : celui-ci est à la fois plus clair *a priori*, et en tout cas plus développé, que le comparé.

## Une reconstruction du comparant : la clepsydre

Le comparant est centré sur les mouvements cycliques de l'eau et de l'air à l'intérieur de la clepsydre, dont la description est fondée sur un jeu de parallélismes et d'oppositions. Les vers 10-15 et 16-21 présentent de façon pratiquement symétrique les deux mouvements contraires de l'air et de l'eau dans la clepsydre. Avant ces deux groupes de six vers, la comparaison elle-même est introduite par un vers et demi (8b-9).

– L'introduction de la comparaison (100.8b-9)

Les vers 100.8b-9 présentent l'agent et les objets nécessaires à la construction du comparant dans les vers qui vont suivre : l'enfant, la clepsydre et la bassine. Le fait que l'enfant est une jeune fille est un fait remarquable : il est tentant de l'expliquer comme une référence à Aphrodite, responsable de la création de l'appareil respiratoire comme du reste de l'organisme[328] et de son caractère fonctionnel.

Il n'y a aucune attestation antérieure à Empédocle d'emploi de ὥσπερ ὅταν pour introduire une comparaison et la poésie épique n'en présentera plus par la suite. Le texte souligne par là sa propre singularité : nous nous trouvons sans doute face à la première attestation connue de la clepsydre en poésie. Celle-ci n'est attestée à l'époque que chez Anaximène, Anaxagore, et dans une sentence attribuée à Ésope[329].

---

328  *Cf.* en particulier Bollack 1969 t. III, p. 484-485.
329  *Cf.* Anaximène 13 A 20 D.-K. ; Anaxagore 59 A 68 et A 69 D.-K. ; *Aesopica* (éd. Perry, 1952), fr. 22 : Ὁ αὐτὸς (*sc.* Ésope) τοὺς ῥήτορας ἔφη ὁμοίους εἶναι τοῖς βατράχοις· τοὺς μὲν γὰρ ἐν ὕδατι κελαδεῖν, τοὺς δὲ πρὸς κλεψύδραν.

En 100.9, la terminaison de παίζουσα est l'objet d'une dissension dans les manuscrits : ceux du groupe b (LSX) et le manuscrit indépendant P présentent le participe féminin παίζουσα, qui implique une anacoluthe (ὅταν n'introduit pas de verbe conjugué), là où le groupe a (MZ) porte παίζουσι, syntaxiquement impossible. Les deux manuscrits isolés, dépendants du groupe a (i et l) comportent, eux, une forme sans iota souscrit du subjonctif παίζησι : il s'agit sans doute d'une restitution postérieure mais on ne peut pas exclure qu'elle ait été opérée à partir de manuscrits provenant d'un autre groupe, perdus par la suite. La forme avec iota souscrit a été restituée par Diels[330].

Outre sa meilleure attestation, le participe a l'avantage de préciser le genre de παῖς. La *lectio difficilior* est en effet παίζουσα : on s'explique difficilement que le copiste ait ajouté un féminin par erreur – de surcroît en anacoluthe –, si la forme originelle était indifférenciée du point de vue du genre, et ce même en dépit du fait qu'un masculin est impossible du point de vue de la scansion.

Le verbe dénominatif παίζω, *jouer, danser,* bien attesté dès l'*Odyssée,* exprime les occupations du παῖς (le jeu, la danse, la musique…), et se construit normalement avec le datif, dans les occurrences antérieures à Empédocle[331]. L'accusatif n'est attesté qu'à une époque postérieure[332] – ce qui explique que Diels ait voulu corriger le κλεψύδρην des manuscrits d'Empédocle au vers 9 de notre fragment en κλεψύδρῃ. Le verbe est employé dans l'*Odyssée* au moment où Nausicaa et ses suivantes jouent à la balle, dans le chant ζ, où ce jeu fait immédiatement l'objet d'une comparaison : la princesse et ses suivantes sont comparées à Artémis et à des nymphes bondissant dans les champs[333]. La balle est alors introduite comme complément de παίζω au datif (σφαίρῃ).

Plus important est le rapprochement opéré par le texte entre παῖς (fr. 100.8) et παίζουσα (fr. 100.9) : le fragment réanalyse le sémantisme original de παίζω, en le rapprochant explicitement de l'occupation enfantine

---

330 Diels 1901 p. 144 (jusque Diels 1912 p. 258 inclus) retenait παίζησι. Kranz est revenu à la forme παίζουσα.

331 Chantraine *DELG* p. 848-849. Au sens de *jouer,* en particulier, η.100 (avec le datif), Pi.O.13.86. Au sens de *danser* : θ.251, ψ.147. Les sens ne se distinguent pas toujours aisément.

332 *Cf.* par exemple Ar.*Pl.*1055, mais avec un accusatif d'objet interne accompagné de πρός + acc. (παίζειν παιδιὰν πρός τινα), Plutarque *Alex.*73 (σφαῖραν).

333 Le jeu a lieu en ζ.100 (il est narré par Ulysse en η.291). La comparaison se trouve en ζ.106.

ludique. Le jeu de l'enfant avec la clepsydre en 100.10-21 n'a pas de finalité
autre que lui-même et s'oppose en cela à la fois aux mouvements de l'air et
du sang dans la respiration, et à l'usage normal de la clepsydre. Comparant
et comparé n'appartiennent pas à des univers de référence comparables.

À la fin du même vers 100.9, les manuscrits du groupe a (MZ) présentent la leçon διιπετέος (avec un second ι long[334]), que Diels a corrigée
en διειπετέος[335] ; les manuscrits LX du groupe b ont δι' εὐπετέος (*qui
tombe bien, favorable, facile*)[336].

La formation de l'adjectif διιπετής a fait problème dès l'antiquité :
l'usage homérique implique qu'il était perçu comme composé de πίπτω
(pour un fleuve, au sens de *gonflé par la pluie*), alors que les *Hymnes
homériques* l'emploient comme composé de πέτομαι (pour un oiseau, *au
vol divin*)[337]. Mais le sémantisme de la seconde partie du composé s'est
affaibli : le terme en vient à signifier *divin* ou *brillant* chez Euripide (par
assimilation à δῖος, en premier terme du composé[338]). Le doublet choisi
par Diels est attesté à partir d'Euripide, au sens affaibli de *divin* ou
*brillant*[339] – sens dans lequel on prend cet adjectif dans notre fragment,
où il s'agit d'un génitif de matière qualifiant la clepsydre.

L'adjectif εὐπετής, lui aussi dérivé de πίπτω, signifie *qui tombe bien*,
d'où *favorable, facile* (par opposition à δυσπετής)[340]. Quoique beaucoup

---

334 Chantraine *DELG* p. 282. Quant à l'explication de la longueur du second ι de διιπετής, le
    savant évoque la possibilité que la forme διει-πετής soit première (avec la forme ancienne
    du datif), quoique le datif étonne en cette formation (on attendrait un génitif, *cf.* διοπετής,
    Eu.*IT.*977). Le savant rejette comme arbitraire la reconstruction de Treu, qui veut faire
    de διαι-πετής (pour δια-πετής avec allongement métrique pour éviter la succession de
    trois brèves ?), *qui vole à travers*, la forme homérique originelle ayant évolué en διι-πετής
    par analogie avec le nom de Zeus, et ayant été réinterprétée du côté de πίπτω.
335 Bergk [1836] 1886 p. 5 (suivi par Karsten 1838 p. 250), qui ne connaissait pas les
    manuscrits du groupe *a*, proposait διιπετέος comme correction au texte du groupe *b*. Stein
    1852 p. 69 édite ce même texte mais savait qu'il s'agissait des manuscrits. La correction
    διειπετέος de Diels 1901 p. 144 (puis Diels 1903 p. 210) est suivie par Wright 1995
    p. 128, Inwood 2001 p. 260, Mansfeld & Primavesi 2011 p. 516.
336 Retenu par Sturz 1805 p. 525, Bollack 1969 t. II p. 205, Gallavotti 1975 p. 66. Pour le
    sens, voir Chantraine *DELG* p. 905.
337 Sur πίπτω, la formule, au génitif en fin d'hexamètre, est attestée en Il.174, P.263, Φ.268,
    Φ.326, δ.477, δ.581, η.284, ainsi qu'en He.fr.320 Merkelbach-West. *Cf.* Hésychius Δ.1535.1
    (Latte) : "διειπετέος"· χειμάρρου πληρουμένου διὰ τοῦ Διὸς ὄμβρου. Dans les *Hymnes*, du
    côté de πέτομαι : *Hh.*Aphr.4 (οἰωνούς τε διιπετέας).
338 Ce sens se trouve par exemple en Eu.fr.815.2 Nauck.
339 En Eu.*Rh.*43 (pour des feux brillants), Eu.*Ba.*1267 (pour l'éther).
340 Chantraine *DELG* p. 905.

plus fréquent que δι- ou διειπετής, le terme reste rare en poésie : il n'est attesté que dans la tragédie et qualifie chez Eschyle une action ou un événement[341]. L'emploi pour un objet, au sens de *léger, facile à porter*, est tardif[342]. Le fait que cette acception n'est pas attestée à cette époque n'est pas un argument pressant si l'on considère qu'Empédocle a pu employer le terme d'une façon originale : la bassine est aisée à manipuler même pour une enfant. On comprend alors que δι(ά) χαλκοῖο désigne de façon elliptique l'eau qui se trouve dans la bassine, où l'enfant plonge la clepsydre[343].

Bollack a montré que choisir la leçon δι' εὐπετέος χαλκοῖο était plus satisfaisant en particulier d'un point de vue logique[344] : conserver l'autre leçon en tant que génitif de matière qualifiant la clepsydre implique que la bassine où elle est plongée n'est pas introduite avant le début du jeu de l'enfant. Le substantif χαλκός désigne de fait régulièrement dès Homère tout objet en métal, par métonymie, et en particulier la *bassine* ou le *chaudron*[345]. Si, en dépit des arguments qui me font incliner pour δι' εὐπετέος, la correction διειπετέος était juste, on pourrait voir dans l'affirmation de la divinité de la clepsydre une référence à l'origine divine de l'appareil respiratoire humain – ou, du moins, du processus de respiration.

Le corps du comparant s'organise en deux groupes de six vers (10-15 pour la rétention de l'air dans la clepsydre ; 16-21 pour celle de l'eau). La symétrie qui détermine l'organisation des deux groupes de six vers consacrés au jeu de l'enfant avec la clepsydre a été maintes fois constatée par les commentateurs. Réexaminons chacun des deux moments à tour de rôle, avant de dégager les éléments de symétrie et de dissymétrie à nouveaux frais.

---

341 On n'en dénombre guère que quelques occurrences chez Eschyle (Ae.*Su*.995, proférer une souillure est *aisé* ; Ae.*Pe*.110, pour un pas *facile à faire* ; Ae.*Ag*.552, la vie comporte bonheurs et malheurs ; Ae.*Ch*.1047, Oreste a tranché d'un coup heureux le cou du serpent ; voir aussi *Su*.1011, Ae.fr.132c5 Radt), deux chez Sophocle (So.fr.314.248 Radt et So.fr.585.2 Radt) et deux chez Euripide (Eu.*Cy*.526, Eu.*Ph*.689).

342 En particulier, Polybe 2.28.7 et Plutarque *Philopoemen*.9, pour des capes et des boucliers.

343 Bollack 1969 t. III p. 485-486, considérant que διά introduit un complément de moyen.

344 Bollack 1969 t. III p. 485.

345 En particulier Σ.349 et ι.426. Voir Chantraine *DELG* p. 1243.

– La rétention de l'air dans la clepsydre (100.10-15)

Le premier temps du comparant est consacré au moment où l'air est prisonnier de la clepsydre : la jeune fille bouche de la main le tuyau supérieur et plonge l'ustensile dans l'eau (en commençant par le crible). L'air fait pression sur l'eau par le crible : l'eau ne rentre pas dans l'ustensile tant que la fillette n'a pas retiré sa main du tuyau supérieur, permettant à l'air de s'échapper.

L'extrémité du tuyau supérieur, bouchée par la jeune fille, est désignée par le terme πορθμός, dérivé de πείρω, *transpercer*, qui a le sens de *lieu de passage* ou *détroit*, et peut renvoyer, métonymiquement, à la traversée elle-même[346]. Empédocle emploie ici le terme de façon métaphorique : le sens originel de détroit est étendu à l'orifice du tuyau (αὐλός) de la clepsydre. Le résumé d'Aristote qui précède la citation du fragment fait allusion à des pores qui constituaient l'embouchure externe des tuyaux où passe l'air[347]. Le vers 100.5 décrit le passage de l'air dans les tuyaux par εὐπορίην : le sémantisme de πόρος construit ainsi un réseau de correspondances entre comparant et comparé, qu'Aristote avait repéré.

Le substantif αὐλός désigne toute forme de tuyau creux et allongé, notamment en plusieurs acceptions techniques[348]. De fait, lorsqu'Aristote décrit la façon dont Anaxagore parle de la clepsydre (*Problemata* 914b 14), le terme désigne le goulot de l'ustensile, dans un contexte où l'orifice est précisément bouché pour empêcher l'air de sortir (et l'eau de rentrer par le crible). Il est tout à fait plausible que ce sens technique existât pour la clepsydre avant notre fragment.

La main de la fillette est qualifiée par εὐειδής, adjectif qui dénote généralement la beauté féminine[349]. Il s'agit de la seule occurrence chez

---

346 Chantraine *DELG* p. 871. Au sens de *détroit* ou de *lieu de passage* : δ.671 = o.29 pour la passe entre Ithaque et Samée ; en Ae.*Pe*.68-69, *Pe*.722, *Pe*.799 pour l'Hellespont ; en *Ag*.307 pour le détroit Saronique ; en So.*An*.1145 pour un détroit au-dessus duquel il faut passer pour atteindre le Parnasse ; en Pi.*Is*.3/4.75 pour la mer. Pour la traversée : So.*Tr*.571 et Pi.fr.incert.143.3.

347 Arist. *De resp.* 473b 3 *sqq.*

348 Chantraine *DELG* p. 140. En plus de désigner la flûte (K.13, Σ.495 ; Archiloque fr.42.1, 93a.5, 121.1 West ; He.*Sc*.281 ; *Hh*.He.452 ; Thgn.532, Thgn.761 ; Pi.*O*.3.8, Pi.*O*.5.19, Pi.*O*.10.94 ; Ba.*Di*.2.4, Ba.*Ep*.2.12 etc.), il renvoie à la visière du casque ou à la partie où s'enfonce le plumet (P. 297), aux deux petits tubes constituant une agrafe (τ.227) ; en χ.18, il désigne par métonymie le sang qui coule des narines d'Antinoos.

349 Il peut ainsi être employé avant Empédocle pour une déesse (He.*Th*.250 pour Galateia, une Néréide ; en *Th*.354 pour Polydorè, une Océanine), pour une femme (Γ.48 pour

Empédocle. Le préfixe εὐ- contribue au développement d'un réseau qui avait été initié par l'adjectif εὐπετέος. Cette récurrence des préfixes εὐ- est un indice supplémentaire du fait que la fillette représente virtuellement l'Amour : le processus décrit dans le comparant est régi par un principe d'harmonie, qui caractérise également les créations de Φιλία. La préposition ἐπί renverse le rapport attendu, puisque la clepsydre se pose sur la main : l'implication est que la jeune fille maintient l'objet.

Le subjonctif βάπτῃσι (100.11), dépendant de εὖτε (100.10), souligne la répétition cyclique des deux phases du jeu de l'enfant avec la clepsydre – le fait qu'il y a alternance de deux phases caractérise également la respiration. Le verbe βάπτω (*plonger dans*) n'est vraisemblablement pas construit en tmèse : ἐσ- ou εἰσβάπτω n'est jamais attesté et les lexicographes anciens ne le mentionnent pas. L'action verbale n'implique pas toujours la plongée dans l'eau : ce peut être dans des fleurs, ou celle d'un glaive dans le corps d'un adversaire[350]. Le terme n'est employé qu'une fois chez Homère, dans une comparaison de l'*Odyssée* affirmant que le pieu plongé dans l'œil du cyclope émet un sifflement semblable à celui d'une hache juste forgée qui serait trempée dans l'eau[351]. Le sujet grammatical de l'action du comparant, dans le passage homérique, est le bronzier (χαλκεύς). Il n'est pas neutre que ce seul emploi homérique concerne précisément l'artisanat humain et qu'il implique le bronzier : la comparaison de la clepsydre s'inscrit, comme la comparaison de l'œil et de la lanterne, au sein d'un même réseau de comparaisons homériques qui en dessinent l'univers thématique.

L'eau de la bassine, ὕδατος… τέρεν δέμας ἀργυφέοιο, est régime de la préposition εἰς. Les vers 10 et 11 forment une unité syntaxique forte. L'adjectif ἀργύφεος, doublet de ἀργύφος, est un adjectif de couleur dérivé de ἄργυρος par une suffixation en -φος, comme c'est fréquent pour les adjectifs de couleur[352]. Ce couple d'adjectifs est rarement employé avant

---

Hélène ; en Hdt.1.196.8, 10, 16 et 20 ; 2.89.3 ; 3.1.17 ; 5.12.8), pour une jeune fille (κόρη, Thgn.1002), une épouse (Pi.*Is*.8.28 et Ba.*En*.7b.2). Il qualifie toutefois occasionnellement des enfants (un παῖς en Hdt.1.112.3 et 6.32.4 ; des τέκνα en Hdt.3.3.4), un homme en Ae.*Pe*.324, et pourrait qualifier Diomède dans un fragment corrompu d'Hésiode (He. fr.10(a).24 Merkelbach-West). Le terme qualifie un chœur en Ba.fr.dubia.8.3.

350  *Cypria* fr.4.2 Bernabé pour les fleurs (καὶ ἔβαψαν ἐν ἄνθεσιν εἰαρινοῖσιν) ; pour le glaive, Ae.*PV*.863 et Ae.*Ch*.1011.

351  En ι.391-393 : ὡς δ᾽ ὅτ᾽ ἀνὴρ χαλκεὺς πέλεκυν μέγαν ἠὲ σκέπαρνον / εἰν ὕδατι ψυχρῷ βάπτῃ μεγάλα ἰάχοντα / φαρμάσσων.

352  Chantraine *DELG* p. 105.

Empédocle[353] : l'emploi empédocléen de l'épithète, pour l'eau, est sans doute un souvenir de la grotte marine de Σ.50, où se trouve Thétis lorsqu'elle est sur le point d'aller rendre visite à Achille.

L'adjectif τερήν, *tendre*, *délicat*, se dit en particulier des larmes, de la peau (χρόα), de feuilles, de fleurs, d'une plante, de la fin de l'été, d'une παρθένος, d'un παῖς[354]. Il ne qualifie jamais directement l'eau : notre emploi provient probablement de l'usage de l'adjectif pour les larmes.

Le terme δέμας, lui, n'est attesté au sens figuré – ou comme périphrase – qu'avec les poètes tragiques et lyriques[355]. L'occurrence au vers 11 du fragment 100 joue sur un emploi homérique, où le terme signifie *à la manière de*, associé à l'élément feu, en un vers qui compare Troyens et Achéens, au combat, à un feu brûlant : Ὡς οἳ μὲν μάρναντο δέμας πυρὸς αἰθομένοιο[356]. Empédocle joue sur cet emploi homérique de δέμας, associé à un élément dans un contexte de comparaison : il redonne à δέμας une valeur nominale mais le prend dans une acception figurée telle qu'on la rencontre dans la tragédie. Ainsi, de même que δέμας Ἡράκλειον (Eu. *Hera*.1037) est une périphrase pour désigner Héraclès, ici δέμας ὕδατος renvoie à l'eau. Mais il y a plus que la périphrase : il y a en même temps écho et déplacement de la référence homérique, de façon d'autant plus nette qu'elle a lieu dans un contexte de comparaison.

Empédocle modèle donc une expression complexe, εἰς ὕδατος... τέρεν δέμας ἀργυφέοιο, à partir d'un fonds lexical emprunté en particulier à la poésie épique (en particulier ἀργυφέοιο, et τέρεν employé pour un liquide), mais en y introduisant un certain nombre de variations, pour partie empruntées aux usages poétiques de son époque (le sens

---

353 L'adjectif peut qualifier des moutons (Ω.621, κ.85, He.fr.198.11 Merkelbach-West), leur toison (*Hh*.De.196), une grotte marine (Σ.50), des vêtements (ε.230, κ.543, He.*Th*.574 et He.fr.43a.73 Merkelbach-West, *Hh*.He.250), et la poitrine d'Aphrodite (*Hh*.Aphr.II.10). Le terme est le nom d'une ville par ailleurs inconnue (*Hh*.Ap.422).

354 Pour les larmes : Γ.142, Π.11, Τ.323, π.332. Pour la peau : Δ.237, Ν.553, Ξ.406, He.*Th*.5, He.*Op*.522. Pour les feuilles : Ν.180, μ.357. Pour les fleurs : ι.449, Sappho fr.16.3 Lobel-Page, He.*Th*.988, He.fr.132.1 Merkelbach-West, *Hh*.He.375, Ibycus fr.34.2 Page. Pour une plante : *Hh*.De.209 (dont la vigne : Pi.*N*.5.6). Pour la fin de l'été : Ae.*Su*.998. Pour une παρθένος : Archiloque fr.S.478a.6 Page ; Hipponax fr.119.1 West. Pour un παῖς, en Thgn.261.

355 Chantraine *DELG* p. 261-262. Par exemple, en Pi.fr.*Pe*.5.42, pour l'île de Délos ; en Ae.*Eu*.84, κτανεῖν δέμας μητρῷον signifie *tuer Clytemnestre* ; en Eu.*Hera*.1037, δέμας Ἡράκλειον désigne Héraclès, etc.

356 Λ.596 = Ν.673 = Σ.1. Le vers apparaît en une version abrégée et développée en Ρ.366 : Ὡς οἳ μὲν μάρναντο δέμας πυρός, οὐδέ κε φαίης / οὔτέ ποτ' ἠέλιον σῶν ἔμμεναι οὔτε σελήνην.

périphrastique de δέμας) et pour partie originales (comme l'emploi d'ἀργυφέοιο pour l'eau). Ce jeu sémantique complexe fait écho à l'univers des comparaisons homériques, en partie par la reprise du terme βάπτω dont la seule occurrence se trouve au sein d'une comparaison odysséenne qui a fait l'objet d'un travail particulier de la part d'Empédocle, dans la mesure où deux de ses trois comparaisons y font référence.

Les vers 100.12-13 décrivent le résultat statique de l'action de la fillette sur la clepsydre : l'emprisonnement de l'air à l'intérieur de l'ustensile empêche l'eau de rentrer.

La clepsydre est désignée par ἄγγος, terme générique pour les récipients contenant des liquides ou, plus rarement, du grain[357]. Il n'y a aucun autre exemple de suffixation en -δε avec ce mot. Il est remarquable que les deux seules occurrences iliadiques se trouvent dans des comparants, où il est question de mouches et de vases contenant du lait : de nouveau, Empédocle choisit des termes qui font écho au monde des comparaisons de l'*Iliade*.

L'adverbe ἔσωθεν est rare, et signifie soit *depuis l'intérieur* (ici), soit *à l'intérieur*[358] : il se construit ici avec πεσών et décrit la pesanteur de l'air sur le crible, empêchant l'eau de rentrer dans la clepsydre. Le substantif ὄγκος fait partie du lexique original employé par Empédocle pour décrire les phénomènes physiques : le mot est absent d'Homère – un autre ὄγκος désigne les barbes à la pointe de la flèche[359] –, d'Eschyle, et n'est vraisemblablement employé qu'à partir d'Hérodote[360]. Même si l'on admet que le manque d'occurrences antérieures n'est pas un effet du faible nombre de textes qui nous soient parvenus, le terme était pourtant compréhensible de l'auditoire par son étymologie : il dérive des formes d'aoriste de φέρω[361].

---

357 Chantraine *DELG* p. 8-9. En B.471 = Π.643 pour des vases contenant du lait, au sein de comparaisons. Hors comparaison, en ι.222, ι.248, Alcman fr.56.1.3 Page ; en β.289, pour du vin dans des amphores ; en π.13, pour des amphores où l'on mélange le vin ; en *Hh*.De.170, pour des vases contenant de l'eau ; en He.*Op*.613, pour du vin en cours de fermentation ; en Pi.*N*.10.36, pour des amphores d'huile d'olive remportées aux jeux panhelléniques. Pour des pots contenant du blé : He.*Op*.475 et He.*Op*.600. Finalement, pour un pot non identifié en Archiloque fr.46.1 West.

358 Il est employé en particulier deux fois par Eschyle (Ae.*Pe*.11 et Ae.*Ag*.992, pour le θυμός), plusieurs fois par Hérodote, et une fois par Xénophane (21 B 30.3 ; le terme apparaît dans les manuscrits mais leur texte est généralement corrigé, *cf.* Lesher 1992 p. 135 n. 2).

359 Chantraine *DELG* p. 772-773.

360 En particulier Hdt.4.62, pour un tas de fagots.

361 Chantraine *DELG* p. 773.

Le substantif τρῆμα est lui aussi un mot rare, dérivé de τετραίνω[362], dont il s'agit ici de la première attestation connue. Le terme fait écho au verbe τέτρηνται (100.3), mais désigne ici le crible (πύκνα).

Les vers 100.14-16 décrivent ce qui se produit lorsque la fillette cesse de faire pression sur le tuyau supérieur de la clepsydre : l'eau remplace l'air à l'intérieur de l'ustensile.

Le verbe ἀποστεγάζω est un doublet de ἀποστέγω, dont nous avons déjà analysé l'occurrence dans le fragment 84[363]. La forme en -άζω n'est pas attestée avant Empédocle[364]. Chez Empédocle, la forme en -άζω a le même sens que ἀποστέγω : elle ne signifie pas *recouvrir* (par exemple d'un couvercle), comme les emplois postérieurs, mais *garder éloigné, tenir à l'écart*. Chantraine souligne la grande productivité de la suffixation en -άζω, même dans les cas où une forme ancienne relevant d'un autre mode de formation existe par ailleurs[365]. Empédocle avait repéré ce mode de formation des verbes, chez Homère, et en use lui-même librement pour former les termes de son lexique original[366].

La conjonction εἰσόκε, *jusqu'à ce que* ou *tant que*, est construite de façon composite à partir de εἰς, ὅ, et κε[367] : au sens de *tant que*, le groupe se construit normalement avec un présent, alors que le sens de *jusqu'à ce que* demande normalement un aoriste[368]. Il y a une exception dans l'*Iliade* :

---

362 Chantraine *DELG* p. 1109-1110.

363 *Cf. infra* p. 303.

364 Aristote l'emploie pour dire qu'on enferme des plants de concombre et de citrouille dans un puits qu'on recouvre d'un couvercle (Arist. *Probl.* 924a 37 : Διὰ τί, ἐάν τις σικύους ἢ κολοκύνθας περὶ φρέαρ φυτεύσας, ὅταν ὡραῖοι ὦσι, καθεὶς εἰς τὸ φρέαρ ἀποστεγάσῃ, γίνονται δι' ἔτους χλωροί;). Théophraste, en *De igne* 23.1, dans l'hypothèse où on recouvre le feu et où on le prive d'air (σβέννυται δὲ καὶ ἐάν τις ἀποστεγάσῃ πανταχῇ καὶ ἐὰν μηδεμίαν ἀναπνοὴν διδῷ, διὸ καὶ ἐν τῇ τέφρᾳ ἐγκρύπτουσι τοῦτ' εὐλαβούμενοι) ; ainsi qu'en *De causis plantarum* 5.6.5.3 ('Ομοία δ' αἰτία καὶ τοῦ διαμένειν χλωροὺς ἐάν τις φυτεύσας περὶ φρέαρ ὅταν ὦσιν ὡραῖοι καθεὶς ἀποστεγάσῃ).

365 Chantraine *GH* t. I, § 158, et tout particulièrement p. 336-338 : ainsi, θαυμάζω, apparu dès Homère, s'est imposé au détriment d'un ancien θαυμαίνω (p. 337).

366 Le grec posthomérique a employé très largement cette suffixation (ainsi que le suffixe -ίζω), dont le succès s'expliquait en partie par le fait qu'elle permettait de simplifier des conjugaisons senties comme archaïques ou difficiles. Notons que ἀποστεγάζω est proposé par Diels 1903 p. 197 comme correction au vers 42.1.

367 Chantraine *DELG* p. 326. L'expression apparaît en un mot, avant Empédocle, chez Eumélos (fr. 3.7 Bernabé) ; voir, en plusieurs mots, Γ.409, H.30, H.376, H.395, I.46, I.48, K.89, Λ.193, etc., ainsi que *Hh.*Ap.501 et les occurrences citées ci-dessous.

368 Avec un présent : I.608 = K.89. Avec un aoriste : B.332, Γ.409 (subjonctif aoriste à voyelle brève), H.30, H.71, H.291, H.376, H.377, H.395, H.396, I.46 (subjonctif aoriste à

lorsqu'Arès exhorte les Troyens à combattre en E.466, la conjonction est construite avec un subjonctif présent au sens de *jusqu'à ce que*[369]. Notre passage présente, au contraire, un emploi de εἰσόκε avec le subjonctif aoriste ἀποστεγάσῃ, au sens de *tant que*. Le sens *jusqu'à ce qu'elle tienne l'eau à l'écart* ne convient pas : il impliquerait une contradiction, puisque la fillette a déjà bouché le tuyau (v. 10).

Le terme qualifiant l'eau dans cette subordonnée, πυκινὸν ῥόον, est un nouvel écho de τρήματα πυκνά. Le terme est normalement employé chez Homère pour le flot des rivières en mouvement[370]. La première moitié du vers 14, ainsi, insiste sur le fait que l'eau cherche par elle-même à rentrer dans la clepsydre : l'action de la jeune fille empêche le mouvement de l'eau[371].

Le groupe αὐτὰρ ἐπεῖτα permet le passage à un autre moment de la description : la fillette relâche la pression exercée sur le tuyau, et l'eau pénètre dans la clepsydre (ἐσέρχεται), chassant l'air. L'action était déjà virtuellement contenue, de façon négative, dans la proposition introduite par εἰσόκεν.

L'emploi du verbe ἐλλείπω, au vers 15, n'a pas d'équivalent exact avant Empédocle. Ce verbe rare exprime l'idée de le *céder* en quelque chose, ou de *manquer* de quelque chose[372] ; il se construit de façon personnelle et le complément, toujours exprimé, se trouve au génitif (ou directement

---

voyelle brève), I.48, K.62, Λ.193, Λ.208, Λ.666, M.150, Ξ.6, Ξ.77, O.70, Π.455, P.454, Φ.128, Φ.133, Φ.231, Φ.531, Ψ.244 ; β.97, ε.378, ζ.295, θ.318, ι.138, κ.461, λ.122, λ.351, ν.59, ο.26, ο.51, ο.75, ο.543, ρ.56, τ.142, χ.58, χ.72, χ.443, ψ.209, ψ.358, ω.132.

369 E.464-466 : ὦ υἱεῖς Πριάμοιο διοτρεφέος βασιλῆος / ἐς τί ἔτι κτείνεσθαι ἐάσετε λαὸν Ἀχαιοῖς ; / ἦ εἰς ὅ κεν ἀμφὶ πύλης εὖ ποιητῆσι μάχωνται ; « Fils du roi Priam nourri par Zeus, jusqu'à quand laisserez-vous vos hommes être massacrés par les Achéens ? Jusqu'à ce qu'ils combattent au pied des remparts bien construits ? ».

370 Chantraine *DELG* p. 971, *ad loc.* ; voir en particulier les passages où Achille est aux prises avec le fleuve, en Φ.263 et Φ.306.

371 C'est pour cette raison qu'Aristote convoque à plusieurs reprises, comme on a vu, la clepsydre dans la réflexion qu'il met en place sur les lieux naturels et le mouvement violent (*cf. infra* p. 339). Ces concepts, anachroniques au Vᵉ siècle, sont bien entendu absents du texte d'Empédocle.

372 Les seules occurrences antérieures à notre fragment sont : *Hh.Ap*.213 (Leucippe *ne le cédait pas en force* à Triope : οὐ μὴν Τρίοπός γ' ἐνέλειπεν), Ae.*PV*.341 (Prométhée dit à Océan qu'il *ne manque en rien* de zèle), Ae.*PV*.1056 (« quel symptôme de délire manque à la prière de celui-ci ? »), Ae.*PV*.961 (Prométhée est loin *de trembler d'effroi* devant de jeunes dieux, πολλοῦ γε καὶ τοῦ παντὸς ἐλλείπω), Ae.*Se*.10 (ceux qui *ne sont pas encore parvenus au sommet de la jeunesse* doivent porter secours à la cité, ὑμᾶς δὲ χρὴ νῦν, καὶ τὸν ἐλλείποντ' ἔτι / ἥβης ἀκμαίας […] πόλει τ' ἀρήγειν).

construit à l'infinitif, en une seule occurrence). La construction est bien personnelle, également, au vers 15 du fragment 100, mais l'emploi est absolu – ou le complément, normalement au génitif, se trouve sous-entendu. Dans notre fragment, le verbe a manifestement un sens local, tiré du contexte : l'air cède la place au flot de l'eau.

Le terme employé pour désigner l'air n'est justement pas un terme statique : πνεῦμα désigne un souffle, de même que ῥόος renvoyait à de l'eau en mouvement. La désignation même des éléments à ce moment du jeu de la fillette avec la clepsydre implique un mouvement qui mènera au remplacement de l'air par l'eau à l'intérieur de la clepsydre : Bollack a raison de souligner que la répétition du verbe ἐσέρχεται aux vers 12 et 15 dans deux configurations opposées souligne que la situation du vers 15 est l'exacte symétrique de celle du vers 12[373].

L'adjectif αἴσιμον, qualifiant l'eau, est difficile. Le terme est formé sur αἶσα et a un sens similaire à αἴσιος, quoiqu'il exprime plus précisément que ce dernier la notion de part[374]. Αἴσιμος n'est jamais employé hors de la poésie épique, et exprime *ce qui est prescrit* par les divinités pour elles-mêmes ou les hommes[375]. Appliqué à l'eau, l'adjectif implique que le mouvement de celle-ci, lorsqu'elle rentre dans la clepsydre, est nécessaire – soit en lui-même (*selon la règle*), soit eu égard à la quantité d'eau qui peut rentrer dans la clepsydre (*selon la part accordée*). Le fait que l'adjectif s'applique à l'eau et que la même formule revient à la fin de chaque section du comparant me fait incliner vers le second sens, avec Bollack[376] : l'eau ne peut rentrer dans la clepsydre qu'à proportion de la quantité d'air qui en est sortie, et inversement.

---

373  Bollack 1969, t. III, p. 488.

374  Chantraine *DELG* p. 39.

375  Pour les divinités : en O.207 (Poséidon dit à Iris qu'elle est une messagère qui connaît les αἴσιμα, c'est-à-dire en l'occurrence les arrêts du destin qui concernent les divinités), θ.348 (Poséidon demande la libération d'Arès, promettant qu'il paiera les αἴσιμα). Pour les hommes : en β.231 = ε.9 (certains rois ne connaissent pas les αἴσιμα), η.310 (Alkinoos préfère les αἴσιμα à la colère), ξ.84 (les dieux récompensent les αἴσιμα ἔργα des hommes), ξ.433 (connaître les αἴσιμα), ο.71 (Ménélas préfère les αἴσιμα), φ.294 (engloutir des quantités de vin qui ne sont pas αἴσιμα). Le terme prend part à une réflexion développée dans l'*Odyssée* sur les caractéristiques des rois justes.

376  Bollack 1969 t. III p. 488.

– La rétention de l'eau dans la clepsydre (100.16-21)

Dans ces six vers (100.16-21), le processus inverse de celui des vers précédents se trouve décrit : c'est l'eau, et non plus l'air, qui est bloqué par la jeune fille à l'intérieur du récipient.

Le tour ὥς δ' αὐτῶς, qui introduit à la fois la seconde partie du comparant (au vers 16) et le retour au comparé (au vers 22), exprime ici la similitude des deux mouvements alternatifs. Le tour, principalement employé dans la poésie épique, hormis quelques occurrences chez Hérodote, exprime en effet la similitude – ou l'identité – de deux actions distinctes[377], quoiqu'on le rencontre rarement dans des comparaisons au sens technique et littéraire du terme[378].

La comparaison du fragment 100 joue ainsi sur les niveaux de construction de l'analogie : il y a à la fois une analogie dans les deux phases du fonctionnement de la clepsydre, répétées cycliquement, et entre le fonctionnement de cette dernière et celui de l'appareil respiratoire. Le fragment souligne cette similitude dans les deux démarches analytiques qu'il met en œuvre : la description d'un mécanisme dont les deux phases sont symétriques, et la description de deux mécanismes distincts qui présentent des traits structurants communs.

Le participe χωσθέντος vient du verbe rare χόω, pourvu d'un doublet postérieur χώννυμι[379]. Le verbe exprime l'idée d'*amonceler* progressivement quelque chose, en particulier de la terre, en vue de *combler* ou de *remblayer*, ou encore d'*ériger* un tombeau[380]. On doit ici supposer que l'acception est figurée : l'orifice du tuyau supérieur de la clepsydre est

---

377  En Γ.339, Ménélas revêt lui aussi son armure après la scène d'armement de Pâris ; en H.430, les Achéens, tout comme les Troyens, entassent les cadavres sur les bûchers ; en I.195, après qu'Achille se lève à la venue des ambassadeurs Achéens, Patrocle se lève à son tour ; en K.25, Agamemnon et Ménélas sont saisis des mêmes troubles ; en γ.64, Athéna et Télémaque adressent successivement une prière à Poséidon ; en ι.31, Ulysse dit que Calypso et Circé voulaient pareillement le garder prisonnier ; en υ.238 et φ.203, Philœtios et Eumée prient tous les deux pour le retour d'Ulysse. Cf. φ.225, χ.114, ω.409, He.Th.402, Thgn.1159, Thgn.1270.

378  Cet emploi n'est attesté que dans deux occurrences avant Empédocle. En ζ.166, Ulysse compare l'émerveillement qu'il a eu devant un palmier à celui qui le saisit devant Nausicaa. En He.Th.600, le groupe sert de même à introduire le comparé au sein d'une comparaison rapprochant les femmes, qui dévorent le fruit du travail des hommes, et les frelons, qui dévorent celui des abeilles.

379  Les premières occurrences connues se trouvent chez Hérodote (Hdt.1.162, 2.137, 4.71, etc.), Thucydide (Thuc.2.75, 2.102, etc.), Sophocle (So.An.81 et An.1204) et Euripide (Eu. IT.702 et Eu.IA.1442).

380  Chantraine DELG p. 1281.

bouché par la main de la fillette. La compréhension littérale de ce terme rare par l'auditoire ne fait pas difficulté puisque la jeune fille bloquait l'entrée du tuyau dans le groupe de vers précédent.

Les substantifs πορθμοῦ et πόροιο désignent tous les deux le tuyau supérieur de la clepsydre. Il est en effet impossible que πορθμός désigne le tuyau supérieur et πόρος le crible : la jeune fille n'a pas besoin de boucher le crible de l'autre main, car la pression de l'air sur l'eau qui se trouve dans la clepsydre est suffisante pour que l'eau y reste. Le rapport construit entre les deux noms, qui fonctionnent en hendiadys, met en rapport un élément constitutif de la clepsydre et sa fonction.

La main de la fillette elle-même est qualifiée de *mortelle*, βροτέῳ, afin de suggérer que le créateur du mécanisme présidant à la respiration humaine est justement non pas mortel, mais divin.

Le vers 100.19 présente une difficulté textuelle : les manuscrits PSXZ ont ἠθμοῖο alors que LM ont ἰσθμοῖο. Le terme ἠθμοῖο est la *lectio difficilior* : ἤθμος, ou ἥθμος, est un terme rare, attesté dans des fragments comiques et tragiques, qui désigne le *filtre* ou la *passoire*[381]. Il renvoie ici au crible constitué par les nombreux orifices se trouvant au fond de la clepsydre. Le substantif ἰσθμοῖο s'applique mal au contexte puisqu'il ne désigne pas un canal, mais une bande de terre entourée d'eau[382] : on attendrait l'inverse pour désigner le crible[383].

Ce crible est qualifié de δυσηχέος. L'adjectif est employé par Homère pour la guerre ou la mort, formé alors sur ἄχος[384]; il qualifie le sang (φόνος) dans une autre occurrence empédocléenne (fr. 136.1). Mais ici, comme dans les *Hymnes homériques* où il désigne la réputation de Délos[385], l'adjectif est plus vraisemblablement formé sur ἤχη et renvoie au gargouillis produit par l'eau lorsqu'elle passe par le crible[386].

---

381 Le substantif ἤθμος viendrait du verbe ἠθέω (peut-être issu d'un *ἤθω, *cf.* Chantraine *DELG* p. 407) qui signifie *filtrer, passer au travers*, mais qui n'est pas attesté avant Empédocle : les premières attestations se trouvent chez Platon (Pl. *Cra.* 402d et Pl. *Ti.* 59b). Le substantif, concret, aurait rarement eu l'occasion d'être employé dans la poésie : il est attesté en Cratinos fr.132.1 Kock ; Pherecrates fr.41.2 Kock ; Eur.fr.374.2 Nauck.

382 Chantraine *DELG* p. 469-470.

383 Bollack 1969 t. III, p. 490, retient ἰσθμοῖο, mais lui donne le sens générique de *passage* et non d'isthme. Le *crible* pourrait lui aussi avoir ce sens, si l'on suit la suggestion de Bollack.

384 Chantraine *DELG* p. 302. Il s'agit des deux formules homériques πολέμοιο δυσηχέος (B.686, H.376, H.395, Λ.524, Λ.590 (précédé de la préposition ἐκ), N.535, Σ.307) et θανάτοιο δυσηχέος (Π.442, Σ.464, Χ.180).

385 *Hh.*Ap.64.

386 Bollack 1969 t. III p. 491-492.

Dans un contexte militaire, le verbe κρατύνω exprime le fait de *raffermir* les lignes (φάλαγγας)[387] ; chez Eschyle, le terme est davantage du côté de l'exercice du κράτος, et signifie *régner* ou *diriger*[388]. Ce sur quoi l'air règne peut être la surface ou l'extrémité de la clepsydre (c'est-à-dire que l'air pousse sur le crible pour rentrer)[389], ou bien le sommet (c'est-à-dire que l'air cherche également à rentrer par le tuyau supérieur, bouché par la fillette). Le premier sens est sans doute plus satisfaisant : κράτυνων, présent à valeur aspectuelle (*cherchant à imposer son κράτος*), est difficilement compréhensible pour le tuyau supérieur, déjà bouché par la fillette. Le tour fonctionne mieux avec le crible, car l'eau ne reste précisément en suspension dans la clepsydre qu'à cause de la pression de l'air qui s'exerce par en-dessous.

Dans les vers 20 et 21, qui décrivent le mouvement de l'eau et de l'air quand la fillette ôte sa main du tuyau supérieur, la conjonction εἰσόκε n'a plus le même sens qu'au vers 14 : elle signifie ici *jusqu'à ce que*, au vu du contexte[390].

L'adverbe ἔμπαλιν, généralement employé avec l'article τό, signifie *en sens contraire*[391]. La notion de contrariété impliquée est large : elle inclut, bien sûr la simple opposition (les joies et les peines, les partisans et les adversaires), mais également l'idée de faire un chemin en sens inverse. Dans notre fragment, l'emploi du terme implique une symétrie de la situation des vers 20-21 par rapport à celle des vers 14-15 : l'eau sort de la clepsydre (et l'air y rentre) par le chemin par lequel l'eau y était rentrée (et l'air en était sorti) dans la phase précédente de la comparaison.

---

387  Ainsi en Λ.215 = M.415, Π.563 ; He.*Th*.676 est une référence à cet emploi, mais appliqué aux Titans.

388  Au sens de *régner* : en Ae.*PV*.151, *PV*.403, *Ag*.1471 (avec κράτος comme complément d'objet interne), *Su*.596. Au sens de *diriger* : en Ae.*Su*.699, *Pe*.889, *Pe*.900.

389  Quoique Bollack 1969 t. III p. 491, n. 2, relève que ce sens est fréquent chez Aristote (*cf.* Arist. *HA*. 512a 6 et 518a 9, et avant lui, Pl. *Phaedo* 109d), l'acception est déjà homérique. Ainsi, pour l'extrémité des pieds, de la main, de l'épaule, en E.336, Π.640, P.599. Pour le sens de *surface*, l'acception est tout aussi ancienne : en Y.229, ἄκρον ἐπὶ ῥηγμῖνος désigne la surface de la mer.

390  *Tant qu'elle enlève sa main* ne fait pas sens.

391  En particulier *Hh*.He.78 (Hermès fait marcher les vaches en sens contraire), He.*Sc*.145 (le bouclier d'Héraclès comporte un dragon qui regarde à l'arrière), Ae.*Pe*.223 (pour désigner apotropaïquement le contraire des joies), Ae.*PV*.202, (pour opposer les partisans de Zeus à ses adversaires), Ae.*Ag*.1424 (si les dieux se prononcent pour le contraire). Pindare (Pi.*O*.12.11 et Pi.*P*. 12.32) en use comme d'une préposition dont le sens serait équivalent à παρά + accusatif (*au contraire de*).

Les deux verbes ἐμπίπτω et ὑπεκθέω décrivent les deux mouvements contraires de l'eau et de l'air. Quoiqu' ἐμπίπτω signifie normalement *tomber sur*, l'acception *se ruer dans*, *surgir dans*, est attestée en particulier chez Eschyle et Sophocle[392]. C'est celle qu'il convient de retenir ici : l'air rentre par le crible en même temps que par le tuyau supérieur, si bien que le verbe ne saurait exprimer uniquement un mouvement descendant. Le verbe rare ὑπεκθέω, décrivant l'action symétrique de l'eau, n'a de fait pas d'idée de verticalité : le terme signifie *partir discrètement* ou *peu à peu*[393].

— Symétrie et dissymétrie
entre les deux parties du comparant

Les vers 10-15 et 16-21 présentent un complexe de symétrie et de dissymétrie par groupes de deux vers : les vers 10-11 ont pour équivalent les vers 16-17, les vers 12-13 correspondent aux vers 18-19, et les vers 14-15 aux vers 20-21.

Ce complexe de symétrie dissymétrique est particulièrement net du point de vue, d'abord, de la syntaxe : les vers 10 *sqq.* commencent par une temporelle (εὖτε μέν…) et les vers 16 *sqq.* comprennent eux aussi une temporelle (ὅτε μέν…). Chacune de ces deux propositions comporte un subjonctif de répétition (βάπτῃσι 100.11 et ἔχῃ 100.16). Pourtant, les constituants syntaxiques sont intervertis : le participe exprimant l'action de la jeune fille au v. 10, θεῖσα, se trouve au premier des deux vers, alors qu'il occupe le second des deux vers dans le second groupe (χωσθέντος, v. 17). En outre, le premier participe est apposé (θεῖσα), alors que le second prend la forme d'un génitif absolu (dont le verbe est χωσθέντος). Or, l'action décrite est bien la même, puisqu'il s'agit de boucher l'orifice supérieur de la clepsydre.

Le parallélisme entre ces deux vers se trouve renforcé par le retour des termes πορθμός (vers 10 et 17), alors même que l'adjonction de πόρος au v. 17 renforce le sémantisme du terme, du fait de leur étymologie commune. La qualification de la jeune fille fait l'objet d'un même travail : la main est successivement désignée comme telle, en soulignant sa

---

392 En particulier Ae.*Ag.*1350, So.*OT*.262.
393 Il est employé une fois par Hérodote pour évoquer la fuite d'enfants et de serviteurs, en Hdt.8.4.8.

beauté (εὐειδεῖ χερὶ, v. 10), puis par référence métonymique à sa surface (la peau, βροτέῳ χροΐ, v. 17).

Le jeu des particules μέν et δέ dans chacun des groupes introduit une dissymétrie. Le premier μέν (vers 10) introduit toute la première partie du comparant : il est en corrélation avec le δέ pris dans le groupe ὣς δ' αὐτῶς, au vers 16. Le second μέν (vers 16) porte sur ὅτε et a pour contrepartie le δέ du vers 18 : ce second couple μέν/δέ a pour fonction d'opposer l'eau et l'air lorsque la jeune fille bouche le tuyau supérieur de la clepsydre remplie d'eau, tout en l'élevant dans l'air. La symétrie εὖτε μέν... ὅτε μέν... des vers 10 et 16 n'est que graphique : le texte joue sur une attente déjouée par la construction du second groupe de six vers formant le comparant.

Cette série de dissymétries syntaxiques et sémantiques souligne que, dans les deux phases du jeu de l'enfant, alors que les conditions structurelles du jeu sont les mêmes, les positions respectives de l'eau et de l'air sont inversées.

Les vers 11 et 16 sont construits en un semblable complexe de symétrie dissymétrique : un terme relevant du sémantisme de βάπτω (βάπτῃσι v. 11 et βένθεα v. 16) est accompagné d'une préposition exprimant le mouvement de plongée (εἰς et κατά) ; l'eau est tantôt objet (δέμας ὕδατος est régime de la proposition εἰς au v. 11), tantôt sujet (ὕδωρ, v. 16). Cette symétrie est phonétiquement marquée par le retour de la terminaison -οιο à la fin du second vers de chaque groupe (v. 11 et 17).

Dans les vers 12-13 et 18-19, l'accent de la dissymétrie porte sur le fait que l'air retient l'eau soit en dehors de la clepsydre (εἴργει / ἀέρος ὄγκος, 100.12-13), soit à l'intérieur de celle-ci (αἰθὴρ... ὄμβρον ἐρύκει, 100.18). L'air, qui presse sur le crible, est introduit à chaque fois par un participe précisé d'une préposition (ἔσωθε πεσὼν ἐπὶ τρήματα πυκνά, 100.13, et ἀμφὶ πύλας ἠθμοῖο δυσηχέος ἄκρα κρατύνων, 100.19). De même, le jeu des adverbes qualifie de façon opposée l'intérieur et l'extérieur dans chacun des deux groupes (ἄγγοσδε et ἔσωθε, contre ἐκτός et ἔσω). L'eau est désignée, à la fois aux vers 12 et 18, par le terme ὄμβρος, tantôt sujet (v. 12), tantôt objet (v. 18) de l'action verbale.

Mais ces vers comportent de même une dissymétrie : le fait que l'eau n'est pas retenue dans la clepsydre (οὐδεὶς ἄγγοσδ' ὄμβρος ἐσέρχεται, 100.12) n'a pas d'équivalent dans la seconde partie du comparant, pas plus que la mention du désir de l'air d'entrer dans la clepsydre (λελιημένος, 100.18) n'en a dans la première partie.

Comme dans le cas des génitifs en -οιο du groupe de vers précédemment étudié, le retour d'un mot de forme proche ayant la même fonction syntaxique (εἴργει, 100.12 et ἐρύκει, 100.18) vient souligner le parallélisme : les deux formes verbales sont conjuguées aux mêmes temps, mode, voix et personne, et sont de surcroît pourvues d'une terminaison identique. Elles expriment toutes les deux un processus identique de retenue de l'eau par l'air.

Les deux derniers groupes de deux vers, 14-15 et 20-21, répondent eux aussi à la même structure : ils s'ouvrent par une relative introduite par εἰσόκε accompagné du subjonctif (ἀποστεγάσῃ, 100.14 et μεθῇ 100.20), qui exprime le fait que la fillette relâche la pression qu'elle exerçait sur le tuyau supérieur de la clepsydre. Un élément de dissymétrie est pourtant introduit dès ces premiers mots : εἰσόκε a tantôt (v. 14) le sens de *tant que*, et tantôt (v. 20) celui de *jusqu'à ce que*.

Le second élément de symétrie manifeste que présentent ces couples de vers est la répétition presque identique du vers 15 au vers 21 : les deux s'ouvrent par un génitif absolu dont le sujet est πνεύματος, et se terminent par un verbe à l'indicatif suivi de son sujet, αἴσιμον ὕδωρ. Ces vers décrivent pourtant un mouvement contraire : au v. 15, l'air sort (ἐλλείποντος) et l'eau rentre (ἐσέρχεται), alors qu'au vers 21, l'air rentre (ἐμπίπτοντος) et l'eau sort (ὑπεκθέει). Au vers 20, le premier adverbe, πάλιν, dénote la répétition structurelle du mouvement, alors que le second, ἔμπαλιν, signifie que le mouvement est opposé à celui de la première partie du comparant, en dépit même de cette similitude structurelle. La proximité phonétique, graphique et sémantique des deux adverbes indique que le comparant tout entier est construit sur cette notion d'opposition à l'intérieur de la similitude.

Les vers 12-13 et 18-19 décrivent tous deux le processus à l'œuvre dans la clepsydre du point de vue de l'air, sur lequel l'attention est focalisée dans ces deux couples de vers. L'air est toujours l'élément qui fait pression, *via* une interface qui est invariablement le crible. La seule finalité du tuyau supérieur est d'être bouché ou débouché par la jeune fille, alors que c'est au niveau du crible que les éléments entrent en conflagration l'un avec l'autre. La description de la clepsydre vise à montrer comment la pression de l'air s'exerce de façon différenciée lorsque la clepsydre se trouve pleine d'air (et plongée dans l'eau) ou pleine d'eau (et dans l'air), dans les deux phases successives de pression par la main de la fillette et de relâchement. Le véritable objet du comparant est, en ce sens, la façon dont la pression de l'air s'exerce et cause un mouvement dans deux configurations opposées mais symétriques.

Mais ce n'est pas la symétrie de l'expérience, ni même la conformité de la situation décrite avec la réalité, qui intéressent Empédocle : l'eau exerce en effet bel et bien une pression sur l'air, et Empédocle ne pouvait pas l'ignorer. La comparaison de la clepsydre vise à souligner des traits structurels du comportement de l'air dans un contexte donné, en analysant son influence sur l'eau. Face à ce type de texte, qui décrit une réalité éloignée de la nôtre, il faut se garder de croire que le sens du passage est épuisé lorsque nous parvenons à la représentation correcte du phénomène en soi : ce n'est pas ce qui se passe concrètement dans la clepsydre qui compte, mais c'est la façon dont Empédocle stylise ce processus dans ce groupe de 12 vers extrêmement travaillé. Cette élaboration permet de signaler les éléments qui sont véritablement porteurs du sens du procédé comparatif.

La signification de l'introduction des éléments de dissymétrie dans les deux groupes de vers successivement consacrés à la clepsydre est ainsi de souligner les différences entre les deux situations lorsque deux conditions sont conservées (la pression de l'air, et le mouvement d'obstruction et d'ouverture du tuyau supérieur).

*Une étude du comparé : le mécanisme de la respiration*

– Le mouvement de l'air et du sang
   dans le comparé (100.6-8 et 22-25).

Intéressons-nous à présent aux vers 6-8 et 22-25, qui encadrent le comparant : ces deux ensembles décrivent la respiration, sans être une simple répétition à l'identique. La seconde occurrence est en effet enrichie des treize vers et demi constituant le comparant.

Ces deux groupes de vers font la part belle à l'inspiration (v. 6-7 et 22-24), alors que l'expiration n'est traitée qu'en quelques mots (8a et 25). La syntaxe des deux passages est semblable (à l'exception notable de la présence du vers 22, qui clôt le comparant et n'a pas d'équivalent dans les vers 6-8) : ils s'organisent à partir d'un balancement μέν... δέ... L'intérieur de chacune des branches de ce balancement comporte une subordination temporelle, respectivement ὁπόταν μέν v. 6 et ὁππότε μέν, v. 23 – et εὖτε δέ v. 8 et 25.

La qualification du sang comme τερήν en 100.6 et 100.22 est inédite, pour autant que l'état fragmentaire de nos sources permette de l'affirmer[394] : l'adjectif qualifiait l'eau au vers 11.

Pour décrire les mouvements du sang et de l'air dans l'organisme en 100.6-8, Empédocle emploie le verbe ἀΐσσω, qui signifie *bondir*[395], pourvu de deux préverbes ἀπο- (100.6) et κατα- (100.7). L'α initial du verbe simple est presque toujours long chez Homère et c'est également toujours le cas chez Empédocle, alors que les poètes tragiques et lyriques scandent ᾄσσω[396]. L'étymologie est discutée : soit on pose un présent à redoublement *Fαι-Fι-κ-γω, où Fαι- est l'objet d'un cas particulier de la loi d'Osthoff où le ἀ long a été maintenu ; soit, ce qui est jugé plus probable par Chantraine, on remonte à la famille de αἰόλος, mobile, et on pose *αιF-ῑκ-, dont le présent ἀΐσσω serait alors un dénominatif[397].

Avec le préverbe ἀπο-, le verbe est rare et signifie *s'élancer* ou *s'enfuir*[398]. Il n'y a aucune attestation de καταΐσσω antérieure à Empédocle[399]. La valeur du préverbe κατα- est locale : l'air descend dans l'organisme à la suite du sang. Bollack estime que les deux termes miment les mouvements des guerriers[400] : l'un fuit (ἀπό) et l'autre le poursuit (κατά). Ces termes expriment le reflux du sang dans l'organisme comme une descente.

Le vers 100.23, qui est la contrepartie du vers 100.6 qui comportait ἀπαΐξῃ, présente, lui, ce même verbe avec le préverbe ἐπι-, dont l'emploi est plus fréquent : il est employé par Homère au sens de *se ruer sur, poursuivre*, dans un contexte de combat, ou *jaillir*[401]. En 100.24, le préverbe

---

394 *Cf. infra*, p. 359.
395 Chantraine *DELG* p. 39.
396 Chantraine *DELG* p. 39. Chez Homère, la seule exception est Φ.126 (ὑπαΐξει). Chez Empédocle, outre les occurrences de notre fragment 100, le terme intervient en 134.2, 134.5, et dans certaines leçons de 111.8.
397 Chantraine *DELG* p. 39. Pour la première hypothèse, voir Lejeune, *Phonétique*, § 187. – Je suppose que la quantité de l'α initial s'explique, dans la seconde hypothèse, par la même évolution de αιF-ικ que celle qu'on supposait, avec Lejeune, *Phonétique*, § 187, pour Fαι-Fι-κ-γω.
398 Chantraine *DELG* p. 39. Le verbe apparaît en Φ.234 ; en He.fr.43a.32 (Merkelbach-West), le verbe signifie *s'élancer hors de* (la maison de son père). Le terme est également employé en So.Tr.190, So.Ai.448, So.fr.337 Radt.
399 Outre notre fragment, il se trouve également employé dans le fragment 134 des *Catharmes*.
400 Bollack 1969 t. III, p. 483, *ad* ἀπαΐξῃ.
401 En E.98, le fils de Lycaon d'une flèche atteint Diomède en plein élan ; en K.345, Ulysse suggère à Diomède de se ruer sur Dolon ; en N.687, Hector s'élance à l'assaut des nefs ;

κατά revient, comme en 100.7, mais accompagné du verbe ἔρχομαι. Empédocle met en œuvre une *uariato* étudiée des verbes qui décrivent le mouvement de l'air et du sang, afin de souligner les différences entre les deux exposés[402].

Le verbe παφλάζω (100.7), *bouillonner*, est un autre verbe rare[403]. Chantraine hésite entre attribuer au terme une étymologie expressive et le rapprocher de φλέω/φλύω, avec redoublement expressif et suffixation en -άζω[404]. Ce verbe n'est employé qu'une fois par Homère, en N.798, au sein d'une comparaison où Hector et Pâris, au combat, sont comparés à une bourrasque qui se heurte à la mer, dont les flots se lèvent en vagues innombrables[405].

Cet emploi pour l'air d'un terme associé aux vagues annonce οἴδματι θυῖον (100.7) et οἴδματι μάργῳ (100.24), qui filent la métaphore commencée avec παφλάζων. Le terme οἴδμα, dérivé d'οἰδέω, désigne le *gonflement* des vagues de la mer ou d'une rivière[406]. Le verbe θύω ou θυίω, *bondir, s'élancer avec fureur*, est parfois employé conjointement à οἴδμα[407] : dans la *Théogonie*, οἴδματι θυῖον fonctionne comme une épithète de nature de la mer (πέλαγος ou πόντος)[408].

L'adjectif μάργος, dont l'étymologie est inconnue[409], présente un sémantisme proche de celui de θυίω : il signifie *fou, furieux* et *glouton, vorace*[410].

---

en P.462, Automédon poursuit ses adversaires ; en X.142, Achille poursuit Hector, qui fuit vers le rempart troyen ; en Ψ.773, Ulysse et Ajax vont sauter sur le prix de l'épreuve de course ; en Ψ.817, Diomède et Ajax se ruent l'un sur l'autre. En Ψ.628, Nestor dit qu'à son âge, on ne voit plus ses bras jaillir, rapides, de chaque côté de ses épaules.

402 Il est vrai que les manuscrits MPSZ d'Aristote comportent, au vers 100.7, ἐπαΐξη au lieu de ἀπαΐξη.

403 Outre l'occurrence homérique en N.798, le terme est employé par Ar.*Pax*.423 pour de l'eau qui bout. Cratinos fr.206.1 Kock l'emploie en un sens figuré.

404 Chantraine *DELG* p. 866.

405 N.795-799 : οἳ δ' ἴσαν ἀργαλέων ἀνέμων ἀτάλαντοι ἀέλλῃ, / ἥ ῥά θ' ὑπὸ βροντῆς πατρὸς Διὸς εἶσι πέδον δέ, / θεσπεσίῳ δ' ὁμάδῳ ἁλὶ μίσγεται, ἐν δέ τε πολλὰ / κύματα παφλάζοντα πολυφλοίσβοιο θαλάσσης / κυρτὰ φαληριόωντα, πρὸ μέν τ' ἄλλ', αὐτὰρ ἐπ' ἄλλα.

406 Chantraine *DELG* p. 780. Les emplois de οἴδμα pour la mer : Ψ.230, He.*Th*.109, He.*Th*.131, *Hh*.De.14, *Hh*.Ap.417, Pi.fr.incert.221.4, Ba.fr.*Di*.5.B.7, Simonide Épigr.7.496.3. Pour une rivière : Φ.234.

407 Chantraine *DELG* p. 448. Le verbe est employé avec οἴδμα en Φ.234, Ψ.230, He.*Th*.109, He.*Th*.131.

408 He.*Th*.109, He.*Th*.131.

409 Chantraine *DELG* p. 666-667.

410 Au sens de *fou, furieux* : comme apostrophe en π.421 et ψ.11 ; pour les hommes qui s'expriment avec jalousie en Pi.*O*.2.96 ; pour le vin, en un sens résultatif, en He.fr.239.2 Merkelbach-West ; en Ae.*PV*.884, pour un souffle enragé qui poursuit Io ; en Ae.*Se*.475,

Quoique ce terme ne soit pas employé avec οἶδμα avant notre fragment, Eschyle présente une occurrence où πνεύματι μάργῳ désigne le *souffle enragé* qui saisit Io[411].

Les deux groupes οἴδματι μάργῳ et οἴδματι θυῖον expriment la vivacité du mouvement de l'air qui s'engouffre à la suite du sang : la poursuite de l'un par l'autre est immédiate, comme le montrent les subordonnants ὁπόταν et ὁππότε. Empédocle retravaille l'univers de la comparaison épique, en appliquant à l'air des termes de comparaison impliquant un contexte marin.

Le verbe ἀπαΐσσω est employé en Φ.234 avec οἴδματι θυῖον, au moment où Achille se jette dans le fleuve, depuis la berge surélevée, alors que le fleuve se gonfle pour l'assaillir :

Ἦ, καὶ Ἀχιλλεὺς μὲν δουρικλυτὸς ἔνθορε μέσσῳ / κρημνοῦ ἀπαΐξας· ὃ δ' ἐπέσσυτο οἴδματι θυίων, / πάντα δ' ὄρινε ῥέεθρα κυκώμενος (Φ.233-235)

C'est un nouvel exemple du travail que fait subir Empédocle au monde des comparaisons homériques, en remployant les thèmes du saut et du gonflement du fleuve dans un contexte physiologique.

Les vers 8 et 25, introduits par un δέ qui répond au μέν des vers 6 et 23, introduisent une description synthétique du processus d'expiration. Les vers 8 et 25 répondent à la même structure que les vers consacrés à l'inspiration – une subordonnée temporelle au subjonctif de répétition est suivie d'une principale au présent de l'indicatif –, mais leur structure est beaucoup plus ramassée que celle des vers consacrés à l'inspiration.

Le sujet des verbes ἀναθρῴσκῃ et ἐκπνέει (100.8 et 25) n'est pas exprimé, selon le procédé normal dans la poésie épique. Il faut conserver les sujets respectifs des subordonnées (100.6 et 23) et des principales (100.7 et 24) consacrées à l'inspiration, et faire du sang le sujet de ἀναθρῴσκῃ et de l'air celui de ἐκπνέει : dans le cas contraire, le sang sortirait du corps lorsqu'on respire.

L'organisation syntaxique du comparé présente l'action du sang comme première, puisque le mouvement du sang est toujours décrit dans

___

pour les hennissements furieux des chevaux ; en Ae.*Eu.*67, pour les Érinyes ; chez Ibycus (fr.30a.1 Page) pour le στόμα d'"Ἔρις. Au sens de *glouton, vorace* : pour le ventre en σ.2 ; pour l'engeance d'Égyptos en Ae.*Su.*741. En Thgn.581 et 1301, la voracité en question est érotique.

411 En Ae.*PV*.884 : ἔξω δὲ δρόμου φέρομαι λύσσης / πνεύματι μάργῳ, γλώσσης ἀκρατής.

la subordonnée temporelle. Le comparant, comme on l'a vu, présentait une répartition semblable des fonctions des deux éléments : la pression exercée par l'air était responsable du mouvement de l'eau.

Le verbe ἀναθρῴσκω (100.8 et 25) est un autre terme rare, employé avec le préverbe δια- dans le fragment 84 d'Empédocle[412], portant sur l'œil. Avec le préverbe ἀνα-, le verbe n'est attesté qu'une fois chez Homère, dans une comparaison avec une pierre ronde que la pluie a soulevée du rocher qu'elle couronnait[413]. Le préverbe ἀνα- est porteur du sens : il s'agit soit du mouvement de remontée de l'air et du sang dans les canaux (si le sens est le même que dans l'occurrence homérique), soit, si on l'analyse à partir de l'adverbe πάλιν, au même vers, d'un mouvement qui s'effectue dans le sens contraire de celui décrit dans les vers précédents.

Les vers 100.22-25 présentent plusieurs termes absents de la première description de la respiration, en 100.6-8.

En 100.22, les manuscrits LPSXZ et Michel d'Éphèse ont δι' ἀγυιῶν (à travers les artères), alors que i et l ont διὰ γυίων (à travers les membres) et que le manuscrit M comporte διὰ γύων, qui ne fait pas sens et qui a été corrigé par le scribe en la forme portée par LPSXZ. Les manuscrits vont dans le sens de ἀγυιά, la rue : Bollack a raison de retenir cette leçon[414]. Le terme nous est confirmé par Michel d'Éphèse, qui glose : τὸ δὲ <ἀγυιῶν> ταὐτόν ἐστι τῷ ὁδῶν· ἀγυιαὶ γὰρ αἱ ὁδοί. λέγει δὲ ἀγυιὰς τὰς φλέβας[415].

Le substantif ἀγυιά, la voie ou la rue, est bien attesté à l'époque d'Empédocle[416]. Il peut désigner les rues d'une ville particulière, la rue en tant qu'espace public, voire la ville elle-même par métonymie[417]. Il

---

412  Empédocle, fr. 84.5 et 10. Cf. infra pour l'analyse de la forme verbale, p. 257 sqq.
413  Le passage se trouve en N.140 : ὕψι δ' ἀναθρῴσκων πέτεται, κτυπέει δέ θ' ὑπ' αὐτοῦ / ὕλη. Il y a également quelques occurrences chez Hérodote, au sens de sauter : Hdt.3.64.7, 3.64.9, 7.18.3.
414  Bollack 1969 t. III p. 493.
415  Michel d'Éphèse, In De resp., 125.1-2.
416  Chantraine DELG, p. 15-16, plutôt que de considérer que le terme provient d'un participe parfait de ἄγω sans redoublement, au sens de celle qui va quelque part, en sous-entendant ὁδόν, préfère considérer ἀγυιά comme un substantif autonome. Pour les attestations contemporaines, voir en particulier So.An.1136, So.OC.715, Eu.Herc.783, Eu.Io.460, Eu.Or.761, Eu.Ba.87.
417  Pour des rues identifiées : celles d'Ilion (E.642 et Z.391), d'Argos (Pi.P.8.55), de Syracuse (Ba.Ep.3.16), de Tirynthe (Ba.Ep.11.58). En Pi.O.9.34, il s'agit des routes qui mènent aux

participe d'une formule qui désigne le crépuscule, même sur mer[418] :
cela implique que la conscience du sens de ἀγυία tendait déjà à s'effacer à
l'époque d'Homère. Il s'agit, dans notre fragment, des *voies* empruntées
par l'air et le sang.

Le verbe κλαδάσσω n'est jamais attesté avant notre passage. Le terme
pourrait provenir d'une glose expressive de κλαδάω[419], *secouer* ; mais ce
verbe n'a pas d'attestation ancienne[420]. Bollack suggère plutôt un rapprochement avec κραδαίνω (doublet de κραδάω), *brandir, agiter*, étayé
par des exemples d'alternance entre κλ- et κρ- fournis par Schwyzer[421] :
κλαδάσσω signifierait *secouer* ou *vrombir*. Les commentateurs modernes, à
la suite de Michel d'Éphèse, comprennent de fait que le terme désigne
le bruit produit par le sang en passant dans les canaux[422].

Le terme μυχός (100.23) est employé de façon très fréquente dans
la poésie archaïque pour désigner l'*intérieur* – et en particulier le *fond*
– d'un bâtiment, d'une grotte, d'où une cachette ou un lieu retiré[423].
Nous ne connaissons qu'une attestation du substantif avec le suffixe
-δε, en χ.270, lorsque les prétendants se replient vers le fond de la salle
alors qu'Ulysse les massacre. Cette suffixation en -δε rappelle ἄγγοσδε
(100.12), qui était employé pour signaler que l'eau ne pouvait entrer
dans la clepsydre.

L'adjectif παλίνορσος (100.23) est rare : il désigne le fait de faire un
chemin *en sens inverse* ou *à reculons*. Avant notre occurrence, il est employé
une seule fois, par Homère (Γ.33), dans une comparaison où il s'agit de
rapprocher Pâris, reculant pour se fondre dans la masse des Troyens, d'un

---

enfers. Pour la rue comme espace public de la cité, *cf.* Ba.fr.Pe.1.79 ; parfois par opposition
à l'espace privé (Y.254), parfois par opposition à d'autres parties de la cité ou de son territoire (o.441 par opposition à la source ; en He.fr.302.5 Merkelbach-West par opposition
à l'agora). Pour la ville par métonymie : Pi.P.9.84, pour Thèbes ; Pi.N.7.92, pour Égine ;
pour des villes en général par métonymie, Pi.P.2.58, Pi.fr.incert.194.6.

418 Il s'agit de δύσετό τ᾽ ἠέλιος σκιόωντό τε πᾶσαι ἀγυιαί, attesté dans l'*Odyssée* pour les rues
d'Ithaque (β.388 et γ.487) et pour celles de la ville de Phérès (o.185). Sur mer : λ.12,
o.296, o.471.

419 Hésychius glose de fait κλαδάσαι (de κλαδάω) par « σεῖσαι ».

420 En Eu.*Tro*.257, il s'agit d'une correction de Diggle d'une leçon κλῇδας.

421 Bollack 1969, t. III, p. 493. *Cf.* Chantraine *DELG* p. 575 et Schwyzer, I.213.

422 Ainsi, Michel d'Éphèse, *In De resp.*, 125.1 : ἀλλὰ καὶ τὸ "κλαδασσόμενον" ἴσον τῷ
ταρασσόμενον. Puis, en 126.15-17 : "κλαδασσόμενον" γὰρ καὶ μετὰ ῥύμης καὶ ταραχῆς
φερόμενον ἄνω καὶ κάτω διὰ τῶν φλεβῶν, ἃς ἀγυιὰς εἶπεν, ὁπόταν ἐντὸς ὁρμήσῃ, τουτέστιν
εἰς βάθος συσταλῇ. *Cf.* Bollack 1969 t. III p. 493, Wright 1995 p. 247, etc.

423 Chantraine *DELG* p. 727-728.

homme qui s'éloigne à reculons d'un serpent. Outre notre occurrence, le terme est également employé par Empédocle au vers 35.1, où il peut signifier *en sens inverse* ou *en s'élançant de nouveau*.

Le terme ῥεῦμα n'apparaît jamais dans ce qui nous est parvenu de la poésie hexamétrique antérieure à Empédocle, qui emploie le terme ῥοός, attesté dans notre fragment au sein du comparant (100.14) : ici, le flot est celui de l'air qui suit celui du sang.

Les vers 6-8 et 22-25 décrivent donc tous deux les mêmes processus au moyen d'un lexique et d'une syntaxe semblable. L'action du sang est présentée comme motrice dans la description des mouvements respiratoires. Examinons à présent comment les différences entre ces deux exposés trouvent leur origine dans la comparaison de la clepsydre.

– Quels sont les éléments empruntés au comparant
   dans le second exposé du fonctionnement
   de la respiration (100.22-25) ?

Les différences entre les deux exposés sont instructives, qu'elles tiennent à des ajouts lexicaux ou à l'introduction de variations partielles dans les termes du premier exposé. Ainsi étaient absentes du premier exposé la mention des routes, ἀγυιαί, suivies par l'air et le sang, celle du bruit produit par le sang et l'air (100.22), la mention de l'intérieur du corps (100.23), et celle d'une équivalence entre air inspiré et air expiré (100.25, ἴσον ὀπίσσω).

Certaines variations mineures, telles que celle de καταΐσσεται en κατέρχεται, s'expliquent du fait de l'introduction de ces termes originaux : après ῥεῦμα, καταΐσσεται ne convient plus pour la métrique. Les deux groupes οἴδματι μάργῳ et οἴδματι θυῖον sont sémantiquement très proches : le second tour est attesté dans la poésie épique, au contraire du premier, et insiste peut-être plus sur l'idée de flot.

Les deux premiers ajouts déterminants ont lieu dans le vers consacré au sang (100.22) qui n'avait pas d'équivalent dans le premier exposé puisqu'il sert à introduire le comparé (ὥς δ' αὐτῶς). Si κλαδάσσω renvoie bien au bruit que fait le sang en passant dans ces canaux (ἀγυίων) durant la respiration, il est la contrepartie de δυσηχέος (100.19), qui qualifiait justement le crible de la clepsydre lorsque l'air y passait pour remplacer l'eau à l'intérieur de l'instrument.

Le terme ἀγυιαί introduit un degré de précision physiologique supplémentaire : le lieu de passage de l'air et du sang est nommé d'un nom qui correspond non plus à sa morphologie (σύρριγες) mais à sa fonction. Le pluriel indique que ces voies correspondent au crible, si κλαδασσόμενον est bien l'équivalent de δυσηχέος : c'est à travers lui que l'air et l'eau passent, et sur lui que s'exerce la pression de l'air, depuis l'intérieur ou l'extérieur de la clepsydre.

L'adjectif παλίνορσος, en 100.23, exprime la répétition cyclique des processus d'expiration et d'inspiration, implicite dans le premier exposé. Le choix du terme révèle l'influence du comparant : παλίνορσος est un écho des deux emplois de πάλιν – sous la forme de πάλιν et de ἔμπαλιν, v. 20. La première description physiologique comportait certes πάλιν (v. 8), mais le terme signalait alors que les deux éléments parcouraient les canaux en sens inverse : la comparaison ajoute l'idée d'alternance constante entre deux phases successives.

Le terme μυχόνδε, *vers le fond*, a pour équivalent dans la comparaison ἄγγοσδε, ce qui est souligné par le suffixe -δε et la proximité sémantique des deux termes. Le substantif μυχός est pourtant plus précis que ἄγγος, en ce qu'il désigne tout particulièrement le fond d'un bâtiment : par les tuyaux, le sang pénètre au plus profond de l'organisme. Ici, encore, il y a dissymétrie : si dans la clepsydre l'air et l'eau sont stockés dans la partie creuse, qui est elle-même reliée à l'extérieur par deux séries d'ouvertures (le tuyau supérieur et le crible), dans l'organisme, la respiration se produit par une seule série de tuyaux. Cela explique que μυχός désigne le *fond* et non pas simplement l'*intérieur* de l'organisme : le sang est cantonné dans cette zone dont il ne peut sortir qu'en passant par les tuyaux respiratoires d'où l'air l'a temporairement chassé.

Le substantif ῥεῦμα, au vers 100.24, qui désigne le flot d'air s'engouffrant dans les conduits à la suite du sang, fait écho aux termes ῥοός (100.24) et πνεῦμα (100.15 et 100.21). L'idée de mouvement est centrale ; Empédocle a choisi d'employer non plus le terme épique ancien (ῥοός) mais le terme en usage dans les formes littéraires de son époque (dans la tragédie, chez Hérodote, et dans la poésie de Panyassis[424]) pour marquer la distance entre comparant et comparé.

Le vers 25, finalement, est distinct du vers 8 à partir de la diérèse bucolique : le groupe ἴσον ὀπίσσω se trouve placé au vers 25 à la même

---

424 Ainsi ῥεῦμα en Panyassis fr. 31.1 Bernabé (fr. considéré comme douteux) = fr. 28.1 Matthews.

position que les termes qui introduisaient le comparant au vers 8. Le groupe répond à αἴσιμον ὕδωρ (100.15 et 21), en même position métrique : l'appareil respiratoire fonctionne par inspiration et expiration de quantités égales[425], de même qu'une quantité d'eau toujours identique entrait et sortait de la clepsydre.

Le comparant permet d'introduire dans le second exposé respiratoire l'idée de l'alternance constante et de nommer les constituants anatomiques en référence à leur fonction. Il y a une dissymétrie entre inspiration et expiration, alors que la clepsydre présentait de façon égale les deux phases : l'auditoire devait déduire les caractéristiques de l'expiration des données fournies par le comparant.

– La description de l'appareil respiratoire :
  les vers 100.2-5

Reprenons à cette lumière les caractéristiques de l'appareil respiratoire tel qu'il est décrit dans les vers 2-5 du fragment. Ces vers sont formés de termes rares, originaux ou employés en un sens figuré. Il s'agit d'un résumé dont l'auditeur devait reconstruire la signification à partir des deux exposés sur la respiration et de la comparaison de la clepsydre compris dans ce même fragment.

Il s'agit ici de la première attestation de λίφαιμος, composé de λείπω et de αἷμα. Que l'on donne au premier élément du composé une acception forte (*qui est abandonné par*) ou faible (*qui manque de*)[426], le sens est voisin : les canaux sont alternativement pleins d'air et dépourvus de sang, et le contraire.

Le substantif σύριγξ renvoie à toute sorte de *tuyaux*, d'où en particulier celui de la flûte, instrument qu'il peut désigner par métonymie[427]. Ce mot, dont l'étymologie est expressive, est pourvu d'une signification spécifique dans le vocabulaire médical, où il signifie *trachée*, *bronche*,

---

425 Bollack 1969 t. III p. 494 et Gallavotti 1975 p. 260.
426 Le sens fort est retenu par Wright 1995 p. 244, qui comprend « *channels which the blood leaves* », en prêtant un sens actif au préfixe (*cf.* Eu.*Or*.1305, Théocr.13.73). Le sens faible est retenu par Bollack 1969 t. III p. 479.
427 Chez Homère, le mot désigne un étui pour la lance d'Achille (T. 387); chez Eschyle et Parménide, il désigne l'essieu du char (Ae.*Su*.181, Ae.*Se*.205, Parménide 28 B 1.6 D.-K. et 28 B 1.19 D.-K.). Pour la flûte : en K.13 (pour la flûte entendue par Agamemnon lorsqu'il regarde la plaine de Troie), et Σ.526 (pour la flûte dans une scène pastorale); puis en He.*Sc*.278, *Hb*.He.512 (pour l'invention de la flûte).

*veine, fistule*, etc.[428]. Rien ne permet d'affirmer avec certitude que cette acception était déjà d'usage à l'époque d'Empédocle, ni que lui-même l'a introduite : le point déterminant du terme est qu'il désigne un tuyau creux.

Au vers 3, on comprend généralement σφιν comme un datif d'intérêt se rapportant aux tuyaux[429]. Le sujet de τέτρηνται, τέρθρον, est un mot rare signifiant *extrémité*, employé une seule fois avant Empédocle, pour désigner le sommet de l'Olympe[430]. Il se rattache, avec le suffixe d'instrument -θρον[431], à la famille de τέρμα, qui elle-même provient peut-être de la racine présente dans τείρω, *percer*[432].

Le verbe τετραίνω, *percer*, est lui aussi un terme rare avant Empédocle. Avant celui-ci, on l'emploie pour des trous dans la chair et le bois[433]. Il réapparaît dans le comparant, au vers 13, de nouveau avec une forme de l'adjectif πυκνός, sous la forme de τρήματα πυκνά, pour évoquer le crible.

Le substantif ἄλοξ est le doublet du substantif αὐλαξ, forme normale dans la poésie épique (que l'on rencontre également une fois chez Pindare) : il s'agit du *sillon* creusé par la charrue[434]. La tragédie l'emploie pour des *entailles* sur la joue ou le *sillon* du cœur où germent les pensées[435]. Chantraine explique ingénieusement la forme homérique κατὰ ὦλκα par une évolution d'un κατ' ἀολκα avec digamma entre le α et le ο. Empédocle emploie la version du terme qui n'est pas homérique[436].

Le substantif στόμιος, compris comme l'extrémité des σύριγγες, a plus souvent le sens d'*embouchure* que celui de *bouche*[437]. Le mot est attesté dans la tragédie, où il peut désigner le *mors*, ou la *fissure* au-dessus de laquelle le trépied de la Pythie est placé[438].

---

428  Chantraine *DELG* p. 1070.
429  Sturz 1805 p. 611.
430  En *Hh.He.*322.
431  Chantraine, *Formation*, p. 373.
432  Chantraine *DELG* p. 1107.
433  Pour la chair : en X.396 (Achille perce les pieds d'Hector, entre cheville et tendon), et Ae.*Ag.*868, dans une comparaison (si le corps d'Agamemnon avait reçu autant de blessures que les messagers l'ont relaté à Clytemnestre, son corps aurait autant de trous qu'un filet de pêche). Pour des poutres constituant le radeau d'Ulysse en ε.247 ; pour le lit d'Ulysse en ψ.198.
434  N.707, σ.375, He.*Op.*443, He.*Op.*439, ainsi que Pi.*P.*4.227 et Ae.*Ag.*1015.
435  Pour la joue : Ae.*Ch.*25. Pour le cœur : Ae.*Se.*593.
436  Chantraine *DELG* p. 139.
437  Chantraine *DELG* p. 1058-1059.
438  Pour le mors : en Ae.*PV.*287, Ae.*PV.*1009. Pour la fissure : Ae.*Ch.*808 (le texte est incertain).

380 EMPÉDOCLE, UNE POÉTIQUE PHILOSOPHIQUE

Les termes ἔσχατα et ῥινῶν en 100.4 ont été le point d'achoppement de la discussion critique, on l'a vu. Le verbe κεύθω est courant dans la poésie archaïque, au sens de *cacher, contenir, enfermer*[439]. Les tuyaux ont pour fonction de laisser passer l'air et non le sang : Aristote, dans le contexte du fragment, explique cela par le fait que les pores situés à l'embouchure des veines sont suffisamment larges pour laisser passer les particules d'air, mais trop étroits pour laisser passer les particules de sang[440]. L'air, de fait, entre et sort aisément des tuyaux par les sillons : le terme δίοδος désigne une voie qui offre un passage facile, tel que la passe des Thermopyles[441]. La seule occurrence poétique antérieure à Empédocle se trouve dans une partie chorale d'Eschyle, où le terme désigne le chemin parcouru par les astres[442]. Il s'agit de la première attestation du substantif εὐπορία, qui désignera chez Thucydide l'abondance d'une ressource et la facilité à se la procurer[443]. Dans notre occurrence empédocléenne, le terme renvoie plutôt à un passage facile de l'air dans les sillons : le sémantisme du terme est analysé à partir de πόρος.

Cette description morphologique, formée de termes rares, présente donc des tuyaux dont l'extrémité interne ou externe est percée de sillons destinés à laisser passer l'air, mais pas le sang. Elle n'est pleinement compréhensible qu'au terme du processus d'exposé de l'appareil respiratoire.

Le parallélisme lexical entre πυκιναῖς τέτρηνται ἄλοξιν (100.3) et ἐπὶ τρήματα πυκνά (100.13) indique que le crible est l'équivalent des sillons qui terminent les canaux respiratoires. Le tuyau supérieur de la clepsydre n'a pas d'équivalent dans le comparé : la comparaison ne vise pas à la construction d'une équivalence anatomique exacte entre appareil respiratoire et clepsydre. À la fin du comparant, le crible est désigné par le son qu'il produit (ἠθμοῖο δυσηχέος, 100.19) : on passe d'une description morphologique à une description fonctionnelle.

---

439 Chantraine *DELG* p. 521-522. *Cf.* en particulier I.313, Ψ.244, γ.16, ω.474, He.*Th*.505, Ae.*PV*.570, etc.

440 Arist. *De resp.* 473b 3-5.

441 Le terme est surtout attesté chez les historiens, au Vᵉ siècle : Hdt.9.99.13, 9.104.2, Thuc.2.4.2.8 (pour les rues d'une ville), 2.102.5.1 (des îles forment, sur un fleuve, une sorte de barrage en chicane qui ne laisse aucun passage facile), 3.23.1.4 (pour les accès menant aux tours de garde). Pour les Thermopyles : Hdt.7.201.2.

442 En Ae.*PV*.1050.

443 Ainsi, une abondance de navires ou la facilité à s'en procurer (Thuc.4.52.3.6 ; *idem*, pour les bois et les pierres, en Thuc.4.3.2.3), la faveur de la fortune (Thuc.3.45.5.3), les facilités de la vie quotidienne (Thuc.3.82.2.8).

## CONCLUSION : L'EXTENSION DU COMPARANT
## ET DU COMPARÉ AU SEIN DU FR. 100

La comparaison de la clepsydre construit une analogie entre la façon dont l'air détermine les mouvements de l'eau dans la clepsydre et celle dont le sang détermine ceux de l'air dans l'appareil respiratoire. Expliquer le processus de la respiration implique en effet de rendre compte du mécanisme par lequel l'air est absorbé dans le corps puis en est rejeté. Empédocle explique ce phénomène par les mouvements du sang à l'intérieur des tuyaux : l'air est tour à tour aspiré à l'intérieur du corps quand le sang se retire, et repoussé en dehors quand le sang reflue. La clepsydre permet une modélisation des influences d'un élément sur l'autre dans un contexte similaire – mais pas identique – à celui de l'appareil respiratoire des animaux. Contrairement à la clepsydre, une seule extrémité des canaux respiratoires est percée et le sang ne sort jamais du corps. Le fragment ne vise pas à définir une ressemblance morphologique entre cet appareil et la clepsydre : le texte le signale de deux façons. Au début de la comparaison, le contexte de celle-ci est présenté comme le jeu d'une enfant, qui n'a d'autre fin que lui-même, contrairement à la respiration. À la fin de la comparaison, le retour de ὡς δ᾽ αὐτῶς attire l'attention sur la construction même de l'analogie, en visant à indiquer que la relation entre comparant et comparé est justement problématique : on ne peut pas simplement prendre l'un comme un équivalent pur et simple de l'autre.

Cette enfant, dans le comparant, correspond à Aphrodite, qui est implicite dans le contexte du comparé : le jeu sur le préverbe εὐ- montre que le procédé se caractérise par son harmonie. Rashed estime que la fillette est trop jeune pour constituer un ἀνάλογον pertinent pour Aphrodite[444]. Mais cette idée néglige, justement, deux points : que l'analogie implique une comparaison de rapports et que désigner la fillette comme une παῖς permet de désigner son jeu (παίζουσα) avec la clepsydre comme l'occupation par laquelle elle réalise justement sa nature propre : l'enfant joue et Aphrodite cause la vie dans le vivant. Or, que l'analogie implique le mode du jeu est justement déterminant : de même

---

444 Rashed 2008b p. 453.

que l'action du jeu n'a pas d'autre fin qu'elle-même (l'enfant ne se sert pas de la clepsydre pour puiser de l'eau qui lui servirait à accomplir une tache quelconque), l'action de l'Amour vise ici à permettre au vivant d'être. La construction de ces deux termes analogues que sont la fillette et Aphrodite présente deux différences significatives. La première est que, comme dans le fragment 84, la mention d'Aphrodite est implicite : le sens demande à être reconstruit par l'auditeur, précisément en raison de la structure analogique elle-même (le voyageur nocturne et la fillette n'ont pas d'équivalent exprimés). Toutes les déterminations de la fillette – telle que sa main – n'ont pas de correspondant exprimé dans le comparant : ce fait même invite à rapprocher la fillette d'Aphrodite, dont nous savons que les paumes (παλάμαι, fr. 75.2 et fr. 95) constituent l'attribut qui entre en jeu dans l'activité démiurgique.

Le comparant est construit de sorte à mettre en relief la symétrie des deux moments distincts du jeu de l'enfant, qui sont analysés successivement. Il y a une fermeture du comparant sur lui-même, qui vise à souligner que les deux phases du jeu se réalisent dans un contexte structurellement identique : les rôles respectifs du tuyau supérieur et du crible ne changent pas, et l'obstruction précède l'ouverture du tuyau supérieur par la fillette dans les deux cas. Cette correspondance étroite intègre pourtant des éléments d'asymétrie significatifs, qui soulignent que l'air entraîne le mouvement de l'eau. L'action de chaque élément sur l'autre ne se caractérise pas par une stricte réciprocité.

Ce comparant permet pourtant de préciser la description anatomique de l'appareil respiratoire : celle-ci, dans les vers 100.1-5, comporte de nombreux termes rares ou inconnus et n'est pleinement compréhensible qu'au terme de la construction du fragment. La comparaison permet d'enrichir la première description de l'appareil respiratoire de précisions fonctionnelles : ses constituants sont pourvus de noms adaptés à leur fonction, et non plus de noms qui rendent compte de leur morphologie. Cette description enrichie souligne par ailleurs l'alternance cyclique entre les deux phases de la respiration, et le fait que – à la différence, cette fois, de la clepsydre qui est pourvue de deux ouvertures – le système respiratoire relie l'extérieur du corps à ses régions internes au moyen d'un seul jeu de tuyaux.

La symétrie manifeste du comparant ne caractérise pas le comparé : l'expiration est à peine abordée dans chacun des deux exposés des vers 6-8 et 22-25. Cette phase demande à être reconstruite à partir du comparant – non pas en assimilant l'une des phases du jeu de l'enfant à l'expiration, mais par la compréhension du fait que le sang conditionne le mouvement de l'air. À l'inverse, le comparé est plus précis que le comparant sur certains points, et en particulier pour la description donnée des tuyaux (σύριγγες) : il n'y a pas de description des différents tuyaux de la clepsydre. Comparé et comparant éclairent donc mutuellement les zones d'ombre délibérément laissées par le poète.

La comparaison est construite par adaptation de termes relevant du monde des comparaisons homériques, qui sont déplacés et insérés dans un lexique original, vraisemblablement contemporain d'Empédocle : Empédocle retravaille l'univers des comparaisons homériques pour l'adapter à sa visée originale.

## CONCLUSION : L'USAGE EMPÉDOCLÉEN DE LA COMPARAISON

La comparaison empédocléenne met en œuvre les deux procédés antithétiques de l'analogie – soulignée par une symétrie phonique, grammaticale et syntaxique – et de la dysanalogie. La fermeture de la comparaison sur elle-même confère une force analytique au procédé : les traits structurels communs aux deux termes de la comparaison sont mis en lumière afin de suggérer une communauté de procédés. La comparaison a de ce point de vue à la fois une valeur heuristique ou analytique, en ce qu'elle permet de déceler ces similitudes de structure et de fonctionnement entre ses deux termes, et une fonction didactique dans la mesure où ces correspondances sont rendues manifestes dans la constitution même de l'énoncé poétique. Mais dans chaque cas, ce sont les variations au sein de la symétrie qui permettent véritablement d'accéder au sens.

Le fragment 84 fournit peut-être l'exemple le plus clair de cette technique de symétrie : les deux procédés de constitution de l'œil et de la lanterne se laissent analyser l'un par l'autre. Dans le fragment 100, cette symétrie ne s'exerce pas tant entre comparant et comparé qu'au sein de chaque terme isolément : les deux moments du jeu de l'enfant sont construits de façon symétrique, et sont encadrés par un exposé de la respiration qui présente lui aussi une structure semblable. Au sein de chaque ensemble, la variation permet de dégager le sens : dans la clepsydre, le mouvement de l'air est moteur, de même que celui du sang dans l'appareil respiratoire. L'analogie porte sur un rapport : le sang est à l'air dans les conduits respiratoires ce que l'air est à l'eau dans la clepsydre.

L'autre caractéristique déterminante des comparaisons d'Empédocle est d'avoir laissé des éléments du comparant ou du comparé dépourvus d'équivalent, au sein même de cette structure fondée sur un parallélisme étroit : la comparaison permet à la fois d'analyser la similitude et de suggérer la différence. La comparaison des peintres met ainsi au jour le procédé de mélange qui est sous-jacent au fragment 21, qui, lui, énumère seulement les acteurs et les constituants en jeu. Dans le fragment 100, le processus d'expiration doit être déduit du rapport de l'appareil respiratoire à la clepsydre. Ce point précis du fonctionnement de l'analogie ne vise pas à expliquer directement le comparé par le comparant, comme c'était par exemple le cas de l'œil et de la lanterne dans le fragment 84 en ce que cette dernière comparaison construisait un système d'équivalences pratiquement parfaites : au contraire, les fragments 21 et 23 dessinent tous deux des facettes distinctes d'un même processus.

Les deux aspects de cette technique s'expliquent par le fait que le mélange est l'œuvre de Φιλία, comme l'avait remarqué Bollack : l'harmonie qui le caractérise est retranscrite dans la construction poétique.

La thèse de Lloyd, prêtant aux répétitions une valeur didactique et persuasive, ne suffit pas à expliquer l'intégralité de la construction des fragments : elle ne rend pas compte de la construction proprement poétique, dont les différentes dimensions permettent la symétrie dont la visée est analytique, et du sens de l'emprunt des images homériques. Wersinger a raison de souligner la force poétique des comparaisons d'Empédocle : mais il faut l'analyser au sein même de l'analogie dont elle participe de la fonction didactique et argumentative.

La technique d'Empédocle se distingue de la technique homérique, qui consiste en l'opposition de mondes distincts afin de permettre une analyse du monde de la guerre par un univers qui lui est distinct : chez Homère, les comparaisons sont l'occasion de pauses narratives qui fournissent des éléments par lesquels le récit s'interprète lui-même par distanciation avec le monde des combats. Empédocle, lui, analyse l'œuvre de Φιλία par elle-même. Pourtant, la technique d'Empédocle suppose la technique homérique : la correspondance constante du vivant et de l'artisanat (ou du jeu avec un produit d'artisanat) suppose cette différenciation d'univers. Mais Empédocle sait qu'au fond, le vivant et l'artisanat ne sont pas distincts, car ils reviennent à un mélange opéré par l'Amour.

Cet écart épistémologique fondamental par rapport à Homère, dans la dépendance même qu'il entretient avec lui, nous est également perceptible par la syntaxe et le lexique des comparaisons. Empédocle retravaille les images d'Homère et la façon dont il les inscrivait dans la poésie : il en déplace le contenu et les composantes pour l'adapter à sa visée. Les comparaisons d'Empédocle comportent des références explicites à des comparaisons d'Homère déterminées, bien connues de l'auditoire. L'effet produit, que nous ne pouvons qu'estimer, devait consister en une recontextualisation d'un univers analogique bien connu des auditeurs pour expliquer la structure réelle d'objets sur lesquels des comparaisons n'avaient sans doute jamais porté jusqu'alors. Si Empédocle décrit un objet inconnu au moyen d'un fait connu de l'auditoire, il construit du même coup un objet poétique original qu'il inscrit délibérément dans un univers de référence familier.

La pratique empédocléenne de l'analogie pousse à son paroxysme les potentialités de la comparaison épique en termes de symétrie – que cette symétrie soit positive et aboutisse à la fermeture du comparant sur le comparé, ou qu'elle révèle délibérément les creux signifiants qui caractérisent le dispositif textuel. La portée didactique qui en résulte est signalée dans le texte même : le disciple est transformé à l'écoute de celle-ci, au terme du fragment 23, passant de l'observation du réel à la connaissance des principes. La pratique empédocléenne est donc en adéquation complète avec le projet poétique dégagé dans les chapitres précédents : il s'agit d'employer une technique poétique originale afin de reconnaître le rôle des divinités réelles dans le fonctionnement du monde et de l'humain. Rien ne permet de penser que la prose aurait permis un tel usage des techniques de comparaison : l'inscription des mécanismes de symétrie et de dissymétrie dans le rythme de l'hexamètre, qui permet des échos phoniques et sémantiques, n'a pas d'équivalent exact dans un rythme non métrique. L'importance du lexique emprunté aux comparaisons homériques, dans son rapport problématique aux termes forgés par Empédocle, n'aurait vraisemblablement pas pu prendre la même ampleur en prose.

# LE REMPLOI
# DE LA FORME CATALOGIQUE

## INTRODUCTION ET MODÈLES THÉORIQUES

Nous connaissons un nombre important de catalogues étendus dans la poésie hexamétrique archaïque, et certains poèmes sont eux-mêmes structurés comme des catalogues généalogiques : citons pour exemple le Catalogue des vaisseaux du chant B, le catalogue des femmes attribué à Hésiode et les listes de noms propres (de divinités ou de héros) que l'on trouve dans l'*Iliade* et la *Théogonie* d'Hésiode. La *Théogonie* elle-même a pu être rangée, malgré les particularités de sa construction, dans le genre des catalogues. Je retiens ici de cet ensemble vaste la forme particulière de l'énumération de noms, qui peut être définie, de manière fonctionnelle et technique, comme une liste de noms propres, de qualités ou d'attributs qui a pour fonction de donner une description d'un objet donné (par exemple, les enfants de Nuit) en épuisant les aspects par lesquelles le poète a choisi de l'appréhender. Cette liste ne comporte pas en tant que telle d'élément narratif, quoique de brèves notices en incise puissent intervenir entre deux noms au sein d'un même catalogue.

L'examen des catalogues poétiques archaïques se trouve à l'intersection de plusieurs lignes d'analyse qui ont intéressé différents aspects des études anciennes : la linguistique et l'étymologie, particulièrement pour les catalogues composés de noms, l'anthropologie et l'ethnologie, ainsi que les théories d'une pratique poétique orale. Il n'appartient pas au présent ouvrage de rendre compte du détail des travaux menés sur les catalogues par des approches aussi diverses : j'en mettrai en évidence quelques-unes qui semblent décisives pour la présente étude, en distinguant celles qui analysent l'organisation catalogique comme une forme de la pensée mythique et les travaux qui se sont consacrés plus spécifiquement à ses dimensions plus techniquement formelles et poétiques.

L'analyse que Hermann Fränkel consacrait à Hésiode en 1951 l'avait conduit à concevoir les catalogues hésiodiques comme une façon de subsumer un certain nombre de qualités particulières sous des principes communs, grâce au schème généalogique[1]. Celui-ci permet d'exprimer un ensemble de relations complexes afin d'appréhender et d'expliquer la variété des phénomènes en recourant à un petit nombre de principes[2] : de tels catalogues de noms témoignent selon le savant d'une opposition entre mythe et construction rationnelle abstraite, en ce que l'homme archaïque habillait des idées complexes d'un vêtement mythique parce qu'il n'aurait pas été à même de les exprimer de façon abstraite.

Le problème posé par l'analyse de Fränkel est qu'elle envisage les catalogues archaïques en posant le problème de la rationalité : on oppose trop rapidement un contenu poétique mythologique à une réflexion rationnelle abstraite[3].

Les savants se sont intéressés aux rapports que les catalogues entretenaient avec la mémoire, et ce de façon différenciée. Les anthropologues ont analysé la façon dont le catalogue poétique permettait la fixation du passé dans une culture de tradition orale : Vernant le concevait comme une archive orale d'un matériau qui n'était pas nécessairement historique et qui permettait une mise en ordre du monde[4]. À ce titre, la structure catalogique est un mode d'appréhension et d'explication du

---

1    *Cf.* en particulier l'analyse proposée par Fränkel [1962] 1973 p. 102-103 du catalogue des fleuves (He.*Th*.336 *sqq.*), des Néréides (He.*Th*.243-251), des enfants de Nuit (He. *Th*.211-225). Sur le schème généalogique dans les poèmes homériques, *cf.* Svenbro 1976 p. 123 *sqq.* ; sur le mythe généalogique, *cf.* Couloubaritsis 1994 p. 37 *sqq.*

2    Fränkel [1962] 1973 p. 98-99.

3    De telles conceptions sont encore sensibles dans l'analyse anthropologique cognitiviste des catalogues élaborée par Moutsopoulos 2006 § 1 : « Les lois cosmiques sont censées expliquer le fonctionnement d'un univers conçu par la mentalité grecque, une mentalité à plusieurs égards encore archaïque, même à l'époque classique, et qui n'est pas encore libérée de l'emprise d'une conception plus ou moins animiste du monde dont les humains dépendent, et dans lequel ils tentent de s'intégrer pour le dominer par des voies appropriées et en tenant compte des principes tout puissants d'identité et de causalité. »

4    Vernant 1966 p. 114 : « C'est à travers eux que se fixe et se transmet le répertoire des connaissances qui permet au groupe social de déchiffrer son "passé". Ils constituent comme des archives d'une société sans écriture, archives purement légendaires, qui ne répondent ni à des exigences administratives, ni à un dessein de glorification royale, ni à un souci historique. Elles visent à mettre en ordre le monde des héros et des dieux, à en dresser une nomenclature aussi rigoureuse que possible. »

monde situé dans le contexte spécifique d'une société donnée, où elle acquiert une fonction déterminée et identifiable. Cette ligne d'analyse, qui s'émancipe à juste titre d'une problématisation du catalogue archaïque par le biais de critères liés à sa rationalité, présente pourtant un écueil de nature fonctionnaliste : le catalogue est pratiquement envisagé comme un recueil où tirer des informations sur la société qui l'a produit et non comme un geste de nature poétique en ce qu'il implique, à différents degrés, une stylisation des modes d'appréhension du réel.

Les phénomènes de mémorisation associés à la pratique poétique orale ont été analysés par les théoriciens de l'oralité des poèmes homériques, tels que Milman Parry et Albert Lord, qui ne se sont certes pas d'abord intéressés aux catalogues en tant que tels[5]. Havelock a soutenu que l'écriture s'était substituée à la mémorisation orale en premier lieu pour les catalogues dans la mesure où elle fournissait un aide-mémoire pour les sections les plus difficiles à mémoriser[6]. Les analyses des oralistes ont servi de fondement à celles d'anthropologues qui, comme Detienne, concevaient les catalogues comme des « exercices mnémotechniques » déterminants dans la formation des jeunes aèdes[7] : sous leurs formes les plus développées, telles que le Catalogue des vaisseaux, il s'agit de morceaux de bravoure démontrant la virtuosité et le savoir-faire poétique de l'aède qui maîtrise son art. Ces analyses oralistes ont également suscité l'intérêt des psychologues cognitivistes, qui se sont intéressés aux types de mémoire en jeu dans la production de ces catalogues poétiques et les opérations psychologiques que leur récitation implique chez l'auditoire[8].

L'interprétation proposée par Detienne néglige en fait tout autant la dimension poétique que le faisait celle émise par l'anthropologie structurale dans la mesure où elle n'envisage pas la signification poétique et narrative que détient le catalogue au sein d'œuvres ou de parties d'œuvres particulières. Les parties catalogiques de la *Théogonie* ne sauraient être qu'une suite de morceaux de bravoure témoignant de la maîtrise technique de l'aède.

La position de Lambros Couloubaritsis concilie un point de vue anthropologique et une appréciation du caractère poétique du catalogue

5   *Cf.* Parry [1930] 1971 p. 321-322 ; Lord 1960 p. 21-29 pour le rôle de la mémorisation dans la formation des chanteurs yougoslaves.
6   *Cf.* Havelock [1978] 1982 p. 180 : « *The catalogue in the second book* (sc. *of the Iliad) was surely one of the earliest portions committed to writing.* »
7   Detienne 1990 p. 55.
8   Minchin 2001 p. 77-87, pour ces deux dimensions.

dans la mesure où le mode d'expression catalogique est analysé dans son lien à la notion de mythe. Le catalogue se divise en plusieurs espèces selon le schème employé pour lier les éléments qui le composent entre eux : quoique le schème généalogique reste fondamental, celui du voyage a permis l'élaboration de l'*Odyssée*, qu'il régule à un niveau macroscopique en ce qu'il présente de façon catalogique les errances d'Ulysse[9]. La forme présente une souplesse qui lui a permis d'être exploitée par les historiens et par les premiers philosophes, au moyen d'un déplacement du point de référence qui n'est plus l'univers mythique proprement dit mais, respectivement, la topologie (à laquelle sont associées des généalogies) et la recherche des origines principielles de ce qui est[10]. Or, l'analyse de Couloubaritsis souligne le rôle du poète dans la composition de tels énoncés : le catalogue est un acte d'interprétation du réel[11]. S'il est possible de procéder à un « redressement » de l'objet à partir du catalogue[12] – c'est-à-dire retrouver l'objet initial, réel ou non, à partir de sa stylisation sous forme de catalogue –, la forme catalogique elle-même suppose un geste de transformation de la représentation de l'objet décrit par sa stylisation.

Qu'on s'accorde ou non avec la vision de l'histoire de la pensée antique impliquée par l'analyse de Couloubaritsis, qu'il n'est pas le lieu de discuter ici, sa conception du catalogue présente plusieurs avantages. (1) La réalité de l'objet décrit n'est jamais supposée. (2) Le geste fondateur de ce type de discours est de nature poétique, qui est en soi un geste interprétatif (ce qui permet d'éviter à la fois de réduire le catalogue à sa fonction sociale et à la virtuosité technique qu'il suppose). (3) La forme catalogique peut être déclinée selon différents schèmes, dont celui de la parenté, qui varient selon le type d'objet qui sert de matériau et le type de relation que le poète cherche à mettre en évidence.

Le catalogue archaïque n'a pas fréquemment fait l'objet d'une analyse en tant que technique poétique : van Groningen, dans son livre de 1958, ne s'est pas intéressé à la forme catalogique en tant que telle pour en dégager le fonctionnement propre. Thalmann n'évoque que brièvement le catalogue poétique, qu'il définit comme « une série de passages

---

9    Couloubaritsis 2006 § 29-36.
10   Couloubaritsis 2000 p. 53 *sqq*.
11   Couloubaritsis 2000 p. 55-56.
12   Couloubaritsis 2006 § 41.

parallèles qui énumèrent ou décrivent des personnes, des actions, ou des objets qui ont au moins une caractéristique commune[13] » – définition descriptive que nous pouvons accepter comme telle.

S'agissant des modalités de composition et d'organisation des catalogues poétiques, les deux études principales sont celles de Powell et d'Edwards[14]. La composition des catalogues y est envisagée dans la succession que leurs vers présentent au sein de grands ensembles tels que celui du Catalogue des vaisseaux, afin de distinguer les récurrences et les alternatives au sein de l'organisation de vers liés à l'expression d'un thème donné. Par exemple, pour le Catalogue des vaisseaux du chant B, Powell a montré que les successions thématiques construites entre des groupes de vers suivaient un ordre défini, alors même que les vers qui la constituaient ne suivaient qu'un petit nombre de modèles syntaxiques. Cette étude de Powell, de nature descriptive et analytique, a le mérite d'isoler thématiquement des groupes de vers, en mettant en évidence les récurrences présentées par leur structure syntaxique dans la construction de grands ensembles catalogiques. À ce titre, son analyse ne s'intéresse pourtant pas à l'inscription métrique et prosodique des groupes nominaux et verbaux au sein des différents types de vers dégagés, degré de précision supplémentaire qui aurait pourtant permis de mieux appréhender l'aspect formulaire du vers catalogique, en liant chaque thème à une modalité d'inscription dans le vers. Une autre limite de l'analyse de Powell, qui est corrélative, est qu'elle n'analyse pas le rôle des adjectifs dans la construction du vers.

Mais l'analyse de Powell présente de surcroît une difficulté interne par rapport aux vers catalogiques qui ne comportent que des noms, traités comme des cas particuliers de vers développés, où tous les éléments seraient omis sauf un (le nom), qui occuperait l'ensemble du vers. Ainsi le vers B.495 est-il traité comme un doublet simplifié du vers B.494 :

| | |
|---|---|
| Βοιωτῶν μὲν Πηνέλεως καὶ Λήϊτος ἦρχον | B.494 |
| Ἀρκεσίλαός τε Προθοήνωρ τε Κλονίος τε | B.495 |

Le vers B.495 ne présente pas de construction syntaxique mais une structure paratactique, marquée par la répétition de τε. L'économie interne

---

13  Thalmann 1984 p. 25-26.
14  Powell 1978 p. 255-264 ; Edwards 1980 p. 81-105.

des vers est trop différente pour qu'il soit satisfaisant d'analyser l'un par rapport à la structure de l'autre : le vers catalogique nominal présente un mode de fonctionnement spécifique, qui demande à être analysé.

L'analyse d'Edwards présente une parenté avec celle de Powell dans la mesure où il choisit une approche descriptive visant à cerner la structure compositionnelle de chaque vers catalogique. Son étude se distingue pourtant de celle de son prédécesseur de deux points de vue. (1) Elle n'est pas fondée sur une distinction de grands types de structure comportant des subdivisions mais se concentre sur le lien entre expression du thème et forme du vers[15], en intégrant une opposition entre un énoncé simple fondé sur l'expression d'un thème (par exemple, le nom du chef, ou bien son origine) et un énoncé complexe introduisant une pause dans l'énoncé catalogique au sens strict (un groupe de vers autonome introduisant un commentaire sur une cité ou un peuple). (2) Elle souligne la dimension de variation qui est à l'œuvre dans la construction à partir d'une comparaison de la technique repérée dans le Catalogue des vaisseaux et d'autres catalogues homériques et hésiodiques.

Cette étude, qui présente l'avantage de partir du thème exprimé par chaque vers, ne s'intéresse pourtant pas plus que celle de Powell à l'inscription des mots mêmes au sein de l'hexamètre. Une autre de ses limitations est à mon sens qu'elle propose un traitement de l'adjectif comme un commentaire pourvu d'une forme d'autonomie (à l'opposé, donc, de la vision de Powell) : l'adjectif διΐφιλος (B.628) est ainsi traité comme un exemple d'élaboration apportée à un élément simple[16]. Si l'adjectif doit être pris en compte dans la composition du catalogue, il ne faut pas négliger qu'il participe de la construction formulaire d'une expression : il semble excessif d'en faire un élément autonome en le traitant de façon semblable à une anecdote, par exemple, qui peut occuper plusieurs vers (comme en B.547-551).

Ce type d'analyse, tout intéressant qu'il soit pour éclaircir les modalités de construction de grands ensembles de plusieurs centaines de vers, tels que le Catalogue des vaisseaux, n'est pas complètement pertinent pour les catalogues empédocléens. Ceux-ci sont en effet beaucoup plus brefs et circonstanciés : ils ne dépassent pas quatre vers, sous la forme que

---

15    Edwards 1980 p. 84, n. 6, affirme s'inspirer de ce point de vue des analyses de scènes typiques.
16    Edwards 1980 p. 93, *ad* B.628.

nous leur connaissons. Les études de Powell et d'Edwards ne peuvent donc pas être appliquées de façon satisfaisante au corpus empédocléen.

Pour cette raison, je propose ici une étude des vers catalogiques tirés de la poésie hexamétrique archaïque comportant uniquement des noms, sans autre constituant syntaxique : ils forment un corpus à la fois suffisamment diversifié et suffisamment similaire à la majeure partie des vers catalogiques empédocléens pour justifier cette étude. Cette étude préalable des rapports de l'usage de la forme catalogique empédocléen à l'usage ancien nous permettra de fonder notre étude des trois catalogues des fragments 121, 122 et 123, sans distinguer l'analyse de la signification de ces catalogues de celle de la technique poétique qui en permet la réalisation[17] : la dimension formelle est un élément de la constitution du sens.

## LE CORPUS DES CATALOGUES EMPÉDOCLÉENS

Chez Empédocle, l'usage de la forme catalogique présente des spécificités à la fois formelles et thématiques. D'un point de vue formel, le catalogue est généralement employé dans le cadre d'énoncés brefs (un vers ou un vers et demi). Quelques catalogues particuliers, ceux des fragments 121, 122 et 123, sont plus développés et s'étendent sur trois ou quatre vers. Les thèmes abordés dans les 41 vers constituant le corpus des catalogues empédocléens retenus sont les suivants.

> a.  Onze vers consacrés aux noms des racines, augmentés éventuellement de ceux de Νεῖκος et Φιλία : dans les fr. 6.2-3 (les quatre racines sont désignées par des noms de divinité), 17.18-20 (catalogue des éléments et des deux puissances), 22.2 (les éléments sont désignés par des noms d'agrégats observables dans le monde), 38.3-4, 40 (soleil et lune), 71.2 (catalogue des éléments au génitif, introduit par πῶς), 98.2 (feu, eau et air dans le mélange formant le sang).

---

17   Nous avons eu communication avant publication d'un article de Philippe Rousseau où sont analysées les particularités des constructions catalogiques de la *Théogonie* (notamment les généalogies des Titans et des enfants de Japet), intitulé le « Le lien de Prométhée », à paraître dans un volume d'hommages à Jean-Pierre Vernant.

b. Dix vers énumérant des noms d'êtres vivants ou de divinités, en particulier dans un contexte où ils sont produits par le mélange des éléments : fr.20.6-7 (catalogue d'animaux issus du mélange), 21.10-12 et 23.6-8 (catalogue d'êtres vivants et de divinités produites pas le mélange des éléments), 76.2 (catalogue d'animaux), 80 (catalogue de fruits).

c. Huit vers présentant des catalogues négatifs de propriétés qui ne caractérisent pas un objet donné, ou d'éléments absents : 27(1).1-2 (catalogue négatif des constituants du cosmos qui ont disparu à un moment donné du cycle), 29.1-2 (catalogue négatif des attributs que le *Sphairos* n'a pas), 128.1-2 (catalogue des dieux qui n'étaient pas révérés par les premiers hommes), 134.2-3 (catalogue négatif des attributs que la divinité n'a pas).

d. Neuf vers consacrés à des catalogues de divinités ou de puissances à l'œuvre dans le monde : dans les fr. 121, 122, 123.

e. Les incarnations précédentes de l'énonciateur des *Catharmes* : fr. 117.2.

f. Les occupations des âmes incarnées qui sont sur le point de quitter le cycle de réincarnation : fr. 146.1-2.

Certains des textes inclus ici sont des cas limites dans la mesure où il s'agit de fragments dont nous ne connaissons qu'un unique vers, tels que les fr. 40 et 80.

La forme catalogique permet d'énumérer les racines qui forment la base du système physique, dans le cadre d'expressions souvent très brèves, qui ne dépassent alors pas deux vers. Du fait de leur brièveté, ces fragments ne me semblent pourtant pas devoir faire l'objet d'une étude autonome dans le cadre de notre présente analyse des formes d'expressions empruntées à la poésie archaïque : ces passages posent de fait surtout des problèmes liés à l'identification des éléments (tout particulièrement dans le fragment 6[18]) et à la concordance thématique des listes entre elles[19].

---

18  L'identification des racines dans les divinités énumérées dans ce fragment était déjà un problème discuté dans les sources anciennes. Je renvoie, pour le problème des sources anciennes et de leurs interprétations modernes, à Journée 2012. L'identification des racines a été discutée par Kingsley 1995a.

19  Pour les problèmes liés au fr. 38, *cf.* Kingsley 1995b.

Les catalogues des corps composés d'éléments ne sont pas plus exploi-tables du point de vue de notre étude, si ce n'est, de nouveau, du point de vue de leur originalité formelle[20]. Dans de tels passages, au schème de parenté qui caractérise, par exemple, la plupart des catalogues hésiodiques de la *Théogonie*, est substitué celui de la composition par Φιλία, fondé sur un modèle artisanal, comme l'a montré l'étude des fragments 21 et 23.

Les catalogues négatifs permettent d'appréhender un objet inaccessible de façon directe soit parce qu'il appartient à un passé lointain (fr. 128), soit parce qu'on ne peut que le concevoir et non l'observer (telles que le *Sphairos* du fr. 29, et la φρήν divine du fr. 134). Ce procédé d'énumération négative est un héritage de la tradition hexamétrique : il rappelle par exemple le célèbre catalogue des conquêtes de Zeus, en Ξ.315-327, où celui-ci affirme par cette énumération son désir pour Héra. Empédocle remploie le procédé pour décrire des objets inaccessibles à la sensation, en les caractérisant par privation, non seulement afin de disqualifier les représentations traditionnelles – par exemple, celle du divin, pour le *Sphairos* –, mais également en vue de préciser, par la négation, des caractéristiques objectives de la divinité. Ainsi, οὐ πόδες οὐ θοὰ γοῦνα exprime l'immobilité du *Sphairos*, et οὐ μήδεα γεννήεντα le fait qu'il est seul de son espèce, et que rien n'est engendré en dehors de lui, lorsqu'il surgit dans le cycle.

Les fragments 121, 122 et 123, eux, se présentent sous la forme d'un catalogue de noms de puissances ou de divinités développé : ces trois textes sont suffisamment longs pour permettre de déceler les éléments d'une prise de position par rapport à la tradition de composition des catalogues.

## MÉTHODE D'ANALYSE

L'analyse portera d'abord sur la forme des vers catalogiques. Vu les particularités du catalogue empédocléen, il est préférable d'examiner la structure de vers singuliers, plutôt que le mode de leur enchaînement en des unités plus complexes. Je délimiterai les formes métriques que

---

20  Je propose *infra* p. 544-546, une analyse des différences présentées par les différents catalogues du vivant.

pouvaient revêtir les vers nominaux des catalogues anciens, afin de déterminer quels étaient les modes de composition en usage dans la poésie hexamétrique archaïque pour les comparer avec l'usage empédocléen. Afin de limiter cette étude à des proportions raisonnables, l'analyse portera sur les vers catalogiques nominaux, c'est-à-dire ceux qui n'incluent aucun élément syntaxique mais qui consistent seulement en une succession de noms organisés de façon paratactique. L'introduction d'éléments syntaxiques fait varier de façon trop importante l'inscription des mots dans l'hexamètre pour que leur étude comparée ait un sens.

Les trois catalogues empédocléens les plus développés, ceux des fragments 121, 122 et 123 seront ensuite examinés : ils présentent non pas une simple énumération rapide des quatre éléments ou des corps composés à partir d'eux, mais une liste de principes et de divinités. Ces trois catalogues répondent à une visée différente de celle des autres catalogues du corpus, et sont l'occasion d'une prise de distance par rapport à la pratique catalogique antérieure.

Les liens entretenus par ces trois catalogues ont été repérés par les premiers éditeurs modernes d'Empédocle. Dès Sturz, les fragments 122 et 123 ont été perçus comme des unités qui se suivaient, sinon directement du moins de façon très proche, dans l'économie initiale de l'œuvre[21]. La succession 121-122-123 a été proposée par Karsten[22], qui les plaçait dans le proème. Cette organisation des trois fragments catalogiques a été acceptée par l'intégralité des commentateurs, à quelques exceptions près[23]. Nous étudierons ensemble les fragments 122 et 123 au vu de la proximité des thèmes abordés par les fragments.

Le fait que Sturz et Karsten plaçaient ces fragments dans le proème impliquait vraisemblablement qu'ils y lisaient une adresse initiale aux divinités telle qu'on peut la trouver par exemple dans la *Théogonie*. Les fragments ont pourtant été intégrés aux *Catharmes* à partir de Stein[24] :

---

21    Sturz 1805 p. 541-542. Tous les éditeurs acceptent que les fragments 122 et 123 se succèdent quoiqu'ils ne les rassemblent pas tous en un seul texte : Bergk [1839] 1886 p. 42 (suivi par Stein 1852 p. 80, Gallavotti 1975 p. 80-83, Mansfeld & Primavesi 2011 p. 426) lisait dans le fragment 123 la suite directe du fragment 122.

22    Karsten 1838 p. 86-89 et p. 166-168.

23    Gallavotti 1975 p. 80-82 insère entre les fragments 121 et 122-123 les fragments 118, 125 et 126 ; Wright 1995 et Inwood 2001 insèrent 124 et 120 entre ces mêmes fragments 121 et 122-123.

24    Stein 1852 p. 80.

la découverte du fragment 131, connu par un article de Schneidewin datant de 1851, a de toute évidence été déterminante.

## L'INSCRIPTION DES NOMS DANS LE MÈTRE
## AU SEIN DES CATALOGUES D'EMPÉDOCLE

### DÉFINITION DU CORPUS ET MÉTHODE D'ANALYSE

Nous ne pouvons nous intéresser ici de façon exhaustive à la forme du catalogue archaïque et à l'inscription des mots dans le vers : nous limiterons l'étude aux vers catalogiques qui ne sont constitués que de noms ou d'adjectifs construits de façon paratactique, sans aucun marqueur syntaxique. De tels vers sont désignés ci-après par l'expression vers catalogiques nominaux.

J'inclus donc des vers tels que *Th.*227 (Λήθην τε Λιμόν τε καὶ Ἄλγεα δακρυόεντα), ou Empédocle fr. 122.3 (Καλλιστώ τ' Αἰσχρή τε, Θόωσά τε Δηναίη τε), et non pas des vers tels que *Th.*226 (αὐτὰρ Ἔρις στυγερὴ τέκε μὲν Πόνον ἀλγινόεντα), *Th.*231 (Ὅρκόν θ', ὃς δὴ πλεῖστον ἐπιχθονίους ἀνθρώπους), ni Empédocle fr. 122.1 (ἔνθ' ἦσαν Χθονίη τε καὶ Ἡλιόπη ταναῶπις).

Le corpus ici étudié rassemble l'intégralité des vers catalogiques nominaux du Catalogue des vaisseaux du chant B et de la *Théogonie* d'Hésiode ; les vers catalogiques nominaux des catalogues des héros combattant autour d'Hector en N.790-792, des Néréides de Σ.39-48, des prétendants de χ.241-243, des Océanines en *Hh.*De.418-424. Le total des vers considérés s'élève à 95[25].

Ce corpus ne prétend pas à l'exhaustivité[26] mais présente les avantages d'être étendu, de présenter des passages issus de différentes époques de la

---

25  La liste est la suivante : B.495, 497-498, 502, 520, 532, 537-538, 561, 582, 593, 606, 640, 697, 712, 739, 855 ; He.*Th.*14, 16-20, 77-78, 134-136, 140, 227-229, 243-251, 255-258, 260-261, 267, 273, 276, 338-345, 349-360, 379, 454, 714, 902, 909, 976 ; N.791-792 (inclus) ; Σ.40-46 (inclus) et Σ.48 ; χ.242-243 (inclus) ; *Hh.*De.418-424 (inclus).

26  On aurait pu y ajouter de nombreux microcatalogues, tels que ceux des androctasies qui apparaissent en particulier dans les aristies de l'*Iliade*, ou encore le célèbre catalogue de I.145, où Agamemnon énumère en un vers les noms de trois de ses filles, Iphianassa, Chrysothémis, et Laodicée.

composition hexamétrique, et de comporter à la fois des catalogues très vastes (tels que ceux des Néréides ou des Océanines dans la *Théogonie*) et des microcatalogues (tels que ceux des chants N et χ). Il faut bien sûr se garder de penser qu'il n'y a pas eu de jeu sur la forme dans une même œuvre ou d'évolution dans la technique de composition des différentes œuvres du corpus : la *Théogonie* (*Th.*16) et l'*Hymne à Déméter* (*Hh.*De.423) introduisent des originalités formelles absentes des vers homériques de notre corpus.

Le corpus des vers catalogiques nominaux chez Empédocle comprend 14 passages. Il s'agit des vers 6.2, 20.7, 21.11, 22.2, 23.7, 40, 98.2, 121.2-3, 122.2-4, 123.1-2.

Un tableau récapitulant la composition des vers catalogiques nominaux se trouve en annexe[27]. La numérotation des positions métriques de 2 à 24 reprend celle employée plus tôt dans notre étude[28]. L'étude prend en compte la position des consonnes initiales et finales dans la mesure où il s'agit d'un élément déterminant de la formule telle que la définissent Milman Parry et ses successeurs : deux expressions métriquement équivalentes dont l'une commence par une voyelle et l'autre par une consonne ne sont pas équivalentes d'un point de vue formulaire, car elles ne peuvent succéder au même type d'énoncé.

Ce tableau est organisé selon le nombre de noms et d'adjectifs présents dans chaque vers. On distingue sept configurations : les vers comportant quatre noms ; trois noms et un adjectif (où qu'il se trouve placé) ; trois noms et deux adjectifs ; trois noms ; deux noms et un adjectif ; deux noms et deux adjectifs ; et finalement une catégorie rare comportant quatre noms et un adjectif. Les adjectifs sont soulignés dans l'analyse de la structure métrique. J'indique les conjonctions de coordination en toutes lettres.

La seconde catégorie (trois noms et un adjectif) regroupe plusieurs configurations possibles : l'adjectif peut qualifier le troisième et dernier nom, ou le premier. S'il qualifie le dernier nom, il peut se trouver avant (*Th.*340) ou après lui (*Th.*342). Si l'adjectif qualifie le premier nom, il apparaît normalement après celui-ci (*Th.*344). Lorsqu'il y a trois noms et deux adjectifs, ceux-ci portent normalement sur les noms placés en deuxième et troisième position dans le vers. Lorsqu'il y a deux noms et deux adjectifs, chaque nom comporte un adjectif.

---

27   Annexe 4.
28   *Cf. infra*, p. 249.

Je n'ai pas inclus les vers qui comporte un adjectif (ou une tournure équivalente) qualifiant l'ensemble des noms du vers (*Th.*230, Δυσνομίην τ' Ἄτην τε, συνήθεας ἀλλήλησιν), dans la mesure où cela n'a pas d'équivalent chez Empédocle. Cette construction entretient un rapport plus net avec des vers qui introduisent une proposition relative à valeur collective (*Th.*905, Κλωθώ τε Λάχεσίν τε καὶ Ἄτροπον, αἵ τε διδοῦσι).

Les deux premières colonnes du tableau comportent l'œuvre et le numéro du vers considéré. La troisième (structure h1) comporte une notation de la structure de la première partie du vers, qui sera explicitée ensuite. Après l'analyse du mètre, la dernière colonne construit une relation entre le type de coordination qui suit le premier terme du vers (lettre A) et la présence d'une fin de mot à la césure (lettre B). Le premier terme du vers peut être suivi de τε (configuration notée A1), de καί (avec ou sans τε, noté A2) ou d'aucun coordonnant (A3). Pour les fins de mots à la césure, il y a trois types de configuration (je ne prends pas en compte les coordonnants, nous verrons pourquoi) : B1 signifie qu'un mot se termine en position 10 ; B2 qu'il se termine en position 11 ; B3 que la césure est reportée à l'hephthémimère. L'importance de ces catégories est exposée pus loin.

L'étude ne distingue pas, à des fins de simplicité, les contractions et les résolutions au sein des schémas métriques dégagés qui concernent un seul et même mot. Ainsi, je n'ai pas distingué un mot de structure u– – – d'un mot de structure u–uu–, dans la mesure où ils peuvent occuper les mêmes positions de l'hexamètre. Les pages qui suivent présentent une version avec résolution de la longue en deux brèves pour éviter les confusions.

Le tableau qui présente la structure métrique de chaque vers permet de dégager des récurrences de structure dans la composition de chacun des deux hémistiches. Le premier hémistiche ne peut s'ouvrir que par huit configurations métriques distinctes, qui peuvent elles-mêmes être développées en un certain nombre de variantes. J'ai calculé les statistiques liées à chaque configuration, rassemblées dans des tableaux qui se trouvent en annexe[29]. Il n'y a qu'un petit nombre de configurations possibles pour commencer l'hexamètre (environ 20), et parmi celles-ci, seules quelques-unes sont véritablement fréquentes.

---

29 *Cf.* Annexe 4.

La première colonne de ces tableaux (« structure ») nomme et décrit le type de modèle, la seconde (« corpus archaïque ») sa fréquence dans le corpus archaïque étudié, la troisième (« Empédocle ») sa fréquence chez Empédocle. Dans la première colonne, un « E » signifie que le modèle est propre à Empédocle. Ces différentes configurations seront étudiées en détail dans la partie portant sur le premier hémistiche. Les structures métriques sont répertoriées d'après la forme du premier terme (ex. 1. = un mot de forme –uu comme l'hexamètre), que l'on décline selon les termes qui suivent. (ex. 1.1 = mot de forme –uu + τε + mot de forme CCuu–).

La colonne « nombre » répertorie le nombre d'occurrences des structures de chaque type. La colonne « % total » indique la fréquence d'une structure donnée dans la totalité du corpus respectivement considéré (le corpus poétique archaïque retenu dans la colonne « Corpus », et Empédocle dans l'autre). La colonne « % section (n) » indique la proportion d'une structure complexe donnée au sein de la structure simple qui correspond. Ainsi, la séquence 1.1 (–uu-τε|CCuu–) intervient 18 fois dans le corpus poétique archaïque retenu, ce qui représente 18,95 % du nombre total de vers inclus dans ce corpus, et 39,13 % des séquences de structure 1. du même corpus (lorsque le premier mot est de forme –uu, 39,13 % des vers continuent avec -τε|CCuu–).

Ces données nous permettent de dégager quatre axes d'analyse pour appréhender la construction du catalogue poétique archaïque. Nous étudierons d'abord le rôle de la césure, qui fonctionne comme une charnière dans la construction de ces vers dans la mesure où elle tend à remettre à zéro les possibilités de construction du vers, particulièrement lorsqu'elle est féminine ; ensuite, le rôle des particules de coordination ; puis l'étude se concentrera sur la construction de chaque hémistiche. Je comparerai ensuite ces éléments avec la technique empédocléenne.

LE FONCTIONNEMENT DES VERS CATALOGIQUES NOMINAUX
DANS LE CORPUS DES CATALOGUES ARCHAÏQUES

### Le rôle de la césure comme charnière

Le premier trait caractéristique de la construction des vers nominaux catalogiques est que la césure du troisième pied permet de rouvrir les possibilités de construction du second hémistiche, de façon en partie indépendante de la structure du premier. Si elle est féminine, tout particulièrement, les possibilités sont plus nombreuses, tant dans le premier hémistiche que dans le second.

La césure féminine est de fait plus fréquente que la césure masculine dans les vers nominaux catalogiques : sur les 95 vers du corpus archaïque (sans compter les vers d'Empédocle), 65 présentent une césure féminine (soit 68,42 %). Ce chiffre est supérieur à la fréquence générale des vers à césure féminine dans les poèmes homériques (qui est de 57,15 % selon West[30]). Parmi ces 65 vers à césure féminine, 50 présentent la particule τε en position 11. Le corpus archaïque présente par ailleurs 16 césures masculines (16,84 %), et 14 vers sans césure au troisième pied (14,74 %).

La césure féminine prédomine aussi chez Empédocle, dans une proportion de 85,71 % – le chiffre est pourtant moins significatif, étant donné que seuls 14 vers sont étudiés. Empédocle présente 2 césures masculines (14,29 %), et aucun vers sans césure dans le troisième pied.

La césure du troisième pied, surtout si elle est féminine et précédée de τε, est un point charnière de la construction des hexamètres nominaux. Un premier hémistiche comprenant deux noms peut indifféremment être suivi d'un nom et d'un adjectif, ou bien de deux noms ; à l'inverse, un premier hémistiche comportant un nom et un adjectif peut être suivi, après la césure, de deux noms ou d'un nom et d'un adjectif.

Par exemple, les vers *Th.*228, *Th.*229 et *Th.*243 (constitués de quatre noms) présentent une structure identique après la césure féminine, à savoir Cu– -τ'|– –uu– -τε||, alors qu'ils incluent dans leur premier hémistiche trois types de configurations distinctes : – – – -τε|Cu– -τε (*Th.*228) ; – uu-τε|CC– – -τε (*Th.*229) ; – – -τ'|V– – – -τε (*Th.*243).

À l'inverse, un même premier hémistiche donne lieu à des possibilités multiples après la césure. Un premier hémistiche de forme –uu-τε|CCuu– -τε (ou τ') peut être suivi de multiples configurations dans un vers à quatre noms : Cu– -τ'|– –uu– -τε (*Th.*228, etc.), Cu–u-τε|C–uu– τε (*Th.*248, etc.), et Vuu–uu-τ'|V–uu– -τε (*Th.*341 etc.). Si l'aède souhaitait en revanche faire suivre ce même groupe initial d'un nom et d'un adjectif exprimés dans le second hémistiche, une nouvelle palette de possibilités s'offrait à lui : Cu– – – -τ'|Vuu– – (B.497), καὶ –uu–|uu– – (B.498), Cu– -τ'|uu–|uu– – (*Th.*714).

---

30  West 1982 p. 36 (la césure féminine est plus fréquente que la césure masculine dans une proportion de 4/3).

Les deux moitiés du vers sont ainsi autonomes l'une par rapport à l'autre : quel que soit le contenu du premier hémistiche pourvu qu'il se termine à la césure féminine ou masculine, le second hémistiche pourra comporter indifféremment un nom et un adjectif, ou deux noms. Si un τε tombe en position 11 – ce qui est le cas de la majorité des vers catalogiques nominaux étudiés – le second hémistiche peut prendre un grand nombre de formes distinctes, beaucoup plus variable que les configurations qui étaient disponibles dans le premier hémistiche.

Qu'un τε tombe en position 11 est donc un facteur de souplesse syntaxique : cette coordination est employée en cette position à la fois dans des vers qui lient des couples nom + adjectif autour de la césure, dans des vers présentant quatre noms, dans des vers présentant deux noms dans le premier hémistiche et un nom accompagné d'un adjectif dans le second, ou inversement. En revanche, les configurations syntaxiques qui empêchent qu'un τε tombe en position 11 (par exemple, quand les deux premiers noms du premier hémistiche sont liés par un καί) sont plus contraignantes et donnent lieu à un moins grand nombre de possibilités dans le second hémistiche.

*Le rôle des particules de coordination*

Les particules de coordination sont un facteur de variation et de souplesse dans la constitution des catalogues. Deux exemples, à partir de τε et de καί, suffiront à le mettre en lumière. La particule τε, d'abord, est facultative après le premier nom. On peut tout aussi bien trouver « A τε B τε » que « A B τε » (au sens de « A et B », où A et B sont des noms). La présence ou l'absence de τε après le premier terme du vers est ainsi un facteur de souplesse qui permet d'intégrer une plus grande variété de noms dans le catalogue. En effet, si les configurations (1.1) –uu-τε|CCuu– -τε et (1.4) –uu|ø–uu– -τε sont strictement équivalentes pour la syntaxe, elles permettent de faire rentrer dans le vers un second nom de forme différente : (1.1) permet de placer des mots de forme CCuu– en permettant soit une césure masculine (si le mot est suivi de καί, ἠδέ, etc.), soit une césure féminine (si le mot est suivi de τε), alors que (1.4) permet de placer des mots de forme –uu–, en permettant la même variété de césures.

Le même raisonnement vaut pour le καί en début du vers : la coordination, facultative pour la syntaxe, permet de placer des mots plus brefs à l'initiale du vers. Ainsi, les configurations (5.1) καὶ-Cuu–|øuu– -τε et (2.3) –uu–|øuu– -τε, identiques pour la syntaxe, se distinguent en ce que (5.1) permet de placer des mots de forme anapestique après le καί, alors que 2.3 demande un nom de la forme d'un choriambe.

La correspondance entre τε et τ' est un autre élément de souplesse. Les configurations (1.1) –uu-τε|CCuu– -τε, (1.2) –uu-τ'|V–uu– -τε, équivalentes pour la syntaxe, occupent toutes deux le premier hémistiche jusqu'à la césure féminine. Elles se distinguent en ce que la première permet de placer un second élément de forme anapestique commençant pas deux sons consonantiques, alors que la seconde demande un mot de forme choriambique à initiale vocalique. Le mot suivant τε influe donc sur la forme de la particule de coordination alors même qu'il en est syntaxiquement indépendant.

De façon semblable, la seule différence que présente la composition des vers comprenant trois noms et un adjectif qualifiant le troisième nom avec les vers qui comportent quatre noms est l'absence de coordination entre les derniers termes du vers qui se termine par une séquence nom-adjectif : tout se passe comme si une syllabe, qui aurait dû être consacrée à ce mot coordonnant dans un vers à quatre noms (qu'il s'agisse d'un τε après le dernier mot ou d'un καί avant celui-ci), se trouvait libérée pour être adjointe soit au nom, soit à son adjectif[31].

## *L'organisation du premier hémistiche*

Chaque hémistiche présente un nombre déterminé de constructions possibles (il y a ainsi seulement vingt constructions distinctes dans le corpus étudié, hors Empédocle, pour le premier hémistiche), parmi lesquelles seul un petit nombre est employé de façon régulière. Le début du vers est extrêmement déterminé : deux types d'ouverture seulement sont fréquentes (1. et 2.), et parmi ces deux types, le second terme est lui aussi fortement déterminé (5 de ces 20 constructions seulement – soit 1.1, 1.2, 2.1, 2.4, 2.7 – permettent de rendre compte de plus de 60 % des premiers hémistiches).

Dans le premier hémistiche, la majeure partie des configurations donnent lieu à une césure féminine tombant après un élément en

---

31   Ainsi, B.855 présente la même structure métrique que Σ.42, avec des fins de mots aux mêmes endroits, si ce n'est que l'absence de καί tombant en 19 libère, en B.855, une syllabe supplémentaire par rapport à Σ.42.

position 11. Plusieurs configurations où la césure tombe en 10 auraient pu permettre une césure en 11 si elles avaient été suivies d'un τε[32]. Seules les constructions impliquant un mot long qui déplace la césure sont véritablement contraignantes.

Les configurations permettant une césure indifféremment masculine ou féminine (si le dernier mot est suivi de τε) sont (1.1), (1.2), (1.3), (1.4), (2.1), (2.2), (2.3). Parmi celles-ci, (1.4) peut lier indifféremment deux noms, ou un nom et un adjectif s'il est suivi d'un τε, mais est constituée d'un nom et d'un adjectif si elle est suivie d'un καί. Les configurations (1.3) et (1.5) lient nécessairement un nom et un adjectif.

Deux éléments régissent le type de configuration grammaticale : (A) la nature du coordonnant entre les deux groupes de mots, s'il existe ; (B) la position où se termine l'expression. La liaison par un τε (A1) permet de lier indifféremment un nom et un adjectif, alors que la liaison par un καί (A2) implique qu'il s'agit de deux noms – ou que le second terme est un adjectif qui se rapporte à la suite du vers. L'absence de liaison (A3) laisse ouverte les deux possibilités. Les groupes qui se terminent en 10 (B1) admettent soit une césure féminine (s'ils sont suivis d'un τε), soit une césure masculine (s'ils sont suivis d'un καί ou d'un autre nom). Les deux autres configurations possibles sont une fin de mot en 11 sans que cette position soit occupée par un τε (B2) et une fin de mot en 14 (B3).

Ces deux critères permettent de dégager une spécialisation de la plupart des formes revêtues par le premier hémistiche.

La configuration A1/B1 permet d'inclure (a) deux noms dans le premier hémistiche si la césure est féminine précédée de τε – ou un nom et un adjectif se rapportant à un nom exprimé au sein du second hémistiche – ; (b) un nom et un adjectif si la césure est masculine, et qu'elle est suivie d'un καί ou d'un mot lui-même suivi de τε. Cette configuration est parmi les plus souples, dans la mesure où sa structure syntaxique est conditionnée par la place de la césure et le type de mot qui s'y trouve. Cela explique que les séquences (1.1), (1.2), (2.1) soient parmi les séquences les plus représentées dans le corpus catalogique que nous avons étudié : ce sont celles qui laissent le plus de possibilités de composition ouvertes à l'aède.

La configuration A2/B1 est contraignante : elle ne permet de lier que deux noms, du fait de la présence de καί (ou un nom suivi d'un

32   Ainsi, 1.1b, 1.1c, 1.2c, 1.2ø, 1.3c, 1.4c, 2.1c, 2.1ø, 2.2ø, 2.3ø, 4.1ø.

adjectif qualifiant un nom exprimé dans le second hémistiche). Les configurations (1.3) et (2.5) ne sont donc que rarement attestées. Lorsque l'aède souhaite lier deux noms et s'arrêter dans le troisième pied[33], il préfère à une catégorie A2/B1 (ou A2/B2) la catégorie précédente, A1/ B1 : dans les 61 vers comportant deux noms dans un premier hémistiche se terminant au troisième pied, elles sont respectivement représentées 7 fois (11,48 % des vers concernés) et 40 fois (65,57 % des vers concernés). Les formes les plus souples sont préférées.

Les configurations A3/B1 et A3/B2, que nous traitons ensemble par commodité, offrent également moins de possibilités que la séquence A1/B1 : si la césure est suivie d'un καί (ou d'un mot lui-même suivi de τε), la configuration A3/B1 lie un nom et un adjectif, comme A1/ B1 ; mais si la césure est précédée d'un τε, elle lie deux noms[34]. Les séquences (1.4), (2.3), (4.1), et (5.1) d'un côté (type A3/B1), ainsi que la séquence (5.3) de l'autre (seul représentant du groupe A3/B2), sont plus contraignantes que les séquences de type A1/B1 : comme dans l'exemple précédent (A2/B1), l'aède a moins utilisé les séquences plus contraignantes, même lorsque le choix s'offrait à lui. Ainsi, pour lier un nom et un adjectif suivi de καί en position 11 (ou d'un nom suivi de τε), un groupe de type A3/B1 n'est attesté que deux fois dans notre corpus[35] (Th.16, Th.379) sur les 17 occurrences de premier hémistiche se terminant dans le troisième pied et liant un nom et un adjectif (soit 11,76 %). La séquence (5.3), de type A3/B2, est attestée elle aussi deux fois dans un même contexte (Th.247, Th.260). De même, pour lier deux noms entre eux, lorsqu'elles sont suivies de τε, les séquences de type A3/ B1 ont été moins représentées : elles n'apparaissent que 12 fois dans les 61 vers qui constituent le corpus des premiers hémistiches constitués de deux noms (soit 19,67 % d'entre eux), alors que le groupe de type A1/B1 représentait 65,57 % de ces vers. L'aède a de nouveau choisi la séquence la plus souple au lieu de choisir celle qui est la plus spécialisée.

Les séquences (1.5) et (2.4), de type A1/B2, sont également contraignantes. Les groupes de ce type ne peuvent être construits que

---

33  Le corpus étudié dans les statistiques qui suivent est constitué des premiers hémistiches comportant deux noms avant une césure dans le troisième pied.

34  La séquence ne peut pas, syntactiquement, lier un nom et un adjectif même si elle est suivie d'un καί : dans cette configuration, le τε se place normalement après le premier mot du groupe et non après le second.

35  He.Th.260 est un cas particulier, où l'adjectif est accompagné d'un accusatif de relation.

de deux façons : présenter soit un couple nom-adjectif (quand ils sont suivis d'un καί abrégé en position 12 ou d'un mot à initiale brève lui-même suivi de τε), soit deux noms coordonnés par un τ' élidé à la césure, devant initiale vocalique brève. En effet, un τε non élidé empêcherait la césure en cette position. Cette dernière configuration est particulièrement contraignante, du fait qu'elle implique un mot à initiale brève vocalique : on ne la rencontre que deux fois (*Th.*356 et *Hh.*De.421), soit dans 3,28 % des 61 vers qui comportent deux noms successifs dans leur premier hémistiche alors que ce dernier se termine au sein du troisième pied. La première configuration est plus fréquente : dans les vers se terminant au troisième pied qui comportent un nom et un adjectif, la configuration A1/B2 est attestée six fois dans les 17 vers de ce type présents dans notre corpus (soit 35,24 %).

Il n'y a qu'un groupe (5.3) de forme A3/B2 : il est employé pour lier nom et adjectif, suivi d'un καί en position 12 (ou d'un mot à initiale brève lui-même suivi de καί). Il pourrait, comme le groupe précédent, être suivi d'un τ' élidé lui-même suivi d'un mot à initiale vocalique, mais notre corpus n'offre pas d'exemple de cet emploi.

Les groupes de type B3 impliquent que le vers contient des mots lourds, selon la dénomination de Fränkel, qui déplacent la césure dans le cinquième pied. La configuration est rare : elle ne concerne que 15 des 95 vers constituant notre corpus (soit 15,79 %). La configuration A3/B3 n'est jamais attestée dans le corpus étudié. L'emploi d'un mot lourd précédé de (τε) καί (A2/B3) est réservé aux vers comportant trois noms, quoique le dernier d'entre eux puisse être accompagné d'un adjectif (qui généralement le précède, en position 15-18). Le vers a alors le plus souvent la forme suivante : un premier nom de structure –uu– suivi de τε καί, le mot lourd de forme V–uu– suivi de καί, et un mot de forme –uu–x qui clôt l'hexamètre[36]. La fin du vers peut prendre la forme alternative d'un nom suivi de τε après le mot lourd, comme c'est le cas en χ.242. Le cas général de formation des vers comprenant trois noms a également servi à former quelques vers comprenant trois noms et un adjectif qualifiant le dernier nom, lorsque ce dernier n'occupe pas tout

---

36   Cette configuration se retrouve dans la quasi totalité des vers comportant trois noms : Σ.41, Σ.44, Σ.46, He.*Th.*249, *Th.*257, *Th.*258. Il n'y a que deux exceptions, B.495 (qui comporte une coupe masculine après un τε allongé par position), et χ.242 que je traite ci-après.

l'espace du vers restant après la césure hephthémimère[37] : le groupe nom-adjectif est lié au mot précédent par l'intermédiaire d'un τε qui tombe en position 19, avant un nom à initiale consonantique (qui peut prendre la forme d'un τ' devant un mot à initiale vocalique commençant en 19, comme en *Th.*909).

Le groupe A1/B3, finalement, a été employé pour lier deux noms[38] ou un nom et un adjectif[39]. C'est la seule configuration présentant une césure hephthémimère dont il est attesté dans notre corpus qu'elle ait servi à lier un nom et un adjectif. Dans ce cas, le groupe peut prendre la forme soit (1.6) –uu-τε|CC– –uu– (il est alors suivi d'un nom ou d'un adjectif coordonné au mot lourd au moyen d'un τε (ou τ') placé en position 19) ; soit (2.6) –uu– -τε|Cu–uu– (il est alors suivi d'un καί lui-même suivi d'un nom, dans la seule occurrence dont nous disposons). Dans la seule occurrence où un groupe A1/B3 sert à lier deux noms entre eux (en *Th.*353), le vers lie trois noms et un adjectif (chacun des noms est suivi d'un τε en positions 7, 15 et 19).

Il ressort de cette étude que le poète tend à employer dans le premier hémistiche les tournures syntaxiques les moins contraignantes, qui laissent le plus de possibilités ouvertes dans la construction du vers : les configurations où un τε succède au second terme (A1/B1 ou A1/B2) sont de loin les plus fréquentes. Les autres configurations sont employées dans certains cas spécifiques : par exemple, un groupe de forme A2/B3 tend à être employé pour coordonner trois noms en un seul vers (ou trois noms dont le dernier est bref et se trouve pourvu d'un adjectif). Deux phénomènes entrent alors en jeu conjointement : (1) le groupe A2/B3 est réservé à cet usage de coordination de trois noms (avec un adjectif au dernier, le cas échéant, si le troisième nom n'est pas assez long) ; (2) cette coordination de trois noms (sans adjectif) est pratiquement réservée à ce groupe. Il n'y a en effet qu'un seul cas où un vers comportant trois noms est construit au moyen d'une configuration de ce type (en B.495, construit sur le schéma (6.1) qui ne trouve pas d'autre attestation). Ces deux propriétés sont d'autant plus manifestes qu'ils se vérifient à la fois dans les vers catalogiques nominaux de l'*Iliade*, de l'*Odyssée*, et de la *Théogonie*.

---

37   C'est ainsi le cas en He.*Th.*342, *Th.*345, *Th.*909.
38   La seule occurrence de notre corpus se trouve en He.*Th.*353.
39   En He.*Th.*17, *Th.*136, *Th.*256.

*La construction de l'hexamètre après la césure*

La fonction de charnière de la césure est en pratique identique si la césure est masculine ou féminine : dans les deux cas, le mot qui suit immédiatement la césure peut se terminer à la même position. Ainsi, Σ.45 et *Th*.350 présentent deux césures distinctes impliquant un καί, mais le terme qui les suit s'achève en position 18 : on a respectivement après la césure les séquences καὶ-‒ ‒ ‒|uu‒ ‒‖ (11-18 puis 19-24) et καὶ- ‒uu‒|uu‒ ‒‖ (12-18 et 19-24). Cela ne contredit pas le fait que la césure féminine suivant un τε placé en position 11 soit plus souple qu'un autre type de césure.

Le second hémistiche offre une variété de possibilités de composition plus vaste (lorsque la césure est masculine ou féminine) que le premier hémistiche : après une césure masculine, il y a 12 configurations distinctes attestées, 21 après une césure féminine, et seulement 4 après une césure hephtémimère. Ce total de 37 représente presque le double du nombre de configurations attestées avant la césure. Vu la quantité concernée, il n'est pas possible de proposer une étude aussi détaillée que pour le premier hémistiche. Je formulerai seulement les remarques suivantes.

a. Le second hémistiche est le lieu où sont placés de façon privilégiée les mots de forme métrique contraignante, qu'il était peu commode de faire apparaître avant la césure du troisième pied : c'est en particulier le cas des mots de forme u‒ ‒, uu‒uu, uu‒uu‒ et u‒ ‒ ‒ u.

b. Comme dans le premier hémistiche, un jeu sur les coordi-nations peut influer sur la forme des mots sans changer la syntaxe ; ce phénomène est encore plus manifeste dans le second hémistiche, qui admet des coordonnants dissylla-biques tels que ἰδέ ou ἠδέ. Il existe donc plusieurs variations d'un même type de second hémistiche selon la nature du coordonnant et la place de la césure, comme le montre cette série de vers :

| |i-|δὲ-C|Cuu| |‒| |uu| |‒| |‒‖|(*Th*.18 ; début en 12)|
|---|---|---|---|---|---|---|---|---|---|---|---|---|
| |καὶ-|V‒|uu| |‒| |uu| |‒| |‒‖|(*Th*.227 ; début en 12)|
| |καὶ-Vu|‒|‒| |‒| |uu| |‒| |‒‖|(*Th*.976 ; début en 11)|
| |uu|‒|u-τε|C‒| |uu| |‒| |‒‖|(B.640 ; début en 11)|

Ces exemples montrent que l'aède travaille à partir d'une même structure métrique, qui se trouve adaptée dans la zone suivant la césure selon des paramètres qui tiennent à la position de la césure après le premier hémistiche, à la grammaire du vers (selon que le second hémistiche lie deux noms, un nom et un adjectif, etc.), et à la forme métrique des mots impliqués (en ce qu'elle peut nécessiter de recourir à une coordination plus brève ou plus longue).

L'hexamètre nominal catalogique de la tradition épique archaïque est donc constitué de deux hémistiches caractérisés par une relative fermeture, et par une césure qui rouvre un nouvel ensemble de possibilités dans le second hémistiche. Le poète tend à employer un petit nombre d'agencements polyvalents dans le premier hémistiche, alors que le second se caractérise par une diversité de constructions beaucoup plus grande, qui permet en particulier d'intégrer des termes de structure rare ou inhabituelle.

L'USAGE EMPÉDOCLÉEN DU VERS CATALOGIQUE NOMINAL

Les statistiques montrent que la pratique empédocléenne se distingue de la pratique ancienne sur plusieurs points.

1. Les formes les plus employées pour le premier hémistiche dans le reste du corpus ne sont pas les plus fréquentes chez Empédocle : le type (1.1), qui est le plus représenté dans le reste du corpus (18,95 % des vers), n'est attesté qu'une fois chez lui. Il en va de même pour le type (2.7), qui caractérise 10,53 % des vers du reste du corpus mais qui n'est jamais employé par Empédocle. Les autres formes les plus fréquentes dans le reste du corpus sont pourtant en général représentées au moins une fois chez Empédocle.

2. Empédocle emploie au contraire certaines configurations qui sont le moins représentées dans le reste du corpus : c'est le cas des types (1.5) et (2.2).

3. Empédocle présente plusieurs configurations qui n'étaient pas attestées dans le corpus : les types 2.E1, 3.E, E8.1 et E8.2. Les deux premières configurations ont un début commun avec les débuts de vers de type 2 et 3, et s'en distinguent seulement par la suite. Les deux dernières présentent un début de vers

inédit : le vers commence alors par un mot monosyllabique long (qui n'est, bien sûr, ni καί ni un autre coordonnant).

4. Le corpus étudié pour Empédocle ne comporte aucun vers pourvu d'une coupe hephthémimère. Ce type de vers est employé par Empédocle par ailleurs : nous en avons un exemple dans un vers catalogique qui ne comporte qu'un nom, en 21.12 ≈ 23.8 (καί τε θεοὶ δολιχαίωνες, τιμῇσι φέριστοι ; 23.8 est identique à ceci près que les termes apparaissent à l'accusatif).

En dépit de ces spécificités, la construction du vers catalogique d'Empédocle peut reconduire les caractéristiques traditionnelles. Nombre de vers, en effet, présentent un premier hémistiche construit de façon traditionnelle, mais introduisent des originalités dans le second (comme en 21.11, 23.7, 40, 121.3), ou le contraire (122.2) : le premier hémistiche de 21.11 et 23.7 relève du type (1.2), celui de 40 relève du type (1.4), et celui de 121.3 du type (2.1). Le second hémistiche de 122.2, quant à lui, est semblable à ceux de B.497, B.537, Σ.48, Th.255, Hh.De.423, etc. Certains vers sont, au demeurant, construits de façon complètement traditionnelle, tels que 98.2 (type (2.2) ; pour le second hémistiche, cf. Th.227), 122.3 (type (2.2) ; pour le second hémistiche, cf. Th.248, Th.351, Th.352), 122.4 (type (2.4) ; pour le second hémistiche, cf. B.497, B.537, Σ.48, Hh.De.423), 123.1 (type (1.1) ; pour le second hémistiche, cf. Σ.42, Hh.De.418, etc.). Les vers peuvent présenter des associations d'hémistiches qui n'étaient pas attestées dans notre corpus même si chacun d'eux était employé séparément (par exemple, 122.3).

Intéressons-nous aux vers et aux hémistiches dont la formation n'a pas d'équivalent dans le corpus : les vers 6.2, 17.18, 20.7, 22.2 ; le premier hémistiche de 122.2 ; le second hémistiche de 21.11, de 23.7, de 40 et de 121.3.

Le vers 6.2 présente une conjonction de particularités : il commence par un monosyllabe long (qui n'est pas un simple coordonnant), sur lequel porte un adjectif dissyllabique (position 4-6), lui-même suivi d'un nom dissyllabique suivi de τε ; après la césure féminine, le vers comporte un adjectif qualifiant le nom précédent, de forme Cu–uu (en position 12-16), et un dernier substantif de forme uu– — coordonné à ce qui précède par ἠδέ élidé (position 18). Le monosyllabe initial (Ζεύς) n'a pas d'équivalent en dehors d'Empédocle, dans un vers duquel une configuration semblable se rencontre en 17.18 (pour πῦρ). Un dissyllabe en position 4-6 (ici, l'adjectif ἀργής) apparaît avant Empédocle pour des substantifs précédés de καί (en *Th*.247, *Th*.260) : mais ici, il s'agit d'un adjectif. La syntaxe n'a donc pas d'équivalent antérieur, quoiqu'un nom dissyllabique puisse, certes, se rencontrer en cette position. Qu'un dissyllabe occupe la position 8-10, avant un τε, est en revanche un tour bien attesté, en particulier dans les types (1.1), (1.3), (2.2), (2.3) et (5.1). La structure du premier hémistiche de ce vers 6.2 est donc partiellement originale.

Il en va de même pour le second hémistiche : quoiqu'un terme de forme Cu–uu soit souvent placé après la césure (*Th*.78, etc.), il s'agit rarement d'un adjectif qui se trouve qualifier le nom précédant la césure, comme c'est le cas ici (Ἥρη φερέσβιος). Lorsqu'un adjectif placé après la césure porte sur un nom qui se trouve avant elle, on ne trouve que des attestations d'un adjectif dissyllabique de type Cu–, auquel succède un autre groupe nom-adjectif, dans des séquences du type (à partir de la position 12) : Cu–| suivi soit de καί + nom et adjectif, soit de nom-τε-adjectif.

Le même type de remarque vaut pour l'emploi de ἠδέ (élidé) en position 18 : qu'un mot de forme uu–– termine le vers n'est pas rare (*cf.* Σ.48), mais nous sommes face à la seule occurrence où ce mot est relié au reste du vers par un ἠδ' élidé placé en position 18. Empédocle use par ailleurs, dans un autre vers catalogique, du même coordonnant sans élision, dans la même position 18 (en 22.2).

Au contraire du premier hémistiche de 6.2, où la place des mots était l'objet d'un travail particulier qui conférait une dimension d'originalité à la diction du vers, l'originalité du second hémistiche de ce vers tient donc à l'organisation des termes, et non au choix de leur forme métrique. Or, ce vers 6.2 se trouve précisément présenter les noms de trois des quatre racines, sur le fondement d'une réfection de divinités traditionnelles (Zeus, Héra, Hadès) placées dans un contexte original (en compagnie de Nestis, tout en étant pourvues d'épithètes inhabituelles). Empédocle choisit, dans chacun des deux hémistiches – dont on sait qu'ils sont autonomes – d'exprimer le nom des divinités au sein d'un vers dont la construction est doublement originale, par la syntaxe du second hémistiche et par le choix de la forme métrique des mots du premier. Ce choix vise à créer un vers catalogique dont l'organisation même sonnait de façon différente des vers catalogiques tels qu'on les trouve dans la poésie hexamétrique archaïque, soulignant l'originalité du propos.

Le vers 17.18 présente lui aussi un point doctrinal important de la pensée de l'Agrigentin – la mention des quatre racines qui constituent toute chose, et dont on sait que le rapport aux quatre divinités du fragment 6 a été discuté depuis les sources anciennes[40]. Or, ce vers 17.18 présente lui aussi des particularités manifestes : il commence par un monosyllabe long (sans qu'il s'agisse d'un coordonnant), puis est construit en une succession de substantifs (dont le dernier est pourvu d'un adjectif) coordonnés par καί, dont l'anaphore attire l'attention sur la construction du vers. Il n'y a de fait pas de parallèle, dans notre corpus, d'un mot de forme u– qui serait placé en position 4-6 après un καί ; le troisième substantif (καὶ γαῖα, dont le καί est long en position 8) n'a pas non plus d'équivalent en cette position. Dans ce dernier cas, le poète a pu s'inspirer de vers tels que *Th*.343, qui présente un καί bref devant Vu– dans la même position. Le second hémistiche, lui aussi, est marqué par une forme d'originalité issue d'une variation sur une configuration existante : on trouve en effet des seconds hémistiches présentant la séquence καὶ–uu|–uu– –‖ (*cf. Th.* 140, *Th*.227, etc.), mais nous ne connaissons pas, parmi eux, d'exemple où il y ait une séparation des deux dernières syllabes (les positions 22-24) du reste du second hémistiche. Il y a donc adaptation par Empédocle d'un second hémistiche qui fait partie du stock d'hémistiches traditionnellement utilisés pour la composition des catalogues.

Le vers 20.7 présente un autre exemple de cette technique d'adaptation d'une forme connue en un énoncé original. Son premier hémistiche, –u-τ'|u–uu–u| (type (3.E)) n'a pas d'équivalent exact dans le corpus étudié. Empédocle a adapté un hémistiche de structure rare pour accroître son originalité de la forme employée : le premier hémistiche de Σ.48 présente une forme métriquement équivalente et rare, –u|καὶ-C–uu–u| (type (3.1)).

Le même processus d'adaptation est à l'œuvre dans le second hémistiche : nous connaissons en effet des vers où ἰδέ se trouve placé juste après la césure, sa seconde syllabe allongée par position (*cf.* B.697, *Th*.18), ainsi que des vers présentant la séquence uu–uu|– –‖ impliquant respectivement, comme dans notre fragment, un adjectif et nom. Empédocle

---

40   *Cf.* Journée 2012.

mêle ces deux caractéristiques pour former un hémistiche dont la forme n'a pas d'équivalent dans le corpus que nous connaissons.

Le vers 22.2 fournit d'autres exemples de ces adaptations : le premier hémistiche est formé au moyen d'une évolution de la configuration (2.). En effet, lorsque le premier mot du vers est de forme –uu– -τε, ce τε est normalement bref dans les occurrences du corpus étudié. Pourtant, Empédocle place après lui un monosyllabe commençant par un double son consonantique, ce qui a pour effet d'allonger τε par position : la facture du vers, après réfection, permet d'inclure un nom de trois syllabes et un monosyllabe avant la césure. Nous n'avons aucun équivalent antérieur de cette configuration. Il en va de même pour le second hémistiche : le groupe καὶ–uu| est fréquent après la césure (cf. Th.140, Th.227, Th.360…), de même que le groupe u– –‖ en fin de vers, quoiqu'après τε (cf. Th.17, Th.19, Th.343, etc.). L'originalité tient à ce que ces deux parties de second hémistiche qui se trouvent normalement dans des vers distincts soient réunis, au moyen de la conjonction ἠδέ, qui occupe un nombre de syllabes suffisant pour que le vers soit métriquement complet. Or, cet emploi de ἠδέ en position 18 n'a aucun parallèle dans les vers catalogiques anciens que nous avons étudiés. La forme originale émerge au moyen de nouvelles combinaisons de configurations anciennes.

Le premier hémistiche de 122.2, lui, est fondé sur le remploi d'une configuration rare, de type (1.5), dont il n'existe qu'une seule autre occurrence dans le corpus étudié (en Th.14) : il est remarquable qu'elle apparaisse dans le corpus empédocléen malgré le faible nombre de vers qui le constituent.

Le second hémistiche de 21.11 et 23.7 est lui aussi objet d'une adaptation de vers existant par fusion de configurations attestées par ailleurs. Si la forme qu'il revêt, (à partir de 12) καὶ–uu–uu|– –‖ n'est pas attestée par ailleurs, et qu'aucun autre hexamètre étudié ne présente de mot de structure –uu–uu en cette position métrique (14-20), le vers se trouve pourtant à l'intersection de différents parallèles. En effet, B.582 (à partir de 11 : τε|Cu– – –u-τε|– –‖) se termine par un dissyllabe, et un seul mot se trouve entre la césure féminine et ce dissyllabe. Notre vers d'Empédocle présente la même structure de surface : la voyelle brève en 12 de B.582 a été remplacée par un καί, ce qui a permis la disparition du τε en position 20, laissant une syllabe brève supplémentaire au mot qui se termine en position 20. Un vers tel que B.606 fournit un autre modèle proche, (à partir de 12) καὶ –uu–u|u– –‖ : la seule différence avec notre vers est que, cette fois, la fin de mot tombe entre 19 et 20 et non pas après 20. Le second hémistiche de 21.11 et de 23.7 est formé par analogie avec ces deux type de vers.

Le second hémistiche du fragment 40 présente un cas d'adaptation encore plus exemplaire : l'hémistiche a la forme (à partir de 12) de ἠδ'-V– – –u|u– –‖. Malgré la fréquence des mots de structure – – – u en position 14-19 et de structure u– – en position 20-24, le poète introduit un élément extrêmement original : la présence de ἠδέ élidé après la césure masculine, qui est sans parallèle dans le corpus. Or, Empédocle aurait pu choisir d'employer τε καί à cet endroit, en position 11-12, comme c'est la norme dans le corpus : un τε en 11 n'aurait rien changé à la forme métrique du vers, dans la mesure où (1) la dernière syllabe du mot précédent (–uu–C|) était déjà fermée par une consonne ; et où (2) un καί en position 12 se serait abrégé devant l'initiale vocalique du mot qui le suit, devant laquelle s'élide déjà le ε final de ἠδέ. La métrique permettait donc une expression régulièrement attestée, mais la configuration rare et originale a été retenue.

Le second hémistiche de 121.3 est également composite. Quoique le groupe « καὶ –uu » placé en 12 présente des parallèles (cf. B.520, Hh.De.424), il n'est jamais suivi d'un groupe de mots présentant la forme –u-τε| – –‖. Nous avons vu qu'une clausule en – – était relativement rare dans les vers catalogiques, mais qu'Empédocle semblait l'affectionner particulièrement. Le groupe –u-τε (ἔργα τε) n'a, lui, pas de parallèle direct en position 18-20, mais il est peut-être inspiré d'une version abrégée de fins de vers catalogiques tels que B.502 et B.582 : Cu– – –u-τε| – –‖. La nouveauté de la forme souligne encore l'originalité du propos : l'expression ἔργα τε ῥευστά témoigne d'une réfection, tant du point de vue du sens que du point de vue de son inscription dans un vers hexamétrique catalogique.

CONCLUSION : UNE RÉFECTION PARTIELLE
MAIS AUDACIEUSE DES NORMES
DE COMPOSITION DES CATALOGUES

La pratique empédocléenne du vers catalogique est partiellement dépendante de la tradition hexamétrique : il y a une communauté de configurations employées, et la césure reste une charnière entre deux hémistiches autonomes.

La pratique empédocléenne n'est pourtant pas sans présenter des différences majeures : les configurations fréquentes dans la tradition ne sont pas toujours celles les plus représentées chez Empédocle – il en ignore d'ailleurs complètement certaines, dont toutes celles amenant une césure hephthémimère. L'Agrigentin innove souvent dans l'organisation de la matière catalogique dans le vers. Cette originalité dans la composition se produit soit (1) par création d'une forme nouvelle (comme commencer le vers catalogique par un monosyllabe long) ; soit (2) par déplacement d'un contexte ancien en un contexte différent (un τε remplace un καί, comme dans le premier hémistiche de Σ.48 comparé à 20.7), ce qui a des effets sur le type de mot qui peut entrer dans l'hexamètre ainsi modifié) ; soit (3) par fusion de différentes parties d'hémistiches attestées séparément. Ces particularités formelles sont en rapport avec l'originalité ou l'importance doctrinale du propos : la variation dans la forme attire l'attention sur une étape décisive de l'énoncé de la doctrine ou de la construction de l'argumentation.

Ces variations formelles de la structure de l'hexamètre sont d'autant plus remarquables que la composition de vers catalogiques nominaux archaïques était marquée par une forme de rigidité du premier hémistiche, où l'on trouvait un petit nombre de formes pouvant être employées dans des configurations variées. Les poètes ne tendaient à employer une forme contraignante que lorsqu'aucune forme souple ne pouvait s'y substituer, et la forme contraignante en question était alors pratiquement réservée à cet usage. Les variations introduites par Empédocle dans le premier hémistiche de vers catalogiques nominaux devaient sonner de façon particulièrement audacieuse aux oreilles d'un auditoire habitué à entendre des premiers hémistiches de vers catalogiques composés de façon traditionnelle.

## LE CATALOGUE DU FRAGMENT 121

### SOURCES DU FRAGMENT 121

*Présentation des sources*

Le fragment 121 nous est connu par des sources néoplatoniciennes et chrétiennes[41]. Nous ne possédons pas de citation continue du passage, reconstitué à partir de citations distinctes : le fragment tel que nous le lisons est un mixte provenant de deux traditions de citations. La première est de type héraclitéenne au sens où elle use du fragment pour montrer le changement perpétuel du monde ; la seconde est d'inspiration néoplatonicienne, et lie le fragment à la transmigration des âmes.

La première citation qui nous est parvenue est celle de Théon de Smyrne (I$^{er}$-II$^{e}$ siècles), dans un contexte où le vers 121.2 est convoqué pour caractériser le monde sublunaire[42]. Cet emploi du fragment pour le monde où nous vivons est suivi, en vue d'objectifs distincts par Eusèbe (vers 121.2), Proclus dans son *Commentaire au Cratyle* (121.2-3, qui ne cite pas le nom d'Empédocle) et Jean de Lydie[43] (121.2). Le fragment est paraphrasé en ce sens par Thémistius[44].

Cette première série de citations se répartit en deux catégories. (A) Le vers 121.2 est employé par Théon de Smyrne et Jean de Lydie pour montrer que le changement caractérise le monde sublunaire, sans qu'il s'agisse nécessairement d'un changement vers le pire. (B) Le vers 121.2 est cité par Eusèbe pour montrer que notre monde est empli de maux. Ces emplois (A) et (B) sont conjoints dans la citation du *Commentaire au Cratyle* de Proclus, qui cite les vers 121.2-3.

Une autre série de témoins emploient le fragment dans le contexte de la réincarnation. Le vers 4 est alors toujours cité. Les vers 121.1-2 et

---

41   Le fragment et ses sources sont présentés en Annexe 1, p. 799 *sqq.*
42   Théon de Smyrne, *De utilitate mathematicae*, p. 149.6 *sqq.* (= *De astronomia* p. 22.6 *sqq.*).
43   Eusèbe, *PE*. VIII.14.23 ; Proclus, *In Crat.*, 174.41-2 ; Jean de Lydie, *De mensibus*, p. 159.51. Son traité date du VI$^{e}$ siècle.
44   Thémistius *Orat.*XIII, 178a4-9, présente la terre comme la prairie d'Ἄτης : δι' ὑμᾶς τοι, ὦ μακάριοι, οἱ θεοὶ τὴν γῆν οὔπω ἀπολελοίπασι, καὶ ὑμεῖς ἐστὲ οἱ μέχρι τέως ἀπομαχόμενοι μὴ παντάπασι τὴν θνητὴν φύσιν τῆς ἀθανάτου ἀπορραγῆναι, μηδὲ Ἐμπεδοκλεῖ συγχωροῦντες ἀληθῆ λέγειν δυσφημοῦντι τὸν ἔγγειον τόπον καὶ Ἄτης λειμῶνα ἐπονομάζοντι.

4 sont cités de façon discontinue par Hiéroclès dans le contexte d'une réflexion sur la transmigration des âmes des démons chez Empédocle ; les vers 121.2 et 4, par Synésius à l'appui de l'idée que les âmes qui sont de nature obscure retournent vers la source ténébreuse d'où elles viennent et par Proclus dans son *Commentaire à la République*, dans l'idée qu'il s'agit du lieu où se produit le jugement des âmes[45]. Le vers 121.3 est également intégré à un fragment des *Oracles Chaldaïques*, recueil constitué vers 170 de notre ère[46]. Ce fragment fait l'objet d'une paraphrase par Proclus, dans le *Commentaire au Timée*, juste après une glose du vers 121.4 d'Empédocle[47].

Une citation du vers 121.4 par l'Empereur Julien a un statut particulier entre ces deux traditions, que nous étudierons[48].

*Le fragment 121 comme description du monde des hommes :*
*le contexte de type héraclitéen*

Lorsque le fragment 121 est employé pour décrire le monde sublunaire dans lequel nous vivons, il peut être convoqué pour prouver la réalité du changement dans le monde sublunaire, ou signaler que le monde est empli de maux.

Le vers 2 du fragment 121 est cité seul, comme exemple du fait que le monde sublunaire est soumis aux différents types de changement définis par Aristote. L'emploi le plus ancien que nous connaissons de 121.2 en ce sens se trouve chez Théon de Smyrne, qui cite comme le fera Proclus le premier vers sous la forme Κότος τε Φόνος, alors que tout le reste de la tradition présente l'ordre inverse[49]. Le fragment est employé en vue du même objectif chez Jean de Lydie dans le contexte d'une interprétation allégorique de la figure de Cronos, cause du changement dans le monde sublunaire[50]

Proclus, dans le *Commentaire au Cratyle*, emploie le fragment 121 pour montrer que le monde sublunaire se caractérise par les changements

---

45 Synésius *De prou*. I.1.17 ; Proclus, *In Remp.*, II.157.24.
46 *Cf.* Des Places 1971. Il s'agit du vers 3 du fragment 134 : Μηδ' ἐπὶ μισοφαῆ κόσμον σπεύδειν λάβρον ὕλης, / ἔνθα φόνος στάσιές τε καὶ ἀργαλέων φύσις ἀτμῶν / αὐχμηραί τε νόσοι καὶ σήψιες ἔργα τε ρευστά. / ταῦτα χρεὼ φεύγειν τὸν ἐρᾶν μέλλοντα πατρὸς νοῦ.
47 Proclus, *In Tim.*, III.325.30.
48 Julien, *Contre Heracleios*, 226B.
49 Théon de Smyrne, *De utilitate mathematicae*, p. 149.6 *sqq.* (= *De astronomia* p. 22.6 *sqq.*)
50 Jean de Lydie, *De mensibus*, p. 159.51.

occasionnés par la maladie. Proclus explique ainsi le fait que, dans l'énumération des puissances d'Apollon, Socrate mentionne d'abord son rôle médical[51] : selon Proclus, l'activité médicale du dieu prévaut dans le monde sublunaire où nous vivons en proie aux maladies[52]. Ce passage de Proclus réalise une synthèse entre les deux lignes d'interprétation du fragment 121 pour désigner le monde sublunaire : le néoplatonicien, dans le contexte de son argumentation, a besoin à la fois du changement et de la maladie pour souligner le rôle guérisseur d'Apollon. Ce passage présente plusieurs traits spécifiques : il s'agit de la seule citation du vers 121.3, sans attribution à Empédocle, et le texte du premier vers comporte une interversion de l'ordre des puissances, comme chez Théon.

Le fragment 121 est employé par Eusèbe pour montrer que le monde sublunaire est empli de maux, dans un passage qui vise à établir que nous sommes tous affectés par notre environnement[53]. Ainsi, même le sage est mouillé s'il pleut et a froid s'il neige. Ce propos est ensuite transposé dans le domaine moral : l'action de l'homme est déterminée par les maux qui parcourent la terre. Ce type de contexte est dépendant du contexte de type héraclitéen, quoique de façon plus lointaine.

*Le fragment 121 dans le contexte de la transmigration*

La seconde série de citations emploie le fragment dans un contexte de transmigration des âmes.

– Le témoignage de Hiéroclès et le voyage des démons

Le fragment 121 (vers 1, 2 et 4) est cité par Hiéroclès dans son *Commentaire au Carmen aureum*[54], dans un passage qui évoque la possibilité qu'ont les âmes de retrouver une région bienheureuse en quittant la terre. Hiéroclès cite le fragment sous une forme développée que nous lui connaissons, tout en commentant le texte du *Carmen aureum* du point de vue de la doctrine des *Catharmes*. Le fragment n'est ainsi pas simplement amené comme un *locus similis* cité en tant qu'argument d'autorité afin d'illustrer la thèse qui est celle de Hiéroclès.

---

51    Pl. *Cra.* 405a.
52    Proclus, *In Crat.*, 174.32-174.46.
53    Eusèbe, *PE.* VIII.14.23.
54    Hiéroclès, *Commentaire au Carmen aureum*, 24.2.1-24.3.5.

L'idée du passage est que l'âme humaine oscille entre deux mondes : le nôtre, où l'âme connaît les troubles du domaine sensible et où elle est susceptible de tomber dans le mal, et le monde, disons, intelligible, où elle connaît une vie heureuse et bonne. Une série de citations de philosophes préplatoniciens est avancée pour appuyer cette idée : d'abord, un fragment d'Héraclite sous une forme paraphrasée[55], puis deux citations d'Empédocle. Pour Hiéroclès, le sujet de ἡλάσκουσιν (121.4) n'est pas les puissances énumérées en 121.2, mais les démons (οἱ ἐμπεσόντες). Hiéroclès décrit un double mouvement : le bannissement de l'âme en dehors du monde divin (décrit par référence au fragment 115.13-14) et sa réintégration lorsqu'elle parvient à quitter le monde des hommes, présenté à la fois comme sensible et rempli de maux. Ce passage interprète clairement le lieu décrit dans le fragment 121 comme la région terrestre (ἐς γῆνον) où nous vivons, où l'âme s'incarne si elle n'arrive pas à rejoindre la région divine.

– Le lieu du jugement des âmes
   dans le *Commentaire à la République* de Proclus

Une seconde série d'emplois du fragment consiste à y lire une référence à la prairie où les âmes des morts attendent leur jugement. Le fragment est cité en ce sens dans un autre passage de Proclus, dans le *Commentaire à la République*[56]. Proclus comprend ici que le terme λειμῶνα, employé par Platon dans le passage qu'il commente, désigne le lieu du jugement des âmes, intermédiaire entre la terre et le ciel, expliquant la qualification de ce lieu comme prairie par le fait qu'elle se trouve rattachée à l'humide en tant que source des fluides.

Le texte présente l'inversion de Κότος et Φόνος qui caractérisait les citations de Théon et l'autre citation de Proclus. Ce dernier cite le passage d'Empédocle à l'appui de sa reconstruction du propos platonicien : que la prairie soit pleine de maux signifie qu'elle est remplie des criminels en attente du jugement, en dépit du fait qu'elle est un lieu neutre. Le geste de Proclus consiste à employer le fragment d'Empédocle pour

---

55  Héraclite, fr. B 62 D.-K. (ἀθάνατοι θνητοί, θνητοὶ ἀθάνατοι, ζῶντες τὸν ἐκείνων θάνατον, τὸν δὲ ἐκείνων βίον τεθνεῶτες) est paraphrasé ainsi : ὅτι ζῶμεν τὸν ἐκείνων θάνατον, τεθνήκαμεν δὲ τὸν ἐκείνων βίον « que nous vivons la mort des uns, et que nous mourons la vie des autres. »

56  Proclus, *In Remp.*, II.157.15-158.15, qui commente les pages 614d 3-e 3 de la *République* de Platon.

tenter de donner une consistance au lieu platonicien du jugement des âmes. On comprend que le néoplatonicien ait choisi le fragment 121 : le thème de la prairie, décrite au moyen du même mot que dans le texte de Platon, ainsi que la mention du meurtre, y invitaient. Il est difficile de savoir si Platon a construit sa conception de la prairie, lieu de jugement des âmes, en prenant pour source notre passage d'Empédocle. Ce qui semble certain, c'est que Proclus réinterprète rétrospectivement la prairie empédocléenne à partir de la prairie platonicienne comme un lieu de jugement, commun et intermédiaire, alors que rien, au sein du fragment, ne permet de confirmer cette interprétation.

Cette construction est rendue possible par le fait que le fragment 121 présente le monde des vivants comme s'il s'agissait d'un monde infernal – ou, du moins, d'une façon qui peut faire écho aux descriptions antérieures ou postérieures du monde des morts : Empédocle présente le monde où les démons sont exilés comme l'antithèse de l'état de bénédiction qu'ils connaissaient lorsqu'ils ne faisaient qu'un avec la divinité. Le témoignage de Julien jouait précisément sur cette ambivalence du traitement du monde humain décrit comme s'il s'agissait des enfers.

Le passage de Proclus n'est ainsi pas irréconciliable avec le fait que la prairie est en dernière analyse un lieu terrestre. En, effet, (1) Proclus présente le lieu comme le principe de l'humide ; la prairie est donc à l'origine d'un certain état des objets du monde sublunaire. (2) Les prairies sont remplies des crimes perpétrés par les criminels durant leur vie : leur présence dans cette prairie revient donc à ce que les divinités néfastes qu'ils impliquent se trouvent bien dans le monde.

Il est en tout cas impossible de déduire du témoignage de Proclus que la prairie d'Empédocle est une description du monde souterrain : le néoplatonicien affirme explicitement que ce lieu est transitoire, puisque les âmes y sont seulement jugées, et topologiquement intermédiaire entre le ciel et la terre.

– Synésius et les deux sources des âmes humaines

La dernière utilisation du fragment 121, qui n'est pas la plus aisée à expliquer, se trouve chez Synésius, qui expose une théorie portant sur la double origine des âmes incarnées dans notre monde[57]. Les unes

---

57 Synésius, *De prou.* I.1.

proviennent d'une source lumineuse, les autres d'une source qui n'a pas de forme ou qui est ténébreuse (ἀειδής). Un décret de Θέμις régit les voyages des âmes de chacune de ces deux sources vers le monde des hommes : les âmes ayant mené une vie vertueuse peuvent retourner vers la source lumineuse d'où elles proviennent, alors que les autres doivent regagner les zones ténébreuses.

Le passage oppose deux sources, bonne et mauvaise, des âmes humaines : ce sont les deux lieux d'origine des âmes, qui les regagnent à la mort. Le texte ne dit pas ce qu'il advient des âmes provenant de la source lumineuse qui n'ont pas vécu une vie suffisamment vertueuse : elles doivent sans doute se réincarner. L'auteur convoque le fragment 121 en tant que description des régions souterraines d'où proviennent les âmes maléfiques : il ne s'agit pas à proprement parler du monde des morts, car la théorie de Synésius exclut clairement celui-ci au profit du schème de la réincarnation. La proximité entre la description proposée par le fragment 121 et le refuge des âmes maléfiques évoqué par Synésius explique l'emploi du passage : le fragment 121 présentait une région que Synésius pouvait assimiler facilement au monde souterrain d'où proviennent ces âmes ténébreuses.

*Le fragment 121 cité par Julien :*
*un jeu sur la caractérisation du monde humain*

Le vers 121.4 est cité par Julien dans un contexte qui entretient un rapport avec les deux traditions de citation. Dans le *Contre Héracleios*, le vers 121.4 apparaît sous la forme Ἄτης ἐν λειμῶνι κατὰ σκότον ἠλάσκοντας[58], dans le contexte d'un portrait ironique du philosophe cynique opposé au reste des hommes : une fois qu'il a satisfait les besoins élémentaires du corps, le cynique ne s'intéresse plus qu'à la philosophie et contemple les autres hommes d'en haut, comme depuis l'Olympe. Le fragment 121.4 est cité comme une description du monde où nous vivons, où errent les hommes qui ne sont pas philosophes cyniques. Le passage repose sur une polarisation entre le monde où évolue le cynique (semblable au monde céleste) et celui où évoluent les hommes (décrite comme une prairie emplie de maux pires que ceux décrits par les poètes dans leurs descriptions de l'enfer) : le dispositif textuel vise ainsi à assimiler le

---

58  *Cf.* Julien, *Contre Heracleios*, 226B.

monde où vivent les hommes qui n'ont pas embrassé la philosophie cynique aux enfers décrits par les poètes. Le passage convoque implicitement les deux modèles interprétatifs du fragment : il y a à la fois mention du monde souterrain et assimilation de ce dernier au monde humain. Or, si le fragment décrivait simplement le monde des morts, ce procédé d'assimilation ne fonctionnerait plus : il faut que le monde des vivants puisse être assimilé au monde des morts pour que l'analogie fonctionne. Le rôle de la citation du fragment 121 est précisément de fournir, de façon plaisante, une description du monde des vivants comme s'il était le monde des morts. Julien a bien compris le sens du fragment en ce qu'il était susceptible d'être employé par les deux traditions de citation à la fois.

PROBLÈMES PHILOLOGIQUES ET HERMÉNEUTIQUES
POSÉS PAR LE FRAGMENT 121

Le fragment 121 a posé deux problèmes éditoriaux principaux : le premier concerne la restitution du premier vers, dont on a supposé que sa fin avait pu faire l'objet d'une paraphrase de Hiéroclès ; le second, la succession des vers 121.2-3-4. Le problème herméneutique majeur posé par le fragment est de savoir s'il décrit le monde des vivants ou celui des morts.

*L'organisation du fragment 121*

– Le problème du vers 121.1

Juste avant de citer le vers 121.2, Hiéroclès emploie dans sa paraphrase un groupe de mots, ἀτερπέα χῶρον, qui présente une structure métrique compatible avec le vers épique et un ionisme (l'attique aurait ἀτερπῆ). Sturz considérait que ce groupe ἀτερπέα χῶρον était une citation libre de la fin du vers qui précédait 121.2 (qu'il plaçait après le fragment 123)[59]. Le vers a été directement intégré au fragment 121 par Karsten, suivi par la majeure partie des éditeurs[60].

---

59    Sturz 1805 p. 542.
60    Karsten 1838 p. 85 ; le savant supposait cependant une lacune entre les vers 121.3 et 121.4.
      *Cf.* Bignone 1916 p. 494, D.-K. 1951 p. 360, van der Ben 1975 p. 168-169, Gallavotti 1975 p. 80, Wright 1995 p. 278, Inwood 2001 p. 264, Bollack 2003 p. 74-75, Gemelli

Bergk, remarquant que l'unique vers du fragment 118, cité par Clément[61], se terminait par le groupe ἀσυνήθεα χῶρον dans un contexte où il s'agit d'incarnation, a proposé de faire suivre directement le fragment 118 du second vers du fragment 121[62]. Le texte de Hiéroclès, ἀτερπέα χῶρον, serait une corruption du ἀσυνηθέα χῶρον du fragment 118 :

κλαῦσά τε καὶ κώκυσα, ἰδὼν ἀσυνήθεα χῶρον,     fr. 118
ἔνθα Φόνος τε Κότος τε καὶ ἄλλων ἔθνεα κηρῶν (etc.) fr. 121

Zuntz a fourni l'argumentation la plus développée à l'appui de cette proposition[63] : (A) Hiéroclès citait le fr. 121 dans l'idée que des âmes déchues (et non les Κῆρες) vagabondaient sur les champs d'Ἄτη ; et (B) la citation par Clément du fr. 118 soulignait que le monde sublunaire était soumis au changement. Le savant en déduisait que l'endroit décrit par les fr. 118 et 121.1 était le lieu où le poète était arrivé après son bannissement de la communauté divine.

Cet argument ne fait pas difficulté. Le savant prétend toutefois en déduire que les fins de vers ἀτερπέα χῶρον et ἀσυνήθεα χῶρον sont des variantes existant pour un même passage, s'appuyant sur une prétendue nécessité logique, dont il ne développe malheureusement pas la nature, ainsi que sur l'autorité de ses prédécesseurs[64]. S'il ne fait pas de doute que les deux fragments 118 et 121 décrivent bien le même endroit, cela ne suffit pas à procéder à un geste aussi radical que la fusion de deux fragments. Comme nous le verrons, Empédocle introduit souvent des citations internes à son poème, dont le sens est alors précisément fondé sur une variation partielle, ce qui a pu amener à des confusions entre des fragments semblables mais bien distincts[65].

Même si on acceptait la superposition des fragments 118 et 121, comment justifier la préséance d'une variante sur l'autre ? Le choix est déterminé

---

Marciano 2013 p. 298 et p. 431. Mansfeld & Primavesi 2011 p. 427 préfèrent organiser la présentation du fragment par témoin plutôt que de reconstruire un texte continu.

61 Clément d'Alexandrie (*Str.* III.14.2). Le texte est paraphrasé en SE.*AM*.XI.96.

62 Bergk [1839] 1886 p. 42 n. 22. Il est suivi par Stein 1852 p. 80, Wilamowitz [1929] 1935 p. 487, et Zuntz 1971 p. 199 *sqq.*

63 Zuntz 1971 p. 199-200.

64 Zuntz 1971 p. 200 : « *The conclusion that the verse-endings* ἀτερπέα χῶρον *in Hierokles and* ἀσυνήθεα χῶρον *in Clement are variant forms of one and the same passage is inescapable (it was drawn by Stein and supported by Wilamowitz). They must both be referring to the same scene.* »

65 *Cf. infra* p. 503-505.

par la relation reconstruite avec la Νέκυια de l'*Odyssée*, où le monde des morts est qualifié de ἀτερπέα χῶρον[66]. Le terme ἀσυνήθης n'est, lui, pas attesté avant Empédocle. Zuntz conclut à l'authenticité de ἀσυνήθεα au détriment d'ἀτερπέα[67], reconstruisant une situation où Empédocle prendrait ses distances par rapport au modèle du monde des morts odysséen que Hiéroclès aurait réintroduit par le biais d'ἀτερπέα[68]. L'argument ne tient pas : si Hiéroclès connaissait le texte que Zuntz pense être le texte original, pourquoi aurait-il eu besoin d'aller chercher un autre adjectif chez Homère ? Nous avons montré que l'objectif de Hiéroclès était d'opposer le monde des âmes bienheureuses, réunies à la divinité, au monde humain : le monde des morts est en dehors du tableau qu'il esquisse, et l'introduction de l'adjectif qui renverrait à la Νέκυια ne fonctionne pas dans cette logique.

Il faut donc refuser la fusion des deux fragments et distinguer les adjectifs : le jeu sur la tradition prend les deux formes de la répétition et du déplacement. Superposer l'un des deux passages sur l'autre est réducteur pour le sens et mène à négliger les caractéristiques de la pratique poétique empédocléenne. Les arguments apportés par Zuntz prouvent au mieux la communauté des thèmes des deux passages – par exemple, lorsqu'il rapproche le κώκυσα de 118 du ἀνῴμωξεν de la glose de Proclus[69] – ce qui ne fait de toute façon pas difficulté en soi et que tous les commentateurs ont toujours admis.

– Le vers 121.3 et sa place au sein de la séquence 121.2-4

Les conditions de la transmission du fragment posent deux séries de problèmes pour le vers 121.3. Le premier est l'authenticité du vers : (a) il est transmis uniquement par le *Commentaire au Cratyle* de Proclus dans la continuité du vers 121.2, mais sans attribution à Empédocle ; (b) il est également présent dans les *Oracles Chaldaïques*, dans un contexte thématiquement semblable, quoique les vers 121.2 et 4 n'apparaissent pas ; (c) il pose des difficultés lexicales que nous discuterons plus loin.

---

66   *Cf.* λ.94. L'adjectif est employé ailleurs chez Homère : T.354 (pour la faim), η.279 (ἀτερπέϊ χώρῳ, pour un récif), κ.124 (pour un festin), etc.

67   Zuntz 1971 p. 200 : « *The variant* ἀτερπέα *in Hierokles proclaims its spurious origin, while Clement preserves the expressive original adjective.* »

68   Zuntz 1971 p. 200-201.

69   Zuntz 1971 p. 200 ; il s'agit du passage du *Commentaire à la République* de Proclus qui décrit la prairie comme lieu du jugement des âmes (II.157.24).

Le second problème lié à la continuité des vers 121.2+4 (sans 121.3) ou 121.2-3-4 est la syntaxe. Julien et Hiéroclès semblent comprendre que ce sont les âmes humaines qui sont le sujet de ἡλάσκω (121.4) et non les puissances néfastes énumérées en 121.2 et, le cas échéant, en 121.3[70]. Le problème se pose de façon moins forte pour Synésius, dans la mesure où les âmes en question sont intimement liées aux puissances néfastes.

Cette situation a amené aux solutions suivantes[71]. (1) Juger que 121.3 est inauthentique. On fait alors (1a) suivre directement 121.2 et 121.4, ou l'on insère (1b) une lacune entre 121.2 et 121.4. (2) Considérer que le vers 121.3 est authentique mais n'appartient pas au fragment 121. (3) Inclure le vers 121.3 dans le fragment 121. Le vers est alors parfois considéré comme douteux[72]. De même, on suppose soit (3a) qu'il y avait continuité directe entre 121.2-3-4, soit (3b) qu'il y avait une lacune entre 121.2-3 et 121.4.

Proclus connaissait les *Oracles Chaldaïques*, dont il cite des passages dans son *Commentaire au Timée* juste après une paraphrase du vers 121.4, dans un contexte de réflexion sur les conditions de la réincarnation[73]. Ce n'est pas suffisant pour accepter qu'il aurait inséré le vers 134.3 des Oracles dans une citation du fragment d'Empédocle, dans son *Commentaire au Cratyle*, dans la mesure où Proclus ne fait pas mention du vers 121.3 lorsqu'il cite des fragments des *Oracles Chaldaïques* dans le *Commentaire au Timée*. Au vu de l'état de nos sources, l'authenticité du vers 121.3 est vraisemblable. Nous n'avons pas de raison déterminante de penser qu'il s'agit d'une interpolation de Proclus, ou que celui-ci ne cite pas Empédocle dans son *Commentaire au Cratyle*. Il vaut mieux considérer le texte du fragment 121 comme un texte continu, dont des parties étaient citées par les témoins en fonction de leurs intérêts, et supposer que les Oracles intégraient un vers connu pour être d'Empédocle[74].

---

70  *Cf.* van der Ben 1975 p. 168.
71  Voici la répartition des positions. (1a) : Sturz 1805 p. 542-543. (1b) : Karsten 1838 p. 166-167. (2) : Inwood 2001 p. 264-265. (3) : *cf.* Martin & Primavesi 1999 p. 286. (3a) : Bergk [1839] 1886 p. 42 n. 22 ; D-.K. 1951 p. 360 ; Bignone 1916 p. 494 ; Gallavotti 1975 p. 80 ; Bollack 2003 p. 74-77 ; Gemelli Marciano 2013 p. 298 et 432. (3b) : Karsten 1838 p. 166, qui récuse pourtant l'authenticité de 121.3 en commentaire, attribuant le vers à un imitateur de talent ; Stein 1852 p. 80 ; Wright 1995 p. 279.
72  Bergk [1839] 1886 p. 42 n. 22, Wright 1995 p. 279.
73  Proclus, *In Tim.*, III.325.30.
74  Je suis d'accord sur ce point avec la position de Bollack 2003 p. 77.

Le problème de la construction syntaxique du fragment peut alors être résolu de trois façons. (1) Contre Hiéroclès et Julien, les puissances énumérées en 121.2-3 sont sujet de ἠλάσκουσιν. (2) Faire de ἔνθα (121.2) un relatif dont l'antécédent postposé est λειμών (121.4) ; on sous-entend un <εἰσι> dans la relative, et on fait des hommes le sujet implicite de ἠλάσκουσιν[75]. (3) Considérer que ἠλάσκουσιν n'est pas un indicatif mais un participe imperfectif au datif pluriel, qui dépend d'un terme renvoyant aux hommes (sous-entendu, ou explicite dans le vers suivant) ; on supplée alors un <εἰσι>, verbe principal dont le sujet est les puissances des vers 121.2-3[76].

Remarquons qu'à partir du moment où l'on accepte que le fragment renvoie au monde des hommes, les trois constructions présentent un sens semblable : hommes et principes négatifs se trouvent tous dans le monde.

*Les interprétations du fragment 121 :*
*monde sublunaire ou monde des morts ?*

Dès Sturz, le fragment 121 a été compris comme une description du monde sublunaire et des maux (Κηρῶν) qui le caractérisent[77] : dans l'idée de Sturz, les fragments 120 et 121 en donnent deux descriptions complémentaires, comme un antre sombre (fr. 120) et comme la prairie d'Ἄτη[78]. Contrairement aux poètes qui relèguent les puissances négatives aux enfers, Empédocle leur fait parcourir la terre[79]. Cette interprétation est cohérente, on l'a vu, avec la majeure partie des témoignages anciens citant le fragment 121.

Wilamowitz a pourtant soutenu que le fragment proposait une description du monde des morts[80]. Cette position a été développée de la

---

75   Les deux premières solutions sont formulées par Sturz 1805 p. 542-543. La seconde option mène à une traduction telle que : <*les hommes> errent dans la prairie d'Erreur, là où <se trouvent> Meurtre...*

76   La proposition a été formulée par Gallavotti 1975 p. 284-285. On pourrait la traduire : *Là sont Meurtre, Rancune et les autres tribus de Maux, les Maladies asséchantes et les Putréfactions, ainsi que tout les œuvres qui coulent : ils sont là pour ceux qui vagabondent dans l'obscurité, à travers la prairie de Malheur* (je souligne).

77   Sturz 1805 p. 542-543 ; Karsten 1838 p. 167, ad Ἄτης λειμών; Diels 1901 p. 155 («*orcus Empedocli est terra*»); Wright 1995 p. 278 ; Bollack 2003 p. 77.

78   *Cf.* Sturz 1805, p. 542 *ad loc.*, ainsi que p. 454-455.

79   Karsten 1838 p. 166-167, renvoyant à Macrobe, *Songe de Scipion* I.10.

80   Wilamowitz [1929] 1935 p. 489, sur le fondement du parallèle avec la Νέκυια (suivi par Gallavotti 1975 p. 284, van der Ben 1975 p. 169).

façon la plus systématique par Zuntz, qui appuyait ses conclusions sur une fusion des fragments 118 et 121, que j'ai déjà contestée. Examinons ses autres arguments (notés donc à partir de 2).

(2) Zuntz soutient qu'il y a une lacune d'au moins un vers entre 121.2 et 121.4 mais que le vers 121.3 est inauthentique[81]. Ses arguments sont les suivants : (2.A) il y a redondance entre ἔνθα (121.2) et ἀν λειμῶνα (122.4). (2.B) Zuntz ne comprend pas le passage de l'aoriste κλαῦσα et κώκυσα (118) au présent ἡλάσκουσιν. (2.C) Le sujet de ἡλάσκουσιν est, pour Hiéroclès et Julien, les âmes des hommes et non pas les puissances maléfiques de 121.2-3. La rupture syntaxique est un indice de la lacune entre 121.2 et 121.4. (2.D) Zuntz conçoit que le contenu manquant entre 121.2 et 121.4 rendait évident que ces vers étaient une description du monde des morts.

L'argument (2.A) n'est pas pertinent : la répétition des tours déictiques est précisément constitutive du sens. Le lieu décrit est l'objet d'une construction poétique et la prairie ne peut être évoquée comme telle qu'à partir du moment où elle a été poétiquement construite au moyen de la caractérisation des fleurs particulières qui y poussent (le meurtre, la rancune, etc.) et de la moiteur particulière qui y règne (celle des cadavres en décomposition). Cette construction poétique est constitutive du sens du passage : il ne s'agit pas d'une redondance.

L'argument (2.B) tombe si l'on n'accepte pas la manipulation que Zuntz fait subir aux textes des fragments 118 et 121 en les réunissant. Cet argument (2.B) pose par ailleurs un problème méthodologique : il ne saurait être satisfaisant d'athétiser un texte transmis par les témoins sur le fondement d'une correction apportée dans les quelques lignes précédant un passage difficile.

L'argument (2.C) est plus fort mais Zuntz en tire des conclusions excessives. En effet, Synésius comprend que le sujet de ἡλάσκουσιν est bien les puissances négatives énumérées dans le fragment. Même si ce verbe avait pour sujet les mortels, il n'y a pas pour autant besoin d'aller jusqu'à supposer une lacune : le sujet pouvait être sous-entendu ou bien apparaître après le vers 121.4, en rejet, comme c'est fréquemment le cas dans la poésie épique. Hiéroclès n'avait pas besoin de citer le vers où il apparaissait car son propos porte précisément sur la réincarnation des

---

81  Zuntz 1971 p. 201.

âmes. Ainsi, s'il était clair dans le contexte que ἡλάσκουσιν renvoyait aux hommes, il devient significatif que la syntaxe des vers 121.2-4 semble précisément faire des puissances maléfiques le sujet de ἡλάσκουσιν : leur présence est indissociable de la vie des hommes sur terre. La difficulté de Zuntz tombe complètement si l'on considère que ἡλάσκουσιν est un participe au datif pluriel.

Le reste de l'argumentation de Zuntz visant à disqualifier le vers 121.3 est fondé sur des arguments stylistiques, tels que le caractère prétendument artificiel de l'expression ἔργα ῥευστά et le fait que les Σήψιες sont difficilement assimilables à une divinité[82]. Ces présupposés esthétiques mènent le savant à athétiser le vers qui est précisément l'élément constitutif du sens du passage, comme on le verra.

Sur le fondement de ces arguments, tout difficiles à accepter qu'ils soient, Zuntz suggère (3) de suppléer le contenu manquant entre 121.2 et 121.4 à partir d'un passage de l'*Énéide* qui décrit le monde des morts[83]. Penser que l'*Énéide* de Virgile est un témoin plus fiable de l'état originel du texte empédocléen qu'une série de citations explicites présentée par différentes branches interprétatives de la tradition indirecte est un raisonnement dont il est difficile de soutenir la pertinence[84] : quand bien même Empédocle serait une des sources de Virgile, ce dernier est assurément un grand poète, qui ne se contente pas de reproduire fidèlement ses modèles. Or, nous n'avons aucun moyen d'estimer de quelle façon et jusqu'à quel point Virgile réinterpréterait un potentiel modèle au monde des morts qu'il décrit.

Cette lecture est d'autant plus délicate qu'elle suppose de discréditer la majeure partie des témoignages que nous possédons, alors que nous n'avons aucune raison avérée de douter de leur authenticité. Zuntz suggère que le fait que la citation de 121.3 par Proclus dans le *Commentaire au Cratyle* ne mentionne pas le nom d'Empédocle indique que le vers provient d'une réécriture orphique postérieure[85]. Cette supposition, qui est une évolution de la position de Karsten

---

82  Zuntz 1971 p. 202.
83  Zuntz 1971 p. 201 : « *What appears to be demanded by the style and structure of these two verses can be supported by parallels in the description of the Netherworld in the sixth book of the Aeneid (which has such marked affinities with Empedocles).* » La section concernée, qui n'est pas citée explicitement par Zuntz, concerne les vers 275-709.
84  *Cf.* Jean de Lydie, Hiéroclès, Théon de Smyrne, Eusèbe, etc.
85  Zuntz 1971 p. 202-203.

qui contestait lui aussi le vers 121.3 pour des raisons esthétiques[86], ne constitue pas un argument recevable. Le reste de la tradition doxographique est balayé par Zuntz au prétexte de la force de son argumentation : « *After all this (and after Wilamowitz), it would be futile to argue the obvious fact that the mythical scene from which these verses come, was located in Hades – whatever interpretations the Neoplatonists, and their successors, may have put upon it*[87]. » Zuntz cache mal qu'il ne dispose d'aucun argument réel pour plaider la cause de son interprétation du fragment 121 comme une description de l'Hadès en dépit de presque toute la tradition indirecte.

La proposition de Zuntz est donc une réponse excessive aux difficultés, certes réelles, du fragment ; elle est fondée sur des présupposés méthodologiques discutables, qui affaiblissent de façon dirimante ses conclusions, auxquelles il faut renoncer.

Van der Ben est parvenu au même résultat que Zuntz mais en appuyant son argumentation sur une dépendance d'Empédocle à la Νέκυια de l'*Odyssée*, révélée par ἀτερπέα χῶρον, et sur le fait qu'il serait incompatible avec la polarisation des puissances, dans les fragments 122 et 123, que le fragment 121 décrive le monde des vivants[88]. Son premier argument néglige la dimension de réfection : la similitude des termes révèle justement la distance dans les conceptions construites. Le monde des vivants est présenté comme un *locus horribilis*, ce que Julien avait bien compris. Notre connaissance des *Catharmes* est trop incomplète pour que le second argument soit probant, surtout vu le poids de la tradition indirecte. Si le fragment avait décrit le monde des morts, il serait impossible de le mobiliser pour tirer une quelconque preuve de l'existence dans le monde sublunaire des quatre types de changement définis par Aristote. Le seul fait qu'Empédocle fonde son système sur la réincarnation affaiblit d'ailleurs le besoin qu'il avait de supposer l'existence d'un monde des morts.

---

86 Karsten 1838 p. 166.
87 Zuntz 1971 p. 203.
88 Van der Ben 1975 p. 169.

ÉTUDE DU CATALOGUE DU FRAGMENT 121

Le texte même du fragment 121 ne comporte pas qu'un simple catalogue de noms : il comprend en majeure partie des substantifs personnifiés (Φόνος, Κότος, Νόσοι), ainsi qu'un pluriel générique désignant un certain type d'affection (les ἔργα ῥευστά). Le vers 4 du fragment présente, lui, une construction syntaxique et non paratactique. Examinons chacun des vers en détail afin de dégager les éléments interprétatifs de cette séquence de noms.

*Le vers 121.2 et la descendance de Nuit chez Hésiode :*
*une mise en relation des maux*

Le premier vers propose une mise en relation de puissances négatives, liées en particulier à la mort. Selon Chantraine, φόνος est un nom d'action, qui renvoie à l'action de mise à mort. Il est formé sur θείνω par dérivation, avec un vocalisme o, et est étymologiquement issu de la racine *ghwen-, frapper*[89]. Si φόνος est parfois employé au nominatif[90], il n'est personnifié qu'une fois dans la poésie antérieure, dans un catalogue du *Bouclier* hésiodique qui nomme en particulier Κήρ :

> Ἐν δὲ Προΐωξίς τε Παλίωξίς τε τέτυκτο,
> ἐν δ᾽ Ὅμαδός τε Φόνος τ᾽ Ἀνδροκτασίη τε δεδήει,
> ἐν δ᾽ Ἔρις, ἐν δὲ Κυδοιμὸς ἐθύνεον, ἐν δ᾽ ὀλοὴ Κὴρ
> ἄλλον ζωὸν ἔχουσα νεούτατον, ἄλλον ἄουτον,
> ἄλλον τεθνηῶτα κατὰ μόθον ἕλκε ποδοῖιν[91].

Les trois derniers vers du passage sont un pastiche de Σ.535-537. Toutes les puissances en question sont du côté du combat ou de la violence, et Φόνος dénote le meurtre perpétré au combat.

Au pluriel, les φόνοι apparaissent dans un catalogue généalogique de la *Théogonie* où ils naissent d'Éris par parthénogenèse[92], elle-même

---

89   Chantraine *DELG* p. 425-426.
90   En Σ.133, pour signifier que la mort d'Hector est tout près de lui ; en T.214, seuls φόνος, αἶμα et στόνος intéressent le cœur d'Achille après la mort de Patrocle ; en υ.246, les prétendants évoquent le meurtre de Télémaque.
91   He.*Th*.154-158 : « Là étaient ouvragés Poursuite et Ralliement ; là brûlaient Cris, Meurtre et Massacre ; là Querelle et Tumulte accouraient, et là Fléau funeste tirait par les pieds à travers la mêlée, un homme vivant qui venait d'être blessé, un autre indemne, et un autre déjà mort. »
92   En He.*Th*.228.

née de Nuit par le même procédé. Dans les deux catalogues des enfants et petits-enfants de Nuit apparaissent, outre φόνος, les Κῆρες (filles de Nuit, *Th*.217) et Ἄτη (*Th*.230). La référence à ce passage de la *Théogonie* d'Hésiode est d'autant plus claire que l'épithète συνήθεας, *qui vont de compagnie* (He.*Th*.230), appliquée à certains enfants d'"Ερις est la forme positive de celle qu'applique le fragment 118 à la terre où vivent les hommes. L'occurrence empédocléenne présente toutefois plusieurs différences par rapport à ce catalogue. La première est l'absence du schème de la parenté, auquel est substituée une simple énumération des puissances présentes. La seconde est l'emploi du singulier (φόνος) : le fragment envisage le meurtre comme un principe abstrait, et non pas à partir de ses instanciations concrètes et singulières.

Le catalogue empédocléen présente une autre différence importante par rapport à celui d'Hésiode : Κότος est une puissance absente de la *Théogonie*. Le catalogue empédocléen inclut le catalogue hésiodique, mais le dépasse. L'origine du terme κότος est inconnue : Chantraine évoque, à titre de possibilité, une évolution à partir d'un ancien neutre κέτος[93]. Dans l'épopée, κότος désigne le *ressentiment* né d'une action perpétrée à l'encontre de la personne qui éprouvera ce ressentiment[94] : c'est en quelque sorte l'expression du χόλος dans le temps, à la fois pour les dieux et les hommes. En A.81-83, en effet, Calchas s'adresse à Achille pour lui demander de ne pas garder de rancune contre lui alors qu'il éclaircira les raisons de la colère d'Apollon : sa crainte vient du fait qu'un roi peut taire sa colère (χόλος) sur le moment, mais garder de la rancune (κότος)[95]. L'idée de durée caractérise également les occurrences odysséennes du terme[96].

---

93  Chantraine *DELG* p. 572.
94  Outre l'occurrence iliadique qui est présentée plus loin (A.82), le terme est également employé dans les passages d'Homère suivants : en Θ.449 (pour la rancune d'Héra et d'Athéna envers les Troyens) ; en N.517 (pour la rancune que Déiphobe voue à Idoménée) ; en Ξ.111 (Diomède dit que les autres chefs ne doivent pas lui garder rancune d'exprimer son avis alors qu'il est le plus jeune) ; en Π.449 (si Zeus sauve son fils Sarpédon, les autres immortels qui ont perdu un fils dans la guerre nourriront un ressentiment à son encontre) ; en λ.102 et v.342 (Tirésias dit à Ulysse que Poséidon lui garde rancune du fait de l'aveuglement de Polyphème).
95  A.81-83 : εἴ περ γάρ τε χόλον γε καὶ αὐτῆμαρ καταπέψῃ, / ἀλλά τε καὶ μετόπισθεν ἔχει κότον, / ὄφρα τελέσσῃ, / ἐν στήθεσσιν ἑοῖσι· σὺ δὲ φράσαι εἴ με σαώσεις « si en effet il (*sc.* un roi) fait taire sa colère aujourd'hui, mais qu'il garde de la rancune encore par la suite, dans sa poitrine, jusqu'à ce qu'il la satisfasse. Mais toi, dis-moi si tu es prêt à sauvegarder ma vie ».
96  En λ.102 et v.342, pour la rancune de Poséidon à l'égard d'Ulysse du fait de l'aveuglement de Polyphème.

Empédocle choisit d'employer κότος en une grammaire qui n'est pas attestée dans la tradition épique : κότος n'y est jamais directement présenté comme un principe agissant employé directement au nominatif. Chez Eschyle, qui est le premier à présenter des occurrences au nominatif[97], le terme ne désigne plus la *rancune* qui dure mais simplement la *colère*. Ainsi, en Ae.*Su*.347 et Ae.*Su*.385, la colère de Zeus va s'abattre sur le roi s'il refuse d'accueillir les suppliantes, qui se trouvent sous la protection du dieu. Il n'y a aucune idée de durée dans le châtiment : le sens est plutôt du côté de la contrepartie du crime[98].

Dans toutes ces occurrences épiques et tragiques, le κότος est toujours issu d'une action présentée comme injuste ou criminelle : c'est la contrepartie négative d'une exaction chez la victime. Dans le catalogue de 121.2, le jeu sonore entre φόνος et κότος indique que Κότος est le ressentiment qui naît du meurtre, φόνος : le propos consiste bien, comme l'avait vu Karsten, à produire une description des conduites humaines par biais de leur personnification sous la forme de puissances agissantes, au nominatif singulier[99].

Le terme Κήρ désigne les déesses du trépas associées à la mort violente ; son étymologie est jugée obscure par Chantraine, même si on lit dans le terme le sens de *destruction*[100]. Le terme est associé à Φόνος dans le passage du *Bouclier* (He.*Sc*.154-158), qui pastiche le bouclier d'Achille dans l'*Iliade* (Σ.535-537) : la divinité, personnifiée, frappe arbitrairement les guerriers, dans un tableau où aucun d'eux, quel que soit son état, n'échappe à la mort au combat. Elle est en ce sens le pendant du Φόνος. Κήρ est personnifiée chez Hésiode, dans le catalogue des enfants de Nuit, où le terme apparaît à la fois au singulier (He.*Th*.217), et au pluriel (He.*Th*.211)[101] :

---

97  En Ae.*Su*.347, Ae.*Su*.385, Ae.*Eu*.501.

98  Radt 1964 p. 157-158 traduit ainsi *ira*. Les occurrences sont les suivantes : en Ae.*Eu*.501, il s'agit ainsi d'évoquer ce qui se produirait si le κότος ne naissait plus des crimes ; en Ae.*Su*.67, il s'agit du κότος de Procnè qui s'exerce sur les enfants qu'elle a de Térée, du fait du viol de sa sœur par ce dernier. On pourrait ainsi multiplier les exemples.

99  Karsten 1838 p. 166.

100 Chantraine *DELG* p. 526. Outre les occurrences ici étudiées, le terme apparaît également, au singulier, en Σ.535, dans un passage du Bouclier d'Achille qui voit s'affronter deux camps en présence d'"Ερις et de Κήρ ; *cf.* He.*Op*.92, He.*Sc*.156 et 249. Les occurrences au pluriel sont très nombreuses.

101 West 1966 p. 227 *ad loc.* comprend que les trois mots Μόρον Κήρ et Θάνατος, qui signifient tous trois la *mort*, renvoient en fait à trois aspects distincts du trépas chez Hésiode.

Νὺξ δ' ἔτεκε στυγερόν τε Μόρον καὶ Κῆρα μέλαιναν
καὶ Θάνατον, τέκε δ' Ὕπνον, ἔτικτε δὲ φῦλον Ὀνείρων.
δεύτερον αὖ Μῶμον καὶ Ὀιζὺν ἀλγινόεσσαν
οὔ τινι κοιμηθεῖσα θεῶν τέκε Νὺξ ἐρεβεννή,
Ἑσπερίδας θ', αἷς μῆλα πέρην κλυτοῦ Ὠκεανοῖο
χρύσεα καλὰ μέλουσι φέροντά τε δένδρεα καρπόν·
καὶ Μοίρας καὶ Κῆρας ἐγείνατο νηλεοποίνους[102].

West distingue singulier, Κῆρα, et pluriel, Κῆρας, en ce que le
premier renvoie au jour fixé de la mort de chaque être humain et le
second aux divinités qui l'assurent[103]. Si cette interprétation est juste,
l'implication pour notre passage du fr. 121.2 est que ces ἔθνεα Κηρῶν
renvoient à un grand nombre de principes individuels, subsumés sous
la mention des tribus : la construction de 121.2 vise à montrer que le
groupe ἄλλων ἔθνεα Κηρῶν contient virtuellement toutes les puissances
négatives du catalogue des enfants et petits-enfants de Nuit dans la
*Théogonie*.

Le vers 121.2 est ainsi une réfection du catalogue des enfants et
petits-enfants de Nuit. L'originalité s'exprime dans deux directions.
(1) L'absence de schème généalogique indique qu'on s'intéresse au rapport
logique construit entre les divinités : le Meurtre amène la Rancune, qui
implique la vengeance et libère l'essaim des maux causant la perte des
hommes. (2) Empédocle analyse les principes des actions humaines et
non plus leurs manifestations concrètes. Les divinités d'Hésiode sont
transposées au singulier, et incluses, virtuellement, dans le groupe formé
par les tribus des autres Fléaux. L'objectif du catalogue n'est pas la
dénomination exhaustive mais la mise en évidence de relations abstraites
permettant d'appréhender l'interaction entre les notions.

Le fait que la généalogie des enfants de Nuit succède, chez Hésiode,
à la transgression perpétrée par Cronos lors de la castration de son père
invite à rapprocher les catalogues empédocléens d'une autre transgression :
la destruction du dieu par les démons qui se trouvent conséquemment

---

102 He.*Th*.211-217 : « Et Nuit enfanta le détestable Trépas, et le Noir Fléau, ainsi que la
mort, puis elle enfanta Sommeil et donna naissance à la tribu des Songes. En second
lieu, la noire Nuit enfanta Reproche et Misère douloureuse – sans s'être étendue auprès
de dieux –, ainsi que les Hespérides, qui entourent de leurs soins les belles pommes
dorées, de l'autre côté du glorieux Océan, ainsi que les arbres qui portent ces fruits. Et
elle donna naissance aux Moires et aux Fléaux qui frappent sans pitié. »
103 West 1966 p. 229.

déchus. La vision empédocléenne ne revient pas à celle d'Hésiode : il s'agit chez le premier de discerner des puissances à l'œuvre chez les mortels. Le mal est, chez Empédocle, dans le principe qui guide l'action : le poète affirme ainsi, dans le fragment 115.14, qu'il est banni pour avoir accordé sa confiance à la Discorde (Νείκεϊ μαινομένῳ πίσυνος).

### Le vers 121.3 : effets du crime sur le corps
### – maladie et putréfaction

Le vers 121.3 présente les effets du crime sur les corps. Le substantif originel sur lequel est formé αὐχμηρός, αὖος, se rencontre uniquement, avant Empédocle, chez Homère et Hésiode. Il signifie *sec*, pour du cuir, du bois, pour la terre d'un champ, mais également pour un bruit[104]. Il faut supposer une première dérivation donnant par un mécanisme incertain αὐχμός – terme que Chantraine estime du côté de la sécheresse et de la saleté poussiéreuse – dont provient le dénominatif αὐχμέω, *être poussiéreux, sale*[105]. Avant Empédocle, il n'y a guère que deux occurrences du nom αὐχμός, chez Hérodote, où le terme désigne la sécheresse en tant qu'absence de pluie nuisible aux récoltes[106]. Empédocle l'emploie en ce même sens[107].

L'adjectif αὐχμηρός est formé par dérivation sur αὐχμός par suffixation en -ηρος, qui a été le plus productif dans la formation d'adjectifs après l'époque homérique, tout particulièrement en dialecte ionien (en prose et en poésie)[108]. Ce suffixe exprime soit l'aspect d'un objet ou sa matière, et particulièrement un état durable, soit les notions de pénible

---

104  Pour du cuir, en P.493. Pour du bois, en Ψ.327, ε.240, σ.309, He.*Op*.743 (par opposition au bois vert, χλωρός). Le terme n'est pas du côté de la sécheresse excessive en He.*Op*.460 : Hésiode conseille de labourer la terre à la saison des labours qu'elle soit sèche ou trempée. Pour un bruit sec, rapproché par jeu verbal de αὖω, en N.441. On ne peut exclure une étymologie expressive, dans ce dernier emploi, en dépit du fait que les linguistes la font aujourd'hui remonter à \*hauhos (Chantraine *DELG* p. 141-142).

105  Pour l'histoire du mot, voir Chantraine *DELG* p. 142 (qui estime que l'origine du terme pourrait être \*sausk-mos > \*sauks-mos). Pour αὐχμέω, voir ω.250 : Ulysse dit à Laërte qu'il n'a pas l'air d'avoir traîné dans la poussière mais qu'il a l'allure d'un roi.

106  En Hdt.2.13.17, Hdt.4.198.6.

107  Empédocle, fr.111.7.

108  Chantraine, *Formation*, p. 232 : le suffixe -ηρος est une évolution du suffixe plus ancien -ρος (parallèle aux suffixes -αρο-, -υρο-, qui ont connu une moins vaste extension que la version en -ηρος), quoiqu'Homère présente toutefois quelques adjectifs formés sur ce suffixe (avec -η-), tels qu'αἰψηρός, *immédiat*. Voir les autres exemples mentionnés par Chantraine, *loc. cit.*

ou de désagréable[109]. L'adjectif αὐχμηρός ne compte qu'une occurrence antérieure à Empédocle, chez Anacréon, où le terme qualifie des mains sèches[110]. L'emploi empédocléen se trouve du côté de l'effet plus que de celui du résultat : *asséchant*.

La forme épique de νόσος, *maladie* d'où *malheur, désastre* est normalement νοῦσος[111]. L'occurrence de 121.3 constitue une des rares exceptions à la forme épique, mais la substitution de -o- à -ou- se rencontre régulièrement chez Empédocle pour d'autres mots[112]. Le terme, employé au nominatif dès Homère, est attesté chez Hésiode pour désigner des fléaux qui tourmentent les immortels : l'aigle de Prométhée, chassé par Héraclès, et les épreuves qui doivent subir les dieux ayant commis un parjure[113]. Dans les *Travaux* en revanche, les maladies sont contenues dans la jarre ouverte par Pandore[114] : cette particularité explique sans doute qu'elles ne soient pas engendrées dans la *Théogonie*.

Le substantif Σῆψις est un terme rare qui désigne la *fermentation* et la *putréfaction*, dont Empédocle présente ici la première attestation connue. Gallavotti l'a interprété comme un adjectif (σήψιες), épithète de νόσοι[115] : *des maladies desséchantes et putréfiantes*. Il s'agit d'un dérivé de σήπομαι, *se putréfier*, dont l'étymologie est obscure et qui est rarement attesté en poésie[116]. Le verbe est employé par Empédocle dans le fragment 81 pour exprimer la transformation des complexes élémentaires les uns dans

---

109 Chantraine, *Formation*, p. 233. Voir les exemples qu'il fournit.
110 Anacréon fr.2.1.4 Page (fr. 71.4 Gentili) : ἡ δ' ἐς αὐχμηρὰς πεσοῦσα / χεῖρας ἀθρόη μέλαιναν / ἐς κόνιν κατερρύη.
111 Chantraine *DELG* p. 757. L'origine de la fausse diphtongue ου est inconnue, ce qui a entraîné une incertitude dans l'étymologie.
112 Les autres exceptions, où l'on a νόσος au lieu de νοῦσος, sont : Nicandre *Ther.*528, Euphorion fr. 63.2 (Powell), Paulus Sil., *Descriptio*, v. 17. – Chez Empédocle, voir pour μόνος (au lieu de μοῦνος) les fr. 2.5, 8.3, 17.1 et 17.16, etc.
113 Au nominatif chez Homère, en λ.172, (Ulysse demande à Anticleia, sa mère, si c'est une longue maladie qui l'a emportée) ; en λ.200 (où elle lui répond par la négative) ; en ο.408 (la maladie n'existe pas sur l'île de Syros). Pour l'aigle de Prométhée, en He.*Th.*527. Pour les épreuves des dieux, en He.*Th.*799.
114 He.*Op.*92 et 102.
115 Gallavotti 1975 p. 284.
116 Chantraine *DELG* p. 998-999. Voici ses quelques occurrences poétiques : B.135 (pour le bois des nefs achéennes qui a pourri après neuf ans), T.27 (Achille craint que le corps de Patrocle ne se putréfie), Ω.414 (les dieux empêchent la corruption du cadavre d'Hector), He.*Sc.*152 (les cadavres de ceux qui ont osé lutter contre Zeus entrent en putréfaction) ; Ae.*Ch.*995 (Oreste dit que Clytemnestre cause la putréfaction de ce qui l'entoure), Ae.fr.275.3 Radt (le vieillissement de la peau et la chute des cheveux).

les autres par putréfaction. La forme adjectivale que présente le fragment 121.3 est probablement une création lexicale.

Il s'agit également de la première occurrence de l'adjectif ῥευστός, dérivé de ῥέω. Le terme n'est bien attesté qu'à partir du grec tardif[117], ce qui a conduit plusieurs éditeurs à mettre en doute l'authenticité du troisième vers du fragment[118], et ce d'autant plus facilement que le tour ἔργα ῥευστά a pu être jugé malheureux. Il convient donc d'examiner en détail ce groupe de mots.

Chantraine consacre une longue étude aux adjectifs en -τος, suffixe vivace pour former des adjectifs à partir de racines verbales[119]. Le suffixe présente une grande flexibilité : il peut servir à former des adjectifs composés sans que l'adjectif ou la forme verbale simples existent par ailleurs[120]. Certains de ces adjectifs en -τος sont directement formés sur des noms et non sur des verbes[121].

Lorsqu'ils sont issus de formes verbales, ces adjectifs sont normalement formés sur le degré zéro de la racine, tel qu'on en trouve trace dans les formes d'aoriste. Ainsi γιγνώσκω donne régulièrement γνωτός, κλαίω donne κλαυτός, ῥέω donne ῥῠτός, et ῥύω donne ῥῡτός. Il y a deux variations importantes[122] : (1) la création de doublets pourvus d'un sigma non étymologique. Ainsi γνωστός (So.fr.203.1 Radt) à côté de γνωτός (Homère etc.), κλαυστός (So.OC.1360) à côté de κλαυτός (Ae. Se.333, quoique le passage soit suspect). Ces sigmas sont analogiques du sigma non étymologique susceptible de caractériser une partie de la flexion, comme à l'aoriste passif (ἐγνώσθην, ἐκλαύσθην) ou au parfait

---

117  En particulier, Plutarque *Adv. Col.* 1116C 8, *De curiositate* 522 B 1 ; puis, chez les auteurs médicaux tels que Galien, *Ars Medica* 1.369.17, etc.

118  *Cf.* les références *supra* ; Gallavotti 1975 p. 80-81 et 284-285 se prononce en faveur d'une corruption subie par le vers, qu'il propose de restituer sous la forme ἀργά τε ῥευστά, au sens de *ruisseaux stagnants*.

119  Chantraine, *Formation*, p. 302, et particulièrement : « Ce qui a été vivant en grec, c'est le groupe des adjectifs verbaux en -τός avec le ton sur la finale, qui peu à peu ont pu être constitués sur n'importe quelle racine verbale et ont fini par faire partie intégrante de la conjugaison. »

120  Chantraine, *Formation*, p. 302 § 240 : « Le suffixe -τος a fourni également des adjectifs dont quelques-uns sont formés sur des racines dont il n'existe pas en grec de formes verbales. » C'est ainsi le cas de ἄσπετος, formé sur ἐνισπεῖν alors que l'adjectif *σπετός n'est pas attesté. Chantraine donne de nombreux exemples p. 303 § 240.

121  Chantraine, *Formation*, p. 305 § 243 : ainsi ἀγέραστος, *privé de part d'honneur*, formé sur γέρας.

122  Chantraine, *Formation*, p. 305 § 242.

moyen-passif (κέκλαυσμαι)[123]. (2) Certaines formes ont admis le vocalisme du présent au lieu (ou en plus) du degré zéro. Ainsi φεύγω a donné à la fois φυκτός (Homère, Apollonios) sur le degré zéro, et φευκτός (Sophocle, Platon, Aristote) sur le degré *e*. Ce phénomène est vivant dès Sophocle.

À cette lumière, la forme ῥευστός présente trois difficultés importantes : (1) un sigma non étymologique ; (2) le degré *e* de la racine ; (3) le fait qu'elle est un doublet de ῥὔτός, adjectif qui est lui formé de façon normale.

La première difficulté est d'autant plus importante qu'aucune des formes de la flexion de ῥέω ne présente de sigma non étymologique qui servirait d'appui analogique : si l'aoriste actif – non attesté avant Empédocle – est sigmatique, l'aoriste passif est ἐρρύην, et le parfait ἐρρύηκα. Que la forme soit modelée sur le degré *e* de la racine est un autre problème réel : ce degré ne caractérise que l'aoriste actif ἔρρευσα, qui n'est pas employé avant Empédocle[124], et le futur sigmatique ῥεύσω (attesté en Thgn.448)[125]. Il faut donc exclure que ῥευστά soit modelé sur l'aoriste sigmatique. La forme ῥὔτός employée par Eschyle relève, en revanche, du mode de formation normal, sur le radical d'aoriste de forme passive ἐρρύην, au degré zéro.

La forme ῥευστά au degré *e* avec sigma étymologique possède une autre explication : elle est analogique des adjectifs de verbes contractes en -έω dissyllabiques, tels πλέω et πνέω, régulièrement formés en -ευστός. L'adjectif verbal πνευστός est employé une fois par Homère (sous la forme ἄπνευστος) et une fois par Hésiode (sous la forme ἀνάπνευστος de sens équivalent)[126]. Il faut donc conserver la forme ῥευστά, chez Empédocle, dont la morphologie s'explique par analogie.

Quel est le sens de cette forme ῥευστά ? Les adjectifs verbaux en -τός peuvent à l'origine exprimer une qualité, un état, ou la possibilité

---

123  Chantraine, *Formation*, p. 305 § 241 : « C'est aussi par l'influence de la conjugaison sur le participe en -to- que s'expliquent un grand nombre de sigma non étymologiques, le sigma "inorganique" ayant joué un certain rôle dans la constitution d'une conjugaison. »

124  La première occurrence est ῥεύσειε en Eu.fr.1132.32 Nauck ; ainsi que Ésope.61.8 (Chambry).

125  Je ne connais pas d'exemple d'un adjectif verbal formé sur un thème de futur.

126  Respectivement en ε.456 : ὁ δ' ἄρ' ἄπνευστος καὶ ἄναυδος / κεῖτ' ὀλιγηπελέων « et lui (*sc.* Ulysse), sans haleine et sans voix, était étendu, privé de ses forces ». Et en He.*Th*.797, pour décrire ce qui attend l'immortel qui a parjuré son serment passé sur les eaux de Styx : ἀλλά τε κεῖται ἀνάπνευστος καὶ ἄναυδος / στρωτοῖς ἐν λεχέεσσι « mais il gît sans souffle et sans voix sur un lit de tapis ». Thucydide emploie une fois l'adjectif verbal à nuance d'obligation πλευστέα, pour désigner les *navires qui devaient effectuer la traversée* (Thuc. 6.25.2.3).

(comme c'est le cas dans la langue classique)[127]. L'adjectif verbal peut s'employer avec une valeur active[128]. Son sens dépend ainsi surtout du sémantisme du verbe sur lequel il est formé[129].

Les deux emplois de ῥυτός antérieurs à Empédocle expriment la qualité ou l'état : il s'agit d'une épithète de nature de la mer, qui dénote son mouvement. En Ae.*Ag.*1408, le terme ῥυτᾶς, correction de Stanley pour ῥυσᾶς généralement acceptée par les éditeurs[130], est épithète de la mer dans une réplique où le chœur cherche l'origine de l'acte de folie perpétré par Clytemnestre[131]. En Ae.*Eu.*452, Oreste dit à Athéna qu'il a tenté de purifier sa souillure sur tous les chemins terrestres et maritimes[132]. La trilogie d'Eschyle aurait été représentée au printemps 458 : il n'est pas absolument certain que les *Catharmes* soient véritablement postérieurs aux premières occurrences que nous connaissons de ῥυτός. Sophocle use de l'adjectif verbal ῥυτός à deux occurrences, au même sens qu'Eschyle, pour les fleuves qui coulent dans le Bosphore et les eaux courantes utilisées pour se purifier[133].

Les adjectifs verbaux ἀνάπνευστος (He.*Th.*797) et ἄπνευστος (ε.456) décrivaient eux aussi un état (celui des dieux parjures et d'Ulysse). La morphologie spécifique de ῥευστά n'indique donc pas nécessairement que l'adjectif soit pourvu, par opposition à ῥυτός, d'une nuance de possibilité.

À cette lumière, les options interprétatives sont les suivantes : (1) Empédocle a employé la forme ῥευστός (refaite par analogie sur ἄπνευστος et ἀνάπνευστος) pour introduire une idée de possibilité précisément absente de ῥυτός – au sens de *ce qui est susceptible de couler* – ; soit (2)

---

127 Chantraine, *Formation*, p. 306, § 244.
128 Je renvoie aux exemples que donne Chantraine, *Formation*, p. 306 § 244, et en particulier à Ae.*Ag.*1471.
129 Chantraine, *Formation*, p. 306, § 244 : « l'adjectif en -τός se prêtait à admettre des sens divers, qui étaient d'abord commandés par la valeur de la racine. »
130 Fraenkel 1962 t. III p. 662, *ad* ῥυτᾶς, trouve le texte des manuscrits inacceptable : « *It seems strange that a critic of Canter's acumen was satisfied with* ῥυσᾶς. »
131 En Ae.*Ag.*1408 : ποτόν… ῥυτᾶς ἐξ ἁλὸς ὀρόμενον « une boisson surgie de la mer en mouvement ».
132 Ae.*Eu.*451-452 : πάλαι πρὸς ἄλλοις ταῦτ' ἀφιερώμεθα / οἴκοισι, καὶ βατοῖσι καὶ ῥυτοῖς πόροις « depuis longtemps j'ai accompli ces rites purificateurs dans d'autres foyers, et sur d'autres chemins que l'on parcourt à pied ou qui sont recouverts de flots ».
133 Respectivement en So.*Ai.*883 : ἢ τίς Ὀλυμπιάδων θεᾶν, ἢ ῥυτῶν / Βοσπορίων ποταμῶν « quelqu'un, ou bien parmi les déesses olympiennes, ou bien parmi les fleuves qui coulent dans le Bosphore » ; et en So.*OC.*1598 : κἄπειτ' ἄϋσας παῖδας ἠνώγει ῥυτῶν / ὑδάτων ἐνεγκεῖν λουτρὰ καὶ χοάς ποθεν « et ensuite, élevant la voix, il demande à ses filles de lui apporter l'eau courante pour ses ablutions et ses libations ».

ῥευστός s'explique par le goût d'Empédocle pour les formes rares ou refaites[134] sans qu'il faille lui prêter un sens différent de la forme réputée normale, qui dénotait un état – au sens de *qui coule*. Une variation de (2) est (2b) qu'Empédocle n'ait pas eu connaissance de l'emploi par Eschyle de ῥῠτός dans l'Orestie, et que chacun des deux ait formé de façon différenciée l'adjectif verbal de ῥέω.

Intéressons-nous à présent au substantif ἔργον qui est employé dans l'épopée au sens de l'*œuvre* ou de la *production*[135], ou bien dans le sens de l'*action* par opposition aux mots[136], en particulier dans sa réalisation. Ce substantif peut être accompagné d'un adjectif qui précise la nature de l'action ou de l'ouvrage en question. Il peut volontiers s'agir d'adjectifs en -τος[137], comme dans le chant Δ, où Agamemnon s'adresse à Ménélas pour évoquer ce qui se produira s'il perd le duel : σέο δ' ὀστέα πύσει ἄρουρα / κειμένου ἐν Τροίῃ ἀτελευτήτῳ ἐπὶ ἔργῳ[138]. Le contexte grammatical de ce passage est similaire à celui du fr. 121.3 d'Empédocle dans la mesure où ἔργον est accompagné d'un adjectif en -τος en position d'épithète, alors même que le contexte thématique est également celui de la putréfaction du cadavre. Le substantif ἔργον renvoie, pour le sens, à la victoire de Ménélas et au recouvrement d'Hélène.

Outre ces occurrences où ἔργον est pourvu d'un référent plein, le terme semble employé dès Homère en position de simple cheville grammaticale, en particulier au pluriel, là où un adjectif substantivé au neutre pluriel aurait pu suffire. Ainsi l'exclamation ἦ λοίγια ἔργα, *la*

---

134 Ainsi, par exemple, au vers 2.1, Empédocle employait στεινωπός (forme suffixée sur le modèle de certaines formations de termes tragiques) à la place du terme στεινός, tel qu'il apparaît normalement dans la poésie épique.

135 Chantraine *DELG* p. 364 *sqq*. Ce sens apparaît très clairement, en particulier, en Z.324, où Hélène ordonne à ses servantes la production de magnifiques ouvrages (καὶ ἀμφιπόλοισι περικλυτὰ ἔργα κέλευε) ; mais également en T.22, où Achille appelle ἔργα ἀθανάτων, *ouvrage des immortels*, les armes qu'il a reçues d'Héphaïstos.

136 Dans cet emploi, ἔργον se trouve opposé à ἔπος, au sein de tours tels que « ἢ ἔπει... ἢ ἔργῳ » (A.395, A.504), « οὔτ' ἔπεῖ... οὔτέ τι ἔργῳ » (E.879), « ἐπέων... ἠδὲ καὶ ἔργων » (Λ.703), « ἔργον τε ἔπος τε » (O.234, β.280, β.304), etc.

137 Par exemple, en B.137, où ἔργον ἀκράαντον désigne une *tâche inachevée* ; en T. 150, où μέγα ἔργον a pour attribut, cette fois, ἀρεκτόν, au sens de *une grande tâche reste à accomplir* ; en θ.307, ἵνα ἔργα γελαστὰ (ou, selon d'autres manuscrits, ἔργ' ἀγέλαστα) καὶ οὐκ ἐπιεικτὰ ἴδησθε, au sens de *afin que vous voyez des actes ridicules* (ou, au contraire, *qui ne suscitent pas le rire*) et *inconvenants*. Plus tard, Hérodote (1.3) recourt lui aussi à ce tour : ἔργα μεγάλα τε καὶ θωμαστά (*des actions grandioses et admirables*).

138 Δ.175-176 : « tes os pourriront sur la terre, alors que tu gis à Troie sur ta tâche inachevée ».

*fâcheuse affaire*, est en dernière analyse un simple équivalent de λοίγια seul[139]. De même, en A.294, le poète fait envisager à Achille l'hypothèse qu'il cède en tout point à Agamemnon dans la querelle qui les oppose, en employant le substantif ἔργον en un sens logique, pour désigner les revendications exprimées par Agamemnon[140]. De façon similaire, le terme peut être employé comme une simple cheville développée ensuite par deux propositions coordonnées par ἤ[141].

Or, en T.131, ἔργα désigne le monde des hommes, au sein duquel Zeus bannit Ἄτη depuis l'Olympe, en raison du rôle qu'elle a joué dans la ruse d'Héra destinée à empêcher qu'Héraclès n'acquière la royauté à sa naissance. Cet épisode est narré par Agamemnon au moment où il désavoue la colère qu'il entretenait à l'égard d'Achille, placée sur le compte de l'influence d'Ἄτη :

| | |
|---|---|
| πρέσβα Διὸς θυγάτηρ Ἄτη, ἣ πάντας ἀᾶται, ουλομένη· [...][142] | T. 91 |
| αὐτίκα δ᾽ εἷλ᾽ Ἄτην κεφαλῆς λιπαροπλοκάμοιο χωόμενος φρεσὶν ἧσι, καὶ ὤμοσε καρτερὸν ὅρκον μή ποτ᾽ ἐς Οὔλυμπόν τε καὶ οὐρανὸν ἀστερόεντα αὖτις ἐλεύσεσθαι Ἄτην, ἣ πάντας ἀᾶται. | T. 126 |
| ὣς εἰπὼν ἔρριψεν ἀπ᾽ οὐρανοῦ ἀστερόεντος χειρὶ περιστρέψας· τάχα δ᾽ ἵκετο ἔργ᾽ ἀνθρώπων[143]. | T. 131 |

Le substantif ἔργον, au vers 131, est employé comme simple cheville grammaticale : il renvoie en fait à tout ce qui caractérise le monde humain. Tous ces exemples d'emplois faibles d'ἔργον dans la poésie épique éclairent le sens de notre occurrence en 121.3 : le terme y est

---

139 En A.518 et A.573, Zeus puis Héra l'emploient pour commenter la situation présente (respectivement, que Thétis demande l'aide de Zeus et que ce dernier suscite un conflit parmi les dieux).

140 A.294 : εἰ δή σοι πᾶν ἔργον ὑπείξομαι ὅττι κεν εἴπῃς « si j'allais te céder en tout au premier mot ».

141 B.252-253 : οὐδέ τι πω σάφα ἴδμεν ὅπως ἔσται τάδε ἔργα / ἢ εὖ ἦε κακῶς νοστήσομεν υἷες Ἀχαιῶν « et nous ne savons pas encore clairement de quelle façon iront les choses, si c'est triomphants ou vaincus que les fils des Achéens rentreront chez eux ».

142 T.91-92 : « Erreur est fille aînée de Zeus, elle qui fait errer tous les êtres, funeste. » Suit le récit de la naissance d'Héraclès et de la ruse d'Héra, en T.95-125.

143 T.126-129 : « Aussitôt Zeus saisit Erreur par sa tête aux tresses luisantes, s'indignant en son cœur, et il jure un puissant serment : qu'Erreur n'entre jamais plus dans l'Olympe ni dans le ciel étoilé, elle qui fait errer tous les êtres. Après avoir prononcé ces mots, il la précipita du ciel étoilé, l'ayant fait tourner de sa main. Elle atteignit rapidement le monde des mortels. »

employé comme une cheville dans un hémistiche où l'adjectif verbal ῥευστά est véritablement porteur du sens. Ces ἔργα ῥευστά désignent tout ce qui est susceptible de couler du fait de la putréfaction – ou, de fait, tout ce qui coule effectivement.

La tournure ἔργα ῥευστά se trouve donc à la conjonction de plusieurs possibilités offertes – et effectivement exploitées – par la langue épique dès l'époque homérique. La seule grammaire du vers ne suffit donc pas à en justifier l'athétèse, pour quatre raisons outre la tendance d'Empédocle que nous connaissons bien à forger des expressions originales : (1) l'attestation à date ancienne d'adjectifs verbaux en -ευστός, modèles à la formation analogique de ῥευστός ; (2) l'attestation, contemporaine d'Empédocle, de doublets d'adjectifs verbaux avec sigma non étymologiques (γνωτός et γνωστός, κλαυτός et κλαυστός) ; (3) le sens faible de ἔργον à valeur logique de cheville grammaticale, et d'autres sens où le terme signifie simplement *chose* ou *événement* ; (4) la fréquence des emplois épiques de ἔργον (même au sens plein) avec des adjectifs épithètes formés par un suffixe -τός qui portent alors l'accent de sens.

Les vers 121.2 et 121.3 suivent ainsi une progression qui part de l'acte de transgression lui-même, pour évoquer les effets sur les corps, la maladie synonyme de trépas, suivie de la putréfaction et de l'assèchement des corps, deux faces du même processus. La transgression – le crime – est incarnée par le meurtre, qui suscite la rancune et fait entrer dans un processus d'entraînement du mal par le mal : d'elle naît la tribu entière des maux. Les maladies sont parmi eux : elles entraînent la mort et la putréfaction des cadavres, dont les fluides, on va le voir, sont responsables de l'humidité particulière qui règne dans la Prairie d'Erreur.

### Le vers 121.4 et la Prairie d'Erreur

Le résultat de cette description des deux premiers vers se trouve résumé, en 121.4, sous la forme de la Prairie d'Erreur où vagabondent les mortels.

Le substantif ἄτη est un dérivé du verbe homérique ἀάω[144], nuire, égarer, dont l'étymologie est inconnue. Dès Homère, le substantif

---

144 Chantraine *DELG* p. 3, qui indique que le terme a une valeur juridique dans le monde dorien, où il signifie *dommage* ou *amende* : il est alors synonyme de l'attique ζημία, qui ignore ἄτη dans la langue prosaïque.

ἄτη, l'*erreur*, l'*égarement*, est employé comme nom de divinité ; Eschyle l'emploie également de cette façon[145]. Dans le passage de la *Théogonie* cité plus haut, Ἄτη est placée parmi les filles d'"Ἔρις et les petites-filles de Nuit[146], en avant-dernière position dans le catalogue. L'épisode du bannissement d'"Ἄτη, dans le chant T, est un intertexte important : la déesse est précipitée dans le monde des mortels, dont il est tentant de penser qu'Empédocle a proposé une description dans le λειμών nourri de la putréfaction des cadavres qu'habite la divinité.

Le terme λειμών, qui signifie *prairie humide*, a donné un grand nombre de dérivés anciens, dans lesquels la notion d'eau prend parfois le dessus sur celle de prairie : λιμήν, employé dès Homère pour désigner le *port* ou la *rade* ; λίμνη, qui signifie déjà chez Homère l'*étang*, ou en général l'*étendue d'eau stagnante*[147] ; à la période classique, εὔλιμνος signifie *riche en lacs*, λιμναῖος *qui vit au bord des lacs*, λιμνάζω *former un lac*, etc. L'idée d'humidité, voire la présence d'eau, est constitutive de la signification du terme, comme l'a montré Benveniste[148].

Dans l'*Iliade*, le substantif désigne de fait toujours une prairie baignée d'un fleuve ou d'une rivière[149]. L'humidité n'est jamais temporaire, en ce qu'elle serait due à la rosée ou à la pluie, mais a toujours une cause proprement topologique. Tout se passe comme si le terme désignait l'ensemble formé par la prairie et le fleuve qui la borde[150]. En dehors de l'*Iliade*, les occurrences précisent souvent, quoique ce ne soit pas systématique[151], quel fleuve borde la prairie fleurie en question – pré-

---

145 Ainsi en T.91 et T.136, on l'a vu, Agamemnon rend la déesse Ἄτη, fille de Zeus, responsable du fait qu'il a dépouillé Achille de sa part d'honneur. *Cf.* pour Eschyle, Ae.*Pe.*1007, Ae.*Ag.*386, Ae.*Ag.*735, Ae.*Ag.*770, Ae.*Ag.*1433, Ae.*Se.*956.

146 *Cf.* He.*Th.*230.

147 Pour le port : A.432, M.284, Φ.23, etc. Pour l'étang : B.711, B.865, Υ.390. Ces exemples sont tirés de Chantraine *DELG* p. 627-628.

148 *Cf.* Benveniste 1935 p. 123 : quoique l'étymologie soit obscure, la notion d'humidité et d'eau stagnante est caractéristique de la racine (*cf.* latin *limus*, français *limon*…).

149 Ainsi, en B.461, 463, 467 dans une comparaison : des oiseaux, dans la prairie d'Asios (Ἀσίῳ λειμῶνι B.461), au bord d'un fleuve, sont comparés aux troupes qui descendent des nefs jusque sur la plaine (πέδιον) du Scamandre, ensuite décrite comme une prairie fleurie arrosée par le fleuve (B.467). En Π.151, il s'agit, durant la scène d'armement de Patrocle, de la description des chevaux d'Achille, enfantés par la harpye Podarge alors qu'elle se trouvait dans une plaine aux bords du fleuve Océan (λειμῶνι παρὰ ῥόον Ὠκεανοῖο).

150 Ce qui explique que les dérivés de λειμών mentionnés plus haut désignent toujours une *association* d'un espace maritime ou fluvial et de terre.

151 Les occurrences précisant le nom du fleuve ou de l'étendue d'eau sont : en ε.72, pour la prairie fleurie arrosée de quatre sources, sur l'île de Nausicaa ; en ζ.292, pour le bois

cision à laquelle la présence de divinités liées à l'eau ou à la mer peut se substituer[152].

Empédocle emploie lui-même le terme dans le fragment 66, pour désigner métaphoriquement les prés fendus d'Aphrodite, σχιστοὺς λειμῶνας... Ἀφροδίτης[153]. Le terme λειμῶνας a fait l'objet d'une restitution incertaine dans le Papyrus de Strasbourg (ensemble d.17) ; l'hexamètre en question est toutefois très corrompu[154].

Trois séries d'occurrences de l'*Odyssée* retiennent particulièrement notre attention : le λειμών est le terme employé pour qualifier la prairie de l'île des Cyclopes (ι.132[155]), celle des Sirènes (μ.45 et μ.159[156]) et, dans l'Hadès, celui des héros morts (λ.539, λ.573 et ω.13[157]). Ces épisodes construisent un jeu sur le *locus amoenus* traditionnellement dénoté par le λειμών.

---

d'Athéna, qui comporte une source, entouré d'une prairie ; en *Hh.Ap.*118, pour un pré de l'île de Délos où enfant Léto. Les occurrences sans mention d'étendue d'eau sont : en φ.49, dans une comparaison du bruit d'un battant de porte avec le mugissement d'un taureau dans un pré ; en δ.605, Ithaque n'a pas de prairies ; en *Hh.De.*175 dans une comparaison où des biches et des génisses bondissent dans un pré ; en *Hh.Pan.*25 et Pi.fr.*thren.*129.3, pour une prairie fleurie ; en Ae.*Su.*540, Ae.*Su.*559, et Ae.*PV.*653 pour la prairie éthiopienne où s'est rendue Io.

152  Ainsi, en He.*Th.*279, Poséidon s'est uni à Méduse dans une prairie fleurie ; en *Hh.De.*7, Perséphone joue dans un pré fleuri, d'où elle sera enlevée par Hadès, en compagnie des filles d'Océan ; l'épisode est ensuite relaté par l'intéressée en *Hh.De.*417.

153  Le fragment nous est connu par une scholie aux *Phéniciennes* d'Euripide (au vers 18), qui commente l'expression ἄλοκα τέκνων (littéralement, *le sillon des enfants*, dans une expression où le génitif est objectif). La scholie glose les prés en question par ἐν οἷς ἡ τῶν παίδων γένεσίς ἐστιν.

154  Ce passage a fait l'objet de plusieurs restitutions incertaines : on ne lit plus que les lettres ΜΩΝΑΛΑΧΟΝΤΑ, en fin de ligne. Martin & Primavesi 1999 p. 318-319 ont proposé [Ἄτης λει]μῶνα λαχόντα, et Vítek 2006 p. 440, plus prudemment, [λει]μῶνα λαχόντα.

155  ι.131-133 : φέροι δέ κεν ὥρια πάντα· / ἐν μὲν γὰρ λειμῶνες ἁλὸς πολιοῖο παρ' ὄχθας / ὑδρηλοὶ μαλακοί « la terre pourrait porter toute sorte de fruits ; car s'y trouvent des prairies, le long des rivages de la mer écumante, arrosées et molles ».

156  μ.45 : ἀλλά τε Σειρῆνες λιγυρῇ θέλγουσιν ἀοιδῇ / ἥμεναι ἐν λειμῶνι « et les Sirènes les charment de leur chant léger, assises dans leur prairie » ; μ.158-159 : Σειρήνων μὲν πρῶτον ἀνώγει θεσπεσιάων / φθόγγον ἀλεύασθαι καὶ λειμῶν' ἀνθεμόεντα « elle conseille d'abord de fuir la voix ensorcelante des Sirènes et leur prairie en fleur ».

157  λ.538-539 : ὣς ἐφάμην, ψυχὴ δὲ ποδώκεος Αἰακίδαο / φοίτα μακρὰ βιβᾶσα κατ' ἀσφοδελὸν λειμῶνα « Je m'exprimai en ces termes, et l'ombre de l'Eacide, aux pieds rapides, s'éloigna à grandes enjambées à travers la plaine d'Asphodèle » ; λ.572-573 : τὸν δὲ μετ' Ὠρίωνα πελώριον εἰσενόησα / θῆρας ὁμοῦ εἰλεῦντα κατ' ἀσφοδελὸν λειμῶνα « et je vis, après lui, le géant Orion chasser des fauves à travers la plaine d'Asphodèle » ; ω.13-14 : αἶψα δ' ἵκοντο κατ' ἀσφοδελὸν λειμῶνα, / ἔνθα τε ναίουσι ψυχαί, εἴδωλα καμόντων « vite, ils atteignirent la plaine d'Asphodèle, là où habitent les âmes, fantômes des défunts ».

Chez les Cyclopes, la prairie est convoquée pour caractériser ces créatures du côté de la barbarie dans la mesure où ils ne mettent pas les terres en culture, alors même que la qualité de celles-ci leur permettrait de faire pousser toute sorte de plantes, mais dévorent les voyageurs. Leur λειμών est l'objet d'une subversion, devenant le lieu inquiétant de leurs repas anthropophages.

Dans l'épisode des Sirènes, la prairie fait d'abord l'objet d'une description par Circé comme un *locus amoenus* depuis lequel les Sirènes charment les voyageurs (θέλγουσιν, μ.40). Mais le λειμών des Sirènes, lui aussi, est subverti : les rivages sont jonchés des ossements et des cadavres en cours de putréfaction des marins infortunés (πολὺς δ' ἀμφ' ὀστεόφιν θὶς / ἀνδρῶν πυθομένων, περὶ δὲ ῥινοὶ μινύθουσιν[158]). Le λειμών est la face trompeuse et séductrice du piège mortel tendu par les créatures : l'humidité du λειμών des Sirènes est liée tout autant à la proximité de la mer qu'à la putréfaction des cadavres.

Trois passages de l'*Odyssée* évoquent le λειμών de l'Asphodèle aux enfers, hanté par les ombres des héros, près duquel coule le fleuve Océan[159]. Les asphodèles sont les fleurs qui poussent sur cette prairie, réputées, d'après les scholies, pour supprimer la sensation de faim et de soif chez qui les ingérait[160]. Une étymologie ancienne, intéressante du point de vue de l'interprétation en dépit de son caractère douteux, rapproche le doublet σφοδελόν (pour ἀσφοδελόν) du mot σπόνδον, qui désigne les cendres des morts[161] : les anciens liaient le nom de la plante au domaine du funéraire.

La connotation du λειμών comme *locus amoenus* a ainsi été retravaillée, dans l'*Odyssée*, pour qualifier des lieux liés à la mort violente, à la

---

158 En μ.46 : « une vaste plage, tout autour, est faite des ossements des hommes qui ont entendu leur chant, et autour, les chairs sont en putréfaction ». On pourrait discuter la question de savoir si le ἀμφί de μ.46 désigne ce qui se trouve autour de la prairie, ou autour des Sirènes qui y sont assises. *Cf.* Pucci 1998 p. 8 n. 13.

159 λ.538-539, λ.572-573, ω.13-14.

160 *Cf.* la scholie à ω.13 : « On raconte que les âmes habitent une prairie, puisqu'elles viennent de la cendre. Elles n'ont pourtant pas franchi l'Achéron, car les corps n'ont pas encore été ensevelis. L'asphodèle est un genre de plante : qui en mange ne connaît plus ni la faim ni la soif. Et il est manifeste que c'est pour cette raison que les âmes qui se trouvent dans l'Hadès n'ont plus soif, ni faim. L'asphodèle est une plante qui ne porte pas de fruits. »

161 *Cf.* la scholie à λ.539 : « ἀσφοδελόν : oxyton. Il est incertain s'il s'agissait d'abord de σφοδελόν ou de ἀσφοδελόν. Se dit en effet aussi sans α. Certains orthographient σποδελόν, en raison des cendres (σποδόν) des cadavres brûlés. Mais ἀσφοδελόν est meilleur, en raison du fait que le lieu est la prairie de Perséphone. Et on nomme ἀσφοδελόν le lieu qui a une asphodèle, cette plante semblable à la scille. »

barbarie et à l'anthropophagie, ou au repos des âmes. Le lien particulier qu'entretient le λειμών avec la mort et le monde souterrain caractérise également l'*Hymne à Déméter* : c'est dans un λειμών que se trouve Perséphone lorsqu'elle est enlevée par Hadès[162]. Empédocle retravaille conjointement les modèles des prairies des Sirènes, des Cyclopes et des champs d'Asphodèle. Ce dernier ne suffit pas à expliquer le traitement empédocléen car il ne présente pas la putréfaction des cadavres : les ombres qui l'occupent sont inconsistantes. L'épisode des Sirènes fournit ce thème de la putréfaction, nécessaire à la matérialisation de la scène dans le monde des vivants. L'épisode des Cyclopes constituait l'origine de la rancune (κότος) que Poséidon entretient envers Ulysse du fait de l'aveuglement de Polyphème. Empédocle n'emploie pas le λειμών pour qualifier un lieu extérieur au monde humain, qu'il s'agisse du monde des morts ou des îles des Cyclopes et des Sirènes, extérieures à la civilisation : ces λειμῶνες subvertis qualifient le monde des hommes, en introduisant un degré de stylisation supplémentaire.

De fait, le substantif σκότος exprime l'*obscurité* liée à la mort dans les poèmes homériques, où il apparaît exclusivement dans des formules exprimant le trépas[163]. Or, l'une de ces formules trouve une instanciation sous la forme κατὰ σκότος ὄσσε κάλυψε (Π.325), où σκότος est sujet de κατακαλύπτω en tmèse. Empédocle procède à une réfection de cette formule : κατά est réanalysé comme une préposition et σκότος comme un accusatif neutre. Il existe en effet un doublet neutre, σκότος, -εος (τό) de la forme normalement masculine σκότος, -ου (ὁ). Les premières occurrences de ce doublet neutre où les formes sont proprement neutres (car σκότος, seul, est ambigu) se trouvent chez Pindare (qui emploie par ailleurs des formes masculines) et Hérodote, ainsi que dans un fragment de Sophron (*floruit* en 430)[164] : dès Homère, la forme de nominatif σκότος a toutefois pu être perçue comme un neutre athématique en -ος. De fait,

---

162 *Cf. Hh*.De.7.

163 Voir Chantraine *DELG* p. 1022. – Voir les formules τὸν δὲ σκότος ὄσσε κάλυψεν (Δ.461, Δ.503, Δ.526, Ζ.11, Ν.575, Ξ.519, Ο.578, Π.316, Π.325, Υ.393, Υ.471, Φ.181), στυγερὸς δ' ἄρα μιν σκότος εἶλε (Ε.47, Ν.672, Π.607) et ποτὶ δὲ σκότον ἐτράπετ᾽ αἶψα (τ.389).

164 Pour les formes neutres : Pi.fr.*hyporch*.108b.3 (κελαινεφέϊ δὲ σκότει / καλύψαι σέλας καθαρόν / ἀμέρας) et Pi.fr.*hymn*.42.7 (ταύταν σκότει κρύπτειν ἔοικεν) ; Hdt.2.121.21 (τὸν δὲ φῶρα ἐν τῷ σκότεϊ προτεῖναι αὐτῇ τοῦ νεκροῦ τὴν χεῖρα) et 3.78.19 ([...] ὁ Δαρεῖος ἐπεστεὼς ἠπόρεε οἷα ἐν σκότεϊ) ; Sophron fr.90.1 Kaibel (ὃ δ' ἐκ τῶ σκότεος τοξεύων αἰὲν ἕνα τινὰ ὧν ζυγαστροφεῖ). Pour les formes masculines, σκότῳ en Pi.O.1.83 et Pi.N.4.40 ; σκότον en Pi.N.7.13, Pi.fr.*thren*.130.1 et Pi.fr.incert.228.2.

au quatrième vers du fragment 121, les termes κατὰ σκότος apparaissent exactement dans la même position métrique qu'en Π.325, juste avant la diérèse bucolique : la réfection est soulignée jusque dans la place des mots. Tout l'univers du trépas, dans l'*Iliade*, est convoqué à travers cette reprise de σκότος neutre en position de régime de la préposition κατά, tour qui ne désigne plus la mort d'un héros particulier au combat mais la condition des hommes vivant sur terre.

Empédocle recompose une nouvelle trame complexe de divinités : au lieu d'appartenir au monde des morts, les prairies empédocléennes sont le point focal d'une description du monde des vivants. Elles comprennent les éléments thématiques qui caractérisaient les trois prairies macabres de l'*Odyssée* : la mort (les champs d'Asphodèle), la putréfaction (les prés des Sirènes) et la rancune (l'île des Cyclopes). La prairie reste du côté de la luxuriance et de la génération, chez Empédocle, comme le montre le fragment 66 : mais celles-ci, dans le monde, ne vont pas sans la mort[165]. À partir de ce canevas, le poète intègre des éléments originaux dans l'énumération des divinités qui règnent sur cette prairie : la plus importante d'entre elle est Ἄτη, qui égare le jugement de l'homme et le mène à porter préjudice à ses pairs, comme c'est le cas d'Agamemnon dans l'*Iliade*. Les autres divinités choisies sont de deux types. Soit (1) leur nom provient d'innovations lexicales, pour autant que notre connaissance fragmentaire de la poésie archaïque permette de l'affirmer – ainsi, l'épithète des maladies, αὐχμηραί, les Putréfactions (Σήψιες), et les ἔργα ῥευστά. Soit (2) il s'agit de divinités qui n'apparaissaient pas dans les catalogues traditionnels des divinités, tels que nous les connaissons à travers le modèle, certes partiel, de la *Théogonie* d'Hésiode – comme les Νόσοι, qui ne sont pas engendrées dans la *Théogonie*.

Le poète redessine les contours des théogonies traditionnelles : les divinités ne sont plus présentées au pluriel comme des instanciations différenciées d'un acte néfaste mais analysées en tant que principes des comportements humains, en suggérant les rapports que ces principes, néfastes, entretiennent entre eux. Le meurtre appelle la rancune, qui nourrit les dissensions et les maux dont sont affligés les mortels, et les maladies ; le dessèchement du corps lors de la mort amène la putréfaction des tissus, qui nourrissent l'humidité malsaine de la prairie qui forme

---

165  Ce point permet de répondre à l'objection de van der Ben selon laquelle aucune puissance positive n'est évoquée dans le fragment.

notre monde, régi par de telles puissances. Le catalogue des enfants de Nuit (He.*Th*.211-225) et de ceux d'"Έρις (He.*Th*.226-232) est comme recomposé par le poète en vue de son objectif propre. Il n'est pas neutre que, parmi les divinités nommées dans notre fragment 121, les deux divinités par lesquelles les autres sont subsumées sont la seconde (Κῆρα) et l'avant-dernière (Ἀάτη) des deux catalogues hésiodiques, qui y ont comme une fonction encadrante : Empédocle recompose de nouvelles unités signifiantes où est virtuellement inscrite la totalité des puissances évoquées par Hésiode (les ἄλλων ἔθνεα Κηρῶν), au sein d'une logique fondée non plus sur la généalogie mais sur l'interaction pragmatique.

## LES CATALOGUES DES FRAGMENTS 122 ET 123

Procédons à présent à l'étude conjointe des deux fragments 122 et 123[166].

### SOURCES DES FRAGMENTS 122 ET 123

#### *Sources du fragment 122*

Le fragment 122 nous est connu par deux citations de Plutarque, inégalement développées, qui ont pour objectif de montrer qu'une dualité de principes est à l'œuvre dans le monde, selon une répartition axiologique[167]. Dans le *De tranquilitate animi*, le fragment est cité à l'appui de l'idée selon laquelle biens et maux, qualités et vices coexistent dans le monde, par opposition à la thèse, amenée par une citation de Ménandre, que seul un principe positif est à l'œuvre dans l'homme. Le philosophe médioplatonicien mobilise ainsi le fragment à l'appui de l'idée qu'il existe en l'homme une tendance double, inscrite en lui dès sa naissance, qui le pousse vers le bien et le mal : la double inclination est constitutive de l'existence humaine.

L'autre citation du fragment 122, dans le *De Iside et Osiride*, est également mobilisée pour opposer deux puissances antithétiques. La

---

166 Pour ces fragments et leurs sources, voir Annexe 1, p. 804-805 et p. 806-807.
167 Il s'agit de Plutarque, *De tranquilitate animi*, 474B 3-C 1 et *De Iside et Osiride*, 370C 7-E 2.

discussion du passage de Plutarque vise en effet à trouver dans la culture grecque des preuves du fait qu'il existe une dualité de principes axiologiquement opposés, à la fois dans la mythologie et chez les philosophes. Avant Empédocle, la discussion était centrée sur Héraclite (370D 3-10). Plutarque lit dans le fr. 122 d'Empédocle une caractérisation des puissances contradictoires à l'œuvre en même temps dans l'être humain, qui doit choisir entre ces deux tendances.

Le passage suivant a fait l'objet d'une correction de Diels qui a déplacé la ponctuation :

> Ἐμπεδοκλῆς δὲ τὴν μὲν ἀγαθουργὸν ἀρχήν "Φιλότητα" καὶ "Φιλίαν"· πολλάκις δ᾽ "Ἁρμονίαν" καλεῖ "θεμερῶπιν".

> "Φιλίαν"· πολλάκις δ᾽ Ms : "Φιλίαν" πολλάκις. <ἔτι> δ᾽ Diels

Le problème est qu'on ne trouve qu'une seule fois la qualification « Harmonie au regard grave » dans le corpus empédocléen : la correction vise à faire porter πολλάκις sur la phrase précédente, qui expose les dénominations du principe positif qui sont justement les plus fréquentes. Il ne faut pas retenir cette correction : si le texte dont parle Plutarque peut être perdu, il s'agit plus vraisemblablement ici d'une manipulation du médioplatonicien visant à souligner l'importance du terme Harmonie, qu'il citait également plus haut, à propos d'Homère.

Le dernier vers du fragment 122 présente un problème textuel : les manuscrits de Plutarque comportent le texte μελάγκαρπος, *aux fruits noirs* (retenu par Estienne, Sturz, Bollack), alors qu'une citation tardive du fragment par Tzétzès[168] comporte μελάγκουρος, *au regard noir* (retenu en particulier par Diels et Wright). Il peut s'agir d'une variante ancienne. Le texte a été corrigé par Karsten en μελάγκορσος, au sens de *à la tête noire*. Il s'appuie pour cela sur un autre passage de Tzétzès[169], qui porte le texte amétrique μελάγκορος, compris par Karsten comme le résultat d'une corruption de μελάγκορσος, en donnant à ce terme le même sens que μελαγκόρυφος, *à la cime noire*, attesté chez Hésychius. Il me semble préférable de conserver le texte de Plutarque.

---

168 Tzétzès, *Proleg. Aristoph.* I.115. Le terme apparaît dans un passage où l'auteur affirme que la parabase comique doit répondre à un critère de clarté, sans être obscure.

169 Tzétzès, *Chil.* 12.573. Il s'agit d'une glose : Ἐμπεδοκλῆς πρὸ πάντων τε, φιλοσόφος ὁ μέγας / Λέγει γὰρ τὴν ἀσάφειαν μελάγκορον ὑπάρχειν.

Notons finalement que le qualificatif de Δῆρις sera repris par Quintus de Smyrne : Σὺν δ᾽ ἔβαλον θήρεσσιν ἐοικότες ὠμοβόροισι / δῆριν ἐς αἱματόεσσαν, ὁμοῦ δ᾽ ἔχον ἔντεα καλά [...] (*Posthomerica*, 1.222-223).

## La source du fragment 123 :
## le De natura deorum de Cornutus

### – Contexte de la citation

Le fragment 123 nous est connu par une unique citation du *De natura deorum* de Cornutus (30.1-11), qui le cite pour justifier une interprétation allégorique de la naissance des Titans dans la *Théogonie* d'Hésiode. Le fragment 123 est introduit au sein d'une comparaison visant à justifier méthodologiquement ce commentaire d'Hésiode. Chacun des Titans est associé à une faculté spécifique des animaux ou des humains : Japet à la production de son articulé, Koios à la faculté de penser, Theia à la vue, etc. Cette interprétation allégorique se fonde sur l'étymologie des noms des Titans : par exemple, Japet est assimilé à la voix sur le fondement du raisonnement suivant. (a) Le nom de Ἰαπετός est semblable au nom de l'archer, ἰαφετός (en fait ἰαφετής dans la tradition) ; (b) les sons sont semblables à des traits (ἰά) envoyés par la voix (ἀφ-ίημι) ; (c) Japet est donc responsable de la faculté qu'ont les animaux à produire des sons.

Dans ce contexte, le fragment d'Empédocle est introduit sur le mode d'une comparaison : au ὡς... (Cornutus 30.3) répond ainsi οὕτως (30.8). Son objectif n'est pas de montrer qu'Empédocle avait lui aussi conçu une genèse des Titans, comme l'avait compris Karsten[170] : Cornutus s'appuie sur le caractère signifiant des noms du fragment 123 pour justifier son étude de la signification des noms des Titans dans le catalogue d'Hésiode. Ce qui est véritablement l'objet de la comparaison est l'énigmatisation des noms du catalogue (τὴν εἰρημένην ποικιλίαν τῶν ὄντων αἰνιττόμενος, Cornutus 30.7-8), ce qui permet à Cornutus de justifier sa méthode étymologique.

### – Problèmes de texte liés à l'édition de Cornutus

L'édition de référence du *De natura deorum* de Cornutus a été élaborée par Lang en 1881. Elle est fondée sur un examen partiel d'une

---

170 Karsten 1838 p. 169.

tradition manuscrite complexe, marquée par des contaminations entre les branches : nous connaissions, en 1963, 120 manuscrits du traité en question, soit deux fois plus que n'en connaissait Lang[171]. Krafft a réexaminé, en 1975, la tradition manuscrite, son organisation et les problèmes qu'elle pose, dans un livre qui préparait une nouvelle édition du traité – quoique celle-ci ne semble jamais avoir vu le jour[172]. Depuis lors, aucune étude ni aucune édition ne semble avoir pourtant réexaminé de façon systématique la tradition manuscrite, en dépit de quelques travaux ponctuels[173].

Telle que l'avait appréhendée Lang[174], la tradition manuscrite se divise en 3 branches, *a*, *b*, *c*. La branche *a* est jugée la meilleure : elle est constituée des manuscrits LMPVX. Les manuscrits P et M sont considérés comme les meilleurs de la branche a et l'auteur les rassemble sous le sigle *a'* ; Lang semble également faire rentrer le manuscrit $V^2$ dans ce groupe *a'*, alors que le manuscrit $V^1$ est jugé plus proche de L – les manuscrits L et $V^1$ sont rassemblés sous le sigle *l*. Lang ne semble pas dire clairement si $V^1$ et $V^2$ sont des versions *ante-* et *post-correctionem* de V ou des apographes. La branche *b* est constituée du manuscrit N, qui comporte un certain nombre de corrections ($N^2$) issues d'une seconde main (vraisemblablement opérées à partir de la branche *a*), des manuscrits B et G, ainsi que d'un certain nombre d'apographes. La branche *c*, finalement, jugée la moins bonne par Lang, se compose elle-même de deux branches, l'une influencée par *a*, et l'autre par *b* : cette seconde sous-branche comporte en particulier le manuscrit W.

L'apparat critique de Lang à la section du traité de Cornutus où apparaît le fragment 123 n'est ni clair ni exhaustif, ce qui reflète les problèmes structurels de son travail éditorial. Il vaut mieux suivre l'apparat critique proposé par Vítek[175]. Vu l'état du matériel éditorial à notre disposition, nous ne pouvons proposer beaucoup plus que la série de remarques suivante.

---

171  La brève étude de Rocca-Serra 1963 p. 348-350 ne donne aucune information exploitable sur la tradition manuscrite de Cornutus mais souligne les limites de l'édition de Lang.

172  Krafft 1975 distinguait 40 manuscrits et 4 éditions imprimées pertinents.

173  Ramelli 2003 reproduit le texte de Cornutus, si ce n'est quelques modifications de détail, mais fournit un appendice sur la tradition manuscrite ; la traduction commentée de Busch & Zangenberg 2010 n'est pas fondée sur un réexamen de la tradition manuscrite.

174  Pour les sigles employés par Lang, voir l'index des manuscrits.

175  Vítek 2006 p. 390. Sa nomenclature ne suit pas exactement celle de Lang.

(1) En 123.2, un manuscrit[176] comporte Κινώ au lieu de Καινώ, qu'on lit sur tous les autres. Cette leçon ne fait pas sens dans le système d'oppositions. (2) En 123.2, les branches *a* et *c* ont Ἀστεμφής et la branche *b* Ἀπεμφής (qui est amétrique) ; Karsten avait corrigé en Ἀστέμφη, comprenant qu'il s'agissait d'un adjectif[177]. Il vaut mieux garder, avec la majeure partie des savants, le texte de *a* et *c*.

Les véritables difficultés apparaissent pour les vers 3, dont on a vu qu'il était intégré dans la prose de Cornutus. L'apparat critique de Lang est particulièrement confus à cet endroit ; voici un tableau récapitulatif des leçons.

| Branche | Mss. | Texte de 123.3 | Métrique ? |
|---------|------|----------------|------------|
| *a* | M | καὶ φορίην καὶ σοφήν τε καὶ ὀμφαίην | non |
| | XLP | καὶ φορίην σοφήν τε καὶ ὀμφαίην | non |
| | V¹ | καὶ φορίην σομφήν τε καὶ ὀμφαίην | oui |
| *b* | B | καὶ φορίη σόφη τε καὶ ὀμφαίη | non |
| | N | καὶ φορίη σοφη (*sic*) τε καὶ ὀμφαίη | non |
| | *ceteri* in *b* | καὶ φορύη σόφη τε καὶ ὀμφαίη | non |
| *c* | *omnes* | [καὶ] φορίην καὶ σοφήν τε καὶ ὀμφάλην | non |

Cela appelle plusieurs remarques. (1) Les branches a et c présentent des accusatifs alors que la branche *b* présente des nominatifs. (2) Il y a deux corruptions isolées : φορύη (pour les manuscrits de *b* hormis BN) au lieu de φορίη/φορίην (*ceteri*), et ὀμφάλην (branche *c*) au lieu de ὀμφαίη/ ὀμφαίην (*ceteri*). (3) Le seul texte acceptable métriquement est celui de V¹.

La branche *a* s'accorde sur le début et la fin du vers (καὶ φορίην... ὀμφαίην) mais il y a trois versions différentes du milieu du vers. Deux

---

176 Florentinus B, selon Vítek ; il doit s'agir du Laurentianus Plut. 60.19 de Lang.
177 Karsten 1838 p. 170.

d'entre elles font intervenir la divinité nommée *Sage*, Σοφήν, dont le nom est précédé de καί (M) ou non (XLP). Le texte est amétrique dans les deux cas. Sturz conservait l'esprit de ces leçons en corrigeant, pour la métrique, Σοφήν en Σοφίην[178] : il opposait *Sagesse* à *Emportement*, concevant Φορίην comme un dérivé de φέρω qui dénoterait l'emportement de l'âme par les passions par opposition à l'ataraxie.

Le manuscrit V[1] est le seul à fournir un texte métrique, σομφήν au lieu de σοφήν (sans καί antéposé). L'adjectif σομφός, qui signifie *spongieux*, n'est pas attesté avant Aristote : il s'insère mal dans le système d'opposition construit par le fragment. Karsten est le seul à l'avoir défendu, au sens de *qui ne résonne pas*, l'opposant à Ὀμφαίη comme Parole prophétique[179]. Il est plus satisfaisant de considérer σομφήν comme une correction tardivement intégrée par un scribe habile pour pallier le problème métrique.

La branche *b* présente, au contraire de la branche *a*, des leçons différenciées au début du vers (si l'on excepte l'oubli sans doute accidentel de l'accent sur σόφη dans le manuscrit N). La majeure partie des manuscrits présenterait le substantif φορύη (comme dans la branche *a*, mais au nominatif) hormis B et N qui ont φορίη ; on interprète généralement le premier à partir de φορύνω, du côté de la saleté. Choisir φορύη fait l'objet d'un consensus[180] : on l'oppose alors à Μεγιστώ du vers 123.2, exprimant la *Grandeur* ou la *Somptuosité*.

La branche *c*, finalement, lit des accusatifs. La signification des crochets droits de [καί] n'est pas claire, dans l'édition de Lang : certains manuscrits de la branche *c* ignorent-ils cette conjonction ou Lang lui-même décide-t-il de l'athétiser ? Qu'on retranche ou non ce καί, le texte est amétrique. Le texte de la branche *c*, quoiqu'il en soit, est similaire à celui du manuscrit M de la branche *a*, hormis pour la variante ὀμφάλη (au lieu de ὀμφαίη). Le substantif ὀμφαλός désigne le nombril ou toute sorte de creux ou de bosse qui y ressemblerait. L'adjectif est ὀμφάλιος, et nous ne connaissons pas d'attestation du féminin ὀμφάλη. La leçon n'a pas été suivie par les interprètes.

L'un des apports du travail de Krafft est la révision de la relation entre les différents manuscrits, ce qui s'est conclu en particulier par

---

178  Sturz 1805 p. 542.
179  Karsten 1838 p. 170.
180  Ce choix est l'objet des critiques de Picot 2012.

l'élimination de la branche que Lang notait $c$[181] : la situation est en fait plus complexe, puisque d'un hyperarchétype ω dérivent la classe *a* et l'archétype δ, qui comprend lui-même les classes *b* et *m* ainsi que l'archétype φ[182]. Son étude fournit par ailleurs une série d'informations sur le texte de notre fragment, quoiqu'il ne se soit apparemment pas livré à une collation exhaustive de toutes les parties de celui-ci, dans la mesure où il n'a mobilisé que les parties qui intéressaient son argumentation sur les relations respectives des manuscrits et des différentes mains. Il n'évoque ainsi qu'un certain nombre de variations relativement mineures, que je présente ici par commodité pour le lecteur. Le second hémistiche du vers 123.1 a fait l'objet d'une correction par une seconde main sur un manuscrit de Dublin, qui fait d'une façon plus générale l'objet des analyses du savant : le groupe Εὐναίην τε καὶ Ἔγερσιν a été passé au nominatif, très vraisemblablement par comparaison avec une autre branche de la tradition[183]. Au vers 123.2, Krafft confirme l'analyse de Lang selon laquelle la majorité des manuscrits présente Ἀστεμφής (branches amφ de Krafft) alors que la branche b présente, seule, ἀπεμφής (qui n'est pas métrique). La forme fait également l'objet d'une *uaria lectio* sur un manuscrit de Leyde, dont Krafft estime qu'il s'agit d'une simple corruption : le manuscrit donne Ἀμφῆ... καὶ Μιστώ, corrigé par une seconde main en Ἀστυμφῆ... καὶ Μεγιστώ[184].

Finalement, Krafft mentionne le vers 123.3 pour le cas précis de la relation entre un manuscrit de Venise et un manuscrit de Naples (qui appartiennent tous deux à la classe *b*) : le premier est un manuscrit isolé qui porte la corruption manifeste Φορίν, alors que le second (ainsi que la classe *m*, deux branches dépendantes de *b* et une partie de la branche φ) comporte Φορίη et que la branche *a* et l'autre partie de φ lisent l'accusatif φορίην[185]. Krafft n'évoque pas le texte Φορύη.

---

181 Krafft 1975 p. 186, pour sa conclusion à ce sujet.

182 Je résume ici une discussion d'une grande complexité : à l'intérieur de chacune de ces branches se déploie une tradition abondante. Voir les *stemmata codicum* que Krafft propose p. 211 (pour *a*), p. 249 (pour *b*), p. 315 (pour φ).

183 Krafft 1975 p. 34-35 note d ce manuscrit de Dublin (Trin. 373) ; la version *ante correctionem* suit le texte de la branche que Krafft note φ, alors que la version *post correctionem* présente le même texte que les branches notées *a* et *b*.

184 Krafft 1975 p. 68 et 186 ; il note D ce manuscrit de Leyde (B. P. G. 67 E).

185 Krafft 1975 p. 228. Z est Naples, Bibl. Borb. II.E.4 et E est le Venise, Bibl. naz. Marciana, graecus Z. 490 (coll. 864).

– Comment éditer le vers 123.3 ?

Pour le vers 123.3, le texte qui fait aujourd'hui l'objet d'un consensus
est le suivant :

Καὶ Φορύη Σώπη τε καὶ Ὀμφαίη ∪∪– x

« Et Saleté, Silence et Parole prophétique... »

On accepte généralement la lacune, dans la mesure où le système
d'opposition est complet : Φορύη s'oppose à Μεγιστώ du vers précédent, et Ὀμφαίη à Σώπη. Ce dernier terme, Σώπη, est une correction
proposée par Bergk[186] : σώπη est un doublet de σιώπη, le *silence*. Cette
correction a l'avantage de résoudre le problème métrique et de fournir
un système d'oppositions cohérent ; elle suppose deux interventions sur
les manuscrits, dans la mesure où (1) le manuscrit M de la branche a
et toute la branche c ne présentent pas de καί avant le terme objet de la
correction de Bergk, et où (2) elle repose sur un changement de quantité
d'une voyelle (entre o et ω) et de timbre d'une consonne (entre φ et π).
    Cette restitution du vers 123.3 n'est pourtant pas sans poser de diffi-
cultés. (1) On ne comprend pas le procédé qui explique la corruption de
Σωπή en Σοφήν (ou Σοφή) : cette double altération du ω en o et du π en
φ ne paraît pas s'expliquer aisément d'un point de vue paléographique.
(2) Il faudrait expliquer pourquoi la majeure partie des manuscrits
(branches a et c) présentent des accusatifs et non des nominatifs (branche
b). Ces accusatifs peuvent légitimement être interprétés comme une
citation libre de noms qui figuraient certes dans la suite du fragment
mais qui ne formaient pas un vers dans la paraphrase de Cornutus. On
expliquerait alors les nominatifs de la branche b, justement, comme une
tentative ancienne d'intégrer les noms dans l'hexamètre. En effet, la suite
du passage de Cornutus comprend les termes καὶ πολλὰς ἄλλας, qui ne
sont présents qu'à l'accusatif si l'on en croit la recension de Lang, qui
ne signale aucune *uaria lectio* à ces termes dans son apparat critique[187].
    Le texte admis a fait l'objet des critiques de Picot, qui a proposé une
autre restitution : Ἀφορίη τε Σόφη τε καὶ Ὀμφαίη <σκοτόεσσα>[188]. Il

---

186 Bergk [1839] 1886 p. 42.
187 La seule mention est qu'Osan a justement corrigé πολλὰς ἄλλας en un nominatif.
188 Les arguments se trouvent en Picot 2012 p. 43 *sqq*.

discrédite la correction de Bergk, Σωπή, au moyen d'arguments paléo-graphiques, linguistiques et herméneutiques : (A) on ne peut expliquer facilement le passage de Σωπή à Σόφη[189]. (B) L'argument du fait que Σωπή est un dorisme est faible de l'aveu même du savant, dans la mesure où il s'agit du dialecte parlé à Agrigente[190] : on ne peut exclure un emprunt. Les manuscrits de Sextus présentent d'ailleurs le dorisme θνατῶν en B 3.7[191]. (C) Le couple d'opposition Σωπή/Ὀμφαίη ne fonctionnerait pas : en face de Σωπή, on attendrait le bruit, et non la parole prophétique ; à l'inverse, face à Ὀμφαίη on attendrait la parole profane[192].

L'argument (A) serait pertinent si l'édition de Cornutus comportait une recension de tous les manuscrits et s'était élaborée sur des critères plus rigoureux. Vu notre état de connaissance des manuscrits, on ne peut pas complètement exclure qu'il y ait d'autres textes que Σόφη, voire que la correction de Bergk fût juste. Il vaut mieux réserver notre jugement. L'argument (C) ne fonctionne pas, car il est fondé sur un présupposé : il néglige la dimension de réfection de la tradition par Empédocle. Ce que l'opposition entre Σωπή et Ὀμφαίη suggère est justement qu'il n'y a aucune autre parole véritablement possible que la parole prophétique issue de la divinité, ce qu'il faut relier au fait qu'Empédocle se présente comme un poète qui allie les fonctions de médecin et de prophète, dans les *Catharmes*.

Les arguments par lesquels le savant discrédite l'opposition ne fonctionnent donc pas complètement. Examinons ceux qu'il apporte à l'appui de la correction Ἀφορίη. Bergk avait défendu la correction καὶ ἀφορίη, proposition modifiée par van der Ben en κἀφορίη[193], au sens de *Stérilité*. La reconstruction de Picot s'appuie sur des arguments paléographiques : il considère que le καί qui précède φορίη dans les manuscrits de Cornutus est une interpolation de l'auteur, à partir d'arguments statistiques non exhaustifs montrant la rareté de l'emploi de καί en première position dans les catalogues[194]. L'insertion de ce καί avant ἀφορίη, que Picot reconstruit comme le texte original, aurait donné καὶ φορίη par haplographie[195].

189 Picot 2012 p. 35.
190 Picot 2012 p. 36.
191 *Cf.* Mutschmann 1914.
192 Picot 2012 p. 35 ; *ibid.*, p. 41 : « À Parole divine s'opposerait Parole profane, plus que Silence. »
193 Bergk [1839] 1886 p. 42 ; van der Ben 1975 p. 164-166.
194 Picot 2012 p. 47.
195 Picot 2012 p. 45.

Nous avons montré que (1) καί était possible en première position et qu'il jouait alors justement le rôle d'une cheville métrique visant à introduire en première position des mots de forme Cuu– ; (2) qu'Empédocle introduisait des innovations telles dans la facture des vers catalogiques que la rareté de la configuration devient au contraire un argument très fort en faveur de son authenticité. Nous n'avons aucune raison de disqualifier le καί du vers d'Empédocle si l'on accepte que Cornutus paraphrase un vers. Le reste de la reconstruction n'est fondé que sur une supposition : le fait est que ἀφορίη n'est pas dans les manuscrits.

Or, adopter le texte de Picot, qui ne va pas de soi, a un lourd prix interprétatif : le savant prend la parole prophétique en mauvaise part, estimant que les couples de divinités sont polarisés et que leurs termes doivent être associés à l'Amour et à la Discorde[196]. Je montrerai plus loin que cette opposition polaire ne va pas de soi. Picot, se fondant sur l'association de πανόμφαιος à Zeus dans l'*Iliade*, estime que le terme ὀμφαίη est une référence au Zeus du fragment 128 que les premiers hommes ne révèrent pas[197]. Cela pose trois problèmes. (1) Il n'est pas sûr qu'Empédocle cite le terme dans le fragment 123 pour accepter la filiation avec Homère. Il peut au contraire la contester. (2) Pourquoi ne pas plutôt relier πανόμφαιος avec le Zeus auquel le savant accepte qu'Empédocle fasse référence en bonne part dans le fragment 6[198] ? Cette pétition de principe affaiblit de façon dirimante ses conclusions. (3) On ne comprend pas en quoi Ἀφορίη, la Stérilité, serait opposée à Μεγιστώ, la Somptuosité. De surcroît, le terme ἀφορίη est absent de la tradition poétique : au V<sup>e</sup> siècle, il n'est employé que par Antiphon et l'historien Antiochus de Syracuse[199]. On n'a donc pas de raison valable de corriger le καὶ Φορύη transmis par certains manuscrits (selon Lang) et accepté depuis Karsten.

Il faut bien entendu abandonner la restitution <σκοτόεσσα>, qui n'est justifiée que par l'interprétation, sans s'appuyer sur aucune donnée positive[200].

Il appert donc que la reconstruction proposée par Picot n'est pas plus acceptable que le texte admis d'habitude par les éditeurs : sa proposition

---

196 Picot 2012 p. 42.
197 Picot 2012 p. 50-51.
198 Picot 2012 p. 51 n. 68.
199 Antiphon, *Tetralogies*, I.10.7 et II.11.5 ; Antiochus fr.10.3 Müller.
200 La correction est proposée par Picot 2012 p. 54.

présente des difficultés méthodologiques qui ne la rendent acceptable qu'au prix d'une interprétation discutable du texte ; elle suppose d'athétiser un καί sans avoir de raison forte pour le faire, et ne présente pas, pour Ἀφορίη, un système d'opposition plus convaincant que celui admis.

Étant donné que nous ne possédons pas d'information précise sur le contenu exact des manuscrits au vers 123.3 – rappelons que Lang ne prend en compte que la moitié des manuscrits connus – il est difficile de tirer des conclusions absolument certaines sur le texte de 123.3. Vu les informations dont nous disposons, il est raisonnable d'estimer que ce que l'on a pris pour le vers 123.3 est en fait une énumération de noms extraits par Cornutus de la suite effective du fragment : Cornutus cesse de recopier sa source après le vers 2, et ne mentionne plus que trois noms qui lui semblent représentatifs. Ce serait là la raison pour laquelle cette liste est amétrique et qu'elle ne respecte pas le système d'opposition caractéristique du reste du fragment.

Cette hypothèse permet de mieux comprendre ce que nous connaissons de la tradition manuscrite *via* Lang et ne nous pousse pas à plaquer une cohérence artificielle sur le fragment par le biais d'une correction. Elle ne nous conduit pas à perdre d'information, en définitive, puisqu'elle admet que les trois noms attestés dans les manuscrits, Φορύη ou Φορίη, Σόφη et Ὀμφαίη sont bien extraits du fragment original d'Empédocle. Rappelons que Cornutus cite le fragment pour le caractère signifiant de ses noms : son propos n'est pas de rendre compte du système d'oppositions. Il a pu sélectionner les noms qui lui semblaient les plus signifiants dans la suite de ce qui est pour nous le fragment 123 et dont nous ignorons la longueur originelle.

Il reste à trancher le problème de Φορύη (qui apparaît seulement sur la branche *b*, à l'exception des manuscrits B et N selon Lang) et Φορίη (qui apparaît partout ailleurs, selon Lang). Les deux termes ne sont pas attestés avant notre passage d'Empédocle. Si l'analyse des trois branches que propose Lang était juste (point certes objet des critiques de Krafft), on devrait être conduit à faire le raisonnement suivant : comme les deux familles *a* et *c* présentent le même texte, Φορίη, il doit s'agir de la leçon correcte, qui aura été corrompue en Φορύη dans la branche *b* ; si les manuscrits B et N de la branche *b* présentent Φορίη comme les branches *a* et *c*, c'est que la leçon correcte aura été réinsérée dans ces deux manuscrits par comparaison avec des manuscrits des branches *a* et *c*.

458 EMPÉDOCLE, UNE POÉTIQUE PHILOSOPHIQUE

Ce qui va dans le sens de cette hypothèse est le fait qu'il existait un grand nombre de manuscrits de Cornutus en circulation – environ 120 –, ce qui facilitait les comparaisons entre les traditions. Les informations fournies pas Krafft vont également dans ce sens, car il ne fait pas mention de la leçon Φορύη ; toutefois, seul le premier mot du passage est discuté, et ce dans le cadre d'une comparaison entre deux manuscrits spécifiques[201] : il est difficile de déterminer si les informations qu'il présente dans cette section sont absolument exhaustives, et il pourrait ne pas signaler la leçon Φορύη car elle est sans importance pour la relation des deux manuscrits. L'hypothèse développée ci-dessus présente de fait une difficulté, si Φορύη est bien une leçon présentée par certains manuscrits : pourquoi la corruption se serait-elle effectuée dans le sens d'une racine bien connue (φορίη sur φέρω) vers un radical rare (φορύη sur φορύνω) ? De fait, le phénomène du iotacisme rendait beaucoup plus facile le passage de Φορύη à Φορίη que l'inverse, dès une date ancienne. Si nous ne pouvons expliquer pourquoi Φορίη aurait été corrompu en Φορύη, l'inverse paraît donc plutôt clair : Φορύη est la *lectio difficilior*. Les incohérences générales présentées par l'édition de Lang, et le caractère non exhaustif de sa recension fragilisent à l'extrême sa reconstruction des interrelations entre les manuscrits de Cornutus.

Si une étude exhaustive des manuscrits du traité confirmait la répartition des leçons que propose Lang, fût-ce après correction de la reconstruction des trois branches qu'il propose, l'argument de l'iotacisme me paraîtrait plus faible que ceux en faveur de Φορύη.

Il est donc vraisemblable, sous réserve d'éléments apportés par une future recension des manuscrits de Cornutus et une nouvelle édition du texte, que ce qu'on a pris pour le vers 123.3 ne constitue en réalité pas un vers mais une simple succession de trois noms extraits par Cornutus de la suite du fragment (sans respecter un système d'opposition) et intégrés à sa prose. Cela conduirait à retenir le texte suivant :

... ὡς γὰρ Ἐμπεδοκλῆς ἐν τοῖς Φυσικοῖς ἐξαριθμεῖται· [cit. fr. 123.1-2]
"Φυσώ τε Φθιμένη τε, καὶ Εὐναίη καὶ Ἔγερσις,
Κινώ τ' Ἀστεμφής τε, πολυστέφανός τε Μεγιστώ"
Καὶ "Φορύην" καὶ "Σοφὴν" καὶ "Ὀμφαίην" καὶ πολλὰς ἄλλας, ...

Pourtant, vu les incertitudes majeures qui caractérisent notre connaissance de la tradition manuscrite, nous discuterons plus loin

---

201 Krafft 1975 p. 228.

à la fois la leçon Φορίη et la correction de Bergk, Σωπή, en dépit des difficultés certaines que pose cette dernière.

## LES INTERPRÉTATIONS DES FRAGMENTS 122 ET 123

Depuis Sturz et Karsten, les fragments 122 et 123 sont compris comme une énumération d'affections – bonnes et mauvaises – que connaissent les mortels, présentées sous une forme divinisée ou mythifiée[202]. Celles-ci, sous la forme de noms de divinités, sont présentées dans un rapport d'opposition ; la répartition des paires a varié, selon les interprétations, en particulier pour le fragment 123. Cette ligne interprétative est encore acceptée aujourd'hui[203].

La répartition des paires de divinités opposées a varié : dans les deux premiers vers du fragment 122, Sturz lit dans Χθονίη la préoccupation pour les choses terrestres et fragiles, par opposition au fait de regarder le soleil ; Karsten estime qu'il s'agit d'une opposition entre divinités terrestres (Χθονίη) et divinités célestes (Ἡλιόπη) ; Wright, que la paire délimite le monde des mortels, compris entre terre et soleil[204]. Au vers 4 du même fragment, il y a eu des discussions pour savoir si Νημερτής était du côté de la perspicacité ou de la vérité : la discussion se trouve déjà dans Sturz, qui tranchait en faveur du premier sens.

La répartition des paires a été la plus discutée pour les vers 123.2-3, du fait des problèmes textuels posés par la transmission du fragment par Cornutus. Sturz lisait dans ces vers une opposition portant sur l'âge, la sagesse et la parole. Il lisait Καινώ (au sens de *iuuentus*), et non Κινώ ; considérant ἀστεμφής comme un adjectif[205], le savant opposait Καινώ ἀστεμφής, la *Jeunesse robuste* (ou *qui n'a pas encore été couronnée*), et Μεγιστώ πολυστέφανος, la *Vieillesse très couronnée*. Pour le vers 3, Sturz lisait καὶ Φορίη Σοφίη τε καὶ Ὀμφαίη <Σιγή τε> : dans son idée, le vers était fondé sur une double opposition, entre Σοφίη et Φορίη (*Temeritas*, en faisant remonter à φέρω, dans l'idée d'être emporté par un élan incontrôlable),

---

202 Sturz 1805, p. 541-542 ; Karsten 1838, p. 168-169. Il s'agit, selon Karsten, des démons tombés sur terre, par lesquels Empédocle exprime métaphoriquement ces affections des mortels.

203 Voir en particulier Wright 1995 p. 280-281, Bollack 2003 p. 78-79 etc.

204 Sturz 1805 p. 541-542 ; Karsten 1838 p. 168 ; Wright 1995 p. 281-282.

205 Sturz 1805 p. 542 proposait deux interprétations pour ἀστεμφής : (1) « *interrita, firma, robusta* » ; (2) « *non coronata, nondum meritis clara* » (« *dictum pro* ἀστεφής », « sans couronne »).

et entre Ὀμφαίη et Σιγή (qu'il restituait), comprenant *Vox* et *Silentium*. Sturz pensait pouvoir tirer cette restitution du contexte du fragment 123, et trouvait un autre argument dans un passage de Synésius, qui aurait subi une influence empédocléenne, ou du moins pythagoricienne, opposant φωνά et σιγά.

Karsten a substitué un autre jeu d'oppositions, fondé sur les notions de mouvement, de grandeur et de parole, dont les deux premiers termes font encore l'objet d'un consensus aujourd'hui. Le savant lisait en effet Κινώ, opposé à Ἀστεμφής qu'il percevait comme un substantif, opposant le mouvement à l'immobilité. Dans son idée, Μεγιστώ devait être opposée au Φορύη du vers suivant (*Majesté* contre *Saleté*). Le savant corrige les leçons σοφίη/σόφη des manuscrits qu'il lisait en Σόμφη (qu'il tire du côté du murmure inaudible), et l'oppose à Ὀμφαίη, la parole prophétique. Bergk a, à son tour, modifié le dernier couple de ce système et proposé la correction Σωπή pour σοφή, on l'a vu[206] : le système d'opposition qui en découle a, depuis lors, fait l'objet d'un consensus, quoique le Φορύη qui avait été défendu par Karsten au vers 123.3 ait été mis en question.

La leçon καὶ Φορίη a, ainsi, été adoptée par Wright, qui traduit par *Vileness*. La traduction n'est pas justifiée et le savant ne propose aucune justification du terme, admettant au contraire la difficulté qu'il pose. Sa proposition n'est pas suffisante pour remettre en question l'hypothèse de Karsten.

## LES FRAGMENTS 122 ET 123 : UNE MISE EN QUESTION DES THÉOGONIES TRADITIONNELLES

La majeure partie des noms qui figurent dans les fragments 122 et 123 sont forgés : Karsten en concluait qu'Empédocle rivalisait d'adresse avec Orphée, Hésiode, et les autres grands poètes antérieurs[207]. Ce constat – et non la conclusion à laquelle il avait conduit Karsten – a été repris par plusieurs philologues postérieurs[208]. Wright souligne au contraire la proximité dans la formation du catalogue empédocléen avec les catalogues des Néréides homérique (Σ.39-49) et hésiodique (He.*Th*.240-264), et le catalogue des Océanides (He.*Th*.346-361)[209]. La première partie

---

206 Bergk [1839] 1886, p. 42.
207 Karsten 1838 p. 168.
208 Wright 1995 p. 280, Bollack 2003 p. 81.
209 Wright 1995 p. 280.

de notre étude nous a amené sinon à infirmer cette thèse, du moins à la nuancer fortement : la façon dont Empédocle compose les catalogues des fragments 122 et 123 se caractérise par une originalité forte.

Des noms de divinités formés par suffixation en -ώ apparaissent à quatre reprises dans les fragments 122 et 123 (Καλλιστώ, 122.3 ; Φυσώ, 123.1 ; Κινώ et Μεγιστώ, 123.2) : ils sont formés selon un procédé spécifique, déjà employé par Hésiode. Arrêtons-nous un instant sur la formation de ces noms en -ώ.

## Sens et formation des substantifs féminins en -ώ

Chantraine considère les féminins en -ώ comme des thèmes en -i où un vocalisme o s'est généralisé[210]. Le thème a eu deux usages principaux qui peuvent se recouper : former des anthroponymes et des substantifs féminins à connotation populaire, ou des noms d'action féminins.

Le thème a d'abord servi à la formation d'anthroponymes féminins et d'autres substantifs féminins (généralement dérivés de noms) à connotation populaire (en particulier marquée, dans les anthroponymes, par une gémination expressive de la consonne précédant le thème), ce qui a été particulièrement productif en dorien : il sert parfois à la formation d'hypocoristiques (par exemple Ἀφρώ pour Ἀφροδίτη), dès l'époque archaïque. Le caractère populaire de cette formation implique que les quelques noms que nous connaissons sont souvent des *hapax* ou ne sont plus conservés que dans des lexiques[211]. Le thème a également servi à former des surnoms féminins : Μορφώ, *belle*, est ainsi un surnom d'Aphrodite à Sparte.

Le thème en -ώ a également servi à former des noms d'action féminins[212]. Les deux usages sont souvent attestés pour les mêmes mots. Chantraine relève ainsi que, chez Aristophane, un même substantif ἠχώ désigne la nymphe et le phénomène d'écho lui-même[213]. Dans le cas des noms d'action, le suffixe a été productif dès l'époque archaïque (par exemple αὐδώ, la voix, chez Sappho), le plus souvent à partir de radicaux verbaux.

---

210 Chantraine, *Formation*, p. 115 § 90.
211 Par exemple un ἀνθρωπώ (ἡ) équivalent féminin de ἄνθρωπος mentionné par Hésychius.
212 Chantraine, *Formation*, p. 116-117, § 91.
213 Chantraine, *Formation*, p. 116, § 91, et les nombreux exemples qu'il fournit.

Empédocle s'est manifestement appuyé sur les deux types de formation : les noms des déesses qu'il forge sont à l'imitation de qualités humaines. Le phénomène s'appuie sur une abstraction des qualités, ou des processus, que leur sémantisme véhicule.

Il ne faut pourtant pas rabattre trop vite la construction des fragments 122 et 123 sur l'expression abstraite de qualités ou processus concrets : Chantraine remarquait que les deux formations par suffixation en -ώ s'opposaient en ce que la première procédait par dérivation nominale et la seconde surtout par dérivation verbale. Or, les noms formés sur le thème en -ώ, dans nos deux fragments, sont généralement formés par suffixation sur des noms : ainsi Καλλιστώ en 122.3 (sur l'adjectif κάλλιστος, superlatif de καλός) ; en 123.1, Φυσώ, sur φύσις, là où il aurait pu y avoir Φυώ sur φύω ou sur φύομαι ; en 123.3, Μεγιστώ est formé sur le superlatif de μέγας. Seul Κινώ, formé sur κινέω, fait exception : mais les attestations du substantif κίνησις (d'où aurait pu être dérivé un hypothétique Κινησώ) sont postérieures à Empédocle.

Ainsi, les déesses dont Empédocle crée les noms à partir d'abstractions de qualités ou de processus dans les fragments 122 et 123 sont à la fois caractérisées comme des divinités exprimant la notion abstraite sur le sémantisme duquel elles sont formées et comme des femmes. Il est significatif que Μεγιστώ, par exemple, ait été choisi de préférence à Μεγίστη : Empédocle a recherché la connotation anthroponymique au-delà même du genre grammatical du mot. Le choix du suffixe s'explique sans doute aussi par son caractère populaire : les déesses sont dans le monde, elles n'habitent pas un ailleurs aux franges de l'humanité.

*Le fragment 122*

Examinons les couples d'adjectifs qui composent le catalogue.

– Terreuse et Regard solaire (122.1)

L'adjectif χθόνιος, dérivé de χθών, est employé au féminin à partir de Sophocle et peut-être dans une occurrence mutilée de Bacchylide[214]. Selon Chantraine, χθών désigne de façon privilégiée la terre comme

---

214  En So.*El.*1066 pour Φημή, en So.*OC.*1752 pour la χάρις χθονία, qui est la faveur des morts, en So.*OC.*1568 pour des divinités infernales ; en Ba.fr.*enc.*2.8, peut-être pour les Érinyes.

domaine des puissances souterraines et des morts, par opposition à γῆ qui renvoie à sa surface, en ce qu'elle est cultivable ou habitable, ou à la terre en tant que matière ou substance[215].

L'emploi de χθών chez Phérécyde échappe à une opposition de cette nature. Le fragment 1 expose la transformation de Χθών en Γῆ, suite au cadeau que lui fait Zeus de la terre (γῆ) considérée comme matière ou surface où habiter[216]. Chez Empédocle, χθών et γῆ ne paraissent pas s'opposer, dans la mesure où, dans le Περὶ Φύσεως, les deux termes peuvent désigner l'élément terre : pour χθών, soit en tant qu'il s'agit d'une manifestation des racines dans le monde, soit en tant qu'ingrédient du mélange[217]. Le terme γαῖα désigne très régulièrement la terre en tant qu'élément, le plus souvent aux côtés de πῦρ, ἀήρ, et ὕδωρ[218]. À l'inverse, le couple formé par γῆ et χθών peut tout aussi bien renvoyer à la surface de la terre[219] : dans les vers 115.9-11, qui énumèrent les lieux qui reçoivent les démons déchus, la terre est successivement désignée par χθών lorsque les démons y arrivent et par γαῖα lorsqu'ils la quittent.

Le groupe Ἡλιόπη ταναῶπις est l'objet d'une création : ni le nom ni l'adjectif ne sont attestés en dehors du fragment 122. Peu de composés anciens sont formés sur ἥλιος : hormis notre substantif, le seul autre cas

---

215 Chantraine DELG p. 1258. Le terme χθόνιος est employé comme épithète d'Hadès (I.457, He.Th.767, He.Op.465). Le terme est régulièrement employé par Eschyle pour évoquer diverses puissances souterraines liées au monde des morts dans un contexte religieux (Ae. Ch.358, Ae.Ch.399, Ae.PV.994, etc.), et par Pindare pour renvoyer au monde souterrain et aux puissances qui l'habitent (Pi.P.4.43, Pi.P.4.159, Pi.P.5.101).

216 Phérécyde fr. 14 Schibli (= 7 B 1 D.-K.) : Ζὰς μὲν καὶ Χρόνος ἦσαν ἀεὶ καὶ Χθονίη· Χθονίη δὲ ὄνομα ἐγένετο Γῆ, ἐπειδὴ αὐτῇ Ζὰς γῆν γέρας διδοῖ « Zeus et Chronos étaient toujours, ainsi que Chthoniè ; Gè devint le nom de Chthoniè, lorsque Zeus lui donna la terre en part d'honneur. »

217 En B 22.2 et 76.3, χθών figure parmi les manifestations des racines visibles dans notre monde. Dans les fragments 96 et 98, χθών est l'un des ingrédients du mélange élémentaire, respectivement, des os et du sang. Le fragment 37 affirme que la terre (χθών) augmente son propre γένος, de même que l'éther augmente le sien : il est cité par Aristote (Arist. GC. II.6, 333a 35-b 3) dans un passage visant à discuter le rôle des éléments dans le phénomène de l'αὔξησις, ce qui implique que le Stagirite comprend que χθών renvoie, dans ce vers difficile, à la terre comme στοιχεῖον.

218 Cf. Empédocle fr. 17.18, 71.2 et 109.1.

219 Ainsi, χθών désigne dans le fr. 54 la surface du sol à l'intérieur duquel l'éther enfonce ses racines, et en 62.4, celle dont les οὐλοφυεῖς surgissent. Le fragment 38.3 énumère les formes visibles des éléments, parmi lesquelles γαῖα se trouve aux côtés de πόντος ; au fr. 39, γῆ désignait la surface de la terre où nous vivons – dans un contexte qui vise, certes, à révéler les incohérences des positions des autres penseurs ; au fr. 45, γαῖα désigne la surface de la terre, sur laquelle est projetée la lumière de la lune ; au fr. 111.3, γαῖα désigne le sol cultivable.

est Ἡλιοπολίτης (Hdt.2.3.4). Le sémantisme du suffixe -οπή est difficile à tracer, du fait qu'il existe à la fois ὤπη et ὀπή ; mais on peut sans doute exclure ὄψ, la *voix*, qui a lui aussi servi à former des composés anciens. Le substantif ὤπη est du côté du visage, ou de l'aspect, alors que ὀπή signifie *ouverture, trou*... (c'est-à-dire l'endroit par où l'on voit), d'où la *capacité de voir*, la *vue*[220]. Ce dernier sens est le plus pertinent ici : le nom signifie soit que le regard est tourné vers les astres et le soleil (Sturz et Karsten), soit qu'il est semblable au soleil (Bollack).

La féminisation du nom au moyen du suffixe -ὀπη est peut-être plus importante que le sémantisme du suffixe : il permet de transposer le soleil, ἥλιος, puissance par nature masculine dans le monde grec, en une divinité féminine. Le nom d'Ἡλιόπη est analogique d'autres noms de divinités ou de femmes, tels que Καλλιόπη. Au demeurant, si χθών était employé dans le Poème physique pour désigner la terre, ἥλιος l'était aussi pour le feu, comme en 21.3.

Le composé ταναῶπις est, pour le sens, du côté de l'étendue du regard[221]. L'adjectif ταναός, *long* ou *étroit*, a donné quelques composés à date ancienne, tels que ταναήκης, *à la pointe aiguë* (*Iliade*), et ταναύποδα *aux longues pattes minces* (*Odyssée*)[222]. Pour l'analyse du terme, je renvoie à la partie qui est consacrée à ce mot dans l'analyse du fragment sur la vision et la lanterne[223].

Les composés en -ῶπις sont fréquents dès Homère, chez lequel on trouve les formes αὐλῶπις, βλοσυρῶπις, βοῶπις, γλαυκῶπις, ἑλικῶπις, εὐῶπις, κυανῶπις, κυνῶπις[224]. Le suffixe est resté productif : les *Hymnes homériques* ont καλυκῶπις, et Empédocle use, en sus de notre ταναῶπις, de θεμερῶπις en 122.2 (qui est également attesté chez Eschyle[225]) et de ἀλαῶπις dans le fr. 49, pour la nuit. Chantraine considère que les composés en -ωπ- sont du côté du visage ou de l'aspect, plus que de la vue[226] : ταναῶπις serait alors une exception.

---

220 Pour ὤπη : Chantraine *DELG* p. 813. Pour ὀπή : Chantraine *DELG* p. 803.
221 Sturz comprenait « *late uidens* » ; Karsten « *longe spectans* » ; Wright « *far-seeing* » ; Bollack « dont l'œil perce loin ».
222 Chantraine *DELG* p. 1091.
223 *Cf. infra* p. 298-299.
224 Chantraine *DELG* p. 812.
225 En Ae.*PV*.134, pour l'αἰδώς.
226 Chantraine, *Formation*, p. 257 § 203 : « par évolution naturelle, les mots composés en -ωπ- ont désigné le visage, l'aspect. »

Le premier vers du fragment 122 décrit l'ouverture d'un espace topologique, nécessaire au développement des autres puissances, ainsi qu'à celui du vivant. Les deux éléments retenus sont d'ailleurs le plus dense et le plus subtil des quatre racines. Le groupe ἔνθ' ἦσαν de 122.1 implique en effet qu'il y a réunion de contraires en un lieu ou en un temps donné. Dès ce premier couple, il est difficile d'associer une polarité axiologique aux opposés : quoique les commentateurs estiment généralement que la référence au soleil tire le second terme du couple du côté de la lumière et de la connaissance, les deux pôles sont tout aussi nécessaires l'un que l'autre à l'ouverture de l'espace. L'un n'est pas plus que l'autre du côté de l'Amour ou de la Discorde.

– Lutte et Harmonie (122.2)

Le vers 2 du fragment 122 voit apparaître deux divinités antagonistes, Lutte et Harmonie, qui sont responsables de l'apparition de la multiplicité des êtres vivants, auxquels sont attribués les deux couples de qualité mentionnés au vers 122.3.

Le terme Δῆρις désigne la *lutte*, et en particulier la lutte armée[227]. Chantraine estime que le nom a dû s'appliquer d'abord à la lutte, puis à la bataille, et que les verbes dénominatifs (δηρίομαι avec doublet δηριόω) sont plus fréquents que les substantifs[228]. Il existe des dérivés privatifs, comme ἀδήριτος, *sans combat* : la racine était productive et vivante. Pour l'étymologie, Chantraine suggère un rapprochement avec le sanskrit *dari, qui fend* : le sens originel serait *séparation, querelle*. Cette lutte n'est pourtant pas toujours connotée négativement : il peut s'agir d'une rivalité entre père et fils au sujet de l'excellence, d'une compétition sportive, ou d'une lutte contre un animal monstrueux visant à préserver la cité[229]. Le

---

227 Pour la lutte en général : avec connotation négative, en He.*Op.*14 (la mauvaise ἔρις engendre guerre, πόλεμος, et Querelle funeste, δῆριν σχετλίη), *Op.*33 (Hésiode conseille à Persès d'obtenir sa subsistance par le travail plutôt que de chercher à soulever querelle et discorde, νείκεα καὶ δῆριν pour s'approprier le bien d'autrui), Ae.*Ag.*942 (pour une lutte verbale qui oppose Clytemnestre à Agamemnon). Pour la lutte armée : en P.158 (ἀνδράσι δυσμενέεσσι πόνον καὶ δῆριν ἔθεντο, *les Troyens luttent et peinent contre des ennemis*), He.*Sc.*241 (δῆριν ἔχοντες μάρναντο), *Sc.*251 (les Κῆρες se disputent les héros qui tombaient au combat), Ae.*Su.*412 (qu'une guerre de représailles ne s'abatte pas sur Argos).

228 Chantraine *DELG* p. 275. En français, le substantif *Lutte* rend sans doute le mieux la polysémie du terme grec.

229 En ω.515, le terme signifie simplement *se quereller* (Laërte est heureux d'entendre Ulysse et Télémaque parler d'ἀρετή). Pour la compétition sportive, en He.*Sc.*306 (les cavaliers

terme apparaît souvent à l'accusatif dans une périphrase impliquant une cheville verbale (τίθημι, ἔχω) : le terme n'est pas employé au nominatif avant Eschyle[230].

Le substantif est manifestement employé négativement de sorte à connoter la destruction, chez Empédocle : il apparaît une fois dans le Poème physique, dans le fr. 27a, pour affirmer que dissension (στάσις) et lutte (δῆρις) sont absentes du *Sphairos*. L'épithète de la divinité Δῆρις, dans notre fragment 122, est αἱματόεσσα : cet usage place le terme du côté de la guerre, comme c'était le cas dans l'*Iliade*.

Cet adjectif, αἱματόεις, *sanglant*, est courant dans la poésie grecque archaïque (épique, tragique et élégiaque). Le terme peut être employé de façon périphrastique pour le sang lui-même, pour une blessure dont la nature n'est pas spécifiée, ainsi que pour des armes et des vêtements tachés de sang[231]. Mais le terme apparaît le plus fréquemment, dans l'*Iliade*, dans des contextes où les blessures sont décrites de façon précise, lorsqu'un élément d'une scène dégouline de sang du fait de l'exercice d'une violence explicitement narrée dans le récit, au sein de descriptions pourvues d'une forte puissance d'évocation[232]. L'adjectif qualifie également des situations présentées de façon plus abstraite, sans description explicite de la violence infligée ou subie[233] : c'est une épithète de πόλεμος et d'ἔρις[234].

---

rivalisent pour obtenir le prix, δῆριν ἔχον). Pour la lutte contre le sanglier de Calydon, chez Bacchylide, en Ba.*Ep*.5.111.

230  Ae.*Su*.412.

231  Pour le sang : αἱματοέσσας ψιάδας en Π.459 et He.*Sc*.384 ; ῥαθάμιγγες ἀπέσσυθεν αἱματόεσσαι, He.*Th*.183. Pour une blessure : en B.267 (σμῶδιξ αἱματόεσσα), H.425, Ξ.7, Σ.345, Ψ.41 et Archiloque fr.13.8 West. Pour des armes, en N.640 et X.369 (pour celles d'Hector, τεύχεα αἱματόεντα). Pour des vêtements, en Π.841.

232  Ainsi, pour le bras tranché d'Hypsénor, coupé par Eurypyle (E.82, αἱματόεσσα χείρ) ; pour la cervelle sanglante jaillissant d'une blessure (P.298, ἐγκέφαλος... αἱματόεις) ; pour un œil ensanglanté qui jaillit de l'orbite (N.617) ; pour Automédon, couvert de sang alors qu'il vient de dépouiller le cadavre d'Arète (P.542) ; Asios (N.393) puis Sarpédon (Π.486), blessés cherchent à attraper de leurs mains la poussière couverte de leur propre sang (κόνιος αἱματοέσσης) ; pour des joues ensanglantées (χ.405) ; pour des αἰδοῖα tranchés (Tyrtée fr.10.25 West).

233  Ainsi, pour ἤματα en Ι.326 ; pour ῥίζαν en Ae.*Se*.755 (pour les enfants engendrés par Œdipe) ; pour le meurtre, φόνον, en Tyrtée fr.12.11 West ; pour πλαγά en Ae.*Ch*.468 ; pour les cris sanglants des nourrissons, Ae.*Se*.348.

234  Pour πολέμος, en Ι.650, T.313, puis Mimnerme fr.14.7 West, Ae.*Su*.1044. Pour Ἔρις, en Ae.*Ag*.698 : les Grecs qui ont poursuivi Hélène à Troie l'ont fait δι' Ἔριν αἱματόεσσαν, « du fait de la Querelle sanglante » (Hélène elle-même était qualifiée de ἀμφινεικῆ au vers 686).

L'association des deux termes, dans notre fragment 122 d'Empédocle, rend manifeste une certaine polarisation axiologique : Δῆρις est la lutte envisagée dans ses conséquences violentes et funestes. Le principe n'en est pas moins nécessaire qu'Harmonie dans l'ouverture successive des composants du monde, à laquelle la Lutte est opposée. Le substantif Ἁρμονίη est un dérivé de ἅρμα, formé sur le degré *o* du suffixe *$m_o$n* sur lequel est formé ἅρμα à partir de la racine *ar*-[235]. Le terme ἁρμονίη signifie d'abord *cheville, joint*, et appartient au vocabulaire de la charpente et de la maçonnerie, quoiqu'il signifie également, chez Homère, *accord, contrat*, et qu'il désigne une fois, chez Eschyle, l'ordre établi par Zeus[236]. La notion est divinisée dès Hésiode où il s'agit, ainsi que chez d'autres poètes, de la fille d'Aphrodite et d'Arès, épouse de Cadmos[237].

Empédocle emploie le terme ἁρμονίη au datif pour qualifier le mélange harmonieux des éléments dans l'analogie des peintres (fr. 23.4) et le mélange qui se trouve à l'œuvre dans le *Sphairos* (fr. 27.3) et dans différents corps composés tels que les os (fr. 96.4, au génitif). Il s'agit d'une puissance unificatrice, que Plutarque a assimilée à Φιλία à juste titre : les deux puissances mises ici en contradiction, Ἁρμονίη et Δῆρις, sont impliquées dans la création et la destruction du *Sphairos*.

L'adjectif θεμερῶπις n'est pourtant pas exactement parallèle à αἱματόεσσα, l'épithète de Δῆρις, en ce qu'il ne souligne pas l'effet de l'Harmonie. Chantraine fait remonter le thème de l'adjectif θέμερος à θέμις – dont la racine remonte à τίθημι[238] : l'harmonie provient du

---

235 Chantraine *DELG* p. 111.
236 Au sens de *cheville, joint* : en ε.248 (puis ε.361), pour le radeau d'Ulysse, où le terme est employé avec γόμφοισιν (γόμφοισιν δ' ἄρα τήν γε καὶ ἁρμονίῃσιν ἄρασσεν). Au sens de *accord, contrat* : celui qu'Hector propose à Achille de passer, dont les dieux seraient témoins, en X.255. Pour l'ordre de Zeus, en *Ae.PV.*551. Le terme peut être pourvu d'un sens musical, en Pi.*P.*8.68, Pi.*N.*4.45.
237 En He.*Th.*937 (αὐτὰρ Ἄρη / ῥινοτόρῳ Κυθέρεια Φόβον καὶ Δεῖμον ἔτικτε, / δεινούς, οἵ τ' ἀνδρῶν πυκινὰς κλονέουσι φάλαγγας / ἐν πολέμῳ κρυόεντι σὺν Ἄρη πτολιπόρθῳ, / Ἁρμονίην θ', ἣν Κάδμος ὑπέρθυμος θέτ' ἄκοιτιν) et 975 (Κάδμῳ δ' Ἁρμονίη, θυγάτηρ χρυσῆς Ἀφροδίτης, / Ἰνὼ καὶ Σεμέλην καὶ Ἀγαυὴν καλλιπάρῃον / Αὐτονόην θ', ἣν γῆμεν Ἀρισταῖος βαθυχαίτης, / γείνατο καὶ Πολύδωρον εὐστεφάνῳ ἐνὶ Θήβῃ). En *Hh.*Ap.195, elle se trouve dans un catalogue aux côtés des Χάριτες, des Ὧραι, de Ἥβη et d'Aphrodite ; en Pi.*P.*11.7 et Pi.*P.*3.91, une apostrophe aux enfants d'Harmonie et de Cadmos (dans le contexte d'une célébration de Thèbes) fait écho à la version hésiodique de leur mariage, ainsi qu'également, en Pi.fr.*Hymn.*29.6 ; Eschyle fait lui aussi allusion au fait que la déesse est née d'Aphrodite en *Ae.Su.*1041.
238 Chantraine *DELG* p. 427.

respect de la loi. L'adjectif simple n'est pas attesté avant un passage de l'*Anthologie grecque*[239]. Hésychius glose θέμερος par βεβαίος, σεμνός, εὐσταθής· ἀφ' οὗ καὶ τὸ σεμνύνεσθαι "θεμερύνεσθαι"[240].

L'adjectif composé θεμερῶπις n'est attesté qu'une fois en dehors de notre fragment, en Ae.*PV.*134, pour αἰδώς, où les scholies estiment qu'il s'agit d'un synonyme de θερμερῶπις et qu'il a le sens de θερμήν. En Pi.*N.*7.83, les manuscrits présentent le texte θαμερᾶ ou θεμερᾶ ὀπί (qu'on analyse du côté du regard), qui a été corrigé par Hermann en ἁμερᾶ ὀπί (analysé du côté de la voix) pour des raisons métriques : *il convient de chanter Zeus, à Némée, d'un ton* (ou *avec un regard*) *aimable*. Hésychius glose notre passage d'Empédocle – θεμερῶπις Ἁρμονίη – par ἐρασμίη (*aimable*)[241]. Les interprètes comprennent le terme soit du côté de aimable (Sturz, suivant Hésychius), soit, plus généralement, du côté de la gravité ou de la sérénité (Karsten, Wright, Bollack).

Après l'ouverture de l'espace nécessaire au déploiement des puissances, au premier vers, le couple formé par Lutte et Harmonie présente les actions antagonistes qui prennent place dans l'univers dont l'espace vient d'être ouvert : ce qui se trouve analysé de façon abstraite par ce couple n'est pas seulement les actions humaines mais également le devenir des êtres et des objets qui se trouvent dans le monde. Plutarque l'avait bien vu, en soulignant que Δῆρις correspondait à Νεῖκος et Ἁρμονίη à Φιλία. La façon dont le Poème physique emploie ces termes pour qualifier l'apparition et la rupture du *Sphairos* indique qu'ils sont liés, non pas seulement à l'apparition de la Sphère, mais à l'émergence du vivant et des objets composés. En dépit de l'opposition axiologique entre les puissances, chacune d'elles est nécessaire à l'émergence du vivant. Le point le plus surprenant, si cette analyse est juste, est que l'équivalent des deux puissances motrices apparaît dans le monde après l'ouverture de son espace par des puissances associées au feu et à la terre.

La construction de ces deux vers 122.1 et 122.2 présente un jeu formel : la structure métrique et la position des fins de mots sont exactement les mêmes à partir de la césure féminine, alors même que deux adjectifs formés sur -ῶπις finissent chacun des vers. Cette identité de la terminaison en -ῶπις pourrait inviter à projeter la polarisation

---

239 *Anthologia graeca* 340.3 (suppl.).
240 Hésychius θ.232.1 Latte.
241 Hésychius θ.235.1 Latte.

axiologique des puissances du vers 2 sur le vers 1, en reliant Regard Solaire et Harmonie au front noble sur le fondement de la proximité graphique et sonore de leurs épithètes. Réciproquement, les sonorités inviteraient à relier Δῆρις et Δηναίη, au vers suivant. Mais déduire une correspondance signifiante de ces similitudes formelles pose problème : malgré l'apparente similitude des adjectifs ταναῶπις et θεμερῶπις, le second terme identique de ces deux composés, -ωπις, n'a pas le même sens dans les deux cas puisqu'il désigne l'étendue du regard dans le premier, et l'aspect dans le second.

– Les deux couples opposés du vers 122.3 :
  une énigmatisation de la polarité ?

Le vers 122.3 présente une liste de quatre noms dépourvus d'épithète. Il y a une accélération : après la création de la polarité topologique et des deux dimensions contraires nécessaires à l'émergence de ce qui est, peuvent s'ouvrir deux couples de qualités antithétiques, Très Belle et Laide, Rapide et Lente.

Si le superlatif de καλός est abondamment employé dès Homère[242], le nom Καλλιστώ est inconnu avant Empédocle (il s'agissait pourtant du titre d'une pièce d'Eschyle perdue). Il ne faut sans doute pas limiter ce terme à la beauté physique : toutes les dimensions du καλός, tant matérielle que morale ou intellectuelle, sont virtuellement convoquées par l'anthroponyme. L'autre terme du couple, l'adjectif αἰσχρός, dérivé de αἶσχος, *honte*, *ignominie*, signifie d'abord *laid*, puis *honteux*[243]. Les deux sens se trouvent déjà chez Homère[244] : il ne faut pas, ici, limiter la signification du terme à l'un des deux. La dimension axiologique des deux puissances paraît claire. On pourrait la questionner : la beauté d'Hélène n'a-t-elle pas conduit à la fin de l'âge des héros ? Mais ce type d'argument est peu pertinent dans un contexte empédocléen, où la beauté et l'harmonie sont des attributs d'Aphrodite.

Le problème est bien plus complexe, en revanche, pour Θόωσα et Δηναίη.

---

242 Par exemple, des chevaux (K.436), de l'eau (B.850, Φ.158), une étoile (X.318), un fleuve (λ.239) un homme (B.673 : Νιρεύς est présenté comme le plus beau des héros venus se battre à Troie ; pour Ganymède en Y.233), une femme (I.140 et I.282), etc.

243 Chantraine *DELG* p. 40.

244 *LfgrE* t. 13 col. 1303, pour καλός, et t. 1, col. 384, pour αἰσχρός (sens B.1 en particulier).

Le nom Θόωσα s'explique, quand on l'oppose à Δηναίη, par dérivation du thème d'adjectif θοός, *rapide, vif,* lui-même dérivé de θέω, *courir.* Il est raisonnable de supposer une formation sur *θοάω dérivé de θοός, lui-même formé sur θέω[245]. L'adjectif θοός est archaïque et a tendu à disparaître à la période classique, quoiqu'il soit encore bien attesté en poésie à l'époque d'Empédocle[246] : il a servi à créer des anthroponymes. Il est le plus souvent employé pour des véhicules (pour des nefs et des chars), pour des héros, ou pour des traits – ainsi que pour la main qui lance le projectile elle-même[247]. Il peut être employé pour la nuit ou pour Arès, et peut également qualifier divers substantifs[248]. L'adverbe θοῶς est employé au sens de *prestement, vivement* pour qualifier une grande variété d'actions[249].

Pourtant, Θόωσα est également le nom de la mère de Polyphème[250]. On a fait remonter Θόωσα non pas à θοός mais à *θάϜω (d'où viennent les termes de la famille de θέα, θεάομαι, *regarder*), avec θάουσα > θῶσα d'où Θόωσα[251]. Mais si l'on s'explique mal un tel dédoublement du vocalisme o et qu'il vaut mieux l'écarter de l'étymologie avérée, on ne peut exclure

---

245 Chantraine *DELG* p. 433 ; *LfgrE* t. 13 col. 1053-1055.

246 Chantraine *DELG* p. 433, *s. v.* θέω.

247 Pour les nefs : A.308, B.619, I.332, I.435, K.306, K.396, Λ.111, Λ.666, M.112, N.84, N.320, Ξ.57, Ξ.410, O.391, O.673, O.685, Π.168, P.403, Σ.259, T.160, T.356, Ψ.317, Ω.254, etc. ; ainsi que δ.255, ω.299, ω.419, etc. ; *Hh.*De.126, *Hh.*Ap.401 et 494, etc. ; He.*Op.*631, 671, etc. ; Pi.*O.*6.101, Pi.*O.*12.3, Pi.*N.*7.28, etc. Pindare l'emploie en Pi.*P.*4.25 pour la nef Argô. Pour les chars : Λ.533, P.458, *Hh.*De.89, He.*Sc.*97 et 342, Pi.*O.*1.110 et Pi.*O.*8.49. Pour des héros : B.542, B.758, E.462, E.571, O.585, Π.494. Pour des traits, sous la forme de l'adverbe θοῶς en E.536 ; comme adjectif de βέλος en χ.83 ; pour un javelot en Pi.*N.*10.69. Pour la main qui lance le projectile, en M.306 : ἔβλητ' ἐν πρώτοισι θοῆς ἀπὸ χειρὸς ἄκοντι.

248 Pour la nuit : en K.394, K.468, M.463, Ξ.261, Ω.366, Ω.653, μ.284, He.*Th.*481. Pour Arès : en E.430, Θ.215, N.295, N.328, N.528, etc. Pour divers substantifs : le fouet avec lequel Automédon presse ses chevaux (P.430), un festin (θ.38), la Néréide Speiô (He. *Th.*245), des panthères (en *Hh.*Aphr.71). Pindare l'emploie pour la gloire comme un éclair rapide (ἀκτῖνα, Pi.*P.*11.48), comme une épithète des combats (Pi.*P.*8.26), de la langue (Pi.*N.*7.72) ; Bacchylide l'emploie en Ba.*Di.*3.55 pour un éclair envoyé par Zeus. En Ae.*Ag.*476, Eschyle l'emploie pour βάξις.

249 Ainsi, en Γ.325, θοῶς exprime le fait que le jeton de Pâris sort prestement hors du casque ; en Γ.422, les servantes se remettent rapidement à leurs travaux ; en E.722, Héra place les roues recourbées de chaque côté du char ; E.748 Héra fouette vivement les chevaux ; *cf.* également Θ.219, Θ.392, Π.145, ε.243, ζ.92, θ.443, θ.447, ι.469, ξ.72, ξ.248, ο.216, ο.447, π.350, φ.46, *Hh.*He.304, *Hh.*Diosc.7, Ae.*Pe.*398, Ae.*PV.*1060.

250 En α.71.

251 *LfgrE* t. 13 col. 1056 *s. v.* Θόωσα.

qu'une pratique étymologique ancienne, en usage chez les rhapsodes, interprétait Θόωσα du côté du regard (*θαϝω)[252] et qu'Empédocle y ferait allusion en creux dans ce nom qui, quoiqu'il signifie *rapide* à partir de θοός, s'inscrit dans la continuité de noms fortement marqués par le sémantisme de la vue, Ἠλιόπη τανᾶωπις et Ἁρμονίη θεμερῶπις. L'état de notre documentation ne nous permet guère d'aller plus loin en ce sens.

Dans l'*Odyssée*, on le sait, la figure du Cyclope dont la mère se nomme Θόωσα se trouve du côté de la barbarie irréductible et se trouve opposée aux Phéaciens. Θόωσα est, de façon intéressante, absente de la *Théogonie*, à la fois comme fille de Phorkys et mère de Polyphème[253]. La descendance de Phorkys et de Kètô est évoquée deux fois, dans le cadre de deux générations de monstres dont plusieurs – les Gorgones, les Grées et le serpent – sont relégués aux confins du monde habité, défaits le cas échéant par des héros civilisateurs[254]. Tout se passe comme si la généalogie de Phorkys, dans les différentes versions que nous connaissons (dans l'*Odyssée* et chez Hésiode), entretenait une relation avec l'extrémité du monde connu, que celle-ci soit topologique (les confins) ou liée à une polarisation interne au récit (pour le Cyclope) : le nom de la divinité d'Empédocle s'inscrit ainsi dans un réseau existant, lié à la monstruosité et aux confins.

Outre θοός, *rapide*, il existe un autre θοός, qui signifie *perçant, aigu, pointu*, et dont est dérivé un verbe factitif θοόω, *rendre pointu, aiguiser*[255]. Ce sens n'est bien entendu pas pertinent ici dans la mesure où le système d'opposition du vers 3 de notre fragment 122 ne laisse pas place à ce sémantisme ; mais le verbe rare θοόω fait l'objet d'une réflexion dès l'*Odyssée* dans les relations qu'il entretient avec θοός, *rapide*, et l'épisode de l'aveuglement du Cyclope, où le verbe θοόω est employé sous la forme de l'aoriste ἐθόωσα en ι.327 pour décrire la façon dont Ulysse aiguise le pieu[256]. La proximité de ce verbe avec le nom de la mère

---

252 Les *scholia uetera* à l'*Odyssée* α.71 (Ludwich) disent que la mère du Cyclope est nommée Θόωσα de façon κυρίως.

253 D'autres noms sont pourtant formés sur θοός : en particulier, Θόη (He.*Th.*354) et d'autres figures féminines composées, Κυμοθόη (*Th.*245), Ἱπποθόη (*Th.*251), Πασιθόη (*Th.*352).

254 En He.*Th.*270 *sqq.*, où les enfants sont les Grées, Πεμφρηδώ et Ἐνυώ, ainsi que les trois Gorgones qui habitent aux confins du monde ; en He.*Th.*333-336, où la généalogie ne consiste que du serpent gardant les pommes d'or.

255 Chantraine *DELG* p. 438.

256 *Cf.* ι.327 : οἱ δ' ὁμαλὸν ποίησαν· ἐγὼ δ' ἐθόωσα παραστὰς / ἄκρον, ἄφαρ δὲ λαβὼν ἐπυράκτεον ἐν πυρὶ κηλέῳ.

de Polyphème, Θόωσα, ne peut être un hasard vu la rareté des verbes
*θοάω (dont provient Θόωσα) et θοόω (employé pour le pieu en ι.327).
L'*Odyssée* construit une relation entre le moment de l'aveuglement du
fils de Θόωσα et le nom même de celle-ci, qui peut être analysé du côté
du regard. Or, Empédocle emploie l'épithète θοός pour le feu dans un
contexte démiurgique, au vers 2 du fragment 73, où Bollack a défendu
qu'il s'agissait du sens perçant, aigu, montrant que ce fragment 73
entretenait un dialogue avec le passage de l'*Odyssée* mentionné ci-dessus, dans lequel le héros durcit le pieu en le passant dans les flammes :
le geste démiurgique du fragment 73 est construit à partir de cette
représentation dans la mesure où le feu a pour rôle de durcir (κρατῦναι,
fr. 73.2) le mélange des éléments réalisé par Aphrodite[257].

Empédocle, en choisissant le nom de Θόωσα en 122.3, s'inscrit donc
dans un réseau sur les rapports entre les deux θοός et la descendance
de Phorkys qui s'ouvre dès l'*Odyssée*. Il y a une réfection : le nom de la
divinité est explicitement placé du côté de la Rapidité, opposée à Δηναίη.

Par ailleurs, l'adjectif θοός au sens de *rapide* est employé à trois reprises
chez Empédocle lui-même : en B 29.2 et B 134.3, l'adjectif est employé
dans des catalogues négatifs qui décrivent les particularités qui ne sont
pas celles du *Sphairos* et de la divinité (respectivement). L'adjectif qualifie
alors les genoux (γοῦνα), ce qui provient peut-être d'une réfection de
πόδας ὠκύς. Au sein du même fragment 134.5, l'adjectif θοός qualifie
les pensées (φροντίδες) du dieu. Pour les pensées, en revanche, l'adjectif
peut justement signifier *perçant* ou *aiguisé*, plutôt que *rapide*.

Cette étude des occurrences de θοός montre qu'il n'est pas aisé de
déterminer si le terme est employé en bonne ou mauvaise part dans le
fragment 122. Certes, le nom même de Θόωσα est associé, dans l'*Odyssée*,
à la fois au Cyclope et à la descendance de Phorkys et de Kètô, ce qui
le place du côté de la monstruosité et de la barbarie. Mais la grande
majorité des occurrences de l'adjectif simple est axiologiquement neutre,
alors même qu'il est employé par Empédocle pour qualifier le *Sphairos*
ou la φρὴν ἱερή, à la fois par le moyen d'une prédication négative et
d'une description positive. Empédocle cherche à créer de nouveaux
réseaux de signification en construisant une figure de Θόωσα qui n'est
pas construite de façon traditionnelle.

257 *Cf.* Bollack 1969 t. II p. 162-163 (il s'agit du fr. 454 dans la nomenclature de Bollack),
ainsi que t. III p. 378, pour son commentaire et ses arguments.

L'adjectif δήναιος est formé sur l'adverbe δήν, qui signifie *longtemps*, *pour longtemps*, *depuis longtemps*, et parfois *loin* au sens local[258]. La même polysémie caractérise δηναιός, qu'on peut analyser soit du point de vue de la durée passée, présente, ou à venir : *qui vit longtemps, âgé, ancien*. L'adjectif est considéré comme un composé de δήν et d'un -αιϜος venant de αἰών (hypothèse jugée plus probable par Chantraine qu'une formation analogique sur les adjectifs de type ἀρχαῖος, παλαιός).

Dans tous ces exemples, δήναιος exprime l'antiquité ou la longévité en ce qu'elle est propre aux divinités : les mortels en sont privés, et tout particulièrement ceux qui s'attaquent aux dieux. L'adjectif ne signifie donc pas *lent* en mauvaise part, mais tout simplement *qui dure*. L'adjectif δήναιος apparaît une seule fois chez Homère, en E.407, dans une réplique de Dionè à Aphrodite blessée par Diomède où la déesse mentionne que le mortel ignore que celui qui s'attaque aux dieux immortels ne vit pas longtemps[259] : le terme désigne l'espérance de vie de Diomède. Il n'a pas de nuance péjorative en soi : la présence de la négation οὐ concentre l'aspect inquiétant et comminatoire des propos de Dionè. Chez Eschyle, il qualifie le trône de Cronos (au sens de *qu'il occupait depuis longtemps* ou *qui existait depuis longtemps*), les Grées filles de Phorkys, qui *vivent depuis longtemps* et *vivront encore longtemps*, et les honneurs que les Érinyes, sur le point d'être bannies, regrettent d'avoir perdus[260].

Bollack considère que la Lenteur est un négatif surmonté par la Rapidité[261]. Mais nous avons montré que la répartition n'était pas aussi évidente : Θόωσα est du côté de la barbarie et de la monstruosité, et δήναιος n'est pas normalement employé en mauvaise part. On pourrait, au contraire, soutenir que δήναιος est du côté de la longévité (ou

---

258 Chantraine *DELG* p. 274-275, qui fait remonter la famille de ce mot à δϜα- : δήν est l'accusatif d'un nom-racine *dwa-* (avec a long), qui signifie *loin* ou *long*. Au sens local, *cf.* Thgn.494.

259 En E.406-407 : νήπιος, οὐδὲ τὸ οἶδε κατὰ φρένα Τυδέος υἱὸς / ὅττι μάλ᾽ οὐ δηναιὸς ὃς ἀθανάτοισι μάχηται « le sot ! Il ne sait pas cela en son cœur, le fils de Tydée : que ne vit pas très longtemps qui lutte contre les immortels ».

260 Pour le trône de Cronos, Ae.*PV.*912 (ἦν ἐκπίτνων ἤρᾶτο δηναιῶν θρόνων); pour les Grées, Ae.*PV.*794 (lorsque Prométhée décrit à Io le voyage qu'elle va accomplir : ἔστ᾽ ἂν ἐξίκῃ / πρὸς Γοργόνεια πεδία Κισθήνης, ἵνα / αἱ Φορκίδες ναίουσι, δηναιαὶ κόραι / τρεῖς κυκνόμορφοι; « jusqu'à ce que tu atteignes les champs gorgonéens de Cisthène, là où habitent les filles de Phorkys, ces jeunes filles longévives, au corps de cygne... »); pour les Érinyes, Ae.*Eu.*845= Ae.*Eu.*879 (ἀπὸ γὰρ τιμᾶν δαναιᾶν με θεῶν / δυσπάλαμοι παρ᾽ οὐδὲν ἦραν δόλοι).

261 Bollack 2003 p. 79-80.

EMPÉDOCLE, UNE POÉTIQUE PHILOSOPHIQUE

de la patience) et que θόωσα est du côté de la mort prématurée (ou de l'emportement).

Deux interprétations du vers 122.3 d'Empédocle se dessinent : l'une qui accepte la répartition axiologique des deux concepts telle qu'elle fut thématisée dans la poésie archaïque, l'autre qui la met en question et en renverse la perspective. Si l'on considère qu'Empédocle reconduit la valeur habituelle des deux termes, on place alors Θόωσα du côté de la monstruosité et de la barbarie – dans la mesure où elle est fille de Phorkys et mère de Polyphème –, en considérant que δηναιός est un attribut positif emprunté aux divinités traditionnelles. Si on estime qu'Empédocle inverse le rapport construit par la tradition, on place Θόωσα du côté positif du spectre en ramenant le qualificatif divin δηναιός à la Lenteur. Cette interprétation trouve un certain appui dans les occurrences de θοός des fragments 29 et 134 (surtout si l'on admet qu'au dernier vers de ce dernier fragment, le terme signifie *rapide* et non pas *perçant*) ainsi que dans la proximité sonore entre Δῆρις et Δηναίη[262].

Mais le point déterminant n'est pas d'élucider le sens dans lequel le rapport d'antithèse est construit : l'énoncé est énigmatisé de sorte à mettre en question les conceptions empruntées à la poésie antérieure. Le dispositif textuel crée un énoncé montrant les limites des conceptions sous-jacentes aux poèmes antérieurs. Θόωσα n'est plus la mère de Polyphème, et la descendance de Phorkys est exclue du monde des dieux ; à l'inverse, la mort permet la réincarnation, et δηναίη perd de son côté inquiétant. Le langage poétique rouvre un espace de discussion au sein de versions poétisées du mythe.

– Vérité et Erreur : (122.4)

Après qu'ont été énumérées les qualités contraires des objets du monde, le dernier vers du fragment introduit le discours qu'on peut porter sur eux, qui est susceptible de vérité et d'erreur.

L'adjectif νημερτής, *qui ne trompe pas, véridique*, est dérivé de ἁμαρτάνω, avec particule privative νε- donnant νη- par contraction de νεα-[263]. L'adjectif est surtout employé pour des paroles, mais il est également

___

262 Ce dernier argument est pourtant réversible : on pourrait tout aussi bien penser que la proximité sonore souligne les différences entre les deux puissances.
263 Chantraine *DELG* p. 71.

épithète de Protée, désigné comme γέρων ἅλιος νημερτής, dans l'*Odyssée*, et de Nérée dans la *Théogonie*[264]. Ce dernier exemple éclaire la succession Θόωσα – Νημερτής à un vers d'intervalle dans le fragment 122 : Nérée est le frère positif de Phorkys (dont Θόωσα est la fille, chez Homère) et leurs généalogies se succèdent dans la *Théogonie* d'Hésiode. Empédocle retravaille les généalogies traditionnelles en leur substituant un nouveau système de relations entre les puissances.

Νημερτής est également le nom d'une Néréide en Σ.46 – le catalogue hésiodique est ici construit de sorte que les enfants épuisent les aspects de la définition du père, et permettent de l'appréhender. L'adjectif, appliqué à Nérée, fait l'objet d'une analyse d'Hésiode dans la *Théogonie* :

> ...αὐτὰρ καλέουσι γέροντα,
> οὕνεκα νημερτής τε καὶ ἤπιος, οὐδὲ θεμίστων
> λήθεται, ἀλλὰ δίκαια καὶ ἤπια δήνεα οἶδεν[265].

Le terme est du côté de l'infaillibilité et de la justice. L'adjectif ἐρόεσσα, *désirable*, rappelle l'origine marine des divinités traditionnellement qualifiées de νημερτής (à savoir, Protée et Nérée)[266]. Chantraine explique la formation de l'adjectif par deux dérivations successives[267] : du verbe ἔραμαι est dérivé le substantif masculin ἔρος, duquel notre adjectif est lui-même dérivé (l'étymologie du groupe est inconnue). Lorsque ἐρόεσσα désigne une personne, il s'agit toujours d'une femme : l'emploi de l'épithète dans notre catalogue du fragment 122 souligne que toutes les divinités mentionnées sont des puissances féminines. L'adjectif implique que l'Infaillibilité est du côté de Φιλία.

---

264 Pour des paroles : Z.376, γ.19, *Hh.De*.294 (avec ἔπεα sous-entendu) ; avec ἔπος (exprimé), Γ.204 ; l'adjectif est également épithète de βουλήν en α.86, ε.30, *Hh.Ap*.132, etc. ; de νόος en φ.205. En particulier, de façon adverbiale avec εἰπεῖν ou un autre verbe de parole en A.514, Ξ.470, γ.101, γ.327, δ.314, δ.331, δ.642, λ.148 μ.112, χ.166, ψ.35. – Pour Protée, en δ.349, δ.384, δ.401, δ.542, ρ.140. Pour Nérée, en He.*Th*.235. Hermès se désigne lui-même au moyen de l'adjectif en *Hh.He*.369, non sans ironie par rapport au passage d'Hésiode.
265 He.*Th*.234-236 : « ils l'appellent "vieillard" car il est infaillible et doux, et qu'il n'oublie pas les coutumes mais qu'il connaît des desseins justes et doux ».
266 L'adjectif ἐρόεσσα est épithète de l'Océanine Hippothoè en He.*Th*.251, de la Néréide Pétraiè en He.*Th*.357. Il peut être une épithète des Muses (pour Thalie, en He.*Th*.245) ou de leurs bouches (*Hh.Lu*.20), de la fille d'Atlas Τηϋγέτη (*He.fr*.169.1 Merkelbach-West), d'une nymphe (Dèmô, en *Hh.De*.109). Il est également employé pour des fleurs (*Hh.De*.425), des divinités (*Hh.De*.109), des cavernes (*Hh.Aphr*.263), un autel (βῶμον, Sappho *uel* Alcaeus Lobel-Page fr. 16.2), une flûte de Pan chez Anacréon (πηκτίδα, Anacréon fr. 28.3 Page).
267 Chantraine *DELG* p. 363-364.

Les termes Ἀσάφεια et μελάγκουρος (ou μελάγκαρπος), qui forment
le pendant de Νημερτὴς ἐρόεσσα, ne sont pas attestés par ailleurs. L'ἀ-
privatif de Ἀσάφεια souligne qu'il fait pendant à νημερτής, lui-même
formé au moyen d'un suffixe privatif : le catalogue se termine ainsi par
une construction d'opposés *via* le schème de la privation. Le terme σάφα,
*de façon évidente* ou *certaine*, qui est normalement employé avec verbes de
connaissance ou de parole, a donné par dérivation σαφής, *évident, clair,*
*manifeste*, et σαφηνής[268], qui s'emploient généralement avec des verbes de
parole ou de connaissance[269]. L'adjectif ἀσαφής, dont est techniquement
dérivé le substantif ἀσάφεια, est attesté chez Sophocle (*OT.*439), Euripide
(Eu.*Or.*27) et Thucydide.

Les adjectifs μελάγκουρος (dans la version citée par Tzétzès[270]) et
μελάγκαρπος (dans la version citée par Plutarque) sont deux *hapax*
*legomena*. Il existe pourtant des composés dont le premier terme est
μελαν- dès Homère (μελάνδετος, *lié de noir*, O.713), et la formation est
encore productive chez Eschyle, Hérodote et Pindare[271]. Nous n'avons
pourtant pas trace d'un autre composé dont le premier terme serait formé
sur μελαν- chez Empédocle. Si l'on excepte la version de l'adjectif citée
par Tzétzès, μελάγκουρος, les premiers composés dont le second terme
est formé sur -κουρος apparaissent avec Sophocle[272]. Les composés qui
comportent un second terme en -καρπος, en revanche, apparaissent dès
Homère, Eschyle, Pindare et Bacchylide[273]. La formation de composés

---

268 Le terme σαφής est absent d'Homère et d'Hésiode mais fréquent chez Eschyle et Pindare.
L'adjectif σαφηνής est attesté chez Théognis, Pindare, Eschyle, Hérodote, et chez Sophocle.
269 Chantraine *DELG* p. 991 : de σάφα on a d'abord créé σαφέως, σαφές puis σαφέστερον,
d'où σαφής.
270 Tzétzès, *Proleg. Aristoph.* I.115. La parabase comique doit être caractérisée par sa clarté,
et non par l'obscurité qu'Empédocle nomme « μελάγκουρον ». La citation a un caractère
extrêmement allusif.
271 Eschyle a μελαγκέρως, *à la corne noire*, pour Agamemon en Ae.*Ag.*11.27 ; μελάνιππος, *aux*
*chevaux noirs*, en Ae.fr.69 Radt, etc. Hérodote emploie μελάγγαιος en Hdt.2.12, et 4.198 ;
μελάγχροος, *à la peau noire*, en Hdt.2.104. Pindare use de μελαντελχής en Pi.*O.*14.20.
272 Sophocle présente ἀμφίκουρος (fr. 821.1 Radt) pour un tronc (κορμόν) dont les branches
se rejoignent, et πρόκουρος (fr.219a.80.5 Radt), *coupé sur le devant*, pour des cheveux.
273 Chez Homère, ἀγλαόκαρπος *qui porte de beaux fruits*, pour des arbres (η.115, λ.589),
πολύκαρπος pour un jardin (η.122, ω.221), ὠλεσίκαρπος, *qui a perdu ses fruits* (κ.510).
Chez Eschyle, καλλίκαρπος *aux beaux fruits*, pour la Sicile (Ae.*PV.*369), πικρόκαρπος *aux*
*fruits amers*, pour le meurtre (ἀνδροκτασία, Ae.*Se.*693). Chez Pindare, κλυτόκαρπος *aux*
*fruits glorieux*, pour des couronnes (Pi.*N.*4.76), πάγκαρπος *tout couvert de fruit* ou *qui porte*
*tous les fruits* (Pi.*P.*9.58, Pi.*Is.*3/4.59), φθινόκαρπος *qui a perdu ses fruits* (Pi.*P.*4.265). Chez
Bacchylide, ἀριστόκαρπος *aux fruits excellents*, pour la Sicile (Ba.*Ep.*3.1).

dont le second terme est -καρπος est donc vivante et productive au début du Vᵉ siècle. Empédocle emploie, dans le fragment 78, le composé ἐμπεδόκαρπος, à propos d'arbres qui portent toujours des fruits.

Le dernier couple du fragment 122, Infaillible et Obscure, témoigne de l'apparition dans l'espace de puissances relatives au discours qui porte sur les puissances précédemment dégagées. C'est le dernier niveau qui s'ouvre dans le fragment : après l'ouverture de l'espace (122.1), l'ouverture de puissances motrices responsables de la variété des étants (122.2) et l'ouverture de caractéristiques qui sont celles des objets du monde (122.3), s'ouvre l'univers de la prédication portant sur ces mêmes objets. Le vers 122.4 ajoute une dimension supplémentaire aux objets présents dans le monde : ils deviennent susceptibles d'être désignés dans le langage, ou dans des arguments, qui correspondent ou non à ce qu'ils sont.

## Le fragment 123

Le fragment 123 présente une succession de noms de divinités organisées par paire, dont nous avons vu qu'elle était similaire au fragment 122. Le rythme est plus rapide que celui du fragment 122, quoiqu'il semble aller décroissant : le vers 123.1 comprend quatre puissances, et le vers 123.2 en comprend trois.

### – Le couple de divinités du vers 123.1

Le substantif Φυσώ, en ce qu'il est opposé à Φθιμένη, doit s'analyser par dérivation d'un φύσις venant de φύομαι plutôt que par dérivation d'un φῦσα, le soufflet (par exemple en Σ.412), qui a notamment donné φυσάω (Ψ.218). La dérivation φύσις (avec ῠ) sur φύω (avec ῡ) est considérée comme récente par Chantraine dans la mesure où l'abstrait comporte un ῠ alors que la racine sur laquelle il est formé est, à l'origine, dissyllabique[274] : si la formation de φύσις avait été ancienne, le terme aurait sans doute comporté ῡ. La présence du ῡ, nécessaire pour que Φυσώ soit incluse dans le vers en cette position initiale, peut s'expliquer par un allongement métrique à partir de φύσις. Selon Chantraine, la dérivation

---

274 Chantraine, Formation, p. 277 § 219 ; Chantraine DELG p. 1235 évoque une formation de φύομαι sur la racine *bheu-ə-/*bhu̯-eə-/*bhu-ə- sans qu'on puisse identifier la nature de la laryngale impliquée.

en -σις formait déjà chez Homère un système « cohérent et productif » pour former des dérivés verbaux : ce suffixe a la fonction de créer des noms d'action qui « évoquent la notion en tant que puissance cachée, mais active[275] ». En κ.302, le substantif φύσις désigne ainsi, selon le savant, « la vertu magique de la plante qui doit préserver Ulysse des sortilèges de Circé ». Le suffixe peut également, dès Homère, servir à former des noms d'action ou des noms concrets (ex. ἄσις, *limon, fange* en Φ.321), exprimant le résultat de l'action.

Cette ambivalence sémantique ancienne du suffixe -σις explique que les savants aient pu interpréter de plusieurs façons le couple formé par Φυσώ et Φθιμένη dans le fragment 123 : Φυσώ y a été analysée soit du côté de la naissance soit du côté de la croissance[276]. Le terme a certes le sens de *naissance*, par opposition à la mort (θανάτοιο τελευτή) dans le fragment 8 d'Empédocle : mais nous avons vu que le procédé vise à ruiner la conception admise de la génération. De fait, Bollack comprend *croissance* dans l'occurrence de φύσις en 110.5[277] : les éléments font croître les êtres vivants selon les potentialités propres à chacun. Dans le fr. 63, le terme apparaît dans le contexte de la génération des membres ; l'occurrence est discutée[278].

La difficulté posée par le sens de Φθιμένη dans notre fragment 123 est qu'il n'est pas aisé de distinguer, dans les emplois de φθίω, les sens de *périr* et de *dépérir* : les emplois anciens présentent la même ambiguïté entre le processus et le résultat que celle qu'on observait pour Φύσις. Le verbe implique l'idée de mort lorsqu'il a pour sujet une personne, mais celle de dépérissement ou de diminution pour des phénomènes naturels[279]. Le participe n'est jamais employé comme nom en dehors de notre occurrence empédocléenne.

Au vu du traitement de la génération et de la corruption que nous avons mis en évidence au sein du Poème physique et étant donné

---

275  Chantraine, *Formation*, p. 283, § 223.
276  Pour la naissance : Sturz 1805 p. 542, Wright 1995 p. 281-282. Pour la croissance : D.-K. 1951 p. 361, Gallavotti 1975 p. 82, Bollack 2003 p. 80-81, Mansfeld & Primavesi 2011 p. 427, Gemelli Marciano 2013 p. 303.
277  Bollack 1969 t. II p. 263 et t. III p. 581.
278  Bollack 1969 t. III p. 553.
279  Pour une personne, *cf.* T.329, où Achille affirme qu'il imaginait mourir (φθίσεσθαι) à Troie alors que Patrocle rentrerait vivant, lui, en Phthie ; ω.436, le participe φθίμενοι signifie simplement *les morts*. Pour un phénomène naturel : pour la nuit en λ.330, pour les jours et les nuits en λ.183, etc. ; pour la vie d'Ulysse, qu'il passe auprès de Calypso, en ε.161.

que les *Catharmes* décrivent l'itinéraire de démons soumis à un cycle d'incarnations, il paraît plus approprié de comprendre que le premier couple du fragment 123 renvoie à la croissance et au dépérissement plutôt qu'à la naissance et à la mort[280] : les termes empruntés à la tradition poétique sont réanalysés par Empédocle.

Le second couple est composé de Εὐναίη, *Assoupie*, et d'Ἔγερσις, *Réveil*. L'adjectif εὐναῖος, dérivé de εὐνή, signifie *qui concerne la couche*, en particulier le lit conjugal[281]. Le terme est relatif au mariage dans ses deux seuls emplois eschyléens[282]. Le substantif εὐνή lui-même s'emploie pour le lit en général (γ.403, ψ.179 etc.), mais, de même, plus particulièrement pour le lit conjugal (I.133, Ω.130, etc.). Empédocle réinterprète εὐναῖος à partir de la valeur homérique originelle, sans le lire du côté du mariage.

Le verbe ἐγείρω, *éveiller* ou *se réveiller* exprime, lui, le passage du sommeil à la veille[283], à l'imperfectif. Au parfait, il signifie *rester en état de veille, être éveillé*[284]. Le terme s'emploie en des sens figurés pour la bataille (en N.778 pour μάχην), pour le θυμός (en E.510), pour Hector que Zeus pousse au combat (en N.58 ; même sens en E.208). L'abstrait ἔγερσις n'est pas attesté avant Empédocle : il sera fréquemment employé par Aristote dans le sens de *réveil*.

Ces deux couples, Croissance et Dépérissement, et Assoupie et Réveillée, sont donc construits à partir de termes qui n'étaient pas les plus représentés dans la poésie épique : Empédocle met au premier plan des notions qui ne fournissaient pas des oppositions particulièrement usuelles dans la poésie archaïque – surtout s'il faut comprendre Φυσώ et Φθιμένη du côté de la croissance et du dépérissement. La relation entre les deux couples est fortement marquée : le premier terme et le dernier, dans ce vers 123.1, comprennent un suffixe -σις (qui a servi de base à la formation d'un anthroponyme en -ώ, pour Φυσώ). Leur succession peut indiquer la réfection d'un autre couple célèbre, Θάνατος et Ὕπνος[285] :

---

280  Van der Ben 1975 p. 163.
281  Chantraine *DELG* p. 385-386.
282  L'adjectif est employé en Ae.*Su*.332 avec γάμων, et avec δάμαρ en Ae.fr.383.1 Radt, pour désigner Héra en tant qu'épouse de Zeus. L'adjectif est appliqué à un homme (φωτός) dans un fragment très corrompu (fr.168 Radt).
283  Ainsi B.52, E.413, K.166, K.511, K.419, P.222, Ω.344, etc.
284  Par exemple en K.67, Agamemnon enjoint à Ménélas de marcher à travers le camp en incitant les hommes à rester éveillés ; *cf.* également H.371, K.419, Σ.299, etc.
285  He.*Th*.212, 756 et 759.

tout se passe comme si chacun des deux frères qui constituent ce dernier couple était développé en deux couples antithétiques au vers 123.1, qui signalent non plus un état mais un processus.

– Les trois divinités du vers 123.2

Le vers 123.2 présente trois termes dont les deux premiers forment un couple. Nous examinerons la possibilité que ce terme auquel Μεγιστώ répond soit Φορύη.

L'anthroponyme Κινώ est formé sur κινέω par suffixation en -ώ. Il s'agit du seul anthroponyme en -ώ de nos deux fragments formé sur un radical verbal. Le verbe κινέω, *mettre en mouvement, mouvoir*, a un doublet moyen κίνυμαι, *se mettre en mouvement, se mouvoir*. Les deux formes coexistent chez Homère, quoique la seconde ne soit plus attestée avant Apollonios de Rhodes. Le iota long du radical (qui caractérise les deux formes) est inexpliqué[286].

À l'actif, le verbe κινέω a chez Homère un sens factitif : il signifie *mettre en mouvement* dans des contextes variés, et parfois *troubler*[287]. Le verbe κίνυμαι sert de moyen à ce sens factitif de κινέω, au sens de *se mettre en mouvement, se mouvoir*[288]. Au passif, le verbe κινέω a le registre de sens de l'actif : *être ébranlé, être troublé*[289]. Il existe des dérivés à l'époque

---

286 Chantraine *DELG* p. 533.

287 Pour *mettre en mouvement* : Zéphyr soulève les flots en Δ.423, un champ de maïs en B.147 ; le Notos soulève les flots en B.395 ; Nestor secoue Diomède du talon pour le réveiller en K.158, et Télémaque fera de même pour le fils de Nestor en o.45 ; Zeus secoue la tête en P.200, P.442 ; Ulysse tente de soulever Ajax en Ψ.730 ; Arès et Aphrodite ne peuvent plus bouger bras ou jambes sous le filet d'Héphaïstos en θ.298 ; Poséidon hoche la tête en ε.285, ε.376 ; Ulysse fait de même en ρ.465, υ.184, et Télémaque en ρ.491 ; Télémaque secoue la porte et réveille la nourrice Euryclée en χ.394 ; en ω.5, Hermès met en mouvement la colonne des âmes des trépassés. Pour *troubler* : en Π.264, où les Myrmidons sont comparés à un essaim de guêpes.

288 Ainsi, pour les phalanges partant au combat (Δ.281, δήϊον ἐς πόλεμον πυκιναὶ κίνυντο φάλαγγες ; Δ.427, ὣς τότ' ἐπασσύτεραι Δαναῶν κίνυντο φάλαγγες / νωλεμέως πόλεμον δέ) ; pour des phalanges qui se rassemblent (Δ.332, συνορινόμεναι κίνυντο φάλαγγες). En K.280, le contexte guerrier est implicite dans la mesure où Ulysse s'adresse à Athéna (οὐδέ σε λήθω / κίνυμενος). En κ.556, le terme signifie *se mettre en mouvement au réveil*. Il n'y a qu'une exception, où κίνυμαι a un sens passif : en Ξ.173, pour l'huile divine qu'Héra agite dans le palais de Zeus (τοῦ κινυμένοιο).

289 Ainsi, en B.144 et B.149, l'assemblée est troublée après le discours d'Agamemnon ; en Π.280, les phalanges troyennes sont ébranlées à la vue de Patrocle revêtu des armes d'Achille. Une forme passive semble pourtant avoir un sens moyen en Λ.47 (ἔκλαγξαν

d'Empédocle : Pindare présente l'*hapax* κινηθμός, au sens de *mouvement* ; le substantif κίνασις, *danse*, se trouve une fois chez Tyrtée[290]. Eschyle emploie deux formes dérivées de κινύομαι : κινύσσομαι, présent expressif signifiant *être agité*, et κίνυγμα, accompagné de l'adjectif αἰθέριον, au sens de *jouet des vents*[291].

Le nom de divinité Κινώ que crée Empédocle au moyen de la suffixation en -ώ n'a pas d'équivalent connu : il exprime le mouvement par opposition à l'immobilité (Ἀστεμφής). Ce dernier substantif n'est vraisemblablement pas construit avec un ἀ- privatif, comme le montre Chantraine[292], mais plutôt avec un ἀ- copulatif sur un thème *στεμφος, avec un verbe *στέμφω, dont proviennent également des mots tels que στέμφυλον, *marc d'olive* (Aristophane), στέμβω *agiter* (dans un fragment d'Eschyle). L'adjectif, d'emploi rare, a le sens de *immobile, inébranlable* et peut signifer, sous forme d'adverbe, *fermement*[293].

La construction du couple opposé Ἀστεμφής et Κινώ montre que le dispositif textuel ne forme pas un substantif privatif issu du sémantisme du premier terme du couple, mais qu'il oppose deux familles de termes distinctes : on aurait pu trouver un Ἀκινήθμη, formé sur le substantif attesté chez Pindare, κινηθμός. Le dispositif textuel consiste à opposer des termes poétiques empruntés à la tradition et non pas simplement des concepts.

Le superlatif μέγιστος, *très grand* ou *très important*, est particulièrement employé à propos de Zeus ou de ses attributs : il n'est attesté que deux

---

δ' ἄρ' ὀϊστοὶ ἐπ' ὤμων χωομένοιο, / αὐτοῦ κινηθέντος), lorsque l'aède décrit le bruit que font les flèches d'Apollon sur ses épaules, lorsque le dieu quitte l'Olympe.

290 En Pi.*P.* 4.208, pour décrire le mouvement des pierres Symplégades ; Tyrtée fr.16 West.

291 Respectivement, en Ae.*Ch.*196 et Ae.*PV.*158.

292 Chantraine *DELG* p. 127. Bechtel supposait un ἀ- privatif au sens de *qui ne peut être écrasé*.

293 En position d'adjectif : Γ.219 (Anténor décrit Ulysse dans une scène d'ambassade à l'assemblée troyenne : le héros laisse le sceptre immobile entre ses mains avant de commencer à parler), B.344 (Nestor demande à Agamemnon de montrer aux Argiens sa décision inflexible, ἀστεμφέα βουλήν), He.*Th.*812 (pour le seuil d'airain de la demeure du jour et de la nuit). L'adjectif apparaît également dans un fragment mutilé d'Anacréon (fr. 22 Page = fr. 12 Gentili) cité par une scholie A à Γ.219 : "ἀλλ' ἀστεμφὲς ἔχεσκεν ἀϊδρεϊ φωτὶ ἐοικώς"· πρὸς τὸ "ἀστεμφές", ὅτι τὸ ἀμετακίνητον· ὁ γὰρ Ἀνακρέων· "σὺ γὰρ ἧς ἔμοιγ' ἀστεμφής" (Wilamowitz a corrigé le ἧς des manuscrits en εἰς, dans le fragment). – En tant qu'adverbe : δ.419 (Idothée conseille à Ménélas de maintenir fermement Protée au sol après qu'il s'est endormi, quelles que soient les formes qu'il revête), δ.459 (mise en pratique du conseil qui précède), He.*Th.*748 (Atlas tient fermement le ciel de ses mains). La scholie D au même passage (Γ.219) glose également le terme par Ἀσφαλές, καὶ ἀμετακίνητον.

fois dans la *Théogonie*, pour qualifier Zeus (He.*Th*.49 et He.*Th*.548). Chez
Homère, l'adjectif est le plus souvent lié à Zeus, dont il est épithète dans
l'expression formulaire Ζεῦ... κύδιστε μέγιστε²⁹⁴. Il qualifie également
différents attributs de Zeus, quoiqu'il puisse désigner un grand nombre
d'objets²⁹⁵. Le choix du superlatif de μέγας, qui qualifie Zeus de façon
récurrente, participe de la réfection par Empédocle du panthéon traditionnel : il y a un déplacement similaire à celui qu'on pouvait tracer en
123.1 pour le couple formé par Θάνατος et Ὕπνος.

L'épithète de Μεγιστώ, πολυστέφανος, n'est pas attestée avant
Empédocle. Elle apparaît une fois dans un fragment lyrique, pour γαῖα
et est prêtée à Cratinos par une scholie aux *Cavaliers* d'Aristophane
(au v. 534), à propos de Κοννᾶς²⁹⁶. Si certains composés qui présentent
un second terme -στέφανος sont anciens et devenus rares à l'époque
d'Empédocle, tels que ἐϋστέφανος, καλλιστέφανος ou ἁλιστέφανος²⁹⁷,
la plupart d'entre eux sont soit de formation ancienne et encore régulièrement employés vers 450 (tels que ἰοστέφανος, φιλοστέφανος, χρυ-
σοστέφανος²⁹⁸), soit se voient forgés à l'époque d'Empédocle par Pindare

---

294 En B.412, Γ.276, Γ.298, Γ.320, H.202, Ω.308.
295 Pour le signe de tête de Zeus, dans l'expression μέγιστον τέκμωρ (*le plus puissant gage* qui
existe parmi les immortels, en A.525); le κράτος de Zeus en B.118, I.25 et ε.4 ; l'oiseau
préféré de Zeus, qui est son κράτος μέγιστος, en Ω.293. Pour d'autres objets : un voile
offert à Athéna (Z.90, Z.271, Z.294), les chevaux divins de Rhésos (K.436), la jeunesse
comme κράτος μέγιστον (N.484), des boucliers (Ξ.371), l'eau du Styx (O.37 et ε.185), le
θυμός (P.21), un πῆμα (X.288), les ἄεθλα dans les compétitions sportives (Ψ.640), et l'ἀλκή
en tant que κράτος suprême (I.39). Dans l'*Odyssée*, le terme est employé pour Polyphème,
dont le κράτος est souverain sur les autres Cyclopes (en α.70), le κλέος d'Agamemnon
(ι.264), et Hélène (ο.107).
296 *Lyrica adespota*, fr.46a.1.1 Page : ποικίλλεται μὲν γαῖα πολυστέφανος. Cratinos fr. 317.2
Kock : ἔσθιε καὶ σῇ γαστρὶ δίδου χάριν, ὄφρα σε λιμὸς / ἐχθαίρῃ, Κοννᾶς δὲ πολυστέφανος
νικήσει.
297 L'adjectif ἐϋστέφανος est régulièrement employé par Homère, Hésiode et les *Hymnes
homériques*. Pour καλλιστέφανος, *à la belle couronne, cf. Hh.*De.251 et *Hh*.De.295 pour
Déméter ; Tyrtée fr.12.2 West pour Héra. L'adjectif ἁλιστέφανος signifie *couronnée par la
mer*, pour une ville, en *Hh*.Ap.410.
298 Pour ἰοστέφανος, *couronné de violettes* : pour les Muses en Thgn.250, Ba.*Ep*.5.3, Simonide
epigr.13.28.12 ; pour Aphrodite en Thgn.1304, 1332, 1382-3, *Hh*.Aphr.18, Solon fr.19.4 ;
pour Athènes en Pi.fr.*Di*.76.1 ; pour une Néréide en Ba.*Ep*.13.89 ; pour Déméter en
Ba.*Ep*.3.2. Pour φιλοστέφανος, *qui aime les couronnes* : pour Aphrodite en *Hh*.De.102 ; pour
Dionysos en Anacréon Épigr.6.140.1 ; pour Bonne Réputation (Εὐκλεία) en Ba.*Ep*.13.147.
Pour χρυσοστέφανος, *à la couronne d'or* : pour Aphrodite chez Sappho fr.33.1 Lobel-Page,
He.fr.26.13 Merkelbach-West, *Hh*.Aphr.1 ; pour Ἥβη en He.*Th*.17, Pi.*O*.6.57 et Pi.*P*.9.109 ;
pour Φοίβη en He.*Th*.136 ; pour les ἀέθλων remportés à Olympie en Pi.*O*.8.1.

ou Bacchylide, pour autant que nos sources permettent de l'affirmer (tels que φερεστέφανος, μνασιστέφανος, ἑλικοστέφανος, καλυκοστέφα-νος[299]). Nous avions vu que la création de μελάγκαρπος et d'autres composés originaux du fragment 122 impliquait un second terme de composés productif à l'époque d'Empédocle. Van der Ben considère que πολυστέφανος Μεγιστώ renvoie à l'homme qui est parvenu au sommet de ses capacités[300].

Les trois termes du vers 123.2 sont en rapport avec les termes présents au vers 122.3 : Κινώ et Ἀστεμφής expriment une notion semblable à celle de Θόωσα et Δηναίη, alors que Μεγιστώ – et, si on accepte l'attestation du terme, Φορύη au vers suivant – évoque une idée similaire à celle de Καλλιστώ. L'organisation des paires (et non celle des noms singuliers) se produit en chiasme :

Καλλιστώ Αἰσχρή – Θόωσα Δηναίη – Κινώ Ἀστεμφής – Μεγιστώ (+ Φορύη ?)

Les deux couples formés par Θόωσα et Δηναίη et par Κινώ et Ἀστεμφής sont encadrés par Καλλιστώ et Αἰσχρή d'un côté, et par Μεγιστώ de l'autre. La suffixation en -ώ des superlatifs κάλλιστος et μέγιστος souligne cette structure chiasmique – elle pourrait être renforcée par la similitude caractérisant les terminaisons d'Αἰσχρή et de Φορύη, s'il faut retenir la leçon en question.

Tout se passe comme si les termes de 123.2 étaient construits par un déplacement infime de ceux de 122.3 : Rapide et Lente supposent qu'il y a un mouvement, Κινώ. Il est de ce point de vue surprenant que Κινώ et Ἀστεμφής ne soient pas mentionnées avant le couple Θόωσα et Δηναίη, dans la mesure où ces deux termes semblent supposer les notions de mouvement et d'immobilité. Ce fait paraît décisif dans l'organisation du catalogue : il faut peut-être y voir l'indice que le principe réel des qualités qui émergent au début du catalogue se trouve en fait à la fin de celui-ci. Le rapport construit entre Μεγιστώ et Καλλιστώ est, lui, de l'ordre du parallélisme, surtout si Φορύη est l'équivalent d'Αἰσχρή.

---

299  Pour φερεστέφανος, *qui portent des couronnes* : Ba.fr.*Di*.5.6, pour les Χάριτες. Pour μνα-σιστέφανος, *qui courtise les couronne*s : Pi.*Is*.19-20.2 Maehler. Pour ἑλικοστέφανος, *au diadème tordu* : Ba.*Ep*.9.62. Pour καλυκοστέφανος, *couronnée de bouton de fleurs* : pour Artémis en Ba.*Di*.5.98 ; pour des jeunes filles en Ba.*Ep*.11.108.

300  Van der Ben 1975 p. 164.

EMPÉDOCLE, UNE POÉTIQUE PHILOSOPHIQUE

– Le groupe de noms cité par Cornutus
après le vers 123.2

Examinons à présent les noms qui sont généralement regroupés par
les interprètes sous la forme du vers 123.3 – reconstruction dont nous
avons déjà souligné les limites – en commençant par le terme Φορύη,
qui apparaît dans tous les manuscrits de la branche *b* hormis B et N.
J'ai déjà exprimé des réserves quant à la leçon qu'il fallait retenir, en
signalant que, si l'analyse de Lang est juste, il serait préférable de retenir
Φορίη, mais que l'état de notre connaissance des manuscrits de Cornutus
ne paraît pas suffisamment satisfaisant pour trancher.

Le substantif Φορύη n'est jamais attesté en dehors de notre passage.
Il provient du verbe rare φορύνω *mêler*, *souiller* (en particulier, de sang)
qui a un doublet φορύσσω, de même signification[301]. Le second verbe
a donné lieu à un adjectif verbal, φορυκτός, *sali*, qu'on ne rencontre
avant Empédocle qu'une seule fois, dans l'*Odyssée*, sous la forme d'un
composé αἱμαφόρυκτος (υ.348). Il existe un substantif ὁ φορυτός, -οῦ
formé sur φορύνω, mais il n'est pas attesté avant Aristophane (*Ach*.72 et
927). Nous connaissons quelques anthroponymes formés sur la racine,
en particulier Φόρυς, Φόρυλλος, Φόρυσκος, Φορυσκίδης, Φορύστας.

Le verbe φορύνω est attesté une seule fois avant Empédocle, au
moment de la mort d'Antinoos qui, s'effondrant frappé à la gorge par
une flèche d'Ulysse, renverse une table dont les mets tombent au sol,
dans la poussière[302]. Il n'est pas évident de savoir si les mets sont gâtés
par la poussière ou par le sang d'Antinoos : l'alternative a été formulée
dès Eustathe[303]. Le doublet φορύσσω est employé explicitement pour
le sang[304], de même que le composé αἱμαφόρυκτος, en υ.348, pour les
viandes mangées par les prétendants, dont du sang se met à couler sous
l'effet d'une illusion d'Athéna.

---

301 Chantraine *DELG* p. 1223, et les références qu'il fournit. L'étymologie du radical φορυ-
est inconnue.

302 En χ.21 : σῖτός τε κρέα τ᾽ ὀπτὰ φορύνετο.

303 Eustathe, *In Iliadem*, 2.269.28 : τουτέστιν ἐμολύνετο ἢ αἵματι ἢ καὶ ἄλλως κυλιόμενα εἰς
γῆν. Hésychius (φ.791.1 Schmidt, *s. v.* φορύνει) glose par φυρᾷ, μολύνει, συγχεῖ (*mélanger,
souiller, gâter*) et l'*Etymologicum magnum* (p. 799.4) par Ἐμολύνετο, ἐφυρᾶτο τῷ αἵματι.

304 En σ.336, Mélantho menace Ulysse d'être jeté dehors après avoir été passé à tabac, *tout
souillé de sang* : φορύξας αἵματι πολλῷ. Stésichore l'emploie dans un fragment corrompu,
pour désigner un objet ou une personne souillée de sang (fr. S.15.2.4 Page : πεφορυ[γ]μένος
αἵματ[ι …]..[..]ι).

Ces occurrences impliquent de traduire Φορύη par *Saleté* ou, avec Bollack, *Souillon*[305]. L'opposition construite dans le fragment 123 implique alors de donner à Μεγιστώ le sens figuré de *Grandeur, Somptuosité*. Le sens *Pauvreté et Richesse* suggéré par Wright pour le couple Φορύη et Μεγιστώ n'est pas satisfaisant[306].

Le terme Φορίη, quant à lui, est un dérivé de φέρω, à partir du vocalisme o. Ce vocalisme a produit des dérivés dès Homère, tels que φορέω[307], *porter*, d'où est à son tour dérivé l'*hapax legomenon* φορεύς (Σ.566). Il reste néanmoins difficile d'expliquer le ι de Φορίη autrement qu'en supposant une formation analogique sur la suffixation des noms abstraits en -ία, peut-être sur le modèle de Ἁρμονίη (122.2) : elle signifierait alors l'*Emportement*, par opposition à Σόφη. La forme négative Ἁφορίη, retenue par van der Ben et Picot, signifie *Stérile* (*qui ne porte pas de fruits*), et s'opposerait à Μεγιστώ en tant que pleine réalisation des possibilités humaines[308].

La correction de Bergk à Σόφην est Σωπή, pour σιωπή : la forme σωπή (sans ι) n'est attestée que deux fois, dans deux fragments iambiques de Callimaque[309]. Selon Chantraine, tout le système comprenant σιωπάω et σιωπή, est formé par variation sur le système constitué par σῖγα, σιγάω, et leurs dérivés[310]. Les mots de la famille de σιωπή s'opposent pourtant à ceux de la famille de σῖγα en ce que les premiers expriment l'idée de silence par opposition à la parole : σιωπή est une forme marquée qui implique qu'on se retient de parler. Les termes de la famille de σιωπάω et σιωπή sont fréquents chez Homère, et σιωπή est également employé par Pindare et Bacchylide, ainsi que dans un fragment d'Eschyle[311]. La chute du iota dans σωπή caractérise le dialecte dorien[312].

---

305 Bollack 2003 p. 80.
306 Wright 1995 p. 283 retient finalement Φορίη.
307 Très fréquent chez Homère : *cf.* B.767, K.323, O.310, T.11, etc.
308 Van der Ben 1975 p. 164-166.
309 Dans le fr.191.31, à un moment où le poète-énonciateur demande le silence propice à l'écoute du récit qu'il va débuter ainsi qu'à sa mise par écrit (σωπὴ γενέσθω | καὶ γρ|άφεσθε τὴν ῥῆσιν); dans le fr. 194.59, qui consiste en un débat entre le laurier et l'olivier, ce dernier rappelle à son concurrent que les Jeux olympiques (où l'olivier est le prix) sont plus prestigieux que les Jeux Delphiques (où c'est le laurier) – suit une mention du fait que, sur ce sujet, il est préférable de se taire (ἀλλ᾽ ἄριστον ἡ σωπή).
310 Chantraine *DELG* p. 1008.
311 Respectivement, en H.427, H.398, Θ.28, π.393, υ.320, etc. ; Pi.*P*.4.57 et *Is*.3/4.48 ; Ba.*Ep*.3.95 ; Ae.fr.132b.8 Radt.
312 *Cf.* LSJ, *s. v.* σωπάω.

486     EMPÉDOCLE, UNE POÉTIQUE PHILOSOPHIQUE

Le substantif Ὀμφαίη est formé sur le féminin de ὀμφαῖος, prophétique, lui-même dérivé de ὀμφή[313]. Il signifie la *voix divine* (chez Homère) puis le *message divin*, l'*oracle*, et finalement la *voix* en ce qu'elle est chantée[314] : l'étymologie est *songwha* (avec a long). L'adjectif ὀμφαῖος n'est pas attesté comme tel avant Empédocle : il est employé une fois par l'*Anthologie grecque*, puis régulièrement chez Nonnos[315]. Empédocle a déduit l'adjectif simple ὀμφαῖος de sa version composée πανόμφαιος, épithète de Zeus attestée chez Homère, Hésiode et Simonide, que les lexicographes interprètent comme *celui qui peut proférer toute* ὀμφή[316]. Dans l'unique occurrence homérique, Zeus adresse un présage aux Achéens pour leur faire savoir qu'ils seront sauvés de la mort dans la mêlée.

Le fragment 123 – ou, en tout cas, le dernier nom cité par Cornutus à la suite dudit fragment – comporte ainsi une mention de la parole qui implique son caractère véridique. Nous avons vu que le fragment 122.4 comportait un thème semblable : le substantif Ὀμφαίη, qu'il faut peut-être jumeler à la correction de Bergk Σωπή, est ainsi dans un rapport similaire à Νημερτής et Ἀσαφεία que l'étaient Κινώ et Ἀστεμφής à Θόωσα et Δηναίη, et Μεγιστώ (et Φορυή, le cas échéant) à Καλλιστώ (et Αἰσχρή). Ces noms du fragment 123 (ou de la partie postérieure en

---

313  En B.41, le terme désigne la voix divine du songe envoyé par Zeus, qui entoure toujours Agamemnon à son réveil (θείη δέ μιν ἀμφέχυτ' ὀμφή) ; en Y.129, il apparaît dans le passage où Héra convainc les autres dieux de détourner d'Achille Énée, secondé par Apollon, de peur que le héros n'affronte directement le dieu : la déesse envisage de le prévenir par une ὀμφή de la nature divine de l'assaillant qu'il viendrait alors à combattre ; en γ.215 et π.96, Nestor puis Ulysse demandent à Télémaque s'il s'est attiré la haine d'adversaires qui seraient assistés de l'ὀμφή d'un dieu ; en *Hh.He.*471, *Hh.He.*532, il s'agit d'attribuer à l'ὀμφή de Zeus l'origine des prophéties (μαντείας) d'Apollon ; le terme désigne la voix prophétique d'Apollon en *Hh.He.*543 et 545, puis celle d'Hermès en *Hh.He.*566 ; en Thgn.808, il désigne la voix prophétique de la Pythie ; en Pi.fr.*Di.*70b.29 pour l'ὀμφάν de Zeus.
314  Chantraine *DELG* p. 801. En Pi.*N.*10.34, il désigne les chants adressés à la divinité par les Athéniens ; en Pi.fr.*Pe.*52e.48 pour le Péan chanté par Pindare en l'honneur d'Apollon – c'est-à-dire donc pour le poème lui-même ; Pi.fr.incert.152.1 pour la voix du poète en performance ; Pi.fr.*Di.*75.18 pour la voix des chants unies aux flûtes, en l'honneur de Sémélé ; Pi.fr.*Pe.*52c.94) ; Ba.*Ep.*14.14 (la voix de la lyre ne s'ajuste pas aux combats).
315  *Anthologia graeca* 27.2 (suppl.) ; Nonnos, *Dion.*3.99, 6.89, 9.284, 12.42, 12.330, 13.373, 27.252.
316  En Θ.250 ; He.fr.150.12 Merkelbach-West (le nom de Zeus y est restitué) ; Simonide epigr.6.52.2. Le terme est ensuite employé comme épithète de Zeus dans les *Argonautiques orphiques* (v. 660 et 1299) et chez Quintus de Smyrne (*Posthomerica*, 5.626), *cf.* Clément *Protreptique*, II.37.1.2. – Pour les lexicographes, *cf.* Apollonios, *Lexicon homericum*, 127.22 ; Photius, p. 377.19 (*ad* πανομφαίῳ) ; Hésychius π.370.1 (Schmidt).

partie perdue) répondent à ceux du fragment 122. De façon intéressante, ὀμφή désigne chez Pindare la parole poétique : s'il faut bien lire Ὀμφαίη avec Νημερτής (et Ἀσαφεία, éventuellement, avec Σωπή), cela suggère que la parole poétique est source de vérité. Le processus à l'œuvre dans le fragment, consistant à mettre en question les théogonies traditionnelles, se trouverait ainsi comme mis en abyme dans l'organisation du fragment lui-même.

## CONCLUSION SUR LA TECHNIQUE
## DU CATALOGUE

Empédocle emploie le catalogue de divinités en se fondant sur un univers de références poétiques qui lui sont antérieures. Il trace ainsi les contours d'une nouvelle organisation du divin dans les fragments 121, 122 et 123.

Cette réfection comporte un aspect thématique : Empédocle reprend le nom de divinités attestées dans les corpus poétiques pour souligner la différence de son projet et son décalage avec la tradition. C'est le cas des Φόνοι et des Κῆρες du fragment 121, mais également de Θόωσα dans le fragment 123. Le thème du λειμών subit une semblable réfection. Il s'agit à chaque fois d'inscrire ces termes dans de nouveaux réseaux poétiques et sémantiques, pour souligner les ruptures que l'Agrigentin introduit avec les conceptions du divin et du monde qui caractérisent la tradition poétique. Ainsi, les prairies maudites ne sont plus en dehors du monde civilisé ou de celui des vivants : au contraire, elles le constituent. De même, Θόωσα n'est plus une fille de Phorkys mère de Polyphème dont le nom entretient une relation possible avec la vue, et qui est reliée par sa généalogie à la barbarie : le dispositif textuel situe le nom dans un nouveau réseau de sens, et signale ainsi la rupture. La féminisation du soleil en est un exemple frappant.

La féminité des principes souligne que l'objectif du catalogue n'est pas de donner à voir un panthéon anthropomorphique, comprenant des rivalités entre des puissances mâles ou femelles pourvues de qualités humaines : Empédocle emploie des anthroponymes pour montrer qu'il y a abstraction. Ces anthroponymes sont féminins pour souligner que leur nature est la même : le travail porte sur la tradition poétique elle-même, envisagée dans son caractère problématique.

La plupart des noms des fragments 122 et 123 sont forgés sur des radicaux connus (Ἡλιόπη, Καλλιστώ) ou qui, s'ils étaient attestés auparavant, n'étaient pas directement employés comme noms de divinités (Χθονίη, Δηναίη, Αἰσχρή). Leurs épithètes présentent les mêmes particularités. Il y a un double processus d'abstraction et de substantivation. Lorsqu'ils sont inscrits dans des couples contradictoires, ces noms sont toujours créés sur des racines distinctes : Empédocle n'a pas voulu opposer des concepts formés sur un radical identique. Son travail porte avant tout sur la tradition poétique, qui lui fournit le matériau même de sa réflexion. Les versions diverses des mythes que la tradition avait associées au sémantisme de certains de ces noms (Θόωσα, par exemple) sont tout autant l'objet du catalogue, en ce sens, que les divinités qui les représentent ou qui contribuent à leur dépassement.

Le second aspect de cette réfection de la pratique catalogique antérieure tient au schème qui structure les catalogues des divinités. Le schème généalogique est abandonné : le catalogue ne cherche plus à rendre compte du réel dans les phases successives menant à l'état nécessaire qui est le sien aujourd'hui – du point de vue en tout cas d'un poète comme Hésiode – mais il permet de redresser les relations entre les puissances mythologisées de l'intérieur. Ainsi, la forme catalogique est employée dans le fragment 121 de façon à analyser les rapports pragmatiques qu'entretiennent les comportements humains néfastes et les affections subies par les hommes : il s'agit de déterminer dans quelles conditions les vices s'entraînent les uns les autres, faisant croître les fleurs des prairies macabres d'Ἄτη. Les catalogues des fragments 122 et 123 substituent au schème généalogique un schème d'opposition, qui est certes déjà présent chez Hésiode. Les qualités ou puissances de chaque couple ne sont pas analysables l'une sans l'autre. La vérité ne pourrait être appréhendée s'il n'y avait l'erreur. Si tout était mouvement, nous ne pourrions comprendre l'immobilité. Hésiode rassemblait certes déjà les opposés en un même lieu : les demeures de Nuit et de Jour se trouvent dans le Tartare. Le procédé est généralisé et devient un schème structurant.

L'ordre de présentation des paires devient alors déterminant, dans cette technique catalogique originale : les différentes dimensions du monde s'ouvrent successivement. Ainsi, le vers 122.1 définit son espace topologique ; le vers 122.2 produit une polarité entre création et destruction, qui gouverne l'apparition des objets ou êtres vivants qui s'y trouvent ; le vers 122.3 énumère les qualités de ces objets ; le vers 122.4 définit le discours qu'on peut porter sur les éléments précédents d'après un critère de vérité ou de fausseté. Le fragment 123, lui, ouvre un espace d'états contradictoires et alternatifs (Croissance et Dépérissement, Sommeil et Veille...), qui se clôt lui aussi par une mention de la parole divine et, virtuellement, poétique (123.3).

Les puissances sont là (ἔνθ' ἦσαν, 122.1). Le propos n'est pas de comprendre comment elles émergent ni dans quelles relations de dépendances elles sont les unes avec les autres, mais d'appréhender les oppositions qui se créent entre elles : le catalogue permet par ce biais d'interpréter le monde où ces puissances évoluent, qu'il s'agisse de l'état du monde que nous connaissons ou de l'un de ses états passés, visité par le démon déchu dans son errance.

Or, la polarisation des paires de divinités est construite de façon délibérément énigmatique dans le passage. (1) La plupart des couples résistent à la polarisation, dont en particulier Sommeil et Réveil, Mouvement et Immobilité. (2) Le dispositif textuel déjoue les tentatives de rapprochement d'un couple à l'autre : chacun des termes du couple initial, Terre et Regard Solaire, semblait pouvoir être assimilé respectivement aux polarités négative et positive par rapprochement phonique des épithètes en -ῶπις. Mais Δῆρις ne peut être avec sûreté placée du même côté que Δηναίη, dont nous avons montré l'ambivalence.

Le catalogue construit ainsi, au fil de son élaboration, l'impossibilité d'une répartition axiologique. L'objectif du dispositif textuel est, de fait, de mettre en question les catégories employées pour opérer cette répartition. Héritées des catalogues de divinités antérieurs, ces catégories, se trouvent délibérément déplacées pour en souligner les limites. Ce geste rouvre un espace dans les théogonies traditionnelles, en questionnant les associations des divinités entre elles : que signifie le fait de placer Δηναίη et Θόωσα en un couple contradictoire du point de vue des traitements antérieurs de ces termes et des éléments narratifs que la poésie théogonique et épique ont associé aux concepts et aux mots avec lesquels ils sont en lien ? Comment repenser l'opposition de telles notions, dont la complexité était en quelque sorte écrasée par les couches antérieures des théogonies mythiques ? La fonction de l'opposition polaire est ainsi d'abord interprétative : elle sert à fournir une grille de lecture à la fois de la tradition poétique antérieure et du réel que nous avons sous les yeux.

Il est significatif que ces fragments, tels qu'en tout cas ils nous sont parvenus, ne mentionnent pas la cause du déploiement des différentes puissances. Hésiode attribuait cette fonction à Éros, dont Fabienne Blaise a montré d'une part, qu'il était à la fois une puissance de la positivité et de la négativité, dans la *Théogonie*, dans la mesure où son action pouvait impliquer conflit ou destruction, sous diverses formes, et d'autre part qu'il était responsable, outre l'union sexuelle, d'autres formes d'engendrement telles que la parthénogenèse[317].

Le nom d'Éros n'apparaît jamais en tant que tel chez Empédocle, hormis sous la forme de l'adjectif ἐροέσσα, justement dans le fr. 122, pour Νημερτής. À l'intérieur de nos trois fragments catalogiques, cette absence d'Éros me paraît significative : tout se passe comme si Empédocle ne cherchait pas à analyser le sens de la succession verticale des générations, ou en tout cas à ne pas attribuer celle-ci à un principe défini. Empédocle joue un coup en effaçant Éros (et les autres puissances candidates à jouer un rôle moteur, du côté de la positivité comme de la négativité) : il cherche, dans ces catalogues, à rendre compte d'un état du monde à un moment donné, et non à en expliquer l'origine – pour l'explication de laquelle il a forgé d'autres schèmes, l'Amour, la Discorde et les racines.

Le troisième trait caractéristique de cette réfection est le biais par lequel le fragment entreprend cette mise en question des différentes couches de construction mythologique ou mythographique opérée par la tradition poétique : au lieu de mettre en question les théogonies traditionnelles au moyen d'une critique externe et argumentée, Empédocle repart de la forme même du matériau qu'il discute pour en mettre en évidence les limites. L'argumentation sur le sens des constructions poétiques antérieures s'inscrit dans l'usage même de la forme poétique : l'Agrigentin remploie les modèles de composition pour mettre en question les constructions intellectuelles qu'ils ont permis de produire. Mais souligner les incohérences ne suffit pas : l'objectif du dispositif textuel n'est pas la satire. Le passage reconstruit des oppositions, réanalysées à la lumière de critères jugés plus justes : le poète met en œuvre une sorte

---

317 Blaise 1998.

de « remythification » du mythe, par ce double processus d'abstraction et d'anthoponymisation que nous relevions, visant à exposer les insuffisances de la version antérieure du mythe et les raisons de ces insuffisances. Elle permet substituer un système plus efficace au précédent. L'opposition entre μυθός et λόγος n'est pas fonctionnelle ici : il y a mise en question des potentialités du mythe par une nouvelle formulation de type mythologique, passant par la création de figures originales.

# COURONNES, SPIRALES
# ET RITOURNELLES

## INTRODUCTION : LES FORMES
## DE LA COMPOSITION POÉTIQUE ARCHAÏQUE

Après avoir analysé les analogies et les catalogues, l'étude se tourne
à présent vers l'usage empédocléen de formes de composition caractéristiques de la poésie archaïque : les constructions en couronne (ou en
anneau), en spirale, ainsi que la ritournelle. Ces procédés de construction
sont ici étudiés indépendamment des deux phénomènes précédemment
décrits, en ce qu'ils concernent des niveaux distincts de la composition
poétique. Une comparaison peut ainsi être composée en suivant une
structure annulaire et un schème de répétition indiquer les unités successives d'un même catalogue généalogique[1].

Leur étude conjointe se justifie par le fait qu'il s'agit de formes
d'organisation de la matière poétique qui reposent sur le caractère paratactique de la composition littéraire archaïque. Aristote, dans la *Rhétorique*,
oppose en effet une λέξις εἰρομένη, un style *filé* – désignant par là la
composition paratactique, qui accumule des éléments par juxtaposition –
à une λέξις κατεστραμμένη[2], un style *tressé* ou *tissé* – c'est-à-dire le style

---

1   C'est le cas, par exemple, des différents groupes d'enfants (ou de petits-enfants) de Phorkys
    et de Kètô, dans la *Théogonie*, organisés en unités indiquées par ἡ δέ (He.*Th.*295, *Th.*308,
    *Th.*317).

2   Arist. *Rh.*1409a 25 *sqq.* Le verbe εἴρω signifie, à l'origine, *enfiler, attacher en file* (Chantraine
    *DELG* p. 325). Les premières occurrences du verbe se trouvent chez Homère : en σ.296,
    il désigne un collier d'or où ont été enfilés des morceaux d'ambre. Thalmann 1984 p. 4
    compare à juste titre ce style au fait de passer des perles sur un fil. Le verbe καταστρέφω
    signifie, lui, *retourner, ruiner* (Chantraine *DELG* p. 1063). Le participe parfait implique
    que le style revient sur lui-même (pour former une unité achevée), ce qu'Aristote compare
    aux antistrophes (ἀντιστρέφω) des poètes anciens en Arist. *Rh.* 1409a 27-28.

périodique, qui privilégie la subordination. Le Stagirite se prononce, on le sait, en faveur du second style dans la mesure où il se caractérise par une unité compositionnelle de type organique[3].

Il n'est à mon sens pas satisfaisant de décrire la composition de type paratactique comme non-exhaustive, pré-rationnelle, inapte à l'abstraction et impulsive[4]. Cela mène à mésestimer la valeur compositionnelle des procédés décrits, qui sont liés à une pratique de la littérature orale. Que la matière poétique ne mette pas en relief le lien logique ou intellectuel entre les éléments qui la composent – puisque la composition procède par juxtaposition et non par subordination – ne signifie pas que ce lien n'existe pas : Thalmann a raison de souligner que, dans ces types de composition, le sens doit être déduit de la structuration des éléments[5], ce qui permet au poème de gagner en subtilité et en complexité.

Les trois modes de composition typiques de la poésie archaïque ici étudiés (constructions annulaire, en spirale et ritournelle) sont tous fondés sur la répétition, mais se distinguent en ce que les deux premiers impliquent un schéma circulaire et le troisième un parallélisme[6]. D'autres formes de composition archaïque ont également été dégagées par les savants, telles que l'ὕστερον πρότερον ou ce que van Groningen appelle le *réseau entrelacé*[7]. En dernière analyse, la construction annulaire peut être analysée comme une forme très élaborée d'ὕστερον πρότερον : à ce titre, il me semble suffisant d'étudier la forme la plus développée. J'écarte le réseau entrelacé de van Groningen dans la mesure où l'analyse du savant est fondée sur des présupposés méthodologiques qui fragilisent le schéma qu'il dégage[8].

---

3    Il ne faut pourtant pas déduire de ce passage d'Aristote une supériorité d'un style sur l'autre : le philosophe analyse chacun des deux types de composition à partir de sa propre notion d'unité, qui est de type organique. On ne doit pas supposer que ce qui n'obéit pas à la vision aristotélicienne est imparfait ou mal construit.

4    *Cf.* Fränkel [1924] 1968 p. 69-70 ; van Otterlo 1944b p. 205-206 ; van Groningen 1958, *passim* et en particulier p. 94 : « Ceci (*sc.* composer de façon syntaxique et périodique, par opposition à la composition paratactique) exige une discipline de l'esprit et une supériorité de la technique sur les impulsions spontanées et l'essor vigoureux d'une intense vitalité, qui ne sont manifestes qu'à la période classique. »

5    Thalmann 1984, p. 4 : « *Much of the meaning of these poems is implicit in its structure.* »

6    *Cf.* en particulier Thalmann 1984 p. 24, sur cette distinction.

7    Voir respectivement Thalmann 1984 p. 6-8 et van Groningen 1958, p. 94-97.

8    Selon van Groningen 1958, p. 96, le *réseau entrelacé* consiste en une répétition constante d'un petit nombre de thèmes structurants, au fil de développements successifs, mais au sein duquel d'autres éléments prennent place alors qu'ils n'ont pas de rapport avec le

La construction en anneau ou en couronne, nommée en allemand *Ringkomposition*, consiste à ce qu'un ensemble d'éléments revienne dans l'ordre inverse à celui dans lequel il avait été formulé au départ, tout en étant organisé autour d'un noyau qui sert de centre à ces anneaux et de point focal à la construction[9]. Les éléments ne sont pas simplement répétés à l'identique après la formulation du noyau mais se trouvent enrichis de données supplémentaires issues du reste de la construction et en particulier du centre de celle-ci. La construction en question peut ne pas comporter de centre et correspond à ce que l'on a appelé ὕστερον πρότερον, en empruntant une expression de Cicéron[10].

La construction en spirale est fondée sur la répétition de notions essentielles associées à l'objet décrit. Ce qui caractérise le phénomène est que ces notions sont d'abord énumérées une première fois puis répétées à tour de rôle en un nombre indéfini de séquences – ce qui explique qu'on parle de spirale[11]. Dans la typologie de van Groningen, la spirale peut être croissante ou décroissante, selon que les répétitions successives des thèmes originels sont plus développées ou plus brèves que leur première expression.

---

sujet traité. Or, le savant analyse cette construction comme un processus de composition dans lequel « l'auteur est assailli simultanément par plusieurs idées complexes et leur importance presque égale l'empêchera de traiter une idée à fond et d'en épuiser la portée utile avant de passer à une autre. [...] Le procédé compositionnel est le résultat naturel d'un état d'âme dans lequel la passion, l'émotion ou la conviction sont tellement fortes qu'elles ne se soumettent pas au contrôle ni à la direction d'une pensée ordonnée » (van Groningen 1958, p. 94). Le savant précise plus loin que « le procédé est de nature à donner en tout cas une illusion d'unité » (van Groningen 1958, p. 97), lorsqu'il est employé dans le cas où l'on rapproche des idées qui n'ont, en fait, pas de lien réel entre elles. Les deux présupposés qui guident ces affirmations sont que le poète archaïque n'est pas complètement maître de sa composition, et que les schémas compositionnels qu'il emploie peuvent être destinés à dissimuler, artificieusement, ce manque de maîtrise de la matière poétique. Au demeurant, la construction en spirale présente une parenté de structure avec le *réseau* de van Groningen, sans impliquer les mêmes présupposés.

9   La composition annulaire a fait l'objet de nombreuses études au XXe siècle, dont la première est la dissertation de Müller en 1908, qui portait sur les *Suppliantes* d'Eschyle. L'étude de référence est celle de van Otterlo 1944a (en particulier p. 133 pour sa définition du phénomène). Les autres études importantes sont celles d'Herman Fränkel [1924] 1968, Lohmann 1970, Thalmann 1984, Steinrück 1997 et Rousseau 2011.

10  Cicéron, *Lettres à Atticus*, I.16.1 : ὕστερον πρότερον ὁμηρικῶς.

11  Le phénomène a été décrit par van Groningen 1958 p. 88 *sqq.* et Thalman 1984, p. 21-24. Ils remarquaient que c'était le mode de construction de l'Hymne à Hécate dans la *Théogonie* (He.*Th.*411 *sqq.*).

Quoique Thalmann souligne la proximité qu'entretient ce schéma compositionnel avec la composition annulaire, les deux procédés se distinguent en deux points au moins : (1) la composition en spirale ne présente pas nécessairement d'inversion de l'ordre originel de présentation des différents éléments ; (2) par conséquent, la composition en spirale ne s'achève pas lorsqu'on reformule le premier élément une seconde fois mais la structure est susceptible de se développer encore[12].

La ritournelle est une figure du parallélisme qui consiste en la répétition d'un vers ou d'une partie de vers – et du thème qui lui est associé – afin de structurer une unité plus grande : elle a pour fonction de rythmer les différents moments de l'exposé et permet d'accroître l'intelligibilité de l'ensemble dans un contexte oral[13]. L'ensemble ainsi formé est à la fois complexe, varié, et clos sur lui-même. Van Otterlo remarquait, à juste titre, que la nécessité d'employer des vers (ou fragments de vers) identiques pour exprimer les mêmes idées essentielles (ou thèmes) dans un contexte de composition orale formulaire ne suffisait pas à rendre compte du phénomène qu'il décrivait[14] : le procédé vise à souligner les similitudes thématiques existant entre les éléments narratifs et à disposer dans le poème des indices interprétatifs permettant de mieux appréhender son sens à partir de ces récurrences formelles.

Ce phénomène est particulièrement clair pour le catalogue des enfants de Phorkys et de Kètô dans la *Théogonie*, dont les différentes unités sont rythmées par la répétition du groupe ἡ δέ suivi de ἔτεκε ou de ἔτικτε[15]. Cette répétition est problématique dans la mesure où il est difficile de déterminer si le référent exact de ἡ aux vers 304, 319 et 326 est Kètô ou l'une de ses filles[16]. Cet exemple montre que la ritournelle n'est pas un procédé compositionnel subi par le poète dans un contexte

---

12  Thalmann 1984 p. 194, n. 60 remarque à juste titre que les tentatives de rendre compte de la structure de l'Hymne à Hécate en l'interprétant comme une construction annulaire ne parviennent pas à un résultat totalement convaincant.

13  La ritournelle a fait l'objet d'une analyse complète et décisive de van Otterlo 1944b p. 192-207, qui commençait par l'étude des répétitions de vers au sein de l'ἐπιπώλεσις du chant Δ. La séquence obtenue n'est ni une structure annulaire ni une structure en spirale, car chaque élément ne revient, au plus qu'une fois, et tous les éléments ne sont pas formulés avant que le premier soit répété.

14  *Cf.* van Otterlo 1944b p. 193 et 198.

15  Thalmann 1984 p. 25. En *Th.*304, il y a seulement ἡ δέ.

16  Respectivement, Echidna, l'Hydre et la Chimère. Pour la discussion sur ce point, *cf.* West 1966, p. 243-244.

de *performance* orale formulaire : l'emploi de ce tour sert à énigmatiser les séries généalogiques. Le procédé de composition ouvre ainsi l'espace d'un jeu réflexif : le sens émerge à l'intérieur de la convention de composition, dont l'emploi suscite une réflexion sur la construction du thème, soulignant le caractère problématique de la génération de monstres par des divinités.

## DES CONSTRUCTIONS ANNULAIRES HYBRIDES : L'EXEMPLE DES FRAGMENTS 2 ET 3

Les fragments 2 et 3 présentent une structure voisine de la construction annulaire[17] : leur architecture mêle des éléments de composition en spirale (dans la mesure où certains éléments reviennent au fil de développements successifs) et de construction annulaire (dans la mesure où le fragment comporte une structure encadrante qui s'organise autour d'un noyau central)[18].

La question de l'organisation des fragments 2 et 3 est certes compliquée par plusieurs facteurs : nous ne savons pas ce qui se trouvait avant le fr. 2, ni après le fr. 3, ni entre les deux fragments s'ils ne se suivaient pas directement. Ce ne sont pas là des obstacles majeurs : les répétitions que nous observons dans les textes de ces fragments sont des faits sur lesquels nous pouvons nous appuyer. Quant à ce qui se trouvait entre les fr. 2 et 3, si tant est qu'il ne se suivaient pas directement, l'analyse qui suit demande à ce que les vers qui se trouvent manquer n'amènent pas de répétition supplémentaire de termes qui apparaissent déjà dans ce que nous connaissons des deux fragments.

Les vers 2.1-2 formulent un thème original : la limitation de l'appareil perceptif, qui implique celle des idées naissant de la rencontre de l'homme avec le monde qui l'entoure. Ce thème original reparaît dans les vers

---

17  Kurfess 2012 p. 118-119 propose une analyse des répétitions dans B 2-3 comme une succession de chiasmes imbriqués les uns dans les autres. Il n'emploie pas le terme de *construction annulaire*. J'ai eu connaissance de son analyse trop tard pour intégrer ici une discussion de sa reconstruction et de ses conclusions.

18  Dans la mesure où le détail des fragments a été abondamment étudié *infra* (cf. chapitres 1 et 2 de la première partie) je me contente ici de formuler les conclusions.

3.9-13. La reprise s'effectue terme à terme : γυίων (3.13) reprend γυῖα (2.1) et παλάμη (3.9) reprend παλάμαι (2.1). La seconde occurrence n'annule pas le sens de la première : si l'appareil perceptif est limité, le poète cherche bien à montrer de quelle façon on peut l'utiliser pour parvenir à une connaissance réelle. Ces deux passages forment une couronne externe, qui s'organise autour d'un noyau qui consiste en l'invocation aux dieux et à la Muse des vers B 3.1-5. Ce nœud de l'organisation structurelle du passage est aussi le point déterminant pour le sens dans la mesure où il définit les conditions de la composition poétique juste.

Entre la couronne externe et ce noyau sont exprimés différents thèmes connexes.

Thème B : la mortalité des hommes (2.3-4), considérée par Empédocle comme une idée fausse issue de la faiblesse de l'appareil perceptif et intellectuel humain (ἀθρήσαντες, 2.3).

Thème C : lorsque les mortels cherchent à déterminer un principe qui permettrait de rendre compte de l'organisation du monde, ils suivent une méthode incorrecte consistant à choisir chacun des objets différents (2.5-6) vers lesquels ils sont emportés au hasard (ἐλαυνόμενοι, 2.5).

Thème D : les sensations ne permettent pas d'atteindre le vrai dans de telles conditions (2.7-8a) : ouïe, vision et νοῦς sont inefficaces ainsi employés (ἐπιδερκτά et ἐπακουστά, 2.7 ; νόῳ περίλεπτα, 2.8a). Ce thème constitue une spécification négative de l'idée contenue dans la première formulation de la couronne externe.

Thème E : le disciple est parvenu au sommet des connaissances humaines (2.8b-9).

Ces différents thèmes, de B à E, reparaissent sous une forme anti-thétique dans le fragment 3 : tout se passe comme si la formulation des caractéristiques propres à la composition poétique correcte permettait de corriger les erreurs dans l'usage de l'appareil perceptif qui menaient à une appréhension inexacte de la réalité.

Dès la formulation du noyau, en effet, le verbe ἐλαύνω est remployé (3.5, ἐλάουσα). Au contraire de la première occurrence, le terme signale au vers 3.5 le fait que le poème doit être conduit par la divinité Piété. Les mortels du fragment 2 n'avaient pas le guide infaillible qu'elle constitue pour les guider vers la connaissance des principes véritables. Le thème C est renversé pour montrer de quelle façon, cette fois positive, les hommes peuvent parvenir au vrai sur le monde et les principes qui le constituent.

Après la formulation du noyau (3.1-5), les vers 3.6-8 signalent un écueil de la composition poétique, qui consiste à composer non pas en visant à respecter la relation reliant le divin à l'humain mais en recherchant la faveur des mortels. Le terme θνητῶν fait écho, pour le sens, à la mortalité dont la conception est développée dans les vers 2.3-4. La reprise de ce thème souligne l'opposition entre la nature de l'inspiration poétique réelle (qui est divine) et le fait que ce sont des hommes qui décident des victoires dans les concours rhapsodiques et, plus généralement, poétiques.

Le thème E revient lors de la conclusion qui clôt la partie portant sur la composition poétique : l'idée que Pausanias a atteint le sommet de la μῆτις humaine (2.8b-9) trouve un écho dans le fait que la composition poétique correcte atteint la cime de la sagesse. Ici, la liaison entre les deux vers est assurée à la fois par le thème, celui de la cime (ἐπ' ἄκροισι) reprenant celui de l'élévation (ὄρωρεν), et par l'ordre des mots. Les deux vers 2.9 et 3.8 sont en effet les deux seuls à commencer par un terme en rejet (πεύσεαι et θάρσεϊ). Mais ce parallélisme souligne que la nature de la connaissance en jeu dans chacun des passages est distincte : en 2.9, il s'agit de la connaissance des autres hommes, qui tombe sous le coup des limitations décrites dans le corps du fragment 2, alors qu'en 3.8, il s'agit de la connaissance d'origine divine transmise par le poème d'Empédocle.

Le fragment 3 se clôt sur le retour de l'anneau externe, enrichi de la description de la pratique poétique juste : le poème enseigne à se servir correctement des sens. Cet anneau externe (3.9-13) est marqué par un retour sous forme positive du thème D, souligné par une reprise lexicale et sémantique : ἀκουή (3.10) et ἀκοή (3.11) reprennent ἐπακουστά (2.7) ; ὄψιν (3.10) reprend ἐπιδερκτά (2.7) ; le couple formé par νοῆσαι (3.12) et νόει (3.13) répond à νόῳ περιληπτά (2.8a).

L'anneau externe se trouve alors également enrichi de thèmes empruntés à d'autres passages des deux fragments : sa valeur est conclusive. Ainsi, ἄθρει (3.9) reprend ἀθρήσαντες (2.3) ; πίστει (3.10) et πίστιν (3.13) reprennent πεισθέντες (2.5). Les erreurs commises par les mortels peuvent être dépassées et corrigées en se servant des mêmes outils que ceux qu'ils employaient – la perception sensible – à condition que la façon d'en user soit conforme à celle qui est définie par le discours produit par une pratique poétique juste.

La reprise de γλώσσης, qui apparaît au vers 3.11 au même cas et en même position métrique qu'en 3.1 a une valeur différente : elle souligne que les deux groupes de vers (3.1-8 et 3.9-13) décrivent des degrés différents de pratiques correctes et valorisées, dans les deux champs distincts de la pratique poétique et de l'emploi des sensations.

Le troisième type de reprise qu'on observe dans cette couronne externe s'effectue à l'intérieur même de l'unité qu'elle forme : le groupe πῆ δῆλον ἕκαστον (3.9) est repris sous une forme presque identique, ἦ δῆλον ἕκαστον (3.13). La différence entre les deux emplois est que la seconde occurrence intègre le νοῦς, au terme de la description de l'usage correct des sensations.

Nous pouvons modéliser de la façon suivante le jeu de reprises à l'œuvre dans ces deux fragments. Les parenthèses signalent que les mots ne sont pas repris terme à terme, et la dernière colonne (où sont soulignés les éléments sémantiques qui font l'objet de variation) reprend de façon condensée le sens du groupe :

| Vers | Ensemble ou thème | Termes | Fonction/sens |
|---|---|---|---|
| B 2.1-2 | Couronne externe – 1 | παλάμαι, γυῖα | Limitations de l'appareil perceptif |
| B 2.3-4 | B | ἀθρήσαντες | L'erreur qu'est de concevoir la mortalité des hommes |
| B 2.5-6 | C | ἐλαυνόμενοι, πεισθέντες | Les hommes sont emportés devant des objets toujours distincts et ne parviennent pas au principe |
| B 2.7-8a | D | (οὔτ᾽ ἐπιδερκτά), οὔτ᾽ ἐπακουστά, οὔτε νόῳ περιληπτά | Toutes ces conceptions ne s'appuient pas sur la sensation |
| B 2.8b-9 | E | (μῆτις ὄρωρεν) | La cime de la connaissance humaine : Pausanias |
| B 3.-5 | noyau + retour de C | γλώσσης, ἐλάουσα | La composition poétique juste est guidée par le respect de la place respective des hommes et des dieux |

| B 3.6-7 | retour de B | - | La poésie ne doit pas rechercher les honneurs des mortels |
| B 3.8 | retour de E | (σοφίης ἐπ᾽ ἄκροισι) | La cime de la connaissance divine et poétique : le poème d'Empédocle |
| B 3.9 | couronne externe – 2 | ἄθρει, παλάμῃ, πῇ δῆλον ἕκαστον | Employer tous les sens… |
| B 3.10-11 | couronne externe – 2 | (ὄψιν), πίστει, ἀκο(υ)ή, γλώσσης | …sans introduire de hiérarchie entre eux… |
| B 3.12-13 | couronne externe – 2 | νοῆσαι, γυίων, νόει, ᾗ δῆλον ἕκαστον. | …définit l'usage correct des sens et du νοῦς. |

La structure du passage n'est pas annulaire au sens strict dans la mesure où les éléments ne reviennent pas dans l'ordre exact où ils sont apparus. Les fragments 2 et 3 ont pourtant en commun avec une construction annulaire leur encadrement par une couronne externe et la structuration par un noyau après lequel les éléments antérieurement formulés sont repris et enrichis.

La construction des deux fragments s'apparente également à une structure en spirale dans la mesure où chacun des éléments de la première partie se trouve repris et développé au sein de la seconde. La répétition de la couronne externe est particulièrement significative de ce point de vue, dans la mesure où y sont remployés de nombreux termes présents à différents moments de l'organisation de la matière antérieure.

Une telle variation structurelle caractérisait les fragments 21 et 23 dans la mesure où ils sont encadrés par des adresses au disciple qui marquaient un passage d'une observation des phénomènes à la compréhension des principes qui en sont causes, et que le corps même des fragments, s'ils comportaient des éléments communs objets de variation[19], laissaient en creux un certain nombre de thèmes que l'auditeur devait lui-même suppléer du comparé au comparant pour parvenir au sens. Cet exemple d'un emploi hybride de la construction annulaire constitue un déplacement d'autant plus remarquable que, chez Homère, la construction annulaire

19   Tels que le catalogue du vivant en 21.9-12 et 23.5-8.

est très fréquemment employée pour structurer des comparaisons[20]. Le fragment 100 comportait, on l'a vu, une construction encadrante : deux mentions du comparé, qui présentent des variations, encadrent le comparant, lui-même structuré sur le mode du parallélisme.

Nous ne pouvons étudier avec une telle ampleur de détails l'intégralité des fragments d'Empédocle[21]. L'étude qui précède montre qu'Empédocle emploie volontiers des formes hybrides entre anneaux et spirales : il aménage les procédés de composition qui caractérisaient la composition hexamétrique orale en y introduisant des variations structurelles significatives.

### LA RITOURNELLE DANS LES FRAGMENTS D'EMPÉDOCLE

CONSIDÉRATIONS LIMINAIRES ET MÉTHODOLOGIQUES

*Introduction : ritournelle et identification des fragments*

La répétition est l'un des procédés de composition le plus souvent et le plus largement employé par Empédocle, trait évident en dépit même du caractère fragmentaire de notre corpus. Plusieurs répétitions de ce type pourraient, certes, se révéler faire partie de schémas compositionnels plus vastes tels que des constructions annulaires organisant la matière

---

20  Ready 2011 p. 17 remarque des structures encadrantes de ce type, qu'il ne nomme pas comme telles. Il y voit le signe d'une correspondance étroite entre comparant et comparé, ce qui ne vas pas de soi.

21  D'autres structures de type annulaire sont décrites et analysées par Rosenfeld 2006 p. 147 *sqq.*, pour les fragments 17.1-17, 26, 35 et 115, dont nous étudions les trois premiers dans la partie suivante, qui porte sur les ritournelles. Il faudrait ajouter à cette liste les constructions de type annulaire des fragments 8 (où on lit successivement φύσις 8.1 – θνητῶν et θανάτοιο 8.2 – μίξις, διάλλαξις et μιγέντων 8.3 – puis de nouveau φύσις 8.4) et 111 (le fragment est encadré par le thème de l'homme confronté à la vieillesse et à la mort, en 111.1 et 111.9 – γήραος ἄλκαρ et μένος ἀνδρός ; à l'intérieur de cette structure, des thèmes se succèdent de façon parallèle – le vent en 111.3-5, et la sécheresse et la pluie en 111.6-7). Il y a également de nombreuses structures fondées sur des parallélismes, tels qu'en présentent les fragments 84, 137 (πατήρ et φίλον υἱόν 137.1 et ἀπορεῦνται 137.2 sont réunis en une seule proposition, en 137.5-6, dans un ordre et une grammaire différents), etc.

poétique en de grandes unités : le caractère fragmentaire du texte nous empêche toutefois le plus souvent de tirer de telles conclusions de répétitions se produisant dans des fragments distincts.

Le fragment 25 mentionne la répétition comme un élément de la pratique poétique d'Empédocle et de la définition de son esthétique[22]. Le texte est cité sous deux formes dans les scholies au *Gorgias* et chez Plutarque, les deux fois pour souligner la nécessité d'introduire une répétition dans le discours[23]. La scholie commente un passage du *Gorgias* où Socrate résume les conclusions auxquelles le dialogue avec Calliclès l'a mené, mentionnant un proverbe selon lequel il est beau de dire et d'examiner deux ou trois fois les belles choses (καὶ δὶς γάρ τοι καὶ τρίς φασιν καλὸν εἶναι τὰ καλὰ λέγειν τε καὶ ἐπισκοπεῖσθαι) : la scholie attribue comme origine au proverbe un vers d'Empédocle[24]. Dans le dialogue où le médioplatonicien discute les thèses d'Épicure, il s'agit de répéter un argument proféré la veille (πρῴην) à l'encontre de l'idée selon laquelle la théorie de l'âme épicurienne permet d'affronter plus sereinement la mort que celle de Platon. Le vers d'Empédocle est cité à l'appui de l'idée que cet argument peut être avantageusement écouté de nouveau (les manuscrits ont ἀκοῦσαι et non ἐνισπεῖν) : le narrateur place la reformulation de cet argument antérieur dans la bouche de Théon. Le passage en question n'est pas cité ailleurs dans le dialogue : le procédé crée un effet d'attente qui attire l'attention sur l'importance de l'argument. Le contexte comporte l'idée d'une répétition même si les manuscrits ne donnent pas δίς mais δεῖ, dans ce passage de Plutarque.

L'analyse des répétitions présente un écueil pour l'éditeur et l'interprète : leur fréquence dans le corpus a pu conduire à fondre deux fragments en fait distincts en un seul. Cette tendance s'observe en particulier pour des répétitions partielles qui introduisent une variation – les éditeurs ont pu choisir alors de disqualifier l'un des textes divergents. Considérons rapidement le fragment 27 à titre d'exemple de tels problèmes[25] : il a été

---

22  Bollack 1969 t. III p. 37. Le texte et ses deux sources sont reproduits en Annexe 1, p. 763-764.

23  Scholie au *Gorgias* de Platon (*ad* 498e), 161.54 ; Plutarque, *Non posse suauiter*, 24 (1103F-1104A).

24  Pour les relations entre le vers d'Empédocle et le proverbe, ainsi que les autres attestations de celui-ci à l'époque d'Empédocle, *cf.* Bollack 1969 t. III p. 37.

25  On pourrait également mentionner les vers 115.1-2, dont Bollack 1969 t. III p. 151 a soutenu qu'ils appartenaient également au Poème physique, où il les édite sous le numéro

construit par Diels à partir d'une réunion de deux fragments distincts[26].
Plutarque citait un groupe de deux vers à propos de l'Antisphère[27] :

ἔνθ' οὔτ' ἠελίοιο δεδίσσεται ἀγλαὸν εἶδος
οὐδὲ μὲν οὐδ' αἴης λάσιον μένος οὐδὲ θάλασσα·

Simplicius, lui, citait à propos de la constitution de la Sphère un
groupe de trois vers dont le début du premier, séparé des deux autres
par une glose, était identique au premier vers cité par Plutarque[28] :

ἔνθ' οὔτ' ἠελίοιο διείδεται ὠκέα γυῖα
…
οὕτως Ἁρμονίης πυκινῷ κρύφῳ ἐστήρικται
Σφαῖρος κυκλοτερὴς μονίῃ περιηγέι γαίων.

Diels avait réuni les deux passages du fait de l'identité du premier
hémistiche du premier vers (ἔνθ' οὔτ' ἠελίοιο), en supposant que le
second vers cité par Plutarque avait été omis par Simplicius, ce dont
on avait trace dans la glose qu'il insérait. Cela les a conduits à traiter
le texte donné par Plutarque pour le second hémistiche du vers 1 de
leur reconstruction de B 27 comme une *uaria lectio*. Diels éditait ainsi :

ἔνθ' οὔτ' ἠελίοιο διείδεται ὠκέα γυῖα
οὐδὲ μὲν οὐδ' αἴης λάσιον μένος οὐδὲ θάλασσα ·
οὕτως Ἁρμονίης πυκινῷ κρύφῳ ἐστήρικται
Σφαῖρος κυκλοτερὴς μονίῃ περιηγθέι[29] γαίων.

1. διείδεται ὠκέα γυῖα Simplicius : δεδίσσεται ἀγλαὸν εἶδος Plutarque.

Mais le contexte des deux passages révèle qu'il est extrêmement
improbable que les deux séries de citation aient en réalité mentionné
les mêmes vers, puisqu'ils sont employés à propos de deux moments du
cycle opposés. Bignone a distingué les deux fragments, considérant que

---

110 (*cf.* Laks 2005 p. 270).
26  Bignone 1916 p. 418, dont la thèse est depuis lors acceptée par la majorité des commentateurs
    (Bollack 1969 t. III p. 134, Trépanier 2003a p. 392, Vítek 2006, etc.).
27  Plutarque, *De facie in orbis Lunae*, 926 D.
28  Simplicius, *In Ph.*, 1183.30 *sqq.* Le dernier vers, où apparaît le nom de la Sphère, est
    également cité par Simplicius, *In De caelo*, 591.5 et Marc-Aurèle XII.3 et (jusqu'à μονίῃ)
    VIII.41.
29  Diels-Kranz proposent περιηγέι qui est une *falsa lectio*.

la répétition du premier hémistiche ἔνθ' οὔτ' ἠελίοιο signalait justement une différence de contexte entre les deux occurrences de la formule[30].

*Modèles théoriques développés*
*pour interpréter les répétitions du corpus*

Les répétitions présentées par le corpus empédocléen n'ont pas fait l'objet d'une étude systématique de la part des premiers éditeurs et commentateurs modernes d'Empédocle[31]. La première étude générale, celle de Fairbanks en 1898, leur applique les méthodes des lectures analystes des répétitions du corpus homérique[32]. Parmi les quatre catégories qu'il dégageait, son attention portait principalement sur les répétitions considérées comme des signes d'interpolation, ce qui le conduisait à athétiser une série de vers jugés tels[33]. Une approche de cette nature avait déjà présidé à certains choix éditoriaux dans l'édition de Stein en 1852[34].

---

30 Bignone 1916 p. 599 *sqq.*

31 Sturz 1805 et Karsten 1838 considéraient les vers répétés comme un simple retour du même : ils ne commentaient pas la seconde occurrence de vers identiques, mais renvoyaient au commentaire qu'ils avaient donné de la première.

32 Fairbanks 1898 p. 16 classait ainsi les répétitions en quatre catégories, en donnant pour chacune des parallèles homériques : celles qui relevaient de la technique typique de la poésie épique ; celles qui impliquent une emphase particulière ; celles qui « traitent d'une pensée en majeure partie semblable (*sc.* à la première occurrence), quoiqu'il y ait un effort très étudié de la part du poète pour exprimer cette pensée en des termes différents » (p. 16) ; celles qui relevaient d'interpolations des témoins postérieurs. Les deux premières catégories étaient considérées par le savant comme des traits stylistiques qui ne suscitaient pas d'intérêt particulier de sa part. La troisième visait seulement, selon lui, à éviter la monotonie. La quatrième visait l'objet de son athétèse.

33 Fairbanks 1898 p. 16-17, à propos de la répétition du catalogue du vivant dans le fragment 23, après la première occurrence dans le fragment 21 : « Simplicius avait cité ces vers (*sc.* celles du fr. 21) moins d'une demi-page auparavant, et il me semble probable que ces vers furent répétés ici par inadvertance. »

34 Stein 1852, p. 44, athétise les vers 26.8-12 qu'il considérait comme des interpolations : « Puisque les deux premiers vers (*sc.* 26.1-2) ne s'accordent décidément pas avec l'argument des vers suivants, qui a en vue les éléments, il fallait les séparer de ces vers (*sc.* de 26.3 *sqq.*) ; or, les vers 69.73 (*sc.* 17.9-13), que Simplicius répète après le vers 118 (*sc.* 26.7), je ne les ai pas inclus entre parenthèses (comme l'a fait Karsten), mais je les ai ôtés. » Le latin pose une difficulté, dans la mesure où on se serait attendu à une ponctuation forte avant *quos* (« *duo priores quoniam a sequetium argumento ad elementa spectante uehementer discrepant, ab his seponendi erant, quos autem post v. 118 iterat Simplicius vs. 69-73 non inclusi cum Karstenio uncis, sed elisi.* »). Mais, pour le sens, on ne peut considérer *his* comme l'antécédent de *quos* dans la mesure où *quos* renvoie seulement aux vers 26.8-12, sans inclure les vers

L'ouvrage de van Groningen de 1958, lui, attribue aux répétitions une fonction didactique, en leur déniant explicitement un rôle argumentatif[35] : les répétitions servent à introduire des idées nouvelles en les appuyant sur des notions déjà connues[36]. La répétition, ainsi conçue, revient à un procédé de tissage de l'énoncé[37], qui vise à assurer à la fois cohérence intellectuelle et compréhensibilité. Van Groningen n'envisage pas que la variation puisse être déterminante dans le procédé de répétition, raison pour laquelle il ne peut lui reconnaître de fonction argumentative[38]. L'interprétation de van Groningen présente l'avantage indéniable de rendre compte des spécificités de la composition empédocléenne de façon originale : sa compréhension du procédé de répétition est fonctionnelle et présente une grande force explicative du détail des passages qu'il étudie. La description du filage des énoncés et la valeur didactique qui lui est attribuée sont encore suivis par de nombreux commentateurs modernes[39].

---

26.3-7 qui sont contenus pourtant dans *his* dans la mesure où ils suivent bien, dans le texte retenu par Sturz, les vers 26.1-2.

35   Van Groningen 1958 p. 201-221. Le savant estime que le poète préfère « affirmer plutôt que prouver » (p. 201) : l'exposé n'est selon lui guidé ni par la démonstration logique ni par une induction qui inférerait les éléments de la doctrine de l'observation du monde (p. 205 : « il n'y a ni argument, ni raisonnement marquant soit des causes, soit des conséquences. Il n'y a que répétition de la thèse »). Le savant conclut qu'Empédocle est guidé par ses passions plus que par sa raison (p. 206).

36   Van Groningen 1958 p. 209 : « C'est la répétition littérale d'un vers précédent qui dissimule dans un entourage connu l'idée nouvelle que le philosophe veut lancer. Les idées sont presque timides ; elles aiment à être présentées par celles que le lecteur connaît déjà ». Cela se produit soit sur le mode du rappel, soit sur celui de l'anticipation, soit par des développements successifs d'un même sujet (van Groningen 1958 p. 221).

37   Le terme de *tissage* n'apparaît pas directement chez van Groningen à ce propos, mais je me permets de l'employer pour résumer sa théorie dans la mesure où le savant décrit lui-même, à plusieurs reprises, les répétitions comme un phénomène visant à créer un *entrelacs de motifs*.

38   La théorie du savant ne permet donc pas d'appréhender les évolutions subies par le vers qui se trouve répété, ni d'expliquer que le même fragment de vers puisse être employé dans des contextes opposés, comme c'est le cas dans les fragments 27(1) et 27(2), comme on l'a vu. Il est d'autant plus surprenant que van Groningen ne se soit pas fait à lui-même ce reproche qu'il mentionne, p. 214, qu'il faut distinguer les deux fragments, avec Bignone 1916 p. 188-189 et 599 *sqq.*

39   Pour des traces de l'influence de la thèse de van Groningen (sans, au demeurant, que ces interprètes n'acceptent de retirer aux répétitions toute valeur argumentative), *cf.* Gallavotti 1975 p. 182 (les répétitions servaient à l'approfondissement progressif de la matière, pour proposer des développements successifs des axiomes exposés en particulier dans le fr. 17), Wright 1995 p. 184-185 (« Le plus souvent, la répétition est un développement, ou une

Dans une brève note sur les répétitions, Jean Bollack avait discuté l'aspect didactique au centre de l'analyse de van Groningen, au profit d'une fonction argumentative[40] : les variations dans les vers ou dans leur arrangement produisent des différences de sens au fil des occurrences d'un même thème.

L'étude de De Rubeis de 1991 consiste en quelque sorte en un compromis méthodologique entre les angles d'approche de Bollack et de van Groningen : le savant propose une étude des répétitions dans le corpus empédocléen, fondée sur une étude du sens des variations tout en leur reconnaissant une fonction didactique[41]. Son analyse présente l'avantage de commenter les effets de sens produits par les variations sans pour autant analyser celles-ci à partir d'une idée prédéterminée de la reconstruction du poème[42]. En dépit du grand intérêt que présentent ces études de détail, elles ne sont plus aujourd'hui satisfaisantes, depuis la découverte du Papyrus de Strasbourg.

La thèse de De Rubeis a été développée par Lorusso, qui prête également à la répétition et aux variations qu'elle comporte une valeur à la fois didactique et argumentative[43]. Cela conduit l'auteur à proposer une typologie des répétitions, illustrée de passages choisis, qui incluent

---

application spécifique, de ce qui a été affirmé précédemment dans un contexte général »), Martin & Primavesi 1999 p. 163-164 (l'écho remplit une fonction didactique précise puisque les nœuds de la doctrine sont répétés – fonction au demeurant déjà relevée par Reinhardt 1916 p. 53-55).

40  Bollack 1965 t. I p. 322-323 ; voir son analyse du fr. 26 (Bollack 1969 t. III p. 126 *sqq.*). Son analyse des répétitions, centrée sur la variation, a en particulier influencé Rosenfeld 2006 p. 141, en plus des références citées plus loin. Rosenfeld ne présente, dans ces pages, qu'une analyse succincte des répétitions – je la laisse donc de côté ici – qui la pousse à conclure à l'existence d'une homologie entre le poème et le cyclique physique. Martin & Primavesi 1999 p. 163 admettent également que les variations sont importantes au sein des répétitions, quoique leur édition ne choisisse pas toujours d'accorder leur place aux variantes (ainsi, le texte de 35.3 est corrigé à partir du texte restitué en aII.18, p. 219-220).

41  De Rubeis p. 88, pour l'analyse du sens des variations que le texte de 20.3 et 20.5 fait subir à 17.7-8 ; De Rubeis p. 90, pour la valeur didactique (« le poète, en répétant, précise, éclaircit, donne des exemples, avec une intention didactique évidente »).

42  Ce point est dépendant de l'analyse de Bollack. La reconstruction d'un rythme ternaire dans l'enchaînement des 15 premiers vers du fragment 17 ne fonctionne pas, à mon sens, dans la mesure où le savant accepte d'ajouter 26.8 en tant que 17.9, ce qui est précédemment *produit* par la similitude des deux passages (De Rubeis 1991 p. 91 et n. 10).

43  Lorusso 2005 p. 109. Par *didactique*, il faut comprendre que les répétitions permettent un approfondissement progressif de la doctrine. Le savant n'emploie pas le terme dans le même sens que le faisait, par exemple, van Groningen, quoique son analyse de l'aspect didactique des répétitions se réclame du fragment B 25 (*cf.* Lorusso 2005 p. 110). La

des extraits du Papyrus[44]. Pourtant, la proposition de Lorusso présente des limites : (1) l'auteur accepte à la fois le texte du Papyrus proposé par Martin & Primavesi 1999 – y compris leurs restitutions – et leurs interprétations sans les mettre en question[45]. Pour envisager la signification argumentative des répétitions, on se serait attendu au contraire à ce que les passages étudiés soient considérés dans leur polysémie et leur difficulté, sans effacer leurs problèmes et les discussions scientifiques auxquels ils ont donné lieu. (2) Les différences formelles présentées entre les vers répétés ne sont pas assez analysées, y compris du point de vue de l'argumentation dans laquelle ils s'insèrent dans chaque passage[46].

Un axe d'analyse différent a été esquissé par Graham[47] : celui d'une homologie entre les répétitions de vers et le contenu même de la doctrine. Cette ligne d'analyse a été suivie par Rosenfeld, dans son analyse des constructions annulaires[48]. Wersinger, qui a proposé différents systèmes

---

valeur argumentative tient en particulier à l'emploi de vers (ou de fragments de vers) semblables dans des passages dont la visée est distincte.

44   La typologie consiste en quatre entrées (Lorusso 2005 p. 111) : (1) les correspondances à distance qui permettent un saut argumentatif (*ie.* lorsqu'un vers identique ou semblable est employé dans un contexte argumentatif distinct de celui de sa première occurrence) ; (2) les correspondances à distance qui procèdent de façon linéaire (*ie.* lorsqu'un vers identique ou semblable est employé une fois au début, et une fois à la fin d'un unique argument, comme pour le délimiter) ; (3) les correspondances à distance qui naissent d'un rapport dialectique avec le destinataire de l'œuvre (*ie.* les passages où des vers sont répétés pour que l'auditeur se repère dans le développement de la pensée) ; (4) les simples correspondances phonétiques à distance.

45   Pour les restitutions, voir Lorusso 2005 p. 113 pour aI.6-8 ; p. 118, le savant accepte de corriger le texte de 35.3 (en ἵκηται) sur le fondement de la *restitution* proposée par Martin & Primavesi 1999 en aII.20. – Pour l'interprétation : Lorusso 2005 p. 113 accepte la thèse discutable de Primavesi selon laquelle le κόσμος de aI.6 est la Sphère. Ce point détermine sa compréhension de la valeur argumentative de la répétition de ce vers dans les fr. 21 et 23 : Lorusso 2005 p. 114 conclut qu'on passe d'un plan universel (en aI.5) à celui de la réalité sensible (en 21.13).

46   Le savant ne remarque pas que aI.7 est lui-même une reprise (partielle) de 17.2 = 17.17 ; plus loin, elle ne commente pas le fait que aI.5 est introduit par *opposition* à un argument précédent (par ἀλλά), alors que 21.13 et 26.3 sont introduits à des fins explicatives (par γάρ).

47   Graham 1988 p. 305 : « *We see then that Empedocles is not content to state a principle of eternal recurrence, but as the same time he thematizes the principle and presents it by weaving a texture of motifs which embody the principle.* »

48   Rosenfeld 2006 p. 137 : « Alternances, répétitions et circuits sont en effet à la fois *dits* et *faits*, de sorte que, apprenant les paroles poétiques, le public est amené à faire l'expérience du "temps de la doctrine" » ; l'interprétation de Graham est également suivie par Galsworthy 2012 p. 208-213.

de classement des répétitions[49], ne s'intéresse toutefois pas aux effets de sens produits par les répétitions elles-mêmes, mais soutient que la répétition systématique de formules mime le cycle naturel de l'un et du multiple, qui est représenté par un cercle dessiné par les répétitions du poème dont Empédocle emprunterait la forme à Homère[50]. Son analyse est reprise et développée par Santoro, qui examine les rapports de la ritournelle et de l'allégorie[51].

Cette homologie entre le système discursif et le contenu de la doctrine ne paraît pas résister à l'analyse : (1) aucun élément ne permet d'affirmer avec certitude que les poètes archaïques, et Empédocle en particulier, associaient les figures liées à la répétition au motif de la circularité, à ma connaissance ; (2) il n'est pas juste de penser que les répétitions permettaient de dessiner des cercles au sens strict du terme. La répétition des vers présents dans le fragment 26 pose en effet problème dans son analyse[52], si on comprend celui-ci comme la conclusion de l'excursus didactique commencé en aII.21, car il inclut surtout des vers qui apparaissent avant le début de l'excursus didactique qu'il est censé conclure. Peut-on encore parler de cercle ? (3) Pour étayer des thèses de cette nature, il faudrait être à même de déceler la signification philosophique de cette construction circulaire dans l'intégralité des passages en jeu. Malheureusement, l'intégralité des phénomènes de répétition qui nous sont parvenus n'est examinée par aucun des quatre savants mentionnés.

Une autre version de la thèse de l'homologie entre la répétition et la doctrine est esquissée par Osborne, selon laquelle les vers répétés sont à l'image de la rencontre continuelle des éléments les uns avec les autres pour former les corps composés[53].

Il appert donc que l'état de la discussion scientifique nécessite un examen du rôle des vers répétés dans les différents passages, en prenant en compte le texte du Papyrus dans sa complexité et dans les problèmes qu'il pose.

---

49  Wersinger 2008 p. 71.
50  Wersinger 2008 p. 97 Pour le rapport à Homère, voir Wersinger 2008 p. 34, 67 et 68 n. 14. (où la distance critique que prend Empédocle par rapport à la poésie antérieure est à mes yeux insuffisamment analysée).
51  Voir Santoro 2013 p. 192-195.
52  De l'aveu de l'auteur même, le fragment 26 est un tissu de vers tirés d'autres parties du poème (Wersinger 2008 p. 67).
53  Osborne 1998 p. 32-33.

*Typologie des répétitions dans le corpus empédocléen :*
*l'importance du premier livre du Poème physique*

Voici une typologie des ritournelles dans les fragments d'Empédocle, du plus simple au plus complexe (le signe = indique une identité exacte entre deux vers et ≈ une identité partielle) :

Type A : l'écho, soit le simple retour d'un même mot ou d'un groupe de mots bref dans des positions métriques et à des cas distincts. Ce type se distingue de la formule, au sens où l'a définie Milman Parry[54], dans la mesure où il n'y a pas identité du contexte métrico-syntaxique. C'est ce qui se produit par exemple pour les deux occurrences de καμασῆνες et de καμασήνων à la fin de 74.1 et de 76.1, respectivement. De tels phénomènes d'écho sont fréquents, et leur analyse de détail n'est pas cruciale pour la présente étude.

Type B : la reprise de type formulaire. Il s'agit du retour d'un même énoncé dans une même position métrique et syntaxique[55]. Je parle ici de reprise *de type* formulaire de façon délibérée, pour plusieurs raisons : (1) la composition du poème d'Empédocle n'est pas orale et formulaire en dépit du fait qu'elle emprunte manifestement des éléments à ce type de pratique compositionnelle, et qu'elle en est, en ce sens, une adaptation[56] ; (2) j'admets que des énoncés partiellement différents soient des versions d'un même groupe de type formulaire, malgré ces quelques variations[57]. Je considère également comme une reprise de type formulaire les vers qui présentent une répétition portant uniquement sur les connecteurs grammaticaux et logiques[58].

---

54 Parry [1928] 1971 p. 13 : « *the formula can be defined as an expression regularly used, under the same metrical conditions, to express an essential idea.* »

55 Par exemple, pour le groupe Κύπριδος ἐν παλάμῃσι qui apparaît au début de 75.2 et du fr. 95.

56 *Cf.* en particulier la discussion proposée dans le premier chapitre de la troisième partie.

57 Dans le cas de Κύπριδος ἐν παλάμῃσι, les deux fragments donnent en fait deux versions distinctes par la prosodie : le fragment 75 présente une forme sans ν éphelcystique pour παλάμῃσι, alors que l'occurrence du fragment 95 en comporte un vu que le mot suivant (ὅτε) commence par une voyelle.

58 Par exemple, il est manifeste que le groupe qui commence le vers 20.4 (ἄλλοτε δ' αὖτε...) est une reprise du groupe ἄλλοτε δ' αὖ... de 17.8 = 26.6. Les deux séries de vers décrivent

Type C : la répétition intégrale d'un vers. Il s'agit, cette fois, du retour d'un vers entier, sous une forme identique ou comportant une variation manifeste portant sur une partie limitée du vers (quelques syllabes)[59].

Ces trois types de répétition peuvent chacune présenter des variations, à la fois internes (en dépit desquelles nous les subsumions pourtant sous une même catégorie, afin de permettre leur analyse) et externes. La variation externe porte sur le contexte dans lequel le vers apparaît : la seconde occurrence peut par exemple comporter un enjambement alors que la première n'en comportait pas. Appréhender ce type de variation constitue l'objectif principal de la présente analyse : il faut comprendre pourquoi les répétitions de vers apparaissent dans les contextes où ils apparaissent, et ce qu'ils apportent exactement au développement où elles se trouvent insérées.

La liste proposée en Annexe 3 (section 1) énumère toutes les reprises de type B et C, et indique, lorsqu'il y en a dans les groupes concernés, les échos de type A[60].

La majeure partie des occurrences de vers répétés de type B et C se trouvent au sein du groupe formé par les fragments 17, 20, 21, 23 et 26. Une répétition importante et très discutée s'observe également au sein du fragment 35, dont les vers 7 et 16 sont identiques. D'autres phénomènes de répétition et d'écho se rencontrent soit au sein du Papyrus de Strasbourg, soit entre celui-ci et plusieurs passages des fragments mentionnés ci-dessus (ainsi, le catalogue de aI.8-aII.2 est répété dans les fragments 21 et 23, et aII.18-20 est répété en 35.3-5). Or, tout ce groupe formé par les fragments 17, 20, 21, 23, 26 et 35, ainsi que par le Papyrus de Strasbourg, a fait l'objet d'une discussion récente de la

---

en effet toutes deux l'action de Νεῖκος, dans un passage qui suit la description de celle de Φιλία, qui avait été introduite par ἄλλοτε μέν : ces deux séries sont évidemment construites comme des échos. Dans la mesure où un syntagme signifiant est concerné (en l'occurrence, nos syntagmes expriment à la fois l'alternance et la symétrie de mouvements), je classe ce type d'occurrences dans les reprises de type formulaire.

59  C'est le cas du retour du vers 29.1 au vers 134.2, respectivement οὐ γὰρ ἀπὸ νώτοιο δύο κλάδοι ἀΐσσονται et οὐ μὲν ἀπαὶ νώτοιο δύο κλάδοι ἀΐσσονται. Les deux vers sont identiques, à l'exception des parties soulignées.

60  Faire un classement exhaustif des échos de type A n'aurait pas de sens car on peut virtuellement insérer dans cette catégorie chaque mot attesté au moins deux fois dans les fragments d'Empédocle.

part d'Oliver Primavesi, qui l'a conduit à proposer une reconstruction du premier livre du Poème physique d'Empédocle. Pour cette raison, je me concentrerai sur la discussion des répétitions de vers ou de parties de vers dans lesdits fragments.

Oliver Primavesi a proposé une reconstitution de la structure du premier livre du Poème physique sur le fondement d'indications contenues dans le Papyrus de Strasbourg et de mentions données par Simplicius[61]. Les informations apportées par le Papyrus sont les suivantes : (1) l'ensemble a du papyrus commence par un groupe de 5 vers (aI.1-5) identiques ou pratiquement identiques (en dépit de corruptions mineures[62]) à ceux qui terminent le fragment 17 (soit 17.31-35). Les éditeurs en ont conclu que le papyrus présentait la suite directe du fragment 17, dont il comportait les cinq derniers vers[63]. (2) En marge de la ligne aII.30, une marque stichométrique indique le numéro 300, ce qui implique que le premier vers du fragment 17 était le vers n. 232 du Poème physique[64]. (3) L'ensemble c.2-8 présente des recoupements significatifs avec le fragment 20 D.-K., ce qui a conduit les éditeurs à conclure qu'il s'agissait du même passage[65]. (4) Les vers aII.18-20 du Papyrus présentent des recoupements avec 35.3-5, qui impliquent que cette dernière occurrence est une répétition (avec variation) dudit passage du Papyrus[66]. Dans le fragment 35, cette mention suivait deux vers (35.1-2) dans lesquels le poète affirmait qu'il revenait en arrière sur le chemin des chants. Martin & Primavesi estiment par ailleurs que toutes les parties du Papyrus

---

61  *Cf.* Martin & Primavesi 1999 p. 103 *sqq.* et Primavesi 2008. Je laisse délibérément de côté ici toute la discussion, connexe, qui porte sur le nombre de zoogonies en jeu dans le cycle empédocléen, qui dépasse le présent propos (sur ce sujet, *cf.* Laks 1999 et Laks 2001a p. 119-120).

62  Il n'y a qu'un petit nombre de divergences entre le papyrus et cette partie du fragment 17 telle qu'elle est transmise par Simplicius (*In Ph.* 157 *sqq.*) : en 17.31, le texte de Simplicius est οὐκέτ' ἂν ἦσαν là où le papyrus donne οὐκ ἂν ἔτ' ; en 17.35, Simplicius donne δι' ἀλλήλων δέ là où le papyrus donne δι' ἀλλήλων γε.

63  Martin & Primavesi 1999 p. 7 *sqq.* et p. 159 *sqq.*

64  La numérotation est sans doute employée pour indiquer le nombre de vers copiés par le scribe, afin de permettre sa rémunération. *Cf.* Martin & Primavesi 1999 p. 21-22, 103-104, et Primavesi 2008 p. 11. Le calcul de Primavesi inclut le vers 17.9 (D.-K.), tiré du fragment 26 (vers 8), choix avec lequel je suis en désaccord, suivant Bollack 1969 t. III p. 129.

65  Le fragment 20 est cité par Simplicius, *In Ph.* 1123.25 *sqq.*, *cf.* Annexe 2, p. 813-814. Martin & Primavesi 1999 p. 264 *sqq.*, Primavesi 2008 p. 31 *sqq.*

66  Martin & Primavesi 1999 p. 216 *sqq.*

proviennent du même rouleau, ce qui indiquerait qu'elles sont tirées d'une section voisine du Poème[67].

Simplicius fait allusion à la structure du premier livre du Poème physique. (A) Après avoir cité le fragment 17 dans son intégralité, Simplicius cite le fragment 21 mentionnant qu'il se trouve peu après lui[68] – ce après quoi sont cités, en particulier, les fragments 23 et 26.1-2. (B) Simplicius cite le fragment 26 après le fragment 21, en mentionnant que le fragment 26 se trouvait peu après le fragment 21[69].

Ces éléments permettent de dessiner une séquence où, au fragment 17 augmenté de l'ensemble a du Papyrus, succédaient les fragments 21, 23 (dans la mesure où, on l'a vu, il fournit le comparant dont le fragment 21 est le comparé), 26 et 35. Les fragments 21, 23 et 26 participent selon Primavesi d'un excursus didactique, ouvert en aII.21-24 et clos par le fragment 26, qui vise à expliquer le détail du processus de génération du vivant[70]. La répétition de aII.18-20 en 35.3-5 implique que le fragment 35 reprend la narration là où elle s'était interrompue avant l'excursus didactique commencé en aII.21[71].

Si cette reconstruction est probable, signalons pourtant que rien n'indique *a priori* que le groupe formé par les fragments 21-23-26 précédait le fragment 35. Plusieurs fragments portant sur la constitution du vivant (en particulier, les fragments 84, 96, 98) se trouvaient après le fragment 35, dans la construction de Primavesi. À l'intérieur de son hypothèse, il faut donc penser que le traitement du vivant était divisé, dans le poème, entre l'excursus didactique et les livres suivants du Poème physique. Les éléments objectifs fournis par le Papyrus et la tradition indirecte n'interdisent pas de proposer un ordre qui fasse intervenir le fragment 35 avant le groupe 21-23-26.

Une seconde série d'arguments a visé à reconstruire la place de l'ensemble c + fragment 20 dans cette organisation d'ensemble : le

---

67  Martin & Primavesi 1999 p. 8.
68  Il s'agit de Simplicius, *In Ph.* 157 *sqq.* Martin & Primavesi 1999 p. 105 et Primavesi 2008, p. 10 et n. 24.
69  Simplicius, *In Ph.*, 33.18 (Annexe 2, p. 810-811). *Cf.* Martin & Primavesi 1999 p. 105 et Primavesi 2008 p. 10 et n. 28.
70  Martin & Primavesi 1999 p. 105-106, ainsi que p. 243 (pour la discussion du sens de aII.30, qui est déterminant dans la mesure où le thème de la génération du vivant y est introduit); Primavesi 2008 p. 24 *sqq.*
71  Martin & Primavesi 1999 p. 106, Primavesi 2008 p. 25-26.

Papyrus ne comporte aucune indication permettant de déterminer la place relative de ces vers, pas plus que l'unique citation du fragment dans les sources indirectes, qui est le fait de Simplicius[72]. Primavesi estime que l'ensemble c suivait directement l'ensemble a, conclusion étayée par des raisons thématiques : le fragment 20 s'intéresse aux rôles respectifs des deux puissances dans la génération et la corruption du vivant[73]. L'argument n'est pas probant dans la mesure où la continuité est reconstruite pour des raisons interprétatives et non sur le fondement de données objectives.

La reconstruction de Primavesi implique également d'introduire le fragment 76 + ensemble b entre les fragments 21 et 23. J'ai déjà exprimé mon désaccord avec cette proposition, que je laisserai de côté dans la présente discussion[74].

*Introduction méthodologique à l'analyse du corpus étudié*

Nous allons à présent nous intéresser à des fragments qui comptent à la fois parmi les plus longs et les plus déterminants pour l'interprétation du cycle physique. Il échappe à la visée de cette étude tant de prendre position quant à l'ensemble des problèmes que ces vers ont soulevé dans la discussion critique que d'en proposer un commentaire exhaustif. La réflexion s'appuiera sur un exposé des difficultés textuelles, sémantiques, grammaticales et syntaxiques majeures présentées par ces fragments et d'un résumé des principales positions interprétatives qui se sont élaborées en fonction des réponses apportées à ces problèmes.

Un autre point méthodologique concerne les restitutions dans les parties perdues du Papyrus. Le texte de ce dernier présente assurément une grande valeur et il faut souligner que le travail accompli par Martin et Primavesi est d'une grande qualité scientifique – qu'on soit d'accord ou non avec leurs choix éditoriaux ou interprétatifs. Pourtant, je ne crois pas qu'il soit satisfaisant de proposer de trop amples restitutions des parties perdues du Papyrus. La majeure partie des restitutions de ce type proposées par les savants se fondent soit sur des choix interprétatifs[75],

---

72  Simplicius, *In Ph.*, 1123.25.
73  Martin & Primavesi 1999 p. 109 *sqq.* et Primavesi 2008 p. 31 *sqq.*
74  *Cf. infra* p. 312-314.
75  Un exemple caractéristique se trouve en Martin & Primavesi 1999 p. 214-215, où les savants proposent de restituer [αὐθάδη] au début de aII.17 car ils interprètent le passage

soit sur des parallèles trouvés dans le corpus. Les premières sont difficiles à accepter dans la mesure où elles conduisent à une normalisation
du texte du manuscrit sur le fondement d'une position interprétative
préexistante[76] ; les secondes le sont, elles, parce que nous n'avons aucun
moyen d'estimer avec certitude si le vers présentait une variante ou non
dans la partie perdue – et nous avons suffisamment souligné le nombre
et l'importance de ces variantes dans le corpus transmis par les sources
secondaires.

De fait, les restitutions qui semblent acceptables sont celles où on
peut démontrer qu'aucun autre mot ne pouvait vraisemblablement
s'insérer à cet endroit[77]. Ce critère lui-même doit être employé avec
précaution au vu du nombre d'*hapax legomena* présentés par le corpus.
S'il n'est pas parfait, il paraît au moins assurer que nous lisons un texte
plus sain, dans son caractère fragmentaire et problématique, qu'un
texte restitué selon les deux critères énoncés plus haut[78]. Ce postulat

---

comme une description de l'Antisphère et supposent que le terme αὐθάδης, employé
par Plutarque en *De facie in orbe Lunae* 926 D *sqq.* à propos de ce moment du cycle était
une citation d'Empédocle.

76 Martin & Primavesi 1999 p. 269 le reconnaissent explicitement pour la restitution de
μητίσασθαι en c.1 : « Nous voulons insister sur le fait que nos restitutions *exempli gratia*
sont ici déterminées plus que partout ailleurs par l'interprétation générale du passage ».
Le reproche que j'adresse ici à de telles reconstructions est déjà souligné par Trépanier
2003a p. 386, mais lui-même en vient finalement – quoique de façon ponctuelle – à
proposer des restitutions qui ne reposent sur rien d'autre que sa propre idée du passage :
ainsi, Trépanier (2003a, p. 409) suit encore Martin et Primavesi (1999, p. 194) en ajoutant,
a ligne aII.8, un [πρίν] avant μεταβῆναι du fait de l'interprétation du tourbillon qu'il
reconstruit dans B 35.6 (*cf. infra*, p. 532-533). La critique qu'il formule de la méthode
présidant à des restitutions de ce type chez Martin & Primavesi 1999 ne me paraît donc
pas encore suffisamment radicale pour que le texte auquel il parvient soit acceptable.

77 Des arguments de ce type sont parfois mobilisés implicitement par Martin & Primavesi
1999, par exemple lorsqu'ils proposent (p. 226) de restituer [ν]ημερτ[έα] en aII.22.
Cette restitution est probable vu qu'il n'existe pas d'autre terme, en grec, présentant la
séquence -ημερτ- et que la position métrique du terme implique qu'il se terminait très
probablement par deux brèves (à moins de supposer un hexamètre de cinquième pied
spondaïque) – ce qui exclut, dans la pratique, une autre terminaison que celle en -εα. De
même, en aII.15, τάδ[ε π]άντα est acceptable car il n'y a aucune autre possibilité sérieuse
d'un neutre pluriel en -αντα qui puisse convenir après τάδ[. En effet, δ[ί]αντα n'occupe pas
suffisamment d'espace et il n'y a pas, à ma connaissance, d'autre mot de forme δ..αντ(α)
qui pourrait convenir. Il est donc raisonnable de conserver τάδ[ε π]άντα δι' ἀλλήλων. Le
même argument vaut pour la restitution de [π]ρῶτον (Martin & Primavesi 1999 p. 229)
au début de aII.24.

78 Une version du texte de l'ensemble a établie selon ce critère se trouve en Annexe 1,
p. 757-758.

516 EMPÉDOCLE, UNE POÉTIQUE PHILOSOPHIQUE

méthodologique présente de surcroît l'avantage de faire porter l'effort scientifique sur l'interprétation des parties effectivement préservées sur le Papyrus plutôt que sur une spéculation du sens que la partie perdue de ses vers aurait pu présenter.

Le fragment 35 présente des traits de composition en spirale qui justifient par ailleurs une analyse séparée.

ANALYSE DU CORPUS
DES RÉPÉTITIONS DANS LES FRAGMENTS 17, 20, 21, 23, 26,
ET LE PAPYRUS DE STRASBOURG (ENSEMBLES a ET c)

*Les répétitions au sein des vers 17.1-17*

– Sources de 17.1-17

Les vers 17.1-17 nous sont connus par un grand nombre de sources, que nous ne pouvons examiner exhaustivement ici[79] : la principale est Simplicius, qui cite l'intégralité du fragment 17 (sans le vers 17.9 D.-K., qui est une interpolation des commentateurs, comme on va le voir) au sein d'un long exposé de la doctrine d'Empédocle[80]. Le lemme de Simplicius commente un passage de la *Physique* où Aristote procédait à un exposé de la doctrine des physiciens relativement à la question de l'unité de l'être et à la façon dont ils en faisaient procéder les contrariétés[81] : la génération se produit soit par altération du principe soit par sa division de l'Un. Empédocle appartient à cette seconde catégorie : il a posé à la fois l'unité et la multiplicité de l'être, faisant procéder la multiplicité des étants de la séparation de ce qui est.

Le lemme de Simplicius propose un résumé du système d'Empédocle, organisé par quatre thèmes : l'Un, la multiplicité finie, le rétablissement périodique, la génération et la corruption selon l'association et la séparation. Simplicius cite et commente une série de fragments d'Empédocle : les fragments 17, 21, 23, 26.1-2, 17.12-13 (= 26.11-12), 22, 17.1b-2 (= 17.16b-17), 8.3 et aII.30. Une première série de fragments (de

---

79  Pour une liste exhaustive, je renvoie à Vítek 2006 p. 316.
80  Simplicius, *In Ph.*, 157.25-161.21 (Annexe 2, p. 812-813).
81  Arist. *Ph.* 187a 12 *sqq.*, et particulièrement 187a 20-26 : καὶ ὅσοι δ᾽ ἓν καὶ πολλά φασιν εἶναι, ὥσπερ Ἐμπεδοκλῆς καὶ Ἀναξαγόρας· ἐκ τοῦ μίγματος γὰρ καὶ οὗτοι ἐκκρίνουσι τἆλλα. διαφέρουσι δὲ ἀλλήλων τῷ τὸν μὲν περίοδον ποιεῖν τούτων, τὸν δ᾽ ἅπαξ, καὶ τὸν μὲν ἄπειρα, τά τε ὁμοιομερῆ καὶ τἀναντία, τὸν δὲ τὰ καλούμενα στοιχεῖα μόνον.

la première citation de 17 à celle de 17.12-13 = 26.11-12) est citée pour définir les puissances et leur rôle dans le monde sensible. La citation intégrale du fragment 17 est lue comme une exposition de l'alternance entre un et multiple, du fait de l'influence respective de l'Amour et de la Discorde sur les quatre éléments. Le fragment 21 est amené comme exemple des caractères spécifiques de chacun des quatre éléments; la comparaison du fragment 23 montre qu'un nombre limité d'éléments permet de donner lieu à la multiplicité du vivant dans le monde sensible. Simplicius cite 26.1-2 pour expliquer le changement à partir de l'échange des éléments les uns dans les autres, selon les reconfigurations des mélanges élémentaires. Enfin, les deux vers 17.12-13 = 26.11-12 sont cités pour montrer que la succession de génération et de corruption est éternelle[82].

Simplicius s'intéresse ensuite à l'alternance entre les deux mondes, citant le fragment 22, avant de rappeler qu'Empédocle expliquait génération et corruption par association et séparation, sans faire intervenir d'autre modèle explicatif (en citant les fragments 17.1b-2 = 17.16b-17 et 8.3, ainsi que quelques mots tirés du vers aII.30).

Outre ce long passage, Simplicius propose une série de citations des vers 17.12-13 = 26.11-12, que nous examinerons en détail par la suite[83] : je montrerai qu'il cite les vers 17.12-13 à l'appui de l'idée d'une alternance éternelle entre génération et corruption. Ailleurs, Simplicius prend les vers 17.7-8 ≈ 26.5-6 comme une expression poétique du fait que la domination de l'Amour et de la Discorde sur les éléments se produit en alternance[84]. Il cite ces mêmes vers à l'appui de l'idée selon laquelle l'Amour mêle et la Discorde sépare au moyen d'un mouvement local des éléments (mouvement local lui-même justifié au moyen du fragment 53)[85].

---

82   Simplicius, *In Ph.*, 160.18-160.21 : ὅτι δὲ τῇ διαδοχῇ τὸ ἀίδιον ἔχει καὶ τὰ γινόμενα καὶ φθειρόμενα, ἐδήλωσεν εἰπών [cit. 17.12-13 = 26.11-12] « Et que les choses engendrées et corruptibles sont éternelles dans leur succession, il l'a montré quand il a dit : [cit. 17.12-13= 26.11-12] ».

83   Ces citations se trouvent en Simplicius *In De caelo* 141.1 et 293.25, et *In Ph.* 1125.1 (respectivement, en Annexe 2, p. 816, 817 et 813-814).

84   Simplicius, *In De caelo*, 528.29-529.20.

85   Simplicius, *In Ph.*, 1318.22-28 (Annexe 2, p. 814-815). En 265b 17-266a 5, Aristote montre que le mouvement selon le lieu est le premier des mouvements, comme l'ont montré les Anciens, qui attribuaient à ce mouvement des principes : Empédocle avait posé que l'Amour réunissait et que la Discorde séparait.

– La répétition de 17.6 en 17.12

La première répétition d'un vers sous une forme semblable attestée
dans le corpus étudié est celle de 17.6 en 17.12. Ces vers appartiennent
à une difficile section du fragment 17 qui a pour enjeu la nature même
du cycle cosmique : il s'agit d'articuler l'alternance entre un et multiple
à la création du vivant par des principes immuables.

Examinons d'abord les difficultés posées par le passage. (1) Déterminer
quel est le sens de δοίη au vers 3 : s'agit-il de dire qu'il y a deux naissances et deux morts, ou bien qu'on peut parler en un sens double de
l'unique naissance et de l'unique mort des mortels ? (2) Déterminer
les référents de τὴν μέν (17.4) et de ἡ δέ (17.5). Il y a, là encore, deux
options : considérer que chaque pronom (τήν et ἡ) a pour référent un
couple γένεσις et ἀπόλειψις, ou que τήν renvoie aux deux générations,
alors que ἡ renvoie aux deux corruptions des corps mortels. (3) Le vers
17.5 pose un problème de texte : les manuscrits de Simplicius[86] présentent
une fin de vers amétrique[87]. (4) Déterminer quel est le référent de ταῦτα
(17.6), qui est soit le vivant (θνητά, 17.3), soit toutes choses (πάντων, 17.4).
(5) Faut-il ajouter le vers 26.8 <οὕτως ᾗ μὲν ἓν ἐκ πλεόνων μεμάθηκε
φύεσθαι> entre les vers 17.8 et 17.9 du fragment 17 tel qu'il est cité par
Simplicius (notre unique source pour cette section) ? (6) Déterminer
la syntaxe des groupes τῇ μέν... (17.11), ᾗ δέ... (17.12) et ταύτῃ δ(έ)...
(17.13). Le ᾗ δέ de 17.10 n'apparaît pas dans tous les manuscrits, et la
majeure partie des commentateurs le corrigent en ἠδέ, sur le fondement
d'un autre passage de Simplicius[88] qui cite non pas le fragment 17, mais
le fragment 26.

L'interprétation orthodoxe du cycle d'Empédocle s'est construite à
partir des options suivantes[89] : (a) τήν et ἡ (17.4 et 17.5) désignent chacun

---

86  Simplicius, *In Ph.*, 158.1, est le seul citateur de ce vers.
87  Le problème n'est pas seulement qu'il manque une syllabe brève entre θρυφθεῖσα (ou
δρυφθεῖσα) et δρέτπῃ pour que l'hexamètre se laisse scander, car le -ᾰ pourrait être allongé
par position avant δρ ; la difficulté est qu'on ne trouve normalement pas de fin de mot
au terme du cinquième pied si celui-ci prend la forme d'un spondée.
88  Simplicius, *In Ph.*, 33.
89  Cette interprétation a été développée pour la première fois par Panzerbieter 1844 ; elle
a été précisée et développée par O'Brien 1969 ; Martin & Primavesi 1999 p. 76-78 et
p. 161-162 et Primavesi 2008 en partagent encore les conclusions générales, en dépit
de quelques désaccords qui n'ont pas trait à la compréhension globale du cycle. Leurs
options éditoriales sont partagées par Trépanier 2004 p. 42.

un couple de génération et de corruption des θνητά : ces vers signifient qu'il y a deux (δοίη) zoogonies, dont l'une se perd par fusion dans la Sphère et l'autre par dissociation lorsque la Discorde atteint son apogée. (b) La fin de 17.5 est corrigée en θρεφθεῖσα διέπτη. Cette correction est double : διέπτη rend le vers métriquement acceptable[90] ; θρεφθεῖσα a pour fonction d'y introduire l'idée de génération[91], sans laquelle le vers ne saurait décrire un des deux couples évoqués en 17.3 (en vertu du point (a))[92]. (c) ταῦτα (17.6) renvoie à l'ensemble des constituants du monde, et non pas seulement au vivant. Cela implique que les vers 17.6-13 renvoient à l'alternance générale entre les deux phases paroxystiques. (d) L'insertion de 26.8 en tant que 17.9, afin d'introduire un pendant logique au vers 17.10 (qui décrit la séparation de l'un)[93].

Ces choix mènent à considérer que 17.1-2 évoquent l'opposition des deux moments paroxystiques où régneraient respectivement l'Amour (sous la forme du *Sphairos*) et la Discorde (sous la forme de quatre masses concentriques[94]), et que le reste du passage se concentre sur l'alternance cosmique, n'évoquant les θνητά que dans la mesure où leur devenir est lié à celui des éléments. Le propos des vers 17.6-13 est alors de montrer que l'alternance cosmique est constante et qu'elle implique éternité et immuabilité des principes[95].

---

90  La correction a d'abord été proposée par Scaliger.

91  Les leçons des manuscrits ne permettent pas de lire l'idée de génération dans la mesure où θρύπτω signifie *briser en morceaux* et δρύπτω *déchirer*. La correction a d'abord été proposée par Panzerbieter 1844, suivi en particulier par Diels (à partir de Diels 1903 p. 187 : Diels 1901 p. 112 retenait θρυφθεῖσα διέπτη) puis Diels-Kranz, au fil des différentes éditions, O'Brien 1969 p. 157-158, Trépanier 2004 p. 42.

92  *Cf.* Martin & Primavesi 1999 p. 76. Laks 1999 p. 21 n. 12 évoque cependant la possibilité de retenir la correction de Panzerbieter sans nécessairement valider l'hypothèse d'une double zoogonie.

93  Panzerbieter 1844 p. 8 pense que le vers aurait été omis par Simplicius. Il suit en fait Bergk [1836] 1886 p. 3. La position de Primavesi est passée du refus de l'insertion de ce vers (Martin & Primavesi 1999 p. 162) à son inclusion (Primavesi 2008 p. 64).

94  Panzerbieter 1844 p. 2 jugeait cette reconstruction plus probable que celle qui consisterait à ce que les éléments soient divisés sous la forme de particules éparses. L'argument principal de Panzerbieter est que le pouvoir de la Discorde est de séparer en se trouvant à l'extérieur des objets (alors que l'Amour se trouve à l'intérieur) – si bien que chaque élément, poussé par la tendance naturelle du semblable vers le semblable, se rassemble en une masse. Panzerbieter (p. 2-3) remarque, à juste titre, que l'argument n'est pas contraignant.

95  O'Brien 1969 p. 38 comprend ainsi que le passage 17.6-13 porte sur l'alternance générale entre Un et Multiple.

La thèse hétérodoxe, développée de la façon la plus systématique par Bollack[96], se fonde sur les choix inverses : (a) τήν et ἡ renvoient respectivement à la génération et à la corruption d'un seul monde : δοιή signifie que toute naissance et toute mort sont ambivalentes dans la mesure où elles sont provisoires[97]. (b) Il est nécessaire de corriger δρέπτῃ en ἀποδρύπτει pour la métrique, mais pas de retenir la correction θρεφθεῖσα[98] : 17.4 implique alors qu'en dispersant les corps des êtres vivants (θνητῶν est sujet de διαφυομένων), la Discorde s'affaiblit au cours de son action, quand l'Amour va croissant[99]. (c) Ταῦτα (17.6) renvoie alors aux θνητά, ce qui implique que les vers 17.6-13 exposent l'alternance entre la Sphère et le monde. En 17.7, ἅπαντα désigne alors les éléments, et ἕν le corps individuel qu'ils forment. Ce ταῦτα serait l'objet d'un glissement, dans la mesure où il en vient à devenir un masculin[100] qui désigne non plus les corps mortels, mais les éléments qui les constituent, explicitement nommés en 17.18 *sqq.* (d) Le vers 26.8 ne doit pas être introduit en tant que 17.9 dans la mesure où il est absent des trois passages de Simplicius qui citent ce passage de 17[101] : l'absence de mention du rôle unificateur de l'Amour s'explique par le fait que 17.10 développe l'action de la Discorde exposée dans le vers précédent (= 17.8)[102].

---

96   Sur plusieurs points, l'interprétation de Bollack recoupe celle de Karsten 1838, qui comprenait (p. 198) que 17.10-11 signifiaient que le vivant se formait par unification, et périssait lors de la séparation du composé (οὔ σφισιν ἔμπεδος αἰών). Selon Karsten, ces vers ne font donc pas référence à la Sphère et à l'Antisphère, mais le degré d'unité envisagé est celui des corps composés : les *deux naissances et deux morts* (17.3-5) signifient (p. 193-194) que la formation d'un composé par association implique la dissociation préalable d'un autre (car la quantité globale d'éléments n'augmente pas). Karsten comprend (p. 196) le κύκλος de 17.13 comme les transformations perpétuelles des composés les uns dans les autres, le reliant à la migration pythagoricienne des âmes.

97   Les naissance et mort véritables sont celles de la Sphère : Bollack 1965 t. I p. 118-119 et 1969 t. III p. 52.

98   Bollack 1969 t. II p. 19 retient le texte du manuscrit E, δρυφθεῖσα ; Gallavotti 1975 p. 16 et p. 184 retient également δρυφθεῖσα, mais conserve ensuite la correction de Scaliger, διέπτη, malgré la difficulté métrique évoquée plus haut. Wright 1995 p. 96 conserve le texte des manuscrits, qu'elle place entre *cruces*.

99   Bollack 1969 t. III p. 55-56, Long 1974.

100   Ce masculin est sujet de γίγνονται, de ἔασιν, et permet de rendre compte de la forme masculine ἀκίνητοι.

101   *Cf.* Simplicius, *In Ph.*, 158.1 ; *In De caelo*, 141.1 et 293.15.

102   Au moment de la rupture de la Sphère, les éléments surgissent et forment le vivant ; *cf.* Bollack 1969 t. III p. 61-62 pour les arguments formulés à l'encontre de la restitution

Ces choix mènent à considérer que ce passage se fonde sur une opposition entre la Sphère et le monde que nous connaissons : les vers 17.6-13 évoquent les conditions de la naissance du vivant dans le monde unique qui a lieu durant chaque cycle. En conservant à l'esprit cette alternative interprétative, intéressons-nous au sens de la répétition de 17.6 en 17.12. Elle présente une double variation à l'initiale du vers (on passe de καὶ ταῦτ' ἀλλάσσοντα à ἣ δὲ διαλλάσσοντα), en partie déterminée par la syntaxe de la séquence argumentative qui prend place entre les deux occurrences du vers en question. La présente discussion ne prend pas en compte l'ajout du vers 17.9[103].

L'organisation des propositions dépend du texte retenu au début de 17.10 :

ἣ δὲ πάλιν διαφύντος ἑνὸς πλέον' ἐκτελέθουσι

ἣ δέ ADEb (Simpl. *In D.C.* 293) : ἣ δέ aF (Simpl. *In Ph.* 158), BDEc (Simpl. *In D.C.* 141) : ἥδε A (Simpl. *In. D.C.* 141) : ἡ δέ E (Simpl. *In Ph.* 158) : ἠδέ corr. (ex AD Simpl. *In Ph.* 33, fr. 26.9 D.-K.)

Les éditeurs qui intègrent le vers 26.8 en tant que 17.9 lisent généralement ἠδέ en 17.10, leçon qu'ils tirent de 26.9. Les leçons ἣ δέ, ἥδε et ἡ δέ ne font pas sens et n'ont pas été retenues : elles proviennent vraisemblablement de corruptions de ἣ δέ. Voici les constructions syntaxiques possibles, selon le texte retenu en 17.10 (les propositions où l'on retient la correction ἠδέ sont notées a, celles où l'on retient le texte des manuscrits ἣ δέ sont notées b).

(a1) Si l'on a ἠδέ en 17.10, ce vers développe 17.8 : le vers 17.10, en réintroduisant le thème de la rupture de l'un (διαφύντος ἑνός)[104], vient verrouiller l'alternance entre unité et multiple. Il n'y a pas de moyen terme entre eux : la construction revient à une formulation du tiers exclu. Prêter cette syntaxe à 17.10 implique une anacoluthe : 17.10 comporte un verbe à l'indicatif, alors que celui de 17.8 est au participe.

---

de 26.8 à cet endroit.

103 *Cf. infra* p. 549-551. La conclusion à laquelle je parviens ci-après – qu'il n'y a pas de raison d'inclure le vers 26.8 en tant que vers 17.9 – procède d'arguments qui ont trait à la transmission des fragments 17 et 26, et non de la reconstruction de l'argumentation du fragment 17, ce qui implique que mon argument n'est pas circulaire.

104 Que l'unité ici considérée soit, on l'a vu, l'unité du *Sphairos* ou l'unité de l'organisme vivant.

Toutefois, les vers 17.11-13 se laissent alors difficilement construire. L'asyndète entre 17.10 et 17.11, que τῇ μέν ne suffit pas à éviter, peut avoir une forte valeur explicative : la cause de l'alternance entre l'Un et le multiple est que les éléments deviennent (*sc.* des composés) dont la vie est temporaire (17.11), et (car la parataxe implique que la valeur causale porte sur les propositions introduites par μέν et δέ) que ces éléments ne cessent jamais de se rencontrer (17.12). Mais on s'attendrait plutôt au rapport inverse : l'alternance constante entre un et multiple impliquerait plutôt que la formation des composés est temporaire et que les éléments échangent leurs lieux sans trêve.

Le second problème est l'ordre des particules dans 17.11-13 : il est difficile de penser que τῇ (17.11) est l'antécédent de ἧ (17.12) et que le μέν de 17.11 introduit le δέ de ταύτῃ δ(έ) (17.13) dans la mesure où le δέ qui suit ἧ (en 17.12) se comprend mal au sein d'une relative postposée. Une proposition moins coûteuse est de considérer que le τῇ de 17.11 est cataphorique : il met en valeur l'asyndète. On construit alors le μέν (17.11) en balancement avec le δέ qui suit ἧ (17.12), en donnant au relatif l'antécédent postposé ταύτῃ (17.13), lui-même suivi d'un δέ apodotique[105].

Le sens qu'on obtient est celui-ci : « Et ils ne cessent jamais d'échanger sans trêve, tantôt lorsqu'ils sont réunis par l'Amour, tous, en l'un, tantôt lorsqu'ils sont, au contraire, séparés chacun par la haine de la Discorde – et lorsque l'un se sépare à nouveau, ils deviennent multiples. Car de cette façon (*sc.* qui précède), ils deviennent et la vie ne leur est pas donnée pour toujours. Mais en tant qu'ils ne cessent jamais d'échanger sans trêve, de cette façon ils sont immobiles selon le cycle. »

(a2) Considérer que ἠδέ commence une nouvelle proposition principale qui se termine en 17.11 est difficile : il n'y a aucun terme coordonnant entre 17.10 et 17.11. Cette hypothèse peut être éliminée[106].

(b1) Choisir ἧ δέ en 17.10 implique de donner pour antécédent au relatif ἧ le τῇ (17.11)[107]. De même, on prend ἧ (17.12) comme antécédent

---

105 Pour le δέ apodotique, *cf.* Denniston *GP* p. 177-178. Le savant en décèle des exemples chez Homère et Hérodote, ainsi que, plus rarement, chez Sophocle. L'un des cas les plus fréquents d'emploi (p. 178) se trouve après une proposition relative, dont l'antécédent se trouve exprimé juste avant le δέ, soit en première position dans l'apodose. Nous nous trouvons en 17.13 dans un cas tout à fait semblable à ceux-ci.
106 De fait, il n'est possible de conserver le ἠδέ qu'en insérant le vers 17.9 à partir de 26.8, comme l'ont relevé Martin & Primavesi 1999 p. 162.
107 C'est la construction retenue par Bollack 1969 t. III p. 197-198.

de ταύτῃ (17.13). On fait du δέ de 17.10 la coordination permettant
d'éviter l'asyndète entre 17.9 et 17.10, tout en considérant que le μέν
de 17.11 (τῇ μέν) répond au δέ de 17.12 (ἢ δέ). On doit alors considérer
le dernier δέ (17.13, ταύτῃ δ(έ)) comme apodotique. Pour le sens, cela
implique que le passage juxtapose deux types de structures explicatives :
en 17.10-11, il s'agit d'expliquer le devenir et le caractère éphémère des
composés (17.11) par le fait soit qu'ils apparaissent au moment de la
rupture du Sphairos[108], soit que le composé est, par définition, amené à
être brisé en particules à la mort[109]. En 17.12-13, il s'agit d'expliquer
l'immobilité des éléments dans le cycle par le fait que leurs échanges
respectifs ne cessent jamais : 17.12 reprend, en position de prémisse,
l'argument déjà formulé en 17.6, qui était développé et soutenu par le
thème de l'alternance constante entre les deux puissances (17.7-8). Le
κύκλος est implicitement présenté comme construit par l'alternance
entre unité et multiplicité, dont l'apparition est assurée respectivement
par l'Amour et la Discorde.

L'opposition entre 17.10-11 et 17.12-13 est alors nette : le premier
groupe de vers déduit de l'argument précédent que les corps composés sont
temporaires, et que l'alternance générale permet d'expliquer le devenir ;
alors que le second groupe établit, lui, que considéré du point de vue
de l'alternance générale, les éléments ne connaissent pas le changement.

La construction (b1) est satisfaisante dans la mesure où elle permet
de rendre compte de façon systématique des jeux de subordination et
des oppositions μέν/δέ dans ces groupes de vers. La répétition de 17.6
en 17.12 permet alors de mobiliser l'argument développé de façon
complète en 17.6-8, rappelé en tant que jalon menant à la conclusion
générale énoncée en 17.13. La variation de καὶ ταῦτ'... en ἢ δὲ... permet
l'insertion du vers dans la séquence argumentative par l'introduction
de la subordination : le thème initial est inséré dans un argument plus
vaste où il est employé comme prémisse (ᾗ... ταύτῃ) du vers affirmant
le caractère permanent et inaltérable des éléments. Cette construction
logique est le support d'une personnification progressive des principes :
les formes verbales (ἐκτελέθουσιν, 17.10 ; γίγνονται, 17.11 ; ἔασιν, 17.13)
et adjectivales (ἀκινητοί) sont accordées au masculin et non au neutre.

---

108 Si on comprend que ἑνός (17.10) est le Sphairos, les composés sont éphémères dans la
    mesure où il est amené à se reformer.
109 Si on comprend que le ἑνός en 17.10 désigne l'unité qui caractérise le composé.

L'autre variation tient à l'ajout du préverbe δια-[110], dont la nuance de sens est difficile à assigner. Le verbe ἀλλάσσω, dérivé de ἄλλος[111], signifie *échanger* une chose contre une autre (d'où, *intervertir* sa fonction ou sa position), *agir à tour de rôle*[112]. Empédocle lui-même l'emploie dans le premier sens au fr. 137.1[113]. Lorsqu'il s'agit des éléments, les occurrences impliquent qu'ils sont constamment pris entre les tendances d'unification et de séparation, y compris lorsqu'ils forment des corps composés[114].

La forme avec préverbe δια- ne présente pas de différence de sens significative : elle signifie également *échanger*, quoique deux sens rares se dégagent, *se distinguer de* et *se réconcilier*[115]. Empédocle, au fr. 35.15, emploie le terme avec κελεύθους pour qualifier les éléments lors de la

---

110 En 26.11, la forme retenue est τάδ' ἀλλάσσοντα, après ἢ δέ, sans δια-. Celui-ci est donc signifiant en 17.12.

111 Chantraine *DELG* p. 64, considère que le verbe est dérivé de ἄλλος au moyen d'un thème guttural qu'il est difficile d'identifier. Le verbe (et les adverbes dérivés) expriment tous, selon lui, l'idée d'échange.

112 Au sens d'*échanger* : Hdt.7.152.7 (si les hommes pouvaient échanger leurs maux les uns avec les autres comme au marché, ils seraient heureux de conserver les leurs), Ae.*PV*.967 (Prométhée refuse d'échanger son sort contre la servitude que lui propose Hermès), So.*An*.945 (Danaé a échangé le ciel brillant contre des murs de bronze). Le sens est sans doute également celui-là dans la difficile *sphragis* de Thgn.21 (οὐδέ τις ἀλλάξει κακίον τοὐσθλοῦ παρεόντος, « nul n'obtiendra en échange quelque chose de pire lorsque ce qui est bon est à portée de main » – cela semble signifier que les voleurs préféreraient lui dérober ses vers plutôt que d'autres, d'inférieure qualité, d'où la nécessité de leur apposer un sceau). – Au sens d'*intervertir* : Hdt.2.26.24 (pour désigner l'interversion de la position géographique des saisons et des vents qui leur sont associés), Parménide 28 B 8.41. Au sens d'*agir à tour de rôle* : Pi.*N*.11.38 emploie le terme pour dire que les ἀρχαῖαι ἀρεταί restaurent par alternance (ἀλλασσόμεναι) la force des lignées humaines, en prenant l'exemple des arbres, qui portent des fruits non pas tous en même temps mais à tour de rôle : la force d'une lignée est restaurée au fil des générations successives (*Cf.* Slater, *Lexicon, ad loc.*).

113 Pour signaler que le père, s'apprêtant à sacrifier une victime animale, ne reconnaît pas son fils, qui a *changé de forme*. Le terme est également employé avec le préverbe μετα- en 115.8 au sens de *échanger les pénibles chemins de l'existence*.

114 Bollack 1969 t. III p. 57 discute l'unique occurrence homérique du verbe, qui comporte un préverbe ἐπι-, en N.359.

115 Pour *échanger* : en Hdt.9.47.2 (les soldats Athéniens et Spartiates intervertissent leurs places respectives dans les rangs pour être à même d'affronter chacun l'adversaire contre lequel ils ont le plus d'expérience), Pi.*O*.11.20 (les lions et les renards n'échangeraient pas leurs repères). – Pour *se distinguer de* : en Hdt.7.70.3, le verbe est employé avec une négation, et signifie que les Éthiopiens ne sont pas différents des Indiens, si ce n'est dans leurs coiffures et leur façon de parler (φωνὴν δὲ καὶ τρίχωμα μοῦνον). – Pour *se réconcilier* : en Ae.*Se*.885 (Etéocle et Polynice ont été réconciliés par le fer, ἤδη διήλλαχθε σὺν σιδάρῳ). LSJ analyse ce sens comme un cas particulier de l'acception principale dans la mesure où il s'agit d'*échanger l'inimitié pour l'amitié*.

naissance des composés : de purs, les éléments sont devenus mêlés, après avoir échangé leurs chemins. Il est possible que l'ajout du préverbe δια- en 17.12 vise à souligner la variation syntaxique[116].

Le thème de l'échange constant des éléments, formulé une première fois en 17.6 dans le cadre de la définition des rôles opposés des deux puissances (17.7-8) est remployé en 17.12-13, pour en déduire (ἥ... ταύτῃ) l'éternité et l'immuabilité des principes. La répétition forme une construction encadrante dont le centre énonce l'idée de la brièveté de la vie du composé (17.10). Le vers 17.13, qui formule la conclusion générale de ce groupe de vers, devient un équivalent implicite de 17.7-8 : il précise que le κύκλος en jeu consiste en l'alternance entre un et multiple – soit qu'on l'analyse, avec l'interprétation orthodoxe, comme l'alternance majeure entre Un et multiple, ou qu'on y lise, avec Bollack, une alternance entre le monde et les composés qui s'y trouvent et leur séparation. La construction des vers 17.10-13 sert ainsi à articuler deux traits caractéristiques des éléments : le fait qu'ils créent des composés périssables soumis au devenir, et leur immobilité au fil du cycle. Ces deux propriétés, coordonnées par μέν/δέ, sont chacune justifiées au moyen d'une prémisse : la première, par le fait que la rupture de la Sphère permet l'émergence du multiple, condition de la constitution du vivant ; la seconde, par le fait que les éléments ne cessent jamais d'échanger les uns avec les autres.

Ne pas restituer le vers 17.9, comme je le soutiens plus loin, implique que le vers 17.10 exprime la division de l'un (διαφύντος ἑνός) sans qu'ait été formulée auparavant la contrepartie exacte du processus. Cette difficulté n'est pas pressante : le terme ἑνός de 17.10 peut avoir trois référents, selon le degré d'unité considérée. Le premier est la Sphère, le second le monde, et le troisième le composé vivant. Quel que soit le degré d'unité considéré, le vers 17.10 suffit en fait, à lui seul, à évoquer à la fois la dissociation de l'Un et l'apparition du multiple : on comprend soit que le multiple apparaît après la rupture de la Sphère, et qu'il sert à créer un vivant éphémère du fait de l'alternance entre l'Un et le mul- tiple ; soit que la disparition du monde par dissociation implique du même coup la disparition des corps composés ; soit enfin que les corps composés disparaissent par dissociation. Ces trois interprétations rendent

---

116 Ou, à l'inverse, que le τάδε soit cataphorique en 26.11, auquel cas il pourrait avoir intro- duit une énumération des éléments après 26.12.

l'argument efficace : la vie des composés élémentaires est temporaire. On ne peut exclure qu'à ce stade de l'exposé de la doctrine le poème joue sur les trois niveaux d'interprétation possibles.

– Les vers 17.1-2 et 17.16-17

La seconde répétition qu'on observe au sein du fragment 17 est celle des vers 17.1-2 à l'identique en 17.16-17 : elle permet le passage de l'exposé général de la doctrine, présentant le thème de l'alternance constante entre un et multiple (17.1-2 et 17.7-8) dans le lien qu'elle entretient à l'émergence du vivant (17.3-5) et aux caractéristiques fondamentales des principes (17.6 et 17.10-13) à un catalogue des six puissances, à savoir les quatre racines (17.18) et les deux puissances opposées que sont la Discorde (17.19) et l'Amour, qui fait, lui, l'objet d'un traitement particulièrement développé (17.20-26) et dont l'importance est soulignée par le fait qu'il est placé en dernière position dans le catalogue. Le fait que la répétition de 17.1-2 en 17.16-17 permet ce passage d'une définition générale de l'alternance et des caractéristiques du cycle à l'exposé des principes particuliers fait l'objet d'un consensus dans la critique[117] : l'itération du thème du passage de l'Un au multiple et du multiple à l'Un permet que le point focal de l'exposé se déplace de la nature de l'alternance aux puissances qui y sont en jeu.

*Les répétitions dans le Papyrus de Strasbourg ensemble a*

Le Papyrus de Strasbourg présente un certain nombre de répétitions : aI.6-7 sont une reprise des clausules de 17.7 et 17.2 = 17.17, et aII.3 est repris en aII.8[118].

---

117  Sturz 1805 p. 551 et 556, Karsten 1838 p. 192 *sqq.* ne commentent pas la répétition (si ce n'est que Karsten affirme que tout ce qui précède 17.14 constitue les πείρατα μύθων). O'Brien 1969 commente les deux groupes ensemble, sans distinction apparente de sens p. 22 et 315. Bollack 1969 t. III p. 50 et 63 considère que ces vers permettent de passer de l'exposé général des principes aux éléments (auxquels il s'applique en 17.16-17). La même idée se trouve chez Wright 1995 p. 168. Trépanier 2004 p. 173 analyse lui aussi cette répétition comme une instance du thème du passage de l'Un au multiple et du multiple à l'Un.

118  Les vers aII.24 et aII.30 présentent également une répétition partielle, qui semble avoir une fonction de clôture de l'unité argumentative comprise entre les deux occurrences. De même qu'en 17.12, le vers aII.30 est amené dans un contexte explicatif (γάρ) lors de sa seconde occurrence : toutefois, vu que nous n'avons pas connaissance de la suite

– Les vers aI.6-7 et la reprise de 17.7 et de 17.2 = 17.17

Quoique les vers aI.6-7 soient gravement mutilés, les quelques mots
que nous pouvons lire invitent à un rapprochement de la fin de aI.6 (εἰς
ἑνὰ κόσμον) avec celle de 17.7 et 20.2 (avec variation de εἰς ἓν ἅπαντα
en εἰς ἕνα κόσμον) et de 26.5 (sans variation, εἰς ἕνα κόσμον); et de
la fin de aI.7 avec celle de 17.2 et 17.17 (ἐξ ἑνὸς εἶναι). Les restitutions
proposées du début de aI.6-7 ne convainquent pas[119] : nous n'avons
aucun moyen d'estimer jusqu'à quel point le début de ce couple de vers
était semblable ou non avec les vers 17.7 et 17.2[120]. Il faut s'en tenir
strictement au texte qui figure sur le papyrus, soit :

| | | |
|---|---|---|
| ]μεθ[121ʼ] εἰς ἕνα κόσμον | 267 | = aI.6 |
| ]ον' ἐξ ἑνὸς εἶναι | 268 | = aI.7 |

Les vers aI.8-aII.2[122], dont le sens est déterminant dans la discussion
de aI.6-7, ont été restitués sur le fondement d'un passage d'Aristote

---

directe de l'ensemble *a*, nous ne pouvons établir à coup sûr si la signification de cette
répétition introduite par γάρ était de clore le propos précédent (en signalant que les
δείγματα sont ἀψευδῆ car la perception sensible, ὄψει, les confirme) ou d'introduire la
suite de la démonstration, que nous avons perdue.

119 Martin & Primavesi 1999 p. 131 et p. 174 *sqq.* (suivis par Janko 2005 p. 126) parviennent
à la restitution ['Ἀλλ' ἐν μὲν Φιλότητι συνερχό]μεθ' εἰς ἕνα κόσμον / [ἐν δ'''Εχθρῃ γε πάλιν
διέφυ πλέ]ον' ἐξ ἑνὸς εἶναι « Mais, alors qu'au temps de l'Amour nous nous réunissons en un
tout ordonné unique, au temps de la Haine, au contraire, de nouveau, il (*sc.* le tout ordonné)
se divisa, en telle manière qu'à partir de l'Un existait le Multiple » (je cite la traduction
*ibid.*). Trépanier 2003a p. 398 n. 22 a bien montré que le seul argument qui pourrait aller
dans le sens de la restitution ἐν δ' ἔχθρῃ, (déterminante dans l'interprétation de Primavesi
dans la mesure où ces termes introduisent le récit du paroxysme de la Discorde), soit une
mention de Lysias qui associe Empédocle au terme Ἔχθραν, est forcé et ne convainc pas.

120 Pour d'autres propositions de restitution à partir de différents passages et leur discussion,
*cf.* Trépanier 2003a p. 406. Le problème de ces analyses est qu'elles ne conçoivent pas
que le texte du premier hémistiche pourrait très bien être tout simplement différent de
tout ce que nous connaissons.

121 Je laisse ici de côté la question de savoir s'il faut lire un θ ou un ν, qui n'est pas déterminante pour mon propos présent. Pour des vues divergentes sur la forme qu'il faut
lire et la façon de l'interpréter, *cf.* Martin & Primavesi 1999 p. 179 (le *nous* renvoie à la
communauté des démons), Mansfeld 2001 p. 78-84 (pour un rejet des θ), Laks 2001a
p. 123-124 (le *nous* renvoie aux hommes en général), Laks 2002 p. 127-137, Trépanier
2003a p. 388 et 403 (qui conserve συνερχόμεν' en aI.6).

122 Ainsi, aI.8-aII.2 : ⌊ἐξ ὧν πάνθ' ὅσα τ' ἦν ὅσα τ' ἔσθ' ὅ⌋σα τ' ἔσται ὀπίσσω, / ⌊δένδρεά τ'
ἐβλάστησε καὶ ἀνέρες⌋ ἠδὲ γυναῖκες, / ⌊θ⌋ῆρές τ' οἰωνοί ⌊τε καὶ⌋ ὑδατοθρ⌊εμμονες ἰχθῦς⌋ /
⌊κ⌋αί τε θεοὶ δολιχα⌊ίων⌋ες τιμῇσι[]].

(*Metaph.* 1000a 24-31)[123] qui cite un extrait d'Empédocle auparavant assimilé aux vers 9-12 du fr. 21, cités par ailleurs par Simplicius (*In Ph.* 159.21-26)[124] : les passages d'Aristote de Simplicius citaient un groupe de vers qu'on pensait tiré du fragment 21 alors que les deux extraits présentaient des variations significatives. La restitution de aI.8-aII.2 est légitime, mais l'interprétation exacte du passage ne semble pas correspondre à celle proposée par Martin et Primavesi.

Ceux-ci comprennent que aI.6-7 sont une référence à la rupture de la Sphère par la Discorde, pour former le multiple[125]. Leur interprétation de κόσμον (aI.6) suit celle que Reinhardt avait proposée de l'occurrence de ce mot dans le fragment 26.5, où le terme aurait renvoyé au *Sphairos*[126]. Mais cette compréhension pose une difficulté au sein de l'interprétation de Martin & Primavesi : si on la retient, la clausule du vers aI.6, εἰς ἕνα κόσμον, ne présente plus aucune différence de sens avec celle du vers 17.7, εἰς ἓν ἅπαντα. Leur interprétation est impuissante à rendre compte de cette variation.

Martin et Primavesi estiment que les vers en question introduisent une zoogonie sous la Haine (le « monde B » de l'interprétation de O'Brien)[127] : ils font de πλέον(α) en aI.7 l'antécédent de ὢν en aI.8, idée fondée sur une compréhension discutable du contexte de aI.8-aII.2 chez Aristote. Le propos de ce dernier est en effet de montrer non pas qu'il y a une zoogonie sous la Discorde en raisonnant à l'intérieur même du cycle d'Empédocle[128], mais qu'Empédocle est tombé dans une contradiction

---

123  Arist. *Metaph.* B4, 1000a 24-31 (la discussion d'Aristote porte sur le fait qu'il est contradictoire de choisir un même ensemble de principes comme cause des êtres incorruptibles et des êtres corruptibles) : καὶ γὰρ ὅνπερ οἰηθείη λέγειν ἄν τις μάλιστα ὁμολογουμένως αὐτῷ, Ἐμπεδοκλῆς, καὶ οὗτος ταὐτὸν πέπονθεν· τίθησι μὲν γὰρ ἀρχήν τινα αἰτίαν τῆς φθορᾶς τὸ νεῖκος, δόξειε δ' ἂν οὐθὲν ἧττον καὶ τοῦτο γεννᾶν ἔξω τοῦ ἑνός· ἅπαντα γὰρ ἐκ τούτου τἀλλά ἐστι πλὴν ὁ θεός. λέγει γοῦν [cit aI.8-aII.2a] « De fait, celui dont on pourrait penser qu'il est le plus cohérent avec lui-même, Empédocle, lui aussi est tombé dans cette même contradiction. En effet, alors qu'il établit un principe, la Discorde, comme cause de la corruption, il semblerait bien que ce principe même produise rien de moins que ce qui est extérieur à l'Un. En effet, hormis le dieu, tout le reste provient de ce principe. Empédocle affirme : [cit aI.8-aII.2a] ».

124  Simplicius, *In Ph.*, 159.21-26. *Cf.* Martin & Primavesi 1999 p. 176-177, Laks 2001a p. 123 n. 8.

125  Martin & Primavesi 1999 p. 175 *sqq.*

126  *Cf.* Reinhardt 1916 p. 174, Martin & Primavesi 1999 p. 182-183 et n. 2.

127  Martin & Primavesi 1999 p. 180-181. L'idée est l'objet des critiques justifiées de Laks 2001a p. 123 et de Trépanier 2003a p. 390 *sqq.*

128  Martin & Primavesi 1999 p. 180-181.

en ce qu'il a prêté à la Discorde une fonction de séparation tout en la présentant comme une condition nécessaire à l'émergence du vivant[129]. Cela ne signifie pas non plus que la Discorde soit pourvue d'un rôle de création, mais qu'une séparation préalable des éléments est nécessaire à leur mélange par l'Amour[130]. Signalons finalement que Primavesi a été amené à modifier sa position, en conservant une lacune en aI.6-7[131].

Examinons à présent le contexte argumentatif de la répétition qui nous intéresse.

Les répétitions des clausules de aI.6 et aI.7 ont lieu après un passage (la fin du fragment 17 et le début du papyrus, soit 17.30-35 et aI.1-5) où il s'agissait d'établir que rien n'existait en dehors des éléments et des deux puissances, et que les éléments étaient impérissables et inaltérables. L'argument se construisait par opposition aux thèses contraires – que ce qui est véritablement est l'objet de génération et de corruption – par écho à un argument de Parménide : comment expliquer la multiplicité des étants si l'être est inengendré et incorruptible ? La solution retenue par Empédocle consiste à expliquer la multiplicité des étants par mélange d'un nombre restreint d'éléments éternels et inaltérables. Cet argument se trouvait conclu par 17.34-35, vers qui introduisent l'affirmation que les éléments deviennent des entités différentes – c'est-à-dire qu'ils les font naître – lorsqu'ils se rencontrent, tout en restant identiques à eux-mêmes. Le lien qu'entretient cette affirmation avec l'énumération du vivant en aI.8-aII.1 est clair : Empédocle énumère les formes de vie naissant de la rencontre des éléments.

Ce qui est véritablement problématique, dans l'organisation de ce groupe de vers, est le rôle des deux clausules qui terminent aI.6-7. La fin de aI.6, si κόσμον désigne bien le monde, implique que le catalogue du vivant des vers suivants s'inscrit dans le cadre d'un monde constitué. La fin de aI.7 est d'interprétation difficile, du fait que nous ne pouvons déterminer si l'ἑνός en question est, comme en 17.2 et 17.17, la Sphère, ou si le début du vers comportait κόσμοιο ou un terme semblable. Dans le premier cas, le vers signifie que la création du monde en question s'effectue en dehors du moment du *Sphairos* (car il faut que le multiple

129  Laks 2001a p. 123.
130  Le rôle cosmogonique ou zoogonique de la Discorde est une thèse centrale de Trépanier 2003b (*cf.* p. 5-19). *Cf.* à ce propos la discussion que nous avons proposée *infra* des fr. 21 et 23, p. 331-332 et 336 (en note).
131  Primavesi 2008 p. 67.

soit pour que les éléments se mêlent en des corps individuels) ; dans le second, le vers aI.7 évoquerait la destruction de ce monde par séparation. Le contexte d'Aristote sur la base duquel on restitue, à juste titre, aI.8-aII.2 va dans le sens de la première hypothèse. Le monde en question a besoin à la fois de l'Amour et de la Discorde pour être : le contexte d'Aristote et le passage du papyrus ne disent rien d'autre.

Il n'y a de fait rien d'étonnant à ce que les parties conservées de aI.6-7 nous invitent à penser que les deux vers évoquaient une création du monde (εἰς ἕνα κόσμον) et une séparation de l'un (ἐξ ἑνὸς εἶναι), dans la continuité de l'argument de 17.30-35, qui établissait la génération de composés à partir d'un nombre restreint d'éléments éternels. Le point déterminant, qui n'a pourtant pas été soulevé par les commentateurs[132], est que les vers aI.6-7 parviennent à ce résultat en adjoignant deux clausules déjà formulées, mais dans des contextes distincts, alors même qu'elles ne seront plus employées conjointement dans le corpus connu.

Établir le sens des répétitions de ces clausules de aI.6-7 est rendu difficile par le fait que 17.7 peut renvoyer soit à la création du *Sphairos* soit à celle des corps individuels qui se trouvent dans notre monde. Le vers 17.2 = 17.17, lui, exprimait l'apparition du multiple, sans référence explicite à Νεῖκος. Empédocle aurait pu, simplement, répéter 17.7-8 en aI.6-7 ; les deux vers lui auraient fourni à la fois l'idée de la création du monde (avec la variation de ἓν ἅπαντα en ἕνα κόσμον) et celle de la séparation depuis l'Un ; mais il a choisi en aI.7 une fin de vers qui se trouve, dans les deux contextes précédents, associée à une opposition entre le *Sphairos* et le multiple[133]. Répéter 17.8 après aI.6 n'était pas suffisant dans la mesure où 17.8 ne comporte pas de mention de la séparation des éléments à partir de l'Un – le vers 17.8 n'exprimant, à strictement parler, que la séparation des éléments par Νεῖκος, sans mention de l'Un.

Cette substitution de la clausule de 17.2 à celle de 17.8 permet une reconfiguration des arguments : à partir de aI.6-7, l'unité dont il va être question n'est plus l'unité parfaite de la Sphère[134], mais l'unité relative et

---

132 Trépanier 2003a p. 389 puis p. 404-405 évoque les différences entre les occurrences de aI.6, mais passe sous silence le fait que le vers qui le *suit* est distinct. Lorusso 2005 ne commente pas non plus cette particularité.

133 Ce multiple désigne l'Antisphère dans l'interprétation traditionnellement acceptée, mais le monde dans l'interprétation de Bollack, on l'a vu.

134 Si, avec l'interprétation hétérodoxe, on lit dans 17.7 une référence à l'unité de l'organisme vivant, il faut penser qu'on passe, au contraire, d'une unité plus circonstanciée à une

conditionnelle du monde où le vivant peut se déployer. Ainsi εἰς ἒν ἅπαντα, qui impliquait une unité absolue, devient εἰς ἕνα κόσμον, qui précise la nature de l'unité considérée (le monde). Alors que l'opposition entre Un et Multiple était absolue et définitive quand on considérait le *Sphairos* par opposition au reste du cycle, elle ne l'est plus dans le référentiel du monde : la Discorde n'est plus exclue de l'unité, mais participe des conditions de possibilité de l'unité (relative) de notre monde et du vivant qui l'habite[135]. La répétition souligne donc ici le changement de contexte argumentatif : Empédocle accomplit le tour de force d'indiquer cette modification radicale de la notion d'unité en jeu par un simple réagencement de clausules déjà employées dans le corps de la démonstration précédente.

– La répétition de aII.3 en aII.8

Les vers aII.3 et aII.8, qui succèdent immédiatement au catalogue du vivant qui se termine en aII.2, posent un certain nombre de difficultés. Ils apparaissent sous la forme suivante dans le Papyrus de Strasbourg :

[ ]ντῆι δ' ἀίσσοντα[   ]ερὲς οὐδ[      aII.3
[ ]ντῆι δ' ἀίσσογ[]ạ διαμ[         aII.8

En aII.3, Martin et Primavesi estiment qu'il n'y a de place que pour un caractère au début du vers, quoiqu'on puisse accepter qu'il y ait eu deux lettres « en s'apprêtant à admettre de la part du copiste, soit un léger manquement dans l'alignement, soit le recours à un module légèrement aberrant pour le (ou les) caractère(s) perdu(s)[136] ». Ils suggèrent deux restitutions possibles, celle de ἐ]ν τῆι, et celle de πα]ντῆι, mais écartent la seconde[137]. En aII.8, il y a en revanche clairement la place pour deux caractères, et les éditeurs restituent πα]ντῆι[138]. Ils considèrent

---

unité plus vaste, celle du κόσμος.

135  Selon l'interprétation proposée plus haut du témoignage d'Aristote en *Metaph.* 1000a 24-31, qui lisait là une contradiction interne à la pensée d'Empédocle.

136  Martin & Primavesi 1999 p. 189.

137  Martin & Primavesi 1999 p. 190, suivis par Janko 2005 p. 126. En aII.3, la restitution πα] ντῆ est préférée par Trépanier 2003a p. 394-395, suivi par Vítek 2006 p. 434. Trépanier 2003a p. 398 estime que l'espace disponible en aII.3 convient en réalité à deux lettres plutôt qu'à une.

138  Martin & Primavesi 1999 p. 195 ; Trépanier 2003a p. 394-395 ; Janko 2005 p. 126 ; Vítek 2006 p. 436.

que la suite des deux vers est identique, soit ...δ' ἀΐσσοντα διαμπερὲς οὐδαμὰ λήγει[139].

Sur cette base, la restitution ἐ]ν τῇ (aII.3) pose le problème de la détermination du référent du pronom : selon Martin et Primavesi, il faut le trouver dans une autre restitution, en aI.7, où les éditeurs restituent [ἐν δ'''Εχθρη ...] à l'initiale du premier vers[140]. On en déduit alors que les vers aII.3-8 (et, plus largement, aII.3-17) décrivent le règne de la Discorde[141]. L'idée n'a pas été acceptée unanimement par la communauté scientifique[142] car elle est fondée sur deux restitutions dont l'une est discutable (ἐ]ν τῇ) et l'autre n'est soutenue par aucun argument paléographique (ἐν δ'''Εχθρη).

La restitution ἐ]ν τῇ est difficile en soi, car le papyrus ne fournit aucun terme qui pourrait en être l'antécédent ; il faudrait supposer que le datif est temporel (à ce moment)[143]. Mais cela s'accorde mal avec ce qui reste de la fin de aII.3, ]έρες οὐδ[, dans la mesure où il est difficile de ne pas voir dans ces termes une référence à la clausule διαμπερὲς οὐδαμὰ λήγει (17.6, 17.12, 26.11), qui serait précédée, cette fois, d'un premier hémistiche original puisqu'il comporte ἀΐσσοντα. Comprendre ἐν τῇ comme l'expression d'une période temporelle précise est difficile si le reste du vers exprime un mouvement permanent : ailleurs, l'expression διαμπερὲς οὐδαμὰ λήγει désigne non pas un moment particulier du cycle mais un processus qui caractérise celui-ci de façon générale.

La restitution πα]ντῇ a été soutenue par Trépanier en aII.3[144], qui comprend le passage encadré par la répétition de aII.3 en aII.8 comme un moment d'exposé général du cycle, qui décrit un moment non zoogonique, où les éléments sont éloignés les uns des autres sans se mêler pendant plusieurs générations (πολλοὶ αἰῶνες). Le savant comprend que le sujet de μεταβῆναι (aII.7) est les racines, et que ce verbe n'implique qu'un mouvement local des éléments[145]. Mais le savant propose la

---

139 C'est le cas de tous les éditeurs mentionnés dans les notes précédentes.
140 Martin & Primavesi 1999 p. 182 pour la restitution, et p. 190 pour Έχθρη comme référent de τῇ en aII.3 ; ils sont suivis sur les deux points par Janko 2005 p. 126-127. *Cf. infra*, p. 527 (en note), pour la discussion de cette restitution.
141 Martin & Primavesi 1999 p. 187-188.
142 Laks 2001a p. 122-123 ; également, Trépanier 2003a p. 387-388 : « *on my reading of this material, this second section on Strife is an artefact of the editors' own invention.* »
143 La discussion est semblable à celle qui concerne le datif τῇ de 35.5.
144 Trépanier 2003a p. 399 *sqq.*
145 Il s'oppose par là, à juste titre, à la compréhension de Martin & Primavesi 1999 p. 194-195 qui prétendaient lire dans cette forme une référence aux migrations des démons

restitution πρὶν] τούτων μεταβῆνα[ι ἐς ἔθνεα μυρία θνητῶν[146], qui, seulement guidée par son interprétation du passage, ne s'appuie sur aucun argument paléographique ou textuel. En fait, l'infinitif μεταβῆναι[147] pouvait être modalisé par n'importe quel verbe introducteur (au positif ou au négatif), ou n'importe quel adverbe ou préposition.

Il faut, je crois, accepter que les vers aII.4-7 ne sont pas pleinement compréhensibles en l'état et, de nouveau, nous intéresser au texte que nous lisons, aussi lacunaire soit-il, plutôt que de spéculer sur un texte irrémédiablement perdu. S'il est certain que les premiers hémistiches de aII.3 et de aII.8 présentaient une répétition au moins partielle[148], nous ne pouvons entretenir la même certitude pour le second : le parallèle avec 17.6, 17.12, et 26.11 ne suffit pas pour affirmer que le verbe final était bien λήγει en aII.3. Le vers pouvait au contraire ne pas comporter de verbe conjugué, car nous ne nous pouvons exclure l'hypothèse d'un enjambement avec aII.4, dont la partie qui subsiste ne présente pas de particule permettant d'éviter l'asyndète. Une autre option encore est qu'on ait eu ἀΐσσοντα[ι, suivi de n'importe quel mot quadrisyllabique commençant par C– – ou Vu – et se terminant par -έρες (d'une structure semblable à celle de προσεμφερές, par exemple) – ou de n'importe quelle combinaison revenant au même résultat par le biais de particules et de clitiques.

Le seul argument qui pourrait soutenir la restitution de διαμπ]ερὲς en aII.3 tient à la présence du thème du temps dans le passages : αἰῶνες est attesté en aII.6[149], et ν]ωλεμές est restitué en aII.5. Cette restitution de ν]ωλεμές s'appuie sur la présence vraisemblable du Λ, alors que les lettres précédentes sont illisibles[150]. Pourtant, le seul autre mot en -λεμής qui pourrait convenir métriquement est ἀβλεμές, *faible*, un terme rare considéré par les grammairiens comme un synonyme de ἀσθενής et

---

assimilés à des particules d'Amour.

146 Trépanier 2003a p. 409.

147 Martin & Primavesi 1999 p. 194-195 proposent d'investir μεταβῆναι d'un sens pythagoricien. La proposition est difficile : si les vers décrivent un mouvement vif des éléments, au contraire, on peut penser que l'idée d'un simple changement de lieu est plus économique, et ce surtout dans la mesure où nous avons, chez Homère, des exemples d'emploi du verbe pour les corps célestes (v.312, ξ.483).

148 On ne peut pas exclure qu'on ait eu par exemple ἀΐσσοντα[ι en aII.3, et ἀΐσσοντα διαμ[ en aII.8.

149 La restitution de [πολλ]οὶ en aII.6 n'a, en revanche, rien d'assuré.

150 Martin & Primavesi 1999 p. 132.

qui n'est attesté, à l'époque d'Empédocle, qu'une fois chez Panyassis[151]. Comme le terme est rare et difficile en contexte, il vaut mieux choisir νωλεμές.

Proposons à présent une interprétation de la répétition.

L'élément déterminant de cette répétition, s'il y en a une, est le passage de (δι-)ἀλλάσσοντα (17.6, 17.12, 26.11) à ἀΐσσοντα : il n'y a pas échange, mais élan des éléments. Cette configuration particulière impliquait très probablement, comme le suggère Trépanier, que les vers aII.2-aII.8 décrivaient un état de éléments en mouvement sans qu'ils soient mêlés. Le terme ἀΐσσω est assurément un terme marqué, dans le contexte, et Trépanier a raison de remarquer la récurrence du lexique de la course lorsqu'il s'agit des éléments[152].

Ces vers décrivaient la durée (αἰῶνες, νωλεμές) du phénomène et en proposaient une modélisation spatiale, au moyen de π]υκνῇσιν δίνῃσ[ιν], qui était vraisemblablement un datif de manière ou de moyen qui complétait aII.3 par enjambement (puisqu'il n'y a pas de particule permettant d'éviter l'asyndète après π]υκνῇσιν)[153]. La fonction de la répétition de aII.3 en aII.8 était vraisemblablement de clore la section consacrée à la description de ce mouvement élémentaire, quelle que fût sa signification et sa nature.

Que la répétition de aII.3 en aII.8 ait cette fonction de délimitation argumentative serait d'autant plus frappant s'il était avéré que le second hémistiche des deux vers est non seulement identique en aII.3 et aII.8, mais également à celui de 17.6 et 17.12. Le parallèle fonctionne d'autant mieux que l'unité argumentative qui se trouve encadrée par la répétition comporte, dans les deux cas, quatre vers[154], et qu'on lit dans les deux cas le terme αἰών (17.11 et aII.6).

---

151 Panyassis fr. 20.8 Matthews (= 17.8 Bernabé). Le terme n'est attesté par ailleurs qu'une fois chez Nicandre (*Alexipharmaca* 82) et chez les scholiastes, lexicographes et autres grammairiens.
152 *Cf.* Trépanier 2003a p. 397, pour une brève étude des occurrences du terme chez Empédocle : le verbe θέω apparaît en fr. 17.34 = 21.13, fr. 53, ainsi qu'en aII.13 (dans un contexte difficile). Le savant a raison d'affirmer que ἀΐσσω n'est pas particulièrement du côté de l'action de la Discorde.
153 On ne peut pas commenter la forme bien davantage ; Trépanier 2003a p. 407-408 rappelle que Simplicius (*In De caelo*, 528-530) mentionne la figure du tourbillon dans le contexte de B 35, à un moment où il l'associe avec le règne de l'Amour.
154 Si l'on n'accepte pas, pour les raisons évoquées *infra* p. 549-551, l'insertion du vers 26.8 suggérée par Bergk.

Le mouvement décrit en aII.3-8 avait manifestement une fonction dans l'argumentation qui suivait, dans la mesure où aII.9 comporte un γάρ qui porte sur aII.8 – et, virtuellement, sur toute la section matérialisée par la répétition. Ce γάρ ouvre une nouvelle unité qui, pour autant qu'on puisse le dire, était développée en aII.9-12[155] et sur laquelle portait un nouveau γάρ en aII.13. La section aII.13-17 décrit vraisemblablement un état de séparation des éléments durant lequel ils changent constamment de lieu et ne forment pas de composés[156] : mais ces vers du Papyrus sont très corrompus, et il est difficile de tirer des conclusions certaines du texte que nous y lisons. Les conjectures proposées par Martin et Primavesi d'un [οὔ]τε en aII.9 et aII.11 sont, cette fois-ci, probables[157]. L'échange élémentaire impliqué par la forme μεταλλάσσον[τα (aII.12), développée par θέει (aII.13)[158], n'est pas suffisant pour que les constituants de notre

---

155  Quoique nous n'ayons pas trace d'une coordination forte dans les fragments de vers en question, on ne peut exclure qu'il y en avait une à l'hémistiche, ou à la diérèse bucolique. Les vers aII.9-12 donnent cependant une impression d'unité du fait du -τε qui est placé en position 3 dans les hexamètres qui constituent aII.9 et aII.11. Le ε est certain en aII.9, et Martin (Martin & Primavesi 1999 p. 134) se prononce pour un Τ tout en jugeant peu probable qu'il aurait pu s'agir d'un Γ. En aII.11, on lit distinctement -τε.

156  Trépanier 2003a p. 396 *sqq.* évoque deux façons de comprendre le passage : (1) comme l'Antisphère (ce qui est l'interprétation de Primavesi) ; (2) comme le *Sphairos*. Trépanier 2003a p. 397 propose un argument intéressant à l'appui de la seconde solution : δι' ἀλλήλων (aII.15) est normalement toujours associé à l'action de l'Amour et au mélange qu'il produit. Il y en a en réalité une troisième solution : penser que ces vers décrivent le moment précosmique des couronnes, s'il faut concevoir l'Antisphère, avec Bollack, comme un tohu-bohu de particules élémentaires.

157  Martin & Primavesi 1999 p. 196, suivis par Janko 2005 p. 126, Trépanier 2003a p. 409 *sqq.*, Vítek 2006 p. 436. Il y a deux arguments : (1) τι τῶν ἄλλων paraît faible dans un contexte simplement affirmatif, alors même qu'Empédocle emploie le groupe précédé de μήτε en fr. 3.12 ; (2) qu'en aII.12, un [ἀλ]λὰ̣ implique un contexte négatif dans les vers précédents. La restitution de ]λ̣ὰ̣ est probable (Martin & Primavesi 1999 p. 134), ce qui implique effectivement qu'un αὖ]τε est difficile. La double conjecture [οὔ]τε, probable, a un lourd effet interprétatif dans la mesure où les vers aII.9-12 décrivent alors nécessairement un moment d'acosmie. Le point (2) est d'autant plus convaincant que peu d'autres termes que ἀλλά conviennent en aII.12 à la fois pour la métrique et pour la pertinence d'emploi dans un texte poétique de cet époque. La seule option réelle me paraît être ἄλλα (de ἄλλος), mais il faudrait encore expliquer l'asyndète qui en résulterait. La suggestion de Martin & Primavesi a, de plus, l'appui des tours semblables en fr. 27(1) et fr. 27(2), qui se trouvaient dans un contexte de description de la Sphère et de l'Antisphère. Relevons seulement que, contrairement à ce qu'avancent Martin & Primavesi 1999 p. 196, le parallèle n'implique pas nécessairement qu'il s'agisse ici du règne de la Discorde.

158  Les occurrences doxographiques mentionnées par Trépanier 2003a p. 410-412 ne permettent pas de trancher la question sans avoir retenu au préalable une option de restitution : ce point de son interprétation est circulaire.

monde, tels que le soleil, émergent – ou, au contraire, il est devenu trop fort pour que ces constituants persistent encore. Le vers aII.14, qui a été l'objet de plusieurs restitutions contradictoires[159], présente une seule donnée certaine : la mention des hommes (ἐπ᾽ ἀνδράσιν), qui est vraisemblablement amenée pour opposer la situation décrite dans ces vers à la situation actuelle de notre monde.

Ainsi, la répétition présentée par aII.3 et aII.8 a ici la double fonction de délimiter une unité argumentative et de souligner la variation par rapport à une étape antérieure de l'argumentation. Si en 17.6 et 17.12, ἀλλάσσοντα... était de même répété pour signaler la délimitation d'un argument, la substitution de ἀΐσσοντα à ἀλλάσσοντα, en aII.3-8, souligne qu'on envisage ici un état différent des éléments, qui ne produisent précisément plus de composés.

*Les répétitions dans le fragment 20 + ensemble c*

– Source du fragment 20
   et relation de celui-ci à l'ensemble c

Le fragment 20 nous est connu par la tradition indirecte[160] et le Papyrus de Strasbourg, dont deux pièces numérotées 40 et 34 présentent une similitude avec les vers 1-3 et 5-7 (respectivement) du fragment. Cela a conduit les éditeurs du papyrus à réunir ces deux pièces en l'ensemble c[161]. Les deux passages présentent des variantes en c.3 (=20.2) et en c.4 (=20.3), que nous pouvons expliquer soit comme issues de difficultés de transmission[162], soit comme des variantes de l'auteur. On ne peut

---

159 On peut ainsi également lire TOCHN comme le relatif τ᾽ ὅσην (avec Martin & Primavesi 1999 p. 203), le démonstratif τόσ(α) élidé et suivi de ἥν (avec Trépanier 2003a p. 412), le démonstratif τόσην avec Janko 2005 p. 126, ou encore découper τ᾽ ὅσ᾽(α) ἥν (avec Vítek 2006 p. 436) : ici encore, toute position comporte une part d'arbitraire. La restitution de la fin du vers est tout aussi incertaine (malgré Primavesi 1999 p. 203-204, Trépanier 2003a p. 412-413), et il faut accepter une lacune après le τ[ : toute forme verbale (ou groupe de mots qui en comprendrait) qui commence par τ et dont la structure métrique est – υυ –x ou – – –x est virtuellement acceptable. La lacune est au demeurant la solution retenue par Vítek 2006 p. 436.

160 Simplicius, *In Ph.*, 1123.25 *sqq.* (Annexe 2, p. 813-814). Pour le fragment 20, *cf.* Annexe 1, p. 758-759.

161 Martin & Primavesi 1999, p. 264 *sqq.*

162 C'est l'hypothèse de Martin & Primavesi 1999 p. 264. Je ne discuterai pas ici le détail et les implications de la correction par la seconde main de συνερχόμεθ᾽ (première main)

toutefois pas exclure *a priori* que les deux pièces 34 et 40 provenaient de parties distinctes du papyrus, qui proposaient une itération de groupes de vers identiques à ceux du fragment 20.

La tradition indirecte ne comporte qu'une citation du fragment 20, dans un lemme où Simplicius commente les discussions de *Physique* 8 sur l'éternité du mouvement (250b 11 *sqq.*)[163]. L'examen que produit Aristote des positions des anciens révèle que seuls Anaxagore et Empédocle avaient conçu un temps sans mouvement : pour Empédocle, lorsque les éléments sont réunis en l'un par l'Amour, moment dont Aristote trouve un exemple dans les vers 8-12 du fragment 26 d'Empédocle[164]. Suit l'exposé de sa propre théorie (251a 8-252a 5), qui établit l'indestructibilité du mouvement, et à la lumière de laquelle se trouve discutée la conception d'Empédocle (252a 6-252a 32)[165].

La première section du commentaire de Simplicius à cette discussion porte sur l'exposé initial de la doctrine d'Empédocle. Simplicius montre que penser une alternance de phases de mouvement (le monde) et de repos (la Sphère) n'est pas aussi contradictoire qu'Aristote l'affirme, puisque cette alternance se produit aussi dans notre monde : (1) le monde supralunaire est un et immobile – il est, en quelque sorte, sous le régime de l'Amour, si on l'appréhende à partir de concepts empédocléens – alors que la partie sublunaire du κόσμος est soumise à tous les types de mouvement. (2) À l'intérieur même du monde sublunaire, Amour et Discorde influent tous deux sur différents étants à tour de rôle[166]. Lorsque Simplicius évoque

---

en συνερχόμεν'. Je considère que συνερχόμεν' est une forme acceptable dans la mesure où elle est à la fois la forme portée par la seconde main et celle qu'on lit chez Simplicius. Pour la discussion sur ce problème, je renvoie aux références citées *infra*, p. 197 et 527 (en note).

163 Simplicius, *In Ph.*, 1123.25 *sqq.*

164 Pour la discussion sur ces vers, et la question de savoir s'il est légitime de s'en servir pour suppléer 26.8 en tant que 17.9, *cf. infra*, p. 549-551.

165 Le premier reproche est méthodologique – assigner à la nature un mouvement de nature alternante néglige le fait que la nature est cause d'ordre. Le second tient à ce que mouvement et repos ne correspondent pas en propre aux fonctions de Νεῖκος et de Φιλία – qui sont respectivement de séparer et de mêler. *Cf.* Arist. *Ph.* 252a 25-27 : αὐτὰ μὲν γὰρ οὐκ αἴτια τὰ ὑποτεθέντα, οὐδὲ τοῦτ' ἦν τὸ φιλότητι ἢ νείκει εἶναι, ἀλλὰ τῆς μὲν τὸ συνάγειν, τοῦ δὲ τὸ διακρίνειν «Ces alternances supposées ne sont pas des causes, et ce n'est pas là ce qui appartient en propre à l'Amour et à la Discorde – mais, pour l'une, c'est de rassembler, et, pour l'autre, de séparer». Empédocle n'a donc pas suffisamment assigné la cause des périodes dépourvues de mouvement pour que son exposé soit convaincant.

166 Simplicius ajoutera ensuite un troisième argument, selon lequel Empédocle a pensé que le repos véritable était dans la succession infinie des phases du cycle ; il cite 26.11-12 pour illustrer ce point.

le monde pensé par Empédocle, il n'évoque en effet jamais qu'un seul monde, régi par la Discorde (par opposition à la Sphère), où Amour et Discorde coexistent de fait[167]. Sur ce point, Simplicius était en rupture avec les autres commentateurs d'Aristote, tel qu'Alexandre[168], qui aurait imaginé qu'il y aurait eu une séparation stricte des puissances entre la Sphère et notre monde, sans que l'une n'agisse sous le règne de l'autre[169]. Le fragment 20 se trouve cité à l'appui de cette idée originale dans le monde des commentateurs néoplatoniciens que l'Amour joue un rôle dans la constitution du vivant que nous observons dans notre monde.

– Difficultés textuelles présentées par le fragment 20

Le premier vers concentre des difficultés textuelles et syntaxiques majeures qui ont des répercussions sur les vers suivants, qui ne sont pas eux-mêmes sans présenter de problèmes.

Les manuscrits AF de Simplicius transmettent, en 20.1, la séquence τοῦτον μὲν ἂν βρότεων et le manuscrit M, τοῦτον μὲν ἀμβρότεων. Aucun des deux textes n'est métriquement satisfaisant[170]. Le texte a été l'objet d'interventions diverses : (A) l'aldine résout la difficulté en supprimant ἂν du texte de AF, pour obtenir une séquence métriquement acceptable[171] ; (B) Diels corrige τοῦτον en τοῦτο[172].

Si l'on retient la solution (B), le τοῦτο peut se comprendre de deux façons[173]. (B1) Comme le sujet d'une phrase nominale, dont l'attribut

---

167  Il ne faut pas sous-estimer l'importance de ce point : il est singulier que, pour Simplicius, le rôle de la Discorde dans notre monde aille de soi, et que le rôle de l'Amour soit problématique, alors que c'est exactement du postulat inverse que partent certains commentateurs modernes, lorsqu'ils tentent en particulier d'attribuer (à mon sens, à tort), une fonction de mélange à la Discorde.

168  L'interprétation en question lui est explicitement attribuée en *In De caelo*, 528.29-30. Le passage cité ci-après, dont le sujet implicite est Alexandre, fait suite à une discussion technique sur la construction d'une phrase : ...ἐβιάσθη νομίζων τὸν κόσμον τοῦτον ὑπὸ μόνου τοῦ Νείκους κατὰ τὸν Ἐμπεδοκλέα γενέσθαι. Pour une discussion détaillée de ces passages, *cf.* O'Brien 1969 p. 100, ainsi que la n. 5 de la même page.

169  Simplicius, *In Ph.* 31.31-32.3 (Annexe 2, p. 810-811). La même idée se trouve développée en Simplicius, *In De caelo*, 528.30-32 (Annexe 2, p. 817-818).

170  On obtient dans les deux cas la séquence – – u – uu –, qui présente un crétique.

171  On obtient un début d'hexamètre régulier, τοῦτον μὲν βροτέων (scandé – – – uu –). L'aldine est suivie par les commentateurs antérieurs à Diels : Sturz 1805 p. 523 et 603, Karsten 1838 p. 134-135 et 263-264, Stein 1852 p. 63-64.

172  Diels 1901 p. 115, qui mentionne « τοῦτον [*sed* o *alterum in rasura* A¹] ».

173  Voici la répartition des positions interprétatives. (B1a) : Diels 1901 p. 115 (jusque D.-K. 1951), Bignone 1916 p. 410, Gallavotti 1975 p. 191, Gemelli Marciano 1990 p. 34-36.

est soit (B1a) ἀριδείκετον (au sens de *remarquable, clair*), en prenant ὄγκον comme régime de ἄν (pour ἀνά) ; soit (B1b) ἄν (pour ἀνά) et le groupe que la préposition introduit. On peut également comprendre le τοῦτο comme (B2) un accusatif neutre adverbial accompagné de μέν, mais le vers ne se suffit plus à lui-même, syntaxiquement, et on a besoin soit (B2a) de rétablir un verbe introducteur, par exemple à partir de la ligne c.1 du Papyrus (μη[τίσασθαι), soit (B2b) de penser que la phrase est nominale.

Le texte de l'aldine, (A), et la proposition (B2a) impliquent que la syntaxe de 20.1 dépend d'un vers antérieur perdu, qui aurait contenu l'équivalent d'un ἐρέω[174], ou d'un verbe qu'on suppléerait en c.1, sur le Papyrus. Or, la restitution μη[τίσασθαι en c.1 provient non pas d'arguments paléographiques, mais, du propre aveu des éditeurs, de leur propre interprétation du passage[175] ; de plus, pourquoi Simplicius citerait-il alors un texte syntaxiquement incomplet alors qu'il aurait très bien pu commencer sa citation en 20.2 ?

Le problème posé par (B1a) est que ἀριδείκετον ne serait attesté au sens de *remarquable* que dans notre fragment[176] ; ailleurs, cet adjectif verbal formé sur δέχομαι signifie *excellent* ou *accueilli avec de grands témoignages d'honneurs*[177]. Mais Empédocle a pu réanalyser le sens de l'adjectif verbal, en comprenant que le terme n'est pas formé sur δέχομαι mais sur δείκνυμι.

---

On peut traduire : *cela est remarquable dans la masse des membres...* (B1b) : Bollack 1969 t. II p. 30-33, t. III p. 101 *sqq.*, qui traduit : « Cela, dans la courbure admirable des membres de l'homme. » (B2A) : Martin & Primavesi 1999 p. 271 (à ce μέν répondrait le δέ de ὡς δ' αὐτῶς, en 20.6). (B2b) : Primavesi 2008 p. 70.

174 Sturz 1805 p. 603 : « ce à quoi il faut rattacher les accusatifs τοῦτον... ὄγκον, nul ne peut le dire aujourd'hui » ; Karsten 1838 p. 263.

175 Martin & Primavesi 1999 p. 269 : « Nous voulons insister sur le fait que nos restitutions *exempli gratia* sont ici déterminées plus que partout ailleurs par l'interprétation générale du passage. »

176 Le fait est remarqué par Martin & Primavesi 1999 p. 271.

177 Pour la formation sur δέχομαι (δέκομαι en ionien), Chantraine *DELG* p. 268 ; sur la particule ἀρι-, apparentée à ἄριστος, Chantraine *DELG* p. 108. – Le mot signifie *magnifique, excellent* en Λ.248, Ξ.320, λ.540, θ.382 = θ.401 = ι.2 = λ.355 = λ.378 = ν.38 ; He.*Th.*385 (pour les enfants de Styx), He.*Th.*532 (pour Héraclès), He.*Th.*543 (pour le fils de Japet), He.fr.196.2 Merkelbach-West, He.fr.10(a).28 Merkelbach-West (pour un homme). Le terme est pris du côté de la valeur par les scholies, qui le commentent dans différentes directions : il est glosé par πολὺ φίλτατος (scholie T à *Il.* Ξ.320) ; il est employé pour celui à qui on adresse son discours du fait de sa valeur (καὶ "ἀριδείκετος" (Λ 248), πρὸς ὃν ἀπερείδει τις τὸν λόγον δι' ἀξίωμα = scholie bT à *Il.* T. 83) ; il est considéré comme synonyme de εὐπερπής et de ἔνδοξος (scholie D à *Il.* Λ.248 : "Ἀριδείκετος" Πάνυ ἔνδοξος, εὐπρεπέστατος ; scholie D à *Il.* Ξ.320 : "Ἀριδείκετον" Μεγάλως εὐπρεπῆ, ἀσπαστόν).

L'accusatif adverbial lui-même (B2b) est défendu successivement par Martin & Primavesi et Primavesi au moyen de parallèles qui ne sont pas probants[178]. Pour le sens, on revient à la proposition (B1b) de Bollack mais avec une grammaire plus difficile. Cette proposition (B1b) de Bollack reste donc le meilleur choix et aucun contre-argument majeur n'a été formulé à son encontre.

Le second problème important est la difficulté syntaxique due à l'absence de verbe principal dans les vers 20.2-4[179]. Il y a quatre solutions : (1) construire 20.2-3 avec ce qui précède, en considérant γυῖα comme une apposition de ὄγκον à valeur explicative, et les vers 20.4-5 comme syntaxiquement indépendants[180] ; (2) construire 20.2-3 avec ce qui suit, en plaçant une rupture syntaxique forte après ὄγκον, pour faire de γυῖα le sujet de πλάζεται, dont dépendraient les deux participes συνερχόμεν' et διατμηθέντα, régis par ἄλλοτε μέν... ἄλλοτε δέ[181]... ; (3) corriger pour introduire un verbe principal (ce qui est évidemment insatisfaisant)[182] ; (4) retenir le texte de la première main

---

178  Les parallèles en question sont cités par Martin & Primavesi 1999 p. 270-271 (cf. Primavesi 2008 p. 70). Mais aII.26 est un vers partiellement reconstitué, dont nous ne connaissons pas avec certitude la syntaxe originelle ; b.0 = 76.1 peut précisément se construire en prenant le groupe ἐν + datif comme attribut du sujet τοῦτο, avec un verbe ἐστιν sous-entendu.

179  Sturz 1805 p. 603 et Diels 1901 p. 115 (puis D.-K., dans toutes les éditions) ne paraissent pas gênés par cette particularité (qu'ils ne mentionnent pas) et semblent comprendre que le sémantisme de συνερχόμεν' guide la construction. Martin & Primavesi 1999 p. 274 proposent, eux, de rendre compte de la proposition de Diels comme d'une erreur de ponctuation alors même que Diels aurait retenu en réalité la construction de Panzerbieter.

180  Panzerbieter 1844 p. 29 et Martin & Primavesi 1999 p. 274-275 évoquent cette hypothèse pour l'écarter.

181  O'Brien 1969 p. 223, qui lit le fragment dans le sens de la double zoogonie. Avec la même syntaxe mais en vue d'une idée opposée, Bollack 1969 t. II p. 30-33 et t. III p. 105 comprenait que πλάζεται était un passif qui signifiait être battu (comme par les flots) ; cf. Gallavotti 1975 p. 20-21, qui suit Bollack pour la syntaxe générale mais construit (p. 191) σῶμα à la fois avec εἰς ἕν et comme attribut de τά, tout en considérant que le génitif absolu caractérise λέλογχε (je glose : Réunissant en un seul corps (σῶμα) les membres qui, en tant qu'ils sont un corps, ont obtenu une vie florissante). Je ne crois pas que cette proposition de Gallavotti présente, en dernière analyse, une grande différence avec celle de Bollack pour le sens, alors même qu'elle paraît plus difficile pour la syntaxe dans la mesure où elle suppose de construire en même temps σῶμα en prolepse et dans la relative.

182  Karsten 1838 p. 263-264 (suivi par Stein 1852 p. 63) corrige le génitif θαλέθοντος en indicatif θαλέθουσιν, auquel répond πλάζεται (βίου est alors un génitif adnominal de ἀκμῇ) ; Panzerbieter 1844 p. 28-29 corrigeait συνερχόμεν' en συνέρχεται.

en c.3, συνερχόμεθ(α), au détriment de συνερχόμεν(α) qui est pourtant attesté dans tous les manuscrits de Simplicius et en lequel la seconde main a corrigé συνερχόμεθ(α) en c.3[183].

Les constructions (1) et (2) supposent toutes deux une forme d'anacoluthe[184] : en (1), dans la mesure où alors que ἄλλοτε μέν porte sur un participe qui se rapporte à une apposition (γυῖα), ἄλλοτε δέ qualifie, lui, un participe qui se rapporte au sujet de πλάζεται. En (2), il y a anacoluthe dans la mesure où le sujet de πλάζεται formulé en 20.3 (γυῖα) est précédé puis suivi de participes liés par μέν et δέ[185].

Le problème posé par la construction (1) est sans doute plus grand que celui posé par la construction (2) : Panzerbieter lui-même n'était pas complètement convaincu par sa position, et suggérait, finalement, de corriger συνερχόμεν' en συνέρχεται[186]. La succession ὄγκον μέλεων... γυῖα est de fait troublante : au lieu de γυῖα, il aurait été beaucoup plus naturel de trouver un démonstratif ταῦτα (en asyndète après 20.1) qui aurait tout simplement repris μέλεα. La présence de γυῖα doit indiquer une construction différente, et la difficulté syntaxique posée par (2) semble à cet égard moins importante dans la mesure où l'auditoire percevait beaucoup mieux la succession des propositions.

Je suis réservé quant à la solution (4)[187], dans la mesure où la seconde main du Papyrus de Strasbourg et l'intégralité de la tradition manuscrite du passage de Simplicius vont dans le sens d'un participe.

---

183 Martin & Primavesi 1999 p. 276, Laks 2001a p. 124, Janko 2005 p. 124, Primavesi 2008 p. 70.

184 La critique qu'adressent Martin & Primavesi 1999 p. 275 à la construction (3) est qu'elle conduit à placer dans le monde (A), sous l'Amour croissant, les deux phases décrites dans 20.2-5 en tant qu'elles seraient en alternance constante (de ce point de vue, la différence de temps des participes ne pose pas difficulté, de leur propre aveu). Or, le monde (A) se termine par une unification dans le *Sphairos*, ce qui conduit les éditeurs du papyrus à affirmer qu'on ne comprend plus 20.4-5 si l'on choisit cette lecture. Cette critique ne porte pas : le fragment ne parle à aucun moment de la dissolution du monde dans le *Sphairos*, mais se contente d'évoquer, selon Simplicius, le fait que les deux puissances agissent conjointement dans le monde. L'action de Νεῖκος décrite en 20.5-6 consiste seulement à séparer les éléments qui constituent les composés, lors de leur mort, et non à dissoudre le κόσμος. Le texte est donc au contraire tout à fait cohérent si on choisit la construction (2).

185 Contrairement à ce qu'affirment Martin & Primavesi 1999 p. 274-275, la construction (2) n'est pas plus syntaxiquement économique, ou plus naturelle, que la construction (3). Ils n'apportent aucun argument à l'appui de leur intuition.

186 Panzerbieter 1844 p. 28-29.

187 Trépanier 2003a p. 388.

– Interprétations du fragment 20

Le fragment a fait l'objet d'interprétations variées. L'un des axes d'approche est celui de la génération sexuelle[188], dont il n'est pas évident qu'elle soit pertinente ici. On a également soutenu qu'il s'agissait (1) d'une opposition entre des âges ou les états de la vie (jeunesse et vieillesse, bonne santé et maladie)[189] ; (2) d'une opposition entre le second stade des quatre étapes zoogoniques et la dissolution de la vie[190] ; (3) d'une définition de la condition humaine, caractérisée par une tension entre vie (produite par réunion des éléments) et mort (produite par leur séparation)[191].

L'interprétation (2) n'est pas sans poser difficulté : elle implique de disqualifier le témoignage de Simplicius dans la mesure où le néoplatonicien parle bien des actions conjointes de Νεῖκος et de Φιλία en un seul monde[192]. Le propos de Martin & Primavesi consiste de fait à interpréter le fragment 20 à partir d'un schéma dégagé à partir d'autres passages. Une telle démarche n'est pas satisfaisante, et on ne comprend pas quelle serait la visée argumentative d'un fragment 20 qui évoquerait des phases aussi distinctes du cycle. Primavesi a de fait modifié sa position interprétative pour adopter celle de Bollack[193].

---

188 Panzerbieter 1844 p. 28 pensait que le fragment décrivait l'émergence de la vie dans l'utérus ; il s'agit d'une génération où les membres et les organes naissent individuellement, et se relient ensuite. Kranz 1949 p. 361 n. 9 y voyait une référence à la sexualité.
189 Bignone 1916 p. 410.
190 Martin & Primavesi 1999 p. 81-82 et 265-266 veulent voir, à la suite de O'Brien 1969 p. 218-227 en c.3-4 (20.2-3) une description du stade zoogonique où les membres qui erraient, disjoints, s'agrègent au hasard pour former des composés éventuellement monstrueux (ce qui se produit à la fin du monde A, régi par l'Amour, soit juste avant le *Sphairos*) ; les vers c.5-6, eux, décriraient la fin du monde B (régi par la Discorde, juste avant l'Antisphère). D'après le schéma zoogonique général reconstitué par les savants, cela a lieu dans le monde qui se forme sous l'Amour.
191 Karsten 1838 p. 263 *sqq.* comprend que ces vers opposent vie et mort dans les êtres vivants, en tant que l'une est réunion harmonieuse des parties, et l'autre séparation de celles-ci. *Cf.* Bollack 1969 t. III, p. 101 ; Wright 1995 p. 194-195. Primavesi 2008 p. 36 a finalement adopté cette interprétation.
192 Sans cette idée, l'argument de Simplicius ne tient plus : il vise à montrer, contre Aristote, qu'Amitié et Discorde exercent leurs actions respectives sur un même ensemble d'étants.
193 Primavesi 2008 p. 36 : « il peut plutôt être montré que les vers c.3-6 (=20.2-5) peuvent tout à fait être compris comme une description du contraste qu'on peut observer entre le *Déploiement* et la *Mort* dans l'existence humaine » (sans remettre par ailleurs en cause la reconstruction générale des quatre étapes zoogoniques de O'Brien).

– Analyse des répétitions au sein du fragment 20

La répétition de 17.7 en 20.2 fait l'objet d'une analyse convaincante de De Rubeis[194], qui remarque (1) que, contrairement à 17.7, il y a enjambement de 20.2 avec 20.3. Ce procédé permet de conserver un vers strictement identique à 17.7, tout en déplaçant sa signification, dans la mesure où il décrit à présent non plus la constitution de l'Un cosmique, mais celle du vivant. (2) Que le vers 17.8 est développé en deux vers, 20.4-5, dans la mesure où le début de 17.8 et de 20.4 sont identiques (ἄλλοτε δ' αὖ-), que διχ' ἕκαστα (17.8) est repris sous la forme ἄνδιχ' ἕκαστα (20.5), alors même que ces deux séries de vers décrivent l'action de la Discorde[195].

La découverte du Papyrus de Strasbourg permet d'aller plus loin : nous avons vu que la répétition de la clausule de 17.7 en aI.6, avec variation de εἰς ἓν ἅπαντα en εἰς ἕνα κόσμον, accompagné en aI.7 de la clausule de 17.2 = 17.17, impliquait une modification de l'échelle d'unité considérée[196]. La répétition de 17.7 en 20.2, caractérisée par une variation par enjambement, implique une nouvelle reconfiguration : l'unité considérée pour envisager l'action de Φιλία est, cette fois-ci, le vivant lui-même en tant qu'il est constitué de parties (les γυῖα).

Il est remarquable qu'alors que aI.6 était suivi de la clausule de aI.7 (qui répétait celle de 17.2 = 17.17), le vers 20.4 qui suit la version de 17.7 augmentée par enjambement (20.2-3) est une version elle aussi augmentée par enjambement de 17.8 (en 20.4-5) : il y a à la fois retour à la séquence de 17.7-8 et augmentation de celle-ci par enjambement, alors que le fragment 20 aurait pu reprendre la séquence dont on trouve trace en aI.6-7. Cela implique que les deux groupes de vers ne convoquent pas exactement la puissance de la Discorde de la même façon : en 17.2 = 17.17, le multiple est mentionné de façon indéterminée (πλέον(α)), et l'unité dont il provient est signalée (ἐξ ἑνὸς εἶναι). Au contraire, en 17.8, il n'y a pas de mention de l'unité d'origine – on la déduit du vers 17.7 – et le multiple est présenté du point de vue des unités individuelles qu'il forme après séparation (il n'y a pas πλέον(α) mais ἕκαστα). Or, en 20.4-5, la reprise de 17.8 fait de nouveau intervenir l'unité antérieure de façon

---

194 De Rubeis 1991 p. 87-88.
195 De Rubeis 1991 p. 88, suivie par Martin & Primavesi 1999 p. 271-272.
196 *Cf. infra*, p. 530-531.

implicite (on la tire de 20.2-3) alors même que le multiple se trouve caractérisé non pas par le nombre mais par la séparation de chacun de ses constituants individuels l'un avec l'autre (ἄνδιχ' ἕκαστα, 20.5). La variation entre 17.2 = 17.17 et 17.8 s'explique ainsi par le versant du processus de séparation considéré : on insiste soit sur la dislocation de l'unité initiale pour produire un multiple indéterminé (en 17.2 = 17.17) soit sur l'état de séparation relative des constituants après dislocation de l'unité qu'ils formaient (en 17.8 = 20.4-5). Cela signifie que la visée de 17.7-8 et de 20.2-5 est d'opposer l'unité non pas simplement à la multiplicité (comme en 17.1-2 = 17.16-17) mais au fait que les éléments qui constituaient l'un sont divisés en unités minimales distinctes les unes des autres.

Le poème procède ainsi à une sorte de zoom pour décrire l'action de l'Amour et de la Discorde : de l'alternance générale entre ceux-ci (17.7-8), on passe à leur interaction dans le monde (aI.6-7), puis à leur rôle dans la formation et la disparition des êtres vivants individuels (20.2-5)[197]. La variation dans la répétition souligne le passage d'un degré d'unité et de multiplicité à un autre.

La comparaison des deux passages de aI.6 *sqq.* et de 20.2 *sqq.* est instructive à un autre égard. Le catalogue du vivant de aI.8-aII.2 ne recoupe pas celui du fr. 20, puisque : (1) les buissons sont absents de aI.8-aII.2, alors que les dieux et les hommes le sont de 20.6-7 ; (2) lorsque des animaux identiques se trouvent mentionnés dans les deux passages, la liste de 20.6-7 se distingue de celle de aII.1 à la fois par leur ordre d'apparition et l'emploi d'adjectifs et de noms distincts pour les désigner[198].

L'élément déterminant de la liste de 20.6-7 tient en la série d'adjectifs composés qui sont autant d'*hapax legomena* visant à décrire l'habitat des animaux considérés. L'adjectif ὑδρομελάθροις, qui présente une parenté évidente avec ὑδατοθρέμμων, exprime plus nettement le lieu de résidence

---

197 Si l'on se place du point de vue de l'interprétation de Bollack, où 17.7-8 portent sur la création du vivant individuel, la répétition va cette fois dans le sens d'une précision croissante du processus de création du vivant : il est d'abord évoqué abstraitement comme un moment participant du cycle cosmique (en 17.7-8), puis (dans le fragment 20) du point de vue des conséquences en termes d'appréhension du mode d'être réel des corps composés.

198 Ainsi, pour les adjectifs, ὑδρομελάθροις en 20.6 et ὀρειλεχέεσσιν en 20.7 ; et pour les noms, οἰῶνοι en aII.1 contre les κύμβαις en 20.7.

que ce dernier[199]. Il y a peu de composés de premier terme ὑδρο- attestés à l'époque, et un seul composé connu de second terme -μέλαθρος avant Empédocle[200]. L'adjectif ὀρειλέχης, *qui gît dans la montagne*, a été substitué par Schneider à la leçon des manuscrits, ὀρειμέλης, sur la base du fragment 127[201]. L'adjectif ὀρειλέχης serait dans son idée un mot propre à Empédocle, à l'époque duquel les composés de premier terme ὀρει- étaient tout aussi peu fréquents que ceux de second terme -λέχης[202]. Qu'on conserve le texte des manuscrits ou qu'on choisisse de corriger, le terme désigne toujours le lieu d'habitat des bêtes en question. Πτεροβάμων, *qui marche sur ses ailes*, épithète de κύμβαις[203], est tout aussi rare[204]; les premiers composés en πτερ- apparaissent chez Eschyle, ainsi que ceux en -βάμων – dont le choix est d'autant plus significatif qu'Empédocle aurait tout aussi bien pu former son adjectif sur -βάτης, qui est plus fréquent[205].

---

199 Le terme ὑδρομέλαθρος n'apparaît pas même chez les lexicographes. L'adjectif ὑδατοθρέμμων apparaît en aII.1, 21.11, 23.7.

200 Pour les composés en ὑδρο- : ὑδροείδης (Eu.*Rh*.353), ὑδροποτέω et ὑδρόφορος (Hdt.1.71 et Hdt.3.14). – Le substantif μέλαθρον désigne une poutre qui soutient le toit (θ.279, λ.278) d'où, par métonymie, la demeure elle-même (Pi.*P*.5.40 etc.). *Cf*. Chantraine *DELG* p. 680, qui conclut que l'étymologie du terme est inconnue. Le composé est l'adjectif ὑψιμέλαθρος (*qui habite sur les hauteurs*), qui qualifie toujours alors αὔλιον (*l'étable*), en *Hh*.He.103, 134, 399.

201 Hésychius, en o.1205 (Latte), glose ὀρειλέχης par ὀρείκοιτον, οὗ κοῖτος (de κεῖμαι) désigne le *lit*. – Bollack 1969 t. III conserve ὀρειμέλης, non sans hésitation, et suggère que le terme pourrait signifier *dont les membres courent dans les montagnes*.

202 Pour ὀρει-, avant Empédocle, on ne relève guère que ὀρείχαλκος (He.*Sc*.122, *Hh*.Aphr.9); Sophocle et Euripide présentent, eux, ὀρειβάτης. Les premiers emplois de composés en -λεχής datent de Sophocle (κοινολεχής, So.*El*.97).

203 Hésychius (κ.4539, Latte) : Κύμβας· ὀρνίθας. Le terme est homonyme de deux autres termes rares (*cf*. Chantraine *DELG* p. 599), κύμβη *la coupe, le vase, le canot*, et κύμβη = κύβη *la tête* (seulement dans l'*Etymologicum magnum*), qui a donné les dénominatifs κυβιστάω, κυμβητιάω, *tomber sur la tête*. Le nom de l'oiseau pourrait faire référence à ce sens de *tête* : Chantraine *DELG* p. 599 suggère une référence à un oiseau qui plonge. Mais le terme peut désigner les oiseaux en tant que genre (Gallavotti 1975 p. 192, Wright 1995 p. 196). Pour une discussion des différentes options, dont celle d'un jeu phonique, *cf*. Bollack 1969 t. III p. 106-107.

204 Comme ὑδρομέλαθρος, il est ignoré même des lexicographes.

205 Voir πτερόφορος (Ae.*Ag*.1147) et πτέρινος, *fait de plumes* (Eu.*Or*.1429). Eschyle emploie πεδοβάμων, ἱπποβάμων, λεοντοβάμων. – Le second terme de composé -βάμων (avec ᾱ) employé ici par Empédocle présente un dorisme, qui caractérise tous les autres dérivés en -βαμων (on n'a jamais de dérivé en -βήμων); *cf*. Chantraine *DELG* p. 156-158. Gallavotti 1975 estime, pourtant, qu'il faut corriger en -βήμοσι; la correction me semble d'autant plus injustifiée que le dorien était le dialecte d'Agrigente.

Tous ces *hapax legomena* sont formés sur des termes qui servaient rarement de composés à l'époque d'Empédocle, dont la conjonction sur deux vers devait produire un effet frappant. Quoiqu'on ne puisse exclure que les hommes et les dieux étaient mentionnés dans le vers qui suivait le fragment 20 tel que nous le connaissons[206], ce catalogue a pour fonction de structurer l'espace de l'univers, dont toutes les parties voient l'émergence de la vie, et permettent l'organisation de règnes végétaux et animaux selon ce critère spatial[207]. Empédocle rejoue le partage des espaces du κόσμος entre Zeus, Poséidon et Hadès, narré par Homère, mais sur le fondement d'une définition du vivant[208]. Celui-ci est caractérisé par son lieu de vie, car on s'intéresse ici au déploiement de son existence, alors que les occurrences de aI.8-aII.2 et de 21 et 23 s'intéressaient au mécanisme de sa composition par les deux puissances.

## Les répétitions dans le fragment 26

– Sources du fragment 26 et description des répétitions

Le fragment 26 est un tissu de vers qui apparaissent en d'autres passages des fragments que nous connaissons[209]. En particulier, les vers 26.9-12 sont une répétition presque identique de 17.10-13. Les seuls vers du fragment 26 dont nous n'ayons pas d'équivalent connu sont 26.2, 26.4 dans sa majeure partie, et 26.7-8[210].

Nous connaissons le fragment 26 par une série de citations d'Aristote et de Simplicius[211]. Le vers 17.29 = 26.1 fait l'objet de citations séparées, dans un contexte où Simplicius discute la façon dont Aristote comprend

---

206 Ils n'étaient de fait pas strictement nécessaires au propos de Simplicius.

207 Bollack 1969 t. III p. 106, et les n. 2 à 6.

208 *Cf.* O.185-195. La différence majeure de notre fragment avec ce passage était que la terre était un espace commun aux trois divinités.

209 *Cf.* le tableau proposé en Annexe 3, p. 824. Pour le texte du fragment, voir Annexe 1, p. 766.

210 Si l'on excepte la reproduction de 26.8 en 17.9.

211 Ainsi, 26.1-12 est cité par Simplicius, *In Ph.* 33.19 ; 26.1-2 par Simplicius, *In Ph.* 160.16 ; 26.1 par Simplicius, *In Ph.* 1185.19 ; 26.8-12 par Arist. *Ph.* 250b 30 ; 26.10 et 11-12 par Simplicius, *In Ph.* 1124.23 ; 26.11-12 par Simplicius, *In Ph.* 160.20. En Simplicius, *In Ph.* 1185.19, le commentateur discute la compréhension qu'Aristote propose de ce vers, eu égard aux périodes alternantes de repos et de mouvement. Tous ces passages sont reproduits en Annexe 1, p. 765, et en Annexe 2 (pour Simplicius).

le fait qu'Empédocle n'avait pas établi de cause aux périodes de mouvement et de repos[212].

Deux citations de 26.11-12 pourraient tout aussi bien être des citations de 17.12-13, vu la similitude des deux groupes de vers[213] : il est nécessaire de réexaminer le contexte de citation de ces passages. Je montrerai que les citations de vers dont l'attribution est difficile peuvent en fait être attribuées au fragment 26[214]. Comme les mêmes témoignages d'Aristote et de Simplicius sont en jeu dans la question de savoir s'il faut suppléer 26.8 en tant que 17.9, il est plus économique d'examiner les deux problèmes en même temps.

Les citations d'Aristote et de Simplicius du groupe 17.12-13 = 26.11-12 peuvent se classer en quatre catégories[215] : (A) celles où le groupe est inséré dans le fragment 17 ; (B) celles où il est inséré dans le fragment 26 ; (C) une citation où les vers 17.10-13 = 26.9-12 sont précédés de 26.8 (= 17.9 ?) ; (D) des cas où le groupe 17.12-13 = 26.11-12 est cité seul.

(A) Les vers 17.12-13 sont intégrés au fragment 17 dans trois citations de Simplicius : l'une cite l'intégralité du fragment 17 afin d'illustrer les traits principaux du système d'Empédocle, que nous avons déjà commentée[216]. Les deux autres sont des citations de 17.7-13 (sans le vers 17.9) : l'une démontre l'alternance constante des deux mondes[217], et l'autre qu'il y a génération et corruption successives du même monde[218].

Ces trois citations du fragment 17 présentent en 17.12 un texte identique : ᾗ δὲ διαλλάσσοντα. En 17.10, le texte est également pratiquement identique, à l'exception d'une divergence quant à la coupure des mots et à un iota souscrit :

ᾗ δὲ πάλιν διαφύντος ἑνὸς πλέον' ἐκτελέθουσι        17.10

ᾗ δέ ADEb (Simpl. *In. DC*. 293) : ᾗ δέ aF (Simpl. *In Ph*. 158), BDEc (Simpl. *In. DC*. 141) : ᾖδε A (Simpl. *In. DC*. 141) : ᾗ δέ E (Simpl. *In Ph*. 158) : ᾐδέ corr. (ex AD Simpl. *In Ph*. 33, in fr. 26.9 D.-K.)

---

212 Simplicius, *In Ph.*, 1183.21 et 1185.18.
213 Pour 26.10 et 11-12 en Simplicius, *In Ph.* 1124.23 ; pour 26.11-12 en Simplicius, *In Ph.* 160.20.
214 Cela nous amènera, du même coup, à étudier les sources du fragment 26.
215 Cas (A) : Simplicius, *In Ph.* 158.11, *In De caelo* 141.5 et 293.27. Cas (B) : Simplicius, *In Ph.*, 33.19. Cas (C) : Arist. *Ph.* 250b 30. Cas (D) : Simplicius, *In Ph.*, 160.20-21 et 1125.1-2.
216 Simplicius, *In Ph.* 157.25-161.20.
217 En Simplicius, *In De caelo* 140.25-141.6.
218 Simplicius, *In De caelo* 293.18-294.2.

(B) Comparons cette situation avec la seule citation de Simplicius où nous pouvons être certains qu'il s'agit du fragment 26, lorsque Simplicius cite l'intégralité des douze vers du fragment[219]. Simplicius cherche alors à montrer que, contrairement à l'interprétation que donnait Alexandre, Empédocle avait pensé que l'Amour jouait un rôle dans la création du monde sensible[220] : il cite les fragments 98 et 35 pour montrer que l'Amour joue un rôle dans le mélange du vivant et les fragments 21.3 *sqq.* et 26 pour montrer que les deux puissances sont nécessaires au mélange[221].

Or, les manuscrits de ce passage du *Commentaire à la Physique* proposent, pour 26.11, un texte distinct de celui des passages de Simplicius précédemment étudiés : tous les manuscrits ont ἢ δὲ τάδ' ἀλλάσσοντα là où les citations de 17.12 comportaient ἢ δὲ διαλλάσσοντα. Outre cette variation du texte transmis[222], les deux séries de citations visent des objectifs distincts : le fragment 17 est cité à l'appui de l'idée de l'alternance cosmique, alors que le fragment 26 est cité à l'appui de l'idée que les deux puissances collaborent dans le mélange du vivant.

L'opposition est moins nette, il est vrai, pour les vers 17.10 et 26.9 : les manuscrits DE de Simplicius en *In Ph.* 33.27 ont ἠδέ (en 26.9), alors que le manuscrit F comporte la même leçon ἠ δέ que le manuscrit F de Simplicius en *In Ph.* 158, citant le fragment 17. L'argument n'est pas pressant : dans la mesure où il s'agit, dans les deux cas, du même manuscrit F, il est possible que les variations aient fait l'objet d'une normalisation – et ce d'autant plus qu'elles ne se distinguent que par la coupure des mots et l'esprit.

(D) Examinons à présent, avant d'en venir au passage d'Aristote, les occurrences où on ne sait pas *a priori* si 17.12-13 ou 26.11-12 sont cités : il s'agit de deux passages du *Commentaire à la Physique*, en 160.20-21 et 1125.1-2.

Dans le premier passage, dont nous avons déjà exposé le propos, Simplicius commente ces vers dans des termes semblables à ceux dans

---

219 Simplicius, *In Ph.* 31.18-34.12.
220 Pour la discussion sur ces passages, *cf. infra*, p. 538.
221 Simplicius, *In Ph.*, 33.4-34.2. Après la citation du fragment 26, Simplicius réaffirme sa thèse de la collaboration des deux puissances dans le monde sensible, en distinguant leurs rôles respectifs (Simplicius, *In Ph.*, 34.3 *sqq.*).
222 Lorsque la citation appartient au fragment 17, nous avons un préverbe δια-, alors que lorsqu'il s'agit du fragment 26, nous avons τάδ' sans préverbe δια-.

lesquels il commentait, dans le *Commentaire au De caelo*, les citations du fragment 17 précédemment étudiées[223]. À cet endroit, les manuscrits de Simplicius présentent pourtant tous le début du premier des deux vers sous une forme exactement semblable à celle qui était la sienne dans le fragment 26 : ἣ δὲ τάδ᾽ ἀλλάσσοντα διαμπερὲς οὐδαμὰ λήγει. Le problème est ainsi que Simplicius cite le texte de 26.11-12 mais en fait un usage qu'il réserve normalement aux vers du fragment 17.12-13. Cette particularité peut s'expliquer : Simplicius, qui vient de citer le début du fragment 26 quelques lignes plus haut, a encore sous les yeux cette partie du poème. Il mentionne la thèse de l'alternance éternelle entre les mondes (qu'il appuie normalement du fragment 17) mais cite la forme répétée dans le fragment 26, sans s'intéresser à la variation de forme du début de vers. Simplicius sait d'ailleurs fort bien que les deux vers se répétaient de façon presque identique : c'est pour cette raison qu'il emploie les deux aoristes ἐδήλωσεν εἰπών[224]. Dans cette longue section consacrée à Empédocle, Simplicius emploie en effet normalement des formes de présent pour introduire des citations[225]. Simplicius emploie ainsi les vers du fragment 17 répétés dans le fragment 26 comme s'il s'agissait du contexte argumentatif où ils se trouvent employés dans le fragment 17.

(C) La seconde citation de Simplicius où on ne sait pas *a priori* s'il s'agit du fragment 17 ou du fragment 26 me conduira à commenter, du même coup, la citation qu'Aristote propose de 26.8-12 (= 17.9-13, si l'on accepte de suppléer 26.8 en tant que 17.9 – j'y reviens). Ce passage se trouve en *Commentaire à la Physique* 1125.1-2, où Simplicius commente un passage de *Physique* 8 dont j'ai déjà exposé le propos[226] : Aristote cherche à montrer qu'Empédocle a pensé un temps sans mouvement qui se trouverait intermédiaire entre l'unification des éléments par l'Amour et leur séparation par la Discorde.

---

223 Ainsi, comparer τῇ διαδοχῇ τὸ ἀίδιον ἔχει (*In Ph.* 160.18) à καὶ ἀίδιον εἶναι τὴν τοιαύτην διαδοχήν (*In De caelo* 293.20) et à καὶ τοῦτον τῇ διαδοχῇ φησιν ἀιδίως ἀνακυκλεῖσθαι (*In De caelo* 140.30).

224 Simplicius, *In Ph.*, 160.19.

225 Ainsi παραδίδωσι (157.27), pour introduire la citation exhaustive du fragment 17 ; λέγει (159.12) pour le fragment 21 ; δηλοῖ λέγων (160.15) pour introduire le fragment 26.1-2 ; de nouveau δηλοῖ (161.15), mais avec la mention du début des citations précédentes, pour 17.1-2 = 17.16-17. La seule exception est l'aoriste παρέθετο (159.27) pour introduire le fragment 23.

226 Arist. *Ph.* 250b 23-251a 5. Le passage est reproduit en Annexe 1, p. 765.

Le texte cité par Aristote à l'avant-dernier vers du fragment 26 est, dans tous les manuscrits, ᾗ δὲ τάδ' ἀλλάσσοντα : le texte est identique à l'occurrence où Simplicius citait le fragment 26 dans son intégralité[227] et se distingue donc de ses citations du fragment 17. Le vers initial du fragment tel qu'il est cité ici par Aristote (οὕτως... φύεσθαι) est également cité par Simplicius lorsqu'il livre l'intégralité du fragment 26[228]. La conjonction de ces deux éléments montre que le passage ici cité par Aristote n'est pas le fragment 17 : lorsque Simplicius cite celui-ci, il comporte ni ce vers οὕτως... φύεσθαι, ni ᾗ δὲ τάδ' ἀλλάσσοντα (mais ᾗ δὲ διαλλάσσοντα)[229]. Il n'est pas satisfaisant de suivre la suggestion de Bergk de suppléer le vers 26.8 en tant que vers 17.9, comme le font la majeure partie des éditeurs modernes[230] : ce geste ruine précisément ce qui permet de distinguer les deux passages et donc de les comprendre dans leur différence.

Le lemme de Simplicius à ce passage de la *Physique* d'Aristote, on l'a vu[231], se proposait de montrer que l'Amour jouait un rôle dans la constitution du vivant – idée à l'appui de laquelle le néoplatonicien citait d'abord le fragment 20, puis deux passages qui peuvent *a priori* appartenir au fragment 17 ou au fragment 26[232]. Or, Simplicius discute précisément l'interprétation du passage du fragment 26 qu'Aristote citait en 250b 23-251a 5[233]. La comparaison des deux contextes montre qu'Aristote et Simplicius ne mobilisent pas le même argument : le premier a en vue le repos dans les phases où l'unification et la séparation sont achevées[234] alors que le second comprend que mouvement et repos s'expliquent par une différence d'échelle[235]. Aristote s'intéresse aux vers

---

227 En *In Ph.* 33.

228 En *In Ph.* 33.19.

229 Simplicius, *In Ph.* 158.11, et *In De caelo* 141.5 et 294.2.

230 Bergk [1836] 1886 p. 3, Stein 1852 p. 39, Diels 1901 p. 113 jusque D.-K. 1951 p. 316, Bignone 1916 p. 404, O'Brien 1969 p. 323-324, Wright 1995 p. 169, Inwood 2001 p. 224, Trépanier 2004 p. 168.

231 *Cf. infra*, p. 537.

232 Ainsi Simplicius, *In Ph.*, 1124.23 *sqq.* cite : τῇ μὲν γίνονταί τε καὶ οὔ σφισιν ἔμπεδος αἰών (17.11 ou 26.10) et ᾗ δὲ τάδ' ἀλλάσσοντα διαμπερὲς οὐδαμὰ λήγει, / ταύτῃ δ' αἰὲν ἔασιν ἀκίνητοι κατὰ κύκλον (17.12-13 ou 26.11-12).

233 Simplicius, *In Ph.* 1124.24-1125.2.

234 La présence d'un subjonctif *présent* ποιῇ en Arist. *Ph.* 250b 28 est déterminant : c'est le processus d'unification qui est en jeu, et non son résultat.

235 Les éléments sont mus par les principes dans les différentes phases du cycle, mais ce cycle se répète éternellement à l'identique, sans variation de nature ou de quantité des

26.8-11 en ce qu'ils lui semblent exprimer une alternance, alors que Simplicius s'attache surtout à l'expression ἀκίνητοι κατὰ κύκλον (26.12). Ici encore, les manuscrits de Simplicius citent en 1125.1 un avant-dernier vers commençant par ἦ δὲ τάδ᾽ἀλλάσσοντα – soit un début identique à celui de 26.11 dans la citation intégrale fournie par Simplicius[236]. Quoique les deux vers soient cités à l'appui de la thèse de l'alternance générale entre l'un et le multiple, ils proviennent bien ici du fragment 26, et non du fragment 17 : Simplicius commente exactement le même texte qu'Aristote, dont il conteste justement l'interprétation.

Les vers 26.11-12 et 17.12-13 peuvent donc être distingués de façon systématique à la fois par le texte du premier vers du couple, et par la compréhension que s'en donne Simplicius. La transmission ne permet pas de justifier l'insertion de 26.8 en tant que 17.9 et il faut abandonner cette restitution.

– Les interprétations du fragment 26

L'aspect composite du fragment 26 a été repéré dès les premières éditions modernes d'Empédocle[237]. Le fragment est aujourd'hui généralement considéré comme un résumé de la doctrine développée dans le fragment 17 et les fragments qui le suivaient (fr. 21 et 23 en particulier)[238]. L'intérêt de la majeure partie de la communauté scientifique ne s'est ainsi pas porté sur l'interprétation de la variation à l'intérieur de la reprise des vers mais s'est concentré sur les similitudes entre les deux séries de passages.

Tout comme les vers du fragment 17 qu'il reprend en partie, le fragment 26 a fait l'objet d'interprétations dont l'enjeu est de déterminer la nature exacte des interrelations entre les caractéristiques générales du cycle et le vivant. Ces interprétations s'organisent autour de deux difficultés majeures.

---

puissances immortelles en jeu.

236 Simplicius, *In Ph.*, 33.19.

237 Sturz 1805 p. 517 et 569-570, qui ne connaissait que la citation intégrale de Simplicius, *In Ph.* 33, remarquait déjà le caractère composite du fragment (p. 569 : « de nombreux vers reviennent, en partie légèrement modifiés, vers que nous avons vu apparaître déjà auparavant »). *Cf.* également Karsten 1838 p. 207, qui allait jusqu'à intégrer deux vers de 26 dans le fragment 17 : 26.8 en tant que 17.9, et 26.2 en tant que 17.29b.

238 O'Brien 1969 p. 211, Wright 1995 p. 182-184, Martin & Primavesi 1999 p. 107, Trépanier 2004 p. 187-188. Bollack 1969 t. III p. 126 est une exception notable : le savant pense que la variation introduite dans les répétitions modifie le propos.

Les vers 26.1-2 posent trois problèmes[239] : (1) déterminer le sujet de κράτεουσι, qui peut être les éléments seuls (avec Simplicius), ou le groupe qu'ils forment avec Νεῖκος et Φιλία (avec Aristote)[240] ; (2) comprendre le sens de la variation de χρόνοιο (17.29) en κύκλοιο (26.1)[241] ; (3) comprendre le processus en jeu dans φθίνει et αὔξεται en 26.2[242].

Le sens de 26.7 pose deux séries de difficultés : (1) déterminer s'il faut donner à τὸ πᾶν un sens adverbial ou le considérer comme un substantif ; si on lui donne un sens adverbial, on le lie soit à ἕν συμφύντα, soit à ὑπένερθε γένηται. (2) Déterminer le sens de ὑπένερθε[243], où trois options sont possibles[244] : (2a) prendre l'adverbe au sens propre, en lui donnant par exemple le sens de *sur terre* (c'est-à-dire *en-dessous du ciel*), éventuellement en le faisant porter sur τὸ πᾶν et non sur γίνηται ; (2b) le comprendre comme une référence à un *dessous* absolu, *dans l'obscurité* ; (2c) l'analyser à partir du sémantisme de son opposé, καθύπερθε, *au-dessus*, qui peut signifier au figuré *plus fort, supérieur à*[245] – sens attesté par ailleurs non pas pour ὑπένερθε, mais pour ὕπερθε[246].

---

239 La difficulté des deux vers est telle que Stein 1852 supposait une lacune entre eux et la suite du fragment.

240 En faveur des quatre éléments (avec Simplicius) : Diels 1901 p. 118, D.-K. (hormis l'édition de 1951), Bollack 1969 p. 126-127, O'Brien 1969 p. 316, Wright 1995 p. 182, Trépanier 2004 p. 187. En faveur des six principes (avec Aristote selon Diels 1901 p. 118) : Bignone 1916 p. 552 et Diels-Kranz 1951.

241 Bollack 1969 t. III p. 129 a raison de remarquer que les deux vers 26.1-2 forment une unité encadrée par ἐν μέρει ; il explique (p. 127) la répétition en prenant, en 26.1, κύκλοιο dans le sens de *la révolution du cycle*, et en prenant le terme non plus en un sens temporel en 26.12 mais en considérant que le mot désigne l'*ensemble des choses* qui se trouvent dans le monde, ainsi que le monde lui-même. Trépanier 2004 p. 187-188 pense, lui, que 26.1 est une application abrupte du principe d'alternance cosmique au vivant.

242 Sturz 1805 p. 569 pensait que le vers 2 signalait le changement par altération (qu'on acceptait ou non, selon lui, la correction de φθίνει en φθάνει). Sturz 1805 considère p. 569-570 que ἐν μέρει αἴσης et περιπλομένοιο χρόνοιο signifient que les éléments augmentent (croissent) par le mélange selon une alternance temporelle.

243 La difficulté est bien entendu de déterminer par rapport à quoi Empédocle évoquerait ici le *dessous*.

244 (2a) est une hypothèse soulevée par Sturz 1805 p. 570, mais le sens de *sur terre* ne convainc pas. Karsten 1838 p. 208 comprend ainsi τὸ πᾶν ὑπένερθε comme un équivalent de πάντα τὰ ὑπένερθε εἴδη ou παντοῖα εἴδεα θνήτων (comme en 115.7) : le terme γίνεσθαι τὸ πᾶν doit être interprété *se transformer en toutes formes*, ce qu'il rapprochait du personnage de Protée chez Homère (δ.417). (2b) est la proposition de Bollack 1969 t. III p. 131, qui n'est étayée par aucun parallèle.

245 *Cf.* Hdt.8.136, Thgn.679, etc.

246 Ainsi par exemple Eu.*Me*.650.

La réponse à ces difficultés a conduit à trois positions majeures : que tout le fragment porte sur le vivant, en appliquant au devenir les principes généraux de la doctrine[247] ; que le fragment évoque le vivant (26.1-4) en tant qu'il constitue une partie du cycle cosmique[248] ; que le fragment construit un va-et-vient constant entre l'alternance globale entre un et multiple (26.1-3 et 26.11-12), et son application au vivant (26.4)[249]. Suivant une proposition embarrassé de Sturz[250], les interprètes comprennent le plus souvent que le vers 26.7 signifie que les éléments finissent par se mêler dans le *Sphairos* – à l'exception notable de Bignone, selon lequel il s'agit, au contraire, de l'Antisphère[251]. Tous ne parviennent pas à ce résultat par la même syntaxe[252]. De fait, si 26.7 porte sur tout le groupe formé par 26.4-6, le vers doit signifier que les animaux émergent,

---

247 Bollack 1969 t. III p. 127 : « L'accent se déplace sur le devenir [...]. Il importe maintenant de voir que leur action (*sc.* celle des Puissances) donne, en alternant, naissance au monde ; non plus que ce qui devient est, mais que ce qui est devient, et de quelle manière. »

248 O'Brien 1969 p. 314 : « Thus in lines 1-4 we are told that, by mixing and separating, the elements, though themselves remaining always the same, account for the origin of man and beast. However, in the lines that follow, these processes are presented as parts of the cosmic cycle. »

249 Trépanier 2004 p. 188-189 : « [...] *Between B 26.1 and B 26.7, Empedocles operates two abrupt shifts in the application of the principle of alternation, jumping from its macrocosmic application to the first-principles, to its microcosmic application in mortal creatures, and then back again.* »

250 Sturz 1805 p. 570 est indécis : il dit avoir d'abord incliné pour la correction εἰσόκεν αὖ συμφὺν τόδε πᾶν... Il comprend ὑπένερθε γένηται comme *infra subsidere* – en évoquant ensuite qu'il pourrait s'agir de la terre en ce qu'elle est *en-dessous du ciel*, avant de proposer que la phrase signifie que les choses du monde se rassemblent en l'un *ie.* en chaos. Le savant finit par suspendre son jugement. Bollack 1969 t. III p. 127 pense que φθίνει et αὔξει doivent être compris à partir de ἐν μέρει αἴσης : au fil des mélanges, les parts relatives des éléments diminuent (φθίνει) ou augmentent (αὔξει) dans les composés. Pour O'Brien 1969 p. 314, enfin, φθίνει signifie que les éléments périssent lorsqu'ils prennent part au mélange (du vivant), et αὔξει qu'ils sont augmentés lorsque ce mélange est disloqué. Son interprétation s'appuie sur le fragment 37, où chaque élément augmente son propre δέμας.

251 Bignone 1916 p. 552.

252 Diels 1903 puis D.-K. 1951 et Primavesi 2008 p. 73, prennent τὸ πᾶν comme attribut de συμφύντα, avec ἕν, et donnent à ὑπένερθε γένηται le sens de *être défait*. Bollack 1969 t. III p. 131 comprend ὑπένερθε *dans l'ombre, dans l'indistinct*, et propose deux constructions, qui reviennent pratiquement au même pour le sens : que τὸ πᾶν soit un attribut à valeur résultative de ἕν, ou attribut des éléments, sujets de γένηται. Le sens est que les éléments s'effacent pour former le *Sphairos*. O'Brien 1969 p. 322-324, suivi par Trépanier 2004 p. 189, choisit lui aussi de faire de τὸ πᾶν un substantif, mais le prend comme sujet de γένηται, considérant que ἕν συμφύντα désigne le monde sous l'Amour, et ὑπένερθε γένηται la Sphère. Il analyse ὑπένερθε comme *défaits par l'Amour*, à partir de καθύπερθε, au sens de *supérieur à*. La construction de O'Brien me paraît poser une difficulté majeure : on ne comprend pas comment construire le participe συμφύντα, si τὸ πᾶν (et non les éléments) est sujet du subjonctif γένηται.

par séparation/association, jusqu'à l'apparition de la Sphère. S'il porte seulement sur 26.6, il détermine le terme de l'action de Νεῖκος. Si la Sphère était désignée en 26.5, on lirait plutôt εἰς ἓν ἄπαντα. L'idée d'un κόσμος fait signe vers un autre type d'unité que celle de la Sphère, dans un contexte où il est question de l'émergence du vivant. Penser le contraire – que 26.5 décrit la Sphère – implique de limiter la portée de la relative de 26.7 à 26.6 : la Discorde sépare tout le temps, jusqu'au moment où son pouvoir ne s'exerce plus. Mais cette compréhension pose plusieurs difficultés : (1) on doit penser que 26.6, pour conserver la symétrie, décrit l'Antisphère. Or dire que la Discorde sépare les éléments en l'Antisphère jusqu'à ce que l'Amour crée la Sphère est difficile : quand le vivant émergerait-il ? (2) On ne comprend plus quel est le sens de l'apposition des deux participes συνερχόμεν(α) et φορεύμενα aux éléments à un moment où ils sont dits créer le vivant (26.3). Il vaut donc mieux comprendre qu'au lieu de l'Un, l'Amour crée en 26.5 un cosmos unique[253].

Intéressons-nous maintenant au sens des variations qu'on observe dans les répétitions de vers qui forment le fragment 26.

– Étude de la répétition de 17.29 en 26.1

Le vers 17.29 est répété sous une forme pratiquement identique en 26.1, les deux occurrences ne se distinguant que par la forme nominale qui les termine : 17.29 a χρόνοιο et 26.1 κύκλοιο. La séquence pose de nombreux problèmes : (1) le vers qui commence le fragment 26 répète un vers du fragment 17 (17.29), qui se trouve après les autres vers du fragments 17 (17.7-8 et 17.10-13) qui figurent également dans le fragment 26 (26.5-6 et 26.9-12). Le fragment 26 intervertit donc à cet égard l'ordre des vers du fragment 17, plaçant 17.26 avant 17.7-8 et 17.10-13. (2) Le groupe περιπλομένοιο χρόνοιο, qui constitue le second hémistiche de 17.29, est repris dans le fragment 110.8 (après un premier hémistiche différent de celui présenté en 17.29 et 26.1)[254]. Mais une variante supplémentaire est présentée par le vers 30.2[255] : τελειομένοιο χρόνοιο.

---

253  Bollack 1969 t. III p. 129.
254  Fr. 110.8 : ἢ σ᾽ ἄφαρ ἐκλείψουσι περιπλομένοιο χρόνοιο. Le texte signifie que les éléments quitteront le disciple si les méditations de celui-ci ne portent pas sur eux.
255  Fr. 30.2 : ἐς τιμάς τ᾽ ἀνόρουσε τελειομένοιο χρόνοιο. Le vers est compris comme une référence au moment où la Discorde brise la Sphère : on comprend soit, avec Bollack 1969 p. 159, qu'au moment de la rupture du *Sphairos*, le temps *vient à naître*, soit, avec

Le verbe περιπέλομαι, qui signifie *se trouver autour* ou *se mouvoir autour*, exprime en particulier le fait qu'une durée arrive à son terme[256]. Le participe de ce verbe est employé en correspondance du présent de περιτέλλομαι, qui présente la même signification avec des verbes de durée et qu'on a rapproché de τέλος, dont est dérivé τελέω[257]. La variation de περιπλομένοιο en τελειομένοιο joue probablement sur cette parenté sémantique, mais il est difficile de qualifier davantage l'opposition des deux participes : tout au plus peut-on dire que, puisque le seul emploi de τελειομένοιο exprime le terme du *Sphairos*, la nuance d'accomplissement peut être plus marquée que pour περιπλομένοιο.

Il y a trois procédés distincts de reprise, par modification de la fin du vers (χρόνοιο donne κύκλοιο en 26.1), du premier hémistiche (en 110.8) ou de la quasi-intégralité du vers (30.2). Le point déterminant est la variation de χρόνοιο (17.29) en κύκλοιο (26.1) : mais l'interpréter est rendu difficile par le fait que nous ne connaissons pas le vers qui précédait 26.1. Des deux substantifs, κύκλοιο est le terme marqué : il désigne normalement un cercle, parfois une roue, avant de désigner un cycle au sens temporel ou abstrait du terme[258]. L'occurrence du fragment 26 paraît signaler que le mouvement considéré revient au point de départ, s'il forme un cercle : mais il peut s'appliquer aussi bien au cycle cosmique – la force de l'Amour et de la Discorde varie au fil de celui-ci[259]– qu'au cycle de vie des créatures composées, prises entre association à la naissance et dissociation à la mort.

---

O'Brien 1969 p. 84-85 et p. 168, qu'il s'agit vraisemblablement – en tout cas, dans la compréhension d'Aristote – du temps alloué à la croissance de chaque puissance.

256 Au sens de *se trouver autour*, en Σ.220, pour des ennemis qui entourent une cité. Pour le fait qu'une durée arrive à son terme : en α.16, ἔτος περιπλομένων ἐνιαυτῶν désigne l'année de la fin du cycle d'errance d'Ulysse, où il va pouvoir rentrer à Ithaque ; en λ.248, il s'agit d'une durée d'un an ; en Ψ.833, il s'agit d'une durée de cinq ans révolus. *Cf.* He.*Th*.184, He.*Op*.386, *Hh*.De.265.

257 Chantraine *DELG* p. 1101-1103. *Cf.* en particulier B.551, λ.295, etc.

258 Chantraine *DELG* p. 597. Au sens temporel, la première occurrence semble se trouver en Eu.*Or*.1645.

259 C'est, en substance, l'interprétation de Bollack 1969 t. III p. 127.

556    EMPÉDOCLE, UNE POÉTIQUE PHILOSOPHIQUE

– Étude de la répétition
de 17.34-35 (≈ 21.13-14) + aI.6-7 en 26.3-6

S'agissant de la reprise de 17.34 ≈ 21.13 en 26.3, le vers suivant
chacune de ces trois occurrences commence par une forme de γίγνεται.
Ces passages relient le fait que les éléments représentent la totalité de
ce qui est réellement au fait que la pluralité des phénomènes, et en
particulier du vivant, est produite par leur rencontre[260]. Les éléments
inaltérables quantitativement et qualitativement créent le multiple par
le schème du mélange. Or, le Papyrus éclaire notre compréhension de
ces vers dans la mesure où nous savons à présent qu'à 17.35 succédait
directement un vers dont la clausule est identique à celle de 26.4, lui-
même suivi d'un vers dont la clausule répétait celle de 17.2 = 17.17, et
d'un catalogue du vivant.

Notre compréhension du tissu formé par le fragment 26 en est transformée de deux façons : (1) on ne peut plus penser que 26.3 reprenait
17.34-35 (≈ 21.13-14) en le faisant suivre de 17.7-8, mais nous devons
concevoir 26.3-5 comme une unité reprenant 17.34-aI.6 (dont aI.6 reprenait certes 17.7), en troquant la clausule de aI.7 (ἐξ ἑνὸς εἶναι) contre la
version originelle du vers en 17.8. Le Papyrus nous indique donc qu'il
y a une étape supplémentaire au jeu de répétitions formant 26.3-5 tel
qu'on le concevait avant la découverte du nouveau matériau. (2) Les vers
aI.8 *sqq.* proposent un catalogue du vivant, répété en 21.9-12, mais dans
un ordre inversé (le catalogue vient après 17.34-35, en aI.8 *sqq.*, et avant
la répétition partielle de ces vers du fr. 17 en 21.13-14). Or, en 26.3-6,
le catalogue est inclus, sous une forme très brève, dans le vers 26.4 :
ἄνθρωποί τε καὶ ἄλλων ἔθνεα θηρῶν.

Il faut ainsi étudier à nouveaux frais chacune des trois occurrences
de la reprise.

En 17.34, le vers est employé par opposition (ἀλλά) à l'idée que la
totalité des éléments pourrait être augmentée ou diminuée (17.32-33)[261] :

---

260 Sturz 1805 p. 563, Bollack 1969 t. III p. 78-79, Wright 1995 p. 167 et 172, etc.

261 O'Brien 1969 p. 77 concevait ces vers 17.34-35 comme une réponse d'Empédocle à
    Parménide (dans la mesure où ce dernier niait la possibilité du changement et du
    mouvement, car ils étaient tous deux impliqués dans la génération). Dans la même
    veine, O'Brien 1969 p. 243 estime que la structure cyclique consistait en une réponse
    à la question posée par Parménide en fr. 8.9-10 (pour quelle raison, si l'étant n'est pas
    toujours là, aurait-il surgi à un moment plutôt qu'à un autre ?).

ils sont au contraire toujours, sans variation quantitative ou qualitative, de sorte que la quantité totale allouée à chaque élément ne change pas et que chacun d'eux ne se transforme pas en un autre. La multiplicité du vivant s'explique donc par une variation des parts respectives de chaque élément dans le mélange, comme le montre la tournure distributive ἄλλοτε ἄλλα. En dépit de cette variation par proportion au sein du composé (γίγνεται ἄλλοτε ἄλλα), chaque élément conserve son identité propre. La notion ici construite de l'identité de ce que sont les éléments est sous-jacente aux autres occurrences du vers.

Nous avons vu que la formation de la clausule de aI.6-7 par des reprises de celles de 17.7 et de 17.2 = 17.17 permettait une reconfiguration des arguments précédents dans un nouveau contexte argumentatif, en considérant non plus l'unité du *Sphairos* mais celle du monde, et non plus la séparation absolue des éléments par la Discorde, mais la séparation des composés. Cela implique que l'identité définie en 17.34-35 perdure jusque dans les formes que font prendre aux éléments les puissances de Νεῖκος et de Φιλία dans notre monde (κόσμος) : au sein du vivant dont le catalogue est proposé en aI.8 *sqq.*

Or, dans le fragment 21, cet argument subit un premier ensemble de variations. On ne peut pas exclure, si l'on admet que 23 ne suivait pas directement 21, que ce dernier fragment était suivi d'une version des vers 17.7-8 ; mais il paraît plus probable que 21.7-8, qui précise l'action des deux puissances, constituait un équivalent de 17.7-8, dans un contexte où Empédocle exhortait le disciple à percevoir le rôle des principes dans le monde (21.1-2). Le catalogue du vivant en est, cette fois-ci encore, le produit (21.9 *sqq.*). Or, la reprise de 17.34 (soit 21.13), apparaît cette fois après le catalogue et se trouve introduite par γάρ[262]. De plus, 21.14 modifie 17.35 : il s'agit de souligner la diversité apparente dans le résultat du mélange (ἀλλοίωπα), là où 17.35 concluait par le schème de l'identité (ὁμοῖα).

Il ne s'agit ainsi pas seulement de clore une séquence nouvelle par le retour d'un vers connu : une fois que l'argument de l'identité des éléments dans le mélange a été posé à la fin du fragment 17, ce même argument est convoqué dans un contexte où il justifie l'action des principes dans la création du réel, afin de souligner que des objets divers sont crées à partir d'un nombre limité de principes.

---

262 Ce fait est remarqué par Trépanier 2003a p. 407, qui ne le commente pas.

Le début du fragment 26, lui, présente à cet égard une concaténation de plusieurs passages : (1) 26.3, qui reprend 17.34 et 21.13, est introduit par γάρ, comme l'était 21.13 ; (2) le catalogue du vivant est inclus, sous une forme très brève, dans le vers qui suit (26.4), alors qu'il le suivait en aI.8 *sqq.* et qu'il le précédait en 21.9 ; (3) alors que l'originalité présentée par aI.6-7 consistait à mêler 17.7 et 17.2 = 17.17 (au lieu de 17.8), le vers 26.5 est lui-même suivi d'une reprise de 17.8 à l'identique ; (4) 26.5 se termine, pourtant, par κόσμον, comme aI.6. Le texte de 26.5-6 est ainsi un produit hybride de 17.7-8, de 17.34-35 puis aI.6-7 et de 21.13-14.

L'élément expliqué par le γάρ (26.3) est cette fois que les parts des éléments varient dans la construction du vivant (26.2). En ce sens, 26.3-4 présentent, sous une forme ramassée, l'argument de 21.9-14 : ils font correspondre l'identité des principes et la multiplicité du vivant. En 26.3-4, l'autre variation déterminante dans la construction des répétitions du fragment est la place relative de l'affirmation de l'identité des éléments et du catalogue du vivant. Le rapport logique de 21.13-14 est inversé : le complexe formé par l'identité (αὐτά) et la multiplicité (γίγνεται et son attribut) n'est plus employé pour rendre compte de l'apparition du vivant, mais est cette fois mentionné comme un élément d'explication des parts que prennent les éléments dans la constitution des composés.

La différence la plus importante tient au rôle des vers 26.5 *sqq.* L'absence de la clausule de 17.2 = 17.17 (ἐξ ἑνὸς εἶναι) en 26.6 signifie qu'Empédocle présente le rôle des puissances dans le monde tel qu'il s'est construit (et non pas du point de vue de l'alternance entre Sphère et Antisphère) : le dispositif textuel présente le multiple non pas en tant que produit de la rupture d'une unité mais en tant qu'il est constitué de corps séparés les uns des autres. Il reste difficile d'estimer les implications du fait que le vers 17.8 = 26.6 remplace ici la clausule de 17.2 = 17.17 et aI.7, dans la mesure où nous ne pouvons reconstruire avec certitude la partie du vers aI.7 qui précède. Tout au plus pouvons-nous affirmer que la construction de 26.5-6 vise à construire une relation entre l'alternance générale de l'un et du multiple et son alternance au sein du vivant : Empédocle remploie en 26.5-6 les termes par lesquels il désignait le monde en 17.7-8.

Or, pour la première fois dans les fragments étudiés, un terme est mentionné à cet argument complexe qui établit l'identité des éléments dans la variété des créatures qu'ils créent sous l'influence des deux principes : le vers 26.7 évoque leur dissolution dans la Sphère. Cette variation est déterminante : la création du vivant, exposée dans ses divers aspects au fil des fragments 20-21-23, est ici présentée comme un moment d'un cycle plus vaste. L'idée, très probablement implicite dans les passages du Papyrus, n'avait pas été formulée de façon aussi directe par une subordonnée temporelle (εἰσόκεν).

Il semble probable en effet que 26.7 soit en facteur commun à 26.5-6 (et non qu'il porte seulement sur 26.6, exprimant le terme de l'action de la Discorde) dans la mesure où Simplicius comprenait que l'Amour et la Discorde jouaient un rôle dans le mélange[263]. Cette idée, à l'appui de laquelle le fragment 26 est cité, ne peut être motivée que par un unique passage de notre fragment : la succession 26.3-6, où Empédocle coordonne l'émergence du vivant et les puissances respectives de l'Amour et de la Discorde.

Les vers 26.3-7 articulent ainsi les deux niveaux d'unité que nous relevions au début du fragment 17 (la Sphère) et en aI.6-7 (le monde). Le premier est présenté comme terme du second. Le fragment 26 n'est pas, en ce sens, un résumé dont la valeur serait simplement conclusive ; si le fragment présente sous une forme ramassée plusieurs arguments auparavant développés quant au processus de création du vivant et à la nature des éléments, il détient la fonction originale de replacer cette création du vivant en tant qu'un moment déterminé du cycle, en assurant le passage du niveau d'unité qu'est le monde (depuis aI.6) à celui qu'est la Sphère. C'est la signification du fait que 26.5 reprend κόσμον (aI.6), pour désigner le monde, alors que 26.6 reprend 17.8, avant d'évoquer la Sphère : ces variations révèlent le passage d'une notion d'unité à une autre. Auparavant, Empédocle créait des pôles opposés qui étaient autant de jalons nécessaires à la compréhension et à l'exposé de la doctrine (Sphère/Antisphère, naissance/mort, un/séparation...) ; avec le fragment 26, le poème insère ces données dans un récit.

Ainsi, considérer seulement le fragment 26 comme un résumé, et en particulier comme une conclusion à ce que Primavesi appelle l'excursus didactique[264], n'est pas complètement satisfaisant : cette hypothèse

263 Simplicius, In Ph., 33.
264 Cf. Primavesi 2008, p. 21 sqq. pour l'ouverture de l'excursus, et p. 28-29 pour sa clôture avec le fr. 26. Le savant pense que les vers aII.21-24 comportent l'ouverture d'un excursus didactique (composé principalement des fragments 21, 23 et 26) dans lequel le poète va

ne permet pas d'expliquer pourquoi la majeure partie des vers qui le constituent sont tirés de parties du poème où l'excursus n'avait pas encore commencé. À l'intérieur de l'hypothèse de Primavesi, il ne serait pas suffisant de croire que les vers en question forment justement un mixte entre les points principaux de la doctrine d'Empédocle (mentionnés en 17) et l'exposé de la génération du vivant. Le savant suppose en effet que l'excursus didactique se clôt par les vers 35.1-2, qui affirmeraient que le poète revient en arrière sur le chemin des hymnes pour reprendre son exposé là où il l'avait laissé en aII.18-20 – c'est-à-dire à la description du tourbillon, qui commençait le fragment 35.

– Étude de la répétition de 17.10-13 en 26.9-12

Examinons finalement le sens de la répétition des vers 17.10-13 en 26.9-12. L'adverbe οὕτως, en 26.8, suit l'affirmation que les composés sont éphémères du fait qu'ils se caractérisent par une tension entre l'un et le multiple. Pour la syntaxe, conserver ἠδέ en 26.9 implique que μέν (dans οὕτως ἢ μέν, 26.8) n'est pas en balancement avec un δέ, dans la mesure où un μέν apparaît également dans la principale (ταύτῃ μέν, 26.10). L'argument n'est pas pressant, puisqu'un μέν peut fort bien n'être en balancement avec aucun δέ.

Conserver ἢ δέ en 26.9 pourrait sembler plus satisfaisant dans la mesure où on donne ainsi au μέν de 26.8 un équivalent direct. L'adverbe οὕτως (26.8) porterait alors, par parataxe, sur l'intégralité du système formé par les deux relatives de 26.8-9 (reliées par μέν/δέ) et sur la principale, qui présente l'antécédent postposé τῇ en 26.10 : on devrait lire οὕτως [ἢ μέν... ἢ δέ...], avec pour principale γίγνονταί τε καὶ οὔ σφισιν ἔμπεδος αἰών (26.10). Mais cette première ligne d'interprétation ne permet pas d'expliquer la présence de ἠδέ dans les manuscrits autrement que comme une corruption, ce qui n'est pas satisfaisant : le conserver permet d'instaurer un lien plus essentiel entre les deux prémisses de 26.8 et 26.9. Les deux textes ne présentent pas de différence de sens majeure : dans les deux cas, le passage déduit des vers précédents que les corps composés sont éphémères (26.10) dans la mesure où les éléments ont appris à former des organismes composés (ou la Sphère) (26.8) et qu'ils

expliquer à Pausanias les conditions dans lesquelles se produit la génération du vivant. *Cf.* également Martin & Primavesi 1999 p. 107.

sont devenus multiples lors de la dissolution de cet organisme (ou de la Sphère). Le μέν de 26.10 doit être lu en balancement avec le δέ de 26.11, la relative de 26.11 étant reliée à 26.12 par l'antécédent τῇ. Le δέ qui suit cet antécédent a une valeur apoditique.

Contrairement au passage parallèle du fr. 17, où j'ai montré qu'il s'agissait de prouver l'immobilité des éléments dans le cycle, la fonction de ces vers est de coordonner les deux niveaux précédemment dégagés, dans les vers 26.1-7. Il est difficile de déterminer si l'unité et la multiplicité doivent s'entendre au niveau de l'alternance majeure (entre la Sphère et l'Antisphère) ou à celui de l'unité des corps composés dans le monde : le parfait μεμάθηκε (26.8) peut être compris dans les deux sens, selon qu'on considère que le référentiel est la Sphère (26.7) ou le temps de l'énonciation. Le texte du fragment 17 présentait au demeurant la même ambiguïté.

Si l'analyse de 26.3-7 qui précède est juste, cette ambiguïté objective présentée par 26.8 *sqq.* est délibérée : la fonction du passage est de montrer que les deux niveaux de séparation et d'unification relèvent d'un même processus. Il n'y aurait pas fondamentalement de différence de nature entre la création d'un corps composé et la création de la Sphère, si ce n'est un degré d'intensité (et de même, pour la séparation). À l'issue de la répétition de 26.12, le passage original de 17 a donc été non pas résumé mais enrichi : l'auditeur comprend que le schème d'alternance entre unité et multiplicité peut s'exercer à différents niveaux, et que les principes généraux (tels que l'identité des éléments) restent valides quel que soit le degré considéré. L'introduction de 26.8 attire l'attention sur le fait que le propos est enrichi, en lui donnant justement cette valeur conclusive (οὕτως) qui était absente, de fait, de l'exposé initial en 17. Il est donc d'autant plus déterminant de ne pas insérer 26.8 en tant que vers 17.9.

Le fragment 26 a ainsi pour fonction d'insérer l'explication de l'apparition du vivant au sein d'un récit global du cycle. Loin d'être un simple résumé des points de doctrine antérieurs, il consiste au contraire en une reprise enrichie des occurrences précédentes des vers : sa fonction est de montrer, en coordonnant les deux niveaux (alternance majeure – alternance mineure au sein des créatures vivantes), que les procédés qui régissent le premier s'appliquent exactement de la même façon à l'autre.

LES RÉPÉTITIONS AU SEIN DU FRAGMENT 35

## Sources et interprétations du fragment 35

Nous connaissons le fragment 35 par deux citations importantes de Simplicius, qui mentionne d'un côté les vers 1-15[265] et de l'autre les vers 3-17[266]. Dans les deux cas, le fragment 35 est cité à l'appui de la thèse originale de Simplicius selon laquelle Discorde et Amour collaborent dans la création du monde sensible[267]. Le vers 35.15 nous est connu par d'autres témoins, dont je propose plus loin une étude indépendante[268]. Le propos du fragment 35 est d'expliquer la génération des êtres vivants, qui succède à un tourbillon déclenché par l'Amour et la Discorde.

L'état des interprétations du fragment 35 est particulièrement difficile à établir de façon systématique : la raison en est que les aspects du passage qui n'intéressaient pas directement certains savants ont parfois été radicalement délaissés[269] et que la répartition des interprétations ne s'est pas toujours élaborée sur le fondement de réponses contraires apportées aux difficultés textuelles, mais sur une reconstruction du cycle élaborée par ailleurs[270]. Deux états de la question ont été proposés par O'Brien

---

265  Simplicius, *In De caelo*, 529.1 *sqq.* Ce lemme commente un passage d'Aristote (*De caelo* II.13) qui propose une étude de la terre et des causes de son immobilité. Selon lui, Empédocle avait pensé que la terre était immobile au centre de l'univers du fait du mouvement du tourbillon (qui n'est pas celui du fragment 35), qui exerçait sur elle une force centripète. Aristote, énumérant les limites de cette thèse, montre (en 295a29-32) qu'à un autre moment du cycle, la Discorde sépare les éléments les uns des autres par l'action d'un tourbillon, et reproche à Empédocle d'avoir fait subir à la terre deux mouvements contraires par le biais d'un tourbillon, à deux moments différents (car la terre est alors en repos, dans ce tourbillon de Discorde, alors qu'elle subit un mouvement contraint (centripète) dans le tourbillon du monde constitué). Dans le lemme qui nous intéresse (Simplicius, *In De caelo* 528.3 *sqq.*), Simplicius commence à discuter longuement l'interprétation exacte du passage d'Aristote, s'opposant à Alexandre, et en vient à affirmer que la Discorde ne crée pas, seule, le monde sensible.

266  Simplicius, *In Ph.*, 32.11 *sqq.* Pour le texte du fragment 35, voir Annexe 1, p. 770-771.

267  Cet élément de l'interprétation est acquis dès Sturz 1805 p. 575-576, et reconduit par Karsten 1838 p. 212. Nous avons déjà montré *infra*, p. 538, que cette thèse de Simplicius était en rupture par rapport aux interprétations des commentateurs d'Aristote, en particulier celle d'Alexandre.

268  *Cf. infra*, p. 603 *sqq.*

269  Il est ainsi très difficile de trouver dans les études modernes une prise de position explicite quant au moment décrit dans les vers 35.3-5.

270  Les interprétations (1a) de Bergk et Schneidewin et (1b) de Zeller lisent ainsi dans 35.3-5 une référence à deux moments opposés du cycle (le *Sphairos* et la fin de l'Antisphère) alors

et Graham[271] ; mais le premier s'intéresse surtout à l'explicitation des relations chronologiques entre 35.3-5 et le reste du fragment, et le second aux reconstructions des interactions topologiques entre l'Amour et la Discorde, sans remonter avant les années 1960[272].

Les points qui font l'objet d'un consensus dans l'interprétation sont les suivants : (a) un récit zoogonique a lieu à partir du vers 35.8. (b) Ce récit zoogonique décrit un monde sous l'amour croissant[273]. (c) La zoogonie est issue du tourbillon, décrit en 35.3 *sqq.*[274], désigné par les deux termes δίνης et στροφάλιγγι (35.4)[275].

Le problème d'interprétation posé par le fragment consiste à déterminer la nature du tourbillon décrit en 35.3-5, ce qui implique trois séries de questions : (1) à quel moment exact du cycle ce tourbillon a-t-il lieu ? (2) Quels sont les mouvements respectifs de l'Amour et de la Discorde dans ces vers[276] ? (3) Quelle est la relation entre ces vers 35.6-7

---

qu'ils les défendent à partir de choix textuels et syntaxiques identiques.

271  O'Brien 1969 p. 106-110 ; Graham 2005 p. 226-230.

272  O'Brien 1969 p. 106-107 (sa thèse étant, avec Zeller, que 35.3-5 décrivent le moment où la puissance de Νεῖκος a atteint son apogée) ; Graham 2005, *loc. cit.*

273  L'idée est partagée par tous les commentateurs, de Sturz 1805 p. 576 à Trépanier 2004 p. 190-191, selon lequel B 35 décrit ce qui se produit juste après le règne de Νεῖκος (« *between the reign of Strife and the full realization of the Sphere, there is first a zoogony* »).

274  Ce point a attiré l'attention des savants, qui ont cherché à analyser la relation existant entre notre fragment 35 et les témoignages A 30 D.-K. (Ps.-Plutarque, *Stromat.*, ap. Eusèbe, *PE.* I.8.10) et A 49b (Aétius II.6.3), qui semblent expliquer la naissance du monde à l'extraction successive des éléments hors d'un ensemble qui est probablement un tourbillon. Pour une étude de la relation de ce fragment 35 aux témoignages sur la zoogonie, *cf.* Bignone 1916 p. 429.

275  Que les deux termes renvoient au même tourbillon est conforme à l'idée de Simplicius, *In De caelo* 529.16-20. Le fait est remarqué dès Sturz 1805 p. 576, et accepté par tous les savants depuis lors. Le fait qu'il y a deux tourbillons n'a jamais été soutenu. Therme 2007 prête à tort cette interprétation à Bignone 1916 p. 429, qui dit en fait seulement que le tourbillon dont il est question ici n'est pas le même que celui dont il est question en Aétius A 30. Dans l'idée de Bignone, qu'il développe p. 562-564, chacun des deux mondes (à l'intérieur de l'hypothèse de la double zoogonie) est créé par un tourbillon de nature contraire : centrifuge pour le monde sous la Discorde et centripète pour celui sous l'Amour. Le fragment 35 ne décrit selon lui qu'un tourbillon, celui sous l'Amour.

276  Therme 2007 p. 96-99 aborde le problème par le biais de la question de savoir quelle force est responsable du tourbillon. Signalons que, p. 97, son attribution à Bollack de l'idée que le tourbillon est produit par Φιλία est un contre-sens : le tourbillon est produit selon lui par la *lutte des deux principes*, comme les passages de l'œuvre de Bollack qu'elle cite n. 18 l'affirment pourtant très clairement. L'idée est d'ailleurs expressément répétée en Bollack 1965 t. I p. 181 : « La Discorde a une tendance centrifuge, et l'Amour une tendance centripète. » Il faut qu'il y ait conjonction des deux forces pour produire le

et la suite du fragment ? Les vers 35.7 *sqq.* développent-ils un processus qui est résumé en 35.3-6, ou bien décrivent-ils l'évolution du tourbillon après le stade initial de 35.3-6 ?

Si la réponse au problème (1) a été partiellement dictée par les reconstructions que les savants se donnaient du cycle[277], les positions interprétatives se sont définies en réponse aux difficultés textuelles et syntaxiques suivantes :

(1) Comprendre le sens du passage d'un indicatif aoriste (ἵκετο, 35.3) à un subjonctif aoriste (γένηται, 35.4) : le problème est la coordination d'un indicatif dans une temporelle introduite par ἐπεί, qui exprime normalement une action ponctuelle dans le passé, sans répétition[278], avec le subjonctif γένηται qui, lui, exprime la généralité ou l'éventualité[279].

Si l'on n'accepte pas la tension présentée par un indicatif de fait ponctuel et un subjonctif itératif[280], l'alternative consiste soit à penser que ἵκετο exprime un fait particulier dans le passé, et à considérer γένηται comme un éventuel à valeur de futur certain[281] – soit, au contraire, à

---

tourbillon. Therme 2007 elle-même défend la thèse que le tourbillon est l'œuvre de Νεῖκος dans la mesure où Φιλότης joint le semblable au semblable en créant un champ de type magnétique. Son argumentation, fondée sur le postulat que l'Amour ne devrait avoir qu'un seul et unique rôle, et ne mêler que d'une seule façon, ne convainc pas : ce postulat la conduit à analyser des passages distincts du poème sans en interroger la spécificité.

277 Cela a donné lieu à la situation surprenante où Bergk et Zeller comprenaient les vers 35.3-5 de façon diamétralement opposée alors qu'ils lisaient un texte identique en le construisant de la même façon l'un et l'autre : le premier en concluait que 35.3-5 décrivaient le *Sphairos*, et le second que ces vers succédaient immédiatement au paroxysme de Νεῖκος. Bollack 1969 et O'Brien 1969 eux-mêmes lisent un texte identique en 35.3-5 et en défendent des lectures grammaticalement semblables, comme on va le voir.

278 Chantraine *GH* t. II, § 376 p. 255 : « Avec les conjonctions de type ὅτε, ὁπότε, ἐπεί, εὖτε, l'indicatif est employé lorsqu'il s'agit de constater purement et simplement un fait » ; la répétition n'est normalement exprimée qu'avec l'imparfait. La conjonction ἐπεί peut certes avoir le sens de *après que, depuis que* avec l'indicatif, pour une action ponctuelle.

279 Chantraine *GH* t. II, § 377-378 p. 256. Le subjonctif peut exprimer, ainsi, la répétition ou un fait unique présenté comme possible (ex. Φ.323). L'emploi de ἄν ou de κε n'est jamais indispensable, dans ce cas, pour la correction de la syntaxe du vers épique.

280 O'Brien 1969 p. 108-110 choisit de conserver cette tension : la seconde partie de la subordonnée, au subjonctif, décrit ce qui se produit à chaque fois que l'Amour se trouve au centre du tourbillon. Par opposition à ce subjonctif itératif, l'imparfait ἵκετο décrirait le monde qui vient d'avoir lieu. Les exemples de changement de mode qu'il propose p. 111, citant Goodwin, ne sont pas entièrement pertinents dans la mesure où ils sont tirés de la prose classique.

281 Bollack 1969 t. III p. 197 donne cette valeur au subjonctif, après un indicatif aoriste ἵκετο exprimant un fait particulier : le fait que l'Amour atteint le centre devient alors en fait pratiquement la contrepartie nécessaire du mouvement de la Discorde. L'objectif de

assimiler l'indicatif aoriste ἵκετο à un fait général, en donnant à γένηται une valeur d'itération[282]. La première solution ne va pas de soi : quoique le subjonctif puisse certes avoir cette valeur dans les propositions principales, chez Homère, il exprime normalement l'éventualité, avec ou sans ἄν ou κε, dans les subordonnées temporelles[283].

La difficulté du passage a mené à des corrections[284], dont la plus récente est celle de Martin et Primavesi, de ἵκετο βένθος en βένθε᾽ ἵκηται, sur le fondement de leur restitution de la fin de aII.18[285] : [ἀλλ᾽ ὅτ]ε̣ δὴ Νεῖκος [μὲν ὑ]περβατὰ βέν[θε᾽ ἵκηται]. Mais la restitution de ἵκηται en aII.18 ne s'appuie sur aucune donnée paléographique ; rien ne dit que le papyrus ne portait pas lui-même ἵκετο. Mais même si cette restitution de ἵκηται était juste en aII.18, rien ne dit que le fragment 35 présentait un texte identique – d'autant plus que le papyrus présente, au même vers, une forme ]περβατὰ là où tous les manuscrits du fr. 35 ont ἐνέρτατα. Dans

la dissymétrie modale est que l'attention se porte sur la seconde subordonnée, décrivant l'action de l'Amour, qui est *véritablement* la puissance responsable du mélange des éléments. Il est difficile de donner au subjonctif γένηται une simple valeur d'éventualité : Empédocle ne dit pas que l'Amour est parfois susceptible *de ne pas* atteindre le centre du tourbillon.

282 La solution de Karsten 1838 p. 213 est intermédiaire entre les deux branches de cette alternative, dans la mesure où il pensait que la juxtaposition d'un indicatif aoriste et d'un subjonctif aoriste (auquel il donnait une valeur d'itératif) s'expliquait par le caractère elliptique du vers, qu'il fallait comprendre comme si l'on avait : ἀλλ᾽ <ὅταν>, ἐπεὶ Νεῖκος ἵκετο…, ἐν δὲ μέσῃ Φιλότης γένηται…

283 Chantraine ne donne pas d'exemple du subjonctif seul pourvu d'un sens futur dans une subordonnée temporelle, mais parle toujours d'un subjonctif exprimant une *éventualité* (*cf.* Chantraine *GH* t. II, § 377 p. 256). Il évoque toutefois, en *GH* t. II § 391 p. 264, un emploi de ὅτε accompagné de ἄν et du subjonctif qui « souligne nettement un moment de l'avenir », mais employé après πρίν (au sens de *avant le moment où précisément* un événement se produira).

284 Des corrections anciennes, aujourd'hui abandonnées, ont porté sur γεγένηται : Petersen corrigeait en στροφαδὶ γεγένηται, pour introduire une nuance d'achèvement compatible avec l'indicatif aoriste ἵκετο ; Wilamowitz corrigeait γένηται en γέγακε pour la même raison ; van Groningen 1958 p. 216 n. 2, inversant l'ordre des mots et transformant le subjonctif en indicatif, corrigeait en γένετο στροφάλιγγι.

285 Martin & Primavesi 1999 p. 219-220. Les savants fondent leur argument sur une conception trop normative de la grammaire : « Le texte du fr. 35. D. (*sc.* 35.3-5) […] se heurte à une impossibilité en grec » (p. 219) et « la grammaire grecque interdisant le panachage évoqué plus haut, on retouchera à l'aide du papyrus le texte du fr. 35 D. » (p. 220). Notons encore que les savants ont tort de présenter les propositions de Bollack 1969 t. III p. 197 et O'Brien comme des cas isolés (p. 219, n. 3) ; la syntaxe des manuscrits était conservée par Sturz 1805 p. 576, Karsten 1805 p. 106, Stein 1852 p. 52, Wright 1995 p. 206-207, etc. La correction ἵκηται est en revanche suivie par Trépanier 2004 p. 249 n. 24, Therme 2007 p. 94 n. 10 et Primavesi 2008 p. 74.

la mesure où le texte des manuscrits de Simplicius est univoque, tant dans le *Commentaire à la Physique* que dans le *Commentaire au De caelo*, il faut le conserver. La correction rejoint, aux dires mêmes de leurs auteurs, l'interprétation du texte des manuscrits proposée par O'Brien[286].

(2) Déterminer le sens de ἐνέρτατον βένθος δίνης en 35.3-4 (*le point le plus bas du tourbillon*), qui peut renvoyer soit à la périphérie de la spirale – c'est alors un équivalent de ἔσχατα τέρματα κύκλου, en 35.10 –, soit à son centre[287]. Les difficultés sont que (a) βαθύς (et son doublet βάθος) peut signifier *profond* ou *élevé*, dès Homère, et qu'on ne peut pas complètement exclure que βένθος soit dépendant du sens *élevé*, dans notre passage ; que (b) le superlatif ἐνέρτατος est un quasi-*hapax*[288].

(3) Déterminer le référent de ἐν τῇ δή (35.6), qui peut être l'Amour (Φιλότης, 35.4), le centre du tourbillon (ἐν μέσῃ, 35.4), le tourbillon lui-même (στροφάλιγγι, 35.4)[289], ou avoir un sens simplement temporel[290]. Le groupe est corrompu dans certains manuscrits de Simplicius.

(4) En 35.6, l'adverbe θελημά est difficile[291] et a fait l'objet de corrections qui ne sont plus aujourd'hui retenues par les savants[292]. L'adverbe provient de (ἐ)θέλω, *via* l'adjectif (ἐ)θελημός[293]. Guthrie y a lu que les

---

286 Martin & Primavesi 1999 p. 222 et n. 3 : « Notre interprétation rejoint la lecture que D. O'Brien a donnée du fr. 35 D. : *"When Strife's power is increasing Strife will have moved inwards from the circumference and will have forced Love into the centre"* ». Voir O'Brien 1969 p. 104-120.

287 Plusieurs interprètes traduisent par *abysse* ou un terme équivalent, sans commenter le grec – comme si ἐνέρτατον ne posait pas problème : Bignone 1916 p. 429, Gallavotti 1975 p. 22 et 195-196. L'interprétation de Pierris 2005b p. 211 est obscure à cet égard.

288 La formulation la plus détaillée et systématique du problème se trouve chez O'Brien 1969 p. 114 *sqq.*

289 Ce sens est proposé par Bergk avant correction.

290 Ainsi Pierris 2005b p. 211 pense-t-il qu'il s'agit du moment où la Discorde est maximale.

291 Il fait l'objet de *uariae lectiones* qui ne font pas de différence pour le sens : les manuscrits DE de Simplicius, *In Ph.* 32, comportent θελημά, qui est le texte retenu par les éditeurs modernes ; le manuscrit F au même passage présente la leçon ἐθελημά ; tous les manuscrits de Simplicius, *In De caelo* 529, lisent θέλημα, substantif au neutre singulier accentué sur l'initiale. La syntaxe ne permet pas de conserver un substantif neutre, qui n'est d'ailleurs pas employé avant Antiphon fr. 15.5 (Gernet).

292 Ainsi Sturz 1805 p. 577 lisait θέλυμνα, dont il proposait plusieurs compréhensions dont *prorsus* ; Karsten 1838 p. 213 propose de corriger en ἐθελυμνά (au sens de *d'une façon continue*, ou *par bande, en masse*), qui revient en définitive à l'interprétation postérieure du texte des manuscrits dans la mesure où la correction signifie que les éléments ne sont pas unifiés en une seule fois, mais continûment en grandes unités.

293 La forme développée se trouve employée une fois par Hésiode, au sens de *de bonne grâce* ou *tranquillement*. Les scholies et les lexicographes le comprennent comme un équivalent de

racines étaient animées de leur propre volonté[294] ; mais il vaut mieux comprendre le terme dans son opposition à ἄφαρ, *immédiatement, aussitôt*, comme du côté de la lenteur[295].

(5) Le vers 35.7, répété en 35.16, a posé problème dans la mesure où il est difficile que le vivant émerge dès ce moment de la recrudescence de l'Amour. Bergk l'a perçu comme une interpolation de Simplicius ; Schneidewin, en 1851, suivi par Stein en 1852, l'ont remplacé par le fragment B 36. Conserver le texte implique de le prendre comme une anticipation sur le résultat du processus[296].

(6) Le début de 35.10 présente un problème de texte. La seule leçon qui donne un texte métriquement correcte, πω πᾶν[297], a été corrigée par Diels en τῶν πᾶν du fait de la difficulté qu'il y avait à commencer le vers par un enclitique[298]. Bollack a raison de remarquer que la particule πω est pourtant nécessaire à la compréhension que Simplicius propose du passage[299].

---

ἥσυχοι ou de πρόθυμοι. Ainsi Hésychius (ε.641 Latte) : "ἐθελημοί"· πρόθυμοι (He.*Op*.118). L'*Etymologicum magnum* (318.44 Gaisford) donne en revanche : Ἡσίοδος. Ἐκ παραλλήλου τὸ αὐτὸ, θελημοὶ καὶ ἥσυχοι. De même pour la *Suda* (ε.297.1 Adler : "Ἐθελημός"· ἥσυχος). La *scholia uetera* à He.*Op*.118 (Pertusi) donne : "ἐθελημοί"· ἐκ παραλλήλου· "ἐθελημοί" καὶ "ἥσυχοι" ταὐτόν ἐστι, ἡσύχως καὶ ἑκουσίᾳ γνώμη.

294 Guthrie 1965 p. 178, n. 3.
295 Bollack 1969 t. III p. 198 et les autres références données ci-dessous. – Pour ἄφαρ, *LfgrE* t. 1 col. 1695-1698 : le sens principal est *rapidement*. Une autre acception, *effectivement*, en dérive dans la mesure où il s'agit de pointer le caractère accompli d'une action effectuée promptement.
296 Bollack 1969 t. III p. 199 pense que le processus de création du vivant est décrit en détail dans les vers qui suivent, avant que la répétition (enrichie) de 35.7 ne vienne clore cette partie. L'idée est implicite chez O'Brien 1969 p. 106.
297 Elle est présente sur le manuscrit F de Simplicius *In De caelo* 529, sur le manuscrit F de Simplicius *In Ph.* ainsi que sur l'aldine de ce même traité. Les autres leçons, τὸ πᾶν (Simplicius, *In De caelo* 587 et manuscrit A à Simplicius *In De caelo* 529) et οὔπω πᾶν (manuscrits D et E de Simplicius, *In Ph.*), présentent des difficultés majeures : la première implique que l'hexamètre commençait par une brève, ce qui est très rare, et la seconde peut être exclue d'emblée dans la mesure où l'hexamètre comporte un pied long excédentaire.
298 Diels 1901 p. 122 conservait le texte des manuscrits, πω, mais se prononçait en apparat pour τῶν, qu'il construisait comme objet de ἐξέστηκε, le génitif étant amené par le préverbe : il comprenait que l'antécédent de τῶν était ὅσσ᾽ ἔτι Νεῖκος ἔρυκε μετάρσιον, *sc*. les éléments que la Discorde retenait encore en l'air. Il prenait πᾶν comme une apposition à Νεῖκος. Diels 1903 p. 195 édite τῶν, correction conservée jusque D.-K. 1951 p. 327.
299 Bollack 1969 t. III p. 201, qui remarque qu'après la citation du fragment en *In Ph.* 32.11 *sqq.*, Simplicius glose notre vers en *répétant* οὔπω. *Cf.* Simplicius, *In Ph.* 33.3-4 : ἐν δὴ τούτοις σαφῶς καὶ τὰ θνητὰ ἐκ τῆς φιλίας ἡρμόσθαι φησί, καὶ ἐν οἷς ἡ φιλία ἐπικρατεῖ

(7) La syntaxe de κεραιομένοισι en 35.8 pose difficulté[300] : on a compris (a) comme un datif complément de ἄμικτα, sans se mélanger à celles qui se mêlaient (*sc.* sous l'action de l'Amour) ; (b) comme un datif locatif, parmi les autres qui se mêlaient ; (c) comme le complément de ἐνάλλαξ[301]. La solution (c) peut être abandonnée : nous n'avons pas d'exemple d'emploi de ἐνάλλαξ avec le datif[302].

(8) Le vers 35.11 pose deux problèmes : (1) le sujet est-il τὰ μέν... τὰ δέ... ou Νεῖκος (en donnant à τὰ μέν... τὰ δέ... une valeur adverbiale) ; (2) comment construire le génitif μέλεων, et que dénote-t-il ? Grammaticalement, on attendrait au lieu de μέλεων un datif (avec ἐν). Il y a trois possibilités : (a) considérer qu'il s'agit d'un partitif de τὰ μέν (*certaines parties des membres*). Les membres sont alors ceux de Νεῖκος et τά est le sujet[303]. (b) Relier μέλεων, malgré la coordination, à ἐξεβεβήκει (où on le construit avec ἐκ, avec Νεῖκος comme sujet des deux verbes) ; les membres sont alors ceux de la Sphère, ceux du monde ou (avec une valeur résultative) ceux des composés créés par Φιλία lancée à la poursuite de Νεῖκος[304].

Les premiers commentateurs modernes d'Empédocle se représentaient le tourbillon de 35.3-5 comme une figure à la périphérie de laquelle

---

οὔπω πᾶν ἐξεστηκέναι τὸ νεῖκος « Dans ces vers, il affirme clairement que les choses mortelles elles aussi sont formées harmonieusement par l'Amour, et que dans les lieux où règne l'Amour, la Discorde ne s'est pas encore complètement retirée. »

300 Le verbe κεραίω est un doublet de κεράννυμι (Chantraine *DELG* p. 516-517) ; il est de sens moins général que μείγνυμι dans la mesure où il implique un mélange équilibré. On ne le trouve qu'en I.203, où est également employé l'adjectif rare ζωρός (sous la forme du comparatif ζωρότερον), qu'Empédocle emploie en 35.15.

301 (7a) : Sturz 1805 p. 577 (qui lisait la leçon de l'aldine, κερασσαμένοισιν), Karsten 1838 p. 214, D.-K. 1951 p. 327. (7b) : Bollack 1969 t. III p. 201 (je cite sa traduction). (7c) : Wright 1995 p. 205, « *alternating with those that were combining* ».

302 Le sens fait d'ailleurs difficulté, puisqu'il faudrait donner à ἐνάλλαξ la valeur de *par opposition à*, alors qu'il signifie *alternativement* ou *en changeant d'ordre*. Cf. Hdt.3.40.9 et Hdt.3.40.16 (la vie se compose alternativement d'échecs et de réussites), Hdt.6.52.29 (il s'agit de laver les enfants non pas dans le même ordre, mais en changeant constamment), Pi.N.10.55 (pour Castor et Pollux, qui passent un jour parmi les dieux olympiens, et l'autre sous terre).

303 C'est le sens auquel parvient Sturz 1805 p. 577 quoiqu'il corrige μέλεων en μέρεων. Karsten 1838 p. 215 construit ainsi en conservant μέλεων. Simplicius, lui, comprenait en *In De caelo* 529.19-20 que τὰ μέν... μέλεων renvoyait tout simplement aux éléments, dont il faisait le sujet des deux verbes.

304 Pour les membres de la Sphère : Bergk [1842] 1886 p. 49. Pour ceux du monde : Diels 1901 p. 122 (jusque Diels 1922 p. 240 incluse) plaçait avec Bergk la virgule avant μελέων, qu'il faisait dépendre de δέ ; Wright 1995 p. 208. Pour ceux des composés : Bollack 1969 t. III p. 202-203.

la Discorde était reléguée[305]. Le groupe ἐν τῇ δή (35.5) renvoyait à l'Amour : les vers 35.3-5 décrivent alors le *Sphairos*[306], conçu non pas comme un mélange parfait d'éléments, mais comme un amalgame de matière informe et en mouvement[307]. Les vers 35.6-7 se situent, dans la chronologie du récit, avant l'unification décrite dans son achèvement en 35.3-5[308] : la formation du *Sphairos* n'était pas immédiate, du fait de la résistance de la Discorde, et notre monde émergeait au cours de la longue étape de transition[309].

---

305 Les éléments d'interprétation qui suivent sont explicites chez Sturz 1805 p. 576 *sqq.*, Karsten 1838 p. 212 *sqq.*, Schneidewin 1851 p. 157-158 et Stein 1852 p. 52-53. L'hypothèse de la périphérie est soutenue par Sturz 1805 p. 576 («...*Discordia ad extremum quasi marginem voraginis s. in infimo fundo versaretur...* »), Karsten 1838 p. 213, mais l'idée n'est pas justifiée, et on peut suspecter qu'elle naisse de raisons logiques : l'Amour atteignait le centre du tourbillon en 35.4, il semblait illogique que la Discorde elle-même l'atteigne au vers suivant.

306 La répétition de la clausule de 17.1 en 35.5 leur semblait aller dans ce sens. *Cf.* Sturz 1805 p. 577 («*Nam* κύκλος *est i. q.* Σφαῖρος»). Karsten 1838 formule l'idée de façon moins explicite, p. 212 : «δίνη et στροφάλιγξ sont dits, l'un et l'autre, de la sphère du monde qui se meut d'un mouvement circulaire du fait du mouvement des éléments.»

307 *Cf.* Sturz 1805 p. 281-282 : « mais si l'on se demande ce que signifie vraisemblablement ce *Sphairos*, il ne semble pas douteux que c'est à juste titre que les savants récents ont compris qu'il s'agissait de la matière ou du chaos [...]. C'est-à-dire qu'Empédocle dit que le Σφαῖρος naît à partir du monde sous l'effet de l'Amour, et que le monde naît du Σφαῖρος sous l'effet de la Discorde.» L'enjeu de la discussion, à l'époque de Sturz, était que le savant refusait de concevoir le *Sphairos* d'Empédocle comme un équivalent du monde des idées platonicien – dans la discussion qui l'opposait en particulier à J. Brucker, qui restait plus dépendant des Néoplatoniciens dans sa compréhension de la Sphère comme un κόσμος νοητός.

308 L'idée est explicite chez Sturz 1805 p. 577, dans le commentaire qu'il propose de ἔτι μετάρσιον : « La Discorde, tant qu'elle n'est encore suspendue en l'air, c'est-à-dire tant qu'elle n'a pas encore atteint le point le plus profond [Sturz veut dire la périphérie extrême du tourbillon], empêche que <les éléments> ne se mêlent. »

309 La forme difficile du vers 35.6 était corrigée en θέλυμνα par Sturz, au sens de *absolument* (*cf.* Sturz 1805 p. 577, qui glose *prorsus*), en ἐθέλυμνα par Karsten au sens de *de façon continue, peu à peu* (Karsten 1838 p. 213-214, qui comprend *continuo tenore*). Sturz comprenait que 35.7 était un équivalent de la description de la création du vivant dans le fragment 21. Karsten 1838 p. 214 défend une position légèrement différente, au sens où il ne veut voir ici que l'émergence des cadres du monde : « En ce passage (35.8-10), ceux qui le rapportèrent semblent avoir considéré qu'Empédocle, outre le monde formé avait également établi une masse de matière informe, ἀρχὴν ὕλην, comme elle est appelée chez Eusèbe, *PE.* XV.33. Mais il faut faire attention au fait qu'Empédocle, ici, ne [« *non* »] parle pas du monde formé et ordonné, mais des constituants primordiaux du monde, lorsque les choses de la nature devaient encore être formées. » L'édition de Karsten, en ce passage, présente une coquille dans la mesure où son texte comporte deux « *non* » successifs, répétés au moment d'un retour à la ligne.

Cette proposition est suivie par Bergk, à ce détail près que le savant propose deux interventions sur le texte : (1) corriger ἐν τῇ δή (35.5) en ἔνθ᾽ ἤδη afin d'effacer la notion de lieu qu'on peut lire dans le texte des manuscrits et de souligner le fait que ce vers exprime le résultat d'un processus progressif[310] ; (2) athétiser le vers 35.7, qui lui semblait poser problème dans la mesure où la formation du vivant ne lui semblait acquise qu'à la fin du processus décrivant la lutte de Νεῖκος dans les vers 35.8 *sqq.* Schneidewin 1851 a adapté la proposition de Bergk, en remplaçant 35.7 par l'unique vers du fragment 36 D.-K., qui lui semblait correspondre au contexte dans la mesure où ce vers décrit l'exclusion de la Discorde de la Sphère[311].

L'interprétation de Zeller a remis en cause cette compréhension des vers 35.3-5, estimant qu'il s'agissait en fait du moment immédiatement postérieur au paroxysme de la Discorde, qu'il se représentait comme les quatre masses en couronnes[312]. L'Amour revient au centre des quatre masses, en chasse la Discorde, et met les masses en mouvement sous la forme d'un tourbillon. Au fil de ce mouvement, la Discorde se déplace progressivement vers la périphérie[313].

La position de Zeller a été remise en cause à son tour de façon opposée, quoique pratiquement contemporaine, par Bollack et O'Brien. Le premier lit dans B 35, comme Zeller, une description de ce qui se produit immédiatement après le paroxysme de la Discorde, mais comprend celui-ci comme un tohu-bohu de particules élémentaires, qui ne dure

---

310 O'Brien 1969 p. 113 remarque à juste titre que la dimension temporelle peut se lire dans le texte des manuscrits, et qu'on n'a donc pas strictement besoin de la correction de Bergk dans le cadre de cette hypothèse interprétative.

311 Schneidewin 1851 p. 157-158 (suivi par Stein 1852 p. 52-53). Le savant contestait le placement par Karsten 1838 p. 92 du fr. 36 après le fragment 6 (avec une lacune intermédiaire). Le fragment 6 ainsi augmenté par Karsten évoque la réunion des éléments dans le *Sphairos*, à la périphérie duquel se trouve Νεῖκος. Le problème relevé par Schneidewin était que, si le fr. 6 se trouvait bien au début du poème, Empédocle n'aurait pu ainsi introduire le *Sphairos* et Νεῖκος sans avoir préalablement défini leur rôle cosmologique – le fragment B 6 était en effet placé par Karsten en tant que vers 55 *sqq.* de sa reconstruction, après les catalogues de divinités des fr. 122 et 123 (ensuite attribués aux *Catharmes*) et les fr. 2 et 3.

312 Le bref développement consacré par Zeller au fragment 35 se trouve en Zeller-Mondolfo 1969 p. 53-54 et n. 22. *Cf.* Martin & Primavesi 1999 p. 59-61.

313 Zeller reconduit exactement les options interprétatives de Bergk revu par Schneidewin : les vers 35.3-5 ont une valeur résultative (ἐνέρτατον désigne la périphérie) ; le vers 35.5 est corrigé en ἔνθ᾽ ἤδη, et le fragment 36 est substitué au vers 35.7.

qu'un instant[314]. Les vers 35.3-5 décrivent le tourbillon qui naît de la lutte des deux puissances : ἐνέρτατον βένθος en désigne le centre[315], où se trouve d'abord la Discorde qui vient de rompre la Sphère[316], immédiatement rejointe par l'Amour en 35.4. Ce dernier initie alors le processus progressif d'unification des particules élémentaires séparées, en commençant par le noyau qu'il atteint[317]. Bollack choisit, contre Schneidewin, de conserver le vers 35.7 (dans la mesure où il est attesté par Simplicius), qui signale le résultat du processus par lequel l'Amour va progressivement reconquérir le tourbillon[318].

O'Brien considérait, lui, que les vers 35.3-5 décrivent le moment où Νεῖκος est à son paroxysme : le savant comprend, comme Bollack, que ἐνέρτατον βένθος désigne la région centrale du tourbillon[319]. Le groupe ἐν τῇ δή renvoie à ἐν μέσῃ, soit à l'endroit où l'Amour est confiné par la Discorde, dans le centre extrême du tourbillon au sein de la région centrale[320]. Tout comme Bollack, O'Brien refuse à la fois la correction de Bergk en 35.5, et la substitution du fragment 36 au vers 35.7. Durant le processus zoogonique (35.8 *sqq.*), l'Amour reste au centre, et étend progressivement sa puissance sur le reste du tourbillon[321].

Wright défend une version mixte des interprétations de Bollack et de O'Brien[322]. Si le terme ἐνέρτατον désigne le centre, d'où l'Amour

---

314 Bollack 1969 t. III p. 195 (pour son interprétation de B 35) et Bollack 1965 t. I p. 165 *sqq.* (pour le paroxysme de Discorde).

315 Bollack 1969 t. III p. 195 remarque en effet qu'Aristote considérait en *De caelo* 268b 21 que le *bas* constituait le centre du cercle.

316 Bollack 1965 t. I p 166 : « La séparation radicale qu'évoque Plutarque (sc. *De Facie in Orbe Lunae*, chap. 12) reflète le désordre le plus absolu [...]. La Haine triomphe provisoirement, tant que l'Amour ne l'a pas rejointe au centre du tourbillon où commence le retour » ; ainsi que 1969, t. III, p. 196 : « Au moment même où la Haine atteint (ἵκετο) le noyau et que la séparation est parachevée, à ce moment l'Amour s'empare du centre. »

317 Bollack 1969, t. III, p. 196-198 conserve θελημά, en 35.6, qu'il interprète dans le sens de *de bonne grâce*, par opposition à la rapidité avec laquelle la Discorde avait rompu la Sphère ; ἐν τῇ δή désigne alors le centre du tourbillon, c'est-à-dire μέσῃ στροφάλιγγι.

318 Bollack 1969 t. III p. 199.

319 O'Brien 1969 p. 116 : « *This must be the time of total Strife* » ; *ibid.*, p. 114-116, se trouve une étude détaillée des termes βένθος et ἔνερος.

320 O'Brien 1969 p. 118-119.

321 O'Brien 1969 p. 117 : « *Total Strife is followed by a gradual coming of all things together, lines 5 ff. Love now pushes Strife outwards to the circumference,* ἐπ᾽ ἔσχατα τέρματα κύκλου. » Graham 2005 p. 227 nomme la reconstruction de O'Brien « *oscillation theory* » dans la mesure où les deux principes n'échangent jamais leur place respective, mais font grandir (ou rétrécir) leur zone d'influence respective dans le tourbillon.

322 Wright 1995 p. 207.

chasse la Discorde en 35.3-4, Wright considère que les éléments sont alors organisés en couronnes concentriques alors même qu'à ce moment, l'Amour n'est pas confiné au centre mais à la périphérie, car il a réussi à y conserver un anneau où les éléments sont restés mélangés, comme ils l'étaient sous le *Sphairos*[323]. Cette reconstruction s'appuie sur des arguments issus de l'examen de la tradition indirecte[324] : signalons seulement que rien, dans notre fragment, ne soutient ce point précis de sa lecture.

Le fragment 35 a été étudié par Perilli[325], selon l'analyse duquel Empédocle se représentait le tourbillon comme un « *tea-cup vortex*[326] », où le tourbillon se déploie à la fois verticalement et horizontalement : en bas la force est centripète, alors qu'en haut elle est centrifuge. Le savant ne prend pourtant pas position sur les problèmes majeurs d'interprétation du passage ni même quant aux difficultés du texte : il ne se prononce pas, par exemple, sur ce qu'il faut entendre par ἐνέρτατον ἵκετο βένθος (35.3)[327], ni n'apporte d'arguments à l'appui de l'idée (qu'il paraît défendre implicitement) que 35.3-5 est développé dans les vers 35.8 *sqq.*

---

323  Wright 1995 p. 207 : « *I would maintain that Love stays at the* ἔσχατα τέρματα κύκλου *during the increasing of Strife, i. e., that at the extreme circumference there is a band of elements in the state of perfect mixture that was enjoyed in the sphere, that this is regarded also as the abode of the gods, and that to it human thought in its best condition is related.* »

324  Wright 1995 p. 207 renvoie à Aétius 1.5.2, ainsi qu'à Arist. *De caelo* chapitres 1.3 et 1.9.

325  Perilli 1996 p. 60 *sqq.* L'étude comporte des présupposés méthodologiques discutables : les traitements anciens du tourbillon sont sans cesse analysés, dès les premiers chapitres, à partir des emplois classiques (le premier chapitre, consacré à Homère, Hésiode, et à l'orphisme, commence par une étude d'Aristophane et une autre de notre fragment 35 d'Empédocle, p. 13-14 – les exemples de ce type sont nombreux). Les conceptions du tourbillon ne sont pas reconstruites pour elles-mêmes mais diluées dans une histoire de la pensée reconstituée sur des critères extérieurs (*cf.* p. 10 : « *Con il trascorrere dal pensiero analogico al pensiero induttivo-deduttivo, l'ipotesi* (*sc.* du rôle cosmique du tourbillon), *lungi dall' essere abbandonata, trova razionale conferma, fino ad integrarsi in compiuti sistemi filosofici e scientifici* »). La démarche n'est pas exempte de présupposés génétiques (*cf.* p. 9).

326  Perilli 1996 p. 61 et n. 15 reprend ici l'expression de Tigner 1974 p. 441. Le savant (p. 55-64 *sqq.*) établit qu'Empédocle est le premier à avoir remarqué que le tourbillon est produit par deux forces antagonistes, l'une centripète et l'autre centrifuge, ce qui correspond exactement à l'interprétation déjà proposée par Bollack 1965 t. I, p. 181, et Bollack 1969 t. III, p. 195-197.

327  Perilli 1996 propose p. 14-15 une analyse des emplois homériques du substantif δίνη. Son étude est incomplète, dans la mesure où il aurait fallu étudier les occurrences des formes verbales δινέω, δίνω, etc. Le savant néglige du coup les épisodes déterminants pour la compréhension du sémantisme des mots de la famille de δίνη, tels que celui de l'aveuglement du Cyclope (ι.382-388, qui comporte des occurrences de δινέω), durant lequel Ulysse et les marins font subir au pieu un double mouvement descendant et tournant, fort semblable aux forces en jeu dans un tourbillon.

*La répétition de aII.18-20 en 35.3-5*
*et clôture de l'excursus didactique*

– Comparaison de aII.18-20 et 35.3-5

Les vers aII.18-20 apparaissent sous une forme semblable en 35.3-5.
Si le vers aII.18 est trop corrompu pour que nous puissions prendre
position quant au texte originel qu'il présentait, les vers aII.19 et 20
sont mieux conservés :

| | | |
|---|---|---|
| ]εδηνεικοσ[ | ]περβαταβεν[ | aII.18 |
| δ[ ]σενδεμεσ[ ]φ[]οτησστροφα[ | | aII.19 |
| εν[ ]δηταδεπαγτασυπερχεταιεν[ | | aII.20 |

La similitude entre le texte conservé sur le Papyrus et celui de 35.3-5
montre que 35.3-5 constituait une répétition de aII.18-20 sous une forme
voisine, quoique aII.18 et 35.3 fussent manifestement plus dissemblables
qu'ils n'étaient semblables (je souligne les passages communs) :

κεῖνον· ἐπεὶ <u>Νεῖκος</u> μὲν ἐνέρτατον ἵκετο βένθος          35.3
<u>δίνης, ἐν δὲ μέσῃ Φιλότης</u> στροφάλιγγι γένηται          35.4
<u>ἐν τῇ δὴ τάδε πάντα συνέρχεται ἓν</u> μόνον εἶναι          35.5

Martin et Primavesi ont proposé plusieurs restitutions[328]. On peut
exclure d'emblée la restitution ἀλλ' ὅτ]ε, au début de aII.18, et les ajouts
de [ἵκηται, de [γένηται et de [μόνον εἶναι en dernière position de aII.18,
aII.19 et aII.20. Ces quatre restitutions sont fondées sur le parallèle avec
35.3-5[329] : ces vers du fragment 35 présentent une conjonction temporelle
en début de phrase (ἐπεί) et le difficile imparfait ἵκετο suivi, au vers
suivant, par γένηται – et, pour [μόνον εἶναι, sur une simple imitation
de 35.5. Mais ces restitutions impliquent de sous-estimer le fait que les
deux passages pouvaient présenter des variations plus importantes. Au
lieu d'une subordination temporelle, on aurait pu trouver un participe en

---

328 *Cf.* Martin & Primavesi 1999 p. 216-223. L'intégralité de leurs restitutions sont suivies
    par Janko 2005 p. 128, Vítek 2006 p. 436,
329 Ce qui fait constater à Trépanier 2004 p. 190 que « ... le compte-rendu initial auquel ces
    lignes (*sc.* fr. 35.1-2) font référence a été retrouvé dans les dernières sections de l'ensemble
    *a*, vers aII.18-20, que B 35.3-5 répète presque *verbatim* » (je souligne). Le savant néglige ici
    que ce parallèle est précisément une construction artificielle introduite par les restitutions
    apportées à aII. 18-20 sur le fondement du texte du fr. 35.

aII.18. De surcroît, rien ne nous assure que nous nous trouvons face à un itératif : l'action pouvait être présentée comme ponctuelle en aII.18-20, puisque les rapports entre la génération du vivant et le cycle physique ne sont pas encore complètement élucidés – ce qui ne sera le cas qu'au terme de ce que Martin & Primavesi appellent l'excursus didactique qui succédait à l'ensemble a. Le tourbillon pourrait n'être présenté comme un processus répété que dans le fragment 35.

En aII.18, la restitution d'une forme de βένθος est raisonnable[330]. Il y a en revanche plusieurs possibilités pour]περβατά : outre celle proposée par les éditeurs, [μὲν ὑ]περβατά, qu'on peut également découper [ὑ]πὲρ βατά (complété par exemple de βέν[θεα), la restitution [τ' ἀνυ]πέρβατα a également été proposée[331].

En aII.19, la succession φ[]οτησστρ.φ.[implique nécessairement une fin de mot entre les deux sigmas. Considérant qu'un trait qui convient à l'extrémité inférieure de ο se trouve entre le ρ et le φ, et que la partie inférieure d'un trait vertical se trouve après ce même ρ, la restitution de στροφά[λιγγι est assurée[332]. Celle de Φ[ιλ]ότης l'est également, car

---

330 Aucun autre terme ne commence par βεν-, hormis des mots relatifs à Artémis Bendis (Βενδῖς, βενδίδεια, βενδίδειον) et à βένετος, *bleu* (qui sont tardifs).

331 Martin & Primavesi 1999 p. 221-222. La forme ὑπερβατά provient non pas de l'adjectif ὑπερβατός, *qu'on peut traverser, qui dépasse toute mesure, extraordinaire* (sens rejetés par Martin & Primavesi 1999 p. 221), mais doit être dérivée de ὑπερβαίνω, au sens où le terme est employé en Eu.*Me*.381-383 (au sens de *pénétrer par effraction*). Le texte signifie que les profondeurs du tourbillon ont été violées par la Discorde. La variation avec le fragment 35 s'explique par le fait que, dans ce dernier passage, le *lieu* même où se trouve alors la Discorde est explicité (par l'adjectif ἐνέρτατον). – L'hypothèse, voisine, selon laquelle ὑπέρ est un préverbe en tmèse lié à la restitution [ἵκηται, est examinée, mais rejetée, par Martin & Primavesi 1999 p. 221 n. 3, parce que cela romprait le parallélisme avec le fragment 35, et que cela impliquerait, pour le sens, que le point en question ne soit pas le terme du voyage de Νεῖκος. Ce second point ne pose bien entendu problème qu'au sein même de l'interprétation de Martin & Primavesi. – La restitution [τ' ἀνυ]πέρβατα, qui signifie *sur lequel on ne peut pas marcher*, a été proposée par Pierris 2005a p. XLIX. Elle a été suivie par Primavesi 2008 p. 69, qui comprend (p. 21) que le passage décrit la fin du règne de la Discorde : celle-ci a atteint le point ultime de sa progression centripète au sein des quatre masses élémentaires. La restitution ἀνυπερβατά fonctionne bien, en opposition avec ἐνέρτατον : la Discorde ne peut aller plus loin en aII.18 car elle parvient au terme de son paroxysme (résultat du récit précédent), alors qu'en 35.3, la position est seulement mentionnée comme telle car le récit part dans l'autre sens.

332 Les voyelles qui pourraient convenir avant φ sont ε, ο, ω ; les voyelles qui peuvent le suivre sont α, υ, ι. Plusieurs des termes qui recoupent ces deux critères sont tardifs, prosaïques (στρόφειον) ou non pertinents en contexte (στρόφιον et στρόφις, qu'on trouve chez Aristophane ; στρόφιγξ, *le pivot d'une porte* ; στροφάς, *qui tournoie*). On pourrait bien

aucun autre terme contemporain ne convient à une séquence faisant se
succéder φ, un espace de deux lettres, et le suffixe -ότης[333]. Restituer
Φ[ιλ]ότης mène à conserver μέσ[ηι][334].
Le delta initial de aII.19 apparaît sur une pièce de papyrus isolée,
que Martin & Primavesi ont placée à cet endroit par assimilation du
passage à celui de B 35[335]. Les éditeurs remarquent que le nombre de
caractères ne correspond pas (le terme δίνης est trop bref d'une lettre)
et ont supposé qu'il était orthographié δείνης[336]. Le problème de cette
reconstruction est le suivant : alors que, de l'aveu même des éditeurs,
lorsqu'Hésychius, par exemple, emploie δει- pour δι-, la substitution se
produit pour tous les mots de la famille concernés[337], le copiste auteur
du Papyrus de Strasbourg a, lui, orthographié δίνησ[ιν en aII.4. Restituer
δ[ίνη]ς, en aII.18, demande deux suppositions successives : il est préférable de conserver une lacune vu que le matériau à notre disposition
n'est pas probant.
La restitution de [τῆ] en aII.20 est en revanche probable : il faut un
régime au datif à ἐν, dont il est vraisemblable qu'il soit au féminin.
En aII.18-20 l'Amour se trouve au milieu du vortex, comme dans
le fragment 35. Préciser la position et le rôle de la Discorde est plus
difficile vu l'état du texte : nous ne pouvons pas qualifier de manière
certaine son mouvement. En aII.18, il est préférable d'admettre que nous
ne pouvons trancher, dans le cas de ]περβατά, et conserver une lacune.

---

entendu trouver d'autres mots de la famille de στροφή (par ex. στρωφάω, *tourner la
laine* (*Od.*); στροφίς, *l'enroulement*, attesté en Eu.*And*.719), qui évoquent un mouvement
tournant, mais on n'a plus alors de raison de les préférer à στρόφαλιγξ, attesté en B 35.

333 On peut exclure les termes tardifs ἀφελότης, *la simplicité*; ἐφηλότης, *la taie sur l'œil*;
θεοφιλότης; κορυφότης, *la suprématie*; τροφιμότης; φανότης, *la clarté*. On peut également
écarter διαφορότης, *la différence* (Platon) et τρυφερότης, *le luxe* (Aristote).

334 Il n'y a, de façon réciproque, aucun terme convaincant qui commence par μεσ- et
comprenne un φ après un espace d'une lettre : on peut disqualifier μεσόφθαλμος (Proclus),
μεσόφθεγμα (scholies à Eschyle), μεσοφρυον (Galien), μεσόμφαλος (vu la structure du mot
après le φ), μεσοφαλακρος (qui est tardif).

335 Martin & Primavesi 1999 p. 222-223.

336 Martin & Primavesi 1999 p. 223 : « nous préférons penser que δίνης était fautivement
orthographié δείνης au début de aII.19, conformément à une tendance illustrée dans les
manuscrits pour ce mot et pour d'autres de sa famille. »

337 Martin & Primavesi 1999 p. 223 n. 1, qui renvoie à Hésychius δ.494-508 (Latte).

– Une clôture de l'excursus didactique?

Les vers aII.18-20 et 35.3-5 sont tellement semblables qu'il est difficile de ne pas les considérer comme une répétition extrêmement significative : il est dès lors très probable que les vers 35.1-2 signalent que le récit reprend là où il s'était interrompu à la précédente occurrence de ces vers. Comme nous ne pouvons toutefois restituer avec certitude le texte de aII.18-19, la variation entre les deux occurrences nous échappe en grande partie, ainsi que sa signification. Tout au plus pouvons-nous souligner que 35.3 comporte une mention du centre (ἐνέρτατον) absente de aII.18, trop corrompu sur ce point pour être l'objet d'une interprétation certaine. Si l'on accepte cela, on est mené à penser que aII.21 *sqq.* introduisent un propos qui porte sur la génération du vivant[338]. Les fragments 21 et 23 sont des candidats d'autant plus évidents que Simplicius mentionnait qu'ils suivaient à quelque distance le fragment 17[339].

La reconstruction de l'excursus didactique proposée par Primavesi soulève deux difficultés majeures. (1) Que le fragment 35 évoque juste-ment la création du vivant. Si c'est le cas, la nécessité d'un excursus sur ce sujet s'écroule : pourquoi le processus de création du vivant n'a-t-il pas été décrit juste après le fr. 35, puisque ce fragment dit que le vivant émerge alors? Selon Simplicius, le fragment 98 se trouve justement après le fragment 35[340]. (2) Il est difficile de penser que le fragment 26 est une conclusion à cet excursus didactique vu que, hormis 26.3, il rassemble des vers qui n'y apparaissent justement pas.

Il y a deux solutions. La première est de considérer que les fr. 21–23–26 ne doivent pas être restitués avant le fr. 35 mais après lui. On obtient ainsi un ensemble plus cohérent d'un point de vue logique, car l'exposé sur la génération est concentré en un point de l'œuvre : les informations transmises par Simplicius permettent que cet exposé général soit direc-tement suivi des fragments s'intéressant aux proportions du mélange

---

338 L'argumentation proposée par Martin & Primavesi 1999 p. 228 et 241 pour expliquer le sens de διάπτυξις en aII.24 et aII.30 est pertinente : Empédocle a formé un terme abstrait sur διαπτύσσω, *se déployer*, employé de façon pratiquement contemporaine par So.*An*.709. Les occurrences homériques du verbe simple signifient *plier*, pour un vêtement (α.139, ζ.111, ζ.252, τ.256), et, une fois, déployer *en ordre de bataille*, pour des lances (en N.136, qui est, certes, une occurrence difficile).

339 Simplicius, *In Ph.* 160 *sqq.*

340 Simplicius, *In Ph.*, 32.11-12 : [cit. B 98] καὶ πρὸ τούτων δὲ τῶν ἐπῶν ἐν ἄλλοις τὴν ἀμφοῖν ἐν τοῖς αὐτοῖς ἐνέργειαν παραδίδωσι λέγων [cit. B 35].

(tels que 98)[341]. Mais le problème porte alors sur la détermination de la partie de l'exposé qui suivait aII.21, qui doit être suffisamment vaste pour justifier la mention de 35.1-2. Cette option ne paraît donc pas complètement convaincante.

L'autre option consiste à conserver l'organisation générale de Primavesi (soit 17 – ensemble a – 21 – 23 – 26 – 35) mais en révisant le statut de 21-23-26. On ne peut en effet parler d'excursus didactique au sens strict : il s'agit plutôt d'un exposé (et non d'un récit) qui porte sur le vivant, dont les rapports avec l'alternance principale – c'est-à-dire la partie qui précède aII.21 *sqq.* – sont analysés par le fragment 26. Il vaut mieux concevoir ce fragment comme un passage qui présente une double visée : (1) relier le rôle des puissances dans la création du vivant à leur rôle cosmique ; (2) réintroduire l'exposé du monde et du vivant dans la temporalité du cycle général. Le fragment 35 reprend alors le récit interrompu en aII.20. Cela implique que le fragment 17 et l'ensemble a (jusque aII.20) ont pour fonction de présenter l'alternance majeure entre Un et multiple (où le vivant est à peine mentionné : au moment du premier développement sur Φιλία, en 17.20 *sqq.* ; et dans le catalogue de aII.8 *sqq.*, qui serait une anticipation), et que aII.21 *sqq.*, ainsi que les fragments 20, 21 et 23, exposent le rôle du multiple du point de vue du vivant.

### Le fragment 35 : un exemple de composition en spirale ?

Examinons à présent la signification du fait que le fragment 35 présente un exemple de ritournelle (35.7 = 35.16). Nous tenterons de montrer qu'il comporte une composition en spirale[342], et prendrons position dans les difficultés interprétatives signalées plus haut lorsque c'est nécessaire à notre démonstration.

---

341 Rappelons que Simplicius fournit trois indications dans son *Commentaire à la Physique* : que 21 se trouve après 17 (πλείονα εἰπών, p. 159.10) que 26 se trouve après 21 (προελθών, p. 33.18) et que 98 se trouve après 35 (p. 32.11).

342 Il ne s'agit pas d'une mise en abyme du fait que le fragment décrit un tourbillon : nous n'avons aucun moyen de déterminer de quelle façon les poètes concevaient cette composition en spirale, ou en quels termes ils la décrivaient. Il ne faut pas projeter le nom moderne de la structure sur sa réalisation ancienne.

– Les vers 35.3-4 : quel lieu et quel temps ?

La situation de la Discorde, dans le vers 35.3, est plus du côté du centre du tourbillon que de celui de la périphérie. Le substantif βένθος provient de βαθύς, dont le sens est *profond, vaste*[343]. S'appuyant probablement sur les lexicographes anciens qui donnaient ὑψηλῆς comme synonyme de βαθύς[344], LSJ donne pourtant à cet adjectif le sens *élevé*, pour deux occurrences seulement, où il s'agit d'une αὐλή βαθείη[345]. Ces deux occurrences sont difficiles : on peut comprendre qu'il s'agit soit d'une haie élevée soit d'un enclos profond (c'est-à-dire vaste). Dans les deux cas, pourtant, les occurrences pourraient renvoyer à la distance entre le centre et la périphérie. Outre ces deux occurrences, l'emploi de βαθύς au sens de *élevé* n'est pas, tel quel, attesté dans la poésie archaïque.

Deux substantifs concurrents sont issus de βαθύς[346] : les neutres βένθος et βάθος. Le premier, rare en dehors de la poésie hexamétrique à l'époque d'Empédocle, désigne le plus souvent la profondeur de la mer, des bois ou de la nuit[347]. Empédocle lui-même l'emploie pour la profondeur de la clepsydre lorsqu'elle se remplit d'eau, ainsi que pour l'eau qui se trouve dans l'œil[348]. Aucune occurrence du terme, à cette époque, ne renvoie aux confins ou à l'élévation[349].

---

343 Chantraine *DELG* p. 155.

344 Ainsi Hésychius β.43.1 (Latte) : βαθείης· ὑψηλῆς. μελαίνης. δαψιλοῦς. ἢ βαθέης "ἐξάλλεται".

345 En E.142, Diomède est comparé à un lion blessé qui bondit, furieux, dans l'enclos et ravage le bétail alors que le berger se dissimule dans sa cabane ; en ι.239, Polyphème laisse les boucs et les béliers dans l'enclos qui se trouve à l'extérieur de sa grotte.

346 Chantraine *DELG* p. 155.

347 Pour la mer : outre le vers formulaire ἡμένη ἐν βένθεσσιν ἁλὸς παρὰ πατρὶ γέροντι (A. 358 et Σ.36, pour Thétis), βένθος est employé en Σ.38 et Σ.49 pour les Néréides, (... κατὰ βένθος ἁλὸς Νηρηΐδες ἦσαν), en N.21 et N.32 pour le palais marin de Poséidon, en α.53 pour Atlante et en δ.386 pour Protée (πάσης βένθεα οἶδε(ν)...). L'emploi est repris pour la mer en Alcman fr. 89.1.5 Page, Pi.O.7.57 et Eu.fr.304.2 Nauck. Pour les bois, en ρ.316, avec à la fois βαθύς et βένθος : ...βαθείης βένθεσιν ὕλης. Pour les profondeurs de la nuit, Stésichore fr. 8.3 Page et Ae.fr.11.A.103.5 Mette (βένθεα νυκτὸς ἐρεμνᾶς), pour la profondeur de la nuit qu'on atteint après avoir franchi Océan : dans ces occurrences, le terme est en relation avec les confins, mais désigne la *profondeur* et non l'extrémité.

348 Pour la clepsydre : fr. 100.16, βένθεα χαλκοῦ. Pour l'œil : fr. 84.9, βένθος ὕδατος ἀμφιναέντος.

349 L'*Etymologicum genuinum* et l'*Etymologicum magnum* le donnent comme un équivalent de βάθος (Βένθος (A 358)· τὸ βάθος·), mais cela ne signifie pas que le premier comporte l'intégralité des sens du second.

Le neutre βάθος, lui, est absent de la poésie archaïque : les premières occurrences se trouvent chez Hérodote et dans la tragédie. Dans celle-ci, il signifie *profondeur* au sens propre, mais surtout en des emplois figurés que βένθος ne présente pas[350]. Euripide présente certes un emploi difficile de βάθος, qui désigne l'éther[351]. Chez Hérodote, le terme désigne, au propre, la *profondeur* en ce qu'elle est mesurable[352]. À l'inverse, lorsqu'il s'agit de mesurer la hauteur d'une colline, Hérodote emploie ὑψηλῆς ou ὕψος[353]. Il y a quelques cas limites : βάθος a été employé pour indiquer la hauteur d'une digue artificielle réalisée par Eupalinos de Mégare, ainsi que la longueur des crins de chevaux[354]. Le premier cas s'explique par le fait qu'Hérodote compte également la hauteur de la partie immergée ; pour les chevaux, il doit employer βάθος au lieu de μῆκος car il s'agit de mesurer une distance verticale à partir de la naissance du crin, qui tombe depuis le corps du cheval, et qui est donc assimilée à une indication de profondeur. Empédocle emploie βάθη en 39.1 pour désigner les profondeurs de la terre, dans une perspective vraisemblablement polémique.

Aucune occurrence de βένθος antérieure ou contemporaine à Empédocle n'est donc du côté de la hauteur ou de la périphérie ; βάθος lui-même ne désigne la hauteur que lorsqu'il s'agit de prendre en compte une profondeur sous-marine ou de calculer la distance du haut vers le bas.

---

350 Le seul emploi poétique pour la mer antérieur ou contemporain d'Empédocle se trouve Eu.*Tro.*1. En Ae.*PV.*1029, le terme désigne les profondeurs du Tartare. – Les emplois figurés concernent la richesse (πλούτου βάθος, So.*Ai.*130, Eu.*El.*1287) et les maux (Ae. *Pe.*465, Ae.*Pe.*712, Eu.*Hec.*303).

351 En Eu.*Me.*1297, Jason dit que si Médée ne veut pas payer sa dette à la maison royale, elle devra se dissimuler sous terre (κάτω γῆς), ou s'envoler dans les profondeurs de l'éther : πτηνὸν ἆραι σῶμ' ἐς αἰθέρος βάθος. L'expression désigne plus probablement la partie la plus dense et intérieure de l'éther que *sa hauteur.*

352 Ainsi, pour une rivière, en Hdt.1.186.1 ; en Hdt.1.185.20, il s'agit de creuser assez profondément pour atteindre l'eau ; en Hdt.3.60.6, pour estimer la profondeur du canal creusé par les Samiens ; en Hdt.2.149.7 pour celle du lac Moeris ; *cf.* également Hdt.4.195.11.

353 Ainsi pour la colline à travers laquelle les Samiens ont creusé un tunnel et un canal : ὄρεός τε ὑψηλοῦ ἐς πεντήκοντα καὶ ἑκατὸν ὀργυιάς (Hdt.3.60.2-3). Plus loin, à propos de la hauteur dudit tunnel, Hérodote emploie ὕψος : τὸ μὲν μῆκος τοῦ ὀρύγματος ἑπτὰ στάδιοί εἰσι, τὸ δὲ ὕψος καὶ εὖρος ὀκτὼ ἑκάτερον πόδες (Hdt.3.60.4-5).

354 Respectivement Hdt.3.60.12 : δεύτερον δὲ περὶ λιμένα χῶμα ἐν θαλάσσῃ, βάθος καὶ εἴκοσι ὀργυιέων, μῆκος δὲ τοῦ χώματος μέζον δύο σταδίων « le deuxième ouvrage (*sc.* de Eupalinos de Mégare) est une digue dans la mer, qui entoure le port, profonde de vingt brasses et longue de plus de deux stades » ; et Hdt.5.9.6-8 : Τοὺς δὲ ἵππους αὐτῶν εἶναι λασίους ἅπαν τὸ σῶμα καὶ ἐπὶ πέντε δακτύλους τὸ βάθος τῶν τριχῶν « on dit que leurs chevaux sont couverts de crins sur tout le corps, et que la longueur des crins est de cinq doigts ».

Quoique quelques occurrences de βαθύς aillent du côté de l'étendue ou de la hauteur, il paraît extrêmement improbable que βένθος δίνης puisse désigner autre chose que le point le plus bas du tourbillon. L'étude de ἐνέρτατος confirme cette idée. Le superlatif de ἔνερος est pratiquement un *hapax*[355]. L'adjectif ἔνερος lui-même désigne toujours le monde souterrain ou ses habitants[356]. Le comparatif ἐνέρτερος est employé deux fois chez Homère, pour les Titans[357] – ailleurs, il renvoie, comme le positif, à des divinités infernales[358]. L'adverbe ἔνερθε, dont le rapport avec ἔνεροι pose problème[359], est employé en des sens plus larges que le nom en question : lorsqu'il ne présente pas les mêmes sens que ἔνεροι, le terme a le sens de *en-dessous* et en vient à désigner *ce qui se trouve à l'intérieur*[360]. L'adverbe est ainsi inscrit dans un système

---

355 À ceci près que, selon les scholies A et T à E.898, Zénodote aurait pourtant proposé de lire ἐνέρτατος au lieu de ἐνέρτερος à cet endroit.

356 Tous les emplois de ἔνεροι dans la poésie hexamétrique servent à caractériser Hadès comme le roi du monde infernal et de ses habitants, qui sont, indifféremment, divinités ou morts (O.188, X.61, *Hh.De*.357, et He.*Th*.850, en lien avec les Titans). Dans la tragédie, le terme sert à désigner d'autres divinités liées au monde infernal (Eu.*Al*.30.), telles qu'Hermès (Ae.*Pe*.629) ou les Gorgones (Eu.*Or*.261), et se trouve également employé de façon générique pour les habitants du monde d'en-bas (So.*El*.1391, Eu.*Hera*.352, Eu.*Io*.1441, Eu.fr.912.9 Nauck), ou pour le monde souterrain lui-même (Ae.*PV*.572).

357 En E.898 (καί κεν δὴ πάλαι ἦσθα ἐνέρτερος Οὐρανιώνων, où Zénodote lisait ἐνέρτατος) et O.225 (οἵ περ ἐνέρτεροί εἰσι θεοὶ Κρόνον ἀμφὶς ἐόντες), dans la bouche de Zeus pour renvoyer aux Titans qui se sont battus aux côtés de Cronos. Le comparatif s'explique bien entendu ici par l'opposition implicite entre les Titans déchus et les Olympiens victorieux, et comporte une menace sous-jacente adressée, respectivement, à Arès et à Poséidon.

358 En Ae.*Ch*.286, Oreste désigne les Érinyes comme τὸ σκοτεινὸν τῶν ἐνερτέρων βέλος ; Eupolis fr. 94.3 Austin l'emploie pour les dieux d'en bas.

359 Chantraine *DELG* p. 347 évoque deux possibilités : soit on fait dériver ἔνεροι de ἔνερθε, par un suffixe -ero- marquant une situation (*ceux qui se trouvent en-dessous*) ; soit ἔνεροι provient de οἱ ἐν ἔρᾳ (*ceux qui sont dans la terre*), et ἔνερθε et ἐνέρτεροι en seraient provenus par contamination.

360 Au sens de ἔνεροι : pour le monde souterrain, dès Homère, en λ.302 (pour Castor et Pollux, dans le monde d'en bas), *Hh.De*.393 et De.429, Pi.*P*.9.81 ; puis, chez Eschyle, où le terme ne présente pas d'autre sens, en Ae.*Pe*.222, *Pe*.229, *Pe*.630, *PV*.152, *PV*.500, *Ch*.40, *Ch*.125, *Eu*.274, *Eu*.1023. Il désigne de nouveau les Titans et Cronos en Ξ.204, Ξ.274 ; en Θ.16, dans une description du Tartare, qui est *loin en-dessous de l'Hadès*. Au sens simplement de *en-dessous* : pour l'essieu qui se trouve sous le char (Λ.535, Υ.500), pour une lance qui remonte en rentrant dans le crâne sous le cerveau (Π.347), pour les pieds (qui se trouvent sous le héros, en H.212, N.78) ou les genoux (υ.352), pour la poussière brillant sous les chevaux (Λ.282), pour une lyre qui chante sous les doigts du dieu (*Hh.He*.501). Enfin, au sens de *à l'intérieur de* (c'est-à-dire en-dessous d'une protection, d'une surface, etc.) : pour l'intérieur de la cuirasse (Λ.234), l'intérieur du bras (Λ.252), les profondeurs de la mer (v.163), l'intérieur d'une demeure (Archiloque fr.S.478a.21 Page).

d'opposition entre le haut et le bas ou entre l'intérieur et l'extérieur[361]. L'adverbe ἔνερθε est également employé par Empédocle dans le fr. 52.3, pour désigner les feux qui brûlent à l'intérieur de la terre. Enfin, notons que l'adverbe se trouve employé dans le voisinage de δινέω en ι.385, au moment de décrire la façon dont Ulysse crève l'œil de Polyphème, en un mouvement à la fois tournant (sur un plan horizontal) et descendant[362]. Ces emplois antérieurs et contemporains d'Empédocle n'offrent pas la possibilité que le mot renvoie à la périphérie.

Le terme δίνη renvoie de façon spécifique aux *tourbillons* d'un fleuve, à l'époque archaïque[363], quoiqu'il soit employé par Eschyle de façon métaphorique[364]. Le mot présente un emploi intéressant en Φ.239, avec βαθύς : le Xanthe dissimule les Troyens survivants dans le fond de ses tourbillons (βαθείῃσιν) pour éviter qu'Achille ne les massacre[365]. Il a donné lieu à un dérivé δινήεις et à un composé épique βαθυδίνης, aux tourbillons profonds[366] ; le fait que cet adjectif apparaît encore chez

361 Pour le haut et le bas, par opposition à ὕπερθε pour renvoyer aux pieds et aux bras d'Ajax en N.75 ; par opposition à ὕψοθεν en Y.57 pour distinguer la terre et le ciel (Zeus tonne dans le ciel, et Poséidon, *en-dessous*, fait trembler la terre). Pour l'intérieur et l'extérieur : en X.452, les genoux d'Andromaque, qui se trouvent *en-dessous* d'elle, sont opposés à ce qui se produit à l'intérieur de sa poitrine.

362 ι.382-388 : « Tandis qu'eux, après s'être saisis du pieu d'olivier, pointu en son extrémité, l'avaient appliqué sur l'œil, je le faisais tourner en pesant depuis le haut – de même que lorsqu'un homme perce la poutre d'un navire au moyen d'une tarière, tandis que les hommes qui se trouvent en-dessous font tourner, au moyen d'une corde qu'ils ont saisie à chaque extrémité, et que le bois tourne sans discontinuer, de même, après avoir saisi le pieu à la pointe enflammée, nous le faisons tourner en son œil et le sang, chaud, coule tout autour. »

363 Malgré Chantraine *DELG* p. 285 donnant Δίνη « *tourbillon*, se dit aussi d'une rotation, d'un mouvement circulaire rapide ». Ainsi, dans l'*Iliade*, seulement pour le Xanthe : en Φ.11, Φ.132, Φ.214 (βαθέης δ' ἐκ φθέγξατο δίνης), où le Xanthe parle à Achille depuis le fond du tourbillon, en Φ.239, Φ.246, Φ.353 (comme lieu de résidence des poissons). Par ailleurs, en ζ.116, Nausicaa lance sa balle dans un tourbillon ; en He.Th.791, pour Océan ; en Hdt.2.28.19 et 2.111.8, il s'agit de tourbillons d'eau ; en Anacréon fr.3.5 (Page) pour les tourbillons du Léthé ; en Simonide fr. 76.1.4 Page, pour des tourbillons marins ; pour ceux du Simoïs en Stésichore S.89.6 Page.

364 Pour les tourbillons de la nécessité, dans le Tartare (Ae.*PV*.1052) ; dans une occurrence difficile où le cœur fait des rondes sur les φρένες (Ae.*Ag*.997) ; pour un tourbillon marin, dans une métaphore de la Justice (Ae.*Eu*.559).

365 En Φ.238-239 : ζωοὺς δὲ σάω κατὰ καλὰ ῥέεθρα, / κρύπτων ἐν δίνῃσι βαθείῃσιν μεγάλῃσι.

366 L'adjectif δινήεις est employé pour le Xanthe, en B.877, E.479, Θ.490, Ξ.434, Φ.2, Φ.206, Φ.332, X.148, Ω.693, Ba.fr.*Di*.7.36, Ba.*Ep*.13.132 ; pour l'Herme en Y.392, He.fr.180.4 (Merkelbach-West) ; pour le fleuve près duquel Nausicaa rencontre Ulysse, en ζ.89 ; pour le fleuve Enipée en λ.242 ; en He.*Th*.337 pour les fleuves nés d'Océan ; pour le fleuve Pénéios en *Hh*.Ap.II.2 ; pour le fleuve père d'Égine, en Ba.*Ep*.13.45 ; pour la rivière Anauros, en

Panyassis montre que l'emploi pour les fleuves était vivant à l'époque d'Empédocle[367].

Le thème verbal principal est δινέω, qui signifie de façon très large *tourner*, ou au sens factitif *faire tourner*, exprimant l'idée d'un mouvement vif et rapide[368]. Le doublet δινεύω présente des sens similaires, à ceci près que l'actif de δινεύω rassemble les acceptions active et passive de δινέω[369]. Il existe un factitif postérieur δινόω, que l'on doit poser pour expliquer l'adjectif archaïque δινωτός (*orné de spirales* ou *tourné*)[370].

Le masculin δῖνος, d'emploi plus rare, n'est pas épique : il semble désigner un tourbillon dans deux fragments comiques très brefs, ainsi qu'une aire de battage et, chez Aristophane, une coupe ronde[371]. Le verbe rare δίνω présente, lui aussi, le sémantisme du battage du grain[372]. Des dérivés nominaux postérieurs (δίνευμα, δίνημα…) ne nous intéressent pas ici.

Le substantif δίνη et les adjectifs qui en dépendent sont donc les seuls à se trouver du côté d'un tourbillon d'eau : les autres formes sont

---

Thessalie, en Simonide fr.59.1.2 Page. – Le composé βαθυδίνης est employé pour le Xanthe en Υ.73, Φ.15, Φ.143, Φ.212, Φ.228, Φ.329, Φ.603 ; pour Océan en λ.553, He.*Th*.133, He.*Op*.171, *Cypria* fr. 32.2 Bernabé ; pour l'Alphée en He.fr.193.3 (Merkelbach-West), *Hh*.fr.Dion.3 (Allen), *Hh*.He.139 ; pour l'Éridan en He.*Th*.338.

367  Matthews retient δινήεις et Bernabé βαθυδινήεντι (fr. 18.3 Matthews = fr. 23.3 Bernabé).

368  Pour *tourner* : en Σ.494 pour la danse de danseurs représentés sur le bouclier d'Achille. Au sens de *faire tournoyer*, pour un disque lancé par Epéios en Ψ.840 ; pour le pieu dans l'œil du Cyclope en ι.384, 388 (Ulysse et ses compagnons font tourner le pieu dans l'œil du cycle, comme une tarière dans le mât d'un navire) ; pour des chevaux en Ae.*Se*.462 ; pour un bouclier sur le bras, Ae.*Se*.490. Le passif est employé au sens de *tourner* en des emplois plus spécifiques, pour le regard et les yeux (P.680, *Hh*.He.45) ; au sens de *faire le tour de* (X.165) ; ou de *rôder* (en ι.153 Ulysse et les marins explorent la forêt de l'île Petite ; en π.63, Eumée dit qu'Ulysse « a roulé dans des villes sans nombre ».

369  Ainsi, δινεύω signifie *tournoyer* en Σ.606 = δ.19 (pour les sauts d'un acrobate, en un sens similaire à Σ.494), et en Ψ.875 décrit le vol d'une colombe qui tournoye dans le ciel ; il exprime un mouvement d'allée et venue en Σ.543 (des laboureurs font tourner leurs bêtes dans des champs) ; il signifie *rôder* en Δ.541 (pour un homme qui serait venu rôder dans la bataille), Ω.12 (Achille erre le long du rivage), τ.67 (Ulysse rôde dans le palais, κατὰ οἶκον). Le verbe apparaît également dans un fragment corrompu de Choérilos (fr. 13a.11 Bernabé).

370  Pour δινόω : Arist. *Ph.* 244a 3, etc. Pour le terme archaïque δινωτός : pour un lit (Γ.391, τ.56) pour un bouclier (N.407). Le mot désigne les roues du char du poète dans le proème de Parménide (28 B 1.7-8 : δινωτοῖσιν / κύκλοις).

371  Pour le tourbillon dans les fragments comiques : Strattis (fr. 34.2 Kock : δίνῳ περὶ κάτω τετραμμένῳ) et Épicharme (fr. 1.2 Kaibel : ὡς ταχὺς / Κόλαφος περιπατεῖ δῖνος). Pour l'aire de battage : Telesilla fr. 7.1 West. Pour la coupe : Ar.*Vesp*.618.

372  Le verbe δίνω s'est spécialisé du côté du battage des céréales, *cf.* He.*Op*.598.

simplement du côté d'un mouvement rapide ou répété, qui n'entretient parfois plus qu'un rapport éloigné avec le sémantisme tourner.

Le terme στρόφαλιγξ est toujours employé, chez Homère, pour désigner un tourbillon de poussière produit par la chute d'objets ou de corps sur le sol[373]. Dans une épigramme attribuée à Anacréon, le mot désigne le tourbillon de la bataille[374].

Tous ces éléments montrent que la façon dont les vers 35.3-5 présentent le tourbillon en question est semblable à un tourbillon d'eau ou d'air – d'habitude respectivement désignés dans la poésie archaïque par δίνη et στρόφαλιγξ – qui devait se déployer à la fois verticalement et horizontalement – sous une forme semblable à V, puisque les emplois de ἐνέρτατον et de βένθος vont dans le sens de la verticalité[375]. Toutefois, la représentation graphique du tourbillon n'était pas, sans aucun doute, l'élément déterminant pour Empédocle.

Plutôt que de chercher à lire dans γένηται un éventuel ou un futur certain, il vaut mieux explorer d'autres valeurs de l'indicatif aoriste, qui n'exprime pas nécessairement un fait ponctuel. Cela conduit à plusieurs options :

1. Penser que l'indicatif aoriste exprime, pratiquement au sens du parfait, un état qui dure encore au moment de l'énonciation[376]. Mais lire cet emploi de l'aoriste dans notre ἵκετο, en 35.3 impliquerait que la Discorde se trouverait encore au centre au moment où l'énonciateur parle ou qu'il faudrait imaginer que

---

373  Π.775, ὃ δ' ἐν στροφάλιγγι κονίης / κεῖτο μέγας μεγαλωστί, λελασμένος ἱπποσυνάων (le corps de Cébrion gît dans la poussière) = ω.39 (Agamemnon dit à Achille qu'il voit encore son cadavre tombé dans la poussière) ; Φ.503, Λητὼ δὲ συναίνυτο καμπύλα τόξα / πεπτεῶτ' ἄλλυδις ἄλλα μετὰ στροφάλιγγι κονίης (Léto ramasse les flèches d'Artémis, tombées au sol dans un tourbillon de poussière).

374  Anacréon, epigr. 7.226.4 : στυγερῆς ἐν ὀστροφάλιγγι μάχης.

375  Nous n'avons pas de raison forte de penser, avec O'Brien 1969 p. 116, que ἐν μέσῃ... στροφάλιγγι (35.4) renverrait au noyau central du tourbillon alors que ἐνέρτατον... βένθος / δίνης désignerait la zone qui, quoiqu'au centre du tourbillon, entourerait le noyau où se trouve reléguée Φιλία : l'idée provient en fait de la reconstruction générale que propose O'Brien du moment où la Discorde est maximale, sans qu'aucun élément textuel décisif ne l'appuie dans le fragment 35 lui-même.

376  Chantraine GH t. II p. 184-185 § 272, mentionne Ξ.95 = P.173, Y.306, θ.481. Le passage de Γ.415 fournit un exemple très clair : τὼς δέ σ' ἀπεχθήσω ὡς νῦν ἔκπαγλ' ἐφίλησα (Aphrodite dit à Hélène que, si cette dernière la provoque : « je te haïrai autant que j'ai à présent pour toi une affection sans mesure »).

cet aoriste exprime un état durable par rapport à la première mention plausible du tourbillon, en aII.18-20.

2. Une option plus vraisemblable est de comprendre ἵκετο comme un aoriste exprimant une action intemporelle, vraie quelle que soit la situation ; l'aoriste est justement employé en ce sens à proximité de subjonctifs, dans des comparaisons[377]. Appliquer cet emploi au fr. 35 implique que l'action décrite par ἵκετο est l'équivalent d'un itératif : le vers exprime une action qui se produit toujours à ce moment du cycle.

En 35.3-5, l'Amour chasse la Discorde du centre du tourbillon. Cette dernière, dont l'influence décroît au fur et à mesure que la puissance de l'Amour renaît à partir du centre, se trouve progressivement perdre du terrain jusqu'à occuper la périphérie. Cet état intermédiaire va permettre l'émergence du vivant, dans la mesure où celui-ci se produit par mélange d'éléments préalablement séparés par la Discorde[378]. Ces trois vers présentent une tripartition : le premier est consacré à Νεῖκος, le second à Φιλία, et le troisième au mélange.

– Les vers 35.5-7 :
le mélange incomplet et l'émergence du vivant

Les vers 35.5-7 exposent la raison pour laquelle le mélange opéré par Φιλία ne mène pas, à ce moment, à la Sphère.

Le vers 35.5 est une répétition partielle de 17.1 = 17.16 : le second hémistiche de ces deux vers identiques, …ἓν ηὐξήθη μόνον εἶναι, présente ici une variation, de forme …συνέρχεται ἓν μόνον εἶναι. Dans le fragment 17, ces vers permettaient l'introduction de l'alternance générale entre l'un et le multiple ; leur répétition à l'identique en 17.16 permettait de passer de cette description la plus générale à l'énoncé des puissances qui s'y trouvaient en jeu. La répétition en 35.5 présente trois traits

---

377 Chantraine *GH* t. II p. 185-186 § 273-274. Voir O.579-581, où on trouve la séquence Ἀντίλοχος δ' ἐπόρουσε κύων ὥς, ὅς τ' ἐπὶ νεβρῷ / βλημένῳ ἀΐξῃ, τόν τ' ἐξ εὐνῆφι θορόντα / θηρητὴρ ἐτύχησε βαλών, ὑπέλυσε δὲ γυῖα.

378 Cette reconstruction ne résout évidemment pas tous les problèmes : le fragment 35 ne permet pas de déterminer, en soi, comment l'air jaillit du tourbillon – si c'est bien du tourbillon qu'il jaillit – comme semble le transmettre Ps.-Plutarque (A 30) et Aétius (A 49b). Le fragment semble, de fait, passer sous silence la génération *du monde*, pour s'intéresser à celle du vivant.

caractéristiques : (1) les deux groupes d'hexamètres n'ont en commun que leurs clausules, μόνον εἶναι, alors que le ἕν se trouve déplacé dans le vers tout en changeant de fonction grammaticale (il passe de sujet, en 17.1 = 17.16, à attribut en 35.5) ; (2) le début de l'hexamètre, en 17.1 = 17.16, évoquait à la fois l'alternance (δίπλ') et la croissance de l'un, alors que le début de 35.5 n'évoque pas l'alternance et substitue à la notion de croissance celle de composition (συνιστάμεν') ; (3) l'enjambement est modifié dans la mesure où alors qu'en 17.2 = 17.17, il permettait d'introduire la notion de multiple, il introduit ici celle du délai dans la réalisation complète du mélange.

Le vers 35.5 n'a pas en vue l'alternance cosmique entre la Sphère et l'Antisphère ; le ἕν dont il est question est un écho de la fonction générale de Φιλία, mais il ne désigne alors qu'une unité relative, limitée par le groupe ἐν τῇ. Le mélange ne se réalise, à ce stade, qu'au centre du tourbillon. La fonction du vers 35.6 est de signaler que le processus d'unification n'est pas immédiat[379] : le vivant peut émerger à ce moment du fait qu'il nécessite à la fois séparation des éléments et des corps par la Discorde et leur mélange, partiel, par l'Amour. Le fait que 17.2 = 17.17, qui évoquait le rôle de séparation de l'un par la Discorde, n'est pas répété en 35.6 est déterminant : ce creux révèle que le rôle de la Discorde est de contribuer au mélange en séparant les éléments et en ralentissant le processus d'unification qui, s'il avait pu se déployer pleinement à ce moment, aurait mené au *Sphairos*. Le terme du processus de mélange partiel est exprimé dans le vers 35.7, dont la valeur est résultative : il s'agit non pas de produire l'unité absolue – la Sphère – mais l'unité relative qu'est le vivant.

– Les vers 35.8 *sqq.* :
  expliquer la naissance du vivant par le tourbillon

Chacun de ces groupes initiaux va successivement faire l'objet d'un développement. Le vers 35.7 exprime la naissance du vivant, qui est le résultat du processus et se trouve détaillé dans les vers qui suivent : trois vers sont consacrés à l'action de la Discorde sur les éléments (35.8-10) ; suit un vers (35.11) qui explicite le devenir des éléments pris entre les forces contradictoires (μέν… δέ…) de la Discorde et de l'Amour ; deux

---

379 *Cf.* la discussion sur θελημά résumée *infra*, p. 566-567.

vers (35.12-13) consacrés à l'action de l'Amour, et un dernier groupe de vers (35.14-17) qui décrivent la naissance du vivant, en comportant une répétition de 35.7 en 35.16. Cette répétition implique que le processus de création du vivant dont l'explication est esquissée dans les premiers vers trouve une description achevée à la fin du fragment.

L'action de la Discorde, dans les vers 35.8-10, est présentée d'abord comme une limitation au mélange élémentaire, par une expression construite au moyen du préfixe ἀ- à valeur privative : πολλὰ δ' ἄμικτ' ἔστηκε (35.8). L'adjectif ἄμικτος, formé sur μ(ε)ίγνυμι[380], qui peut indifféremment être orthographié ἄμεικτος, est d'emploi rare[381].

L'adverbe ἐναλλάξ exprime l'idée d'échange : le thème d'ἄλλος sur lequel il est formé a également servi à bâtir le dénominatif ἀλλάσσω[382], employé par Empédocle pour désigner les échanges élémentaires impliqués par le mélange. Le groupe κεραιομένοισι ἐναλλάξ exprime ainsi le mélange des éléments les uns avec les autres, et en particulier le fait que les composés se défont pour former d'autres configurations.

La cause de cette absence de mélange est présentée en 35.9 : Νεῖκος retient une partie des éléments en l'air. L'adjectif μετάρσιον désigne un espace intermédiaire entre le centre du tourbillon (ἐνέρτατον βένθος, 35.3), où se trouve Φιλία, et sa périphérie extrême (ἔσχατα κύκλου, 35.10) : les particules sont retenues dans la partie intermédiaire du tourbillon[383]. Le sens de μετά ne permet pas de comprendre μετάρσιον comme *depuis le haut*[384]. L'adjectif μετάρσιος, dont Bollack a remarqué à juste titre qu'il avait été préféré à son équivalent sémantique μετήορον employé par Homère[385], est d'emploi rare : il signifie une fois *en haute mer*, mais

---

380 Chantraine *DELG* p. 676-677, *LfgrE* t. 15 col. 227-229 (*s. v.* μίσγω). Le verbe en question exprime le mélange dans des contextes très divers : militaire (O.510), sexuel (I.275, Φ.143), pour des liquides (Pi.*N*.3.77, pour le miel et le lait, dans une métaphore de la poésie), et de façon plus générale encore.

381 Avec un -ι-, il est employé seulement en So.*Tr*.109, Eu.fr.425.3 Nauck (à propos d'un homme qui ne fréquente pas ses amis) ; avec -ει-, il est employé en Ae.*Ag*.321, Thuc.1.77.6.4, Eu.fr.500.1 Nauck, Eu.*Cy*.429, Eu.*Herc*.393, Eu.*IT*.403.

382 Chantraine *DELG* p. 64.

383 Sturz 1805 p. 577 (« pendant que la Discorde est encore suspendue en l'air (*sublimis*), et qu'elle n'est pas encore au centre du tourbillon »), Karsten 1838 p. 214, Diels 1901 p. 122, Bollack 1969 t. III p. 201.

384 Comme le propose Wright 1995 p. 207, qui n'avance aucun argument à l'appui de cette idée.

385 Bollack 1969 t. III p. 201.

ailleurs *suspendu en l'air*, parfois de façon figurée[386]. Empédocle a en vue la force centrifuge qui caractérise la partie extérieure du tourbillon.

Les vers 35.10-11 sont difficiles : le sujet de ἐξέστηκεν est Νεῖκος, caractérisé par deux attributs, ἀμεμφέως[387] et πᾶν. Le vers signifie que Discorde ne s'est pas encore retirée aux extrémités du tourbillon, laissant le champ libre à l'Amour. Ces vers décrivent le caractère encore intermédiaire de la position des principes, condition (γάρ) du fait que le mélange relatif peut se produire et donner lieu au vivant (et non pas à la Sphère). Pour déterminer le sujet de ἐνένμιμνε et ἐξεβεβήκει (35.11), il faut partir de la grammaire : le sujet de ὑπεκπροθέοι n'est pas différent de celui de ces deux verbes, car aucun pronom ne signale de changement. Comme la coordination ἀλλά implique que 35.11 exprime de façon positive la proposition négative de 35.9b-10, le sujet est vraisemblablement encore Νεῖκος – quoique 35.11 puisse, de façon plus lâche, développer seulement le οὔ... πω, et signaler que tous les éléments ne sont pas encore libérés de la Discorde. Dans ce second cas, on fait de τὰ μέν le sujet de ἐνέμιμνε et de τὰ δέ celui de ἐξεβεβήκει[388] et, donc, de ὑπεκπροθέοι : Φιλία poursuit les éléments qui, sous l'action de la Discorde, s'échappent des corps que l'Amour forme au centre, pour rejoindre la périphérie (ἐξεβεβήκει) ; les autres restent dans ces corps en formation, désignés par μέλεων. Ce terme peut s'interpréter comme un génitif partitif, soit de τὰ μέν (les parties des membres), soit comme un génitif partitif complétif de ἐνέμιμνε (ce qui se trouve surtout, certes, lorsque le verbe se construit avec l'accusatif). Le vers signifierait alors *certains (sc. éléments) restaient dans les membres* (en formation), *tandis que d'autres en étaient sortis ; et toujours, aussi loin qu'ils s'échappaient, toujours sur la même distance l'élan de l'Amitié les poursuivait-il...*

Les vers 35.12-13 qualifient la puissance de l'Amour, poursuivant les éléments, en des termes opposés à ceux employés pour qualifier celle de la Discorde : l'adjectif ἀμεμφέος, qui était nié en 35.9, apparaît sous forme positive en 35.13. L'Amour poursuit pour mêler. L'épithète

---

386  Au sens de *en haute mer* : Hdt.7.188.14. Au sens de *suspendu en l'air* : Ae.PV.710 (les Scythes vivent dans des cabanes d'osier tressé suspendues sur des chars) ; Ae.PV.916 (pour un fracas qui emplit les airs) ; Ae.Ch.846 (pour les propos des femmes).

387  Il faut donner au terme le sens de *irréprochable, parfait, intact, cf.* Bollack 1969 t. III p. 201-202 : *sans reproche* ne se laisse pas comprendre.

388  C'est en fait la compréhension proposée par Simplicius en *In De caelo* 529.19.

ἠπιόφρων est un *hapax legomenon* ; l'adjectif ἤπιος, *doux*, est employé en particulier dans des comparaisons avec le père[389]. Une réplique d'Hélène, qui s'adresse au cadavre d'Hector en Ω.762-775, mérite notre attention : Hélène affirme qu'il n'y a plus parmi les Troyens quiconque d'ἤπιος ou de φίλος envers elle (Ω.775). Ce lien que le passage construit entre ἤπιος et amitié est d'autant plus pertinent pour notre passage qu'hormis Hector, Priam était le seul à ne pas adresser de reproches à Hélène, envers laquelle il était πατὴρ ὣς ἤπιος (Ω.770). Il y a donc un réseau construit entre douceur, amitié, et sentiment paternel – alors même qu'en 35.13, l'Amitié aux douces pensées est responsable de la génération du vivant. Or, Hector retenait (κατέρυκες, Ω.771) les autres Troyens de formuler des reproches à l'égard d'Hélène : l'adjectif ἠπιόφρων met en œuvre une réflexion sur la relation entre l'opprobre (qui est bien entendu du côté de la Discorde), et le réseau par lequel Homère qualifie le comportement d'Hector à l'égard d'Hélène.

La fin du fragment (35.14-17) explicite la création du vivant[390]. Le vers 35.7 est répété en 35.16, augmenté de deux groupes de vers : 35.14-15 introduit dans la narration (αἶψα) la naissance du vivant, formé des éléments immortels et 35.17 ajoute à 35.7 une proposition par enjambement, au moyen de l'apposition de ἀρηρότα (35.17) à ἔθνεα μύρια (35.16). Les deux propositions introduites par πρίν en 35.14 et 35.15 soulignent l'opposition de l'état des éléments, qui passent de constituants éternels du cosmos à composantes de composés éphémères : si notre reconstruction du sens du fragment 26 est juste – en ce qu'il s'agit bien de l'insertion d'arguments dans un récit – ces deux vers montrent que les caractéristiques des éléments sont effectivement pris dans une structure de type temporel.

Je montrerai plus loin qu'il est possible que le terme ζωρά signifie *presque purs* (au sens de *qui viennent de commencer à se mêler*) : si cette hypothèse est juste, les vers 35.14-17 décrivent le début du mélange zoogonique, à un moment où la puissance de la Discorde est encore suffisamment forte pour limiter le mélange. Il faudrait donner à la mention de l'apparition du vivant dans ces vers une valeur résultative : le terme du processus est évoqué à un moment où le récit porte encore sur les interactions des deux puissances.

---

389 Chantraine *DELG* p. 415. Cet emploi est attesté en Ω.770.
390 Pour un commentaire détaillé de 35.15, *cf. infra*, p. 603 *sqq.*

– La structure en spirale dans le fragment 35

Au terme de cette analyse, résumons la structure du fragment : les vers 35.3-5 décrivent ce qui se produit au point le plus bas et le plus central du tourbillon, en se focalisant d'abord sur les mouvements de la Discorde (35.3) dans la mesure où ils déterminent ceux de l'Amour, qui la poursuit (35.4). Une fois l'Amour en possession du centre, commence un mélange élémentaire progressif (οὐκ ἄφαρ, ἀλλὰ θελημά) qui mène à la création de corps composés. Le vers 35.7 a une valeur programmatique : le reste du fragment va expliciter le processus qui mène au mélange.

Les vers 35.8-12a sont consacrés à la fois au processus par lequel la Discorde entraîne les particules élémentaires loin du centre, au fil de son propre exil vers la périphérie[391]. Ces particules sont continuellement poursuivies par l'Amour (35.12b-13). La fin du fragment est consacrée à la naissance du vivant (35.14-17).

Le fragment répond ainsi à une structure en spirale croissante, où se trouvent entrelacés trois thèmes, qui font l'objet de développements successifs[392] :

> Thème 1 : La Discorde quitte le centre pour rejoindre progressivement les confins (35.3 + 35.8-11). Par ce processus, il retient des particules élémentaires en dehors du champ de l'Amour.
> Thème 2 : L'Amour occupe les zones quittées par la Discorde, et la poursuit (35.4 + 35.12-13).
> Thème 3 : Les particules élémentaires séparées par la Discorde se mélangent sous l'action de l'Amour, et permettent l'apparition du vivant (35.5-7 pour le mélange et 35.7 pour le vivant ; entrelacs du vivant et du mélange en 35.14-17).

L'itération des thèmes permet leur développement à partir de la structure narrative initiale : le dispositif textuel emploie un modèle

---

391 Ou, si l'on fait de Νεῖκος le sujet de ces vers, leur propos est alors de dépeindre une Discorde occupant l'espace qui va du milieu du tourbillon à ses confins, poursuivi sans relâche par l'Amour.

392 Bollack 1969 t. III p. 199 avait remarqué que le nombre de vers dédié à chaque partie allait croissant : dans son idée, 35.3-6 [= 4 vers] culmine avec 35.7 [= 1 vers], et 35.8-15 [= 8 vers, soit le double de précédemment, avec 35.8-11 sur Νεῖκος, 35.12-15 pour Φιλία] culmine avec 35.16-17 [= 2 vers].

de construction où les unités sont développées de façon croissante. La répétition de 35.7 en 35.16 souligne ce procédé : la création du vivant par le mélange, qui n'est mentionnée qu'à titre programmatique dans la première occurrence du vers, est accomplie au fil du dispositif, en 35.16.

CONCLUSION SUR L'EMPLOI
DES FIGURES DE LA RÉPÉTITION

Au terme de cette étude des modes de construction de la matière poétique fondée sur des figures de répétition, nous avons montré qu'Empédocle tirait parti des structures de ritournelle, de composition annulaire et en spirale de façon à la fois originale et déterminante dans la construction du sens. Ces constructions sont rarement employées de façon pure : les constructions en anneau, en particulier, comportent des parallélismes inattendus visant à souligner d'autres effets de sens. Cet emploi s'explique par le fait qu'Empédocle ne compose plus selon la technique de composition formulaire en *performance*[393] : il hérite de formes de composition de l'énoncé poétique qu'il adapte à ses propres visées.

La ritournelle est, de ce point de vue, un procédé fondateur de sa technique poétique : elle permet de dessiner des unités argumentatives, à petite ou grande échelle. Mais ici encore, le sens et la fonction traditionnels du procédé sont mis en question et adaptés aux visées propres de l'auteur : la variation au sein des répétitions devient un procédé déterminant de la construction argumentative. Cette variation, on l'a vu, prend plusieurs formes. Elle peut porter sur une partie du vers ou de l'hémistiche répété – dans ce cas, les deux occurrences peuvent se distinguer par un seul mot, ou au contraire n'en avoir en commun qu'un seul. Elle peut prendre la forme d'un enjambement (20.2-3, 35.5-6, 35.16-17, etc.). Elle peut encore ne tenir qu'à la modification du contexte argumentatif (comme pour le catalogue du vivant en aI.8 *sqq.* –21.9 *sqq.*).

À cet égard, l'élément déterminant de la répétition n'est pas le retour du même mais la variation : les répétitions ont une valeur argumentative, plus qu'une valeur didactique, comme j'ai tenté de le montrer

---

393 *Cf. infra*, p. 595.

en exploitant les données inédites fournies par le Papyrus pour appréhender les répétitions du fragment 26, qui ne résume pas la doctrine mais l'enrichit de traits originaux, en replaçant les acquis des fragments précédents dans la temporalité du cycle.

La fonction argumentative de ces répétitions est variable. Il peut s'agir de l'anticipation d'une conclusion (35.7, dont la valeur est résultative, anticipe 35.16), de l'emploi d'une prémisse au sein d'un raisonnement (17.6 est employé en 17.12 au sein d'une relative visant à prouver l'immobilité des principes), de l'encadrement d'une unité argumentative de longueur variable[394], ou encore de signaler un décrochement dans la démonstration, ou un changement de point de vue[395].

Lorsque les répétitions sont séparées par des unités plus longues, leur fonction est plus difficile à cerner du fait du caractère fragmentaire du corpus. Les réflexions que j'ai proposées pour l'ensemble formé par le fragment 17 + ensemble a, le fragment 20 + ensemble c, et les fragments 21, 23, 26 et 35 suggèrent que la ritournelle avait pour fonction de construire une relation entre des arguments d'abord séparés : le poète créait des unités composites à partir d'arguments originellement distincts (comme aI.6-7 à partir des clausules de 17.7 et de 17.2 = 17.17), afin d'articuler différemment les niveaux de réflexion qu'il avait distingués dans le traitement de l'alternance entre l'un et le multiple, en particulier. Au sein du fragment 26, de même, les répétitions permettent de relier les niveaux d'application de l'alternance entre un et multiple, en envisageant la place de notre monde dans le cycle physique général. Comme on l'a vu pour la section 17.34-aII.2, répétée dans un ordre différent dans le fragment 21 puis dans ce même fragment 26, l'ordre des vers de l'exposé initial peut être modifié en fonction de la visée argumentative du passage. La structure des vers et leur organisation relative s'adaptent aux besoins de l'argumentation. Ils signalent tout à la fois les parallèles et les divergences dans sa construction.

Ce procédé prend tout son sens dans le fragment 26, où les schèmes fondamentaux définis dans des passages précédents sont inscrits au sein d'une structure temporelle : la séquence constituée par les fragments 20,

---

394 On ne peut guère dire plus pour la répétition de aII.3 en aII.8, ou celle de aII.24 en aII.30, vu l'état du texte dans ces passages. Le fait est mieux attesté pour la répétition de aII.18-20 en 35.3-5, qui encadrerait l'explication de la création du vivant.
395 Ainsi pour la répétition de 17.1-2 en 17.16-17.

21 et 23 présentait des points particuliers de la doctrine, en ce qu'elle visait à préciser la façon dont les deux puissances permettaient la création du vivant à partir des quatre éléments. L'alternance complexe entre les niveaux d'unité et de multiplicité impliqués par la compréhension de ce phénomène, qui était l'objet de la réflexion du poète depuis le début du fragment 17, est inscrite par le fragment 26 dans la temporalité du cycle : le fragment 35 consacre ce passage à la narration, en expliquant par une structure en spirale la façon dont les éléments et les deux puissances interagissent au sein du tourbillon (quelle que soit son origine) pour exposer la création du vivant d'une façon diachronique – et non plus d'un point de vue synchronique, comme c'est le cas dans les fragments 21 et 23. Ceux-ci visaient, à cet égard, à faire comprendre le mécanisme de composition du vivant par le biais de la comparaison, alors que les fr. 26 et 35 s'intéressent à ses relations aux autres moments du cycle. Nous avons ainsi pu discuter la notion d'excursus didactique créée par Primavesi, qui demande à être adaptée au sens de ces fragments tels que nous les avons interprétés.

Il est vrai que la nature de la réflexion construite dans le Poème physique, en ce qu'elle est fondée sur la cyclicité qui traverse les différents niveaux du réel, explicable lui-même par un petit nombre de principes, soutient cet emploi spécifique, et si abondant, des figures associées à la répétition. Ce serait pourtant aller trop loin que d'accepter l'idée qu'il y a une homologie entre le contenu de la doctrine physique et l'emploi de la ritournelle : les données sur lesquelles l'examen des ritournelles s'appuie sont trop parcellaires et sujettes à trop d'interprétations contradictoires pour permettre une démonstration convaincante sur ce point.

TROISIÈME PARTIE

# LA POÉSIE ET LE PROJET D'EMPÉDOCLE

# DESTINATAIRES DU POÈME, CONTEXTE DE *PERFORMANCE* ET PROJET INTELLECTUEL

## LE PROBLÈME

### INTRODUCTION ET REMARQUES GÉNÉRALES

Il ne nous est parvenu aucune information directe sur les modalités de la composition des poèmes (ou du poème) d'Empédocle. De toute évidence, Empédocle ne pratique pas la composition orale en *performance* à la façon de l'aède homérique : celle-ci implique une adaptation aux attentes du public[1] qu'il est difficile d'imaginer lorsqu'il s'agit d'un poème comportant une rupture aussi fondamentale avec la tradition que celui d'Empédocle. Nous savons par Athénée et Diogène Laërce que le rhapsode Cléomène avait récité les poèmes d'Empédocle aux Jeux olympiques[2] : cette information semble impliquer qu'il faut distinguer le moment de la composition de celui de la *performance*. Ces témoignages n'impliquent pas nécessairement, au demeurant, qu'Empédocle était incapable *en général* de réciter ses poèmes lui-même : au sens strict, ils ne nous renseignent que sur une occasion de *performance* particulière, et on peut penser que si Empédocle avait l'habitude de faire réciter ses poèmes par des rhapsodes professionnels, Athénée et Diogène ne nommeraient pas Cléomène en tant qu'individu. Vu la faible quantité d'information dont nous disposons par

---

1  Lord 1960 p 26.
2  Athénée, *Deipn.* 14.12.21 Kaibel (= 31 A 12 D.-K.) : τοὺς δ' Ἐμπεδοκλέους Καθαρμοὺς ἐραψῴδησεν Ὀλυμπίασι Κλεομένης ὁ ῥαψῳδός. Le témoignage apparaît dans un contexte où sont mentionnées les œuvres de poètes récitées par des rhapsodes. DL.VIII.63 (= 31 A 1 D.-K.) : αὐτοὺς δὲ τούτους τοὺς Καθαρμοὺς [ἐν] Ὀλυμπίασι ῥαψῳδῆσαι λέγεται Κλεομένη τὸν ῥαψῳδόν.

les sources indirectes sur les modalités de récitation et de composition des poèmes d'Empédocle, il nous faut donc interroger cet aspect par d'autres biais, avant de revenir à ces témoignages anciens.

L'angle d'approche que je retiens ici est l'examen de la relation entre destinataire intra- et extradiégétiques des poèmes. L'œuvre poétique d'Empédocle a deux destinataires intradiégétiques principaux : Pausanias, construit comme une figure du disciple, et les φίλοι d'Agrigente. L'énonciateur s'adresse également aux dieux et à une Muse anonyme, ainsi qu'à Calliope[3]. La nature de cette relation entre destinataires intra- et extradiégétiques peut *a priori* être multiple. Une interprétation simplement biographique – ancienne ou moderne – supposerait une concordance entre ces deux types de destinataires, à l'instar de ce qu'une partie de la critique a supposé pour la relation de l'énonciateur des *Travaux* d'Hésiode et de son frère Persès[4]. On cherche alors qui étaient Pausanias et Anchitos, si leurs noms étaient courants dans les registres d'anthroponymes siciliens, qui sont exactement les Agrigentins auxquels le poète s'adresse dans le fragment 112, et quelle relation le poète entretenait avec eux. Étaient-ce ses pairs ? S'agissait-il d'adversaires politiques auxquels le poète, en exil, s'adresserait avec ironie ?

À l'autre extrémité du spectre, on a considéré ces destinataires intradiégétiques comme une pure construction poétique, participant d'une forme typique de poésie didactique : les caractéristiques du destinataire disent alors non pas quelque chose du contexte socioculturel du dehors, mais expriment à qui le poète s'adresse idéalement, en définissant qui peut écouter et comprendre pleinement la pensée.

Il me semble qu'Empédocle *construit* un destinataire, dans la mesure où il se situe dans une tradition poétique didactique dont l'un des ressorts est précisément l'adresse à une personne, ou plutôt à un personnage, dont nous n'avons aucun moyen de prouver l'authenticité biographique ou historique mais dont l'élaboration est l'un des éléments qui éclaire le sens du projet poétique. Pourtant, la construction du destinataire dit bien quelque chose du monde, en tout cas de l'univers extradiégétique

---

3    Pour les dieux, fr. 3.1-2 ; pour la Muse, fr. 3.3-8, comme on l'a montré plus haut ; pour Calliope, fr. 131.1-4.

4    Pour cette discussion sur Persès, voir West 1978 p. 33-34 (qui est assez nettement en faveur de l'historicité biographique). Le problème a été reposé en termes nouveaux par Rousseau 1996 (voir en particulier p. 111).

supposé par le texte, et le lien entre les deux univers est le contexte de la *performance*, où le poète est susceptible d'employer un « je » intradiégétique pour s'adresser à un destinataire également intradiégétique, qui constitue une certaine stylisation de son auditoire.

Le simple fait qu'Empédocle a identifié ses destinataires est un point déterminant : le poète-énonciateur aurait pu énoncer la vérité pour un public virtuellement universel, à l'instar de la *Théogonie*. Or Empédocle prend un soin particulier à définir les positions relatives de l'énonciateur et de ses destinataires : la fréquence des marqueurs textuels de première et de deuxième personnes[5] qui rappellent la présence des destinataires et de l'énonciateur, tout en contribuant à les définir, indique que cet aspect de la construction poétique était de toute évidence conçu de sorte à être un élément crucial de l'interprétation du projet d'Empédocle par l'auditoire.

Depuis que la question du nombre de poèmes qu'a composé Empédocle a été soulevée par Catherine Osborne en 1987, les destinataires intradiégétiques ont été l'enjeu d'un débat important : au XIXe siècle, les fragments d'Empédocle ont été répartis entre les deux poèmes que sont le Περὶ Φύσεως et les *Catharmes* d'après un critère thématique (selon qu'ils concernaient physique ou religion) et formel (selon que, justement, leur destinataire était Pausanias ou les Agrigentins)[6]. L'hypothèse d'Osborne, selon laquelle Empédocle n'aurait composé qu'un seul poème que la tradition ancienne aurait désigné par différentes dénominations, a amené les savants à s'interroger sur la façon dont les adresses aux deux destinataires attestés dans les fragments pouvaient prendre sens au sein d'un unique poème[7].

---

5    Pour la première personne du singulier : fr. 3.4, 16.1, 17.1, 17.15, 17.16, 35.1-2, 38.1, 112.4 *sqq.*, 113.1-2, 114.1-2, 115.14-15, 117.1, 139.1, aII.22-23, d.5, d.7, d.8. Pour la première personne du pluriel : fr. 4.2, 109.1, 120, aII.17, d.10, ainsi que aII.6 et c.3 (première main). Pausanias est mentionné par son nom dans le fr. 1, puis par les pronoms σύ (2.8, 17.26, etc.), σε (23.9 etc.), σοι (71.1, 110.3, 111.2 etc.) et un ensemble de verbes à l'impératif (πεύσεαι 2.9, ἄθρει 3.9, ἔρυκε et νόει 3.13, γνῶθι 4.3, ἄκουε 6.1, etc.). Les Agrigentins sont mentionnés dans les fr. 112 et 114.

6    Le critère de l'énonciation est formulé par Karsten 1838 p. 277 (*ad v.* 389-400 = fr. 112), et le conduit à déplacer le fragment 114, adressé aux φίλοι, du Περὶ Φύσεως, où il avait été placé par Sturz, dans les *Catharmes*. *Cf.* O'Brien 1981 p. 21. Les matériaux anciens sont réexaminés par Trépanier 2004 p. 46 *sqq.*

7    La première étude est Osborne 1987a ; l'étude la plus systématique et la plus récente est celle de Trépanier 2004, qui discute en particulier p. 52 et p. 69-70 la place du fragment 1

Je souhaite pourtant interroger ici un autre aspect de la construction des destinataires, indépendante de la question de leur répartition au sein d'un ou de deux poèmes : celui de la façon dont la relation entre la construction de ces destinataires intradiégétiques et le contexte de la *performance* des poèmes éclaire la fonction que le poète donne au savoir dans la société.

Rosenfeld a été sensible à cette importance d'une étude narratologique du poème pour dégager sa signification poétique et s'est efforcée de reconstruire de façon systématique la figure du narrateur[8]. Elle ne s'est pourtant pas intéressée de la même façon à la figure du destinataire, qui n'est abordée que par le biais des termes qui se rapportent à son travail d'écoute, de compréhension et d'apprentissage de la doctrine[9]. Je me propose ici d'aller plus loin dans la réflexion sur la signification de ce point dans le projet d'Empédocle, en considérant que la construction des destinataires fournit la clef grâce à laquelle le texte définit les conditions de sa propre interprétation.

Sans préjuger du fait que ce qu'on peut déceler, dans les fragments, du contexte de la *performance* constitue ou non un témoignage biographique direct, nous étudierons la construction des destinataires comme une certaine stylisation d'un auditoire idéalisé. Si l'étude des destinataires permet de comprendre la relation du poème au contexte social de sa *performance*, c'est de façon pour ainsi dire indirecte, par le biais d'une analyse de la façon dont les thèses sont reçues et de la façon dont l'auditoire effectif prend position par rapport à la stylisation de l'auditoire idéal construit dans le poème. C'est d'ailleurs l'une des raisons pour lesquelles les poèmes élégiaques et la monodie lyrique d'une Sappho ou d'un Alcée ont pu présenter un intérêt aux générations suivantes et ont été transmis par elles : au-delà de l'individualité des personnes et des situations, le poème questionne la relation de la stylisation poétique d'un contexte de *performance* à l'ensemble des contextes concrets où la *performance* est reproduite (concrètement ou virtuellement). De ce point de vue, on voit bien que la question de l'*historicité* du destinataire doit laisser place à celle de l'interprétation historique (par le public) d'un destinataire stylisé dans le poème comme historique, mais dont rien n'indique qu'il le soit en réalité.

---

dans les reconstructions.
8    Rosenfeld 2006 p. 78-90.
9    Rosenfeld 2006 p. 91-97.

LA CONSTRUCTION DU DESTINATAIRE
DANS LA POÉSIE HEXAMÉTRIQUE ANTÉRIEURE À EMPÉDOCLE

La stylisation d'instances narratives – destinataires et énonciateur – par Empédocle s'inscrit, de façon complexe, dans la tradition de la poésie hexamétrique[10]. La poésie homérique et hymnique archaïque ne comporte normalement pas de stylisation du narrateur et du destinataire, à l'exception de quelques mentions topiques[11]. La poésie d'Hésiode prend en revanche un soin particulier à définir la figure du narrateur (en particulier dans le proème de la *Théogonie*, mais également dans les *Travaux*) et du destinataire (dans les *Travaux*) intradiégétiques, ce qui n'est sans doute pas sans rapport, quoiqu'on ne puisse pas l'y réduire, avec la construction de la portée didactique du propos poétique, héritée de formes anciennes de la poésie de sagesse[12]. Le coup poétique que joue Hésiode est en effet d'emprunter des traits aux genres que sont l'épopée et la poésie didactique pour construire un poème original – les *Travaux* –, dont il ne fait nul doute qu'il a été à l'origine d'une tradition : Philippe Rousseau a bien montré, en se fondant sur une analyse de Gregory Nagy du nom de Persès comme un hypocoristique d'un nom qui signifie *le destructeur de cité*, que les *Travaux* mettaient en scène l'obsolescence du modèle économique héroïque fondé sur le pillage – qui est par exemple celui de l'*Iliade* – afin de lui substituer un modèle fondé sur le travail[13]. La poésie élégiaque, dont le destinataire est susceptible d'être exprimé, présente également des particularités poétiques et linguistiques qui la placent du côté de l'enseignement[14].

---

10   Les questions de narratologie ont en particulier fait l'objet des études serrées d'Irene De Jong : voir De Jong [1987] 2004 et De Jong, Nünlist & Bowie 2004. Voir également Calame 2000 : les formulations théoriques se trouvent dans l'introduction (p. 17-48) ; la discussion sur la projection du « je » et de son discours oral dans l'instance divine, ainsi que le commentaire des poèmes hésiodiques et en particulier du proème de la *Théogonie*, se trouvent p. 69-74 et 87-109.

11   Ainsi, lorsque le narrateur affirme, dans le proème du Catalogue des vaisseaux, qu'il ne peut chanter ce morceau poétique sans le secours des Muses.

12   Pour la reconstruction de cette tradition et les hypothèses qui ont trait à son apparition en Grèce, *cf.* West 1978 p. 3-22 et p. 26. *Cf.* West 1974 p. 40 *sqq.* pour Théognis et l'élaboration de son recueil.

13   Voir Nagy 1990b p. 74 *sqq.* et Rousseau 1996, p. 111-112.

14   Il faut noter à ce propos que si la poésie élégiaque est généralement adressée par un énonciateur à une deuxième personne du singulier (Théognis) ou du pluriel (Tyrtée, fr. 10.15 West etc.), les odes de Solon les plus longues qui nous soient parvenues (fr. 4,

La portée didactique de ces différents poèmes se laisse analyser en fonction de ce que nous pouvons reconstituer du contexte de leur *performance*[15]. Celui de la poésie didactique en hexamètres dactyliques est celui des concours rhapsodiques[16] : il est stylisé au sein des *Travaux et des Jours*, et Platon fait encore référence à la possibilité d'une *performance* des poèmes hésiodiques à son époque[17]. L'inscription dans un contexte de récitation publique impliquait que le destinataire extradiégétique de l'œuvre était universel, quelle que soit sa stylisation dans le contexte de l'énonciation.

Le propos de la poésie élégiaque, composée pour le banquet, était situé dans le contexte socioculturel identifié d'un groupe d'ἑταῖροι[18] : de contenu parénétique, elle réfléchit à ce titre aux pratiques associées à un groupe[19], qu'elles soient sociales, politiques ou militaires. Il est vraisemblable qu'il ait également existé une poésie en distiques élégiaques récitée dans le cadre de concours publics, dont le contenu était historique[20].

Les œuvres poétiques de Xénophane, Parménide et Empédocle ont hérité de cet ensemble de caractérisations liées à la *performance* et au genre : elles comportent toutes, quoique de façon différenciée, une structure énonciative où le poète prend la parole à la première personne (ce qui ne nous est parvenu qu'à l'état de traces, certes, chez Xénophane), dont on a toutes les raisons de penser qu'il s'agit d'un héritage d'une tradition surtout représentée, pour nous, par les *Travaux* d'Hésiode.

Les quelques fragments du Περὶ Φύσεως de Xénophane qui nous sont parvenus comportent un petit nombre de marques d'énonciation : l'énonciateur prend la parole à la première personne, sans que son discours

---

13, 36 West) comportent des marqueurs de première personne mais aucun marqueur explicite de seconde personne.

15  Je laisse délibérément de côté les discussions qui portent sur la nature de la *performance* vocale (chant ou récitation) et sur celle de l'accompagnement musical. Pour des vues opposées sur ces problèmes, voir West 1981 p. 113-114, Gentili 1988 p. 24-49, Ford 1988 et Nagy 1990a p. 20 *sqq.* (et en particulier p. 23-24 pour l'élégie).

16  *Cf.* Gentili 1988 p. 156; Herington 1985 p. 161-166 rassemble la majeure partie des traces de performance publique dans des festivals religieux à la période archaïque.

17  *Cf.* He.*Op.*654-662, tel qu'il est en particulier discuté par Gentili 1988 p. 156; *cf.* Pl. *Leg.* 2.658b-d.

18  Bowie 1986 p. 15, Gentili 1988 p. 33-34, Gerber 1999 p. 1, Ford 2002 p. 33.

19  Bowie 1986 p. 14 : « *These poets' (sc.* Callinus, Archilocus, Mimnermus, Tyrtaeus) *best known poems, or fragments of poems, are short pieces of exhortation, personal comment and reflection.* »

20  Bowie 1986 p. 27-33, Gerber 1999 p. 1.

comporte de marques d'adresse[21]. Il n'y a aucune trace certaine d'un destinataire intradiégétique[22]. Le corps du poème pouvait à cet égard présenter une structure narrative plus proche de celle du corps de la *Théogonie* (après l'hymne aux Muses) que de celle des *Travaux*.

Parménide choisit de modifier cette structure en fermant la situation d'énonciation sur elle-même : alors que dans les vingt-trois premiers vers du poème le poète lui-même est énonciateur, la déesse prend le relais en s'adressant, à partir du vers 24, au poète et à lui seul[23]. Les autres fragments qui nous sont parvenus sont prononcés par la déesse, et nous ne sommes pas en mesure de déterminer si la fin du poème comportait un retour à la structure énonciative de départ ou non.

Le dispositif énonciatif créé par Parménide présente trois niveaux : il y a définition du poète, réception par lui de la parole poétique de la déesse, et récitation de celle-ci par le poète. Le troisième niveau n'est pas mentionné dans le poème lui-même : il se réalise dans la *performance*, durant laquelle il y a superposition entre le discours du poète en *performance* et le propos adressé que Parménide prête continûment, à partir de la fin du proème, à la divinité. Il y a ainsi recouvrement entre le poète stylisé dans le poème – destinataire intradiégétique – et le public de la *performance* – destinataire extradiégétique. Ce dispositif court-circuite la nécessité poétique de la figure de la Muse : le poète – en même temps que l'auditoire, en vertu de la superposition relevée ci-dessus – reçoit le savoir directement de la déesse.

Le renversement de la structure énonciative, où l'énonciateur initial devient destinataire, signale que le poète-énonciateur est lui-même construit comme le destinataire idéal du discours de la déesse, en tant qu'il est l'humain le plus apte à le recevoir et à le comprendre – et,

---

21  Xénophane fr. 21 B 34.1-2 D.-K. : οὐδέ τις ἔσται / εἰδὼς ἀμφὶ θεῶν τε καὶ ἄσσα λέγω περὶ πάντων. Le même procédé est employé dans le fragment 21 B 45 D.-K., certes considéré comme douteux par Diels-Kranz, dans lequel le poète assume la posture d'un poète rhapsode itinérant : ἐγὼ δ' ἐμαυτὸν ἐκ πόλιος πόλιν φέρων ἐβλήστριζον. Ce fragment reconduit la posture du rhapsode itinérant définie à la fin de la partie délienne de l'*Hymne à Apollon* (Hh.*Ap.*174-176), qui aurait fait l'objet d'une récitation à Syracuse au début du Vᵉ siècle.

22  L'impératif à la 3ᵉ personne du singulier, δεδοξάσθω (fr. 21 B 35.1 D.-K.), ne désigne pas de destinataire intradiégétique identifié mais constitue plutôt une marque d'adresse au public. Diogène Laërce ne mentionne lui-même aucun destinataire intradiégétique alors qu'il mentionne Pausanias dans la partie de son exposé qui porte sur Empédocle.

23  Parménide 28 B 1.23-26 D.-K. : ὧδε δ' ἔπος φάτο καί με προσηύδα· / "ὦ κοῦρ' ἀθανάτοισι συνάορος ἡνιόχοισιν, / ἵπποις ταί σε φέρουσιν ἱκάνων ἡμέτερον δῶ, / χαῖρ'".

virtuellement, le seul. Le poète est un εἰδὼς φώς (fr. 1.3) : il détient une connaissance et les facultés d'analyse qui y sont associées[24]. Le proème construit ainsi les conditions de possibilité du fait que le poète est apte non plus seulement à formuler la parole poétique par un schème d'inspiration mais aussi à la recevoir directement de la divinité qui parle par sa bouche en s'adressant à lui à la deuxième personne : l'itinéraire initiatique, à la fois poétique et intellectuel, d'un poète-sage, conditionne la réception directe du savoir depuis le divin.

Que le poète-destinataire soit un sage n'implique pas que le poème s'adressait à un petit nombre de *happy few* qui se réunissaient loin du *uulgus pecus* mais signifie que le poème cherche à définir les conditions de sa propre compréhension : celle-ci n'est possible que si l'on situe le sens de l'entreprise à la fois dans le contexte de la composition poétique en hexamètre dactylique, pour comprendre la distance que Parménide prend avec la tradition, et dans celui des débats ouverts par les philosophes de Milet[25].

Comme Bollack l'avait remarqué, la situation d'énonciation des poèmes d'Empédocle renverse celle du poème de Parménide, dans lequel le poète était destinataire du discours de la déesse : Empédocle énonce lui-même le discours qu'il reçoit du dieu[26]. Empédocle se situe très clairement dans la tradition ouverte par les *Travaux*, comme le montre en particulier l'importance que revêtent les intrusions d'énonciateur dans l'exposé de la pensée, que l'énonciateur s'adresse alors à Pausanias ou aux Agrigentins.

---

24  Bollack 2006 p. 71. Rappelons que le texte généralement retenu, au même vers, κατὰ πάντ᾽ ἄστη, est une *falsa lectio* de Mutschmann (Cordero 1982 p. 160); les manuscrits sont corrompus, et ne présentent pas de texte satisfaisant pour la métrique. Cordero 1982 défend la correction κατὰ πᾶν ταύτῃ, au sens de : « laquelle, *au sujet de tout*, conduit *là* l'homme qui sait » (je cite la traduction du vers 1.3 qu'il propose p. 175 n. 94).

25  Sur les relations entre la *Doxa* et les Milésiens, *cf. infra* p. 740.

26  Bollack 1969 t. III p. 18, suivi par Trépanier 2004 p. 49. Contre l'idée que la voix poétique est celle d'Empédocle recevant son discours de la Muse, voir Palmer 2013 (pour qui la Muse elle-même répond au poète).

## PAUSANIAS : LA CONSTRUCTION
## DE LA FIGURE DU DISCIPLE

### UN DISCIPLE SAVANT : L'AUDITEUR D'UN POÈTE ÉRUDIT ?
### L'EXEMPLE DU FRAGMENT 35.15

Comme nous l'avons vu, le disciple est caractérisé par son isolement, dans le fragment 2, qui semble s'expliquer par sa compréhension des connaissances élaborées par les hommes. Si le fragment 2 appartenait bien au proème, comme cela semble très vraisemblablement être le cas, cette mention avait pour fonction de placer l'auditoire dans un certain état d'esprit, tenant à l'aptitude à saisir les références à d'autres poèmes, ou doctrines philosophiques. Empédocle met ainsi en œuvre une série de citations muettes de passages d'auteurs antérieurs, dont les analyses des chapitres qui précèdent ont montré que la compréhension était déterminante pour l'interprétation des fragments en question. Il n'est pas surprenant qu'Empédocle procède ainsi par le biais de citations muettes : les poètes archaïques ne mentionnent qu'à de très rares exceptions près leurs rivaux, collègues et prédécesseurs[27]. Rousseau a étudié un exemple particulièrement net de ce type de dialogue au sein de l'*Iliade* et de l'*Odyssée*[28].

Je montrerai d'abord que la connaissance requise pour la pleine compréhension du poème n'est pas seulement celle des poèmes – ou des doctrines philosophiques – antérieurs, mais celle des débats dont ces passages ont fait l'objet dès l'Antiquité : le cas le plus clair est celui du vers 15 du fragment 35, qui comporte une allusion à une difficulté d'interprétation posée par la scène de l'Ambassade dans l'*Iliade*.

*Étude du fr. 35.15 : les problèmes de transmission*

Le vers 35.15 d'Empédocle présente un emploi du terme rare ζωρός : l'Agrigentin prend par là position dans des débats qui portent sur

---

27  L'exception la plus notable est sans doute les vers satiriques de Xénophane 21 B 11 et B 12 D.-K.

28  Je renvoie à un article à paraître de Philippe Rousseau (que je remercie de m'en avoir transmis les épreuves), intitulé « *War, speech and the bow are not women's business* » [Rousseau 2015].

l'interprétation d'Homère. Ce vers fait l'objet d'une situation de transmission particulière, dont l'apparat critique suivant (qui est une version développée de celui de Diels-Kranz) donne un aperçu :

αἶψα δὲ θνήτ᾽ ἐφύοντο, τὰ πρὶν μάθον ἀθάνατ᾽ εἶναι,    35.14
ζωρά τε τὰ πρὶν ἄκρητα διαλλάξαντα κελεύθους.    35.15

35.15 ζωρά τε τὰ πρὶν ἄκρητα Athénée, Eustathe, g (Plutarque) : ζωρώτερον vel ζωρότερον τὰ πρὶν ἄκρητα Plutarque (*praeter* g) : ζωρά τε τὰ πρὶν ἄκριτα Simplicius (*praeter* a *In Ph.*) : ζωρὰ δὲ τὰ πρὶν ἄκριτα a (*In Ph.*) : ζῷά τε πρὶν κέκριτο Aristote (*praeter* A) : ζῷά τε πρὶν κέκρητο A (Aristote)

Il y a six sources, qu'on peut classer en trois ensembles : (A) Aristote (*Poet.* 1461a 23-25), qui présente ζῷα et κέκρητο[29] ou κέκριτο, selon les manuscrits ; (B) Plutarque (*QC.* 677C 1 *sqq.*), Athénée (*Deipn.*10.22.10-22 Kaibel) et Eustathe (*In Il.*, 2.700.2-3), qui présentent ζωρά (corrompu chez Plutarque) et ἄκρητα ; (C) Simplicius (*In Ph.* 31-34 et *In De caelo* 529), où on lit ζωρά et ἄκριτα[30].

Le témoin le plus ancien, Aristote, examine dans le chapitre 25 de la *Poétique* les problèmes liés à la représentation de l'objet imité dans la poésie[31]. Après avoir soulevé les difficultés liées à la concordance de l'objet imité avec le modèle[32], il s'intéresse aux solutions que l'on peut tirer des expressions employées par les poètes[33], faisant écho à des débats interprétatifs dont on a toutes les raisons de penser qu'ils trouvaient leur origine dans les discussions des cercles rhapsodiques[34]. Une

---

29    Il s'agit de la forme ionienne (avec η) du parfait moyen-passif de κεράννυμι. La forme dorienne, avec α, se trouve attestée en Pi.*P.*10.41.

30    Pour le texte, voir Annexe 1, p. 770-772.

31    Le chapitre est, en général, à peine traité par les commentateurs de la *Poétique* (Else 1967 p. 632 ne traite pas le chapitre vu sa difficulté, et annonce la publication séparée éventuelle de cette partie de son commentaire ; Halliwell 1986 p. 344-349 propose une note générale qui ne prend pas position sur notre passage ; Guastini 2010 p. 350 *sqq.* ne prend pas position sur le sens de l'argument d'Aristote dans les lignes qui nous occupent). Le traitement le plus complet se trouve chez Dupont-Roc & Lallot 1980 p. 386-404.

32    Aristote s'intéresse d'abord aux cas où l'objet représenté est impossible (ἀδύνατα), en 1460b 22-32, puis aux cas où l'objet représenté n'est pas vrai (1460b 32-1461a 4). Ce second point donne lieu à deux types de solution : affirmer qu'on représente les choses telles qu'elles devraient être, ou conformément aux représentations communes.

33    Arist. *Poet.*1461a 9 *sqq.* : τὰ δὲ πρὸς τὴν λέξιν ὁρῶντα δεῖ διαλύειν « Il faut résoudre les difficultés en considérant ce qui concerne l'expression ». Il aborde successivement le cas des γλῶσσαι, des propos métaphoriques, des différences d'accentuation, de division des mots, d'ambiguïté, etc.

34    *Cf.* Pfeiffer 1968 p. 11-12.

première section, dans laquelle est cité le vers I.203 que nous étudions plus loin, concerne les γλῶσσαι[35]. Les vers d'Empédocle 35.14-15 sont, eux, cités dans une partie mentionnant la solution par division (διαίρε-σει)[36]. Ce qu'il faut entendre par division n'est pas clair : s'agit-il de la coupe métrique[37], de la ponctuation ou de la division syntaxique du texte[38] ? La troisième option est la plus intéressante pour l'analyse en ce qu'elle inclut les deux premières en tant que critères. Cette citation a fait difficulté, dans la mesure où Aristote cite un texte partiellement distinct des autres témoins, dont on n'a pas de raison de penser qu'il est simplement fautif.

Plutarque, Athénée et Eustathe citent le vers 35.15 dans le contexte d'une discussion visant à déterminer le sens de l'expression ζωρότερον κέραιε, en I.203 ; ils emploient le vers d'Empédocle à l'appui de l'idée que ζωρός signifie *mêlé*, qu'ils analysent par opposition à ἄκρητα, au même vers. La source de cette interprétation est mentionnée par Athénée : il s'agit du traité *Sur l'ivresse* de Théophraste. J'ai déjà exposé l'objectif de ces citations chez Simplicius[39].

Cette situation de transmission dans laquelle Aristote cite un texte différent des autres témoins a conduit les savants aux choix suivants : (1) conserver en 35.15 le texte de Plutarque et Athénée ζωρά τε τὰ πρὶν ἄκρητα, en considérant qu'Aristote et Simplicius sont corrompus[40] ; (2) conserver au contraire en 35.15 le texte d'Aristote après correction en ζωρά τε πρὶν κέκρητο ou ζωρά τε <τὰ> πρὶν κέκρητο[41]. (3) Bollack a

---

35  Arist. *Poet.* 1461a 14-16. Ces γλῶσσαι sont opposées aux noms employés de façon κύριον en 1457b 3 ; selon le commentaire de Dupont-Roc & Lallot 1980 p. 344, il s'agit de mots empruntés à des langues non-grecques ou devenus obsolètes. Pour la façon dont cette définition s'applique à notre passage du chapitre 25, *cf.* Dupont-Roc & Lallot 1980 p. 394-395.

36  Arist. *Poet.* 1461a 23-25.

37  Bollack 1969 t. III p. 208.

38  Dupont-Roc & Lallot 1980 p. 396.

39  *Cf. infra*, p. 562 *sqq.*

40  Sturz 1805 p. 519, Karsten 1838 p. 106, Stein 1852 p. 54, D.-K. 1951 p. 328, O'Brien 1965 p. 1-4, Vítek 2006 p. 340, Primavesi 2008 p. 75, Mansfeld & Primavesi 2011 p. 474. Diels 1903 p. 195 éditait ἄκρητα mais ajoutait « (ἔκρητο ?)» ; en 1906, il ajoutait cette fois « (κρητά, ?)». Diels 1912 p. 240 édite seulement ἄκρητα mais place la virgule avant la forme et non après.

41  La correction de ζωρά τε πρὶν κέκρητο en ζῷα est attribuée par Tarán & Gutas 2012 à Victorius, alors que Karsten 1838 p. 216 l'attribuait (pour l'écarter) à Hermann. Elle est suivie par Arundel 1962, Gallavotti 1975 p. 24, Wright 1995 p. 113. L'ajout d'un <τὰ> entre τε et πρὶν est attribué par Karsten 1838 p. 216 à certains de ses prédécesseurs

proposé de scinder les deux séries de citations, en conservant le texte de Plutarque et Athénée en 35.15 (ζωρά τε πρὶν ἄκρητα), tout en considérant qu'Aristote cite un fragment distinct[42] : il s'agit d'un cas de ritournelle[43]. Les options (1) et (3) mènent à comprendre ζωρά comme *mêlés* (par opposition à ἄκρητο), alors que (2) implique au contraire de comprendre *purs* (par opposition au mélange postérieur).

Cette situation particulière demande de revenir aux manuscrits des passages concernés. Dans le passage d'Aristote (qui cite 34.14-15a sous la forme αἶψα δὲ θνητ' ἐφύοντο τὰ πρὶν μάθον ἀθάνατ' εἶναι / ζῷά τε πρὶν κέκριτο ou κέκρητο), l'examen des manuscrits va dans le sens de κέκριτο[44] : alors que κέκρητο n'apparaît que sur le manuscrit A *ante correctionem*, κέκριτο apparaît sur le manuscrit B, dans la traduction latine de Moerbeke du XIIIᵉ siècle et dans la tradition arabe[45] ; de surcroît, la seconde main a inscrit un ι au-dessus du η de κέκρητο sur le manuscrit A. Toutefois, la leçon κέκριτο se laisse difficilement scander : les formes de parfait de κρίνω présentent un ῑ[46]. Si le groupe -κρ- ne fait pas position[47], on ne peut pas complètement exclure que la dernière brève du tribraque formé par κέκριτο était allongée par position devant une consonne double commençant le mot suivant ; mais la forme est improbable, particulièrement à la césure[48]. La métrique du texte de B, κέκρητο, fonctionne d'autant mieux que le premier hémistiche reprend la forme de celui du vers précédent.

Le sémantisme de ζῷα caractérise toute la tradition manuscrite que nous connaissons : il est présent sur A, B, et la traduction de Guillaume de Moerbeke ; la tradition arabe lit ζωή, ce qui est déterminant. L'état

---

qu'il désigne par *alii* (par opposition à Hermann) ; Bergk [1842] 1886 p. 50 l'a proposée sans indiquer qu'il l'empruntait à quiconque (en ponctuant, certes, « ζωρά τε, πρὶν <τὰ> κέκρητο, »). Diels 1901 p. 123 éditait ζωρά τε τὰ πρὶν ἄκρητα mais se prononçait en apparat pour ζωρά τε <τὰ> πρὶν ἔκρητο.

42   Bollack 1969 t. III p. 204 *sqq.* a, le premier, distingué les deux passages, en tant que fr. 201.14 (pour la citation par Simplicius, Plutarque, Athénée, Eustathe) et fr. 509 (pour la citation par Aristote).

43   *Cf.* Annexe 3 (section 1).

44   Le manuscrit A est le manuscrit de Paris, Bibl. nat. de France, gr. 1741 (milieu Xᵉ siècle). Le manuscrit B est le manuscrit de Florence, Bibl. Riccardiana, 46 (milieu XIIᵉ siècle).

45   Tarán & Gutas 2012 p. 458-459.

46   *Cf.* K.417, Ξ.19, ι.220, ν.182, π.248, ω.107 ; He.*Sc.*55 ; Parm. 28 B 8.16 D.-K. (κέκριται) ; ApRh.2.997, etc.

47   Si -κρ- fait position, on obtient – ∪∪ – – ∪∪, ce qui est impossible.

48   On ne rencontre pas de fait cette configuration ailleurs chez Empédocle. En 39.2, deux consonnes se trouvent à la césure, mais après une voyelle longue (... δὴ γλώσσης) ; la même configuration caractérise 61.4, avec -σκ-.

des manuscrits plaide donc en faveur de la proposition de Bollack : ce passage de la *Poétique* présente un fragment distinct des vers 35.14-15 tel qu'il est cité par les autres témoins[49]. Les corruptions ponctuelles que présentent les manuscrits au premier vers ne doivent pas nous faire hésiter à conserver un texte bien attesté par ailleurs.

Le problème de division qu'Aristote signale tient alors au fait qu'on peut construire la phrase de deux façons : en pensant que le τε introduit une nouvelle principale (θνητά et ζῷα sont parallèles), ou une nouvelle relative (ἀθάνατα et ζῷα sont parallèles)[50].

Les autres témoins présentent tous la forme ζωρά mais se divisent en deux groupes pour la forme qui suit πρίν : Plutarque, Athénée et Eustathe donnent ἄκρητα alors que Simplicius donne ἄκριτα[51]. La leçon de Simplicius est moins bonne : l'adjectif ἄκριτος signifie *confus, douteux, incessant*, dans des emplois où il s'agit de signaler qu'il n'existe pas de critère permettant de discerner l'issue ou l'achèvement de l'action considérée[52]. Il peut également signifier *qui est incapable de juger*[53]. Conserver cette leçon ἄκριτος pose une difficulté métrique : le -ι- est bref par nature alors que la scansion nécessite un élément long[54]. La leçon est ainsi suspecte à la fois pour la métrique et pour le sens. Les hasards de la transmission, alliés à la rareté du terme ζωρός, pris d'habitude au sens de *pur*, ont mené à la corruption du passage chez Simplicius. Le fait que tous les manuscrits de Simplicius portent ἄκριτα implique que cette corruption est ancienne.

---

49  Bollack 1969 t. II p. 184 l'édite sous le numéro 509.

50  La première solution est celle retenue ci-dessus : « tout de suite ils naissaient, mortels, eux qui avaient auparavant appris à être immortels, et vivants avant de s'être mêlés... » L'autre option (où les deux πρίν renvoient au même temps) signifie : « Ils croissaient, mortels, eux qui apprirent qu'ils étaient immortels auparavant, et qui auparavant se mêlèrent pour être vivants... »

51  Plutarque présente également ζωρότερον (ou ζωρώτερον) là où Athénée et Eustathe ont ζωρά τε. Aucune de ces deux leçons ne se laisse scander : il y a eu insertion de la forme au comparatif qui se trouvait chez Théophraste, que nous connaissons par Athénée (Θεόφραστος δ᾽ ἐν τῷ Περὶ μέθης ζωρότερόν φησιν εἶναι τὸ κεκραμένον).

52  *Cf.* Chantraine *DELG* p. 585. Le terme s'emploie pour des paroles (B.796, θ.505), des maux (Γ.412, Ω.91, σ.174, τ.120), des querelles (Ξ.205, Ξ.304) ; pour une tombe commune (H.337, H.436), pour un prix qui n'est pas décerné (He.*Sc.*311), pour le fait qu'Hermès a laissé des peaux étendues sur une roche (*Hh.*He.126), qu'il guette sans cesse les mortels (*Hh.*He.577). La seule occurrence dans un contexte de mélange se trouve en *Hh.*Pan.26 (ἄκριτα avec καταμίσγεται), pour indiquer que des fleurs se mêlent à l'herbe sans qu'on puisse les discerner.

53  Ae.*Su.*371 (pour un dirigeant, πρύτανις), Parménide 28 B 6.7 D.-K. (pour les ἄκριτα φῦλα).

54  Un tel allongement ne se produit jamais chez Homère pour ce mot, toujours scandé avec un ι bref (B.796, H.337, H.436, Γ.412, Ξ.205, Ξ.304, Ω.91, θ.505, σ.174, τ.120).

Il faut garder ἄκρητα, leçon des trois témoins dépendants du *Sur l'ivresse* de Théophraste : ζωρά y étant glosé comme κεκραμένον, la conscience de l'opposition avec ἄκρητα s'est maintenue.

## L'adjectif ζωρός et les discussions des cercles rhapsodiques

Intéressons-nous à présent à l'adjectif ζωρός lui-même, attesté dans les citations du vers 35.15. La discussion du passage d'Empédocle est partiellement déterminée par une réflexion ancienne sur le sens d'un emploi difficile du comparatif chez Homère. En I.203, au moment où les ambassadeurs Achéens arrivent chez Achille[55], celui-ci les accueille en φίλοι, c'est-à-dire comme des hôtes, et demande à Patrocle de préparer un cratère et d'y mêler un vin ζωρότερον[56] :

> Μείζονα δὴ κρατῆρα, Μενοιτίου υἱέ, καθίστα,
> ζωρότερον δὲ κέραιε, δέπας δ᾽ ἔντυνον ἑκάστῳ
> οἳ γὰρ φίλτατοι ἄνδρες ἐμῷ ὑπέασι μελάθρῳ[57].

Le sens obvie du comparatif était *fort, qui contient très peu d'eau*, soit *pratiquement pur*[58]. Le composé en εὐ- a été employé au même sens : il s'agit d'un vin *bien fort, au bon mélange* c'est-à-dire presque pur[59]. Hérodote emploie vraisemblablement ζωρότερον dans le même sens, dans un passage où il raconte que les Spartiates attribuaient la folie de Cléomène à sa consommation de vin pur, à la mode des Scythes[60].

---

55  Tout le passage pose des problèmes liés à l'emploi du duel, que nous avons déjà évoqués, p. 319-320.

56  Les termes φίλοι ἄνδρες ἱκάνετον ne désignent pas la relation qui existait auparavant entre les héros (φίλτατοί ἐστον, I.198) mais la modalité de l'accueil présent, construite par le passage.

57  I.202-204 : « Installe donc un plus grand cratère, fils de Ménoitios, mêle ζωρότερον, et prépare une coupe pour chacun : se trouvent en effet sous mon toit des hommes qui me sont très chers. »

58  Chantraine *DELG* p. 402, Bollack 1969 t. III p. 205. Plutarque parvient également à ce sens à la fin de la longue discussion de *QC*. 677C 1-678B 13. Outre les occurrences chez Philoumène, discutées par Arundel 1962 p. 110, *cf.* ApRh. 1.477, où τὸ μέθυ, *le vin pur*, est justement qualifié de ζωρόν; *Anthologie palatine* 12.50, pour une boisson forte (πίνωμεν Βάκχου ζωρὸν πόμα).

59  Chantraine *DELG* p. 402. *Cf.* Eu.*Al.*757, dans la scène de beuverie d'Héraclès (πίνει μελαίνης μητρὸς εὔζωρον μέθυ); Ar.*Ecc.*227, où les femmes boivent du vin corsé (οἶνον εὔζωρον).

60  Hdt.6.84.4 (ἀκρητοπότης) et Hdt.6.84.13 (ἀκρητοποσίη). L'emploi de ζωρότερον en Hdt.6.84.15 est distinct : le vin était *plus pur* (il comportait moins d'eau que de coutume, ce qui peut virtuellement impliquer qu'il n'en contenait pas du tout.

Toutefois, ce sens a posé problème dans notre passage de l'*Iliade* dans la mesure où on pensait qu'Achille disait qu'il fallait saouler les amis qu'on recevait[61] – alors qu'il proposait en fait à ses hôtes un mélange neuf, fait d'un vin puissant qui n'était pas coupé par l'ajout d'un excès d'eau. Pour sortir de cette difficulté, Aristote propose l'interprétation *plus rapidement*.

Bollack propose une reconstruction convaincante des discussions anciennes du terme[62]. L'alternative la plus ancienne consiste *en faible en eau* (Hérodote), *pur*, et *mêlé plus rapidement* (Aristote). Cet état de la discussion caractérise Hésychius[63] et les scholies au passage d'Homère, qui font également état d'autres interprétations, tirées du contexte[64]. À l'époque alexandrine (plus probablement que dès le traité de Théophraste *Sur l'ivresse*), la discussion s'est enrichie des sens *plus vieux* et *plus chaud*, fondés sur des analyses étymologiques, et du sens *chambré* (εὔκρατος), fondé sur l'analyse grammatico-sémantique de l'oppositif en -τερος[65]. Ces interprétations nous sont connues par les traités érudits de Plutarque et d'Athénée, dont sont dépendants (d'eux-mêmes ou de leur source), les lexicographes byzantins tels que l'*Etymologicum magnum*, la *Suda* et le lexique du Pseudo-Zonaras, ainsi que le commentaire à l'*Iliade* d'Eustathe[66].

---

61   Un passage sans doute apocryphe de Théognis comporte des recommandations liées à la mesure dans la consommation du vin (Thgn.467-496), où le cas du vin pur n'est certes pas évoqué directement. Aristote fait écho de ces considérations en Arist. *Poet.* 1461a 15, lorsqu'il commente ἄκρατον par ὡς οἰνόφλυξιν, *comme un ivrogne*.

62   Bollack 1969 t. III p. 204 *sqq.*

63   Hésychius Z.255-257 (Latte) propose *pur, fort*, et *rapide* : "ζωρόν"· ἄκρατον. "ζωρός"· ἐνεργής, ταχύς. "ζωρότερον"· *ἀκρατότερον. ἔνιοι δὲ τάχιον, καὶ ἄμεινον ἐπιστρεφέστερον νοεῖν (I 203). Selon LSJ, l'adjectif ἐνεργής signifie *fort* et *puissant*, en particulier dans un contexte médical, et ἐπιστρεφής *sévère, véhément*.

64   Les sens attestés par les scholies bT in *Il.* I.203 sont ainsi *plus pur* (seul sens présenté par la scholie A) – *plus vite* – *sans vin* – *avec plus d'eau que de vin*. *Cf.* Erbse 1971 p. 441-442.

65   Au sens de *chaud*, par rapprochement avec ζωτικός (*qui donne la vie*) et ζέσις (*l'ébullition*) ; au sens d'*âgé* par rapprochement avec -ζα-, qui serait du côté de la grandeur (μέγεθος), et ὧρος, qui désigne *l'année*. On trouve trace du sens *chaud* chez le grammairien Aélius Hérodianus sans explication étymologique (Aelius Herod. in *GG* 3.1.192.26 Lentz). Au sens de *chambré*, chez Plutarque et Athénée, le sens est fondé sur une interprétation oppositive du comparatif, comme dans δεξιώτερος. Rapprocher de l'adjectif εὔκρατος, signifiant *tiède* d'où, pour le vin, *chambré*.

66   Plutarque, *QC.* 677C 1-677E 2 (Annexe 1, p. 767-768) ; Athénée, *Deipn.* 10.22.10-22 Kaibel (Annexe 1, p. 768-769) ; *Etymologicum magnum* (Gaisford), Z.432 *sqq.* ; *Suda* Z.164 *sqq.* (Alder), *s. v.* ζωρόν, ζωρότερον ; Ps.-Zonaras Z.967.19 *sqq.* (Tittmann), *s. v.* ζωρόν ; Eustathe, *In Iliadem*, 2.698.16 (Annexe 1, p. 769) connaît bien les passages

Chez Empédocle, le sens retenu d'habitude est *mêlé*, depuis Théophraste. Le choix de ce mot par Empédocle, sous sa forme positive alors que le comparatif est mieux attesté, constituait un choix poétique et philosophique. Il demande à être expliqué.

L'interprétation de Bollack est qu'Empédocle donne au terme un sens qui lui est personnel, profitant d'une indétermination linguistique soulignée par les débats dont le terme est l'objet dans les cercles rhapsodiques[67] : Empédocle aurait compris ζωρότερον, dans le passage d'Homère, comme un complément d'objet interne du verbe κέραιε dont l'adjectif ζωρός seul, au positif, suffirait à exprimer le sémantisme (*mêlé*).

Cette interprétation n'est pas illégitime mais elle ne suffit pas à expliquer pourquoi Empédocle est allé chercher un terme rare et difficile en lui donnant un sens original. Empédocle n'a ainsi pas employé la forme simple κρητά, *mêlé*, qu'il aurait pu déduire de la forme ἄκρητα, *sans mélange*. On peut aller plus loin et expliquer le choix de ζωρός dans deux directions conjointes.

(1) Le contexte de la scène d'Homère a pu jouer un rôle déterminant dans le choix de ce terme difficile par Empédocle. L'enjeu de la scène est de déterminer si Achille va accepter de construire ou non une relation de φιλία avec les ambassadeurs envoyés par Agamemnon : va-t-il les recevoir ou les renvoyer ? La présence de Phénix, le plus ancien ami d'Achille, qui sert de guide à l'expédition, était à cet égard un élément déterminant de la stratégie diplomatique mise en place par Agamemnon et Nestor avant le départ de l'ambassade[68]. Le vers I.204 signale la réussite de cette stratégie : Achille reconnaît ses hôtes comme des φίλτατοι ἄνδρες.

Or notre passage du fragment 35 se construit précisément dans un contexte où l'enjeu est de déterminer dans quelles conditions Φιλία parvient à reprendre le dessus sur Νεῖκος, dans un contexte cosmique, cette fois : l'Agrigentin a employé un terme qui était connu, dans les milieux

---

suscités de Plutarque et d'Athénée (il mentionne Diphile, que cite Athénée et non Plutarque, p. 700) ; il commente l'occurrence d'Hérodote (p. 699-700), mais dans le sens de ἄκρατος.

67   Bollack 1969 t. III p. 206.

68   *Cf.* I.168-170, lorsque Nestor énumère les héros qui se rendront auprès d'Achille : Φοῖνιξ μὲν πρώτιστα Διΐ φίλος ἡγησάσθω, / αὐτὰρ ἔπειτ' Αἴας τε μέγας καὶ δῖος Ὀδυσσεύς· / κηρύκων δ' Ὀδίος τε καὶ Εὐρυβάτης ἅμ' ἑπέσθων « Que tout d'abord Phénix, cher à Zeus, leur serve de guide – et qu'ensuite le grand Ajax et le divin Ulysse, ainsi que, parmi les hérauts, Odios et Eurybate le suivent. »

rhapsodiques professionnels, pour la difficulté de l'établissement de son sens et pour le contexte dans lequel il était inséré, lequel posait d'autres difficultés interprétatives[69]. Le choix du terme est un indice destiné à l'auditeur érudit, qui sait reconnaître le contexte de la discussion chez Homère et comprendre qu'Empédocle interprète le passage de l'*Iliade* dans le sens d'une réflexion sur les conditions dans lesquelles la concorde peut émerger dans un univers structuré par la discorde. Empédocle interprète Homère, et rend les conditions de cette interprétation repérable à l'auditeur qui partage sa culture. La mention du mélange exprime la réussite du retour de la concorde, à la fois dans l'épisode iliadique et chez Empédocle.

(2) Empédocle peut prendre l'adjectif au sens de *pratiquement pur*, c'est-à-dire de *peu mêlé* ou de *qui commence à se mêler*. Cette partie du fragment 35 décrit en effet les premiers stades du mélange, où la Discorde retient encore un nombre significatif de particules élémentaires en dehors de la partie du Tourbillon où se trouve l'Amour[70]. Le mélange des êtres vivants qui en résulte est, à ce titre, encore partiel : il peut n'être convoqué que pour souligner le terme ultime du processus. Ce qui compte, à ce point du récit cosmogonique, est le changement d'état des racines, de la séparation au mélange.

Cette étude du terme ζωρός dans le fragment 35 montre donc que la pleine compréhension du poème d'Empédocle demandait ainsi non seulement une connaissance des poèmes archaïques eux-mêmes, mais également des débats qui ont porté sur eux dès l'Antiquité. Le fait de souligner l'érudition du disciple, dans le contexte du fragment 2 dont les vers 3-6 sont, on l'a vu, saturés de références « intertextuelles » (si l'on me permet d'utiliser ce terme, de façon quelque peu impropre, lorsqu'il s'agit de poésie orale), avait la fonction pragmatique d'inviter l'auditoire à repérer ce type d'échos et à chercher à en faire sens.

LA CONSTRUCTION DU DESTINATAIRE DANS LE FRAGMENT 1

Examinons à présent le fragment le plus déterminant dans la construction de Pausanias : le fragment 1 D.-K. est cité par Diogène Laërce pour mentionner le nom du destinataire, Pausanias, comme l'éromène

---

69  En particulier, pour le référent des duels : *infra* p. 319-320 (en note).
70  *Cf.* notre analyse du fr. 35, *infra* p. 588.

d'Empédocle[71]. Pausanias y est présenté comme le fils d'Anchitos. On ne peut pas simplement postuler le caractère biographique de la mention, et je ne m'intéresserai pas ici aux attestations du nom de Pausanias dans la tradition biographique d'Empédocle[72].

Les commentateurs ont souvent remarqué que l'unique vers qui constitue le fragment 1 sonnait comme un hexamètre épique archaïque[73]. Cette remarque est juste du point de vue de la place de δαΐφρονος, dont le génitif singulier ne se trouve qu'en cette position métrique chez Homère[74]. Elle est en revanche inexacte pour l'impératif κλῦθι, inséré ici en une position qui n'est pas attestée dans le reste de la tradition hexamétrique. Cet impératif, de même que la forme à redoublement κέκλυθι, se trouve toujours en première position dans le vers chez Homère, Hésiode et dans les *Hymnes homériques*, ce qui sera également la norme dans la poésie épique postérieure à Empédocle[75]. La seule autre exception se trouve chez Phaestus, un poète de l'époque hellénistique[76].

L'ordre des mots dans le vers indique qu'Empédocle situe son propre discours dans la tradition de la poésie hexamétrique de façon problématique. Il est remarquable qu'Empédocle caractérise le père de son disciple par l'adjectif δαΐφρων, qui présente justement une ambiguïté sémantique qui le situe du côté du monde guerrier et héroïque ou du côté de la sagesse ou de l'intelligence[77]. Dans notre fragment, le sens de

---

71    DL.VIII.61. Pour le texte et sa source, voir Annexe 1, p. 745
72    Je me distingue ici en particulier de Sturz 1805 p. 67-69, Karsten 1838 p. 55, Bergk [1839] 1886 p. 13-14, qui prenaient Pausanias pour un médecin disciple d'Empédocle. Bignone 1916 p. 388 semble également croire à la réalité du disciple. L'aperçu le plus récent et détaillé se trouve chez Wright 1995 p. 160.
73    Traglia 1952 p. 29-30, Wright 1995 p. 160.
74    *LfgrE* t. 10 col. 205-206.
75    *Cf.* A.37, A.451, E.115, K.278, Π.514, Ψ.770, β.262, γ.55, δ.762, ε.445, ζ.324, ι.528 (de même pour la forme κέκλυθι, K.284, ξ.462, ο.307); He.*Op.*9, et Hh.*Arès*9. Pour la poésie postérieure, ApRh.1.411, Quintus *Posthom.*1.186, 9.10, 12.153, 14.308, et Nonnos *Dion.*11.369, 17.101, 44.215.
76    Phaestus fr.1 *in* Powell 1925.
77    Chantraine *DELG* p. 248 estime que le sens de *guerrier* s'applique virtuellement à toutes les occurrences du terme dans l'*Iliade*, alors que dans l'*Odyssée* les emplois sont du côté de l'intelligence, comme le montrerait la formule Ὀδυσῆα δαΐφρονα ποικιλομήτην. Il est difficile de déterminer lequel des deux sens est chronologiquement antérieur à l'autre. Si *guerrier* est premier, l'adjectif se serait formé par composition avec δαΐ, *la bataille*, et contamination postérieure par les mots de la famille de δαῆναι, *savoir*; si c'est *sage*, l'étymologie serait *δα(σ)ι-, *cf.* skr. *dasra*, *qui fait des miracles*, en supposant à l'inverse une contamination postérieure par δαΐ.

*sage* a été défendu par presque tous les interprètes[78], vu la nature de la connaissance transmise par le poème : le poète définit quelle est la φύσις du disciple, laquelle le rend apte à la compréhension de la doctrine. Si l'on s'intéresse à la dualité des univers héroïques que le terme connote, le fait qu'Empédocle l'emploie à propos du père de son disciple peut indiquer qu'il stylise un destinataire dont les origines relèvent à la fois de la tradition épique héroïque et de la poésie dactylique de sagesse, voire qu'Empédocle cherche à construire une figure du destinataire distincte à la fois des personnages de l'*epos* héroïque et de la poésie didactique. Nous avons vu que les traits distinctifs des conceptions humaines étaient stylisés par des références à Achille et à Ulysse, dans le fragment B 2, et que le fait que Pausanias s'était écarté des connaissances humaines (2.8, ἐπεὶ ὧδ' ἐλιάσθης) était une réfection d'un vers associé à Achille. La construction de Pausanias en tant que destinataire vise à signaler une rupture, partielle, d'avec les traditions épiques et didactiques qui constituent l'héritage poétique et culturel sur le fond duquel le poème d'Empédocle s'inscrit. Empédocle souligne, en particulier, la différence de son projet avec celui d'Hésiode : la connaissance transmise par le poème est de nature spécialisée[79].

Bollack avait eu l'intuition que les noms qu'emploie Empédocle pour caractériser le destinataire et son origine étaient des noms signifiants[80] : j'examinerai cette hypothèse en étudiant d'abord la généalogie de Pausanias avant d'en venir à la caractérisation de son nom même.

## La généalogie de Pausanias et sa signification

Le père de Pausanias est désigné par le génitif Ἀγχίτου (fr. 1). D'un point de vue strictement morphologique, ce génitif, tel qu'il apparaît dans les manuscrits de Diogène Laërce, peut provenir d'un nominatif Ἄγχιτος de la deuxième déclinaison ou d'un nominatif Ἀγχίτης, masculin de la première déclinaison. Quoique la forme normale du génitif ionien d'un nom masculin en -ης soit -αο et non -ου, une épigramme de

---

78  Sturz 1805 p. 528, Karsten 1838 p. 93, Bignone 1916 p. 388, D.-K. 1951 p. 308 (qui comprennent *expert*), Traglia 1952 p. 29, Bollack 1969 t. II p. 4, Osborne 1987a p. 31, Wright 1995 p. 159-160, Mansfeld & Primavesi 2011 p. 440-441.

79  Laks 2005 p. 273.

80  Bollack 1969 t. III p. 4 n. 2, suggérant en particulier un rapprochement d'Ἄγχιτος avec l'adjectif ἀγχίθεος.

l'*Anthologie palatine* prend position en faveur de Ἀγχίτης en rétablissant un génitif ionien en -εω issu de -αο[81] :

Παυσανίαν ἰητρὸν ἐπώνυμον, Ἀγχίτεω υἱόν,
τόνδ᾽ Ἀσκληπιάδην πατρὶς ἔθαψε Γέλα,
ὃς πλείστους κρυεραῖσι μαραινομένους ὑπὸ νούσοις
φῶτας ἀπέστρεψεν Φερσεφόνης θαλάμων[82].

Pourquoi l'auteur de l'épigramme de l'*Anthologie palatine* choisit-il le nominatif du nom Ἀγχίτης ? Il est possible que le procédé vise à indiquer un rapprochement du nom du père de Pausanias avec Anchise (Ἀγχίσης), suggérant que Pausanias est lui aussi, quoiqu'en un sens différent, aimé d'Aphrodite. Cette épigramme justifiait en tous les cas, aux yeux de Karsten, la correction du génitif Ἀγχίτου des manuscrits de Diogène Laërce au fr. 1 en Ἀγχίτεω, pour verrouiller le nominatif du nom du père du disciple du côté de Ἀγχίτης en supprimant la difficulté morphologique[83]. Toutefois, la tradition biographique ancienne retenait le nominatif Ἄγχιτος[84]. Même si l'on ne peut pas complètement exclure que le génitif en -ου était déjà d'usage à l'époque d'Empédocle pour les noms masculins de la première déclinaison en -ης, surtout si l'on considère son goût pour les innovations lexicales, il vaut mieux conserver un génitif Ἀγχίτου en considérant qu'il est formé sur Ἄγχιτος.

Le nom d'Anchitos est formé sur ἄγχι, *proche*[85] ; il s'agit soit d'un dérivé par suffixation en -τος, soit d'un composé hypocoristique d'ἄγχι et de θεός[86]. Empédocle a bien entendu pu réinterpréter le sémantisme du nom sans égard pour sa formation étymologique avérée et il faut, pour le sens, écarter la première possibilité, où le nom signifierait simplement *qui est proche*. La seconde option, où le nom signifie *semblable aux dieux*, est plus intéressante. Il faut rapprocher la création de cet hypocoristique

---

81   La forme normale du génitif masculin de la première déclinaison en ionien, -αο, a donné -ηο puis -εω par métathèse de quantité, dès Homère (*cf.* A.1, Πηληϊάδεω). L'attique présente -ου, qui provient plus vraisemblablement de l'analogie avec λόγου que d'une contraction de -εο. Voir Chantraine, *Morphologie historique*, p. 55.

82   *Anthologie palatine* 7.508.1.

83   Karsten 1838 p. 179 ; l'effet morphologique est signalé par Bergk [1839] 1886 p. 13 n. 2.

84   Voir les références données par Bollack 1969 t. III p. 3-4.

85   Chantraine *DELG* p. 16.

86   Pour la suffixation en -τος, très fréquente en grec ancien même indépendamment des adjectifs verbaux, *cf.* Chantraine, *Formation*, p. 302-303. L'hypothèse d'un composé hypocoristique est signalée par Bollack 1969 t. III p. 4 n. 2.

de celle du nom de Persès dans les *Travaux*[87]. L'adjectif composé ἀγχίθεος est déjà employé dans l'*Odyssée*, pour les Phéaciens, et dans l'*Hymne à Aphrodite*. Dans celle-ci, l'étymologie du nom d'Ἀγχίσης est réanalysée, dans la bouche d'Aphrodite, qui justifie son acte en cherchant à montrer que la famille d'Anchise est égale aux dieux[88].

Ainsi, qu'on choisisse de donner au père de Pausanias le nom d'Ἀγχίτης ou d'Ἄγχιτος (compris comme hypocoristique d'Ἀγχίθεος), le disciple est pris dans un réseau qui le relie au divin. Cette mention va dans le sens de la caractérisation d'un disciple parvenu à la cime des connaissances développées par les hommes, qui le met en état d'entendre la doctrine, si notre analyse du fragment 2 est juste. Le destinataire du poème est l'objet d'une construction qui mènera à le présenter comme celui qui est apte à dépasser les opinions des mortels par l'écoute du poème et sa compréhension.

Les emplois antérieurs de l'adjectif δαΐφρων permettent de confirmer ces remarques : il est employé au génitif par Homère dans une formule qui exprime la filiation des héros, υἱὲ δαΐφρονος ἱπποδάμοιο, précédée du nom du père au génitif[89]. Quoique le génitif de cet adjectif présente des emplois formulaires dans d'autres contextes[90], cette formule généalogique a dû être déterminante pour la construction du passage d'Empédocle. Or, parmi ces emplois généalogiques de δαΐφρων, la formule est employée par Athéna-Mentès en α.180 (vers rapporté en α.418 par Télémaque), dans un vers où la déesse dit descendre de Ἀγχιάλοιος :

> Μέντης Ἀγχιάλοιο δαΐφρονος εὔχομαι εἶναι / υἱός    α.180-181
> Μέντης δ' Ἀγχιάλοιο δαΐφρονος εὔχεται εἶναι / υἱός    α.418-419

Ces deux vers présentent une proximité déterminante avec le texte du fragment 1 : la substitution de Ἄγχιτος à Ἀγχίαλος, nom qui apparaît dans un contexte où l'identité d'un mortel est empruntée par une déesse, soutient l'interprétation selon laquelle Ἄγχιτος est un doublet

---

87  *Cf.* Nagy 1990b p. 74 *sqq.* et Rousseau 1996 p. 111-113.
88  Respectivement ε.35 = τ.279 et *Hh.*Aphr.200-201 (ἀγχίθεοι δὲ μάλιστα καταθνητῶν ἀνθρώπων / αἰεὶ ἀφ' ὑμετέρης γενεῆς εἶδός τε φυήν τε).
89  Ainsi pour Agamemnon (Β.23, Β.60), Diomède (Δ.370, Θ.152), Hector (Ι.651, Λ.197, Ο.239), Achille (Κ.402, Σ.18), Sokos (Λ.450) ainsi que pour les fils d'Antimaque (Λ.123, Λ.138). Dans l'*Odyssée*, outre Athéna-Mentès (en α.180 et α.418), la formule est employée pour Eurymaque en ο.519.
90  Ainsi Π.76 pour Achille, Υ.267 pour Énée.

de ἀγχίθεος et place la généalogie du disciple sous le patronage de la divinité.

## Le nom du disciple et la signification du projet philosophique

Mais quelle est la signification exacte, dans un contexte empédocléen, du lien de Pausanias à la divinité qui semble construit par le nom de son père, Ἄγχιτος ? Quelle est la fonction de l'érudition du disciple qui est, virtuellement, celle de l'auditoire extradiégétique ?

Le nom de Παυσανίας se laisse décomposer en παύω et ἀνίη[91] : il est *celui qui fait cesser la peine* ou *celui dont la peine cesse*, selon que le nom convoque le sens actif ou moyen de παύω. Dans le premier cas, le disciple est apte à faire cesser les maux des autres, et non pas seulement les siens : il peut transmettre la doctrine. Il est peu probable que Pausanias soit un prophète en ce sens du terme : la réflexion sur le rapport de la communauté à Φιλία paraît définitoire du projet des *Catharmes* plus que de celle du Poème physique, et la stylisation d'un disciple unique implique qu'est envisagée ici de façon privilégiée la nature de l'action de l'homme individuel.

Le sémantisme du nom de Pausanias a été interprété du côté de l'arrêt de la maladie par la tradition ancienne, qui en faisait une figure de médecin[92]. Toutefois, le terme ἀνίη ne comporte pas la nuance d'un mal physique, dans la mesure où il signifie le *chagrin*, la *peine*, la *gêne*, en tant qu'ils sont liés à la nature de la condition humaine[93]. Il a donné lieu à des dérivés employés dès Homère, tels que l'adjectif ἀνιαρός, *pénible*, *douloureux*, et le verbe dénominatif ἀνιάω, *peiner* (et ἀνιάομαι, *être peiné*). Ces termes peuvent désigner la *difficulté* ou le *prix* qu'il y a à accomplir une action, *ce qui cause le chagrin* ou le *chagrin* lui-même[94]. Les termes de la famille de ἀνίη, s'ils sont ainsi du côté du *chagrin* en

---

91  Chantraine *DELG* p. 865.
92  L'épigramme de l'*Anthologie palatine* citée *supra* (7.508.1) analyse le nom du côté de la puissance médicale (voir également Galien, *De methodo medendi* X.6.4).
93  Chantraine *DELG* p. 91. L'étymologie du terme est discutée.
94  Au sens de la difficulté à accomplir une action, *cf.* pour ἀνία η.192 (coordonné à πόνου), o.394, υ.52 ; en Thgn.276, ἀνιηρός exprime la souffrance causée par l'acquisition de richesses. Au sens de ce qui cause le chagrin, B.291 (être devant Troie est suffisamment pénible pour qu'on veuille repartir), β.115, β.185 et 190, γ.117, μ.223 (pour Scylla) ; Solon fr.13.15 West, Tyrtée fr.10.4 West, Pi.P.4.288. Pour le chagrin lui-même, outre les occurrences citées dans les notes suivantes, *cf.* Pi.O.12.11, Pi.N.1.53, Panyassis fr. 14.4 Matthews (19.4 Bernabé).

général, peuvent être liés à un dérèglement du lien social, dès l'*Odyssée*, et spécifiquement de son paradigme, l'hospitalité[95] ; le terme est par la suite employé pour d'autre formes du lien social, que celui-ci soit familial, amoureux, ou amical[96].

La seconde partie du nom même de Pausanias le définit ainsi comme un être affecté par sa condition de mortel dans un temps et un espace social déterminés : son nom n'appartient pas à la tradition poétique, ce qui est un fait significatif. Empédocle ne construit pas une situation où la doctrine s'adresse à des héros anciens (comme c'est le cas dans les *Préceptes de Chiron* attribués à Hésiode et adressés à Achille) mais à un destinataire stylisé comme simple mortel et connaissant les affres de sa condition.

Mais comment expliquer la première partie du composé qui forme son nom ? Comment Pausanias pourrait-il voir la peine issue de sa condition humaine cesser, ou la faire cesser ?

Cette particularité se laisse analyser dans le cadre de la pensée d'Empédocle, qui élabore, on l'a vu, une conception de la condition humaine en rupture avec la tradition puisqu'il construit un modèle – que ce soit dans les fragments traditionnellement attribués au Poème physique ou aux *Catharmes* – où les conceptions admises du trépas sont écartées dans la mesure où la vie véritable perdure après la mort du corps composé. Le projet philosophique d'Empédocle consiste justement à comprendre que cette peine dont les hommes estiment qu'elle est constitutive de la condition humaine, comme le construit longuement Hésiode dans les *Travaux* et la *Théogonie* par exemple, ne résiste pas à la connaissance des principes qui président réellement à la création des corps composés et du vivant. En redéfinissant les causes premières de l'émergence de la vie, Empédocle crée un modèle où la peine existentielle n'a plus lieu d'être.

Le nom de Pausanias exprime à cet égard la posture qui résulte de la compréhension de la doctrine : comprendre qu'il est erroné de concevoir la naissance et la mort comme un début et une fin absolus permet de faire cesser l'incertitude existentielle que ces conceptions impliquent.

---

95   En α.133, Télémaque craint que le vacarme des prétendants n'ennuie son hôte, qui est en fait Athéna ; en η.192, Alcinoos dit que, dans le cadre des relations d'hospitalité, Ulysse, désigné comme ξεῖνος, doit être à même de rentrer chez lui sans peine (ἀνίη) ni souffrance (πόνος) ; *cf.* également ρ.377, ρ.446, τ.66, υ.178 puis Pi.*P*.4.154.

96   Pour le lien social en général, Thgn.76, 344, 991, Phocylide fr. 6.2. Pour le lien familial, He.*Th*.611. Pour l'amour : Thgn.258, 1337 et 1356. Pour l'amitié, Thgn.124, 210, 332b, 812, 872 et 1032.

C'est là la signification du fait que la généalogie de Pausanias le place du côté de la divinité : il s'agit d'un jalon, placé dès cette mention du nom du disciple, qui pointe vers le fait que la cessation de la peine existentielle passe par la compréhension de la nature réelle du divin, qui compose le monde et les corps des êtres vivants, unis par l'Amour. Comprendre le monde et la nature véritable de la condition humaine est un moyen de surmonter une douleur dont la cause se laisse analyser comme un éloignement du divin véritable. En situant le disciple dans un tel rapport généalogique, le poète-énonciateur suggère que celui-ci représente une génération d'hommes qui connaissent la doctrine et reconnaissent le rôle de Φιλία dans le monde.

Il semble donc qu'il y ait suffisamment d'indices qui confirment ce que Bollack présentait encore comme une interrogation : les noms associés au disciple sont signifiants. Mais il faut à présent trancher entre le sens actif de παύω et son sens moyen : Pausanias est-il celui dont la propre peine cesse, ou est-il celui qui fait cesser la peine autour de lui ? Ce point recoupe la question difficile du rôle de la connaissance philosophique tel que le conçoit Empédocle : le poète-énonciateur demande-t-il au disciple simplement de connaître, ou lui demande-t-il d'agir en fonction de cette connaissance ?

*Le disciple et Φιλία : connaissance ou agir ?*

Ici plus encore peut-être qu'ailleurs, les éléments de résolution du problème sont limités par le caractère fragmentaire de notre corpus. Le sémantisme même du nom de Pausanias, *celui qui fait cesser la peine*, le place du côté de la reconnaissance du pouvoir de Φιλία, plus que de celui de la compréhension du rôle de Νεῖκος, quoique les deux jouent, on l'a vu, un rôle complémentaire dans la création du vivant. Empédocle a ainsi choisi l'anthroponyme existant à son époque dont le sémantisme exprime peut-être le mieux la compréhension de la puissance de Φιλία, dans son opposition à celle de Νεῖκος[97].

La signification du nom du disciple comme celui qui fait cesser la peine en reconnaissant le rôle de Φιλία dans le monde et le vivant paraît ne pas seulement tenir au fait que le vivant est composé à partir des

---

97  *Cf.* Laks 2004 p. 32 : la compréhension de la doctrine met l'être humain en position de choisir lequel des deux principes réglera le cours de sa vie.

éléments liés par l'Amour. La puissance de Φιλία semble en effet également détenir un versant éthique, que nous connaissons par une brève mention du fragment 17 : elle informe les comportements des hommes et leurs productions, comme le montre le vers 17.23[98] :

τῇ τε φίλα φρονέουσι καὶ ἄρθμια ἔργα τελοῦσι

Si, comme le suggère ce passage, Φιλία et Νεῖκος déterminent bien les actions humaines[99], outre le cycle cosmique et la création du vivant, le nom de Pausanias suggère qu'il est celui qui a réussi à bannir Νεῖκος des principes de son action car il a appris à en reconnaître les formes dans le monde. Le fragment 110 semble bien, lui aussi, indiquer que la connaissance de la doctrine est à même d'entraîner un changement de comportement de l'homme individuel : l'un des aspects de ce choix éthique apparaît dans le fragment 110, qui ouvre l'alternative de prendre en considération les racines ou de s'attacher à des objets toujours changeants.

Je ne suggère pas ici que les actions humaines peuvent avoir une incidence sur la durée de la domination respective des principes, ni même qu'il y a homologie entre les deux cycles ou, *a fortiori*, entre les deux poèmes. La compréhension de la relation entre les deux cycles était déterminante pour interpréter le sens de l'entreprise intellectuelle d'Empédocle[100] : le nom même de Pausanias dessine une interaction entre la connaissance et la compréhension du rôle des deux puissances dans le cycle physique et la façon dont celles-ci informent le comportement de l'homme dans le cycle des *Catharmes*. De fait, la répartition traditionnelle entre un contenu physique pour le Περὶ Φύσεως et un contenu religieux

---

98 Bollack 1969 t. III p. 70, à propos de 17.23 : « Ainsi, Philotès se manifeste dans trois domaines, la vie des corps (ἄρθρα), la pensée (φρονέουσι), les travaux (ἔργα). Alors que le νόμος des hommes reconnaît Aphrodite dans un de ces fiefs, parce que leur corps les y pousse, ils ne la voient pas régner dans les deux autres. »

99 Laks 2005 p. 278, s'appuyant sur le Papyrus de Lille attribué à Stésichore : « *After all, if the author of the Lille Papyrus is Stesichorus, as there are good reasons to think, Empedocles had before him a model according to which Neikos and Philia, his own cosmic forces, were taken, naturally enough, as the leading principles of human actions.* »

100 Laks 2005 p. 266 : si les deux cycles, cosmiques et démoniques, doivent être distingués, le dispositif textuel ne pouvait manquer de susciter une réflexion sur leurs correspondances, qui étaient déjà relevées par Hippolyte (Hipp. *Réf.* VII.29-31). Les similitudes entre les narrations des deux cycles permettent d'appréhender les différences qu'il y a entre eux.

ou éthique pour les *Catharmes* a été partiellement remise en cause par la découverte du Papyrus de Strasbourg.

La découverte du Papyrus a montré qu'il était possible que le poème ait employé un « nous » de première personne dans des contextes qu'on considérait jusque là comme des descriptions des mouvements des éléments, et que deux vers traditionnellement attribués aux *Catharmes* (fr. 139.1-2)[101] appartenaient – peut-être également, s'ils étaient répétés dans les deux corpus – à l'ensemble d, dont il constituent les vers 5-6.

Arrêtons-nous quelques instants sur ces deux vers. Il sont cités par Porphyre dans un contexte où il s'agit de montrer que la consommation de viande est impie[102], mais le passage pourrait remonter au traité de Théophraste *Sur la piété*, qui aurait cité ces vers pour montrer que tuer l'animal est impie[103]. Le texte de Porphyre présente de fait une variation par rapport au texte du Papyrus au second vers du fragment (139.2 ≈ d.6), dans la mesure où le premier mentionne les lèvres (χείλεσι) et le second les griffes (χηλαῖς), ce qui implique que le vers prenne une forme légèrement différenciée :

πρὶν σχέτλι᾽ ἔργα βορᾶς περὶ χείλεσι μητίσασθαι.   139.2
– ]χηλαῖς [ υ ]τλι᾽ ἔργα βορ[ – υυ – ]ιϲα̣[ –   d.6

Martin & Primavesi conservent le texte de l'ensemble d, en considérant que le texte de Porphyre doit être abandonné[104]. Cela suppose deux opérations, (1) que χηλαῖς ait été déplacé juste avant μητίσασθαι et (2) qu'il ait été corrompu en χείλεσι. Pourtant, le texte cité par les manuscrits de Porphyre est un hexamètre dactylique satisfaisant du point de vue de la scansion : nous n'avons aucune raison de douter de son authenticité et il est légitime de penser que les textes de 139.1-2 et de d.5-6 étaient deux variantes distinctes, quels que soient les lieux où ils apparaissaient dans l'un ou l'autre des deux poèmes. Il est vraisemblable que la fin de d.6 présentait βορ[ᾶς ̄ ̆ μητ]ίσα[σθαι, mais cette restitution n'est pas certaine.

L'occurrence de βορ[ᾶς en d.6 signifie qu'il y avait au sein du Poème physique une réflexion sur la consommation de viande. Nous ne pouvons

---

101 Pour un état de la question de la façon dont ces vers sont placés dans les reconstructions du poème depuis Sturz 1805, voir Martin & Primavesi 1999 p. 293.
102 Porphyre, *De abstin.* II.31.5.
103 Martin & Primavesi 1999 p. 292.
104 Martin & Primavesi 1999 p. 291, suivis par Trépanier 2003b p. 16.

pas savoir s'il faut la relier à la transmigration des âmes, ainsi que c'est le cas dans les *Catharmes* comme nous le montre le fragment 137 D.-K. ; mais les deux vers impliquent qu'il y a une réflexion sur les pratiques qui conditionnent le vivre-ensemble. Lorsqu'on réfléchit aux relations entre le Poème physique et les *Catharmes*, il ne faut pas négliger que l'apparition dans le premier (vers d.5-6) du thème du refus de la consommation de viande montre que le discours religieux et rituel traversait les deux poèmes, quoique, sans doute, de façon différente.

## LE DESTINATAIRE DES *CATHARMES* DANS LES FRAGMENTS 112 ET 114

### PRÉSENTATION DES FRAGMENTS 112 ET 114

Les fragments 112 et 114 comportent des adresses à un groupe de φίλοι[105], dont les savants ont fait les destinataires du poème religieux car Diogène Laërce mentionne que les deux premiers vers du fragment 112 constituaient le début des *Catharmes*[106]. Le destinataire du fragment 114, placé dans les *Catharmes* par Karsten, est généralement rabattu par les interprètes sur celui du fragment 112[107].

Le fragment 112 présente une adresse du poète-énonciateur à une communauté de φίλοι d'Agrigente, dont les qualités sont vantées ; le poète lui-même se présente comme un dieu avant de décrire ses voyages dans d'autres cités, où il exerce des fonctions de médecin et de prophète. À cet égard, la figure de l'énonciateur ici construite rassemble plusieurs des traits traditionnels associés à la fonction poétique, tels que ceux de devin et de médecin[108].

La caractérisation d'Empédocle comme un dieu a surpris, dès la tradition ancienne[109]. Sextus Empiricus oppose deux interprétations du

---

105 Pour ces fragments et leurs sources principales, voir Annexe 1, p. 783-788.
106 DL.VIII.59.
107 Karsten 1838 p. 281-282 ; Osborne 1987a p. 31 n. 41.
108 Voir Nagy 1989 p. 24-29.
109 Le point déterminant est la compréhension du ὑμῖν (présenté par la *Suda* (*s. v.* Ἐμπεδοκλῆς) avec gémination du μ, « ὕμμιν », texte retenu au XIXᵉ siècle). Quelques citations isolées

passage : tandis que l'homme ordinaire ou le grammairien n'y verrait que vantardise et mépris, celui qui s'intéresse aux investigations physiques comprendra qu'Empédocle s'est gardé de la corruption (καθαρὸν ἀπὸ κακίας) et peut appréhender la divinité qui se trouve à l'extérieur par celle qui se trouve à l'intérieur de lui[110]. Diogène Laërce s'inscrit dans la première ligne d'analyse lorsqu'il cite les vers 112.4-5 pour signaler qu'Empédocle a un comportement opposé en politique (où il est modéré) et en poésie, où il est vantard et imbu de lui-même[111]. Lucien cite le vers 112.4 comme un cas où χαῖρε est employé pour prendre congé, et Wright a raison de penser que Lucien cite ce vers dans un contexte où l'adieu implique apothéose, le vers étant connu comme tel indépendamment du contexte[112]. Tzétzès l'interprète encore en ce sens : le vers aurait été prononcé avant qu'Empédocle ne se jette dans l'Etna[113].

Les φίλοι d'Agrigente sont stylisés dans les premiers vers du fragment 112, et je laisse pour cette raison de côté les problèmes philologiques posés par la fin du passage[114].

Le fragment 112, sans son vers 3, nous est transmis par une citation importante de Diogène Laërce, qui le mobilise pour montrer qu'Empédocle était médecin et prophète (καὶ ἰητρὸν καὶ μάντιν), suivant une tradition de citation vraisemblablement issue d'Héraclide du Pont[115]. Une autre tradition, qui remonte à Timée et que nous connaissons par Diodore de Sicile, cite un vers isolé, qui signale que les Agrigentins avaient coutume d'accorder l'asile aux étrangers[116]. Du fait de la proximité thématique entre les deux passages, Sturz a restitué dans le fragment 112 ce vers cité isolément[117].

---

du vers lisent εἰμί au lieu de ἐγώ (cf. Vítek 2006 p. 381, en apparat critique), modification vraisemblablement apportée à des fins syntaxiques.

110  SE.AM.I.302-304.

111  DL.VIII.66 (Annexe 1, p. 784-785). Le contexte pose un important problème textuel (cf. apparat critique). Je suis la proposition de Goulet-Cazé 1999 (p. 993 n. 1), qui implique le moins d'interventions sur le texte des manuscrits. Quel que soit le texte retenu parmi les solutions proposées en apparat critique, on conserve le sens d'une opposition entre la figure politique d'Empédocle et la façon dont l'énonciateur se présente en 112.4.

112  Lucien, *Pro lapsu inter salutandum*, 2. Cf. Wright 1995 p. 265.

113  Tzétzès *Exeg. Il.* 29.24.

114  Pour ces difficultés, cf. Bollack 2003 p. 56-57.

115  DL.VIII.62. Diogène relie la qualification μέγας à la population d'Agrigente, qui aurait atteint 800 000 habitants.

116  Diodore de Sicile XIII.83.1. Cf. Bollack 2003 p. 54.

117  Sturz 1805 p. 647.

Le fragment 114 comporte une autre adresse aux φίλοι, dans le cadre d'une affirmation de la véracité du discours et de la difficulté qu'il y a à en persuader les hommes. Il nous est connu par Clément d'Alexandrie, qui comprend qu'il est difficile de persuader autrui de la foi chrétienne[118]. Ce fragment, peu commenté par les savants, est généralement interprété à la suite de Sturz comme une réflexion sur les problèmes que suscite l'originalité de la pensée qu'Empédocle défend dans les *Catharmes* en termes de persuasion de l'auditoire[119].

### PROBLÈMES LIÉS À LA RECONSTRUCTION DU DESTINATAIRE DES *CATHARMES*

La caractérisation du destinataire du fragment 112 a posé deux problèmes principaux. Le premier porte sur la reconstruction de la situation d'énonciation : on a cherché à déterminer quelles étaient les relations entre Empédocle et les Agrigentins dont on a supposé qu'ils renvoyaient à une communauté concrète en dehors du contexte du poème. Il fallait alors déterminer la nature de leurs relations et l'objet de la composition du poème. Le second problème porte sur l'extension de la communauté des φίλοι à laquelle s'adresse Empédocle : il s'agirait soit du cercle restreint d'une élite intellectuelle ou sociale, soit de l'intégralité des citoyens.

La reconstruction de la situation d'énonciation a mené à formuler une première ligne d'interprétation, où Empédocle ne se trouvait pas à Agrigente mais envoyait le poème sous forme de missive, écrite ou orale[120]. Diels a supposé que sa présence dans les cités d'Italie du sud était motivée par l'exil : le poème vise alors à sa réinsertion dans la communauté par la flatterie[121]. La thèse s'appuie sur la citation par Lucien, mais néglige que le vers appartenait à une tradition d'apothéose. À l'intérieur de cette

---

118 Clément, *Str.* V.9.1.
119 Sturz 1805 p. 638, Karsten 1838 p. 282, O'Brien 1981 p. 27 (« un court récit des difficultés qui jalonnent le chemin de la croyance »), Bollack 2003 p. 55, Trépanier 2004 p. 82-83 et p. 99. Le fragment est absent de l'analyse narratologique de Rosenfeld 2006. Gallavotti 1975 ne le commente pas.
120 Karsten 1838 p. 277 (« Or il semble que le poète, s'adressant comme un dieu à une assemblée des notables d'Agrigente (car ils habitaient ἀν᾽ ἄκρα πόλεος), soit a lui-même récité ce poème, dont sont extraits ces vers, soit le leur a envoyé après l'avoir écrit »), Zuntz 1971 p. 189 (« *From this exordium it is clear that Empedokles is not writing (or reciting) his poem at Akragas. The circumstantial description of their abode alone suffices to show that he is sending it to his friend from abroad* »), Wright 1995 p. 265.
121 Diels [1898] 1969 p. 125-130.

thèse de l'exil, Tucker a même soutenu que le fragment est un adieu méprisant et ironique adressé aux ennemis du poète[122].

La proposition de Bollack, qui ne suppose pas l'existence historique de la communauté précisément désignée par ὦ φίλοι, est qu'Empédocle adresse le poème à la communauté des Agrigentins tout en stylisant un poète-énonciateur qui en est absent[123] : l'énonciateur, déjà reconnu comme dieu à Agrigente, voyage dans les cités qu'il oppose au modèle constitué par sa propre ville.

Les travaux sur le nombre de poèmes ont suscité un intérêt renouvelé pour le fragment, dont on a pensé qu'il était prononcé à Agrigente par Empédocle lui-même[124]. La visée du passage change alors radicalement. Osborne soutient que les louanges des vers 112.1-3 sont ironiques : les Agrigentins sont présentés ainsi avant que leur système de valeur n'ait été renversé par l'écoute de la doctrine. Trépanier semble abandonner l'hypothèse de l'ironie, préférant analyser la façon dont Empédocle s'inscrit dans la tradition didactique[125].

Aucun indice textuel positif ne peut être amené à l'appui de l'hypothèse de l'ironie. Qui plus est, on ne voit pas au nom de quoi, dans son système philosophique, Empédocle pourrait reprocher aux Agrigentins d'accueillir les étrangers. L'absence d'ironie est acquise pour Diodore de Sicile. Cette idée d'ironie est avant tout fondée sur la reconstruction du reste du poème que se donnent les interprètes qui la soutiennent, et doit à ce titre être abandonnée.

La question de savoir si Empédocle se trouve ou non à Agrigente ne fait pas sens : les commentateurs n'ont pas suffisamment perçu que la situation décrite était fictive, et ont trop vite cherché à la relier au contexte de la *performance*. La reconstruction de la situation dans sa fiction même dépeint un poète énonciateur dont l'activité, dans le contexte de la narration, consiste à parcourir les villes grecques, comme le montrent les présents πωλεῦμαι (112.5), ἕπονται (112.8).

---

122  Tucker 1931 p. 49-50.
123  Bollack 2003 p. 55 : « il ne fait pas de doute qu'ici le "je" qui parle s'est chargé d'informer ses amis des succès de ses migrations et de son voyage sur terre à travers les cités – ne performant ni une ascension ni une descente aux enfers, mais expédiant sans doute une missive, une épître adressée de loin. »
124  *Cf.* Osborne 1987a ; Trépanier 2004 p. 49 : « *the fictional context of the work's opening was an oration delivered at Acragas by Empedocles himself.* »
125  Trépanier 2004 p. 48.

Il ne faut ainsi pas chercher à reconstruire la situation concrète d'énonciation à partir de ce fragment. Celui-ci est une stylisation littéraire de l'auditoire idéal du poème, qui définit ainsi les conditions de son interprétation : la communauté n'est pas un hors-texte, elle est construite par le texte.

Le second problème porte sur l'extension de la communauté des φίλοι, dont on a soutenu qu'il s'agissait soit d'un petit groupe d'amis participant d'une élite sociale ou culturelle, soit au contraire qu'elle embrassait tous les Agrigentins[126]. À l'intérieur de la première hypothèse, les candidats possibles n'ont pas manqué : Sturz pensait que les amis étaient Pausanias et Télaugès ; Karsten, qu'il s'agissait de l'élite de la cité ; Kirk, Raven et Schofield, qu'il s'agissait d'une hétairie pythagoricienne ; Wright, qu'il s'agissait des amis d'Empédocle qui vivaient dans la citadelle[127].

Trépanier s'est séparé de cette ligne argumentative, préférant expliquer l'adresse aux φίλοι par situation dans la tradition épique. L'adresse a alors une triple signification : elle fonctionne comme une *captatio beneuolentiae*, permet, par son caractère indéterminé, de donner au poème une portée panhellénique[128], et introduit dès le premier mot le thème fondateur de l'œuvre, à savoir Φιλία.

L'argument de la *captatio beneuolentiae* est faible : il n'est pas suffisant pour rendre compte de la construction stylisée du fragment, et n'est valide que si l'on reconstruit une *performance* où Empédocle s'adressait de fait aux Agrigentins. Le second argument comporte un caractère paradoxal dans la mesure où Trépanier néglige que la détermination de l'auditoire comme φίλοι crée alors une tension violente avec cette dimension panhellénique : une telle qualification de l'auditoire est un moyen traditionnel d'adresser son propos, au contraire, à un cercle restreint, comme on va le voir.

Le point déterminant de la reconstruction est la compréhension de ἀν' ἄκρα πόλεος (112.2) : faut-il y lire une partie restreinte de la cité, habitée par les φίλοι, telle que la citadelle[129], ou le terme désigne-t-il

---

126 Bollack 2003 p. 53.
127 Sturz 1805 p. 646 ; Karsten 1838 p. 277, cité *supra* (suivi par Gallavotti 1975 p. 264) ; Kirk, Raven & Schofield 1983 p. 313 ; Wright 1995 p. 265.
128 Trépanier 2004 p. 47-48 et n. 45 p. 209 : « *Here the term (sc.* φίλοι) *is employed because of the obligation this qualification entails : as friends, they are required to listen to Empedocles' words.* »
129 Wright 1995 p. 265.

l'ensemble de son territoire ? Avec l'accusatif, ἀνά exprime l'extension spatiale et temporelle[130] (*sur toute l'étendue de, à travers*). La préposition ne signifie pas que les amis se trouvent sur les hauteurs de la cité, isolés du reste de la foule – on aurait ἐπί – mais qu'ils habitent sur toute la surface des ἄκρα πόλεος. Bollack a raison de considérer que l'expression ἄκρα πόλεος ne désigne pas les hauteurs de la ville mais toute la ville elle-même, traversée par le fleuve[131]. Empédocle réanalyse le sémantisme du nom d'Ἀκράγαντος (112.1), nom formé sur ἄκρα et γᾶς, génitif de la forme dorienne de γῆ[132], qui signifie littéralement les *hauteurs de la terre*. La ville, construite sur une colline, devient un ἄκρον en elle-même[133]. De fait, Diodore de Sicile prend bien le vers 112.3 pour une détermination de la ville entière, et non d'une petite partie de celle-ci : toute la communauté accueille les étrangers.

Si les φίλοι sont donc, comme le texte même le laisse à penser, la communauté des Agrigentins, encore faut-il expliquer pourquoi ils sont caractérisés comme tels par le dispositif textuel. Cette caractérisation est d'autant plus importante qu'elle réapparaît dans les deux fragments 112 et 114. Les commentateurs n'ont pas prêté attention à la tension qui est vraiment déterminante dans le passage, celle qui se construit entre la communauté limitée formée par le destinataire (qu'il s'agisse d'un groupe d'amis ou des Agrigentins dans leur intégralité) et la portée vaste de la connaissance, qui se propose de réformer les pratiques générales des Grecs, et non pas seulement celles d'une communauté donnée – ce qui est rendu évident par le fait qu'Empédocle a voulu faire réciter son texte aux Jeux olympiques[134].

DESTINATAIRE ET CONTEXTE DE LA *PERFORMANCE* :
LE SENS DE LA RÉCITATION À OLYMPIE

Diogène Laërce et Athénée mentionnent une récitation des *Catharmes* d'Empédocle aux Jeux olympiques par le rhapsode Cléomène, comme nous l'avons vu. L'analyse de ce contexte est déterminante pour comprendre la façon dont Empédocle concevait la signification du savoir poétique

---

130  Chantraine *DELG* p. 82.
131  Bollack 2003 p. 53.
132  Chantraine *DELG* p. 218 *s. v.* γῆ.
133  Pour l'association des hauteurs, ἄκρα, avec le sommet de la sagesse, *cf.* B 3.8, σοφίης ἐπ᾽ ἄκροισι.
134  DL.VIII.63 = 31 A 1 D.-K. ; Athénée, *Deipn.* 14.12.21 Kaibel = 31 A 12 D.-K.

dans la société. Les deux témoins attribuent cette mention à deux sources distinctes : Athénée la fait remonter au *Dialogue olympique* de Dicéarque[135], alors que Diogène Lärce l'attribue à Favorinus.

## Cléomène et les Jeux olympiques

### – Le rhapsode Cléomène

Le rhapsode Cléomène qui aurait récité les *Catharmes* à Olympie n'est très vraisemblablement pas connu par ailleurs. La *Neue Pauly* distingue neuf Cléomène[136] : un Athénien qui a rejeté, devant l'Assemblée en 404, les conditions de la reddition à Sparte (Plut. *Lysandre* 14) ; un Spartiate du VIIe s. (Plut. *Vie de Solon* 10) ; trois rois de Sparte ; un Spartiate fils de Pausanias (mentionné par Thucydide 3.26 et 5.16) ; Cléomène de Naucratis, l'administrateur d'Alexandre ; un Cléomène de l'époque romaine mentionné par Cicéron ; un sculpteur (dont l'identification exacte pose difficulté).

Malgré son érudition, l'article de l'encyclopédie pèche par manque d'exhaustivité. Il faudrait ajouter à cette liste de sept à neuf autres Cléomène au moins : un tyran de Méthymne mentionné par Athénée (*Deipn.* 442f-443a) ; un Cléomène promu béotarque par Alexandre[137] ; un devin consulté par Alexandre (Plut. *Vie d'Alexandre* 50.5.2) ; un philosophe cynique mentionné par Diogène Laërce (DL.VI.75 et VI.95) ; un commentateur d'Hésiode signalé par Clément d'Alexandrie (*Str.* I.14.61.2) ; un médecin mentionné par Plutarque (*QC.* 694F 5) ; notre Cléomène qui aurait récité les *Catharmes* d'Empédocle. Outre ceux-ci, nous sont parvenues des mentions de trois Cléomène poètes, dont il n'est pas évident qu'ils soient distincts : un dithyrambographe de Rhégion ; un auteur de poésie érotique ; un poète présenté comme comique.

Le Cléomène de Rhégion dithyrambographe est mentionné par une scholie à Aristophane, par Athénée, ainsi que par la *Suda* (développant la scholie)[138] – dans ce dernier cas, en compagnie de Kinésias (dithy-

---

135  S'agissant de Dicéarque, voir Fortenbaugh & Schütrumpf 2001, p. 86-89, fr. 85. Le passage d'Athénée ne fait malheureusement pas l'objet d'un commentaire.

136  *Neue Pauly*, vol. 6, col. 579-581.

137  Pausanias 9.15.1 : ἡγεμόνας μὲν οὖν τῆς ἐξόδου Κλεομένην καὶ Ὕπατον ἐποιήσαντο βοιωταρχοῦντας ἐν τῷ τότε.

138  Scholie aux *Nuées, ad v.* 332-333 ; Athénée, *Deipn.* 9.65.20 Kaibel, qui mentionne un poème intitulé *Méléagre* (= *PMG* 838) ; *Suda, s. v.* Κυκλίων τε χορῶν ᾀσματοκάμπας, K.2647.

rambographe, daté de 425-390) et Philoxène de Cythère (435-380).
Cette mention prend sens dans les discussions sur les nouvelles formes
de dithyrambes qui apparaissent à la fin du Vᵉ siècle ; Aristophane
(*Nuées* 332-333) évoque à leur propos des Κυκλίων τε χορῶν, ou *chœurs
cycliques* (ou *circulaires*).

Le poète érotique est mentionné par Athénée, aux côtés des poètes
(lyriques ou tragiques) Sappho, Mélétos et Lamynthios[139]. Ce Cléomène
poète érotique est peut-être également mentionné ailleurs par Athénée,
lorsque celui-ci cite un fragment du poète comique Chionidès (première
moitié du Vᵉ siècle) qui s'attaque à Gnésippe et à Cléomène[140]. L'identité
de ce Gnésippe est également discutée[141], mais le contexte d'Athénée
montre que le caractère érotique de sa composition a fait l'objet de critiques, ce qui invite à rapprocher ce Cléomène associé à Gnésippe du
Cléomène poète érotique mentionné ailleurs par Athénée.

Il n'est pas évident que ce (plus vraisemblablement, à mon sens, que
« ces ») Cléomène, poète érotique du Vᵉ siècle fustigé par Chionidès, doive
être distingué du Cléomène dithyrambographe. La pratique de la poésie
érotique n'est en effet pas *a priori* incompatible avec une activité poétique
consistant en la composition de dithyrambes : Pindare a conjugué ces
deux activités, ainsi que d'autres formes de compositions poétiques[142].

Les éléments qui nous sont parvenus sont insuffisants pour relier,
d'une façon qui soit plus que purement spéculative, ce (ou ces) Cléomène
poète(s) du Vᵉ siècle au nôtre : la pratique rhapsodique apparaît comme trop
différente de la pratique dithyrambique et lyrique pour que l'identité des
noms permette de soutenir *a priori* qu'il s'agissait d'une même personne.
Le Cléomène poète érotique n'est de fait pas associé à des poètes connus
pour leur composition en hexamètres dactyliques mais à des poètes lyriques
ou tragiques. Il paraît de surcroît difficile de construire une relation de
sens entre l'activité dithyrambographique, eût-elle même consisté en une
composition de chœurs cycliques ou circulaires, avec le cycle d'Empédocle,
quoique la période d'activité de ce Cléomène dithyrambographe puisse

---

139 Athénée, *Deipn.* 13.84.14 Kaibel ; le nom apparaît dans un fragment de l'*Antilaïs* d'Épicrate
    (fr. 4.2 Kock). Mélétos est un poète tragique de la 2ᵉ moitié du Vᵉ s. (*cf. Neue Pauly* vol. 7
    col. 1183).
140 Athénée, *Deipn.* 14.43.4 Kaibel ; le nom apparaît dans le fragment 4 Kock de Chionidès.
141 Voir *Neue Pauly* vol. 4 col. 1107, *s. v.* Gnesippos.
142 S'agissant de la poésie qu'on pourrait nommer érotique selon les critères anciens, voir le
    poème pour Théoxénos de Ténédos (Pi.fr.encom.123 Maehler).

correspondre à une datation basse des *Catharmes* (soit vers 430). Puisque la mention de la récitation des *Catharmes* par le poète Cléomène ne permet pas d'éclairer la signification du contexte de *performance*, tournons-nous à présent vers l'étude de l'occasion fournie par les Jeux olympiques.

– Récitations de prose et de poésie
 aux Jeux olympiques[143]

La circonstance exacte de cette récitation poétique demande d'abord à être élucidée[144].

Il est extrêmement peu vraisemblable que des concours poétiques à proprement parler aient eu lieu à Olympie en sus des concours sportifs[145] : la longue section que consacre Pausanias à l'organisation des épreuves des Jeux olympiques, qui constitue le témoignage ancien le plus développé, n'en fait aucune mention[146]. C'est aussi le cas de deux autres témoins importants, qui comportent des listes des noms de vainqueurs[147]. L'organisation des Jeux a connu des remaniements importants suite à leur tenue en 472, si bien que les savants admettent que nous connaissons assez bien, grâce à Pausanias, l'organisation des jeux à partir de 468 ; or, nous n'avons pas de trace d'autres remaniements majeurs avant 200 avant J.-C. En 468, les informations dont nous disposons n'évoquent aucune épreuve telle que des concours poétiques. La situation des Jeux olympiques est donc de ce point de vue très différente de ce qui se produisait durant les Grandes Panathénées (à partir de leur réforme au VIe siècle), et pour lesquelles nous sommes beaucoup mieux

---

143 Cette partie de ma réflexion doit beaucoup aux discussions avec Jean-Claude Picot et aux suggestions de Gérard Journée (ce dernier a en particulier formulé l'idée d'une relation aux discours panégyriques). Je les remercie.

144 Sur la question des récitations poétiques à Olympie et dans d'autres festivals et concours, je renvoie aux appendices extrêmement utiles d'Herington 1985, qui rassemble les témoignages anciens sur les concours poétiques. Voir, en particulier, p. 164 (appendice 1, point 13) pour Olympie et p. 171-172 (appendice 2, points 24, 25, 27 pour les récitations poétiques à Olympie).

145 Lee 2001 p. 6 ne mentionne pas de tels concours dans la liste des activités non athlétiques qui avaient lieu durant ces Jeux ; il mentionne en revanche des concours de hérauts et de trompettes (introduits en 396 av. J.-C.), le premier jour, et le divertissement offert lors du banquet, une fois les épreuves terminées. Voir également p. 24.

146 Pausanias 5.8.6-5.9.2.

147 Voir Lee 2001 p. 3 : il s'agit du papyrus P. Oxy. II.222 et de Phlegon de Tralles, Jacoby *FGrH* 606 fr. 12.

documentés sur ce point[148]. Il existait également des concours poétiques et musicaux alliés à des épreuves gymniques avant même cette date, dans le cadre de compétitions non pas panhelléniques mais locales[149].

À partir de 396 s'est adjoint aux Jeux olympiques un concours de hérauts (qui annonçaient les épreuves, les vainqueurs, etc.) et de trompettistes, qui aurait eu pour fonction d'annoncer le déroulement des jeux et la trêve que leur tenue impliquait[150]. Rien n'indique que ces hérauts et trompettistes aient eu plus qu'un rôle d'apparat. Il est en revanche possible que cet événement méconnu soit une évolution de pratiques auparavant informelles qui ont été officialisées à un moment donné.

Les pratiques poétiques associées aux Jeux olympiques, à cette époque, avaient lieu dans un cadre qui n'était ainsi vraisemblablement pas institué comme tel. Nous connaissons de fait quelques mentions de discours, d'une part, et de poèmes, de l'autre, qui furent récités à Olympie, ainsi que d'autres activités qui avaient lieu en marge des Jeux, et particulièrement au moment de la panégyrie (c'est-à-dire le moment où les Grecs s'assemblent autour du sanctuaire, juste avant la tenue des jeux proprement dits, très vraisemblablement le premier jour[151]). On ne peut pas exclure qu'un certain nombre de poètes et de musiciens professionnels participaient, au même titre que les autres Grecs, à la panégyrie, et qu'ils prenaient l'occasion de l'effervescence du début de festival pour procéder à des récitations, dans l'idée par exemple de se faire remarquer par des puissants et de potentiels patrons.

Nous connaissons trois discours en prose qui ont été composés en vue d'un contexte panégyrique : ceux de Gorgias, Isocrate et Lysias[152]. Les

---

148  L'introduction de concours poétiques dans les Panathénées est attribuée à Solon (Herington 1985 p. 85-86, et surtout n. 24) mais le passage de Diogène Laërce (DL.I.57 : Τά τε Ὁμήρου ἐξ ὑποβολῆς γέγραφε ῥαψῳδεῖσθαι) qui constitue notre seule source sur ce point, signale seulement que Solon a promu une loi selon laquelle les poèmes d'Homère devaient être récités de façon rhapsodique ; d'autres sources attribuent cette réforme aux Pisistratides (elle serait allée de pair avec la restructuration du concours par Pisistrate ; cf. Ps.-Plat., *Hipparque*, 228b). L'inscription *IG* II² 2311 constitue un témoignage pour les concours spécifiquement musicaux (Herington 1985 p. 86 et n. 21 et 26).

149  Voir notamment Thucydide 3.104, pour Délos. Le témoignage de l'*Hh*.Ap.146-178 évoquerait ce festival. D'autres concours musicaux sont associés à Sparte (cf. Plutarque, *De musica* 1134b-c ; Sosibius, *in* Jacoby FGrH 595, fr. 5 ; Polykrates *in* Jacoby FGrH 588). Voir également, pour Delphes, les témoignages mentionnés par Herington 1985 p. 163-164, point 10.

150  Voir Lee 2001 p. 32 *sqq*. Les deux sources sont Lucien, *Peregrinus* 32 et Pollux, *Onom.* 3.8.

151  Voir, sur cette question, Volonaki 2011 p. 78.

152  Pour une analyse récente de ces trois panégyriques en prose, voir Volonaki 2011 p. 80-81. Denys d'Halicarnasse *Dém.* 44.17 considérait déjà que les discours panégyriques prêtés

topiques de ce genre particulier tenaient à l'exhortation à la concorde, le plus souvent à l'encontre d'ennemis communs (barbares ou tyrans). En 408 ou 392, le *Discours olympique* de Gorgias exhorte à la concorde sur le fond d'une lutte contre les barbares[153]. En 388 ou 384, le discours olympique de Lysias invite à la concorde contre la tyrannie de Denys Ier de Syracuse et à la libération de la Sicile. On considère que le discours de Lysias, dont il nous est parvenu quelques fragments, avait réellement été prononcé, du fait d'une mention de Diodore de Sicile, qui rapporte que les légats de Denys auraient été exclus de la fête suite au discours de l'orateur[154]. Le discours d'Isocrate, daté de 380 (parfois de 385/4), n'a vraisemblablement pas été récité : il soutient une vision du panhellénisme fondée sur l'hégémonie d'Athènes et visant à la lutte contre les barbares, en particulier les Perses.

Le discours panégyrique semble être rapidement devenu l'occasion d'un morceau de bravoure rhétorique et épidictique qui permettait de montrer son habileté et de véhiculer des idées politiques associées à la concorde panhellénique[155]. Denys d'Halicarnasse analyse le discours panégyrique comme relevant d'un style d'apparat : à son époque, le lien avec la panégyrie qui précède les Jeux n'était plus considéré comme un élément signifiant de l'identification du type de discours relevant de ce style.

Outre le genre spécifique constitué par ces discours panégyriques, les Jeux olympiques pouvaient être le lieu de la récitation d'œuvres en prose (Lucien nous a conservé une mention du fait que les œuvres d'Hérodote ont fait l'objet d'une récitation aux Jeux olympiques[156]) et d'œuvres poétiques. S'agissant de ces dernières, nous savons par Diodore de Sicile qu'en 388, Denys Ier de Syracuse a envoyé des poètes (désignés

---

à Démosthène étaient apocryphes.

153  Il s'agit de Gorgias, fr. 82 B 7, 8 et 9 D.-K. Un fragment de son discours pythique (82 B 10 D.-K.) nous est conservé par Philostrate, *Vie des sophistes* I.9.4-5. Pour la relation à Isocrate, voir la thèse déjà ancienne de Mathieu & Brémont 1938 vol. 2 p. 4.

154  Il nous en est parvenu neuf fragments. *Cf.* Diodore de Sicile XIV.109.3, et ci-après ; l'épisode est également évoqué par Denys d'Halicarnasse, *De Lys.* 29.1.

155  Voir en particulier *De compositione verborum* 22.230 et 23.170. Le panégyrique a été associé à l'épidictique dans le contexte d'une division tripartite de la rhétorique entre judiciaire (δικανικός), délibératif (συμβουλευτικός) et « ce qu'on appelle épidictique ou panégyrique » (τὸ καλούμενον ἐπιδεικτικὸν ἢ πανηγυρικόν). *Cf.* Aristote, *Rhet.* 1358b 7 pour la genèse de cette division tripartite (sans mention du panégyrique).

156  Lucien, *Hérodote*, 1.23 *sqq.*, justement lors de la panégyrie.

par Diodore comme des rhapsodes), sous l'égide de son frère Théaridès, pour qu'ils chantent les mérites de Denys[157], suscitant la réaction de Lysias. Ce témoignage sur Denys montre que la panégyrie est un lieu éminemment politique : les discours panégyriques ne sont pas simplement des discours d'apparat, mais sont profondément inscrits dans une actualité (qu'on tienne ou non pour vrai le détail des événements narrés par Diodore à propos de Denys et de Lysias).

Hormis ces mentions, le témoignage de Platon évoque des conférences données par Hippias, suivies de questions posées par le public[158] : elles ont lieu durant la panégyrie, et manifestement dans un cadre officieux. En 364a8, l'affirmation selon laquelle Hippias n'a jamais trouvé son vainqueur depuis qu'il participe aux compétitions olympiques (Ὀλυμπίασιν ἀγωνίζεσθαι) a vraisemblablement un sens métaphorique : cela ne signifie pas que des concours sophistiques avaient lieu. Platon utilise cette formule, empruntée au lexique des épreuves sportives, pour souligner ironiquement la vanité du personnage, qui sera finalement « défait » par Socrate.

## La récitation des Catharmes aux Jeux olympiques

Au vu de la faible quantité de matériau dont nous disposons s'agissant des récitations poétiques à Olympie, reconstruire la signification de la récitation des Catharmes à Olympie ne peut pas ne pas comporter une part importante de spéculation (à commencer par la question même de savoir si Cléomène les a ou non récités du vivant d'Empédocle !), et il faut se garder d'élaborer des modèles trop rigides. L'une des questions les plus fondamentales qui se posent est de déterminer le contenu même de ce poème : correspondait-il au poème proprement religieux tel que le voyait Diels ? La reconstruction à laquelle on aboutit est assurément très différente si l'on admet qu'Empédocle a composé un unique poème. Ce qui est strictement nécessaire à l'argument présent est que les Catharmes aient comporté l'adresse aux Agrigentins que nous connaissons par le

---

157  Diodore de Sicile XIV.109 : ἔπεμψε δὲ καὶ ῥαψῳδοὺς τοὺς κρατίστους, ὅπως ἐν τῇ πανηγύρει τὰ ποιήματα αὐτοῦ προφερόμενοι ποιήσωσιν ἔνδοξον τὸν Διονύσιον· σφόδρα γὰρ εἰς τὴν ποιητικὴν ὑπῆρχε μεμηνώς. τούτων δ᾽ ἐπιμελητὴν συνεξέπεμψε Θεαρίδην τὸν ἀδελφόν· ὃς ἐπεὶ παρεγένετο εἰς τὴν πανήγυριν, ἐπὶ μὲν τῷ κάλλει τῶν σκηνῶν καὶ τῷ πλήθει τῶν τεθρίππων ἦν περίβλεπτος. La manœuvre n'a pas eu le succès escompté.
158  Platon, Hippias Mineur 363d-364a.

fragment 112, et qu'il comporte une dimension de subversion religieuse – ce qui est, en réalité, également le cas des fragments d'habitude attribués au poème physique, quoique de façon différente.

La valorisation de la figure du compositeur et l'appel à une forme de panhellénisme typique du discours panégyrique en prose ultérieur caractérisent, en un sens, les *Catharmes* d'Empédocle. La relation entre ces œuvres ne peut qu'être l'objet de spéculation : s'il on admet qu'il existait avant Empédocle une tradition de discours panégyrique dont la fonction était à l'origine simplement d'annoncer la réunion des Grecs dans le cadre des jeux quadriennaux, l'Agrigentin a pu s'appuyer sur de tels discours fonctionnels pour formuler en poésie un type de discours qui réfléchissait justement à la notion de panhellénisme, comme on le verra – avant que ces pratiques ne tombent dans l'escarcelle des rhéteurs, sophistes et autres orateurs. Il est tentant de comprendre, de ce point de vue, que la source de Diogène Laërce et de la *Suda* a en vue quelque chose de semblable en faisant de Gorgias l'élève d'Empédocle[159].

Deux aspects de la signification de cette récitation à Olympie se laissent analyser : sa dimension panhellénique, en particulier dans la relation avec ce qui deviendra, au siècle suivant, le discours panégyrique, et sa signification religieuse.

Il faut d'abord analyser la tension entre l'universalité virtuelle du projet poétique et la stylisation du destinataire comme une communauté. Partons d'une analyse que propose Gregory Nagy du destinataire chez Pindare, qui le stylise au moyen de trois caractéristiques[160] : il est σοφός, ἀγαθός – au sens où il partage valeurs et éducation[161] –, et φίλος. Cette dernière dimension a pour fonction d'inscrire la communication dans une communauté déterminée[162]. Une telle définition du destinataire permet de caractériser le message comme un αἶνος, c'est-à-dire un mode de discours qui convoie le bon message à ceux qui sont aptes à le comprendre et le mauvais à ceux qui ne le sont pas[163]. Ce procédé est également à l'œuvre chez Théognis, où les critères de σοφός et d'ἀγαθός reparaissent[164]. L'αἶνος semble donc lié, dans ces œuvres, à une

---

159 Gorgias 82 A 2 D.-K. = *Suda s. v. Γοργίας*; Gorgias fr. 82 A 3 D.-K. = DL.VIII.58-59.
160 Nagy 1989 p. 10-11.
161 Pi.*P*.2.81-88, 2.94-96, 10.71-72.
162 *Cf.* Pi.*P*.2.81-88.
163 Nagy 1989 p. 11.
164 Nagy 1989 p. 11 à propos de Thgn.681-682.

circonstance de communication spécifique, qui n'est pas celle associée à un public panhellénique[165]. Au contraire, la poésie homérique ne se définit pas comme un αἶνος, en ce qu'elle n'est pas liée à une occasion particulière et, ne s'adressant pas à un groupe restreint, vise à une réception virtuellement universelle.

La notion de panhellénisme, telle qu'elle a été développée par Nagy, comporte un certain nombre de limites[166] mais présente un caractère fonctionnel pour notre analyse dans la mesure où elle permet d'appréhender la relation entre la visée du poème, la circonstance de la *performance*, son auditoire et la façon dont celui-ci est stylisé. Dès lors, si on considère que le destinataire intradiégétique des *Catharmes* est défini comme un groupe d'amis, il faut comprendre pourquoi Empédocle stylise un destinataire semblable à celui de la *performance* monodique, épinicique ou, sans doute plus vraisemblablement, élégiaque. Il y a une tension entre la définition d'un tel destinataire et la visée didactique du poème d'une part, ainsi qu'avec le fait qu'Empédocle ait voulu faire réciter par le rhapsode Cléomène les *Catharmes* aux Jeux olympiques[167], qui constituent sans doute la manifestation publique panhellénique par excellence. Faut-il y lire un geste de mépris provocant envers la foule, à laquelle Empédocle adresserait un poème explicitement destiné à une élite dans l'idée de la placer face à sa propre incompréhension de son propos ?

Je ne le pense pas. La réponse de Bollack est qu'Agrigente désigne virtuellement l'univers entier[168]. Mais cette position, si elle explique la visée panhellénique du fr. 112, n'explique pas complètement le dispositif textuel : elle ne permet pas de comprendre pourquoi les destinataires sont désignés comme des φίλοι.

Désigner les destinataires comme des φίλοι signale bien que ceux-ci appartiennent à une communauté : mais le dispositif textuel vise à *créer* cette communauté, par l'écoute du poème, et non à la définir comme *préalable*. Les « amis » d'Agrigente sont une stylisation du public non pas tel qu'il est au début de la *performance*, mais tel qu'il sera au terme

---

165  Nagy 1989 p. 12 : « *Occasionnality is the essence of ainos.* »
166  *Cf.* Rousseau 1996 p. 164 : tout panhelléniques que soient les *Travaux* dans leur horizon poétique, une application trop mécanique du critère conduit à négliger la dimension de signification du poème comme un événement singulier et affaiblit la relation du poème avec la *Théogonie*.
167  DL.VIII.63, Athénée *Deipn.* 14.12.21 Kaibel.
168  Bollack 2003 p. 53.

de l'écoute des *Catharmes*. Empédocle construit un destinataire idéal, stylisant une situation où les Agrigentins ont une situation qui confine à la perfection, par opposition à celle des autres cités. Cela suggère que l'écoute du poème vise à donner à l'auditoire les conditions permettant de se construire comme cette communauté idéale. Cela passe par une réforme des croyances liées à la nature de la divinité et à la vie après la mort, et des rites qui y sont associés. Le projet des *Catharmes* comporte ainsi une dimension sociale déterminante : le destinataire est stylisé, dès le premier vers du poème, comme une communauté restreinte pour signaler une tension entre les conditions de *performance* et la portée universelle de la visée didactique du poème d'un côté, et la façon dont le destinataire est stylisé de l'autre. Cette tension demandait une analyse de la part de l'auditoire, habitué à considérer la contradiction apparente des poèmes anciens comme un mode de construction délibéré de l'énoncé en ce qu'il souligne justement la nécessité d'une telle analyse : elle se résolvait par la compréhension de la réforme des croyances et des rites qui transformait l'auditoire en une telle communauté unie par une relation de Φιλία. Empédocle cherche à refonder les conditions du vivre-ensemble dans le cadre de la cité, arguant qu'elle ne devient une communauté véritable, unie par la Φιλία, qu'au terme d'une réforme des croyances et des rites décrite dans le poème.

On pourrait objecter que le sanctuaire de Zeus à Olympie se prête mal à la récitation d'un poème qui est à ce point subversif envers la religion traditionnelle, et qu'il est peu vraisemblable que Cléomène, rhapsode professionnel, ait accepté de se compromettre à réciter, en particulier, les vers qui correspondent aux fragments 128, 136 et 137[169] – qui portent justement sur Zeus et le sacrifice sanglant. S'il faut conserver l'idée d'une récitation des *Catharmes* à Olympie, faut-il exclure ces fragments de notre reconstruction du poème ? La déclamation s'est-elle produite à l'écart du lieu principal du festival, comme à la marge des autorités religieuses ?

Je ne le crois pas. Aux yeux du public, d'une part, la dimension subversive de la pensée religieuse d'Empédocle, qui paraît difficile à contester, n'implique pas pour autant que les thèses religieuses des *Catharmes* soient irrecevables, dans un contexte où l'orphisme et le

---

169 L'objection a été formulée par Jean-Claude Picot, que je remercie très chaleureusement pour nos longues discussions sur la pensée d'Empédocle.

pythagorisme se sont déjà développés (certes de façon privilégiée, sans doute, dans les couches supérieures de la société). Le fait que la théologie de Phérécyde, qui n'est pas elle-même sans présenter de subversion – ne serait-ce que par le choix de la prose ! – a été transmise au fil de l'Antiquité, montre bien qu'il y avait, dès le milieu du VIᵉ siècle, un public désireux de prendre connaissance de telles thèses, et qui a pris la peine de recopier ou de faire recopier le traité en question.

D'autre part, la dimension religieuse de la manifestation et l'importance qu'y revêt le sacrifice sanglant ne sont pas contradictoires avec la possibilité de la *performance* d'un poème comprenant les fragments 128, 136 et 137 dans la mesure où, comme nous l'avons vu, il n'y a aucune trace du fait que les concours rhapsodiques aient relevé des festivités officielles des Jeux. Tout porte à croire que de telles récitations avaient lieu durant la panégyrie : elle avait lieu dans le sanctuaire lui-même mais avant les sacrifices et les serments qui marquaient le début des Jeux. La panégyrie s'inscrit donc dans un contexte suffisamment empreint des pratiques religieuses traditionnelles pour que la subversion de la théologie traditionnelle des *Catharmes* porte ; pour autant, ce contexte est encore suffisamment peu ritualisé, à ce moment du festival, pour empêcher complètement la transmission d'un message religieux hétérodoxe.

### La signification politique et poétique de la récitation des Catharmes à Olympie : une hypothèse

La récitation des *Catharmes* à Olympie pouvait également viser un objectif de nature à la fois politique et poétique, quoique cette hypothèse soit indémontrable en l'état de nos connaissances.

Diogène Laërce présente Empédocle comme un démocrate, en mentionnant des historiettes dont l'authenticité est discutable mais qui expriment sans doute quelque chose du type de pensée politique qu'Empédocle avait développée ou, du moins, du type de pensée politique que ses poèmes invitaient à lui prêter rétrospectivement[170]. Le § 64 (dont la source est Timée) présente une anecdote racontant l'exécution de magistrats qui ont agi de façon non démocratique – c'est-à-dire, en l'occurrence, tyrannique – lors d'un banquet[171] ; le § 65, une vignette

---

170  Voir DL.VIII.63-66.
171  Voir Goulet-Cazé 1999 p. 991 n. 1.

fondée sur le motif de l'égalité des citoyens quelle que soit leur ascendance (Empédocle a critiqué la requête du médecin Acron que la cité érige un monument funéraire à ses ancêtres); le § 66 lui prête la dissolution de l'oligarchie des Mille à Agrigente, qui avait été instituée suite à la fin de la tyrannie de Thrasydée et à laquelle Empédocle lui-même pouvait avoir appartenu. Ces vignettes peuvent avoir été inspirées par le motif de l'égalité des quatre éléments entre eux (*cf.* fr. 17.27-28) ou par la notion d'alternance réglée qui caractérise le cycle (*cf.* fr. 17.29, etc.) : on voit bien comment de tels motifs sont susceptibles d'une lecture politique. Pourtant, Diogène lui-même souligne que sa valorisation de l'égalité paraît entrer en contradiction avec la vantardise dont il semble faire preuve (DL.VIII.66, cit. Empédocle fr. 112.4-5).

Or, il est déterminant que ces notices relatives à l'engagement politique d'Empédocle succèdent immédiatement à celles qui portent spécifiquement sur les *Catharmes*, et que la mention de la récitation de ce poème à Olympie par Cléomène soit précisément celle qui assure la transition entre ces deux sections du témoignage de Diogène.

Si l'on admet que les *Catharmes* étaient susceptibles d'une lecture panhellénique, dans l'idée de ce que seront les discours panégyriques appelant à la concorde entre les Grecs à l'encontre d'un ennemi commun, il est tout à fait possible que le poème ait pu être interprété comme un manifeste anti-tyrannique, soit au moment de la chute des Emménides et des Deinoménides, soit lors de la transition vers un régime démocratique, quoiqu'il soit difficile de préciser plus avant la nature de la concorde qui est exactement en jeu. La Sicile de la première moitié du Vᵉ siècle est en effet marquée par d'importants troubles politiques, où l'institution d'un ensemble de régimes démocratiques succède à la tyrannie. Ainsi, en 473, Thrasydée d'Agrigente succède à son père Théron, avant d'être contraint à l'exil en 472, lorsque la cité tombe sous le contrôle de Syracuse[172] ; à Syracuse elle-même, Thrasybule succède à son père Hiéron en 466.

Par ailleurs, cette particularité pourrait constituer l'un des éléments d'explication de la relation que nous avons décelée, dans le fragment 3, entre la conception de la poésie que développe Empédocle lorsqu'il refuse de rechercher les honneurs des hommes, en particulier dans les concours,

---

172 Sur la question de la tyrannie à Agrigente, voir Diodore de Sicile XI.76.

et les conditions de production de la poésie lyrique, en particulier celle de Pindare. Les analyses récentes de Morgan montrent que ce dernier, particulièrement représentatif pour nous de la poésie épinicique de l'époque d'Empédocle, aurait appuyé sur la dimension religieuse de ses épinicies un programme politique favorable aux Emménides et aux Deinoménides, qui constituaient une part significative de ses patrons[173]. Hiéron d'Agrigente, en particulier, a trouvé dans l'ode épinicique un vecteur de la redéfinition d'un pouvoir politique autocrate dans un contexte où l'invasion de la Grèce par les Perses lors de la première guerre médique avait modifié la perception du pouvoir monarchique dans les mentalités[174]. Hiéron avait développé le projet de faire de Syracuse l'un des grands centres culturels de la Sicile, invitant, outre Pindare et Bacchylide, des poètes tels que Simonide, Xénophane et Eschyle en plus des poètes déjà originaires de la cité (tels qu'Épicharme)[175].

La réforme de la poésie et des croyances sociales que se propose de mettre en œuvre Empédocle a sans doute eu pour effet si l'on peut dire collatéral de saper l'autorité de telles stratégies de redéfinition du pouvoir monarchique, tant du point de vue politique que d'un point de vue religieux. On sait par ailleurs que les panégyries des Jeux olympiques ont été le lieu de ce genre d'affrontement au siècle suivant (comme le montre l'anecdote transmise par Diodore de Sicile sur Lysias et les rhapsodes envoyés par Denys I$^{er}$ de Syracuse). Une telle reconstruction pourrait confirmer l'idée de Bollack selon laquelle les *Catharmes* sont antérieurs au Poème physique (soit que la composition a eu lieu avant 460) : Empédocle chercherait à produire une concorde politique, en repensant les fondements du vivre ensemble dans des temps politiquement troublés. Le schéma, s'il existe, est beaucoup moins clair après 460, à une période où des régimes démocratiques se sont installés en Sicile, et en particulier à Agrigente.

---

173  Morgan 2015.
174  Morgan 2015 p. 4.
175  Morgan 2015 p. 87.

CONCLUSION

Les trois œuvres poétiques de Xénophane, Parménide et Empédocle comportent une structure narrative où le poète prend la parole à la première personne et dont on a toutes les raisons de penser qu'il s'agit d'un héritage des *Travaux* d'Hésiode. Cette structure s'oppose à celle de la poésie épique et théogonique de contenu narratif, fondée sur un effacement du narrateur, telle qu'on la retrouve (selon toute vraisemblance) dans la poésie cyclique du VI° siècle. Les trois poètes procèdent pourtant de façon différenciée à une réfection de la structure énonciative des *Travaux*. Xénophane ne paraît pas choisir de destinataire secondaire spécifique, d'après ce que nous connaissons de ses fragments philosophiques : cela implique qu'un public spécifique et des conditions de réception idéales n'étaient pas stylisés dans ses fragments poétiques, susceptibles par là de toucher un public très vaste[176].

La situation de communication stylisée dans le poème de Parménide définit, elle, des conditions de réception idéale : le discours de la déesse s'adresse à un public initié, représenté par le narrateur du proème. Il ne s'agit pas nécessairement d'une élite sociale. Le point déterminant est la tension entre l'ampleur du public qu'était susceptible de toucher le médium de l'hexamètre dactylique, et la fermeture de la situation de communication stylisée dans le poème : lors de la *performance*, la déesse – énonciateur intradiégétique – parlait par la bouche du poète qui se tenait devant le public. Alors qu'Hésiode-poète se stylise lui-même comme Hésiode-narrateur dans les *Travaux*, Parménide distingue le poète en *performance* du narrateur intradiégétique. Ce dispositif, qui annule de fait la nécessité de la Muse, permet de créer une opposition entre les deux parties du discours de la déesse, Vérité et *Doxa*. J'ai avancé que celle-ci se résolvait partiellement lorsqu'on sortait du contexte de la narration : la déesse présente la Doxa comme trompeuse, mais il s'agit

---

176 Je partage sur ce point les conclusions de Granger 2007, quoique je ne sois pas d'accord avec le détail de son argumentation, fondée en particulier sur le présupposé que le développement de l'esprit critique est lié à l'apparition de la prose. De telles vues mènent en définitive à reconduire des présupposés semblables à ceux de Fränkel sur les caractéristiques de l'homme archaïque (et de la production poétique dont ce dernier est à l'origine) qui me semblent insoutenables aujourd'hui.

d'un schème poétique construit par la situation énonciative, visant à souligner la dépendance de la *Doxa* par rapport aux caractérisations de l'étant dans la Vérité.

La position d'Empédocle présente à cet égard une forte originalité, dans la mesure où il paraît revenir à un destinataire identifiable, dans chacun de ses deux poèmes, en adoptant une structure semblable en apparence à celle des *Travaux* d'Hésiode quoiqu'il y introduise pourtant une série de ruptures radicales.

Le destinataire de chacun des deux poèmes est construit de sorte à indiquer la signification et le rôle du savoir dans la société (ou plutôt, dans la représentation que les poèmes s'en donnent).

L'étude du destinataire du Poème physique, d'abord, a montré que la poésie d'Empédocle demandait à son auditoire une connaissance de la poésie antérieure et des débats qui ont porté sur elle : Pausanias est stylisé comme un individu parvenu à la cime de la connaissance des mortels. Le disciple est construit de sorte à montrer que sa connaissance de la doctrine lui permet une réflexion sur son agir personnel, l'invitant à une réflexion éthique sur la façon dont les deux puissances déterminent l'agir de l'être humain (en tant qu'individu). Pausanias est celui qui fait cesser la peine associée à sa condition de mortel, par la compréhension du rôle des racines et de l'Amour, ainsi que celle de la nature véritable de l'existence – puisque la vie perdure après la dissolution du corps composé d'éléments.

La situation énonciative du Poème physique présente un retour apparent à celle des *Travaux* ; mais si Persès était un double antithétique du narrateur, Pausanias en est, lui, un double positif. Son nom implique que l'auditoire qui a compris la doctrine peut déceler le rôle de l'Amour dans le monde, trouvant par là une réponse à la crise de la condition humaine, et, sans doute, adapter son action à la connaissance des principes, pour en évincer Νεῖκος. Le choix de l'hexamètre dactylique par opposition aux autres formes poétiques s'explique de ce point de vue par la visée du Poème physique, qui propose un savoir universel permettant d'expliquer tous les aspects du vivant et du monde : il est adressé à un auditoire universel stylisé en la figure de Pausanias.

Le groupe d'Agrigentins auquel s'adresse Empédocle dans les *Catharmes* constitue une stylisation d'un auditoire idéal, qui présente des qualités que la compréhension du poème et de sa doctrine vise à susciter chez l'auditoire extradiégétique, au terme d'une réforme des croyances et de la nature même du lien social. Le projet poétique tend ainsi à la réformation des conditions du vivre-ensemble, déterminées par un système de croyances et de rites. Le fait que les *Catharmes* ont été récitées à Olympie indique que le dispositif textuel établit une tension entre la communauté stylisée des Agrigentins et la portée panhellénique de la récitation à Olympie : délibérément construite par le texte, elle se résout si on considère qu'elle vise à la transformation des autres communautés en cette communauté stylisée comme idéale. Empédocle, à cet égard, n'aurait pu composer un poème élégiaque : le fait qu'il s'adresse à une communauté n'implique pas que son message n'est pertinent qu'au sein de la communauté déterminée qu'il stylise, mais au contraire que l'objectif du projet poétique est de redéfinir les fondements d'une telle communauté.

L'analyse de la stylisation des destinataires permet de donner à voir la fonction du savoir dans la société. Cette structure diégétique permet ainsi de qualifier le type d'écoute demandé par la compréhension du poème, et le rôle (ou les effets) de la doctrine sur l'individu. Or, nous n'avons aucune trace d'un propos adressé dans la prose de cette époque ou celle du siècle précédent : la caractéristique proprement poétique que constitue la définition d'un destinataire intradiégétique permet ainsi au poète de préciser la fonction dans la société du savoir original qu'il déploie, par la relation que le poème construit entre le destinataire intradiégétique et le public de la *performance* (le destinataire extradiégétique). Cette construction laisse deviner des écarts intellectuels et politiques avec les autres grandes formes poétiques contemporaines, telles que l'épinicie, du point de vue des critères à la fois politiques et religieux qui la fondent.

# LA DISCORDE, LE POÈTE
## ET LA CRÉATION POÉTIQUE

J'ai longuement montré que le choix qu'a fait Empédocle d'exprimer sa pensée dans le véhicule hexamétrique allait de pair avec une adaptation de celui-ci à sa pensée : sa conception de la Muse, à laquelle il donne des caractéristiques associées à Φιλία, lui permet de faire procéder le poème d'une connaissance divine qui n'est plus celle de la tradition poétique hexamétrique, mais qui prend sens dans le cadre conceptuel de sa propre philosophie. Ce procédé lui permet de repenser la relation entre la divinité, la poésie et le réel : la poésie, inspirée des dieux qui constituent également, à un autre niveau, le monde et le vivant eux-mêmes, permet à la fois d'interpréter le monde et de l'expliquer. Les procédés typiques de construction et d'organisation de la matière poétique sont adaptés en vue de cet objectif, servant une visée à la fois argumentative et didactique. La finalité de ce savoir original, qui présente une rupture intellectuelle radicale avec la tradition (ou plutôt les traditions) dont il est pourtant nourri, tient tant à la connaissance elle-même qu'à la réforme : réforme éthique dans le Poème physique, pour autant qu'on puisse le dire, et réforme des croyances religieuses et de la nature même des conceptions sous-jacentes à l'expression du lien social dans les *Catharmes*.

Dans cette reconstruction de la théorie poétique d'Empédocle et de sa signification, si j'ai raison de la concevoir ainsi, un point interpelle : aucun rôle n'est explicitement attribué à la Discorde dans la création poétique. Nous allons ici poser la question de l'équilibre entre les deux puissances, qui est une des problématiques majeures de la doctrine, mais en l'appliquant à la création poétique.

## LE PROBLÈME DE LA DISCORDE
## ET DE LA CRÉATION POÉTIQUE

La création poétique est définie comme relevant de la puissance de Φιλία, comme le montrent notre étude de la métaphore de l'attelage comme objet d'artisanat produit par un assemblage harmonieux des parties (racine *ar- de ἄρμα, ἀραρίσκω...) et la caractérisation de la Muse en des termes qui la placent du côté du désirable. La Muse a pour fonction de transposer dans l'ordre de la persuasion poétique les forces véritablement à l'œuvre dans le monde. L'homme est incapable de les percevoir par lui-même car, si ma lecture du fr. 4 est juste, la Discorde a divisé les facultés de compréhension au sein même de son corps : il n'est donc pas à même de percevoir la persuasion qui se dégage des choses mêmes. Par conséquent, si la Muse est un pont entre l'ordre des phéno-mènes et l'ordre de leur transcription dans la poésie, sa fonction s'oppose irréductiblement, semble-t-il, à celle de la Discorde : la construction de la doctrine et sa compréhension sont ainsi du côté de Φιλία. La création poétique et le savoir qu'elle dégage étaient d'ailleurs associés à Φιλία par Hippolyte, qui comprend la Muse comme un principe de δίκαιος λόγος lié à l'établissement du règne de Φιλία.

L'activité de Νεῖκος dans la création poétique n'est pas directement abordée dans les fragments qui nous sont parvenus. La Discorde semble même exclue de la composition poétique dans le fr. 3.1 dans la mesure où la *folie* (μανίη) paraît plutôt caractériser la pratique déviante. Cette μανίη du début du fr. 3 fait écho à l'hémistiche Νείκεϊ μαινομένῳ πίσυ-νος du fragment 115 (v. 14), comme je le montrerai. Si on a raison de procéder à ce parallèle, on peut se demander quelles sont les raisons de cette caractérisation : dans les deux passages, le rôle de Νεῖκος revient pour ainsi dire, en dernière analyse, à distordre la nature de la relation qui lie le divin à l'humain (ou aux démons qui seront exilés).

Toutefois, du point de vue de la pratique poétique, il n'est pourtant pas exclu que la Discorde joue, implicitement, un rôle dans sa relation avec l'Amour. Si l'on transpose le modèle défini par les fr. 21-23, pour le vivant, à la composition poétique, le rôle de la Discorde peut se laisser concevoir de la façon suivante : le travail de composition poétique, tel que je comprends sa réalisation par Empédocle, suppose un moment d'analyse de la tradition poétique antérieure, visant en quelque sorte à la disloquer, pour mieux la recomposer et en montrer, éventuellement, les limites (comme on l'a vu dans le cas du fr. 2.4). Le projet poétique et intellectuel d'Hésiode est ainsi, si l'on peut dire, déconstruit dans sa globalité : la Muse du fragment 131, qu'Empédocle nomme Calliope, procédait à une relecture critique du début de la *Théogonie*, dans la mesure où Empédocle prétend lui demander un discours juste sur les dieux transcendants (par opposition à la demande d'Hésiode, qui consiste simplement à chanter les dieux). On peut appréhender de façon semblable le travail poétique sur les mots eux-mêmes, qui descend, comme l'a bien vu Bollack, jusqu'au niveau de la syllabe. Toutes ces opérations, aux différents niveaux du travail poétique, supposent un moment analytique dont il n'est pas absurde de supposer que la Discorde puisse être responsable, si on le conçoit en termes empédocléens.

Ainsi, formuler la question de savoir si la Discorde participe ou non de la création poétique mène à formuler un système d'alternative dont la première option (l'exclusion de la Discorde) paraît satisfaisante du point de vue de la théorie poétique telle qu'elle est décrite dans les fragments mais pose problème du point de vue de la compréhension du travail qu'Empédocle fait subir à la tradition et au véhicule poétique, dans ses différentes dimensions ; et dont la seconde option, à l'inverse, paraît rendre compte de façon satisfaisante de la pratique poétique mais semble contraire à ce que les fragments indiquent, puisqu'ils excluent apparemment les caractéristiques associées à la Discorde du type de composition poétique défini par le poète.

Cette alternative étant posée dans son caractère problématique, l'interprète peut adopter plusieurs approches. On peut évidemment estimer qu'Empédocle relit la tradition de façon critique pour composer sa propre pensée, ou en tout cas qu'il ne faut pas associer la relecture critique de la tradition poétique à laquelle se livre Empédocle à la Discorde, ou qu'il ne faut pas associer la μανίη du fragment 3.1 à celle, attribuée à Νεῖκος, du fragment 115.14. Mais une autre possibilité se dessine, si l'on considère que la façon dont le rôle de Νεῖκος est laissé en creux dans la définition de la théorie poétique peut justement signaler qu'il s'agit d'un élément déterminant de la compréhension du projet intellectuel. On sait que les poèmes archaïques sont susceptibles de présenter des contradictions apparentes dont la fonction est précisément de souligner que l'énoncé expose un problème déterminant dont la résolution est capitale pour parvenir au sens. Hésiode, dans la *Théogonie*, dit successivement à quelques vers d'écart que la Terre puis le Ciel sont le ἕδος ἀσφαλές des Olympiens[1] :

> Γαῖ᾽ εὐρύστερνος, πάντων ἕδος ἀσφαλὲς αἰεὶ
> ἀθανάτων οἳ ἔχουσι κάρη νιφόεντος Ὀλύμπου (He.*Th.* 117-118)

et

> Γαῖα δέ τοι πρῶτον μὲν ἐγείνατο ἶσον ἑωυτῇ
> Οὐρανὸν ἀστερόενθ᾽, ἵνα μιν περὶ πάντα καλύπτοι,
> ὄφρ᾽ εἴη μακάρεσσι θεοῖς ἕδος ἀσφαλὲς αἰεί. (He.*Th.*126-128)

Il y a dans de tels cas des façons, plus ou moins convaincantes et radicales, de nier qu'il y ait contradiction : sans même aller jusqu'à l'athétèse pure et simple, la contradiction est affaiblie lorsqu'on avance que les deux expressions ἀθανάτων οἳ ἔχουσι κάρη νιφόεντος Ὀλύμπου et μακάρεσσι θεοῖς ne désignent pas les mêmes dieux, ou qu'on considère au prix d'une anacoluthe que le sujet de εἴη n'est pas le même que celui de καλύπτοι (qui est Ouranos), mais qu'il s'agit, comme dans le premier passage, de Gaïa. Même si l'on accepte cette dernière option syntaxique, il subsiste une forme de contradiction dans la mesure où on ne comprend pas pourquoi Gaïa est activée comme siège des immortels seulement à partir de la naissance d'Ouranos. Pourtant, s'interroger sur la nature du problème que le poème cherche à souligner à travers cette contradiction reste à mes yeux la position herméneutique la plus productrice de sens.

Cette façon d'aborder la difficulté rend clair que la tension qui sous-tend cette contradiction tient à la séparation des espaces entre le ciel et la terre (*cf.* καλύπτοι) : la contradiction vise à pointer un élément

---

1   Ce passage a été étudié par Judet de La Combe 2010, dans un article très stimulant et dont je partage les conclusions : « [...] Hésiode, par la précision du *dire*, fait de l'écart sémantique entre les deux emplois déviants qu'il propose, écart qu'il n'efface pas, qu'il ne neutralise pas, mais au contraire qu'il rend visible, le moyen de percevoir la logique profonde, à la fois théo- et cosmogonique, qui a produit en fait la possibilité de l'usage traditionnel de la formule [...]. Le sens est dans l'écart entre les deux usages, dans la nécessité où est mis l'auditeur de se représenter le parcours de l'un à l'autre comme n'étant pas arbitraire, mais comme étant un moyen utilisé par le texte, pour construire une figure de son objet, à savoir l'idée d'une cohérence du monde » (p. 183-184).

déterminant du récit théogonique, le fait que l'établissement de l'ordre de Zeus a pour condition la transgression perpétrée par Cronos sur Ouranos. Et ce de plusieurs points de vue : (1) la transgression initiale implique que les puissances de la négativité ont déjà émergé au moment où le règne de Zeus est instauré, ce qui ouvre la possibilité que Zeus lui-même ne soit pas l'objet d'une transgression de la part de son fils (car la nécessité de celle-ci est effacée par le fait que les principes négatifs sont déjà là : on n'a plus besoin d'un événement les faisant apparaître) ; (2) la castration d'Ouranos est la condition de l'ouverture d'un espace intermédiaire entre le ciel et la terre (contre καλύπτοι), et du même coup celle du déploiement des puissances. Cette ouverture d'un espace intermédiaire est à ce titre un moment nécessaire de la mise en place du règne de Zeus, dont la réalisation est contenue dans la mention des immortels qui habitent l'Olympe et dans celle des Bienheureux qui vivent dans le ciel.

De telles contradictions sont le signe que l'événement qui est en train d'être narré joue un rôle déterminant dans la construction du récit : elles attirent l'attention sur le fait qu'il est en train de formuler un nœud fondamental. Il ne faut pas, en d'autres termes, appréhender trop vite les poèmes archaïques par une application strictement aristotélicienne du principe de non-contradiction : la poésie archaïque emploie des caractéristiques d'une logique non-normale, où le principe de non-contradiction ne s'applique pas, afin de souligner des points nodaux de la construction du sens[2].

Si l'on admet qu'on peut employer une telle approche s'agissant de notre problème du rôle de la Discorde, il faut se demander pourquoi le dispositif textuel semble exclure cette puissance de la composition poétique (l'associant vraisemblablement à celle des poèmes dont Empédocle récuse la pertinence) tout en procédant, dans la pratique, à une analyse de la tradition qui semble bien relever d'un type de puissance qui est celui, par ailleurs, caractéristique de la Discorde. Pourquoi le poème évite-t-il de prêter explicitement à la Discorde un rôle dans la composition poétique, si cette dernière en joue effectivement un, comme nous avons toutes les raisons de le penser ?

---

2   Voir à ce propos les travaux de Couloubaritsis, à propos de ce qu'il nomme logique de l'ambivalence (en particulier Couloubaritsis 2000 p. 48-49). Plus largement, sur la relation du vrai et du faux, voir les travaux de Pietro Pucci sur Hésiode (Pucci 1977).

## L'ÉNONCIATEUR, L'EXIL
## ET LA DISCORDE DANS LE FRAGMENT 115 :
## PROBLÈMES PHILOLOGIQUES ET INTERPRÉTATIONS

Pour éclairer cette question, revenons d'abord au fragment 115 et à la caractérisation de la Discorde dans sa relation au bannissement du démon coupable. Ce passage comporte en effet la seule occurrence, dans les fragments qui nous sont parvenus, d'un moment où l'énonciateur dit avoir accordé sa confiance à un principe négatif, ici explicitement désigné comme Νεῖκος.

### SOURCES ET TRANSMISSION DU FRAGMENT 115

Nous ne connaissons aucune citation intégrale du fragment 115 ; tel que nous le lisons, il a fait l'objet d'une reconstruction de Stein, à partir des deux citations anciennes les plus développées[3]. D'un côté, un résumé d'Hippolyte de la doctrine d'Empédocle cite les vers 13, 14, 4-5, 6, 7-8, 9-12 en les entrecoupant de commentaires ; de l'autre, Plutarque cite les vers 1, 3, 5, 6 et 13 comme un texte apparemment continu[4].

D'autres témoins citent des groupes de vers plus restreints : les vers 1-2 sont cités par Simplicius et Stobée, les vers 6-7 par Origène, les vers 9-11 (et 9-12) par Plutarque et Eusèbe, et les vers 13-14 par Plotin, Asclépius, Hiéroclès et Philopon[5]. La partie du fragment qui concerne le plus explicitement la transmigration des âmes (115.3 *sqq.*) a ainsi essentiellement été transmise dans un contexte médio- et néo-platonicien[6].

---

3   Stein 1852 p. 77-79.
4   Hipp. *Réf.* VII.29.14-23 ; Plut. *De exilio* 607C. Pour les sources du fragment 115, voir Annexe 1, p. 788-796.
5   Pour 1-2 : Simplicius, *In Ph.* 1184.9, Stobée II.8.42. Pour 6-7 : Origène, *Contre Celse* VIII.53. Pour 9-11, Plut. *De uit. aer. alien.* 830F ; pour 9-12, Plut. *De Is. et Os.* 361 C, connu également par une paraphrase d'Eusèbe, *PE.* V.5.2. Pour 13-14, Plotin, *Ennéades* IV.8.1.19, Asclépius, *In Metaph.* 197.20, Hiéroclès, *Commentaire au Carmen aureum* 24.2.1-24.3.5, Philopon, *In GC.* 266.4, *In De an.* 73.32 et *In Ph.* 24.20. Voir Annexe 1, p. 788-796.
6   Pour Plutarque, voir les allusions à Platon qui précèdent et suivent respectivement la citation du fragment en *De Is. et Os.* 361 C et *De uit. aer. alien.* 830 F.

## Les citations d'Hippolyte et d'Origène

Le passage d'Hippolyte qui constitue notre témoin principal prend la forme d'un ensemble de citations paraphrasées, dans le cadre du grand résumé du système d'Empédocle visant à montrer que Marcion était un disciple d'Empédocle et non pas celui du Christ. Mansfeld a raison de considérer que l'interprétation qu'Hippolyte propose d'Empédocle présente des traits aristotéliciens, tout en présentant des points de contact avec l'interprétation qu'en donneront les philosophes néoplatoniciens[7]. Le vers 115.13 est d'abord cité pour montrer que le poète naît de la dislocation de la Sphère opérée par la Discorde, qui fonctionne comme un démiurge qualifié de μαινομένῳ (115.14)[8] : il crée les âmes immortelles (115.4-5) par séparation d'avec l'Un, condamnées à errer (115.6, 7-8, puis de nouveau 8), en punition de la transgression qu'elles ont commise. Les vers 115.9-12 sont amenés à l'appui de l'idée que la punition implique une transmigration de corps en corps (μεταβαλλομένας σῶμα ἐκ σώματος, chez Hippolyte), quoique les vers en question ne mentionnent à proprement parler que les éléments (envisagés comme parties de l'univers). L'Amour finit par prendre en pitié les âmes errantes, les réintégrant dans l'Un. Les vers 115.1-2 sont finalement cités pour montrer que les puissances respectives de l'Amour et de la Discorde impliquent, selon une loi universelle, le passage du multiple à l'un, et inversement : cela explique, selon Hippolyte, qu'Empédocle ait enjoint ses disciples à proscrire la consommation de viande et les plaisirs charnels. Cet exposé de la pensée d'Empédocle ne paraît pas introduire de distinction entre cycle démonique et cycle physique.

Origène cite Celse, qui employait Empédocle dans le cadre d'une interprétation platonisante de la transmigration des âmes[9] : Empédocle

---

7  Mansfeld 1992 p. 208-209 ; c'est très net, en particulier, pour l'idée que la Discorde crée le monde que nous connaissons. Toute la citation du fragment, chez Hippolyte, est commentée par Mansfeld 1992 p. 216 *sqq.* ; le savant montre que la source d'Hippolyte n'est pas le poème lui-même.

8  Hippolyte, *Réf.* VII.15.1-2 comporte un important problème de texte : les manuscrits ont νείκη γάρ φησι μαινόμενον καὶ τετα<ρα>γμένον καὶ ἄστατον τὸν δημιουργὸν το<ῦ>δε τοῦ κόσμου ὁ Ἐμπεδοκλῆς ἀποκαλῶν. Le pluriel νείκη ne se laissant pas comprendre, Götting a rétabli "νείκει" γάρ, φησί, <"μαινομένῳ πίσυνος", νεῖκος> μαινόμενον : la corruption vient d'un saut du même au même (au lieu d'écrire μαινομένῳ, le scribe a poursuivi sur la forme à l'accusatif neutre singulier en -ον) ; cela a entraîné la corruption du datif νείκει en νείκη. Voir Mansfeld 1992 p. 217 n. 33.

9  Voir Borret 1969, t. IV, p. 290 n. 1.

est cité à l'appui du dernier cas d'une typologie consistant à expliquer l'incarnation de l'âme dans un corps soit du fait de l'économie de l'univers (οἰκονομίας τῶν ὅλων), soit par compensation d'une faute (ποινὰς ἁμαρτίας ἀποτίνοντες), soit pour se purifier parce qu'elle est chargée de passions (ὑπὸ παθημάτων τινῶν τῆς ψυχῆς βαρυνθείσης, μέχρι ἂν <ἐν> ταῖς τεταγμέναις περιόδοις ἐκκαθαρθῇ). Le vers 115.6 fait l'objet d'une paraphrase en prose.

## Les citations par Plutarque

La série de citations par Plutarque concerne la transmigration des âmes. Le propos du passage du *De exilio* est de montrer que les hommes sont tous exilés sur terre, c'est-à-dire qu'ils sont comme des étrangers de passage[10] : la citation constitue pour ainsi dire la péroraison du traité, qui se présente comme une consolation adressée à un ami de Plutarque, exilé à Sardes. Elle fait l'objet d'une reformulation libre en prose, dans le contexte d'une polémique avec les Épicuriens sur la matérialité de l'âme. Plutarque cite ensuite le fr. 119, pour indiquer que l'âme incarnée a oublié son état de bénédiction antérieur et son origine divine.

La section du *De exilio* qui précède immédiatement la citation vise à montrer que le terme d'exilé n'est pris en mauvaise part que par les sots (607A3 *sqq.*, τοῖς ἄφροσιν) : Plutarque mentionne une série de héros et de rois mythiques exilés, qui comprend Thésée, Eumolpe, Mélanthos (père de Codros), Amphitryon et Cadmos, mêlés de façon plaisante à des personnages historiques (la mère d'Antisthène). La mention de Cadmos permet d'introduire Dionysos (607B9-10), juste avant la citation du vers 214 des *Suppliantes* d'Eschyle, qui évoque l'exil d'Apollon. Plutarque le commente au moyen d'une citation d'Hérodote[11], εὔστομα <μοι> κείσθω, qui signifie qu'il n'en dira rien, juste avant de citer Empédocle.

L'organisation du passage appelle plusieurs remarques. La structure de surface est construite sur le mode d'une gradation, qui consiste en un passage des héros ou rois mythiques, etc., aux dieux et en particulier à Apollon. Les figures de Cadmos et de son petit-fils Dionysos permettent d'articuler la transition entre ces deux étapes. Plutarque paraît clore de façon abrupte la section sur Apollon par la citation d'Hérodote. La

---

10    Le passage a fait l'objet d'importantes discussions par Picot 2007, que je résume et discute ci-après.

11    Hdt.2.171.4 et 6.

citation d'Empédocle paraît alors introduire une forme de décrochement dans l'argument – et constituer pour ainsi dire la péroraison du traité – dans la mesure où elle permet de montrer que l'exil est inscrit dans la condition humaine. Le fait que la faute des démons a entraîné leur exil n'est pas, en revanche, en rupture avec l'argument qui précède : Amphitryon a été exilé pour le meurtre de son beau-frère Électrion. La citation d'Empédocle permet ainsi d'introduire un niveau de généralisation maximal dans la réflexion sur l'exil.

Pourtant, le passage présente une logique sous-jacente, qui tient en une série d'allusions aux cultes à mystères et à la démonologie : Eumolpe aurait été hiérophante des mystères de Déméter et la citation que Plutarque produit d'Hérodote a lieu dans un contexte où sont justement évoqués ces mystères de Déméter[12]. Plutarque souligne par ce tour que le vers d'Eschyle produit une allusion (ἠνίξατο καὶ ὑπεδήλωσεν) à une donnée religieuse qu'il passe sous silence : l'idée selon laquelle le dieu était exilé sous forme de démon. La citation d'Empédocle s'inscrit parfaitement dans ce jeu d'allusions.

Dans le *De Iside et Osiride* (361C), les vers 9-12 sont cités, juste après une mention de Platon, afin de montrer que même les démons subissent un châtiment pour leurs fautes (ὧν ἂν ἐξαμάρτωσι καὶ πλημμελήσωσιν), jusqu'à leur purification et leur retour dans leur lieu et leur ordre naturels (τὴν κατὰ φύσιν χώραν καὶ τάξιν ἀπολάβωσι).

Dans son traité sur les usuriers (830F), Plutarque cite les vers 9-12a (sans στυγέουσι δὲ πάντες) à propos des dangers représentés par les usuriers : le débiteur passe de l'un à l'autre sans parvenir à s'en débarrasser. Le texte se construit de façon ludique comme un écho explicite au fragment : ἄλλον ἐξ ἄλλου μεταλαμβάνων ἀναβάτην ὥσπερ ἵππος ἐγχαλινωθείς. Les manuscrits ne présentent pas le μέν au vers 9, rétabli à partir d'Eusèbe[13]. Le texte reprend en filant la syntaxe de 115.12a après δέχεται, en énumérant les créanciers.

*Les citations du fragment par les Néoplatoniciens*

Ces témoignages se laissent distinguer en trois catégories.

La citation de Simplicius des vers 1-2, d'abord, participe d'une discussion sur la critique qu'Aristote adresse à Empédocle s'agissant de

12   Hdt.2.171.6, pour le culte de Déméter.
13   Le manuscrit E de Plutarque a καί.

l'éternité du mouvement, que nous avons déjà abondamment commentée. Ce passage d'Aristote (*Physique* 252a 5 *sqq.*) porte sur la pertinence de l'explication de la non-éternité du mouvement par l'argument de l'ordre naturel (à savoir, que la nature veut qu'il y ait des temps sans mouvement) : pour Aristote, une telle explication revient à un défaut de justification. Simplicius cherche à expliciter la position d'Empédocle, en assimilant d'abord la phase de repos à la Sphère, avant de montrer qu'Empédocle assimilait l'explication naturelle à l'action de la Nécessité, au moyen de la citation d'un fragment dont Bollack a montré qu'il appartenait non pas aux *Catharmes* mais au Poème physique, dans la mesure où il comporte des différences textuelles importantes avec la version transmise par Hippolyte et Plutarque, et du fait du contexte proprement physique dans lequel s'élabore la discussion[14].

Le témoignage de Plotin se distingue également des autres dans la mesure où il se situe au début du chapitre des *Ennéades* consacré à la descente de l'âme dans le corps et se trouve plus proche, thématiquement, du contexte médioplatonicien : le fragment d'Empédocle, mentionné entre Héraclite et Platon, est amené comme exemple du fait que la descente de l'âme dans le corps est une loi universelle. Le texte est cité de façon incomplète et le verbe ἥκειν que présente la paraphrase de Plotin a été, comme on le verra, employé comme argument en faveur de la leçon du vers 13 comportant εἶμι.

Les autres citations concernent les vers 13-14, connus séparément du reste du fragment (et de son contexte exact). Ils sont en effet cités par une série de témoins néoplatoniciens, dont la particularité d'un certain nombre d'entre eux est de chercher à montrer que la Discorde règne dans le monde sensible. La relation entre les témoignages d'Hippolyte et les témoignages néoplatoniciens (en particulier sur le fait que les néoplatoniciens n'assimilent pas la Discorde au mal), ainsi qu'entre les différents témoignages néoplatoniciens, a fait l'objet des analyses de Mansfeld[15].

La citation d'Asclépius est introduite pour commenter l'aporie de *Métaphysique* B4 (1000a 24 *sqq.*) que nous avons déjà amplement commentée, selon laquelle Empédocle s'est mis en contradiction avec lui-même lorsqu'il a fait de la Discorde un principe à la fois destructeur et créateur. Asclépius oppose à cette interprétation aristotélicienne

---

14    Bollack 1969 t. II p. 53 (fr. 110 Bollack) et t. III p. 151.
15    Mansfeld 1992 p. 245 *sqq.*

d'Empédocle, qu'il développe en mettant en évidence l'incohérence de poser l'Amitié comme principe générateur et la Discorde comme principe corrupteur (*In Metaph.* 197.9-18, renvoyant notamment à *Génération-Corruption*). Asclépius propose une interprétation alternative, néoplatonicienne, de la disparition du *Sphairos* et de la destruction du monde par l'amitié (*In Metaph.* 197.18 *sqq.*) : il ne faut pas prendre les idées de création et de destruction du monde au pied de la lettre mais les concevoir comme des métaphores des voyages de l'âme entre monde sensible (monde corruptible) et monde intelligible (le *Sphairos*).

Les vers en question sont, finalement, cités dans les commentaires de Philopon à Aristote, à trois reprises. Aristote, en *Génération-Corruption* 333b 26, reproche à la théorie empédocléenne du mouvement de n'avoir pas établi clairement si l'Amour était responsable du mouvement naturel et la Discorde du mouvement contraint, ou l'inverse : alors qu'on penserait que l'Amour est responsable du mouvement naturel, l'Amour meut la terre vers le haut, c'est-à-dire lui fait subir un mouvement contraint[16]. Philopon souligne la contradiction relevée par Aristote en signalant qu'Empédocle a fait l'éloge de l'Amour parce que ce dernier est cause du mouvement naturel, tout en blâmant la Discorde d'être responsable du mouvement contraint. Le fragment 115.13-14 est cité à l'appui de l'idée qu'Empédocle lui-même avait fait de la Discorde la cause du mouvement contraint.

Aristote, en *De anima* 404b 13, cite le fr. 109 d'Empédocle pour montrer que, selon ce dernier, l'âme se compose de tous les éléments mais que chacun de ceux-ci est une ψυχή. Le commentaire de Philopon avance que l'âme n'est pas constituée physiquement des éléments, mais qu'Empédocle veut dire qu'elle contient en elle leurs principes (λόγους). Le rôle propre de la Discorde, selon Philopon, est de régner sur le sensible, par la séparation, idée à l'appui de laquelle est cité le fragment 115.13-14.

Philopon, en *In Ph.* 24, commente la doxographie d'Aristote sur le principe (*Physique* 184b 15). L'exposé général de la pensée d'Empédocle qu'il propose est teinté de platonisme : l'Amour est responsable de la création du même (ταὐτοποιὸς δύναμις) et la Discorde de celle du différent (ἑτερποιὸς δύναμις). Ainsi, le mouvement des deux mondes (sensible et intelligible) l'un en l'autre est une métaphore du mouvement de l'âme du sensible vers l'intelligible.

---

16 Rashed 2005 p. 167 n. 5 estime qu'Aristote renvoie ici au mélange des éléments pour former le *Sphairos*.

*Remarques sur la transmission du fragment*

La partie centrale du fragment (115.3-12) a fait l'objet d'une double transmission dans l'Antiquité : Hippolyte et Celse connaissaient un texte différent de celui de Plutarque (ainsi que dans la citation qu'en donne Eusèbe), comme le montrent les deux séries de passages dont la transmission permet une comparaison.

D'une part, pour les vers 115.5-6 (et vraisemblablement 115.7) : Hippolyte lit au vers 5 la forme λελάχασι là où Plutarque lisait λελόγχασι ; Hippolyte et Origène lisent le vers 115.6 comme une unité indépendante de ce qui précède, avec τρὶς μέν en 115.6 et ἰδέα en 115.7 (devenu ἰδέαν, dans la paraphrase en prose d'Origène), alors que Plutarque lit μιν au lieu de μέν et reliait le vers 115.6 au vers 115.5. D'autre part, aux vers 115.9-12, Hippolyte cite au vers 9 la leçon αἰθέριόν γε μένος ψυχὰς πόντονδε ἐχθονὸς διώκει (qui est métrique à condition que l'on admette l'athétèse de ἐχθονός, dittographie issue du vers suivant[17]), et au vers 11 la leçon φαέθοντος ; Plutarque, en deux passages différents de son œuvre, présente la leçon αἰθέριον <μὲν> γάρ σφε μένος πόντονδε διώκει (où l'on supplée le μέν à partir d'Eusèbe) au vers 9[18], et ἀκάμαντος au vers 11.

Le texte présente ainsi un ensemble de *uariae lectiones antiquae*, qui ne sont pas réductibles à des problèmes occasionnés par les copies ultérieures mais qui attestent d'une double tradition de transmission. Les deux branches présentent d'ailleurs une autre *uaria lectio antiqua*, l'impératif ἀλάλασθε (ou -ησθε, connu par l'unique manuscrit de ce passage d'Hippolyte et par Plutarque) pour l'infinitif ἀλάλησθαι (115.6, connu par Origène) : l'impératif implique que les vers 115.5-6, et vraisemblablement 115.7, étaient une adresse aux démons fautifs au discours direct, alors que l'infinitif signifie que le contenu du serment est énoncé au style indirect. Il n'est que difficilement tenable avec le μιν, pour la syntaxe, malgré sa bonne attestation dans les manuscrits de Plutarque.

Faut-il en déduire que Plutarque et Eusèbe, d'un côté, et Hippolyte et Origène, de l'autre, citent des versions différentes car ils mentionnent en fait des lieux distincts du poème ou des poèmes d'Empédocle ?

L'état des citations des vers 115.1-2 avait conduit Bollack à une hypothèse semblable, considérant que Plutarque et Hippolyte, d'un

---

17  *Cf.* Mansfeld 1992 p. 248 n. 41.
18  L'apparat critique de Vítek 2006 p. 385 paraît erroné sur ce point.

côté, citaient un passage des *Catharmes* alors que Simplicius citait un passage du Poème physique[19]. Pourtant, ce type de reconstruction n'a pas été celui suivi par la critique, qui a préféré considérer que Plutarque citait une version délibérément incomplète du fragment 115 dans le *De exilio*. Cette hypothèse de Stein semble valide : on peut admettre qu'Hippolyte cite un texte simplifié, partiellement modifié et paraphrasé, dont l'organisation du fragment suit, *mutatis mutandis*, celle du témoignage de Plutarque retenue par Stein. Je suis en revanche d'accord avec Bollack, contre Stein, s'agissant de la citation des vers 1-2 par Simplicius. À la rigueur, la dualité de la transmission (Hippolyte et Origène, *contra* Plutarque) pourrait impliquer que les *Catharmes* présentaient deux textes voisins, en deux lieux distincts – mais pas que l'arrangement des vers, ou leur signification, était véritablement différents.

Un problème semblable se pose pour le vers 13, où le texte transmis par les néoplatoniciens présente toujours ὡς καὶ ἐγώ… : faut-il en déduire que ces témoins citent un texte en réalité extrait du Poème physique ? Les choses sont beaucoup moins claires que pour les vers 115.1-2. Pour ces derniers, nous sommes sûrs que Simplicius avait une bonne connaissance du Poème physique, auquel il pouvait très vraisemblablement se reporter lui-même, comme le montre l'ampleur et la qualité des citations auxquelles il se livre, contestant les interprétations d'Aristote sur des points parfois déterminants. Il n'en va pas de même pour Philopon et Asclépius, pour lesquels il est plus difficile de montrer qu'ils avaient une connaissance à la fois précise et directe du poème. Comme le souligne Philopon, les vers en question étaient très célèbres (πολυθρύλητον, *In Ph.* 16.24.20), ce qui peut expliquer les variations dans la transmission. La version citée par les néoplatoniciens forme une unité syntaxique et constitue donc la *lectio facilior*. O'Brien a par ailleurs montré que les doctrines des *Catharmes* ont été intégrées dans l'exégèse du poème physique[20].

---

19  Bollack 1969 t. II p. 53 (fr. 110 Bollack) et t. III p. 151.
20  O'Brien 1981 p. 66, 73, 101. Le détail de sa position a été discuté par Mansfeld 1992 p. 246 *sqq*.

## DIFFICULTÉS PHILOLOGIQUES
## ET INTERPRÉTATIONS DU FRAGMENT 115

### Le vers 1 et le décret divin

Au vers 1, les manuscrits de Plutarque et d'Hippolyte, dont nous avons signalé qu'ils représentaient pourtant deux transmissions systématiquement distinctes du fragment 115, comportent tous deux la leçon ἔστι τι, suivie d'Ἀνάγκης chez Plutarque et d'Ἀνάγκη chez Hippolyte. La leçon, de par son amétricité apparente et son sens, interpelle : Wilamowitz l'a pourtant soutenue, avançant le parallèle de 17.30 pour l'élision de τι (καὶ πρὸς τοῖς οὔτ' ἄρ τι ἐπιγίνεται οὐδ' ἀπολήγει, selon les manuscrits DE de In Ph. 1184)[21]. On comprend généralement alors τι comme un indéfini : Empédocle énonce l'un des décrets des dieux. Cette *lectio difficilior* a fait l'objet de critiques dans la mesure où l'on a pensé qu'elle affaiblissait le sens, puisqu'on considérait incongru qu'Empédocle présentât ce décret des dieux comme l'une de leurs décisions alors qu'il introduit par là un motif déterminant dans la construction des *Catharmes* : on choisissait alors le texte de Simplicius[22].

Outre ces difficultés textuelles, le sens de χρῆμα et la syntaxe du vers ont fait l'objet de discussions. Karsten, avançant le double parallèle du θεσμὸς Ἀδραστείας dans le *Phèdre* et du sens de χρῆσις à l'époque d'Empédocle, a donné à χρῆμα le sens d'*oracle* (par dérivation de χράω)[23] ; l'idée que le terme serait une innovation d'Empédocle a été suivie par la quasi-totalité des éditeurs et commentateurs. Sturz (suivie ensuite par Gallavotti), avait interprété χρῆμα au sens de *chose*, *fait concret*, et non pas d'*oracle*[24] : le philologue italien fait de χρῆμα l'attribut, et non le sujet de ἔστιν, qui est selon lui ψήφισμα. L'interprétation traditionnelle met l'accent sur le fait que l'oracle, par définition, est transmis

---

21    Wilamowitz [1929] 1935 p. 483 ; le texte est repris par Bollack 2003 p. 60 (qui considère que Simplicius cite un fragment du *Poème physique*, et que le seul texte transmis pour notre fragment comporte τι).

22    Hormis Wilamowitz et Bollack, tous les éditeurs que j'ai consultés retiennent le texte de Simplicius ; pour les critiques formulées à l'encontre de la *lectio difficilior*, voir Zuntz 1971 p. 193-194 et Wright 1995 p. 272, contestant la pertinence du parallèle constitué par 17.30.

23    Karsten 1838 p. 159, *cf.* Pl. *Phaedr.* 248c 2 et, pour χρῆσις, Pi.O.13.76.

24    Sturz 1805 p. 538 ; Gallavotti 1975 p. 272 (qui ne commente pas le sens de la syntaxe qu'il retient).

aux hommes ; la compréhension hétérodoxe sur l'idée que la loi divine a des conséquences tangibles.

## Les vers 3-6 et la définition de la faute

Les vers 3-6, qui énoncent la faute commise par les démons et leur bannissement, présentent un ensemble de problèmes de texte ardus.

### – Le vers 3 : φόβω ou φόνῳ ?

Au vers 3, que nous connaissons seulement par le *De exilio* de Plutarque, les manuscrits donnent le texte amétrique et asyntaxique φόβω φίλα γυῖα μιν. La leçon φόβω (ultérieurement restituée en datif φόβῳ) et le μιν, qui rend le vers amétrique, ont immédiatement fait problème : dès 1573, Estienne a rétabli φόνῳ φίλα γυῖα μήνῃ. Si Xylander, en 1594, conservait φόβῳ contre Estienne[25], la correction φόνῳ a été la norme éditoriale par la suite : Wyttenbach, en 1797, éditait φόνῳ, ainsi que les éditions modernes du *De exilio* de Plutarque et presque tous les éditeurs d'Empédocle[26]. Les principales éditions de Plutarque au XXᵉ siècle indiquent pourtant en apparat que les manuscrits de Plutarque donnent φόβω et qu'elles-mêmes empruntent φόνῳ à Hippolyte[27]. Or, ce dernier ne cite pas le vers 3 de notre fragment : la correction d'Estienne a de toute évidence été lue, à un moment de l'élaboration de l'apparat critique dans les éditions des *Moralia* de Plutarque, comme le texte des manuscrits d'Hippolyte.

Ce φόβῳ a de toute évidence été jugé insatisfaisant car on n'a pas compris en quoi cette disposition psychologique pouvait impliquer une souillure qui justifierait, à elle seule (car on ne connaissait pas alors le vers d'Hippolyte sur le parjure), un châtiment d'une telle sévérité. La restitution φόνῳ a ainsi été jugée plus satisfaisante, tant pour la paléographie que pour le sens : on a supposé une confusion, très fréquente en minuscules, entre β et ν ; la restitution permettait de surcroît de préciser la nature de la faute, dans un contexte dont on pouvait penser qu'il était

---

25 Je dois cette information à Jean-Claude Picot.
26 Wright 1995 p. 138-139 conserve le texte des manuscrits de Plutarque, sur les deux points ; φόβῳ est également conservé par Martin & Primavesi 1999 p. 61.
27 Pohlenz & Sieveking 1929 t. III pour Teubner, De Lacy 1959 t. VII pour la Loeb, Hani 1980 t. VIII.

pleinement empédocléen (vu le refus de la mise à mort des animaux que l'on sait). La majeure partie des éditeurs modernes accepte cette restitution d'Estienne, soutenue encore récemment par Oliver Primavesi[28].

Cette restitution φόβῳ a fait l'objet de deux séries de contestations. Panzerbieter, dès 1844, a proposé de lire φρενῶν au lieu de φόνῳ, sur le fondement d'un parallèle avec le groupe ἀμπλακίαισι φρενῶν, *dans l'égarement de leur esprit*, attesté chez Pindare[29]. Cette correction paraît moins satisfaisante pour le sens (on ne comprend pas la nature de la faute), alors même qu'elle ne permet pas de reconstituer l'origine de l'erreur qui a amené au texte que nous lisons, contrairement à φόνῳ.

La restitution φόνῳ a été récemment discutée de façon systématique par Jean-Claude Picot[30], qui, d'une part, retient le texte des manuscrits, en donnant à φόβος le sens homérique, bien attesté, de *fuite*[31] et qui, d'autre part, comprend μιήνη comme la mention d'un crime de sang lié au sacrifice et à la consommation de viande. Le terme φόβῳ est interprété comme un datif locatif à valeur temporelle, signifiant *dans sa fuite* (*sc.* depuis la communauté divine). Le vers 3, dans cette interprétation, ne développe pas la raison de l'exil mais narre la situation du démon déjà exilé (dans sa fuite du monde des dieux) : celui-ci, dans le monde des hommes, tue et consomme de la viande, ce qui le souille.

Le savant mobilise sept arguments à l'appui de son interprétation, dont un certain nombre est tiré de l'étude du contexte de citation par Plutarque : (1) Estienne a imaginé une erreur de copie là où il n'y en avait pas, pour résoudre la difficulté posée par φόβῳ. (2) Retenir φόβῳ comme datif locatif à valeur temporelle permet d'éviter la succession de deux datifs instrumentaux (ἀμπλακίῃσιν et φόνῳ). (3) Plutarque cite, juste avant notre passage, un vers des *Suppliantes* (Ae.*Su*.214) sur l'exil d'Apollon. Or, dans une tirade suivant ce passage (*Su*.222-233), Danaos construit une comparaison qui mobiliserait φόβῳ en ce même

---

28   Primavesi 2001 p. 35-37, au moyen de deux arguments : on ne voit pas comment la souillure peut naître d'un trouble de l'âme ; si φόβῳ est un autre nom de la Discorde, le problème est qu'il faut supposer l'individualisation d'un démon au sein du *Sphairos* avant même la rupture de celui-ci.

29   Panzerbieter 1844 p. 2, dans la note introduite par un astérisque, qui renvoie à Pi.*P*.3.13.

30   Picot 2007 ; sa suggestion est suivie par Rashed 2008a et par Wersinger 2012-2013. Pour les autres articles que Picot a consacrés, en totalité ou partie, au fragment 115, voir Picot 2008, Picot 2012-2013 et Picot & Berg 2015 (que je ne discute pas directement ici).

31   Chantraine *DELG* p. 1183-1184, *s. v.* φέβομαι.

sens archaïque de *fuite* : les suppliantes, qui ont atteint l'autel de Zeus, sont comparées à des colombes qui fuient devant des éperviers (leurs frères), qui, quoique de leur propre sang, sont leurs ennemis et désirent souiller leur propre race (ἴζεσθε κίρκων τῶν ὁμοπτέρων φόβῳ, ἐχθρῶν ὁμαίμων καὶ μιαινόντων γένος, *Su.*224-225) ; quelques vers plus loin, Danaos rappelle que Zeus punit les fautes (κἀκεῖ δικάζει τἀμπλακήμαθ᾽, ὡς λόγος, Ζεὺς ἄλλος ἐν καμοῦσιν ὑστάτας δίκας, *Su.*230-231). Ces deux passages mettent ainsi en relation le lexique de la *fuite* (φόβος), de la faute (ἀμπλάκημα) et de la souillure (μιαίνω). Picot estime que la communauté lexicale présentée par les deux passages (d'Eschyle et d'Empédocle), en dépit de la différence de contexte (l'exil d'Apollon et l'exil général des êtres humains), indique que le médio-platonicien a conçu qu'Empédocle réinterprétait Eschyle : la faute commise par les oiseaux qui représentent les frères des suppliantes consistant à manger son homologue, est comme transposée sur le démon, qui commet, dans le monde, le crime de sang lié au sacrifice. (4) La stratégie de Plutarque, dans ce passage, consiste à décrypter des allusions eschyléennes à l'exil d'Apollon, par la citation du vers des *Suppliantes* ; celui-ci, qui précède de peu la mention de l'épervier, oiseau d'Apollon, permet de créer un réseau entre le thème de l'exil d'Apollon sous la forme de démon, l'épervier, et le démon exilé d'Empédocle. (5) Le sang semble exclu de l'ailleurs, du lieu de résidence des divinités : il faudrait donc supposer que le meurtre a été commis par un être humain (vivant sur terre), durant l'exil consécutif de la fuite. (6) Plutarque adresse une consolation à un ami exilé à Sardes, sans jamais évoquer de faute de la part de ce dernier : cela signifierait que le vers 115.3 n'indique pas la faute qui a déclenché l'exil du démon. (7) Dans le cadre de cette consolation adressée à un ami, Picot juge « inconvenant » que la faute de l'ami soit évoquée : la fonction du vers 115.3 est donc de mentionner la souillure occasionnée par le sacrifice sanglant, chez les hommes vivant sur terre, comme l'une des données qui caractérise la vie humaine, sans constituer la raison de l'exil ni attribuer une responsabilité.

La proposition de Picot se fonde sur une difficulté d'interprétation qui consiste à remarquer qu'on ne voit pas comment les immortels Bienheureux pourraient commettre un meurtre à l'intérieur de leur communauté. La difficulté conduit, soit à supposer un certain nombre de circonstances qui l'expliqueraient (une référence au sacrifice sanglant perpétré par les hommes, etc.) – mais ces modélisations sont difficiles car elles ne sont pas développées par le texte ; soit à considérer, par diverses stratégies, qu'il n'y a pas de meurtre.

Je discuterai dès maintenant, à des fins de commodité, l'argumentation de Picot, en me concentrant sur ses arguments les plus forts (3, 4, 6 et 7).

D'abord, le sens de φόβος. Picot a raison d'affirmer que le sens homérique du terme est bien *déroute* : il désigne la déroute qui naît de la peur panique (qui a trait aux menaces portant sur la vie) et en est venu, par extension, à désigner la peur elle-même – et ce dès Homère[32]. Chez celui-ci, le terme peut désigner la divinité Φόβος, fils d'Arès (sens dont le *LfgrE* estime qu'il est premier) : elle tient une place importante, à ce titre, sur l'armement défensif (il apparaît sur l'égide et le bouclier d'Agamemnon) ; personnifié, il est accompagné de Δεῖμος (qui lui, désigne de façon privilégiée la peur) et d'"Ερις[33]. La valeur sémantique de *terreur qui implique la fuite* est manifeste en Λ.402, où Ulysse se trouve seul sur le champ de bataille, car φόβος a saisi (ἔλλαβε) tous les Argiens ; au contraire, en N.470, l'épouvante n'a pas saisi Idoménée, qui ne fuit pas. Remarquons finalement que, lorsque le terme est employé avec le génitif chez Homère, ce génitif exprime toujours la personne mise en déroute ou sujette à l'épouvante[34]. Les lexiques indiquent que le sens de *déroute* est homérique et que par la suite, le terme désigne simplement la *peur*[35].

Qu'en est-il dans le passage des *Suppliantes* qui a fait l'objet de l'attention de Picot ? Eschyle reconduit-il ici, comme le pense Picot, un sens issu des poèmes homériques, inusité à son époque ? Examinons la syntaxe du passage :

ἐν ἁγνῷ δ᾽ ἑσμὸς ὡς πελειάδων / ἵζεσθε κίρκων τῶν ὁμοπτέρων φόβῳ, / ἐχθρῶν ὁμαίμων καὶ μιαινόντων γένος[36].

---

32  Chantraine *DELG* p. 1183-1184 *s. v.* φέβομαι ; *LfgrE* t. 24 col. 968-972.

33  Pour la personnification, voir Δ.440 (sur le champ de bataille), E.739 (sur l'égide), I.2, Λ.37 (sur le bouclier d'Agamemnon), N.299 (en tant que fils d'Arès), etc.

34  Pour la déroute des Achéens (M.432), des hommes en général (O.310) ; pour l'épouvante des Danaens (M.144, O.396, Π.366) – où le génitif peut être interprété comme partitif (l'épouvante naît *parmi eux*). En B.767, l'expression est imagée : il s'agit de la déroute qui a lieu pendant la guerre.

35  Voir LSJ, *ad loc.* ; Chantraine (*loc. cit.*) indique que *peur* et *panique* sont « les seuls sens vivants et usuels après Homère ».

36  Ae.*Su*.223-225 : « Prenez place dans le <lieu> sacré comme une volée de colombes, dans le φόβος (*je ne traduis délibérément pas pour l'instant*) des éperviers au plumage semblable au vôtre, vos ennemis quoique du même sang, prêts à souiller leur propre race. »

Le terme ὡς introduit la comparaison : il permet d'apposer le nominatif ἑσμός au sujet du verbe ἵζεσθε (les Suppliantes). Le datif φόβῳ, au sein du comparant, qualifie le comportement des colombes ; le groupe κίρκων τῶν ὁμοπτέρων... est un génitif adnominal relié à φόβῳ. La bonne compréhension de ce génitif est déterminante pour le sens : Picot estime qu'il exprime la personne *devant laquelle on fuit*, conformément au sens homérique de φόβῳ, datif auquel il donne une valeur locative temporelle. Or, trois remarques viennent affaiblir, de façon dirimante, la compréhension du passage proposée par Picot. La première est que, chez Homère, le génitif qui accompagnait φόβῳ au sens de *fuite* est toujours objectif : il désigne la personne *qui prend la fuite*, et jamais celle devant laquelle on prend la fuite. Or, la lecture de Picot implique d'admettre la seconde option dans notre passage d'Eschyle. La force du parallèle avec Homère s'en trouve d'autant plus affaiblie que les autres emplois eschyléens présentent deux caractéristiques : (1) φόβος signifie toujours par ailleurs chez Eschyle simplement la *peur* ou l'*épouvante* (jamais la fuite), comme nous avons vu que c'était normalement le cas après Homère ; (2) lorsqu'un génitif accompagne φόβος chez Eschyle, il est toujours subjectif : il exprime la personne qui *suscite* l'effroi, et jamais celle qui le ressent[37]. La grammaire respective des emplois de φόβος chez Homère et Eschyle, ainsi que la syntaxe du passage, nous invitent donc à considérer que le datif φόβῳ a le sens qui est normalement le sien à l'époque d'Eschyle : on peut nettement distinguer, d'un côté, le sens proprement homérique de φόβος au sens de *fuite*, construit avec le génitif de la personne qui fuit, et de l'autre, le seul sens de φόβος qui s'est maintenu après Homère, qui se construit toujours chez Eschyle avec un génitif subjectif qui renvoie à la personne qui suscite la peur. Cette analyse montre que, dans le passage des *Suppliantes*, il s'agit d'un datif instrumental qui signifie (si on me permet de gloser le sens du datif et du génitif subjectif qui en dépend) *sous l'effet de l'épouvante suscitée par les éperviers* ; cette analyse est d'ailleurs confirmée par l'index de Radt (1964, p. 319), qui considère que φόβος a toujours, chez Eschyle, soit le

---

37 Il n'y a que trois occurrences hormis la nôtre : *Se.*121, où il s'agit de la crainte suscitée par les armes ; *Se.*806 (λόγου), pour la crainte suscitée par la nouvelle apportée par le messager ; *Ch.*102 (τινός), où Électre enjoint le chœur à ne pas lui cacher le contenu de son cœur par crainte de quelque chose (ou, s'il s'agit – comme c'est plus vraisemblable – d'un masculin, de *quelqu'un*).

sens de *peur*, soit consiste en une personnification ; le sens homérique n'est jamais reconnu par le spécialiste.

Il appert donc que ce passage des *Suppliantes*, qui *suit* le vers de cette même pièce cité par Plutarque juste avant notre citation du fragment 115, ne saurait constituer un intertexte de ce passage d'Empédocle au titre où l'avait soutenu Picot. Les vers comportant la comparaison avec l'épervier sont cruciaux à l'argument du savant : et pourtant, Plutarque ne les cite jamais, alors même que nous venons de montrer que le principal parallèle qu'avait cru pouvoir déceler Picot (l'usage archaïque de φόβος) ne paraissait pas résister à notre analyse des vers d'Eschyle en question. Il faut, de fait, réexaminer la relation entre la citation d'Eschyle à propos d'Apollon (puisque nous venons de montrer que le passage de la comparaison de l'épervier, que Plutarque ne cite pas, n'était pas pertinent) et celle d'Empédocle.

Plutarque cite le vers 214 des *Suppliantes* (ἀγνόν τ' Ἀπόλλω, φυγάδ' ἀπ' οὐρανοῦ θεόν), et ce seul vers, à l'appui de l'idée d'un exil d'Apollon. Dans la pièce, cette invocation à Apollon prononcée par les personnages éponymes vise à se concilier l'aide du dieu, qui connaît la situation dans laquelle se trouvent les jeunes femmes car il fut lui-même exilé de l'Olympe. À la suite d'Apollon sont invoqués Poséidon et Hermès.

J'ai montré que cette citation s'inscrivait dans un réseau d'allusions à la démonologie plutarchéenne et aux cultes initiatiques, que Picot a raison de souligner. Il ne faut pas pour autant surestimer la relation entre les deux citations d'Eschyle et d'Empédocle : le texte de Plutarque ne permet pas de penser que ce dernier prête à Empédocle une interprétation de l'exil d'Apollon chez Eschyle, et encore moins qu'il le fait dans les termes d'une démonologie. La construction d'un réseau signifiant entre ces différents passages est opérée *a posteriori* par Plutarque : on ne saurait en déduire quoi que ce soit qu'on puisse prêter à Empédocle lui-même. Ce que cherche à montrer Plutarque en citant Empédocle, au-delà du système d'allusions qu'il met en œuvre – et qui témoigne de sa propre interprétation d'Eschyle et d'Empédocle – est bien que l'exil est pour ainsi dire une caractéristique ontologique de l'être humain.

Dans ce contexte, peut-on véritablement considérer, avec Picot, qu'il serait inconvenant de mentionner la faute des démons dans la mesure où cela pourrait faire allusion à la faute commise par l'ami exilé à Sardes ? Plutarque n'a aucune difficulté à mentionner, juste avant notre passage, des héros dont il était bien connu que l'exil avait été motivé par une faute : Eumolpe a violé sa belle-sœur et Amphitryon a tué son beau-frère, Électrion. L'argument de l'inconvenance qu'il y aurait à mentionner le crime commis par les démons ne tient donc pas.

Réexaminons finalement le procédé de citation que met en œuvre Plutarque, pour terminer la discussion de la proposition de Picot. Si on accepte l'idée, qui semble juste vu nos autres sources, que Plutarque procède à une sélection de vers d'un même passage d'Empédocle, il faut comprendre quel critère a guidé son choix. L'idée essentielle qui guide la citation est que les hommes sont exilés d'une communauté divine, et que cet exil est un élément nécessaire de leur condition. Le premier vers introduit cette idée d'une nécessité, *via* la notion d'un décret divin (dont le champ d'application est universel). Le vers 4 de la citation (= 115.5) a été mentionné car il est le seul à comporter explicitement le thème de l'exil et de l'errance hors de la communauté divine. Le troisième vers de la citation de Plutarque (= 115.4), dans cette perspective, a pour fonction de préciser la catégorie d'êtres concernée par la loi en question : les δαίμονες.

Pourquoi avoir alors cité ce qui apparaît comme le second vers de la citation (= 115.3) ? Si l'argument de Picot était juste – à savoir qu'il serait inconvenant de rappeler l'origine de la faute et que ce vers ne peut pas l'exprimer –, Plutarque aurait tout simplement pu en faire l'économie. En effet, le dernier vers de la citation (= 115.13) suffit à indiquer que ces démons sont incarnés dans des êtres humains, puisque le poète affirme en être un (et que Plutarque enchaîne en disant qu'Empédocle ne parle pas seulement pour lui-même). Dans la reconstruction de Picot (pour le sens et la syntaxe), Plutarque aurait pu ne pas citer le vers 115.3 sans que son propos s'en trouvât amoindri eu égard à son objectif.

En examinant la fonction syntaxique du vers 115.3 telle que la comprend Picot, nous touchons ici au point où son interprétation pose le plus de difficulté : le système à l'itératif présent formé, dans la protase, par εὖτε et le subjonctif présent (μιήνῃ) et dans l'apodose, par l'infinitif parfait, ne paraît pas pouvoir impliquer, pour le sens, que la protase exprime autre chose que le motif qui déclenche l'action de l'apodose[38].

---

38    Pour le subjonctif avec εὖτε, qui exprime l'itératif ou l'éventuel, voir Chantraine, *GH*, t. II, p. 256 § 377. Pour les propositions conditionnelles avec le subjonctif dans la langue homérique, voir Chantraine, *GH*, t. II, p. 279 § 410 *sqq*.

Si le texte avait voulu exprimer une propriété ou une occupation répétée des démons *après* leur bannissement, comme l'estime Picot[39], on aurait plus régulièrement trouvé une proposition relative accompagnée d'un temps qui exprime l'habitude (tel qu'un imparfait, par opposition au parfait de la relative de 115.4) : tout au contraire, la syntaxe de εὖτε impose de lier logiquement l'action de la subordonnée qu'il introduit à l'action de la principale. La syntaxe du grec exige, dans un tel cas, que εὖτε introduise la condition de l'errance énoncée dans la principale : la loi prévoit que quand le démon fait A, il se produit B.

La syntaxe de la version du vers généralement admise par les éditeurs et commentateurs fournit en revanche une explication au fait que *Plutarque avait besoin de citer ce vers sous cette forme* : δαίμονες ne peut grammaticalement pas être sujet d'un verbe à l'infinitif (ἀλάλησθαι). Il fallait donc citer le vers 115.3 pour introduire la proposition subordonnée, introduite par εὖτε, à laquelle appartient δαίμονες et restituer ainsi la cohérence syntaxique de la phrase.

Ajoutons un argument sémantique. Même si l'on admettait qu'Empédocle prenne une liberté de grammaire et emploie φόβος en un sens homérique sans l'intermédiaire constitué par le passage d'Eschyle, le sens de *dans sa fuite* est-il ici vraisemblable, voire possible ? Deux remarques s'imposent. La première est que, chez Homère, le contexte rend clair qu'il s'agit d'une fuite pour préserver sa vie, née de l'épouvante dans une situation de péril : l'examen des différents passages d'Homère cités plus haut révèle nettement la différence de sens présentée par ceux où il s'agit de peur et ceux où cette peur entraîne la fuite. Le texte d'Empédocle, surtout si l'on supprime l'étape constituée par Eschyle, n'offre pas d'indice clair que ce sens archaïque soit le bon : on aurait attendu un indice, d'une quelconque nature, qui réactiverait cette signification. En l'état, supposer ce sens homérique paraît gratuit.

La seconde remarque est qu'il faut bien cerner le champ sémantique de l'emploi homérique : chez Homère, il s'agit toujours d'un mouvement de fuite, opéré lorsqu'on encourt un péril de mort. Le fait qu'il s'agit d'un mouvement est important : φόβῳ, en ce sens, ne saurait désigner le lieu qu'on atteint au terme de sa fuite (pour exprimer cette idée,

---

39   Ou avant même leur bannissement, si l'on estime avec Picot (2008) que la souillure est susceptible d'être associée à une période antérieure du cycle (et que le texte présente une ambiguïté délibérée).

Homère emploie ἀλεωρή, l'*abri*[40]), mais désigne l'action de fuir elle-même. Or, aucune de ces deux circonstances (le mouvement et le péril de mort) ne paraît pertinente pour notre vers 115.3, si ce vers désigne la souillure que les hommes, une fois exilés, subissent en pratiquant le sacrifice. Quoique la succession des incarnations soit désignée comme une série de chemins que les démons empruntent (κελεύθους, 115.8), il paraît difficile de considérer que les démons fuient encore la communauté divine à proprement parler au moment où ils sont incarnés dans les êtres humains qui perpètrent le sacrifice. Ils sont assurément séparés du divin ; mais peut-on dire qu'ils connaissent toujours un mouvement de fuite ? Empédocle, lorsqu'il se définit lui-même aux vers 115.13-14, se décrit comme un exilé et un vagabond, sans réintroduire le thème de la fuite.

La seconde caractéristique sémantique du terme paraît tout aussi difficile dans ce contexte : on ne voit pas comment les démons pourraient craindre pour leur vie s'ils ont acquis une vie qui confine à l'éternité, quoiqu'ils aient perdu le statut de Bienheureux. De sorte que, s'il y a bien une telle crainte, celle-ci doit porter sur leur statut ontologique plus que consister en la perspective de la mort. Mais même ainsi, l'usage du terme supposé en 115.3 ne correspond pas à la signification attestée chez Homère : le soldat décide de fuir pour *protéger sa vie*, alors que le démon *reçoit la vie* (végétale, animale ou humaine, qui n'est plus celle des Bienheureux) lorsqu'il est banni, contre sa volonté. Le sens homérique du terme φόβῳ fonctionnerait très bien, dans notre fragment, si Empédocle dépeignait une situation où les démons ont choisi la fuite pour préserver une parcelle d'immortalité qui leur resterait, alors que la communauté des dieux souhaitait leur mort, pure et simple. Mais rien dans le texte ne soutient cette interprétation.

Si Empédocle avait voulu exprimer l'idée *dans sa fuite* à cette position précise du vers, il avait un moyen beaucoup plus simple que de recourir à un emploi archaïque de φόβος (qui présente les difficultés qu'on a dites) : il pouvait tout simplement utiliser φύγη, dont le datif singulier φύγῃ est un équivalent métrique de φόβῳ. Ce terme, employé dès Homère, présente une polysémie qui conviendrait parfaitement au contexte de 115.3 (tel que Picot le reconstruit), puisqu'il signifie à la fois la *fuite* et le *lieu d'exil* qu'on atteint : il aurait constitué un candidat idéal pour exprimer l'idée que les démons en exil pratiquent le sacrifice sanglant.

---

40  Par exemple, avec φόβος, en Ω.216.

Or, il n'apparaît dans aucun des manuscrits : en plus de la réfutation des principaux arguments de Picot que j'ai proposée, c'est là, à mes yeux, l'ultime indice du fait que la restitution φόνῳ, tout à fait mineure et satisfaisante d'un point de vue paléographique, est la bonne solution. Je reviens ci-après sur son interprétation exacte.

Le vers pose un autre problème, moins important : l'adjectif φίλα présente une difficulté de sens, dans la mesure où il peut désigner les membres bien-aimés (*sc.* ceux du dieu) ou, comme on l'a plus souvent retenu, les propres membres du démon[41] (plus probablement qu'être, comme l'avait pensé Sturz, une référence à la pratique du sacrifice sanglant). Ce second usage est homérique, et semble s'être, dès cette époque, distingué du sens impliquant l'affection[42]. Dans les deux cas, il est remarquable que les circonstances exactes de la faute ne soient pas précisées dans le contenu de l'oracle lui-même.

– La question de l'authenticité du vers 4

Le vers 4, qui comprend la mention du parjure, est cité par Hippolyte uniquement, sous une forme qui ne constitue pas un hexamètre dactylique complet. Intégré à la reconstruction du fragment que proposait Schneidewin en 1851 (p. 163), il a fait l'objet d'importantes discussions opposant, d'un côté, les partisans de Diels, et de l'autre, ceux de Wilamowitz. Les seconds ont, sur le fondement d'une proposition de Knatz, contesté l'authenticité du fragment de vers, dont ils considéraient qu'il s'agissait d'une interpolation tardive, opérée en raison de la proximité du contexte du fragment avec celui du passage d'Hésiode sur le sort du dieu qui commet un parjure après avoir juré sur l'eau du Styx[43] : ὅς κεν τὴν ἐπίορκον ἀπολλείψας ἐπομόσσῃ (He.*Th.*793). Le vers d'Empédocle aurait été forgé à l'imitation de celui-ci, en remplaçant le participe d'ἀπολείβω par celui d'ἁμαρτάνω, en raison du contexte ;

---

41  En faveur des membres du dieu : Wright 1995 p. 273 ; en faveur des membres du démon : Karsten 1838 p. 159, D.-K. 1951 p. 356, Gallavotti 1975 p. 273, Inwood 2001 p. 215, Bollack 2003 p. 60, Mansfeld & Primavesi 2011 p. 421. Pour le sacrifice sanglant : Sturz 1805 p. 538-539.

42  En tout cas, selon l'interprétation proposée par le LSJ (I.2.c) à l'occurrence de φίλος en I.555.

43  Knatz 1891, Wilamowitz [1929] 1935 p. 483-484, Zuntz 1971 p. 194-196, et plus récemment Primavesi 2001 p. 38-42. Le vers est également omis par Mansfeld & Primavesi 2011 p. 420.

or, l'aoriste sigmatique de ἁμαρτάνω est, selon Zuntz, attesté pour la première fois dans la Septante[44].

Les partisans de Diels considéraient que le fragment de vers était authentique[45] : ils ont cherché à le compléter au moyen de diverses restitutions, indiquées en apparat critique, dont les plus importantes mentionnent le sang (<αἵμασιν>, Schneidewin) ou la Discorde (<Νείκει θ'>, idée que Diels tire évidemment du vers 115.14), ou qui sont calquées sur le passage parallèle de la *Théogonie* (van der Ben restitue ainsi ὅς κεν <τὴν> ἐπίορκον...[46]). Le problème linguistique avait été bien perçu par Diels, qui voulait lire dans ἁμαρτάνω une forme de ὁμαρτέω, *accompagner*, avec le datif Νείκει.

Gallavotti (suivi par Rashed, qui adapte sa proposition) choisit ici une syntaxe quelque peu différente, puisqu'il considère que le vers 3 dépend des deux vers précédents (énonçant les circonstances dans lesquelles le décret s'applique), et qu'il introduit le vers 4 par <ἔστι τόδ'>[47].

L'argument de l'interpolation est réversible : la proximité de tout le passage avec la *Théogonie* est évidente (*cf.* 115.12). Si, comme le pense Zuntz, il s'agit d'une transformation d'un vers d'Hésiode pour correspondre au contexte empédocléen, daté au plus tôt de la période hellénistique, comment expliquer cette construction singulière ? Pourquoi un commentateur serait-il allé insérer un vers d'Hésiode tronqué et modifié dans un contexte empédocléen ? Quel aurait été l'objectif d'une telle manipulation ? Le thème du serment est déjà présent (115.2). L'argument linguistique ne porte pas non plus : il serait pertinent si l'on négligeait, d'une part, le goût d'Empédocle pour les innovations lexicales et, d'autre part, le fait que le procédé n'est pas sans parallèle chez Empédocle lui-même[48]. Si le passage est bien un écho au vers d'Hésiode, cette création était d'autant plus aisée que ce vers comporte lui aussi un aoriste sigmatique (ἀπολείψας) et que le futur sigmatique de ἁμαρτάνω est déjà attesté chez Homère (en ι.512). Plutôt que de recourir à des conjectures érudites, il vaut donc mieux, avec Bollack, éditer une lacune au début du vers 4, et conserver par ailleurs l'aoriste

---

44  Zuntz 1971 p. 195.
45  Outre Diels 1951 p. 357, voir Gallavotti 1975 p. 273, Wright 1995 p. 273, Inwood 2001 p. 215, Bollack 2003 p. 60 et plus récemment Rashed 2008a.
46  Van der Ben 1975 p. 131-132 ; l'accusatif τήν renvoie selon lui à Ἀνάγκη.
47  Gallavotti 1975 p. 273 ; Rashed 2008a.
48  Voir, à ce propos, notre argument *infra* sur la forme ῥευστά, dans le fr. 121.

ἁμαρτήσας, en le considérant comme une forme forgée[49]. Notons que Rashed a relevé un passage des *Grenouilles* d'Aristophane qui parodie le vers d'Empédocle en question et qui fournit un argument supplémentaire à l'appui de son authenticité[50].

Ces différentes restitutions ont pourtant un enjeu de sens : déterminer si l'on considère que le meurtre et le parjure sont deux transgressions différentes, ou s'il s'agit des deux dimensions présentées par un même geste[51]. Schneidewin avait ainsi compris que le vers introduisait en la figure du parjure une seconde possibilité de transgression prévue par le décret divin et distincte du meurtre : il lisait ὅς καί comme un équivalent de καὶ ὅς[52]. Van der Ben a raison, à mes yeux, de considérer que les deux propositions analysent une seule action[53].

– Le texte et la syntaxe du vers 5

Le vers 115.5 a posé plusieurs difficultés. Commençons par celles qui concernent la fin du vers, où les manuscrits de Plutarque et d'Hippolyte présentent des leçons différentes pour chacun des mots (respectivement μακραίωνες λελόγχασι βίοιο et μακραίωνος λέλαχασι βίοις).

Les deux premières difficultés, de moindre importance, sont les *uariae lectiones* μακραίωνες et sa variante en -ωνος, et βίοιο et βίοις. Le βίοις qu'on lit chez Hippolyte est la corruption manifeste d'un βίοιο, provenant sans doute d'une confusion entre un omicron et un sigma lunaire. Le nominatif de l'adjectif μακραίων (chez Plutarque) signifie que les démons, dont la caractéristique initiale est d'être μακραίωνες, reçoivent la vie après leur transgression : μακραίων caractérise les démons avant leur faute et constitue pratiquement un synonyme de μάκαρ. Dès avant la découverte du témoignage d'Hippolyte, qui présente un génitif qui a ensuite été suivi par tous les éditeurs, Scaliger, suivi par Sturz et Karsten, avait corrigé le nominatif pluriel en génitif singulier, de sorte

---

49  Les arguments les plus solides en faveur de cet aoriste se trouvent chez van der Ben 1975 p. 132.

50  Rashed 2008a p. 11-12, à propos d'Ar.*Ra*.145-150.

51  Le problème est bien soulevé par van der Ben 1975 p. 131.

52  Schneidewin 1951 p. 162. Cette compréhension est, en général, celle des éditeurs qui corrigent de sorte à introduire une disjonction au début du vers 4, telle que ἤ (Stein, Mullach, Vítek), ou qui restituent, avec Diels-Kranz, νείκει θ(ε).

53  On peut conserver le texte des manuscrits ὅς καί, quoiqu'il soit certes possible qu'il soit corrompu, si l'on donne à καί un sens adverbial.

à ce qu'il caractérise la vie que les démons reçoivent *après* leur faute[54]. Μακραίωνος, rappelant les sonorités de μακάρων, constitue alors le pivot du changement de statut des démons[55].

Le dernier problème de cette partie du vers concerne la forme verbale : λελάχασι est une forme rare, parfait épique de λαγχάνω, concurrente de λελόγχα. Cette dernière forme (λελόγχασι) ne convient pas pour la métrique, alors même qu'Hésychius nous conserve une attestation de λελάχασι (qui n'est par ailleurs attestée dans aucun texte métrique)[56]. Karsten avait soulevé contre λελάχασι (qu'il lisait chez Origène) l'objection qu'au vu de l'analogie avec εἴληχα sur le fondement de laquelle il supposait qu'Empédocle avait créé la forme, le α de la syllabe -λα- devrait être long, ce qui rend le texte amétrique[57]. Mais on peut expliquer la forme par analogie avec l'aoriste épique à redoublement λελαχεῖν, où le α est bref, et qui présente des usages formulaires dès Homère[58] ; par ailleurs, même si on suppose une formation sur εἴληχα, les parfaits à α long ont pu faire l'objet d'un abrègement métrique, dans des cas d'où Empédocle a pu tirer licence pour l'occurrence présente[59]. Notons finalement que les relations entre radical en -η/ᾰ et désinence de troisième personne du pluriel en -ᾰσι(ν)/ᾱσι(ν) se caractérisent par un système complexe d'alternance vocalique, qui a pu en tout état de cause justifier les quantités présentées par la forme que nous lisons[60]. Quelle que soit la façon dont on la justifie, l'autorité de λελάχασι est bien attestée par Hésychius.

Le début du vers présente la difficulté principale. Les manuscrits comportent les pluriels δαίμονες οἵ τε (chez Plutarque et dans la paraphrase d'Hippolyte) et δαιμόνιοί τε (dans la citation par Hippolyte). Cette dernière leçon peut être écartée d'emblée car le τε coordonnerait un subjonctif (dans un système itératif) à un parfait ; on peut au

---

54  Sturz 1805 p. 539, Karsten 1838 p. 160.

55  Bollack 2003 p. 65.

56  Hésychius (Latte), Λ.597, *s. v.* λελάχασι.

57  Le problème est relevé par Karsten 1838 p. 160, qui retenait la forme λελόγχασι (qu'on lit ailleurs chez Empédocle), au prix d'une inversion dans l'ordre des mots.

58  Il s'agit de ἄλοχοι λελάχωσι θανόντα, H.80, O.350 et X.343.

59  Par exemple l'alternance λεληκώς / λελᾰκυῖα (Chantraine *GH*, t. I, p. 426 § 203 ; *cf.* l'occurrence en μ.85).

60  Les parfaits en -κᾱσι peuvent présenter une forme syncopée en -ᾱσι (Chantraine *GH*, t. I, p. 427, § 204, cite βέβηκᾱς et βεβαᾱσιν, etc.). Le parallèle fonctionne dans la mesure où le χ de λελάχᾱσιν appartient au radical et non à la désinence (voir les remarques de Chantraine sur le cas, plus difficile, de κατατεθνήκᾱσιν en Ο.664).

demeurant l'expliquer assez facilement comme une corruption de la leçon de Plutarque. Le pluriel δαίμονες, lui, s'insère mal dans la syntaxe du passage : on attendrait un singulier, en apposition à τις.

Face à cette difficulté, les interprètes ont retenu différentes positions. La première a été de corriger le texte transmis, transformant le pluriel en singulier, δαίμων, considéré comme une apposition à τις[61]. Mais cela revient à déplacer le problème sur le relatif οἵ[62].

D'autres interprètes ont choisi de conserver le pluriel des manuscrits et d'expliquer sa syntaxe par différentes stratégies. Karsten considère que δαίμονες est en prolepse, et justifie le passage du pluriel au singulier (τις… οἵτε…) sur le fondement du parallèle d'Homère, Ω.650-652 (μή τις Ἀχαιῶν / ἐνθάδ᾽ ἐπέλθησιν βουληφόρος, οἵ τέ μοι αἰεὶ / βουλὰς βουλεύουσι παρήμενοι)[63]. Donnant au relatif le sens de *quotquot* (*chacun des démons qui a obtenu une longue vie*), il fait de μακραίων un simple équivalent de μακάρων : le vers est alors une incise signifiant que la loi vaut pour tous les démons dont la longueur de la vie en fait les égaux des dieux bienheureux : le vers décrit l'état des démons avant la faute.

Diels et Kranz considèrent que δαίμονες est en réalité un génitif pluriel (partitif de τις) qui est passé au cas du relatif οἵ par un phénomène d'attraction inverse[64]. Il est possible que le vers d'Hésiode (*Th.*794, ἀθανάτων οἵ ἔχουσιν κάρη νιφόεντος Ὀλύμπου) ait inspiré cette construction.

Gallavotti considère que le pluriel δαίμονες est en prolepse, mais donne comme antécédent du οἵ les dieux bienheureux du vers suivant : les démons à la longue vie ne sont pas les coupables, bannis, mais les dieux dont la place dans l'ordre divin n'est pas menacé.

Bollack conserve l'apposition d'un pluriel δαίμονες à un singulier τις, estimant que la difficulté de la syntaxe est délibérée et qu'elle a pour fonction de souligner le changement immédiat de statut que connaît le démon coupable, introduisant une scission au sein de la communauté des bienheureux.

---

61  Sturz 1805 p. 513, Zuntz 1971 p. 196, Vítek 2006 p. 384, Mansfeld & Primavesi 2011 p. 420.

62  Van der Ben, conscient de cette difficulté, a admis que la seule correction véritablement satisfaisante serait l'accusatif pluriel δαίμονας (sans prolepse), qui permettrait de régler à la fois le problème du οἵ du même vers, et celui du φυομένους du vers 7. Il édite pourtant le pluriel des manuscrits, à mon sens à juste titre.

63  Karsten 1838 p. 160. Pour ce type de prolepse, il renvoie à So.*Tr.*152, κακοῖς οἷς.

64  Diels-Kranz 1951 p. 357, Inwood 2001 p. 214-215.

Rashed choisit de considérer δαίμονες comme un vocatif pluriel : le τε donne une valeur définitoire ou catégorisante, bien connue chez Homère, à la relative, dont le verbe peut, conformément à la syntaxe épique, rester à la troisième du pluriel[65].

*Les vers 115.13-14 et le statut du poète.*

Le début du vers 13, sans doute parce qu'il a fait l'objet d'une transmission séparée particulièrement importante dans l'Antiquité, nous est connu sous plusieurs formes.

Il semble que le texte des manuscrits de Plutarque ait été τὴν καὶ ἐγὼ νῦν εἰμι (et non εἶμι, qui serait une conjecture de Wyndetus[66]). Les premiers éditeurs d'Empédocle connaissaient en tout cas seulement cette version du texte de Plutarque, ainsi que le texte transmis par les néoplatoniciens et autres commentateurs tardifs (ὡς καὶ ἐγὼ δεῦρ' εἶμι). Cette dernière leçon a d'emblée été jugée une glose prosaïque, et écartée, quoique Wyndetus s'appuyât manifestement sur le ἥκειν du témoignage de Plotin pour justifier sa correction de εἰμί en εἶμι. Restait le texte de Plutarque : comme il ne fait pas sens avec le verbe être, les premiers éditeurs ont corrigé le début du vers en τῶν (Scaliger, qui retrouvait ainsi la leçon d'Hippolyte, qui lui était alors inconnue), en τῇ (Sturz, au sens de ταύτῃ, *de cette façon* d'où *c'est pourquoi*), ou en τως (Bergk). La découverte du texte d'Hippolyte (τῶν καὶ ἐγώ εἰμι) a confirmé la conjecture de Scaliger, quoique le νῦν soit manifestement tombé : la plupart des éditeurs modernes édite τῶν καὶ ἐγὼ νῦν εἰμι.

Cette restitution a fait l'objet des critiques de Wilamowitz, qui estime qu'elle est le produit d'un centon entre les versions de Plutarque et d'Hippolyte[67]. L'argument ne porte pas complètement, s'il y a pu y avoir confusion entre certaines graphies des finales -ην et ων en minuscule.

Wilamowitz et Zuntz, ainsi que d'autres éditeurs, ont choisi le texte présenté par Plutarque revu par Wyndetus en τὴν καὶ ἐγὼ νῦν εἶμι, comprenant τὴν <ὁδόν> (*sc.* celle de l'errance)[68]. Ce texte ne fait pas grande différence, pour le sens, avec celui d'Hippolyte (τῶν...) : tout

---

65  Rashed 2008a p. 17 n. 36 renvoie à H.160.
66  Sturz 1805 p. 540 ; mais van der Ben 1975 p. 156 attribue cette conjecture à Bernardakis.
67  Wilamowitz [1929] 1935 p. 484-485, suivi par Zuntz 1971 p. 198.
68  Karsten 1838, Bollack 2003.

au plus insiste-t-on plus sur le voyage que sur la notion de groupe. S'il était avéré que les manuscrits de Plutarque, auxquels je n'ai pas pu me reporter, donnent bien εἶμι (c'est-à-dire que la découverte de manuscrits plus récents que ceux que connaissait Wyndetus a confirmé sa conjecture), la leçon de Plutarque serait tout aussi satisfaisante que celle d'Hippolyte ; même si les manuscrits donnaient seulement εἰμι (atone), on pourrait aisément accepter la conjecture de Wyndetus en raison de la fréquence de ce type de faute[69]. J'ai préféré éditer le génitif pluriel.

L'hémistiche qui nous est parvenu du vers 14, quant à lui, a fait l'objet de deux séries d'interprétations. La première, qui revient à celle des philosophes tardifs qui citent ce passage, consiste à penser que l'hémistiche est descriptif : Empédocle se trouve dans un monde régi par la Discorde[70]. L'autre interprétation consiste à estimer que l'énonciateur attribue ainsi la cause de son état présent à la confiance qu'il a accordée à la Discorde[71].

## Interprétations du fragment 115

### – Histoire de l'édition

Avant Stein, auquel nous devons la forme du fragment tel que nous le lisons aujourd'hui et sa place dans la reconstruction des *Catharmes*, on plaçait les vers du fragment au début du Poème physique (conformément à l'indication de Plutarque[72]), et non dans les *Catharmes*.

Les vers 115.1, 3, 5, 6, 13 (tels qu'ils sont transmis dans la citation du *De exilio*) sont placés par Sturz au début du poème, juste après B 1 et le fr. B 155 (*falsum*) comportant l'adresse à Télaugès[73]. Sturz séparait

---

69  L'apparat critique de l'édition Teubner donne seulement εἶμι, mais il n'est pas fiable : d'une part, parce que Wyndetus devait bien lire εἰμι dans certains manuscrits pour proposer la conjecture εἶμι ; d'autre part, parce que l'apparat critique au même fragment présente, au vers 3, le texte φόνῳ (comme *uaria lectio* de φόβῳ) attribuée à Hippolyte alors que ce dernier ne cite même pas ce vers : l'éditeur (suivi sans hésitation par l'auteur de l'apparat critique du même passage de l'édition Belles Lettres) a confondu une correction d'Estienne avec une leçon d'Hippolyte.

70  Sturz 1805 p. 540-541, Gallavotti 1975 p. 278, Rashed 2008a, etc.

71  Karsten 1838 p. 163 (selon toute vraisemblance, car il ne développe pas), D.-K. 1951 p. 358 (traduisant par *da* accompagné du prétérit), Bollack 2003 p. 69, etc. ; van der Ben 1975 p. 158 ne tranche pas.

72  Plutarque, *De exilio* 607C, ἐν ἀρχῇ τῆς φιλοσοφίας προαναφωνήσας ; *cf.* Karsten 1838 p. 159.

73  Sturz 1805 p. 513 et 540 séparait, dans son édition, les vers 115.13-14, mais les interprétait ensemble dans son commentaire.

115.13 de 115.14. Les vers 115.1-2 sont répétés comme vers 122-123 du Poème physique (p. 518) : l'édition de Sturz préfigure à cet égard la thèse de Bollack sur la citation de ces vers par Simplicius. Le vers 115.7, qui lui était connu par Origène, était séparé du reste du fragment[74]. De façon intéressante, Sturz place les vers 115.9-12 à la fin du troisième et dernier livre du Poème physique, dans le voisinage de fragments qui portent sur la réincarnation (tels que B 117). Sa connaissance de Plutarque lui rendait en effet pourtant clair que le fragment portait sur l'errance des démons : le cycle démonique était perçu comme une sorte de cas particulier du cycle physique.

Karsten plaçait le fragment 115 au début du Poème physique. Le texte du fragment tel qu'il est reconstruit par Karsten (vers 1-3 + 5-7 + 13-14) témoigne de deux évolutions significatives, qui viennent du fait qu'il a été le premier à reconnaître le texte du *De Exilio* comme un centon : l'ajout de 115.2 (sur le fondement de Simplicius) et de 115.7 (sur le fondement d'Origène)[75]. Ce vers 7 est lourdement corrigé pour la métrique et la syntaxe, en γεινόμενον παντοῖα διὰ χρεὼ εἴδεα θνητῶν[76]. Les vers 9-12 sont toujours séparés du reste du fragment, quoiqu'ils en soient beaucoup plus proches puisqu'ils apparaissent après une série de fragment sur l'incarnation et la condition humaine (B 139, 119, 118, 124).

La publication par Schneidewin en 1851, des fragments d'Empédocle cités par Hippolyte, constitue un tournant : il reconstituait la totalité des vers du fragment, quoiqu'il séparât toujours les vers 115.9-12 du reste du texte. Il a proposé un certain nombre de corrections (surtout pour 3-4) qui n'ont guère été retenues, à l'exception de ἐπομόσσῃ pour le ἐπομώσει de l'unique manuscrit d'Hippolyte, au vers 3.

La préface de l'édition de Stein vise à justifier la nouvelle répartition des fragments entre les deux poèmes attribués à Empédocle : contestant l'ordre retenu par ses prédécesseurs, il a été le premier à associer le

---

74  Sturz 1805 p. 519 (en tant que vers 163). Sturz considérait qu'Origène rapprochait deux passages distincts, et que le vers 115.7 convenait mieux aux vers finaux du fr. 35, sur la multiplicité des êtres vivants créés par les éléments.

75  Karsten 1838 p. 159 a contesté la thèse de Sturz à propos de la citation par Simplicius, et restitué le vers 115.2 en considérant que σφράγισμα était une *falsa lectio* due à une erreur de copie.

76  Karsten 1838 p. 162 : χρεὼ est pris soit comme un équivalent de χρή, soit comme le régime de διά (les deux hypothèses sont formulées par le savant). Le vers signifie alors soit *il faut qu'il (le démon), en naissant, erre à travers toutes les formes des mortels* ; ou : (l'oracle dit qu') *il erre par nécessité à travers toutes les formes des mortels.*

fragment 115, et particulièrement les vers 13-14, à un cycle qui n'était pas réductible, ou simplement assimilable, au cycle physique, mais qui portait précisément sur la punition de δαίμονες coupables, s'achevant par leur réintégration – leur purification – dans l'ordre divin[77]. Stein s'est appuyé sur les passages transmis par Hippolyte pour donner au fragment sa forme qui deviendra canonique[78] : Diels et Kranz n'apporteront plus de modification à l'ordre des vers. En particulier, le vers 7 est édité sous la forme qui sera acceptée par la suite, si l'on excepte une variation entre accusatif singulier et pluriel pour φυομένους/φυόμενον.

Deux éditeurs ont, la même année, contesté l'ordre des vers retenu par Stein, sur le fondement de l'idée que les témoignages ne donnent pas suffisamment d'indications pour conclure à la nécessité de l'ordre que Stein puis Diels-Kranz avaient soutenu : le premier est Gallavotti, qui est revenu à la proposition de Schneidewin, de faire suivre des vers 9-12 les vers 13-14, pour des raisons sur lesquelles nous reviendrons. Gallavotti considère que le vers 3 est relié, par sa syntaxe, au vers 2, alors que l'énoncé du décret commence à proprement parler au vers 4 (au début duquel il rétablit <ἔστιν τόδε>, et qu'il édite ensuite ὃς κ' ἁμαρτήσας…)[79]. La proposition a été ingénieusement reprise par Rashed (qui en tire les conclusions que j'exposerai plus loin), avec deux adaptations importantes (qui vont dans le sens de la compréhension du vers développée par Picot en 2007) : le choix de la leçon φόβῳ au lieu de la restitution φόνῳ (au vers 3), et la restitution non pas d'ἔστιν τόδε mais de θνητῶν (au vers 4)[80].

L'autre proposition est celle de van der Ben[81], qui édite 115.1-8, suivi des fragments B 30, 116, 142, 115.9-12 et (séparément) 115.13-14.

Finalement, Rashed a proposé, en 2008, d'intercaler le fragment 113 entre 115.12 et 115.13, afin de faciliter la transition (sémantiquement et syntaxiquement) à l'énoncé de la situation d'Empédocle lui-même. Il a par ailleurs proposé de compléter le vers 14 avec le fragment 121. L'effet de ce choix est de verrouiller le sens du vers 115.14 du côté de l'idée qu'Empédocle vit dans un monde régi par la Discorde.

---

77  Voir particulièrement la préface de Stein 1852, p. 22 *sqq.*
78  Stein 1852 p. 77-79.
79  Gallavotti 1975 p. 273.
80  Voir Rashed 2008a et, ci-après, l'exposé du détail de sa proposition.
81  Van der Ben 1975, p. 106-107 pour l'édition et la traduction du fragment, et p. 128 *sqq.* pour son commentaire.

– Les interprétations du fragment 115

Il n'appartient pas à la présente étude d'examiner les questions de la nature exacte de la doctrine de transmigration des âmes développée par Empédocle, de la relation entre le démon et la personnalité (au sens psychologique) des différentes incarnations, ni de dresser les caractéristiques de la démonologie d'Empédocle, quoique le fragment 115 soit l'un des principaux textes mobilisés dans de telles discussions[82]. Il en va de même pour la question de la reconstruction exacte du cycle démonique, envisagé pour lui-même ou dans ses rapports au cycle physique[83]. Les traits principaux de l'interprétation du fragment, s'agissant des questions qui nous occupent, font l'objet d'une forme de consensus depuis Diels : les démons ont commis une transgression à l'encontre du décret passé par les dieux, et se trouvent bannis (en tant que démons à la longue vie) de la communauté des Bienheureux ; ils traversent une succession d'incarnations au terme de laquelle ils se voient offrir la possibilité d'une réintégration dans le cercle divin. Au sein de cette reconstruction, nous avons vu que le type de restitution retenu pour le vers 4 permettait de déterminer si le meurtre et le parjure constituaient une seule faute ou deux fautes distinctes.

Examinons rapidement la façon dont les interprétations antérieures à celles de Diels se sont constituées. Sturz plaçait le fragment 115 dans le proème du Poème physique, faisant ainsi de l'exil des démons coupables un moment à part entière du cycle physique : la loi de Nécessité était le mouvement continuel des éléments, dont l'exil des démons constituait une sorte de cas particulier (le mouvement s'étendant jusqu'à la communauté divine). Prêtant à Empédocle une conception que nous pourrions appeler dualiste (entre âme et corps)[84], le sens ultime du frag-

---

82  Le lecteur se reportera en particulier, pour la doctrine de la transmigration des âmes, à Long (Herbert) 1948, Zuntz 1971 (*passim*) et aux remarques de van der Ben 1975 p. 134-135 ; pour la démonologie, Detienne 1959, Gain 2007, ainsi que les remarques de Bollack 2003 p. 64 *sqq.*

83  Pour ces discussions, outre les références citées ci-dessus, voir Osborne 1987a (dans le cadre de son hypothèse d'un poème unique), Primavesi 2001 (le fragment 115 est une présentation exotérique d'une démonologie qu'on pouvait trouver dans le Poème physique) et 2007 (le cycle démonique fonctionne comme un reflet allégorique du système physique, perçu d'un point de vue humain), Laks 2004 et 2005 (le sens réside dans l'articulation des deux récits, cosmologique et démonologique, et dans la compréhension des différences qu'ils présentent). Voir également Rashed 2008a, Therme 2010, etc.

84  Sturz 1805 p. 448 *sqq.* pensait que les mots de Plutarque, suivant la citation du fragment 115 dans le *De exilio* (qui constituaient à cette époque le témoignage principal), étaient

ment était d'expliquer l'origine divine de l'âme des êtres vivants, dont le corps était constitué des éléments joints par l'Amour. Il distinguait pourtant deux catégories d'âmes, bonnes (μάκαρες) et mauvaises, dont les premières étaient réintégrées dans la communauté divine au terme de leur incarnation, alors que les secondes étaient condamnées à errer, en quelque sorte en deçà du vivant, à travers les éléments eux-mêmes[85]. Comme Sturz ne concevait pas de différence entre les deux cycles, il pensait que les vers 13-14 signifiaient qu'Empédocle s'était fié à la Discorde pour éviter de se retrouver intégré dans le *Sphairos* – qu'il interprète, on l'a vu, comme un chaos – par l'action de Φιλία : il a donc choisi de suivre la Discorde afin d'obtenir l'immortalité de l'âme[86].

L'interprétation de Karsten est proche de celle de Sturz[87], si ce n'est qu'il ne paraît pas reconduire l'opposition qu'introduisait Sturz entre les deux groupes de démons : μακραίων et μάκαρ désignent tous deux l'état des démons avant leur bannissement[88]. Les vers 9-12 sont, selon lui, du côté de l'incarnation, dans la mesure où ces éléments désigneraient l'habitat des différents êtres vivants dans lesquels les démons s'incarnent[89] : l'idée a été suivie par la majeure partie des commentateurs[90].

Nous avons vu que la séparation des deux poèmes opérée par Stein avait contribué à l'interprétation traditionnelle des deux cycles, physiques et démoniques, séparés : sa reconstruction de la structure du fragment a déterminé celle de Diels, et a donné forme à la lecture acceptée par la plupart des interprètes, dont nous avons rappelé ci-dessus les traits principaux.

Il y a pourtant une série d'exceptions. Gallavotti, en 1975, a partiellement contesté cette séparation, revenant à l'idée d'une correspondance entre les deux cycles plus proche, par certains aspects, de ce qu'avaient conçu Sturz et Karsten : les θεῶν et les serments du fragment 115 sont les dieux du système physique, ici évoqués dans le cadre d'une discussion

---

une paraphrase de la pensée d'Empédocle, et en tirait l'idée d'un tel dualisme.

85  Sturz 1805 p. 456.
86  Sturz 1805 p. 540-541.
87  Karsten 1838 p. 508 *sqq.*, en particulier s'agissant du dualisme.
88  Karsten 1838 p. 160-161.
89  Karsten 1838 p. 164. L'idée doit sans doute être reliée à l'ajout du vers 7, dans la version adaptée de celle qu'en donne Origène.
90  Bollack 2003 p. 68-69 considère pourtant que l'idée essentielle du passage est la catabase que l'organisation dans le vers des différentes régions du cosmos implique. Pour une discussion serrée de l'interprétation de Karsten, voir van der Ben 1975 p. 150 *sqq.*

portant sur le cas particulier de l'âme[91]. Gallavotti explique l'intégration du vers 3 dans la syntaxe de l'énoncé du décret (115.1-2) par le fait que ce vers donne le cadre d'application de la loi : celle-ci porte sur les hommes, qui se souillent eux-mêmes par la pratique du sacrifice sanglant.

Le savant revient sur ce fondement à une version de l'opposition qu'introduisait Sturz entre les groupes de démons : il s'appuie sur un passage de Plutarque (*De def. or.* 420D), qui répondait à des objections, formulées par les Épicuriens, à l'interprétation que donne Plutarque des démons d'Empédocle. Les Épicuriens voyaient une contradiction au fait que les démons puissent être à la fois mauvais et pervers (puisqu'ils commettent une faute), et heureux et longévifs. Gallavotti comprend que les Épicuriens avaient développé une interprétation alternative du fragment, qui n'attribuait pas les caractéristiques de μακραίων aux démons, mais aux μακάρων (d'où sa construction de la relative οἵ τε... avec le μακάρων du vers suivant). Ces μάκαρες sont, pour Gallavotti, les âmes des hommes justes qui n'ont pas commis la faute pour laquelle les autres ont été bannis. Cela implique que le début de cycle décrit dans ces vers est en même temps le terme d'un autre cycle.

La seconde originalité de sa position tient à la compréhension du « je » des vers 13-14, qui est notamment facteur du fait qu'il place les vers 9-12 après les vers 13-14[92] : il s'agit d'un « je » générique qui vaut pour l'humanité entière. Gallavotti veut voir dans la mention de la Discorde une correspondance stricte entre le cycle physique et le cycle démonique, considérant qu'Empédocle fait signe vers le fait que nous sommes dans le monde de la Discorde[93] : Empédocle dirait donc ici non pas qu'il est un malfaiteur, mais qu'il est juste un homme qui vit dans le monde de la Discorde. L'adjectif πίσυνος signifierait *confié à* (et non *confiant en*)[94].

Deux autres compréhensions du fragment se sont développées sur le fondement de la proposition de lecture du vers 3 développée par Jean-Claude Picot.

---

91 Gallavotti 1975 p. 272 *sqq.*, pour toute la discussion ici résumée.
92 Gallavotti 1975 p. 276, pour ses arguments, et en particulier sa compréhension du passage du *De exilio*.
93 Le problème est bien sûr que le texte est interprété au moyen d'une reconstruction du cycle physique qui ne peut lui être qu'exogène ; cette démarche s'appuie de surcroît sur le présupposé d'une correspondance aussi exacte que possible entre les deux cycles.
94 Gallavotti 1975 p. 278. Aucun parallèle n'est mentionné par le savant.

Celle de Rashed, d'abord, consiste on l'a vu à interpréter le vers 115.3 comme relevant de la loi divine en tant que telle. Il reprend la proposition de Gallavotti, en l'adaptant : l'interprétation de ce dernier ne distingue pas encore suffisamment le vers 3 de la suite du fragment, dans la mesure où la souillure paraît fonctionner, pour le sens, comme l'énoncé de la faute. Rashed considère au contraire que les vers 1-3 désignent l'efficace du décret dans le monde des hommes : εὖτε introduit non pas la cause du châtiment, mais l'expression du châtiment lui-même. Le démon coupable de parjure est banni dans des incarnations successives, parmi lesquelles le poète lui-même se reconnaît, conscient de vivre dans le monde de la Discorde.

La lecture admise du fragment 115 depuis Diels a également été discutée par Wersinger, dans l'interprétation de laquelle le fr. 115 ne vise pas à dessiner les contours d'une loi divine juste, mais à mettre en relief les inconsistances de la justice olympienne : le serment passé entre les dieux (115.1-2) est interprété comme un élément de la théologie et du rite traditionnel. Ce serment vise à supprimer la violence, mais la transgression qu'il implique amène le démon à s'incarner, et ainsi à perpétrer la violence sous la forme du sacrifice sanglant ; le geste d'Empédocle consiste à critiquer le serment initial, dans sa nature olympienne, tel qu'il est décrit dans les premiers vers du fr. 115, dans la mesure où il implique une répétition de la violence qu'il cherchait précisément à éviter. Wersinger conclut qu'Empédocle avait cherché à substituer à ce cycle de violence punitive et expiatoire un cycle positif, dédié à Charis, dont elle admet que les fragments ne donnent pas de témoignage direct.

L'idée qui constitue, de façon ultime, le fond de l'interprétation de Wersinger est à mon avis fort juste, lorsqu'elle remarque qu'il est extrêmement surprenant qu'Empédocle ait construit le geste initiateur du cycle démonique comme un acte qui, sans se dire comme tel, présente des traits structurels communs avec les pratiques associées au sacrifice sanglant – alors même qu'il récuse, pour l'homme, la pertinence éthique, ontologique, etc. d'un tel sacrifice. La thèse par laquelle Wersinger résout ce paradoxe est ingénieuse, mais elle ne convainc pas. D'abord, pour la simple raison que son interprétation efface ce paradoxe : ce faisant, l'interprétation admise propose une lecture du fragment 115 qui est philosophiquement plus forte que celle que Wersinger avance, précisément parce que le projet des *Catharmes*, tel qu'on le reconstruit d'habitude, est justement de montrer de quelle façon l'homme peut dépasser la violence inscrite de façon nécessaire dans sa nature depuis la transgression initiale. Il ne s'agit pas simplement de substituer un cycle positif, pur de négativité, à un cycle souillé par la vengeance : il s'agit d'analyser pourquoi, et comment, le meurtre et la vengeance ont émergé dès le moment de la communauté avec le divin, et de déterminer comment on peut transformer la dynamique qu'ils impliquent (et non pas, simplement, lui en substituer une autre qui serait fondée sur des critères qui seraient purement différents).

Outre cette difficulté générale, la thèse présente des difficultés méthodologiques. Sans même mentionner les problèmes posés par la méthodologie associée aux corpus fragmentaires[95], les problèmes principaux proviennent de la façon dont l'examen anthropologique des termes et concepts employés par Empédocle est mis en œuvre. Les remarques, tout à fait justes, que le savant avance sur la dimension ritualisée du serment, dont l'analyse est centrale dans son argumentation, la conduisent de façon surprenante à refuser d'envisager qu'Empédocle ait pu, justement, déroger aux caractéristiques du rituel telles qu'elle les reconstruit[96]. Le texte est ainsi lu à partir d'une tradition et d'une pratique anthropologiques sans qu'il soit véritablement laissé à Empédocle la possibilité de réinterpréter les mots mêmes qui sont associés à ces rites. On peut légitimement se demander pourquoi dénier ainsi à Empédocle la possibilité de redéfinir la nature même du serment tel qu'on le contractait dans la société de son temps et de refonder sa pratique sur des critères qu'il juge plus justes. Ce ne serait assurément pas là considérer qu'Empédocle mentionnerait le serment « de façon naïve et innocente » (p. 388).

---

95  On se serait attendu à une reconstruction du sens tel que les anciens le comprenaient : pourquoi n'ont-ils pas dit plus explicitement qu'Empédocle procédait à une radicalisation critique de la justice olympienne, si c'est bien ce qu'il fait ? Pourquoi, corrélativement, aucune trace ne nous est-elle parvenue du cycle positif, fondé sur les Charites, qu'Empédocle aurait substitué à cet ordre de type olympien, dont Wersinger pense qu'Empédocle radicalise le sens et la portée dans notre fragment ? Enfin, les difficultés philologiques majeures du passage sont insuffisamment prises en considération : il y a une difficulté à simplement collationner les choix d'éditeurs différents, sous prétexte que la proposition scientifique n'est précisément pas une édition (voir à ce propos les remarques de Wersinger 2012-2013 p. 388 n. 50 sur le fr. 115.3).

96  Par exemple, Wersinger 2012-2013 p. 386 : « il paraît impossible qu'Empédocle ait pu négliger un usage aussi profondément ancré (*sc.* du rôle du sacrifice sanglant dans les serments) et qu'il ait ignoré que les *horkoi* suintent de sang. »

J'ai par ailleurs déjà montré que la position de Picot s'agissant du vers 115.3 devait être abandonnée : cette conclusion est dirimante pour les interprétations de Rashed et de Wersinger.

## UNE LECTURE DU FRAGMENT 115

La lecture ici proposée du fragment 115 ne vise pas tant à expliquer ce fragment dans le contexte plus général de la pensée empédocléenne de l'homme et du divin, qu'à envisager la façon dont ce texte, considéré en tant qu'unité, construit l'identité et la nature des dieux et des démons, dans leurs relations aux mortels : pour cette raison, je ne chercherai pas d'abord à identifier les dieux bienheureux ou les démons par la comparaison avec d'autres fragments (tels que les fragments 131, 134, etc.), mais à dégager la logique interne de ce passage d'interprétation difficile. Empédocle cherche à y construire de nouvelles catégories pour y appréhender le divin, ou tout au moins à donner aux catégories qu'il emploie (de dieux, de démons, de bienheureux) une signification distincte de celle qu'elles ont eue jusque là : ce travail lui permettait très vraisemblablement, dans les *Catharmes*, de construire des modèles originaux pour concevoir les relations entre hommes et dieux. Afin d'examiner le rôle de la Discorde dans le fragment, je m'intéresserai donc tout particulièrement aux conditions dans lesquelles Empédocle concevait la séparation des dieux et de ce groupe de dieux qui s'est isolé en tant que δαίμονες, et aux relations construites entre ces deux groupes et les mortels.

### LE FRAGMENT 115 ET SA RELATION À LA *THÉOGONIE* D'HÉSIODE

Les deux premiers vers du fragment présentent les serments contractés par les dieux et constitutifs de l'ordre de l'univers. Il est significatif que ce décret des dieux, présenté comme antique, soit décrit au moyen d'un ensemble de termes qui sont récents, à l'époque d'Empédocle, tels que χρῆμα (si ce terme a bien le sens d'*oracle*), σφραγίζω, ψήφισμα[97]. Les vers

---

97    Pour le substantif σφραγίς : So.*Tr*.615, *El*.1223, ainsi qu'Hérodote et Euripide. Pour σφραγίζο-μαι : Ae.*Eu*.828 (pour la foudre de Zeus, scellée), puis Euripide. Pour κατασφραγίζω :

115.3-8, puis 9-12, énoncent le contenu de la loi : les conditions de la transgression des démons, leur bannissement de la communauté divine, et la succession d'incarnations qu'ils connaîtront[98].

L'argumentation que j'ai développée plus haut sur les vers 3 et 4 me conduit à être d'accord avec le texte retenu par Bollack : considérer que l'énoncé du décret commence au vers 3, qui comporte φόνῳ, et conserver une lacune au vers 4 me semble la meilleure solution ; au vers 5, l'apposition, irrégulière, d'un pluriel δαίμονες au singulier τις est productrice de sens dans la mesure où elle indique l'éclatement de la communauté consécutive de l'action d'un individu qui s'est singularisé. La proposition soutenue par Marwan Rashed pour la syntaxe du vers 115.5 est bien étayée par les parallèles qu'il avance, mais elle implique une accumulation de traits rares qui rend cette compréhension, quoique tout à fait possible, peu naturelle.

Quelle que soit la syntaxe retenue, on s'accorde sur le fait que le démon quitte la communauté des Bienheureux (μάκαρ) pour obtenir un βίος μακραίων, comme le signale le parallélisme phonétique. Les vers 13-14, finalement, présentent le statut du poète-énonciateur : leur valeur conclusive est soulignée par une reprise sémantique, voire lexicale (φυγὰς θεόθεν καὶ ἀλήτης reprenant ἀπὸ μακάρων ἀλάλησθαι).

On a souvent souligné la proximité signifiante de ce fragment avec l'épisode hésiodique du serment du Styx[99]. Ce passage fournit indéniablement le cadre « législatif », si l'on peut dire, qui permet d'interpréter le serment des dieux de notre fragment[100] : il intervient, chez Hésiode, afin de fournir un modèle de règlement des conflits entre les dieux (ὁππότ'

---

Ae.Su.947 (pour des mots scellés dans des rouleaux de papyrus). Pour ψήφισμα : Ae.Su.601, pour un décret du peuple ; dans un très bref fragment de Cratinos (ψήφισμα ἔθηκεν, fr. 264 Kock) ; ailleurs, en prose postérieure à Empédocle ; pour ψηφίζομαι, Ae.Ag.1353 (en un sens métaphorique : *partager un avis, estimer*, que glose Radt 1964 par : *decernere, censere*), Eu.Hera.141. Le substantif ψῆφος est en revanche plus fréquent.

98  Karsten 1838, dans son commentaire du vers 115.7, renvoyait de façon très intéressante à Protée pour l'idée d'assumer toutes les formes du vivant (δ.417, πάντα γίνεσθαι, *cf.* δ.458).

99  He.Th.775 *sqq.*, tout particulièrement s'agissant des vers 796 et 800 ; le verbe στυγέω, *avoir en horreur*, est sémantiquement et étymologiquement lié au nom même de Styx (*cf.* Chantraine DELG, *ad loc.*).

100  Le parallélisme a été repéré et commenté par presque tous les interprètes : voir en particulier les analyses approfondies qui lui ont été consacrées par Glenn Most (2007) et Bollack (2003 p. 66 *sqq.*), ainsi qu'avant eux par Hershbell (1970 p. 150-151) et Zuntz (1971 p. 266 *sqq.*).

ἔρις καὶ νεῖκος ἐν ἀθανάτοισιν ὄρηται, *Th*.782), tout particulièrement ceux qui impliquent un parjure (καί ῥ᾽ ὅστις ψεύδηται Ὀλύμπια δώματ᾽ ἐχόντων, *Th*.783 ; ὅς κεν τὴν ἐπίορκον ἀπολλείψας ἐπομόσσῃ, *Th*.793). Ce modèle de règlement des conflits divins prend sens, dans le contexte du poème hésiodique, comme une forme de pacification qui permette de ne pas menacer la communauté établie par l'ordre de Zeus – alors que les différents modèles de règlement des différends antérieurs à l'établissement définitif de celui-ci avaient entraîné une rupture de la communauté telle qu'on la connaissait (la castration d'Ouranos, la dépossession de Cronos) ou avaient en tout cas fait planer la menace que l'ordre de Zeus soit dissous à son tour (la guerre contre les Titans, Typhée ou l'avalement de Mètis). La punition des immortels qu'implique ce mode de règlement comporte une séparation de la communauté divine, dont deux phases sont distinguées : le dieu parjure est frappé d'une forme d'inertie et de mutisme et ne peut plus consommer la nourriture des dieux, durant un an (*Th*.795-798) ; il est ensuite frappé, durant neuf ans, d'un châtiment présenté comme pire que le précédent (ἄλλος δ᾽ ἐξ ἄλλου δέχεται χαλεπώτερος ἄθλος, *Th*.800), consistant en l'interdiction de partager le banquet des immortels (ce qui implique sans doute en particulier qu'il ne peut plus absorber la nourriture divine ni la fumée des sacrifices).

Le passage a ainsi en commun avec celui d'Empédocle un bannissement de la communauté divine, quoiqu'il prenne une forme différente ; dans les deux cas, les dieux contractent un serment qui les engage, tout dieux qu'ils soient. Le modèle hésiodique est retravaillé par Empédocle : au lieu de permettre de clore un ordre divin – celui de Zeus – en produisant un modèle de règlement des conflits, la promesse (ou le serment) du fragment 115 a pour conséquence, au contraire, d'ouvrir la communauté au dehors, en permettant les voyages des démons en dehors de la communauté divine. Une implication importante de ce dialogue avec la *Théogonie* a souvent été laissée de côté : dans l'ordre de Zeus, la principale possibilité d'ouverture devient, à terme, l'union des immortel(le)s, et particulièrement de Zeus, avec des mortel(le)s pour engendrer des demi-dieux et autres héros. Empédocle n'envisage pas ici les relations entre la communauté divine et les hommes de cette façon : il préfère ouvrir l'ordre divin, en questionnant ses relations avec l'ordre humain, par le biais des motifs du bannissement dû au parjure et de l'incarnation. Comprendre les raisons pour lesquelles ce motif a été élu ici nous permettra de montrer qu'outre ce passage de la *Théogonie*, le fragment 115 se donne d'autres intertextes poétiques dont l'importance est déterminante, et qui n'ont pas reçu toute l'attention qu'ils auraient mérité du fait de l'évidence avec laquelle notre fragment renvoie au passage de la *Théogonie*.

## LA RECONSTRUCTION PAR LE DÉMON INCARNÉ DES CAUSES DE SON BANNISSEMENT (115.13-14)

Commençons par analyser, conformément à ce qui constitue notre intérêt dans ce fragment, le statut de la Discorde : je montrerai que les vers 13-14 proposent une analyse rétrospective, par un énonciateur impliqué, des raisons pour lesquelles celui-ci a perpétré un crime contre la divinité. Il reconstruit une situation où Νεῖκος a guidé son geste.

Commençons par la punition du démon : l'errance. Le substantif ἀλήτης (115.13) est un nom d'agent dérivé de ἀλάομαι, *errer* (secondairement, *être exilé*), dont l'infinitif parfait est également attesté au vers 6[101]. Le terme est presque toujours employé en mauvaise part chez Homère (très rarement en tout cas en un sens neutre, comme lorsqu'il s'agit de *caboter* en γ.302) ; pour autant, le sens de *mendiant* ne caractérise pas, comme tel, le sémantisme de cette famille. L'errance est un motif typique de punition divine, attesté dès l'*Iliade*, dans le mythe de Bellérophon tel qu'il est narré par Glaucos, né d'Hippoloque, lui-même seul fils survivant du héros (Z. 201). Cette partie de l'épisode narre une succession de malheurs suivant une période de réussite[102] : le motif qui vaut au héros la haine des dieux (ἀπήχθετο πᾶσι θεοῖσιν) et entraîne son errance (κὰπ πεδίον τὸ Ἀλήιον οἶος ἀλᾶτο) et la mort de deux de ses enfants n'est pas précisé. Le thème de l'errance est, bien entendu, travaillé de façon exemplaire dans l'*Odyssée*, qui narre les conditions du retour d'Ulysse.

L'adjectif πίσυνος, *confiant en* (toujours avec un datif exprimé), est un dérivé de πείθω, dont la formation exacte est inconnue (on a supposé l'analogie de θάρσυνος)[103]. L'adjectif est employé pour dire la confiance

---

101 Chantraine *DELG* p. 53. *LfgrE*, t. 1 col. 449 *sqq.* : *errer*, souvent en relation avec le fait de subir des malheurs. L'auteur de l'article du *LfgrE* note, de façon intéressante, que le parfait indicatif sans complément n'a pas toujours exclusivement la valeur du présent que lui attribuaient les grammairiens anciens (col. 450) : il signifie au parfait *continuer à errer, poursuivre sa course errante* (par opposition à β.370, où il a un sens de présent).

102 Le père d'Antée, souverain de Lycie, le reconnaît pour le fils d'un dieu après avoir essayé de le tuer : de la fille de ce roi et de Bellérophon naquit Laodamie, la mère de Sarpédon.

103 Chantraine *DELG* p. 868-869.

que les hommes ont soit en certains de leurs attributs, qu'il s'agisse de qualités ou d'armes qui font leur force et leur appartiennent en propre, soit en les dieux (chez Homère, seulement pour Zeus, parfois à travers les présages qu'il envoie ; par la suite, pour les dieux en général, et une fois pour la Muse)[104]. L'*Odyssée* et Théognis l'emploient également pour la confiance que l'on porte à autrui[105]. Il s'agit presque toujours d'une confiance qui permet de décider l'action à un moment donné : les scholies D à Homère glosent à la fois par πεπιστευκώς ou πεποιθώς (litt. *qui fait confiance à*) et par θαρρῶν, τεθαρρηκώς[106].

Cette analyse du sens du terme montre qu'il est difficile de considérer que le premier hémistiche du vers 115.14 exprime, de façon descriptive, que le poète vit dans le monde régi par la Discorde. En quoi cette idée permettrait-elle d'expliquer la notion de persuasion, de confiance, qui est déterminante dans le sémantisme du terme et ses emplois poétiques ? Les commentateurs tardifs qui citent ce vers à ce propos s'inscrivent dans une interprétation néoplatonicienne de la pensée d'Empédocle : ils analysent le texte à partir de leurs propres catégories, et reconstruisent une opposition systématique, extérieure aux textes empédocléens, entre monde sensible régi par la Discorde et monde intelligible régi par l'Amour. Le vers est cité indépendamment de son contexte et sans qu'attention soit prêtée à l'acception exacte de termes archaïques.

L'examen de deux passages d'Homère permet d'étayer cette lecture et de montrer que l'adjectif πίσυνος est employé dans le cadre de jeux narratifs qui impliquent de reconstruire les motivations des personnages.

---

104 Pour la force et autres attributs : Θ.226 = Λ.9 (pour la vaillance et la force des bras d'Ulysse et Ajax, qui ont tiré leur nef au bout de la ligne) ; Ba.*Ep*.5.21 ; Simonide fr. 76.1.1 PMG (νόῳ) ; Ae.*Su*.352 (avec ἀλκή, dans une comparaison). Pour des armes propres à un héros ou un dieu : E.205 (l'arc de Pandare) ; He.*Th*.506 (la foudre, le tonnerre et l'éclair de Zeus, offerts par les Cyclopes en remerciement de leur libération et par lesquels Zeus règne sur les hommes et les dieux) ; *Pe*.114 (la flotte perse). Pour les dieux : I.238 (pour Zeus), Ω.295 et 313 (Hécube demande à Priam de verser des libations à Zeus pour assurer son retour sain et sauf du camp des Achéens, après que Zeus lui aura envoyé un présage en lequel il pourra avoir confiance, τῷ πίσυνος) ; Pi.*P*.4.232 (Jason est confiant en l'aide divine qu'il reçoit) ; Ba.*Ep*.13.188 (pour les Muses) ; Ae.*Se*.212 (pour les dieux).

105 En σ.140 (Ulysse dit qu'il est confiant en son père et ses frères), Thgn.69 (pour la confiance et le conseil d'un homme mauvais, κακῷ), 75 (lorsqu'on entreprend de grandes choses, il faut placer sa confiance en peu d'hommes), 284 (il ne faut avoir foi en aucun des citadins, en dépit de leurs serments).

106 Voir scholies D in *Il*. E.205 et in I.238. Des gloses semblables sont proposées par Hésychius (π.2377) et la *Suda* (π.1656 Adler).

En E.205, d'abord, le terme est placé dans la bouche de Pandare, *confiant en son arc* et venu à Troie sans son char. La mention est déterminante dans la construction de l'intrigue de l'*Iliade*, puisque c'est précisément la flèche tirée par Pandare qui rompt la trêve passée au chant Γ (qui a impliqué des serments!). Cette flèche marque ainsi l'échec de la dernière tentative de résolution pacifique du conflit : l'emploi de l'adjectif souligne ironiquement l'importance de l'élément narratif qu'est l'arc de Pandare dans la constitution de l'intrigue.

En I.238, le terme apparaît dans la scène de l'Ambassade à Achille, au sein de la tirade d'Ulysse visant à convaincre le Péléide de revenir au combat. Le héros dresse le portrait d'un Hector dont la rage au combat (I.239, κρατέρη δέ ἑ λύσσα δέδυκεν), qui le conduit à n'avoir plus de respect pour les hommes et pour les dieux, s'explique par le fait qu'il est *confiant* en les présages que Zeus a fournis (πίσυνος Διί), qui annoncent son succès et la réussite de son action :

Ἕκτωρ δὲ μέγα σθένεϊ βλεμεαίνων
μαίνεται ἐκπάγλως πίσυνος Διί, οὐδέ τι τίει
ἀνέρας οὐδὲ θεούς[107].

La scholie emploie pour gloser ce vers 238 une expression forgée à partir de deux passages du chant précédent, qui impliquent que chacun des deux camps avait conscience qu'Hector a reçu la faveur de Zeus : en Θ.141-142, Nestor reconnaît que Zeus a accordé le κῦδος à Hector ; en Θ.175-176, la mention est placée dans la bouche d'Hector lui-même[108]. En effet, en Θ.93 *sqq.*, Diomède venait de sauver, de peu, Nestor des assauts furieux d'Hector[109]. Ulysse tente de présenter les événements sous un jour tel qu'Achille comprenne qu'il est le seul véritable rempart des Achéens contre un tel Hector, dont la furie s'explique par la confiance

---

107 I.237-239 : « Hector, exultant de sa propre force, est enragé au-delà de toute mesure, confiant en Zeus, et ne révère plus en rien ni les hommes ni les dieux. »

108 Scholie T in *Il.* I.238 (πίσυνος Διΐ· αὐτὸς γάρ φησι "γιγνώσκω δ᾽ ὅτι μοι Κρονίδης Ζεὺς κῦδος"), *cf.* Θ.141-142 (νῦν μὲν γὰρ τούτῳ Κρονίδης Ζεὺς κῦδος ὀπάζει σήμερον, dans la bouche de Nestor) et Θ.175-176 (γιγνώσκω δ᾽ ὅτι μοι πρόφρων κατένευσε Κρονίων νίκην καὶ μέγα κῦδος, dans la bouche d'Hector).

109 Sur l'idée que Diomède est construit comme un substitut d'Achille qui ne permettra pas aux Achéens de soutenir les assauts des Troyens, voir Rousseau 2012 (l'article sera repris dans un recueil que je prépare avec son concours aux Presses Universitaires du Septentrion, à paraître).

qu'il accorde aux présages reçus de Zeus – ou plutôt, à la lecture qu'il s'en donne, comme on va le voir.

Cette furie d'Hector constitue une étape déterminante du plan de Zeus visant, tel qu'il se déploie dans l'*Iliade*, à assurer la fin de l'âge des héros par la destruction des deux camps impliqués dans le conflit troyen. Comme l'a montré Philippe Rousseau, la confiance qu'accorde Hector aux promesses de Zeus – confiance construite lorsque Zeus lui accorde sa faveur, dans le chant Θ, au moment où le Troyen choisit de reprendre le combat et de valider ainsi la double trahison de Pâris, réitérée dans le chant Γ, et de Pandare, dont la flèche a comme on l'a souligné impliqué la rupture de la trêve et l'échec d'une résolution diplomatique du conflit[110] – entraîne sa propre perte et celle de la cité dont il symbolise le caractère imprenable : par deux fois, Hector invoque ces promesses de Zeus pour poursuivre le combat contre les Achéens, en dépit des conseils de Polydamas. Une première fois, lorsqu'il prend la décision de lancer l'assaut sur les remparts : en M.235-236, Hector évoque justement les promesses de Zeus (ὃς κέλεαι Ζηνὸς μὲν ἐριγδούποιο λαθέσθαι / βουλέων, ἅς τέ μοι αὐτὸς ὑπέσχετο καὶ κατένευσε). Une seconde fois, lorsqu'il prend la décision que l'armée passe la nuit sur la plaine, sans se réfugier dans l'enceinte de la ville : il évoque alors le κῦδος accordé par Zeus, faisant allusion aux événements du chant Θ (νῦν δ' ὅτε πέρ μοι ἔδωκε Κρόνου πάϊς ἀγκυλομήτεω / κῦδος ἀρέσθ' ἐπὶ νηυσί, Σ.293-294). Sa confiance en les « promesses » de Zeus (ou plutôt en ce qu'il croit en comprendre), construite dans le chant Θ et précisément évoquée dans le récit d'Ulysse en I.238, le conduit ainsi à l'affrontement avec Achille, ce qui scelle la destruction de sa cité[111].

Or notre passage d'Empédocle construit un écho manifeste au vers I.238, où Ulysse relate la confiance qu'Hector porte à Zeus (μαίνεται ἐκπάγλως πίσυνος Διί) : ces deux passages conjuguent les deux motifs de la confiance et de la folie destructrice. L'adjectif πίσυνος, qui est relativement rare chez Homère et, plus largement, dans la poésie archaïque, y est employé dans la même position métrique, conjointement à une forme de μαίνομαι, dans un contexte où le texte souligne l'irrespect du comportement d'Hector – et du démon coupable, respectivement

---

110  Pour la démonstration de cette prise de responsabilité de la part d'Hector, voir Rousseau 2010 (l'article sera repris dans le recueil mentionné ci-dessus).

111  Voir Rousseau 2001 p. 146-147 (qui sera également inclus dans le recueil susmentionné).

– envers les dieux (en I.239) ; dans les deux cas, cette folie amène en dernière analyse à la fin d'une communauté. Dans les deux passages, ce jeu d'écho apparaît dans le contexte d'une narration *a posteriori* (Ulysse racontant à Achille les actes d'Hector, et Empédocle, poète-énonciateur, narrant sa transgression et son exil à l'auditoire). Si ce seul vers n'est bien entendu pas suffisant pour fonder l'idée qu'Empédocle réinterprète le dessein poétique de l'*Iliade* et la logique de sa composition, il n'en reste pas moins que les similitudes que présentent ces deux passages et le contexte, plus large, de leur signification au sein de chacun des deux poèmes semblent suffisamment systématiques en termes de lexique, de configuration métrique et de situation diégétique pour retenir l'attention et demander interprétation.

Or, la comparaison de ces passages révèle deux différences significatives : la folie destructrice n'est pas, chez Empédocle, associée à l'agent (le démon) mais à la cause qui motive son action (la Discorde) ; alors qu'Ulysse relate une situation où il n'a lui-même joué aucun rôle (il n'a justement *pas répondu* à l'appel de Diomède, en Θ.97, lui enjoignant de porter secours à Nestor lorsque ce dernier était aux prises avec Hector), le narrateur en personne se présente comme l'acteur de la transgression. Empédocle a travaillé le contexte de l'épisode : il présente l'acte de folie perpétré par le démon comme un geste ayant le même potentiel destructeur, pour la communauté, que la furie d'Hector, dans ses conséquences d'ensemble que j'ai rappelées. Ce qui est déterminant dans la construction du sens est que la furie est, cette fois, prêtée à la Discorde – et non au démon lui-même : contrairement à Hector, qui ne reconnaît pas la portée et le sens de son action avant qu'elle n'ait signifié sa propre mort et la ruine irrémédiable de sa cité (dans une perspective que nous pourrions appeler linéaire), le démon reconnaît, dans une analyse rétrospective, la puissance qui guidait son acte.

Un fait textuel qui a, étrangement, échappé à tous les commentateurs est extrêmement signifiant, à cet égard, dans la construction de notre fragment : l'énonciateur expose le contexte de la transgression qu'il a commise puis reconstruit les raisons de son acte en deux moments distincts. Il est en effet remarquable que les vers 115.1-7 exposent, sans implication du narrateur ni exposé des faits dans leur caractère précis, le contenu pour ainsi dire logique de la promesse et la punition de la transgression qu'elle prévoit.

LA FORMULATION DE LA LOI DIVINE (115.1-8)

## Le problème

Certains interprètes ont été surpris du fait qu'un meurtre puisse être commis envers les dieux eux-mêmes, estimant que la narration manquait de vraisemblance : on ne comprend pas bien ce en quoi consistent, concrètement, le meurtre et la transgression, au sein d'une communauté divine dont le texte ne nous invite que difficilement à croire qu'elle soit pourvue d'une forme de matérialité[112]. Cette difficulté a été résolue par les spécialistes au moyen de différentes stratégies, étudiées plus haut. Le problème du statut relatif des dieux et des démons tombe sous le coup du même type de remarque : on a cherché à déterminer si le démon était un des dieux bienheureux ou s'il relevait d'un groupe séparé, comme celui de démons qui vivaient déjà sur la terre (si, comme le pensait Sturz, le crime dont il s'est rendu coupable est de sacrifier un animal)[113].

Les interprètes ont raison de relever ce type de difficulté, qui consiste à mes yeux en une forme de mise en contradiction délibérée du texte avec lui-même, telle que celle que je relevais à la suite de Pierre Judet de La Combe dans la *Théogonie* : mais le problème n'est pas là où ils estimaient qu'il fût. Tentons de formuler de façon la plus claire et systématique possible le problème de sens que pose le fragment, qui tient en la relation logique qu'on reconstruit entre le décret lui-même (χρῆμα, ψήφισμα) et les serments qui sont censés le sceller.

De toute évidence, l'objet du décret est de prévoir le bannissement des démons dans certaines conditions précises (εὖτε avec les subjonctifs μιήνῃ et ἐπομόσσῃ, puis ἀλάλησθαι, infinitif de style indirect). Si les serments consistent en la promesse, passée par les dieux et les démons (ou ceux des dieux qui s'individualiseront en démons), de respecter ce décret, χρῆμα, stipulant les conditions du bannissement, la tension de sens porte sur le vers 4. Au sein de cette hypothèse en effet, on ne

---

112 Martin & Primavesi 1999 p. 61-62 ; voir les remarques déjà citées de Picot 2007, qui font partie du faisceau d'arguments par lequel il justifie que la mention de la souillure par le sang relève des actes du démon sur terre ; Sturz, dès 1805, avait senti une difficulté de cet ordre lorsqu'il avait choisi d'introduire en commentaire de 115.3 le thème du sacrifice sanglant.

113 Ces problèmes sont abordés par Bollack 2003 p. 64. Sur la démonologie, voir par ailleurs Detienne 1959 (quoique son emploi des témoignages qu'il cite soit parfois discutable).

comprend pas bien en quoi pourrait consister le parjure : il semble y avoir une contradiction à ce qu'un parjure qui contesterait la relation entre la faute et le bannissement constitue lui-même la faute prévue par le décret. Cette tension de sens a été l'un des éléments qui ont conduit à supprimer le vers 4, ce qui résolvait la difficulté puisque le parjure n'était plus prévu par le décret en tant que condition du bannissement.

Si en revanche on conserve le vers 4, comme la transmission du fragment nous invite à le faire, il faut donc que le serment et le décret aient un contenu différent l'un de l'autre. Si le décret consiste bien en l'énonciation des conditions du bannissement des démons, la solution la plus évidente est de penser que le vers 4 a pour fonction de signaler que l'acte décrit au vers 3 *est* le geste contraire aux serments évoqués au vers 2, qui scellaient le décret. Si donc ce serment consiste à ne pas commettre de φόνος dans la communauté, au prix du bannissement du coupable, la tension porte alors sur le vers 3 et le problème devient de cerner en quoi consiste exactement ce meurtre. Si d'un côté il est perpétré dans le monde humain (s'il s'agit d'un rituel sacrificiel, comme le pensait Sturz), il faut penser une séparation du monde divin et du monde humain, soit que celle-ci soit préalable au crime (selon Sturz), soit que les démons commettent le sacrifice après leur bannissement (selon la solution élégante mais difficile de Jean-Claude Picot). Or, rien dans le fragment n'indique explicitement que les hommes jouent un quelconque rôle à ce moment du processus. Si, d'un autre côté, il s'agit d'un meurtre perpétré dans la communauté, se pose alors la difficulté de savoir comment mettre à mort un dieu qui est, par définition, immortel, et tous les problèmes afférents.

On semble donc bien tomber, quelle que soit l'option retenue, dans des difficultés dirimantes. Dans la *Théogonie, a contrario*, la situation est très claire : une décision de Zeus règle la punition du parjure par une situation donnée. Le niveau de ce qui correspond au décret (le rôle de Styx et la punition des immortels) est nettement séparé, comme deux événements distincts, de ce qui relève du parjure. Comment faire sens du texte transmis ?

*Un crime commis par le démon*
*à l'extérieur de la communauté divine*

La solution que je propose est la suivante : le φόνος est bien un *meurtre* (un crime de sang), dont l'objet est un être vivant qui n'est pas un dieu. Sa nature exacte n'a pas besoin d'être précisée par le texte, on va le voir. La relative du vers 4 invite à considérer que le parjure consiste en ce crime de sang lui-même (comme on l'a vu, considérer que les deux actions constituent deux transgressions distinctes nous fait tomber dans des difficultés insoutenables). Si l'on admet ce point, la compréhension du φόνος doit se déduire de la façon dont les serments sont caractérisés, dans le vers 2.

L'adjectif qui qualifie les serments, πλατύς, signifie *large*, *étendu*, et se trouve employé le plus souvent, en poésie, pour des lieux (rarement, et seulement chez Homère, pour des objets)[114]. Le sens topographique est premier et il est le plus déterminant ici : la largeur des serments – jointe à leur éternité, ἀίδιον – indique qu'ils sont pourvus d'un rôle cosmique qui s'étend au-delà de la seule communauté des immortels. Dans le Poème physique, les larges serments sont garants du bon fonctionnement du cycle physique lui-même (fr. B 30 et fr. 110 Bollack) ; Bollack a bien montré qu'Empédocle mobilisait l'étymologie qui relie ὅρκος à ἕρκος, l'*enceinte*[115]. L'adjectif πλατύς souligne ce jeu, qui implique dans le Poème physique que les serments servent à dessiner un espace (temporel, spatial et symbolique) à l'intérieur duquel les six principes peuvent déployer leur puissance propre.

Les *Catharmes* introduisent à la fois un écho et un jeu sur l'occurrence du Poème physique, mais il est à mes yeux difficile de concevoir *a priori* l'identité des deux cycles ; ici, le vers indique que les serments sont les garants d'un ordre qui s'étend au-delà de la seule communauté des immortels. Les serments qui scellent le décret ont ainsi pour fonction de délimiter les éléments qui appartiennent au champ d'application du décret divin : celui-ci prescrit une séparation entre monde des

---

114 Chantraine *DELG* p. 912 ; *LfgrE* t. 19 col. 1278. Pour l'Hellespont en H.86, P.432, ω.82, Ae.*Pe*.876 ; pour des pâturages en B.474, Λ.679, ξ.101 et ξ.103, He.*Th*.445. Pour un baudrier (τελαμῶνος) en E.796, pour une pelle à vanner en N.588. So.*Ai*.1250 l'emploie, lui, pour des hommes (φῶτες).

115 Bollack [1958] 1997 ; *cf.* Bollack 1969, t. III, p. 161 (*ad* πλατέος... ὅρκου) et Bollack 2003 p. 63-64. Voir, pour l'étymologie, Chantraine *DELG* p. 821 (*s. v.* ὅρκος).

dieux – au sens où Empédocle les conçoit – et monde des hommes et, plus généralement, des êtres vivants. Les serments prescrivent, si l'on peut dire, que les dieux seront séparés du monde des hommes et les modalités de leurs relations (le poème, à ce stade, ne les a sans doute pas encore précisées, quoique nous sachions qu'elles impliquent le refus du sacrifice sanglant). Κατασφραγίζω est un dérivé de σφράγις (désignant le *sceau* qu'on appose)[116]. Le composé n'apparaît qu'une fois, en un sens très concret, dans ce qui nous est parvenu de la littérature antérieure ou contemporaine d'Empédocle : Eschyle l'emploie, également au participe parfait, pour des mots scellés sur des rouleaux de papyrus[117]. La forme sans préverbe n'est attestée qu'une fois avant Empédocle, également chez Eschyle, en un sens similaire, pour la foudre de Zeus, scellée en une chambre qu'Athéna seule sait ouvrir[118]. En séparant les ordres divins et humains comme les deux éléments de l'ordre cosmique, les serments scellent le décret, c'est-à-dire qu'ils assurent les conditions de sa bonne réalisation : le serment donne ainsi le cadre – pratiquement spatial, comme l'a montré Bollack – où le décret peut être mis en œuvre et où il prend sens.

Et de fait, la notion centrale dans le décret lui-même est celle de la séparation de deux ordres distincts : celui des dieux et celui, disons, du monde que nous connaissons (115.9-12) et des êtres vivants qui l'habitent, en lesquels les démons s'incarnent. Le décret prescrit les conditions de la communication entre ces deux ordres, en employant le motif, typique, de l'errance. Les démons doivent se tenir à l'ordre cosmique prévu par les serments, sous peine d'être bannis. Le parjure énoncé au vers 4 consiste précisément à remettre en cause cette séparation, construite par les serments, au moyen du motif du crime de sang : si le dieu se rend coupable de ce crime, il remet en cause de la façon la plus radicale et irrémédiable possible la séparation des deux ordres. Le texte dit, simplement, que le démon se rend coupable d'un meurtre (φόνῳ, avec Estienne) : en tuant non pas un immortel, ce qui serait contradictoire, mais un humain – ou, plus largement, un être vivant – le démon introduit une conflagration entre les deux ordres dont les serments avaient prévu la séparation. Le type de punition qu'est l'incarnation fait sens

---

116 Chantraine *DELG* p. 1078.
117 Ae.*Su*.947 : οὐδ' ἐν πτυχαῖς βίβλων κατεσφραγισμένα.
118 Ae.*Eu*.828 : ἐν ᾧ κεραυνός ἐστιν ἐσφραγισμένος.

pour un tel acte : l'incarnation permet de comprendre quelles sont les nécessités propres de la condition humaine, ou du moins vivante, dans sa distinction d'avec celle du dieu. Μιαίνω, qui signifie d'abord *teindre*, a vraisemblablement acquis son sens moral sur le fondement des cas où, dès Homère, il s'agit de *souiller* de sang[119]. Notre passage joue en tout cas manifestement sur ces deux acceptions. Nous verrons plus loin pourquoi les circonstances mêmes de l'acte ne sont pas énoncées à ce moment.

Ainsi les démons, en commettant le crime contre un être vivant, se désolidarisent de la communauté des dieux : Bollack avait bien vu que la difficulté grammaticale des vers 3-5 (marqués par ce passage du singulier au pluriel) signifiait que les coupables, par leur acte même, changeaient de statut. Ils se désolidarisent de la communauté des dieux bienheureux pour devenir démons dont le propre n'est plus l'éternité mais la longue vie qu'ils reçoivent alors en partage : ceux des dieux qui n'ont pas commis de faute sont désignés comme μακάρων (115.6) seulement après que le texte a mentionné le crime et le châtiment des démons. Comme l'a vu Bollack, le jeu phonique entre les deux adjectifs μακάρων et μακραίωνος est signifiant : il souligne que les deux groupes se dissocient et se trouvent pourvus de qualités ontologiquement divergentes. Les démons entrent ainsi dans la finitude, alors que les dieux acquièrent la qualité de « bienheureux » suite à la différenciation d'avec les démons coupables.

## La présentation du décret
## et le sens du motif du vote (115.1-2)

Examinons à présent l'énoncé du décret lui-même. Ψήφισμα est un dérivé de ψηφίζομαι, lui-même dérivé de ψῆφος[120] : le substantif implique un vote (ψῆφος), dont le terme à lui seul ne dit pas s'il doit faire l'objet d'une majorité (ni de quel pourcentage de votants), ou de l'unanimité[121].

---

119  Pour l'histoire des emplois voir Chantraine *DELG* p. 700-701. Le sens moral n'est pas attesté chez Homère (*cf. LfgrE*, t. 15, col. 209).

120  Chantraine *DELG* p. 1288-1289. Du substantif ψῆφος est également dérivé le nom à valeur diminutive ψηφίς, -ίδος, de façon parallèle à la dérivation dont provient le dénominatif ψηφίζομαι.

121  LSJ considère que ψήφισμα implique, dans la langue politique, un vote à la majorité : la seule autre occurrence contemporaine, en Ae.*Su.*601, où il s'agit d'un ψήφισμα δήμου, ne donne pourtant pas ce type de précision. Van der Ben 1975 p. 129 rejette un peu

Le mot ψήφισμα a une dimension collective qui prend sens dans son opposition à une décision unilatérale du chef de la communauté ou de son représentant : cela se trouve, pour le coup, en singulière opposition avec la logique qui préside, d'une façon générale, à l'établissement de l'ordre de Zeus dans la *Théogonie*. Le modèle de décision divine que se donne Empédocle a pour fonction d'ouvrir la possibilité, stylisée, d'un débat dans une communauté divine dont le mode de prise de décision est, ici, collégiale, et virtuellement, la possibilité d'un désaccord au sein de celle-ci. Les vers suivants le confirment : il n'y aurait pas eu transgression d'un membre de la communauté elle-même s'il n'y avait pas eu désaccord. Or, si l'on accepte de se donner cette compréhension des deux premiers vers, le creux que dessine ici le texte est justement le type de pouvoir qui relève de cette divinité empédocléenne qu'est la Discorde[122] : l'énoncé même de la loi dessine le désaccord de Νεῖκος (dont il n'est pas un hasard qu'il soit, hormis les démons, le seul des principes divins susceptible d'avoir participé au vote qui soit mentionné par le texte de notre fragment !) et lui ouvre la possibilité d'exercer son pouvoir propre au sein de la communauté divine, entraînant, sinon la dissolution de celle-ci, du moins sa rupture. Ce rôle que revêt la Discorde, en filigrane, dès l'énoncé de la loi divine est indiqué également par la proximité phonétique entre μαίνομαι (μαινομένῳ, 115.13) et la forme de μιαίνω (μιήνη), qui fait au vers 3 l'objet d'une restitution de Scaliger. En d'autres termes, le serment est textuellement énoncé de façon à ouvrir non pas tant la nécessité de son respect, que la possibilité de son parjure[123].

Pour expliquer χρῆμα au sens d'*oracle*, il faut partir du verbe χράομαι (dérivé de χρή), attesté dès Homère au participe secondaire actif χρείων = χρήων (θ.79), qui signifie *rendant un oracle*, et du participe futur χρησόμενος, *pour consulter l'oracle* (θ.81, ψ.323 = κ.492, 565 = λ.165 ; et *Hh.*Ap.252 = 292)[124]. Le substantif χρησμός (Pindare, Eschyle) en a été

---

arbitrairement l'idée que ψήφισμα exprime une décision à la majorité ; l'emploi du terme signifie selon lui que les dieux ont décidé de cette loi de leur propre chef (à l'unanimité), et qu'ils ont donc une forme de responsabilité dans son contenu.

122 Bollack 2003 p. 62 a raison d'estimer qu'on n'a pas pour autant besoin de penser que les θεοί du premier vers sont les six principes du Poème physique.

123 Je suis d'accord avec Bollack 2003 p. 62, qui considère que le serment est fait pour que le pouvoir des garants astraux rayonne au-delà de la stricte communauté fermée qu'ils forment.

124 Voir, pour toute cette discussion, Chantraine *DELG* p. 1272-1276, *s. v.* χρή.

dérivé avec sigma inorganique, et désigne la *réponse* formulée par l'oracle – par opposition à la question posée[125]. En revanche, les substantifs χρῆμα et χρῆσις sont dérivés de χρή, sans que les modernes décèlent une relation étymologique positive à l'oracle, en dépit de l'attestation de χρῆσις en ce sens chez Pindare (O.13.76), où le suffixe -σις semble impliquer le processus de consultation de l'oracle. Empédocle a dû forger χρῆμα sur l'analogie de χρῆσις pour désigner l'oracle rendu par le dieu, (et dont les vers 115.3 *sqq.* précisent le contenu) : il donne au terme le sens de χρησμός (*contenu d'un oracle*). Chantraine remarque qu'en général le suffixe -μα désigne le résultat d'une action ou un état, alors que le suffixe -μός pointe vers l'action et son processus et que le suffixe -σις paraît, lui, renvoyer à un niveau d'abstraction plus grand que le suffixe -μός – le savant note pourtant que les suffixes en -μός et en -μα semblent, certes, « parfois [...] à peu près interchangeables[126] ». Mais Empédocle aurait pu employer χρησμός, qui aurait convenu pour la métrique. Le choix du suffixe -μα est donc important : il permet de présenter la décision comme un *fait* pour les hommes. Elle est le résultat d'un processus de vote, mais ce qui intéresse les hommes en propre n'est pas qu'il y ait eu vote : ce sont les conséquences pour la signification de la condition humaine.

L'ambiguïté de la construction syntaxique du premier vers, soulignée par Gallavotti, est signifiante : ce qui est, dans l'ordre divin, un serment issu d'un vote est, pour les hommes, le contenu d'un oracle. Le τι, attesté dans les deux traditions – distinctes – de Plutarque et d'Hippolyte, est essentiel. Désigner un même serment divin par les termes χρῆμα et ψήφισμα, qui désignent bien en dernière analyse la même chose, permet de montrer qu'il est caractérisé en même temps par *deux aspects complémentaires quoiqu'irréductiblement distincts* : les conditions de son vote par les dieux, et celles de sa réception par les hommes. *Le* décret divin régulant la communauté des Bienheureux n'est jamais ainsi qu'*un* oracle pour les hommes. Le texte s'ouvre ainsi par une conjonction de deux points de vue dont l'opposition permet de comprendre la signification du passage : l'homme doit reconstruire le sens de sa propre existence sur le fondement des décisions divines que le poème stylise comme lui étant connues. L'énonciateur est parvenu au terme de ce processus de compréhension : il sait d'où il vient, et comment il est parvenu là où il est.

---

125 Pi.P. 4.60, Ae.Ch.270 & 297, Ag.1178 & 1568, Eu.622, PV.873.
126 Chantraine, *Formation*, p. 144-147, particulièrement § 110.

## L'énoncé du décret (115.3-4)

Lorsque le texte fournit le détail du contenu du décret, la loi est exposée dans sa structure purement logique : εὖτε, accompagné des deux subjonctifs μιήνῃ et ἐπομόσσῃ, énonce la condition de l'application du châtiment.

Le meurtre est immédiatement désigné comme un égarement et une faute (ἀμπλακίη). Le substantif ἀμπλακία est dérivé de l'aoriste ἀμπλακεῖν, qui signifie *manquer* ou *être privé de* avec le génitif, et *commettre une faute* en emploi absolu, et dont l'étymologie est inconnue[127] ; alors que l'aoriste se trouve chez Archiloque, les premières attestations du nom datent de Pindare, soit du début du Vᵉ siècle, qui est également l'époque où remontent celles des substantifs neutres ἀμπλάκιον (Pindare également) et, surtout, ἀμπλάκημα (Eschyle)[128]. La différence de sens entre les trois noms semble être de l'ordre de la nuance. Si les lexicographes, qui glosaient par ἁμάρτημα, tirent ainsi cette famille de termes du côté de la *faute*, une notice de Clément conserve l'exemple d'un cas où Archiloque aurait adapté un vers homérique, choisissant de « traduire » ἀάω par ἀμπλακεῖν[129]. Le terme signifie ainsi, vraisemblablement, l'*erreur* qui naît de l'*égarement*, d'où la *faute* commise. Cette erreur a le plus souvent une dimension religieuse, en un sens plus ou moins large du terme : le mot peut être employé pour un faisceau de situations qui vont du parjure à la faute commise à l'encontre du dieu ou jugée par le dieu[130]. De façon intéressante pour nous, une occurrence désigne ainsi une faute des conditions de rédemption de laquelle l'auteur doit s'informer auprès du dieu[131].

---

127 Chantraine *DELG* p. 78. Pour l'emploi avec génitif, Pi.*O*.8.67 ; *cf.* l'usage du parfait en Ae.*Su*.916, pour un manquement au droit.

128 Voir les occurrences dans les notes suivantes.

129 *Suda* α.1654.1 (Alder) : Ἀμπλάκημα· ἁμάρτημα. καὶ Ἀμπλακίαις· ἁμαρτίαις ; voir aussi Hésychius, α.3804 à 3805. Clément *Strom.* VI.2.6.2 mentionne Archiloque fr. 127 West comme une adaptation d'Homère, I.116 ; le type de faute n'est pas déductible du seul texte du fragment. *Cf.* Thgn.632, où ἐν ἀμπλακίαις est équivalent à ἐν ἄταις,

130 S'agissant de la faute commise envers le dieu, pour la forme verbale : Ibycus fr. 29.2 PMG ; Ae.*Ag*.1212. Pour le nom féminin en -ία : Pi.*P*.2.30, *P*.3.13 (la fille de Phlégyas a dédaigné Apollon) ; Thgn.546 et 810 ; Ae.*PV*.564. Pour le neutre en -κημα : Ae.*PV*.112, 386, 620 et fr. 22.2 Radt (faute envers la θέμις) ; en Eu.*Ph*.23, pour le fait que Laïos engendre Œdipe alors que le dieu le lui avait défendu. S'agissant du parjure, Pi.*Is*.6.29 (ἀμπλακία). S'agissant d'une faute jugée ou punie par le dieu, avec le substantif en -κία : Thgn.204 et 386 ; en -κημα, Ae.*Su*.230. En revanche, un sens général, pour le neutre en -κιον : Pi.*P*.11.26. Pour le féminin en -κία : Thgn.404 et 630.

131 En Pi.*O*.7.24, pour le substantif en -κία, dans une γνωμή ; l'exemple est celui d'un meurtre, dont la rédemption relève de la divinité. La punition ou le jugement par le dieu peut,

Dans notre fragment, le passage de ἀμπλακίη à ἁμαρτήσας (dont j'ai déjà défendu l'authenticité) est important et demande à être expliqué : ce qui se laisse d'abord analyser comme un égarement lorsqu'il s'agit de présenter l'action dans sa réalisation est ensuite décrit comme une faute lorsqu'on s'intéresse aux conséquences de l'action pour les démons[132]. Mais dans les deux cas, on ne connaît pas les circonstances qui permettraient de faire sens de l'événement : l'identité du coupable (désigné seulement par la cheville grammaticale τις), de la victime, le mobile, sont autant d'éléments que la loi divine, dans son caractère abstrait et absolu, ignore de façon délibérée.

Les termes qui désignent l'objet de la souillure occasionnée par le meurtre, φίλα γυῖα, sont tout aussi – délibérément – génériques. L'adjectif φίλος a, comme on l'a vu, le sens de *son propre* dès Homère, en concurrence avec son sens ordinaire[133]. L'ambiguïté implique que la souillure subie par le transgresseur revient à celle de la communauté à laquelle il appartient, car celle-ci était, tout comme lui, impliquée dans le vote. Le terme renvoie, en filigrane, à l'Amour.

La loi qui fut l'objet d'un vote divin évoque ainsi la circonstance d'un crime de sang (φόνος) sans décrire les conditions exactes de sa réalisation (qui est mort ? Pourquoi ? Comment ?) afin de souligner l'opposition entre le moment descriptif d'exposé de la loi, où les causes et les circonstances n'ont pas de poids ou d'importance, et le moment où le démon (incarné dans un être humain qui a oublié qui il était et d'où il venait) comprend les causes de sa propre situation, en reconstruisant le cheminement qu'il a fait pour parvenir jusque dans l'incarnation qui est la sienne.

## Le décret et l'analyse rétrospective de la faute par l'énonciateur

Ce n'est ainsi que dans le récit à la première personne, dont la dimension rétrospective et personnelle est déterminante, que le démon relie la loi, que les hommes connaissent parce qu'elle a fait l'objet d'un oracle (χρῆμα), à la compréhension des conditions de sa propre existence. Le

---

en soi, impliquer rédemption de la transgression.
132 Cette évolution du lexique a été bien perçue par Gallavotti 1975 p. 274, qui n'en propose pourtant pas d'interprétation.
133 Chantraine *DELG* p. 1204-1206.

poète a donné chair, en quelque sorte, aux conditions énoncées de façon abstraite par le décret : il a dû en reconstruire la logique et préciser les raisons de sa propre implication dans celui-ci – par une analyse rétrospective de son implication dans les événements. Ce qui compte véritablement, donc, n'est pas tant de connaître la nature de l'acte lui-même mais de comprendre sa portée, qui tient à la fois dans ses conséquences (le bannissement des démons et la rupture de la communauté) et dans ses motivations (la confiance accordée à la Discorde) : en tuant un être extérieur à la communauté divine, le démon remet en cause la séparation des ordres qui est définitoire du réel, et doit donc faire l'expérience lui-même d'une telle situation, en s'incarnant dans un être vivant.

Or, la dysanalogie avec la situation d'Hector telle qu'elle est reconstruite par Ulysse en I.238 prend ici tout son sens : ce dernier, pris dans une histoire que nous avons qualifiée de linéaire, ne prend conscience des principes qui guident son action que lorsqu'il est trop tard. Mais l'histoire du démon déchu est de nature cyclique : le texte suggère qu'il peut choisir de ne plus accorder sa confiance à Νεῖκος, une fois qu'il a reconstruit, par son récit rétrospectif, que cet acte avait causé son bannissement en dehors de la communauté divine.

En résumé, le fragment 115, tel que je propose de l'interpréter, pose en termes originaux le problème de la différenciation entre hommes et dieux, à partir d'un travail sur les catégories impliquées dans cette réflexion. Le contenu du ψήφισμα divin qui a fait l'objet des serments (que les hommes connaissent sous forme de χρῆμα) est la distinction entre deux ordres pourvus chacun d'une forte unité : mortels et dieux. Un groupe de dieux remet en question cette distinction fondamentale en mettant à mort un être vivant, au prix d'un parjure : ce geste entraîne leur bannissement de la communauté divine. Sous la forme de démons à la longue vie, ils font l'expérience de la finitude ontologique au fil d'incarnations successives (par opposition aux autres dieux, dès lors qualifiés de « Bienheureux »). Le narrateur se livre à une reconstruction rétrospective des causes de son bannissement, incriminant la confiance qu'il avait accordée à la Discorde, qui l'avait poussé à commettre le crime qui a entraîné son bannissement.

## LES *CATHARMES* ET LE BANNISSEMENT DU DÉMON :
### UNE INTERPRÉTATION

À présent que nous avons rendu compte de la signification du groupe Νείκεϊ μαινομένῳ πίσυνος, tentons de mettre ce point en perspective dans le contexte du projet des *Catharmes*.

Le fragment 119 indique qu'Empédocle avait conçu que les démons perdaient la mémoire de leur statut passé, lorsqu'ils s'incarnaient[134]. Le poète sait, et peut transmettre une connaissance, parce qu'il a reconstruit la raison de son bannissement : le fragment 115 indique à cet égard que le philosophe-poète détient la pleine compréhension de son incarnation et des causes de celle-ci, car il est arrivé au terme d'un chemin d'incarnations (évoqué en 115.8) qui le place au plus près de la communauté divine dont il avait été banni (voir notre commentaire au fragment 112).

Dans cette reconstruction, le décret des vers 115.1-8 fonctionne comme un axiome : il s'agit en quelque sorte du modèle théorique que le philosophe-poète se donne pour appréhender la nature de la condition humaine. Comme nous l'avons vu, il définit la signification de sa propre condition de mortel en reconstruisant rétrospectivement le mobile qui a conduit au bannissement, que le décret – en tant qu'énoncé d'une loi – n'exprime pas comme tel.

Le participe qualifiant la Discorde, dans la reconstruction que le poète propose du sens de sa condition présente et des motifs qui l'y ont amené, est signifiant : la seule autre occurrence des termes de la famille de μαίνομαι dans les fragments conservés se trouve dans le fragment 3.1, que nous avons déjà longuement discuté. Le substantif μανίη y désignait la folie caractérisant les autres (poètes ou, plus largement, intellectuels, rejetés dans un τῶν anonyme), qui ne respectent pas la divinité au sens où Empédocle conçoit celle-ci. Sur le fond de cette pratique incorrecte, le poète définit les conditions de la composition poétique juste, fondée sur l'aide d'une Muse dont les caractéristiques la placent du côté de Φιλία.

Si on lit le proème du Poème physique à partir de la relation que les *Catharmes* construisent entre la Discorde et la μανίη, cette mention de

---

la folie des autres poètes pourrait bien consister en une mention de la Discorde – ou d'une puissance qui relève de son influence générale, de même que la Muse, on l'a montré, relève de Φιλία – dans un contexte où elle est mise en relation avec la composition poétique : les *Catharmes* semblent indiquer que le proème du Poème physique affirme que la Discorde caractériserait la pratique de ces autres que désigne Empédocle au premier vers du fragment 3.

Mais comment expliquer que le fragment 3 en appelle à tous les dieux (θεοί), sans distinction apparente, en leur demandant d'exclure, pour ainsi dire, le pouvoir de l'un d'eux de la composition poétique ? Le Poème physique semble ainsi se présenter comme une œuvre procédant du pouvoir propre de l'Amour afin de rendre justice au rôle de chacune des divinités empédocléennes, y compris Νεῖκος, dans la cosmologie et la cosmogonie. Que les *Catharmes* fassent de la Discorde la cause du bannissement du démon, en lui donnant le même qualificatif, unique dans le corpus, que ce qui caractérise la pratique poétique (ou le type d'enquête intellectuelle) qu'Empédocle rejette dans le faux, au début du Poème physique, signifie que le poème religieux présente le Poème physique comme une forme de compensation de l'acte perpétré par le démon, sous l'emprise de Νεῖκος.

On comprend bien pourquoi on peut parler de compensation, comme le montre l'examen du lexique associé à la persuasion (πίστις, πίσυνος, πιστώματα) dans les deux poèmes : l'acte du démon a entraîné une forme de dissolution de l'ordre divin, par le bannissement d'un certain nombre des démons qui en participent dans le monde humain. Cet exil avait trouvé son origine dans un crime de sang qui, si mon interprétation est juste, avait remis en cause la séparation des deux ordres, divin et humain. Or, le Poème physique, comme nous l'avons vu, donnait des gages (πιστώματα, fr. 4) du rôle que les six divinités jouent dans le monde et dans la constitution du vivant ; ces gages étaient nécessaires car l'observation du réel à elle seule ne permettait pas de produire la conviction. Cette conviction que vise à créer le Poème physique, et dont l'importance est soulignée de façon répétée, porte sur le rôle respectif des six divinités, alors que le démon avait été banni car il avait été persuadé par une seule : la confiance, exclusive, que le démon avait accordée à la Discorde se trouve en quelque sorte invalidée par le projet du Poème physique lui-même, que les *Catharmes* nous invitent à interpréter comme l'expression du fait que le poète n'accorde plus une confiance exclusive à la Discorde mais qu'il rend justice au rôle respectif de chacun des principes. Le fait que le poème est inspiré par une Muse dont la puissance relève de l'Amour, ainsi que les parallélismes qu'on observe dans les usages du lexique associé à la persuasion et à la folie, souligne que la composition du Poème physique se laisse interpréter par les *Catharmes* comme le geste symétrique de la transgression initiale du démon coupable, décrite dans le fragment 115.

Le texte du fragment 115 dessine ainsi, en creux, le sens que revêt le Poème physique dans sa relation au projet religieux du poète. Je ne suggère pas par là que l'être humain peut faire varier la durée du cycle démonique en raccourcissant l'exil, ni même fournir un argument à l'appui d'une antériorité du Poème physique sur les *Catharmes* : je souhaite seulement souligner que, si on les analyse à partir de ce qu'on peut reconstruire du sens de l'entreprise d'Empédocle dans chacun des deux poèmes, les échos thématiques et lexicaux entre les différents fragments que nous avons commentés invitent à penser que les *Catharmes* relisent la composition du Poème physique comme une sorte de moment symétrique de la transgression perpétrée par le démon, qui vise à rendre justice au rôle propre des différentes puissances et à en persuader l'auditoire.

L'importance de la persuasion dans le poème physique prend donc sens : opérer une conversion de la foi accordée à la Discorde, à la persuasion du rôle respectif des six principes dans le monde, dans un poème placé sous l'égide de l'Amour.

Cette idée éclaire le fragment 131, dans lequel l'énonciateur demande à Calliope de formuler un bon discours (ἀγαθὸς λόγος) à propos des dieux bienheureux (θεῶν μακάρων). Au sein des *Catharmes*, l'adjectif μάκαρες est employé à propos des dieux dont sont bannis les démons coupables parce qu'ils ont accordé leur confiance à la Discorde, dans le fr. 115 ; chez Hésiode, l'autre fonction de Calliope, si l'on excepte la production du discours poétique, est d'inspirer la parole royale dans le cadre de la fonction judiciaire. Le vers He.*Th.*87 dit que leur parole fait cesser le νεῖκος (αἶψά τι καὶ μέγα νεῖκος ἐπισταμένως κατέπαυσε·). Le fragment 131 se trouve à cet égard au centre d'un réseau qui unit les dieux immortels, la Discorde, Calliope et la fonction de la parole que celle-ci inspire. La signification de ce fait me semble être que la Muse d'Empédocle produit un discours juste sur les dieux immortels, dans le fragment 131, dans l'idée que celui-ci puisse fonctionner comme une contrepartie de l'acte de transgression perpétré par le démon avant son bannissement.

Or, le poète est précisément présenté par le dispositif textuel comme un démon qui parvient au terme du cycle de réincarnation : on comprendrait bien que ce cycle s'ouvre et se ferme sur un geste d'égale importance – la violence faite à la divinité ayant pour contrepartie le chant qui expose sa nature véritable.

Si Empédocle se présente lui-même comme un dieu et un guérisseur, dans le fragment 112, c'est précisément parce que la connaissance qu'il détient sur le fonctionnement du monde et du vivant lui permet de comprendre, au-delà du cycle physique, la nature de la condition humaine et de mettre en œuvre une réforme religieuse et éthique qui corresponde à ce que les dieux sont à ses yeux.

Bollack a bien vu que les récits biographiques produits dans l'Antiquité qui narraient la mort d'Empédocle comme une simple disparition, par exemple depuis l'Etna, devaient se lire comme une interprétation des fragments 146 et 147, où le poète annonce la réunion définitive des démons, dont il fait partie, avec le divin[135]. La tradition a construit l'Etna comme l'équivalent sicilien des montagnes de Grèce propre auxquelles ont été associés des motifs mythologiques, tels que l'Olympe, l'Ida ou l'Hélicon (où le narrateur de la *Théogonie* rencontre les Muses). Les différentes professions – ou activités – mentionnées dans le fragment 146 ne constituent pas à cet égard un système de disjonctions qui énumérerait les occupations possibles des démons parvenus au terme de leur incarnation[136] : il s'agit d'une seule activité, que le poète cherche à définir en rassemblant les traits caractéristiques de professions distinctes.

Ce qui détermine le choix des trois premières activités est qu'elles supposent un rapport de l'individu qui les pratique au divin[137] : les

---

135 Bollack 2003 p. 112.

136 Bollack 2003 p. 110-111, pour la contestation de cette disjonction.

137 Je me distingue ici de l'interprétation de ce fragment qu'ont récemment développée Jean-Claude Picot et William Berg (Picot & Berg 2015). Contestant sa compréhension admise, ils ont cherché à montrer que les activités énumérées dans le passage (oracles, poètes et médecins) sont plutôt du côté des pratiques rituelles condamnées par Empédocle, telles que le sacrifice sanglant, et que les πρόμοι sont avant tout des chefs de guerre, sans que le terme puisse désigner les *principes* de la société. Il ne s'agit donc pas des professions des démons avant leur réintégration dans la communauté divine, mais d'une description de la société dans le monde sous Νεῖκος. Leur argumentation me semble quelque peu forcée

poètes reçoivent le poème de la Muse, les médecins leur don d'Apollon, et les devins sont bien évidemment en relation avec la divinité. Au terme de son poème, Empédocle ne mobilise pas ces termes dans le sens qu'ils ont d'habitude dans la langue : il leur a construit une signification partiellement nouvelle, comme on va le voir, qui est issue de la réflexion qu'il a développée tout au long des *Catharmes*. Le terme de πρόμος, qui désigne chez Homère le chef de guerre (comme synonyme de πρόμαχος), en vient dès Eschyle à désigner simplement le chef de la cité[138], alors même que la valeur sociale des médecins était soulignée dès l'*Odyssée* (δ.231). Empédocle réinterprète ainsi les qualités d'un chef de la société, précisément car, au terme de son poème, il a terminé la réforme des croyances impliquée par sa démarche. Le travail d'Hésiode, *Travaux* 122-123 est manifeste, comme l'a bien vu Bollack[139] : les démons deviennent les garants de la société. Mais le philosophe-poète va plus loin : il cherche à définir la nature et la fonction du savoir que lui-même produit, et son rôle dans la société. À une époque où le terme de philosophie, que nous emploierions pour qualifier son activité, n'est pas encore attesté, l'Agrigentin conçoit sa pratique poétique et intellectuelle comme la conjonction d'activités médicale, poétique et divinatoire qui impliquent toutes une relation étroite avec le dieu, dont Empédocle s'est appliqué à redéfinir les conditions exactes dans ses deux poèmes : il soigne, reçoit les informations de la divinité sur le futur – il connaît le caractère cyclique du monde et du voyage des démons, et sait quelles sont les prochaines étapes du cycle – et les exprime sous la forme d'un poème. Les activités de devin et de médecin sont traditionnellement associées à la fonction poétique[140] : le poète en redessine ici, toutefois, les implications. La conjonction de ces activités implique des déterminations

---

lorsqu'ils essaient d'associer ainsi la Discorde aux activités énumérées dans le fragment : Empédocle, au terme du poème qui cherche à réformer le lien religieux, donne à voir ce que sont *véritablement* les oracles, médecins et devins (dans la relation juste avec le divin dont il a reconstruit les caractéristiques). Quant à πρόμοι, le terme désigne dès Eschyle les chefs politiques, sans connotation guerrière, comme on va le voir. D'une façon générale, je suis sceptique quant au degré de cohérence entre les deux cycles que leur proposition implique. Les deux principaux contre-arguments à leur thèse (qui sont liés) sont l'adverbe ἔνθεν, et la compréhension du fragment par Clément.

138  Pour le sens de *champion*, voir *LfgrE*, t. 20, col.1560-1561, sens 2. Pour l'acception politique, voir Radt 1964 p. 261, et particulièrement Ae.*Su*.905.

139  He.*Op*.122-123 : τοὶ μὲν δαίμονες ἁγνοὶ ἐπιχθόνιοι τελέθουσιν / ἐσθλοί, ἀλεξίκακοι, φύλακες θνητῶν ἀνθρώπων.

140  Voir Nagy 1989 p. 24-29.

construites à la fois dans le poème religieux (la prééminence sociale) et dans le poème physique (la connaissance du fonctionnement des corps nécessaire à la médecine).

Ce rapport des *Catharmes* au Poème physique est d'autant plus vraisemblable que ce dernier reprend la première série de caractéristiques du démon qui est sur le point de sortir du cycle d'incarnations (146.1) : la mantique en 15.1, et le terme même d'ὕμνος, en 35.1. De plus, la découverte du papyrus montre (*cf.* vers d.6) que les projets des deux poèmes présentent des points de recoupement.

L'adverbe ἔνθεν est de ce point de vue déterminant, dans le fragment 146 : il indique cette conjonction d'activités inspirées du divin – selon les critères justes aux yeux d'Empédocle – et la prééminence sociale comme le point final de l'exil, celui à partir duquel les démons réintègrent l'ordre divin, et s'oppose ainsi au ἔνθα qui marque les étapes intermédiaires du voyage des démons, dans le fragment 122. La réintégration implique ainsi un savoir construit dans chacun des deux poèmes.

Le suffixe -μος qui a servi à la création du nom du poème par dérivation de καθαρός indique qu'il s'agit d'un nom d'action[141] : le substantif καθαρμός désigne la *purification* d'un crime de sang[142]. L'homme accomplit un rituel afin que le dieu le purifie. Il faut entendre le terme comme la réalisation de l'action de purification, construite dans chacun des deux poèmes. Les *Catharmes* examinent les conditions de l'exil du démon, la signification que revêt l'existence humaine à cet égard, et les conditions dans lesquelles le démon pourra être réintégré dans l'ordre divin : le poème réinterprète le discours sur la nature comme un jalon dans le cycle démonique, en tant qu'il s'agit d'une étape de la compréhension que le démon a de lui-même, et du rôle des six puissances dans le monde. En quelque sorte, la construction que je relevais invite à penser que le temps de l'exil trouve sa conclusion par la composition du poème lui-même.

Les *Catharmes* construisent un lien entre la communauté des Agrigentins et la communauté divine : Agrigente est construite comme ce qui s'en approche le plus. Le motif caractéristique de la réintégration, la commensalité (ὁμέστιος, fr. 147.1), est lié au motif de l'hospitalité qui

---

141  Chantraine, *Formation*, p. 135 § 103.
142  Voir Ae.*Se*.738, *Ch*.968 (purification par des rites expiatoires), *Ch*.1059 (pour la purification d'Oreste par Apollon), *Eu*.277 (Oreste connaît des façons de se purifier), *Eu*.283 (l'offrande purificatrice d'un pourceau immolé).

caractérise les Agrigentins dans le fragment 112[143]. La doctrine, qui purifie la relation au divin, permet de transformer le réel à l'image de la communauté des dieux : si le poème religieux se présente comme une purification visant à permettre la réintégration dans l'ordre divin, il vise, en même temps, à préciser la place et la fonction, dans la société de son temps, du type de savoir original qu'Empédocle propose. La connaissance du divin et sa compréhension permettent d'éclairer la signification de l'existence humaine et de réformer, à travers les croyances religieuses, la nature même du lien social dans la Grèce de son temps, en concevant la place de ce nous appellerions philosophie dans cette société.

Ainsi, on peut donc déceler, en dépit même du caractère fragmentaire du corpus, une explication au sein même de la doctrine à passer sous silence le rôle de Νεῖκος dans la création poétique. Comme le poème est formulé dans le monde, la Discorde est bien là et participe des actions humaines, et la création poétique n'est très vraisemblablement pas une exception : de même que lorsque l'Amour règne seul sur les éléments, le monde n'existe plus mais se dissout dans la Sphère. Le fait que le rôle de Νεῖκος est passé sous silence peut alors s'expliquer par le fait que l'idéal de réintégration dans la communauté divine est incompatible avec le rôle de Discorde, qui a provoqué le bannissement des démons.

Laisser en creux la fonction poétique de la Discorde est déterminant également dans la mesure où les *Catharmes* cherchent à rebâtir les conditions justes dans lesquelles la communauté peut honorer les divinités véritables. Dans le fragment 128, sur l'âge d'or, le sens semble être que les hommes honoraient auparavant Φιλότης conformément à sa nature propre, mais que l'introduction du sacrifice sanglant, qui implique l'action de la Discorde, a comme dénaturé le rituel. L'âge d'or pourrait fonctionner ainsi moins comme un moment identifiable de l'errance des démons, que comme un paradigme qui permet d'analyser la spécificité du rituel actuellement pratiqué et sa signification : la société (et la poésie) de son temps est telle qu'elle est du fait d'un dysfonctionnement consistant en l'adoration de dieux qui ne sont pas les premiers dans l'ordre théologique et ontologique.

---

143 L'hospitalité implique le partage de la nourriture avec l'hôte. Voir les épisodes de l'arrivée de Télémaque chez Nestor et chez Ménélas dans les chants γ et δ de l'*Odyssée*, ainsi que l'arrivée d'Ulysse chez Alkinoos.

La distance qu'Empédocle prend avec Hésiode est éclairée par ces analyses : le roi hésiodique de la *Théogonie* ne fait cesser qu'un aspect – judiciaire – de la Discorde, alors que le poète-démon qui arrive au terme du chemin d'incarnations est en position de diriger la communauté, car il a restauré une relation juste avec le divin dans son ensemble.

# CONCLUSION GÉNÉRALE

Le choix d'Empédocle d'exprimer sa pensée au sein du véhicule qu'est l'hexamètre dactylique indique qu'on ne peut distinguer projet philosophique et projet poétique, et que le lien qui unit véhicule et pensée est d'ordre nécessaire. Le projet d'Empédocle se laisse interpréter, aux trois niveaux de son déploiement que nous avons étudiés, comme une refonte de la compréhension même de la nature du vivant et du monde, de la signification d'être un humain dans le monde – et dans la société grecque – et du système, complexe, de relations qui lie les ordres du divin et du vivant. Pour refonder ce système de croyances et de représentations, Empédocle emploie l'hexamètre dactylique car il lui permet de placer au centre de la discussion la question de l'autorité du sage, dans sa relation à la fois à la communauté des hommes et aux dieux qui fournissent l'inspiration au poète.

La Muse est placée au centre d'une relation signifiante, que le poète élabore avec la plus grande précision, entre la compréhension qu'il se donne de la nature humaine, la conception du divin qu'il élabore et l'autorité que la Muse transmet au poète. La poésie, en tant qu'exemple privilégié de la relation entre humain et divin, est elle-même un objet déterminant de cette refonte : Empédocle montre que les poètes qui l'ont précédé ont fait violence à la justesse de cette relation. Son geste, à cet égard, va plus loin que celui des Milésiens, si l'on accepte que ceux-ci avaient choisi la prose afin de distinguer leurs thèses des cosmo-théologies qui avaient été élaborées dans le mètre hexamétrique : là où les Milésiens semblent avoir voulu montrer qu'ils se démarquaient d'une tradition poétique, Empédocle réintègre la tradition poétique dans son propre projet et énonce les raisons pour lesquelles elle n'a pas pu parvenir au vrai. Son œuvre se présente, implicitement, comme une synthèse des deux traditions.

Le dispositif textuel définit ainsi une nouvelle forme de piété, qui n'a plus pour objet les divinités traditionnelles : dans la stylisation qu'en propose le poème, les représentations antérieures du divin sont nées d'une pratique poétique déviante, où le message que le dieu adresse au poète est pour ainsi dire dénaturé dans la mesure où celui-ci recherche la faveur des mortels. Les conceptions de la parole poétique aédique et rhapsodique, et celles des poèmes de Pindare et de Bacchylide, sont ainsi considérées comme incorrectes, du fait des conditions pragmatiques de leur élaboration : le désir de succès dans les concours, impliquant une recherche de la faveur du public, les a conduits à représenter les divinités non pas telles qu'elles sont mais telles que le public voudrait qu'elles soient. La conception de l'ἀλήθεια qui sous-tend la parole poétique d'Empédocle est à cet égard en rupture avec celle de la poésie épinicique. Le message reçu de la divinité, s'il s'adresse aux hommes, ne doit pas être informé par leurs propres conceptions : le fait qu'Empédocle récuse que le sensible constitue le matériau de base de la construction du poème prend alors tout son sens. Il s'inscrit à cet égard dans la lignée des reproches d'anthropomorphisme formulés par Xénophane, réinscrits dans un horizon plus vaste où ils servent à définir la pratique poétique juste et à expliquer l'origine des représentations erronées véhiculées par la tradition poétique. La réponse d'Empédocle aux insuffisances qu'il relève dans la tradition poétique qui le précède ne se résume pourtant pas aux reproches originellement formulés par Xénophane : Empédocle cherche à appréhender le lien existant entre l'humain, la divinité et l'inspiration poétique de façon beaucoup plus systématique que ne l'avait faite, selon toute vraisemblance, Xénophane. Empédocle fait du point focal de cette relation – la composition poétique et ses modalités – un point déterminant de sa réflexion : elle permet d'appréhender le sens de la doctrine et de persuader l'auditoire. Il y a une relation de signifiance entre les conceptions poétologiques et les conceptions cosmologiques et pour ainsi dire ontologiques.

Le poème entrelace ainsi les conditions de sa propre véridicité à la connaissance de la véritable nature du divin et à l'origine transcendante du propos qui en provient. Cet entrelacs entre la théorie poétique, la nature de la divinité et la formulation de la doctrine est un élément déterminant du message intellectuel : il aurait été inconcevable en prose. La Muse d'Empédocle est ainsi construite à partir de deux schèmes fondamentaux : en amont, le discours poétique se présente comme le fruit d'une piété véritable, dont Empédocle redéfinit la nature ; en aval, la révélation transcendante se construit dans un rapport étroit au sensible.

S'agissant, d'abord, du sensible, tout porte à croire qu'une détermination majeure du projet gnoséologique est que les facultés cognitives de l'homme ont été dispersées dans l'organisme par la Discorde, ce qui justifie la nécessité d'un savoir dont la source est transcendante. L'homme ne perçoit les forces réellement à l'œuvre dans le monde (les κρατέοντα) que de façon trop diffuse pour parvenir à les comprendre. La tâche de la poésie est de formuler ces κρατέοντα de façon à en permettre la compréhension, sous forme de *gages* (πιστώματα) qui visent à la persuasion. Le passage du disciple de l'observation dubitative à la connaissance de l'origine du vivant dans les fragments 21 et 23 en est l'expression. Le poème enseigne à employer les sens pour y trouver confirmation du discours révélé : c'est la signification du fait que les prescriptions sur l'emploi des sens succèdent directement à la définition du discours poétique au sein du fragment 3, succession qui a troublé nombre de spécialistes et les a conduits à intervenir sur le texte de façon indue. La compréhension du lien, délibérément présenté comme problématique, entre ces deux passages est déterminante pour appréhender l'entreprise d'Empédocle. Le poème définit les conditions par lesquelles son propre discours peut susciter la conviction : celle-ci passe par la compréhension du fonctionnement de l'appareil perceptif, dont l'usage correct permet de trouver confirmation de la doctrine dans la perception sensible. La Muse est ainsi placée du côté de l'Amour, au vers 3.3 : le poème joint les éléments de preuve (qu'ils trouvent leur origine dans le sensible ou dans le langage) afin de transmettre une doctrine qui se propose d'expliquer le κόσμος de façon systématique en précisant le rôle des divinités qui le composent.

Lorsque le savoir porte sur les dieux Bienheureux, séparés du monde, l'énonciateur recourt à une inspiration transcendante, qui ne semble pas s'appuyer sur la confirmation du sensible, en raison de la nature propre du matériau sur lequel porte le chant poétique. Un retour au texte des manuscrits du fragment 131 tendait à affaiblir l'affirmation de la *persona* du poète, qui s'efface partiellement, au moins grammaticalement, pour laisser parler Calliope lorsque son discours porte sur ces dieux : la divinité véritable n'est pas accessible aux sens, qu'il s'agisse de la Sphère ou de la divinité du fragment 133. Le poète doit laisser, à travers lui, parler la divinité – la Muse – de la divinité elle-même. Cela n'implique pas que la Muse s'exprimait au discours direct, mais que la présence de l'énonciateur s'affaiblissait dans la stylisation qu'en propose le dispositif textuel. La prose peut certes prendre position sur la nature des divinités, comme le fait Phérécyde de Syros : mais elle ne peut présenter l'origine du discours qu'en lui prêtant une caution humaine.

Or, ce schème d'inspiration transcendante qui structure la stylisation de la parole poétique (dans les deux dimensions dégagées) a une signification du point de vue même de la doctrine : la piété véritable qui détermine la production du poème a pour objet non pas les dieux de la tradition mais les quatre racines, l'Amour et, sans doute, la Discorde elle-même. Le poète doit respecter la place de l'homme telle qu'elle a été définie par le dieu (qui constitue l'ὅσιον) en ce qu'elle informe son propre comportement à l'égard de la divinité (il doit être εὐσεβής). Le tour de force d'Empédocle tient à ce que cette Piété, qui se définit en apparence, dans le proème, par sa correspondance la plus stricte avec la tradition et les croyances des Grecs, porte en fait sur des divinités dont la nature est en rupture fondamentale avec la tradition. L'intégralité des déplacements que subissent les conceptions poétologiques et rituelles évoquées dans le proème n'était perceptible qu'au cours de son écoute : la pleine compréhension du proème du Poème physique est ainsi rétrospective, et l'apparente inscription dans la tradition crée une attente que le dispositif textuel déjouait de façon brillante. Ces déplacements sont le support de ceux qui ont pour objet la conception de la mortalité de l'homme : par la refonte des conceptions du divin, Empédocle refonde également celles par lesquelles l'humain comprend sa propre nature.

La composition poétique est donc investie d'une signification que nous appellerions philosophique : considérant les caractéristiques de la gnoséologie humaine, la poésie apparaît comme le moyen privilégié de produire une conviction sur le rôle des dieux – véritables – dans le monde, puisque la Muse est précisément construite comme un intermédiaire entre les hommes et les dieux qui les constituent. La position d'autorité du poète, conférée par l'inspiration poétique, est ainsi justifiée de l'intérieur même de la doctrine. Le choix de la poésie permet au poète de présenter son œuvre comme le terme d'une double tradition de pensée : le poème d'Empédocle pouvait ainsi se présenter comme l'acte, aussi définitif que possible, de réconciliation entre la tradition poétique et ce que nous appellerions la tradition philosophique naissante, puisqu'il cherchait à produire une cosmologie tout en assignant les raisons pour lesquelles son propre système n'avait pas été formulé avant lui, alors qu'il aurait dû l'être si les poètes avaient respecté ce qu'Empédocle présente comme la vérité de la relation au divin.

Si la question de savoir comment le discours poétique permet de dépasser les limites gnoséologiques de l'être humain afin de produire une cosmologie convaincante constitue bien, pour ainsi dire, le noyau du projet poétique et philosophique d'Empédocle, tel que nous l'avons reconstruit, la réalisation de ce projet dans les fragments qui nous sont parvenus montre que les schèmes de composition typiques de la poésie – et en particulier de la poésie hexamétrique – sont construits comme des éléments nécessaires à la réalisation de ce projet.

L'examen des métaphores de la composition poétique dans les fragments 24 et 35.1-2 a en effet montré que ces métaphores ne dénotaient plus les conditions concrètes de la composition poétique, mais l'organisation de la matière poétique qui caractérise le poème d'Empédocle dans sa singularité. Le poème stylise, par elles, les conditions de sa propre compréhension : la ritournelle dessine des unités dont le dispositif poétique stylise une exploration par l'énonciateur.

L'étude comparée des caractéristiques de l'hexamètre dactylique d'Empédocle, Parménide et Panyassis montre que le vers n'était pas une contrainte subie par Empédocle en ce qu'il se serait agi de la contrepartie des avantages pratiques qu'aurait présentés la composition poétique si elle avait été choisie d'une façon qu'on pourrait nommer opportuniste : le mètre est au contraire un outil poétique et sémantique dont l'usage participe de la force et de l'originalité de la pensée.

En effet, quoique la pratique de l'hexamètre de Parménide et d'Empédocle soit globalement dépendante d'Homère, les deux philosophes-poètes y introduisent des particularités significatives, absentes de ce qui nous est parvenu du corpus de Panyassis, pourtant composé de façon pratiquement contemporaine : la facture même du mètre épique est infléchie par les thèmes abordés. L'originalité de la matière a impliqué une refonte partielle non seulement des positions dans lesquelles les mots pouvaient être insérés dans le mètre, mais également d'aspects déterminants de la métrique homérique, tel que l'abrègement attique ou la place de la césure. Il y a une adaptation de la facture du vers au propos nouveau, qui présente ainsi une double originalité diachronique et synchronique.

Empédocle refonde la technique de la comparaison en l'adossant à sa propre épistémologie. Les effets d'analogie et de dysanalogie permettent une analyse des deux termes de la comparaison l'un par l'autre. Ces deux techniques complémentaires ont toujours pour fonction de signaler le rôle joué par Φιλία dans la constitution du vivant. Empédocle avait bien compris que les comparaisons d'Homère ouvraient l'espace d'une interprétation du poème par lui-même : il adapte cette technique à la compréhension des processus qui ne peuvent faire l'objet d'une observation sensible, telle que la constitution de l'œil ou la respiration. Mais cet emploi heuristique des comparaisons n'est possible que parce que la forme poétique permet ces effets de reprises et de répétitions, en soulignant les similitudes et oppositions entre les deux termes de la comparaison. Le philosophe-poète redessine ainsi les contours des univers de métaphore des poèmes homériques, en inscrivant sa matière, et les mots mêmes qui l'expriment, dans son propre réseau métaphorique : l'élaboration du sens passe par le déplacement des univers qui se déploient dans le comparant. Ces dispositifs trouvent leur pleine expression dans la symétrie syntaxique, phonique et métrique permise par la poésie : la dimension persuasive des comparaisons en est indissociable, et ce d'autant plus que les éléments de dissymétrie entre les deux termes de la comparaison sont les plus déterminants pour le sens.

La contestation qu'Empédocle produit des divinités traditionnelles a lieu, dans les fragments conservés, non pas par une argumentation extérieure à son objet qui en exhiberait les limites ou les contradictions mais par une prise de position à l'intérieur même des schèmes d'expression catalogiques qui avaient permis la structuration des panthéons divins dans la tradition poétique (qui s'élaborait toujours elle-même dans un rapport problématisé aux croyances, aux représentations, aux rituels et à sa propre tradition). La structure exacte qui avait permis le déploiement des conceptions que le poète juge incorrectes – à savoir le catalogue – est remployée, de façon critique, pour déployer les attributs véritables du divin. La rationalisation, si l'on peut considérer qu'il y en a une, passe par les critères qui définissent les divinités et la façon dont elles se déploient dans le catalogue, tout particulièrement dans les fragments 122 et 123. La nature de ces dieux peut être reconstruite en analysant le sémantisme des noms qui leur sont attribués : ils n'appartiennent généralement pas au panthéon connu et font entendre leur singularité.

Empédocle abandonne le schème généalogique, qui préside en particulier à l'organisation générale de la *Théogonie*, au profit d'un schème d'opposition par couples de puissances. Ce schème d'opposition est employé par Hésiode, mais sous une forme différente, qui répond à des finalités distinctes. Le poème d'Empédocle propose ainsi une généalogie cyclique, dont l'émergence de ces divinités n'était qu'un moment : tout provient de l'Amour et des racines. Le catalogue permet alors non plus d'analyser l'origine des puissances – au sujet de laquelle le poème prétend par ailleurs rétablir la vérité –, mais leur déploiement à un moment donné. Dans le fragment 121, le schème généalogique disparaît, de nouveau, au profit d'une organisation qui permet d'expliquer la façon dont les divinités néfastes informent les actes eux-mêmes néfastes des hommes, et leurs affections. Empédocle déplace, ici encore, le langage des poètes antérieurs en constituant de nouveaux réseaux dont l'analyse est indispensable pour parvenir au sens.

Les figures de la répétition sont pourvues d'une force argumentative déterminée par la capacité de la forme métrique à souligner les variations partielles, parfois contenues en un seul mot, parfois en un hémistiche, dont j'ai montré que l'analyse de détail permettait de dégager les étapes de l'organisation de la pensée. Le dispositif textuel emploie les figures associées à la répétition de façon mixte : la construction en anneau, celle en spirale et la ritournelle ne sont pas des procédés de composition au même sens qu'elles le sont pour le poète qui en use dans le cadre d'une technique de composition formulaire en *performance*. La mixité présentée par l'emploi de ces schèmes souligne la nécessité de leur analyse de détail, pour dégager les unités de sens et d'argumentation. La répétition du même, si elle est à l'image de la dimension cyclique de la doctrine, ne doit pas être analysée au détriment de la variation qui s'y trouve introduite : celle-ci constitue l'élément le plus déterminant dans la mesure où elle permet de déceler des niveaux d'application des schèmes d'alternance, qui peuvent être considérés au niveau le plus général (l'alternance entre la Sphère et le multiple, par exemple), au sein du monde, ou au sein du corps composé. Le poème joue ainsi, par la répétition, sur les différents degrés d'unité impliqués par le cycle : les arguments sont déplacés et adaptés au contexte de chaque passage grâce à l'introduction de variations qui devaient faire l'objet d'une analyse par l'auditoire en vue d'accéder pleinement au sens.

L'usage des schèmes typiques de la composition poétique montre que le projet d'Empédocle n'est pas simplement de fonder une théologie ou une science du vivant sur des critères différents de la tradition (comme le fait sans doute à cet égard Phérécyde en choisissant la prose) mais de redresser la tradition de l'intérieur, en tirant parti des conditions dans lesquelles il avait défini que le véhicule qu'est l'hexamètre dactylique pouvait produire un énoncé véridique. La poésie permet d'introduire un degré de réflexivité supplémentaire : l'expression de la pensée dans la forme hexamétrique implique toujours, en creux, une prise de position sur les modalités antérieures d'emploi des schèmes de composition, et une critique implicite des insuffisances qu'ils présentaient.

Les formes de composition sont ainsi l'objet d'une réfection dont l'analyse est déterminante pour la compréhension de la pensée. Empédocle inscrit la réalisation même de son projet poétique dans l'usage qu'il propose des modes de composition associés au type de véhicule qu'il a choisi : il s'agit de parvenir à une compréhension du monde et des divinités en remployant les modes de composition anciens en conformité avec une définition de la composition et de l'inspiration poétique dont les bases épistémologiques sont jugées plus sûres que celles des autres poètes. La poésie est de ce point de vue un élément essentiel au message : la doctrine n'aurait pas pu être transposée en prose sans déperdition majeure d'information. Si ces formes d'organisation de la matière peuvent certes caractériser la prose, dans la mesure où Anaximène use de comparaisons et qu'Anaxagore structure son argumentation au moyen de la ritournelle[1], nous n'avons aucune raison de penser que ces procédés pouvaient être employés avec une amplitude telle que la poésie le permet, et *a fortiori* qu'ils auraient pu être le lieu d'une réfection du même type que celle à laquelle les poèmes d'Empédocle se livrent. Le vers met au premier plan les différences phoniques, lexicales et syntaxiques, même (et surtout) lorsqu'elles se limitent à une partie restreinte de l'énoncé : il permet donc d'introduire un degré de réflexivité supplémentaire à ce qu'aurait été leur usage en prose – en ce qu'il permet de souligner les dysanalogies, par exemple – réflexivité dans laquelle j'ai montré que résidait le sens. Le réemploi de ces schèmes permet d'introduire dans la pratique poétique un type de réflexivité qui représente un gain conceptuel déterminant.

---

1     Pour la relation entre la poésie d'Empédocle et la prose d'Anaxagore, voir Althoff 2012.

L'étude du destinataire et du sens de la relation de la poétique à la Discorde a permis de mettre ces conclusions en perspective en reconstruisant la signification que donne Empédocle à sa pensée dans la société de son époque, telle qu'en tout cas les poèmes invitent à l'appréhender.

Empédocle tire parti des ressources de la poésie hexamétrique pour créer une position de destinataire originale, qui éclaire le sens et la portée de son projet : la connaissance de l'humain, du divin et du monde développée dans chacun de ses deux poèmes permet une réflexion sur l'éthique, individuelle (dans le Poème physique) et collective (dans les *Catharmes*). Pausanias et les Agrigentins stylisent des destinataires extra-diégétiques idéaux : Pausanias représente la figure d'un disciple dont l'érudition est une condition de la compréhension du poème, comme l'a montré notre étude de 2.8b-9 et de 35.15 : son nom même indique que la compréhension de la doctrine lui permettra de faire cesser la peine existentielle associée à sa condition de mortel, par la reconnaissance des principes réellement à l'œuvre dans la constitution du vivant.

La communauté de φίλοι agrigentins représente l'auditoire tel qu'il sera au terme de l'écoute des *Catharmes*, c'est-à-dire au terme d'une réforme des croyances et de la nature même du lien social. La récitation dans le cadre panhellénique d'Olympie d'un poème adressé à une communauté d'amis habitant une cité déterminée s'éclaire à cette lumière : la communauté particulière est une représentation déterminée de ce que deviendra la communauté grecque après la compréhension du poème et la modification de son système de croyances et de rites.

Empédocle intègre ainsi l'héritage hésiodique, lorsqu'il réfléchit sur le sens de la condition humaine et sur la nature du lien social, mais il en modifie le sens et en radicalise la portée : il a tiré parti des structures adressées, dont tout porte à croire qu'elles sont spécifiques à la poésie et qu'elles sont particulièrement typiques, sous cette forme, de la poésie didactique et de la poésie élégiaque, pour créer un réseau de liens entre l'univers intradiégétique et le monde extradiégétique, dans l'interface que constitue la *performance*. Les poèmes invitent à reconstruire une relation signifiante, de nature réflexive, entre les deux destinataires principaux – Pausanias et les Agrigentins – et le monde extradiégétique. Tirant parti de la forme poétique, Empédocle, plus que ne le font Parménide et Xénophane pour autant que nous puissions le dire au vu du matériau qui nous est parvenu, franchit une étape supplémentaire dans la réflexion en stylisant, dans son œuvre poétique, la portée sociale et collective du savoir qu'il déploie, sans simplement laisser ces considérations à la discrétion de l'auditeur (ou du lecteur). À cet égard, il fait un pas de plus que les Milésiens (selon toute vraisemblance) et que les deux précédents philosophes-poètes, et j'ai montré l'importance de la structure typiquement poétique de l'adresse intradiégétique dans le déploiement de cette réflexion dans les poèmes.

L'étude que j'ai proposée de la relation entre le Poème physique et les *Catharmes* nous invite à aller plus loin encore : la dernière fonction qui est celle des démons avant leur réintégration dans le monde divin peut être lue comme une tentative de définir la place et la signification dans la société de l'activité d'Empédocle, pour la désignation de laquelle aucun mot n'est encore employé à cette époque. Il devait de fait créer pratiquement de toute pièce sa propre position, sociale et intellectuelle, ainsi que celle de ses auditeurs : la structure adressée qui caractérise sa poésie lui permet à cet égard de définir à la fois la signification de l'énonciateur intradiégétique, dans sa relation au philosophe lui-même, et celle du destinataire intradiégétique, dans sa relation à l'auditoire de la doctrine.

La question d'une piété envers Discorde se pose de façon différenciée selon le poème considéré. Alors que rien, dans le Poème physique, ne permet de penser que le principe de négativité ne participe pas des conditions de possibilité de l'émergence de la vie en ce qu'il divise les éléments pour que l'Amour les mélange, une tension axiologique entre les deux principes joue un rôle structurant dans les *Catharmes* où l'exil des démons a pour source ultime leur choix de la négativité (fr. 115.14). L'association de la fonction de poète aux derniers stades d'incarnation des démons déchus, sur le point d'être réintégrés dans la communauté divine, impliquait que les *Catharmes* réinterprétaient le Poème physique comme un hymne à Φιλία – et à son rôle dans la création du vivant, du monde et de la Sphère – qui constituait une contrepartie de la transgression opérée par le poète-démon, en ce que ce poème aurait permis un changement d'objet de la πίστις, qui donnerait sa part juste à chacune des puissances.

L'examen des raisons pour lesquelles le poème ne semble pas accorder de rôle à la Discorde dans le processus de composition poétique conduit à penser qu'il s'agit là d'un creux délibérément ménagé par le texte : en plaçant son activité du côté de l'Amour dans le fragment 3, le poète renvoie la Discorde au principe qui guide les autres poètes, dans leur erreur même. Le poème est en fait traditionnellement désigné comme un assemblage harmonieux, au moyen de termes formés sur la racine *ar- : un réseau de sens semblable n'aurait pas eu d'équivalent en prose. J'ai cherché à montrer que les *Catharmes* présentaient la composition poétique, et tout particulièrement celle du Poème physique, comme une compensation de la confiance qu'avait accordée le poète à la Discorde et qui avait entraîné son bannissement du cercle des dieux Bienheureux. La forme poétique elle-même semble donc présentée comme un élément qui participe de la signification du projet, au moyen d'un réseau qui fait intervenir, en la réinterprétant, la désignation traditionnelle de la poésie par elle-même (par la figure de la Muse et la relation que les mots formés sur la racine *ar- entretiennent avec la composition poétique, dans sa relation à l'activité de l'Amour) : le choix de la forme poétique, en les termes dans lesquels la redéfinit Empédocle, fait donc sens à l'intérieur même de la doctrine.

## RECONSTRUCTION DU PROJET D'EMPÉDOCLE

L'examen des raisons pour lesquelles Empédocle avait choisi d'avoir recours au véhicule poétique, et en particulier à l'hexamètre dactylique, nous a donc conduits à concevoir que le choix de ce véhicule était un élément nécessaire à la construction de la pensée, qui n'était pas réductible à des choix qui tiennent à la facilité de mémorisation, à d'autres avantages pratiques offerts par la récitation orale ou au seul fait de se donner l'autorité d'une tradition poétique. Voici les arguments majeurs de ma reconstruction :

1) Empédocle a cherché à redéfinir la théologie traditionnelle et a élaboré une cosmologie dont les principes physiques, qui composent le vivant et le monde, sont aussi des dieux. Cela l'a amené à proposer un modèle alternatif aux conceptions de la signification même de l'existence et de la condition humaine qui étaient acceptées à son époque. En associant l'inspiration poétique à une Muse dont les attributs la placent du côté de l'Amour, il prend position sur la signification que revêt la propre performativité de sa parole poétique à l'égard de son propre système.

Empédocle va beaucoup plus loin que le simple fait d'élire la caution de la Muse pour renforcer la crédibilité de sa pensée : il redéfinit les conditions de l'inspiration poétique correcte dans sa corrélation au système cosmologique, physique et théologique qu'il se donne par ailleurs. Une telle corrélation entre le contenu intellectuel et la réinterprétation des procédés de composition propres au véhicule au sein duquel la doctrine se déploie aurait été inconcevable en prose, précisément car celle-ci ne présente pas la relation signifiante entre la divinité, l'auteur (ou le narrateur) et la composition elle-même, dans la mesure où son discours ne se présente pas comme inspiré.

2) Corrélativement au premier point, la poésie est pourvue d'une fonction gnoséologique qui lui est propre dans le système d'Empédocle : elle produit la persuasion de l'auditoire alors que l'observation de la réalité elle-même – pourtant composée des dieux eux-mêmes, au sens le plus physique et concret du terme « composé » – est insuffisante à la produire, pour différentes raisons. Lorsque le poème porte sur le monde, la cause en est que la Discorde a divisé les facultés de compréhension dans l'homme, qui ne peut plus discerner la réalité des principes qui constituent le monde, dans l'observation de celui-ci. La poésie, parce qu'elle est placée du côté de l'Amour, produit des gages de vérité confirmés par l'examen du sensible. Lorsque la poésie porte sur les dieux transcendants, le poète s'efface pour laisser parler la Muse.

3) Le contre-argument auquel se heurtait de façon évidente la reconstruction que proposait Empédocle du réel et la fonction du véhicule poétique dans la compréhension de celui-ci est que la poésie étant inspirée des dieux, rien ne semblait permettre de rejeter *a priori* les théo-cosmologies d'un Hésiode dans le faux alors qu'elles étaient elles aussi inspirées de la divinité. Le coup que joue Empédocle, pour se prémunir d'un tel argument, est de produire une modélisation de la composition poétique qui caractérisait ses prédécesseurs, en se fondant sur une interprétation des conditions de *performance* : parce que les poètes professionnels ont besoin de connaître le succès dans des concours poétiques pour subsister, ils ont construit des représentations du divin qui ne rendaient pas justice à la nature propre de celui-ci – en particulier des représentations anthropomorphiques. Empédocle emploie les arguments déjà soulevés par Xénophane, mais la force de son propos est de les inscrire dans une critique générale de la théorie poétique des autres

poètes, dans sa relation aux divinités qui assurent l'inspiration, d'une part, et au contexte concret de la *performance* poétique, de l'autre. Pour cette raison, Empédocle présente sa propre pensée comme une *poésie* rendant justice à la nature véritable du divin (d'où l'importance du motif de la piété, sous ses diverses formes), tout en redéfinissant radicalement la définition du divin qu'il se donne.

4) Afin de mettre en œuvre la persuasion annoncée au point (1), Empédocle a tiré parti de schèmes de composition proprement poétiques, dont il a revu les modalités de fonctionnement pour les adapter à sa doctrine. Les trois schèmes principaux étudiés présentent tous des différences, parfois radicales, de sens et de fonctionnement avec leurs usages par les poètes non-philosophes. Cette réinterprétation des modalités de composition va toujours dans le sens de l'introduction d'une réflexivité accrue dans l'usage de ces différents schèmes. La prose aurait pu, bien entendu, adapter ces modes de composition à ses contraintes propres – Anaxagore l'a fait, s'agissant des répétitions – mais l'usage du vers lui-même permet d'introduire des effets de sens, dans l'organisation des différents types d'énoncés (répétition totale ou partielle, qu'elle soit grammaticale, syntaxique, phonique, etc.) qui place au centre de la construction la dissemblance et la dysanalogie.

5) Le choix d'une poésie adressée à un destinataire par un énonciateur, tous deux intradiégétiques – ce qui ne va pas de soi dans la tradition hexamétrique – permet de questionner la signification du savoir dans la société, et d'ajouter une dimension éthique à l'enquête physique, cosmologique, théologique, etc. Empédocle se situe en apparence dans un contexte diégétique semblable à celui des *Travaux* d'Hésiode, mais il en modifie le sens et la portée : la construction du destinataire présente une tension, dans la mesure où celui-ci représente certaines dispositions préalables de l'auditoire (la compréhension des connaissances humaines pour Pausanias, le fait de former une communauté pour les Agrigentins), tout en indiquant ce que sera l'auditeur au terme de l'écoute et de la compréhension de la doctrine. Le choix du véhicule hexamétrique ne vise donc pas simplement à assurer une meilleure diffusion au savoir : Empédocle va, de nouveau, beaucoup plus loin et fait de la poésie le lieu d'une tension dont l'examen permet de distinguer le sens que le philosophe-poète donne à sa pensée dans la société grecque de son époque. Réciter aux Jeux olympiques, manifestation panhellénique par

excellence, un poème adressé à une communauté locale en est peut-être l'exemple le plus frappant.

6) En plus de définir les conditions de la réception de sa doctrine dans la société, la poésie permet au poète de définir le statut de l'énonciateur lui-même dans la Grèce de son temps, conformément au projet de réforme des croyances qui est celui des *Catharmes*. Le statut de ce que nous appellerions le philosophe-poète est placé au sommet de l'échelle sociale, en lui conférant d'une part un rôle politique de premier plan (nous avons esquissé les traits d'une contextualisation de la signification de ce fait dans la Grèce contemporaine), et en associant d'autre part la poésie aux activités de médecine et de divination. Empédocle place par là-même sa propre pratique au carrefour de déterminations qui sont traditionnellement perçues comme complémentaires, mais dont il réinterprète le sens dans le cadre de son projet. Cela signifie que la proximité avec le divin véritable – à travers les trois activités décrites, poésie, mantique et médecine, toutes trois représentées dans ses poèmes – est la caractéristique saillante de son projet, et qu'elle implique la capacité politique.

7) La signification de la composition poétique elle-même est réinterprétée, si j'ai raison de reconstruire les conditions de la lecture d'un poème par l'autre, comme l'élément déterminant qui permettra la réintégration des démons déchus au sein de la communauté des immortels. La relation du véhicule poétique à l'Amour, construite au moyen de la caractérisation de la Muse du côté du désirable et par celle du poème comme un objet d'artisanat (par la racine *ar-*), permet d'attribuer une signification d'ensemble au choix de composer un poème, dans le contexte même de la théorie des voyages des démons.

À ce titre, les résultats de mon enquête permettent de dépasser les conclusions des lignes d'analyses qui reconstruisent une homologie (ou une analogie textuelle) entre forme et pensée : il y a plus que cette homologie, dans la mesure où le vers et les possibilités d'expression qui y sont associées sont une donnée constitutive de la pratique signifiante du poème et de la réalisation de son projet, dans ses multiples dimensions. Les éléments d'homologie entre forme et pensée constituent à ce titre un ensemble d'épiphénomènes qui sont la *conséquence* de la réalisation du projet d'Empédocle où réfection du véhicule poétique et construction de la pensée sont indissociables. J'ai montré que l'unité entre poésie et pensée se jouait à un niveau beaucoup plus fondamental que celui de l'analogie textuelle : l'un des gains interprétatifs de la thèse que je soutiens (quoique ce ne soit pas à mes yeux l'un des gains les plus importants) est de justifier dès lors d'un point de vue théorique la possibilité de déceler une analogie textuelle entre la réalisation concrète de la forme poétique et la pensée qui y est exprimée, mais à condition que la signification de ces analogies textuelles dans la construction de la pensée soit envisagée dans son caractère problématique.

Mon enquête a également permis de dépasser la position de Bollack, telle qu'elle est définie dans ses deux œuvres de 1965-1969 et 2003 : s'il a raison de souligner le lien nécessaire entre véhicule et contenu, il le formule pourtant comme un donné. J'ai été amené à qualifier la nature du lien relevé par Bollack, à en reconstruire les raisons et les expressions, en plaçant au cœur de la démonstration ce qui fonctionnait encore, chez Bollack, comme un présupposé.

Esquissons finalement un examen de la relation du poème d'Empédocle à la poésie antérieure, en particulier à Xénophane et Parménide, et aux possibilités d'expression des traités en prose l'époque archaïque afin de montrer en quoi ce mode de composition avait pu paraître insuffisant à la réalisation du projet d'Empédocle : cela permettra de reposer la question du choix du véhicule poétique, dans un contexte diachronique, à la lumière des conclusions qui précèdent.

## EMPÉDOCLE ET HOMÈRE

Empédocle a contesté, dans le fragment 2, la pertinence à l'égard de son enquête de notions et de conceptions de l'existence humaine associées aux deux protagonistes des poèmes d'Homère, Achille et Ulysse. L'étude du lexique des fragments d'Empédocle et de ses analogies montre que l'*Iliade* et l'*Odyssée* constituaient des références majeures pour l'Agrigentin, qui connaissait les débats que suscitaient les poèmes homériques à son époque. Ce poids des poèmes homériques dans la pratique poétique d'Empédocle, s'il reflète très vraisemblablement quelque chose de l'importance de leur réception au Ve siècle, ne doit pourtant pas nous conduire à négliger les échos qu'Empédocle pourrait présenter à des poètes plus récents, dont moins de matériaux nous sont parvenus, tels que par exemple Aristéas.

Les deux poèmes d'Empédocle s'inscrivent certes dans une relation problématique aux autres grands couples poétiques anciens. La relation avec l'*Iliade* et l'*Odyssée* est un schéma intéressant, en particulier dans les *Catharmes*, qui présentent un ensemble d'échos à l'*Odyssée*, invitant à comparer la signification des voyages d'Ulysse et ceux des démons après leur bannissement[2].

Dans l'*Odyssée*, l'adverbe ἔνθα, pourvu d'une valeur topologique, rythme les errances d'Ulysse : en α.18, il signale que les dieux permettent le retour d'Ulysse[3] ; symétriquement, les prétendants évoquent, dans l'Hadès, le retour d'Ulysse en ω.151, au moyen du même adverbe, soulignant qu'Ulysse y a retrouvé son fils pour méditer la perte des prétendants[4]. À l'intérieur de cette structure encadrante, les différentes étapes du voyage sont marquées par la récurrence de l'adverbe ἔνθα. Il y a deux configurations possibles, que l'on peut trouver en même temps[5] : le lieu où arrive Ulysse peut être désigné par ἔνθα accompagné d'un verbe de mouvement[6] ou ἔνθα peut être employé avec ναίει ou un verbe similaire pour désigner les habitants du lieu[7]. Lorsque les prétendants eux-mêmes arrivent dans les prés d'Asphodèle, dans le chant ω, le lieu

---

2    Rashed 2007 a examiné la relation de la construction du radeau par Ulysse dans le chant ε au fragment 84, qui porte sur la création de l'œil par l'Amour.

3    α.16-19 : ἀλλ' ὅτε δὴ ἔτος ἦλθε περιπλομένων ἐνιαυτῶν, / τῷ οἱ ἐπεκλώσαντο θεοὶ οἰκόνδε νέεσθαι / εἰς Ἰθάκην, οὐδ' ἔνθα πεφυγμένος ἦεν ἀέθλων / καὶ μετὰ οἷσι φίλοισι.

4    ω.149-152 : καὶ τότε δή ῥ' Ὀδυσῆα κακός ποθεν ἤγαγε δαίμων / ἀγροῦ ἐπ' ἐσχατιήν, ὅθι δώματα ναῖε συβώτης. / ἔνθ' ἦλθεν φίλος υἱὸς Ὀδυσσῆος θείοιο, / ἐκ Πύλου ἠμαθόεντος ἰὼν σὺν νηῒ μελαίνῃ.

5    Cette configuration mixte se trouve par exemple pour Circé, où ἔνθα est successivement employé pour qualifier le lieu d'habitation de la magicienne en κ.135, et pour exprimer l'arrivée d'Ulysse et de ses compagnons en κ.140.

6    Ainsi, pour l'arrivée au pays des Lestrygons en κ.87 (ἔνθ' ἐπεὶ ἐς λιμένα κλυτὸν ἤλθομεν) et κ.91 (ἔνθ' οἵ γ' εἴσω πάντες ἔχον νέας ἀμφιελίσσας) ; pour l'île des Cyclopes en ι.142-143 (ἔνθα κατεπλέομεν, καί τις θεὸς ἡγεμόνευε / νύκτα δι' ὀρφναίην) ; pour l'abord de la caverne de Polyphème en ι.182 (ἔνθα δ' ἐπ' ἐσχατιῇ σπέος εἴδομεν ἄγχι θαλάσσης) ; pour l'abord du bois de Perséphone, dans les instructions données par Circé pour gagner l'Hadès, en κ.509 ; pour l'arrivée chez les Cimmériens en λ.14 ; dans les prés d'Asphodèle, la mention apparaît dans le discours d'Achille, en λ.475, lorsqu'il demande à Ulysse pourquoi il a osé descendre dans l'Hadès.

7    Pour le pays où réside Éole, en κ.1-2 (Αἰολίην δ' ἐς νῆσον ἀφικόμεθ'· ἔνθα δ' ἔναιεν / Αἴολος Ἱπποτάδης) ; en μ.85, pour l'endroit où se trouve Scylla ; en μ.127 et μ.262, pour l'île où vivent les bœufs du Soleil ; en μ.448, pour l'île où habite Calypso.

est caractérisé au moyen du même adverbe[8] : le voyage des prétendants au pays des morts est implicitement présenté comme une sorte d'équivalent ironique des voyages d'Ulysse. La seconde fonction de ἔνθα se rencontre également dans la *Théogonie*, par exemple pour décrire le lieu d'habitation des Cent-Bras, de Ὕπνος et de Θάνατος, ou encore de Styx[9].

Or l'adverbe ἔνθα indique, dans le fragment 122 d'Empédocle, que le δαίμων déchu débute le cycle de réincarnations (ou qu'il se trouve à une étape importante de celui-ci), à un moment où il est aspiré dans la multiplicité qui caractérise notre monde. Le fait que le texte présente un imparfait (ἦσαν) s'éclaire alors : il ne s'agit pas d'énumérer des divinités qui étaient dans le monde à un moment donné mais les puissances que le démon a rencontrées à un moment précis de son errance (antérieur à celui du cycle de réincarnation virtuellement représenté par la diction du poème)[10]. La féminité des puissances peut signaler leur rôle démiurgique, en ce qu'elles construiraient les incarnations successives des démons et le monde dans lequel elles ont lieu. Le catalogue du fr. 122 fonctionne ainsi comme l'équivalent d'une des étapes du voyage d'Ulysse : dans son processus d'incarnation, le démon déchu est soumis à des puissances contradictoires. Le schème de la contrariété était lui-même employé par le poète pour rendre compte de ses précédentes incarnations, dans le fragment 117.1 (ἤδη γάρ ποτ' ἐγὼ γενόμην κοῦρός τε κόρη τε).

Ce motif des errances d'Ulysse, exprimé au moyen de la répétition de l'adverbe ἔνθα, est lié au thème de l'ἀλήτης, le *vagabond*. Ulysse n'est qualifié ainsi que lorsqu'il est rentré à Ithaque, c'est-à-dire après le récit de son périple aux Phéaciens : le héros devient le vagabond à un moment où le schème du voyage exprimé par ἔνθα n'est plus employé car le retour est accompli. L'identité du héros a été mise en question – ou redéfinie – au fil de ses voyages. Or, Empédocle a employé le motif de l'errance, au moyen du même substantif, à propos de l'errance des démons[11].

---

8   En ω.14 : ἔνθα τε ναίουσι ψυχαί, εἴδωλα καμόντων.

9   Respectivement, en He.*Th*.734-735 (ἔνθα Γύγης Κόττος τε καὶ Ὀβριάρεως μεγάθυμος / ναίουσιν, φύλακες πιστοὶ Διὸς αἰγιόχοιο), He.*Th*.758-759 (ἔνθα δὲ Νυκτὸς παῖδες ἐρεμνῆς οἰκί' ἔχουσιν, / Ὕπνος καὶ Θάνατος, δεινοὶ θεοί), He.*Th*.775-776 (ἔνθα δὲ ναιετάει στυγερὴ θεὸς ἀθανάτοισι, / δεινὴ Στύξ, θυγάτηρ ἀψορρόου Ὠκεανοῖο).

10  C'est un moyen de concilier les fragments 121 et le couple 122-123, contre l'argument de van der Ben selon lequel 121 ne peut renvoyer au monde humain car les fragments 122-123 le caractérisent comme régi par des couples de puissances : 122-123 décrivent le processus d'ouverture du monde et du multiple, alors que 121 décrit le monde soumis au changement.

11  *Cf.* ἀλάλησθαι en 115.6 ; ἀλήτης en 115.13.

L'accueil dont les étrangers bénéficient à Agrigente (fr. 112.3) est construit comme un écho à celui dont Ulysse bénéficie chez les Phéaciens, construction dont l'adjectif αἰδοῖος est le pivot[12]. L'hospitalité des Phéaciens est problématique en ce qu'elle est elle-même construite par les récits d'Ulysse[13] et s'oppose dans l'économie du poème à celle des Cyclopes et des Lestrygons : l'hospitalité fonctionne comme la figure principale du bon fonctionnement des relations sociales dans la cité. Tout se passe comme si l'Agrigente des *Catharmes* se construisait comme un équivalent de ce que représente la Phéacie dans les périples d'Ulysse : c'est le lieu d'où les démons vont pouvoir regagner non pas une Ithaque en proie au pillage des prétendants, qu'Ulysse ne peut aborder que sous un déguisement, mais la communauté divine d'où ils ont été bannis.

De façon symétrique à ce que je remarquais pour ἔνθα, le fragment 146 emploie ἔνθεν pour souligner le point à partir duquel les démons sont réintégrés dans l'ordre divin. Malgré le caractère fragmentaire de notre corpus, on peut ainsi esquisser les éléments d'une relecture de l'*Odyssée* par les *Catharmes*.

Remarquons finalement qu'une des conditions déterminantes qui permettent le retour d'Ulysse est qu'il doit se déguiser pour revenir à Ithaque, sous peine d'être massacré par les prétendants. Il doit se dessaisir de son identité héroïque, telle que l'a construite l'*Iliade*, ce qui est l'un des enjeux de l'épisode des Sirènes, comme l'a montré Piero Pucci[14]. De façon semblable, la condition du retour du démon coupable est la conversion de la confiance qu'il avait accordée à la Discorde en une reconnaissance du rôle des six divinités dans le monde, dans un poème dont la composition est placée sous l'égide de l'Amour. Dans les deux cas, l'errant doit ainsi opérer une conversion de ce qui faisait son identité passée pour être réintégré dans sa communauté d'origine.

---

12  En θ.544, l'adjectif qualifie l'accueil que les Phéaciens réservent à Ulysse. À l'intérieur même de l'*Odyssée*, l'accueil que les habitants d'Ithaque réservent à Ulysse est construit dans sa relation à celui des Phéaciens (*cf.* λ.360). *Cf.* Empédocle B 112.3 D.-K.

13  *Cf.* Most 1989. Les apologues ont une fonction rhétorique précise : Ulysse veut persuader les Phéaciens de respecter les règles de l'hospitalité.

14  Voir Pucci 1998.

## EMPÉDOCLE ET HÉSIODE

Le projet d'Hésiode comportait une étiologie de la mortalité des mortels, traitée par la série de mythes associés à Prométhée dans la *Théogonie* (reprise dans les *Travaux* d'un point de vue différencié) ainsi que par la description de la génération de Fer. Cette étiologie était adossée aux caractéristiques de l'ordre de Zeus, en ce qu'il conditionnait le déploiement de la mortalité des hommes : la *Théogonie* expliquait et rendait légitime un ordre transcendant – celui de Zeus – qui ouvre la possibilité du déploiement de l'existence humaine, en détermine les conditions (la mortalité, le rituel…) et fournit ainsi à l'auditeur les éléments de la compréhension de la condition humaine et des caractéristiques de sa propre existence. La résolution du conflit est définie de façon idéale comme un pouvoir conféré par la Muse aux rois, qui font cesser Νεῖκος. Les *Travaux* signalent la crise que traverse le monde des hommes dans une période déterminée de son évolution : le paradigme retenu pour la définir est un conflit judiciaire dont les conditions de la résolution sont stylisées de façon opposée à celle de la justice humaine authentique définie dans la *Théogonie*. Or, dans les *Travaux*, l'Âge de Fer était décrit comme un temps où biens et maux étaient mêlés (ἀλλ᾽ ἔμπης καὶ τοῖσι μεμείξεται ἐσθλὰ κακοῖσιν, He.*Op.*179), caractérisé par la fatigue et la maladie (οὐδὲ παύσονται καμάτου καὶ ὀιζύος, *Op.*176-177), où Zeus avait fait don aux hommes du cadeau ambigu des inquiétudes existentielles liées à la compréhension de leur propre condition (χαλεπὰς δὲ θεοὶ δώσουσι μερίμνας, *Op.*178). Zeus fait périr cet Âge dont le terme est marqué par le dérèglement des relations sociales et familiales (*Op.*180-185).

Le projet poétique d'Empédocle est à de nombreux égards adossé à celui du couple formé par la *Théogonie* et les *Travaux*, quoiqu'il en réinterprète le projet d'ensemble. Le Poème physique propose une définition de la condition humaine sur le fondement de sa signification dans l'ordre cosmique. Empédocle reprend certaines caractéristiques de l'Âge de Fer : le même terme μερίμνας (*Op.*178) est employé pour signaler la limitation des facultés cognitives de l'homme du fait de la nature de sa condition (B 2.2 et B 110.7 D.-K.) ; le thème du mélange des biens et des maux trouve une instanciation particulière dans le fait que le monde apparaît au seul moment du cycle où les puissances de la Discorde et de l'Amour parviennent à une forme d'équilibre. Empédocle l'explique pourtant différemment d'Hésiode : la mixité fondamentale sert de base à la réanalyse de la condition humaine. Les moments de pureté, lorsque seuls Discorde et Amour dominent, sont des hors-mondes. Empédocle construit son entreprise en appliquant les concepts de Νεῖκος et de Φιλία, dont le rôle dans la communauté humaine a été thématisé par Hésiode, à l'ordre humain et cosmique.

Le Poème physique propose en ce sens de refonder une vision de la condition humaine, informée en partie par les poèmes hésiodiques, sur des fondements jugés épistémologiquement plus acceptables que ceux d'Hésiode : la mise en relation de la vie et du divin et la substitution d'une histoire cyclique à une histoire linéaire. Les moments du mythe des Âges sont comme réinscrits au sein d'un mouvement circulaire : il y a un retour de l'Âge d'Or, dans la pensée d'Empédocle – et cela, à deux titres. Les deux cycles voient revenir, par nécessité, la Sphère et l'union avec la divinité, alors que chez Hésiode les hommes ne peuvent que reproduire les conditions de l'Âge d'Or dans l'Âge de Fer, par le travail. Il est déterminant que les deux équivalents de l'Âge d'Or que sont l'union avec le divin et la Sphère reviennent, car ils peuvent fournir des modèles paradigmatiques pour recréer l'Âge d'Or dans le monde des hommes : la condition en est que le disciple choisisse de modeler son action sur les éléments et sur Φιλία, et que les communautés humaines transforment leurs rituels[15].

La distension du lien familial caractérisant l'Âge de Fer hésiodique est, de façon intéressante, déplacée dans les *Catharmes*, dans le contexte du sacrifice sanglant et réinterprété par le biais de la métempsychose : dans le fragment 137, le père sacrifie son fils qui a changé de forme. L'impiété du geste est stylisée par le dévoiement des rapports familiaux.

Empédocle substitue ainsi d'autres origines aux modèles par lesquels Hésiode explique la distension du lien social et propose sur ce fondement de nouvelles solutions aux problèmes éthiques, sociaux, politiques et intellectuels que reconstruisent les deux poèmes : il faut une réforme de la croyance et du rite, de la connaissance et de la relation de l'humain

---

15   *Cf.* B 128 D.-K.

au monde. À cet égard, l'articulation qui régit la distinction des deux poèmes d'Empédocle tient non pas à une différence de degré au sein d'un même modèle, comme chez Hésiode, mais à l'articulation de deux réflexions distinctes sur la nature de la connaissance réelle du monde et des dieux (dans le Poème physique) – et sur la façon dont les croyances informent la nature du vivre-ensemble (dans les *Catharmes*). Tout se passe comme si la réponse apportée par Hésiode à la question de la condition humaine n'était pas pertinente : d'après le regard que le dispositif des deux poèmes d'Empédocle permet de porter sur le projet d'Hésiode, celui-ci porte en lui les conditions de la dégénérescence de la génération de Fer, dans la mesure où la relation au divin qu'il définit n'est pas jugée correspondre à la situation véritable. Il faut redéfinir ce qu'est le divin et la façon dont il informe la vie de l'homme avant de redéfinir les conditions du vivre-ensemble. Que le Poème physique ait été composé avant ou après les *Catharmes* n'est pas déterminant : l'important est que le premier présente une antériorité logique par rapport au second.

## EMPÉDOCLE ET LA PROSE DES MILÉSIENS

Anaximandre et Anaximène, au VI$^e$ siècle, avaient choisi de marquer, par le choix d'une composition en prose, la distinction de leur entreprise intellectuelle par rapport à la tradition poétique et aux contenus de pensée qui s'y trouvaient associés. La prose est encore employée par des contemporains d'Empédocle, tels qu'Anaxagore et Hérodote, pour exprimer leur pensée. Cela conduit à s'interroger sur la façon dont s'est construit le champ théorique associé au véhicule qu'est la prose, pour comprendre la distance qu'Empédocle, après Xénophane et Parménide, prend à son égard en choisissant de composer en poésie.

La compréhension de la relation de la prose philosophique du VI$^e$ siècle avec la poésie philosophique n'a pas le même sens selon le modèle que l'on se donne pour rendre compte de la nature et de la diffusion de ces traités en prose : les traités des Milésiens étaient-ils des écrits techniques visant un public restreint, à l'intérieur de l'école, ou des traités accessibles à un public plus large, par exemple par le biais de lectures orales ? Or, reconstruire les formes de diffusion de la prose dépend de la façon dont on appréhende le sens de la fixation par l'écrit et la nature même des traités. À l'époque archaïque, l'écriture a un statut ambigu en tant que moyen de communication, dans la mesure où les conditions concrètes de la mise par écrit, la variété des alphabets locaux, les imprécisions qu'ils pouvaient présenter dans la distinction des quantités des voyelles alliées aux différences locales de prononciation impliquent qu'il y avait une marge d'incertitude, et peut-être de difficulté, dans la lecture et la circulation d'un traité écrit[16].

Le sens de la composition de traités en prose à l'époque archaïque a fait l'objet de trois interprétations principales : (1) prêter à l'écriture des traités en prose une fonction hypomnématique, considérant qu'elle visait à fixer une série de notes ou de remarques destinées à l'auteur ou à un cercle restreint de disciples, à des fins de réflexion ou de révision, sans viser à rendre le texte public et accessible[17]. (2) Prêter à la prose philosophique du VIe siècle une nature technique, qui la destine à un cercle restreint de spécialistes[18] ; la prose n'aurait acquis que plus tard une dimension littéraire et un public proprement dit[19], en particulier avec Hécatée de Milet, Héraclite et Hérodote[20]. (3) Estimer que la prose est au contraire un médium qui permettait une diffusion plus large d'un contenu compréhensible par des non-spécialistes, vraisemblablement par le biais de lectures publiques.

---

16   Jeffery [1961] 1990 p. 41-42 distingue deux facteurs principaux dans les variations locales des alphabets : les prononciations locales et les adaptations de l'alphabet venu d'Ionie lors de sa transmission aux autres régions de Grèce, qui pouvaient présenter des variations formelles importantes, involontaires ou délibérées.

17   *Cf.* Pfeiffer 1968 p. 29 pour la fonction hypomnématique de la prose des premiers philosophes dans un cercle restreint de disciples ; selon Thesleff 1990 p. 111, le livre n'était pas fait pour la publication, mais pour être un recueil à l'usage des élèves de l'auteur.

18   Kahn 2003 p. 151 : « *My hypothesis is to suggest the existence, by the middle of the sixth century (and perhaps much earlier), of a fairly widespread use of written prose for largely practical purposes, including technical notes or memoranda and other devices for recording and accumulating information, produced by and designed for specialists in astronomy, geometry, architecture, sculpture and music. Much of this written material would be unintelligible except to readers trained in the corresponding technè.* »

19   Kahn 2003 p. 152 : « *We must distinguish between this essentially technical and utilitarian use of writing […] and the new literary use that is attested by a cluster of treatises known from the middle of the sixth century. Certainly for Pherecydes, and perhaps for the other early authors as well, the composition of an extended text is designed […] to make the material available to a larger audience.* »

20   *Cf.* Kahn 2003 p. 140 ; p. 154 pour son commentaire du fragment 1 d'Hécatée (Jacoby).

Les deux premières interprétations ne sont pas sans entretenir de rapport entre elles dans la mesure où l'objectif principal de l'écriture, tel qu'elles le reconstruisent, n'est pas la diffusion large d'un savoir mais son emploi à des fins disciplinaires techniques par un cercle restreint d'initiés. La figure de Phérécyde de Syros pose problème pour l'interprétation (2), dans la mesure où il n'est pas satisfaisant de le considérer simplement comme un moment de transition entre cette prose technique et une prose de nature plus littéraire, qui vise un public plus large, puisqu'il s'agit du premier traité en prose que nous connaissons.

Examinons rapidement le type de problème que posent ces enquêtes.

Le problème de la nature des traités en prose de l'époque archaïque pose des difficultés majeures ; il faut sans doute distinguer, d'un côté, les traités de type philosophique et, de l'autre, les traités techniques. Les arguments en faveur de l'interprétation technique des traités philosophiques s'appuient sur des témoignages postérieurs, qui ne sont pas facilement probants.

S'il on excepte le traité de Phérécyde, originaire de Syros dans les Cyclades[21], et que l'on admet que Thalès n'a rien écrit[22], l'apparition du texte en prose est liée aux cercles d'intellectuels des colonies grecques d'Asie Mineure, et tout particulièrement à Milet. Nous sont parvenus des fragments de deux types d'ouvrages, philosophiques (Anaximandre, qui aurait également dessiné une carte géographique[23], Anaximène et Héraclite) et historiques (Hécatée de Milet[24]). Nous connaissons également plusieurs traités qui sont, eux, manifestement techniques,

---

21  DL.I.116 = fr. 1 Schibli ; Apulée, *Florides* 15 = fr. 11 Schibli ; *Suda s. v.* Φερεκύδης = fr. 2 Schibli ; Pline *HN.* 7.205 = fr. 9 Schibli ; *cf.* aussi Phérécyde fr. 12 et 13 Schibli. Laks 2001b p. 8 analyse la position de Thémistius (*Or.* XXVI, 317BC), selon lequel Anaximandre a le premier écrit sur la nature, comme une revendication péripatéticienne ouvertement polémique ; Palù 2004 p. 164 comprend que Thémistius signale qu'Anaximandre est le premier à avoir écrit sur la nature sans inscrire sa réflexion dans un cadre théologique.

22  Harris 1989 p. 63 n. 75, Laks 2001b p. 9-10, Kahn 2003 p. 143. L'étude la plus complète des témoignages liés aux écrits de Thalès est Palù 2004 p. 46-79, qui accepte pourtant p. 256 *sqq.* l'attribution à Thalès de l'*Astronomie nautique*, que le savant conçoit comme un calendrier astronomique.

23  Les trois études les plus importantes sont Heidel 1921, Aujac 1987 et Palù 2004.

24  La tradition ancienne prête parfois (*cf.* Phérécyde fr. 2 et 9 Schibli, mentionnés *supra*) à Cadmos le primat des traités historiques ; Palù 2004 p. 166 avance que cela pourrait provenir d'une confusion avec le Cadmos mythique qui aurait introduit les lettres de l'alphabet, telle que celle reconduite par les scholies à Dionysius de Thrace (*Grammatici Graeci* I.3 p. 183, 1-15 Hilgard).

produits dans différentes régions de Grèce et qui remonteraient à la fin du VIᵉ siècle[25].

Le traité d'Anaximandre n'est en tout cas pas comparable à un traité technique d'architecture ou d'un art semblable : il ne repose pas sur une τέχνη concrète et relève d'intérêts qui ne sont pas simplement ceux d'une petite communauté de spécialistes intéressés à des fins artisanales ou pratiques[26]. Au contraire, les traités de Phérécyde et celui d'Anaximandre comportaient, pour autant qu'on puisse le reconstruire, une proximité thématique dans la mesure où les deux auteurs postulent un principe éternel produisant une semence dont naissent les éléments, qui créent le monde et ses constituants[27].

L'un des passages les plus discutés à propos de la nature de ce traité et de sa diffusion est une mention de Diogène Laërce qui semble affirmer que le traité est une exposition sommaire des opinions du philosophe, qu'Apollodore d'Athènes aurait eue entre les mains à la période hellénistique[28]. L'affirmation a suscité des compréhensions divergentes de la nature du traité et de sa diffusion : on y a lu qu'il s'agissait d'une compilation à visée hypomnématique, que l'ouvrage avait un mode de progression de type rhapsodique, ou qu'il était bref[29]. André Laks a montré qu'il s'agissait plutôt du type de présentation des sections de son ouvrage, organisées en chapitres et qu'en tout cas le passage de Diogène ne permettait de tirer aucune conclusion quant à l'existence d'une doctrine orale[30]. Mais Apollodore et Diogène n'avaient peut-être entre les mains qu'un ouvrage doxographique portant sur Anaximandre, et non son traité lui-même[31].

---

25  Outre le traité de Théagène, que nous avons évoqué plus haut, le premier traité de musique est attribué à Lasus d'Hermione, à la fin du VIᵉ siècle. Pour d'autres exemples de traités techniques du VIᵉ siècle, *cf.* Kahn 2003 p. 150.

26  Granger 2007 p. 415 : « *Kahn's assimilation of Anaximander's book to the genre of practical prose appears misguided, since the physicalist speculations of Anaximander would be directed to an audience, albeit small, that has interests well beyond practical and narrow professional applications.* »

27  Schibli 1990 p. 32-33.

28  DL.II.1 : τῶν δὲ ἀρεσκόντων αὐτῷ πεποίηται κεφαλαιώδη τὴν ἔκθεσιν, ἦ που περιέτυχεν καὶ Ἀπολλόδωρος ὁ Ἀθηναῖος.

29  Pour la visée hypomnématique, Kahn 2003 p. 153 et n. 33 ; pour le mode de progression rhaspodique, Most 1999 p. 349 ; pour la brièveté, Kirk, Raven & Schofield 1983 p. 101.

30  Laks 2001b p. 7 : « C'est en tout cas sur un aspect formel de l'écrit, plutôt que sur le fait qu'il s'agisse d'un *écrit* (par opposition à un enseignement oral), que Diogène (ou sa source) met l'accent. »

31  Palù 2004 p. 177 *sqq.* L'hypothèse est possible mais peu économique, et ne permet pas d'expliquer comment Simplicius pouvait avoir connaissance du texte – à supposer qu'il

La production d'Anaximandre qui peut le plus facilement être assimilée à un traité technique est sa carte géographique, dont les reconstructions restent pourtant dépendantes des cartes postérieures[32]. La carte pouvait prendre la forme d'une représentation figurée de l'espace assortie de calculs et de diagrammes[33] : il ne s'agit pas d'un pur ouvrage de géométrie, même si celle-ci a dû être déterminante dans la constitution de la carte[34]. La possibilité d'une représentation figurée de l'espace est étayée par le fait que nous connaissons une carte retrouvée à Théra, datant de 1500 avant notre ère[35]. Si elle est semblable aux cartes postérieures, celle d'Anaximandre pouvait être circulaire et présenter la Grèce en son centre[36]. Nous savons qu'Hécatée a lui aussi produit une carte géographique, qui dialoguait vraisemblablement avec celle d'Anaximandre[37].

Les jugements stylistiques que nous trouvons chez les témoins postérieurs sont pratiquement inexploitables lorsqu'on cherche à reconstruire le mode de diffusion originel des traités. Simplicius mentionne que le style d'Anaximandre était poétique, juste après la citation (supposée) de son fragment[38] : cette mention peut s'interpréter de plusieurs façons[39]. Le style d'Anaximène est caractérisé par Diogène Laërce comme un style ionien simple et sans apprêt[40]. Ces deux jugements sur le style d'Anaximandre et d'Anaximène pourraient remonter à l'ouvrage de Théophraste sur les styles de la prose (connu également par Hermogène[41]), qui aurait construit

---

cite bien un fragment d'Anaximandre en *In Ph.* 24 –, si Apollodore d'Athènes ne le connaissait déjà plus au IIᵉ siècle avant notre ère.

32  Les témoignages sur la carte sont examinés par Palù 2004 p. 207-210, dont DL.II.1. *Cf.* Aujac 1987 p. 135 pour la situation de cette carte dans l'histoire de la cartographie antique.

33  Aujac 1987 p. 135.

34  Palù 2004 p. 207-210 l'associe à un ouvrage de géométrie, pensant qu'il n'y a pas de représentation figurée du territoire. Mais c'est sans doute aller trop loin.

35  La carte est reproduite dans Harley & Woodward 1987, vol. I ; il s'agit de la *plate 3*.

36  Aujac 1987 p. 135.

37  Pour une reproduction possible de la carte d'Hécatée, *cf.* Bunbury [1883] 1959 t. I, en face de la p. 148. La carte est reproduite dans Aujac 1987 p. 135.

38  Simplicius, *In Ph.*, 24.21 : ποιητικωτέροις οὕτως ὀνόμασιν αὐτὰ λέγων.

39  Voir, sur ce passage, Palù 2004 p. 199. S'il s'agit d'un comparatif absolu, il signifie *en des termes plutôt poétiques* et exprime un jugement stylistique de Simplicius (Most 1999 p. 351) ; s'il s'agit d'un comparatif relatif, il fait référence à la paraphrase proposée par Simplicius lui-même avant sa citation du fragment.

40  DL.II.3 (= 13 A 1 D.-K.) : κέχρηταί τε λέξει Ἰάδι ἁπλῇ καὶ ἀπερίττῳ « Il a écrit un traité dans une prose ionienne simple et sans apprêt ».

41  *Cf.* Palù 2004 p. 201, qui renvoie à Hermogène, *Sur les espèces de style*, 2.12.193 *sqq.*

une opposition des prosateurs ioniens sur le fondement de leur style, au sein du genre philosophique et du genre historique : Anaximandre et Hérodote emploieraient un style poétique, mais Anaximène et Hécatée un style dépouillé. Il est pourtant difficile de déduire de ces mentions quoi que ce soit qui concerne la forme originelle du traité ou son mode de diffusion : nous ne savons pas ce que ces auteurs entendaient par « poétique » et « par simple et sans apprêt ». Dans la mesure où nous ne pouvons caractériser l'auditoire des *performances* publiques, si tant est qu'elles aient eu lieu, nous ne pouvons savoir si la simplicité du style était un facteur qui assurait la compréhensibilité de l'énoncé, ou si au contraire le public, habitué à l'écoute des poèmes, avait des attentes en termes de structure et d'esthétique qui impliquaient que le texte d'Anaximène ne répondait pas à ces critères parce qu'il était produit en vue d'une finalité distincte d'une *performance* orale.

Le matériau qui a trait au livre d'Héraclite est d'emploi difficile, car sa forme même – continue ou aphoristique – a fait l'objet de discussions importantes[42] ; il présentait en tout cas une réflexion sur la forme de la prose, dans la mesure où l'obscurité était choisie comme modalité du discours[43]. L'anecdote, probablement fictive, relatée par Diogène Laërce selon laquelle Héraclite avait déposé son livre dans le temple d'Artémis à Éphèse montre que celui-ci avait été conçu comme un livre, et non comme un carnet de notes[44]. Les fragments d'Héraclite que nous connaissons ne s'adressent jamais à un interlocuteur individuel identifiable : le texte, quels qu'aient été sa nature et son sens, s'adressait au monde entier.

Nous connaissons le début du traité d'Hécatée, mais il est diffi-cile d'en tirer argument quant au mode de diffusion[45] : ce passage révèle plus une réflexion sur la façon de composer un traité en prose et d'asseoir l'autorité de l'auteur, qu'il ne permet de conclure au mode de diffusion du traité. L'imitation d'une tournure orale (μυθεῖται ὧδε) est

---

42    Palù 2004 p. 281 *sqq.*

43    *Cf.* Arist. *Rh.* 1407b 11, qui attribuait l'obscurité à la difficulté qu'il y a à reconstruire les liens gramamticaux et syntaxiques entre les différents membres des propositions. Les témoignages sur l'obscurité d'Héraclite sont rassemblés par Palù 2004 p. 153-161.

44    *Cf.* DL.IX.5-6.

45    Hécatée, fr. 1 Jacoby, cité par Démétrius, *De Elocutione* 12 : Ἑκαταῖος Μιλήσιος ὧδε μυθεῖται· τάδε γράφω, ὥς μοι δοκεῖ ἀληθέα εἶναι· οἱ γὰρ Ἑλλήνων λόγοι πολλοί τε καὶ γελοῖοι, ὡς ἐμοὶ φαίνονται, εἰσίν. Le texte est commenté par Ford 2003 p. 33-34. Laks 2001b p. 5 interprète ce passage comme une réflexion sur l'acte d'écriture.

un argument réversible : l'auteur peut employer ce procédé justement pour signaler une distance.

Pour le VIe siècle, nos sources ne nous fournissent ainsi aucun élément certain quant au mode de diffusion des traités en prose[46]. Si le traité d'Hérodote, lui, faisait vraisemblablement l'objet de lectures publiques, Thucydide est le premier auteur en prose dont le style implique que son œuvre soit lue de façon personnelle plutôt que récitée[47]. Andrew Ford a montré que les livres de poésie ne faisaient pas l'objet d'une lecture personnelle (c'est-à-dire en dehors d'un contexte de *performance* orale) avant la fin du Ve siècle[48].

La situation est quelque peu différente au Ve siècle, dans la seconde moitié duquel on peut plus vraisemblablement reconstruire une situation où les lectures publiques étaient une pratique possible, sinon dominante, comme le montrent les lectures publiques qu'Hérodote pouvait donner de son ouvrage, les informations fournies par Platon et le témoignage de la peinture sur vase[49]. Platon nous permet en effet de reconstruire une situation où, à l'époque de Socrate, les livres en prose étaient à la fois l'objet de lectures publiques et personnelles[50]. Socrate raconte, dans le *Phédon*, qu'il a d'abord entendu le traité d'Anaxagore lu au cours d'une lecture publique avant de s'empresser d'acquérir l'ouvrage[51] : si Platon

---

46  Pour les éléments dont nous disposons pour les Ve et IVe siècles, *cf.* Thomas 2003.

47  Pour les arguments sur la lecture publique d'Hérodote, *cf.* Pfeiffer 1968 p. 29. Pour les lectures publiques de Gorgias, *cf.* Granger 2007 p. 428. S'agissant de Thucydide, voir Knox 1985 p. 8, Ford 2003 p. 33-34.

48  *Cf.* Ford 2003, en particulier p. 30-37 ; les premières traces de cette lecture personnelle se trouvent en Eu.fr.369 Nauck (*Cf.* Knox 1985 p. 9 ; Ford 2003 p. 31), daté de 422, et en *Ra.*52-54 (Ford 2003 p. 30-31).

49  Un fragment de vase attribué au peintre d'Akestorides et daté de 460 montre un jeune homme qui lit un texte non métrique sur un rouleau de papyrus dont les savants supposent qu'il s'agit d'un extrait d'un manuel de mythologie. Le fragment (Greenwich, Connecticut. Walter Bareiss 63) est reproduit dans Easterling & Knox 1985, sous le numéro 1a. Les autres témoins picturaux de scène de lecture montrent presque toujours un matériau poétique, dans un contexte scolaire (Pfeiffer 1968 p. 27, Knox 1985 p. 7).

50  *Cf.* Pfeiffer 1968 p. 27-28. Pour les reproches que Platon adresse à l'écriture en Pl.*Phaedr* (274b-278e), qu'il n'est pas le lieu de discuter ici, *cf.* Laks 2001b p. 1-2, Thomas 2003 p. 167-168.

51  Pl. *Phaedo* 97b 8-97c 2 puis 98b 3-6 : « Après avoir entendu un jour un homme lire un livre qui était, à ce qu'il disait, d'Anaxagore, et affirmer que ce qui organise et constitue la cause de toute chose est l'Intellect [...]. Je plaçai mes espoirs très haut et, après avoir acquis en toute hâte son livre, je le lus aussi vite que j'en étais capable, afin de connaître aussi vite que possible le meilleur et le pire. »

présente les deux modes de diffusion comme également possibles à l'époque de la jeunesse de Socrate, on ne peut exclure qu'il stylise les conditions de diffusion des traités en prose qui caractérisent l'époque de la composition du dialogue, et l'aspect historique de l'anecdote ne va bien entendu pas de soi. Dans l'*Apologie*, Socrate, narre que le livre d'Anaxagore peut être acheté à Athènes pour une drachme, soit une somme modique[52]; le prix a toutefois pu être l'objet de manipulation pour souligner la facilité qu'il y a à se procurer le livre d'Anaxagore et tourner Mélétos en ridicule[53].

Remarquons finalement que les premiers exemples de traités techniques en prose, qui sont des traités architecturaux dont l'un aurait été écrit par Théodore de Samos sur le Heraion de Samos (construit au milieu du VIe siècle), et l'autre par Chersiphron et Metagenes à propos du temple d'Artémis à Éphèse (à la même époque), nous sont connus par une notice de Vitruve[54]. Celle-ci succède immédiatement à un passage où l'auteur vient de mentionner que Démocrite et Anaxagore (dans cet ordre) avaient exposé par écrit la façon de réaliser une peinture en perspective[55] :

> *Postea Silenus de symmetriis doricorum edidit uolumen ; de aede Iunonis, quae est Sami dorica, Theodorus ; ionice Ephesi quae est Dianae, Chersiphron et Metagenes*[56].

Le témoignage de Vitruve est suspect : l'adverbe *postea* indique que les ouvrages mentionnés seraient postérieurs au travail de Démocrite et d'Anaxagore sur la perspective. Nous ne connaissons pas d'architecte nommé Silenus. L'imprécision du témoignage pourrait bien impliquer

---

52  Pl. *Apo.* 26d 6-26e 2 : « Penses-tu accuser Anaxagore, mon cher Mélétos ? Penses-tu mépriser ces juges et estimer qu'ils sont si incultes au point d'ignorer que les livres d'Anaxagore de Clazomène sont pleins de ce genre de théories ? Les jeunes ont-ils appris de moi ce qu'il leur est possible d'acheter à l'orchestra pour une drachme, lorsque le prix est élevé, pour se moquer de Socrate, s'il affirme que ces théories sont de lui, alors même qu'elles sont à ce point étranges ? »

53  Voir Ford 2003 p. 33 et Thomas 2003 p. 166. Knox 1985 p. 10 soutient que le livre d'Anaxagore dont il est question est une copie de seconde main, s'appuyant sur le fait que nous savons par une inscription que le prix de deux rouleaux de papyrus était à l'époque de deux drachmes et quatre oboles.

54  *Cf.* Kahn 2003 p. 149-150.

55  Vitruve, *De architectura*, VII Préface 11.

56  Vitruve, *De architectura*, VII Préface 12 : « Après cela, Silénus publia un livre sur la proportion des structures doriques ; Théodore, sur le temple de Junon, qui est un temple dorique à Samos ; Chersiphron et Metagenes, sur le temple ionique d'Éphèse, qui est dédié à Diane. »

que les traités architecturaux en question, sur le contenu desquels Vitruve ne donne aucune information, sont des œuvres postérieures qui pourraient tout simplement décrire les monuments concernés – à la façon de l'œuvre de Pausanias. Les noms des architectes responsables de la construction des temples en question ont pu leur être associés pour assurer une plus grande diffusion. Vitruve pouvait tout à fait posséder dans sa bibliothèque des ouvrages sur ces sujets signés du nom d'architectes ou de philosophes illustres : mais rien ne permet d'affirmer qu'ils étaient authentiques.

Quelques remarques s'imposent. (1) Il serait extrêmement surprenant qu'un lectorat, fût-il restreint, qui était capable d'une lecture personnelle n'ait pas eu l'idée de lire le texte à voix haute devant un public, fût-il lui aussi restreint. Réciproquement, les aptitudes mobilisées pour procéder à une lecture à haute voix impliquaient d'être capable d'une lecture personnelle.

(2) La carte d'Anaximandre doit bien entendu être vue et non écoutée[57] ; mais même s'il y a représentation figurée, le sens ne pouvait pas nécessairement être saisi sans connaître l'alphabet (ou sans explication d'un tiers alphabétisé) vu la nouveauté de l'objet.

(3) Il faut distinguer les conditions pragmatiques de la diffusion des textes de la visée de l'auteur. On peut en effet tout aussi bien penser que les premiers auteurs ont choisi la prose pour assurer une diffusion restreinte de leurs traités – réservés à un groupe de *happy few* qui aurait réussi à s'émanciper de la culture dominante – que pour permettre une diffusion la plus large possible *via* la lecture publique, en ce qu'elle est susceptible de se produire en dehors de toute circonstance instituée, telle que sont, pour la poésie, les compétitions rhapsodiques ou le banquet. Mais le livre a pu être diffusé, même à une génération d'écart, à un public plus vaste que celui originellement visé par l'auteur, pour peu qu'un individu réalisât une copie pour l'emporter dans une autre cité et en faire une lecture publique, ou que les disciples du maître aient un avis distinct du sien quant à la diffusion de l'ouvrage.

Quelle que soit la réponse que l'on apporte à ces questions difficiles, il est vraisemblable de reconstruire une situation où Phérécyde et Anaximandre choisissent un médium identique pour produire deux

---

57  Palù 2004 p. 280.

réponses partiellement différenciées aux problèmes internes que leur semblent présenter les théologies et cosmologies traditionnelles[58]. Le nouveau médium sert à souligner l'opposition par rapport à la tradition poétique : au-delà du véhicule lui-même, la prose est une pratique signifiante[59]. Elle possède des enjeux propres : l'auteur doit fonder sa position d'autorité sans recourir au motif de l'inspiration divine, même – surtout – lorsqu'il parle, comme Phérécyde, de la nature des divinités. Son autorité peut au demeurant découler de l'usage de l'écriture pour fixer les lois[60]. Le choix de la prose par Hécatée peut lui aussi s'expliquer par différenciation avec la tradition poétique : soit par rapport aux épopées locales, soit par rapport à des poètes tels qu'Aristéas, que la *Suda* date de 580-576, poète mentionné par Hérodote qui aurait produit un récit de ses voyages chez les Hyperboréens[61].

On ne peut toutefois pas penser, il me semble, que l'entreprise de la prose vise au premier chef à la rationalisation du mythe[62] : Phérécyde ne semble pas produire une cosmologie beaucoup plus rationnelle que celle d'Hésiode. Le médium lui-même ne permet pas en soi une construction plus rationnelle ou plus analytique que le vers[63]. La prose construit un énoncé caractérisé au contraire par un déplacement de l'énoncé poétique, qu'elle interroge et recompose : elle comporte à ce titre un degré

---

58　Je m'appuie sur la discussion proposée par Palù 2004 p. 163, qui analyse en particulier le classement proposé par Aristote (*Metaph.* 1091b8) de Phérécyde comme « un philosophe mixte, à mi-chemin entre la théologie et la philosophie » du point de vue du contenu de sa doctrine, mêlant théologie et philosophie de la nature.

59　*Cf.* Laks 2001b p. 11 : la nouveauté de Phérécyde « n'en serait à vrai dire que plus grande, parce qu'elle aurait consisté à promouvoir, en l'appliquant au récit théogonique, un nouvel *usage* de la "prose", conçue comme une "pratique signifiante" particulière ». Le savant reprend l'expression de "pratique signifiante" à Godzich et Kittay 1987 p. 191 : « *Prose is not a style* [...]. *Prose is a different signifying practice.* »

60　*Cf.* Laks 2001b p. 12.

61　Hdt.4.13 *sqq.* Les témoignages sont rassemblés par Bernabé 1996 p. 144-154. *Cf.* également Fränkel [1962] 1973 p. 241-243.

62　Kahn 2003 p. 144 affirme que la différence que le fragment B 1 D.-K. de Phérécyde présente avec Hésiode implique une façon radicalement nouvelle de concevoir l'origine du monde (dans la mesure où les dieux ne sont pas engendrés, mais qu'ils ont existé depuis toujours), et en déduit que l'entreprise de Phérécyde est de rationaliser la mythologie, reliant cette entreprise avec celle d'Hécatée.

63　*Cf.* Laks 2001b p. 11 : la prose « n'est pas, primitivement, plus analytique que le vers. Elle l'est sans doute moins, dans la mesure où la réduction quasi ascétique du récit à son linéament le prive des ressources de la construction auxquelles une narration comme celle d'Hésiode confie justement le sens. »

d'analyse supplémentaire, par le caractère problématique même de sa situation particulière par rapport à la tradition poétique[64].

Il est ainsi insatisfaisant de reconstruire, avec Granger, une situation où le choix de la prose par les Milésiens signale un moment de rationalisation analytique de la pensée humaine envisagée dans une perspective génétique[65]. De tels présupposés génétiques me paraissent intenables aujourd'hui : ils remontent à une époque antérieure même à celle de Fränkel, dans la mesure où ce dernier reconnaissait que les poètes anciens exprimaient une vision réfléchie de la réalité par le biais du mythe et des métaphores qui y sont associées. La position de Fränkel, qui présentait lui aussi Xénophane comme un rationaliste en rupture, est plus satisfaisante à cet égard que celle de Granger[66]. Notre étude a montré que les poèmes archaïques parvenaient à la construction d'un sens complexe et élaboré par d'autres moyens que ceux qui sont les nôtres aujourd'hui. La prose ne permet en soi aucune rationalisation. J'ai souligné que le choix du médium témoignait de l'élection d'une pratique signifiante différente de celle de la poésie : la prose « soustrait un énoncé prétendant à la vérité à la compétence du rhapsode, pour établir un lien direct entre l'auteur et le lecteur », tout en retirant « à la divinité le privilège de la parole autorisée, au profit de l'homme[67] ».

Si l'on accepte ces éléments, on parvient à une situation où la composition en prose au VIe siècle s'explique avant tout par l'expression dans un médium original d'une construction intellectuelle fondée sur des principes épistémologiques distincts de ceux qui caractérisent les cosmologies ou théologies poétiques, si Phérécyde et Anaximandre cherchent à expliquer la multiplicité du vivant par un petit nombre de principes éternels (divins ou non). La prose a permis d'inscrire cette prise de distance dans le véhicule même qu'ils employaient : l'énoncé obéit

---

64  Il est inexact d'opposer, avec Bordigoni 2004 p. 278, prose et poésie en ce que la seconde suppose une stylisation de la langue commune et l'autre non.

65  Granger 2007 p. 404 : « *the thought of these new intellectuals is marked by a growing capacity for critical analysis, free from the poets's dependance upon the Muses for their opinions [...]. This development of human critical judgment helps explain the preference of those authors for prose over verse.* »

66  Fränkel [1962] 1973 p. 325 : « *Like Simonides, Xenophanes was an apostle of enlightenment, directing an incisive criticism against rooted prejudices ; they both fought for a rational ordering of values and for a practical code of ethics ; both emphasized the relativity of all things human, and contrasted it with the absoluteness of god.* »

67  Laks 2001b p. 12.

à des codes différents de ceux de la poésie, que ce soit du point de vue du lexique, du rythme, ou des schèmes permettant d'affirmer l'autorité de l'énonciateur. Le véhicule original qu'ils choisissent implique que le sens ne se construit pas de la même façon que dans un poème, et ce quels que soient les modes d'élaboration du sens choisis par les premiers prosateurs, que nous pouvons à peine reconstruire vu la faible quantité de matériau qui nous est parvenue.

Si on pose la question de cette façon, le choix du vers par Empédocle se laisse alors expliquer par la nature des traditions intellectuelles qui ont trouvé des expressions en poésie et en prose. Le projet d'Empédocle prend position sur le rôle du savoir dans la société : il ne se résume pas à une description abstraite des principes qui régissent le monde mais vise à répondre à une crise que le poète construit comme une caractéristique profonde de la condition humaine, dans son aspect individuel et dans son aspect social. Il s'agit de transformer la compréhension de la nature de la condition humaine ainsi que, de façon corrélative, les comportements des hommes, et ce même dans le Poème physique.

Or, rien ne nous permet de penser qu'au milieu du V$^e$ siècle la prose était un véhicule apte à concevoir et exprimer une refonte de la relation sociale en ce qu'elle est informée par une conception originale de la nature du monde et de la condition humaine. La structure énonciative est à cet égard un élément déterminant de la compréhension de la portée sociale du savoir que le poème exprime. Une telle structure adressée n'a pas d'équivalent que nous connaissions dans la prose de cette époque : le savoir exprimé par celle-ci a une visée essentiellement distincte de celle du savoir poétique. Cela ne signifie pas que le discours de la prose ne vise pas à une forme d'universalité, dans sa stylisation, en dépit du fait que les conditions concrètes de sa diffusion avaient dû être relativement limitées, au moins dans les premiers temps : Empédocle se fonde sur une notion distincte d'universalité, qui intègre en partie celle définie par la prose, au sens où l'enquête physique sur la nature telle que les Milésiens l'ont développée se voit adjoindre des dimensions existentielles, sociales et théologiques.

## EMPÉDOCLE, XÉNOPHANE ET PARMÉNIDE

S'il n'est bien entendu pas possible de traiter ici avec autant d'exhaustivité le cas de Xénophane et de Parménide que celui d'Empédocle, il appert pourtant que les motivations de ces deux poètes, tels qu'on peut les appréhender, se distinguent de celles de l'Agrigentin. Il n'est de fait pas satisfaisant de rabattre trop vite l'un des trois philosophes-poètes sur les autres. Xénophane a une position différente de Parménide et d'Empédocle par la variété et l'ampleur de sa production et par le fait qu'il est difficile de lui assigner une doctrine physique déterminée. Son choix procède en partie de l'univers intellectuel dans lequel il évolue, marqué par les pratiques rhapsodiques avec lesquelles il est peut-être partiellement en rupture lui-même, s'il cherchait à donner à sa production une forme d'indépendance à la fois par rapport aux grandes guildes de rhapsodes et aux traditions épiques locales, telles que les poèmes du Cycle épique. Il est à ce titre inscrit dans le contexte de son époque, dans la mesure où d'autres poètes ont usé de l'hexamètre dactylique au VIᵉ siècle en introduisant, à différents niveaux, une rupture avec la tradition (tels qu'Aristéas). L'origine ionienne de Xénophane a très certainement amené à sa connaissance les thèses des Milésiens, quoique nous ne sachions pas quelle était leur position exacte quant à la nature des divinités. La rupture de Xénophane avec la tradition poétique – représentée par Homère et Hésiode – est déterminante par certains aspects, mais elle n'est que partielle : Xénophane cherche à ouvrir l'espace de sa propre pratique poétique, avec la part d'innovation conceptuelle et thématique qui est la sienne.

Parménide et Empédocle doivent également être distingués avec attention l'un de l'autre. Leurs gestes sont distincts et répondent à des objectifs spécifiques.

Pour Parménide, le sens du recours à la poésie se laisse pour partie éclairer par l'analyse de la construction énonciative du poème. Ce qui est déterminant est à la fois que la déesse est énonciatrice de la quasi-totalité de celui-ci, et qu'elle l'adresse spécifiquement au poète, dont la caractérisation a fait l'objet du proème. Cette double stylisation de l'énonciateur et du destinataire est absente de ce qui nous est parvenu de la prose contemporaine. Parménide procède à une refonte du type de fonctionnement du proème dont nous avons trace dans la *Théogonie* d'Hésiode, où il s'agit de construire la *persona* d'un poète inspiré par les Muses et les traits définitoires de leur relation – qui exprime, en dernière analyse, la façon dont la poésie se comprend elle-même et présente les conditions de sa propre compréhension à l'auditoire.

Parménide choisit la poésie dans la mesure où cette tradition lui offre un ensemble déjà existant de schèmes poétiques et, au-delà, intellectuels, tel que le proème, ou l'autorité transcendante de la parole poétique, qui répondent à des codes définis et que le public est habitué à analyser. Mais ces schèmes sont adaptés à sa propre visée : le fait que la *Doxa* est présentée comme trompeuse dans la structure énonciative du poème fournit les conditions d'une nouvelle rupture avec la tradition de recherche du principe qui semble avoir déterminé les traités des Milésiens. L'articulation entre les deux parties du poème permet de souligner le problème de la cohérence entre la nature de ce qui est (ainsi que les critères qui permettent de la déterminer et les modes de son appréhension) et la façon dont le monde permet d'en trouver trace.

La Doxa formule en quelque sorte ce que les Milésiens auraient pu dire s'ils s'étaient donnés un fondement épistémologique plus juste – ou du moins, jugé tel par Parménide. Il ne s'agit pas simplement de se différencier de leur tradition moniste ou empirique : Parménide sait bien que les Milésiens ont choisi la prose par rupture avec les contenus de pensée associés à la poésie, et prétend lui-même non pas s'opposer à la ligne d'approche milésienne ou la discréditer, mais la réintégrer, en l'améliorant, dans un discours qui réfléchit aux rapports de ce qui est réellement avec le monde. Le geste de Parménide n'est pas à cet égard un retour à la poésie : c'est une réintégration de la prose dans la poésie, visant à produire un énoncé qui dépasse les limitations des deux traditions à la fois.

EMPÉDOCLE DANS LA TRADITION POÉTIQUE
ET PHILOSOPHIQUE : UNE SYNTHÈSE

Le projet empédocléen s'inscrit ainsi dans une triple remise en cause des constructions intellectuelles qui le précèdent : de la poésie antérieure, de la prose et de la poésie philosophique représentée en particulier par Parménide. Le projet de Parménide ne présente pas, pour autant que nous le sachions, la dimension sociale qui caractérise, de façon différenciée, les deux poèmes d'Empédocle : la structure d'énonciation est fermée, chez l'Éléate, sur la relation qu'entretient le poète à la source du savoir. Lorsque le poème de Parménide stylise l'humain en dehors de ce dispositif, c'est le plus souvent pour souligner les erreurs commises par les mortels. Le savoir s'inscrit de fait dans un discrédit du sensible qui n'est pas partagé par Empédocle. Celui-ci cherche à rendre compte de dimensions du vivant qui dépassent celles traitées, vraisemblablement, par Parménide – telles que la nature de la mort, le rituel, etc. Cela implique qu'il était impossible, pour Empédocle, de distinguer une Vérité transcendante d'une Opinion qui porte sur le monde. Le discours poétique d'Empédocle se présente comme toujours pourvu d'un même degré de justesse : alors que la *Doxa* est un « arrangement trompeur de mots » (Parménide B 8.53 D.-K., μάνθανε κόσμον ἐμῶν ἐπέων ἀπατηλὸν ἀκούων), le poème est un équipage de propos qui n'est précisément pas trompeur chez Empédocle (Empédocle B 17.26, σὺ δ' ἄκουε λόγου στόλον οὐκ ἀπατηλόν)[68].

Le choix de la poésie représente à cet égard une synthèse entre la recherche du principe qui a trouvé une expression particulière dans la prose philosophique des Milésiens, l'explication de la place de l'homme dans le monde et de sa relation au divin qui est un élément déterminant des constructions poétiques antérieures – de façon explicite chez Hésiode et sous-jacente chez les autres poètes – et la réflexion sur la nature de ce qui est dans sa relation à une source de connaissance transcendante, telle qu'on la trouve exprimée chez Parménide.

Empédocle ne s'oppose pas tant à ces traditions qu'il les emploie pour construire sa propre pensée : il connaissait les discussions des cercles

---

68    Pour des interprétations récentes du rapport entre Parménide et Empédocle sur le fondement du vers 17.26, voir Trépanier 2004 p. 49, Nünlist 2005 p. 73.

rhapsodiques et ne les écarte pas simplement parce qu'il se serait trouvé dans une opposition radicale à la tradition poétique et à la réflexion qu'elle a suscitée durant des générations. Xénophane et Théagène partageaient des interrogations sur le sens des poèmes d'Homère et y répondaient de façon différenciée : ce que les savants ont tendu à reconstruire comme un débat sur la question de la représentation homérique du divin constitue plutôt différents modes de réception d'Homère au VI$^e$ siècle, qu'il ne faut pas trop rapidement concevoir comme une opposition radicale. Le fait même que la tradition indirecte indique que Xénophane a vécu de sa production poétique montre que sa position n'est pas réductible à un rejet pur et simple de la tradition antérieure. Il semble ainsi plus productif du point de vue de l'interprétation d'adopter une position où des poètes tels que Xénophane et Empédocle se servaient d'un matériau légué par la tradition, qui avait déjà fait l'objet d'une longue réflexion avant eux, et qui était encore l'objet de réflexions contemporaines : leur propre intérêt pour des questionnements sur la nature du monde et la constitution de la réalité, qui avaient émergé plus tard dans l'histoire de la pensée – avec les Milésiens –, trouvait un appui tout à fait solide sur les discussions qui avaient porté sur le sens de ces anciens poèmes. Ils y trouvaient des pratiques où enraciner leur propre pensée, les adaptant à leur visée argumentative. Ni Xénophane ni Empédocle n'ont composé une version alternative de l'*Iliade* en narrant les mêmes événements sans y faire intervenir de dieux anthropomorphes ou de merveilleux : ils ont plutôt employé des techniques et un fond intellectuel qui s'y trouvaient associés pour produire des réponses à leurs propres interrogations et à la situation de crise qu'ils reconstituaient, auxquels leurs poèmes tentent de répondre, de façon différenciée.

De fait, si le projet d'Empédocle s'était résumé à corriger Hésiode ou Homère, on comprendrait qu'il eût choisi de composer en prose, comme l'ont fait Anaximandre et Anaximène, et comme le fait encore Anaxagore, de façon contemporaine. Cette aporie implique que la distance que prend Empédocle par rapport aux anciens poètes ne peut pas s'analyser simplement de façon diachronique sur le fondement d'une remise en cause de leur façon de parvenir au vrai ou du contenu thématique en question.

Quoique les conceptions homériques (au sens large) du divin, du vivant et du monde soient rejetées dans le faux, Empédocle les emploie ainsi précisément pour souligner les déplacements qu'il leur fait subir. Les constructions des poètes et des philosophes antérieurs justifient, dans leur inexactitude même, le projet poétique d'Empédocle, plutôt qu'ils ne sont autant d'adversaires à ruiner pour prouver une thèse qui leur serait antagoniste. La force du projet de l'Agrigentin est ainsi de procéder à la réintégration des traditions intellectuelles sur le dépassement desquelles il s'appuie pour explorer sa thèse originale, tout en expliquant pourquoi ces traditions n'ont pu parvenir au vrai : le dispositif textuel les analyse, les réintègre et crée une théorie poétique qui refonde les conditions de la constitution du discours poétique dans sa véridicité même.

Le choix de la poésie révèle à cet égard qu'Empédocle fait un pas de plus que la prose : il réintègre la rupture représentée par celle-ci en montrant pourquoi le geste intellectuel qui la fondait n'allait pas encore assez loin, et ne permettait pas la réalisation de son propre projet. Il est à cet égard impropre de parler de *retour* à la poésie : il y a refondation de celle-ci. Le mètre n'est pas un habit d'emprunt revêtu par la pensée : le véhicule poétique constitue la condition de l'expression d'une pensée qui réintègre les oppositions qu'elle lit dans les traditions intellectuelles qui l'ont construite, en les refondant au sein d'un projet philosophique qui propose une réponse forte et originale aux questions qui définissent l'humain de la façon la plus fondamentale.

# ANNEXE 1

## Les fragments étudiés et leurs sources

### LE FRAGMENT B 1 D.-K.

SOURCE DU FRAGMENT 1 : DIOGÈNE LAËRCE VIII.60

ἦν δ' ὁ Παυσανίας, ὥς φησιν Ἀρίστιππος καὶ Σάτυρος, ἐρώμενος αὐτοῦ, ᾧ δὴ καὶ τὰ Περὶ φύσεως προσπεφώνηκεν οὕτως· [cit. B 1 D.-K.].

« Pausanias était son bien-aimé (comme l'affirment Aristippe et Satyros), auquel il adresse ainsi les vers du poème *Sur la Nature* : [cit. B 1 D.-K.]. »

TEXTE, APPARAT CRITIQUE ET TRADUCTION

1.1    Παυσανίη, σὺ δὲ κλῦθι δαΐφρονος Ἀγχίτου υἱέ.

Ἀγχίτου Mss : Ἀγχίτεω Karsten

« Mais toi, Pausanias, fils du sage Anchitos, écoute. »

### LE FRAGMENT B 2 D.-K.

SOURCES

*Sextus,* Aduersus Mathematicos, *VII.122-125*

[cit. B 2.1-8a, 2.8b-9 et 3 D.-K.]

ἄλλοι δὲ ἦσαν οἱ λέγοντες κατὰ τὸν Ἐμπεδοκλέα κριτήριον εἶναι τῆς ἀληθείας οὐ τὰς αἰσθήσεις ἀλλὰ τὸν ὀρθὸν λόγον, τοῦ δὲ ὀρθοῦ λόγου τὸν μέν τινα θεῖον ὑπάρχειν τὸν δὲ ἀνθρώπινον· ὧν τὸν μὲν θεῖον ἀνέξοιστον εἶναι, τὸν δὲ ἀνθρώπινον ἐξοιστόν. λέγει δὲ περὶ μὲν τοῦ μὴ ἐν ταῖς αἰσθήσεσι τὴν κρίσιν τἀληθοῦς ὑπάρχειν οὕτως· |cit. B 2.1-8a D.-K.|. περὶ δὲ τοῦ μὴ εἰς τὸ παντελὲς ἄληπτον εἶναι τὴν ἀλήθειαν, ἀλλ' ἐφ' ὅσον ἱκνεῖται ὁ ἀνθρώπινος λόγος ληπτὴν ὑπάρχειν, διασαφεῖ τοῖς προκειμένοις ἐπιφέρων |cit. B 2.8b-9 D.-K.|. καὶ διὰ τῶν ἑξῆς ἐπιπλήξας τοῖς πλέον ἐπαγγελλομένοις γιγνώσκειν παρίστησιν, ὅτι τὸ δι' ἑκάστης αἰσθήσεως λαμβανόμενον πιστόν ἐστι, τοῦ λόγου τούτων ἐπιστατοῦντος, καίπερ πρότερον καταδραμὼν τῆς ἀπ' αὐτῶν πίστεως. φησὶ γὰρ |cit. B 3 D.-K.|· Τοιαῦτα μὲν καὶ ὁ Ἐμπεδοκλῆς.

« D'autres affirmaient que, selon Empédocle, le critère de la vérité n'était pas les sensations, mais la droite raison ; que de cette droite raison une espèce était divine et une autre était humaine ; que parmi elles, celle qui est divine est ineffable, tandis que celle qui est humaine peut être proférée. Et au sujet du fait que le jugement du vrai ne se trouve pas dans les sensations, Empédocle s'exprime ainsi : |cit. B 2.1-8a D.-K.|.

Au sujet toutefois du fait que la vérité n'est pas complètement insaisissable mais qu'elle est saisissable dans la proportion où le discours humain peut atteindre, il le rend clair en ajoutant aux vers précédents : |cit. B 2.8b-9 D.-K.|.

Et, après s'être attaqué dans les vers suivants à ceux qui promettent connaître davantage, il établit que ce qui est saisi par chaque sensation est digne de foi si la raison exerce sur elles un contrôle, même s'il avait auparavant sapé la certitude qui en provenait. Il dit en effet : |cit. B 3 D.-K.|. Voilà pour Empédocle. »

*Proclus,* Commentaire au Timée, *2.116.18-29*

[cit. B 2.2 D.-K. et cit. libre de B 115.13]

ἐπειδὴ δὲ καὶ αἴσθησιν ἔχομεν καὶ τὰ αἰσθητὰ πρὸ ὀμμάτων ἐστὶν ἡμῶν, εἰκῇ τε ζῶμεν καὶ κατὰ τὸ προστυχὸν καί, ὅ φασι, κάτω κάρα ποιούμεθα τὴν τῶν ὄντων κρίσιν. ὃ καὶ Ἐμπεδοκλῆς ἡμῶν κατοδυρόμενος ἔφη· |cit. B 2.2 D.-K.|. πολλὰ γὰρ ἐμπίπτοντα τοῖς ὄντως ἡμῖν δειλοῖς, ὡς "φυγάσι θεόθεν" γενομένοις, ἀμβλύνει τὴν τῶν ὄντων θεωρίαν. ἐπειδὴ δέ, ὥσπερ καὶ οὗτος ὁ φιλόσοφος εἶπεν, ἔξωθεν ἐφῆκεν ἡμῖν τοῦτο τὸ προστυχὸν καὶ τὸ εἰκαῖον, διὰ τοῦτο καὶ ὁ Πλάτων μετέχειν ἡμᾶς αὐτῶν εἶπεν, ἀλλ᾽ οὐκ ἀπὸ τῆς οὐσίας ἡμῶν ἀνεγείρεσθαι ταῦτα.

« Mais puisque nous avons la sensation et que les objets sensibles sont devant nos yeux, nous vivons et à l'aventure et selon ce qu'on rencontre par hasard, et comme on dit, c'est "tête en bas" que nous portons un jugement sur ce qui est. Ce qu'Empédocle lui aussi a exprimé en se lamentant sur notre sort : [cit. B 2.2 D.-K.]. Beaucoup de choses en effet, fondant sur les êtres misérables que réellement nous sommes, en tant que nous sommes devenus "exilés loin du dieu", émoussent notre contemplation de ce qui est. Mais puisque, comme ce philosophe l'a affirmé aussi, la divinité a lâché sur nous du dehors ce qu'on rencontre au hasard et à l'aventure, pour cette raison Platon a dit que nous en participions et non pas que ces misères surgissaient de notre essence. »

*Plutarque,* De Iside et Osiride *360C*

[cit. B 2.4 D.-K.]

ἀλλ᾽ ὄνομα καὶ μνήμην βασιλέων ἀγαθῶν ἔχουσιν. "εἰ δέ τινες ἐξαρθέντες ὑπὸ μεγαλαυχίας" ὥς φησιν ὁ Πλάτων [cit. Pl. *Leg.* 716a] "ἅμα νεότητι καὶ ἀνοίᾳ φλεγόμενοι τὴν ψυχὴν μεθ᾽ ὕβρεως" ἐδέξαντο θεῶν ἐπωνυμίας καὶ ναῶν ἱδρύσεις, βραχὺν ἤνθησεν ἡ δόξα χρόνον, εἶτα κενότητα καὶ ἀλαζονείαν μετ᾽ ἀσεβείας καὶ παρανομίας προσοφλόντες [cit. B 2.4 D.-K.] "ὠκύμοροι καπνοῖο δίκην ἀρθέντες ἀπέπταν" καὶ νῦν ὥσπερ ἀγώγιμοι δραπέται τῶν ἱερῶν καὶ τῶν βωμῶν ἀποσπασθέντες οὐδὲν ἀλλ᾽ ἢ τὰ μνήματα καὶ τοὺς τάφους ἔχουσιν.

« Ils ont pourtant le nom et la réputation de bons rois. "Si certains, emportés par l'arrogance", [cit. Pl. *Leg.* 716a] comme le dit Platon, "l'âme consumée par la démesure du fait en même temps de leur jeunesse et de leur sottise", ont accepté la dénomination de dieux et qu'on leur bâtît des temples, une telle réputation n'a fleuri qu'un temps : ensuite, encourant accusations d'inanité et de charlatanisme ainsi que d'impiété et d'atteinte à la loi, [cit. B 2.4 D.-K.] "eux, dont la fin est prompte, emportés en l'air à la façon d'une fumée, ils s'envolèrent" et à présent, tels des esclaves fugitifs qu'on peut arrêter partout, ils ont été arrachés des temples et des autels et ne possèdent rien d'autres que leurs stèles et leurs tombes. »

*Diogène Laërce IX.73*

[cit. B 2.7-8a et B 2.5 D.-K.]

Οὐ μὴν ἀλλὰ καὶ Ξενοφάνης καὶ Ζήνων ὁ Ἐλεάτης καὶ Δημόκριτος κατ᾽ αὐτοὺς σκεπτικοὶ τυγχάνουσιν· ἐν οἷς Ξενοφάνης μέν φησι |cit. 21 B 34 D.-K.|· "καὶ τὸ μὲν οὖν σαφὲς οὖτις ἀνὴρ ἴδεν οὐδέ τις ἔσται / εἰδώς". Ζήνων δὲ τὴν κίνησιν ἀναιρεῖ λέγων, |cit. 29 B 4 D.-K.| "τὸ κινούμενον οὔτ᾽ ἐν ᾧ ἐστι τόπῳ κινεῖται οὔτ᾽ ἐν ᾧ μὴ ἔστι"· Δημόκριτος δὲ τὰς ποιότητας ἐκβάλλων, ἵνα φησί, |cit. 68 B 117 et 125 D.-K.| "νόμῳ θερμόν, νόμῳ ψυχρόν, ἐτεῇ δὲ ἄτομα καὶ κενόν"· καὶ πάλιν, "ἐτεῇ δὲ οὐδὲν ἴδμεν· ἐν βυθῷ γὰρ ἡ ἀλήθεια." καὶ Πλάτωνα τὸ μὲν ἀληθὲς θεοῖς τε καὶ θεῶν παισὶν ἐκχωρεῖν, τὸν δ᾽ εἰκότα λόγον ζητεῖν. καὶ Εὐριπίδην λέγειν |cit. Eu.fr.638 Nauck|· "τίς δ᾽ οἶδεν εἰ τὸ ζῆν μέν ἐστι κατθανεῖν, / τὸ κατθανεῖν δὲ ζῆν νομίζεται βροτοῖς ;" ἀλλὰ καὶ Ἐμπεδοκλέα |cit. B. 2.7-8a D.-K.|· "οὕτως οὔτ᾽ ἐπιδερκτὰ τάδ᾽ ἀνδράσιν οὔτ᾽ ἐπακουστὰ / οὔτε νόῳ περιληπτά." καὶ ἐπάνω |cit. B 2.5 D.-K.|, "αὐτὸ μόνον πεισθέντες ὅτῳ προσέκυρσεν ἕκαστος."

« Cependant, Xénophane, Zénon d'Elée et Démocrite, se trouvent aussi selon eux être des Sceptiques. Dans ces vers Xénophane dit : |cit. 21 B 34 D.-K.| "la <vérité> claire, aucun homme ne l'a connue ni ne pourra la connaître." Et Zénon suspend le mouvement quand il dit : |cit. 29 B 4 D.-K.| "Ce qui se meut ne se meut ni dans le lieu où il est, ni dans celui où il n'est pas". Démocrite rejette les qualités sensibles là où il dit : |cit. 68 B 117 et 125 D.-K.| "convention que le froid, convention que le chaud ; en réalité, les atomes et le vide" ; et de nouveau : "En réalité nous ne savons rien. La vérité est dans le puits". Et Platon, selon eux, abandonne le vrai aux dieux et aux enfants des dieux, et cherche le discours vraisemblable ; Euripide également dit : |cit. Eu.fr.638 Nauck| "Qui sait si vivre n'est pas être mort, et être mort, ce que les mortels croient être vivre ?". Mais aussi Empédocle : |cit. B. 2.7-8a D.-K.|. Et, plus haut : |cit. B 2.5 D.-K.|. »

*Plutarque,* De audiendis poetis 2 *(17D 8-17F 5)*

[cit. B 2.7-8a D.-K.]

πρὸς ταῦτα δὴ πάλιν παρασκευάζωμεν εὐθὺς ἐξ ἀρχῆς ἔχειν ἔναυλον ὅτι ποιητικῇ μὲν οὐ πάνυ μέλον ἐστὶ τῆς ἀληθείας, ἡ δὲ περὶ ταῦτ' ἀλήθεια καὶ τοῖς μηδὲν ἄλλο πεποιημένοις ἔργον ἢ γνῶσιν καὶ μάθησιν τοῦ ὄντος εὖ μάλα δυσθήρατός ἐστι καὶ δύσληπτος, ὡς ὁμολογοῦσιν αὐτοί. καὶ τὰ Ἐμπεδοκλέους ἔστω πρόχειρα ταυτί· |cit. B 2.7-8a D.-K.| "οὕτως οὔτ' ἐπιδερκτὰ τάδ' ἀνδράσιν οὔτ' ἐπακουστά, / οὔτε νόῳ περιληπτά". καὶ τὰ Ξενοφάνους· |cit. 21 B 34 D.-K.| "καὶ τὸ μὲν οὖν σαφὲς οὔτις ἀνὴρ γένετ' οὐδέ τις / ἔσται εἰδὼς ἀμφὶ θεῶν τε καὶ ἄσσα λέγω περὶ πάντων". καὶ νὴ Δία τὰ Σωκράτους ἐξομνυμένου παρὰ Πλάτωνι τὴν περὶ τούτων γνῶσιν.

« En face de ces vers, préparons-nous à nouveau à faire résonner aux oreilles dès le début que la poésie ne se soucie pas du tout de la vérité mais que la vérité en ces sujets, même pour ceux qui ne se sont donnés aucune autre tâche que de connaître et comprendre ce qui est, est très difficile à chasser et à capturer, de leur propre aveu. Et gardons près de nous ces vers d'Empédocle : |cit. B 2.7-8a D.-K.|. Ainsi que ceux de Xénophane : |cit. 21 B 34 D.-K.|. Et par Zeus ceux de Socrate qui jurait chez Platon n'avoir aucune connaissance en ces sujets. »

TEXTE, APPARAT CRITIQUE ET TRADUCTION

2.1    στεινωποὶ μὲν γὰρ παλάμαι κατὰ γυῖα κέχυνται·
2.2    πολλὰ δὲ δείλ' ἔμπαια, τά τ' ἀμβλύνουσι μέριμνας.
2.3    Παῦρον δὲ ζωῆσι βίου μέρος ἀθρήσαντες
2.4    ὠκύμοροι καπνοῖο δίκην ἀρθέντες ἀπέπταν
2.5    αὐτὸ μόνον πεισθέντες, ὅτῳ προσέκυρσεν ἕκαστος
2.6    πάντοσ' ἐλαυνόμενοι, τὸ δ' ὅλον ... εὔχεται εὑρεῖν.
2.7    οὕτως οὔτ' ἐπιδερκτὰ τάδ' ἀνδράσιν οὔτ' ἐπακουστά
2.8    οὔτε νόῳ περιληπτά. Σὺ δ' οὖν, ἐπεὶ ὧδ' ἐλιάσθης,
2.9    πεύσεαι· οὐ πλεῖόν γε βροτείη μῆτις ὄρωρεν.

1. κέχυνται Sextus : τέτανται vol. Herc. ‖ 2. δείλ' ἔμπαια Emperius : δειλεμπεα Sextus : δείλ' ἔπεα P (Proclus) : δεῖρ' ἔπεα Q (Proclus) : δείν' ἔπεα Etienne ‖ 3. δὲ ζωῆσι βίου Mss : δ' ἐν ζωῆσι βίου Wilamowitz : δ' ἐν ζώοισι βίου Gataker : δὲ ζωῆς ἀβίου Scaliger : δὲ ζωῆς ἰδίου Diels ‖

ἀθρήσαντες Scaliger : ἀθρήσαντος LEABR (Sextus) : ἀθροίσαντος NV (Sextus) : ἀθροίσαντες Bollack ‖ 6. τὸ δὲ ὅλον... εὔχεται Mss : τὸ δὲ οὖλον... εὔχεται Vítek (*loc. desp.*) : τὸ δὲ οὖλον ἐπεύχεται Sturz : τὸ δὲ οὖλον <πᾶς> εὔχεται Bergk : τὰ δ᾽ ὄλ᾽ <οὐδεὶς> εὔχεται Bollack : τὸ δ᾽ὅλον <μάψ> εὔχεται Stein ‖ 7. · οὕτως Mss : αὕτως· Sturz ‖ οὔτ᾽ ἐπιδερκτά Sextus, Plutarque : ἐπεὶ τὰ δ᾽ ἐρκτά BP (Diogène Laërce) : ἐπεὶ τὰδ᾽ ἀρκτά F (Diogène Laërce) ‖ 8. δ᾽ *add.* Bergk ‖ ὧδ᾽ ἐλιάσθης Mss : ὧδε λιασθῇς Gallavotti ‖ 9. πεύσεαι Mss (*praeter* N Sextus) : παύσεαι N (Sextus) ‖ οὐ πλεῖον γέ Mss : οὐ πλέον ἠὲ Stein (οὐ πλέον᾽ ἠὲ Karsten) : οὐ πλεῖόν γε Gallavotti

« Car resserrées sont les paumes répandues sur les membres, et nombreuses les misères qui s'abattent, qui émoussent les pensées. Et ayant observé que la part de vie attribuée à leurs existences était brève, eux, dont la fin est prompte, emportés en l'air à la façon d'une fumée, ils s'envolent, convaincus de cela seulement que chacun se trouva rencontrer, alors qu'ils étaient emportés de tout côté – et cela, il se vante (...) d'avoir découvert que c'était le tout. Dans ces conditions, cela, les hommes ne peuvent ni le percevoir, ni l'entendre, ni l'embrasser par l'esprit. Mais toi, puisque tu t'es retiré ici, tu sauras : jamais pensée humaine ne s'est élevée plus haut. »

## LE FRAGMENT B 3 D.-K.

### SOURCES

*Sextus,* Aduersus Mathematicos, *VII.122-125*

   Cf. Annexe 1, p. 745-746.

*Clément d'Alexandrie,* Stromates *V.9.59.3*

[cit. B 3.6-7 D.-K.]

   Ναὶ μὴν καὶ ἡ Πυθαγόρου συνουσία καὶ ἡ πρὸς τοὺς ὁμιλητὰς διττὴ κοινωνία, ἀκουσματικοὺς τοὺς πολλοὺς καί τινας μαθηματικοὺς ἑτέρους καλοῦσα, τοὺς γνησίως ἀνθαπτομένους τῆς φιλοσοφίας, |cit. Hom. λ.443|

"ἀλλὰ τὸ μὲν φάσθαι, τὸ δὲ <καὶ> κεκρυμμένον εἶναι" πρὸς τοὺς πολλοὺς ἠνίσσετο. ἴσως δὲ καὶ τὸ διττὸν ἐκεῖνο εἶδος τῶν ἐκ τοῦ Περιπάτου, τὸ ἐν τοῖς λόγοις ἔνδοξόν τε καὶ ἐπιστημονικὸν καλούμενον, οὐκ ἀπήλλακται <τοῦ> διαιρεῖν δόξαν ἀπό τε εὐκλείας καὶ ἀληθείας. |cit. B 3.6-7 D.-K.|.

« La société pythagoricienne et ses deux dispositions envers les disciples, nommant la plupart *auditeurs* et un petit groupe, distinct, *étudiants*, qui étaient ceux authentiquement engagés dans la philosophie, indiquait de façon codée, eu égard au plus grand nombre que |cit. λ.443| "une partie était formulée et l'autre était dissimulée". Il est possible que ces deux genres issus des Péripatéticiens aussi, nommés en logique ce qui est *admis* et ce qui est *objet de science*, n'échappent pas à une distinction de l'opinion d'avec la gloire et la vérité. |cit. B 3.6-7 D.-K.|. »

*Proclus,* Commentaire au Timée, *I.351.10*

[cit. B 3.8 D.-K.]

Πλάτων μὲν οὖν τοσαύτῃ χρῆται ἐν τοῖς λόγοις ἀσφαλείᾳ· οἱ δὲ ἄλλοι οὐχ οὕτως· ἀλλ' Ἡράκλειτος μὲν ἑαυτὸν πάντα εἰδέναι λέγων πάντας τοὺς ἄλλους ἀνεπιστήμονας ποιεῖ, Ἐμπεδοκλῆς δὲ αὐτὴν ἐπαγγέλλεται παραδώσειν τὴν ἀλήθειαν· |cit. B 3.8 D.-K.| "καὶ τάδε τοι σοφίης ἐπ' ἄκροισι θοάζει"· ταῦτα γὰρ οὐ κατὰ τὴν φιλόσοφον εὐλάβειαν.

« Platon use d'une extrême prudence dans ses discours. Mais il n'en est pas ainsi chez les autres. Tandis qu'Héraclite, lorsqu'il affirme savoir toutes choses, fait de tous les autres des ignorants, Empédocle, lui, annonce qu'il livrera la vérité elle-même : |cit. B 3.8 D.-K.| "et cela, oui, trône sur les cimes de la sagesse". De telles paroles ne conviennent pas à la discrétion philosophique. »

*Plutarque,* De amicorum multitudine *1 (93 B)*

[cit. B 3.8 D.-K.]

Μένωνα τὸν Θετταλὸν οἰόμενον ἐν λόγοις ἱκανῶς γεγυμνάσθαι καὶ τοῦτο δὴ τὸ ὑπὸ τοῦ Ἐμπεδοκλέους λεγόμενον "σοφίας ἐπ' ἄκροισι θαμίζειν", ἠρώτησεν ὁ Σωκράτης τί ἀρετή ἐστιν.

« À Ménon le Thessalien, qui jugeait s'être suffisamment exercé aux discussions et, selon l'expression même d'Empédocle, "fréquenter les cimes de la sagesse", Socrate demanda ce qu'était la vertu. »

TEXTE, APPARAT CRITIQUE ET TRADUCTION

3.1    ἀλλὰ θεοὶ τῶν μὲν μανίην ἀποτρέψατε γλώσσης,
3.2    ἐκ δ᾽ ὁσίων στομάτων καθαρὴν ὀχετεύσατε πηγήν
3.3    καὶ σέ, πολυμνήστη λευκώλενε παρθένε Μοῦσα,
3.4    ἄντομαι, ὧν θέμις ἐστὶν ἐφημερίοισιν ἀκούειν,
3.5    πέμπε παρ᾽ Εὐσεβίης ἐλάουσ᾽ εὐήνιον ἅρμα.
3.6    μηδέ σέ γ᾽ εὐδόξοιο βιήσεται ἄνθεα τιμῆς
3.7    πρὸς θνητῶν ἀνελέσθαι, ἐφ᾽ ᾧ θ᾽ ὁσίης πλέον εἰπεῖν
3.8    θάρσεϊ· καὶ τότε δὴ σοφίης ἐπ᾽ ἄκροισι θοάζει.
3.9    ἀλλὰ γὰρ ἄθρει πᾶς παλάμη πῇ δῆλον ἕκαστον,
3.10   μήτε τιν᾽ ὄψιν ἔχων πίστει πλέον ἢ κατ᾽ ἀκουήν
3.11   ἢ ἀκοὴν ἐρίδουπον ὑπὲρ τρανώματα γλώσσης,
3.12   μήτε τι τῶν ἄλλων, ὁπόση πόρος ἐστὶ νοῆσαι,
3.13   γυίων πίστιν ἔρυκε, νόει θ᾽ ᾗ δῆλον ἕκαστον

1. ἀποτρέψατε Scaliger : ἀπετρέψατε Mss ‖ 2. ὀχετεύσατε Estienne : ὠχεύσατε N : ἐχεύσατε E : ὀχεύσατε Lς ‖ 4. ἐφημερίοισιν Estienne : ἐφημέριοισιν N : ἐφημέροισιν LEς ‖ 5. *post* ἅρμα *lacunam indicauit Karsten* ‖ 6. μηδὲ σέ γ᾽ εὐδόξοιο βιήσεται Mss : μηδὲ σύ γ᾽ εὐδόξοιο βιήσεαι Bergk : μηδὲ μέ γ᾽ εὐδόξοιο βιήσεται Stein ‖ 7. ἐφ᾽ ᾧ θ᾽ ὁσίης Clément : ἐφωθοείης Sextus ‖ *post* εἰπεῖν *lacunam indicauit Karsten* ‖ 8. θάρσεϊ *non habet Proclus* ‖ καὶ τότε δὴ Sextus : καὶ τάδε τοι Proclus ‖ θοάζει Sextus, Proclus : θαμίζειν Plutarque (*praeter* C¹) : θαυμάζειν C¹ (Plutarque) : θοάζειν Hermann : θοάσσεις Karsten : θοάζε Mullach : θοάζῃ<ς> Gallavotti ‖ *post* θοάσσεις *lacunam indicauit Karsten* ‖ 9. ἀλλὰ γὰρ ἄθρει πᾶς παλάμη Mss : ἀλλ᾽ ἄγ᾽ ἄθρει πάσῃ παλάμῃ Bergk : ἀλλ᾽ ἄγε, ἄθρει παμπαλάμῃ Karsten ‖ 10. τιν᾽ Mss : τι R *secundum* D.-K. ‖ ὄψιν ἔχων πίστει Mss : ὄψιν ἔχων πιστὴν Bergk : ὄψει ἔχων πίστιν Gomperz : ὄψιν ἔχων πιστοῦ Panzerbieter ‖ 12. ὁπόση Mss : ὅππῃ Karsten : ὁπόσων Stein ‖ *post* νοῆσαι *interpunxerunt Stephanus et al.* ‖ 13. θ᾽ Mss : δ᾽ Karsten

« Mais, dieux, tandis que vous détournez leur folie de ma langue, de bouches pieuses faites dériver un flot pur. Et toi, Muse très courtisée, vierge aux bras blancs, je t'en prie : envoie ce qu'il est permis aux créatures d'un jour d'entendre, en conduisant depuis Piété le char docile aux rênes. Mais que celui-ci (*sc.* le char) ne te contraigne pas, de force, à cueillir auprès des mortels les fleurs d'un honneur plein de gloire, pour le prix duquel on dit plus que piété, par audace – et à ce moment, oui, celle-ci (*sc.* la piété) trône sur les cimes de la sagesse.

Mais de fait, observe, tout entier, par ta paume, par où chaque chose devient manifeste, sans accepter en ta confiance une perception visuelle plus que ce qui provient de l'ouïe, ni l'ouïe résonnante au-dessus de ce que la langue rend clair, et n'écarte la confiance d'aucun des autres membres par où il y a chemin pour connaître, et connais par où chaque chose devient manifeste. »

## LE FRAGMENT B 4 D.-K.

### SOURCES

*Clément,* Stromates, *V.3.18.3-4*

[cit. B 4 D.-K.]

ἐνέχυρον γὰρ τῆς ἀληθείας τὴν ἀπόδειξιν ἀπαιτοῦσιν οἱ πολλοὶ οὐκ ἀρκούμενοι ψιλῇ τῇ ἐκ πίστεως σωτηρίᾳ [cit. B 4 D.-K.]. τοῖς μὲν γὰρ κακοῖς τοῦτο σύνηθες, φησὶν ὁ Ἐμπεδοκλῆς, τὸ ἐθέλειν κρατεῖν τῶν ἀληθῶν διὰ τοῦ ἀπιστεῖν.

« Car le grand nombre demande comme gage la démonstration de la vérité sans se satisfaire de la simple certitude qui provient de la foi : [cit. B 4 D.-K.]. Pour les gens vils en effet, il est habituel, dit Empédocle, de désirer commander à ce qui est vrai par le refus d'accorder leur confiance. »

*Théodoret,* Thérapeutique des maladies hélléniques, *1.70.2*

[cit. B 4.1-2 D.-K.]

ἀλλὰ γὰρ ἀτεχνῶς οἶμαι ἁρμόττει τοῖς ὁμοίως ὑμῖν ἀντιλέγουσιν, ἅπερ Ἡράκλειτος ὁ Ἐφέσιος εἴρηκεν [cit. **Héraclite 22 B 34 D.-K.**]· "Ἀξύνετοι ἀκούσαντες κωφοῖς ἐοίκασι· φάτις αὐτοῖσι μαρτυρεῖ, παρεόντας ἀπεῖναι". Ξυμφονεῖ δὲ τῷ Ἐφεσίῳ καὶ ὁ Ἀκραγαντῖνος Ἐμπεδοκλῆς, λέγων ὧδε· [cit. **B 4.1-2 D.-K.**]. τῆς τῶν κακῶν ἄρα μερίδος, κατὰ τὸν Ἀκραγαντῖνον, οἱ ἄπιστοι. ἀξύνετοι δὲ οἱ αὐτοὶ καὶ ἐοικότες κωφοῖς κατὰ τὸν Ἡράκλειτον.

« Mais j'estime que cela s'applique fort bien aux contradicteurs de votre espèce, ce qu'Héraclite d'Éphèse a dit [cit. **Héraclite 22 B 34 D.-K.**] : "Les obtus ! Quand ils écoutent, on dirait des sourds : c'est d'eux que témoigne l'expression 'présents ils s'absentent'". Empédocle d'Agrigente, également, est d'accord avec Héraclite d'Éphèse, quand il s'exprime ainsi : [cit B **4.1-2 D.-K.**]. Donc ceux qui ne croient pas font partie des viles gens, selon l'Agrigentin ; et les mêmes sont obtus et semblables à des sourds selon Héraclite. »

TEXTE, APPARAT CRITIQUE ET TRADUCTION

4.1 ἀλλὰ κακοῖς μὲν κάρτα πέλει κρατέουσιν ἀπιστεῖν·
4.2 ὡς δὲ παρ' ἡμετέρης κέλεται πιστώματα Μούσης,
4.3 γνῶθι διατμηθέντος ἐνὶ σπλάγχνοισι λόγοιο.

1. πέλει Clément, Théodoret : μέλει Herwerden ‖ 2. ὡς δὲ παρ' Clément : ὧδε γὰρ Théodoret (*praeter* MS) : ὧδε MS (Théodoret) ‖ κέλεται Clément, KBLM (Théodoret) : πέλεται V (Théodoret) : καλεῖται S (Théodoret) ‖ πιστώματα Clément, Théodoret (*praeter* S) : πιστότατα S (Théodoret, *in ras.* ὁ *ex* ω) ‖ 3. διατμηθέντος Clément : διασσηθέντος Diels : διαθμισθέντος Wilamowitz

« Mais le propre des gens vils est avant tout de refuser d'accorder leur confiance à ce qui domine ; en revanche, comme pressent les preuves de confiance reçues de notre Muse, connais, alors que le propos a été tranché dans tes entrailles. »

## LE FRAGMENT B 17 D.-K. (17.1-13 ; 17.34-35
## + ENSEMBLE a)

Toutes les citations du fragment B 17.1-13 omettent le vers généralement restitué comme le vers 17.9, dont j'ai contesté la pertinence. À des fins de commodité, je ne modifie pas la numérotation des vers qui suivent dans ma reconstruction (à partir de 17.10 dans la reconstruction de D.-K.).

SOURCES DU FRAGMENT 17 ÉTUDIÉES

Pour la liste exhaustive des sources, *cf.* Vítek 2006 p. 316.

*Simplicius,* Commentaire à la Physique, *158*

[cit. B 17 D.-K.]
Voir annexe 2, p. 811-813.

*Simplicius,* Commentaire à la Physique, *161.16*

[cit. B 17.1-2 = 17.16-17 D.-K.]
Voir annexe 2, p. 811-813.

*Simplicius,* Commentaire à la Physique, *1318.22-28*

[cit. B 17.7-8 D.-K.]
Voir annexe 2, p. 816.

*Simplicius,* Commentaire au De caelo, *528-529*

[cit. B 17.7-8 D.-K.]
Voir annexe 2, p. 817-818.

*Simplicius,* Commentaire au De caelo, *140*

[cit. B 17.7-13 D.-K.]
Voir annexe 2, p. 816.

*Simplicius,* Commentaire au De caelo, *293-294*

[cit. B 17.7-13 D.-K.]
Voir annexe 2, p. 817.

*Diogène Laërce VIII.76*

[cit. B 17.6 et 7-8 D.-K.]

"Καὶ ταῦτα", φησίν |cit. B 17.6 D.-K.|, "ἀλλάττοντα διαμπερὲς οὐδαμὰ λήγει", ὡς ἂν ἀιδίου τῆς τοιαύτης διακοσμήσεως οὔσης· ἐπιφέρει γοῦν· |cit. B 17.7-8 D.-K.|.

« "Et ceux-ci, dit-il |cit. B 17.6 D.-K.|, ne cessent jamais d'échanger continûment", dans l'idée qu'une telle organisation serait éternelle. Il ajoute en effet : |cit. B 17.7-8 D.-K.|. »

TEXTE, APPARAT CRITIQUE ET TRADUCTION

*Fragment 17.1-13*

17.1   δίπλ' ἐρέω· τοτὲ μὲν γὰρ ἓν ηὐξήθη μόνον εἶναι
17.2   ἐκ πλεόνων, τοτὲ δ' αὖ διέφυ πλέον' ἐξ ἑνὸς εἶναι.
17.3   δοιὴ δὲ θνητῶν γένεσις, δοιὴ δ' ἀπόλειψις·
17.4   τὴν μὲν γὰρ πάντων σύνοδος τίκτει τ' ὀλέκει τε,
17.5   ἡ δὲ πάλιν διαφυομένων †δρυφθεῖσα δρέπτη†.
17.6   καὶ ταῦτ' ἀλλάσσοντα διαμπερὲς οὐδαμὰ λήγει,
17.7   ἄλλοτε μὲν Φιλότητι συνερχόμεν' εἰς ἓν ἅπαντα,
17.8   ἄλλοτε δ' αὖ δίχ' ἕκαστα φορεύμενα Νείκεος ἔχθει.
17.10  ἦ δὲ πάλιν διαφύντος ἑνὸς πλέον' ἐκτελέθουσι
17.11  τῇ μὲν γίγνονταί τε καὶ οὔ σφισιν ἔμπεδος αἰών·
17.12  ἦ δὲ διαλλάσσοντα διαμπερὲς οὐδαμὰ λήγει,
17.13  ταύτῃ δ' αἰὲν ἔασιν ἀκίνητοι κατὰ κύκλον.

4. ὀλέκει Mss : αὔξει Karsten ‖ 5. δρυφθεῖσα δρεπτή E (Simplicius) : θρυφθεῖσα δρεπτή DF (Simplicius) : δρυφθεῖσ' ἀποδρύπτει Bollack : θρεφθεῖσα διέπτη Panzerbieter ‖ Post 8 *plerique* add. v. 26.8 ‖ 10 ἦ δέ ADEb (Simpl. *In. DC.* 293) : ἢ δέ aF (Simpl. *In Ph.* 158), BDE (Simpl.

*In. DC.* 141) : ἦδε A (Simpl. *In. DC.* 141) : ἡ δέ E (Simpl. *In Ph.* 158) :
ἠδέ *corr.* (*ex* AD Simpl. *In Ph.* 33, B 26.9 D.-K.)

« Je vais tenir un propos double : tantôt l'Un croît pour être seul, à
partir de plusieurs ; tantôt en retour il se sépare pour être plusieurs à
partir d'Un. Double est la naissance des choses mortelles, et double leur
disparition. Tandis que l'une, la rencontre de toutes choses l'enfante et la
perd, l'autre, quand elles se disjoignent en retour, elle moissonne, brisée
en morceaux. Et ceux-ci ne cessent jamais d'échanger continûment, tantôt
réunis par l'Amour, tous, en l'Un, tantôt en retour séparés, chacun, par
la haine de Discorde. Mais comme, lorsque l'Un se disjoint en retour,
ils en croissent pour être multiples, ainsi ils deviennent et leur vie n'est
pas continuelle – et comme ils ne cessent jamais d'échanger entre eux
continûment, ainsi toujours ils sont, immobiles dans le cycle. »

*Fragment 17.34-35 et ensemble a*

| | | |
|---|---|---|
| 17.34 = | aI.4 | ἀλλ' αὐτ'(α) ἔστιν ταῦτα, δι' ἀλλήλων δὲ θέοντα |
| 17.35 = | aI.5 | γίγνεται ἄλλοτε ἄλλα καὶ ἠνεκὲς αἰὲν ὁμοῖα. |
| | aI.6 | ]μεθ' εἰς ἕνα κόσμον |
| | aI.7 | ]ον' ἐξ ἑνὸς εἶναι |
| | aI.8 | ⌊ἐξ ὧν πάνθ' ὅσα τ' ἦν ὅσα τ' ἔσθ' ὅⱼσα τ' ἔσται ὀπίσσω, |
| | aI.9 | ⌊δένδρεά τ' ἐβλάστησε καὶ ἀνέρες⌋ ἠδὲ γυναῖκες, |
| | aII.1 | ⌊θⱼῆρές τ' οἰωνοί ⌊τε καὶⱼ ὑδατοθρ⌊έμμονες ἰχθῦς⌋ |
| | aII.2 | ⌊κⱼαί τε θεοὶ δολιχα⌊ίωνⱼες τιμῆισ[ |
| | aII.3 | ]ν τῆι δ' ἀίσσοντα[          ]ερὲς οὐδα[ |
| | aII.4 | [π]υκνῆισιν δίνηισ[ι          ] τ [ |
| | aII.5 | [ν]ωλεμές, οὐδὲ πο[ |
| | aII.6 | ]οὶ δ' αἰῶνες πρότερ[ |
| | aII.7 | ]τούτων μεταβῆναⱼ[ι |
| | aII.8 | [πά]ντη δ' ἀίσσογ[τ]ạ διαμ[ |
| | aII.9 | [οὔ]τε γὰρ ἠέλιος τ[].ν.[ |
| | aII.10 | ]μὴ τῆιδε γ.μ..[ |
| | aII.11 | [οὔ]τε τι τῶν ἄλλωγ[ |
| | aII.12 | [ἀ]λ]ạ̀ μεταλλάσσογ[].. κύκλωι̣[ |
| | aII.13 | ]τε μὲν γὰρ γαι.[].τη θέει ἠέλ[ |

aII.14    ]τόσην δὴ κα[ί ν]υν ἐπ' ἀνδράσι τ[
aII.15    ]υτως τάδ[ε π]άντα δι' ἀλλήλων [
aII.16    ]υς τ(ε) ἄλλ[]ν. τόπους πλαγ[
aII.17    ]μεσάτους τ[]ρχομεθ' ἐν μ[
aII.18    ]. δὴ Νεῖκος []περβατα βέν[θεα
aII.19    ]ς, ἐν δὲ μέσ[ηι] Φ[ιλ]ότης στροφά[λιγγι
aII.20    ἐν [τῆι] δὴ τάδε πάγτα συνέρχεται ἐν[
aII.21    ]δε δ' ὅπως μὴ μοῦνον ἀν' οὔατα[
aII.22    ]μευ ἀμφὶς ἐόντα κλύων [ν]ημέρτ[εα
aII.23    ]ξω σοι καὶ ἀν' ὄσσ(ε) ἵνα μείζονι σώμ[ατι
aII.24    [π]ρῶτον μὲν ξύνοδόν τε διάπτυξιν τ[
aII.25    ὅς[σ]α τε νῦν ἔτι λοιπὰ πέλει τούτοιο τ[
aII.26    τοῦτο μὲν[ ]θηρῶν ὀριπλάγκτων ἀγ[
aII.27    τοῦτο δ' ἀν' ἀ[ ]πων δίδυμον φύμα[
aII.28    ῥιζοφόρων γέννημα καὶ ἀμπελοβάμ[
aII.29    ἐκ τῶν ἀψευδῆ κόμισαι φρενὶ δείγματα μ[
aII.30    ὄψει γὰρ ξύνοδόν τε διάπτυξίν τε γενέθλη_ι ς_ʲ

17.34. δέ Simplicius : γε P. Strasb. ‖ aI.6 ]μεθ' *prima manus* (P. Strasb.) :
]μεν' *secunda manus* (P. Strasb.) ‖ aI.8-aII.2 *ex* Arist. (*Met.* 1000a 24-31)
*restituti sunt* ‖ aII.17 μεσάτους *secunda manus* (P. Strasb.) : μετὰ τούς
*prima manus* (P. Strasb.) ‖ aII.30 *ex* Simpl. (*In Ph.* 161.20) *restitutum est*


LE FRAGMENT B 20 D.-K. ET L'ENSEMBLE c

SOURCE : SIMPLICIUS, *COMMENTAIRE À LA PHYSIQUE*, 1124.12-18

Voir Annexe 2, p. 813-814.

TEXTE, APPARAT CRITIQUE ET TRADUCTION


          c.1              ]ακτορα μή[
20.1 =    c.2      ₗτοῦτο μὲν ἂν βροτέων⌋ μελέων ἀρι ₗδείκετον ὄγκον⌋·
20.2 =    c.3      ₗἄλλοτε μὲν Φιλότητι συν⌋ερχόμεν' ε ₗἰς ἕν ἅπαντα⌋

20.3 = c.4   ⌊γυῖα, τὰ σῶμα λέλογχε, βίου θα⌋λέθοντος ⌊ἐν ἀκμῆι⌋·
20.4 = c.5   ⌊ἄλλοτε δ' αὖτε κακῆισι διατμηθέντ' Ἐρίδεσσι⌋
20.5 = c.6   ⌊πλάζεται ἄνδιχ' ἕκαστα περὶ⌋ ῥη⌊γμῖνι βίοιο.⌋
20.6 = c.7   ⌊ὡσαύτως θάμνοισι καὶ ἰχ⌋θύ⌊σιν ὑδρομελάθροις⌋
20.7 = c.8   ⌊θηρσί τ' ὀρειμελέεσσιν ἰδὲ πτ⌋ερο⌊βάμοσι κύμβαις.⌋

20.1. τοῦτο Diels : τοῦτον Mss ‖ ἂν βροτέων AF : ἀμβροτέρων
M : βροτέων a ‖ 20.2. συνερχόμεν' aAM, *secunda manus* (P. Strasb.) :
συνερχόμενα F : συν]ερχόμεθ' *prima manus* (P. Strasb.) : συνέρχεται
Panzerbieter ‖ 20.3. θαλέθοντος aAM : θαλέοντος F : θηλοῦντος *prima
manus* (P. Strasb.) : θάλλοντος *secunda manus* (P. Strasb.) : θαλέθουσιν
Karsten ‖ 20.5. περὶ ῥηγμῖνι βίοιο a : περιρρηγμῖνι A : περὶ ῥηγμήνεσι F :
περὶ ῥηγμῆνι M ‖ 20.6. ὡσαύτως Mss : ὡς δ'αὐτῶς Scinà ‖ 20.7. θηρσί
τ' ὀρειμελέεσσιν AM : θερσί τε ῥημελέεσσιν F : θηρσί τ' ὀρειλεχέεσιν
Schneider‖ ἰδὲ πτεροβάμοσι aA : ἠδὲ πτεροβάσι M : ἠδέπερ F : ἰδὲ πτε-
ροβήμοσι Panzerbieter : ἰδὲ πτεροβάμμοσι Gallavotti

« Cela, dans la courbure exceptionnelle des membres de l'homme :
tantôt réunis par l'Amour en un, tous les membres, qui ont reçu un
corps en partage quand la vie fleurit en son apogée, tantôt au contraire
divisés par les querelles, mauvaises, errent (*sc.* les membres), isolés, chacun, sur les brisants de la vie – précisément ainsi pour les buissons, les
poissons qui habitent l'eau, les bêtes qui gîtent dans les montagnes, et
les cymbes qui marchent sur leurs ailes. »


## LES FRAGMENTS B 21 ET 23 D.-K.


### SOURCES, TEXTE ET APPARAT CRITIQUE DU FRAGMENT 21

Pour le fragment 21, ne sont inclus que le texte et l'apparat critique.
Les sources sont :

- 21.1-14 : Simplicius, *Commentaire à la Physique*, 159.13
  (**Annexe 2, p. 811-813**)

- 21.3-12 : Simplicius, *Commentaire à la Physique*, 33.8 (Annexe 2, p. 810-811)
- 21.3 et 5 : Aristote, *Génération-Corruption* 314b 20 ; Plutarque, *De prim. frig.* 949F 5-8.
- 21.3 : Galien, *De simplicum medicamentorum temperamentis*, 2.XI.461.7.

Texte du fragment et apparat critique :

21.1 ἀλλ' ἄγε, τῶνδ' ὀάρων προτέρων ἐπιμάρτυρα δέρκευ,
21.2 εἴ τι καὶ ἐν προτέροισι λιπόξυλον ἔπλετο μορφή,
21.3 ἠέλιον μὲν θερμὸν ὁρᾶν καὶ λαμπρὸν ἁπάντῃ,
21.4 ἄμβροτα δ' ὅσσ' εἴδει τε καὶ ἀργέτι δεύεται αὐγῇ,
21.5 ὄμβρον δ' ἐν πᾶσι δνοφόεντά τε ῥιγαλέον τε·
21.6 ἐκ δ' αἴης προρέουσι θελημά τε καὶ στερεωπά.
21.7 ἐν δὲ Κότῳ διάμορφα καὶ ἄνδιχα πάντα πέλονται,
21.8 σὺν δ' ἔβη ἐν Φιλότητι καὶ ἀλλήλοισι ποθεῖται.
21.9 ἐκ τούτων γὰρ πάνθ' ὅσα τ' ἦν ὅσα τ' ἔστι καὶ ἔσται,
21.10 δένδρεά τ' ἐβλάστησε καὶ ἀνέρες ἠδὲ γυναῖκες,
21.11 θῆρές τ' οἰωνοί τε καὶ ὑδατοθρέμμονες ἰχθῦς,
21.12 καί τε θεοὶ δολιχαίωνες τιμῇσι φέριστοι.
21.13 αὐτὰ γὰρ ἔστιν ταῦτα, δι' ἀλλήλων δὲ θέοντα
21.14 γίγνεται ἀλλοιωπά· τόσον διὰ κρῆσις ἀμείβει.

1. τῶνδε Mss : τόνδε Wilamowitz ‖ ἐπιμάρτυρα DF : ἐπὶ μάρτυρα aE ‖ 2. μορφή EF : μορφῇ a ‖ 3. θερμόν Galien, Simplicius : λευκόν Aristote : λαμπρόν Plutarque ‖ ὁρᾶν Simplicius *In Ph.* 159, DE (Simpl. *In Ph.* 33), Aristote (*praeter* EL) : ὁρᾷ F (Simplicius *In Ph.* 33), Galien : ὅρα Plutarque, EL (Aristote) ‖ λαμπρόν DE (Simpl. *In Ph.* 33), Galien : θερμόν Simplicius *In Ph.* 159, aF (Simpl. *In Ph.* 33), Aristote, Plutarque ‖ 4. δ' ὅσσ' εἴδει τε Wackernagel : δ' ὅσσα ἐδείτο Simplicius *In Ph.* 159 : δὲ ὅσσ' ἔδεται aDE (Simpl. *In Ph.* 33) : δὲ ὅσσε δέ τε F (Simpl. *In Ph.* 33) ‖ ἀργέτι δεύεται αὐγῇ aDF (Simpl. *In Ph.* 33), F (Simpl. *In Ph.* 159) : ἀργέτι δεύεται αὐγῇ a (Simpl. *In Ph.* 159) : ἀργετοδεύεται αὐγῇ D (Simpl. *In Ph.* 159) : ἀργετοδεύεται αὐγή E (Simpl. *In Ph.* 33), E (Simpl. *In Ph.* 159) ‖ 6. θελημά τε D¹ (Simpl. *In Ph.* 33), DEF (Simpl. *In Ph.* 159) : θελημνά τε ED² (Simpl. *In Ph.* 33) : θέλιμνα a (Simpl. *In Ph.* 159) : θελήματα F (Simpl. *In Ph.* 33) : θελίμνατα a (Simpl. *In Ph.* 33) : θέλεμνα τε Wilamowitz ‖

στερεωπά DEF (Simpl. *In Ph.* 159) : στεροπά γε a (Simpl. *In Ph.* 159) : στερέωμα Simplicius *In Ph.* 33 ‖ 14. τόσον διὰ κρῆσις Diels : τόγον διάκρισις D : τόγον διάκρασις E : *non habet* F : τὰ γὰρ διάκρυψις a : τὰ γὰρ διὰ κρᾶσις Martin-Primavesi (*ex* P. Strasb. d.12)

« Allons, vois ces témoins de ces premiers devis, au cas où la belle forme manquerait de matière dans nos premiers chants : le soleil, chaud à voir et brillant de partout, les immortels qui tous sont baignés de chaleur et de lumière éclatante, la pluie sombre et glaçante sur toute chose ; et du sol coulent grâce et solidité. Sous Ressentiment, tout se disperse et se scinde. Mais sous Amitié, tout se rassemble et l'un désire l'autre. De ceux-ci naît tout ce qui était, tout ce qui est et qui sera : les arbres germent, ainsi que les hommes et les femmes, les bêtes et les oiseaux, ainsi que les poissons que nourrit l'eau, et les dieux à la longue vie, premiers en honneurs. Car ceux-là sont les mêmes, et lorsqu'ils courent les uns à travers les autres ils deviennent des choses variées. Autant fait s'échanger le mélange. »

SOURCE DU FRAGMENT 23 :
SIMPLICIUS, *COMMENTAIRE À LA PHYSIQUE*, 159.27

Voir Annexe 2, p. 811-813.

TEXTE, APPARAT CRITIQUE ET TRADUCTION DU FRAGMENT 23

23.1  ὡς δ' ὁπόταν γραφέες ἀναθήματα ποικίλλωσιν
23.2  ἀνέρες ἀμφὶ τέχνης ὑπὸ μήτιος εὖ δεδαῶτε,
23.3  οἵτ' ἐπεὶ οὖν μάρψωσι πολύχροα φάρμακα χερσίν,
23.4  ἁρμονίῃ μείξαντε τὰ μὲν πλέω, ἄλλα δ' ἐλάσσω,
23.5  ἐκ τῶν εἴδεα πᾶσιν ἀλίγκια πορσύνουσι,
23.6  δένδρεά τε κτίζοντε καὶ ἀνέρας ἠδὲ γυναῖκας
23.7  θῆράς τ' οἰωνούς τε καὶ ὑδατοθρέμμονας ἰχθῦς
23.8  καί τε θεοὺς δολιχαίωνας τιμῇσι φερίστους·
23.9  οὕτω μή σ' ἀπάτη φρένα καινύτω ἄλλοθεν εἶναι
23.10 θνητῶν, ὅσσα γε δῆλα γεγάασιν ἄσπετα, πηγήν,
23.11 ἀλλὰ τορῶς ταῦτ' ἴσθι, θεοῦ πάρα μῦθον ἀκούσας.

1. γραφέες aDF : γράφεις E ‖ 2. ἀνέρες ἀμφί a : ἀνέρες ἄμφω DEF : ἀνέρε 'μφω Vítek ‖ μήτιος DEF : μητίνος a ‖ δεδαῶτε DE : δεδαῶτες aF ‖

4. ἁρμονίη Sturz : ἀρμονίη aF : ἀρμενίη DE ‖ μείξαντε EF : μίξαντες D : μόξαν τε a : μίξαντο Scaliger : μάξαν τε Sturz ‖ 5. εἴδεα aDE : εἴδε F ‖ πᾶσιν ἀλίγκια DE : πᾶσ’ ἐναλίγκια aF ‖ 6. κτίζοντε aEF : κτίζοντες D : κτίζουσι Scaliger : κτίζον τε Sturz ‖ ἀνέρας aEF : ἀνέρες D ‖ 9. μή σ’ aDE : μήν F ‖ ἀπάτη F : ἀπάτα aDE ‖ καινύτω Blass : καί νυ τῷ D : καί νυ τῶ E : καί νύ τω F : ὡς νύ κεν a ‖ 11. ἀλλὰ τορῶς *om.* F

« Comme lorsque des peintres peignent des offrandes variées, des hommes tous deux bien instruits dans leur art par la pratique, qui, lorsqu'ils saisissent de leurs mains les poudres multicolores, mélangeant harmonieusement certaines en plus grande quantité, d'autres en quantité moindre, d'elles, ils composent des formes semblables à toute chose, créant les arbres, les hommes et les femmes, les bêtes et les oiseaux, ainsi que les poissons que nourrit l'eau, et les dieux à la longue vie, premiers en honneurs. Ainsi, que l'erreur ne domine pas ta pensée : croire que c'est d'ailleurs que provient la source des choses mortelles qui, innombrables, sont là, manifestes, mais connais-les avec précision, après avoir écouté le propos reçu du dieu. »

## LE FRAGMENT B 24 D.-K.

SOURCE : PLUTARQUE, *DE DEFECTU ORACULORUM*, 418 C 17 *SQQ.*

ἀλλ’ ἵνα μὴ τὸ Ἐμπεδόκλειον ποιεῖν δόξω [cit. B 24 D.-K.] "κορυφὰς ἑτέρας ἑτέρῃσι προσάπτων / μύθων, μήτε λέγειν ἀτραπὸν μίαν", ἐάσατέ με τοῖς πρώτοις τὸ προσῆκον ἐπιθεῖναι τέλος· ἤδη γὰρ ἐπ’ αὐτῷ γεγόναμεν.

418C 17. ποεῖν Emperius : εἰπεῖν Mss

« Mais afin que je ne donne pas l'impression de réaliser ce vers d'Empédocle, [cit. B 24 D.-K.] "reliant les cimes l'une à l'autre, ne pas dire un seul chemin de mots", laissez-moi ajouter la conclusion qui convient à mes premières allégations. Car déjà nous y sommes arrivés. »

TEXTE, APPARAT CRITIQUE ET TRADUCTION[1]

24.1 ...κορυφὰς ἑτέρας ἑτέρῃσι προσάπτων
24.2 μύθων μήτε λέγειν ἀτραπὸν μίαν...

1. κορύφας Mss : <οὐκ ἐθέλω> κορύφας Sturz : <ἀλλ᾽ ἵνα μὴ>
κορύφας Gallavotti ‖ ἑτέρῃσι Scaliger : ἑτέραισι u : ἑτέραις Plutarque
(*praeter* u) ‖ 2. μήτε λέγειν Mss : μὴ τελέειν Knatz : μητ᾽ ἐλθεῖν Wright :
μὴ τελέσειν Gallavotti : μήτε λόγων Wyttenbach

« Reliant les cimes l'une à l'autre, ni dire un seul chemin de mots... »

LE FRAGMENT B 25 D.-K.

SOURCES

*Scholie au* Gorgias *de Platon (*ad *498e), 161.54*

[cit. B 25 D.-K.]

παροιμία δὶς καὶ τρὶς τὸ καλόν, ὅτι χρὴ περὶ τῶν καλῶν πολλάκις λέγειν.
Ἐμπεδοκλέους τὸ ἔπος ἀφ᾽ οὗ καὶ ἡ παροιμία· φησὶ γὰρ **[cit. B 25 D.-K.]**

« Le proverbe <affirme que> le beau <doit être examiné> deux ou
trois fois parce qu'il faut parler souvent des belles choses. Le proverbe
provient d'un vers d'Empédocle. Il dit en effet : **[cit. B 25 D.-K.]** »

*Plutarque,* Non posse suauiter, *24 (1103F-1104A)*

[cit. B 25 D.-K.]

"Ἀλλὰ γάρ" ἔφη πρὸς ἐμὲ βλέψας "εὔηθές ἐστι καὶ περὶ τούτου λέγειν
ἡμᾶς, σοῦ πρῴην ἀκηκοότας ἱκανῶς διαλεγομένου πρὸς τοὺς ἀξιοῦντας τὸν

1 Je reprends la nomenclature de l'édition Teubner de Plutarque de 1929, où « u » désigne
le manuscrit du Vatican, Bibl. apost., Urbinus gr. 98 (XIVᵉ siècle).

Ἐπικούρου λόγον τοῦ Πλάτωνος περὶ ψυχῆς ῥᾴονας καὶ ἡδίους ἡμᾶς ποιεῖν πρὸς θάνατον." ὑπολαβὼν οὖν ὁ Ζεύξιππος "εἶθ' οὗτος" ἔφη "δι' ἐκεῖνον ἀτελὴς ὁ λόγος ἔσται, καὶ φοβηθησόμεθα ταυτολογεῖν πρὸς Ἐπίκουρον λέγοντες ;" "ἥκιστα" ἔφην ἐγώ· |cit. B 25 D.-K.|. "καὶ δὶς γὰρ ὃ δεῖ καλόν ἐστιν ἀκοῦσαι κατ' Ἐμπεδοκλέα. πάλιν οὖν ὁ Θέων ἡμῖν παρακλητέος· οὐ γὰρ αὐτὸν οἶμαι <παρέργως> παρεῖναι τοῖς τότε λεχθεῖσιν, ἀλλὰ καὶ νέος ἐστὶ καὶ οὐ δέδιε μὴ λήθης εὐθύνας ὑπόσχῃ τοῖς νέοις."

1104A 1. αὐτὸν οἶμαι <παρέργως> Pohlenz : αὐτὸν οἶμαι Mss : ἄργον οἶμαι Einarson-Lacy

« "Mais en fait, dit-il après m'avoir adressé un regard, il est idiot que nous abordions ce sujet-là également dans la mesure où nous t'avons entendu faire un exposé suffisant à l'encontre de ceux qui jugent que la doctrine d'Épicure sur l'âme nous rend prêts à accepter la mort avec plus d'aisance et d'équanimité que celle de Platon." Zeuxippe, l'interrompant, dit : "notre discussion d'aujourd'hui va-t-elle demeurer incomplète du fait de celle d'hier ? Prendrons-nous peur de répéter notre propos à l'encontre d'Épicure ?" "Pas du tout, dis-je. 'Car deux fois il est beau d'entendre ce qu'il faut', selon Empédocle. Il nous faut de nouveau en appeler à Théon : je ne crois pas qu'il y était présent par hasard lorsque ces propos ont été tenus, et il est jeune et ne doit pas craindre que les jeunes gens lui reprochent un manque de mémoire." »

TEXTE, APPARAT CRITIQUE ET TRADUCTION

25.1   – uu –   καὶ δὶς γάρ, ὃ δεῖ, καλόν ἐστιν ἐνισπεῖν.

καὶ δὶς γάρ ὃ δεῖ Schol. : καὶ δὴ παρ' ὃ δεῖ g (Plutarque) : καὶ δεῖ παρ' ὃ δεῖ Plutarque (*praeter* g) ‖ ἐνισπεῖν B²T Schol. : ἐνεισπεῖν W Schol. : ἀκοῦσαι Plutarque

« Car deux fois il est beau de dire ce qu'il faut. »

## LE FRAGMENT B 26 D.-K.

SOURCES

*Simplicius,* Commentaire à la Physique, *31.18-34.17*

[cit. B 26 D.-K.]
Voir Annexe 2, p. 810-811.

*Simplicius,* Commentaire à la Physique, *1183-1184*

[cit. B 26.1 = B 17.29 D.-K.]
Voir Annexe 2, p. 814-815.

*Aristote,* Physique, *250b 27-29*

[cit B 26.8-12 D.-K.]

[...] ὡς Ἐμπεδοκλῆς ἐν μέρει κινεῖσθαι καὶ πάλιν ἠρεμεῖν, κινεῖσθαι μὲν ὅταν ἡ φιλία ἐκ πολλῶν ποιῇ τὸ ἓν ἢ τὸ νεῖκος πολλὰ ἐξ ἑνός, ἠρεμεῖν δ' ἐν τοῖς μεταξὺ χρόνοις, λέγων οὕτως [cit. B 26.8-12 D.-K.]

« [...] Empédocle affirme que mouvement et repos ont lieu alternativement – tandis que le mouvement a lieu lorsque l'Amour forme l'un à partir du multiple ou que la Discorde forme le multiple à partir de l'un, le repos a lieu, lui, dans les temps intermédiaires, en s'exprimant en ces termes : [cit. B 26.8-12 D.-K.]. »

*Simplicius,* Commentaire à la Physique, *1123-1124*

[cit. B 26.10 et 26.11-12 D.-K.]
Voir Annexe 2, p. 813-814.

*Simplicius,* Commentaire à la Physique, *160*

[cit. B 26.11-12 D.-K.]
Voir Annexe 2, p. 811-813.

TEXTE, APPARAT CRITIQUE ET TRADUCTION

26.1  ἐν δὲ μέρει κρατέουσι περιπλομένοιο κύκλοιο,
26.2  καὶ φθίνει εἰς ἄλληλα καὶ αὔξεται ἐν μέρει αἴσης.
26.3  αὐτὰ γὰρ ἔστιν ταῦτα, δι' ἀλλήλων δὲ θέοντα
26.4  γίγνοντ' ἄνθρωποί τε καὶ ἄλλων ἔθνεα θηρῶν
26.5  ἄλλοτε μὲν Φιλότητι συνερχόμεν' εἰς ἕνα κόσμον,
26.6  ἄλλοτε δ' αὖ δίχ' ἕκαστα φορούμενα Νείκεος ἔχθει,
26.7  εἰσόκεν ἓν συμφύντα τὸ πᾶν ὑπένερθε γένηται.
26.8  οὕτως ᾗ μὲν ἓν ἐκ πλεόνων μεμάθηκε φύεσθαι
26.9  ἠδὲ πάλιν διαφύντος ἑνὸς πλέον' ἐκτελέθουσι,
26.10  τῇ μὲν γίγνονταί τε καὶ οὔ σφισιν ἔμπεδος αἰών·
26.11  ᾗ δὲ τάδ' ἀλλάσσοντα διαμπερὲς οὐδαμὰ λήγει,
26.12  ταύτῃ δ' αἰὲν ἔασιν ἀκίνητοι κατὰ κύκλον.

2. φθίνει Mss : φθάνει Cudworth ‖ 3. ἔστιν Panzerbieter : ἔστι DEF : ἔστι γε a ‖ 4. γίγνοντ' Panzerbieter : γίνονται Mss ‖ θηρῶν Sturz : κηρῶν Mss : θνητῶν Scinà ‖ 7. εἰσόκεν ἕν E : εἰσόκεν ὅν D : εἰσόκεν ὄν F : εἰσόκεν ἂν a ‖ 9. ἠδέ DE (Simplicius), JKS (Aristote) : ᾗ δὲ EFHI (Aristote) : ἡ δέ F (Simplicius) : ᾗ δὲ a (Simplicius)

« À tour de rôle ils dominent, lorsque le cycle a atteint son terme, ils périssent les uns dans les autres et croissent à tour de rôle suivant leur part. Car ceux-là sont les mêmes, et lorsqu'ils courent les uns à travers les autres ils deviennent hommes et tribus des autres bêtes, tantôt réunis par l'Amour en un seul monde, tantôt en retour séparés, chacun, par la haine de Discorde, jusqu'à ce que, se joignant pour croître en l'Un, ils disparaissent pour former le tout. De cette façon, comme, de plusieurs, ils ont appris à croître Un et que lorsque l'Un se disjoint en retour, ils en croissent pour être multiples, ainsi ils deviennent et leur vie n'est pas continuelle – et comme ceux-ci ne cessent jamais d'échanger continûment, ainsi toujours ils sont, immobiles dans le cycle. »

## LE FRAGMENT B 35 D.-K.

SOURCES DU FRAGMENT 35

*Simplicius,* Commentaire au De caelo, *528.29-529.20*

[cit. B 35.1-15 D.-K.]
Voir Annexe 2, p. 817-818.

*Simplicius,* Commentaire à la Physique, *31.18-34.17*

[cit. B 35.3-17 D.-K.]
Voir Annexe 2, p. 810-811.

*Plutarque,* Quaestiones conuiuales,
*677C 1-677E 2 + 678B 11-13*

[cit. B 35.15 D.-K.]

Γελοῖος ἐδόκει τισὶ τῶν συνδειπνούντων ὁ Ἀχιλλεὺς ἀκρατότερον ἐγχεῖν τὸν Πάτροκλον κελεύων, εἶτ᾽ αἰτίαν τοιαύτην ἐπιλέγων |cit. I.204| "οἱ γὰρ φίλτατοι ἄνδρες ἐμῷ ὕπεασι μελάθρῳ." Νικήρατος μὲν οὖν ὁ ἑταῖρος ἡμῶν ὁ Μακεδὼν ἄντικρυς ἀπισχυρίζετο μὴ ἄκρατον ἀλλὰ θερμὸν εἰρῆσθαι τὸ "ζωρὸν" ἀπὸ τοῦ ζωτικοῦ καὶ τῆς ζέσεως, ὃ δὴ καὶ λόγον ἔχειν, ἀνδρῶν ἑταίρων παρόντων νέον ἐξ ὑπαρχῆς κεράννυσθαι κρατῆρα· καὶ γὰρ ἡμᾶς, ὅταν τοῖς θεοῖς ἀποσπένδειν μέλλωμεν, νεοκρᾶτα ποιεῖν. Σωσικλῆς δ᾽ ὁ ποιητὴς τοῦ Ἐμπεδοκλέους ἐπιμνησθεὶς εἰρηκότος ἐν τῇ καθόλου μεταβολῇ γίνεσθαι |cit. B 35.15 D.-K.| "ζωρά τε τὰ πρὶν ἄκρητα" μᾶλλον ἔφη τὸ εὔκρατον ἢ τὸ ἄκρατον ὑπὸ τοῦ ἀνδρὸς ζωρὸν λέγεσθαι καὶ μηδέν γε κωλύειν ἐπικελεύεσθαι τῷ Πατρόκλῳ τὸν Ἀχιλλέα παρασκευάζειν εὔκρατον εἰς πόσιν τὸν οἶνον· εἰ δ᾽ ἀντὶ τοῦ ζωροῦ "ζωρότερον" εἶπεν, ὥσπερ "δεξιτερὸν" ἀντὶ τοῦ δεξιοῦ καὶ "θηλύτερον" ἀντὶ τοῦ θήλεος, οὐκ ἄτοπον εἶναι· χρῆσθαι γὰρ ἐπιεικῶς ἀντὶ τῶν ἁπλῶν τοῖς συγκριτικοῖς. Ἀντίπατρος δ᾽ ὁ ἑταῖρος ἔφη τοὺς μὲν ἐνιαυτοὺς ἀρχαϊκῶς "ὥρους" λέγεσθαι, τὸ <δὲ> ζα μέγεθος εἰωθέναι σημαίνειν· ὅθεν τὸν πολυετῆ καὶ παλαιὸν οἶνον ὑπὸ τοῦ Ἀχιλλέως ζωρὸν ὠνομάσθαι.

[...] διὰ ταῦτα δὴ πάντα λόγον εἶχεν αὐτὸν ἐννοῆσαι, τῶν ἀνδρῶν ἐπιφανέντων, μή ποθ' ἡ συνήθης κρᾶσις αὐτῷ τοῦ οἴνου πρὸς ἐκείνους ἀνειμένη καὶ ἀνάρμοστός ἐστιν.

« Achille semblait ridicule à certains des convives, lorsqu'il ordonnait à Patrocle de verser un vin plus pur, et qu'il invoquait ensuite une raison de ce genre : "Ce sont en effet des amis très chers qui se trouvent sous mon toit" |cit. I.204|. Nicératos, mon ami macédonien, soutint au contraire fermement que ζωρόν ne signifiait pas pur mais chaud, car il venait de "qui donne la vie" et "ébullition", comme c'est naturel de mélanger un nouveau cratère lorsque des amis arrivent[2]. De fait, lorsque nous sommes sur le point de verser une libation aux dieux, nous renouvelons le vin. Mais le poète Sosiclès, se souvenant qu'Empédocle avait dit que, lors du changement universel, devenaient |cit. B 35.15 D.-K.| "mêlés les choses qui auparavant étaient pures", affirmait lui que le mot ζωρός était pris par Empédocle dans le sens de bien mélangé plutôt que pur, et que rien n'empêchait Achille d'ordonner à Patrocle de préparer du vin bien mélangé en vue de le boire. Et s'il avait employé la forme <oppositive> ζωρότερος au lieu de ζωρός, de même qu'on dit δεξίτερος au lieu de droit <au positif> et θηλύτερος au lieu de femelle <au positif>, cela n'avait rien d'étrange : car il se sert d'habitude des formes comparatives au lieu des formes positives. Mais mon ami Antipatros disait que les années étaient nommées ὥρους par les anciens, et que ζα avait l'habitude de signifier la grandeur ; de là, qu'un vin vieux de plusieurs années était nommé ζωρός par Achille. [...] Pour toutes ces raisons, il était logique qu'Achille estime qu'à l'apparition des héros, le mélange de vin qui était son ordinaire n'était pas adapté et ne convenait pas à ses convives. »

*Athénée*, Deipnosophistes, *10.22.10-22 Kaibel*

[cit. B 35.15 D.-K.]

τινὲς δὲ καὶ τὸ παρ' Ὁμήρῳ |cit. I 203| "ζωρότερον δὲ κέραιρε" οὐκ ἄκρατον σημαίνειν φασίν, ἀλλὰ θερμόν, ἀπὸ τοῦ ζωτικοῦ καὶ τῆς ζέσεως· ἑταίρων γὰρ παρόντων νέον ἐξ ὑπαρχῆς κεράννυσθαι κρατῆρα ἄτοπον.

---

2    Cela doit signifier que le mélange n'avait pas encore eu le temps d'être refroidi.

ἄλλοι δὲ τὸ εὔκρατον, ὥσπερ τὸ δεξιτερὸν ἀντὶ τοῦ δεξιοῦ. τινὲς δέ, ἐπεὶ οἱ
ἐνιαυτοὶ ὧροι λέγονται καὶ τὸ <ζα> ὅτι μέγεθος ἢ πλῆθος σημαίνει, ζωρὸν
τὸν πολυέτη λέγεσθαι. Δίφιλος δ᾽ ἐν Παιδερασταῖς φησιν [cit. **Diphile
fr.II.559 Kock**]· "{A.} ἔγχεον σὺ δὴ πιεῖν. – {B.} εὐζωρότερόν γε νὴ Δί᾽,
ὦ παῖ, δός· τὸ γὰρ / ὑδαρὲς ἅπαν τοῦτ᾽ ἐστι τῇ ψυχῇ κακόν." Θεόφραστος
δ᾽ ἐν τῷ περὶ μέθης ζωρότερόν φησιν εἶναι τὸ κεκραμένον, παρατιθέμενος
Ἐμπεδοκλέους τάδε [cit. **B 35.15 D.-K.**] "αἶψα δὲ θνητὰ φύοντο, τὰ πρὶν
μάθον ἀθάνατ᾽ εἶναι, / ζωρά τε τὰ πρὶν ἄκρητα, διαλλάσσοντα κελεύθους.

« Certains affirment que ce passage d'Homère, ζωρότερον δὲ κέραιρε
ne signifie pas <que le vin est> "pur" mais <qu'il est> "chaud", en faisant
dériver le terme de "qui donne vie" et de "bouillonnement". Car, lorsque
des amis sont là, il est absurde de mélanger un cratère neuf à nouveau.
Mais d'autres affirment que cela signifie "bien mélangé", de même que
<le comparatif> "plus droit" est employé à la place du <positif> "droit".
Certains encore disent que puisqu'on appelle les années ὧροι et que le
préfixe ζα- exprime la grandeur ou la quantité, ζωρὸν signifie "vieux
de plusieurs années". Mais Diphile, dans ses *Pédérastes*, dit : "{A.} Toi,
verse donc à boire. – {B.} Par Zeus, mon garçon, donne-moi du vin bien
plus pur. Car tout ce qui contient de l'eau est mauvais pour l'âme." Et
Théophraste, dans son traité *Sur l'ivresse*, dit que ζωρότερον signifie
"mélangé", en citant ces vers d'Empédocle : [cit. **B 35.15 D.-K.**]. »

*Eustathe,* Commentaire à l'Iliade, *2.700.2-700.5*

[cit B 35.15 D.-K.]

Ἐμπεδοκλέους μέντοι τὸ "αἶψα δὲ θνητὰ φύοντο, τὰ πρὶν μάθον ἀθάνατ᾽
εἶναι, ζωρά τε τὰ πρὶν ἄκρητα", ζωρὸν εἶναι δηλοῖ τὸ κεκραμένον, ᾧ
πάντως ἀντίκειται τὸ ἄκρατον.

« Toutefois (*sc.* contre l'hypothèse d'un ζωρότερον en I.203 signifiant
ἄκρητον), le vers d'Empédocle [cit. **B 35.15 D.-K.**] montre que ζωρός
signifie "mêlé", ce qui est complètement opposé à "pur". »

TEXTE, APPARAT CRITIQUE ET TRADUCTION

35.1    αὐτὰρ ἐγὼ παλίνορσος ἐλεύσομαι ἐς πόρον ὕμνων,

35.2 τὸν πρότερον κατέλεξα, λόγῳ λόγον ἐξοχετεύων,
35.3 κεῖνον· ἐπεὶ Νεῖκος μὲν ἐνέρτατον ἵκετο βένθος
35.4 δίνης, ἐν δὲ μέσῃ Φιλότης στροφάλιγγι γένηται,
35.5 ἐν τῇ δὴ τάδε πάντα συνέρχεται ἓν μόνον εἶναι,
35.6 οὐκ ἄφαρ, ἀλλὰ θελημὰ συνιστάμεν' ἄλλοθεν ἄλλα.
35.7 τῶν δέ τε μισγομένων χεῖτ' ἔθνεα μυρία θνητῶν·
35.8 πολλὰ δ' ἄμεικτ' ἔστηκε κεραιομένοισιν ἐναλλάξ,
35.9 ὅσσ' ἔτι Νεῖκος ἔρυκε μετάρσιον· οὐ γὰρ ἀμεμφέως
35.10 πω πᾶν ἐξέστηκεν ἐπ' ἔσχατα τέρματα κύκλου,
35.11 ἀλλὰ τὰ μέν τ' ἐνέμιμνε μελέων τὰ δέ τ' ἐξεβεβήκει.
35.12 ὅσσον δ' αἰὲν ὑπεκπροθέοι, τόσον αἰὲν ἐπήει
35.13 ἠπιόφρων Φιλότητος ἀμεμφέος ἄμβροτος ὁρμή·
35.14 αἶψα δὲ θνήτ' ἐφύοντο, τὰ πρὶν μάθον ἀθάνατ' εἶναι,
35.15 ζωρά τε τὰ πρὶν ἄκρητα διαλλάξαντα κελεύθους.
35.16 τῶν δέ τε μισγομένων χεῖτ' ἔθνεα μυρία θνητῶν,
35.17 παντοίαις ἰδέῃσιν ἀρηρότα, θαῦμα ἰδέσθαι.

2. λόγῳ Mss : λόγου Bergk ‖ ἐξοχετεύων F : ἐπιχετεύων A : ἐποχε-
τεύων Brandis : εἰσοχετεύων Bergk ‖ 3. κεῖνον Mss : καινόν Bergk ‖
ἐνέρτατον ἵκετο βένθος Mss : ἐνέρτατα βένθε' ἵκηται Martin-Primavesi
(ex P. Strasb. aII.18) ‖ 6. θελημά DE (Simpl. *In Ph.*) : θέλημα A (Simpl.
*In DC.*), F (Simpl. *In Ph.*) : ἐθέλεμα F (Simpl. *In DC.*) : θέλυμνα Sturz :
ἐθελυμνά Karsten ‖ 7. *secluserunt Bergk et Schneidewin, qui fr. 36 hic addi-*
*dit* ‖ 10. πω πᾶν F (Simpl. *In DC.*) aF (Simpl. *In Ph.*) : τὸ πᾶν A (Simpl.
*In DC.*) : οὔπω πᾶν DE (Simpl. *In Ph.*) : τῶν πᾶν Diels ‖ 11. μέλεων
Mss : μέρεων Sturz ‖ 15. ζῶρά τε τὰ πρὶν ἄκρητα Athenée, Eustathe, g
(Plutarque) : ζωρώτερον vel ζωρότερον τὰ πρὶν ἄκρητα Plutarque (*praeter*
g) : ζῶρά τε τὰ πρὶν ἄκριτα Simplicius (*praeter* a *In Ph.*) : ζῶρα δὲ τὰ πρὶν
ἄκριτα a (Simpl. *In Ph.*)

« Je vais revenir en arrière sur le chemin des chants, en faisant dériver
ce propos au moyen d'un propos que j'ai auparavant exposé en détail :
quand Discorde atteint la profondeur la plus basse du tourbillon et que
l'Amour parvient au centre du tournoiement, là, tout cela se rassemble
pour être un, solitaire – les uns s'agrégeant aux autres, non pas d'un
coup, mais lentement. Et comme ils se mêlaient, surgirent la multitude
des tribus du vivant. Mais beaucoup se tinrent à l'écart, sans s'être

mélangés à ceux qui se mêlaient alternativement : tous ceux que Discorde retenait encore suspendus en l'air. Car, sans être encore intacte, elle ne s'était pas encore entièrement retirée aux confins du cercle, mais alors que certains (*sc.* des éléments) restaient dans les membres, les autres en étaient déjà sortis. Et autant d'avance prenaient-ils, d'autant l'élan au doux esprit et immortel de l'Amour, qui est intact, la poursuit. Vite, ils croissaient pour être mortels, eux qui auparavant avaient appris à être immortels, et mêlés, eux qui auparavant étaient purs, après avoir échangé leurs chemins. Et comme ils se mêlaient, surgirent la multitude des tribus mortelles, s'adaptant à des formes variées, merveille à voir. »

## LE FRAGMENT 509 BOLLACK

SOURCE : ARISTOTE, *POÉTIQUE*, 1461A 9 + 1461A 23-25

[cit. fr. 509 Bollack]

τὰ δὲ πρὸς τὴν λέξιν ὁρῶντα δεῖ διαλύειν [...]. τὰ δὲ διαιρέσει, οἷον Ἐμπεδοκλῆς· **[cit. fr. 509 Bollack].**

« Il faut résoudre d'autres difficultés en considérant l'expression [...]. D'autres, par la division, comme Empédocle : **[cit. fr. 509 Bollack].** »

TEXTE, APPARAT CRITIQUE ET TRADUCTION

509.1    αἶψα δὲ θνήτ' ἐφύοντο τὰ πρὶν μάθον ἀθάνατ' εἶναι
509.2    ζῷά τε πρὶν κέκρητο...

1. ἀθάνατ' B : ἀθάνατα A ‖ 2. ζῷά Mss, Moerbeke trad. : ζωή *intell. trad. arab.* ‖ κέκρητο A¹ : κέκριτο A²B, Moerbeke trad., trad. arab.

« Tout de suite ils naissaient, mortels, eux qui avaient auparavant appris à être immortels, et vivants, avant de s'être mêlés... »

LE FRAGMENT B 84 D.-K.

SOURCES

*Aristote* De sensu et sensibilibus, *437b 10-438a 5*

[cit. B 84 D.-K.]

ἐπεὶ εἴ γε πῦρ ἦν, καθάπερ Ἐμπεδοκλῆς φησὶ καὶ ἐν τῷ Τιμαίῳ [= Pl. *Timée* 45b6-45c3] γέγραπται, καὶ συνέβαινε τὸ ὁρᾶν ἐξιόντος ὥσπερ ἐκ λαμπτῆρος τοῦ φωτός, διὰ τί οὐ καὶ ἐν τῷ σκότει ἑώρα ἂν ἡ ὄψις; τὸ δ' ἀποσβέννυσθαι φάναι ἐν τῷ σκότει ἐξιοῦσαν, ὥσπερ ὁ Τίμαιος λέγει, κενόν ἐστι παντελῶς.

τίς γὰρ ἀπόσβεσις φωτός ἐστιν; σβέννυται γὰρ ἢ ὑγρῷ ἢ ψυχρῷ τὸ θερμὸν καὶ ξηρόν (οἷον δοκεῖ τό τ' ἐν τοῖς ἀνθρακώδεσιν εἶναι πῦρ καὶ ἡ φλόξ), ὧν τῷ φωτὶ οὐδέτερον φαίνεται ὑπάρχον. εἰ δ' ἄρα ὑπάρχει μὲν ἀλλὰ διὰ τὸ ἠρέμα λανθάνει ἡμᾶς, ἔδει μεθ' ἡμέραν γε καὶ ἐν τῷ ὕδατι ἀποσβέννυσθαι τὸ φῶς καὶ ἐν τοῖς πάγοις μᾶλλον γίγνεσθαι σκότον· ἡ γοῦν φλὸξ καὶ τὰ πεπυρωμένα σώματα πάσχει τοῦτο· νῦν δ' οὐδὲν συμβαίνει τοιοῦτον. Ἐμπεδοκλῆς δ' ἔοικε νομίζοντι ὁτὲ μὲν ἐξιόντος τοῦ φωτός, ὥσπερ εἴρηται πρότερον, βλέπειν· λέγει γοῦν οὕτως· [cit. B 84 D.-K.]. ὁτὲ μὲν οὖν οὕτως ὁρᾶν φησίν, ὁτὲ δὲ ταῖς ἀπορροίαις ταῖς ἀπὸ τῶν ὁρωμένων.

« Si la vue était feu, comme le dit Empédocle et comme l'a écrit Platon dans le *Timée* [Pl. *Timée* 45b6-45c3], et que la vision se produisait comme lorsque la lumière sort d'une lanterne, pour quelle raison la vision ne verrait-elle pas également dans l'obscurité ? Prétendre qu'elle s'éteint dans l'obscurité quand elle sort de l'oeil, comme le dit le *Timée*, est complètement inepte.

Quelle serait en effet l'extinction de la lumière ? C'est que le chaud et le sec sont éteints soit par l'humide soit par le froid – comme c'est de toute évidence le cas du feu et de la flamme dans les charbons. Or, aucune de ces deux qualités (*sc.* le chaud et le sec) ne semble appartenir en propre à la lumière. Pourtant, si elles lui appartiennent bien mais que cela nous échappe du fait de l'absence de mouvement, il faudrait que la lumière s'éteigne et après le jour et dans l'eau, et que l'obscurité soit plus dense dans de l'eau congelée. Du moins, c'est le cas de la flamme et des corps incandescents, alors qu'en réalité rien de tel ne se produit (*sc.* pour la lumière).

Empédocle, lui, ressemble à qui estime que l'on voit quand la lumière sort de l'oeil, comme on l'a dit précédemment. Il s'exprime du moins en ces termes |cit. B 84 D.-K.]. Il affirme donc tantôt que la vision se produit de cette façon, tantôt que c'est par les effluves qui proviennent des objets visibles. »

*Alexandre d'Aphrodise,* Commentaire au De sensu, *23.8-24.9*

[cit. libre de B 84 D.-K.]

καὶ πρῶτόν γε παρατίθεται αὐτοῦ τὰ ἔπη δι' ὧν ἡγεῖται καὶ αὐτὸς πῦρ εἶναι τὸ φῶς καὶ τοῦτο ἐκ τῶν ὀφθαλμῶν προχεῖσθαί τε καὶ ἐκπέμπεσθαι καὶ τούτῳ τὸ ὁρᾶν γίνεσθαι. ἀπεικάζει γὰρ διὰ τῶν ἐπῶν τὸ ἐκπεμπόμε-νον ἀπὸ τῆς ὄψεως φῶς τῷ διὰ τῶν λυχνούχων φωτί. ὡς γὰρ ὁδοιπορεῖν τις νυκτὸς μέλλων λύχνον παρασκευασάμενος ἐντίθησιν εἰς λαμπτῆρα (ὁ γὰρ λαμπτὴρ τὰ μὲν ἔξωθεν πνεύματα ἀπείργει τε καὶ κωλύει, τοῦ δὲ πυρὸς τὸ λεπτότατον εἰς τὸ ἔξω διίησιν, ὅπερ ἐστὶ φῶς), οὕτω, φησί, καὶ ἐν ταῖς μήνιγξι καθειργόμενον τὸ πῦρ ὑπὸ λεπτῶν ὑμένων περιέχεται, οἳ τὰ μὲν ἔξωθεν προσπίπτοντα λυμαντικὰ τοῦ πυρὸς ἀπείργουσι καὶ οὐκ ἐῶσιν ἐνοχλεῖν τῇ κόρῃ, τὸ δὲ λεπτότατον τοῦ πυρὸς εἰς τὸ ἔξω διιᾶσιν. "ἀμουργοὺς" δὲ τοὺς λαμπτῆρας λέγοι ἂν τοὺς ἀπειρκτικοὺς ἀπὸ τοῦ ἀπερύκειν τὰ πνεύματα καὶ σκέπειν τὸ περιεχόμενον ὑπ' αὐτῶν πῦρ· ἢ <ἀμουργοὺς> τοὺς πυκνοὺς καὶ διὰ πυκνότητα ἀπερύκοντας τὰ πνεύματα, "ταναὸν" δὲ τὸ πῦρ τὸ διὰ λεπτότητα τεινόμενόν τε καὶ διεκπίπτειν διὰ τῶν πυκνῶν δυνάμενον. "κατὰ βηλὸν" δὲ κατὰ τὸν οὐρανόν. Ὅμηρος· |cit. Ο.23] "ῥίπτεσκεν τεταγὼν ἀπὸ βηλοῦ, ὄφρ' ἂν ἵκηται γῆν ὀλιγη-πελέων". "λεπτῇσι" δὲ "ὀθόνῃσιν ἐχεύατο κύκλοπα κούρην" εἶπεν ἀντὶ τοῦ "λεπτοῖς ὑμέσι περιέλαβε τὴν κυκλοτερῆ κόρην", πρὸς τὸ ὄνομα τῆς κόρης χρησάμενος ποιητικῶς ταῖς ὀθόναις ἀντὶ τῶν ὑμένων. δείξας δὲ αὐτὸν διὰ τούτων τῶν ἐπῶν ταῦτα λέγοντα, προστίθησι τὸ "ὁτὲ μὲν οὕτως ὁρᾶν", φησιν, "ὁτὲ δὲ ταῖς ἀπορροίαις ταῖς ἀπὸ τῶν ὁρωμένων" ἀπορρεῖν τινά, ἃ προσπίπτοντα τῇ ὄψει, ὅταν ἐναρμόσῃ τοῖς ἐν αὐτῇ πόροις τῷ εἶναι σύμμετρα, εἴσω τε χωρεῖν καὶ οὕτως τὸ ὁρᾶν γίνεσθαι. ταύτης τῆς δόξης καὶ Πλάτων μνημονεύει ὡς οὔσης Ἐμπεδοκλέους ἐν Μένωνι, καὶ ὁρίζεται κατὰ τὴν δόξαν τὴν ἐκείνου τὸ χρῶμα ἀπορροὴν σωμάτων ὄψει σύμμετρον καὶ αἰσθητήν.

« Tout d'abord, Aristote cite les vers d'Empédocle dans lesquels celui-ci estime lui aussi que la lumière est feu et que celui-ci s'écoule des yeux et en sort, et que c'est de cette façon que la vision se produit. Il compare en effet dans ces vers la lumière qui sort de l'oeil à celle qui traverse la lanterne. Comme quelqu'un, sur le point de sortir de nuit, se prépare une lampe et la dépose dans une lanterne (c'est que la lanterne, tandis qu'elle protège contre les vents du dehors en les empêchant de passer, laisse filtrer la partie la plus subtile du feu, qui est la lumière), de même, dit-il, le feu aussi, enfermé dans les membranes, est entouré de fins tissus qui le protègent des corps qui tomberaient du dehors et ne laissent pas la pupille être endommagée, tout en laissant filtrer la partie la plus subtile du feu vers l'extérieur. Il pourrait bien nommer "ἀμοργούς" les parties de la lanterne qui protègent parce qu'elles dévient les vents et préservent le feu qu'elles entourent ; ou bien nommer "ἀμοργούς" les parties épaisses de la lanterne, qui du fait de cette épaisseur dévient les vents, tandis qu'il nomme "ταναόν" le feu qui s'étend du fait de sa subtilité et qui est à même de passer à travers les parties épaisses. "Vers le seuil" signifie "vers le ciel" : Homère dit |cit. O.23] "(Zeus) S'étant saisi de lui (Héphaïstos), il le lança du haut du seuil de l'Olympe, afin que ce fût privé de force qu'il atteignît la terre". Empédocle a dit "elle a étendu la jeune fille à l'oeil rond sur de fins linges" au lieu de dire "elle entoura la pupille arrondie de fins tissus", en employant de façon poétique les linges à la place des tissus, à cause du nom de la pupille. Après avoir montré qu'Empédocle tient ces propos dans ces vers, Aristote ajoute qu'il affirme tantôt que la vue se produit de cette façon, tantôt que par les effluves émanant des objets visibles s'écoulent des choses qui, lorsqu'elles frappent l'oeil et s'ajustent aux pores qui s'y trouvent du fait qu'ils ont une mesure commune, entrent à l'intérieur et provoquent ainsi la vision. Platon lui aussi mentionne, dans le Ménon, que cette opinion est celle d'Empédocle, et définit selon celle-ci la couleur comme un effluve sensible qui a une mesure commune avec la vue. »

## Le *témoignage* de Théophraste, De sensibus, § 7-8

Ce passage, qui ne cite pas explicitement le fr. 84 (mais mentionne la lanterne), a été reproduit ici par commodité.

[§ 7] Ἐμπεδοκλῆς δὲ περὶ ἁπασῶν ὁμοίως λέγει καί φησι τῷ ἐναρμόττειν εἰς τοὺς πόρους τοὺς ἑκάστης αἰσθάνεσθαι, καὶ φησὶ τὸ μὲν ἐντὸς αὐτῆς εἶναι πῦρ, τὸ δὲ περὶ αὐτὸ γῆν καὶ ἀέρα, δι' ὧν διιέναι λεπτὸν ὂν καθάπερ τὸ ἐν τοῖς λαμπτῆρσι φῶς. τοὺς δὲ πόρους ἐναλλὰξ κεῖσθαι τοῦ τε πυρὸς καὶ τοῦ ὕδατος, ὧν τοῖς μὲν τοῦ πυρὸς τὰ λευκά, τοῖς δὲ τοῦ ὕδατος τὰ μέλανα γνωρίζειν· ἐναρμόττειν γὰρ ἑκατέροις ἑκάτερα. φέρεσθαι δὲ τὰ χρώματα πρὸς τὴν ὄψιν διὰ τὴν ἀπορροήν.

[§ 8] συγκεῖσθαι δ' οὐχ ὁμοίως τάσδ' ἐκ τῶν ἀντικειμένων, καὶ ταῖς μὲν ἐν μέσῳ, ταῖς δ' ἐκτὸς εἶναι τὸ πῦρ, διὸ καὶ τῶν ζῴων τὰ μὲν ἐν ἡμέρᾳ, τὰ δὲ νύκτωρ μᾶλλον ὀξυωπεῖν· ὅσα μὲν πυρὸς ἔλαττον ἔχει μεθ' ἡμέραν· ἐπανισοῦσθαι γὰρ αὐτοῖς τὸ ἐντὸς φῶς ὑπὸ τοῦ ἐκτός· ὅσα δὲ τοῦ ἐναντίου νύκτωρ· ἐπαναπληροῦσθαι γὰρ καὶ τούτοις τὸ ἐνδεές. ἐν δὲ τοῖς ἐναντίοις ἑκάτερον· ἀμβλυωπεῖν μὲν γὰρ καὶ οἷς ὑπερέχει τὸ πῦρ, ἐπεὶ αὐξηθὲν ἔτι μεθ' ἡμέραν ἐπιπλάττειν καὶ καταλαμβάνειν τοὺς τοῦ ὕδατος πόρους· οἷς δὲ τὸ ὕδωρ, ταὐτὸ τοῦτο γίνεσθαι νύκτωρ· καταλαμβάνεσθαι γὰρ τὸ πῦρ ὑπὸ τοῦ ὕδατος. ἕως ἂν τοῖς μὲν ὑπὸ τοῦ ἔξωθεν φωτὸς ἀποκριθῇ τὸ ὕδωρ, τοῖς δ' ὑπὸ τοῦ ἀέρος τὸ πῦρ· ἑκατέρων γὰρ ἴασιν εἶναι τὸ ἐναντίον. ἄριστα δὲ κεκρᾶσθαι καὶ βελτίστην εἶναι τὴν ἐξ ἀμφοῖν ἴσων συγκειμένην. καὶ περὶ μὲν ὄψεως σχεδὸν ταῦτα λέγει.

« [§ 7] Empédocle parle de la même façon de toutes les sensations, et affirme que la sensation se produit par ajustement aux pores de chaque organe sensible et il affirme que l'intérieur de celui-ci (*sc.* de l'oeil) est feu, et qu'autour du feu il y a terre et air, à travers lesquels il passe en raison de sa subtilité, de même que la lumière à travers les lanternes. Il y a là des pores, dit-il, alternativement de feu et d'eau : par les uns, ceux de feu, nous percevons les objets clairs, alors que par les autres, ceux d'eau, nous percevons les objets sombres. Chacune des couleurs s'adapte à chaque type de pore. Et les couleurs sont transportées jusqu'à l'oeil par les effluves.

[§ 8] Ces globes oculaires ne sont pas tous constitués de la même façon, à partir de ces deux éléments contraires (*sc.* le feu et l'eau) : pour certains, le feu est au milieu, et pour d'autres, il se trouve à l'extérieur (*sc.* de l'oeil) – c'est pourquoi certains animaux ont une vue plus perçante le jour, et d'autres la nuit. Tous ceux dont l'oeil contient moins de feu voient mieux pendant le jour, car chez eux, la lumière interne à l'oeil atteint un point d'équilibre (*sc.* avec l'eau présente dans l'oeil) du fait de la lumière extérieure ; à l'inverse, tous les animaux dont l'oeil contient moins de l'élément opposé (*sc.* moins d'eau que de feu) voient mieux la nuit, car le manque (*sc.* d'eau) est comblé chez ceux-là aussi. Dans les conditions contraires, l'inverse se produit. En effet, les animaux chez qui le feu est excédentaire ont une mauvaise vue, dans la mesure où, le jour, le feu, s'étant encore accru, bouche et obstrue les pores de l'eau. Au contraire, pour ceux chez qui l'eau est excédentaire, ce même phénomène se produit la nuit, dans la mesure où le feu est obstrué par l'eau. Jusqu'à ce que, chez certains animaux, l'eau soit chassée par la lumière extérieure (*sc.* à l'oeil), et chez les autres, le feu par l'air. Le remède de chacun des deux (*sc.* l'eau ou le feu de l'oeil) est son contraire (*sc.* le feu ou l'eau ambiants) ; mais <l'oeil> le mieux formé et le meilleur est celui qui est constitué d'un mélange égal des deux éléments. Voilà ce qu'Empédocle dit, à peu de chose près, de l'oeil. »

TEXTE, APPARAT CRITIQUE ET TRADUCTION

84.1     ὡς δ' ὅτε τις πρὸ ὁδὸν νοέων ὡπλίσσατο λύχνον
84.2     χειμερίην διὰ νύκτα, πυρὸς σέλας αἰθομένοιο,
84.3     ἅψας παντοίων ἀνέμων λαμπτῆρας ἀμοργούς,
84.4     οἵ τ' ἀνέμων μὲν πνεῦμα διασκιδνᾶσιν ἀέντων,
84.5     πῦρ δ' ἔξω διαθρῷσκον, ὅσον ταναώτερον ἦεν,
84.6     λάμπεσκεν κατὰ βηλὸν ἀτειρέσιν ἀκτίνεσσιν·
84.7     ὡς δὲ τότ' ἐν μήνιγξιν ἐεργμένον ὠγύγιον πῦρ
84.8     λεπτῇσιν ὀθόνῃσι λοχάζετο κύκλοπα κούρην,
84.9     αἳ δ' ὕδατος μὲν βένθος ἀπέστεγον ἀμφιναέντος,
84.10    πῦρ δ' ἔξω διαθρῷσκον, ὅσον ταναώτερον ἦεν.

1. πρὸ ὁδὸν Bollack : πρόοδον Mss ‖ 3. ἀμοργούς EM (Aristote) : ἀμουργούς LPSUWX (Aristote), Alexandre ‖ 4. οἵ τ' LSUWX (Aristote), Alexandre : αἵτ' EMP (Aristote) ‖ πνεῦμα LPSUWX, πνεύματα EM ‖ 5. πῦρ EMP : φῶς LSUWX ‖ ἔξω διάντανται τρείατο θεσπεσίησιν διαθρῶσκον P (*ea specie apparet v. 5 in* P) ‖ 7. ἐεργμένον LPUX (Aristote), Alexandre : ἐέρμενον S¹W (Aristote) : ἐελμένον EM (Aristote) ‖ post 7. γόμφοις ἀσκήσασα

καταστόργοις Ἀφροδίτη (= fr. 87) *Rashed inseruit* ‖ 8. λεπτῇσιν Mss : λεπτῇσιν <γ᾿> Bollack : λεπτῇσιν <τ᾿> Diels : λεπτῇς εἰν Panzerbieter ‖ ὀθόνῃσι LSUW : ὀθόνοισι X : χθονίῃσι EM : χοάνησιν P ‖ λοχάζετο EM (Aristote) : ἐχεύατο MPSUX (Aristote) : ἐχείατο L (Aristote), Alexandre : λοχεύσατο Förster ‖ post 8. <αἴ> χοάνῃσι δίαντα τετρήατο θεσπεσίῃσιν *Blass uersum restituit* : γόμφοις ἀσκήσασα καταστόργοις Ἀφροδίτη (= fr. 87) *Gallavotti inseruit* ‖ 9. ἀμφινάεντος SUW : ἀμφὶ κάεντος M : ἀμφινάοντος LX ‖ 10. διαθρῷσκον ELMSUWX : διίεσκον P ‖ post 10. <ἢ> χοάνῃσι δίαντα τετρήατο θεσπεσίῃσιν *Gallavotti et Rashed uersum restituerunt*

« De même que lorsque quelqu'un, prévoyant de sortir, prépare une lampe pour être une torche de feu brûlant dans la nuit d'hiver, après avoir ajusté aux parois, comme soufflent des vents variés, des voiles qui dispersent le souffle des vents hurlant, tandis que le feu, s'élançant à l'extérieur (*sc.* de la lampe) à proportion de sa subtilité, brillait vers le seuil (*sc.* de la lanterne) de ses rayons infatigables, de même alors le feu ancestral, <Aphrodite> l'a placé en embuscade, pour être jeune fille à l'oeil rond, enfermé dans la membrane de l'oeil par de fins tissus qui tenaient à l'écart la profondeur de l'eau qui se trouvait tout autour, tandis que le feu, s'élançant à l'extérieur (*sc.* de la pupille) à proportion de sa subtilité... »

## LE FRAGMENT B 86 D.-K.

SOURCE : SIMPLICIUS, *COMMENTAIRE AU DE CAELO*, 529.21

Voir Annexe 2, p. 817-818.

TEXTE, APPARAT CRITIQUE ET TRADUCTION

86.1   ἐξ ὧν ὄμματ᾿ ἔπηξεν ἀτειρέα δῖ᾿ Ἀφροδίτη.

« À partir d'eux, la divine Aphrodite fixa les yeux infatigables. »

LE FRAGMENT B 100 D.-K.

SOURCES

*Aristote,* De respiratione *(473a 15-474a 7)*

[cit. B 100 D.-K.]

Λέγει δὲ περὶ ἀναπνοῆς καὶ Ἐμπεδοκλῆς, οὐ μέντοι τίνος γ' ἕνεκα, οὐδὲ περὶ πάντων τῶν ζῴων οὐδὲν ποιεῖ δῆλον, εἴτε ἀναπνέουσιν εἴτε μή. καὶ περὶ τῆς διὰ τῶν μυκτήρων ἀναπνοῆς λέγων οἴεται καὶ περὶ τῆς κυρίας λέγειν ἀναπνοῆς. ἔστι γὰρ καὶ διὰ τῆς ἀρτηρίας ἐκ τῶν στηθῶν ἀναπνοὴ καὶ ἡ διὰ τῶν μυκτήρων· αὐτοῖς δὲ χωρὶς ἐκείνης οὐκ ἔστιν ἀναπνεῦσαι τοῖς μυκτῆρσιν. καὶ τῆς μὲν διὰ τῶν μυκτήρων γινομένης ἀναπνοῆς στερισκόμενα τὰ ζῷα οὐδὲν πάσχουσι, τῆς δὲ κατὰ τὴν ἀρτηρίαν ἀποθνήσκουσιν. καταχρῆται γὰρ ἡ φύσις ἐν παρέργῳ τῇ διὰ τῶν μυκτήρων ἀναπνοῇ πρὸς τὴν ὄσφρησιν ἐν ἐνίοις τῶν ζῴων· διόπερ ὀσφρήσεως μὲν σχεδὸν μετέχει πάντα τὰ ζῷα, ἔστι δ' οὐ πᾶσι τὸ αὐτὸ αἰσθητήριον. εἴρηται δὲ περὶ αὐτῶν ἐν ἑτέροις σαφέστερον.

γίγνεσθαι δέ φησι τὴν ἀναπνοὴν καὶ ἐκπνοὴν διὰ τὸ φλέβας εἶναί τινας ἐν αἷς ἔνεστι μὲν αἷμα, οὐ μέντοι πλήρεις εἰσὶν αἵματος, ἔχουσι δὲ πόρους εἰς τὸν ἔξω ἀέρα, τῶν μὲν τοῦ σώματος μορίων ἐλάττους, τῶν δὲ τοῦ ἀέρος μείζους· διὸ τοῦ αἵματος πεφυκότος κινεῖσθαι ἄνω καὶ κάτω, κάτω μὲν φερομένου εἰσρεῖν τὸν ἀέρα καὶ γίγνεσθαι ἀναπνοήν, ἄνω δ' ἰόντος ἐκπίπτειν θύραζε καὶ γίνεσθαι τὴν ἐκπνοήν, παρεικάζων τὸ συμβαῖνον ταῖς κλεψύδραις· |cit. B 100 D.-K.|

λέγει μὲν οὖν ταῦτα περὶ τοῦ ἀναπνεῖν. ἀναπνεῖ δ', ὥσπερ εἴπομεν, τὰ φανερῶς ἀναπνέοντα διὰ τῆς ἀρτηρίας, διά τε τοῦ στόματος ἅμα καὶ διὰ τῶν μυκτήρων. ὥστ' εἰ μὲν περὶ ταύτης λέγει τῆς ἀναπνοῆς, ἀναγκαῖον ζητεῖν πῶς ἐφαρμόσει ὁ εἰρημένος λόγος τῆς αἰτίας· φαίνεται γὰρ τοὐναντίον συμβαῖνον. ἄραντες μὲν γὰρ τὸν τόπον, καθάπερ τὰς φύσας ἐν τοῖς χαλκείοις, ἀναπνέουσιν (αἴρειν δὲ τὸ θερμὸν εὔλογον, ἔχειν δὲ τὸ αἷμα τὴν τοῦ θερμοῦ χώραν)· συνιζάνοντες δὲ καὶ καταπλήττοντες, ὥσπερ ἐκεῖ τὰς φύσας, ἐκπνέουσιν. πλὴν ἐκεῖ μὲν οὐ κατὰ ταὐτὸν εἰσδέχονταί τε τὸν ἀέρα καὶ πάλιν ἐξιᾶσιν, οἱ δ' ἀναπνέοντες κατὰ ταὐτόν. εἰ δὲ περὶ τῆς κατὰ τοὺς μυκτῆρας λέγει μόνης, πολὺ διημάρτηκεν· οὐ γὰρ ἔστιν ἀναπνοὴ μυκτήρων ἴδιος, ἀλλὰ παρὰ τὸν αὐλῶνα τὸν παρὰ τὸν γαργαρεῶνα, ἢ τὸ ἔσχατον τοῦ ἐν τῷ στόματι οὐρανοῦ, συντετρημένων τῶν μυκτήρων χωρεῖ τὸ μὲν ταύτῃ τοῦ πνεύματος, τὸ δὲ διὰ τοῦ στόματος, ὁμοίως εἰσιόν τε καὶ ἐξιόν. τὰ μὲν οὖν παρὰ τῶν ἄλλων εἰρημένα περὶ τοῦ ἀναπνεῖν τοιαύτας καὶ τοσαύτας ἔχει δυσχερείας.

« À propos de la respiration, Empédocle lui aussi n'explique pas pour quelle raison les animaux respirent, et n'éclaircit rien quant à savoir si tous les animaux respirent ou non. Lorsqu'il traite de la respiration par les narines, il croit aussi parler de la respiration au sens propre. C'est qu'il existe à la fois une respiration par l'artère qui vient de la poitrine, et une par les narines. Sans la première, il n'est pas possible de respirer par les narines elles-mêmes : alors que les animaux ne souffrent aucun désagrément lorsqu'on les empêche de respirer par les narines, ils meurent si on les prive de celle par l'artère. La nature use en effet de façon accessoire de la respiration par les narines, pour l'odorat, chez certains animaux. C'est pourquoi tandis que tous les animaux, ou presque, ont le sens de l'odorat, ils n'en usent pas tous par le même organe des sens. Mais j'ai parlé de ces questions plus clairement en d'autres lieux.

Mais Empédocle dit que l'inspiration et l'expiration sont possibles du fait qu'il y a des veines, dans lesquelles il y a du sang (quoiqu'elles n'en soient pas remplies) et qui ont des passages donnant sur l'air au-dehors. Quoique ces passages soient plus étroits que les particules du corps, ils sont plus larges que celles de l'air. C'est pourquoi, comme le sang se meut par nature vers le bas et vers le haut, lorsqu'il est porté vers le bas, Empédocle affirme que l'air s'écoule à l'intérieur et que l'inspiration se produit, tandis que, lorsque le sang se déplace vers le haut, l'air tombe à l'extérieur et l'expiration a lieu – il compare ce qui se produit aux clepsydres : [cit. B 100 D.-K.]

Voilà donc ce qu'affirme Empédocle à propos de la respiration. Mais, comme nous l'avons dit, les animaux qui respirent manifestement par la trachée-artère respirent à la fois par la bouche et par les narines. De sorte que, si Empédocle parle de cette dernière sorte de respiration (sc. la respiration par la trachée), il est nécessaire de rechercher de quelle façon le compte-rendu de la cause de la respiration qu'il propose est cohérent avec les faits. Or, il appert que le contraire se produit : les animaux respirent en soulevant la région du corps concernée, comme des soufflets de forge (il est logique que la chaleur soulève, et que le sang occupe la partie chaude du corps) ; et ils expirent en l'abaissant et en la compressant, comme pour les soufflets. Pourtant, ce n'est pas par le même orifice que ces derniers reçoivent l'air et le renvoient, alors que les animaux inspirent et expirent par le même orifice. Mais si Empédocle parle de la seule respiration par les narines, son erreur est grande : la respiration n'appartient pas en propre aux narines, mais en pénétrant par le tuyau qui se trouve près du gosier, c'est-à-dire l'extrémité du palais, dans la bouche – puisque les narines sont trouées – l'air passe en partie par là, et en partie par la bouche, à la fois pour rentrer et pour sortir. Les théories élaborées par les autres auteurs, à propos de la respiration, tombent donc dans des difficultés importantes et nombreuses. »

*Michel d'Éphèse,* Commentaire au De respiratione
*(123.24-124.11)*

[cit. B 100.1 D.-K.]

ἡ δὲ κλεψύδρα ἀγγεῖόν ἐστι χαλκοῦν, ἔχον ἄνω μὲν στόμα μικρὸν καὶ στενόν, κάτω δὲ ὀπὰς πολλὰς καὶ μικράς. ἐν ᾗ κλεψύδρᾳ ἤν τις κλείσῃ τὴν ἄνω ὀπὴν ἀσφαλέστατα, οὐκ εἰσέρχεται διὰ τῶν κάτω ὀπῶν τὸ ὕδωρ. πλήρης γὰρ οὖσα ἀέρος ἡ κλεψύδρα καὶ σώματος διὰ σώματος οὐ χωροῦντος, πῶς ἂν εἰσέλθοι; ὅταν δὲ ἀνοιχθῇ ἡ ἄνω ὀπή, εἰσέρχεται τὸ ὕδωρ διὰ τῶν κάτω ὀπῶν. ἐξέρχεται γὰρ τότε ὁ ἀὴρ διὰ τῆς ἄνω ὀπῆς ἀνεῳγμένης οὔσης. ὁμοίως δὲ καὶ ὕδατος πλήρης οὖσα ἡ κλεψύδρα καὶ ἄνωθεν κεκλεισμένη ἀσφαλῶς, οὐκ ἂν ἐξέλθοι διὰ τῶν κάτω ὀπῶν τὸ ὕδωρ, καίπερ ἀνεῳγμένων οὐσῶν. [...] λέγει γάρ, ὡς γνωσόμεθα τῇ τῶν ἐπῶν αὐτοῦ παραθέσει, ὅτι ὁ ἐκτὸς ἀὴρ καὶ τῶν ὀπῶν ἁπτόμενος, βιαζόμενος εἰσελθεῖν εἰς τὴν κλεψύδραν, ἐμποδίζει τῇ ὠθήσει τὸ ὕδωρ καὶ οὐκ ἐᾷ ἐξέρχεσθαι. περὶ οὗ νῦν εἰ ὡς Ἐμπεδοκλῆς λέγει, ἢ ἄλλως ἔχει, οὐ καιρὸς σκοπεῖν· [cit. B 100.1 D.-K.].

« La clepsydre est un récipient de bronze qui, dans sa partie haute, a un orifice fin et étroit, et en sa partie basse, de nombreux petits trous. Si on vient à fermer hermétiquement l'orifice supérieur de cette clepsydre, l'eau ne s'introduit pas par les orifices inférieurs. En effet, si la clepsydre est remplie d'air et qu'un corps ne peut en traverser un autre, comment pourrait-elle s'y introduire ? Mais lorsqu'on ouvre l'orifice supérieur, l'eau rentre à l'intérieur par les orifices inférieurs. C'est que l'air, alors, sort par l'orifice supérieur, à présent ouvert. De la même façon, lorsque la clepsydre est remplie d'eau et qu'elle est hermétiquement close en haut, l'eau ne peut sortir par les orifices inférieurs, tout ouverts qu'ils soient. [...] Empédocle affirme en effet, comme nous le saurons par l'examen de ses vers, que l'air extérieur, qui se trouve contre les ouvertures et lutte pour rentrer dans la clepsydre, empêche l'eau de passer par la pression qu'il produit, et ne la laisse pas sortir. Il n'est pas opportun à présent d'examiner s'il en va à ce sujet comme l'a dit Empédocle, ou autrement. [cit. B 100.1 D.-K.]. »

## TEXTE ET APPARAT CRITIQUE

| | |
|---|---|
| 100.1 | ὧδε δ' ἀναπνεῖ πάντα καὶ ἐκπνεῖ· πᾶσι λίφαιμοι |
| 100.2 | σαρκῶν σύριγγες πύματον κατὰ σῶμα τέτανται, |
| 100.3 | καί σφιν ἐπὶ στομίοις πυκιναῖς τέτρηνται ἄλοξιν |
| 100.4 | ῥινῶν ἔσχατα τέρθρα διαμπερές, ὥστε φόνον μὲν |
| 100.5 | κεύθειν, αἰθέρι δ' εὐπορίην διόδοισι τετμῆσθαι. |
| 100.6 | ἔνθεν ἔπειθ' ὁπόταν μὲν ἀπαΐξῃ τέρεν αἷμα, |
| 100.7 | αἰθὴρ παφλάζων καταΐσσεται οἴδματι μάργῳ, |
| 100.8 | εὖτε δ' ἀναθρῴσκῃ, πάλιν ἐκπνέει, ὥσπερ ὅταν παῖς |
| 100.9 | κλεψύδρῃ παίζουσα δι' εὐπετέος χαλκοῖο — |
| 100.10 | εὖτε μὲν αὐλοῦ πορθμὸν ἐπ' εὐειδεῖ χερὶ θεῖσα |
| 100.11 | εἰς ὕδατος βάπτῃσι τέρεν δέμας ἀργυφέοιο, |
| 100.12 | οὐδεὶς ἄγγοσδ' ὄμβρος ἐσέρχεται, ἀλλά μιν εἴργει |
| 100.13 | ἀέρος ὄγκος ἔσωθε πεσὼν ἐπὶ τρήματα πυκνά, |
| 100.14 | εἰσόκ' ἀποστεγάσῃ πυκινὸν ῥόον· αὐτὰρ ἔπειτα |
| 100.15 | πνεύματος ἐλλείποντος ἐσέρχεται αἴσιμον ὕδωρ. |
| 100.16 | ὣς δ' αὔτως, ὅθ' ὕδωρ μὲν ἔχῃ κατὰ βένθεα χαλκοῦ |
| 100.17 | πορθμοῦ χωσθέντος βροτέῳ χροΐ ἠδὲ πόροιο, — |
| 100.18 | αἰθὴρ δ' ἐκτὸς ἔσω λελιημένος ὄμβρον ἐρύκει, |
| 100.19 | ἀμφὶ πύλας ἠθμοῖο δυσηχέος ἄκρα κρατύνων, |
| 100.20 | εἰσόκε χειρὶ μεθῇ, τότε δ' αὖ πάλιν, ἔμπαλιν ἢ πρίν, |
| 100.21 | πνεύματος ἐμπίπτοντος ὑπεκθέει αἴσιμον ὕδωρ. |
| 100.22 | ὣς δ' αὔτως τέρεν αἷμα κλαδασσόμενον δι' ἀγυιῶν |
| 100.23 | ὁππότε μὲν παλίνορσον ἐπαΐξειε μυχόνδε, |
| 100.24 | αἰθέρος εὐθὺς ῥεῦμα κατέρχεται οἴδματι θῦον, |
| 100.25 | εὖτε δ' ἀναθρῴσκῃ, πάλιν ἐκπνέει ἴσον ὀπίσσω. |

3. ἐπὶ στομίοις LSX : ἐπιστομίοις P : ἐπιστομίαις MZ ‖ πυκιναῖς L : πυκναῖς MZ : πυκνοῖς PSX ‖ 4. φόνον M : φανόν LPSXZ Miᶜ ‖ 6. ἀπαΐξῃ LXZ² : ἐπαΐξῃ PS : ἐπάξῃ MZ¹ ‖ 7. καταΐσσεται L : καταβήσεται MPSXZ ‖ 8. ἀναθρῴσκῃ Karsten : ἀναθρῴσκει Mss ‖ ἐκπνέει Diels : ἐκπνεῖ Mss ‖ 9. κλεψύδρῃ Diels : κλεψύδρην Mss ‖ παίζουσα LPSX : παίζῃσι il : παίζουσι MZ : παίζῃσι Diels ‖ δι' εὐπετέος LX : διιπετέος MZ¹ : δι' εὐπετέοις S : δι' εὐπαγέος P : διειπετέος Diels ‖ 10. εὐειδεῖ LPSXZ : ἀειδέϊ M ‖ 12. οὐδεὶς Wilamowitz : οὐδ' ὅτι εἰς MZ¹ : οὐδετ' ἐς LPSXZ² ‖ 16. ἔχῃ ald. : ἔχει Mss Miᶜ ‖ 17. χωσθέντος LX : χρωσθέντος MPSZ ‖ 18. ἐρύκει Mss : ἐρύκῃ Diels ‖ 19. ἠθμοῖο PSXZ : ἰσθμοῖο LM ‖ 22. δι' ἁγυίων LPSXZ Miᵖ : διὰ γυίων il : διὰ γύων M ‖ 23. ἐπαΐξειε LPSX : ἐπάξειεν MZ¹ : ἀπαΐξειε Stein ‖ 24. αἰθέρος MZ¹ : ἕτερον LPSX Miᶜ : τοῦτερον Furley ‖ 25. ἐκπνέει Diels : ἐκπνεῖ LPSX : πνεῖ M : *om.* Z

« De cette façon tout inspire et expire : pour tous, des tuyaux de chair creux, pauvres en sang, sont étendus à l'extrémité du corps. Et sur leurs embouchures, sont percées de sillons les extrémités extérieures de la peau, de sorte que, tandis que le sang est dissimulé à l'intérieur, un passage facile est découpé pour l'éther, en de larges voies. De là, ensuite, lorsque le sang délicat s'élance, l'éther, bouillonnant, descend à sa suite en un gonflement furieux.

Mais quand il (*sc.* le sang) remonte dans un saut, en sens inverse il (*sc.* l'air) expire, de même qu'une enfant jouant avec une clepsydre à travers l'eau d'une bassine facile à manier – quand, appuyant sur sa belle main l'orifice du tuyau, elle plonge la clepsydre dans le corps délicat de l'eau argentée, nulle onde n'entre à l'intérieur, mais la masse de l'air la retient (*sc.* dehors) tombant de l'intérieur sur les trous abondants, tant qu'elle maintient en dehors le flot abondant. Mais ensuite, l'eau, selon la règle, s'introduit à l'intérieur comme le souffle vient à y manquer.

De la même façon, lorsqu'elle retient l'eau dans le fond de la clepsydre, en comblant l'orifice et le passage de sa peau mortelle, mais que l'air, de l'extérieur, y retient l'eau parce qu'il désire rentrer, en imposant son règne sur la surface, tout autour des portes du crible au son désagréable, jusqu'à ce qu'elle ôte sa main, alors, à son tour, à nouveau, dans le sens inverse d'auparavant, l'eau, selon la règle, disparaît comme le souffle s'y rue.

De la même façon, lorsque le sang délicat, qui vrombit dans les artères, s'élance vers l'intérieur de l'organisme, dans le sens contraire,

le flot de l'éther, immédiatement, descend, en s'élançant dans un gonflement furieux ; mais quand il remonte dans un saut, en sens inverse
il expire une part égale en sens inverse. »

## LE FRAGMENT B 112.1-4 D.-K.

SOURCES

Les vers 112.1-2 et 4-7 sont également cités par l'*Anthologie Palatine*
IX.569. Pour l'intégralité des sources, dont la *Suda* et Philostrate, *cf.*
Vítek 2006 p. 380.

*Diogène Laërce VIII.61-62*

[cit. B 112.1-2 + 4.11 D.-K.]

τὴν γοῦν ἄπνουν ὁ Ἡρακλείδης [cit. Héraclide (Wehrli VII, fg.
77)] φησὶ τοιοῦτόν τι εἶναι, ὡς τριάκοντα ἡμέρας συντηρεῖν ἄπνουν καὶ
ἄσηπτον τὸ σῶμα· ὅθεν εἶπεν αὐτὸν καὶ ἰητρὸν καὶ μάντιν, λαμβάνων
ἅμα καὶ ἀπὸ τούτων τῶν στίχων· [cit. B 112.1-2 + 4-11 D.-K.]. Μέγαν
δὲ τὸν Ἀκράγαντα εἰπεῖν φησιν [ποταμὸν ἄλλα] ἐπεὶ μυριάδες αὐτὸν
κατῴκουν ὀγδοήκοντα.

62.1. ἄσηπτον Mss : ἄσφυκτον Mercurialis

« Héraclide dit que la femme inanimée était dans un état de nature à
maintenir son corps inanimé sans qu'il se décompose durant trente jours.
De là, il affirmait qu'Empédocle était médecin et devin, en s'appuyant
également sur ces vers : [cit. B 112.1-2 + 4-11 D.-K.]. Héraclide affirme
qu'Empédocle disait qu'Agrigente était "grande" parce que huit cent
mille personnes y habitaient. »

*Diogène Laërce VIII.54*

[cit. B 112.1-2a D.-K.]

Ὅτι δ' ἦν Ἀκραγαντῖνος ἐκ Σικελίας, αὐτὸς ἐναρχόμενος τῶν Καθαρμῶν φησιν· |cit. B. 112.1-2a D.-K.|.

« Qu'il était d'Agrigente, en Sicile, Empédocle l'affirme lui-même au début des *Catharmes* : |cit. B. 112.1-2a D.-K.|. »

*Diodore de Sicile*, Bibliothèque historique, *XIII.83.1*

[cit. B 112.3 D.-K.]

Ἦν δὲ τῶν Ἀκραγαντίνων σχεδὸν πλουσιώτατος κατ' ἐκεῖνον τὸν χρόνον Τελλίας, ὃς κατὰ τὴν οἰκίαν ξενῶνας ἔχων πλείους πρὸς ταῖς πύλαις ἔταττεν οἰκέτας, οἷς παρηγγελμένον ἦν ἅπαντας τοὺς ξένους καλεῖν ἐπὶ ξενίᾳ. πολλοὶ δὲ καὶ τῶν ἄλλων Ἀκραγαντίνων ἐποίουν τὸ παραπλήσιον, ἀρχαϊκῶς καὶ φιλανθρώπως ὁμιλοῦντες· διόπερ καὶ Ἐμπεδοκλῆς λέγει περὶ αὐτῶν, |cit. B 112.3 D.-K.|.

« Tellias était pratiquement le plus riche des Agrigentins à cette époque ; parce que sa maison comptait des chambres d'amis en trop grand nombre, il plaçait des serviteurs devant leurs portes, auxquels il avait ordonné d'offrir l'hospitalité à tous les étrangers. Beaucoup d'autres Agrigentins agissaient de façon très semblable en offrant l'hospitalité depuis une époque ancienne par philanthropie. C'est pourquoi Empédocle lui aussi affirme à leur propos : |cit. B 112.3 D.-K.|. »

*Diogène Laërce, VIII.66*

[cit. B 112.4-5a D.-K.]

ὅ γέ τοι Τίμαιος ἐν τῇ πρώτῃ καὶ δευτέρᾳ |cit. Timée FGrH 566 F 2|, πολλάκις γὰρ αὐτοῦ μνημονεύει, φησὶν ἐναντίαν ἐσχηκέναι γνώμην αὐτὸν <ἐν> τῇδε πολιτείᾳ φαίνεσθαι, ὅπου γ' ἀλάζονα καὶ φίλαυτον ἐν τῇ ποιήσει· φησὶ γοῦν |cit. B 112.4-5a D.-K.| "χαίρετ'· ἐγὼ δ' ὑμῖν θεὸς ἄμβροτος, οὐκέτι θνητὸς / πωλεῦμαι", καὶ τὰ ἑξῆς.

66.5. <ἐν> add. Diels || τῇδε Goulet-Cazé : τῇ D : τῇ τε BP || πολιτείᾳ φαίνεσθαι, ὅπου γε Goulet-Cazé : πολιτείᾳ φαίνεσθαι· ὅπου δὲ Mss : πολιτείᾳ φαίνεσθαι. <ἔστιν γὰρ> ὅπου γε Marcovich : πολιτείᾳ <καὶ ἐν

τῇ ποιήσει· ὅπου μὲν γὰρ μέτριον καὶ ἐπιεικῆ> φαίνεσθαι, ὅπου δὲ *suppl.*
Diels ‖ ἐν τῇ ποήσει *del.* Diels

« Timée, dans ses premier et second livres (car il le mentionne souvent)
affirme qu'il donne l'impression d'avoir adopté une attitude contraire à
cette vie publique, puisque dans sa poésie il se montre vantard et plein
d'égoïsme. Il dit en effet : [cit. B 112.4-5a D.-K.] et la suite. (trad.
Goulet-Cazé 1999 modifiée). »

*Sextus Empiricus,* Aduersus Mathematicos, *I.302-304*

[cit. B 112.4-5a D.-K.]

καὶ μὴν ὡς ἐν τούτοις ἐστὶ τυφλός, οὕτω κἂν τοῖς περὶ αὐτῶν γρα-
φεῖσι ποιήμασιν, οἷον Ἐμπεδοκλέους λέγοντος [cit. B 112.4-5a D.-K.]
"χαίρετ', ἐγὼ δ' ὑμῖν θεὸς ἄμβροτος, οὐκέτι θνητός, / πωλεῦμαι μετὰ
πᾶσι τετιμένος". καὶ πάλιν [cit. B 113 D.-K.]. ὁ μὲν γὰρ γραμματικὸς
καὶ ὁ ἰδιώτης ὑπολήψονται κατ' ἀλαζονείαν καὶ τὴν πρὸς τοὺς ἄλλους
ἀνθρώπους ὑπεροψίαν ταῦτ' ἀνεφθέγχθαι τὸν φιλόσοφον, ὅπερ ἀλλότριόν
ἐστι τοῦ κἂν μετρίαν ἕξιν ἐν φιλοσοφίᾳ ἔχοντος, οὐχ ὅτι γε τοῦ τοσούτου
ἀνδρός· ὁ δὲ ἀπὸ φυσικῆς ὁρμώμενος θεωρίας, σαφῶς γινώσκων ὅτι
ἀρχαῖον ὅλως τὸ δόγμα ἐστί, τοῖς ὁμοίοις τὰ ὅμοια γιγνώσκεσθαι, ὅπερ
ἀπὸ Πυθαγόρου δοκοῦν κατεληλυθέναι κεῖται μὲν καὶ παρὰ Πλάτωνι
ἐν τῷ Τιμαίῳ, εἴρηται δὲ πολὺ πρότερον ὑπ' αὐτοῦ Ἐμπεδοκλέους [cit.
B 109 D.-K.], συνήσει ὅτι ὁ Ἐμπεδοκλῆς θεὸν ἑαυτὸν προσηγόρευσεν,
ἐπεὶ μόνος καθαρὸν ἀπὸ κακίας τηρήσας τὸν νοῦν καὶ ἀνεπιθόλωτον τῷ
ἐν ἑαυτῷ θεῷ τὸν ἐκτὸς θεὸν κατείληφεν.

« Et de même qu'il (*sc.* le grammairien) est aveugle dans ces matières,
de même l'est-il également dans les poèmes écrits à leur propos, comme
lorsqu'Empédocle dit : [cit. B 112.1-2b D.-K.]. Et de nouveau : [cit.
B 113 D.-K.]. En effet, le grammairien et l'homme ordinaire suppo-
seront que le philosophe profère ces mots par vantardise et par mépris
envers les autres hommes, ce qui est justement étranger à qui s'intéresse,
même modérément, à la philosophie – sans parler d'un homme de son
importance. Mais celui qui s'est adonné à la réflexion sur la Nature,
parce qu'il sait bien que la doctrine selon laquelle le semblable est
connu par le semblable est très ancienne, laquelle, qui paraît remonter

à Pythagore, se trouve aussi chez Platon dans le *Timée* et a été formulée longtemps auparavant par Empédocle lui-même, <qui affirmait> |cit. B 109 D.-K.|, <un tel homme> comprendra qu'Empédocle proclame qu'il est lui-même un dieu parce qu'ayant, seul, gardé son intellect pur de mal et dépourvu de souillure, il a saisi par le dieu qui se trouve en lui-même celui qui se trouve à l'extérieur de lui. »

*Lucien,* Pro lapsu inter salutandum *2*

[cit. B 112.4 D.-K.]

Τὸ μὲν δὴ χαίρειν ἀρχαία μὲν ἡ προσαγόρευσις, οὐ μὴν ἑωθινὴ μόνον οὐδὲ ὑπὸ τὴν πρώτην ἔντευξιν, ἀλλὰ καὶ πρῶτον μὲν ἰδόντες ἀλλήλους ἔλεγον αὐτό [...]. καὶ ἤδη ἀπιόντες παρ' ἀλλήλων, ὡς τό |cit. B 112.4|.

« Le fait de dire "χαῖρε" est une pratique du salut très ancienne, non pas seulement le matin ni lorsqu'on rencontre quelqu'un pour la première fois, mais les Grecs le disaient également lorsqu'ils se voyaient pour la première fois (*sc.* dans la journée). [...] Et ils le disaient également pour prendre congé, comme dans |cit. B 112.4 D.-K.| »

*Tzétzès,* Commentaire à l'Iliade, *29.21-7*

[cit. B 112.4 D.-K.]

καὶ ὁ Ἀκραγαντῖνος, ὁ Ἐμπεδοκλῆς, μέλλων αὐτὸν ἐμβαλεῖν ἐν τοῖς αἰτναίοις κρατῆρεσιν, ὁμοίως τοῖς αὑτοῦ φησὶν ὁμιληταῖς |cit. B 112.4 D.-K.|, τουτέστιν, εἰς αὐτὰ τὰ ἀπαθῆ καὶ ἀθάνατα στοιχεῖα διαλυθήσομαι, ἐξ ὧνπερ συνέστην.

« Empédocle d'Agrigente, sur le point de se jeter dans le cratère de l'Etna, a pourtant affirmé à ses compagnons |cit. B 112.4 D.-K.|, c'est-à-dire "je serai dissous en éléments exempts de passion et immortels, dont précisément j'ai été composé." »

TEXTE, APPARAT CRITIQUE ET TRADUCTION

112.1     ὦ φίλοι, οἳ μέγα ἄστυ κατὰ ξανθοῦ Ἀκράγαντος
112.2     ναίετ' ἀν' ἄκρα πόλεος, ἀγαθῶν μελεδήμονες ἔργων,

112.3   ξείνων αἰδοῖοι λιμένες, κακότητος ἄπειροι,
112.4   χαίρετ'· ἐγὼ δ' ὑμῖν θεὸς ἄμβροτος, οὐκέτι θνητός
112.5   πωλεῦμαι…

2. πόλεος Merzdorf : πόληος FP⁴ (DL.VIII.54), BP¹QF (DL.VIII.62), *Anth.*
*Pal.* : πολέως BP¹D (DL.VIII.54) : πόλιος D (DL.VIII.62) ‖ 4. ὑμῖν DL.,
Sextus, *Anth. Pal.*, A (Lucien), VM (*Suda*) : ὕμμιν Lucien (*praeter* AFM),
*Suda* (*praeter* VM), Philostrate : εἰμί FM (Lucien)

« Amis qui habitez la grande cité le long du blond Acragas, à travers
les hauteurs de la ville, soucieux d'œuvre de bien, havre bienveillant
pour les étrangers, exempts de mal, salut ! Moi, qui suis pour vous un
dieu exempt de trépas, qui ne suis plus mortel, je vais… »

## LE FRAGMENT B 114 D.-K.

SOURCE : CLÉMENT D'ALEXANDRIE, *STROMATES*, V.1.9.1

[cit. B 114 D.-K.]

Καί μοι σφόδρα ἐπαινεῖν ἔπεισι τὸν Ἀκραγαντῖνον ποιητὴν ἐξυμνοῦντα
τὴν πίστιν ὧδέ πως· [cit. B 114 D.-K.]. διὰ τοῦτο καὶ ὁ ἀπόστολος παρακαλεῖ, "ἵνα ἡ πίστις ἡμῶν μὴ ᾖ ἐν σοφίᾳ ἀνθρώπων" τῶν πείθειν ἐπαγ-
γελλομένων, "ἀλλ' ἐν δυνάμει θεοῦ", τῇ μόνῃ καὶ ἄνευ τῶν ἀποδείξεων
διὰ ψιλῆς τῆς πίστεως σῴζειν δυναμένῃ.

« Et il me faut louer pour ses vers le poète Agrigentin qui fait l'éloge
de la foi en ces termes : [cit. B 114 D.-K.]. Pour cette raison, l'Apôtre
recommande lui aussi "que notre foi ne repose pas sur la sagesse des
hommes" qui promettent la persuasion, "mais sur la puissance de Dieu",
qui seule peut sauver par la simple foi, sans démonstrations. »

TEXTE, APPARAT CRITIQUE ET TRADUCTION

114.1   ὦ φίλοι, οἶδα μὲν οὕνεκ' ἀληθείη πάρα μύθοις,

114.2    οὓς ἐγὼ ἐξερέω· μάλα δ᾽ ἀργαλέη γε τέτυκται
114.3    ἀνδράσι καὶ δύσζηλος ἐπὶ φρένα πίστιος ὁρμή.

1. οὕνεκ᾽ Meineke : οὖν ἐκ τ᾽ Mss ‖ 2. ἐγώ Sylburg : ἐγὼ γ᾽ Mss

« Amis, je sais bien que la vérité habite les paroles que je vais prononcer. Mais l'élan de la persuasion dans l'esprit est très douloureux et
amer pour les hommes. »


## LE FRAGMENT B 115 D.-K.


### SOURCES

*Hippolyte,* Réfutation de toutes les hérésies, *VII.29.14.4-24.1*

[cit. B 115.1-2, 3-4, 5, 7-8, 9-12, 13 D.-K.]

Καὶ τοῦτό ἐστιν ὃ λέγει περὶ τῆς ἑαυτοῦ γεννήσεως ὁ Ἐμπεδοκλῆς·
|cit. B 115.13 D.-K.| "τὴν καὶ ἐγὼ εἶμι, φυγὰς θεόθεν καὶ ἀλήτης",
[τουτέστι] θεὸν καλῶν τὸ ἓν καὶ τὴν ἐκείνου ἑνότητα, ἐν ᾧ ἦν πρὶν ὑπὸ
τοῦ νείκους ἀποσπασθῆναι καὶ γενέσθαι ἐν τοῖς πολλοῖς τούτοις, τοῖς
κατὰ τὴν τοῦ νείκους διακόσμησιν <γεγονόσι>. "νείκει" γάρ, φησί,
<"μαινομένῳ πίσυνος", νεῖκος> μαινόμενον καὶ τετα<ρα>γμένον καὶ
ἄστατον τὸν δημιουργὸν το<ῦ>δε τοῦ κόσμου ὁ Ἐμπεδοκλῆς ἀποκαλῶν.
αὕτη γάρ ἐστιν, <φησίν,> ἡ καταδίκη καὶ ἀνάγκη τῶν ψυχῶν, ὧν ἀποσπᾷ
τὸ νεῖκος ἀπὸ τοῦ ἑνὸς καὶ δημιουργεῖ καὶ <ἀπ>εργάζεται <πολλάς>,
λέγων τοιοῦτόν τινα τρόπον·[cit. B 115.3-4 D.-K.] – δαίμονας τὰς ψυχὰς
λέγων, μακραίωνας <δέ>, ὅτι εἰσὶν ἀθάνατοι καὶ μακροὺς ζῶσιν αἰῶνας –
|cit. B 115.5 D.-K.| – μάκαρας καλῶν τοὺς (σ)υνηγμένους ὑπὸ τῆς φιλίας
ἀπὸ τῶν πολλῶν εἰς τὴν ἑνότη(τ)α τοῦ κόσμου τοῦ νοητοῦ· – τούτους
οὖν φησιν ἀλάλησθαι |cit. B 115.7-8 D.-K.|. ἀργαλέας [δὲ] κελεύθους
φησὶν εἶναι τῶν ψυχῶν τὰς εἰς τὰ σώματα μεταβολὰς καὶ μετακοσμήσεις·
τοῦτ᾽ ἔστιν ὃ λέγει· |cit. B 115.8 D.-K.| μεταλλάσσουσι γὰρ αἱ ψυχαὶ
σῶμα ἐκ σώματος, ὑπὸ τοῦ νείκους μεταβαλλόμεναι καὶ κολαζόμεναι καὶ
οὐκ ἐώμεναι <μετα>βαίνειν εἰς τὸ ἕν. ἀλλὰ <δὴ> κολάζεσθαι ἐν πάσαις

κολάσεσιν ὑπὸ τοῦ νείκους τὰς ψυχάς, μεταβαλλομένας σῶμα ἐκ σώματος· [cit. B 115.9-12 D.-K.]. [...] αὕτη <δή> ἐστιν ἡ κόλασις ᾗ κολάζει <τὰς ψυχὰς> ὁ δημιουργός, καθάπερ χαλκεύς τις <ὁ> μετακοσμῶν σίδηρον καὶ ἐκ πυρὸς εἰς ὕδωρ μεταβάπτων. πῦρ γάρ ἐστιν ὁ αἰθήρ, ὅθεν εἰς πόντον – <τουτέστιν ὕδωρ> – μεταβάλλει τὰς ψυχὰς ὁ δημιουργός. χθὼν δὲ ἡ γῆ· ὅθεν φησίν· ἐξ ὕδατος εἰς γῆν, ἐκ γῆς δ᾽ εἰς τὸν ἀέρα. τοῦτ᾽ ἔστιν ὃ λέγει· [cit. B 115.11-12 D.-K.] "γαῖα δ᾽ ἐς αὐγὰς ἠελίου φαέ(θο)ντος, ὁ δ᾽ αἰθέρος ἔμβαλε δίναις· ἄλλος <δ᾽> ἐξ ἄλλου δέχεται, στυγέουσι δὲ πάντες." Μισουμένας οὖν τὰς ψυχὰς καὶ βασανιζομένας καὶ κολαζομένας ἐν τῷδε τῷ κόσμῳ κατὰ τὸν Ἐμπεδοκλέα συνάγει ἡ φιλία, ἀγαθή τις οὖσα καὶ κατοικτείρουσα τὸν στεναγμὸν αὐτῶν καὶ τὴν ἄτακτον καὶ πονηρὰν "τοῦ νείκους τοῦ μαινομένου" κατασκευήν, καὶ ἐξάγειν <αὐτὰς> κατ᾽ ὀλίγον ἐκ τοῦ κόσμου καὶ προσοικειοῦν τῷ ἑνὶ σπεύδουσα, καὶ κοπιῶσα, ὅπως τὰ πάντα εἰς τὴν ἑνότητα καταντήσῃ ὑπ᾽ αὐτῆς ἀγόμενα. [...]

Τοῦτον <οὖν> εἶναί φησιν ὁ Ἐμπεδοκλῆς νόμον μέγιστον τῆς τοῦ παντὸς διοικήσεως, λέγων ὧδέ πως· [cit. B 115.1-2 D.-K.]. Ἀνάγκην καλῶν τὴν ἐξ ἑνὸς εἰς πολλὰ κατὰ τὸ νεῖκος καὶ ἐκ πολλῶν εἰς ἓν κατὰ τὴν φιλίαν μεταβολήν· θεοὺς δέ, ὡς ἔφην, τέσσαρας μὲν θνητούς, πῦρ, ὕδωρ, γῆν, ἀέρα, δύο δὲ ἀθανάτους, ἀγεννήτους, πολεμίους ἑαυτοῖς διὰ παντός, τὸ νεῖκος καὶ τὴν φιλίαν. [...]

29.15.1-2. "νείκει" γάρ, φησί, <"μαινομένῳ πίσυνος", νεῖκος> μαινόμενον
Götting : "νείκει" γάρ, φησί, μαινόμενον Ms

« Et voici ce que dit Empédocle de sa propre naissance : [cit. B 115.13 D.-K.], en appelant l'Un et l'unité de celui-ci "dieu", unité dans laquelle il se trouvait avant d'en être arraché par la Discorde et de naître en ces corps multiples, nés de la séparation cosmique opérée par la Discorde. En affirmant "<confiant en> la discorde <délirante>", Empédocle nomme le démiurge de notre monde "Discorde délirante", suscitant le désordre et instable. Celle-ci est, dit-il, la punition et la destinée des âmes que la Discorde arrache à l'Un, qu'elle façonne et qu'elle achève, en nombre ; Empédocle s'exprime en ces termes : [cit. B 115.3-4 D.-K.].

Par "démons" il veut dire les âmes, et par "long", qu'elles sont immortelles et qu'elles vivent pendant longtemps. [cit. B 115.5 D.-K.] : il appelle "bienheureux" ceux qui ont été rassemblés par l'Amour depuis la multiplicité, dans l'union du monde intelligible. Donc, ceux-ci, il dit qu'ils errent |cit. B 115.7-8 D.-K.|. Il affirme que les "durs chemins" sont les changements et les conversions des âmes vers les corps. Voici ce qu'il affirme : |cit. B 115.8 D.-K.|. En effet, les âmes passent de corps en corps, mues et punies par la Discorde qui ne les laisse pas se diriger vers l'Un. Au contraire, <Empédocle dit que> les âmes sont punies par la Discorde au moyen de toutes les punitions possibles, passant de corps en corps : |cit. B 115.9-12 D.-K.|.

Voici la punition que le démiurge fait subir aux âmes, de même qu'un bronzier transforme le fer en le sortant du feu pour le plonger dans l'eau. L'éther est le feu, depuis lequel le démiurge fait passer les âmes dans la mer (c'est-à-dire l'eau). La terre est "χθών". D'où, affirme-t-il : de l'eau vers la terre, de la terre vers l'air. Voici ce qu'il affirme : |cit. B 115.10-12 D.-K.|. Selon Empédocle, l'Amour réunit donc les âmes qui sont, dans notre monde, haïes, torturées et châtiées, parce qu'il est bon et qu'il prend pitié de leur gémissement et de l'action désordonnée et maligne de "la Discorde furieuse" ; elle s'efforce de les sortir du monde en peu de temps et de les associer à l'un, en travaillant à ce que toute chose parvienne à l'unité, sous sa conduite. [...]

Empédocle affirme donc que c'est là la principale loi de l'administration du tout, lorsqu'il s'exprime en ces termes : |cit. B 115.1-2 D.-K.|. Il nomme "nécessité" le changement de l'un en multiple selon la Discorde et du multiple en l'un selon l'Amour. Des dieux, disait-il, quatre étaient mortels (le feu, l'eau, la terre et l'air) tandis que deux étaient immortels et inengendrés, en conflit l'un avec l'autre pour l'éternité (la Discorde et l'Amour). [...] »

*Plutarque,* De exilio 607C2-E9

[cit. B 115.1+3+5+6+13 D.-K.]

καὶ περὶ μὲν ὧν Αἰσχύλος ᾐνίξατο καὶ ὑπεδήλωσεν εἰπών |cit. Ae.Su.214| "ἁγνόν τ' Ἀπόλλω φυγάδ' ἀπ' οὐρανοῦ θεόν", |cit. Hdt. II.171| "εὔστομά μοι κείσθω" καθ' Ἡρόδοτον.

ὁ δ' Ἐμπεδοκλῆς ἐν ἀρχῇ τῆς φιλοσοφίας προαναφωνήσας |cit. B 115 v. 1, 3, 5, 6, 13 D.-K.| οὐχ ἑαυτόν, ἀλλ' ἀφ' ἑαυτοῦ πάντας ἀποδείκνυσι μετανάστας ἐνταῦθα καὶ ξένους καὶ φυγάδας ἡμᾶς ὄντας. "οὐ γὰρ αἷμα" φησίν "ἡμῖν οὐδὲ πνεῦμα συγκραθέν, ὦ ἄνθρωποι, ψυχῆς οὐσίαν καὶ ἀρχὴν παρέσχεν, ἀλλ' ἐκ τούτων τὸ σῶμα συμπέπλασται γηγενὲς καὶ θνητόν", τῆς δὲ ψυχῆς ἀλλαχόθεν ἡκούσης δεῦρο τὴν γένεσιν ἀποδημίαν ὑποκορίζεται τῷ πραοτάτῳ τῶν ὀνομάτων. τὸ δ᾽ ἀληθέστατον, φεύγει καὶ πλανᾶται θείοις ἐλαυνομένη δόγμασι καὶ νόμοις, εἶθ᾽ ὥσπερ ἐν νήσῳ σάλον ἐχούσῃ πολύν, καθάπερ φησὶν ὁ Πλάτων [Pl. *Phaedr.* 250c], "ὀστρέου τρόπον" ἐνδεδεμένη τῷ σώματι διὰ τὸ μὴ ἀναφέρειν μηδὲ μνημονεύειν [cit. B 119 D.-K.] "ἐξ οἴης τιμῆς τε καὶ ὅσσου μήκεος ὄλβου" μεθέστηκεν, οὐ Σάρδεων Ἀθήνας οὐδὲ Κορίνθου Λῆμνον ἢ Σκῦρον ἀλλ᾽ οὐρανοῦ καὶ σελήνης γῆν ἀμειψαμένη καὶ τὸν ἐπὶ γῆς βίον, ἂν μικρὸν ἐνταῦθα τόπον ἐκ τόπου παραλλάξῃ, δυσανασχετεῖ καὶ ξενοπαθεῖ καθάπερ φυτὸν ἀγεννὲς ἀπομαραινομένη.

« Et au sujet de ce à quoi Eschyle a fait allusion par énigme en disant [cit. Ae.*Su.*214] "le saint Apollon, dieu exilé du ciel", [cit. Hdt.II.171] "que ma bouche reste silencieuse", comme le dit Hérodote.

Lorsqu'Empédocle disait en manière de prélude, au début de son poème philosophique, [cit. B 115 v. 1, 3, 5, 6, 13 D.-K.], il montre que non pas lui-même mais nous tous à sa suite qui sommes des vagabonds, des exilés et des étrangers ici-bas. "Ce n'est pas le sang, hommes, dit-il, ce n'est pas l'air auquel il s'est mêlé qui a donné à l'âme sa substance et son principe, mais de ces éléments le corps seul a été façonné, terrestre et mortel", alors qu'il désigne la naissance par le plus doux des euphémismes, le voyage, parce que l'âme parvient ici-bas depuis ailleurs. Et c'est très vrai : elle fuit et erre, conduite par des décisions et des lois divines, puis attachée au corps (de même que dans une île battue par les flots, comme dit Platon, [Pl. *Phaedr.* 250c] "à la façon d'une huître"), en raison du fait qu'elle ne se souvient pas ni ne se remémore [cit. B 119 D.-K.] "quel degré d'honneur et de félicité" elle a quitté – car elle n'a pas quitté Sardes pour Athènes ou Corinthe pour Lemnos et Skyros, mais la terre et la vie terrestre pour le ciel et la lune et, pour peu qu'elle passe d'un lieu à un autre ici-bas, elle s'indigne et développe un sentiment d'étrangeté, se flétrissant comme une plante chétive. »

*Plutarque,* De Iside et Osiride, *361B8-D1*

[cit. B 115.9-12 D.-K.]

τοὺς δὲ χρηστοὺς πάλιν καὶ ἀγαθοὺς ὅ θ᾽ Ἡσίοδος [cit. He.*Op.*123 *sqq.*] "ἁγνοὺς δαίμονας" καὶ "φύλακας ἀνθρώπων" προσαγορεύει, "πλουτοδότας

καὶ τοῦτο γέρας βασιλήιον ἔχοντας". ὅ τε Πλάτων |cit. Pl. *Conu.* 202e|
ἑρμηνευτικὸν τὸ τοιοῦτον ὀνομάζει γένος καὶ διακονικὸν ἐν μέσῳ θεῶν καὶ
ἀνθρώπων, εὐχὰς μὲν ἐκεῖ καὶ δεήσεις ἀνθρώπων ἀναπέμποντας, ἐκεῖθεν
δὲ μαντεῖα δεῦρο καὶ δόσεις ἀγαθῶν φέροντας. Ἐμπεδοκλῆς δὲ καὶ δίκας
φησὶ διδόναι τοὺς δαίμονας ὧν <ἂν> ἐξαμάρτωσι καὶ πλημμελήσωσιν
|cit. B 115.9-12 D.-K.| ἄχρι οὗ κολασθέντες οὕτω καὶ καθαρθέντες αὖθις
τὴν κατὰ φύσιν χώραν καὶ τάξιν ἀπολάβωσι.

« Quant aux démons bienveillants et bons, Hésiode |cit. He.*Op.*123 *sqq.*|
les nomme "saints démons", "gardiens des hommes" et "dispensateurs
de richesse et possesseurs de la part d'honneur des rois". Platon, lui,
appelle cette race |cit. Pl. *Conu.* 202e| une race d'interprètes, de servi-
teurs intermédiaires entre dieux et hommes, dans la mesure où ils font
monter vers les cieux les prières et les suppliques des hommes tandis
qu'ils apportent ici-bas, de là-haut, les oracles et les dons bienfaisants.
Empédocle affirme même que les démons reçoivent le châtiment des
fautes et des offenses qu'ils ont commises |cit. B 115.9-12 D.-K.|,
jusqu'au moment où, après avoir été punis et purifiés de cette façon, ils
regagnent le lieu et le rang conformes à leur nature. »

*Plutarque,* De uitando aere alieno, *830E7-831A4*

[cit. B 115.9-12 D.-K.]

ὁ δ' ἅπαξ ἐνειληθεὶς μένει χρεώστης διὰ παντός, ἄλλον ἐξ ἄλλου
μεταλαμβάνων ἀναβάτην, ὥσπερ ἵππος ἐγχαλινωθείς· ἀποφυγὴ δ' οὐκ
ἔστιν ἐπὶ τὰς νομὰς ἐκείνας καὶ τοὺς λειμῶνας, ἀλλὰ πλάζονται καθάπερ
οἱ θεήλατοι καὶ οὐρανοπετεῖς ἐκεῖνοι τοῦ Ἐμπεδοκλέους δαίμονες· |cit.
B 115.9-12 D.-K.| "ἄλλος δ' ἐξ ἄλλου δέχεται" τοκιστὴς ἢ πραγματευτὴς
Κορίνθιος, εἶτα Πατρεύς, εἶτ' Ἀθηναῖος, ἄχρι ἂν ὑπὸ πάντων περικρουόμε-
νος διαλυθῇ καὶ κατακερματισθῇ.

« Mais celui qui s'est laissé prendre une seule fois reste éternellement
débiteur, servant de monture à l'un puis à l'autre, comme un cheval qui
a reçu le mors. Il n'y a pas de fuite de ces pâturages et de ces prairies,
mais on erre comme ces exilés du dieu, ces précipités hors de l'Olympe,
les démons d'Empédocle : |cit. B 115.9-12 D.-K.|. "L'un le reçoit de

l'autre", usurier ou intendant de Corinthe, de Patras ensuite, et d'Athènes, jusqu'à ce que, roué de coups par tous, ils se disloquent et s'éparpillent. »

*Hiéroclès,* Commentaire au Carmen aureum, *24.2.1-24.3.5*

[cit. B 115.13-14, B 121.1, 2 et 4 D.-K.]

κάτεισι γὰρ καὶ ἀποπίπτει τῆς εὐδαίμονος χώρας ὁ ἄνθρωπος, ὡς Ἐμπεδοκλῆς φησιν ὁ Πυθαγόρειος, [cit. B 115.13-14 D.-K.] "φυγὰς θεόθεν καὶ ἀλήτης, / νείκεϊ μαινομένῳ πίσυνος." ἄνεισι δὲ καὶ τὴν ἀρχαίαν ἕξιν ἀπολαμβάνει, εἰ φύγοι τὰ περὶ γῆν καὶ τὸν [cit. B 121.1 D.-K.] "ἀτερπέα χῶρον", ὡς ὁ αὐτὸς λέγει, [cit. B 121.2 D.-K.] "ἔνθα Φόνος τε Κότος τε καὶ ἄλλων ἔθνεα Κηρῶν", εἰς ὃν οἱ ἐκπεσόντες [cit. B 121.4 D.-K.] "Ἄτης ἂν λειμῶνα κατὰ σκότος ἠλάσκουσιν". ἡ δὲ ἔφεσις τοῦ φεύγοντος τὸν τῆς Ἄτης λειμῶνα πρὸς τὸν τῆς ἀληθείας ἐπείγεται λειμῶνα, ὃν ἀπολιπὼν τῇ ὁρμῇ τῆς πτερορρυήσεως εἰς γήινον ἔρχεται σῶμα ὀλβίου αἰῶνος ἀμερθείς.

« L'homme descend et tombe du lieu bienheureux, comme l'affirme Empédocle le Pythagoricien : [cit. B 115.13-14 D.-K.] "exilé loin du dieu et vagabond, / confiant en Discorde la Délirante". Mais il remonte et recouvre son ancien état, s'il peut fuir les choses terrestres et la [cit. B 121.1 D.-K.] "contrée misérable" – comme le dit le même poète [cit. B 121.2 D.-K.] "Là, Meurtre, Rancune et les tribus des autres Fléaux" – dans laquelle ceux qui y sont tombés [cit. B 121.4 D.-K.] "vagabondent dans l'obscurité, à travers la prairie d'Erreur". Or, le désir de celui qui fuit la prairie d'Erreur le pousse vers la prairie de Vérité. S'il n'y arrive pas, la chute de ses ailes le pousse dans un corps terrestre, le privant de l'éternité bienheureuse. »

*Origène,* Contre Celse, *8.53.2-10*

[cit. B 115.6 D.-K.]

Ἐπειδὴ δὲ σώματι συνδεθέντες ἄνθρωποι γεγόνασιν εἴτ' οἰκονομίας τῶν ὅλων ἕνεκεν εἴτε ποινὰς ἁμαρτίας ἀποτίνοντες, εἴθ' ὑπὸ παθημάτων τινῶν τῆς ψυχῆς βαρυνθείσης, μέχρι ἂν <ἐν> ταῖς τεταγμέναις περιόδοις ἐκκαθαρθῇ· δεῖ γὰρ κατὰ τὸν Ἐμπεδοκλέα [cit. 115.6 D.-K.] "τρίς μέν μυρίας ὥρας ἀπὸ μακάρων ἀλάλησθαι", γιγνομένην παντοίαν διὰ χρόνου ἰδέαν θνητῶν· πειστέον οὖν, ὅτι παραδέδονταί τισιν ἐπιμεληταῖς τοῦδε τοῦ δεσμωτηρίου.

« Les hommes naissent liés à un corps, soit en raison de l'économie du tout, soit parce qu'ils expient une faute, soit parce que leur âme est alourdie par leurs passions, jusqu'à ce qu'elle soit purifiée au terme de périodes fixées. Il faut en effet, selon Empédocle, qu'elle |cit. 115.6 D.-K.| "erre trois mille saisons loin des Bienheureux", en devenant avec le temps toutes les formes des choses mortelles. Il faut donc croire que les hommes ont été livrés aux geôliers de cette prison. »

*Plotin,* Ennéades *4.8.1.17-23*

[cit. B 115.13-14 D.-K.]

Ἐμπεδοκλῆς τε εἰπὼν ἁμαρτανούσαις νόμον εἶναι ταῖς ψυχαῖς πεσεῖν ἐνταῦθα καὶ αὐτὸς |cit. B 115.13-14 D.-K.| "φυγὰς θεόθεν" γενόμενος ἥκειν "πίσυνος μαινομένῳ νείκει" τοσοῦτον παρεγύμνου, ὅσον καὶ Πυθαγόρας, οἶμαι, καὶ οἱ ἀπ' ἐκείνου ἠνίττοντο περί τε τούτου περί τε πολλῶν ἄλλων. Τῷ δὲ παρῆν καὶ διὰ ποίησιν οὐ σαφεῖ εἶναι.

« Lorsqu' Empédocle a dit qu'une loi prescrivait que les âmes qui commettaient une faute tombent ici-bas et que lui-même, devenu |cit. B 115.13-14 D.-K.| "exilé des dieux" était parvenu ici "confiant en Discorde la furieuse", il a fait autant de révélations que Pythagore, je le crois bien, et ses disciples ont proposé des interprétations de ce passage et de beaucoup d'autres[3]. Mais en raison de la forme poétique, il n'était pas en son pouvoir d'être clair. »

*Asclépius,* Commentaire à la Métaphysique
*197.17-21*

[cit. B 115.13-14 D.-K.]

---

3    Ou, moins vraisemblablement vu ce qui suit : « ont parlé en énigme de ce point et de beaucoup d'autres ».

λέγομεν οὖν ὃ πολλάκις εἴρηται, ὅτι πάντα ταῦτα συμβολικῶς ἔλεγεν ὁ Ἐμπεδοκλῆς· οὔτε γὰρ τὸν σφαῖρον ὑπετίθετο φθείρεσθαι, ὥς φησιν, οὔτε δὲ τὸν αἰσθητὸν κόσμον, ἀλλὰ διὰ τούτων ἐδήλου τὴν ἄνοδον καὶ τὴν κάθοδον τῆς ψυχῆς. διὸ ἔλεγεν [cit. B 115.13-14 D.-K.] "ὡς καὶ ἐγὼ δεῦρ᾽ εἰμὶ φυγὰς θεόθεν καὶ ἀλήτης νείκεϊ αἰθομένῳ πίσυνος".

« Disons donc ce qu'on a souvent dit, que tout cela a été dit de façon symbolique par Empédocle : il n'a pas supposé que le Sphairos était détruit, comme il l'affirme, pas plus que le monde sensible, mais par ces propos il a voulu mettre en évidence la montée et la descente de l'âme. C'est pour cette raison qu'il a affirmé [cit. B 115.13-14 D.-K.] "car moi aussi je suis, ici, exilé loin du dieu, errant, vassal de Discorde enflammée". »

*Philopon*, Commentaire à Génération-Corruption *266.3-8*

[cit. B 115.13-14 D.-K.]

Ἐμπεδοκλέους τὴν μὲν φιλίαν ἐπαινοῦντος ὡς τῆς κατὰ φύσιν αἰτίαν κινήσεως, τὸ δὲ νεῖκος ψέγοντος ὡς τῆς ἐναντίας (φησὶ γὰρ [cit. B 115.13-14] "ὡς καὶ ἐγὼ δεῦρ᾽ εἰμὶ φυγὰς θεόθεν καὶ ἀλήτης νείκεϊ μαινομένῳ πίσυνος"), εἰς τοὐναντίον πάλιν αὐτὸν ὁ Ἀριστοτέλης περιάγει, δεικνὺς ὅτι κατὰ τὰς αὐτοῦ ὑποθέσεις ἡ μὲν φιλία τῆς παρὰ φύσιν τὸ δὲ νεῖκος τῆς κατὰ φύσιν κινήσεώς ἐστιν αἴτιον.

« Alors qu'Empédocle fait l'éloge de l'Amour en tant que cause du mouvement naturel tout en blâmant la Discorde en tant que cause du mouvement contraire (il dit en effet [cit. 115.13-14 D.-K.]), Aristote le place en contradiction avec lui-même en lui attribuant l'idée contraire, quand il montre que, selon ses prémisses, l'Amour est responsable du mouvement contraint alors que la Discorde est responsable du mouvement naturel. »

*Philopon*, Commentaire au De anima *15.73.29-34*

[cit. B 115.13-14 D.-K.]

ἐκάλει οὖν τὴν μὲν ἀναγωγὸν αὐτῆς δύναμιν φιλίαν, νεῖκος δὲ τὴν καταγωγόν. ἡ γὰρ φιλία ἑνώσεώς ἐστιν αἰτία· ἥνωται δὲ μᾶλλον τὰ νοητά, ὅσῳ καὶ ἐγγυτέρω εἰσὶ τῆς μιᾶς τῶν πάντων ἀρχῆς· τὸ δὲ νεῖκος ἐν τοῖς αἰσθητοῖς ἐπικρατεῖ, τουτέστιν ἡ διάκρισις· διὸ καὶ ἔλεγεν |cit. B 115.13-14 D.-K.| "ὡς καὶ ἐγὼ δεῦρ᾽ εἰμὶ φυγὰς θεόθεν καὶ ἀλήτης, νείκεϊ μαινομένῳ πίσυνος". τὰ αὐτὰ καὶ ὁ Πλάτων ἐν τῷ Τιμαίῳ λέγει.

Empédocle nommait dont "Amitié" la puissance ascendante de l'âme, et "Discorde" la puissance descendante. L'Amitié est en effet cause d'unification. Et elle unit d'autant plus les choses intelligibles qu'elles sont plus proches du principe unique de toutes choses. La Discorde – c'est-à-dire la séparation – règne en revanche sur les choses sensibles. C'est pour ce qu'Empédocle dit |cit. B 115.13-14 D.-K.|. Platon lui aussi, dans le *Timée*, affirme la même chose.

*Philopon,* Commentaire à la Physique *24.16-22*

[cit. B 115.13-14 D.-K.]

ἐπειδὴ γὰρ ἔστιν ἐν τῇ ἡμετέρᾳ ψυχῇ καὶ ἑτεροποιὸς καὶ ταυτοποιὸς δύναμις, ὅταν μὲν κατὰ τὴν ταυτοποιὸν δύναμιν ἐνεργήσῃ, ὃν "ταὐτοῦ κύκλον" ὁ Πλάτων ἐκάλεσε, πρὸς τοῖς νοητοῖς γίνεται μᾶλλον (ταύτην δὲ τὴν δύναμιν φιλίαν ὁ Ἐμπεδοκλῆς ἐκάλεσεν, ὅτι ἡ φιλία ἑνοποιός ἐστιν), ὅταν δὲ κατὰ τὴν ἑτεροποιὸν δύναμιν ἐνεργήσῃ, ἣν Πλάτων μὲν "θατέρου κύκλον" ἐκάλεσεν, Ἐμπεδοκλῆς δὲ νεῖκος, πρὸς τοῖς αἰσθητοῖς γίνεται. Τὴν οὖν μεταβολὴν τῆς ψυχῆς κατὰ τὸν αἰσθητόν τε καὶ νοητὸν κόσμον μεταβολὴν τῶν κόσμων ὁ Ἐμπεδοκλῆς ἐκάλεσεν, ὅθεν καὶ τὸ πολυθρύλητον ἐκεῖνο περὶ ψυχῆς ἔφη· |cit. B 115.13-14 D.-K.| τουτέστι πεπεισμένος τῇ ἑτεροποιῷ τῆς ψυχῆς δυνάμει.

« Puisqu'en effet il y a dans notre âme une puissance hétéropoïétique et une autre homopoïétique, lorsque l'âme exécute la puissance homopoïétique, que Platon a appelé "cycle du même", elle est plutôt tournée vers les choses intelligibles (Empédocle a lui nommé cette puissance "Amitié", parce que l'Amitié est créatrice d'union) – alors que, lorsque l'âme exécute la puissance hétéropoïétique, que Platon a nommée "cycle de l'autre" et Empédocle "Discorde", elle se tourne vers les choses sensibles. Le changement de l'âme selon le monde sensible et le monde intelligible, Empédocle l'a donc nommé changement des mondes (*sc.* l'un en l'autre), d'où ce vers très célèbre sur l'âme : |cit.

B 115.13-14 D.-K.], c'est-à-dire qu'il a été persuadé par la puissance hétéropoïétique de l'âme. »

TEXTE, APPARAT CRITIQUE ET TRADUCTION

115.1 ἔστι τι Ἀνάγκης χρῆμα, θεῶν ψήφισμα παλαιόν,
115.2 ἀίδιον, πλατέεσσι κατεσφραγισμένον ὅρκοις·
115.3 εὖτέ τις ἀμπλακίῃσι φόνῳ φίλα γυῖα μιήνῃ,
115.4 ὅς καὶ (...) ἐπίορκον ἁμαρτήσας ἐπομόσσῃ,
115.5 δαίμονες οἵ τε μακραίωνος λελάχασι βίοιο,
115.6 τρίς μιν μυρίας ὥρας ἀπὸ μακάρων ἀλάλησθαι,
115.7 φυομένους παντοῖα διὰ χρόνου εἴδεα θνητῶν
115.8 ἀργαλέας βιότοιο μεταλλάσσοντα κελεύθους.
115.9 αἰθέριον μὲν γάρ σφε μένος πόντονδε διώκει,
115.10 πόντος δ᾽ ἐς χθονὸς οὖδας ἀπέπτυσε, γαῖα δ᾽ ἐς αὐγὰς
115.11 ἠελίου φαέθοντος, ὁ δ᾽ αἰθέρος ἔμβαλε δίναις·
115.12 ἄλλος δ᾽ ἐξ ἄλλου δέχεται, στυγέουσι δὲ πάντες.
115.13 τῶν καὶ ἐγὼ νῦν εἰμι, φυγὰς θεόθεν καὶ ἀλήτης,
115.14 νείκεϊ μαινομένῳ πίσυνος.

1. ἔστι τι Plutarque, Hippolyte : ἐστι τ᾽ Gallavotti ‖ Ἀνάγκης Plutarque : Ἀνάγκη Hippolyte : Ἀνάγκῃ van der Ben ‖ 3. φόνῳ φίλα γυῖα μιήνῃ Estienne : φόβῳ φίλα γυῖα μιν Mss : φόβῳ φίλα γυῖα μιήνῃ Picot : φρενῶν φίλα γυῖα μιήνη Panzerbieter ‖ 4. ὅς καὶ (...) ἐπίορκον Ms : <αἵμασιν> ἢ ἐπίορκον Schneidewin : <Νείκει θ᾽> ὅς κ᾽ ἐπίορκον Diels : ὅς κεν <τὴν> ἐπίορκον van der Ben : <ἔστι τόδ᾽·> ὅς κ᾽ ἐπίορκον Gallavotti : <θνητῶν·> ὅς κ᾽ ἐπίορκον Rashed ‖ ἁμαρτήσας Ms : ὁμαρτήσας Diels ‖ ἐπομόσσῃ Schneidewin : ἐπομώσει Ms : secl. Knatz et al. ‖ 5. δαίμονες οἵ τε Plutarque, Hippolyte (paraphr.) : δαιμόνιοί τε Hippolyte : δαίμων οἵ τε Heeren : δαίμονας van der Ben ‖ μακραίωνος λελάχασι Hippolyte : μακραίωνες λελόγχασι Plutarque ‖ βίοις Hippolyte : βίοιο Plutarque ‖ 6. μιν Plutarque : μέν Hippolyte, Origène ‖ ἀλαλῆσθαι Origène : ἀλάλασθε Plutarque, Hippolyte ‖ 7. φυομένους Ms : φυόμενον Stein ‖ εἴδεα Bergk : ἴδεα Hippolyte ‖ 9. αἰθέριον μὲν γάρ Eusèbe : αἰθέριον γάρ Plutarque : αἰθέριόν γε Hippolyte ‖ πόντονδε διώκει plerique : πόντονδε ἐχθονὸς διώκει Hippolyte ‖ 10. πόντος δ᾽ ἐς Plutarque : πόντος ἐς Hippolyte ‖ 11. φαέθοντος Hippolyte : ἀκάμαντος Plutarque ‖ 13. τῶν

καὶ ἐγὼ νῦν εἰμι Scaliger : τῶν καὶ ἐγώ εἰμι Hippolyte : τὴν καὶ ἐγὼ νῦν εἶμι Plutarque : ὡς καὶ ἐγὼ δεῦρ᾽ εἶμι Philopon, Asclépius : τῇ καὶ ἐγὼ νῦν εἰμι. ‖ 14. μαινομένῳ *plerique* : αἰθομένῳ Asclépius

« Il y a un oracle de nécessité, antique vote des dieux, éternel, scellé par de larges serments : quand quelqu'un, dans sa folie, souille ses membres par le meurtre et qu'il (…), ayant commis une faute, se parjure, démons qui ont obtenu une longue vie en partage, il doit errer loin des Bienheureux durant trois mille saisons, croissant avec le temps en toutes les formes mortelles, échangeant les rudes chemins de l'existence. Car la force de l'éther les pousse vers la mer, la mer les recrache vers le sol de la terre, la terre dans l'éclat du soleil brillant, et celui-ci les jette dans les tourbillons de l'éther. Chacun les reçoit de l'autre, et tous les haïssent. Je suis à présent parmi eux, exilé du dieu, errant, parce que j'ai eu foi en la Discorde furieuse. »


### LE FRAGMENT 110 BOLLACK

SOURCE : SIMPLICIUS, *COMMENTAIRE À LA PHYSIQUE* 1184.9

Voir Annexe 2, p. 814-815.

TEXTE, APPARAT CRITIQUE ET TRADUCTION

1. ἔστιν Ἀνάγκη, χρῆμα θεῶν, σφρήγισμα παλαιόν,
2. ἀίδιον, πλατέεσσι κατεσφρηγισμένον ὅρκοις

1. θεῶν AM : θεῷ F ‖ σφρήγισμα A : σφράγισμα aFM

« Elle est Nécessité, oracle des dieux, ancien sceau, éternel, scellé par de larges serments. »

## LE FRAGMENT B 121 D.-K.

SOURCES

Nous ne reproduisons ici que les sources les plus importantes : pour une liste exhaustive, *cf.* Vítek 2006 p. 380. Le vers 121.3 est également intégré à un fragment des *Oracles Chaldaïques*[4].

*Hiéroclès,* Commentaire au Carmen aureum, *24.2.1-24.3.5*

Voir Annexe 1, p. 793.

*Proclus,* Commentaire au Cratyle, *174.32-174.46*

[cit. B 121.2-3 D.-K.]

διὰ τί οὖν ὁ Σωκράτης τῇ τοιαύτῃ τάξει κέχρηται ; ἀπὸ γὰρ τῆς ἰατρικῆς ἀρξάμενος καὶ διὰ τῆς μαντικῆς καὶ τοξικῆς διελθὼν εἰς τὴν μουσικὴν κατέληξεν. ῥητέον οὖν ὅτι πᾶσαι μὲν αἱ τοῦ θεοῦ τούτου ἐνέργειαι ἐν πάσαις εἰσὶν ταῖς τῶν ὄντων διακοσμήσεσιν ἄνωθεν ἀρχόμεναι ἕως τῶν τελευταίων, ἄλλαι δὲ ἐν ἄλλαις δοκοῦσιν μᾶλλον ἢ ἧττον ἐπικρατεῖν. οἷον ἡ μὲν ἰατρικὴ τοῦ θεοῦ μᾶλλον ἐν τοῖς ὑπὸ σελήνην, [cit. B 121.2-3 D.-K.] "ἔνθα κότος τε φόνος τε καὶ ἄλλων ἔθνεα κηρῶν, / αὐχμηραί τε νόσοι καὶ σήψιες, ἔργα τε ῥευστά". ταῦτα γὰρ πλημμελῶς κινούμενα δέονται ἐκ μὲν τοῦ παρὰ φύσιν εἰς τὸ κατὰ φύσιν ἐπανελθεῖν, ἐκ δὲ ἀσυμμετρίας καὶ πολυσχιδίας εἰς συμμετρίαν καὶ ἕνωσιν.

« Pour quelle raison Socrate recourt-il à un ordre de ce genre (*sc.* dans l'énumération des puissances d'Apollon) ? C'est qu'en commençant par la médecine pour passer à la divination et au tir à l'arc, il finit par la musique. Il faut répondre que toutes les manifestations de ce dieu existent à tous les niveaux de ce qui est, en commençant par les plus hautes, jusqu'aux plus basses ; et que d'autres semblent être souveraines, à des

---

4    *Cf.* Des Places 1971. Il s'agit du vers 3 du fragment 134 : Μηδ' ἐπὶ μισοφαῆ κόσμον σπεύδειν λάβρον ὕλης, / ἔνθα φόνος στάσιές τε καὶ ἀργαλέων φύσις ἀτμῶν / αὐχμηραί τε νόσοι καὶ σήψιες ἔργα τε ῥευστά· / ταῦτα χρεὼ φεύγειν τὸν ἐρᾶν μέλλοντα πατρὸς νοῦ.

degrés divers, à d'autres niveaux de ce qui est. Ainsi, la médecine du dieu s'exerce plus sur les étants du monde sublunaire : |cit. B 121.2-3|. En effet, ces choses, soumises à un mouvement désordonné, demandent à être ramenées de ce qui est contraire à leur nature à ce qui est conforme à celle-ci, et de l'asymétrie et de la division à la symétrie et à l'unicité. »

*Proclus,* Commentaire à la République, *2.157.15-2.158.15*

[cit. B 121.2 + 4 D.-K.]

δῆλον ὡς αὐτὸς ἔσται δαιμόνιος τόπος καὶ τῶν δικαστῶν χῶρος, ὃν ἀπεδείκνυμεν ἔμπροσθεν ἐναργῶς αὐτὸν εἶναι τὸν αἰθέρα τὸν οὐρανοῦ καὶ γῆς ὅλης μέσον καὶ οὐχὶ τῶν ἐγκοίλων μόνων τῆς γῆς. ἔστι μὲν οὖν ὁ λειμὼν οὗτος ταύτην ἔχων τὴν ἐπωνυμίαν ὡς ἀρχὴ τῆς τῶν ῥευστῶν φύσεως καὶ τῶν ἐν ὑγρῷ τρεφομένων περιοχὴ πάντων λόγων τε γενε-σιουργῶν καὶ ζωῆς ὑλικῆς ἀστάτως κινουμένης τόπος· τοιοῦτοι γὰρ οἱ λειμῶνες ὑδρηλοί τινες καὶ ἀνθέων καὶ ἄλλων τοιούτων γέμοντες. τοῦτον Ἐμπεδοκλῆς ἰδὼν τὸν λειμῶνα παντοίων αὐτὸν εἶναι κακῶν πλήρη καὶ εἶπεν καὶ εἰπὼν ἀνῴμωξεν· |cit. B 121.2 + 4 D.-K.| "ἔνθα Κότος τε Φόνος τε καὶ ἄλλων ἔθνεα κηρῶν / Ἄτης ἐν λειμῶνι κατὰ σκότος ἠλάσκοντα." μισοφαὴς γὰρ οὗτος ὁ χῶρος, ὡς καὶ τὸ σκότος ἐν αὐτῷ ἐγένετο, καὶ τῆς τίσεως †κακούργῳ παντί· κοινὸν δὲ αὖ τοῦτον ἡ φύσις ἐτέλεσεν τὸν τόπον, καὶ τοῖς δικαίοις οἰκεῖον εἶναι τοῦτον ὑμνοῦσιν.

« Il est manifeste que la prairie sera le lieu démonique et l'emplacement des juges, dont nous avons montré clairement auparavant qu'il est l'éther intermédiaire entre le ciel et la terre toute entière – et non pas seulement les creux de celle-ci. Or, cette prairie tient sa dénomination du fait qu'elle est le principe de la nature des fluides, qu'elle enveloppe tout ce qui naît dans l'humide, et qu'elle est le lieu des principes responsables de la génération et de la vie matérielle qui se meut de façon continue. En effet, ces prairies sont humides, et remplies de fleurs et d'autres choses de ce genre. Empédocle, en voyant cette prairie, a dit qu'elle regorgeait de maux variés et a poussé un gémissement en disant : |cit. B 121.2 + 4 D.-K.|. Ce lieu, en effet, hait la lumière, car c'est en lui que sont nées les ténèbres et qu'il est cause du châtiment de tout criminel. La nature en a pourtant fait un lieu commun, et on le célèbre comme le lieu propre des justes. »

*Synésius,* De prouidentia *I.1*

[cit. B 121.2 + 4 D.-K.]

Ὄσιρις καὶ Τυφὼς ἤστην μὲν ἀδελφὼ καὶ ἀπὸ τῶν αὐτῶν ἐγενέσθην σπερμάτων. ἔστι δὲ οὐ μία ψυχῶν καὶ σωμάτων συγγένεια· οὐ γὰρ τὸ τοῖν αὐτοῖν ἐπὶ γῆς ἐκφῦναι γονέοιν τοῦτο προσήκει ψυχαῖς, ἀλλὰ τὸ ἐκ μιᾶς ῥυῆναι πηγῆς. δύο δὲ ἡ τοῦ κόσμου φύσις παρέχεται, τὴν μὲν φωτο-ειδῆ, τὴν δὲ ἀειδῆ· καὶ τὴν μὲν χαμόθεν ἀναβλύζουσαν, ἅτε ἐρριζωμένην κάτω ποι, καὶ τῶν [τῆς] γῆς χηραμῶν ἐξαλλομένην, εἴ πη τὸν θεῖον νόμον βιάσαιτο· ἡ δὲ τῶν οὐρανοῦ νώτων ἐξῆπται· καταπέμπεται μὲν γὰρ ἐφ᾽ ᾧ κοσμῆσαι τὴν περίγειον λῆξιν, ἐπιτάττεται δὲ κατιοῦσα διευλαβηθῆναι, μὴ ἐν ᾧ κοσμεῖ καὶ τάττει τὸ ἄτακτον καὶ ἀκόσμητον, αὐτὴ πελάζουσα αἴσχους τε καὶ ἀκοσμίας ἀναπλησθῇ. κεῖται δὲ Θέμιδος νόμος ἀγορεύων ψυχαῖς, ἥτις ἂν ὁμιλήσασα τῇ τῶν ὄντων ἐσχατιᾷ τηρήσῃ τὴν φύσιν καὶ ἀμόλυντος διαγένηται, ταύτην δὴ τὴν αὐτὴν ὁδὸν αὖθις ἀναρρυῆναι καὶ εἰς τὴν οἰκείαν ἀναχυθῆναι πηγήν, ὥσπερ γε καὶ τὰς ἐκ τῆς ἑτέρας μερίδος τρόπον τινὰ ἐξορμησαμένας φύσεως ἀνάγκη ἐς τοὺς συγγενεῖς αὐλισθῆναι κευθμῶνας, [cit. B 121.2 + 4 D.-K.]

« Osiris et Typhée étaient deux frères nés de la même semence. Mais la parenté des âmes et des corps n'est pas une même parenté. Car ce n'est pas le fait qu'ils sont nés, sur terre, des deux mêmes parents, qui relie leurs âmes, mais c'est le fait qu'elles ont coulé d'une unique source. Or la nature du monde fournit deux sources : l'une est semblable à la lumière, et l'autre est sans forme. La seconde surgit du sol, dans la mesure où elle est implantée en bas et qu'elle saute des trous qui se trouvent dans la terre, dans l'espoir de faire violence à la loi divine. La première tombe de la voûte céleste. En effet, tandis qu'elle est envoyée vers le bas en vue d'organiser l'ensemble qui enveloppe la terre, elle se voit prescrire en descendant de se garder soigneusement, pour éviter que, là où elle organise et ordonne l'inordonné et l'inorganisé, elle-même ne soit infectée en approchant les choses honteuses et désorganisées. Il y a une loi de Thémis s'adressant aux âmes : celle qui, après avoir fréquenté la limite extrême des êtres, conserve sa nature et continue à demeurer sans souillure, refluera à nouveau par le même chemin, et sera reversée dans sa propre source, de même qu'il est nécessaire par nature que celles qui, d'une manière ou d'une autre, se sont élancées hors de l'autre partie du monde, retournent séjourner dans les régions souterraines qui leur sont apparentées : |cit. B 121.2 + 4 D.-K.| »

*Théon de Smyrne,* De utilitate mathematicae, *p. 149.6* sqq. (= De astronomia *p. 22.6* sqq.)

[cit. B 121.2 D.-K.]

τῶν δ᾽ ὑπὸ σελήνην καὶ περὶ ἡμᾶς καὶ μέχρις ἡμῶν πᾶσα μεταβολὴ καὶ κίνησις καί, καθάπερ φησίν, |cit B 121.2 D.-K.| "ἔνθα Κότος τε Φόνος τε καὶ ἄλλων ἔθνεα Κηρῶν". καὶ γὰρ γένεσις καὶ φθορὰ περὶ πάντα τἀνταῦθα καὶ αὔξησις καὶ μείωσις ἀλλοίωσίς τε παντοία καὶ ἡ κατὰ τόπον ποικίλη φορά. τούτων δέ, φησίν, αἴτια τὰ πλανώμενα τῶν ἄστρων.

« Et tout ce qui se trouve dans le monde sublunaire, autour de nous et jusqu'à nous est changement et mouvement et, comme dit le poète : |cit. B 121.2 D.-K.|. Il n'y a en effet que génération et corruption, augmentation et diminution, altération en tout genre et changement de lieu. De cela, dit-il, les planètes sont responsables. »

*Jean de Lydie,* De mensibus, *p. 159.51*

[cit. B 121.2 D.-K.]

ταῦτα δὲ Κρόνος ἔρριψεν ὁ τῆς Κρονικῆς φύσεως πατήρ, ἵνα ἡ τῆς ἀϊδιότητος δύναμις τοῦ οὐρανοῦ καὶ ἐν τῇ θαλάσσῃ ὑπάρχῃ, τουτέστι τῷ ὑπὸ σελήνην κόσμῳ, ὃς δὴ τῷ ἀστάτῳ καὶ πολυστρέπτῳ ἀπείκασται τῆς θαλάσσης, |cit. B 121.2 D.-K.|. τοιαῦτα μὲν Ἕλληνες.

« Cronos, le père de la nature qui relève de Cronos a rejeté cela, afin que la puissance de l'éternité du ciel soit aussi dans la mer, c'est-à-dire dans le monde sublunaire, qui est comparé à l'instabilité et aux changements nombreux de la mer : |cit. B 121.2 D.-K.|. Voilà pour les conceptions des Grecs. »

*Eusèbe,* Préparations évangéliques, *VIII.14.23*

[cit. B 121.2 D.-K.]

τὸν αὐτὸν τρόπον τὸν ἐν τοῖς τοιούτοις χωρίοις ἐνοικοῦντα, |cit. B 121.2 D.-K.| "ἔνθα φόνοι" τελοῦνται "καὶ ἄλλων ἔθνεα κηρῶν", ἐναλλάττεσθαι τὰς ἀπὸ τῶν τοιούτων τιμὰς ἀναγκαῖον.

« De la même façon, qui habite un pays où règnent |cit. B 121.2 D.-K.| "les Meurtres et les autres tribus des fléaux" doit nécessairement payer la rançon de ce voisinage. »

*Julien,* Contre Heracleios, *226B*

[cit. B 121.4 D.-K.]

ἀλλ᾽ ὡς ἔνι μάλιστα ἐκ τῶν προστυχόντων ἀποπλήσας τὴν θεραπείαν τοῦ σώματος καὶ τὸ ἐνοχλοῦν ἐξ αὐτοῦ παρωσάμενος, ἄνωθεν ἐκ τῆς Ὀλύμπου κορυφῆς ἐπιβλέπει τοὺς ἄλλους |cit. B 121.4 D.-K.| "Ἄτης ἐν λειμῶνι κατὰ σκότον ἠλάσκοντας" ὑπὲρ ὀλίγων παντάπασιν ἀπολαύσεων ὑπομένοντας ὅσα οὐδὲ παρὰ τὸν Κωκυτὸν καὶ τὸν Ἀχέροντα θρυλλοῦσιν οἱ κομψότεροι τῶν ποιητῶν.

« Mais après avoir satisfait, au moyen du tout venant, les soins du corps, et qu'il a écarté le trouble causé par lui, depuis la cime de l'Olympe il contemple les autres |cit. B 121.4 D.-K.| "errer dans les ténèbres, à travers la prairie de Malheur" et subir, pour quelques plaisirs, tout ce que les plus ingénieux des poètes n'osent ressasser à propos du Cocyte et de l'Achéron. »

TEXTE, APPARAT CRITIQUE ET TRADUCTION

| | |
|---|---|
| 121.1 | …ἀτερπέα χῶρον, |
| 121.2 | ἔνθα Φόνος τε Κότος τε καὶ ἄλλων ἔθνεα Κηρῶν |
| 121.3 | αὐχμηραί τε Νόσοι καὶ Σήψιες ἔργα τε ῥευστά |
| 121.4 | Ἄτης ἀν λειμῶνα κατὰ σκότος ἠλάσκουσιν. |

2. Φόνος τε Κότος τε Hiéroclès (*praeter* M), Jean de Lydie : κότος τε φόνος τε Proclus, Théon : Φθόνος τε Κότος τε Synésius ‖ 4. ἀν λειμῶνα *unus*

EMPÉDOCLE, UNE POÉTIQUE PHILOSOPHIQUE

*codex* (Hiéroclès), *sed Sturz coni.* : ἀνὰ λειμῶνα *ceteri Mss* (Hiéroclès) : ἐν λειμῶνι Synésius ‖ ἡλάσκουσιν Synésius, Hiéroclès : ἰλάσκονται Proclus : ἡλάσκοντας Julien : ἡλάσκοντα Schneidewin

« …Champ déplaisant – là sont Meurtre, Rancune et les tribus des autres Fléaux, Maladies asséchantes, Putréfactions et les œuvres qui s'écoulent, pour ceux qui, dans les ténèbres, errent à travers la prairie de Malheur. »

## LE FRAGMENT B 122 D.-K.

### SOURCES DU FRAGMENT 122

Quelques mots du fragment sont intégrés dans un vers de Tzétzés, *Chil.* 12.573 : Ἐμπεδοκλῆς πρὸ πάντων τε, φιλοσόφος ὁ μέγας / Λέγει γὰρ τὴν ἀσάφειαν μελάγκορον ὑπάρχειν. Le terme μελάγκουρος est également cité par ce dernier dans les *Prolegomena de comoedia Aristophanis*, I.114-116, dans un passage qui affirme que la parabase comique ne doit pas être obscure.

### *Plutarque,* De tranquilitate animi, *474B 3-474C 1*

[cit. B 122 D.-K.]

Οὐ γάρ, ὡς ὁ Μένανδρός φησιν |cit. **Ménandre fr. 551**| "ἅπαντι δαίμων ἀνδρὶ συμπαρίσταται / εὐθὺς γενομένῳ, μυσταγωγὸς τοῦ βίου / ἀγαθός", ἀλλὰ μᾶλλον, ὡς Ἐμπεδοκλῆς, διτταί τινες ἕκαστον ἡμῶν γινόμενον παραλαμβάνουσι καὶ κατάρχονται μοῖραι καὶ δαίμονες· |cit. **B 122 D.-K.**|.

« Il n'est pas vrai que, comme le dit Ménandre, |cit. **Ménandre fr. 551**| "une divinité se trouve au côté de chaque homme, dès sa naissance, pour être un bon guide des mystères de la vie". Mais plutôt, comme le dit Empédocle, que deux génies, c'est-à-dire deux divinités, saisissent chacun d'entre nous au moment de sa naissance et le gouvernent : |cit. **B 122 D.-K.**|. »

*Plutarque*, De Iside et Osiride, *370C 7-370E 1*

[cit. libre de B 122 D.-K.]

τὰ δ᾽ Ἑλλήνων πᾶσί που δῆλα, τὴν μὲν ἀγαθὴν Διὸς Ὀλυμπίου μερίδα, τὴν δ᾽ ἀποτρόπαιον Ἅιδου ποιουμένων, ἐκ δ᾽ Ἀφροδίτης καὶ Ἄρεος Ἁρμονίαν γεγονέναι μυθολογούντων, ὧν ὁ μὲν ἀπηνὴς καὶ φιλόνεικος, ἡ δὲ μειλίχιος καὶ γενέθλιος. σκόπει δὲ τοὺς φιλοσόφους τούτοις συμφερομένους. [...] Ἐμπεδοκλῆς δὲ τὴν μὲν ἀγαθουργὸν ἀρχὴν "Φιλότητα" καὶ "Φιλίαν"· πολλάκις δ᾽ "Ἁρμονίαν" καλεῖ "θεμερῶπιν", τὴν δὲ χείρονα "Νεῖκος οὐλόμενον" καὶ "Δῆριν αἱματόεσσαν".

370D 11. καὶ "Φιλίαν"· πολλάκις δ᾽ Mss : καὶ "Φιλίαν" πολλάκις. <ἔτι> δ᾽ Diels

« Les croyances des Grecs sont évidentes pour tous : tandis qu'ils font du principe bon la part de Zeus olympien, ils font du principe maudit celle d'Hadès ; ils racontent qu'Harmonie est née d'Arès et d'Aphrodite, dont le premier est farouche et querelleur, et la seconde douce et créatrice. Observe que les philosophes sont d'accord avec cela. [...] Empédocle, lui, nomme le principe bienfaisant "Amitié" et "Amour". Et souvent il le nomme "Harmonie au regard grave". Et le principe mauvais, "Discorde funeste" et "Combat sanglant". »

TEXTE, APPARAT CRITIQUE ET TRADUCTION

122.1    ἔνθ᾽ ἦσαν Χθονίη τε καὶ Ἡλιόπη ταναῶπις,
122.2    Δῆρίς θ᾽ αἱματόεσσα καὶ Ἁρμονίη θεμερῶπις,
122.3    Καλλιστώ τ᾽ Αἰσχρή τε, Θόωσά τε Δηναίη τε
122.4    Νημερτής τ᾽ ἐρόεσσα μελάγκαρπός τ᾽ Ἀσάφεια.

3. Δηναίη Δ (Plutarque), *Sturz coni.* : Δειναίη Plutarque (*praeter* Δ) ‖ 4. μελάγκαρπός τ᾽ Plutarque : μελάκουρός τ᾽ Tzetzes (*Proleg.*) : μελάγκορον τ᾽ Tzetzes (*Chil.*)

« Là se trouvaient Terreuse et Regard Solaire dont le regard porte loin, ainsi que Lutte, la sanglante, et Harmonie au front noble, Belle et Laide, Rapide et Lente, Infaillible désirable et Obscure au fruit noir. »

## LE FRAGMENT B 123 D.-K.

L'apparat et les sigles sont fondés sur Lang 1881. Voir, pour les recensions de Krafft 1975, la section de l'ouvrage concernée : étant donné la nature des informations qu'il fournit, j'indique seulement ponctuellement les leçons qu'il a recueillies.

SOURCE DU FRAGMENT 123 :
CORNUTUS, *DE NATURA DEORUM*, 30.1-11

[cit. B 123.1-2 D.-K.]

μετὰ δὲ ταῦτα ἡ τῶν λεγομένων Τιτάνων ἐστὶ γένεσις. οὗτοι δ᾽ ἂν εἶεν διαφοραὶ τῶν ὄντων. ὡς γὰρ Ἐμπεδοκλῆς Φυσικοῖς ἐξαριθμεῖται |cit. B 123.1-2 D.-K.| "Φυσώ τε Φθιμένη τε καὶ Εὐναίη καὶ Ἔγερσις / Κινώ τ᾽ Ἀστέμφης τε πολυστέφανος τε Μεγιστώ" καὶ Φορύην καὶ Σόφην τε καὶ Ὀμφαίην καὶ πολλὰς ἄλλας, τὴν εἰρημένην ποικιλίαν τῶν ὄντων αἰνιττόμενος, οὕτως ὑπὸ τῶν παλαιῶν Ἰαπετὸς μὲν ὠνομάσθη ὁ λόγος καθ᾽ ὃν φωνητικὰ ζῷα ἐγένετο καὶ τὸ ὅλον ψόφος ἀπετελέσθη, ἰαφετός τις ὤν (ἰὰ γάρ ἐστιν ἡ φωνή).

30.6. καὶ Φορύην Σόφην τε καὶ Ὀμφαίην *scripsi* (*ex* b *et* MXLPV$_1$) : καὶ φορύη σόφη τε καὶ ὀμφαίη b (*praeter* BN) : καὶ φορίην καὶ σοφήν τε καὶ ὀμφαίην Μ : καὶ φορίην σοφήν τε καὶ ὀμφαίην XLP : καὶ φορίην σομφήν τε καὶ ὀμφαίην V$_1$ : καὶ φορίη σόφη τε καὶ ὀμφαίη B : καὶ φορίη σοφη (sic) τε καὶ ὀμφαίη N : [καὶ] φορίην καὶ σοφήν τε καὶ ὀμφάλην c : καὶ ἀφορίη Σωπῇ τε καὶ Ὀμφαίη Bergk (κἀφορίη van der Ben) : Φορίν *cod.* Venetus gr. Z. 864 (*secundum* Krafft) : Ἀφορίη τε Σόφη τε καὶ Ὀμφαίη <σκοτόεσσα> Picot (*in* fr. 123)

« Après cela a lieu la naissance de ceux qu'on appelle Titans. Ceux-ci pourraient bien être les différences entre les êtres. En effet, de même qu'Empédocle les énumère ainsi dans ses vers sur la physique : |cit. B 123.1-2 D.-K.| – Ainsi que Souillure, Sagesse et Prophétique et de nombreux autres, en exprimant de façon énigmatique la variété des étants que l'on a dite, de même les Anciens nommèrent Japet le λόγος selon lequel naquirent les animaux doués de parole et selon lequel fut produit le son en général, parce qu'il était un archer (en effet, la voix est une flèche). »

TEXTE ET TRADUCTION

123.1   Φυσώ τε Φθιμένη τε, καὶ Εὐναίη καὶ Ἔγερσις,
123.2   Κινώ τ' Ἀστεμφής τε, πολυστέφανός τε Μεγιστώ

1. Εὐναίη καὶ Ἔγερσις *plerique* : Εὐναίην καὶ Ἔγερσιν *cod.* Trin. 373 (Dublin) *ante correctionem* 2. Κινώ L : Καινώ *ceteri* ‖ Ἀστεμφής *a c* : Ἀπεμφής *b* : Ἀστυμφῆ *cod.* Leid. 67 E *post correctionem* : Ἀστέμφη Karsten

« Croissance et Dépérissement, Assoupissement et Éveil, Mouvante et Immobile, ainsi que Somptueuse aux nombreuses couronnes. »

LE FRAGMENT B 131 D.-K.

SOURCE : HIPPOLYTE, *RÉFUTATION DE TOUTES LES HÉRÉSIES*, VII.31.1-4

[cit. B 131 D.-K.]

ἡ μὲν οὖν πρώτη καὶ καθαριωτάτη Μαρκίωνος αἵρεσις, ἐξ ἀγαθοῦ καὶ κακοῦ τὴν σύστασιν ἔχουσα, Ἐμπεδοκλέους ἡμῖν εἶναι πεφανέρωται· ἐπεὶ δὲ ἐν τοῖς καθ' ἡμᾶς χρόνοις νῦν καινότερόν τι ἐπεχείρησε Μαρκιωνιστής τις Πρέπων Ἀσσύριος, πρὸς Βαρδησιάνην τὸν Ἀρμένιον ἐγγράφως ποιήσασθαι λόγους περὶ τῆς αἱρέσεως, οὐδὲ τοῦτο σιωπήσομαι. τρίτην φάσκων δίκαιον εἶναι ἀρχὴν καὶ μέσην ἀγαθοῦ καὶ κακοῦ τεταγμένην, οὐδ' οὕτως δὴ ὁ Πρέπων τὰς Ἐμπεδοκλέους διαφυγεῖν ἴσχυσε δόξας. κόσμον γάρ φησιν εἶναι ὁ Ἐμπεδοκλῆς τὸν ὑπὸ τοῦ νείκους διοικούμενον τοῦ πονηροῦ καὶ ἕτερον νοητὸν τὸν ὑπὸ τῆς φιλίας, καὶ εἶναι ταύτας τὰς διαφερούσας ἀρχὰς δύο ἀγαθοῦ καὶ κακοῦ, μέσον δὲ εἶναι τῶν διαφόρων ἀρχῶν δίκαιον λόγον, καθ' ὃν συγκρίνεται τὰ διηρημένα ὑπὸ τοῦ νείκους καὶ προσαρμόζεται κατὰ τὴν φιλίαν τῷ ἑνί. τοῦτον δὲ αὐτὸν τὸν δίκαιον λόγον τὸν τῇ φιλίᾳ συναγωνιζόμενον Μοῦσαν ὁ Ἐμπεδοκλῆς προσαγορεύων, καὶ αὐτὸς αὐτῷ συναγωνίζεσθαι παρακαλεῖ, λέγων ὧδέ πως· [cit. B 131 D.-K.].

« Donc la première et la plus pure hérésie de Marcion, qui produit l'unité à partir du bien et du mal, il a été rendu évident par nos soins qu'elle provient d'Empédocle. Et puisque de nos jours Prépon l'Assyrien, un disciple de Marcion, a mené une entreprise plus récente en produisant par écrit des arguments contre Bardèsianès l'Arménien au sujet de l'hérésie, cela non plus je ne le tairai pas. En prétendant que le juste est un troisième principe et qu'il est placé en position d'intermédiaire entre le bien et le mal, même ainsi Prépon n'est pas parvenu à s'abstraire des doctrines d'Empédocle. En effet ce dernier affirme qu'il y a un monde administré par la Discorde, le principe malin, et un autre, intelligible, administré par l'Amour, et que ce sont là deux principes divergents, du bien et du mal, mais qu'en position intermédiaire entre ces deux principes divergents, il y a le discours juste, selon lequel ce qui avait été séparé par la Discorde est mêlé, et s'ajuste à l'Un selon l'Amour. En nommant "Muse" ce discours juste lui-même, qui assiste l'Amour, Empédocle lui aussi l'invite à l'assister, en s'exprimant en ces termes : [cit. B 131 D.-K.]. »

TEXTE, APPARAT CRITIQUE ET TRADUCTION

131.1    εἰ γὰρ ἐφημερίων ἕνεκέν τινος, ἄμβροτε Μοῦσα,
131.2    ἡμετέρας μελέτας <μέλε τοι> διὰ φροντίδος ἐλθεῖν
131.3    εὐχομένων, νῦν αὖτε παρίστασο, Καλλιόπεια,
131.4    ἀμφὶ θεῶν μακάρων ἀγαθὸν λόγον ἐμφαίνοντι.

1. εἰ γὰρ ἐφημερίων Schneidewin : εἰκάραιφημερίων Mss : εἰκ ἄρ' ἐφημερίων Gallavotti ‖ τινος Mss : τί σοι Schneidewin ‖ 2. ἡμετέρας μελέτας <μέλε τοι> Diels : ἡμετέρας μελέτας Mss : ἡμετέρας μελέτας <ἄδε τοι> Wilamowitz : ἡμετέρης <ἔμελεν> μελέτας Schneidewin : ἡμετέρης ἔμελεν πρώην Mullach : <ἤθελες> ἡμετέρας μελέτας Gallavotti ‖ 3. εὐχομένων Mss : εὐχομένῳ Schneidewin ‖ 4. μακάρων Miller : μακαρίων Mss ‖ ἀγαθὸν λόγον Mss : καθαρὸν λόγον Schneidewin

« Car, si pour la faveur d'une des créatures d'un jour, Muse immortelle, tu t'es souciée que nos préoccupations passent à travers ta pensée quand elles t'en adressaient la prière, à présent encore, Calliope, assiste qui met en lumière un bon discours au sujet des dieux Bienheureux. »

# ANNEXE 2

## Les principales citations
## de *Physika* I chez Simplicius

### LISTE DES PASSAGES DE SIMPLICIUS
### ÉTUDIÉS ET DES CITATIONS D'EMPÉDOCLE

Les citations de Simplicius traduites ici sont les suivantes (en gras, les passages d'Empédocle compris en annexe 1) :

*In Ph.* 31.18-34.3 (*ad* Arist. *Ph.* 184b 15 *sqq.*) : cit. Empéd. B 98, **35.3-17, 21.3-12, 26**.

*In Ph.* 157.25-161.20 (*ad* Arist. *Ph.* 187a 21) : cit. Empéd. B 17, 21, 23, 26.1-2, 26.11-12[1], 22, 17.1b-2=17.16b-17, 8.3, aII.30.

*In Ph.* 1123.25-1125.2 (*ad* Arist. *Ph.* 250b 23-251a 5) : cit. Empéd. B 20, 26.10, 26.11-12[2].

*In Ph.* 1183.21-1184.18 (*ad* Arist. *Ph.* 252a 5-252a 18) : cit. Empéd. B 27(2), 31, 26.1=17.29, 115.1-2, 30.

*In Ph.* 1318.22-28 (*ad* Arist. *Ph.* 265b 17) : cit. Empéd. B **17.7-8**, 53.

*In DC.* 140.25-141.6 (*ad* Arist. *DC.* 270b 16) : cit. Empéd. B **17.7-13**.

*In DC.* 293.18-294.2 (*ad* Arist. *DC.* 279b 12) : cit. Empéd. B **17.7-13**.

*In DC.* 528.29-530.17 (*ad* Arist. *DC.* 295a 29) : cit. Empéd. B **35.1-15**, 86, 87, 95, 71, 73, 75, **17.7-8**.

---

1 Et non pas 17.11-12.
2 Et non pas 17.11-12.

TEXTE ET TRADUCTION

LES PRINCIPALES CITATIONS D'EMPÉDOCLE
DANS LE *COMMENTAIRE À LA PHYSIQUE*

*Simplicius,* Commentaire à la Physique, *31.31-34.2*

[cit. B 98, 35.3-17, 21.3-12, 26 D.-K.]

ὅτι γὰρ οὐχ ὡς οἱ πολλοὶ νομίζουσι φιλία μὲν μόνη κατ᾽ Ἐμπεδοκλέα τὸν νοητὸν ἐποίησε κόσμον, νεῖκος δὲ μόνον τὸν αἰσθητόν, ἀλλ᾽ ἄμφω πανταχοῦ οἰκείως θεωρεῖ, ἄκουσον αὐτοῦ τῶν ἐν τοῖς Φυσικοῖς λεγομένων, ἐν οἷς καὶ τῆς ἐνταῦθα δημιουργικῆς συγκράσεως τὴν Ἀφροδίτην ἤτοι τὴν φιλίαν αἰτίαν φησί. καλεῖ δὲ τὸ μὲν πῦρ καὶ Ἥφαιστον καὶ ἥλιον καὶ φλόγα, τὸ δὲ ὕδωρ ὄμβρον, τὸν δὲ ἀέρα αἰθέρα. λέγει οὖν πολλαχοῦ μὲν ταῦτα καὶ ἐν τούτοις δὲ τοῖς ἔπεσιν [cit. B 98 D.-K.]. καὶ πρὸ τούτων δὲ τῶν ἐπῶν ἐν ἄλλοις τὴν ἀμφοῖν ἐν τοῖς αὐτοῖς ἐνέργειαν παραδίδωσι λέγων [cit. B 35.3-17 D.-K.]. ἐν δὴ τούτοις σαφῶς καὶ τὰ θνητὰ ἐκ τῆς φιλίας ἡρμόσθαι φησί, καὶ ἐν οἷς ἡ φιλία ἐπικρατεῖ οὔπω πᾶν ἐξεστηκέναι τὸ νεῖκος. καὶ ἐν ἐκείνοις δὲ τοῖς ἔπεσιν, ἐν οἷς καὶ τὰ γνωρίσματα ἑκάστου τῶν τεττάρων στοιχείων καὶ τοῦ νείκους καὶ τῆς φιλίας παραδίδωσι, σαφῶς τὴν ἀμφοῖν ἐν πᾶσι μῖξιν τοῦ τε νείκους καὶ τῆς φιλίας ἐξέφηνεν. ἔχει δὲ οὕτως· [cit. B 21.3-12 D.-K.]. καὶ ὀλίγον δὲ προελθὼν φησιν [cit. B 26 D.-K.].

« Qu'il ne soit pas vrai que selon Empédocle, contrairement à ce qu'estime la plupart, tandis que l'Amour a créé, seul, le monde intelligible, la Discorde a créé, seule, le monde sensible – mais qu'il conçoive que les deux principes <agissent> partout en propre, écoute-le dans ce qui est dit dans ces vers de la Physique, dans lesquels Empédocle affirme qu'Aphrodite, ou Amitié, est aussi cause du mélange démiurgique ici (sc. dans le monde sensible). Il appelle le feu des noms d'Héphaïstos, de soleil et de flamme, l'eau de celui de pluie, et l'air de celui d'éther. Il dit donc cela à plusieurs reprises, et tout particulièrement dans ces vers : [cit. B 98 D.-K.]. Et avant ces vers, en d'autres passages, il expose l'activité des deux <puissances> dans les mêmes lieux[3], lorsqu'il dit :

3   Ou : « moments du cycle. »

|cit. B 35.3-17 D.-K.|. Dans ces vers, Empédocle affirme clairement que les choses mortelles ont été jointes sous l'effet de l'Amour, et que, dans les endroits où l'Amour règne, la Discorde ne s'est pas encore, tout entière, retirée. Et dans les vers dans lesquels il expose ce qui permet de reconnaître chacun des quatre éléments, ainsi que la Discorde et l'Amour, il a révélé clairement que le mélange était en toute chose le fait des deux puissances, à la fois la Discorde et l'Amour. Il en est ainsi : |cit. B 21.3-12 D.-K.|. Et, un peu plus loin, il dit : |cit. B 26 D.-K.|. »

*Simplicius,* Commentaire à la Physique, *157.25-161.21*

[cit. B 17, 21, 23, 26.1-2, 26.11-12, 22, 17.1b-2 = 17.16b-17, 8.3 D.-K. et aII.30]

Ὁ δὲ Ἐμπεδοκλῆς τὸ ἓν καὶ τὰ πολλὰ τὰ πεπερασμένα καὶ τὴν κατὰ περίοδον ἀποκατάστασιν καὶ τὴν κατὰ σύγκρισιν καὶ διάκρισιν γένεσιν καὶ φθορὰν οὕτως ἐν τῷ πρώτῳ τῶν Φυσικῶν παραδίδωσι |cit. B 17 D.-K.| ἐν δὴ τούτοις ἓν μὲν τὸ ἐκ πλειόνων φησὶ τῶν τεττάρων στοιχείων, καὶ ποτὲ μὲν τῆς φιλίας δηλοῖ ἐπικρατούσης, ποτὲ δὲ τοῦ νείκους. ὅτι γὰρ οὐδέτερον τούτων τελέως ἀπολείπει, δηλοῖ τὸ πάντα ἴσα εἶναι καὶ ἥλικα κατὰ τὴν γένναν καὶ τὸ μηδὲν ἐπιγίνεσθαι μηδ᾽ ἀπολήγειν. πολλὰ δὲ τὰ πλείονα ἐξ ὧν τὸ ἕν· οὐ γὰρ ἡ φιλία τὸ ἕν ἐστιν, ἀλλὰ καὶ τὸ νεῖκος εἰς τὸ ἓν τελεῖ. πλείονα δὲ ἄλλα εἰπὼν ἐπάγει ἑκάστου τῶν εἰρημένων τὸν χαρακτῆρα, τὸ μὲν πῦρ ἥλιον καλῶν τὸν δὲ ἀέρα αὐγὴν καὶ οὐρανόν, τὸ δὲ ὕδωρ ὄμβρον καὶ θάλασσαν. λέγει δὲ οὕτως· |cit. B 21 D.-K.|. καὶ παράδειγμα δὲ ἐναργὲς παρέθετο τοῦ ἐκ τῶν αὐτῶν γίνεσθαι τὰ διάφορα· |cit. B 23 D.-K.|. καὶ ὅτι μὲν τὰ πολλὰ ταῦτα ἐν τῷ γενητῷ κόσμῳ θεωρεῖ, καὶ οὐ μόνον τὸ νεῖκος ἀλλὰ καὶ τὴν φιλίαν, δῆλον ἐκ τοῦ καὶ δένδρα καὶ ἄνδρας καὶ γυναῖκας καὶ τὰ θηρία ἐκ τούτων λέγειν γεγονέναι· ὅτι δὲ εἰς ἄλληλα μεταβάλλει, δηλοῖ λέγων |cit. B 26.1-2 D.-K.|. ὅτι δὲ τῇ διαδοχῇ τὸ ἀίδιον ἔχει καὶ τὰ γινόμενα καὶ φθειρόμενα, ἐδήλωσεν εἰπών |cit. B 26.11-12 D.-K.|.

καὶ ὅτι διττὸν καὶ οὗτος αἰνίττεται διάκοσμον, τὸν μὲν νοητὸν τὸν δὲ αἰσθητόν, καὶ τὸν μὲν θεῖον τὸν δὲ ἐπίκηρον, ὧν ὁ μὲν παραδειγματικῶς ἔχει ταῦτα, ὁ δὲ εἰκονικῶς, ἐδήλωσε μὴ μόνον τὰ γενητὰ καὶ φθαρτὰ λέγων ἐκ τούτων συνεστάναι, ἀλλὰ καὶ τοὺς θεούς, εἰ μὴ ἄρα τις τοῦτο κατὰ τὴν Ἐμπεδοκλέους συνήθειαν ἐξηγήσαιτο. καὶ ἐκ τούτων δὲ ἄν τις τὸν διττὸν αἰνίττεσθαι διάκοσμον οἴοιτο· |cit. B 22 D.-K.|. [...] ὅτι δὲ καὶ οὗτος κατὰ σύγκρισίν τινα καὶ διάκρισιν τὴν γένεσιν ὑπέθετο, δηλοῖ τὰ εὐθὺς ἐν ἀρχῇ παρατεθέντα |cit. B 17.1b-2 = 17.16b-17 D.-K.|. καὶ ἐκεῖνο μέντοι τὸ τὴν γένεσιν καὶ τὴν φθορὰν μηδὲν ἄλλο εἶναι |cit. B 8.3 D.-K.|. καὶ |cit. aII.30| "σύνοδον διάπτυξίν τε" γενέσθαι αἴσης.

« Empédocle, lui, expose en ces termes, dans le premier livre de sa Physique, l'Un, la multiplicité finie, le rétablissement périodique, la génération et la corruption selon l'association et la séparation : |cit. B 17 D.-K.|. Dans ces vers, il appelle "Un" ce qui provient du multiple – les quatre éléments – et montre que règnent tantôt l'Amour, tantôt la Discorde. En effet, qu'aucun des deux ne disparaît complètement, il le montre par le fait que tous sont égaux et aussi importants selon leur naissance et par le fait que rien n'est ajouté ni ôté. Et il appelle "plusieurs" le multiple dont est fait l'un : ce n'est pas l'Amour qui est l'Un, mais la Discorde également trouve son achèvement dans l'Un. Après avoir dit d'autres choses, en assez grand nombre, il introduit le caractère distinctif de chacun des éléments précédemment évoqués, lorsqu'il nomme le feu "soleil", l'air "éclat" et "ciel", et l'eau "pluie" et "mer". Il s'exprime en ces termes : |cit. B 21 D.-K.|. Et il proposa un exemple manifeste du fait que les différences naissent des mêmes éléments : |cit. B 23 D.-K.|. Le fait qu'il conçoit ces choses multiples dans le monde engendré – et non pas seulement la Discorde mais aussi l'Amour – est manifeste en raison du fait qu'il affirme que les arbres, les hommes, les femmes et les bêtes sont nées de ceux-ci. Le fait qu'ils changent les uns en les autres, il le montre quand il affirme |cit. B 26.1-2 D.-K.|. Que les choses qui naissent et meurent soient éternelles dans leur succession, il l'a montré quand il a dit : |cit. B 26.11-12 D.-K.|.

Et le fait que lui aussi expose de façon énigmatique qu'il y a deux organisations du monde, l'une intelligible, l'autre sensible, le premier divin, le second périssable, et que le premier contienne ces choses comme un modèle et l'autre comme une image, il l'a montré lorsqu'il affirme que sont constitués de ces <éléments> non seulement les choses engendrées et périssables, mais également les dieux – à moins qu'on n'interprète ce fait comme une habitude de langage d'Empédocle. Mais on pourrait penser, sur la base également des vers que voici, qu'il expose de façon énigmatique la double organisation du monde : |cit. B 22 D.-K.|. [...]

Et qu'Empédocle a posé une génération par l'association et la séparation, les mots qui furent cités au début le montrent : [cit. B 17.1b-2 = 17.16b-17 D.-K.]. Et que génération et corruption ne sont rien d'autre que cela, <il le montre en disant :> [cit. B 8.3 D.-K.] et que [cit. aII.30] "la rencontre et le déploiement" se produisent <dans les temps établis par> la destinée. »

*Simplicius*, Commentaire à la Physique, *1123.25-1125.2*

[cit. B 20, 26.10, 26.11-12 D.-K.]

δεύτερος δὲ τρόπος ὁ κατ᾽ Ἐμπεδοκλέα παρὰ μέρος κίνησιν ποιοῦντα καὶ ἠρεμίαν. ὑπέθετο γὰρ οὗτος τόν τε νοητὸν καὶ τὸν αἰσθητὸν κόσμον ἐκ τῶν αὐτῶν στοιχείων τῶν τεττάρων συνεστῶτας, τὸν μὲν παραδειγματικῶς δηλονότι τὸν δὲ εἰκονικῶς, καὶ ποιητικὰ αἴτια τοῦ μὲν νοητοῦ τὴν Φιλίαν διὰ τῆς ἑνώσεως τὸν σφαῖρον ποιοῦσαν, ὃν καὶ θεὸν ἐπονομάζει (καὶ οὐδετέρως ποτὲ καλεῖ "σφαῖρον ἔην"), τοῦ δὲ αἰσθητοῦ τὸ Νεῖκος, ὅταν ἐπικρατῇ μὴ τελέως, διὰ τῆς διακρίσεως τὸν κόσμον τοῦτον ποιοῦν. δυνατὸν δὲ καὶ ἐν τούτῳ τῷ κόσμῳ τήν τε ἕνωσιν ὁρᾶν καὶ τὴν διάκρισιν, τὴν μὲν κατὰ τὸν οὐρανόν, ὃν ἄν τις καὶ σφαῖρον καὶ θεὸν εἰκότως καλέσειε, τὴν δὲ κατὰ τὸ ὑπὸ σελήνην, ὃ μάλιστα τοῦ κοσμεῖσθαι δεόμενον κόσμος καλεῖται κυριώτερον. δυνατὸν δὲ καὶ ἐν τῷ ὑπὸ σελήνην ἄμφω θεωρεῖν τήν τε ἕνωσιν καὶ τὴν διάκρισιν ἀεὶ μὲν ἄμφω, ἄλλοτε δὲ ἄλλην ἐν ἄλλοις καὶ ἄλλοις μέρεσιν ἢ ἐν ἄλλοις καὶ ἄλλοις χρόνοις ἐπικρατοῦσαν. καὶ γὰρ καὶ ἐνταῦθα τὸ Νεῖκος καὶ τὴν Φιλίαν παρὰ μέρος ἐπικρατεῖν ἐπί τε ἀνθρώπων καὶ ἰχθύων καὶ θηρίων καὶ ὀρνέων ὁ Ἐμπεδοκλῆς φησι τάδε γράφων· [cit. B 20 D.-K.]

Παραθέμενος δὲ ὁ Ἀριστοτέλης τὰ τοῦ Ἐμπεδοκλέους ἔπη, ἐν οἷς αὐτὸν οἴεται τήν τε κίνησιν καὶ τὴν ἀκινησίαν παραδιδόναι, τὴν μὲν κίνησιν κατὰ τὴν γένεσιν θεωρεῖ τοῦ τε ἑνὸς ἐκ τῶν πολλῶν καὶ τῶν πολλῶν ἐκ τοῦ ἑνός, σαφῶς καὶ τοῦ Ἐμπεδοκλέους εἰπόντος [cit. B 26.10 D.-K.]

ὅτι γὰρ τῇ γενέσει κίνησις σύνεστιν εἴρηται πρότερον, τὴν δὲ ἀκινησίαν ἔοικεν ὁ Ἐμπεδοκλῆς ἐνορᾶν κατὰ τὴν ἀίδιον ταυτότητα τῆς εἰς ἄλληλα τοῦ ἑνὸς καὶ τῶν πολλῶν μεταβολῆς· τοιοῦτον γὰρ τὸ [cit. B 26.11-12 D.-K.]

« La seconde manière (*sc.* de poser qu'il y a un temps sans mouvement) est celle d'Empédocle, qui fait alterner mouvement et repos. Il a en effet supposé que les mondes intelligible et sensible étaient composés des mêmes éléments (les quatre), que le premier servait manifestement de modèle tandis que le second en était une image et que la cause productrice du monde intelligible était l'Amour qui produit la Sphère par unification – Sphère qu'il nomme dieu (à une occurrence, il use de la forme neutre "Σφαῖρον ἔην" : "c'était le Sphérique") –, tandis que celle du monde sensible était la Discorde qui, régnant de façon incomplète, produit notre monde par dissociation. Or, il est possible d'observer, même dans notre monde, à la fois l'unification et la dissociation : la première dans le ciel, qu'on pourrait nommer naturellement "sphérique" et "dieu", et l'autre dans le monde sublunaire, que l'on peut dans un sens plus approprié appeler "monde organisé" (κόσμος) car il a assurément besoin d'être organisé (κοσμεῖσθαι). Mais il est également possible d'observer, dans le monde sublunaire aussi, à la fois l'unification et la dissociation – toutes deux sont toujours là, mais règnent alternativement dans différentes parties ou à différents moments. De fait, Empédocle affirme que dans notre monde également, la Discorde et l'Amitié règnent à tour de rôle sur les hommes, les poissons, les bêtes et les oiseaux, lorsqu'il écrit ceci : [cit. B 20 D.-K.]. Aristote, après avoir produit les vers d'Empédocle, dans lesquels il (*sc.* Aristote) estime qu'Empédocle expose le mouvement et le repos, observe que le mouvement se produit selon la génération – à la fois celle de l'un à partir du multiple, et celle du multiple à partir de l'un –, comme Empédocle le dit d'ailleurs clairement <dans ces vers :> [cit. B 26.10 D.-K.]. En effet, il (*sc.* Aristote) a établi préalablement que le mouvement est associé à la génération – mais Empédocle semble concevoir l'immobilité selon l'identité éternelle du changement de l'un et du multiple l'un en l'autre. Tel est en effet ce passage : [cit. 26.11-12]. »

*Simplicius,* Commentaire à la Physique, *1183.21-1184.18*

[cit. B 27(2), 31, 26.1=17.29, 115.1-2, 30 D.-K.]

Πλάσματι ἐοικέναι εἰπὼν τὸ λέγειν, ὅτι ὁτὲ μὲν ἦν κίνησις, ὁτὲ δὲ οὔ, διὰ τὸ μὴ ἔχειν αἰτίαν ἀποδοῦναι τούτου, ἐφεξῆς φησιν ὅτι καὶ τὸ λέγειν "ὅτι πέφυκεν οὕτω, καὶ ταύτην" ὡς ἀρχὴν καὶ αἰτίαν ἀποδιδόναι, ὁμοίως πλασματῶδές ἐστιν. τοῦτο δὲ "ἔοικεν Ἐμπεδοκλῆς ἂν εἰπεῖν", ὅτε λέγει ὅτι "τὸ κρατεῖν καὶ κινεῖν ἐν μέρει τὴν Φιλίαν καὶ τὸ Νεῖκος ἐξ ἀνάγκης ὑπάρχει τοῖς πράγμασιν", εἰ δὲ καὶ τοῦτο, καὶ τὸ ἠρεμεῖν ἐν τῷ μεταξὺ

χρόνῳ· τῶν γὰρ ἐναντίων κινήσεων ἠρεμία μεταξύ ἐστιν. Εὔδημος δὲ
τὴν ἀκινησίαν ἐν τῇ τῆς Φιλίας ἐπικρατείᾳ κατὰ τὸν Σφαῖρον ἐκδέχε-
ται, ἐπειδὰν ἅπαντα συγκριθῇ, |cit. B 27(2).1 D.-K.|. ἀλλ᾽, ὥς φησιν,
|cit. B 27(2).2-3 D.-K.|.
    Ἀρξαμένου δὲ πάλιν τοῦ Νείκους ἐπικρατεῖν τότε πάλιν κίνησις ἐν τῷ
Σφαίρῳ γίνεται· |cit. B 31 D.-K.|. Τί δὲ διαφέρει τοῦ "ὅτι πέφυκεν οὕτως"
τὸ "ἐξ ἀνάγκης" λέγειν αἰτίαν μὴ προστιθέντα; ταῦτα δὲ Ἐμπεδοκλῆς
ἔοικε λέγειν ἐν τῷ· |cit. B 17.29 = 26.1 D.-K.|. καὶ ὅτ᾽ ἀνάγκην τῶν
γινομένων αἰτιᾶται· |cit. B 115.1-2 D.-K.|. διὰ γὰρ τὴν ἀνάγκην καὶ τοὺς
ὅρκους τούτους ἑκάτερον παρὰ μέρος ἐπικρατεῖν φησι. λέγει δὲ καὶ ταῦτα
Ἐμπεδοκλῆς ἐπὶ τῆς τοῦ Νείκους ἐπικρατείας· |cit. B 30 D.-K.|. ταῦτα
οὖν φησι χωρὶς αἰτίας λεγόμενα οὐδὲν ἄλλο λέγειν ἐστὶν ἢ "πέφυκεν οὕτω".

« Après avoir dit qu'il était semblable à une fiction que de prétendre
que tantôt il y avait mouvement, tantôt non, en raison du fait qu'il (*sc.*
Empédocle) n'a pas été capable de livrer la cause de ce fait, Aristote
affirme ensuite que dire "que c'est ainsi par nature, et donner celle-ci"
comme cause et principe, c'est de même semblable à une fiction. Et cela,
"Empédocle semblerait l'avoir affirmé" lorsqu'il dit que "le fait qu'Amour
et Discorde règnent et mettent en mouvement à tour de rôle caractérise
nécessairement les choses" – et que si c'est le cas, cela l'est également
pour le repos dans le temps intermédiaire. Car le repos se produit entre
des mouvements opposés. Eudème, lui, interprète l'immobilité <comme
ce qui se produit> durant la domination de l'Amour, selon la Sphère,
lorsque tout est réuni : |cit. B 27(2).1 D.-K.|. Mais, comme il l'affirme :
|cit. B 27(2).2-3 D.-K.|.
    Mais lorsque la Discorde commence à régner de nouveau, alors le
mouvement se produit à nouveau dans la Sphère : |cit. B 31 D.-K.|. Mais
en quoi diffère le fait de dire que "c'est par nécessité" du fait de dire que
"c'est ainsi par nature", si on n'a pas ajouté la cause ? Cela, Empédocle
a semblé le dire dans ce vers : |cit. B 17.29 = 26.1 D.-K.|. Et quand
il prend la nécessité pour cause de ce qui se produit : |cit. B 115.1-2
D.-K.|. Il affirme en effet que c'est par nécessité – c'est-à-dire par ces
serments – que chacun des deux principes règne à tour de rôle. Mais
Empédocle affirme cela également du temps du règne de la Discorde :
|cit. B 30 D.-K.|. Aristote affirme donc que ces vers, formulés sans
<ajouter> de cause, ne disent rien d'autre que "c'est ainsi par nature". »

*Simplicius,* Commentaire à la Physique, *1318.22-28*

[cit. B 17.7-8 = 26.5-6, 53 D.-K.]

ἡ δὲ Φιλία καὶ τὸ Νεῖκος τὰ παρ' Ἐμπεδοκλεῖ ποιητικὰ αἴτια κατὰ φορὰν κινεῖ, καὶ ἡ μὲν συγκρίνειν, τὸ δὲ διακρίνειν λέγεται τὰ στοιχεῖα. λέγει γὰρ ὁ Ἐμπεδοκλῆς· |cit. fr. 17.7-8=26.5-6|. καὶ πάλιν· |cit. B 53 D.-K.|.

« L'Amour et la Discorde, qui sont des causes productrices chez Empédocle, meuvent selon un mouvement local : il dit que l'un rassemble les éléments, alors que l'autre les sépare. Empédocle dit en effet : |cit. B 17.7-8 = 26.5-6 D.-K.| ; et ensuite |cit. B 53 D.-K.|. »

LES PRINCIPALES CITATIONS D'EMPÉDOCLE
DANS LE *COMMENTAIRE AU DE CAELO*

*Simplicius,* Commentaire au De caelo, *140.25-141.6*

[cit. B 17.7-13 D.-K. (sans 17.9)]

ὁμοίως δὲ καὶ Ἐμπεδοκλῆς τόν τε ὑπὸ τῆς Φιλίας ἑνούμενον νοητὸν κόσμον παραδιδοὺς αἰνιγματωδῶς, ὡς ἔθος ἦν τοῖς Πυθαγορείοις, καὶ τὸν ὑπὸ τοῦ Νείκους ἀπ' ἐκείνου διακρινόμενον αἰσθητὸν οὔτε γινόμενα ταῦτα οὔτε φθειρόμενα ἐν χρόνῳ φησίν, ἀλλὰ τὸν μὲν νοητὸν κόσμον κατὰ τὸ ὂν ἑστάναι, τὸν δὲ αἰσθητὸν κατὰ τὸ γινόμενον καὶ τοῦτον τῇ διαδοχῇ φησιν ἀιδίως ἀνακυκλεῖσθαι. καὶ ἵνα μὴ δοκῶ τισιν κενὰς μακαρίας ἀναπλάττειν, ὀλίγα τῶν Ἐμπεδοκλέους ἐπῶν παραθήσομαι· |cit. B 17.7-13 D.-K. (sans 17.9)|

« De la même façon, en exposant de façon énigmatique (comme c'était la coutume chez les Pythagoriciens) le monde intelligible, qui est unifié sous l'action de l'Amour, et le monde sensible, qui est produit par séparation de ce dernier sous l'action de la Discorde, Empédocle lui aussi affirme qu'ils ne sont ni engendrés ni corrompus dans le temps, mais que le monde intelligible est selon ce qui est, tandis que le monde sensible est selon ce qui devient, et que ce dernier revient éternellement de façon cyclique, par une succession. Et afin que je ne semble pas, aux yeux de certains, forger des fictions heureuses, je citerai quelques vers d'Empédocle : |cit. B 17.7-13 D.-K. (sans 17.9)|. »

*Simplicius,* Commentaire au De caelo, *293.18-294.3*

[cit. B 17.7-13 D.-K. (sans 17.9)]

οἱ δὲ ἐναλλὰξ γίνεσθαι καὶ φθείρεσθαι τὸν αὐτὸν καὶ πάλιν γενόμενον πάλιν φθείρεσθαι λέγουσι, καὶ ἀίδιον εἶναι τὴν τοιαύτην διαδοχήν, ὥσπερ Ἐμπεδοκλῆς τὴν Φιλίαν λέγων καὶ τὸ Νεῖκος παρὰ μέρος ἐπικρατοῦντα τὴν μὲν συνάγειν τὰ πάντα εἰς ἓν καὶ φθείρειν τὸν τοῦ Νείκους κόσμον καὶ ποιεῖν ἐξ αὐτοῦ τὸν σφαῖρον, τὸ δὲ Νεῖκος διακρίνειν πάλιν τὰ στοιχεῖα καὶ ποιεῖν τὸν τοιοῦτον κόσμον. ταῦτα δὲ Ἐμπεδοκλῆς σημαίνει λέγων· |cit. B 17.7-13 (sans 17.9)|.

« D'autres affirment que le même <monde> naît et périt alternativement, qu'après avoir été engendré de nouveau, il périt de nouveau et que cette succession est éternelle – de même qu'Empédocle, qui dit que l'Amour et la Discorde règnent à tour de rôle, et qu'alors que le premier rassemble toute chose en l'Un, fait périr le monde de la Discorde et produit, à partir de celui-ci, la Sphère, la Discorde sépare à nouveau les éléments et produit un monde conforme à sa nature. Empédocle montre cela lorsqu'il dit : |cit. B 17.7- 13 D.-K. (sans 17.9)|. »

*Simplicius,* Commentaire au De caelo, *528.29-529.20*

[cit. B 35.1-15, 86, 87, 95, 71, 73, 75, 17.7-8 D.-K.]

ἀλλ' ἐβιάζετο, μᾶλλον δὲ ἐβιάσθη νομίζων τὸν κόσμον τοῦτον ὑπὸ μόνου τοῦ Νείκους κατὰ τὸν Ἐμπεδοκλέα γενέσθαι. μήποτε δέ, κἂν ἐπικρατῇ ἐν τούτῳ τὸ Νεῖκος ὥσπερ ἐν τῷ σφαίρῳ ἡ Φιλία, ἀλλ' ἄμφω ὑπ' ἀμφοῖν λέγονται γίνεσθαι. καὶ τάχα οὐδὲν κωλύει παραθέσθαι τινὰ τῶν τοῦ Ἐμπεδοκλέους ἐπῶν τοῦτο δηλοῦντα· |cit. B 35.1-15 D.-K.|. ἐν τούτοις δηλοῦται, ὅτι ἐν τῇ ἁπλῇ διακοσμήσει ὑποστέλλεται μὲν τὸ Νεῖκος, ἡ δὲ Φιλότης ἐπικρατεῖ, ὅταν ἐν μέσῃ τῇ στροφάλιγγι, τουτέστι τῇ δίνῃ, γένηται, ὥστε καὶ τῆς Φιλότητος ἐπικρατούσης ἔστιν ἡ δίνη, καὶ ὅτι τὰ μὲν τῶν στοιχείων ἄμικτα μένει ὑπὸ τοῦ Νείκους, τὰ δὲ μιγνύμενα ποιεῖ τὰ θνητὰ καὶ ζῷα καὶ φυτά, διότι πάλιν διαλύεται τὰ μιγνύμενα.

ἀλλὰ καὶ περὶ γενέσεως τῶν ὀφθαλμῶν τῶν σωματικῶν τούτων λέγων ἐπήγαγεν [cit. fr. 86]. καὶ μετ' ὀλίγον |cit. B 87 D.-K.|. καὶ τὴν αἰτίαν λέγων τοῦ τοὺς μὲν ἐν ἡμέρᾳ, τοὺς δὲ ἐν νυκτὶ κάλλιον ὁρᾶν |cit. B 95

**D.-K.].** ὅτι δὲ περὶ τούτων λέγει τῶν ἐν τούτῳ τῷ κόσμῳ, ἄκουε τούτων τῶν ἐπῶν· |cit. B 71 D.-K.]. καὶ μετ᾽ ὀλίγα |cit. B 73 D.-K.] καὶ πάλιν |cit. B 75 D.-K.]. ταῦτ᾽ ἐξ ὀλίγων τῶν εὐθὺς προσπεσόντων ἐπῶν ἀνα-λεξάμενος παρεθέμην. μήποτε δὲ τοῦ Ἐμπεδοκλέους ὡς ποιητοῦ μυθικώτε-ρον παρὰ μέρος τὴν ἐπικράτειαν αὐτῶν λέγοντος |cit. B 17.7-8 D.-K.], ὁ Ἀριστοτέλης τῷ μυθικωτέρῳ τούτῳ ἀποχρησάμενος ἐρωτᾷ τοὺς τὴν δίνην τῆς μονῆς τῆς γῆς αἰτιωμένους·

« Mais il (*sc.* Alexandre) a fait violence (*sc.* au texte d'Aristote), et l'a fait plus encore parce qu'il pensait que notre monde était produit par la Discorde seule, selon Empédocle. Mais même si la Discorde règne dans notre monde de même que l'Amour dans la Sphère, il est pour-tant possible que les deux <mondes> soient dits naître sous l'effet des deux <puissances>. Et rien n'empêche de citer quelques-uns des vers d'Empédocle qui prouvent ce fait : |cit. B 35.1-15 D.-K.]. Dans ces vers, il est montré que dans la création simple du monde, tandis que la Discorde voit sa puissance réduite, l'Amour règne lorsqu'il "se trouve au centre du vortex", c'est-à-dire du tourbillon, de sorte que lorsque l'Amour règne un tourbillon se produit ; <il est aussi montré> que, tandis qu'une partie des éléments reste pure sous l'effet de la Discorde, une autre, en se mêlant, produit les choses mortelles, animaux et plantes, (*sc.* qui sont mortels) parce que les éléments mêlés se dissolvent à nouveau.

Mais il a aussi introduit cette idée lorsqu'il parlait de la génération de ces yeux physiques qui sont les nôtres, en disant : |cit. B 86 D.-K.]. Et un peu plus loin : |cit. B 87 D.-K.]. Ainsi que lorsqu'il donnait la cause du fait que certains voient mieux le jour et d'autres la nuit : |cit. B 95 D.-K.]. Et, quand au fait qu'il parle des choses qui sont dans ce monde qui est le nôtre, écoute ces vers : |cit. B 71 D.-K.]. Et, peu après : |cit. B 73 D.-K.]. Puis, de nouveau : |cit. B 75 D.-K.]. J'ai cité ces vers après les avoir rassemblés à partir des quelques passages qui me sont venus à l'esprit tout de suite[4]. Mais sans doute, lorsqu'Empédocle, en tant que poète, évoque de façon plutôt mythologique leur domina-tion en alternance |cit. B 17.7-8 D.-K.], Aristote, tirant parti de cette expression plutôt mythologique, pose un problème à ceux qui présentent le tourbillon comme cause du repos de la terre. »

---

4    Ou : « que j'avais sous la main. »

# ANNEXE 3

## Les répétitions dans le corpus empédocléen

La liste proposée ci-dessous énumère toutes les reprises de type B et C, et indique, lorsqu'il y en a dans les groupes concernés, les échos de type A[1].

| Vers | Type | Texte |
|---|---|---|
| 1.1, 17.14, 17.25, 62.1 | A | σὺ δὲ κλῦθι (1.1), μύθων κλῦθι (17.14), σύ δ' ἄκουε (17.25), τῶν δὲ κλύε (62.1) |
| 2.2≈110.7 | B | τά τ' ἀμβλύνουσι μέριμνας (2.2) ≈ ἅ τ' ἀμβλύνουσι μέριμνας (110.7) |
| 2.5≈59.2≈110.5 | B | ὅτῳ προσέκυρσεν ἕκαστος (2.5) ≈ ὅπη προσέκυρσεν ἕκαστος (59.2) ≈ ὅπη φύσις ἐστιν ἑκάστῳ (110.5) |
| 3.1≈3.11 | A | γλώσσης |
| 3.9≈3.13 | B | πῆ δῆλον ἑκάστῳ (3.9) ≈ ἢ δῆλον ἑκάστῳ (3.13) |
| 17.1-2=17.16-17 | C | δίπλ' ἐρέω· τοτὲ μὲν γὰρ ἓν ηὐξήθη μόνον εἶναι ἐκ πλεόνων, τοτὲ δ' αὖ διέφυ πλέον' ἐξ ἑνὸς εἶναι. |
| 17.6≈17.12≈26.11 | C | καὶ ταῦτ' ἀλλάσσοντα διαμπερὲς οὐδαμὰ λήγει (17.6) ≈ ἢ δὲ διαλλάσσοντα... (17.12) ≈ ἢ δὲ τάδ' ἀλλάσσοντα... (26.11) |
| (17.6≈17.12≈26.11) ≈(aII.3≈aII.8) | B | διαμπερὲς οὐδαμὰ λήγει |
| (17.6≈17.12≈26.11) et 115.8 | A | ἀργαλέας βιότοιο μεταλλάσσοντα κελεύθους |

---

1 Faire un classement exhaustif des échos de type A n'aurait pas de sens car on peut virtuellement insérer dans cette catégorie chaque mot attesté au moins deux fois dans les fragments d'Empédocle.

| Vers | Type | Texte |
|---|---|---|
| (17.6≈17.12≈26.11) et 137.1 | A | μορφὴν δ᾽ ἀλλάξαντα πατὴρ φίλον υἱὸν ἀείρας |
| (17.7=20.2)≈26.5 | C | ἄλλοτε μέν Φιλότητι συνερχόμεν᾽ εἰς ἕν ἅπαντα ≈ ... εἰς ἕνα κόσμον (26.5) |
| 17.8=26.6 | C | ἄλλοτε δ᾽ αὖ δίχ᾽ ἕκαστα φορεύμενα Νείκεος ἔχθει |
| (17.8=26.6)≈20.4 | B | ἄλλοτε δ᾽ αὖ ≈ ἄλλοτε δ᾽ αὖτε (20.4) |
| 17.10-13≈26.9-12 | C | ἠδὲ πάλιν διαφύντος ἑνὸς πλέον᾽ ἐκτελέθουσι, τῇ μὲν γίγνονταί τε καὶ οὔ σφισιν ἔμπεδος αἰών· ἢ δὲ διαλλάσσοντα διαμπερὲς οὐδαμὰ λήγει ≈ ἢ δὲ τάδ᾽ ἀλλάσσοντα (26.11) ταύτῃ δ᾽ αἰὲν ἔασιν ἀκίνητοι κατὰ κύκλον. |
| 17.29=26.1 | C | ἐν δὲ μέρει κρατέουσιν περιπλομένοιο χρόνοιο |
| (17.29=26.1)≈110.8 | B | περιπλομένοιο χρόνοιο |
| [(17.29=26.1) ≈110.8]≈30.2 | B | περιπλομένοιο χρόνοιο ≈ τελειομένοιο χρόνοιο (30.2) |
| 17.34≈(21.13=26.3) | C | ἀλλ᾽ αὐτ᾽ ἔστιν ταῦτα, δι᾽ ἀλλήλων δὲ θέοντα (17.34) ≈ αὐτὰ γὰρ ἔστιν... (21.13=26.3) |
| (aII.1-2=21.11-12) ≈23.7-8 | C | θῆρές τ᾽ οἰωνοί τε καὶ ὑδατοθρέμμονες ἰχθῦς, ≈ θῆρας ... οἰωνούς ... ὑδατοθρέμμονας ...(23.7) καί τε θεοὶ δολιχαίωνες τιμῇσι φέριστοι ≈ ... θεοὺς δολιχαίωνας ... φερίστους (23.8) |
| [(aII.1=21.11) ≈23.7] et 20.6-7 | A | ὡσαύτως θάμνοισι καὶ ἰχθύσιν ὑδρομελάθροις θηρσί τ᾽ ὀρειμελέεσσιν ἰδὲ πτεροβάμοσι κύμβαις. |
| [(aII.1=21.11) ≈23.7] et 117.2 | A | θάμνος τ᾽ οἰωνός τε καὶ ἔξαλος ἔλλοπος ἰχθύς. |
| [(aII.1=21.11)≈23.7] + 20.6-7, et 127.1 | A | ἐν θήρεσσι λέοντες ὀρειλεχέες χαμαιεῦναι |
| [(aII.2=21.12)≈23.8] ≈146. | B | θεοὶ τιμῇσι φέριστοι |
| aII.3≈aII.8 | C | [πά]ντη δ᾽ ἀίσσοντα [διαμπ]ερὲς οὐδ[αμὰ λήγει] (aII.3) ≈ [πᾶ]ν τῇδ᾽ ἀίσσον[τ]α διαμ[περὲς οὐδαμὰ λήγει] (aII.8) |
| aII.17=aII.20 | B | συνέρχεται ἕν μόνον εἶναι |
| (aII.17=aII.20) et 17.1 | B | συνέρχεται ἕν μόνον εἶναι ≈ ἕν ηὐξήθη μόνον εἶναι (17.1) |

| Vers | Type | Texte |
|------|------|-------|
| (aII.17=aII.20) et 17.7 | A | συνερχόμεν' εἰς ἓν ἅπαντα |
| aII.18 et 35.3 | A | [ἀλλ' ὅτ]ε δὴ Νεῖκος [μὲν ὑ]περβατὰ βέν[θε' ἵκηται] et ἐπεὶ Νεῖκος μὲν ἐνέρτατον ἵκετο βένθος |
| aII.19=35.4 | C | δ[ίνη]ς, ἐν δὲ μέσ[ῃ] Φ[ιλ]ότης στροφά[λιγγι γένηται] |
| aII.24≈aII.30 | C | [π]ρῶτον μὲν ξύνοδον τε διάπτυξίν τ[ε γενέθλης] (aII.24) ≈ ὄψει γὰρ ξύνοδον τε διάπτυξίν τε γενέθλη[ς] (aII.30) |
| 21.2 ≈ 71.1 | B | εἴ τι καὶ ἐν προτέροισι λιπόξυλον ἔπλετο μορφῇ (21.2) ≈ εἰ δέ τί σοι περὶ τῶνδε λιπόξυλος ἔπλετο πίστις (71.1) |
| 21.9≈107.1 | B | ἐκ τούτων γὰρ πάνθ' ὅσα τ' ἦν ὅσα τ' ἔστι καὶ ἔσται (21.9) ≈ ἐκ τούτων <γὰρ> πάντα πεπήγασιν ἁρμοσθέντα (107.1) |
| 23.5≈98.5 | B | ἐκ τῶν εἴδεα πᾶσιν ἀλίγκια πορσύνουσι (23.5) ≈ ἐκ τῶν αἷμά τε γέντο καὶ ἄλλης εἴδεα σαρκός (98.5) |
| (21.9≈107.1) et (23.5≈98.5) | A | ἐκ τούτων et ἐκ τῶν |
| 21.10≈23.6 | C | δένδρεά τ' ἐβλάστησε καὶ ἀνέρες ἠδὲ γυναῖκες (21.10) ≈ δένδρεά τε κτίζοντε καὶ ἀνέρας ἠδὲ γυναῖκας (23.6) |
| 23.10≈71.4 | A | θνητῶν, ὅσσα γε δῆλα γεγάασιν ἄσπετα, πηγήν (23.10) et τοῖ' ὅσα νῦν γεγάασι συναρμοσθέντ' Ἀφροδίτῃ (71.4) |
| 27(1).1≈27(2).1 | B | ἔνθ' οὔτ' ἠελίοιο |
| 27(2).3≈28.2 | C | Σφαῖρος κυκλοτερὴς μονίῃ περιηγέι γαίων (27(2).3) ≈ ... χαίρων (28.2) |
| 29.1-2≈134.2-3 | C | οὐ γὰρ ἀπὸ νώτοιο δύο κλάδοι ἀίσσονται ≈ οὐ μὲν ἀπαὶ νώτοιο ... οὐ πόδες, οὐ θοὰ γοῦν(α), οὐ μήδεα γεννήεντα |
| 35.7=35.16 | C | τῶν δέ τε μισγομένων χεῖτ' ἔθνεα μυρία θνητῶν |
| (35.7=35.16) et 26.4 | A | καὶ ἄλλων ἔθνεα θηρῶν |
| 26.4≈127.2 | B | καὶ ἄλλων ἔθνεα Κηρῶν |
| (35.7=35.16) et 71.3 | A | χροῖα τε θνητῶν |
| (35.7=35.16) et 115.7 | A | μυρία θνητῶν |
| 35.13 et 114.3 | A | ἠπιόφρων Φιλότητος ἀμεμφέος ἄμβροτος ὁρμή et ἀνδράσι καὶ δύσζηλος ἐπὶ φρένα πίστιος ὁρμή |

| Vers | Type | Texte |
|---|---|---|
| 35.14 = fr. 509.1 Bollack | C | αἶψα δὲ θνήτ' ἐφύοντο τὰ πρὶν μάθον ἀθάνατ' εἶναι |
| 35.15a ≈ fr. 509.2 Bollack | C | ζωρὰ τε τὰ πρὶν ἄκρητα … ≈ ζῷά τε πρὶν κέκρητο |
| 75.2≈95.1 | B | Κύπριδος ἐν παλάμῃσι(ν) |
| 84.5=84.10 | C | πῦρ δ' ἔξω διαθρῷσκον, ὅσον ταναώτερον ἦεν |
| 100.8≈100.25 | B | εὖτε δ' ἀναθρῴσκῃ, πάλιν ἐκπνέει |
| 129.2≈131.1 | B | πραπίδων ἐκτήσατο πλοῦτον |
| 139.1≈d.6 | B | πρὶν σχέτλι' ἔργα βορᾶς περὶ χείλεσι μητίσασθαι ≈] χηλαῖς []τλι' ἔργα βορ[]ισα[ |

## RÉPÉTITIONS DANS LES FRR. 17
### + ENSEMBLE A, 20, 21, 23, 26 ET 35

Entre crochets droits, j'indique les vers qui répètent un vers précédent. Les points d'interrogation indiquent un texte incertain.

| fr.17 | | ensemble a | | fr.20 | fr.21 | fr.23 | fr.26 | fr.35 | |
|---|---|---|---|---|---|---|---|---|---|
| 1 | =16 | | | | | | | ≈5+ | |
| 2 | =17 | =aI.7b (?) | | | | | | | |
| 6 | ≈12 | ≈aII.3b (?) | ≈aII.8b (?) | | | | ≈11 | | |
| 7 | | ≈aI.6b (?) | | =2+ | | | ≈5 | | |
| 8 | | | | =4a+ | | | =6 | | |
| 10 | | | | | | | =9 | | |
| 11 | | | | | | | =10 | | |
| [12] | | | | | | | | | |
| 13 | | | | | | | =12 | | |
| [16] | | | | | | | | | |

| fr.17 | | ensemble a | | fr.20 | fr.21 | fr.23 | fr.26 | fr.35 | |
|---|---|---|---|---|---|---|---|---|---|
| [17] | | | | | | | | | |
| 29 | | | | | | | ≈1 | | |
| 34 | | ≈aII.15 | | | ≈13 | | 21.13=3 | | |
| | | [aI.6b] | | | | | | | |
| | | [aI.7b] | | | | | | | |
| | | aI.8 | | | ≈9 | | | | |
| | | aI.9 | | | ≈10 | ≈6 | | | |
| | | aII.1 | | écho.6b | ≈11 | ≈7 | | | |
| | | aII.2a | | | ≈12 | ≈8 | | | |
| | | [aII.3] | | | | | | | |
| | | [aII.8] | | | | | | | |
| | | [aII.15] | | | | | | | |
| | | aII.17b (?) | ≈aII.20 (?) | | | | | aII.20 =5 (?) | |
| | | aII.18 | | | | | | ≈3 (?) | |
| | | aII.19 | | | | | | =4 (?) | |
| | | [aII.20] | | | | | | | |
| | | aII.24 | ≈aII.30 | | | | | | |
| | | [aII.30] | | | | | | | |
| | | | | [2] | | | | | |
| | | | | [4] | | | | | |
| | | | | | [9-13] | | | | |
| | | | | | | [6-8] | | | |
| | | | | | | | [1, 3, 4b, 5-6, 9-12] | | |
| | | | | | | | 4b | =7 | =16 |
| | | | | | | | | [3-5, 7, 16] | |

## LES RÉPÉTITIONS DANS LE FRAGMENT 26

| Fr. 26 | Fr. 17 | P. Strasb. | Fr.20 | Fr. 21 | Fr. 35 |
|---|---|---|---|---|---|
| 26.1 [i] (κύκλοιο) | ≈17.29 (χρόνοιο) | - | - | - | - |
| 26.3 (αὐτὰ γάρ) | ≈17.34 (ἀλλ' αὔτ') | cf. aII.15 (pour δι' ἀλλήλον) | - | =21.13 (αὐτὰ γάρ) | - |
| 26.4b (ἔθνεα θνῆτον) | - | - | - | - | cf. 35.7 =35.16 |
| 26.5 (εἰς ἕνα κόσμον) | ≈17.7 (εἰς ἓν ἅπαντα) | =aI.6b? (εἰς ἕνα κόσμον) | ≈20.2 (εἰς ἓν ἅπαντα) | - | - |
| 26.6 | =17.8 | - | cf. 20.4a | - | - |
| 26.9-10 | 17.10-11 | - | - | - | - |
| 26.11 (ἣ δὲ τάδ' ἀλλάσσοντα) | ≈17.6, 17.12 (καὶ ταῦτ' ἀλ.) (ἣ δὲ διαλ.) | aII.3b, aII.8b (ἵνη δ' ἀίσσοντα) (ἵν τῇδ' ἀίσσοντα) | - | - | - |
| 26.12 | =17.13 | - | - | - | - |

i.    La fin du vers 26.1 présente aussi une similitude avec 30.2 et 110.8.

# ANNEXE 4

## La métrique des catalogues

### SCHÉMA MÉTRIQUE DES CATALOGUES

Un « u » indique une syllabe brève ; un tiret long « – », une syllabe longue. Une barre droite « | » indique une fin de mot. Un tiret bref « - » indique la présent d'un clitique ou d'un coordonnant associé au nom ou à l'adjectif, avec lequel celui-ci forme une unité. La lettre « C » indique que le terme commence ou se termine par une consonne. Si deux consonnes se succèdent ou s'il y a une consonne double (« CC »), la répartition de ces deux lettres indique les cas où la consonne double ferme une syllabe précédente. Un « H » indique un hiatus.

La seconde colonne définit la forme du début du vers ; la dernière présente la forme du vers (A1 désigne un τε après le premier mot ; A2, un καί ; A3, ni l'un ni l'autre ; B1 indique une fin de mot en position 10 ; B2, en position 11 ; B3, en position 14 lorsque ce n'est le cas ni en 10 ni en 11). Les positions correspondant aux adjectifs sont soulignées.

VERS COMPORTANT QUATRE NOMS ET UN ADJECTIF

| Vers | début | 2 | 4 | 6 | 8 | 10 | 11 | 12 | 14 | 16 | 18 | 20 | 22 | 24 | Forme |
|---|---|---|---|---|---|---|---|---|---|---|---|---|---|---|---|
| Σ. 40 | (2.3) | C– | – | –\| | CC– | – - | τε\| | Cu | – - | θ'\|uu | – - | τε\|Cu | – | – | A3B1 |
| Emp. 17.18 | C–C\| | και-u | –\| | και- | C– | u\| | και- | – | uuC\| | = | uuC\| | = | = | | A2B2 |

VERS COMPORTANT QUATRE NOMS

| Vers | début | 2 | 4 | 6 | 8 | 10 | 11 | 12 | 14 | 16 | 18 | 20 | 22 | 24 | Forme |
|---|---|---|---|---|---|---|---|---|---|---|---|---|---|---|---|
| Σ. 42 | (5.2c) | και- | Cuu | –\| | και-u | – | u\| | και- | – | uu | –\| | και-u | – | – | A2B2 |
| Σ. 43 | (1.1) | C– | – - | τε\|C | C– | – - | τε\| | Cu | – | u-τε\| | C– | uu | – - | τε | A1B1 |
| Th. 77 | (1.2) | CC– | – - | τ'\| | – | – - | τε\| | Cu | – | u-τε\| | C– | uu | – | τε | A1B1 |
| Th. 78 | (2.2) | C– | uu | – - | τ'\|uu | – - | τε\| | Cu | – | uu- | τ'\|– | uu | – - | τε | A1B1 |
| Th. 134 | (1.1b) | C– | –C- | τε\|C | C– | –C- | θ'\|u | u | – | uu- | τ'\|– | uu | –C- | τε | A1B1 |
| Th. 135 | (1.1) | C– | –C- | τε\|(C) | C– | –C- | τε\| | Cu | –C- | τε\|C | C– | uu | – - | τε | A1B1 |
| Th. 228 | (2.1b) | – | – | –C- | τε\|Cu | –C- | τε\| | Cu | –C- | τ'\|– | – | uu | –C- | τε | A1B1 |
| Th. 229 | (1.1) | C– | uu- | τε\|C | C– | –S- | τε\| | Cu | –C- | τ'\|– | – | uu | –C- | τε | A1B1 |

| Vers | début | 2 | 4 | 6 | 8 | 10 | 11 | 12 | 14 | 16 | 18 | 20 | 22 | 24 | Forme |
|---|---|---|---|---|---|---|---|---|---|---|---|---|---|---|---|
| Th. 243 | (1.2) | CC– | - - | τ'|– | – | - - | τε| | Cu | - - | τ'|– | – | – | - - | τε | A1B1 |
| Th. 244 | (2.1) | – | – | - - | τε|Cu | –C- | τε| | Cu | – | - - | τε|C | C– | - - | τε | A1B1 |
| Th. 248 | (1.1) | C– | - - | τε|C | C- | –C- | τε| | Cu | – | u-τε| | C– | ∪∪ | - - | τε | A1B1 |
| Th. 261 | (1.2) | C– | - - | τ'|– | – | - - | τε| | Cu | – | - - | τε|C | C∪∪ | –C- | τε | A1B1 |
| Th. 341 | (1.1b) | C– | –C- | τε|C | C∪∪ | –C- | θ'|∪ | u | – | ∪∪ | θ'|– | ∪∪ | –C- | τε | A1B1 |
| Th. 349 | (1.2) | C– | - - | τ'|– | – | - - | τε| | Hu | – | - - | τ'|– | – | - - | τε | A1B1 |
| Th. 351 | (1.1) | – | - - | τε|C | C∪∪ | - - | τε| | Cu | – | u-τε| | C– | ∪∪ | - - | τε | A1B1 |
| Th. 352 | (1.1) | CC– | - - | τε|C | C∪∪ | - - | τε| | Hu | – | u-τε| | C– | ∪∪ | - - | τε | A1B1 |
| Th. 356 | (2.4) | C– | – | –C- | τ'|∪∪ | – | u- | τ'|∪ | – | - - | τε|C | C– | - - | τε | A1B2 |
| Th. 360 | (2.1) | – | - - | - - | τε|Cu | - - | τε| | και- | – | ∪e| | – | ∪∪ | - - | τε | A1B1 |
| De. 418 | (2.3) | C– | – | –|H | C– | - - | τε| | και- | – | – | –| | και-u | – | – | A3B1 |
| De. 419 | (5.1) | και- | C∪∪ | –C- | ∪∪ | - - | τε| | Cu | – | u-τε| | C– | ∪∪ | - - | τε | A3B1 |
| De. 421 | (2.4) | CC– | – | –C- | τ'|∪∪ | – | u- | τ'|∪ | – | - - | τ'|– | – | - - | τε | A1B2 |
| Emp. 22.2 | E2.E1 | – | – | –C- | τε|C | C–C- | τε| | και- | – | ∪∪C| | ἡ- | δ ἐ - / Cu | – | – | A1B1 |

| Vers | début | 2 | 4 | 6 | 8 | 10 | 11 | 12 | 14 | 16 | 18 | 20 | 22 | 24 | Forme |
|---|---|---|---|---|---|---|---|---|---|---|---|---|---|---|---|
| E m p · 123.1 | El.1 | C– | – – | τε\|C | Cυυ | – – | τε\| | και- | – |  | –\| | και-υ | – | – | A1B1 |

VERS COMPORTANT TROIS NOMS ET DEUX ADJECTIFS

| Vers | début | 2 | 4 | 6 | 8 | 10 | 11 | 12 | 14 | 16 | 18 | 20 | 22 | 24 | Forme |
|---|---|---|---|---|---|---|---|---|---|---|---|---|---|---|---|
| Th. 19 | (1.2) | – | – - | τ'\|– | – | –C– | τε\| | Cυ | –\| | C– | –C– | τε\|Cυ | – | – | A1B1 |
| Th. 20 | (1.2) | C– | –C– | τ'\|– | – | –C– | τε\| | Cυ | –\| | και- | C– | υ\|Cυ | = | = | A1B1 |
| Th. 245 | (2.3) | C– | υυ | –\| | CC– | – - | τε\| | Cυ | –\| | Cυυ | – - | τ'\|υυ | = | = | A3B1 |
| Emp. 6.2 | E8.1 | CC– C\| | = | –C\| | – | – - | τε\| | Cυ | = | υυC\| | ηδ'· | υυ | – | – | A3B1 |
| Emp. 121.3 | E2.1c | – | – | – - | τε\|Cυ | –\| | και- | Cυ | C– | υυC\| | – | υ-τε\| | C– | – | A1B1 |

VERS COMPORTANT TROIS NOMS ET UN ADJECTIF

| Vers | début | 2 | 4 | 6 | 8 | 10 | 11 | 12 | 14 | 16 | 18 | 20 | 22 | 24 | Forme |
|---|---|---|---|---|---|---|---|---|---|---|---|---|---|---|---|
| B. 497 | (1.1) | CC– | –C– | τε\|C | C– | –C– | τε\| | Cυ | = | = | –C– | τ'\|υυ | – | – | A1B1 |

| Vers | début | 2 | 4 | 6 | 8 | 10 | 11 | 12 | 14 | 16 | 18 | 20 | 22 | 24 | Forme |
|---|---|---|---|---|---|---|---|---|---|---|---|---|---|---|---|
| B. 498 | (2.3) | C– | – | –C̣| | CC| | –C- | τε| | καί- | = | ụụ | –C̣| | Cụụ | – | – | A3B1 |
| B. 502 | (1.4) | C– | –C̣| | – | – | –C- | τε| | Cụ | = | = | = | u-τε| | C̣– | – | A3B1 |
| B. 532 | (1.1) | C– | –C- | τε|C | C– | –C- | τε| | καί- | – | – | –C̣| | ụụ | – | – | A1B1 |
| B. 537 | (1.2) | C– | ụụ- | τ'|– | ụụ | –C- | τε| | Cụ | = | ụụ | –C- | θ'|ụ(CCụ | – | – | A1B1 |
| B. 561 | (1.4) | CC– | –C̣'| | – | ụụ | –C- | τε| | καί- | = | ụụ | –CC| | ụụ | – | – | A3B1 |
| B. 582 | (1.1) | C– | –C- | τε|C | C– | –C- | τε| | Cụ | = | = | = | u-τε| | C̣– | – | A1B1 |
| B. 606 | (1.1) | C– | –C- | τε|C | CCụụ | –C- | τε| | καί- | = | ụụ | = | ụC|ụ | – | – | A1B1 |
| B. 712 | (1.3c) | C– | –C̣| | καί-C | Cụụ | –C̣| | καί- | ụ | = | ụụ | –C̣| | ụụ | – | = | A2B1 |
| B. 739 | (1.4) | – | –C̣| | – | – | –C- | τε| | ụ | –C- | τ'|ụụ | – | ụụ| | C̣– | = | A3B1 |
| B. 855 | (1.2) | CC– | –C- | τ'|– | ụụ | –C- | τε| | ụ | = | ụụ | –C̣| | ụụ | – | – | A1B1 |
| N. 791 | (1.4) | C– | –C̣| | – | – | –C- | τε| | καί- | = | –C̣| | –C̣| | Cụụ | – | – | A3B1 |
| N. 792 | (1.2) | C– | –C- | τ'|– | ụụ | –C- | τε| | Cụ | –C- | τ'|–'| | = | ụụ| | = | = | A1B1 |
| Σ. 45 | (1.3c) | C– | –C̣| | καί- | Cụụ | –| | καί- | ụ | = | = | –|| | Cụụ | = | = | A2B1 |
| Σ. 48 | (3.1) | C– | ụ|καί- | – | – | – | ụ|(H) | ụ | = | ụụ | –C- | τ'|ụụ | – | – | A2B2 |
| χ. 243 | (2.6) | C– | – | –C- | τε|Cụ | – | ụ | ụ | –C̣| | Cụụ | –C- | τε|Cụ | = | = | A1B3 |

| Vers | début | 2 | 4 | 6 | 8 | 10 | 11 | 12 | 14 | 16 | 18 | 20 | 22 | 24 | Forme |
|---|---|---|---|---|---|---|---|---|---|---|---|---|---|---|---|
| Th. 18 | (1.2) | C– | – – | τ'| | ∪∪ | –C- | τε| | ι- | δὲ-C | C∪∪C | ‖ | ∪∪ | ‖ | ‖ | A1B1 |
| Th. 140 | (1.1) | CC– | –C- | τε|C | C∪∪ | –C- | τε| | και- | – | –C| | ‖ | ∪∪ | ‖ | ‖ | A1B1 |
| Th. 227 | (1.1) | C– | –C- | τε|(C) | C– | –C- | τε| | και- | – | ∪∪| | C– | ∪∪ | ‖ | ‖ | A1B1 |
| Th. 246 | (2.2) | C– | ∪∪ | - - | τ'|∪∪ | - - | τε| | και- | – | ∪∪ | –| | C∪∪ | ‖ | ‖ | A1B1 |
| Th. 276 | (1.2) | CC– | - - | τ'|– | ∪∪ | – | τε| | C∪ | – | ∪-τε| | C– | ∪|C∪ | ‖ | ‖ | A1B1 |
| Th. 338 | (1.2) | C– | –C- | τ'|– | – | –C- | τε| | και- | – | ∪∪ | –C| | C∪∪ | ‖ | ‖ | A1B1 |
| Th. 339 | (1.4) | CC– | ∪∪| | C– | – | –C- | τε| | και- | – | –C| | C∪∪ | ∪∪ | ‖ | ‖ | A3B1 |
| Th. 340 | (1.1b) | C– | –C- | τε|(C) | – | –C- | τ'|∪ | ∪ | – | τ'|∪∪ | τ'|– | ∪∪ | ‖ | ‖ | A1B1 |
| Th. 350 | (1.1) | C– | –C- | τε|C | C– | - - | τε| | και- | – | - - | –| | C∪∪ | ‖ | ‖ | A1B1 |
| Th. 358 | (1.2) | C– | –C- | τ'|– | ∪∪ | - - | τε| | C∪ | –C- | τ'|∪∪ | τε|C | C∪∪ | ‖ | ‖ | A1B1 |
| Th. 714 | (1.1) | C– | –C- | τε|C | C∪∪ | S–C- | τε| | C∪ | –C- | – | –C| | C∪∪ | ‖ | ‖ | A1B1 |
| Th. 902 | (2.1) | – | ∪∪ | –C- | τε|C∪ | –C- | ∪ | C∪ | – | ∪∪ | –C- | C∪∪ | ‖ | ‖ | A1B1 |
| Th. 909 | (2.7) | – | ∪∪ | –C- | τε|και- | – | ∪ | ∪ | –C| | ∪∪ | –C- | τ'|∪∪ | ‖ | ‖ | A2B3 |
| Th. 976 | (1.3c) | – | –| | και- | C∪∪ | –C| | και- | ∪ | – | –C| | ‖ | ∪∪ | ‖ | ‖ | A2B1 |
| Th. 250 | (1.3a) | C–– | –C| | και- | C∪∪ | - - | τε| | και- | ‖ | ‖ | –C| | C∪∪ | - | - | A2B1 |

| Vers | début | 2 | 4 | 6 | 8 | 10 | 11 | 12 | 14 | 16 | 18 | 20 | 22 | 24 | Forme |
|---|---|---|---|---|---|---|---|---|---|---|---|---|---|---|---|
| Th. 255 | (1.2) | C– | – – | τ'∣– | ∪∪ | – – | τε∣ | Hu | ‖ | ∪∪ | –C– | τ'∣∪∪ | – | – | A1B1 |
| Th. 342 | (2.7) | CC– | – | –C– | τε∣και- | – | – |  | –C∣ | C– | –C– | τε∣Cu | – | – | A2B3 |
| Th. 343 | (2.5) | C– | – | –C– | τε∣και- | – | uC∣ | ∪ | ‖ | ‖ | –C– | τε∣Cu | – | – | A2B2 |
| Th. 345 | (2.7) | – | – | –C– | τε∣και- | – | – |  | –C∣ | C– | –C– | τε∣(CCu | – | – | A2B3 |
| Th. 353 | (2.6) | CC– | – | – – | τε∣Cu | – | – |  | – – | τ'∣∪∪ | – – | τε∣u | – | – | A1B3 |
| Th. 354 | (2.1) | C– | ∪∪ | –C– | τε∣Cu | – – | τε∣ | και- | ‖ | ‖ | –C∣ | Cuu | – | – | A1B1 |
| Th. 359 | (2.2) | CC– | – | –C– | τ'∣∪∪ | – – | τε∣ | και- | ‖ | ∪∪ | ‖ | u∣Cu | – | – | A1B1 |
| De. 420 | (2.1) | C– | ∪∪ | –C– | τε∣Cu | – – | τε∣ | και- | – | ∪∪ | – | Cuu | ‖ | ‖ | A1B1 |
| De. 422 | (5.1) | και- | Cuu | –∣ | CC– | – – | τε∣ | Cu | ‖ | ∪∪ | ‖ | u∣Cu | – | – | A3B1 |
| De. 423 | (4.1) | και- | CC–∣CC∣ | – | ∪∪ | – – | τε∣ | και- | – | – | – – | τ'∣∪∪ | ‖ | ‖ | A3B1 |
| E m p . 21.11 | E1.2 | C– | –C– | τ'∣– | – | – – | τε∣ | και- | ‖ | ∪∪ | ‖ | ∪∪C∣ | – | – | A1B1 |
| E m p . 23.7 | E1.2 | C– | –C– | τ'∣– | – | –C– | τε∣ | και- | ‖ | ∪∪ | ‖ | ∪∪C∣ | – | – | A1B1 |
| E m p . 98.2 | E2.2 | – | – | – – | τ'∣– | – – | τε∣ | και- | – | ∪∪∣ | C– | ∪∪ | ‖ | ‖ | A1B1 |

| Vers | début | 2 | 4 | 6 | 8 | 10 | 11 | 12 | 14 | 16 | 18 | 20 | 22 | 24 | Forme |
|---|---|---|---|---|---|---|---|---|---|---|---|---|---|---|---|
| E m p · 123.2 | E1.2 | C– | – – | τ'|– | – | –C– | τε| | Cʋ | = | ʋʋ | = | τε|Cʋ | – | – | A1B1 |
| E m p · 122.3 | E2.2 | C– | – | – – | τ'|– | – – | τε| | Cʋ | – | ʋ-τε| | C– | – | – – | τε | A1B1 |
| Th. 247 | (5.3) | και- | Cʋʋ | –| | Cʋʋ | = | ʋ| | και- | – | ʋʋʋ | –| | και-ʋ | – | – | A3B2 |
| Th. 267 | (2.4φ) | = | ʋʋ | –C– | τ'|– | – | uC| | ʋ | – | – – | τ'|– | ʋʋ | –C– | τε | A1B2 |
| Th. 344 | (2.1φ) | C– | ʋʋ | –C– | τε|Cʋ | –C| | C– | Cʋ | – | ʋ-τε| | C– | ʋʋʋ | –C– | τε | A1B1 |
| Th. 357 | (2.4φ) | C– | – | – – | τ'|ʋʋ | = | ʋ| | Cʋ | – | – – | τ'|– | – | – – | τε | A1B2 |
| B. 520 | (1.1c) | CC– | –C– | τε|C | Cʋʋ | –C| | και- | | C– | ʋʋ| | και- | Cʋʋ | – | – | A1B1 |

VERS COMPORTANT TROIS NOMS

| Vers | début | 2 | 4 | 6 | 8 | 10 | 11 | 12 | 14 | 16 | 18 | 20 | 22 | 24 | Forme |
|---|---|---|---|---|---|---|---|---|---|---|---|---|---|---|---|
| B. 495 | (6.1) | – | ʋʋ | – | –C– | τε|C | Cʋ | ʋ | – | –C– | τε|C | Cʋʋ | –C– | τε | A1B3 |
| Σ. 41 | (2.7c) | C– | ʋʋ | – – | τε|και- | – | – | | – | και- | C– | – | – | – | A1B3 |
| Σ. 44 | (2.7c) | C– | ʋʋ | – – | τε|και- | – | ʋ | ʋ | –| | και- | C– | ʋʋ | – | – | A2B3 |
| Σ. 46 | (2.7c) | C– | – | –C– | τε|και- | – | – | | –C| | και- | C– | ʋʋ | – | – | A2B3 |

| Vers | début | 2 | 4 | 6 | 8 | 10 | 11 | 12 | 14 | 16 | 18 | 20 | 22 | 24 | Forme |
|---|---|---|---|---|---|---|---|---|---|---|---|---|---|---|---|
| χ. 242 | (2.7∅) | – | uu | –C- | τε- | – | u | u | –C| | C– | – | uu | –C- | τε | A2B3 |
| Th. 249 | (2.7c) | C– | – | –:– | τε|και- | – | u | | –| | και- | CC– | uu | – | – | A2B3 |
| Th. 257 | (2.7c) | C– | uu | –:– | τε|και- | – | u | u | –| | και- | C– | uu | – | – | A2B3 |
| Th. 258 | (2.7c) | C– | uu | –:– | τε|και- | – | u | u | –| | και- | C– | uu | – | – | A2B3 |

VERS COMPORTANT DEUX NOMS ET DEUX ADJECTIFS

| Vers | début | 2 | 4 | 6 | 8 | 10 | 11 | 12 | 14 | 16 | 18 | 20 | 22 | 24 | Forme |
|---|---|---|---|---|---|---|---|---|---|---|---|---|---|---|---|
| B. 538 | (2.2∅) | C– | – | –C- | τ'|uu | –C| | C– | | –:– | τ'|– | –|C | Cuu | = | – | A1B1 |
| B. 640 | (1.2∅) | C– | uu- | τ'|– | uu| | –C| | Cu | u | – | u-τε| | C– | = | = | = | A1B1 |
| B. 697 | (2.4c) | = | uu̲| | –C- | τ'|– | – | u| | ι- | δε-C | Cuu | –C| | Cuu | = | = | A1B2 |
| Th. 14 | (1.5∅) | C– | –C- | τ'|– | – | – | u| | και- | – | uu| | = | uu | = | = | A1B2 |
| Th. 16 | (4.1∅) | και- | Cuu| | = | = | –C| | u | u | = | uu| | –C- | τ'|uu | – | – | A3B1 |
| Th. 17 | (1.6∅) | – | –C- | τε|C | C– | = | u | u | –C| | C– | –C- | τ'|uu | = | – | A1B3 |
| Th. 136 | (1.6∅) | C– | –C- | τε|C | C– | = | u | u | –C| | C– | –C- | τ'|uu | = | = | A1B3 |
| Th. 251 | (2.4c) | – | uu | –:– | τ'|uu | = | u| | και- | – | uu | –| | Cuu | = | = | A1B2 |

| Vers | début | 2 | 4 | 6 | 8 | 10 | 11 | 12 | 14 | 16 | 18 | 20 | 22 | 24 | Forme |
|---|---|---|---|---|---|---|---|---|---|---|---|---|---|---|---|
| Th. 260 | (5.3) | καί- | CCuu | -\| | | Cuu | = | u\| | Cu | -C\| | C- | -- | τε\|u | - | - | A3B2 |
| Th. 273 | (2.4ø) | C- | - | - - | τ'\|- | = | uC\| | u | - | - - | τε\|C | Cuu | = | = | A1B2 |
| Th. 355 | (2.1ø) | C- | - | -C- | τε\|Cuu | -C\| | u\| | u | -\| | CC- | -- | τε\|Cu | = | = | A1B1 |
| Th. 379 | (2.3ø) | = | = | -C\| | CCuu | -C\| | Cu | u | -C- | τ'\|- | -- | uu | = | = | A3B1 |
| Th. 454 | (2.4ø) | = | = | -C\| | C- | - | u\| | καί- | - | -C\| | CC- | = | = | = | A3B2 |
| De. 424 | (1.2c) | C- | -C- | τ'\|- | uu | -\| | καί-Η | | - | uuC\| | = | uu | = | - | A1B1 |
| Emp. 20.7 | E3.E | C- | u-τ'\|u | - | uu | - | u\| | i- | δὲ-C | Cuu | - | uu\| | - | - | A1B2 |
| Emp. 40.1 | E1.4c | - | uuC\| | - | uu | -C\| | ἠδ'- | | - | - | -\| | u\|u | = | = | A3B1 |
| Emp. 122.2 | E1.5c | C- | -C- | τ'\|- | uu | = | u\| | καί- | - | uu | -- | Cuu | = | = | A1B2 |
| Emp. 122.4 | E2.4ø | C- | - | -C- | τ'\|uu | = | u\| | Cu | = | = | -C- | τ'\|uu | - | - | A1B2 |

VERS COMPORTANT DEUX NOMS ET UN ADJECTIF

| Vers | début | 2 | 4 | 6 | 8 | 10 | 11 | 12 | 14 | 16 | 18 | 20 | 22 | 24 | Forme |
|---|---|---|---|---|---|---|---|---|---|---|---|---|---|---|---|
| B. 593 | (7.1) | καί- | Cuu | - | - | - | u\| | καί- | - | uu | - | uC\|u | = | = | A3B2 |
| Th. 256 | (2.6) | CC- | uu | - - | τε\|Cu | = | = | -C\| | uu | καί- | C- | uu | - | - | A1B3 |

# LES FORMES MÉTRIQUES DE DÉBUT DE VERS

DÉBUT DE VERS DE FORME –∪∪

| | STRUCTURE | CORPUS ARCHAÏQUE | | | EMPÉDOCLE | | |
|---|---|---|---|---|---|---|---|
| | | nombre | % total (Corpus) | % section (1.) | nombre | % total (Emp.) | % section (1.) |
| (1.) | –∪∪ | 47 | 48,42 % | | 6 | 42,86 % | |
| (1.1) | –∪∪-τε\|CC∪∪– | 18 | 18,95 % | 38,30 % | 1 | 7,14 % | 16,67 % |
| (1.2) | –∪∪-τ'\|V–∪∪– | 16 | 16,84 % | 34,04 % | 3 | 21,43 % | 50,00 % |
| (1.3) | –∪∪\|καί-C∪∪– | 4 | 4,21 % | 8,51 % | | | |
| (1.4) | –∪∪\|ø–∪∪– | 5 | 5,26 % | 10,64 % | 1 | 7,14 % | 16,67 % |
| (1.5) | –∪∪-τ'\|–∪∪-∪ | 1 | 1,05 % | 2,13 % | 1 | 7,14 % | 16,67 % |
| (1.6) | –∪∪-τε\|CC∪∪–∪∪– | 2 | 2,11 % | 4,26 % | | | |

DÉBUT DE VERS DE FORME –∪∪–

|  | STRUCTURE | CORPUS ARCHAÏQUE | | | EMPÉDOCLE | | |
|---|---|---|---|---|---|---|---|
|  |  | nombre | % total (Corpus) | % section (2.) | nombre | % total (Emp.) | % section (2.) |
| (2.) | –∪∪– | 39 | 41,05 % |  | 5 | 35,71 % |  |
| (2.1) | –∪∪––τε\|C∪– | 8 | 8,42 % | 20,51 % | 1 | 7,14 % | 20,00 % |
| (2.2) | –∪∪––τ'\|V∪∪– | 4 | 4,21 % | 10,26 % | 2 | 14,29 % | 40,00 % |
| (2.3) | –∪∪–ø\|∪∪– | 5 | 5,26 % | 12,82 % |  |  |  |
| (2.4) | –∪∪––τ'\|V∪∪–∪ | 8 | 8,42 % | 20,51 % | 1 | 7,14 % | 20,00 % |
| (2.5) | –∪∪––τε\|καὶ-V–∪ | 1 | 1,05 % | 2,56 % |  |  |  |
| (2.6) | –∪∪––τε\|C∪–∪∪– | 3 | 3,16 % | 7,69 % |  |  |  |
| (2.7) | –∪∪––τε\|καὶ-V–∪∪– | 10 | 10,53 % | 25,64 % |  |  |  |
| 2.E1 | –∪∪––τε\|CC– |  |  |  | 1 | 7,14 % | 20,00 % |

DÉBUT DE VERS DE FORME –U

| | STRUCTURE | CORPUS ARCHAÏQUE | | | EMPÉDOCLE | | |
|---|---|---|---|---|---|---|---|
| | | nombre | % total (Corpus) | % section (3.) | nombre | % total (Emp.) | % section (3.) |
| (3.) | –υ | 1 | 1,05 % | | 1 | 7,14 % | |
| (3.1) | –υ\|και-C–υυ–υ | 1 | 1,05 % | 100,00 % | | | |
| (3.E) | –υ-τ'\|Vυ–υυ–υ | | | | 1 | 7,14 % | 100,00 % |

DÉBUT DE VERS DE FORME « KAI CUU »

| | STRUCTURE | CORPUS ARCHAÏQUE | | | EMPÉDOCLE | | |
|---|---|---|---|---|---|---|---|
| | | nombre | % total (Corpus) | % section (4.) | nombre | % total (Emp.) | % section (4.) |
| (4.) | και-Cυυ | 2 | 2,11 % | | 0 | 0,00 % | |
| (4.1) | και-Cυυ\|ø–υυ– | 2 | 2,11 % | 100,00 % | | | |

DÉBUT DE VERS DE FORME « KAI ⌣⌣– »

| STRUCTURE | | CORPUS ARCHAÏQUE | | | EMPÉDOCLE | | |
|---|---|---|---|---|---|---|---|
| | | nombre | % total (Corpus) | % section (5.) | nombre | % total (Emp.) | % section (5.) |
| (5.) | καὶ-C⌣⌣– | 5 | 5,26 % | | 0 | 0,00 % | |
| (5.1) | καὶ-C⌣⌣–\|⌣⌣⌣– | 2 | 2,11 % | 40,00 % | | | |
| (5.2) | καὶ-C⌣⌣–\|καὶ-V⌣⌣–⌣ | 1 | 1,05 % | 20,00 % | | | |
| (5.3) | καὶ-C⌣⌣–\|⌣⌣⌣–⌣ | 2 | 2,11 % | 40,00 % | | | |

DÉBUT DE VERS DE FORME –⌣⌣–⌣⌣

| STRUCTURE | | CORPUS ARCHAÏQUE | | | EMPÉDOCLE | | |
|---|---|---|---|---|---|---|---|
| | | nombre | % total (Corpus) | % section (6.) | nombre | % total (Emp.) | % section (6.) |
| (6.) | –⌣⌣–⌣⌣\| | 1 | 1,05 % | | 0 | 0,00 % | |
| (6.1) | –⌣⌣–⌣⌣\| | 1 | 1,05 % | 100,00 % | | | |

DÉBUT DE VERS DE FORME « KAI UU–UU–U »

| | STRUCTURE | CORPUS ARCHAÏQUE | | | EMPÉDOCLE | | |
|---|---|---|---|---|---|---|---|
| | | nombre | % total (Corpus) | % section (7.) | nombre | % total (Emp.) | % section (7.) |
| (7.) | kai-uu–uu–u | 1 | 1,05 % | | 0 | 0,00 % | |
| (7.1) | kai-uu–uu–u | 1 | 1,05 % | 100,00 % | | | |

DÉBUTS DE VERS DE FORME –

| | STRUCTURE | CORPUS ARCHAÏQUE | | | EMPÉDOCLE | | |
|---|---|---|---|---|---|---|---|
| | | nombre | % total (Corpus) | % section (8.) | nombre | % total (Emp.) | % section (8.) |
| (8.) | – | 0 | 0,00 % | | 2 | 14,29 % | |
| (E8.1) | –|uu–|uu– | | | | 1 | 7,14 % | 50,00 % |
| (E8.2) | –|kai-Vu–|kai-C–u | | | | 1 | 7,14 % | 50,00 % |

# BIBLIOGRAPHIE

## USUELS

Buck Carl Darling, Petersen Walter, 1948, *A reverse index of Greek nouns and adjectives*, Hidelsheim : Olms ([1]1945).

Chantraine Pierre, 1953, *Grammaire homérique*, I : *Phonétique et morphologie*, Collection de philologie classique 1, Paris : Klincksieck.

Chantraine Pierre, 1968, *Grammaire homérique*, II : *Syntaxe*, Collection de philologie classique 4, Paris : Klincksieck.

Chantraine Pierre, 1979, *La formation des noms en grec ancien*, Collection Linguistique (Société de linguistique de Paris) 38, Paris : Klincksieck (Paris : Champion, [1]1933)

Chantraine Pierre, [2]2002, *Morphologie historique du grec*, Série linguistique 2, Paris : Klincksieck ([1]1945).

Chantraine Pierre, [2]2008, *Dictionnaire étymologique de la langue grecque*, Paris : Klincksieck ([1]1968-1980).

Denniston John Dewar, 1966, *The Greek particles*, Oxford : Clarendon Press ([1]1934).

Ebeling Heinrich (éd.), 1874-1885, *Lexicon Homericum*, 2 vol., Hildesheim : Olms, 1874-1885.

Goodwin William Watson, [5]1889, *Syntax of the moods and tenses of the Greek verb*, London : Macmillan ([1]1860).

Kühner Raphael, Gerth Bernhard, [3]1898, *Ausführliche Grammatik der griechischen Sprache*, 2 vol., Hanovre : Hahn ([1]1834-1835).

Liddell Henry George, Scott Robert, Sir Jones Henry Stuart, 1940, *A Greek-English lexicon*, Oxford : Clarendon Press ([1]1843).

Paquet Léonce, Roussel Michel, Lafrance Yvon, 1988-1995, *Les présocratiques : bibliographie analytique (1879-1980)*, 3 vol., Coll. Noêsis, Montréal : Bellarmin, Paris : Belles Lettres.

Radt Stefan Lorenz, Italie Gabriel, 1964, *Index Aeschyleus*, Leyde : Brill.

Šijaković Bogoljub, 2001, *Bibliographia Praesocratica*, Paris : Belles Lettres.

Slater William J., 1969, *Lexicon to Pindar*, Berlin : De Gruyter.

Schwyzer Eduard, 1953, *Griechische Grammatik*, 4 vol., Munich : Beck (1939).

Snell Bruno (éd.), 1979-2010, *Lexikon des frühgriechischen Epos*, Göttingen : Vandenhoeck & Ruprecht.


## ÉDITIONS DES AUTEURS ANCIENS


### ÉDITIONS D'EMPÉDOCLE

Bignone Ettore, 1916, *I poeti filosofi della Grecia : Empedocle, studio critico, traduzione e commento delle testimonianze e dei frammenti*, Turin : Bocca (réimpr. Rome : L'Erma di Bretschneider, 1963).

Bollack Jean, 1965, *Empédocle : les Origines*, I : *Introduction à l'ancienne physique*, Paris : Minuit (réimpr. Paris : Gallimard *tel*, 1992).

Bollack Jean, 1969, *Empédocle : les Origines*, II : *Édition critique et traduction des fragments et des témoignages* ; III : *Commentaire*, Paris : Minuit (réimpr. Paris : Gallimard *tel*, 1992).

Bollack Jean, 2003, *Les purifications : un projet de paix universelle*, Paris : Seuil.

Diels Hermann, 1901, *Poetarum philosophorum fragmenta*, Poetarum Graecorum fragmenta vol. III.1 (éd. Ulrich von Wilamowitz-Moellendorff), Berlin : Weidmann.

Diels Hermann, *puis* Kranz Walther, *Die Fragmente der Vorsokratiker*, Berlin : Weidmann, [1]1903, 1 vol. ; [2]1906 ; [3]1912, 2 vol. ; [4]1922 ; [5]1934-1937, 3 vol. (I, 1934 ; II, 1935 ; III, 1937) ; [6]1951-1952.

Estienne Henri, 1573, *Poiesis philosophos. Poiesis philosophica, uel saltem reliquiae poesis philosophicae, Empedoclis, Parmenidis, Xenophanis...*, Paris.

Gallavotti Carlo, 1975, *Empedocle : Poema fisico e lustrale*, Scrittori greci e latini, Milan : Fondazione Lorenzo Valla (réimpr. Milan : Mondadori, 1993).

Gemelli Marciano M. Laura, 2013, *Die Vorsokratiker*, II : *Parmenides, Zenon, Empedokles*, Berlin : Akademie Verlag ([1]2009).

Inwood Brad, 2001, *The poem of Empedocles : a text and translation with an introduction*, Toronto : University Press ([1]1992).

Karsten Simon, 1838, *Philosophorum Graecorum ueterum praesertim qui ante Platonem floruerunt operum reliquiae, recensuit et illustravit*, II : *Empedoclis carminum reliquiae...*, Amsterdam : Müller.

Mansfeld Jaap, Primavesi Oliver, 2011, *Die Vorsokratiker*, Stuttgart : Reclam ([1]1983).

Martin Alain, Primavesi Oliver, 1999, *L'Empédocle de Strasbourg (P. Strasb. gr. Inv. 1665-1666), Introduction, édition et commentaire*, Berlin-New York : De Gruyter.

Mullach Friedrich Wilhelm August, 1860, *Fragmenta philosophorum Graecorum...*, I : *Poeseos philosophicae caeterorumque ante Socratem philosophorum quae supersunt...*, Paris : Didot.

Peyron Amedeo, 1810, *Empedoclis et Parmenidis fragmenta ex codice Taurinensis Bibliothecae restituta et illustrata...*, Leipzig : Weigel.

Stein Heinrich, 1852, *Empedoclis Agrigentini fragmenta disposuit, recensuit, adnotavit...*, Bonn : A. Marcus.

Sturz Friedrich Wilhelm, 1805, *Empedocles Agrigentinus : de uita et philosophia eius exposuit, carminum reliquias ex antiquis scriptoribus coll., rec., illustr., etc.*, 2 vol., Leipzig : Göschen.

Van der Ben N., 1975, *The proem of Empedocles' περὶ φύσεως : toward a new edition of all the fragments*, Amsterdam : Grüner.

Vítek Tomáš, 2006, *Empedoklés*, II : *Zlomky*, Prague : Herrmann & Synové.

Wright Maureen Rosemary, [2]1995, *Empedocles : the extant fragments, edited, with an introduction, commentary, concordance and new bibliography*, Indianapolis, Cambridge : Hackett (New Haven (Conn.), Londres : Yale University Press, [1]1981).

ÉDITIONS DES AUTEURS ANCIENS
CITÉS À TITRE DE PARALLÈLE

## Homère

Allen Thomas W., Monro David B., 1902-1920, *Homeri opera*, 4 vol., Oxford Classical Texts, Oxford : Clarendon Press (I : *Iliadis libros I-XII*, 1902, [2]1908, [3]1920 ; II : *Iliadis libros XIII-XXIV*, [3]1920 ; III : *Odysseae libros I-XII*, 1908, [2]1917 ; IV : *Odysseae libros XIII-XXIV*, 1908, [2]1919).

Bérard Victor, 1924, *Homère : l'Odyssée*, CUF série grecque, 3 vol., Paris : Belles Lettres.

Dindorf Carl Wilhelm, 1855, *Scholia Graeca in Homeri Odysseam*, Oxford : University Press.

Erbse Härtmut, 1969-1988, *Scholia Graeca in Homeri Iliadem*, 7 vol., Berlin : De Gruyter (II : 1971).

Kirk Geoffrey Stephen (gén. éd.), 1985-1993. *The Iliad : a commentary*, Cambridge : University Press (I : Kirk, 1985 ; II, Kirk, 1990 ; III : Hainsworth, 1993 ; IV : Janko, 1992 ; V : Edwards, 1991 ; VI : Richardson, 1993).

Leaf Walter, 1900, *The Iliad*, Amsterdam : Hakkert ([2]1971).

Ludwich Arthur, 1889-1891, *Homeri Odyssea*, 2 vol., Stuttgart-Leipzig : Teubner.

Ludwich Arthur, 1902-1907, *Homeri Ilias*, 2 vol., Stuttgart-Leipzig : Teubner.

Mazon Paul, 1937-1938, *Homère : Iliade*, 4 vol., CUF série grecque, Paris : Belles Lettres.

Pontani Filippomaria, 2007-2010, *Scholia graeca in Odysseam*, 2 vol., Pleiadi 6, Rome : Storia e letteratura.

Von der Mühll Peter, [3]1962, *Homeri Odyssea*, Bâle : Helbing & Lichtenhahn, ([1]1945).

West Martin Litchfield, 1998-2000, *Homerus : Ilias*, 2 vol., Stuttgart-Leipzig : Teubner.

## *Hésiode, les* Hymnes homériques *et les fragments épiques*

Allen Thomas W., 1946, *Homeri Opera*, V : *Hymni, Cyclus, Fragmenta*, OCT, Oxford : Clarendon Press ([1]1912).

Bernabé Alberto, 1996, *Poetae epici Graeci : testimonia et fragmenta*, I, Munich-Leipzig : K. G. Saur ([2]1987).

Humbert Jean, 1936, *Homère : Hymnes*, CUF série grecque, Paris : Belles Lettres.

Matthews Victor J., 1974, *Panyassis of Halikarnassos : text and commentary*, Mnemosyne – suppl. 33, Leyde : Brill.

Mazon Paul, 1928, *Hésiode : Théogonie, les Travaux et les Jours, le Bouclier*, CUF série grecque, Paris : Belles Lettres.

Merkelbach Reinhold, West Martin Litchfield, 1967, *Fragmenta Hesiodea*, Oxford : Clarendon Press.

Most Glenn W., 2006-2007, *Hesiod*, 2 vol., Loeb, Cambridge (Mass.) : Harvard University Press.

Pertusi Agostino, 1955, *Scholia vetera in Hesiodi Opera et dies*, Publ. dell'Univ. catt. del S.Cuore – N.S. 53, Milan : Vita e Pensiero.

Solmsen Friedrich, Merkelbach Reinhold, West Martin Litchfield, [3]1990, *Hesiodi : Theogonia, Opera et Dies, Scutum, Fragmenta Selecta*, OCT, Oxford : Clarendon Press ([1]1970).

West Martin Litchfield, 1966, *Hesiod : Theogony, ed. with proleg. and comm.*, Oxford : Clarendon Press.

West Martin Litchfield, 1978, *Hesiod : Works and Days, ed. with proleg. and comm.*, Oxford : Clarendon Press.

West Martin Litchfield, 2003a, *Greek epic fragments*, Loeb, Cambridge (Mass.) : Harvard University Press.

West Martin Litchfield, 2003b, *Homeric Hymns, Homeri Apocrypha, Lives of Homer*, Loeb, Cambridge (Mass.) : Harvard University Press.

## Poésie iambique, élégiaque et lyrique

Campbell David A., 1988-1992, *Greek Lyric*, 4 vol., Loeb, Cambridge (Mass.) : Harvard University Press.

Davies Malcolm, 1991, *Poetarum melicorum Graecorum fragmenta*, Oxford : Clarendon Press (version augmentée de Page, *PMG*, 1962).

Gentili Bruno, 1958, *Anacreonte*, Lyricorum graecorum 2.3, Rome : Ateneo.

Gentili Bruno, Prato Carlo, 1979-1988, *Poetae elegiaci : testimonia et fragmenta*, 2 vol., Leipzig : Teubner, 1979, 1988 (II : ²2002).

Gerber Douglas E., 1999, *Greek iambic poetry*, Loeb, Cambridge (Mass.) : Harvard University Press.

Liberman Gauthier, 2002, *Alcée : fragments*, 2 vol., CUF série grecque, Paris : Belles Lettres.

Lobel Edgar, Page Denys Lionel, 1955, *Poetarum Lesbiorum Fragmenta*, Oxford : Clarendon Press.

Page Denys Lionel, 1962, *Poetae melici Graeci*, Oxford : Clarendon Press.

Page Denys Lionel, 1974, *Supplementum lyricis Graecis*, Oxford : Clarendon Press.

Puech Aimé, 1937, *Alcée, Sappho*, CUF série grecque, Paris : Belles Lettres.

Voigt Eva-Maria, 1971, *Fragmenta : Sappho et Alcaeus*, Amsterdam : Polak & van Gennep.

West Martin Litchfield, 1971-1972, *Iambi et elegi graeci*, 2 vol., Oxford : Clarendon Press (corr. suppl. 1990).

West Martin Litchfield, 1974, *Studies in Greek elegy and iambus*, Untersuchungen zur antiken Literatur und Geschichte 14, Berlin : De Gruyter.

## Pindare et Bacchylide

Les commentaires d'odes déterminées sont cités dans la rubrique Études.

Drachmann Anders Björn, 1903-1927, *Scholia uetera in Pindari carmina*, 3 vol., Stuttgart-Leipzig : Teubner.

Irigoin Jean, Duchemin Jacqueline, Bardollet Louis, 1993, *Bacchylide : dithyrambes, épinicies, fragments*, CUF série grecque, Paris : Belles Lettres.

Maehler Herwig, Snell Bruno, 1984-1989, *Pindarus*, 2 vol., Leipzig : Teubner.

Maehler Herwig, Snell Bruno, 1970, *Bacchylides*, Stuttgart, Leipzig : Teubner.

Puech Aimé, ³1949, *Pindare*, 4 vol., CUF série grecque, Paris : Belles Lettres (¹1922).

Race William H., 1997, *Pindar*, 2 vol., Loeb, Cambridge (Mass.) : Harvard University Press.

## Eschyle

Bollack Jean, Judet de La Combe Pierre, 1981, *L'Agamemnon d'Eschyle : le texte et ses interprétations*, 3 vol., Villeneuve d'Ascq : Presses Universitaires du Septentrion.

Bollack Jean, Bollack Mayotte, 2009, *Eschyle : les Choéphores et les Euménides*, Paris : Minuit.

Fraenkel Eduard, 1962, *Agamemnon*, 3 vol., Oxford : Clarendon Press, [1]1950.

Garvie Alexander F., 1986, *Aeschylus : Choephori*, Oxford : Clarendon Press.

Garvie Alexander F., 2009, *Aeschylus : Persae*, Oxford : University Press.

Gondicas Myrto, Judet de La Combe Pierre, 2000, *Eschyle : les Perses*, Chambéry : Comp'Act.

Judet de La Combe Pierre, 2001, *L'Agamemnon d'Eschyle, Commentaire des dialogues*, 2 vol., Villeneuve d'Ascq : Presses Universitaires du Septentrion.

Mazon Paul, 1925, *Eschyle, Tragédies*, 2 vol., CUF série grecque, Paris : Belles Lettres.

Radt Stefan L., 1985, *Tragicorum Graecorum fragmenta*, III : *Aeschylus*, Göttingen : Vandenhoeck & Ruprecht.

Smith Ole Langwitz, [2]1993, *Scholia Graeca in Aeschylum quae exstant omnia*, 2 vol., Leipzig : Teubner ([1]1976-1982).

Sommerstein Alan H., 1989, *Aeschylus Eumenides*, Cambridge : Cambridge University Press.

Sommerstein Alan H., 2008 *Aeschylus*, 3 vol., Loeb, Cambridge : Cambridge University Press.

Verrall Arthur Woollgar, 1908, *The Eumenides of Aeschylus*, Cambridge : University Press.

West Martin Litchfield, 1990, *Aeschyli Tragoediae*, Stuttgart, Leipzig : Teubner.

## Sophocle, Euripide, Aristophane et les fragments des poètes comiques

Coulon Victor, Van Daele Hilaire, 1923-1930, *Aristophane*, 5 vol., CUF série grecque, Paris : Belles Lettres.

Dain Alphonse, Mazon Paul, 1958-1960, *Sophocle*, 3 vol., CUF série grecque, Paris : Belles Lettres.

Diggle James, 1981-1984, *Euripidis fabulae*, 2 vol., OCT, Oxford : Clarendon Press.

Kaibel Georg, 1899, *Comicorum Graecorum fragmenta*, Berlin : Weidmann.

Kassel Rudolf, Austin Colin, 1995, *Poetae comici Graeci*, Berlin : De Gruyter.

Kock Theodor, 1880-1888, *Comicorum atticorum fragmenta*, 3 vol., Leipzig : Teubner.

Nauck August, 1899, *Tragicorum Graecorum fragmenta*, Leipzig : Teubner.
Radt Stefan L., 1977, *Tragicorum Graecorum fragmenta*, IV : *Sophocles*, Göttingen : Vandenhoeck & Ruprecht.
Wilson Nigel Guy, 2007, *Aristophanis fabulae*, 2 vol., OCT, Oxford : Clarendon Press.

## Historiens et autres prosateurs des VI<sup>e</sup>-V<sup>e</sup> siècles

Chambry Émile, 1927, *Ésope : Fables*, CUF série grecque, Paris : Belles Lettres.
Gernet Louis, 1923, *Antiphon : Discours, suivis des fragments d'Antiphon le Sophiste*, CUF série grecque, Paris : Belles Lettres.
Jacoby Felix, 1957, *Die Fragmente der Griechischen Historiker*, I : *Genealogie und Mythographie*, Leyde : Brill.
Jones Henry Stuart, Powell John Enoch, [2]1942-1967, *Thucydidis Historiae*, 2 vol., OCT, Oxford : Clarendon Press.
Legrand Philippe-Ernest, 1932, *Hérodote : Histoires*, 10 vol., CUF série grecque, Paris : Belles Lettres.
Mathieu Georges, Brémond Émile, 1938, *Isocrate : Discours*, II, CUF, série grecque, Paris : Belles Lettres.
Müller Karl Ottfried, Müller Theodor, 1848-1870, *Fragmenta historicorum Graecorum*, 5 vol., Paris : Didot.
Pendrick Gerard J., 2002, *Antiphon the sophist : the fragments*, Cambridge classical texts and commentaries 39, Cambridge : University Press.
Perry Ben Edwin, 1952, *Aesopica*, Urbana : University of Ilinois Press.

## Autres Présocratiques

Pour Diels-Kranz et les autres éditions générales, *cf.* la section sur Empédocle.

Cassin Barbara, 1998, *Sur la nature ou sur l'étant : la langue de l'être ?*, Points : Essais 368, Paris : Seuil.
Lesher James H., 1992, *Xenophanes of Colophon : fragments*, Phoenix – Suppl. vol. 30, Phoenix – Presocratics 4, Toronto-Buffalo-Londres : University of Toronto Press.
Santoro Fernando, 2011, *Filósofos épicos, I : Parmênide e Xenófanes : fragmentos*, Bibl. clássica 1, Rio de Janeiro : Biblioteca Nacional.
Schibli Hermann Sadun, 1990, *Pherekydes of Syros*, Oxford : Clarendon Press.

*Poètes post-classiques*

Beckby Hermann, ²1965, *Anthologia Graeca*, 4 vol., Tusculum-Bücherei, Munich : Heimeran (¹1957-1958).

Cougny Edme, 1890, *Epigrammatum anthologia Palatina cum Planudeis et appendice noua*, III, Scriptorum Graecorum bibl., Paris : Didot.

Des Places Édouard, 1971, *Oracles chaldaïques : avec un choix de commentaires anciens*, CUF série grecque, Paris : Belles Lettres.

Gallavotti Carlo, ³1993, *Theocritus quique feruntur bucoli Graeci*, Rome : Publica Officina Polygraphica (¹1946, ²1955).

Dottin George, 1930, *Les Argonautiques d'Orphée*, CUF série grecque, Paris : Belles Lettres.

Fränkel Hermann, 1961, *Apollonii Rhodii Argonautica*, Oxford : Clarendon Press.

Gow Andrew Syndenham Farrar, Scholfield Alwyn Faber, 1953, *Nicander : the poems and poetical fragments*, Cambridge : University Press.

Mair Alexander William, 1928, *Oppian, Colluthus, Tryphiodorus*, Loeb, Cambridge (Mass.) : Harvard University Press.

Pfeiffer Rudolf, 1949, *Callimachus*, I : *Fragmenta*, OCT, Oxford : Clarendon Press.

Powell John Undershell, 1925, *Collectanea Alexandrina : reliquiae minores poetarum graecorum aetitatis Ptolemaicae*, Oxford : Clarendon Press.

Vian Francis, 1963-1969, *Quintus de Smyrne : La suite d'Homère*, 3 vol., CUF série grecque, Paris : Belles Lettres.

Vian Francis, Delage Émile, ²1976-1981, *Apollonios de Rhodes : Argonautiques*, 3 vol., CUF série grecque, Paris : Belles Lettres.

Waltz Pierre, 1928, *Anthologie Grecque*, 10 vol., CUF série grecque, Paris : Belles Lettres.

Wendel Carl, 1935, *Scholia in Apollonium Rhodium uetera*, Berlin : Weidmann.

ÉDITION DES SOURCES DES FRAGMENTS
ET DES TÉMOIGNAGES ANCIENS

*Aélius Hérodien*

Lentz August, 1867, *Grammatici Graeci*, III.1 : *Herodiani Technici reliquiae*, Leipzig : Teubner.

*Alexandre d'Aphrodise*

Wendland Paul, 1899-1901, *Alexandri in librum De sensu commentarium*, Commentaria in Aristotelem Graeca III.1-2, Berlin : Reimer.

## Aristote

Allan Donald James, [4]1965, *Aristotelis De caelo libri quattuor*, OCT, Oxford : Clarendon Press ([1]1936).

Bekker Immanuel, 1831-1870, *Aristotelis opera*, 5 vol., Berlin : Reimer.

Carteron Henri, 1926-1931, *Aristote : Physique*, 2 vol., CUF série grecque, Paris : Belles Lettres.

Drossaart Lulofs Hendrik Joan, 1965, *Aristotelis De generatione animalium*, OCT, Oxford : Clarendon Press.

Fobes Francis Howard, 1919, *Meteorologicorum libri quattuor*, Cambridge (Mass.) : Harvard University Press

Jaeger Werner, 1957, *Aristotelis Metaphysica*, OCT, Oxford : Clarendon Press.

Kassel Rudolf, 1965, *Aristotelis de arte poetica liber*, OCT, Oxford : Clarendon Press.

Rashed Marwan, 2005, *Aristote : De la génération et de la corruption*, CUF série grecque, Paris : Belles Lettres.

Ross William David, 1950, *Aristotelis Physica*, OCT, Oxford : Clarendon Press.

Ross William David, 1955, *Aristotelis Parua naturalia*, OCT, Oxford : Clarendon Press.

Ross William David, 1959, *Aristotelis Ars rhetorica*, OCT, Oxford : Clarendon Press.

Ross William David, 1956, *Aristotelis De anima*, OCT, Oxford : Clarendon Press.

Tarán Leonardo, Gutas Dimitri, 2012, *Aristotle Poetics*, Mnemosyne – Suppl. 338, Leyde : Brill.

## Athénée

Kaibel Georg, 1887-1890, *Athenaei Naucratitae Dipnosophistarum libri XV*, 3 vol., Leipzig : Teubner.

## Clément d'Alexandrie

Le Boulluec Alain, 1951-1997, *Clément d'Alexandrie : les Stromates*, 7 vol., Paris : Cerf (dont V.2, Sources chrétiennes 279, 1981).

Mondésert Claude, [3]1976, *Clément d'Alexandrie : Protreptique*, Sources Chrétiennes 2, Paris : Cerf ([1]1942).

Stählin Otto, Früchtel Ludwig, 1960, *Clemens Alexandrinus*, II-III : *Stromata*, Griechischen christlichen Schriftsteller 15 & 17, Berlin : Akademie Verlag.

Stählin Otto, Treu Ursula, 1972, *Clemens Alexandrinus*, I : *Protrepticus und Paedagogus*, Griechischen christlichen Schriftsteller 12, Berlin : Akademie Verlag.

## Cornutus

Busch Peter, Zangenberg Jürgen K., 2010, *Einführung in die griechische Götterlehre, Lucius Annaeus Cornutus (herausgegeben, eingeleitet und übersetzt)*, Texte zur Forschung 95, Darmstadt : Wissenschaftliche Buchgesellschaft.
Lang Carl, 1881, *Cornutus, Theologiae Graecae compendium*, Leipzig : Teubner.

## Denys le Thrace

Hilgard Alfred, 1901, *Grammatici Graeci*, I.3 : *Scholia in Dionysii Thracis Artem grammaticam*, Leipzig : Teubner.

## Dicéarque

Fortenbaugh William, Schütrumpf Eckart, 2001, *Dicaearchus of Messana : text, translation, and discussion*, Rutgers University studies in classical humanities 10, New Brunswick-London : Transaction publishers.

## Diodore de Sicile

Bekker Immanuel, Dindorf Ludwig August, Vogel Friedrich, 1888-1906, *Diodori Bibliotheca historica*, 5 vol., Leipzig : Teubner ([1]1828).
Walton Francis R., Oldfather Charles Henry, 1933-1967, *Diodorus of Sicily : Bibliotheca historica*, 12 vol., Loeb, Cambridge (Mass.) : Harvard University Press.

## Diogène Laërce

Goulet-Cazé Marie-Odile (dir.), 1999, *Diogène Laërce : Vies et doctrines des philosophes illustres*, Paris : Librairie générale française.
Marcovich Miroslav, 1999-2002, *Diogenis Laertii Vitae philosophorum*, 3 vol., Stuttgart-Leipzig : Teubner.

## Eusèbe

Mras Karl (éd.), 1954-1956, *Eusebius Werke*, VIII : *Praeparatio evangelica*, 2 vol., Griechischen christlichen Schriftsteller (43.1-2), Berlin : Akademie Verlag.
Sirinelli Jean, 1974-1991, *Eusèbe, La Préparation Évangélique*, 9 vol., Sources Chrétiennes, Paris : Cerf.

## Eustathe

Valk Marchinus van der, 1971-1987, *Eustathii... commentarii ad Homeri Iliadem*, 4 vol., Leyde : Brill.

## Galien

Kühn Karl Gottlob, 1821-1833, *Claudii Galeni opera omnia*, Leipzig : Knobloch.

## Hiéroclès

Köhler Friedrich Wilhelm, 1974, *Hieroclis aureum Pythagoreorum Carmen commentarius*, Stuttgart : Teubner.
Meunier Mario, 1925, *Hiéroclès, Pythagoras, Les vers d'or : Hiéroclès, Commentaire sur les vers d'or*, Paris : Artisan du livre.

## Hippolyte

Magris Aldo, 2012, *Ippolito : Confutazione di tutte le eresie*, Lett. cristiana antica – n. s. 25, Brescia : Morcelliana.
Marcovich Miroslav, 1986, *Hippolytus : Refutatio omnium haeresium*, Berlin : De Gruyter.
Wendland Paul, 1916, *Hippolytus : Refutatio omnium haeresium*, Leipzig : Hinrichs.

## Jean de Lydie

Wünsch Richard, 1898, *Ioannis Lydi Liber de mensibus*, Leipzig : Teubner.

## Julien

Rochefort Gabriel, 1963, *Empereur Julien : Œuvres complètes*, II.1 CUF série grecque, Paris : Belles Lettres.

## Lexicographes

Adler Ada Sara, [2]1967, *Suidae Lexicon*, 5 vol., Lexicographi Graeci 1, Leipzig : Teubner ([1]1928-1938).
Bekker Immanuel, 1833, *Apollonios : Lexicon Homericum*, Berlin : Reimer.
Dindorf Wilhelm, 1853, *Harpocration : Lexicon in decem oratores Atticos*, 2 vol., Oxford : Clarendon Press.

852    EMPÉDOCLE, UNE POÉTIQUE PHILOSOPHIQUE

Gaisford Thomas, 1948, *Etymologicum Magnum*, Oxford : University Press.
Theodoridis Christos, 1982, *Photius : Patriarchae Lexicon*, Berlin : De Gruyter.
Lasserre François, Livadaras Nikolaos, 1976, *Etymologicum magnum genuinum : Symeonis Etymologicum*, 2 vol., Rome : Ateneo.
Latte Kurt, Schmidt Moritz, *Hesychius : Lexicon*, 4 vol. (I-II : A-O, éd. Latte, Copenhague : Munksgaard, 1953-1966 ; III-IV : Π-Ω, éd. Schmidt, Iéna : Mauke, 1852-1862)[1].
Tittmann Johann August Heinrich, 1808, *Iohannis Zonarae Lexicon*, 2 vol., Leipzig : Crusius.

## Lucien

Harmon Austin Morris, 1961-1979, *Lucian*, 8 vol., Loeb, Cambridge (Mass.) : Harvard University Press.
Nilén Nils, 1907-1923, *Lucianus*, 3 vol., Leipzig : Teubner.

## Marc-Aurèle

Dalfen Joachim, 1979, *Marci Aurelii Antonini Ad se ispum libri XII*, Leipzig : Teubner.

## Ménandre le Rhéteur

Russell Donald Andrew, Wilson Nigel Guy, 1981, *Menander Rhetor*, OCT, Oxford : Clarendon Press.

## Michel d'Éphèse

Wendland Paul, 1903, *Michaelis Ephesii in Parua naturalia* commentaria, Commentaria in Aristotelem Graeca 22.1, Berlin : Reimer.

## Origène

Borret Marcel, 1967-1976, *Origène : Contre Celse*, 5 vol., Sources chrétiennes 132, 136, 147, 150, 227, Paris : Cerf (IV : 1969).

---

1   *Pour Hésychius, je n'ai pu me reporter à la nouvelle édition des volumes III-IV par P. A. Hansen (après Schmidt), Berlin : De Gruyter 2005-2009.*

## Platon

Burnet John, 1900-1907, *Platonis Opera*, OCT, Oxford : Clarendon Press.
Chambry Émile, 1932-1934, *Platon : Œuvres complètes*, VI-VII : *Platon : République*, CUF série grecque, Paris : Belles Lettres.
Greene William Chase, 1938, *Scholia Platonica*, Hidelsheim : Olms (1988).
Méridier Louis, 1931, *Platon : Œuvres complètes*, V.1-2 : *Ion, Ménéxène, Euthydème, Cratyle*, CUF série grecque, Paris : Belles Lettres.
Des Places Édouard, 1951-1956, *Platon : Œuvres complètes*, XI-XII : *Lois*, CUF série grecque, Paris : Belles Lettres.
Rivaud Albert, 1925, *Platon : Œuvres complètes*, X : *Timée, Critias*, CUF série grecque, Paris : Belles Lettres.
Robin Léon, 1933, *Platon : Œuvres complètes*, IV.3 : *Phèdre*, CUF série grecque, Paris : Belles Lettres.
Robin Léon, 1926, *Platon : Œuvres complètes*, IV.1 : *Phédon*, CUF série grecque, Paris : Belles Lettres.

## Plutarque

Bernardakis Gregorius N., 1888-1896, *Plutarchi Chaeronensis Moralia*, 7 vol., Leipzig : Teubner.
Cherniss Harold Frederik, et *al.*, 1927-2004, *Plutarch's Moralia*, 17 vol., Loeb, Cambridge (Mass.) : Harvard University Press (VII : De Lacy Phillip H., 1959).
Flacelière Robert, Chambry Émile, Juneaux Marcel, 1964-1983, *Plutarque : Vies*, 16 vol., CUF série grecque, Paris : Belles Lettres.
Lernould Alain (dir.), 2013, *Plutarque, Le visage qui apparaît dans le disque de la Lune*, Villeneuve d'Ascq : Presses Universitaires du Septentrion.
Lindskog Claes, Ziegler Konrat, 1957-1980, *Plutarchi Vitae parallelae*, Leipzig : Teubner.
*Plutarque, Œuvres Morales*, CUF série grecque, Paris : Belles Lettres, 1972-1993 (VIII : Hani Jean, 1980).
Pohlenz Max, Ziegler Konrat, 1925, *Plutarchi Moralia*, Leipzig : Teubner (III : Pohlenz Max & Sieveking Wilhelm, 1929).
Xylander Wilhelm, 1574, *Plutarchi Chaeronensis philosophorum & historicorum principis Varia scripta, quae Moralia uulgò dicuntur*, Bâle.
Wyttenbach Daniel, 1797, *Plutarchi Moralia*, III, Oxford : Clarendon Press.

## Porphyre

Nauck August, 1886, *Porphyrii philosophi Platonici opuscula selecta*, Leipzig : Teubner.

## Proclus

Baltzly Dirk, Tarrant Harold, et *al.*, 2007-2013, *Proclus, Commentary on Plato's Timaeus*, 5 vol., Cambridge-New York : Cambridge University Press.

Diehl Ernst, 1903-1906, *Procli Diadochi in Platonis Timaeum commentaria*, 3 vol., Leipzig : Teubner.

Duvick Brian, 2007, *Proclus, On Plato's Cratylus*, Ithaca : Cornell University Press.

Festugière André Jean, 1966-1968, *Proclus : Commentaire sur le Timée*, 5 vol., Paris : Vrin.

Festugière André Jean, 1970, *Proclus, Commentaire sur la République*, 3 vol., Paris : Vrin.

Kroll Wilhelm, 1899-1901, *Procli Diadochi in Platonis Rem Publicam commmentarii*, 2 vol., Leipzig : Teubner.

Pasquali Giorgio, 1908, *Procli Diadochi in Platonis Cratylum commentaria*, Leipzig : Teubner.

## Sextus Empiricus

Bett Richard, 2005, *Sextus Empiricus, Against the logicians* [=AM.VII-VIII], Cambridge-New York : Cambridge University Press.

Bett Richard, 2012, *Sextus Empiricus, Against the physicists* [=AM.IX-X], Cambridge-New York : Cambridge University Press.

Blank David L., 1998, *Sextus Empiricus, Against the grammarians* [=AM.I.], Oxford : Clarendon Press.

Bury Robert Gregg, 1933-1949, *Sextus Empiricus*, 4 vol. (I : *Hyp. Pyrrh.* ; II : *AM.VII-VIII* ; III : *AM.IX-XI* ; IV : *AM.I-VI*), Loeb, Cambridge (Mass.) : Harvard University Press.

Mutschmann Hermann, 1914, *Sexti Empirici Opera*, II (*AM.VII-XI*), Leipzig : Teubner.

Mau Jürgen, 1954, *Sexti Empirici Opera*, III (*AM. I-VI*), Leipzig : Teubner.

Pellegrin Pierre (dir.), 2002, *Sextus Empiricus : Contre les professeurs* [=AM.I-VI], Points 489, Paris : Seuil.

## Simplicius

Diels Hermann, 1882-1895, *Simplicius, In Aristotelis physicorum Libros octo commentaria*, 2 vol., Commentaria in Aristotelem Graeca 9-10, Berlin : Reimer.
Heiberg Johan Ludvig, 1894, *Simplicius, In Aristotelis De caelo commentaria*, Commentaria in Aristotelem Graeca 7, Berlin : Reimer.
Kalbfleisch Karl, 1907, *Simplicius, In Aristotelis Categorias commentarium*, Commentaria in Aristotelem Graeca 8, Berlin : Reimer.
Mueller Ian, 2004, *Simplicius, On Aristotle's "On the Heavens" 2.1-9*, Ancient commentators on Aristotle, Ithaca : Cornell University Press.
Mueller Ian, 2005, *Simplicius, On Aristotle's "On the Heavens" 2.10-14*, Ancient commentators on Aristotle, Ithaca : Cornell University Press.

## Synésius

Terzaghi Nicola, 1939-1944, *Synesii Cyrenensis Hymni et Opuscula*, 2 vol., Rome : Polygraphica.

## Théodoret

Canivet Pierre, 1957-1958, *Théodoret, Thérapeutique des maladies helléniques*, 2 vol., Sources chrétiennes 57, Paris : Cerf.
Raeder Johann, 1904, *Theodoreti Graecarum affectionum curatio*, Leipzig : Teubner.

## Thémistius

Schenkl Henricus, Downey Glanville, 1965-1974, *Themistii Orationes*, 3 vol., Leipzig : Teubner.

## Théon de Smyrne

Dupuis Jean, 1892, *Théon de Smyrne, Exposition des connaissances mathématiques...*, Paris : Hachette.
Hiller Eduard, 1878, *Theonis Smyrnaei philosophi platonici : Expositio rerum mathematicarum...*, Leipzig : Teubner.

## Théophraste

Stratton George Malcolm, 1917, *Theophrastus and the Greek physiological psychology before Aristotle*, Londres : Allen et Uwin.
Wimmer Friedrich, 1854-1862, *Theophrasti Eresii opera quae supersunt omnia*, 3 vol., Leipzig : Teubner.

## Tzétzès

Hermann Gottfried, 1812, *Draconis Stratonicensis liber de metris poeticis ; Ioannis Tzetzae Exegesis in Homeri Iliadem*, Leipzig : Weigel.
Kiessling Gottlieb, 1826, *Ioannis Tzetzae Historiarum uariarum chiliades*, Hildesheim : Olms (1963).
Koster Willem John Wolff, 1960-1964, *Tzetzae commentarii in Aristophanem*, 4 vol. (I : *Prolegomena de comoedia*), Groningue : Wolters.

## Auteurs latins

Krohn Fritz, 1912, *Vitruvii De architectura libri decem*, Leipzig : Teubner.
Jan Ludwig von, Mayhoff Karl Friedrich Theodor, 1870-1898, *Plini Naturalis historiae libri XXXVII*, 6 vol., Leipzig : Teubner.
Purser Louis Claude, 1903, *M. Tulli Ciceronis epistulae*, II : *Epistulae ad Atticum*, Oxford : Clarendon Press.
Wilkins Augustus Samuel, 1903, *Ciceronis Rhetorica*, II : *Brutus, Orator, De optimo genere oratorum*, Oxford : Clarendon Press.
Willis James, 1963, *Ambrosii Theodosii Macrobii Saturnalia*, Leipzig : Teubner.


## LES ÉTUDES


Althoff Jochen, 2012, « Presocratic discourse in poetry and prose : the case of Empedocles and Anaxagoras », *Studies in History and Philosophy of Science* 43 (2), p. 293-299.
Ambrosano Giovanna, 2012, « La repirazione empedoclea », *Anais de filosofia clássica* vol. 6 n. 12, p. 6-38.
Arundel Maureen Rosemary, 1962, « Empedocles, fr. 35, 12-15 », *Classical Review* 12, p. 109-111.
Aujac Germaine, 1987, « The foundation of theoretical cartography in Archaic

and Classical Greece », *The history of cartography*, J. B. Harley, David Woodward (éds.), I : *Cartography in Prehistoric, Ancient, and Medieval Europe and the Mediterranean*, Chicago : University Press, p. 130-147.

Barnes Harry R., 1995, « The structure of the Elegiac hexameter », *Struttura e Storia dell'esametro greco*, Marco Fantuzzi, Roberto Pretagostini (éds.), I, Studi di Metrica classica 10, Rome : Gruppo editoriale internazionale, p. 135-161.

Barnes Jonathan, ²1982, *The Presocratic philosophers*, 2 vol., ser. The arguments of the philosophers, Londres : Routledge (¹1979).

Beare John Isaac, 1906, *Greek theories of elementary cognition from Alcmaeon to Aristotle*, Oxford : Clarendon Press.

Benveniste Émile, 1935, *Origines de la formation des noms en indo-européen*, Paris : Adrien-Maisonneuve.

Benveniste Émile, 1969, *Le vocabulaire des institutions indo-européennes*, 2 vol. (I : *Économie, parenté, société*; II : *Pouvoir, droit, religion*), Paris : Minuit.

Bergk Wilhelm Theodor, [1836] 1886, « De locis quibusdam Empedocleis », *De scolio Pindari in Xenophontem Corinthium dissertatio et coniecturae in poetas Graecos*, Acta Societatis Graecae 1, Leipzig 1836, p. 189-208 ; Bergk Wilhelm Theodor, *Kleine Philologische Schriften*, Rudolf Heinrich Peppmüller (éd.), II : *Zur Griechischen Literatur*, Halle : Buchhandlung des Waisenhauses, 1886 (réimpr. Hildesheim, New York : Olms, 1971), p. 3-7.

Bergk Wilhelm Theodor, [1839] 1886, *Commentatio de prooemio Empedoclis*, Berlin : Druckerei der Königlichen Akademie der Wissenschaften (Ankündigungsschrift... des Königlichen Joachimstahlschen Gymnasiums), 1839 ; Bergk Wilhelm Theodor, *Kleine Philologische Schriften*, Rudolf Heinrich Peppmüller (éd.), II : *Zur Griechischen Literatur*, Halle : Buchhandlung des Waisenhauses, 1886 (réimpr. Hildesheim, New York : Olms, 1971), p. 8-43.

Bergk Wilhelm Theodor, [1842] 1886, « Recension des Karsten'schen Empedokles », *Zeitschrift für die Alterthumswissenschaft* 97, 1842, p. 1001-1011 ; Bergk Wilhelm Theodor, *Kleine Philologische Schriften*, Rudolf Heinrich Peppmüller (éd.), II : *Zur Griechischen Literatur*, Halle : Buchhandlung des Waisenhauses, 1886 (réimpr. Hildesheim, New York : Olms, 1971), p. 45-59.

Bergk Wilhelm Theodor, [1853] 1886, « Recension des Stein'schen Empedokles », *Neue Jahrbücher für Philologie und Pädagogik* 68/23, 1853, p. 21-26 ; Bergk Wilhelm Theodor, *Kleine Philologische Schriften*, Rudolf Heinrich Peppmüller (éd.), II : *Zur Griechischen Literatur*, Halle : Buchhandlung des Waisenhauses, 1886 (réimpr. Hildesheim, New York : Olms, 1971), p. 59-66.

Bergk Wilhelm Theodor, 1886, *Kleine Philologische Schriften*, Rudolf Heinrich Peppmüller (éd.), II : *Zur Griechischen Literatur*, Halle : Buchhandlung des Waisenhauses, 1886 (réimpr. Hildesheim, New York : Olms, 1971).

Blaise Fabienne, Judet de La Combe Pierre, Rousseau Philippe, 1996, *Le métier du mythe : lectures d'Hésiode*, Cahiers de philologie 17, série Apparat critique, Villeneuve d'Ascq : Presses Universitaires du Septentrion.

Blaise Fabienne, 1998, « La figure d'Éros dans la *Théogonie* d'Hésiode », *Uranie* 8 « Figures d'Éros », p. 51-62.

Blaise Fabienne, 2006, *Entre les dieux et les hommes : Solon le poète-roi*, 2 vol. (habilitation à diriger des recherches, soutenue à l'Université Lille 3).

Blass Friedrich, 1883, « Zu Empedokles », *Jahrbuch für klassischen Philosophie* 127, p. 19-20.

Boedeker Deborah, Sider David, 2001, *The new Simonides : contexts of praise and desire*, Oxford : University Press.

Bollack Jean, [1958] 1997, « Styx et serments », *Revue des études grecques* 71, 1958, p. 1-35 ; *La Grèce de Personne : les mots sous le mythe*, L'ordre philosophique, Paris : Seuil, 1997, p. 265-287.

Bollack Jean, 2006, *Parménide : de l'étant au monde*, Lagrasse : Verdier.

Booth Nathaniel B., 1960, « Empedocles' account of breathing », *Journal of Hellenic Studies* 80, p. 10-15.

Bordigoni Carlitria, 2004, « Empedocle e la dizione omerica », *Studi sul pensiero e sulla lingua di Empedocle*, Livio Rossetti, Carlo Santaniello (éds.), Le Rane – Studi 37, Bari : Levante, p. 199-290.

Bowie Ewen L., 1986, « Early Greek elegy, symposium and public festival », *Journal of Hellenic Studies* 106, p. 13-35.

Bunbury Edward Herbert, [1883] 1959, *A history of ancient geography among the Greeks and Romans from the earliest ages till the fall of the Roman Empire*, 2 vol., 1883 ; New York : Dover, 1959 (corr.).

Burgess Jonathan Seth, 2004, « Performance and the Epic Cycle », *Classical Journal* 100 (1), p. 1-23.

Burgess Jonathan Seth, 2005, « The Epic Cycle and fragments », *A companion to Ancient Epic*, John Miles Foley (éd.), Malden : Blackwell, p. 344-352.

Burnet John, 1930, *Early Greek philosophy*, Londres : Black (¹1892).

Calame Claude, ²2000, *Le récit en Grèce ancienne : énonciations et représentations des poètes*, Sémiotique, Paris : Méridiens/Klincksieck (¹1986).

Caramico Anna, 2011, « L'aggettivo ὠγύγιος in Eschilo, *Pers.* 38 », *Itaca* 27, p. 25-34.

Cerri Giovanni, 1999, *Parmenide di Elea : poema sulla natura*, Milan : Biblioteca Universale Rizzoli.

Cerri Giovanni, 2004, « Empedocle, fr. 3 D. -K. : saggio di esegesi letterale », *Studi sul pensiero e sulla lingua di Empedocle*, Livio Rossetti, Carlo Santaniello (éds.), Le Rane – Studi 37, Bari : Levante, p. 83-94.

Cherniss Harold Frederik, 1935, *Aristotle's Criticism of Presocratic Philosophy*, Baltimore : The Johns Hopkins Press.

Clapp Edward Bull, 1906, « On correption in hiatus », *Classical Philology* 1 n. 3, p. 239-252.

Cordero Nesto-Luis, 1982, « Le vers 1.3 de Parménide : la déesse conduit à l'égard de tout », *Revue philosophique* 2, p. 159-179.

Couloubaritsis Lambros, ³2000, *Aux origines de la philosophie européenne : de la pensée archaïque au néoplatonisme*, Bruxelles : De Boeck-Wesmael (¹1992).

Couloubaritsis Lambros, 2006, « Fécondité des pratiques catalogiques », *Kernos* 19, p. 249-266.

De Jong Irene J. F., [1987] 2004, *Narrators and focalizers : the presentation of the story in the Iliad*, Bristol : Bristol Classical (Amsterdam : Grüner, ¹1987).

De Jong Irene J. F., Nünlist René, Bowie Angus, 2004, *Narrators, narratees, and narratives in ancient Greek literature : studies in ancient Greek narrative*, Leyde : Brill.

De Rubeis Maria Grazia, 1991, « Ripetizioni nel Περὶ Φύσεως di Empedocle », *Studi classici e orientali* 41, p. 87-93.

Demont Paul, 1978, « Remarques sur le sens de τρέφω », *Revue des études grecques* 91 (N° 434-435), p. 358-384.

Descroix Joseph Marie, 1931, *Le trimètre iambique : des iambographes à la comédie nouvelle*, Mâcon : Protat (réimpr. New York, Londres : Garland 1987).

Detienne Marcel, 1959, « La "démonologie" d'Empédocle », *Revue des études grecques* 72, p. 1-17.

Detienne Marcel, 1990, *Les Maîtres de Vérité dans la Grèce archaïque*, Paris : La Découverte (¹1967).

Detienne Marcel, Vernant Jean-Pierre, 1974, *Les ruses de l'intelligence : la Mètis chez les Grecs*, Paris : Flammarion.

Diels Hermann, 1879, *Doxographi Graeci*, Berlin : De Gruyter.

Diels Hermann [1898] 1969, « Über die Gedichte des Empedokles », *Sitzungsberichte der königlich preussischen Akademie der Wissenschaften zu Berlin* 63, p. 396-415 ; *Kleine Schriften zur Geschichte der antiken Philosophie*, Walter Burkert (éd.), Darmstadt : Wissenschaftliche Buchgesellschaft, 1969, p. 127-146.

Diels, Hermann, 1921, *Der antike Pessimismus*, Schule und Leben : Schriften zu den Bildungs- und Kulturfragen der Gegenwart 1, Berlin : Mittler.

Diels, Hermann, 1969, *Kleine Schriften zur Geschichte der antiken Philosophie*, Walter Burkert (éd.), Darmstadt : Wissenschaftliche Buchgesellschaft.

Diels Hermann, [1897-1898] 2010, *Griechische Philosophie : Vorlesungsmitschrift aus dem Wintersemester 1897/1898*, Johannes Salzwedel (éd.), sér. Philosophie, Stuttgart : Steiner.

Dover Kenneth James, 1997, *The evolution of Greek prose style*, Oxford : Clarendon Press.

Dupont-Roc Roselyne, Lallot Jean, 1980, *La Poétique d'Aristote : le texte grec avec une traduction et des notes de lecture*, Paris : Seuil.

Easterling Patricia E., Knox Bernard MacGregor Walker, 1985, *The Cambridge history of classical literature*, I : *Greek Literature*, Cambridge : University Press.

Edwards Mark W., 1980, « The structure of Homeric catalogues », *Transactions of the American philological association* 110, p. 81-105.

Else Gerald Frank, 1967, *Aristotle's Poetics : the argument*, Cambridge (Mass.) : Harvard University Press.

Fairbanks Arthur, 1898, « Repetitions in Empedocles », *Classical review* 12, p. 16-17.

Falco Vittorio de, 1923, *L'epicureo Demetrio Lacone*, Biblioteca di filologia classica ser. 1 vol. 2, Naples : Cimmaruta.

Fantuzzi Marco, Pretagostini Roberto (éd.), 1995-1996, *Struttura e Storia dell'esametro greco*, 2 vol., Studi di metrica classica 10, Rome : Gruppo editoriale internazionale.

Ford Andrew, 1988, « The Classical definition of ΡΑΨΩΔΙΑ », *Classical philology* 83 (4), p. 300-307.

Ford Andrew, 1992, *Homer : the poetry of the past*, Ithaca : Cornell University Press.

Ford Andrew, 2002, *The origins of criticism : literary culture and poetic theory in Classical Greece*, Princeton : University Press.

Ford Andrew, 2003, « From letters to literature : reading the "song culture" of Classical Greece », *Written texts and the rise of literate culture in Ancient Greece*, Harvey Yunis (éd.), Cambridge : University Press, p. 15-37.

Fränkel Hermann, 1921, *Die Homerischen Gleichnisse*, Göttingen : Vandenhoeck & Ruprecht.

Fränkel Hermann, 1923, « Homerische Wörter », *Ἀντίδωρον : Festschrift für Wackernagel*, Göttingen : Vandenhoeck & Ruprecht, p. 274-282.

Fränkel Hermann, [1924] 1968, « Eine Stileigenheit der frühgriechischen Literatur », *Nachrichten von der Gesellschaft der Wissenschaften zu Göttingen*, p. 63-127 ; *Wege und Formen frühgriechischen Denkens*, Franz Tietze (éd.), Munich : Beck, 1968, p. 40-96.

Fränkel Hermann, [1926] 1968, « Der Homerische und der Kallimachische Hexameter », in *Nachrichten von der Gesellschaft der Wissenschaften zu Göttingen*, 1926 (p. 197-227) ; *Wege und Formen frühgriechischen Denkens*, Franz Tietze (éd.), Munich : Beck, 1968, p. 100-156.

Fränkel Hermann, [1946] 1968, « Man's "ephemeros" nature according to Pindar and others », *Transactions and proceedings of the American philological association* 77, 1946, p. 131-145 ; « ΕΦΗΜΕΡΟΣ als kennwort für die menschliche Natur », *Wege und Formen frühgriechischen Denkens*, Franz Tietze (éd.), Munich : Beck, 1968, p. 23-39.

Fränkel Hermann, 1968, *Wege und Formen frühgrichischen Denkens*, Franz Tietze (éd.), Munich : Beck.

Fränkel Hermann, [1962] 1973, *Dichtung und Philosophie des frühen Griechentums*, Munich : Beck, 1962 ; *Early Greek poetry and philosophy : a history of Greek epic, lyric, and prose to the middle of the fifth century*, trad. en angl. par Moses Hadas, James Willis, New York, Londres : Harcourt, 1973.

Freeman Kathleen, 1946, *The Pre-Socratic philosophers : a companion to Diels, Fragmente der Vorsokratiker*, Oxford : Blackwell.

Furley David J., 1957, « Empedocles and the clepsydra », *Journal of Hellenic studies* 77, p. 31-34 (réimpr. Reginald E. Allen, David J. Furley (éds.) *Studies in the Presocratic philosophy*, II : *The Eleatics and pluralists*, Londres : Routledge, 1975, p. 265-274).

Gain Frédéric, 2007, « Le statut du "daimon" chez Empédocle », *Philosophie antique* 7, p. 121-150.

Galhac Sylvie, 2010, *Le corps dans l'Odyssée* (thèse de doctorat non publiée, soutenue à l'université de Lille 3 sous la direction de Philippe Rousseau).

Gallavotti Carlo, 1980-1981, « Da Stesicoro ad Empedocle », *Kokalos* 26-27, p. 413-434.

Galsworthy Carrie, 2010, *Language and intent in Empedocles' cosmic cycle* (thèse de doctorat non publiée, soutenue à l'université de Cincinnati).

Garner Robert Scott, 2011, *Traditional elegy : the interplay of meter, tradition and context in early Greek poetry*, American classical studies 56, Oxford : University Press.

Gemelli Marciano M. Laura, 1990, *Le metamorfosi della tradizione : mutamenti di significato e neologismi nel* Peri Physeos *di Empedocle*, Bari : Levante, 1990.

Gentili Bruno 1988, *Poesia e pubblico nella Grecia antica : da Omero al V secolo*, Bari : Laterza, 1984 ; *Poetry and its public in ancient Greece : from Homer to the fifth century*, trad. en angl. par A. Thomas Cole, Baltimore : Johns Hopkins University Press, 1988 (corr.).

Gentili Bruno, Lomiento Liana, 2003, *Metrica e ritmica : storia delle forme poetiche nelle Grecia antica*, Milan : Mondadori Università.

Gerber Douglas E., 2002, *A commentary on Pindar Olympian 9*, Hermes Einzelschriften 87, Stuttgart : Steiner.

Goldhill Simon, 2002, *The Invention of Prose*, Greece and Rome : new surveys in the classics 32, Oxford : Clarendon Press.

Graham Daniel W., 1988, « Symmetry in the Empedoclean cycle », *Classical Quarterly* 38, p. 297-312.

Graham Daniel W., 2005, « The topology and dynamics of the Empedoclean cycle », *The Empedoclean kosmos : Sructure* [sic]*, process and the question of cyclicity : proceedings of the Symposium Philosophiae Antiquae Tertium Myconense*

*July 6th-July 13th, 2003*, Apostolos L. Pierris (éd.), Patras : Institute for Philosophical Research, p. 225-244.

Granger Herbert, 2007, « Poetry and prose : Xenophanes of Colophon », *Transactions of the American philological association* 137 (2), p. 403-433.

Groningen Bernhard Abraham van, 1958, *La composition littéraire archaïque grecque : procédés et réalisations*, Verhandelingen der Koninklijke Nederlandse Akademie van Wetenschappen, Afd. Letterkunde. Nieuwe reeks 65 no. 2, Amsterdam : Noord-Hollandsche Uitg. Mij.

Guastini Daniele, 2010, *Aristotele : Poetica*, Urbino : Carocci.

Guthrie William Keith Chambers, 1965, *A history of Greek philosophy*, II : *The Presocratic tradition from Parmenides to Democritus*, Cambridge : University Press.

Hagel Stefan, 2004, « Tables beyond O'Neill », *Autour de la césure : actes du colloque Damon des 3 et 4 novembre 2000*, François Spaltenstein, Oliver Bianchi (éds.), Écho 3, Bern-Oxford : Peter Lang, p. 135-215.

Halliwell Stephen, 1986, *Aristotle's Poetics*, Londres : Duckworth.

Hardie Alex, 2013, « Empedocles and the Muse of the *agathos logos* », *American journal of philology* 134 (2), p. 209-246.

Harley J. B., Woodward David, 1987, *The history of cartography*, I : *Cartography in Prehistoric, Ancient, and Medieval Europe and the Mediterranean*, Chicago : University Press.

Harris William Vernon, 1989, *Ancient literacy*, Cambridge (Mass.) : Harvard University Press.

Havelock Eric Alfred, 1963, *Preface to Plato*, Cambridge (Mass.) : Harvard University Press.

Havelock Eric Alfred, [1966] 1982, « Preliteracy and the Presocratics », *The literate revolution in Greece and its cultural consequences*, Princeton : University Press, 1982, p. 220-260 (*Institue of Classical studies bulletin* 13, 1966, p. 44-67).

Havelock Eric Alfred, [1978] 1982, « The alphabetization of Homer », *The literate revolution in Greece and its cultural consequences*, Princeton : University Press, 1982, p. 166-184 (*Communication arts in the ancient world*, Eric Havelock, Jackson P. Hershbell (éd.), New York, Hastings House, 1978, p. 3-21).

Havelock Eric Alfred, 1982, *The literate revolution in Greece and its cultural consequences*, Princeton : University Press.

Havelock Eric Alfred, 1983, « The linguistic task of the Presocratics », *Language and thought in Early Greek philosophy*, Kevin Robb (éd.), Monist library of philosophy, La Salle : Hegeler Institute, p. 7-82.

Heath Malcolm, 1985, « Hesiod's didactic poetry », *Classical Quarterly* 35 (2), p. 245-263.

Heidel William Arthur, 1921, « Anaximander's book : the earliest known geographical treatise », *Proceedings of the American Academy of Arts and Science* 56, p. 239-288.

Herington John, 1985, *Poetry intro Drama : early tragedy and the Greek poetic tradition*, Berkeley : University of California Press.

Hershbell Jackson P., 1970, « Hesiod and Empedocles », *Classical journal* 65, p. 145-161.

Ierodiakonou Katerina, 2004, « Empedocles and the ancient painters », *Colour in the ancient Mediterranean world*, Liza Cleland Karen Stears, Glenys Davies (éds.), BAR international series 1267, Oxford : Hedges, p. 91-95.

Ierodiakonou Katerina, 2005, « Empedocles on colour and colour vision », *Oxford studies in Ancient philosophy* 29, p. 1-37.

Iribarren Leopoldo, 2006, « Rationalisations de la croyance : la construction de la *pistis* comme philosophème chez Parménide et Empédocle », *Revue de philosophie ancienne*, 24 (1), p. 63-82.

Iribarren Leopoldo, 2013, « Les peintres d'Empédocle (DK 31 B23) : enjeux et portée d'une analogie préplatonicienne », *Philosophie antique* 13, p. 83-115.

Janko Richard, 2005, « Empedocles' *Physika* book 1 : a new reconstruction », *The Empedoclean kosmos : Structure* [sic], *process and the question of cyclicity : proceedings of the Symposium Philosophiae Antiquae Tertium Myconense July 6th-July 13th, 2003*, Apostolos L. Pierris (éd.), Patras : Institute for Philosophical Research, p. 93-136.

Jeffery Lilian Hamilton, [1961] 1990, *The local scripts of archaic Greece : a study on the origin of the Greek alphabet and its development from the eighth to the fifth century B.C.*, Oxford : Clarendon Press ($^1$1961 ; corr. et suppl. $^2$1990).

Judet de La Combe Pierre, 2010, « Hesiod, *Th.* 117 and 128 : formula and the text's temporality », *Allusion, authority, and truth : critical perspectives on Greek poetic and rhetorical praxis* Phillip Mitsis, Christos Tsagalis (éds.), Trends in Classics 7, Berlin-New York : De Gruyter, p. 169-185.

Irigoin Jean, 2004, « Césure et diction du vers : quelques réalités linguistiques à ne pas oublier », *Autour de la césure : actes du colloque Damon des 3 et 4 novembre 2000*, François Spaltenstein, Oliver Bianchi (éds.), Écho 3, Bern-Oxford : Peter Lang, p. 1-10.

Journée Gérard, 2010, « Parménide B6, 1 et 8-9 DK : grammaire, poésie, métaphysique », *Revue des études grecques* 123 (1), p. 397-424.

Journée Gérard, 2012, « Empédocle, B6 DK : remarques sur les deux lignées de Diels », *Anais de filosofia clássica* vol. 6 n. 11, p. 32-62.

Kahn Charles H., 2003, « Writing philosophy : prose and poetry from Thales to Plato », *Written texts and the rise of literate culture in Ancient Greece*, Harvey Yunis (éd.), Cambridge : University Press, p. 139-161.

Kennedy George A., 1989a, *The Cambridge history of literary criticism*, I : *Classical criticism*, Cambridge : University Press.

Kennedy George A., 1989b, « Language and meaning in Archaic and Classical Greece », *The Cambridge history of literary criticism*, George A. Kennedy (éd.), I : *Classical criticism*, Cambridge : University Press, p. 78-91.

Kingsley Peter, 1995a, *Ancient philosophy, mystery, and magic : Empedocles and Pythagorean tradition*, Oxford : Clarendon Press (trad. fr. Grégoire Lacaze, *Empédocle et la tradition pythagoricienne : philosophie ancienne, mystère et magie*, Vérité des mythes 34, Paris : Belles Lettres, 2010).

Kingsley Peter, 1995b, « Notes on air : four questions of meaning in Empedocles and Anaxagoras », *Classical Quarterly* 45 (1), p. 26-29.

Kirk Geoffrey Stephen, Raven John Earle, 1960, *The presocratic philosophers : a critical history with a selection of texts*, Cambridge : University Press, 1960 ; corr. et suppl. par Malcolm Schofield, 1983.

Knatz Friedrich, 1891, « Empedoclea », *Schedae philologae Hermanno Usener a sodalibus Seminarii Regii Bonnensis oblatae*, Hermann Usener (éd.), Bonn : Cohen, p. 1-9.

Knox Bernard MacGregor Walker, 1985, « Books and Readers in the Greek World », *The Cambridge history of classical literature*, Patricia E. Easterling, Bernard MacGregor Walker Knox (éd.), I : *Greek Literature*, Cambridge : University Press, p. 1-15.

Krafft Peter, 1975, *Die handschriftliche Überlieferung von Cornutus' Theologia Graeca*, Bibliothek der klassischen Altertumswissenschaften, n. F. 2. Reihe, LVII, Heidelberg : Winter.

Kranz Walther, [1912] 1967, « Die ältesten Farbenlehren der Griechen », *Hermes* 47, 1912, p. 126-140 ; *Studien zur antiken Literatur und ihrem Fortwirken : kleine Schriften*, Ernst Vogt (éd.), Heidelberg : Winter, 1967, p. 247-257.

Kranz Walther, 1938, « Gleichnis und Vergleich in der frühgriechischen Philosophie », *Hermes* 73, p. 99-122.

Kranz Walther, 1949, *Empedokles, antike Gestalt und romantische Neuschöpfung*, Zürich : Artemis.

Krausse Rudolf, 1891, *De Panyasside* (diss., Göttingen), Hanovre : Jaenecke.

Kurfess Christopher J., 2012, *Restoring Parmenides' poem : essays towards a new arrangement of the fragments based on a reassessment of the original sources* (thèse de doctorat non publiée soutenue à l'université de Pittsburgh).

Laks André, 1978, « À propos d'un livre de N. van der Ben », *Revue de philologie* 52, p. 343-347.

Laks André, 1996, « Le double du roi : remarques sur les antécédents hésiodiques du philosophe-roi », *Le métier du mythe : lectures d'Hésiode*, Fabienne Blaise, Pierre Judet de La Combe, Philippe Rousseau (éds.), Cahiers de philologie 17, série Apparat critique, Villeneuve d'Ascq : Presses Universitaires du Septentrion, p. 83-92.

Laks André, 1999, « À propos du nouvel Empédocle : les vers 267-290 du poème physique étayent-ils l'hypothèse d'une double zoogonie ? », *Hyperboreus* 5 (1), p. 15-21.

Laks André, 2001a, « À propos de l'édition de l'Empédocle de Strasbourg par A. Martin et O. Primavesi », *Méthexis* 14, p. 117-125.

Laks André, 2001b, « Écriture, prose, et les débuts de la philosophie grecque », *Methodos* 1, p. 1-16 (online).

Laks André, 2002, « Reading the readings : on the first person plurals in the Strasburg Empedocles », *Presocratic philosophy : essays in honour of Alexander Mourelatos*, Victor Caston, Daniel W. Graham (éds.), Aldershot : Ashgate, p. 127-137.

Laks André, 2004, *Le vide et la haine : éléments pour une histoire archaïque de la négativité*, coll. Libelles, Paris : Presses Universitaires de France.

Laks André, 2005, « Some thoughts about Empedoclean cosmic and demonic cycles », *The Empedoclean kosmos : Sructure* [sic], *process and the question of cyclicity : proceedings of the Symposium Philosophiae Antiquae Tertium Myconense July 6th-July 13th, 2003*, Apostolos L. Pierris (éd.), Patras : Institute for Philosophical Research, p. 265-282.

Laks André, 2013, « Phenomenon and reference : revisiting Parmenides, Empedocles, and the problem of rationalization », *Modernity's classics*, Sarah C. Humphreys, Rudolf G. Wagner (éds.), Berlin, Heidelberg : Springer, p. 165-186.

Lapini Walter, 2013, « Empedocle e la lanterna (B 84.3 DK) », *Testi frammentari e critica del testo*, Walter Lapini, Rome : Edizioni di Storia e Letteratura, p. 103-115.

Last Hugh, 1924, « Empedocles and his klespydra again », *Classical Quarterly* 18, p. 169-173.

Lee Hugh M., 2001, *The program and schedule of the ancient olympic games*, Nikephoros Beihefte 6, Hildesheim : Weidmann.

Lloyd Geoffrey E. R., 1966, *Polarity and analogy : two types of argumentation in early Greek thought*, Cambridge : University Press.

Lohmann Dieter, 1970, *Die Komposition der Reden in der Ilias*, Untersuchungen zur antiken Literatur und Geschichte 6, Berlin : De Gruyter.

Long Anthony A., 1966, « Thinking and sense-perception in Empedocles », *Classical Quarterly* 16 (2), p. 256-276.

Long Anthony A., 1974, « Empedocles' cosmic cycle in the sixties », *The Pre-Socratics : a collection of critical essays*, Alexander P. D. Mourelatos (éd.), New York : Anchor Press Doubleday, 1974, p. 397-425 (Princeton : University Press, ²1993).

Long Anthony A., 1985, « Early Greek philosophy », *The Cambridge history of classical literature*, Patricia E. Easterling, Bernard MacGregor Walker Knox (éds.), I : *Greek Literature*, Cambridge : University Press, p. 245-257.

Long Anthony A. (éd.), 1999, *The Cambridge companion to early Greek philosophy*, Cambridge : University Press.

Long Herbert Strainge, 1948, *A study of the doctrine of metempsychosis in Greece from Pythagoras to Plato* (diss., Princeton University).

Lord Albert Bates, 2000, *The singer of tales*, Cambridge (Mass.) : Harvard University Press ([1]1960).

Lorusso Anna Maria, 2005, « Dal semplice al complesso : valenza strutturale edidattica della tecnica dell'eco in Empedocle », *Quaderni del Dipartimento di filologia linguistica e tradizione classica « Augusto Rostagni »* n. s. 4, p. 109-124.

Maas Paul, 1962, *Greek Metre*, Oxford : Clarendon Press (trad. en angl. par Hugh Lloyd-Jones).

Mansfeld Jaap, 1992, *Heresiography in Context : Hippolytus "Elenchos" as a source for Greek philosophy*, Philosophia antiqua 56, Leyde : Brill.

Mansfeld Jaap, 1995, « Insight by hindsight : intentional unclarity in Presocratic proems », *Bulletin of the Institute of Classical studies* 40, p. 225-232.

Minchin Elizabeth, 2001, *Homer and the ressources of memory : some applications of cognitive theory to the Iliad and the Odyssey*, Oxford : University Press.

Michelazzo Francesco, 1996, « Per una rilettura dell'Esametro di Hermann Fränkel », *Struttura e Storia dell'esametro greco*, Marco Fantuzzi, Roberto Pretagostini (éds.), II, Studi di Metrica classica 10, Rome : Gruppo editoriale internazionale, p. 139-172.

Morgan Kathryn A., 2015, *Pindar and the construction of the Syracusan monarchy in the fifth century B.C.*, Greek overseas, New York : University Press.

Most Glenn W., 1999, « The poetics of early Greek philosophy », *The Cambridge companion to early Greek philosophy*, Anthony A. Long (éd.), Cambridge : University Press, p. 332-362.

Most Glenn W., 2007, « ἄλλος δ' ἐξ ἄλλου δέχεται : Presocratic philosophy and traditional Greek epic », in *Literatur und Religion : Wege zu einer mythisch-rituellen Poetik bei den Griechen*, Bierl Anton, Lämmle Rebecca, Wesselmann Katharina (éds.), I, MythosEikonPoiesis 1, Berlin, New York : De Gruyter, p. 271-302.

Moutsopoulos Évanghélos A., 2006, « Généalogies et structures de la parenté dans la mythologie grecque », *Kernos* 19, p. 31-34.

Nagy Gregory, 1979, *The best of the Achaeans : concepts of the hero in archaic Greek poetry*, Baltimore : Johns Hopkins University Press.

Nagy Gregory, 1989, « Early Greek views of poets and poetry », *The Cambridge history of literary criticism*, George A. Kennedy (éd.), I : *Classical criticism*, Cambridge : University Press, p. 1-77.

Nagy Gregory, 1990a, *Pindar's Homer : the lyric possession of an epic past*, Baltimore-Londres : Johns Hopkins University Press.

Nagy Gregory, 1990b, *Greek mythology and poetics*, Ithaca : Cornell University Press.

Nagy Gregory, 1996a, *Poetry as performance : Homer and beyond*, Cambridge : University Press.

Nagy Gregory, 1996b, « Autorité et auteur dans la *Théogonie* hésiodique », *Le métier du mythe : lectures d'Hésiode*, Fabienne Blaise, Pierre Judet de La Combe, Philippe Rousseau (éds.), Cahiers de philologie 17, série Apparat critique, Villeneuve d'Ascq : Presses Universitaires du Septentrion, p. 41-52.

Nagy Gregory, 1996c, *Homeric questions*, Austin : University of Texas Press.

Nagy Gregory, 2003, *Homeric responses*, Austin : University of Texas Press.

Nagy Gregory, 2006, « Hymnic elements in Empedocles (B 35 DK = 201 Bollack) », *Revue de philosophie ancienne* 24 (1), p. 51-62.

Nesselrath Heinz-Günther, 2009, *Cornutus : Die griechischen Götter : ein Überblick über Namen, Bilder und Deutungen (eingeleitet, übersetzt, und mit interpretierenden Essays versehen von Fabio Berdozzo et al.)*, Scripta antiquitatis posterioris ad ethicam religionemque pertinentia 14, Tübingen : Mohr Siebeck.

Nünlist René, 2005, « Poetological imagery in Empedocles », *The Empedoclean kosmos : Sructure* [sic], *process and the question of cyclicity : proceedings of the Symposium Philosophiae Antiquae Tertium Myconense July 6th-July 13th, 2003*, Apostolos L. Pierris (éd.), Patras : Institute for Philosophical Research, p. 73-92.

O'Brien Denis, 1965, « Empedocles, fr. 35, 14-15 », *Classical Review* 15, p. 1-4.

O'Brien Denis, 1969, *Empedocles' cosmic cycle : a reconstruction from the fragments and secondary sources*, Cambridge classical studies, Cambridge : Cambridge University Press.

O'Brien Denis, 1970, « The effect of a simile : Empedocles' theories of seeing and breathing », *Journal of Hellenic studies* 90, p. 140-179.

O'Brien Denis, 1981, *Pour interpréter Empédocle*, Collection d'études anciennes, Paris-Leyde : Belles Lettres-Brill.

O'Brien Denis, 2012, « Empedocles' mountain path : fr. 24 », *Elenchos* 33 (2), p. 301-333.

O'Neill Eugene G. Jr., 1942, « The localization of metrical word-types in the Greek hexameter », *Yale Classical studies* 8, p. 105-178.

Obbink Dirk D., 2001, « The genre of the *Plataea* : generic unity in the new Simonides », *The new Simonides : contexts of praise and desire*, Deborah Boedeker, David Sider (éds.), Oxford : University Press, p. 65-85.

Osborne Catherine, 1987a, « Empedocles recycled », *Classical Quarterly* 37, p. 24-50.

Osborne Catherine, 1987b, *Rethinking early Greek philosophy : Hippolytus of Rome and the Presocratics*, Londres : Duckworth.

Osborne Catherine, 1998, « Was Verse the default form for Presocratic philosophy ? », *Form and content in didactic poetry*, Catherine Atherton (éd.), Nottingham classical literature studies 5, Bari : Levante, p. 23-35.

Osborne Catherine, 2000, « Rummaging in the recycling bins of Upper Egypt : a discussion of A. Martin and O. Primavesi, *L'Empédocle de Strasbourg* », *Oxford studies in Ancient philosophy* 18, p. 329-356.

Otterlo Willem Anton Adolf van, 1944a, « Untersuchungen über Begriff, Anwendung und Enstehung der griechischen Ringkomposition », *Mededeelingen der Nederlandse Akademie van Wetenschappen* 7, p. 131-176.

Otterlo Willem Anton Adolf van, 1944b, « Eine merwürdige Kompositionsform der älteren griechischen Literatur », *Mnemosyne* 12 (3), p. 192-207.

Palmer John, 2013, « Revelation and reasoning in Kalliopeia's address to Empedocles », *Rhizomata* 1 (2), p. 308-329.

Panzerbieter Friedrich, 1844, *Beiträge zur Kritik und Erklärung des Empedokles* (diss.), Eilandungs-Programm des Gymnasiums Bernhardinum in Meiningen, Meiningen.

Palù Chiara, 2004, *Philosophie et écriture : analyse des débuts de la tradition ancienne* (thèse de doctorat non publiée soutenue à Lille 3 sous la direction d'André Laks et Walter Cavini).

Parry Milman, [1928] 1971, « The traditional epithet in Homer », *The collected papers of Milman Parry*, Oxford : University Press, 1971, p. 1-190 (*L'Épithète traditionnelle dans Homère : essai sur un problème de style homérique*, Paris 1928).

Parry Milman, [1930] 1971, « Studies in the epic technique of oral verse-making, I : Homer and Homeric style », *The collected papers of Milman Parry*, Oxford : University Press, 1971, p. 266-324 (*Harvard studies in classical philology* 43, 1930, p. 73-147).

Perilli Lorenzo, 1996, *La teoria del vortice nel pensiero antico : dalle origini a Lucrezio*, Supplementi di Museum criticum, Pise : Pacini.

Pfeiffer Rudolf, 1968, *History of classical scholarship : from the beginnings to the end of the Hellenistic age*, Oxford : Clarendon Press.

Picot Jean-Claude, 2000, « L'Empédocle magique de P. Kingsley », *Revue de philosophie ancienne* 18 (1), p. 25-86.

Picot Jean-Claude, 2007, « Empedocles, fragment 115.3 : can one of the Blessed pollute his limbs with blood ? », *Reading ancient texts : essays in honour of Denis O'Brien*, I : *Presocratics and Plato*, Suzanne Stern-Gillet & Kevin Corrigan (éds.), Brill's studies in intellectual history 161, Leyde-Boston : Brill, p. 41-56.

Picot Jean-Claude, 2008, « Empédocle pouvait-il faire de la lune le séjour des Bienheureux ? », *Organon* 37(40), p. 9-37.

Picot Jean-Claude, 2012, « Sagesse face à Parole de Zeus : une nouvelle lecture du fr. 123.3 DK d'Empédocle », *Revue de Philosophie ancienne* 30 (1), p. 23-57.

Picot Jean-Claude, Berg William, 2012, « Along a mountain path with Empedocles », *Elenchos* 33 (1), p. 5-20.

Picot Jean-Claude, 2012-2013, « Les dieux du fr. 128 d'Empédocle et le mythe des races », *Revue de métaphysique et de morale* N° 75 (3), p. 339-356.

Picot Jean-Claude, Berg William, 2014, « Cleombrotus cites Empedocles in Plutarch's *De defectu* : a question of method in interpreting fr. 24 DK », *Elenchos* 35 (1), p. 127-148.

Picot Jean-Claude, Berg William, 2015, « Lions and *promoi* : final phase of exile for Empedocles' *daimones* », *Phronesis* 60, p. 380-409.

Pierris Apostolos L. (éd.), 2005a, *The Empedoclean kosmos : Sructure* [sic], *process and the question of cyclicity : proceedings of the Symposium Philosophiae Antiquae Tertium Myconense July 6th-July 13th, 2003*, Patras : Institute for Philosophical Research.

Pierris Apostolos L., 2005b, « Ὅμοιον ὁμοίῳ and Δίνη : nature and function of Love and Strife in Empedoclean system », *The Empedoclean kosmos : Sructure* [sic], *process and the question of cyclicity : proceedings of the Symposium Philosophiae Antiquae Tertium Myconense July 6th-July 13th, 2003*, Apostolos L. Pierris (éd.), Patras : Institute for Philosophical Research, p. 189-224.

Powell Barry B., 1978, « Word patterns in the Catalogue of ships (B 494-709) : a structural analysis of Homeric language », *Hermes* 106, p. 255-264.

Powell Barry B., 1991, *Homer and the origin of the Greek alphabet*, Cambridge : University Press.

Primavesi Oliver, 2001, « La daimonologia della fisica empedoclea », *Aevum Antiquum* n. s. 1, p. 3-68.

Primavesi Oliver, 2007, « Empédocle : divinité physique et mythe allégorique », *Philosophie antique* 7, p. 51-89.

Primavesi Oliver, 2008, *Empedokles Physika I : eine Rekonstruktion des zentralen Gedankengangs*, Archiv fur Papyrusforschung und verwandte Gebiete 22, Berlin : De Gruyter.

Pucci Pietro, 1977, *Hesiod and the language of poetry*, Baltimore-Londres : Johns Hopkins University Press.

Pucci Pietro, [1987] 1995, *Odysseus polutropos : intertextual readings in the Odyssey and the Iliad*, Cornell studies in classical philology 46, Ithaca : Cornell University Press, 1987 ; *Ulysse Polytropos : lectures intertextuelles de l'Iliade et de l'Odyssée* (trad. de l'anglais par Janine Routier-Pucci, préf. de Philippe Rousseau), Cahiers de philologie 15, série Apparat critique, Villeneuve d'Ascq : Presses Universitaires du Septentrion, 1995.

Pucci Pietro, 1998, *The song of the Sirens : essays on Homer*, Greek studies – interdisciplinary approaches, Lanham : Rowman & Littlefield.

Ramelli Ilaria, 2003, *Anneo Cornuto : Compendio di teologia greca*, Milan : Bompiani.

Rashed Marwan, 2001, « La chronographie du système d'Empédocle : documents byzantins inédits », *Aevum Antiquum* n. s. 1, p. 235-257.

Rashed Marwan, 2007, « The structure of the eye and its cosmological function in Empedocles : reconstruction of fragment 84 D.-K. », *Reading ancient texts : essays in honour of Denis O'Brien*, Suzanne Stern-Gillet & Kevin Corrigan (éds.), I : *Presocratics and Plato*, Brill's studies in intellectual history 161, Leyde-Boston : Brill, p. 21-39.

Rashed Marwan, 2008a, « Le proème des *Catharmes* d'Empédocle : reconstitution et commentaire », *Elenchos* 29 (1), p. 7-37.

Rashed Marwan, 2008b, « De qui la clepsydre est-elle le nom ? Une interprétation du fragment 100 d'Empédocle », *Revue des études grecques* 121 (2), p. 443-468.

Ready Jonathan L., 2011, *Character, narrator and simile in the Iliad*, Cambridge : University Press.

Regenbogen Otto, 1930, « Eine Forschungsmethode antiker Naturwissenschaft », *Quellen und Studien zur Geschichte der Mathematik, Astronomie und Physik* Abteilung B : Studien 1, p. 131-182.

Reinhardt Karl, 1916, *Parmenides und die Geschichte der griechischen Philosophie*, Bonn : Cohen.

Robb Kevin (éd.), 1983, *Language and thought in early Greek philosophy*, Monist library of philosophy, La Salle : Hegeler Institute.

Rocca-Serra Guillaume, 1963, « Pour une édition de Cornutus », *Bulletin de l'Association Guillaume Budé* 1 (3), p. 348-350.

Rose H. J., 1932, « Stesichoros and the Rhadine fragment », *Classical Quarterly* 26 (1932), p. 88-92.

Rosenfeld-Löffler Annette, 2006, *La poétique d'Empédocle : cosmologie et métaphore*, Écho 5, Bern-Oxford : Peter Lang.

Rossetti Livio, 2004, « Empedocle scienziato », *Studi sul pensiero e sulla lingua di Empedocle*, Livio Rossetti, Carlo Santaniello (éds.), Le Rane – Studi 37, Bari : Levante, p. 95-198.

Rossetti Livio, Santaniello Carlo (éds.), 2004, *Studi sul pensiero e sulla lingua di Empedocle*, Le Rane – Studi 37, Bari : Levante,

Rousseau Philippe, 1995, Διὸς δ' ἐτελείετο βουλή : *Destin des Héros et dessein de Zeus dans l'intrigue de l'Iliade*, 3 vol. (thèse de doctorat non publiée, soutenue à l'université de Lille 3 sous la direction de Jean Bollack).

Rousseau Philippe, 1996, « Instruire Persès : notes sur l'ouverture des *Travaux* d'Hésiode », *Le métier du mythe : lectures d'Hésiode*, Fabienne Blaise, Pierre Judet de La Combe, Philippe Rousseau (éds.), Cahiers de philologie 17, série Apparat critique, Villeneuve d'Ascq : Presses Universitaires du Septentrion, p. 93-168.

Rousseau Philippe, 2001, « L'intrigue de Zeus », *Homère*, Bernard Mezzadri (éd.), numéro monographique de *Europe* 79 (N° 865, mai 2001), p. 120-158.

Rousseau Philippe, 2003, « La toile d'Hélène (*Iliade* III, 125-128) », *Le mythe d'Hélène*, Michèle Broze, Lambros Couloubaritsis, Aimilia Hypsilanti, Platon Mavromoustakos, Didier Viviers (éds.), Mythes et religion, Bruxelles : Ousia, p. 9-43.

Rousseau Philippe, 2010, « Hector's inaction », *Allusion, authority, and truth : critical perspectives on Greek poetics and rhetorical praxis*, Phillip Mitsis, Christos Tsagalis (éds.), Trends in Classics 7, Berlin-New York : De Gruyter, p. 77-86.

Rousseau Philippe, 2011, « Remarques sur quelques usages des structures concentriques dans la poésie archaïque grecque », *Retorica biblica e semitica 2 : atti del secondo convegno RBS*, Roland Meynet, Jacek Oniszczuk (éds.), Bologne : Centro editoriale dehoniano, p. 233-254.

Rousseau Philippe, 2012, « Le nom de Diomède », *Donum natalicium digitaliter confectum Gregorio Nagy septuagenario a discipulis collegis familiaribus oblatum : A virtual birthday gift presented to Gregory Nagy on turning seventy by his students, colleagues, and friends*, Victor Bers, David Elmer, Leonard Charles Muellner (éds.), Center for Hellenic Studies (non paginé ; online : http:// chs.harvard.edu/CHS/article/display/4752).

Rousseau Philippe, 2015, « War, speech and the bow are not women's business », *Women & war in Antiquity*, Jacqueline Fabre-Serris, Alison M. Keith (éds.), Baltimore (Md.) : Johns Hopkins University Press, p. 15-33.

Rouveret Agnès, 1989, *Histoire et imaginaire de la peinture ancienne (V$^e$ siècle av. J.-C. – I$^{er}$ siècle ap. J.-C.)*, Bibl. des Écoles françaises d'Athènes et de Rome 274, Rome : École française de Rome.

Rudhardt Jean, 1992, *Notions fondamentales de la pensée religieuse et actes constitutifs du culte en Grèce Classique*, Paris : Picard (Genève : Droz, [1]1958).

Rutherford Ian C., 2001, « The new Simonides : towards a commentary », *The new Simonides : contexts of praise and desire*, Deborah Boedeker, David Sider (éds.), Oxford : University Press, p. 33-54.

Santoro Fernando, 2013, « Allégories et rondeaux philosophiques dans le *Poème de la Nature* d'Empédocle », in χώρα *REAM* 11, p. 183-200.

Schäfer Christian, 1996, *Xenophanes von Kolophon : ein Vorsokratiker zwischen Mythos und Philosophie*, Beiträge zur Altertumskunde 77, Stuttgart-Leipzig : Teubner.

Schnapp-Gourbeillon Annie, 1981, *Lions, héros, masques : les représentations de l'animal chez Homère*, Textes à l'appui – histoire classique, Paris : Maspero.

Schneider Johann Gottlob, 1801, *Eclogae physicae historiam et interpretationem corporum et rerum naturalium continentes, ex scriptoribus praecipue graecis excerptae in usum studiosae litterarum juventutis*, II, Iéna-Leipzig : Frommann.

Schneider Johann Gottlob, 1821, *Griechisch-Deutsches Wörterbuch*, Leipzig : Hähn.

Schneidewin Friedrich Wilhelm, 1851, « Neue verse des Empedokles », *Philologus* 6, p. 155-167.

Scott William Clyde, 1974, *The oral nature of the Homeric simile*, Mnemosyne – Supplementum 28, Leyde : Brill.

Scott William Clyde, 2009, *The artistry of the Homeric simile*, Hanover (NH)-Londres : University Press of New England.

Sedley David N., 2007, *Creationism and its critics in antiquity*, Sather classical lectures 66, Berkeley : University of California Press.

Seeck Gustav Adolf, 1967, « Empedokles B 17, 9-13, B 8, B 100 bei Aristoteles », *Hermes* 95 (1), p. 41-53.

Shipp George Pelham, 1953, *Studies in the language of Homer*, Cambridge classical studies, Cambridge Philological Society transactions 8, Cambridge : University Press ($^2$1972).

Skarsouli Pénélope, 2006, « Calliope, a Muse apart : some remarks on the tradition of memory as a vehicle of oral justice », *Oral Tradition* 21 (1), p. 210-228.

Snell Bruno, [1946] 1994, *Die Entdeckung des Geistes : Studien zur Entstehung des europäischen Denkens bei den Griechen*, Hambourg : Claassen & Goverts, 1946 ; *La découverte de l'esprit : la genèse de la pensée européenne chez les Grecs*, trad. en franç. par Marianne Charrière, Pascale Escaig, Combas : L'Éclat, 1994.

Spaltenstein François, Bianchi Oliver (éd.), 2004, *Autour de la césure : actes du colloque Damon des 3 et 4 novembre 2000*, Écho 3, Bern-Oxford : Peter Lang.

Steinrück Martin, 1997, *Kranz und Wirbel : Ringkompositionen in den Büchern 6-8 der Odyssee*, Spudasmata 64, Hildesheim-New York : Olms.

Steinrück Martin, 2004, « La césure hexamétrique : description et rythmes dans l'*Odyssée* », *Autour de la césure : actes du colloque Damon des 3 et 4 novembre 2000*, François Spaltenstein, Oliver Bianchi (éds.), Écho 3, Bern-Oxford : Peter Lang, p. 81-94.

Steinrück Martin, Lukinovich Alessandra, 2007, *À quoi sert la métrique ? : Interprétation littéraire et analyse des formes métriques grecques : une introduction*, Grenoble : Millon.

Svenbro Jasper, 1976, *La parole et le marbre : aux origines de la poétique grecque*, Lund : Universitets Lund (*La Parola e il marmo*, corr. trad. en italien par Pierpaolo Rosati, Turin : Boringhieri, 1984).

Taillardat Jean, 1959, « Le sens d'"amorgos" (Empédocle fr. 84 Diels) et les lanternes dans l'antiquité », *Revue des études grecques* 72, p. XI-XII.

Thalmann William G., 1984, *Conventions of form and thought in early Greek epic poetry*, Baltimore : Johns Hopkins University Press.

Therme Anne-Laure, 2007, « Est-ce par un tourbillon que l'amour empédocléen joint ? L'hypothèse de l'aimantation », *Philosophie Antique* 7, p. 91-119.

Therme Anne-Laure, 2010, « Une tragédie cosmique : l'exil amnésique des *daimones* d'Empédocle », *Zetesis – Actes des colloques de l'association* 1, S. Alexandre, O. Renaut (éds.), p. 1-29.

Thomas Rosalind, 2003, « Prose Performance Texts : *Epideixis* and Written Publication in the Late Fifth and Early Fourth Century », *Written texts and the rise of literate culture in Ancient Greece*, Harvey Yunis (éd.), Cambridge : University Press, p. 162-188.

Tigner Steven S., 1974, « Empedocles' twirled ladle and the vortex-supported earth », *Isis* 65, p. 433-447.

Traglia Antonio, 1931, *Riflessi omerici nei frammenti di Empedocle*, Pescara : Arte della stampa.

Traglia Antonio, 1952, *Studi sulla lingua di Empedocle*, Mousikai dialektoi – supplementi serie 5, 3, Bari : Adriatica.

Trépanier Simon, 2000, « The structure of Empedocles' fragment 17 », *Essays in philosophy* I, p. 1-21.

Trépanier Simon, 2003a, « "We" and Empedocles' cosmic lottery : *P. Strasb Gr. INV. 1665-1666*, ensemble a », *Mnemosyne* 56 (4), p. 385-419.

Trépanier Simon, 2003b, « Empedocles on the ultimate symmetry of the world », *Oxford studies in ancient philosophy* 24, p. 1-57.

Trépanier Simon, 2004, *Empedocles : an interpretation*, Studies in classics 2, New York-Londres : Routledge.

Tucker G. M., 1931, « Empedocles in exile », *Classical review* 45, p. 49-51.

Verdenius Willem J., 1987, *Commentaries on Pindar*, I : Olympian, Odes 3, 7, 12, 14, Mnemosyne – supplementum 97, Leyde : Brill.

Verdenius Willem J., 1988, *Commentaries on Pindar*, II : Olympian, Odes 1, 10, 11, Nemean 11, Isthmian 2, Mnemosyne – supplementum 101, Leyde : Brill.

Vernant Jean-Pierre, 1966, *Mythe et pensée chez les Grecs : études de psychologie historique*, Paris : Maspero.

Volonaki Eleni, 2011, « Epideictic oratory at the Olympic games », *Thinking the Olympics : the classical tradition and the modern games*, Barbara Goff, Michael Simpson (éd.), Londres : Bristol Classical Press.

Wersinger Anne Gabrièle, 2008, *La Sphère et l'intervalle : le schème de l'harmonie dans la pensée des anciens Grecs d'Homère à Platon*, coll. Horos, Grenoble : Millon.

Wersinger Anne Gabrièle, 2012, « Empédocle et la poétique de l'analogie dans le fragment 84 », *ΦΙΛΟΣΟΦΙΑ* 42, p. 41-65.

Wersinger Anne Gabrièle, 2012-2013, « Empédocle, la violence sacrificielle et la grâce », *Revue de métaphysique et de morale* N° 75 (3), p. 379-402.

West Martin Litchfield, 1981, « The singing of Homer and the modes of early Greek music », *Journal of Hellenic studies* 101, p. 113-129.

West Martin Litchfield, 1982, *Greek metre*, Oxford : Clarendon Press.

Wilamowitz-Moellendorff Ulrich von, [1929] 1935, « Die Καθαρμοί des Empedokles », *Kleine Schriften*, I, Berlin : Weidmann, p. 473-521 (*Sitzungsberichte der preussischen Akademie der Wissenschaften zu Berlin 27*, 1929, p. 626-661).

Wilamowitz-Moellendorff Ulrich von, 1931-1932, *Der Glaube der Hellenen*, 2 vol., Berlin : Weidmann.

Wismann Heinz, 1996, « Propositions pour une lecture d'Hésiode », *Le métier du mythe : lectures d'Hésiode*, Fabienne Blaise, Pierre Judet de La Combe, Philippe Rousseau (éds.), Cahiers de philologie 17, série Apparat critique, Villeneuve d'Ascq : Presses Universitaires du Septentrion, p. 15-24.

Wöhrle Georg, 1993, « War Parmenides ein schlechter Dichter ? Oder : zur Form der Wissensvermittlung in der frühgriechischen Philosophie », *Vermittlung und Tradierung von Wissen in der griechischen Kultur*, Wolfgang Kullmann, Jochen Althoff (éds.), Script Oralia 61, Tübingen : Narr, p. 167-180.

Woodbury Leonard E., 1968, « Pindar and the mercenary Muse : *Isthmian* 2.1-13 », *Transactions of American Philological Association* 99, p. 527-542.

Wright Maureen Rosemary, 1998, « Philosopher poets : Parmenides and Empedocles », *Form and content in didactic poetry*, Catherine Atherton (éd.), Nottingham classical literature studies 5, Bari : Levante, p. 1-22.

Yunis Harvey, 2003, *Written texts and the rise of literate culture in Ancient Greece*, Cambridge : University Press.

Zeller Eduard, Nestle Wilhelm, 1920, *Die Philosophie der Griechen in ihrer geschichtlichen Entwicklung*, I.2, Leipzig : Reisland, (trad. en italien par Rodolfo Mondolfo, *La filosofia dei Greci*, I.5, Florence : La Nuova Italia, 1969).

Zuntz Günther, 1971, *Persephone : three essays on religion and thought in Magna Graecia*, Oxford : Clarendon Press.

# INDEX DES PASSAGES CITÉS

Les chiffres en gras indiquent les principaux passages commentés. Un « A » après une référence indique que le passage est édité et traduit en annexe.

AELIUS HEROD. (Lentz) : 3.1.192.26 : 609

AÉTIUS : I.5.2 : 572 ; I.15.3 : 326 ; II.6.3 : 563 ; IV.13.4 : **281**

ALCÉE (Lobel-Page) : 249.7 : 155 ; 346.1 : 292 ; 380.1 : 155

ALCMAN (Page) : 3.1 : 298 ; 3.70 : 298 ; 5.2.1.23 : 120 ; 17.1.7 : 153 ; 27.1 : 208 ; 56.1.3 : 360 ; 89.1.5 : 578

ALEXANDRE
In De sensu – 23-24 : 276, **279-281**, 283, **289-291**, 773-774A

ANACRÉON
Épigr. – 6.140.1 : 482 ; 7.226.4 : 583
Fr. (Page) – 2.1.4 : 435 ; 3.5 : 581 ; 22 : 481 ; 28.3 : 475

ANAXAGORE (D.-K.) : A 68 : 353 ; A 69 : 353

ANAXIMÈNE (D.-K.) : A 1 : 753 ; A 20 : 353

ANTHOLOGIA GRAECA : 3.251.3 : 285 ; 7.508.1 : **614-616** ; 9.251.3 : 301 ; 12.50.5 : 608
Suppl. – 27.2 : 486 ; 340.3 : 468

ANTIOCHUS (Müller) : 10.3 : 456

ANTIPHON
Tétralogies – I.10.7 : 456 ; II.11.5 : 456
Fr. (Gernet) – 15.5 : 567

APOLLONIOS
Lex. Hom. – παλάμη : 155 ; πανόμφαιος : 486

APOLLONIOS DE RHODES : 1.411 : 612 ; 1.477 : 608 ; 2.997 : 606 ; 4.795 : 255

APULÉE
Florides – 15 : 729

ARCHILOQUE
(West) – 13.5 : 153 ; 13.8 : 466 ; 17 : 197 ; 42.1 : 357 ; 46.1 : 360 ; 88.1 : 74 ; 93a.5 : 357 ; 116.1 : 77 ; 121.1 : 357 ; 124a : 83 ; 127 : 695 ; 130.5 : 77 ; 182.1 : 74 ; 328.17 : 77 ; 330.1 : 77
(Page) – S.478a.6 : 359 ; S.478a.21 : 580

ARGONAUTIQUES ORPHIQUES : 430 : 256 ; 660 : 486 ; 741 : 256 ; 1299 : 486

ARISTÉAS (Bernabé) : 4.1 : 298 ; 11.6 : 178

ARISTOPHANE
Ach. – 72 : 484 ; 927 : 484
Ecc. – 227 : 608 ; 495 : 132
Lys. – 912-913 : 348
Nu. – 332-333 : 627-628
Pax – 423 : 372 ; 1014 : 287
Pl. – 1055 : 354
Ra. – 52-54 : 733 ; 145-150 : 668
Th. – 977 : 121
Vesp. – 618 : 582
Schol. in Eq. – 534 : 482
Schol. in Neph. – 323a9 : 283 ; 332-333 : 627-628

ARISTOTE
De an. – 404b 13 : 653 ; 420a14 : 301 ; 427a 21 : 96
De caelo – 268b 21 : 571 ; 269b 18 sqq. (= I.3) : 572 ; 277b 27 sqq. (= I.9) :

572 ; 289a 19-35 : 310 ; 292b 15 *sqq.*
(= II.13) : 562 ; 294b 21 : 339 ; 295a
29-32 : 562
*De resp.* – 473a 15-474a24 : **338-339,**
342, **778-780A** ; 473b 3 *sqq.* : 357 ;
473b 3-5 : 380
*De sensu* – 437b 10-438a 5 : 275-276,
**279-282,** 291, **772-773A** ; 438b 2 :
301
*GA.* – 744a 10 : 301 ; 779b 15-20 :
**280, 288** ; 781a 20 : 301
*GC.* – 314b 20 : 310, 321 ; 333a 35-b
3 : 463 ; 333b 26 : 653
*HA.* – 495a 8 : 301 ; 514a 17 : 301 ;
512a 6 : 366 ; 518a 9 : 366
*Metaph.* – 984a 8 *sqq.* : 11 ; 985a 4
*sqq.* : 11 ; 1000a 24-31 : **528, 531,**
652 ; 1000a 26-b 3 : 317 ; 1009b 17 :
96 ; 1091b 8 : 736
*Meteo.* – 357a 24-8 : 12
*PA.* – 652b 30 : 301
*Ph.* – 184b 15 : 653 ; 187a 12-26 : 516 ;
202b 8-10 : 311 ; 206a 18-25 : 311 ;
213a 27 : 339 ; 244a 3 : 582 ; 250b 11
*sqq.* : 537 ; 250b 23-251a 5 : 550 ;
250b 27-29 : **765A** ; 250b 28 : 550 ;
250b 30 : 546-547, 549 ; 251a 8-252a
5 : 537 ; 252a 5 *sqq.* : 537, 652 ; 252a
25-27 : 537 ; 265b 17-266a 5 : 517
*Poet.* – 1447b 17-20 : 12, 16 ; 1460b
22-1461a 4 : 604 ; 1461a 9 *sqq.* : 604,
**771A** ; 1461a 14-16 : 605 ; 1461a 15 :
609 ; 1461a 23-25 : **604-605, 771A**
*Probl.* – 914b 14 : 339, 357 ; 924a 37 :
361 ; 961a 38 : 301
*Rh.* – 1358b 7 : 631 ; 1407a 31-39 :
12 ; 1407b 11 : 732 ; 1409a 25 *sqq.* :
493
*Topiques* – 100b 9 : 103
ASCLÉPIUS
*In Metaph.* – 197.9-18 : 652-653 ;
197.20 : 648, 653, **794-795A**
ATHÉNÉE
*Deipn.* (Kaibel) – 9.65.20 : 627 ;

10.22.10-22 : 604, 609, **768-769A** ;
13.84.14 : 628 ; 14.12.21 : 595, 626,
634 ; 14.43.4 : 628

BACCHYLIDE
*Di.* – 2.4 : 357 ; 3.55 : 470 ; 3.89 :
328 ; 3.94 : 298 ; 5.6 : 483 ; 5.98 :
483 ; 5.B.7 : 372 ; 7.36 : 581
*Ep.* – 2.12 : 357 ; 3.1 : 476 ; 3.2 : 482 ;
3.16 : 374 ; 3.61 : 124 ; 3.82 : 77 ;
3.95 : 485 ; 5.21 : 684 ; 5.3 : 482 ;
5.31-33 : 147 ; 5.4 : 147 ; 5.111 : 466 ;
5.141 : 84 ; 5.144 : 77 ; 5.153 : 340 ;
5.173 : 118 ; 5.176-178 : 147-148,
208 ; 5.187-189 : 147 ; 9.62 : 483 ;
11.58 : 374 ; 11.72 : 325 ; 11.108 : 483 ;
13.45 : 581 ; 13.57 : 298 ; 13.89 : 482 ;
13.132 : 581 ; 13.147 : 482 ; 13.151 :
124 ; 13.188 : 684 ; 14.14 : 486
*En.* – 2.8 : 462 ; 7b.2 : 358
*Pe.* – 1.79 : 375
fr. incert. – 8.1 : 113
fr. dub. – 8.3 : 358

CALLIMAQUE (Pfeiffer) : 191.31 : 485 ;
194.59 : 485
CALLINOS (West) : 1.19 : 76
CHIONIDÈS (Kock) : 4 : 628
CHOÉRILOS DE SAMOS : 13a11 (Bernabé) :
582 ; 335 (L.-J., P.) : 255
CICÉRON
*Brut.* – 18.70 : 324
*Lettres à Atticus* – 1.16.1 : 495
*Premiers Acad.* – 2.23.74 : 12
CLÉMENT
*Protr.* – II.37.1.2 : 486
*Str.* – I.14.61.2 : 627 ; III.14.2 : 423-
424 ; V.3.16-18 : 167-168, **753A** ;
V.1.9.1 : 623, **787A** ; V.9.59.3 : 103-
104, **750A** ; VI.2.6.2 : 695
CORNUTUS
*De natura deorum* – 30 : 449-459,
**806-807A**
CRATINOS (Kock) : 96.1 : 282 ; 132.1 :

365 ; 196.1 : 293 ; 206.1 : 372 ; 214.1 :
282 ; 264 : 681 ; 317.2 : 482
CYPRIA (Bernabé) : 4.2 : 358 ; 32.2 : 582

DÉMÉTRIUS
   De eloc. – 12 : 732
DENYS D'HALICARNASSE
   De Dem. dictione – 44.17 : 630
   De Lysia – 29.1 : 631
   De comp. uerborum – 22.230 : 631 ;
   23.170 : 631
DIODORE DE SICILE
   Bibl. Hist. – XI.76 : 637 ; XIII.83.1 :
   622, 784A ; XIV.109 : 631-632
DIOGÈNE LAËRCE
   Vies – I.57 : 217, 630 ; I.116 : 729 ;
   II.1 : 730-731 ; II.3 : 731 ; VI.75 : 627 ;
   VI.95 : 627 ; VIII.52 : 145 ; VIII.54 :
   783-784A ; VIII.57 : 12, 34 ; VIII.58-
   59 : 633 ; VIII.59 : 621 ; VIII.60-
   61 : 43, 745A ; VIII.61 : 611-612,
   783A ; VIII.62 : 622 ; VIII.63 : 595,
   626, 634 ; VIII.63-66 : 636 ; VIII.66 :
   622, 637, 784-785A ; VIII.67 : 100 ;
   VIII.70 : 217 ; VIII.76 : 756A ;
   VIII.77 : 100 ; IX.5-6 : 732 ; IX.73 :
   59, 748A
DIONYS. THR.
   Schol. in Artem gramm. – GG.I.3.183.1-
   15 : 729

EMPÉDOCLE
   Test. (D.-K.) – A 1 : 595, 626 ; A 12 :
   595, 626 ; A 22 : 12, 16 ; A 23 : 12 ;
   A 24a : 12 ; A 25a : 12 ; A 25c : 12 ;
   A 30 : 563, 584 ; A 49b : 563, 584 ;
   A 90 : 281 ; A 100 (Vítek) : 31
   Fr. (D.-K.) – 1 : 42-43, 182, 611-621,
   672 ; 2 : 32-33, 40, 44, 50-54, 58-95,
   497-502, 603, 611, 615, 721, 749-
   750A ; 2.1 : 72-73, 156-157, 439, 498,
   500 ; 2.1-2 : 72-74, 161, 497, 500 ;
   2.1-6 : 69 ; 2.1-8a : 42, 51, 54, 69,
   72-91 ; 2.2 : 58, 69, 73-74 ; 2.3 :

59-61, 70-71, 74-82, 498-499 ;
2.3-4 : 67-68, 70, 72, 74-84, 161,
498-500 ; 2.3-6 : 66, 74, 162 ; 2.3-
8a : 94, 177, 209 ; 2.4 : 82-84, 94,
271 ; 2.5 : 59, 64, 80, 89, 435, 499 ;
2.5-6 : 64, 67-68, 70, 72-73, 85-90,
161, 498, 500 ; 2.6 : 61-64, 68, 87-88,
165, 194, 262 ; 2.6-7 : 67 ; 2.7 : 59,
65, 67-68, 79, 498-499 ; 2.7-8 : 59,
72, 91, 498, 500 ; 2.8 : 92-94, 498-
500, 597, 613 ; 2.8-9 : 42, 44, 51, 54,
65-68, 72, 91-96, 164-165, 498-500,
715 ; 2.9 : 67-70, 88, 94-95, 499, 597 ;
3 : 16, 32-33, 39-44, 52-53, 55-57,
99-161, 167, 178, 182-184, 210, 212,
240, 497-502, 699, 709, 716, 752-
753A ; 3.1 : 105-106, 109-110, 114,
159, 165, 500, 644-645, 698 ; 3.1-2 :
108, 109-114, 162-163, 596 ; 3.1-5 :
42, 134-135, 182-183, 498-499 ;
3.1-8 : 40, 53-54, 108-151, 157, 500 ;
3.2 : 109, 112, 135, 164, 234, 238,
241-242 ; 3.3 : 100, 111, 115-120,
182, 709 ; 3.3-5 : 43, 108, 114-126,
163 ; 3.4 : 106-107, 120-124, 137,
162, 164, 194, 597 ; 3.5 : 107, 114,
123, 124-126, 133, 162, 208, 498 ;
3.6 : 43, 104, 107, 127-133, 135-137 ;
3.6-8 : 39, 41, 43, 107-109, 119, 126-
142, 143, 145, 151, 163, 499 ; 3.6-
13 : 42, 182 ; 3.7 : 104, 127, 133-134,
135, 151, 162, 164, 185, 455 ; 3.8 :
71, 103, 105, 107, 126-127, 138-142,
151, 163, 262, 499, 501, 626 ; 3.9 :
41, 152-157, 164, 498-501, 597 ; 3.9-
12 : 107-108 ; 3.9-13 : 41-43, 52-53,
86-87, 108, 152-161, 210, 498-500 ;
3.10 : 108-158, 499, 501 ; 3.10-13 :
157-161 ; 3.11 : 158-159, 499-500 ;
3.12 : 499, 535 ; 3.12-13 : 160, 501 ;
3.13 : 108, 160-161, 247, 498-500,
597 ; 4 : 120, 209, 167-180, 754A ;
4.1 : 169-170, 173-175 ; 4.1-2 : 167,
169-171 ; 4.2 : 170, 175-177, 196,

597 ; 4.3 : 168-169, 171-173, 177-180, 212, 597 ; 5 : 247 ; 5.1 : 257 ; 6 : 42, 288, 306, 349, 394, 412, 456, 570 ; 6.1 : 313, 597 ; 6.2 : 398, 410-411 ; 6.2-3 : 393 ; 7 : 247 ; 8 : 84, 478 ; 8.1 : 196, 313, 502 ; 8.2 : 502 ; 8.3 : 64, 435, 502, 516-517 ; 8.4 : 502 ; 9 : 84 ; 9.2 : 258 ; 9.5 : 84-85, 196 ; 10 : 247 ; 11 : 84-85 ; 11.3 : 252 ; 12.2 : 252, 261 ; 15 : 79, 84-85 ; 15.2 : 78 ; 16.1 : 196, 252, 311, 597 ; 17.1 : 196, 313, 435, 597 ; 17.1-2 : 519, 526, 544, 549, 591 ; 17.1-13, 34-35 + ensemble a : 756-758A ; 17.1-17 : 502, 516-526 ; 17.2 : 508, 527-531, 543-544, 556-558, 585, 591 ; 17.3 : 255, 518-519 ; 17.4 : 518, 520 ; 17.5 : 258, 518-519 ; 17.6 : 518-526, 532-534, 536, 591 ; 17.6-13 : 519-521 ; 17.7 : 520, 527-531, 543-544, 556-558, 591 ; 17.7-8 : 507, 517, 523, 525-526, 530, 543-544, 554, 556-558 ; 17.8 : 510, 518, 520-521, 530, 543-544, 556, 558-559 ; 17.9 : 258, 507, 512, 516, 518-523, 525, 537, 546-547, 549-551, 561 ; 17.9-13 : 311, 505, 549 ; 17.10 : 518-523, 525, 547-548 ; 17.10-11 : 520, 523 ; 17.10-13 : 521-525, 546-547, 554, 560-561 ; 17.11 : 518, 522, 534, 550 ; 17.12 : 518-526, 532-534, 536, 547-548, 591 ; 17.12-13 : 516-517, 523, 525, 543, 547-551 ; 17.13 : 518, 520, 522-523, 525 ; 17.14 : 42, 313, 526 ; 17.15 : 313, 597 ; 17.15-16 : 196 ; 17.16 : 313, 435, 584-585, 597 ; 17.16-17 : 516-517, 526, 544, 549, 591 ; 17.17 : 508, 527-534, 543-544, 556-558, 585, 591 ; 17.18 : 266, 410-412, 463, 520, 526 ; 17.18-20 : 393 ; 17.19 : 265, 526 ; 17.20 sqq. : 577 ; 17.20-26 : 526 ; 17.21 : 42, 194 ; 17.21-26 : 90 ; 17.22 : 90 ; 17.23 : 619 ; 17.24-26 : 90 ; 17.25 : 194 ; 17.26 : 42, 313, 554, 597, 741 ; 17.27-28 : 637 ; 17.29 : 546,

551-552, 554-555, 637 ; 17.30 : 656 ; 17.30-35 : 529-530 ; 17.31 : 512 ; 17.31-35 : 512 ; 17.32 : 262, 265 ; 17.32-33 : 556 ; 17.33 : 265 ; 17.34 : 534, 556-558 ; 17.34-35 : 529, 556-560 ; 17.34-aII.2 : 591 ; 17.35 : 512, 556-557 ; 18 : 247 ; 19 : 247 ; 20 : 78-79, 178-179, 231, 234, 512-514, 536-546, 550, 591, 758-759A ; 20.1 : 538-540 ; 20.2 : 177, 527, 536, 539, 543 ; 20.2-3 : 540-541, 543-544, 590 ; 20.3 : 78, 507, 536, 541, 543 ; 20.4 : 177, 510, 543 ; 20.4-5 : 177, 540-541, 543-544 ; 20.5 : 78-79, 331, 507, 543-544 ; 20.5-6 : 541 ; 20.6 : 539, 544 ; 20.6-7 : 394, 544 ; 20.7 : 398, 410, 412, 415, 544 ; 20.8 : 331, 534 ; 21 : 234, 309, 313-314, 318, 320-335, 505, 508, 529, 551, 576, 644, 760-761A ; 21.1-2 : 87, 210, 416-417, 557 ; 21.1-6 : 320 ; 21.2 : 210, 311 ; 21.3 : 310, 321, 326, 464, 548 ; 21.3-5 : 322 ; 21.3-6 : 321 ; 21.3-8 : 326-327 ; 21.4 : 326 ; 21.5 : 310, 321, 326 ; 21.6 : 262, 321, 326 ; 21.7 : 322, 326, 328, 330 ; 21.7-8 : 320, 327-331, 335, 557 ; 21.8 : 322, 327 ; 21.9 : 265, 311, 317, 322, 326, 558 ; 21.9-12 : 321-322, 501, 528, 556-558, 590 ; 21.10-12 : 310, 324, 394 ; 21.11 : 398, 410, 413-414, 545 ; 21.12 : 258, 410, 558 ; 21.13 : 508, 534, 556-557 ; 21.13-14 : 321-322, 556 ; 22 : 234, 516 ; 22.2 : 265, 393, 398, 410-411, 413, 462, 695 ; 22.3 : 194 ; 22.6 : 258 ; 22.8 : 252 ; 23 : 36, 95, 234, 272, 275, 309-336, 385, 505, 508, 517, 529, 549, 551, 576, 644, 761-762A ; 23.1 : 310, 323, , 23.1-4 : 292-294 ; 23.2 : 95, 194, 255, 315-317, 323 ; 23.3 : 311, 324, 326 ; 23.4 : 315-317, 324, 326-327, 336, 467 ; 23.5 : 311, 317, 324, 326-327 ; 23.5-8 : 501 ; 23.6 : 194, 316-317 ; 23.6-8 : 310, 394 ; 23.7 : 398, 410, 413-414,

545 ; 23.8 : 258, 410 ; 23.9 : 315, 325, 597 ; 23.9-11 : 325 ; 23.10 : 311 ; 23.11 : 41-42, 94, 313 ; 24 : 33, **218-233**, 241, 711, **763A** ; 24.1 : **220-221** ; 24.2 : 217, 228, 242 ; 25 : 221, **503**, 507, **764-765A** ; 26 : 234, 311, 509, 512-513, 518, **546-562**, 576-577, 588, 591-592, **766A** ; 26.1 : 546, 552, **554-555** ; 26.1-2 : 505-506, 513, 516-517, 546, 549, 552 ; 26.1-4 : 553 ; 26.1-7 : 311, 561 ; 26.1-12 : 546 ; 26.2 : 252, 546, 551-552, 558 ; 26.3 : 505, 508, 554, 556, 558, 576 ; 26.3-6 : **556-560** ; 26.3-7 : 506, 559, 561 ; 26.4 : 194, 546, 553, 556, 558 ; 26.4-6 : 553 ; 26.5 : 527-528, 554, 558 ; 26.5-6 : 517, 558-559 ; 26.6 : 330, 510, 554, 558-559 ; 26.7 : 265, 505, **552-554**, 559, 561 ; 26.7-8 : 546 ; 26.8 : 258, 507, 518-522, 534, 537, 546-547, 550-551, 560-561 ; 26.8-11 : 551 ; 26.8-12 : 505, 537, 546, 549 ; 26.9 : 521, 547-548 ; 26.9-12 : 546-547, 554, **560-561** ; 26.10 : 225, 546-547, 550, 560-561 ; 26.11 : 524-525, 532-534, 551, 561 ; 26.11-12 : 516-517, 537, 546-547, **548-551** ; 26.12 : 525, 551-552, 561 ; 27.3 : 467 ; 27(1) : 202, **504**, 506, 535 ; 27(1).1-2 : 394 ; 27(2) : 202, **504**, 506, 535 ; 29 : 395 ; 29.1 : 260, 511 ; 29.1-2 : 394 ; 29.2 : 472 ; 30 : 674, 690 ; 30.1 : 260 ; 30.2 : 554-555 ; 32 : 247 ; 34 : 247 ; 35 : 534, **562-590**, 611, **769-771A** ; 35.1 : 217, 234, 240, 242, 376 ; 35.1-2 : 33, 222, **233-240**, 512, 560, 573, 576-577, 597, 711 ; 35.1-3 : 196 ; 35.1-15 : 562 ; 35.2 : 234, 238-239, 242 ; 35.3 : 238, 507-508, **564**, 573, 576, 578, 583, 586, 589 ; 35.3-4 : 566, 572, **578-584** ; 35.3-5 : 234-235, 239-240, 511-513, 562-565, **568-577**, 583-584, 589, 591 ; 35.3-6 : 564, 589 ; 35.3-17 : 562 ; 35.4 : **563-564**, 566, 569, 571, 573,

583, 589 ; 35.5 : 252, 532, 569-571, 573, 584-585 ; 35.5-7 : **584-585**, 589 ; 35.6 : 515, **566-567**, 569, 571, 585 ; 35.6-7 : 563, 569 ; 35.7 : 255, 564, 567, 569-571, 585-586, 588-591 ; 35.8 : 394, 563, **568**, 570-572, 585-586, 589 ; 35.8-10 : 569, 585-586 ; 35.8-11 : 589 ; 35.8-12 : 589 ; 35.8-15 : **585-589** ; 35.9 : 586-587 ; 35.9-10 : 587 ; 35.10 : **566-567**, 586 ; 35.10-11 : 587 ; 35.11 : 262, **568**, 585, 587 ; 35.12 : 258 ; 35.12-13 : 586-587, 589 ; 35.13 : 193, 267, 587-588 ; 35.14 : 194, 255, 588 ; 35.14-15 : 588, **604-605**, 607 ; 35.14-17 : 586, 588-589 ; 35.15 : 81, 524, 562, 568, 588, **603-611**, 715 ; 35.16 : 255, 567, 577, 586, 588, 590-591 ; 35.16-17 : 589-590 ; 36 : 567, 570-571 ; 37 : 463, 553 ; 38 : 394 ; 38.1 : 196, 248, 313, 597 ; 38.3 : 463 ; 38.3-4 : 393 ; 39 : 90, 463 ; 39.1 : 579 ; 39.2 : 606 ; 39.3 : 90 ; 40 : 250, 394, 414 ; 42.1 : 247, 257, 361 ; 45 : 463 ; 46 : 248 ; 49 : 247, 464 ; 51 : 247 ; 52 : 247 ; 52.3 : 581 ; 53 : 517, 534 ; 55 : 247 ; 57.1 : 325 ; 58 : 248 ; 60 : 247 ; 61.4 : 606 ; 62.3 : 142 ; 62.4 : 463 ; 62.6 : 204 ; 63 : 478 ; 64 : 248 ; 65.2 : 247, 257 ; 66 : 247, 443, 446 ; 70 : 247 ; 71 : 101, 311 ; 71.1 : 210, 311, 597 ; 71.2 : 311, 393, 463 ; 71.3 : 255, 311 ; 71.4 : 311 ; 73.1 : 265, 301 ; 73.2 : 472 ; 74.1 : 510 ; 75 : 317, 510 ; 75.2 : 155, 382, 510 ; 76 : **311-314** ; 76.1 : 311-314, 510, 540 ; 76.1-2 : 312, 314, 463 ; 76.2 : 311-312 ; 76.3 : 265-266, 311-312, 314, 394 ; 77 : 247 ; 78 : 477 ; 78.1 : 247 ; 80 : 250, 262 ; 81 : 435 ; 82.1 : 266 ; 83.1 : 247, 257 ; 84 : 260, 272, **275-308**, 326, 335, 361, 374, 382-384, 722, **776-777A** ; 84.1 : 292, 294, 304 ; 84.1-5 : **292-300** ; 84.3 : **282-285** ; 84.4 : 296, 304 ; 84.5 : **289**,

374 ; 84.6 : **289**, 304 ; 84.6-10 : **300-303** ; 84.7 : 288, 290, **300-301**, 304 ; 84.7-8 : **285-288**, 305 ; 84.8 : 260, 288, 290, **300-302**, 304 ; 84.9 : 300, 304, 578 ; 84.9-10 : **289-292** ; 84.10 : 374 ; 85 : 250, 627 ; 86 : 286, 300, 304, **777A** ; 87 : 287-288, 290, 305, 307 ; 88 : 247 ; 89 : 252 ; 90.1 : 254, 331 ; 91.2 : 247, 257 ; 92 : 247 ; 93 : 252 ; 95 : 382, 510 ; 96 : 101, 513 ; 96.1 : 265, 282 ; 96.4 : 467 ; 97 : 247 ; 98 : 513, 576 ; 98.1 : 265 ; 98.2 : 393, 398, 410 ; 99 : 247 ; 100 : 252, 272, 303, **336-383**, 502, **781-783A** ; 100.1 : 347, **350**, 351 ; 100.1-2 : 340 ; 100.1-5 : 336, 340, 382 ; 100.2 : 340-341 ; 100.2-5 : 345, 351, **378-380** ; 100.3 : 341, 361, 380 ; 100.4 : 340-342, 380 ; 100.5 : 255, 258, 347, 357 ; 100.6 : 346, 373 ; 100.6-8 : 337, 342, 346, 351-352, **370-376** ; 100.7 : 371-373 ; 100.8 : 354, **373-374** ; 100.8-9 : **353-357** ; 100.8-21 : 337 ; 100.9 : 351, 354-355 ; 100.10 : 358 ; 100.10-11 : 337 ; 100.10-15 : 351, **357-363** ; 100.10-21 : 355 ; 100.11 : 358, 367 ; 100.12 : 252, 368-369, 375 ; 100.12-13 : 337, 360, 368 ; 100.13 : 368, 380 ; 100.14 : 303, 369, 376 ; 100.14-15 : 337 ; 100.14-16 : 361 ; 100.15 : 252, 377-378 ; 100.16 : 367, 578 ; 100.16-17 : 337 ; 100.16-21 : 351, **364-367** ; 100.18 : 368-369 ; 100.18-19 : 337 ; 100.19 : 365, 368, 376, 380 ; 100.20 : 369 ; 100.21 : 377 ; 100.22 : 371, 374, 376 ; 100.22-25 : 351, 374, **376-378** ; 100.23 : 371, **375-377** ; 100.24 : 252, 344-345, 371-372, 377 ; 100.25 : 376 ; 102 : **350-352** ; 104 : 258 ; 105.1 : 254 ; 106 : 95 ; 107 : 101 ; 108 : 96 ; 108.1 : 260 ; 109 : 197, 653 ; 109.1 : 463, 597 ; 109.3 : 262 ; 109a : 247 ; 110 : 69-71, 619 ; 110.3 : 597 ; 110.5 : 478 ; 110.6 : 194 ;

110.7 : 725 ; 110.8 : 554-555 ; 110.10 : 313 ; 111 : 106, 165 ; 111.1 : 502 ; 111.2 : 597 ; 111.3 : 463 ; 111.3-5 : 502 ; 111.6-7 : 502 ; 111.7 : 194, 434 ; 111.8 : 371 ; 111.9 : 502 ; 112 : 32, 36, 42, 136, 145, 152, 596-597, **621-638**, 698, 701, 704 ; 112.1 : 626 ; 112.1-3 : 623-626 ; 112.1-5 : **786-787A** ; 112.2 : 625 ; 112.3 : 626, 724 ; 112.4 : 193-194, 255, 622 ; 112.4 *sqq.* : 597 ; 112.4-5 : 622, 637 ; 112.5 : 624 ; 112.6 : 258 ; 112.8 : 624 ; 112.9 : 231 ; 113.1 : 196 ; 113.1-2 : 597 ; 114 : 152, 177, 209, 597, 621, **623**, **787-788A** ; 114.1 : 196 ; 114.1-2 : 597 ; 114.2 : 313 ; 115 : 182-183, 202, 648-697, 700, **797-798A** ; 115.1 : 656-657, 672 ; 115.1-2 : 503, 649, 654-655, 673, 677-678, 692-695 ; 115.1-7 : 687 ; 115.1-8 : 674, **688-697**, 699 ; 115.2 : 667, 673 ; 115.3 : **657-666**, 678-680, 688 ; 115.3-4 : **695-697** ; 115.3-6 : 657-671, 690-692, 694 ; 115.3-8 : 681 ; 115.3-12 : 648, 654 ; 115.4 : 663-664, **666-668** ; 115.4-5 : 649 ; 115.5 : 79, 258, 654, 663, **668-671**, 681 ; 115.5-6 : 654 ; 115.6 : 207, 260, 649-650, 654, 692, 723 ; 115.6-8 : 202 ; 115.7 : 255, 552, 654, 673, 681 ; 115.7-8 : 45, 649 ; 115.8 : 524, 649, 665, 698 ; 115.9-11 : 463 ; 115.9-12 : 649, 654, 673-674, 681, 691 ; 115.12 : 651, 667, 674 ; 115.13 : 649, 663, 673-674, 683, 693, 723 ; 115.13-14 : 196, 419, 597, 653, 665, **671-672**, 674, **683-687** ; 115.14 : 207, 434, 645, 649, 667, 673-674, 684, 716 ; 116 : 247, 674 ; 117 : 673 ; 117.1 : 597, 723 ; 117.2 : 394 ; 118 : **423**, 431 ; 119 : 650, 698 ; 120 : 196, 426 ; 121 : 32, 36, 394, 416-447, 487-488, 667, 674, 713, **803-804A** ; 121.1 : 422-424 ; 121.1-2 : 416 ; 121.2 : 416-417, 419, 422, 425-428, 430-434, 441 ;

121.2-3 : 398, 422, 425-427 ;
121.2-4 : 424-426 ; 121.3 : 410, 414,
417-418, 422, 424-426, 428-429,
434-441 ; 121.4 : 416-417, 419, 421-
422, 425-428, 441-447 ; 122 : 101,
394, 396, 447-448, 459, 462-477,
483, 487, 570, 703, 723, **805A** ;
122.1 : 397, 462-465, 468, 477, 489, ;
122.2 : 410, 413, 465-469, 477, 485,
489 ; 122.2-4 : 398 ; 122.3 : 262, 397,
410, 461-462, 465, 469-474, 477,
483, 489 ; 122.4 : 410, 427, 474-477,
486, 489 ; 123 : 394, 396, 422, 449-
453, 456-457, 459-460, 477-487, 489,
570, **807A** ; 123.1 : 410, 453, 461-
462, 477-480, 482, ; 123.1-2 : 398,
458 ; 123.2 : 451-453, 461, 477, **480-
483** ; 123.2-3 : 459 ; 123.3 : 451, **453-
459**, 462, 484-487, 489 ; 127 : 545 ;
128 : 125, 395, 456, 704, 726 ;
128.1-2 : 394 ; 128.3 : 257 ; 128.4 :
125 ; 128.5 : 262, 317 ; 128.9 : 194 ;
129 : 181 ; 131 : 42, 55, 102-103, 106,
119-120, 167, **180-209**, 212-213, 397,
596, 645, 700-701, 709, **808A** ;
131.1 : 182, **185**, 194, 206 ; 131.2 :
**186-189, 195-199** ; 131.1-2 : 181, 183,
186-187, 189, **192-199**, 211 ; 131.3 :
186, 188, **199-203**, 211 ; 131.3-4 :
181, 187, 189, 191-192, **199-209**, 212 ;
131.4 : 102, 182, 186-187, 201, **203-
209** ; 132 : 181, 207 ; 133 : 181, 197,
202, 207, 709 ; 134 : 22, 101, 181,
202, 207, 371, 395 ; 134.2 : 371, 511 ;
134.2-3 : 394 ; 134.3 : 417, 472 ;
134.5 : 371, 472 ; 136 : 181 ; 136.1 :
365 ; 137 : 181, 329, 439, 621, 726 ;
137.1 : 502, 524 ; 137.1-2 : 329 ; 137.2 :
502 ; 137.5-6 : 502 ; 137.6 : 316 ; 138 :
247 ; 139.1 : 597 ; 139.1-2 : 620 ;
139.2 : 95-96, **620-621** ; 142 : 674 ;
142.2 : 248 ; 144 : 247 ; 146 : 208,
**701-704**, 724 ; 146.1 : 703 ; 146.1-2 :
394 ; 147 : **701-704** ; 147.1 : 703 ;

147.2 : 261, 265 ; 148 : 247 ; 149 :
247 ; 150 : 247 ; 151 : 247 ; 152 : 247 ;
153 : 247 ; 155 (*falsum*) : 672-673
Fr. (Bollack) – 110 : 652, 655, 690,
798A ; 509 : 606-607, 771A
P. Strasb. *ensemble a* – aI.1-5 : 512,
529 ; aI.5 : 508 ; aI.6 : 197, 529, 543,
556, 558-559 ; aI.6-7 : 526, **527-531**,
543-544 556-560, 591 ; aI.6-8 : 508 ;
aI.7 : 508, 527-530, 532, 543, 556,
558 ; aI.8 : 528 ; aI.8-aII.2 : 317, 511,
**527-530**, 544, 546, 556-558, 590 ;
aII.1 : 544, 545 ; aII.3 : 526, **531-536**,
591 ; aII.3-8 : 532, 535, 536 ; aII.3-
17 : 532 ; aII.4 : 533, 575 ; aII.4-7 :
533 ; aII.5 : 533 ; aII.6 : 533, 534, 597 ;
aII.7 : 532 ; aII.8 : 515, 526, **531-536**,
591 ; aII.8 *sqq.* : 577 ; aII.9 : 535 ; aII.9-
12 : 535 ; aII.11 : 535, 544 ; aII.13 :
534-535 ; aII.13-17 : 535 ; aII.14 :
536 ; aII.15 : 515, 535 ; aII.17 : 197,
514, 597 ; aII.18 : 540, 565, 573-576 ;
aII.18-19 : 576 ; aII.18-20 : 234-235,
239-240, 511-513, 560, **573-577**, 584,
591 ; aII.19 : 573-575 ; aII.20 : 508,
573, 575, 577 ; aII.21 : 509, 513, 577 ;
aII.21-23 : 239 ; aII.21-24 : 513, 559,
576-577 ; aII.22 : 313, 515 ; aII.22-
23 : 597 ; aII.24 : 515, 526, 576, 591 ;
aII.26 : 540 ; aII.29 : 142 ; aII.30 :
512-513, 516-517, 526, 576, 591
P. Strasb. *ensemble b* – b.0 : 312-313,
540 ; b.1 : 312 ; b.2 : 312 ; b.3 : 312 ;
b.4 : 312 ; b.5 : 312, **314**
P. Strasb. *ensemble c* – c.1 : 515, 539 ;
c.2-8 : 512 ; c.3 : 197, 536, 541, 597 ;
c.3-4 : 542 ; c.3-6 : 542 ; c.4 : 536 ;
c.5-6 : 542
P. Strasb. *ensemble d* – d.5 : 597 ; d.5-6 :
620-621 ; d.6 : 95-96, **620-621**, 703 ;
d.7 : 597 ; d.8 : 597 ; d.10 : 197, 597
Pièce n°34 : 536-537 ; Pièce n°40 :
536-537

ÉPICHARME (Kaibel) : 1.2 : 582 ; 35.8 :
293 ; 118.1 : 298 ; 124.6 : 178
ÉPICRATE (Kock) : 4.2 : 628
ESCHYLE
Agamemnon – 22 : 293 ; 165 : 198 ;
187 : 73 ; 307 : 357 ; 321 : 586 ; 372-
373 : 124 ; 386 : 442 ; 465 : 77 ; 476 :
470 ; 552 : 356 ; 591 : 87 ; 626 : 204 ;
676 : 299 ; 686 : 466 ; 698 : 466 ;
715 : 124 ; 735 : 442 ; 756 : 324 ;
770 : 442 ; 820 : 116 ; 868 : 379 ;
877-878 : 175-176 ; 912 : 198 ; 942 :
465 ; 992 : 360 ; 994 : 178 ; 997 :
581 ; 1015 : 379 ; 1053 : 200 ; 1127 :
476 ; 1147 : 545 ; 1178 : 694 ; 1212 :
695 ; 1221 : 178 ; 1251 : 328 ; 1314 :
77 ; 1350 : 367 ; 1353 : 681 ; 1371 :
159 ; 1374 : 328 ; 1408 : 438 ; 1424 :
366 ; 1433 : 442 ; 1459 : 116 ; 1471 :
366, 438 ; 1568 : 694 ; 1609 : 229
Choéphores – 13 : 88 ; 25 : 379 ; 40 :
580 ; 55 : 124 ; 74 : 112 ; 102 : 661 ;
122 : 124 ; 125 : 580 ; 141 : 125 ;
196 : 481 ; 243 : 125 ; 270 : 694 ;
286 : 580 ; 297 : 694 ; 358 : 463 ;
391 : 297 ; 399 : 463 ; 413 : 178 ;
468 : 466 ; 537 : 293 ; 589 : 325 ;
628 : 125 ; 637 : 124 ; 644 : 124 ;
667 : 204 ; 808 : 379 ; 818 : 204 ;
846 : 298, 587 ; 911 : 328 ; 968 : 112,
703 ; 976-977 : 175-176 ; 995 : 435 ;
1011 : 358 ; 1041a : 328 ; 1043 : 76 ;
1047 : 356 ; 1059 : 112, 703
Euménides – 45 : 159 ; 63 : 112 ; 65 :
200 ; 67 : 373 ; 84 : 359 ; 92 : 124 ;
193 : 329 ; 213-214 : 175-176 ; 223 :
204 ; 238 : 73 ; 249 : 178 ; 259 : 193 ;
274 : 580 ; 277 : 112, 703 ; 283 : 112,
703 ; 286 : 112 ; 313 : 112 ; 420 : 204 ;
451-452 : 438 ; 452 : 438 ; 474 : 112 ;
501 : 432 ; 545 : 125 ; 559 : 581 ; 578 :
112 ; 593 : 87 ; 597 : 331 ; 603 : 76 ;
608 : 63 ; 622 : 694 ; 660 : 298 ; 690 :
125 ; 700 : 125 ; 725 : 124 ; 828 : 680,

691 ; 845 : 473 ; 859 : 178 ; 879 : 473 ;
885 : 124 ; 924 : 77 ; 1023 : 580 ;
1036 : 302
Perses – 11 : 360 ; 38 : 301-302 ;
68-69 : 357 ; 110 : 356 ; 114 : 684 ;
161 : 198 ; 170-171 : 175-176 ; 197 :
200 ; 222 : 580 ; 223 : 366 ; 229 :
580 ; 267 : 328 ; 324 : 358 ; 336 : 228 ;
364 : 299 ; 375 : 328 ; 398 : 470 ; 414 :
74 ; 465 : 579 ; 503 : 299 ; 518 : 204 ;
629 : 580 ; 630 : 580 ; 693-694 : 125 ;
712 : 579 ; 722 : 357 ; 724 : 228 ; 742 :
228 ; 743 : 238 ; 799 : 357 ; 834 : 121 ;
850 : 121 ; 876 : 690 ; 885 : 228 ;
889 : 366 ; 900 : 366 ; 957 : 200 ;
975 : 302 ; 1007 : 442
Prométhée enchaîné – 112 : 695 ; 134 :
464, 468 ; 151 : 366 ; 152 : 580 ; 158 :
481 ; 166 : 155 ; 202 : 366 ; 210 : 329 ;
216 : 200 ; 287 : 379 ; 341 : 362 ; 364 :
73 ; 369 : 476 ; 386 : 695 ; 389 : 143 ;
403 : 366 ; 493 : 178 ; 500 : 580 ; 543 :
124 ; 551 : 467 ; 564 : 695 ; 570 : 380 ;
572 : 580 ; 620 : 695 ; 644 : 329 ; 653 :
443 ; 669 : 87 ; 673 : 329 ; 710 : 587 ;
794 : 473 ; 797 : 299 ; 863 : 358 ; 873 :
694 ; 884 : 372-373 ; 912 : 473 ; 916 :
587 ; 937 : 124 ; 961 : 362 ; 967 : 524 ;
994 : 463 ; 1009 : 379 ; 1029 : 579 ;
1050 : 380 ; 1052 : 581 ; 1056 : 362 ;
1060 : 470 ; 1091 : 124
Sept contre Thèbes – 10 : 362 ; 121 :
661 ; 205 : 378 ; 212 : 684 ; 234 :
303 ; 246 : 204 ; 321 : 302 ; 333 :
436 ; 344 : 125 ; 348 : 466 ; 462 :
582 ; 475 : 372-373 ; 487 : 200 ; 490 :
582 ; 593 : 379 ; 594 : 324 ; 596 : 124 ;
602 : 124 ; 610 : 124 ; 693 : 476 ; 705 :
200 ; 738 : 112, 703 ; 755 : 466 ; 806 :
661 ; 844 : 73 ; 885 : 524 ; 939 : 77 ;
956 : 442 ; 1012 : 203 ; 1031 : 178
Suppliantes – 67 : 432 ; 85 : 124 ; 135 :
303 ; 181 : 378 ; 204 : 658 ; 214 :
658 ; 216 : 200 ; 222-233 : 658-660 ;

223-225 : 660-661 ; 223 : 124 ; 230 :
695 ; 230-231 : 659 ; 332 : 479 ; 347 :
432 ; 352 : 684 ; 371 : 607 ; 385 : 432 ;
396 : 124 ; 412 : 465-466 ; 419 : 124 ;
522 : 328 ; 540 : 443 ; 545 : 178 ; 559 :
443 ; 565-573 : 141 ; 596 : 366 ; 601 :
681, 692 ; 699 : 366 ; 707 : 125 ; 741 :
373 ; 755 : 124 ; 776 : 125 ; 865 : 155 ;
905 : 702 ; 916 : 695 ; 921 : 124 ; 941 :
124 ; 947 : 681, 691 ; 990 : 124 ; 995 :
356 ; 998 : 359 ; 1011 : 356 ; 1021 :
301 ; 1041 : 467 ; 1044 : 466
Fr. (Radt) – 22.2 : 695 ; 69 : 476 ;
99.13 : 77 ; 132b8 : 485 ; 132c5 : 356 ;
168 : 479 ; 275.3 : 435 ; 383.1 : 479 ;
466.1 : 77
Fr. (Mette) – 11.A.103.5

ÉSOPE
Fables (Chambry) – 61.8 : 437
Fr. (Perry) – 22 : 353
ETYMOLOGICUM GENUINUM : βάθος/βένθος :
578
ETYMOLOGICUM MAGNUM : βάθος/βένθος :
578 ; ἐθελημός : 567 ; ἐκκορυφώσω :
227-228 ; ζωρός : 609 ; κύμβη : 545 ;
παλάμη : 155 ; φορύνω : 484
ETYMOLOGICUM SYMEONIS : μοργός : 294
EUMÉLOS (Bernabé) : 2.2 : 330 ; 3.7 : 361
EUPHORION (Powell) : 63.2 : 435
EUPOLIS
Fr. (Kock) – 108.3 : 178 ; 228.4 : 293
Fr. (Austin) – 94.3 : 580
EURIPIDE
Alceste – 30 : 580 ; 400 : 121 ; 757 :
608 ; 1098 : 121
Andromaque – 193 : 87 ; 572 : 121 ;
719 : 575 ; 921 : 121 ; 1028 : 155
Bacchantes – 87 : 374 ; 455 : 298 ; 831 :
298 ; 1267 : 355
Cyclope – 429 : 586 ; 526 : 356
Électre – 758 : 159 ; 1287 : 579 ; 1321 :
228
Hécube – 98 : 92 ; 303 : 579 ; 807 :
323 ; 972 : 303

Hercule – 317 : 160 ; 393 : 586 ; 783 :
374
Heraclides – 141 : 681 ; 226 : 121 ;
352 : 580 ; 691 : 160 ; 1037 : 359
Hippolyte – 891 : 63 ; 1006 : 118 ;
1288 : 87
Ion – 460 : 374 ; 1119 : 121 ; 1147 :
74 ; 1441 : 580
Iphigénie à Aulis – 1442 : 364 ; 1608 :
82
Iphigénie en Tauride – 403 : 586 ; 702 :
364 ; 977 : 355 ; 1053 : 121
Médée – 336 : 121 ; 381-383 : 574 ;
650 : 552 ; 709 : 121 ; 802 : 87 ; 942 :
121 ; 1297 : 579
Oreste – 27 : 476 ; 261 : 580 ; 322 :
298 ; 761 : 374 ; 1305 : 378 ; 1429 :
545 ; 1645 : 555
Phéniciennes – 23 : 695 ; 395 : 225 ;
494-495 : 74 ; 689 : 356 ; 851 : 74 ;
1113 : 302
Rhésos – 40 : 159 ; 43 : 355 ; 353 : 545
Suppliantes – 277 : 121 ; 279 : 121 ;
650 : 299
Troyennes – 1 : 579 ; 257 : 375
Fr. de l'Antiope – 48.81 : 74
Autres fr. (Nauck) – 304.2 : 578 ;
369 : 733 ; 374.2 : 365 ; 425.3 : 586 ;
500.1 : 586 ; 815.2 : 355 ; 912.9 : 580 ;
1132.32 : 437
Schol. in Ph. – 18 : 443
EUSÈBE
PE. – I.8.10 : 563 ; V.5.2 : 648, 651,
654 ; VIII.14.23 : 416, 418, 803A ;
XV.33 : 569
EUSTATHE
In Il. – 1.15.22 sqq. : 136 ; 2.269.28 :
484 ; 2.698.16 : 609 ; 2.700.2-3 : 604-
609, 769A

GALIEN
Ars med. – 1.369.17 : 436
De meth. med. – X.6.4 : 616
De simpl. med. – 2.XI.461.7 : 310, 321

GORGIAS (82 D.-K.)
Test. – A 2 : 633 ; A 3 : 633
Fr. – B 3 : 48-49 ; B 7 : 631 ; B 8 :
631 ; B 9 : 631 ; B 10 : 631

HARPOCRATION : ἀμοργός : 284
HÉCATEE (Jacoby) : 1 : 732-733
HELLANICUS (Jacoby) : 21.10 : 302
HÉRACLITE (D.-K.) : B 19 : 159 ; B 34 :
159 ; B 62 : 419
HERMIPPE (Kock) : 28.2 : 292
HERMOGÈNE
Sur les espèces de style – 2.12.193 sqq. :
731
HÉRODOTE : 1.3 : 439 ; 1.14.3 : 323 ;
1.14.11 : 323 ; 1.24.33 : 323 ; 1.25.6 :
323 ; 1.51.2 : 323 ; 1.51.16 : 323 ;
1.63.9 : 296 ; 1.71 : 545 ; 1.92.24 :
323 ; 1.98.26 : 324 ; 1.105.3 : 89 ;
1.112.3 : 358 ; 1.162 : 364 ; 1.174 :
185 ; 1.185.20 : 579 ; 1.186.1 : 579 ;
1.196.8-20 : 358 ; 2.3.4 : 463-464 ;
2.12 : 476 ; 2.13.17 : 434 ; 2.25.8 :
296 ; 2.26.24 : 524 ; 2.28.19 : 581 ;
2.44.4 : 323 ; 2.89.3 : 358 ; 2.94.10 :
292 ; 2.99.11 : 234, 237 ; 2.99.5-
11 : 237 ; 2.104 : 476 ; 2.110.12 :
323 ; 2.111.8 : 581 ; 2.121.21 : 445 ;
2.121.β.16 : 87 ; 2.121.δ.22 : 87 ;
2.130.6 : 292 ; 2.137 : 364 ; 2.139.5 :
178 ; 2.149.7 : 579 ; 2.171.4 : 650 ;
2.171.6 : 650-651 ; 3.1.17 : 358 ;
3.14 : 545 ; 3.3.4 : 358 ; 3.9.9-13 : 237 ;
3.9.11 : 237 ; 3.9.13 : 237 ; 3.40.9-16 :
568 ; 3.60.2-6 : 579 ; 3.60.7 : 234,
237 ; 3.60.12 : 579 ; 3.64.7-9 : 374 ;
3.78.19 : 445 ; 3.111.12 : 178 ; 4.13
sqq. : 736 ; 4.62 : 360 ; 4.71 : 364 ;
4.195.11 : 579 ; 4.195.15 : 74 ; 4.198 :
476 ; 4.198.6 : 434 ; 5.9.6-8 : 579 ;
5.12.8 : 358 ; 5.71 : 224 ; 5.121 : 286 ;
6.32.4 : 358 ; 6.52.29 : 568 ; 6.84.4-
15 : 608 ; 7.18.3 : 374 ; 7.39.17 : 178 ;
7.70.3 : 524 ; 7.152.7 : 524 ; 7.175.6 :
231 ; 7.188.14 : 587 ; 7.201.2 : 380 ;
7.212.9 : 231 ; 7.213.4 : 231 ; 7.214.10 :
231 ; 7.214.12 : 231 ; 7.215.4 : 231,
292 ; 7.217.1 : 231 ; 7.217.8 : 231 ;
7.217.9 : 231 ; 8.4.8 : 367 ; 8.33.7 : 323 ;
8.136 : 552 ; 9.47.2 : 524 ; 9.49.14 :
160 ; 9.99.13 : 380 ; 9.104.2 : 380
HÉSIODE
Théogonie – 5 : 359 ; 14 : 397, 413 ;
16 : 398, 405 ; 16-20 : 397 ; 17 : 407,
413, 482 ; 18 : 408, 412 ; 19 : 413 ;
26-28 : 150 ; 27-28 : 142 ; 33 : 202,
205 ; 41 : 158 ; 42 : 296 ; 43-45 : 192 ;
49 : 482 ; 73-93 : 205 ; 77-78 : 397 ;
78 : 411 ; 83 : 205 ; 84 : 205 ; 87 : 206,
700 ; 92 : 205 ; 97 : 205 ; 101 : 202 ;
103 : 110 ; 105 : 205 ; 109 : 372 ; 117-
118 : 646-647 ; 126-128 : 646-647 ;
128 : 202 ; 131 : 372 ; 133 : 582 ; 134-
136 : 397 ; 136 : 407, 482 ; 140 : 397,
412-413 ; 144-145 : 302 ; 154-158 :
430 ; 183 : 466 ; 184 : 555 ; 195-200 :
89-90 ; 198 : 88-89 ; 211-217 : 433-
434 ; 211-225 : 388, 447 ; 212 : 479 ;
217 : 431-432 ; 223 : 255 ; 226 : 397 ;
226-232 : 447 ; 227 : 397, 408, 410,
412-413 ; 227-229 : 397 ; 228 : 401,
430 ; 229 : 401 ; 230 : 399, 431 ; 231 :
397 ; 234-236 : 475 ; 235 : 475 ; 240-
264 : 460 ; 243 : 401 ; 243-251 : 388,
397 ; 245 : 470-471, 475 ; 247 : 405,
411 ; 248 : 401, 410 ; 249 : 406 ; 250 :
357 ; 251 : 471, 475 ; 255 : 410 ; 255-
258 : 397 ; 256 : 407 ; 257 : 406 ; 258 :
406 ; 260 : 405, 411 ; 260-261 : 397 ;
267 : 397 ; 270 sqq. : 471 ; 273 : 397 ;
276 : 397 ; 279 : 443 ; 284 : 82 ; 292 :
236 ; 295 : 493 ; 304 : 496 ; 308 : 493 ;
314 : 118 ; 317 : 493 ; 319 : 496 ; 326 :
496 ; 333-336 : 471 ; 336 sqq. : 388 ;
337 : 581 ; 338 : 582 ; 338-345 : 397 ;
340 : 398 ; 341 : 401 ; 342 : 398, 407 ;
343 : 412-413 ; 344 : 398 ; 345 : 407 ;
346-361 : 460 ; 349-360 : 397 ; 350 :

408 ; 351-352 : 410 ; 352 : 410, 471 ;
353 : 407 ; 354 : 357, 471 ; 356 : 406 ;
357 : 475 ; 360 : 413 ; 370 : 301 ; 379 :
397, 405 ; 385 : 539 ; 401 : 301 ; 402 :
364 ; 411 *sqq.* : 495 ; 439 : 199 ; 445 :
690 ; 454 : 397 ; 481 : 470 ; 500 : 255 ;
505 : 380 ; 506 : 684 ; 527 : 435 ; 532 :
539 ; 543 : 539 ; 548 : 482 ; 574 : 359 ;
580 : 154 ; 583 : 297 ; 592 : 255 ; 594-
602 : 272 ; 600 : 364 ; 605 : 76 ; 606 :
77 ; 611 : 617 ; 676 : 366 ; 714 : 397,
401 ; 734-735 : 723 ; 748 : 481 ; 756 :
479 ; 758-759 : 723 ; 759 : 479 ; 760 :
299 ; 767 : 463 ; 775-776 : 723 ; 775
*sqq.* : 681-682 ; 782 : **681-682** ; 783 :
**681-682** ; 791 : 581 ; 793 : 666-667,
**681-682** ; 794 : 670 ; 795-798 : 682 ;
796 : 681 ; 797 : 437-438 ; 799 : 435 ;
800 : **681-682** ; 806 : 302 ; 812 : 481 ;
837 : 255 ; 850 : 580 ; 863-868 : 272 ;
866 : 154 ; 867 : 295 ; 869 : 297 ;
874 : 255 ; 875 : 296 ; 881 : 202 ;
887 : 255 ; 902 : 397 ; 905 : 399 ;
909 : 397, 407 ; 913 : 118 ; 937 : 467 ;
976 : 397, 408 ; 988 : 359
*Travaux* – 9 : 612 ; 13 : 330 ; 14 : 465 ;
28 : 160 ; 31 : 77 ; 33 : 465 ; 42 : 77 ;
47-56 : 204 ; 57-89 : 204 ; 90-105 :
204 ; 92 : 432, 435 ; 102 : 435 ; 103 :
255 ; 106-107 : **227** ; 106-108 : 204 ;
109-201 : 204 ; 118 : 567 ; 122-123 :
702 ; 167 : 76 ; 171 : 582 ; 176-177 :
725 ; 178 : 725 ; 179 : 725 ; 180-185 :
725 ; 197 : 140 ; 204 : 331 ; 232 : 77 ;
290 : 216 ; 301 : 76 ; 307 : 76 ; 316 :
77, 197 ; 326 : 80 ; 337 : 112 ; 360 :
197-198 ; 380 : 197 ; 386 : 555 ; 400 :
76 ; 412 : 197 ; 420 : 197 ; 439 : 379 ;
443 : 197, 379 ; 457 : 197 ; 460 : 434 ;
465 : 463 ; 475 : 360 ; 476 : 76 ; 499 :
76 ; 501 : 77 ; 522 : 359 ; 529 : 140 ;
577 : 77 ; 598 : 582 ; 600 : 360 ; 601 :
77 ; 613 : 360 ; 621 : 296 ; 625 : 297 ;
631 : 470 ; 634 : 77 ; 654-662 : 600 ;

657-659 : 215 ; 662 : 215 ; 671 : 470 ;
689 : 77 ; 743 : 434
*Scutum* – 55 : 606 ; 60 : 295 ; 97 : 470 ;
122 : 545 ; 145 : 366 ; 152 : 435 ; 154-
158 : 432 ; 156 : 432 ; 219 : 154 ; 231 :
331 ; 241 : 465 ; 242-244 : **81-82** ;
244 : 80 ; 245 : 331 ; 249 : 432 ; 251 :
465 ; 252 : 331 ; 278 : 378 ; 281 : 357 ;
304 : 331 ; 306 : 465 ; 311 : 607 ; 320 :
154 ; 321 : 298 ; 342 : 470 ; 353 : 125 ;
370 : 298 ; 384 : 466 ; 392 : 298
Fr. (M.-W.) – 10(a).24 : 358 ; 10(a).28 :
539 ; 25 : 199 ; 25.30 : 118 ; 25.31 :
255 ; 26.13 : 482 ; 30.10 : 295 ; 33a.5 :
325 ; 43a.32 : 371 ; 43a.69 : 328 ;
43a.73 : 359 ; 70.8 : 328 ; 132.1 :
359 ; 150.12 : 486 ; 150.29 : 331 ;
161 : 77 ; 169.1 : 475 ; 178.6e : 140 ;
180.4 : 581 ; 193.3 : 582 ; 196.2 : 539 ;
198.11 : 359 ; 217.5 : 328 ; 229.10 :
118 ; 239.2 : 372 ; 240.4 : 255 ; 273.1 :
255 ; 302.5 : 375 ; 320 : 355 ; 343.3 :
154 ; 343.13 : 178 ; 343.16 : 154
*Schol. ad Op.* (Pertusi) – *Op.*118 : 567
HÉSYCHIUS : ἀμπλάκημα : 695 ; ἀνθρωπώ :
461 ; ἀπουργούς : 283 ; βαθείης :
578 ; διειπετέος : 355 ; δίνης : 575 ;
ἐθελημός : 567 ; ἐξοχετευόμενα :
236 ; ζωρός, ζωρόν : 609 ; θέλεμνα :
321 ; θέμερος : 468 ; καίνυσθαι :
315 ; κλαδάσαι : 375 ; κύμβας : 545 ;
λαμπτήρ : 293 ; λελάχασι : 669 ;
λοχάζομαι : 301 ; μελαγκόρυφος :
448 ; ὀρειλέχης : 545 ; παλάμαι : 155 ;
πανομφαῖος : 486 ; πίσυνος : 684 ;
φορύνω : 484 ; ὠγυγίου : 302
HIÉROCLÈS
    *Comm. in Carm. aureum* – 24.2.1-
    24.3.5 : 417-419, 423-428, 648, **793A**
HIPPOCRATE, CORPUS HIPPOCRATIQUE
    *Mul.* – 158.13 : 324 ; 203.30 : 324
    *Reg.* – I.1.8-9 : 88
HIPPOLYTE
    *Réf.* – VII.15.1-2 : 649 ; VII.29.14-23 :

648-650, 788A ; VII.29-31 : 619 ;
VII.31.3-4 : 180, **807-808A**
HIPPONAX (West) : 17 : 292 ; 119.1 : 359 ;
158.1 : 75
HOMÈRE
*Iliade*, Chant A – A.1 : 110, 614 ;
A.25 : 230 ; A.37 : 612 ; A.37-42 :
189-191 ; A.47 : 480 ; A.55 : 118 ;
A.81-83 : 431 ; A.82 : 431 ; A.88 : 76 ;
A.92 : 140 ; A.139 : 131 ; A.189 : 172 ;
A.195 : 118 ; A.208 : 118 ; A.237 :
187 ; A.238 : 154 ; A.284 : 174 ;
A.294 : 440 ; A.308 : 470 ; A.326 :
230 ; A.339 : 255 ; A.349 : **92-94** ;
A.358 : 578 ; A.379 : 230 ; A.388 :
230 ; A.395 : 439 ; A.417 : 84 ; A.432 :
442 ; A.451 : 612 ; A.451-456 : 189-
190 ; A.453 : 191 ; A.453-454 : 191 ;
A.487 : 296 ; A.494 : 141 ; A.499 :
227 ; A.503-510 : 189-191 ; A.504 :
439 ; A.505 : 84 ; A.514 : 475 ; A.518 :
440 ; A.525 : 482 ; A.572 : 118 ;
A.573 : 440 ; A.574 : 255 ; A.591 :
289 ; A.595 : 118 ; A.601 : 300 ;
A.602-604 : 208
*Iliade*, Chant B – B.23 : 615 ; B.33 :
158 ; B.41 : 486 ; B.52 : 479 ; B.60 :
615 ; B.70-71 : 82 ; B.71 : 82 ; B.118 :
482 ; B.135 : 435 ; B.137 : 439 ;
B.144 : 480 ; B.147 : 480 ; B.149 :
480 ; B.189 : 200 ; B.252-253 : 440 ;
B.267 : 466 ; B.291 : 616 ; B.331 :
154 ; B.332 : 361 ; B.344 : 481 ;
B.394-397 : 296 ; B.396-397 : **283-
284** ; B.412 : 482 ; B.412-418 : 189 ;
B.426 : 178 ; B.427 : 178 ; B.461 :
442 ; B.463 : 442 ; B.467 : 442 ;
B.471 : 360 ; B.474 : 690 ; B.485 :
200 ; B.488-489 : 110 ; B.491-492 :
110 ; B.494 : 391 ; B.495 : 391, 397,
406-407 ; B.497 : 401, 410 ; B.497-
498 : 397 ; B.498 : 401 ; B.502 : 397,
414 ; B.514 : 118 ; B.520 : 397, 414 ;
B.532 : 397 ; B.537 : 410 ; B.537-538 :

397 ; B.542 : 470 ; B.547-551 : 392 ;
B.551 : 555 ; B.561 : 397 ; B.582 :
397, 413-414 ; B.592 : 236 ; B.593 :
397 ; B.594-600 : **123** ; B.595 : 121 ;
B.606 : 397, 413 ; B.619 : 470 ; B.628 :
392 ; B.640 : 397, 408 ; B.673 :
469 ; B.686 : 365 ; B.697 : 397 ;
B.711 : 442 ; B.712 : 397 ; B.739 :
397 ; B.758 : 470 ; B.767 : 485, 660 ;
B.796 : 607 ; B.850 : 469 ; B.855 :
397 ; B.865 : 442 ; B.877 : 581
*Iliade*, Chant Γ – Γ.33 : 375 ; Γ.33-37 :
235 ; Γ.48 : 357 ; Γ.67 : 187 ; Γ.113 :
160 ; Γ.121 : 118 ; Γ.128 : 154 ; Γ.141 :
302 ; Γ.142 : 359 ; Γ.182 : 202 ; Γ.204 :
475 ; Γ.219 : 481 ; Γ.236-243 : 319 ;
Γ.241 : 187 ; Γ.243 : 319 ; Γ.272 :
83 ; Γ.275-292 : 189 ; Γ.276 : 482 ;
Γ.279 : 319 ; Γ.295-302 : 189 ; Γ.298 :
482 ; Γ.320 : 482 ; Γ.320-323 : 189-
190 ; Γ.325 : 470 ; Γ.338 : 154 ; Γ.339 :
364 ; Γ.347 : 86 ; Γ.351-354 : 189 ;
Γ.356 : 86 ; Γ.368 : 154 ; Γ.391 : 582 ;
Γ.405 : 200 ; Γ.409 : 361 ; Γ.411 :
328 ; Γ.412 : 607 ; Γ.415 : 583 ; Γ.422 :
470 ; Γ.450 : 75
*Iliade*, Chant Δ – Δ.79 : 297 ; Δ.133 :
121 ; Δ.155 : 305 ; Δ.170 : 76 ; Δ.175-
176 : 439 ; Δ.237 : 359 ; Δ.242 : 124 ;
Δ.281 : 480 ; Δ.321 : 187 ; Δ.332 :
480 ; Δ.370 : 615 ; Δ.423 : 480 ;
Δ.427 : 300 ; Δ.440 : 660 ; Δ.461 :
445 ; Δ.503 : 445 ; Δ.526 : 445 ;
Δ.541 : 582
*Iliade*, Chant E – E.47 : 445 ; E.82 :
466 ; E.98 : 371 ; E.115 : 191, 612 ;
E.115-117 : 200 ; E.115-120 : 189-190 ;
E.116 : 200 ; E.116-117 : 188 ; E.117 :
187 ; E.142 : 578 ; E.157 : 76 ; E.161 :
297 ; E.161-164 : 298 ; E.185-186 :
111 ; E.205 : 684-685 ; E.208 : 479 ;
E.262 : 160 ; E.279 : 187 ; E.292 :
299 ; E.300 : 86 ; E.321 : 160 ; E.336 :
366 ; E.339 : 193 ; E.406-407 : 473 ;

E.413 : 479 ; E.421 : 131 ; E.430 : 470 ; E.462 : 470 ; E.464-466 : 362 ; E.466 : 362 ; E.479 : 581 ; E.502 : 300 ; E.508 : 87 ; E.510 : 479 ; E.526 : 296-297 ; E.536 : 297, 470 ; E.544 : 76 ; E.558 : 154 ; E.570 : 199 ; E.571 : 470 ; E.594 : 154 ; E.642 : 374 ; E.672 : 158 ; E.711 : 118 ; E.722 : 470 ; E.739 : 660 ; E.748 : 470 ; E.755 : 118 ; E.762 : 131 ; E.767 : 118 ; E.775 : 118 ; E.784 : 118 ; E.796 : 690 ; E.870 : 193 ; E.879 : 439 ; E.898 : 580

*Iliade*, Chant Z – Z.11 : 445 ; Z.14 : 76 ; Z.80 : 160 ; Z.90 : 482 ; Z.118 : 340 ; Z.201 : 683 ; Z.271 : 482 ; Z.294 : 482 ; Z.305-310 : 189 ; Z.324 : 439 ; Z.371 : 118 ; Z.376 : 475 ; Z.377 : 118 ; Z.391 : 374 ; Z.476-479 : 189

*Iliade*, Chant H – H.30 : 361 ; H.71 : 361 ; H.80 : 669 ; H.86 : 690 ; H.99 : 154 ; H.104 : 76 ; H.105 : 154 ; H.143 : 73 ; H.160 : 671 ; H.182 : 297 ; H.179-180 : 189-190 ; H.202 : 482 ; H.202-205 : 189-190 ; H.212 : 580 ; H.247 : 299 ; H.250 : 86 ; H.291 : 361 ; H.337 : 607 ; H.342 : 160 ; H.371 : 479 ; H.376 : 361, 365 ; H.377 : 361 ; H.395 : 361, 365 ; H.396 : 361 ; H.398 : 485 ; H.411 : 158, 485 ; H.425 : 466 ; H.427 : 485 ; H.430 : 364 ; H.436 : 607

*Iliade*, Chant Θ – Θ.5 : 154 ; Θ.8 : 154 ; Θ.16 : 580 ; Θ.28 : 485 ; Θ.69 : 141 ; Θ.74 : 83 ; Θ.83 : 227 ; Θ.93 *sqq.* : 685 ; Θ.97 : 687 ; Θ.111 : 154 ; Θ.141-142 : 685 ; Θ.152 : 615 ; Θ.175-176 : 685 ; Θ.185 *sqq.* : 319 ; Θ.215 : 470 ; Θ.219 : 470 ; Θ.226 : 684 ; Θ.236-244 : 189-190 ; Θ.250 : 485 ; Θ.252 : 298 ; Θ.320 : 298 ; Θ.332 : 319 ; Θ.347-348 : 189 ; Θ.350 : 118 ; Θ.381 : 118 ; Θ.392 : 470 ; Θ.405 : 331 ; Θ.412 : 121 ; Θ.419 : 331 ; Θ.429 : 76 ; Θ.449 : 431 ; Θ.484 : 118 ; Θ.490 : 581 ; Θ.491 : 112 ; Θ.562-563 : 295

*Iliade*, Chant I – I.2 : 660 ; I.5 : 297 ; I.15 : 326 ; I.25 : 482 ; I.39 : 482 ; I.46 : 361 ; I.48 : 361-362 ; I.56 : 230 ; I.116 : 695 ; I.133 : 479 ; I.140 : 469 ; I.145 : 397 ; I.168-170 : 320, 610 ; I.182-198 : 319 ; I.183-184 : 189 ; I.195 : 364 ; I.202-204 : 608 ; I.203 : 568, 605, 608-609 ; I.204 : 610 ; I.209 : 179 ; I.237-239 : 685-686 ; I.238 : 684-686, 697 ; I.239 : 685, 687 ; I.275 : 586 ; I.282 : 469 ; I.313 : 380 ; I.324 : 171, 174 ; I.326 : 466 ; I.332 : 470 ; I.435 : 470 ; I.457 : 463 ; I.555 : 666 ; I.590 : 140 ; I.608 : 361 ; I.625-626 : 230 ; I.627 : 205 ; I.650 : 466 ; I.651 : 615 ; I.712 : 140

*Iliade*, Chant K – K.11 : 75 ; K.13 : 357, 378 ; K.25 : 364 ; K.62 : 362 ; K.67 : 479 ; K.89 : 361 ; K.158 : 480 ; K.166 : 479 ; K.174 : 76 ; K.187 : 319 ; K.199 : 112 ; K.278 : 612 ; K.278-280 : 188, 191 ; K.278-282 : 189-190 ; K.279 : 200 ; K.280 : 187, 480 ; K.284 : 612 ; K.284-294 : 189-190 ; K.285-291 : 191, 200 ; K.291 : 200 ; K.306 : 470 ; K.323 : 485 ; K.329 : 158 ; K.330 : 189 ; K.345 : 371 ; K.394 : 470 ; K.396 : 470 ; K.402 : 615 ; K.403 : 236, 255 ; K.417 : 606 ; K.419 : 479 ; K.434 : 30 ; K.436 : 469, 482 ; K.468 : 470 ; K.489 : 200 ; K.511 : 479 ; K.528 : 298 ; K.547 : 299

*Iliade*, Chant Λ – Λ.9 : 684 ; Λ.24 : 216 ; Λ.37 : 660 ; Λ.61 : 86 ; Λ.65 : 154 ; Λ.67-71 : 298 ; Λ.68 : 202 ; Λ.70 : 298 ; Λ.80 : 92-93 ; Λ.111 : 470 ; Λ.123 : 615 ; Λ.138 : 615 ; Λ.152 : 158 ; Λ.193 : 361-362 ; Λ.197 : 615 ; Λ.208 : 362 ; Λ.215 : 366 ; Λ.234 : 580 ; Λ.237 : 121 ; Λ.248 : 539 ; Λ.252 : 580 ; Λ.261 : 200 ; Λ.282 : 580 ; Λ.326 : 236 ; Λ.363 : 187 ; Λ.401 : 660 ; Λ.402 : 660 ; Λ.419 : 300 ; Λ.450 : 615 ; Λ.482 : 300 ;

Λ.524 : 365 ; Λ.533 : 470 ; Λ.535 : 580 ; Λ.556 : 300 ; Λ.563 : 300 ; Λ.590 : 365 ; Λ.596 : 359 ; Λ.666 : 362, 470 ; Λ.674 : 87 ; Λ.679 : 690 ; Λ.703 : 439 ; Λ.759 : 340

*Iliade*, Chant M – M.60 : 200 ; M.112 : 470 ; M.144 : 660 ; M.150 : 362 ; M.164-172 : 189 ; M.210 : 200 ; M.215 : 187 ; M.235 : 158 ; M.235-236 : 686 ; M.242 : 255 ; M.266 : 87 ; M.284 : 442 ; M.285 : 160 ; M.294 : 86 ; M.306 : 470 ; M.391 : 75 ; M.415 : 366 ; M.421-424 : 320 ; M.432 : 660 ; M.463 : 470 ; M.465 : 160

*Iliade*, Chant N – N.21 : 578 ; N.32 : 578 ; N.45 : 300 ; N.58 : 479 ; N.75 : 581 ; N.78 : 580 ; N.84 : 470 ; N.136 : 576 ; N.140 : 374 ; N.154 : 158 ; N.157 : 86 ; N.160 : 87 ; N.180 : 359 ; N.206 : 140 ; N.295 : 470 ; N.299 : 660 ; N.320 : 470 ; N.328 : 470 ; N.359 : 524 ; N.393 : 466 ; N.405 : 87 ; N.407 : 582 ; N.421 : 319 ; N.441 : 434 ; N.484 : 482 ; N.517 : 431 ; N.528 : 470 ; N.535 : 365 ; N.553 : 359 ; N.563 : 76 ; N.575 : 445 ; N.588 : 690 ; N.588-592 : 298 ; N.589 : 297 ; N.616 : 340 ; N.617 : 466 ; N.618-641 : 189 ; N.628 : 187 ; N.640 : 466 ; N.649 : 87 ; N.672 : 445 ; N.673 : 359 ; N.687 : 371 ; N.707 : 379 ; N.725 : 200 ; N.778 : 479 ; N.790-792 : 397 ; N.795-799 : 372 ; N.798 : 372 ; N.803 : 86-87

*Iliade*, Chant Ξ – Ξ.6 : 362 ; Ξ.7 : 466 ; Ξ.19 : 606 ; Ξ.25 : 299 ; Ξ.57 : 470 ; Ξ.77 : 362 ; Ξ.95 : 583 ; Ξ.111 : 431 ; Ξ.122 : 76 ; Ξ.157 : 227 ; Ξ.173 : 480 ; Ξ.199 : 255 ; Ξ.204 : 580 ; Ξ.205 : 607 ; Ξ.228 : 331 ; Ξ.233-241 : 189-190 ; Ξ.234 : 191 ; Ξ.261 : 470 ; Ξ.274 : 580 ; Ξ.277 : 118 ; Ξ.304 : 607 ; Ξ.315-327 : 395 ; Ξ.320 : 539 ; Ξ.334 : 75 ; Ξ.346 : 331 ; Ξ.371 : 482 ; Ξ.406 : 359 ; Ξ.410 : 470 ; Ξ.433 : 236 ; Ξ.434 : 581 ; Ξ.441 : 298 ; Ξ.470 : 475 ; Ξ.519 : 445

*Iliade*, Chant O – O.22-24 : 289 ; O.37 : 482 ; O.70 : 362 ; O.78 : 118 ; O.92 : 118 ; O.130 : 118 ; O.137 : 331 ; O.185-195 : 546 ; O.188 : 580 ; O.207 : 363 ; O.225 : 580 ; O.234 : 439 ; O.239 : 615 ; O.255 : 200 ; O.293 : 158 ; O.297 : 160 ; O.310 : 485, 660 ; O.314 : 297 ; O.350 : 669 ; O.372-376 : 189-191 ; O.380 : 298 ; O.391 : 470 ; O.411 : 154 ; O.470 : 297 ; O.510 : 586 ; O.511 : 76 ; O.520 : 92 ; O.543 : 92 ; O.573 : 298 ; O.578 : 445 ; O.579-581 : 584 ; O.579-583 : 298 ; O.580 : 298 ; O.582 : 298 ; O.585 : 470 ; O.649 : 200 ; O.673 : 470 ; O.677 : 154 ; O.679-686 : 298 ; O.684 : 297-298 ; O.685 : 470 ; O.697 : 299 ; O.698 : 121 ; O.713 : 476

*Iliade*, Chant Π – Π.4 : 326 ; Π.7-10 : 128-129 ; Π.11 : 359 ; Π.47 : 122 ; Π.74 : 154 ; Π.83 : 230 ; Π.88 : 158 ; Π.114 : 200 ; Π.139 : 154 ; Π.145 : 470 ; Π.151 : 442 ; Π.168 : 470 ; Π.174 : 355 ; Π.199 : 230 ; Π.233-248 : 189-190 ; Π.236 : 191 ; Π.236-237 : 191 ; Π.264 : 480 ; Π.280 : 480 ; Π.316 : 445 ; Π.325 : 445-446 ; Π.347 : 580 ; Π.366 : 660 ; Π.375 : 296 ; Π.381 : 193 ; Π.404 : 200 ; Π.412 : 330 ; Π.441 : 255 ; Π.442 : 365 ; Π.449 : 431 ; Π.455 : 362 ; Π.459 : 466 ; Π.469 : 82 ; Π.486 : 466 ; Π.494 : 470 ; Π.514 : 612 ; Π.514-526 : 189-190 ; Π.515 : 87 ; Π.563 : 366 ; Π.578 : 330 ; Π.589 : 298 ; Π.589-592 : 299 ; Π.607 : 445 ; Π.640 : 366 ; Π.643 : 360 ; Π.670 : 193 ; Π.680 : 193 ; Π.765-771 : 298 ; Π.770 : 298 ; Π.773 : 297 ; Π.775 : 583 ; Π.780 : 141 ; Π.787 : 76 ; Π.788 : 121 ; Π.841 : 466 ; Π.867 : 193

*Iliade*, Chant P – P.7 : 87 ; P.21 : 482 ; P.40 : 198 ; P.53-60 : 296 ; P.76 : 615 ; P.77 : 255 ; P.158 : 465 ; P.173 : 583 ; P.194 : 193 ; P.200 : 480 ; P.202 : 193 ; P.222 : 479 ; P.263 : 355 ; P.297 : 357 ; P.298 : 466 ; P.300 : 92 ; P.338 : 200 ; P.366 : 359 ; P.403 : 470 ; P.430 : 470 ; P.432 : 690 ; P.442 : 480 ; P.454 : 362 ; P.458 : 470 ; P.462 : 372 ; P.493 : 434 ; P.517 : 87 ; P.542 : 466 ; P.555 : 300 ; P.563 : 200 ; P.588 : 83 ; P.599 : 366 ; P.645-647 : 190 ; P.674 : 87 ; P.680 : 582 ; P.681 : 76 ; P.717-718 : 83 ; P.718 : 83 ; P.724 : 83 ; P.743 : 230

*Iliade*, Chant Σ – Σ.1 : 359 ; Σ.10 : 76 ; Σ.18 : 615 ; Σ.36 : 578 ; Σ.38 : 578 ; Σ.39-48 : 397 ; Σ.39-49 : 460 ; Σ.40-46 : 397 ; Σ.41 : 406 ; Σ.42 : 403, 410 ; Σ.44 : 406 ; Σ.45 : 408 ; Σ.46 : 406, 475 ; Σ.48 : 397, 410-412, 415 ; Σ.49 : 578 ; Σ.50 : 359 ; Σ.87 : 255 ; Σ.95 : 84 ; Σ.126 : 160 ; Σ.133 : 430 ; Σ.178 : 124 ; Σ.220 : 555 ; Σ.259 : 470 ; Σ.293-294 : 686 ; Σ.299 : 479 ; Σ.307 : 365 ; Σ.345 : 466 ; Σ.349 : 356 ; Σ.350 : 141 ; Σ.404 : 255 ; Σ.412 : 477 ; Σ.416-420 : **81-82** ; Σ.418 : 80-81 ; Σ.458 : 84 ; Σ.464 : 365 ; Σ.474 : 299 ; Σ.479 : 87 ; Σ.494 : 582 ; Σ.495 : 357 ; Σ.510 : 330 ; Σ.511 : 330 ; Σ.526 : 378 ; Σ.535 : 432 ; Σ.535-537 : 430, 432 ; Σ.543 : 582 ; Σ.565 : 230-231 ; Σ.566 : 485 ; Σ.595 : 302 ; Σ.600 : 154 ; Σ.606 : 582 ; Σ.608 : 340

*Iliade*, Chant T – T.11 : 485 ; T.22 : 439 ; T.27 : 435 ; T.91 : 440, 442 ; T.91-92 : 440 ; T.94 : 91 ; T.95-125 : 440 ; T.101 : 154 ; T.107 : 230 ; T.126-131 : 440-441 ; T.136 : 442 ; T.150 : 439 ; T.160 : 470 ; T.190 : 154 ; T.214 : 430 ; T.233 : 299 ; T.253 : 83 ; T.258-265 : 189 ; T.313 : 466 ; T.323 : 359 ; T.329 : 478 ; T.335 : 76 ; T.354 : 424 ; T.356 : 470 ; T.407 : 118

*Iliade*, Chant Y – Y.50 : 158 ; Y.57 : 581 ; Y.64 : 255 ; Y.73 : 582 ; Y.100 : 196 ; Y.108 : 299 ; Y.112 : 118 ; Y.129 : 486 ; Y.204 : 255 ; Y.216 : 325 ; Y.220 : 255 ; Y.229 : 366 ; Y.233 : 469 ; Y.254 : 375 ; Y.263 : 196 ; Y.266 : 255 ; Y.267 : 615 ; Y.274 : 87 ; Y.300-301 : 131-132 ; Y.301 : 130-133 ; Y.305 : 255 ; Y.306 : 583 ; Y.358 : 193 ; Y.369 : 230 ; Y.375 : 200 ; Y.381 : 298 ; Y.387 : 330 ; Y.390 : 442 ; Y.392 : 581 ; Y.393 : 445 ; Y.415 : 121 ; Y.418 : 92 ; Y.420 : 92 ; Y.450 : 187 ; Y.471 : 445 ; Y.472 : 200 ; Y.500 : 580

*Iliade*, Chant Φ – Φ.1 : 236 ; Φ.2 : 581 ; Φ.11 : 581 ; Φ.15 : 582 ; Φ.23 : 442 ; Φ.126 : 298, 371 ; Φ.128 : 362 ; Φ.132 : 581 ; Φ.133 : 362 ; Φ.143 : 582, 586 ; Φ.158 : 469 ; Φ.160 : 255 ; Φ.181 : 445 ; Φ.206 : 581 ; Φ.212 : 582 ; Φ.214 : 581 ; Φ.228 : 582 ; Φ.231 : 200, 362 ; Φ.233-235 : 373 ; Φ.234 : 371-372 ; Φ.238-239 : 581 ; Φ.239 : 581 ; Φ.246 : 581 ; Φ.257 : 237 ; Φ.263 : 362 ; Φ.268 : 355 ; Φ.272 : 189 ; Φ.306 : 362 ; Φ.321 : 478 ; Φ.323 : 564 ; Φ.326 : 355 ; Φ.329 : 582 ; Φ.332 : 581 ; Φ.353 : 581 ; Φ.377 : 118 ; Φ.386 : 297, 330 ; Φ.395 : 297 ; Φ.418 : 118 ; Φ.434 : 118 ; Φ.445 : 134 ; Φ.469 : 154 ; Φ.489 : 331 ; Φ.503 : 583 ; Φ.512 : 118 ; Φ.531 : 362 ; Φ.564 : 331 ; Φ.581 : 87 ; Φ.600 : 93 ; Φ.603 : 582

*Iliade*, Chant X – X.8-13 : 93 ; X.9 : 193 ; X.12 : 92-94 ; X.61 : 580 ; X.66 : 340 ; X.120 : 330 ; X.142 : 372 ; X.148 : 581 ; X.165 : 582 ; X.172 : 187 ; X.179 : 255 ; X.180 : 365 ; X.201 : 331 ; X.203 : 121, 340 ; X.209 : 141 ; X.227 : 300 ; X.252 : 187 ; X.255 : 467 ; X.285 : 187 ; X.288 : 482 ; X.303 : 187 ; X.318 :

469 ; X.343 : 669 ; X.369 : 466 ;
X.371 : 200 ; X.375 : 200 ; X.396 :
379 ; X.452 : 581
*Iliade*, Chant Ψ – Ψ.41 : 466 ; Ψ.61 :
112 ; Ψ.62 : 331 ; Ψ.70 : 76 ; Ψ.100-
101 : 83 ; Ψ.155 : 200 ; Ψ.194 : 189 ;
Ψ.201-202 : 289 ; Ψ.214 : 297 ; Ψ.218 :
477 ; Ψ.230 : 372 ; Ψ.231 : 92-93 ;
Ψ.244 : 362, 380 ; Ψ.304 : 200 ;
Ψ.317 : 470 ; Ψ.327 : 434 ; Ψ.353 : 297 ;
Ψ.373 : 340 ; Ψ.382 : 125 ; Ψ.416 : 73 ;
Ψ.427 : 73, 125 ; Ψ.509 : 298 ; Ψ.527 :
125 ; Ψ.543 : 131 ; Ψ.604 : 187 ;
Ψ.607 : 153 ; Ψ.617 : 200 ; Ψ.628 :
372 ; Ψ.638 : 125 ; Ψ.640 : 482 ;
Ψ.643 : 187 ; Ψ.730 : 480 ; Ψ.768 :
340 ; Ψ.770 : 190, 612 ; Ψ.773 : 372 ;
Ψ.783 : 200 ; Ψ.817 : 372 ; Ψ.818 : 87 ;
Ψ.822 : 140 ; Ψ.833 : 555 ; Ψ.840 :
582 ; Ψ.875 : 582
*Iliade*, Chant Ω – Ω.2 : 296 ; Ω.12 :
582 ; Ω.55 : 118 ; Ω.91 : 607 ; Ω.96 :
92 ; Ω.110 : 228 ; Ω.130 : 479 ; Ω.216 :
665 ; Ω.254 : 470 ; Ω.259 : 255 ;
Ω.293 : 482 ; Ω.295 : 684 ; Ω.308 :
482 ; Ω.308-313 : 190 ; Ω.313 : 684 ;
Ω.323 : 158 ; Ω.344 : 479 ; Ω.349 :
125 ; Ω.366 : 470 ; Ω.414 : 435 ;
Ω.460 : 193 ; Ω.488 : 301 ; Ω.490 :
76 ; Ω.583 : 83 ; Ω.590 : 83 ; Ω.621 :
359 ; Ω.650-652 : 670 ; Ω.653 : 470 ;
Ω.658 : 160 ; Ω.679 : 331 ; Ω.692 :
236 ; Ω.693 : 581 ; Ω.705 : 76 ; Ω.723 :
118 ; Ω.738 : 154 ; Ω.762-775 : 588 ;
Ω.770 : 588 ; Ω.771 : 588 ; Ω.775 : 588
*Odyssée*, Chant α – α.1-2 : 110 ; α.16 :
555 ; α.16-19 : 722 ; α.18 : 722 ; α.53 :
578 ; α.70 : 482 ; α.71 : 470-471 ;
α.85 : 302 ; α.86 : 475 ; α.104 : 154-
156 ; α.133 : 617 ; α.139 : 576 ; α.152 :
323 ; α.160 : 76 ; α.180 : 615 ; α.180-
181 : 615-616 ; α.219 : 255 ; α.287 :
76 ; α.377 : 76 ; α.418 : 615 ; α.418-
419 : 615-616

*Odyssée*, Chant β – β.10 : 154-156 ; β.20 :
340 ; β.49 : 76 ; β.66 : 301 ; β.97 : 362 ;
β.108 : 141 ; β.115 : 616 ; β.123 : 76 ;
β.126 : 76 ; β.142 : 76 ; β.185 : 616 ;
β.190 : 616 ; β.209-210 : 122 ; β.211 :
122-123 ; β.218 : 76 ; β.231 : 363 ;
β.262 : 612 ; β.280 : 439 ; β.289 : 360 ;
β.304 : 439 ; β.370 : 683 ; β.388 : 375
*Odyssée*, Chant γ – γ.9 : 178 ; γ.16 :
380 ; γ.19 : 475 ; γ.40 : 178 ; γ.55 : 612 ;
γ.55-61 : 190 ; γ.64 : 364 ; γ.101 : 475 ;
γ.117 : 616 ; γ.123 : 124 ; γ.132 : 141 ;
γ.215 : 486 ; γ.221-222 : 200 ; γ.256 :
76 ; γ.279-283 : 198 ; γ.282 : 198 ;
γ.301 : 76 ; γ.302 : 683 ; γ.327 : 475 ;
γ.354 : 76 ; γ.378-384 : 190 ; γ.379 :
191 ; γ.399 : 158 ; γ.403 : 328, 479 ;
γ.461 : 178 ; γ.487 : 375 ; γ.493 : 158
*Odyssée*, Chant δ – δ.19 : 582 ; δ.75 :
124 ; δ.90 : 76 ; δ.142 : 124 ; δ.177 :
301 ; δ.231 : 702 ; δ.255 : 470 ; δ.256 :
140 ; δ.314 : 475 ; δ.331 : 475 ; δ.346-
347 : 122-123 ; δ.349 : 475 ; δ.384 :
475 ; δ.386 : 578 ; δ.401 : 475 ; δ.417 :
552, 681 ; δ.419 : 481 ; δ.422 : 140 ;
δ.432 : 141 ; δ.458 : 681 ; δ.459 : 481 ;
δ.461 : 141 ; δ.477 : 355 ; δ.542 : 475 ;
δ.581 : 355 ; δ.605 : 443 ; δ.642 : 475 ;
δ.671 : 357 ; δ.686 : 76 ; δ.691-692 :
86 ; δ.750 : 112 ; δ.759 : 112 ; δ.762 :
612 ; δ.762-766 : 190-191 ; δ.770 :
115 ; δ.777 : 230
*Odyssée*, Chant ε – ε.4 : 482 ; ε.9 : 363 ;
ε.30 : 475 ; ε.32 : 255 ; ε.35 : 615 ;
ε.72 : 442 ; ε.96 : 141 ; ε.161 : 478 ;
ε.185 : 482 ; ε.230 : 359 ; ε.234 : 154 ;
ε.240 : 434 ; ε.243 : 470 ; ε.247 : 379 ;
ε.248 : 467 ; ε.260 : 115 ; ε.285 : 480 ;
ε.293 : 296 ; ε.305 : 296 ; ε.347 : 193 ;
ε.361 : 467 ; ε.369 : 296 ; ε.370 : 296 ;
ε.376 : 480 ; ε.378 : 362 ; ε.426-427 :
341 ; ε.432-435 : 341 ; ε.445 : 612 ;
ε.445-450 : 190 ; ε.456 : 437-438 ;
ε.459 : 141 ; ε.479 : 299

*Odyssée*, Chant ζ – ζ.89 : 581 ; ζ.92 : 470 ; ζ.100 : 354 ; ζ.101 : 118 ; ζ.106 : 118 ; ζ.111 : 576 ; ζ.116 : 581 ; ζ.161 : 125 ; ζ.166 : 364 ; ζ.172 : 302 ; ζ.186 : 118 ; ζ.239 : 118 ; ζ.251 : 118 ; ζ.252 : 576 ; ζ.292 : 442 ; ζ.295 : 362 ; ζ.304 : 196 ; ζ.324 : 612 ; ζ.324-327 : 190

*Odyssée*, Chant η – η.12 : 118 ; η.100 : 354 ; η.107 : 302 ; η.115 : 476 ; η.122 : 476 ; η.143 : 140 ; η.192 : 616-617 ; η.210 : 255 ; η.215-221 : 150 ; η.233 : 118 ; η.244 : 302 ; η.247 : 255 ; η.254 : 302 ; η.260 : 193 ; η.262 : 141 ; η.265 : 193 ; η.275 : 296 ; η.279 : 424 ; η.284 : 355 ; η.291 : 354 ; η.310 : 363 ; η.335 : 118 ; η.345 : 158 ; η.347 : 328

*Odyssée*, Chant θ – θ.38 : 470 ; θ.74 : 216 ; θ.79 : 693 ; θ.81 : 693 ; θ.170 : 329 ; θ.238 : 200 ; θ.251 : 354 ; θ.279 : 545 ; θ.298 : 480 ; θ.299 : 140 ; θ.307 : 439 ; θ.318 : 362 ; θ.348 : 363 ; θ.363 : 89 ; θ.365 : 193 ; θ.375 : 83 ; θ.382 : 539 ; θ.384 : 125 ; θ.401 : 539 ; θ.429 : 215 ; θ.443 : 470 ; θ.447 : 470 ; θ.465 : 158 ; θ.468 : 76 ; θ.481 : 216, 583 ; θ.492 : 216 ; θ.505 : 607 ; θ.544 : 724 ; θ.551 : 301

*Odyssée*, Chant ι – ι.2 : 539 ; ι.31 : 364 ; ι.59 : 141 ; ι.131-133 : 443 ; ι.138 : 362 ; ι.142-143 : 722 ; ι.153 : 582 ; ι.182 : 722 ; ι.220 : 606 ; ι.222 : 360 ; ι.239 : 578 ; ι.248 : 360 ; ι.260 : 296 ; ι.264 : 482 ; ι.267-270 : 203 ; ι.289 : 331 ; ι.311 : 331 ; ι.327 : 471-472 ; ι.344 : 331 ; ι.345 : 200 ; ι.363 : 141 ; ι.364 : 123 ; ι.369 : 340 ; ι.382-388 : 572, 581 ; ι.384 : 582 ; ι.385 : 581 ; ι.388 : 582 ; ι.391-393 : 358 ; ι.426 : 356 ; ι.449 : 359 ; ι.452 : 187 ; ι.469 : 470 ; ι.492 : 141 ; ι.512 : 667 ; ι.521 : 255 ; ι.528 : 612 ; ι.528-535 : 190

*Odyssée*, Chant κ – κ.1-2 : 722 ; κ.72 : 76 ; κ.85 : 359 ; κ.87 : 722 ; κ.91 : 722 ; κ.116 : 331 ; κ.124 : 424 ; κ.135 : 722 ;

κ.140 : 722 ; κ.163 : 82 ; κ.207 : 297 ; κ.222 : 193 ; κ.302 : 478 ; κ.306 : 255 ; κ.425 : 154 ; κ.461 : 362 ; κ.492 : 693 ; κ.500 : 141 ; κ.509 : 722 ; κ.510 : 476 ; κ.543 : 359 ; κ.556 : 480 ; κ.565 : 693

*Odyssée*, Chant λ – λ.12 : 375 ; λ.14 : 722 ; λ.16 : 299 ; λ.94 : 424 ; λ.99 : 141 ; λ.102 : 431 ; λ.116 : 76 ; λ.122 : 362 ; λ.129 : 141 ; λ.148 : 475 ; λ.165 : 693 ; λ.172 : 435 ; λ.183 : 435, 478 ; λ.200 : 435 ; λ.222 : 82 ; λ.239 : 469 ; λ.242 : 581 ; λ.248 : 555 ; λ.263 : 325 ; λ.270 : 299 ; λ.278 : 545 ; λ.295 : 555 ; λ.296 : 141 ; λ.302 : 580 ; λ.330 : 478 ; λ.335 : 118 ; λ.351 : 362 ; λ.355 : 539 ; λ.360 : 724 ; λ.367 : 329 ; λ.378 : 539 ; λ.443 : 103-104 ; λ.458 : 76 ; λ.464 : 76 ; λ.475 : 722 ; λ.485 : 187 ; λ.490 : 76 ; λ.538-539 : 443-444 ; λ.540 : 539 ; λ.553 : 582 ; λ.572-573 : 443-444 ; λ.589 : 476 ; λ.606 : 87

*Odyssée*, Chant μ – μ.21 : 76 ; μ.36 : 140 ; μ.40 : 444 ; μ.45 : 443 ; μ.46 : 341, 444 ; μ.47 : 125 ; μ.55 : 125 ; μ.85 : 669, 722 ; μ.112 : 475 ; μ.127 : 722 ; μ.158-159 : 443 ; μ.186 : 125 ; μ.197 : 125 ; μ.223 : 616 ; μ.226 : 140 ; μ.232 : 75 ; μ.234 : 73 ; μ.249 : 83 ; μ.255 : 83 ; μ.258-259 : 236 ; μ.262 : 722 ; μ.276 : 125 ; μ.284 : 470 ; μ.295 : 140 ; μ.298 : 154 ; μ.328 : 76 ; μ.357 : 359 ; μ.364 : 178 ; μ.369 : 141 ; μ.371 : 189 ; μ.432 : 83 ; μ.448 : 302, 722

*Odyssée*, Chant ν – ν.38 : 539 ; ν.59 : 362 ; ν.163 : 580 ; ν.169 : 87 ; ν.182 : 606 ; ν.195 : 231 ; ν.269 : 326 ; ν.301 : 200 ; ν.312 : 533 ; ν.342 : 431 ; ν.368 : 299 ; ν.389 : 200 ; ν.396 : 76 ; ν.419 : 76 ; ν.428 : 76

*Odyssée*, Chant ξ – ξ.1 : 231 ; ξ.3 : 76 ; ξ.64 : 115 ; ξ.72 : 470 ; ξ.84 : 363 ; ξ.96 : 76 ; ξ.101 : 690 ; ξ.103 : 690 ; ξ.124-125 : 150 ; ξ.208 : 76 ; ξ.248 : 470 ; ξ.359 : 76 ; ξ.377 : 76 ; ξ.433 :

363 ; ξ.457-458 : 295 ; ξ.462 : 154, 612 ; ξ.483 : 533 ; ξ.526 : 294-295 ; ξ.527 : 76 ; ξ.528-553 : 295

*Odyssée*, Chant o – o.13-14 : 291 ; o.26 : 262 ; o.29 : 357 ; o.32 : 76 ; o.45 : 480 ; o.50 : 326 ; o.51 : 362 ; o.71 : 363 ; o.75 : 362 ; o.107 : 482 ; o.112 : 158 ; o.146 : 158 ; o.180 : 158 ; o.185 : 375 ; o.196 : 230 ; o.214 : 131 ; o.216 : 470 ; o.229 : 76 ; o.296 : 375 ; o.307 : 612 ; o.394 : 616 ; o.408 : 435 ; o.441 : 375 ; o.446 : 76 ; o.447 : 470 ; o.456 : 76 ; o.471 : 375 ; o.491 : 76 ; o.519 : 615 ; o.543 : 362

*Odyssée*, Chant π – π.13 : 360 ; π.63 : 582 ; π.96 : 486 ; π.248 : 606 ; π.332 : 359 ; π.338 : 200 ; π.350 : 470 ; π.373 : 76 ; π.384 : 76 ; π.393 : 485 ; π.421 : 372 ; π.423 : 113 ; π.429 : 76 ; π.439 : 76

*Odyssée*, Chant ρ – ρ.4 : 154 ; ρ.48 : 112 ; ρ.56 : 362 ; ρ.58 : 112 ; ρ.123 : 140 ; ρ.140 : 475 ; ρ.172 : 141 ; ρ.209 : 87 ; ρ.231 : 154 ; ρ.234 : 231 ; ρ.240-246 : 190-191 ; ρ.244 : 296 ; ρ.250 : 76 ; ρ.316 : 578 ; ρ.354-355 : 190 ; ρ.366 : 87 ; ρ.377 : 617 ; ρ.378 : 76 ; ρ.423 : 76 ; ρ.446 : 617 ; ρ.465 : 480 ; ρ.490 : 319 ; ρ.491 : 480 ; ρ.518-520 : 332 ; ρ.594 : 76

*Odyssée*, Chant σ – σ.2 : 373 ; σ.15 : 123 ; σ.2 : 373 ; σ.55 : 154 ; σ.140 : 684 ; σ.174 : 607 ; σ.198 : 118 ; σ.251 : 76 ; σ.254 : 76 ; σ.280 : 76 ; σ.296 : 493 ; σ.307 : 293 ; σ.309 : 434 ; σ.336 : 484 ; σ.343-344 : 293 ; σ.375 : 379

*Odyssée*, Chant τ – τ.33-34 : 292 ; τ.56 : 582 ; τ.60 : 118 ; τ.63-64 : 293 ; τ.66 : 617 ; τ.67 : 582 ; τ.79 : 76 ; τ.120 : 607 ; τ.127 : 76 ; τ.142 : 362 ; τ.154 : 141 ; τ.159 : 76 ; τ.227 : 357 ; τ.256 : 576 ; τ.279 : 615 ; τ.389 : 445 ; τ.441 : 299 ; τ.454 : 82 ; τ.517 : 197 ; τ.540 : 83 ; τ.549 : 187 ; τ.577 : 154 ; τ.580 : 76

*Odyssée*, Chant υ – υ.52 : 616 ; υ.56 : 331 ; υ.61-82 : 190 ; υ.98-101 : 190-191 ; υ.112-119 : 190 ; υ.116 : 340 ; υ.152 : 112 ; υ.176 : 158 ; υ.178 : 617 ; υ.184 : 480 ; υ.189 : 158 ; υ.190 : 200 ; υ.238 : 364 ; υ.246 : 430 ; υ.252 : 178 ; υ.260 : 178 ; υ.320 : 485 ; υ.348 : 484 ; υ.352 : 580 ; υ.379 : 73

*Odyssée*, Chant φ – φ.9 : 340 ; φ.46 : 470 ; φ.49 : 443 ; φ.75 : 154 ; φ.78 : 76 ; φ.141 : 154 ; φ.155 : 76 ; φ.203 : 364 ; φ.205 : 475 ; φ.225 : 364 ; φ.230 : 154 ; φ.294 : 363 ; φ.400 : 73 ; φ.430 : 323

*Odyssée*, Chant χ – χ.6 : 187 ; χ.18 : 357 ; χ.21 : 484 ; χ.24 : 87 ; χ.38 : 76 ; χ.58 : 362 ; χ.72 : 362 ; χ.83 : 470 ; χ.114 : 364 ; χ.166 : 475 ; χ.227 : 118 ; χ.241-243 : 397 ; χ.242 : 406 ; χ.245 : 76 ; χ.270 : 375 ; χ.303 : 297-298 ; χ.347 : 216 ; χ.380 : 87 ; χ.394 : 480 ; χ.405 : 466 ; χ.412 : 113 ; χ.439 : 112, 119 ; χ.443 : 362 ; χ.453 : 112, 119 ; χ.462 : 112

*Odyssée*, Chant ψ – ψ.11 : 372 ; ψ.32 : 298 ; ψ.35 : 475 ; ψ.136 : 301 ; ψ.147 : 354 ; ψ.149 : 115 ; ψ.179 : 479 ; ψ.198 : 379 ; ψ.209 : 362 ; ψ.323 : 693 ; ψ.333 : 302 ; ψ.358 : 362

*Odyssée*, Chant ω – ω.5 : 480 ; ω.13-14 : 443-444 ; ω.14 : 723 ; ω.39 : 583 ; ω.44 : 112 ; ω.59 : 193 ; ω.60-61 : 208 ; ω.82 : 690 ; ω.107 : 606 ; ω.132 : 362 ; ω.144 : 141 ; ω.149 : 141 ; ω.149-152 : 722 ; ω.151 : 722 ; ω.221 : 476 ; ω.250 : 434 ; ω.299 : 470 ; ω.364 : 179 ; ω.390 : 331 ; ω.409 : 364 ; ω.419 : 470 ; ω.436 : 478 ; ω.445 : 193 ; ω.474 : 380 ; ω.515 : 465 ; ω.536 : 76 ; ω.539 : 140 ; ω.543-544 : 130-133 ; ω.544 : 131-133

*Schol. in Il.* – Γ.219 (A) : 481 ; Γ.219 (D) : 481 ; E.205 (D) : 684 ; E.898 (AT) : 580 ; I.203 (bT) : 609 ; I.238 (D) : 684 ; I.238 (T) : 685 ; Λ.248

(D) : 539 ; Ξ.320 (D) : 539 ; Ξ.320
(T) : 539 ; T.83 (bT) : 539
*Schol. in Od.* – α.71 : 471 ; λ.539 : 444 ;
  ω.13 : 444
*HYMNES HOMÉRIQUES*
  Ap. – 1 : 110 ; 64 : 365 ; 95 : 118 ; 99 :
  118 ; 105 : 118 ; 118 : 443 ; 119 : 298 ;
  121 : 112 ; 127 : 193 ; 132 : 475 ; 146-
  178 : 630 ; 170 : 203 ; 174-176 : 241,
  601 ; 184 : 193 ; 189-191 : 192 ; 195 :
  467 ; 213 : 362 ; 227 : 231 ; 233 : 298 ;
  252 : 693 ; 292 : 693 ; 388 : 140 ; 401 :
  470 ; 410 : 482 ; 417 : 372 ; 422 : 359 ;
  423 : 236 ; 492 : 199 ; 494 : 470 ; 501 :
  361 ; 510 : 199 ; 528 : 76 ; 530 : 76
  Ap.II – 2 : 581
  Aphr. – 1 : 110, 482 ; 3 : 297 ; 4 :
  355 ; 9 : 545 ; 18 : 482 ; 58 : 89 ; 62 :
  193 ; 71 : 470 ; 105 : 76 ; 175 : 193 ;
  188 : 76 ; 200-201 : 615 ; 221 : 76 ;
  245 : 199 ; 260 : 193 ; 263 : 475 ; 269 :
  199 ; 276-277 : 198
  Aphr.II – 1-2 : 110 ; 10 : 359
  Arès – 9 : 612
  Art. – 1 : 110
  Ath. – 6 : 124
  De. – 1 : 110 ; 7 : 443, 445 ; 10 :
  124 ; 14 : 372 ; 52 : 121 ; 69 : 153 ;
  70 : 299 ; 87 : 301 ; 89 : 470 ; 102 :
  482 ; 109 : 475 ; 123 : 187 ; 126 : 470 ;
  156 : 328 ; 170 : 360 ; 175 : 443 ; 190 :
  124 ; 196 : 359 ; 209 : 359 ; 251 : 482 ;
  265 : 555 ; 276 : 297 ; 278 : 296 ; 285 :
  298 ; 294 : 475 ; 295 : 482 ; 357 : 580 ;
  393 : 580 ; 399 : 80 ; 417 : 443 ; 418 :
  410 ; 418-424 : 397 ; 421 : 406 ; 423 :
  398, 410 ; 424 : 414 ; 425 : 475 ; 429 :
  580 ; 454 : 298 ; 479 : 124
  Diosc. – 1-2 : 110 ; 7 : 470
  Fr. in Dion. (Allen) – 3 : 582
  Héra – 41 : 158
  He. – 1 : 110 ; 8 : 118 ; 20 : 298 ; 29 :
  75 ; 45 : 582 ; 53 : 80 ; 71 : 193 ; 78 :
  366 ; 103 : 545 ; 110 : 154 ; 126 : 607 ;

  134 : 545 ; 139 : 582 ; 152 : 154 ; 250 :
  359 ; 304 : 470 ; 322 : 379 ; 369 : 475 ;
  375 : 359 ; 398 : 236 ; 399 : 545 ; 414 :
  75 ; 451 : 216, 230 ; 452 : 357 ; 471 :
  486 ; 501 : 580 ; 512 : 378 ; 532 : 486 ;
  543 : 486 ; 545 : 486 ; 557 : 198, 607 ;
  566 : 486 ; 577 : 607
  Lu. – 20 : 475
  Pan – 25 : 443 ; 26 : 607
  Se. – 6 : 299 ; 17 : 118
  So. – 10 : 299

IBYCUS (Page) : 1a.23-26 : 110 ; 29 : 146 ;
  29.2 : 695 ; 30a.1 : 373 ; 32.1 : 77 ;
  34.2 : 359 ; 40.2 : 154
INSCRIPTIONS GRECQUES : IG II² 2311 :
  630

JEAN DE LYDIE
  *De mens.* – 159.51 : 416-417, 428,
  **802A**
JULIEN
  *Contre Heracl.* – 226B : 417, **421-422,**
  **803A**

LACTANCE
  *Instit. Diu.* – 2.12.14 : 12
LUCIEN
  *Hérodote* – 1.23 *sqq.* : 631
  *Peregrinus* – 32 : 630
  *Pro lapsu* – 2 : 622-623, **786A**
*LYRICA ADESPOTA* (Page) – 46a.1.1 : 482

MACROBE
  *Songe de Scip.* – 1.10 : 426
MARC-AURÈLE : VIII.41 : 504 ; XII.3 :
  504
MÉNANDRE RHÉT. ; I.333.12-15 : 12-13
MICHEL EPH.
  *In De resp.* – 123.24-124.11 : 338,
  **780-781A** ; 125.1 : 375 ; 125.1-2 :
  374 ; 126.15-17 : 375
MIMNERME (West) : 1.1 : 77 ; 2.5 : 199 ;
  2.10 : 77 ; 11a.2 : 299 ; 14.7 : 466

NICANDRE
  *Theriaca* – 528 : 435
  *Alexipharmaca* – 82 : 534
NONNOS
  *Dion.* – 3.99 : 486 ; 6.89 : 486 ;
  9.284 : 486 ; 11.369 : 612 ; 12.42 :
  486 ; 12.330 : 486 ; 13.373 : 486 ;
  17.101 : 612 ; 27.252 : 486 ; 44.215 :
  612
NOUVEAU TESTAMENT
  Matthieu, *Év.* – 22.4 : 168
  *I Ep. Cor.* – 8.7 : 168
  *II. Ep. Thess.* – 3.1.2 : 168

ORACLES CHALDAÏQUES : 134.3 : 425
OPPIEN
  *Schol. ad Cy.* – 2.5.2 : 302
ORIGÈNE
  *Contre Celse* – VIII.53 : 648-649, 654-
  655, 669, 673, 676, 793-794A

PANYASSIS (Matthews/Bernabé) : 12.1
  M (16.1 B) : 262 ; 12.5 M (16.5 B) :
  262 ; 12.14 M (16.14 B) : 80 ; 13.1
  M (17.1 B) : 262 ; 14.1 M (19.1 B) :
  255 ; 14.4 M (19.4 B) : 616 ; 16.3 M
  (3.3 B) : 255 ; 18.1 M (23.1 B) : 262 ;
  18.2 M (23.2 B) : 302 ; 18.3 M (23.3
  B) : 582 ; 20.8 M (17.8 B) : 534 ; 23 M
  (29 B) : 289 ; 28.1 M (31.1 B) : 377 ;
  30 M (15 B) : 260
PAPYRUS : P. Oxy. II.222 : 629
PARMÉNIDE
  Fr. (D.-K.) – 1.2 : 123 ; 1.3 : 602 ;
  1.1-3 : 123 ; 1.6 : 378 ; 1.7-8 : 582 ;
  1.19 : 378 ; 1.23-26 : 601 ; 1.24-28 :
  43 ; 1.27 : 258 ; 1.28 : 262 ; 1.28-32 :
  56 ; 1.31 : 251 ; 1.31-32 : 56 ; 1.32 :
  265 ; 2.1 : 262 ; 2.5-6 : 231 ; 2.8 : 257 ;
  4.2 : 262 ; 4.4 : 257 ; 5.1 : 257 ; 6.1 :
  251 ; 6.6-9 : 164 ; 6.7 : 607 ; 6.8 : 258 ;
  7.1 : 264 ; 7.1-8.2 : 56-57 ; 7.3 : 43 ;
  7.3-5 : 56-57 ; 7.3-6 : 164, 172 ; 7.4 :
  159 ; 8.1 : 64 ; 8.1-2 : 56 ; 8.1-52 :

  56 ; 8.3 : 262 ; 8.4 : 68 ; 8.7 : 260 ;
  8.9-10 : 556 ; 8.14 : 265 ; 8.15 : 265 ;
  8.16 : 92, 606 ; 8.18 : 262 ; 8.21 : 258,
  262 ; 8.25 : 267 ; 8.28 : 262 ; 8.31 :
  262 ; 8.32 : 258, 262 ; 8.33 : 267 ;
  8.36 : 262, 267 ; 8.37 : 262 ; 8.40 :
  258, 264 ; 8.41 : 524 ; 8.43 : 272 ;
  8.44 : 262 ; 8.45 : 255 ; 8.51 : 203 ;
  8.52 : 142 ; 8.53 : 741 ; 8 61 : 125 ;
  9.3 : 265 ; 10.1 : 262 ; 10.1-3 : 303 ;
  10.4 : 302 ; 10.7 : 257 ; 11.4 : 257 ;
  12.1 : 260 ; 12.6 : 257 ; 16 : 194, 272
PAULUS SIL.
  *Descriptio* – 17 : 435
PAUSANIAS
  *Tour de Grèce* – 3.23.1 : 89 ; 5.8.6-
  5.9 : 629 ; 7.5.13 : 146 ; 9.15.1 : 627
PHAESTUS (Powell) : 1 : 612
PHERECRATES (Kock) : 40.2 : 293 ; 41.2 :
  365 ; 130.8 : 234
PHÉRÉCYDE Hist. (Müller) : 1a : 302
PHÉRÉCYDE, Myth. (Schibli) : 1 (7 A 1
  D.-K.) : 729, 736 ; 2 (7 A 2 D.-K.) :
  729 ; 9 : 729 ; 12 : 729 ; 13 : 729 ; 14
  (7 B 1 D.-K.) : 463
PHILONIDES (Kock) : 4.1 : 293
PHILOPON
  *In De an.* – 73.32 : 648, 653,
  795-796A
  *In Ph.* – 24 : 653 ; 24.20 : 648, 653,
  655, 796-797A
  *In GC.* – 266.4 : 648, 653, 795A
PHILOSTRATE
  *Vies des sophistes* – I.9.4-5 : 631
PHLEGON DE TRALLES (Jacoby) : 12 : 629
PHOCYLIDE (Diehl) : 6.2 : 617 ; 9.1 : 77
PHOTIUS : ἀπουργούς : 283 ; πανομφαίῳ :
  486
PHRYNICOS (Kock) : 24.1 : 293
PINDARE (Snell-Maehler)
  *Isthmiques* – 1.48-54 : 150 ; 2.34 : 151 ;
  3/4.1 : 151 ; 3/4.23 : 78 ; 3/4.27 : 297 ;
  3/4.48 : 485 ; 3/4.59 : 476 ; 3/4.60 :
  299 ; 3/4.71 : 329 ; 3/4.75 : 357 ;

3/4.79 : 328 ; 5.12 : 77 ; 5.27 : 198 ;
6.5 : 187 ; 6.29 : 695 ; 6.66 : 198 ;
7.16 : 153 ; 8.1 : 151 ; 8.15 : 77 ; 8.28 :
358 ; 8.30 : 193 ; 8.40 : 124 ; 9.4 :
325 ; 19/20.2 : 483
*Néméennes* – 1.16 : 115 ; 1.35 : 178 ;
1.45 : 331 ; 1.53 : 616 ; 3.20 : 329 ;
3.77 : 586 ; 4.40 : 445 ; 4.45 : 467 ;
4.76 : 476 ; 5.6 : 359 ; 6.10 : 77 ; 6.11 :
331 ; 6.44 : 302 ; 7.8 : 149, 151 ; 7.13 :
445 ; 7.28 : 470 ; 7.30 : 153 ; 7.72 :
470 ; 7.83 : 468 ; 7.92 : 375 ; 7.98 : 78 ;
8.7 : 324 ; 8.9 : 301 ; 8.36 : 77 ; 8.37 :
228 ; 9.29 : 77 ; 10.5 : 155 ; 10.34 :
486 ; 10.36 : 360 ; 10.53 : 155 ; 10.55 :
568 ; 10.69 : 470 ; 11.13 : 329 ; 11.17 :
205 ; 11.38 : 524
*Olympiques* – 1.19 : 198 ; 1.28-32 :
146 ; 1.59 : 77 ; 1.70 : 151 ; 1.83 : 445 ;
1.97 : 77 ; 1.110 : 470 ; 2.25 : 77 ;
2.30 : 77 ; 2.33 : 300 ; 2.63 : 78 ; 2.96 :
372 ; 3.4 : 200 ; 3.6-8 : 148 ; 3.8 : 357 ;
3.41 : 124 ; 4.2 : 217 ; 5.12 : 238 ;
5.19 : 357 ; 6.14 : 331 ; 6.23 : 112 ;
6.23-24 : 132 ; 6.33 : 328 ; 6.37 : 198 ;
6.43 : 178 ; 6.55 : 299 ; 6.57 : 482 ;
6.69 : 325 ; 6.76 : 329 ; 6.79 : 124 ;
6.91 : 217 ; 6.101 : 470 ; 7.24 : 695 ;
7.42 : 325 ; 7.57 : 578 ; 7.68 : 227 ;
7.69 : 324 ; 8.1 : 482 ; 8.8 : 124 ; 8.37 :
325 ; 8.49 : 470 ; 8.67 : 695 ; 8.69 :
216 ; 8.87 : 77 ; 9.25 : 155 ; 9.28-
29 : 149 ; 9.34 : 374 ; 9.35-39 : 150 ;
9.45 : 325 ; 9.47 : 216 ; 9.65 : 329 ;
9.100-108 : 149-150 ; 9.107 : 198 ;
10 : 99-100 ; 10.21 : 155 ; 10.23 : 77 ;
10.25 : 325 ; 10.37 : 238 ; 10.45 : 112 ;
10.94 : 357 ; 11.8-14 : 148 ; 11.20 :
524 ; 12.3 : 470 ; 12.10 : 132 ; 12.11 :
366, 616 ; 13.52 : 155 ; 13.76 : 656,
694 ; 13.86 : 354 ; 14.18 : 198 ; 14.20 :
476 ; 14.23 : 151
*Pythiques* – 1.44 : 154 ; 1.48 : 155 ;
1.62 : 325 ; 1.82 : 73 ; 2.26 : 78 ; 2.30 :

695 ; 2.40 : 155 ; 2.58 : 375 ; 2.70 : 75 ;
2.71 : 121 ; 2.75 : 155 ; 2.81-88 : 633 ;
2.94-96 : 633 ; 2.96 : 216 ; 3.13 : 658,
695 ; 3.15 : 113 ; 3.34 : 118 ; 3.61 :
77 ; 3.80 : 227 ; 3.91 : 467 ; 3.98-99 :
118 ; 4.7 : 325 ; 4.25 : 470 ; 4.36 : 298 ;
4.43 : 463 ; 4.57 : 485 ; 4.60 : 694 ;
4.80 : 303 ; 4.151 : 328 ; 4.154 : 617 ;
4.159 : 463 ; 4.198 : 299 ; 4.202 : 154 ;
4.208 : 481 ; 4.227 : 379 ; 4.232 : 684 ;
4.246 : 228 ; 4.255 : 299 ; 4.265 :
476 ; 4.278 : 328 ; 4.288 : 616 ; 5.2 :
113 ; 5.40 : 545 ; 5.89 : 325 ; 5.101 :
463 ; 6.6-9 : 149 ; 6.14 : 113 ; 6.14-
18 : 149 ; 6.16 : 151 ; 6.25-26 : 124 ;
6.27 : 77 ; 8.26 : 470 ; 8.55 : 374 ;
8.68 : 467 ; 8.75 : 77 ; 9.31 : 118 ;
9.58 : 476 ; 9.81 : 580 ; 9.84 : 375 ;
9.90 : 112 ; 9.109 : 482 ; 9.119 : 298 ;
10.41 : 604 ; 10.65 : 115 ; 10.71-72 :
633 ; 11.7 : 467 ; 11.26 : 695 ; 11.48 :
299, 470 ; 12.5 : 151 ; 12.24 : 115 ;
12.32 : 366
Fr. de *Di.* – 70b.12 : 158 ; 70b.29 :
486 ; 75.16 : 193 ; 75.18 : 486 ; 76.1 :
482
Fr. d'*En.* – 123.3 : 299 ; 124d.1 : 73
Fr. d'*Hymn.* – 29.6 : 467 ; 29.6-7 :
118 ; 42.7 : 445
Fr. d'*Hyporch.* – 108b.3 : 445
Fr. de *Pe.* – 5.42 : 359 ; 52.87-89 :
118 ; 52c.94 : 486 ; 52e.39 : 325 ;
52e.48 : 486 ; 52f.54 : 153 ; 52f.98 :
295 ; 52f.140 : 193 ; 52iA.13 : 227 ;
52i.66 : 155 ; 52k.1 : 299
Fr. de *Thren.* – 129.3 : 443 ; 130.1 :
445
Fr. incert. – 143.3 : 357 ; 152.1 : 486 ;
194.6 : 375 ; 221.4 : 372 ; 228.2 : 445
PLATON
*Apologie* – 26d 6-e 2 : 734
*Cratyle* – 402d : 365 ; 405a : 418
*Hippias mineur* – 363d-364a : 632 ;
364a8 : 632

*Lois* – 658b-d : 600 ; 700b : 215
*Ménon* – 76c 7-76d 5 : **276**
*Phédon* – 66b : 230-231 ; 69c 8-9 :
168 ; 97b8-98b6 : 733 ; 109d : 366
*Phèdre* – 242d 1 : 146 ; 248c 2 : 656 ;
274b-278e : 733
*République* – 494a 3 : 168 ; 614d 3-e 3 :
419
*Timée* – 23c 3-6 : 104 ; 34c : 58 ; 45b-
46a : **275** ; 59b : 365
*Schol. in Gorg.* – 161.54 (*ad* 498e) :
**503, 763A**
Ps.-Platon
*Hipparque* – 228b : 217, 630
Pline
*Hist. nat.* – 7.205 : 729 ; 35.32 : 324 ;
36.92 : 324
Plotin
*Ennéades* – IV.8.1.19 : 648, 652, 671,
**794A**
Plutarque
*Adv. Col.* – 1116C 8 : 436
*De amic. multitudine* – 93A-B : **138-
139, 751-752A** ; 93B : 103, 105
*De aud. poet.* – 17E : 59, **749A**
*De curiositate* – 506C 5 : 225 ; 522B
1 : 436
*De defectu oraculorum* – 417E-418C :
226 ; 418C : **218** *sqq.*, **762A** ; 420D :
677
*De exilio* – 607A 3 *sqq.* : 650 ;
607B 9-10 : 650 ; 607C : 648, 657-
666, 672, **790-791A** ; 607D-E : 698,
**790-791A**
*De facie in orbe Lunae* – 926D *sqq.* :
504, 515 ; 927E 1 *sqq.* : 312 ; 927F
3-6 : 312
*De fraterno amore* – 483B 10 : 225
*De genio Socratis* – 581F 3 : 225
*De Iside et Osiride* – 360C : 58, 747-
**748A** ; 361C : 651, **791-792A** ;
370C 7-E 2 : **447-448, 805A**
*De liberis educandis* – 9E 12 : 225
*De musica* – 1134b-c : 630

*De prim. frig.* – 949F 5-8 : 310, 321
*De soll. anim.* – 959C 11 : 225
*De stoicorum repugn.* – 1040B 12 : 225
*De tranquilitate animi* – 474B 3-474C
1 : 447, **804A**
*De uit. aer. alien.* – 830F : 648, 651,
**792-793A**
*De unius in rep.* – 827C 7 : 225
*Glor. Ath.* – 346A : 324
*Non posse suauiter* – 1103F-1104A :
503, **763-764A**
*Philopoem.* – 9 : 356
*Praecepta ger. reip.* – 801F 8 : 225
*QC.* – 618A 9-11 : 312 ; 618B 7 :
312 ; 618B 8-11 : 312 ; 643F 3 :
225 ; 657D 4 : 225 ; 677C 1 *sqq.* :
604 ; 677C 1-E 2 : 609, **767-768A** ;
677C 1-678B 13 : 608 ; 694F 5 : 627 ;
712D 7 : 225 ; 748C : 146
*Vie d'Alexandre* – 50.5.2 : 627 ; 73 :
354
*Vie d'Artaxerxès* – 28.4.2 : 225
*Vie de Caton le Jeune* – 52.8.1 : 225
*Vie de Démétrius* – 14.3 : 225 ; 35.4.2 :
225
*Vie de Lysandre* – 14 : 627
*Vie de Périclès* – 26.10 : 225 ; 33.1.4 :
224
*Vie de Pyrrhus* – 14.2.2 : 225
*Vie de Solon* – 10 : 627 ; 12.1.1 : 224
Ps.-Plutarque
*Str.* – IV.22.1 : 340
Pollux
*Onom.* – 3.8 : 630
Polybe
*Hist.* – 2.28.7 : 356
Polykratès (Jacoby) : 1 : 630
Porphyre
*De abstinentia* – II.31.5 : 620
Proclus
*In Crat.* – 174.32-46 : 418, **799-
800A** ; 174.41-42 : 416-418
*In Remp.* – II.157.24 : 417 ; II.157.15-
158.15 : 419-420, **800A**

*In Tim.* – I.351.10 : 104-106, 138, 751A ; II.116.23 : 58, 746-747A ; III.325.30 : 417, **425**

QUINTUS
*Posthom.* – 1.89 : 256 ; 1.93 : 256 ; 1.186 : 612 ; 1.222-223 : 449 ; 5.626 : 486 ; 9.10 : 612 ; 12.153 : 612 ; 14.308 : 612

SAPPHO (L.-P.) : 16.3 : 359 ; 33.1 : 482
SAPPHO *VEL* ALCAEUS (L.-P.) : 16.2 : 475
SÉMONIDE (West) : 7.85 : 77 ; 12 : 83 ; 12.1 : 178 ; 13.2 : 77
SEXTUS EMPIRICUS
  *AM.*, Livre I – 302-304 : **622, 785-786A**
  *AM.*, Livre VII – 5-140 : 45-47 ; 65 : 48 ; 83 *sqq.* : 48-49 ; 111-114 : 44, **56-57** ; 112.1-114.10 : 56 ; 113.3-114.10 : 57 ; 122 : 47 ; 122.5 : 48 ; 122-126 : 40, 44, **45-55, 745-746A** ; 123 : 47 ; 124 : 65 ; 124.1-3 : 66 ; 124.6-7 : 165 ; 124.8 : 53 ; 124.9 : 51
  *AM.*, Livre XI – 96 : 423
SIMONIDE
  *Epigr.* – 6.52.2 : 486 ; 7.496.3 : 372 ; 13.28.10 : 115 ; 13.28.12 : 482
  Fr. (Page) – 59.1-2 : 582 ; 72(a) : 112 ; 72(b) : 112 ; 76.1.1 : 684 ; 76.1.4 : 581 ; 76.1.6 : 155
  Fr. (West) – 6.4 : 77 ; 11.21-22 : **188-189**
SIMPLICIUS
  *In Categ.* – 8.2.18 : 311
  *In De caelo* – 140.25-141.6 : 547, **816A** ; 140.30 : 549 ; 141.1 : 517, 520 ; 141.5 : 547, 550 ; 293.15 : 520 ; 293.18-294.2 : **547-548, 817A** ; 293.20 : 549 ; 293.25 : 517 ; 293.27 : 547 ; 294.2 : 550 ; 439.8 : 310 ; 528-530 : 534 ; 528.3 *sqq.* : 562 ; 528.29-30 : **538** ; 528.29-529.20 : 517, **817-818A** ; 528.30-32 : 538 ; 529 : 566, 567, 604 ;

529.1 : 233 ; 529.1 *sqq.* : **562** ; 529.16-20 : 563 ; 529.19 : 587 ; 529.19-20 : 568 ; 529.21 : 286-287 ; 557.20 : 56 ; 587 : 567 ; 591.5 : 504
  *In Ph.* – 24 : 731 ; 24.20 : 648 ; 24.21 : 731 ; 31.18-34.12 : **548, 604, 810-811A** ; 31.31-32.3 : 538 ; 32 : 310, 566 ; 32.11 *sqq.* : 562, **567** ; 32.11-12 : 576 ; 33 : 518, 521, 547, **550-551, 559** ; 33.3-4 : 567 ; 33.4-34.2 : 548 ; 33.6-7 : 322 ; 33.18 : 311, 513 ; 33.19 : 546-547, **550-551** ; 33.27 : 548 ; 34.3 *sqq.* : 548 ; 144.29 : 56 ; 157 : 310 ; 157 *sqq.* : 512-513 ; 157.25-161.20 : 516, 547, **811-813A** ; 157.27 : 549 ; 158 : 521, 547-548 ; 158.1 : 518, 520 ; 158.11 : 547, 550 ; 159.10-12 : 309 ; 159.12 : 549 ; 159.21-26 : 528 ; 159.26 : 309 ; 159.26-160.11 : 309 ; 159.27 : 272, 549 ; 159.27-28 : 322 ; 160 *sqq.* : 576 ; 160.15 : 549 ; 160.16 : 546 ; 160.18 : 549 ; 160.18-160.21 : 517 ; 160.19 : 549 ; 160.20 : 546-547 ; 160.20-21 : 547-549 ; 161.15 : 549 ; 447.1 : 311 ; 492.20 : 311 ; 1123.25 : 514 ; 1123.25 *sqq.* : 512, **536-538, 813-814A** ; 1124.23 : 546-547, 550 ; 1124.24-1125.2 : 550 ; 1125.1 : 517, 551 ; 1125.1-2 : 547-550 ; 1183.21 : 547, **814-815A** ; 1183.30 *sqq.* : 504 ; 1184 : 656 ; 1184.9 : 648 ; 1185.18 : 547 ; 1185.19 : 546 ; 1318.22-28 : 517, **816A**
SOLON (West) – 4 : 599-600 ; 13 : 99-100, 143-144, 599-600 ; 13.1-4 : 143 ; 13.3 : 144 ; 13.11-13 : 144 ; 13.15 : 616 ; 13.16 : 86 ; 13.18 : 296 ; 13.33-34 : 86 ; 13.34 : 86, 143 ; 19.4 : 482 ; 36 : 599-600
SOPHOCLE
  *Ajax* – 23 : 159 ; 130 : 579 ; 448 : 371 ; 492 : 121 ; 883 : 438 ; 995 : 178 ; 1250 : 690
  *Antigone* – 81 : 364 ; 709 : 576 ; 945 : 524 ; 1066 : 178 ; 1077 : 75 ; 1136 :

374 ; 1145 : 357 ; 1204 : 364 ; 1216 :
75 ; 1220 : 75
*Électre* – 97 : 545 ; 264-265 : 174-175 ;
277 : 204 ; 974 : 87 ; 1009 : 121 ;
1066 : 462 ; 1223 : 680 ; 1391 : 580
*Œdipe à Colone* – 250 : 121 ; 252 : 75 ;
715 : 374 ; 1032 : 75 ; 1048 : 299 ;
1360 : 436 ; 1568 : 462 ; 1598 : 438 ;
1752 : 462 ; 1770 : 302
*Œdipe roi* – 67 : 198 ; 159 : 193 ; 192 :
121 ; 262 : 367 ; 439 : 476 ; 526 : 87 ;
1305 : 75
*Philoctète* – 142 : 302 ; 177 : 177 ; 624 :
87 ; 809 : 121 ; 1206 : 155
*Trachiniennes* – 109 : 586 ; 152 : 670 ;
190 : 371 ; 571 : 357 ; 615 : 680 ;
1053 : 340
Fr. (Radt) – 203.1 : 436 ; 219a.80.5 :
476 ; 314.248 : 356 ; 337 : 371 ; 585.2 :
356 ; 710 : 303 ; 821.1 : 476
SOPHRON (Kaibel) : 25 : 185 ; 90.1 : 445
SOSIBIUS (Jacoby) : 5 : 630
STOBÉE : II.8.42 : 648
STRABON
*Geogr.* – 8.3.20 : 146
STRATTIS (Kock) : 34.2 : 582
STÉSICHORE (Page) : 8.3 : 578 ; 40 : 154 ;
101.1 : 110, 146 ; S.15.2.4 : 484 ;
S.89.6 : 581
*SUDA* : ἀμπλάκημα : 695 ; ἀπουργούς :
283 ; Γοργίας : 633 ; ἐθελημός :
567 ; ἐθέλυμνα : 321 ; Ἐμπεδοκλῆς :
621 ; ἐξοχετεύω : 236 ; ζωρός : 609 ;
Κυκλίων τε χορῶν ἀσματοκάμπας :
627 ; λαμπτῆρες : 293 ; παλάμη :
155 ; Πανύασις : 245 ; πίσυνος : 684 ;
Φερεκύδης : 729
SYNÉSIUS
*De prou.* – 1.1.17 : 417, 420-421, 425,
427, **801-802A**

TELESILLA (West) : 7.1 : 582
THÉMISTIUS
*Orat.* – XIII, 178a4-9 : 416 ; XXVI,
317b-c : 729

THÉOCRITE
*Idylles* – 11.73 : 185 ; 13.73 : 378
THÉODORET
*Thérapeutique* – 1.54 *sqq.* : 168 ; 1.70 :
**167-168, 174, 754A**
THÉOGNIS (West) : 21 : 524 ; 69 : 684 ;
76 : 617 ; 124 : 617 ; 145 : 124 ; 182 :
77 ; 204 : 695 ; 210 : 617 ; 228 : 77 ;
250 : 482 ; 258 : 617 ; 261 : 359 ; 276 :
616 ; 284 : 617 ; 296 : 197 ; 303 : 77 ;
321 : 77 ; 332b : 617 ; 344 : 617 ; 354 :
77 ; 386 : 695 ; 404 : 695 ; 448 : 437 ;
453 : 80 ; 467-496 : 609 ; 494 : 473 ;
519 : 77 ; 532 : 357 ; 546 : 695 ; 581 :
373 ; 624 : 77, 155 ; 630 : 695 ; 632 :
695 ; 679 : 552 ; 681-682 : 633 ; 709 :
132 ; 730 : 77 ; 761 : 357 ; 808 : 486 ;
810 : 695 ; 812 : 617 ; 872 : 617 ; 905 :
77 ; 908 : 77 ; 913 : 77 ; 914 : 77 ;
924 : 198 ; 991 : 617 ; 1002 : 358 ;
1032 : 617 ; 1082 : 204 ; 1121 : 77 ;
1135 : 64 ; 1142 : 124 ; 1143 : 77 ;
1144 : 124 ; 1154 : 77 ; 1159 : 364 ;
1208 : 155 ; 1270 : 364 ; 1301 : 373 ;
1304 : 482 ; 1307 : 132 ; 1332 : 482 ;
1337 : 617 ; 1356 : 617 ; 1361 : 88 ;
1382-1383 : 482
THÉON DE SMYRNE
*De util. math.* – 149.6 *sqq.* : 416-419,
428, **802A**
THÉOPHRASTE
*De caus. plant.* – 5.6.5.3 : 361
*De igne* – 23.1 : 361
*De sensu* – 1 : 282 ; 7-8 : 277-279,
281, 288, **775-776A** ; 9 : 158-160 ;
13.1-3 : 278 ; 22 : 351-352 ; 91 : 282
THUCYDIDE : 1.26 : 224 ; 1.77.6.4 : 586 ;
2.4.2.8 : 380 ; 2.75 : 364 ; 2.102 : 364 ;
2.102.5.1 : 380 ; 3.23.1.4 : 380 ; 3.26 :
627 ; 3.45.5.3 : 380 ; 3.82.2.8 : 380 ;
3.104 : 630 ; 4.3.2.3 : 380 ; 4.52.3.6 :
380 ; 5.16 : 627 ; 6.25.2.3 : 437 ;
6.100.1.8 : 238
TYRTÉE (West) : 10.4 : 616 ; 10.15 : 599 ;

10.25 : 466; 12.2 : 482; 12.11 : 466;
12.19 : 199; 16 : 481

TZETZÈS
*Chil.* – 12.573 : 448
*Exeg. Il.* –29.24 : 622, **786A**
*Proleg. Aristoph* – 1.115 : 448, 476

VITRUVE
*De architectura* – VII, Préf. 11 : 734;
VII, Préf. 12 : **734-735**

XÉNOPHANE (D.-K.)
Test. – A 25 : 12
Fr. – B 7.1 : 187; B 11 : 603; B 12 :
603; B 30.3 : 360; B 34 : 203;
B 34.1-2 : 203, 601; B 35.1 : 601;
B 45 : 241, 601

PS.-ZONARAS : ζωρόν : 609

# INDEX DES MOTS GRECS COMMENTÉS

-ὦπις : 464, 468-469, 489

ἀγαθός : 205, 633
ἄγγος : 360
ἀγυιά : 374-375, 377
Ἄγχιτος : 613-616
ἄημι : 297
ἀθρέω : 75
ἀθροίζω : 74
αἰδοῖος : 724
αἱματόεις : 466
αἴσιμος : 363, 369, 378
ἀΐσσω : 371, 373, 376, 532-534, 536
αἰσχρός : 469, 483
ἄκρα πόλεος : 625-626
Ἄκραγας : 625-626
ἀκτίς : 299
ἀλάομαι : 683
ἀλήτης : 681, 683, 723
ἀλλὰ γάρ : 152-153
ἀλλάσσω, διαλλάσσω : 524, 547-550, 586
ἄλοξ : 379-380
ἀμβλύνω : 73
ἄμβροτος : 192-193
ἄμικτος : 586
ἁμαρτάνω, ἁμάρτημα : 474-475, 666-
668, 695-696
Ἀμοργός, ἀμοργός : 282-285, 294
ἀμπλακίη : 658, 695-696
ἀμφί + génitif : 203
ἀμφιναέω : 300-301, 304
ἀνάθημα : 323
ἄνδιχα : 330-331
ἀνελέσθαι : 128-129
ἀνέξοιστος : 48-49
ἄνθος : 127-128, 143

ἀνιάω, ἀνίη : 616-617
ἄντομαι : 106-107, 120-124
ἀποπέτομαι (ἀπέπταν) : 82-83
ἀποστεγάζω, ἀποστέγω : 303, 361-362
ἀποτρέπω : 109
ἀργύφεος : 359-360
ἀρθέντες : 83
ἀριδείκετος : 539
ἅρμα : 114, 133, 147-148, 467, 644
Ἁρμονίη : 467-468, 471, 485
Ἀσάφεια : 476, 486-487
Ἀστεμφής : 451, 453, 459-460, 481, 483,
486
ἀτειρής : 299-300, 304
ἀτραπός, ἀταρπός : 230-232, 242
αὐλός : 357
αὐχμηρός : 434-435, 446
ἄφαρ : 567, 589
Ἀφορίη : 454-457, 485

βάθος : 566, 578-579
βάπτω : 358, 360, 368
βένθος : 565-566, 571-574, 578-579
βηλός : 289
βιήσεται : 107, 127 sqq.
βίος, βιόω, βιοτός, etc. : 75-80
βλαστάνω : 324
βροτεῖος : 52, 94-96, 365

γένηται : 564-565, 573, 583
γλῶσσα : 110, 159-160, 500-501
γραφεύς : 323

δαΐφρων : 612, 615
δεδαῶτε : 95, 315-318, 332-333
δειλός : 73

δέμας : 359-360, 368
δηναιός, δήν : 86, 473-474
Δῆρις : 449, 465-468, 474, 489
διάμορφα : 328-331
διασκίδνημι : 296-297
διατέμνω : 172, 177-178
διπετής : 355
δίκην : 83
δίνη : 575, 581-583
δίοδος : 380
δυσηχής : 365, 376, 380

Ἔγερσις : 479
εἰσόκε(ν) : 361-362, 366, 369
ἐκκορυφόω : 227-228
ἐλαύνω (παρ-) : 125-126, 498
ἐλλείπω : 362-363
ἔμπαιος : 72-73
ἔμπαλιν : 366, 369, 377
ἐμπίπτω : 367
ἐμφαίνω : 201, 204, 211
ἐνάλλαξ : 586
ἔνερος : 580-581
ἐνέρτατος, ἔνερθε : 565-566, 571-574,
    580-581
ἔνθα : 426-427, 703, 722-724
ἔνθεν : 346, 703, 724
ἐόντες (fr. 147.2) : 261, 265-266
ἐξοχετεύω : 234-236, 239, 241
ἐπακούω : 91, 498-500
ἐπιδέρκομαι : 91, 498-500
ἔργον : 439-440
ἐρί(γ)δουπος : 158-159
ἐρόεσσα : 475, 490
ἐρύκω : 160, 369, 588
ἔρχομαι (avec διά) : 195-196, 198, 372
ἔσχατος : 340-341, 346, 380, 566
ἔσωθεν : 360
εὔδοξος : 104, 143, 149, 151
εὐειδής : 357
εὐήνιος : 114, 133, 147-148
Εὐναίη : 453, 458, 479
εὐπετής : 355-356
εὐπορία : 380

Εὐσεβίη : 124-125
εὔχομαι : 63, 88, 186-189
ἐφ' ᾧ τε : 133-134
ἐφήμερος, ἐφημερίος : 193-195, 199, 211

ζωή, ζῷος, etc. : 75-80
ζωρός, ζωρότερον : 608-611

ἤθμος : 365
Ἡλιόπη : 463-464, 471
ἠπιόφρων : 587-588

θάρσει : 105, 139, 499
θελημά : 321, 566-567
θεμερῶπις : 467-469, 471
θέμις : 114, 123-124, 467-468
θνητός : 255-256
θοάζω : 105, 107, 138-139
θοός, θοόω, *θοάω, etc. : 470-472, 474
Θόωσα : 470-471
θρῴσκω (δια-, ἀνα-) : 290-291, 297-298,
    374
θύ(ι)ω : 372

ἵκετο : 564-565, 573-574, 583-584

καθαρμός : 703
καθαρός : 111-114, 703
καὶ τότε δή : 140-141, 151
καινύτω : 315, 325
Καλλιόπεια : 191, 203, 206
Καλλιστώ : 462, 469, 483, 486, 488
καπνός : 83
κατασφραγίζω : 691
κέλομαι : 176, 209
κεύθω : 380
κόσμος : 554, 741
Κήρ : 430-433
Κινώ, κινέω : 462, 480-481
κλαδάσσω : 375-376
κλῦθι : 130, 191, 612
κορυφή : 221-223, 227-228
Κότος : 321, 417, 419, 431-432, 445
κούρη : 118, 287-288, 303-307

κρατέουσι, κρατέοντα : 168-170, 173-175, 177, 552, 709
κρατύνω : 366
κτίζω : 325
κύκλωψ : 285-288, 301-303
κύμβη : 545
κύρω : 88-89

λελάχασι, λελόγχασι : 79, 654, 668-669
λαμπτήρ : 283, 285, 293-294
λειμών : 419, 421, 426, 442-445
λέξις εἰρομένη : 493-494
λέξις κατεστραμμένη : 493-494
λευκώλενος : 117-118
λιάζομαι : 92-94
λιπόξυλος : 210
λίφαιμος : 378
λοχάζομαι : 285-286, 301
λύχνος : 292-293

μαίνομαι : 73, 111, 115, 686, 693, 698
μάκαρ : 73, 182-183, 201-203, 646, 668-670, 676, 681, 692, 700
μακραίων : 79, 258, 668-670, 676-677, 681, 692
μανίη : 53, 106, 108-109, 111, 165, 644-645, 698
μάργος : 372-373
Μεγιστώ : 452-454, 459-460, 462, 482-483, 485-486
μείξαντε : 316-317, 324, 327, 332-334
μελάγκορος : 448
μελάγκουρος, μελάκαρπος : 448, 476-477
μέλω, μελέτη : 186, 197-198
μεμάθηκε : 561
μέριμνα : 73, 725
μετάρσιος : 586-587
μῆνιγξ : 286-288, 301
μῆτις : 52, 88, 94-96, 323, 333, 499-500
μιαίνω : 692-693
μορφή : 329-330
μυχός : 375, 377

Νημερτής : 459, 474-476, 486-487, 490
νοῦσος : 435

νῦν αὖτε : 187-188
νωλεμές : 533-534

ὄγκος : 360
ὀθόνη : 285, 288-289, 291, 302
οἴδμα : 372-373, 376
οἴμη : 216
οἶμος : 216, 230
ὅλος, οὖλος : 62, 64, 68, 87-88
Ὀμφαίη : 451-452, 454-460, 486-487
ὁπλίζω : 294-295
ὀρειλέχης, ὀρειμέλης : 545
ὅρκος : 690
ὄρνυμι : 235
ὄρωρεν : 66, 499-500
ὅσιος : 108, 113-114, 119, 124, 126, 135, 141-142, 710
ὀχετεύω : 234-235, 237-238, 242
ὀχετός, ὀχετηγός : 236-237

παίζω : 354
παλάμη : 153-156, 498, 501
πάλιν : 235-236, 238-239, 369, 374, 377
παλίνορσος : 234-236, 238-239, 375-377
παντοίων ἀνέμων : 282-284, 296
πάντοσε : 86-87
παρθένος : 118-119
παρίστημι : 199-201, 211
πᾶς : 152-154, 156-157, 161
παῦρος : 80
Παυσανίας : 616-617
παφλάζω : 372
πείθω : 87, 683
πεισθέντες : 87, 499-500
πέλει : 169-171, 174-175
περιλαμβάνω : 91, 499-500
περιπέλομαι : 555
πηγή : 111-112, 238, 240, 242, 325
πίστωμα : 170, 173, 175-179, 209, 699, 709
πίσυνος : 677, 683-686, 698-699
πλατύς : 690
πνεῦμα : 363, 369, 373, 377
ποικίλλω : 324
πολυμνήστος : 100, 115-120

πολύστεφανος : 459, 482-483
πορθμός : 357, 365, 367
πόρος : 217, 236, 241-242, 357, 365, 367, 380
πορσύνω : 327-328
προοίμιον : 216
πρόμος : 702
προσάπτω : 219-220, 228-229, 242
προσκύρω : 85, 88-89
πτεροβάμων : 545
πυματόν : 340-341

ῥάπτω, ῥαψῳδός : 216, 237
ῥεῦμα : 376-377
ῥευστός : 414, 428, 436-439, 441, 446
ῥιγαλέος : 321, 326
ῥινῶν : 340-342, 346, 380
ῥόος : 363, 376-377

σέλας : 285, 295, 304
Σῆψις : 435
σκότος : 445-446
σοφή : 451-452, 454-455, 457, 460, 485
σοφίη : 163-164, 452, 459-460, 501
σπλάγχνα : 171-172, 178-179
στεινωπός : 73
στερεωπός : 321, 326
στόλος : 142-143, 741
στόμα : 110, 150
στόμιος : 346, 379
στρόφαλιγξ : 563, 566, 573, 575, 583
στυγέω : 651, 681
συνάπτω : 228-229
σύριγξ : 378-379
σφραγίζω : 680, 691
Σωπή : 454-455, 459-460, 485-487

ταναός : 298-299, 464
ταναῶπις : 463-464, 469, 471
τελέειν : 217-221, 230

τελειομένοιο : 554-555
τερήν : 359, 371
τέρθρον : 379
τράνωμα, τρανόω : 158-159
τρῆμα : 361-362, 368, 379-380

ὑδατοθρέμμων : 544-545
ὑδρομέλαθρος : 545
ὕμνος : 215, 217, 236, 240, 242, 703
ὑπεκθέω : 367
ὑπένερθε : 552-553

φάρμακον : 324, 326, 331
Φθιμένη : 477-479
φίλος : 588, 633, 666, 696
φόβος : 657-662, 664-665, 672, 674
Φόνος, φόνος : 348, 365, 417, 430-432, 487, 657-658, 666, 672, 674, 681, 689-691, 696
Φορίη : 451-453, 455, 457-460, 484-485
Φορύη : 451-454, 456-458, 460, 480, 483-486
φορύνω, φορύσσω : 452, 458, 484
φροντίς : 186, 195-198, 211
φύσις : 462, 477-478, 613
Φυσώ : 461-462, 477-479

χαλκεύς : 358
χαλκός : 356
χρῆμα : 656, 680, 688, 693-694, 696-697
Χθονίη : 459, 488
χθόνιος : 462
χωσθέντος : 364, 367

ψήφισμα : 656, 680-681, 688, 692-694, 697

ὠγύγιος : 301-302
ὠκύμορος : 84, 94
ὡς δὲ τότε : 300-301, 304

# INDEX DES AUTEURS MODERNES

À des fins de commodité, j'ai distingué en des entrées séparées Diels, Kranz et Diels-Kranz ; Primavesi, Mansfeld & Primavesi, Martin & Primavesi ; les trois publications de J. Bollack le plus souvent citées (1965, 1969, 2003) ; l'ouvrage de M. West de 1982 ; les références au *Dictionnaire étymologique* de Chantraine. Pour M. West et S. Radt, je distingue des autres occurrences de leurs noms celles où celui-ci sert de référence à un fragment.

ADLER, Ada Sara : 245, 283, 293, 567, 684

ALLEN, Thomas W. : 131, 582

ALTHOFF, Jochen : 21, 714

AMBROSANO, Giovanna : 347

ARUNDEL, Maureen Rosemary : 605, 608

AUJAC, Germaine : 729, 731

AUSTIN, Colin : 580

BARNES, Harry R. : 246

BARNES, Jonathan : 16, 203, 310, 332

BEARE, John Isaac : 276, 280, 285-287, 289

BEKKER, Immanuel : 285

BENVENISTE, Émile : 113, 442

BERG, William : 15, 218-220, 227-228, 658

BERGK, Wilhelm Theodor : 31, 41, 60, 63-65, 107-108, 139, 152-153, 156-157, 164, 170, 175, 235, 261, 284, 355, 396, 423, 425, 454-455, 459-460, 485-486, 519, 534, 550, 562, 564, 566-568, 570-571, 606, 612, 614, 671

BERNABÉ, Alberto : 80, 178, 255, 260, 262, 289, 298, 302, 330, 358, 361, 377, 534, 582, 616, 736

BETT, Richard : 43

BIANCHI, Oliver : 246

BIGNONE, Ettore : 43-44, 61, 116, 138, 170-172, 181, 196, 221-223, 234, 286, 342, 422, 425, 504-506, 538, 542, 550, 552-553, 563, 566, 612-613

BLAISE, Fabienne : 83, 86, 143-144, 490

BLASS, Friedrich : 279, 286, 288-292, 315

BOLLACK, Jean : 9, 22-23, 32, 176, 231, 272, 384, 535, 563, 602, 638, 645, 690

BOLLACK, Jean (1965) : 23, 31, 96, 246, 273-274, 316, 332, 507, 520, 563, 571-572

BOLLACK, Jean (1969) : 22-23, 31, 43-44, 50, 52, 60-61, 64-65, 67, 69-71, 73-74, 83, 88, 90-91, 106-107, 114, 116, 122-123, 125-126, 128-130, 132-134, 143, 156, 158-159, 161, 165, 171, 173-174, 176, 204, 217, 221-222, 232, 234, 236, 247, 260, 277, 279-282, 284-289, 291, 296, 300, 303, 305-306, 309-310, 317, 321-324, 327-329, 333, 337-338, 340, 342-343, 353, 355-356, 363, 365-366, 371, 374-375, 378, 472, 478, 503-504, 507, 512, 520, 522, 524-526, 530, 539-540, 542, 544-546, 551-556, 564-565, 567-568, 570-571, 586-587, 589, 602, 605-610, 613-614, 618-619, 652, 654-655, 673, 690, 721

BOLLACK, Jean (2003) : 23, 28, 79, 181, 186, 196, 207, 247, 261, 422, 425-426, 448, 459-460, 464, 468, 473, 478, 485, 622-626, 634, 655-656, 666-667, 669-672, 675-676, 681, 688, 690-693, 701-702, 721

BOLLACK, Mayotte : 176

BOOTH, Nathaniel B. : 337, 341-344

BORDIGONI, Carlitria : 15-16, 737

BORRET, Marcel : 649

BOWIE, Angus : 599

BOWIE, Ewen L. : 27, 600

BRÉMOND, Émile : 631

BUNBURY, Edward Herbert : 731

BURGESS, Jonathan Seth : 217

BURNET, John : 106, 286

BUSCH, Peter : 450

CALAME, Claude : 599

CARAMICO, Anna : 301

CERRI, Giovanni : 16, 106, 114-116, 138

CHAMBRY, Émile : 437

CHANTRAINE, Pierre : 73, 85, 87, 127-134, 171, 174, 224, 253, 293, 305, 319, 361, 379, 434-438, 461-462, 464, 477-478, 564-565, 583-584, 614, 663, 669, 694, 703

CHANTRAINE, Pierre (DELG) : 7, 49, 73-76, 80, 82, 88, 91-92, 95-96, 111-115, 118, 121, 124, 127, 138, 142, 154, 158-161, 175, 178-179, 197-198, 202-206, 216, 227, 229, 231, 236-237, 283, 292-293, 296-299, 301-303, 325, 329-330, 332, 340, 354-365, 371-372, 374-375, 379-380, 430-432, 434-435, 439, 441-442, 445, 463-465, 467, 469-471, 473-477, 479-481, 484-486, 493, 524, 539, 545, 555, 568, 578, 580-581, 586, 588, 607-608, 612, 614, 616, 626, 658, 660, 681, 683, 690-693, 695-696

CHERNISS, Harold Frederik : 280, 342-343

CLAPP, Edward Bull : 250

CORDERO, Nesto-Luis : 602

COUGNY, Edme : 7

COULOUBARITSIS, Lambros : 388-390, 647

DE JONG, Irene J. F. : 229, 599

DE LACY, Phillip H. : 657

DEMONT, Paul : 89

DENNISTON, John Dewar : 7, 63, 91-92, 105, 135, 140, 153, 230, 522

DE RUBEIS, Maria Grazia : 597, 543

DESCROIX, Joseph Marie : 256-257

DES PLACES, Édouard : 417

DETIENNE, Marcel : 95, 146, 389, 675, 688

DIELS-KRANZ : 7, 61, 68, 107, 116, 159, 171, 173, 186, 219, 235, 247-248, 260, 279, 282, 286-287, 289-290, 342, 422, 478, 504, 519, 538, 550, 552-553, 567-568, 601, 604-605, 613, 666, 668, 670, 672, 674

DIELS, Hermann : 31, 43-44, 56, 61, 67-68, 84, 86, 92, 106-107, 116, 138, 158, 160-161, 170, 172, 181, 186, 196, 219, 226, 235, 241, 246, 251, 260, 276-277, 281-282, 286, 289, 311, 314-316, 321, 329, 342-343, 345, 352, 354-355, 361, 426, 448, 504, 519, 538, 540, 550, 552-553, 567-568, 586, 605-606, 623, 632, 666-667, 675-676, 678

DIGGLE, James : 375

DINDORF, Wilhelm : 284

DUPONT-ROC, Roselyne : 604-605

EASTERLING, Patricia E. : 733

EBELING, Heinrich : 53

EDWARDS, Mark W. : 391-393

ELSE, Gerald Frank : 604

ERBSE, Härtmut : 609

ESTIENNE, Henri : 30, 109, 448, 657-658, 672, 691

FAIRBANKS, Arthur : 505

FALCO, Vittorio de : 350

FANTUZZI, Marco : 246

FORD, Andrew : 114, 216, 600, 732-734

FORTENBAUGH, William : 627
FRAENKEL, Eduard : 116, 438
FRÄNKEL, Hermann : 64, 165, 193-194, 248, 258, 388, 406, 494-495, 639, 736-737
FREEMAN, Kathleen : 68
FURLEY, David J. : 337, 342-345

GAIN, Frédéric : 675
GAISFORD, Thomas : 567, 609
GALHAC, Sylvie : 341
GALLAVOTTI, Carlo : 43, 61, 66, 106-107, 116, 128, 139, 159, 171, 181, 184-187, 192, 196, 206, 223, 234-236, 285, 287-288, 290-291, 309-310, 317, 337, 342-343, 350-352, 355, 378, 396, 422, 425-426, 435-436, 478, 506, 520, 538, 540, 545, 566, 605, 623, 625, 656, 666-667, 670, 672, 674, 676-678, 694, 696
GALSWORTHY, Carrie : 21, 69, 508
GARNER, Robert Scott : 250-251
GARVIE, Alexander F. : 176
GEMELLI MARCIANO, M. Laura : 16, 35, 41, 43, 47, 61, 64, 69-71, 81, 105-107, 116-117, 128, 138, 160, 167, 171-172, 181, 186, 188, 197, 282-283, 290, 425, 478, 538
GENTILI, Bruno : 188, 246, 253, 259, 261-262, 435, 481, 600
GERBER, Douglas E. : 149-150, 600
GERNET, Louis : 566
GERTH, Bernhard : 131-132
GONDICAS, Myrto : 176
GOODWIN, William Watson : 131-132, 564
GOULET-CAZÉ, Marie-Odile : 622, 636
GRAHAM, Daniel W. : 20-21, 316, 508, 563, 571
GRANGER, Herbert : 17-19, 25-26, 639, 730, 733, 737
GRONINGEN, Bernhard Abraham van : 222, 390, 494-495, 506-507, 565
GUASTINI, Daniele : 604

GUTAS, Dimitri : 605-606
GUTHRIE, William Keith Chambers : 145-146, 566-567

HAGEL, Stefan : 63, 75, 248-249, 292
HAINSWORTH, John Brian : 320
HALLIWELL, Stephen : 604
HANI, Jean : 657
HARDIE, Alex : 21, 41, 43, 101-103, 184, 196, 204, 206
HARLEY, J. B. : 731
HARRIS, William Vernon : 729
HAVELOCK, Eric Alfred : 24-25, 389
HEIDEL, William Arthur : 729
HERINGTON, John : 18, 600, 629-630
HERMANN, Gottfried :62-63, 262, 388, 468, 605-606
HERSHBELL, Jackson P. : 681
HILGARD, Alfred : 729

IERODIAKONOU, Katerina : 286, 288, 317, 324
INWOOD, Brad : 28, 43, 50, 61, 68, 107, 116, 171-172, 182,-183, 186, 192, 196, 291-292, 310, 342, 355, 396, 422, 425, 550, 666-667, 670
IRIBARREN, Leopoldo : 23, 32, 167, 272, 274-275, 309-310, 314, 317-318, 323-324
IRIGOIN, Jean : 257

JACOBY, Felix : 302, 629-620, 728, 732
JANKO, Richard : 527, 531-532, 535-536, 541, 573
JEFFERY, Lilian Hamilton : 728
JOURNÉE, Gérard : 32, 36, 88, 165, 394, 412, 629
JUDET DE LA COMBE, Pierre : 176, 646, 688

KAHN, Charles H. : 17-18, 25, 728-729, 734, 736
KAIBEL, Georg : 178, 185, 293, 445, 582, 595, 604, 609, 626-628, 634

KARSTEN, Simon : 31, 41, 43, 60, 62, 65-68, 97, 102, 106, 108, 115-116, 128, 133, 139, 152, 159-160, 165, 167, 169-170, 172, 175, 221-222, 234-235, 240, 279, 282, 284-286, 289, 302, 311, 315, 321, 342, 355, 396, 422, 425-426, 428-429, 432, 448-449, 451-452, 456, 459-460, 464, 468, 505, 520, 526, 538-540, 542, 551-552, 562, 566, 568-570, 586, 597, 605, 612-614, 621, 623, 656, 666, 668-673, 676, 681

KINGSLEY, Peter : 306, 348, 394

KIRK, Geoffrey Stephen : 68, 310, 625, 730

KNATZ, Friedrich : 219-221, 233, 666

KNOX, Bernard MacGregor Walker : 733-734

KOCK, Theodor : 733-734

KRAFFT, Peter : 450, 452-453, 457-458

KRANZ, Walther : 60, 68, 273, 310-311, 342, 354, 542

KRAUSSE, Rudolf : 245

KÜHNER, Raphael : 131-132

KURFESS, Christopher J. : 44-56, 164-165, 497

LAKS, André : 25, 28-29, 32, 197, 206, 208, 314, 332, 504, 512, 519, 527-529, 532, 541, 613, 618-619, 675, 729-730, 732-733, 736-737

LALLOT, Jean : 604-605

LANG, Carl : 449-454, 456-458, 484

LAPINI, Walter : 282-284

LAST, Hugh : 337

LATTE, Kurt : 283, 293, 301, 315, 355, 468, 545, 567, 575, 578, 609, 669

LEAF, Walter : 131

LE BOULLUEC, Alain : 104

LEE, Hugh M. : 629-630

LEGRAND, Philippe-Ernest : 237

LENTZ, August : 609

LERNOULD, Alain : 312

LESHER, James H. : 203, 360

LFGRE : 7, 73, 75-76, 111, 179, 193, 196, 199, 203-204, 227, 231, 236, 238-239, 303, 469-470, 567, 586, 612, 660, 683, 690, 692, 702

LLOYD, Geoffrey E. R. : 221, 255, 273, 279, 288, 341, 384

LOBEL, Edgar : 155, 292, 359, 475, 482

LOHMANN, Dieter : 495

LOMIENTO, Liana : 246, 253, 259, 261-262

LONG, Anthony A. : 17-19, 25, 316, 520

LONG, Herbert Strainge : 675

LORD, Albert Bates : 389, 595

LORUSSO, Anna Maria : 15, 507-508, 530

LSJ : 75, 80, 154, 485, 524, 578, 609, 660, 666, 692

LUDWICH, Arthur : 131, 471

LUKINOVICH, Alessandra : 246, 249, 257, 259, 262

MAAS, Paul : 246, 253, 258

MAEHLER, Herwig : 483, 628

MANSFELD, Jaap : 97, 180, 527, 649, 652, 654-655

MANSFELD & PRIMAVESI : 43-44, 61, 64, 69-71, 107, 138, 145, 160, 167, 170, 172, 181, 186, 196, 221, 283, 311, 317, 332, 342, 355, 396, 423, 478, 605, 613, 666, 670

MARTIN & PRIMAVESI : 31, 196-197, 234-235, 311, 313-314, 317-318, 425, 443, 507-508, 512-515, 518-519, 522, 527-528, 531-533, 535-536, 539-543, 551, 560, 565-566, 570, 573-576, 620, 657, 688

MARTIN, Alain : 314, 535

MATHIEU, Georges : 631

MATTHEWS, Victor J. : 80, 245, 248, 255, 260, 262, 289, 302, 377, 534, 582, 616

MERKELBACH, Reinhold : 77, 140, 154, 178, 199, 295, 325, 328, 331, 355, 358-359, 371-372, 375, 475, 482, 486, 539, 581-582

MICHELAZZO, Francesco : 248

MINCHIN, Elizabeth : 389
MONDOLFO, Rodolfo : 279, 570
MORGAN, Kathryn : 638
MOST, Glenn W. : 17-21, 199, 681, 724, 730-731
MOUTSOPOULOS, Évanghélos A. : 388
MULLACH, Friedrich Wilhelm August : 181, 309, 668
MÜLLER, Karl Ottfried : 302, 456
MÜLLER, Theodor : 495
MUTSCHMANN, Hermann : 59, 74, 185, 455, 602

NAGY, Gregory : 18, 146, 150, 216-217, 320, 599-600, 615, 621, 633-634, 702
NAUCK, August : 355, 365, 437, 578, 580, 586, 733
NESTLE, Wilhelm : 279
NÜNLIST, René : 142, 599, 741

O'BRIEN, Denis : 218-221, 225, 230, 234, 316, 318, 340-342, 348, 518-519, 526, 528, 538, 540, 542, 550-553, 555-556, 562-567, 570-571, 583, 597, 605, 623, 655
O'NEILL, Eugene G. Jr. : 248
OBBINK, Dirk D. : 189
OSBORNE, Catherine : 20-21, 26, 28, 180, 197, 509, 597, 613, 621, 675
OTTERLO, Willem Anton Adolf van : 494-496

PAGE, Denys Lionel : 77, 110, 112, 120, 146, 153-154, 179, 271, 292, 298, 359-360, 373, 435, 475, 481-482, 484, 578, 580-582
PALMER, John : 15, 41-43, 68-69, 100, 107, 142, 160, 206, 602
PALÙ, Chiara : 729-732, 735-736
PANZERBIETER, Friedrich : 31, 235, 316, 518-519, 540-542, 658
PARRY, Milmann : 34, 117, 389, 398, 510
PERILLI, Lorenzo : 572
PERRY, Ben Edwin : 353

PERTUSI, Agostino : 567
PEYRON, Amedeo : 233
PFEIFFER, Rudolf : 604, 728, 733
PICOT, Jean-Claude : 15, 32, 218-220, 227-228, 349, 452, 454-456, 485, 629, 635, 650, 657-666, 674, 677, 680, 688-689, 701
PIERRIS, Apostolos L. : 566, 574
POHLENZ, Max : 657
POWELL, Barry B. : 391-393
POWELL, John Undershell : 435, 612
PRATO, Carlo : 188
PRETAGOSTINI, Roberto : 246
PRIMAVESI, Oliver : 234-235, 239-240, 309, 311, 313-314, 317, 512-514, 518-519, 529, 539-542, 553, 559, 565, 574, 577, 592, 605, 658, 666, 675
PUCCI, Pietro : 114, 444, 647, 724
PUECH, Aimé : 149

RADT, Stefan L. : 77, 178, 432, 681, 702
RADT, Stefan L. (fr.) : 77, 303, 356, 371, 435-436, 476, 479, 485, 695
RAMELLI, Ilaria : 450
RASHED, Marwan : 31-32, 288, 290, 305-306, 347-349, 381, 653, 658, 667-668, 671-672, 674-675, 678, 680-681, 722
RAVEN, John Earle : 68, 310, 625, 730
READY, Jonathan L. : 271, 502
REGENBOGEN, Otto : 273
REINHARDT, Karl : 507, 528
ROCCA-SERRA, Guillaume : 450
ROSE, H. J. : 146
ROSENFELD-LÖFFLER, Annette : 21-22, 101-103, 114, 116, 120, 196-197, 221, 502, 507-508, 598, 623
ROSS, William David : 285, 290, 337-338
ROSSETTI, Livio : 16, 345-347
ROUSSEAU, Philippe : 9-10, 114, 117, 320, 393, 495, 596, 599, 603, 615, 634, 685-686
ROUVERET, Agnès : 324
RUDHARDT, Jean : 113, 124, 323
RUTHERFORD, Ian C. : 189

SANTANIELLO, Carlo : 16
SANTORO, Fernando : 21, 509
SCALIGER, Joseph Juste : 30, 60-61, 67, 109, 139, 220, 315, 519-520, 668, 671, 693
SCHIBLI, Hermann Sadun : 463, 729-730
SCHLEIERMACHER, Friedrich Daniel Ernst : 29
SCHMIDT, Moritz : 302, 484, 486
SCHNAPP-GOURBEILLON, Annie : 271
SCHNEIDER, Johann Gottlob : 284-285, 545
SCHNEIDEWIN, Friedrich Wilhelm : 170, 181, 184, 186-188, 201, 397, 562, 567, 569-571, 666-668, 673-674
SCHOFIELD, Malcolm : 310, 625, 730
SCHÜTRUMPF, Eckart : 627
SCHWYZER, Eduard : 132, 375
SCOTT, William Clyde : 271
SEDLEY, David N. : 309, 317
SEECK, Gustav Adolf : 340-342
SHIPP, George Pelham : 271
SIEVEKING, Wilhelm : 657
SKARSOULI, Pénélope : 99-100, 116, 184, 196, 206-207
SLATER, William J. : 77, 204, 524
SNELL, Bruno : 273
SOLMSEN, Friedrich : 318
SOMMERSTEIN, Alan H. : 177
SPALTENSTEIN, François : 246
STEIN, Heinrich Marcus : 31, 41, 60, 64-66, 68, 107-108, 138, 160, 167, 169-170, 175-176, 181, 187, 284-285, 311, 315, 255, 396, 423, 425, 505, 538, 540, 550, 552, 565, 567, 569-570, 605, 648, 655, 668, 672-674, 676
STEINRÜCK, Martin : 246, 249, 257-259, 262, 495
STRATTON, George Malcolm : 277-278
STURZ, Friedrich Wilhelm : 30-31, 60, 62, 65, 67-69, 106-107, 109, 115, 125, 136, 139, 152, 159-160, 165, 167, 169-172, 175, 220-221, 223, 233, 276, 279, 282, 286, 289, 293, 302, 309-310, 315, 321, 340, 342-343, 355, 379, 396, 422, 425-426, 448, 452, 459-460, 464, 468, 478, 505-506, 526, 538-540, 551-553, 556, 562-563, 565-566, 568-569, 586, 597, 605, 612-613, 620, 622-623, 625, 656, 666, 668-673, 675-677, 688-689
SVENBRO, Jasper : 148, 150, 216, 388
SZONDI, Péter : 29

TAILLARDAT, Jean : 284
TARÁN, Leonardo : 605-606
THALMANN, William G. : 390-391, 493-496
THERME, Anne-Laure : 100-101, 206, 563-565, 675
THOMAS, Rosalind : 733-734
TIGNER, Steven S. : 572
TITTMANN, Johann August Heinrich : 609
TRAGLIA, Antonio : 15, 35, 246, 259, 612-613
TRÉPANIER, Simon : 28, 41, 43-44, 61, 67, 69, 106-107, 116, 128, 139, 142, 148, 170-172, 182-184, 186, 197, 222, 234, 310, 317-318, 322, 333, 336, 504, 515, 518-519, 526-536, 541, 550-553, 557, 563, 565, 573, 597, 602, 620, 623-625, 741
TUCKER, G. M. : 624

VAN DER BEN, Nicolaas : 422, 425-426, 429, 446, 455, 479, 483, 485, 667-668, 670-672, 674-676, 692, 723
VERDENIUS, Willem J. : 148-149
VERNANT, Jean-Pierre : 95, 388, 393
VERRALL, Arthur Woollgar, W. : 176
VÍTEK, Tomáš : 7, 31, 36, 61-62, 138, 161, 171, 186, 219, 221, 247, 261, 316, 443, 450-451, 504, 516, 531, 535-536, 573, 605, 622, 654, 668, 670
VOLONAKI, Eleni : 631

WERSINGER, Anne Gabrièle : 21, 217, 221-223, 230-232, 235, 271, 273-274, 290, 384, 508-509, 658, 678-680

WEST, Martin Litchfield : 89, 131, 227, 299, 432-433, 496, 596, 599-600
WEST, Martin Litchfield (1982) : 62, 246, 250, 253, 258, 260-261, 307, 401
WEST, Martin Litchfield (fr.) :74-77, 83, 86, 99, 118, 140, 143, 153-154, 178, 188, 197, 199, 292, 295-296, 325, 328, 331, 355, 357-360, 371-372, 375, 466, 475, 481-482, 486, 539, 581-582, 599-600, 616, 695
WILAMOWITZ-MOELLENDORFF, Ulrich von : 60-61, 68, 186, 259, 321, 324, 426, 429, 481, 565, 656, 666, 671
WISMANN, Heinz : 142
WÖHRLE, Georg : 17
WOODBURY, Leonard E. : 150
WOODWARD, David : 731

WRIGHT, Maureen Rosemary : 19, 43, 61, 68, 106-107, 116-117, 145-146, 159, 165, 171-172, 181-184, 186, 192, 196, 221-222, 234, 284, 288, 291, 310, 317, 342, 344, 355, 375, 378, 396, 422, 425-425, 448, 459-460, 464, 468, 478, 485, 506, 520, 526, 542, 545, 550-552, 556, 565, 568, 571-572, 586, 605, 612-613, 622-623, 625, 656-657, 666-667
WYTTENBACH, Daniel : 221, 657

XYLANDER, Wilhelm : 220, 657

ZANGENBERG, Jürgen K. : 450
ZELLER, Eduard : 279, 562-564, 570
ZUNTZ, Günther : 423-424, 427-429, 623, 656, 666-667, 670-671, 675, 681

# INDEX DES NOTIONS

Abrègement (dont attique) : 248, 250-257, 259-260, 262, 268-269, 302, 316, 669, 711

Achille : 81, 83-84, 87, 92-94, 96-97, 110, 112, 122, 162, 174, 187, 190, 193, 228, 231, 237, 298-299, 302, 319-321, 359, 362, 364, 372-373, 378-379, 430-432, 435, 439-440, 442, 467, 478, 480, 486, 581-583, 608-610, 613, 615, 617, 685-687, 721-722

Aède, aédique : 33, 35, 110, 204, 216, 218, 224, 227, 240, 322, 348, 389, 401, 404-405, 409, 481, 595, 708

Âge (Mythe des) : 227, 726 – d'Or : 125, 181, 704, 726 – de Fer : 725-727 – des héros : 469, 686

Agrigente : 27, 148, 455, 545, 506, 621-624, 634, 637-638, 703, 724

Agrigentins : 28, 35, 42, 136, 231, 596-597, 602, 622-626, 632, 635, 640-641, 703-704, 715, 719

Aide-mémoire, hypomnématique : 389, 728, 730

Air (clepsydre/respiration) : 337-341, 343-347, 349, 351, 353, 355-357, 360-378, 380-384 – (élément) : 158, 277-281, 304, 321, 393, 584 – (en général) : 83, 304, 567, 569, 583, 586-587

Alcée : 201, 598

Alexandrins : 245-246, 266, 609

Allégorie : 13, 56, 417, 449, 509, 675

Alphabet : 13, 325, 728-729, 735

Alternance : 85, 102, 258, 339, 358, 375, 377-378, 382, 508, 511, 517-526, 537, 541, 544, 546-549, 551-553, 558, 561, 577, 584-585, 591-592, 637, 669, 713

Ambiguïté : 24, 29, 44, 75, 77, 94-95, 115, 142, 340, 342, 478, 561, 604, 612, 664, 694, 696

Âme : 82-84, 394, 416-421, 423-425, 427-428, 443-445, 452, 480, 495, 503, 520, 621, 648-650, 652-653, 658, 675-677

Anaxagore : 13, 21, 47-48, 339, 357, 537, 714, 719, 727, 733-734, 742

Anaximandre : 13, 45-46, 727, 729-732, 735, 737, 742

Anaximène : 13, 45-46, 353, 714, 727, 729, 731-732, 742

Animal : 106, 195, 237-238, 277-278, 280, 313, 322, 329, 338-339, 341, 345, 347, 350-352, 381, 394, 449, 465, 524, 544, 546, 553, 620, 658, 665, 688

Anthropomorphisme : 151, 163, 202-203, 207, 209, 487, 708, 718, 742

Anthroponyme : 198, 224-225, 302, 461-462, 469-470, 479-480, 484, 487-488, 596, 618

Antisphère (moment du cycle) : 234, 504, 515, 520, 530, 535, 542, 553-554, 558-559, 561-562, 585

Aphrodite : 15, 77, 89-90, 101, 125, 155, 187, 193, 200, 203, 286-288, 292, 304, 317, 331, 348-349, 353, 359, 381-382, 443, 461, 467, 469, 472-473, 480, 482, 583, 614-615, 619

Apollodore : 145, 730-731

Apollodore d'Athènes (peintre du Vᵉ s. av. J.-C.) : 324

Apollonios de Rhodes : 75, 237, 256, 266, 292, 437, 480

Aratos : 14, 292

Aristéas : 30, 722, 736, 739

Aristote (*Sur les poètes*) : 11-12

Artisanat : 114-115, 119, 133, 148, 154, 237-238, 300, 305, 358, 644, 720, 730

Association (élémentaire) : 11, 334, 516-517, 520, 554-555

Astres : 74, 380, 464

Athétèse : 91, 277, 427-428, 441, 452, 457, 505, 570, 646, 654

Auditoire : 71, 75, 85, 151-153, 194-195, 224, 226, 233, 253, 305, 346-347, 360, 365, 378, 385, 389, 415, 541, 597-598, 601, 603, 611, 616, 623, 625, 634-635, 640-641, 687, 700, 708, 713, 715-716, 718-719, 732, 740

Bacchylide : 16, 114, 118, 147-148, 151, 184, 201, 208, 638, 708

Banquet : 27, 293, 312, 600, 629, 636, 682, 735

Beauté : 117, 119, 193, 203, 206, 208, 297, 312, 329, 357, 368, 469

Bœuf : 193, 198, 237-238, 722

Buccin : 312

Calliope : 99-102, 118, 147, 182, 184, 205-208, 212, 596, 645, 700, 709

Catalogue des vaisseaux : 110-111, 200, 387, 389, 391-392, 397, 599

Catalogue des enfants de Nuit : 387-388, 431-432

Cerf : 313-314

Césure : 65, 118, 248, 251, 253, 257-261, 264, 266, 268, 399-415, 606, 711

Charpente : 154

Chemin : 33, 73, 93-94, 125, 143, 147, 160, 202, 215-221, 223, 225, 227-233, 235-241, 328, 366, 375, 380, 438, 512, 524-525, 560, 623, 665, 696, 698, 705, 736

Cheval : 158, 227, 579

Cheval de bois : 215-216

Chiasme : 246, 483, 497

Choérilos de Samos (*Persika*) : 245

Cléomène : 27, 595, 608, 626-629, 632, 634-635, 637

Composition formulaire : 34, 218, 246, 248, 269, 295, 391-392, 398, 496-497, 510-511, 590, 713

Concours : 18, 27, 116, 128, 137, 141, 143, 499, 600, 629-630, 632, 636-637, 685, 708, 718

Conque : 312-313

Cosmogonie : 529, 611, 646, 699

Cosmologie : 21, 90, 101, 103, 232, 267, 336, 347, 570, 675, 699, 708, 710-711, 717-719, 736-737

Couleurs : 277, 310, 317, 324, 327, 334

Coupe (métrique) : 247-248, 258-260, 406, 410, 605

Couronne (dans le cycle physique) : 535, 570

Couture : 216, 229

Cycle démonique : 29, 195, 202, 479, 619, 628, 649, 664, 673-679, 700-703, 723, 726 – épique : 30, 739 – physique : 20-21, 29, 31, 84, 162, 195, 234, 316, 349, 394-395, 504, 509, 512, 514-515, 518, 521-523, 525-526, 528, 531-532, 537, 542, 544, 550-553, 555, 559, 561-564, 574, 577, 584, 591-592, 619, 628, 637, 649, 701-702, 713, 726

Cyclope : 190, 358, 443-447, 471-472, 482, 572, 582, 627, 584, 722, 724

Datation (dont *floruit*) : 145-146, 245, 324, 445, 629

Démiurge, démiurgique : 58, 302, 305, 317, 323, 334, 382, 472, 649, 723

Démodocos : 203, 215-216

Denys I$^{er}$ : 631-632, 638

Devin : 463, 621, 627, 641, 702

Diaphragme : 193, 348

Dicéarque : 627

Diérèse (bucolique) : 264, 295, 377, 446, 535

Digamma : 62-63, 260, 379

Digression : 226, 234, 240

Dissociation (élémentaire) : 11, 334-335, 519-520, 525, 555

Dissymétrie, dysanalogie : 308, 326-327,

335, 367-370, 377-378, 383, 385, 565, 697, 712, 714, 719

Diphile : 610

Eau (du Styx) : 302, 437, 482, 666 – (clepsydre) : 337, 339, 343-344, 348-349, 353, 356-371, 374-378, 381-382, 384, 579 – (élément) : 277-281, 288, 303-307, 321, 348-349, 393, 578 – (en général) : 438, 442-443, 579, 581-583, 608-609 – (métapoétique) : 111-112, 217, 236-238, 240, 242

Écho (en général) : 70, 87, 89, 137, 142, 147, 163, 172, 179, 203, 294-295, 297, 300, 324, 328, 359-362, 377, 385, 420, 461, 467, 499, 507, 510-511, 529, 585, 609, 611, 644, 651, 667, 686-687, 690, 700, 722, 724 – (pour l'oreille chez Parménide) : 159

Écriture : 388-389, 728-729, 732-733, 736

Effluves : 162, 252, 275-277, 279, 281-282

Elégie, élégiaque : 27, 30, 77, 80, 99, 109, 143, 163, 201, 245-246, 259, 293, 466, 598-600, 634, 641, 715

Énigmatisation : 333-335, 449, 469, 474, 489, 497

Enjambement : 269, 286, 511, 533-534, 543, 585, 590

Énonciateur : 86, 195, 200, 207, 211, 313, 394, 485, 583, 596-602, 618, 621-622, 624, 648, 672, 681, 683, 687, 694, 696, 700, 709-711, 719-720, 738-739

Énonciation : 26-27, 42, 44, 66, 85, 105, 113, 126, 144, 147, 204, 240-241, 561, 583, 597, 600-602, 623, 625, 689, 741

Épopée : 23, 78, 293-294, 297, 431, 439, 599, 736

Erreur (des mortels) : 42, 52, 80, 85, 91, 96, 174, 488, 498-500, 741

Éther : 90, 298, 349, 355, 428, 463, 571, 579

Etna : 622, 701

Étymologie : 216, 301, 330, 360, 367, 371-372, 387, 430, 432, 434-437, 441-442, 444, 449, 465, 470-471, 475,

484, 486, 545, 609, 612, 614, 616, 681, 690, 694-695

Expiration : 337, 339, 345, 351-352, 370, 373, 377-378, 382-384

Faveur des mortels : 39, 126, 133, 135, 141, 151, 499, 708

Favorinus : 627

Feu (chez Hésiode) : 204, 227, 272, 295 – (dans la vision/la lanterne) : 275, 277-289, 302-305 – (élément) : 321, 349, 393, 464, 468, 472, 581 – (en général) : 293, 302, 338, 355, 359, 361, 472, 581

Flots (de la parole poétique) : 111, 237, 239-242

Folie (furie) : 106, 108, 111, 113, 150, 165, 438, 608, 644, 685-687, 698-700

Cercles rhapsodiques (guildes) : 81, 604, 608, 610, 729, 741-742

Gorgias : 47-49, 54, 503, 630-631, 633, 733

Hapax (legomenon) : 210, 301, 461, 476, 481, 485, 515, 544, 546, 566, 580, 588

Héraclite : 46-47, 51, 105, 416-419, 448, 652, 728-729, 732

Hermann, loi de : 62-63, 262

Herméneutique : 10, 14, 16, 22-23, 29-31, 165, 169, 182, 233, 275, 282, 309, 422, 455, 646

Hésiode (Préceptes de Chiron) : 617

Hiatus : 61-65, 248, 259-260, 269

Hiéron : 147, 227, 637-638

Homologie (analogie textuelle) : 20-22, 507-509, 592, 619, 720-721

Hospitalité : 617, 703, 704, 724

Hymne à Hécate : 495-496 – aux Muses (Hésiode) : 42, 110, 601 – aux Muses (Solon) : 100 – clétique : 183

Hypocoristique : 461, 599, 614-615

Inspiration poétique : 18, 26, 32-33, 99, 109-109, 114, 126, 136-137, 141,

147-148, 151, 162-163, 177, 189, 201, 205-206, 208, 210-212, 241, 499, 602, 707-710, 714, 717-719, 736 – (respiration) : 337, 339, 343, 345, 351-352, 370, 373, 377-378

Ionie, ionien, Ionien : 17, 61-64, 146, 293, 296, 434, 539, 604, 614, 728, 731-732, 739

Irrigation : 112, 217, 236, 238

Isocrate : 153, 630, 631

Jeux Olympiques : 27, 485, 595, 626-627, 629-632, 634, 638, 719

Lanterne : 34, 272, 275, 277, 280-282, 284-285, 289, 291-295, 297, 299-300, 304-305, 308, 358, 383-384, 464

Lectio difficilior : 291, 354, 365, 458, 656 – facilior : 655 – (uaria lectio) : 291, 321, 453-454, 504, 566, 654, 668, 672

Lieux naturels : 312-313, 339, 362

Lucrèce : 12, 14, 269

Lysias : 527, 630-632, 638

Lune : 118, 295, 299, 302-303, 393, 463

Médecin : 208, 455, 612, 616, 621-622, 627, 637, 701-703, 720

Méléagre : 84, 140, 147, 208, 627

Mémoire : 99-100, 115-116, 119, 388-389, 698

Métaphore : 12, 35, 82-84, 102, 112, 114-115, 119, 123, 136 140, 143, 208, 215-242, 299, 303, 372, 581, 586, 644, 653, 711-712, 737

Méthodologie : 22, 28, 42, 116, 142, 220, 284, 347, 427, 429, 449, 457, 494, 502, 507, 514, 516, 537, 572

Meurtre : 112-113, 420, 426-427, 430-433, 441, 446, 466, 476, 651, 659-660, 668, 675, 679, 688-691, 695-696

Mythe, mythologie, etc. : 18, 89, 146-147, 150-151, 204, 208, 226-228, 388, 390, 429, 448, 459, 474, 488, 490-491, 650, 683, 701, 725-826, 729, 733, 736-737

Narrateur : 80, 86, 88, 138, 143, 155, 206, 215, 232-233, 503, 598-599, 639-640, 687, 697, 701, 718

Νέκυια : 424, 426, 429

Nestis : 288, 306-307, 348-349, 411

Non-être, non-étant : 231

Oiseau : 82, 174, 355, 442, 482, 545, 659

Olfaction : 343, 351-352

Olympie : 482, 626-627, 629-630, 632-633, 635-637, 641, 715

Orifice : 337, 344-346, 357, 364-365, 367

Ouïe : 56, 158-159, 498

Panégyrique : 629-633, 637

Panyassis (Ionika) : 245

Papyrus (comme support d'écriture) : 13, 733-734 – d'Herculanum : 350-352 – de Lille : 619

Panhellénique : 18, 27-28, 146, 360, 625, 630-631, 633-634, 637, 641, 715, 719

Parallélisme : 50, 179, 189, 191, 221, 273, 352-353, 367, 369, 380, 384, 483, 494, 496, 499, 502, 574, 590, 681, 700

Peau : 237-238, 285, 295, 297, 299, 301, 340-344, 346, 359, 368, 435, 476, 607

Peintre, peinture : 34, 95, 272, 309-336, 384, 467, 733-734

Perséphone : 118, 288, 306-307, 319, 348-349, 443-445, 722

Phémios : 216

Phéniciens : 89

Phérécyde de Syros : 17, 463, 636, 710, 714, 729-730, 735-737

Philologie : 15, 29-31, 44, 66, 71, 138, 247, 290, 622, 679

Philosophes-poètes : 13, 19-21, 24-25, 68, 246, 263, 265, 267, 269, 698, 702, 711-712, 716, 719-720, 739

Picturale (technique) : 310, 324, 327

Piété : 67, 107-109, 114, 120, 123-129, 133-135, 141-142, 147, 162-163, 213, 229, 498, 620, 707-708, 710, 716, 719, 726

Pindare : 147-151

Poésie chorale, épinicique : 18, 99, 104, 117, 143, 145-150, 163, 275, 380, 634, 638, 641, 708 – didactique : 272, 596, 599-600, 613, 715 – hexamétrique : 17, 19, 24, 33-34, 64, 80, 132, 158, 187-189, 234, 240, 247, 265, 268, 376, 387, 393, 412, 578, 580, 599, 612, 711, 715 – homérique : 272, 599, 634 – hymnique : 80, 110, 216 – philosophique : 11, 275, 727, 741 – de sagesse : 599

Poisson : 83, 581

Polyphème : 190, 331, 431, 445, 470-472, 474, 482, 487, 578, 581, 722

Pores : 73, 275-277, 279, 338, 344-345, 347, 357

Poudre : 309, 317, 324, 326-327, 331, 334

Poumon : 178, 341, 345-348

Prairie : 416, 419-421, 424, 426-427, 441-446, 487-488

Priamèle : 118

Proème : Proème d'Empédocle : 69, 85, 90, 97, 167, 182-185, 192, 396, 603, 675, 698-699, 710 – de Choérilos : 245 – de la Théogonie : 99, 205, 599, 740 – de Panyassis : 245 – de Parménide : 44, 56-57, 582, 601-602, 639, 739-740 – du Catalogue des vaisseaux : 110-111, 200, 599 – en général : 97

Prose (en général) : 140, 221, 385-386, 434, 458, 564, 630-631, 633, 636, 639, 641, 650, 654, 681, 708, 710, 714, 717-721, 727-738, 740-743 – (comme rupture avec la tradition poétique) : 13-14, 17-21, 25, 636, 639, 707, 710, 727

Public : 13, 17-19, 24, 27, 35, 45, 109, 135, 164-165, 195, 246, 323, 332, 508, 595, 597-598, 600-601, 632, 634-636, 639, 641, 708, 727-729, 732, 735, 740

Pupille : 278, 280-281, 284, 286-288, 301-304

Pureté : 111, 113, 119, 126, 187, 726

Racine (étymologique) : 73, 95, 159, 197, 231, 379, 430, 436-438, 442, 458, 473, 477, 484, 488 – *ar-* : 114-115, 119, 135, 208, 215, 467, 644, 717, 720

Radeau : 115, 215, 296, 379, 476, 722

Récitation : 17, 27, 100, 228, 239, 348, 389, 596, 600-601, 626, 630-633, 635-637, 641, 717

Remythifier : 491

Rhapsode, rhapsodique : 18, 27, 81, 143, 216, 218, 224, 228-229, 232, 238, 240-241, 471, 499, 595, 600-601, 604, 608, 610-611, 626-628, 630, 632, 634,-636, 638, 708, 730, 735, 737, 739, 742

*Rhaspodic sequencing* : 216-218

Rythme : 24, 222, 228, 249, 257, 261, 385-386, 477, 496, 507, 722, 738

Sacrifice, sacrificiel : 11, 106, 112, 178-179, 181, 190, 302, 306, 635, 658-659, 665-666, 677-679, 682, 688-689, 691, 701, 704, 726

Sang (crime de) : 658-659, 690-691, 696, 699, 703 – (organe de la pensée) : 70, 172-173, 179 – (en général) : 193, 357, 365, 393, 466, 484, 581, 659-660, 667, 679, 688, 692 – (respiration) : 336-340, 343-350, 355, 370-378, 380-381, 383-384 – (sacrifice) : 11, 306, 635-636, 659, 665-666, 677-679, 688, 691, 701, 704

Sappho : 461, 598, 628

Schème d'opposition : 488, 712-713

Schème généalogique, de parenté : 388, 390, 395, 431, 433, 488, 713

Sept Sages : 59

Serment : 176, 189, 227, 302, 437, 440, 636, 654, 667, 676, 678-682, 684-685, 688-691, 694, 697

Soleil : 56, 283, 299, 321-322, 327, 393, 459, 464-465, 487, 536, 722

Souffle : 74, 283, 296-297, 304, 340, 348, 363, 372-373, 437, 477

Sphère (moment du cycle) : 29, 202, 234, 274, 306, 317, 332-333, 468, 504,

508, 519-521, 525, 528-530, 535, 538, 553-554, 558-562, 568-571, 584-585, 587, 649, 652, 704, 709, 713, 726 – (chez Parménide) : 272

*Sphragis* : 524

Styx : 301-302, 437, 482, 539, 666, 681, 689, 723

Symétrie : 147, 191, 271, 290, 303-305, 308, 356, 366-370, 382-385, 511, 554, 712

Synecphonèse : 248

Terre (élément) : 90, 265, 277, 279, 312-314, 321, 468, 653 – (en général) : 83-84, 112, 115, 125, 193, 236-238, 321-322, 364-365, 434, 439, 442, 444, 463, 580 – (lieu, région du monde) : 272, 295, 325, 416, 418-420, 426, 428, 431, 438, 443, 446, 459, 462-463, 546, 552-553, 562, 568, 579, 581, 624, 626, 646-647, 650, 659, 688

Thalès : 45-46, 729

Thamyris de Thrace : 114, 123-124, 126

Théagène de Rhégion : 730, 742

Théophraste (*Sur l'ivresse*) : 605-610 – (*Sur la piété*) : 620

Théra : 731

Tissage, tissu (général) : 229, 284, 286-287, 294, 299, 306, 308, 302 – (de citations (Clément)) : 104 – (corporel) : 446 – (pulmonaire) : 346, 348 – (d'énoncés poétiques) : 216-217, 229, 506 – (de vers, fr. 26) : 509, 546, 556

Titans : 366, 393, 449, 580, 682

Tortue : 312-313

Tourbillon : 515, 534, 560, 562-574, 577-589, 592, 611

Tradition (Empédocle en rapport avec) : 15, 20, 23-24, 26, 30, 44, 70, 82-84, 91, 99-103, 108-110, 113-114, 117, 136-137, 142-143, 151, 161-164, 184, 201, 213, 217, 230, 238, 240-241, 251, 263, 267-270, 299, 348, 395, 424, 432, 443, 446, 455, 472, 474-475, 479, 481, 488-490, 595-596, 599, 617, 624-625, 633, 643, 645, 679, 707-714, 741-743 – (Hésiode en rapport avec) : 110, 602 – (Parménide en rapport avec) : 263, 267-270, 602, 740 – (Xénophane en rapport avec) : 18, 25, 203, 739 – (directe/indirecte, manuscrite) : 40, 43, 139, 197, 245, 272, 290, 340, 416-417, 421-422, 428-429, 450, 453, 457-458, 513, 536-537, 541, 572, 597, 606, 612, 614, 616, 621-623, 654, 694, 701, 729 – (interprétative moderne) : 9-10, 15, 28, 71, 167, 310, 342, 513, 619-620, 656, 676 – (orale) : 61, 116, 227, 261, 388 – (orphique) : 100, 428 – (poétique) : 32-34, 36, 87, 89, 148, 158, 183, 192, 207, 212, 250-251, 266, 409-410, 415, 449, 456, 488, 596, 599-600, 612-613, 617, 621, 624-625, 643, 702, 707-708, 717, 719, 737, 739

Transcendance : 18, 32, 44-45, 53-54, 108-110, 145, 161-164, 181, 189, 201-207, 210-213, 645, 708-710, 718, 725, 740-741

Ulysse (dans sa relation à Empédocle) : 87, 96-97, 115, 119, 215, 445, 613, 683, 721-724

Ὕστερον πρότερον : 494-495

Virtuosité : 95, 323, 332, 389-390

Vision (comme sensation) : 275-288, 291, 305, 464, 498 – (diurne/nocturne) : 277-280

Xénophane (dont *Silloi*) : 12-14, 17-19, 24-27, 46-47, 59, 151, 163, 203, 241, 246, 262, 272, 600, 638-639, 708, 715, 718, 727, 737, 739, 742

Zoogonie : 31, 316-318, 332, 336, 512, 519, 528-529, 540, 542, 563, 571, 588

# INDEX DES MANUSCRITS
# ET EXPLICATION DES SIGLES EMPLOYÉS

Cet index n'inclut que les manuscrits cités individuellement et non les renvois à la tradition manuscrite de tel passage d'une façon générale. Lorsqu'un manuscrit est inclus, cet index indique en revanche les cas où est mentionné un accord avec tous les autres manuscrits du même passage.

ARISTOTE

*Parua naturalia* (éd. Ross) –

E, Paris, Bibl. nat. de France, gr. 1853 (IX^e-X^e s.) : 285, 290

L, Vatican, Bibl. apostolica Vaticana, Vat. gr. 253 (XIII^e-XIV^e s.) : 285, 290, 337-338, 344, 354-355, 365, 374

M, Vatican, Bibl. apostolica Vaticana, Urb. gr. 37 (XIV^e s.) : 285, 290, 337-338, 354-355, 365, 372, 374

P, Vatican, Bibl. apostolica Vaticana, Vat. gr. 1339 (XIV^e s.), 289-291 : 285, 290, 337-338, 344, 354, 365, 372, 374

S, Florence, Bibl. Medicea Laurenziana, Plut. 81.1 (XII^e-XIII^e s.) : 285, 290, 337-338, 344, 354, 365, 372, 374

U, Bibl. apostolica Vaticana, Vat. gr. 260 (XI^e s.) : 290

W, Vatican, Bibl. apostolica Vaticana, Vat. gr. 1026 (XIII^e-XIV^e s.) : 290

X, Milan, Bibl. Ambrosian, H 050 sup. [Martini-Bassi 435] (XII^e-XIII^e s.) : 285, 290, 337-338, 344, 354-355, 365, 372, 374

Z, Oxford, Corpus Christi College, 108 (IX^e-X^e s.) : 337-338, 354-355, 365, 372, 374

i, Paris, Bibl. nat. de France, gr. 2032 (XIV^e s.) : 337-338

l, Paris, Bibl. nat. de France, gr. 1860 (XV^e s.) : 337-338

*Poétique* –

A, Paris, Bibl. nat. de France, gr. 1741 (milieu X^e s.) : 604, 606-607

B, Florence, Bibl. Riccardiana, 46 (milieu XII^e s.) : 604, 606-607

CORNUTUS, *De natura deorum* (éd. Lang)

B, Florence, Bibl. Medicea Laurentiana, Plut. 60.19 (XIV^e s.) : 450-454, 457-458, 484

G, Oxford, Bodleian Lib., Barocci 125 (XVI^e s.) : 450-454, 457-458, 484

L, Florence, Bibl. Medicea Laurentiana, Plut. 57.26 (XV^e s.) : 450-454, 457-458

M, Montpellier, Bibl. univ., section médecine 422 (Omont 74 ; 68) (XV^e-XVI^e s.) : 450-454, 457-458

N, Vatican, Bibl. Apostolica Vaticana, gr. 1385 (XIV^e s.) : 450-454, 457-458, 484

P, Paris, Bibl. nat de France, gr. 2720 (XV^e s.) : 450-454, 457-458

V, Vatican, Bibl. Apostolica Vaticana,

gr. 942 (xive-xve s.) : 450-454, 457-458

X, Oxford, Bodleian Lib., Barocci 131 (xive s.) : 450-454, 457-458

W, Vienne, Österreichische Nationalbibl., phil. gr. 253 (xve s.) : 450-454, 457-458

Leiden, Bibl. Rijksuniversiteit, B. P. G 67 E [coll. Krafft] : 453

Dublin, Trinity College 373 [coll. Krafft] : 453

Naples, Bibl. Borb. II.E.4 [coll. Krafft] : 453

Venise, Bibl. naz. Marciana, gr. Z. 490 (coll. 864) [coll. Krafft] : 453

PLUTARQUE, *De exilio* : E, PARIS, BIBL. NAT. DE FRANCE, GR. 1672 (PEU APR. 1302) : 651

SEXTUS EMPIRICUS, *Aduersus Mathematicos* (éd. Mutschmann)

N, Florence, Bibl. Medicea Laurentiana, Plut. 85.19 (xiiie s.) : 59, 74, 109, 138-139, 152-153, 156-158, 160, 164

L, Florence, Bibl. Medicea Laurentiana, Plut. 85.11 (xve s.) : 59, 74, 109, 138-139, 152-153, 156-158, 160, 164

E, Paris, Bibl. nat. de France, gr. 1964 (xve s.) : 59, 74, 109, 138-139, 152-153, 156-158, 160, 164

A, Paris, Bibl. nat. de France, gr. 1963 (xvie s.) : 59, 138-139, 152-153, 156-158, 160, 164

B, Berlin, Staatsbibliothek zu Berlin, Phillipps 1518 [114] (xvie s. ; copié par Camillo Zanetti) : 59, 74, 138-139, 152-153, 156-158, 160, 164

V, Venise, Bibl. naz. Marciana, gr. Z 262 (coll. 0408) (xve s.) : 59-60, 74, 138-139, 152-153, 156-158, 160, 164

R, Regimontanus 16b.12, à présent : Russie, Kaliningrad, Narodnaja Bibl., S. 35.8{o} : 59, 74, 138-139, 152-153, 156-158, 160, 164

SIMPLICIUS, *Commentaire à la Physique d'Aristote* (éd. Diels ; principaux manuscrits)

D, Florence, Bibl. Medicea Laurentiana, Plut. 85.02 (xiiie s.) : 315-316, 321, 521, 541, 545, 547-549, 551, 566-567, 604 *sqq.*

E, Venise, Bibl. naz. Marciana, gr. Z. 229 (coll. 0616) (xiiie s.) : 315-316, 318, 520-521, 541, 545, 547-549, 551, 566-567, 604 *sqq.*

F, Venise, Bibl. naz. Marciana, gr. Z. 227 (coll. 0753) (xiiie s.) : 315-316, 521, 538, 541, 545, 547-549, 551, 566-567, 604 *sqq.*

# TABLE DES MATIÈRES

ABRÉVIATIONS . . . . . . . . . . . . . . . . . . . . . . . . . . . . . . . . . . . 7

AVERTISSEMENT . . . . . . . . . . . . . . . . . . . . . . . . . . . . . . . . . 9

INTRODUCTION . . . . . . . . . . . . . . . . . . . . . . . . . . . . . . . . . . 11
 Construction du problème . . . . . . . . . . . . . . . . . . . . . . . 11
 Le corpus : les deux poèmes . . . . . . . . . . . . . . . . . . . . . 28
 Méthode philologique et herméneutique . . . . . . . . . . . . . . 29
 Plan de l'ouvrage . . . . . . . . . . . . . . . . . . . . . . . . . . . . . . 32


PREMIÈRE PARTIE

LA THÉORIE POÉTIQUE


VÉRITÉ ET SENSATION
Les préalables de l'écoute du poème philosophique (fr. 2) . . . . . . . 39
 Introduction : la citation
 des fragments 2 et 3 par Sextus Empiricus . . . . . . . . . . . . . 39
 Interprétation de la citation
 des fragments 2 et 3 par Sextus Empiricus . . . . . . . . . . . . . 45
  Analyse du développement
  de l'argumentation de Sextus . . . . . . . . . . . . . . . . . . . . . 45
  Reconstruction de la compréhension
  de Sextus du fragment 2 . . . . . . . . . . . . . . . . . . . . . . . . 52
  La thèse de la collaboration entre sens et raison :
  le commentaire du fragment 3 . . . . . . . . . . . . . . . . . . . . 52

Conclusion : les strates de signification
dans le témoignage de Sextus .................... 54
Étude d'un contre-argument :
la manipulation de la citation de Parménide
par Sextus en *AM*.VII.111-114 .................... 56

Le fragment 2 : autres sources,
difficultés philologiques et interprétations .............. 58
Autres sources du fragment 2 .................... 58
Difficultés philologiques
et interprétations du fragment 2 .................. 59

Une lecture du fragment 2 :
le disciple et les conceptions des mortels ............... 72
La critique des conceptions des mortels (fr. 2.1-8a) ...... 72
Le disciple et la connaissance promise
dans les vers 2.8b-9 ............................ 91

Conclusion : l'explication des erreurs des hommes ........ 96

REFONDER LA VÉRIDICITÉ DU PROPOS POÉTIQUE (FR. 3) ....... 99

Introduction : sur quelques interprétations
récentes de la Muse d'Empédocle .................... 99

Sources du fragment 3 et difficultés philologiques ........ 103
Les sources du fragment 3 ........................ 103
Difficultés philologiques posées par le fragment 3 ...... 105

Refonder la véridicité de la parole poétique :
une interprétation des vers 3.1-8 .................... 108
Replacer la piété envers les dieux au fondement
de la composition poétique (3.1-2) ................. 109
La définition de la Muse,
vecteur de l'inspiration poétique (3.3-5) .............. 114
Déconnecter la poésie de la faveur des mortels (3.6-8) .... 126
Quelle est l'impiété des autres poètes ? .............. 142

L'usage correct des sensations adressé au disciple (3.9-13) .... 152
Le changement de destinataire au vers 3.9 ............. 152
Les vers 3.10-13 : l'usage correct de l'appareil perceptif ... 157

Conclusion : refonder la vérité de la parole poétique ....... 161

LA CONSTRUCTION DE LA PERSUASION
DANS LES FRAGMENTS 4 ET 131 . . . . . . . . . . . . . . . . . . . . . . . 167

La Muse du fragment 4, un pont
entre l'ordre du discours et l'ordre des phénomènes . . . . . . . . 167
  Sources du fragment 4 . . . . . . . . . . . . . . . . . . . . . . . . . . 167
  Problèmes philologiques et herméneutiques
  posés par le fragment 4 . . . . . . . . . . . . . . . . . . . . . . . . . 169
  Le fragment 4 et la Muse :
  quelle est l'opposition développée dans le fragment ? . . . . 173

Le fragment 131 : de la poésie des hommes
à la poésie des dieux . . . . . . . . . . . . . . . . . . . . . . . . . . . . . 180
  Source, difficultés philologiques et interprétations . . . . . . 180
  La Muse dans le fragment 131 :
  une proposition de lecture . . . . . . . . . . . . . . . . . . . . . . . 189

Conclusion : les deux modalités
de construction de la persuasion . . . . . . . . . . . . . . . . . . . . . 209

COMPOSITION POÉTIQUE ET MÉTAPHORE DU CHEMIN
DANS LES FRAGMENTS D'EMPÉDOCLE . . . . . . . . . . . . . . . . . . 215

La métaphore du chemin dans le fragment 24 . . . . . . . . . . . 218
  Source et contexte de citation : le problème . . . . . . . . . . 218
  Problèmes de texte et d'interprétation posés par B 24 . . . . 220
  Étude du fragment 24 . . . . . . . . . . . . . . . . . . . . . . . . . . 224

Les deux premiers vers du fragment 35 :
revenir en arrière sur le chemin des hymnes . . . . . . . . . . . . 233
  Le problème philologique et herméneutique :
  parcourir le chemin des hymnes ? . . . . . . . . . . . . . . . . . . 233
  Étude des deux premiers vers du fragment 35 . . . . . . . . 236

Conclusion . . . . . . . . . . . . . . . . . . . . . . . . . . . . . . . . . . . . 240

DEUXIÈME PARTIE

# LE REMPLOI DES FORMES TYPIQUES
# DE LA COMPOSITION POÉTIQUE ARCHAÏQUE

L'ADAPTATION DE L'HEXAMÈTRE DACTYLIQUE
À L'EXPRESSION PHILOSOPHIQUE . . . . . . . . . . . . . . . . . . . . . . . 245

La prosodie des fragments d'Empédocle :
une situation originale dans la tradition . . . . . . . . . . . . . . . 250
  L'abrègement . . . . . . . . . . . . . . . . . . . . . . . . . . . . . . . . . 250
  L'abrègement attique . . . . . . . . . . . . . . . . . . . . . . . . . . . . 253

Métrique et construction de l'hexamètre . . . . . . . . . . . . . . . 257
  La césure . . . . . . . . . . . . . . . . . . . . . . . . . . . . . . . . . . . 257
  La *breuis in longo* . . . . . . . . . . . . . . . . . . . . . . . . . . . . 260
  Le pont de Hermann . . . . . . . . . . . . . . . . . . . . . . . . . . . 262

La position des mots selon leur structure prosodique . . . . . . . 263
  Remarques générales . . . . . . . . . . . . . . . . . . . . . . . . . . . 263
  Variations dans la fréquence de position
  et progression de l'argumentation . . . . . . . . . . . . . . . . . . 264
  Ruptures et originalité dans la constitution
  des hexamètres d'Empédocle et Parménide . . . . . . . . . . . 265

Conclusion : l'emploi du vers hexamétrique
par Parménide et Empédocle . . . . . . . . . . . . . . . . . . . . . . . 267

LA POÉTIQUE DES COMPARAISONS . . . . . . . . . . . . . . . . . . . . . 271

Introduction . . . . . . . . . . . . . . . . . . . . . . . . . . . . . . . . . . . 271

Modèles théoriques . . . . . . . . . . . . . . . . . . . . . . . . . . . . . . 273

La comparaison du fragment 84 : l'œil et la lanterne . . . . . . . 275
  Problèmes philologiques et herméneutiques . . . . . . . . . . . 275
  Une étude de la comparaison du fragment 84 . . . . . . . . . 292

Conclusion sur le fragment 84 . . . . . . . . . . . . . . . . . . . . . . . 308

Le fragment 23 : la création du vivant
et l'analogie des peintres . . . . . . . . . . . . . . . . . . . . . . . . . . 309

Présentation du fragment 23
et des difficultés herméneutiques . . . . . . . . . . . . . . . . . . 309
Une étude de la comparaison du fragment 23 . . . . . . . . . 320

Conclusion sur le fragment 23 . . . . . . . . . . . . . . . . . . . . . 335

Le fragment 100 : la respiration
et le jeu de la jeune fille avec la clepsydre . . . . . . . . . . . . . 336
Présentation du fragment 100 . . . . . . . . . . . . . . . . . . . . 337
Étude de la comparaison du fragment 100 . . . . . . . . . . . 353

Conclusion : l'extension du comparant
et du comparé au sein du fr. 100 . . . . . . . . . . . . . . . . . . . 381

Conclusion : l'usage empédocléen de la comparaison . . . . . . . 383

LE REMPLOI DE LA FORME CATALOGIQUE . . . . . . . . . . . . . . . . 387

Introduction et modèles théoriques . . . . . . . . . . . . . . . . . . . 387

Le corpus des catalogues empédocléens . . . . . . . . . . . . . . . . 393

Méthode d'analyse . . . . . . . . . . . . . . . . . . . . . . . . . . . . . 395

L'inscription des noms dans le mètre
au sein des catalogues d'Empédocle . . . . . . . . . . . . . . . . . . 397
Définition du corpus et méthode d'analyse . . . . . . . . . . . 397
Le fonctionnement des vers catalogiques nominaux
dans le corpus des catalogues archaïques . . . . . . . . . . . . 400
L'usage empédocléen du vers catalogique nominal . . . . . . 409

Conclusion : une réfection partielle mais audacieuse
des normes de composition des catalogues . . . . . . . . . . . . . . 415

Le catalogue du fragment 121 . . . . . . . . . . . . . . . . . . . . . . 416
Sources du fragment 121 . . . . . . . . . . . . . . . . . . . . . . . 416
Problèmes philologiques et herméneutiques
posés par le fragment 121 . . . . . . . . . . . . . . . . . . . . . . 422
Étude du catalogue du fragment 121 . . . . . . . . . . . . . . . 430

Les catalogues des fragments 122 et 123 . . . . . . . . . . . . . . . 447
Sources des fragments 122 et 123 . . . . . . . . . . . . . . . . . 447
Les interprétations des fragments 122 et 123 . . . . . . . . . . 459
Les fragments 122 et 123 : une mise en question
des théogonies traditionnelles . . . . . . . . . . . . . . . . . . . 460

Conclusion sur la technique du catalogue . . . . . . . . . . . . . . . 487

COURONNES, SPIRALES ET RITOURNELLES . . . . . . . . . . . . . . . . . 493

Introduction : les formes
de la composition poétique archaïque . . . . . . . . . . . . . . . . . . 493

Des constructions annulaires hybrides :
l'exemple des fragments 2 et 3 . . . . . . . . . . . . . . . . . . . . . . 497

La ritournelle dans les fragments d'Empédocle . . . . . . . . . . . 502
Considérations liminaires et méthodologiques . . . . . . . . . 502
Analyse du corpus des répétitions dans les fragments 17, 20,
21, 23, 26, et le Papyrus de Strasbourg (ensembles a et c) . . . 516
Les répétitions au sein du fragment 35 . . . . . . . . . . . . . . . 562

Conclusion sur l'emploi des figures de la répétition . . . . . . . . 590

TROISIÈME PARTIE

## LA POÉSIE ET LE PROJET D'EMPÉDOCLE

DESTINATAIRES DU POÈME, CONTEXTE DE *PERFORMANCE*
ET PROJET INTELLECTUEL . . . . . . . . . . . . . . . . . . . . . . . . . . . . . 595

Le problème . . . . . . . . . . . . . . . . . . . . . . . . . . . . . . . . . . . . . 595
Introduction et remarques générales . . . . . . . . . . . . . . . . 595
La construction du destinataire
dans la poésie hexamétrique antérieure à Empédocle . . . . 599

Pausanias : la construction de la figure du disciple . . . . . . . . 603
Un disciple savant : l'auditeur d'un poète érudit ?
L'exemple du fragment 35.15 . . . . . . . . . . . . . . . . . . . . . . 603
La construction du destinataire dans le fragment 1 . . . . . . 611

Le destinataire des *Catharmes* dans les fragments 112 et 114 . . . 621
Présentation des fragments 112 et 114 . . . . . . . . . . . . . . . 621
Problèmes liés à la reconstruction
du destinataire des *Catharmes* . . . . . . . . . . . . . . . . . . . . . . 623
Destinataire et contexte de la *performance* :
le sens de la récitation à Olympie . . . . . . . . . . . . . . . . . . . 626

Conclusion . . . . . . . . . . . . . . . . . . . . . . . . . . . . . . . . . . . . . . 639

LA DISCORDE, LE POÈTE ET LA CRÉATION POÉTIQUE ......... 643

Le problème de la Discorde et de la création poétique ..... 644

L'énonciateur, l'exil et la Discorde dans le fragment 115 :
problèmes philologiques et interprétations .............. 648

    Sources et transmission du fragment 115 ............. 648

    Difficultés philologiques et interprétations
    du fragment 115 ............................... 656

Une lecture du fragment 115 ....................... 680

    Le fragment 115 et sa relation à la *Théogonie* d'Hésiode ... 680

    La reconstruction par le démon incarné
    des causes de son bannissement (115.13-14) .......... 683

    La formulation de la loi divine (115.1-8) ............. 688

Les *Catharmes* et le bannissement du démon :
une interprétation ................................ 698


CONCLUSION GÉNÉRALE ........................... 707

Reconstruction du projet d'Empédocle ................. 717

Empédocle et Homère ............................. 721

Empédocle et Hésiode ............................. 725

Empédocle et la prose des Milésiens .................. 727

Empédocle, Xénophane et Parménide ................. 739

Empédocle dans la tradition poétique et philosophique :
une synthèse ..................................... 741

ANNEXE 1
Les fragments étudiés et leurs sources .................. 745

Le fragment B 1 D.-K. ............................. 745

    Source du fragment 1 : Diogène Laërce VIII.60 ........ 745

    Texte, apparat critique et traduction ............... 745

Le fragment B 2 D.-K. ............................. 745

    Sources ...................................... 745

    Texte, apparat critique et traduction ............... 749

Le fragment B 3 D.-K. ............................. 750

Sources . . . . . . . . . . . . . . . . . . . . . . . . . . . . . . . . . . 750
Texte, apparat critique et traduction . . . . . . . . . . . . . . . 752
Le fragment B 4 D.-K. . . . . . . . . . . . . . . . . . . . . . . . . . . 753
Sources . . . . . . . . . . . . . . . . . . . . . . . . . . . . . . . . . . 753
Texte, apparat critique et traduction . . . . . . . . . . . . . . . 754
Le fragment B 17 D.-K. (17.1-13 ; 17.34-35 + ensemble a). . . . 755
Sources du fragment 17 étudiées . . . . . . . . . . . . . . . . . . 755
Texte, apparat critique et traduction . . . . . . . . . . . . . . . 756
Le fragment B 20 D.-K. et l'ensemble c . . . . . . . . . . . . . . 758
Source : Simplicius,
Commentaire à la Physique, 1124.12-18 . . . . . . . . . . . . . . . 758
Texte, apparat critique et traduction . . . . . . . . . . . . . . . 758
Les fragments B 21 et 23 D.-K. . . . . . . . . . . . . . . . . . . . . 759
Sources, texte et apparat critique du fragment 21 . . . . . . . 759
Source du fragment 23 : Simplicius,
Commentaire à la Physique, 159.27 . . . . . . . . . . . . . . . . . . 761
Texte, apparat critique et traduction du fragment 23 . . . . 761
Le fragment B 24 D.-K. . . . . . . . . . . . . . . . . . . . . . . . . . . 762
Source : Plutarque, De defectu oraculorum, 418 C 17 sqq. . . . 762
Texte, apparat critique et traduction . . . . . . . . . . . . . . . 763
Le fragment B 25 D.-K. . . . . . . . . . . . . . . . . . . . . . . . . . . 763
Sources . . . . . . . . . . . . . . . . . . . . . . . . . . . . . . . . . . 763
Texte, apparat critique et traduction . . . . . . . . . . . . . . . 764
Le fragment B 26 D.-K. . . . . . . . . . . . . . . . . . . . . . . . . . . 765
Sources . . . . . . . . . . . . . . . . . . . . . . . . . . . . . . . . . . 765
Texte, apparat critique et traduction . . . . . . . . . . . . . . . 766
Le fragment B 35 D.-K. . . . . . . . . . . . . . . . . . . . . . . . . . . 767
Sources du fragment 35 . . . . . . . . . . . . . . . . . . . . . . . 767
Texte, apparat critique et traduction . . . . . . . . . . . . . . . 769
Le fragment 509 Bollack . . . . . . . . . . . . . . . . . . . . . . . . 771
Source : Aristote, Poétique, 1461a 9 + 1461a 23-25 . . . . . . 771
Texte, apparat critique et traduction . . . . . . . . . . . . . . . 771
Le fragment B 84 D.-K. . . . . . . . . . . . . . . . . . . . . . . . . . . 772
Sources . . . . . . . . . . . . . . . . . . . . . . . . . . . . . . . . . . 772
Texte, apparat critique et traduction . . . . . . . . . . . . . . . 776

Le fragment B 86 D.-K. . . . . . . . . . . . . . . . . . . . . . . . . . . 777
 Source : Simplicius, *Commentaire au De caelo*, 529.21 . . . . . 777
 Texte, apparat critique et traduction . . . . . . . . . . . . . . . . 777

Le fragment B 100 D.-K. . . . . . . . . . . . . . . . . . . . . . . . . . 778
 Sources . . . . . . . . . . . . . . . . . . . . . . . . . . . . . . . . . . . . . 778
 Texte et apparat critique . . . . . . . . . . . . . . . . . . . . . . . . 781

Le fragment B 112.1-4 D.-K. . . . . . . . . . . . . . . . . . . . . . . 783
 Sources . . . . . . . . . . . . . . . . . . . . . . . . . . . . . . . . . . . . . 783
 Texte, apparat critique et traduction . . . . . . . . . . . . . . . . 786

Le fragment B 114 D.-K. . . . . . . . . . . . . . . . . . . . . . . . . . 787
 Source : Clément d'Alexandrie, *Stromates*, V.1.9.1 . . . . . . . 787
 Texte, apparat critique et traduction . . . . . . . . . . . . . . . . 787

Le fragment B 115 D.-K. . . . . . . . . . . . . . . . . . . . . . . . . . 788
 Sources . . . . . . . . . . . . . . . . . . . . . . . . . . . . . . . . . . . . . 788
 Texte, apparat critique et traduction . . . . . . . . . . . . . . . . 797

Le fragment 110 Bollack . . . . . . . . . . . . . . . . . . . . . . . . . 798
 Source : Simplicius, *Commentaire à la Physique* 1184.9 . . . . 798
 Texte, apparat critique et traduction . . . . . . . . . . . . . . . . 798

Le fragment B 121 D.-K. . . . . . . . . . . . . . . . . . . . . . . . . . 799
 Sources . . . . . . . . . . . . . . . . . . . . . . . . . . . . . . . . . . . . . 799
 Texte, apparat critique et traduction . . . . . . . . . . . . . . . . 803

Le fragment B 122 D.-K. . . . . . . . . . . . . . . . . . . . . . . . . . 804
 Sources du fragment 122 . . . . . . . . . . . . . . . . . . . . . . . . . 804
 Texte, apparat critique et traduction . . . . . . . . . . . . . . . . 805

Le fragment B 123 D.-K. . . . . . . . . . . . . . . . . . . . . . . . . . 806
 Source du fragment 123 :
 Cornutus, *De natura deorum*, 30.1-11 . . . . . . . . . . . . . . . 806
 Texte et traduction . . . . . . . . . . . . . . . . . . . . . . . . . . . . 807

Le fragment B 131 D.-K. . . . . . . . . . . . . . . . . . . . . . . . . . 807
 Source : Hippolyte,
 *Réfutation de toutes les hérésies*, VII.31.1-4 . . . . . . . . . . . . 807
 Texte, apparat critique et traduction . . . . . . . . . . . . . . . . 808

ANNEXE 2

Les principales citations de *Physika* I chez Simplicius . . . . . . . . . 809

Liste des passages de Simplicius
étudiés et des citations d'Empédocle . . . . . . . . . . . . . . . . . . 809

Texte et traduction . . . . . . . . . . . . . . . . . . . . . . . . . . . . . 810
Les principales citations d'Empédocle
dans le *Commentaire à la Physique* . . . . . . . . . . . . . . . . . 810
Les principales citations d'Empédocle
dans le *Commentaire au De caelo* . . . . . . . . . . . . . . . . . . 816

ANNEXE 3

Les répétitions dans le corpus empédocléen . . . . . . . . . . . . . . . 819

Liste et typologie . . . . . . . . . . . . . . . . . . . . . . . . . . . . . . 819

Répétitions dans les frr. 17
+ ensemble *a*, 20, 21, 23, 26 et 35 . . . . . . . . . . . . . . . . . . . 822

Les répétitions dans le fragment 26 . . . . . . . . . . . . . . . . . . 824

ANNEXE 4

La métrique des catalogues . . . . . . . . . . . . . . . . . . . . . . . . . 825

Schéma métrique des catalogues . . . . . . . . . . . . . . . . . . . . . 825
Vers comportant quatre noms et un adjectif . . . . . . . . . . . 826
Vers comportant quatre noms . . . . . . . . . . . . . . . . . . . . 826
Vers comportant trois noms et deux adjectifs . . . . . . . . . . 828
Vers comportant trois noms et un adjectif . . . . . . . . . . . . 828
Vers comportant trois noms . . . . . . . . . . . . . . . . . . . . . 832
Vers comportant deux noms et deux adjectifs . . . . . . . . . . 833
Vers comportant deux noms et un adjectif . . . . . . . . . . . . 834

Les formes métriques de début de vers . . . . . . . . . . . . . . . . 835
Début de vers de forme –uu . . . . . . . . . . . . . . . . . . . . . 835
Début de vers de forme –uu– . . . . . . . . . . . . . . . . . . . . 836
Début de vers de forme –u . . . . . . . . . . . . . . . . . . . . . . 837
Début de vers de forme « καὶ Cuu » . . . . . . . . . . . . . . . . 837
Début de vers de forme « καὶ Cuu– » . . . . . . . . . . . . . . . 838
Début de vers de forme –uu–uu . . . . . . . . . . . . . . . . . . 838
Début de vers de forme « καὶ uu–uu–u » . . . . . . . . . . . . 839
Débuts de vers de forme – . . . . . . . . . . . . . . . . . . . . . . 839

BIBLIOGRAPHIE ............................... 841

INDEX DES PASSAGES CITÉS .......................... 875

INDEX DES MOTS GRECS COMMENTÉS ................... 901

INDEX DES AUTEURS MODERNES ...................... 905

INDEX DES NOTIONS .............................. 913

INDEX DES MANUSCRITS
ET EXPLICATION DES SIGLES EMPLOYÉS .................. 919

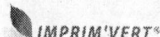

Achevé d'imprimer par Corlet Numérique,
à Condé-sur-Noireau (Calvados). N° d'impression : 144975
*Imprimé en France*